中國政治制度史

【第3版】

上卷

白 钢 主编

天津出版传媒集团

天津人民出版社

图书在版编目（CIP）数据

　　中国政治制度史：全2册／白钢主编．-- 3版．--
天津：天津人民出版社，2016.8（2024.12重印）
　　ISBN 978-7-201-10653-3

　　Ⅰ．①中… Ⅱ．①白… Ⅲ．①政治制度史-中国
Ⅳ．①D69

　　中国版本图书馆CIP数据核字(2016)第164164号

中国政治制度史（第 3 版）
ZHONGGUO ZHENGZHI ZHIDUSHI

出　　　版　天津人民出版社
出 版 人　刘锦泉
地　　　址　天津市和平区西康路 35 号康岳大厦
邮政编码　300051
邮购电话　(022)23332469
网　　　址　http://www.tjrmcbs.com
电子信箱　reader@tjrmcbs.com

策　　　划　韩玉霞
责任编辑　金晓芸
特约编辑　郭金梦
装帧设计　陈栋玲　徐　洁

印　　　刷　天津新华印务有限公司
经　　　销　新华书店
开　　　本　710 毫米×1000 毫米　1/16
印　　　张　66.75
插　　　页　4
字　　　数　820 千字
版次印次　2016 年 8 月第 1 版　2024 年 12 月第 5 次印刷
定　　　价　198.00 元(全 2 册)

"述往事,思来者"

白　钢

从传统政治制度中汲取智慧

政治制度史是以研究历代上层建筑为主要任务的。任何一种上层建筑,在其存在的时期里都处在不断变化之中。除了它的惯性作用,还有岁月对它的修正,使它不断调整演变,直至被新的上层建筑取代。它将各种社会主体联结起来,成为人们从事各种活动的社会条件,成为社会发展的重要舞台。

然而,在走向现代化的过程中,人们在如何对待传统的问题上认识并不一致。片面强调批判或强调继承,都失之偏颇。应当承认,现代化是对传统的辩证否定。吸收传统中经过实践检验是合理的东西,摒弃传统中落后、僵化的东西,建立新的科学的社会体制,有助于更好地实现现代化。史学家的研究如果不从这一视角出发,是很难实现有益于社会的价值取向的。

长期以来,在对待传统政治制度问题上,全盘否定的观点较为流行。其实,历史上任何一种上层建筑在形成之后,都有其发展轨迹和变化规律,不能凭主观意志想全盘否定就全盘否定。传统蕴含着人们智慧的结晶。在对待历史上层建筑问题上,不能搞历史虚无主义和民族虚无主义。传统政治制度有很多糟粕,也有很多珍贵的遗产。古代一些有作为的政治家、思想家在处理各种政治关系、制定各种制度政策时,积累了丰富经验。中国的政治体制发展要以正确认识国情为基础, 而不能把西方政治模式奉为圭臬,盲目崇拜。因此,应重视研究中国的政治传统,坚持批判与继承相结合,深刻认识其优点与缺陷。

近百年来,尽管中国的政治制度一直处在进步与变革之中,但实事求是地讲,传统政治制度也使我们背上了一些历史包袱。几千年来习以为常的原则、习俗,在短期内实现变革谈何容易。比如,一些地方"权大于法""以政代法"的现象仍然存在;一些地方在具体人事制度上还没有很好地体现公开考试、择优录取的原则;在行政管理上,有些部门缺乏民主观念,也缺乏严格的监督手段;在制定和执行政策时,"长官意志"与主观随意性常常起到相当大的作用, 等等。这些都是传统政治制度消极面的积淀。克服这些缺陷,方法之一就是认真研究传统政治制度中的糟粕,阐明其在历史上的危害,找出克服的办法,为社会主义民主政治建设提供借鉴。

同时应看到, 数千年的传统政治制度又蕴含着丰富的文化遗产,有许多经过实践检验证明行之有效的经验办法,对于社会主义现代化制度建设具有参考价值和启迪作用。因此,那种以为搞现代化就要摒弃传统的观点是不正确的。事实上,按照现代化的要求改造传统, 从而形成新的传统, 有助于我们保持民族特色,也有助于早日实现现代化。

中国传统政治制度的成功经验有很多, 诸如发达的政治分工和悠久的制衡观念, 积累上千年的一整套比较科学的官吏管理经验等,都值得有使命感的史学家认真总结。就以官吏管理制度而言,长期实行以考试制度选拔人才;在官员任用上,注重实践性,推行试职制度;在官员管理上,实行品阶、俸禄、考课、铨选、迁转、监察、回避等制度。这些都体现了历代统治者为实现政治清明、保持官员廉洁、提高行政效率所作的努力,其中有许多内容至今仍不乏启迪和借鉴意义。

政体运行机制是政治制度史研究的永恒主题

任何一种政治制度,都是一定社会经济关系的产物,并为一定社会经济关系服务。研究政治制度史不能脱离社会经济关系来抽象地谈政治制度,否则会变得空洞抽象。中国政治制度史研究,重心是研究政体运行机制,说到底,就是历代王朝如何处理各种政治关系。具体来说,应考虑以下三个方面内容:一是机构设置与变化,二是政策法令,三是机构运行和政策法令的执行情况。政体主要表现为政府机构,国体则通过机构和政策法令得到体现。无论什么制度,其中心问题是处理和调整该领域中的各种关系。

在推进国家治理体系现代化的当下,大力开展跨学科研究,努力提高理论创新能力,是加强中国政治制度史学科建设的必然选择。20 世纪 90 年代以来,国际学术界出现了一些创新范例,如"公共选择理论"。这个理论既不是政治学家提出来的,也不是行政管理学家提出来的,而是由美国当代著名经济学家、诺贝尔经济学奖获得者布坎南和他的一些同行共同创立的一种公共经济理论。"公共"这个概念在现在学术界涵盖了国家和社会这样一个非常大的概念。公共选择理论的宗旨,是把市场制度中的人类行为与政治制度中的政府行为纳入同一分析的轨道,即"经济人"的模式,它修正了传统经济学把政治制度置于经济分析之外的理论上的缺陷。公共选择理论就是用市场经济条件下的经济人的活动来分析政府行为,实际上它把政府行为用经济学的方法说白了。应该说这一理论当前特别在西方学术界是一个热门话题,也是新兴管理学科的核心理论。这个理论的提出就说明了跨学科研究确实是提高理论创新能力的一个重要途径。另一个例子也是当前西方一个最热门的理论,叫做"治理理论"。用"治理"代替我们过去理解的"统治",这是 1989 年世界银行一批经济学家在提出了非洲治理危机之后逐步形成的一个新的理论。治理理论也成为当今西方政治学、经济学、政治社会学、公共管理学等领域最流行的理论之一,近年我们国内学术界也将这一理论介绍过来,而且有不少学者开始用这一理论来分析改革开放以来中国基层社会的具体变迁情况。严格地讲,这个理论是管理学或政治学范畴的概念,但它却是经济学家提出来的,这个理论形成后迅速为学术界所接受并在西方广泛的实践中加以运用,表明跨学科研究是治理理论产生的基础。

无论是公共选择理论,还是治理理论,抑或是"善政","协同治理",它们都从不同角度给中国政治制度史学科建设展示了创新发展的方向,只有钩深致远,参伍比较,坚持创新发展,才能推进中国政治制度史学科建设的现代化。

其 他

本书初版印行于 1991 年,所采摘史料的成书时间,概在此之前。

2001 年对初版进行了全面修订,增加了"中华民国时期的政治制度"和"中华人民共和国政治制度"两章,是为第 2 版。

这一次是对第 2 版的修订,检索了书中所有引文,核对原意,坚持论从史出的原则,可以视作第 3 版吧!

第 3 版修订过程中有一个问题必须交代,就是有些引文脚注的版本有变化。原来书中引文的脚注所据版本,大多来自原中国科学院图书馆(坐落在王府井大街原考古研究所院内)和原中国社会科学院历史研究所图书馆（坐落在建国门内大街五号院内）。然而，改革开放以来，由于馆址几经拆迁，藏书陈列也屡屡变更，要查到原来所借图书的版本，已经十分困难了，不得已便采用该书的其他版本来核对史料了。例如，书中约有六七处引用范祥雍订补的《古本竹书纪年辑校订补》一书，使用的是"上海人民出版社 1962 年版"，原注未注明页码。此次修订时，因借不到这个本子，只得改用上海古籍出版社 2011 年 10 月版"范祥雍古籍整理汇刊"的本子来查证引文的页码了，结果导致书中的脚注出现了"2011 年"字样。

再如，书中引文还涉及郭沫若的《先秦天道观之进展》一文。该文原刊于科学出版社 1961 年出版的《青铜时代》一书中。但是，我手头原有的一本《青铜时代》不知去向，好在它已被人民出版社 1982 年出版的《郭沫若全集》历史编 1 全文收录，所以，该脚注不得不改。

诸如此类，不再一一列举。

2016 年 2 月 22 日元宵节

修订版前言

《中国政治制度史》原系国家社科基金重点项目——《中国政治制度通史》(1—10卷) 第一阶段的研究成果。初版印行于1991年。由于本书着力于历代中央决策体制及政体运行机制的探索，并以此为轴心铺陈各单项政治制度，力求在内容的广度与深度方面能有所突破，使之在跨学科研究的基础上更贴近政治学的规范，因而受到了不同学科读者的广泛欢迎，学术界的师友们也给予了许多热情的鼓励和支持，先后荣获第七届北方十五省市自治区哲学社会科学优秀图书奖(1992年)、中国社会科学院第一届(1977—1991)优秀科研成果奖(1992年)。此次应读者的要求进行修订，主要做了以下两方面的工作：一是对原书进行了一次彻底的勘误，核对了所有征引资料，纠正了原来排印上的错误；二是增写了"中华民国时期的政治制度"和"中华人民共和国政治制度"两章，进一步充实了本书的内容，使之更加名副其实。

修订版《中国政治制度史》遵从原来的编纂原则，对于历史上的各种政治制度，一般在朝代开创时详细写，其后各代则重点写演变，写特点。同时尽可能地结合人物、事件来写制度，争取把制度写活。

本书实行主编负责制，由主编提出学术思想体系，拟定编撰提纲，经过政治学界、历史学界、法学界及民族学界有关专家集体讨论后，邀请国内学术界的知名学者分头撰稿。最后，由主编总其成,统改了全稿。

各章写作分工如下：

第一章　白钢；

第二章　王宇信、杨升南、白钢；

第三章　王宇信、白钢；

第四章　杨升南；

第五章　孟祥才、白钢；

第六章　黄惠贤；

第七章　俞鹿年、谢元鲁、白滨、黄振华；

第八章　朱瑞熙、张其凡；

第九章　李锡厚、杨若薇、白滨；

第十章　陈高华、史卫民、白钢；

第十一章　杜婉言；

第十二章　郭松义、李新达；

第十三章　宋月红、白钢；

第十四章　张明澍、白钢。

本书初稿完成后,承蒙一些著名历史学家热诚帮助与指导。张泽咸审读了第五、六、七章,田昌五审读了第五章,朱大渭审读了第六章,陈高华审读了第十章,王春瑜审读了第十一章。他们分别提出了许多宝贵的修改意见,使本书减少了失误。韦庆远参加了本书指导思想、学术体系及编撰提纲的研究与讨论,提出了不少建设性意见。

叶维钧、张昌东参加了本课题的研究,并协助主编做了大量的学术组织工作。赵秀玲誊正了本书大部分稿件,并为修订本的校勘付出了辛勤的汗水。

中国社会科学院科研局刘白驹先生自始至终关注、支持本课题的研究,他所提供的指导与帮助最具可操作性。

著名书法家启功教授于百忙之中拨冗为本书题签。

天津人民出版社文史编辑室诸同志贡献尤多。殷瑞渊先生为初版、韩玉霞女士为修订再版所付出的劳动尤其令人动容。

值此修订再版之际，谨向对本书的编撰和再版做出贡献的所有先生、女士致以衷心的感谢！

依靠不同学科专家的学术专长，携手努力从事跨学科的集体研究，我们还缺乏经验，本书若有设计未备、论证不当、史料失误及其他缺陷，统祈学术界的师友们及广大读者赐正。

主编　谨识

2001 年 12 月 12 日

目 录

上 卷

下　卷

第一章 导 论

第一节 中国政治制度史的学科特征、
研究对象与任务

政治制度是人类社会一定发展阶段的产物，具有一种表面上凌驾于社会之上的力量。它从社会中产生，但又自居于社会之上。换句话说，政治制度寓国家本质与形式于一体，是国体与政体的总和。而政治制度史，则是研究国体与政体的起源、形式及演变规律的科学。

中国作为一个有五千年文明史的统一多民族国家，从国家诞生起，其政治制度发展变化的线索之绵长、体系之完备、经验之丰富、影响之深远，都是世界上其他任何一个国家或民族所无与匹畴的。

那么，中国政治制度史的学科特征是什么呢？

自从 20 世纪 30 年代初，运用近代新方法研究中国政治制度史的专著问世以来，人们基本上是把它当作中国历史的一个组成部分，即历史学的一门专史来看待的。近年来，这一问题才引起人们的讨论。有人认为"政治是无所不包的"，于是出现了它只是政治学的一个分支学科的意见。可见，首先弄清楚中国政治制度史的学科特征，就成为科学地研究中国政治制度史的必要前提。

我们知道,现代科学发展的总趋势,是自然科学与社会科学以及社会科学各学科之间的相互交叉与相互渗透,边缘学科愈来愈繁荣。只要从实际出发,便不难发现,中国政治制度史具有社会科学与人文科学的双重性格。它既是政治学的一门基本分支学科,又是政治学、历史学、法学、军事学、宗教学、民族学、经济学、文化学等多学科有关内容的综合,实质上是一门边缘学科。其所以如此,那是由它特定的研究对象(研究的内容及其范围)所决定的。

概括地讲,中国政治制度史的研究对象,是历代的国家性质与形式问题,亦即历代国体与政体的形成及其发展规律问题。

所谓国体问题,自清末提出起,无论是宣统皇帝退位翌日袁世凯致南京政府的电报,或是"筹安会"发起人之一杨度写的《君宪救国论》,还是梁启超写的《异哉所谓国体问题》,都没有弄清楚它的科学含义。直到20世纪40年代初,毛泽东在他的《新民主主义论》中,才揭示出它是指社会各阶级在国家中的地位。质言之,国体的科学含义,是指的国家本质。

所谓政体问题,应当是国家形式问题。通常的理解,认为它是指政权构成的形式,即一定的社会阶级采取何种形式去组织反对敌人保护自己的政权机关。而按照政治学对国家形式的理解,它是国家组织形式、国家结构形式和国家治理形式的概括。

具体地讲,中国政治制度史的研究对象,应当考虑三方面的内容:一是国家机构(国家的组织形式与结构形式);二是政策法令;三是机构的运行和政策法令的执行情况。政体主要表现为政府机构,国体则通过机构和政策法令得以体现。我们还可以从另一个角度来考察,无论什么制度,其中心问题都是处理和调整该领域中的各种关系。政治制度就是处理和调整政治领域中的各种关系。中国政治制度史所要研究的,就是历代如何处理和调整政治领域中的各种关系。以封建社会政治制度史而言,这些关系包括：皇权与官僚机构的关系、中央与地方的关系、地主与农民的关系、地主阶级内部的关系（特别是统治集团内部关系）、民族关系、宗教关系，等等。机构的设置和法令的颁布，都是为了处理和调整某一方面或者若干方面的关系。处理、调整得好，封建统治就巩固、持久；处理、调整得不好，封建统治就会动摇、崩溃。这种好坏，不但要看机构的设置和政策法令的颁布，更要看机构的运行和政策法令的执行情况。这就是我们常说的政体运行机制。它应当成为中国政治制度史的研究重心。

在确定中国政治制度史的研究对象时，还会遇到政治制度与相关各单行制度的区别及内容取舍问题。为了避免把中国政治制度史写成传统的典章制度汇编式大拼盘，有必要根据政治制度研究对象的规范，对中国政治制度史的研究范围和内容作一些明确的界定。归纳起来，不外乎以下十个方面：

（一）首脑与中央决策系统及其运行机制。它在中国政治制度史中，居于统帅地位，是"纲"，或者叫作"轴心"。以历代封建王朝为例，主要研究皇帝制度、朝廷决策机构的构成形式及其机制运行。皇帝制度包括：皇位与皇权、皇储制度、后宫制度、宗室与外戚制度、宦官制度，等等。朝廷决策系统及其机制运行则包括：决策机构的构成形式（如御前会议、宰辅会议、百官会议、内侍参与），决策的依据与信息传递渠道，决策的程序和方式（诏、制、敕、令的格式，颁布程序，各级官府执行程序），运行机制（内廷与外朝、朝议与廷争、封驳制度、皇帝最终裁夺权）等。

（二）行政管理制度，包括中央行政体制、地方行政体制（含中央派出机构及其机制转换）。无论是中央行政体制还是地方行政体制，都要讲清楚机构的设置、编制与人选、职权责的划分与运用、中央集权制与分封制，等等。

（三）军事制度，包括军事领导体制、兵种、兵役、编制、装备、官兵的俸饷、恤赏、培养与考核、马政、驿传，等等。

（四）立法、司法制度，包括立法、司法机构的设置，人选和各种基本法、立法程序、诉讼程序、审判制度等。

（五）监察制度，包括言官谏议监察系统与御史台监察系统的机构设置、职权责的划分、编制与人选、权力行使方式、监察标准及监察规则等。

（六）人事管理制度，包括学校教育、考试与选任、试署与迁转、品级与俸禄、考核与奖罚、休沐与致仕、幕客与吏胥、行政法规等。

（七）财政制度，包括中央与地方的财政管理体制、机构设置与人选、财政预算与收支分配、奏销审计制度等。

（八）户籍管理制度，包括基层政权的设置（从乡里制到保甲制）与职能、按比户口、征收赋税、调发徭役与兵役等。

（九）民族、宗教事务管理制度，包括机构的设置与编制、人选与职权责的划分、民族政策与宗教政策、贡赏与年班制度等。

（十）外国事务管理制度，包括机构设置、职掌、使节差遣与礼仪、对外政策与贡赏制度等。

以上这些，基本上是纵向地确定中国政治制度史的研究内容与范围，仿佛是各单行制度史的合成。因此，还需要横向的考察，把它们联结成统一的整体。所谓横向的考察，就是要把这些制度放到政策法令的制定与执行的动态中去阐述，用相关的人和事把它们具体化、形象化，从而使条块结合，浑然一体，形成科学的体系。

中国政治制度史的研究任务，在于科学地探讨中国历史上政治制度的起源、发展、衍化，阐明其规律性。既然称为"史"，那么，就应当写成信史。信史贵在真实。秉笔直书，这是最基本的要求。

众所周知，现实对历史的承续性是抹杀不掉的。历史里边有许多现实与未来的因素，有积极的，也有消极的。谁能科学地抓住这些因素，谁就能把握住前进的方向。我们研究中国政治制度史，并非为了欣赏"国粹"，而是通过实事求是地总结，来启发人们的思考。

第二节　历代关于中国政治制度史的著录与考索①

中国是一个有修史传统的国家。自从国家形成以后,历代统治阶级为了总结其治理国家的经验,无不十分注重对他们的政治活动和政治行为加以记录。随着文字书写工具(甲骨、简、帛、纸和刀、笔、墨、砚等)的发明与发展,史官记录制度也逐步建立起来,于是出现了大量政治制度的文献。它们是研究中国政治制度史的基础。

历代关于政治制度的著录,有一个由简到繁、由略到详、逐步健全的过程,其大体可以划分为七个阶段。

(一)夏商时期,是关于政治制度著录的萌芽阶段。夏朝是我国第一个奴隶制国家,但是迄今尚未发现当时遗留下来的文字和著录。《尚书》中的《甘誓》《禹贡》两篇,记述了夏朝事迹,但它是周人加工改写的。西汉人司马迁的《史记》中有《夏本纪》,亦追述了夏朝的政治制度。

商代自盘庚迁殷至纣王灭亡二百七十余年间,保留下来大量的甲骨文。它是商代统治者进行占卜的遗物。当时,大至祭祀、战争,小到疾病、梦幻都要占卜。占卜用龟甲或牛的肩胛骨,在它的上面钻孔火灼,另一面就会破裂成兆纹,由专职的巫史根据兆纹,附会天意,判断吉凶。卜完之后,将所问的事和占验的结果都刻在卜兆甲骨之旁,称为卜辞。卜辞中涉及殷人多方面的活动。其中关于战争、方国、军队、监狱、阶级关系、鬼神崇拜等内容的

---

① 本节参考了陈高华、陈智超等著《中国古代史史料学》,北京出版社1983年版。

卜辞,是殷人对其政治制度的著录,为研究商代政治制度史的第一手资料。出土的甲骨实物,大陆藏近十万片,港台藏三万片,流散在国外的约二万六千片。国内外著录甲骨文的书籍约七十余种,其中,以郭沫若为主编、胡厚宣为总编辑、中国社会科学院历史研究所先秦史研究室集体编纂的《甲骨文合集》所著录的卜辞最多,堪称是甲骨文资料的总汇。

此外,《尚书》中的《汤誓》《盘庚》等篇,《史记》中的《殷本纪》,虽属后人对殷商事迹的追记,并带有考索性质,但都是研究商代政治制度的必读文献。

(二)西周、春秋、战国时期,是对政治制度著录的形成阶段。周代是我国第一个有文献史料留存下来的朝代。当时设有各种史官,负责记录统治者的言行,有意识地作为历史的鉴戒,以垂示后代。

属于著录周代政治制度的文献主要有:(1)《周礼》,著录了周代官制。此书虽是西汉后期始出的古文经,历代为人所疑,但据清代以来学者的研究,证明它确实反映了春秋以前的制度,也夹杂了一些战国的制度及后人的理想。它不仅是传世的第一部专门记载古代政治制度的文献,而且是后世改制的理论根据。(2)《礼记》与《大戴礼记》,是战国到汉代关于述说周代礼制的文章汇编。(3)《仪礼》,是周代统治者办典礼的十七篇仪节单。(4)《尚书》的《牧誓》至《吕刑》十六篇,记述了西国的政治制度;《文侯之命》《费誓》《秦誓》三篇为春秋诸侯国政治制度史料。

(三)秦汉时期,是对政治制度著述的发展阶段。秦始皇建立了我国第一个统一的专制主义中央集权制的封建王朝,虽然寿命很短,但它所确立的政治制度对后世却产生了极大的影响。到了汉代,统治者逐渐意识到学术文化的重要性,改变了对学术文化的冷漠态度,对于政治制度的著录有了较大的发展。司马迁修《史记》,为一代史学壮举。到东汉,为了颂扬统治者的文治武功,总结历史经验,作为巩固封建政权的借鉴,出现了皇帝命令编撰的《汉书》《东观汉纪》《汉纪》等书,编撰者得以运用中央政府收藏的大量图籍和档案,从而提高了它们的真实性。

　　这一阶段重要的政治制度文献有:(1)《史记》,是纪传体史书的鼻祖,包括本纪、表、书、世家、列传五个部分。本纪是记录以帝王活动为中心的大事记;世家、列传是重要人物、少数民族及外国的传记与历史;表有《汉兴以来诸侯王年表》《高祖功臣侯者年表》《汉兴以来将相名臣年表》等,著录了许多政治制度方面的史料,尤其是职官史料;书有《封禅书》《平准书》《礼书》和《乐书》等,系统地著录了皇帝祭祀诸神、名山大川的制度、财政制度和礼仪制度等。《史记》对后世史学影响极大,纪传体史书从此成为中国古代的正史;表、书等体裁也为后世史家所师承,著录范围日益扩大。(2)《汉书》,东汉班固编著,袭用了司马迁开创的纪传体,而把"本纪"省称"纪","列传"省称"传",又改"书"为"志",取消"世家",增加了刑法志。它是第一部纪传体断代史,记事始于汉高祖刘邦元年(前206年),止于王莽地皇四年(23年),共二百三十年。内容关涉一代政治制度和政策大事。(3)《后汉书》,范晔著。其中的"志",采自晋人司马彪撰《续汉书》,首次增加了《百官志》,专门记录东汉的职官制度,后代的正史,多称"职官志",是研究历代政治制度的基本史料之一。(4)《汉纪》(东汉荀悦撰)、《后汉纪》(晋袁宏撰)、《东观汉纪》(东汉刘珍等撰)、《风俗通义》(东汉应劭撰)等书中,也保留了大量汉代政治制度史料。(5)《汉官》(佚名)、《汉官解诂》(东汉王隆撰)、《汉旧仪》(东汉卫宏撰)、《汉官仪》(东汉应劭撰)、《汉官典职仪式选用》(东汉蔡质撰)、《汉仪》(吴丁孚撰)等六书,是专门记录职官制度的文献,可惜六书均佚,清人孙星衍有辑本,收在《平津馆丛书》《四部备要》等丛书中。六书之中,除《汉旧仪》专载西汉职官制度外,其余五书则专记两汉官制,是研究汉代各级官僚机构的构成、职掌、员额、俸禄、沿革等问题的必读文献。(6)秦简,包括《编年纪》《语书》《秦律十八种》《效律》《秦律杂抄》《法律答问》《封诊式》《为吏之道》《日书》两种等十部分,著录了秦代的法律制度、财政制度、人事制度等法律条文和官箴、官规等,是研究秦代政治制度史的第一手资料。秦简,是 20 世纪 70 年代中期在湖北云梦县睡虎地发掘的,由文物出版社整理出版,取名《睡虎地秦墓竹简》。(7)汉简,分敦煌汉简、居延汉简、罗布泊汉简,是近七十多年陆续发现的,累计有四万枚左右。除上述三类外,近二三十年的考古发掘中,在长沙马王堆、山东银雀山、湖北凤凰山、青海上孙寨等地也发现了大量汉简。内容关涉行政机构、军事组织、防御体系、烽燧制度、财政制度、民族事务、法律制度等等,是研究汉代政治制度史的重要史料。

(四)魏晋南北朝时期的政治制度文献,以正史为核心。廿四史中,有关魏晋南北朝史事的竟达十二部。它们是西晋陈寿撰《三国志》、唐太宗御撰《晋书》、梁沈约撰《宋书》、梁萧子显撰《南齐书》、唐姚思廉等撰《梁书》与《陈书》、唐李延寿撰《南史》、北齐魏收撰《魏书》、唐李百药撰《北齐书》、唐令狐德棻等撰《周书》、唐李延寿撰《北史》、唐长孙无忌等撰《五代史志》(即《隋书》十志的最初称呼)等。这些都是研究魏晋南北朝时期政治制度最基本的文献资料。

(五)隋唐五代时期,是官修史书成为制度的阶段。唐王朝不但为前朝修史,而且编修各种体裁的当代史书,如日历、实录、国史等,因此保留下来的有关政治制度的史料,比前代丰富得多。这一时期当代人及后人编撰的史书中,为研究政治制度史所必读者,主要有:(1)正史类,有唐魏征等撰的《隋书》、后晋刘昫与张昭远等撰的《旧唐书》、宋宋祁与欧阳修撰的《新唐书》、宋薛居正等撰的《旧五代史》、宋欧阳修撰的《新五代史》等五种。(2)编年体政治史著作,有宋司马光撰的《资治通鉴》。(3)政书类,有唐玄宗御撰的《唐六典》、唐长孙无忌等奉敕撰的《唐律疏义》、宋宋敏求编的《唐大诏令集》等。(4)创设会要体裁,专门著录当代典章制度,如《唐会要》,虽然它成书于宋代,但始修于唐代。会要体裁,至宋人大为发扬,宋王溥撰的《五代会要》与《唐会要》一样,将一代典章制度分门别类加以著录。(5)出现了系统综述包括政治制度在内的各种典章制度的文献,即唐杜佑撰的《通典》,叙事始自上古,止于唐天宝末。分门类叙述历代典章制度,以记唐事为最详。(6)《册府元龟》,宋王钦若、杨亿等奉敕撰,记事上起远古,下迄五代之末,其中以《帝王部》《邦计部》《外臣部》《谏诤部》《刑法部》《铨选部》《贡举部》等,最值得政治制度史研究者注意。(7)唐李吉甫撰的《元和郡县志》、宋乐史撰的《太平寰宇记》中,著录了地方行政制度。(8)唐人文集现存约二百部以上,就中,不少人的奏议中蕴藏着大量关于唐代政治制度的史料。

(六)宋辽金元明清时期,是对政治制度的著录与考察的大发展阶段。除官修之外,私修已蔚然成风,不仅数量越来越多,而且内容也越来越丰富。主要表现在:(1)各代为前代修史,代代不绝。其中著录政治制度的各志,内容更加详细。元初修《宋史》《辽史》《金史》,明初修《元史》,清初修《明史》,民国初修《清史稿》等,都成为今人研究这一时期政治制度的常用文献。(2)继杜佑的《通典》之后,有宋郑樵撰《通志》、元马端临撰《文献通考》,至清末民初,又有《续通典》《清朝通典》《续通志》《清朝通志》《续文献通考》《清朝文献通考》《清朝续文献通考》,形成系列,是为"十通"。它们融著录与考察为一体,对各种政治制度记事甚详。(3)会要体文献,有《宋会要》(现存辑稿)、元《经世大典》(仅存少量遗文)、《明会典》。清代在康熙、雍正、乾隆、嘉庆和光绪五朝先后编纂过五部《会典》。与之相近的,清廷各部门还有则例,如《吏部则例》《户部则例》《礼部则例》《工部则例》《理藩院则例》《督捕则例》《军需则例》《军器则例》《科场则例》以及《回疆则例》等等。(4)保留下来的明、清两代《实录》和档案。(5)法律书,有《宋刑统》《庆元条法事类》《名公书判清明集》《元典章》《通制条格》《皇明祖训》《大诰》四编、《大明律集解附例》《清律集解附例》《大清律例》《清律续纂条例》九种，等等。
(6)自宋以后，大量地方志保留下来，既有总地志、一统志，又有州、县志。与唐以前方志的不同之处在于，人文地理方面的内容越来越丰富，为研究这一阶段的地方行政制度，提供了很宝贵的史料。(7)宋元以降，当代人的各种文集、笔记大量流传下来，其中，不少人的奏议，包含大量政治制度方面的人和事，是研究政体机制所不可不读的文献。

（七）民国时期政治制度的史料，大体可分为七类：(1)档案资料汇编类：南京中国第二历史档案馆自1979年起，计划以馆藏档案为主，出版一套《中华民国史档案资料汇编》(1911—1949)，约三千万字，目前已出版了四辑，其余各辑正在编辑过程之中。(2)资料选刊类：有中国史学会主编的《辛亥革命》八册，中国社会科学院近代史所编的《近代史资料》，中国第二历史档案馆编的《善后会议》，朱宗震、杨光辉编的《民初政争与二次革命》，李希泌、曾业英编的《护国运动资料选编》，杜春和编的《北洋军阀史料选辑》等等。(3)公报类：有《北京临时政府公报》《北洋政府公报》《临时政府公报》《国民政府公报》等。(4)法规类：有《法令全书》《中华六法》《中华民国政府大纲》《国民政府法规汇编》《国民政府现行法规》《中华民国法规辑要》《国民政府现行各机关组织法规》《行政三联制法令文告辑要》《战时重要法令汇编》《内战法规》等。(5)文集类：有《孙中山选集》《孙中山全集》《黄兴集》《宋教仁集》《蔡松坡集》《辛亥革命先著记》《袁大总统书牍汇编》等。以上五类，都是研究民国政治制度的第一手资料。(6)回忆录类：有全国政协文史资料研究委员会编的《辛亥革命回忆录》共六辑，还有许多地区性回忆录史料，如辛亥革命在湖北、湖南、四川、浙江、贵州、云南、武汉、广东、江苏、上海、山西等地的史料或史料选辑。而《李宗仁回忆录》，则提供了不少民国政府时期政治制度方面的资料。(7)报刊资料类：民国时期有不少政治制度方面的文件，散见于各种报刊，如《东方杂志》《浙江潮》

《国闻周报》《国民日报》等，不胜枚举。

关于这一时期人民民主制度的史料，除存于中央档案馆的档案资料外，已经成书的有：《中央革命根据地史料选编》《中国新民主主义革命时期根据地法制文献选编》《抗日根据地政策条例汇集》《陕甘宁边区重要政策法令汇编》《华北人民政府法令汇编》《东北行政导报》等。此外，《毛泽东选集》中，有不少论及人民民主制度的内容，是研究革命根据地政治制度的必读文献。

总之，几千年来，中国历代均有重视政治制度著录的优良传统，其数量之大，内容之丰富，在世界上是仅见的。但是，一般地讲，历代著录政治制度的专门文献，偏重于官制，而关于各种政治制度机制运转的材料，则散见于其他史料之中。这就为政治制度史的研究增加了困难。它要求研究者不能只把目光拘囿于专门文献上，而要开阔视野，注意从其他史料中搜集政治制度史的材料，此其一。其二，历代关于政治制度的考索，也侧重于官制的演变，诚然，这是我们对历代政治制度史进行科学研究时所必不可少的。但是，历代关于官制的考索，只是对政治制度史某些侧面作静态的考证，并非政治制度史研究内容的全部。我们要写成动态的、有立体感的政治制度史，就需要对前人考察成果加以批判地继承，或者叫扬弃，既不能囫囵吞枣，全盘移植，也不能视而不见，不予重视。

第三节　20世纪以来的中国政治制度史研究

鸦片战争以后，先进的中国人为了探索救国的道路，开始向西方国家寻求真理。随着一些较早接触西方政治制度的思想家对西方政治制度的介绍，人们开始运用西方政治学的某些观点展开对中国传统的君主专制制度的批判。由此，在中国出现了用西方资产阶级新方法研究中国政治制度史的萌芽。

从戊戌变法到辛亥革命，无论是资产阶级改良派，还是资产阶级革命派，他们的思想武器之一，都是自觉地运用西方的历史经验，来推动中国的政治运动。因此，学习西方的政治制度，曾经成为他们政治主张的实际内容。不管是王韬、黄遵宪提出的君民共主政体，还是严复、康有为、梁启超所提出的君主立宪政体；无论是陈天华提出的民主共和制，还是孙中山所提出的三民主义和建立资产阶级共和国的政治纲领，所有这些政治主张的提出，都是以资产阶级的进化史观对中国传统的政治制度进行研究与批判为前提的。这些研究与批判，对促进用资产阶级史学新方法研究中国政治制度史，起到了推动作用。

20世纪一二十年代，国内一些报刊相继发表了研究中国政治制度史的学术论文，据不完全统计，约五十篇，内容芜杂，涉及历代官制、专制政体、断代政府、民国前后政体、政党、地方行政、法律制度、军事制度、家族制度、考试制度等等，其研究方法也不一致，新旧参半。其中，梁启超与王国维的论文影响最大。1902年4月，梁启超发表在《新民丛报》上的《中国专制政体进化史论》，是用西方资产阶级进化史观系统考察中国历代政体演化过程的第一篇专题论文，他把中国历代政体的发展史划分为四个大期、十三个小期："自黄帝至周初，为封建未定期；自周至汉初，为封建全盛期；自汉景武以后至清初，为封建变相期；自康熙平三藩以后，为封建全灭期。"梁文的优点在于把中国专制政体的演化，看作是由低级向高级、由不完善向完善发展的历史过程，具有科学性；其缺点则是没有弄清楚国体与政体、国家与社会的区别，而将它们混为一谈。当然，他对中国历代政体发展阶段的划分，也缺乏严格的科学标准。尽管如此，梁文对于后来学者在运用近代西方资产阶级进化史观来研究中国政治制度史方面所起到的启迪作用，却是不容忘却的。其后，王国维在上海先后写了《殷卜辞中所见先公先王考》《殷卜辞中所见先公先王续考》

《殷周制度论》等,可以说是用近代西方资产阶级史学新方法研究中国政治制度史最具典范意义的学术成果。郭沫若曾称赞它包含了许多"近代的科学内容","好像一座崔巍的楼阁,在几千年的旧学的城垒上,灿然放出了一段异样的光辉"。

值得一提的是,20世纪初,中国资产阶级民主革命派的代表人物之一章太炎,在批判历史循环论的同时,提出以"社会政治进化衰微之原理"为指导思想,重新研究中国历史的主张。1920年以后,他写的许多史论文章中,反复强调政治制度史研究的重要性,并打算在自己编写的百卷本中国通史中,"第一是制度的变迁"。这对近代开启的中国政治制度史的研究,无疑具有鼓动作用。

以五四运动为契机的新文化运动,使中国学术界发生了重大变化。一方面,马克思主义的唯物史观在中国得以广泛的传播,一批初具共产主义思想的知识分子,如陈独秀、李大钊、蔡和森、毛泽东等,学习和运用马克思主义的唯物史观来研究中国政治制度史诸问题,并将这种研究与中国新民主主义革命的实践结合起来,使中国政治制度史的研究踏上了马克思主义理论研究的轨道。另一方面,一般要求改革的资产阶级学者在新文化运动的激励之下,继续运用西方资产阶级史学新方法来研究中国政治制度史,也取得了不少成绩。这两方面的变化与发展,实质上反映了"五四"以后中国学术界的两大潮流,造成了三四十年代中国政治制度史研究的初度繁荣。其标志,便是一批为数不少的专题论文和近40部学术专著的问世。

据粗略的统计,从"五四"到40年代末,散见于各种报刊上的关于中国政治制度史方面的专题论文,约在600篇以上,内容以官制研究为主,旁及政体、皇帝制度、中央与地方行政、法律、监察、军事、教育、人事、考试、宗法、家族、礼仪等方面。其研究角度,基本上是按照历史学研究对象及方法的规范,以史实的考证、综述、评介等方式,阐明各项典章制度的起源与演化,绝少从政治学的角度考察历代政治制度的形态、实质、机制与得失。

这近 40 部专著,大体可以分成六类:(1)政制通史类:如曾资生的《中国政治制度史》(重庆南方印书馆,1943;重庆文风印书局,1944)、许崇灏的《中国政制概要》(重庆商务印书馆,1943)、杨熙时的《中国政治制度史》(商务印书馆——以下简称"商务",1946)、吕思勉的《中国政治制度小史》(亚光,19××)、喻亮的《中国政治制度概论》(经世学社,1947)等;(2)断代政制类:如陶希圣、沈巨尘的《秦汉政治制度》(商务,1936),钱端升等的《民国政制史》(商务,1946)等;(3)中央政制类:如董霖的《中国政府》(世界书局,1941)、陈之迈的《中国政府》(商务 1945 年重庆版,1946 年上海版);(4)地方政制类:如黄绶的《中国地方行政史》(1927)、黄豪的《中国地方行政》(文通,1942)、程幸超的《中国地方行政史略》(中华,1948)、朱子爽的《中国县制史纲》(独立,1941)、瞿兑之与苏晋仁的《两汉县政考》(中国联合出版公司,1944)等;(5)单项制度类:如高一涵的《中国御史制度的沿革》(商务,1926)、《中国内阁制度的沿革》(商务,1934)、曾资生的《两汉文官制度》(商务,1941)、李俊的《中国宰相制度》(商务,1947)、邓定人的《中国考试制度研究》(民智书局,1929)、邓嗣禹的《中国考试制度史》(考选委员会,1936)、徐式圭的《中国监察史略》(中华书局,1937)、曾纪蔚的《清代之监察制度论》(兴宁书店,1931)、程树德的《中国法制史》(商务,1928)、陈顾运的《中国法制史》(商务,1934)、秦松石的《中国历代兵制概要》(南京军用图书社,1937)、黄坚叔的《中国军制史》(商务,1941)、闻钧天的《中国保甲制度》(汉口直学轩,1933)等;(6)其他类:这一时期出版过大约 40 余部中国通史著作,典章制度沿革,是它们的主要内容之一。就中,如邓之诚的《中华二千年史》(商务,1934)、夏曾佑的《中国古代史》(商务,1934)、吕思勉的《中国通史》(开明书店,1946)、范文澜的《中国通史简编》(新华出版社,1942)、翦伯赞的《中国史纲》(生活书店,1946;大孚出版公司,1947)等,最为可读。

特别值得重视的,是郭沫若于 1928—1929 年间写的《中国古代社会研究》(联合书店,1930)和王亚南的《中国官僚政治研究》(时代文化出版社,1948)两书。前者以恩格斯的《家庭、私有制和国家的起源》的"研究方法"为"向导",运用马克思主义的历史唯物论,具体地探讨了中国的家庭、私有制和国家的起源与特点,用郭沫若自己的话来说,"本书的性质可以说就是恩格斯的《家庭、私有制和国家的起源》的续篇"。这对运用马克思主义的唯物史观为指导来研究中国政治制度史,具有示范意义。后者把中国的官僚政治当作一个特定的形态或体制加以论述,通过比较研究,从"技术"和"社会"两个方面,揭示了中国官僚政治产生的基础、特点、演化及官僚主义的作风与流弊。王亚南的研究,由于贴近政治学的学术规范,而且是用马克思主义的立场、观点和方法,提纲挈领地"对于中国这种既古旧又现实的社会政治形态"[②]或称"体制"进行了剖析,因此,它是这一时期中国政治制度史研究中理论色彩最浓的、不可多得的著作之一。

50 年代至 70 年代后期,海内中国政治制度史的研究,是以历史学内的专题研究这一单一的形式和面目出现的。主要表现在三个方面:(1)这一时期各报刊所发表的属于中国政治制度史方面的论文,较之三四十年代大为减少,总计不过 180 篇的样子,而其内容既杂芜又不成系统,涉及到中国国家的起源与形成、官制沿革、地方及基层行政设施、变法运动、科举制、兵制等。其中,谈论政权性质的多,论证行政体制的少;论皇帝(仅仅作为历史人物)的多,论皇帝制度的少。(2)这一时期所出版的通史与断代史中,虽然对历代政治制度有所论述,然而普遍比较简略,而且品种与数量都比较少。其中影响较大的是范文澜的《中国通史简编》(修订本,人民出版社,1959)、翦伯赞主编的《中国史纲要》(人民出版社,1954、1979)、郭沫若主编的《中国史稿》(人民出版社,1976 年及其以后)、吕振羽的《简明中国通史》(修订本,人民出版社,1959)、唐长孺的《魏晋南北朝史论丛》及《续编》(生活、读书、新知三联书店——以下简称三联书店,1955、1959)、岑仲勉的《隋唐史》(高教部教材编审处,1954)等。(3)这一时期出版的属于政治制度史方面的专著屈指可数,它们是:吴恩裕的《中国国家起源问题》(上海人民出版社,1956)、唐长孺的《九品中正制度试释》(武汉大学编译委员会,1951)、岑仲勉的《府兵制度研究》(上海人民出版社,1957)、谷霁光的《府兵制度考释》(上海人民出版社,1962)、许大龄的《清代捐纳制度》(哈佛燕京学社,1950)、商衍鎏的《清代科举考试述录》(三联书店,1958)、钱实甫的《清代外交机关》(三联书店,1959)、郦纯的《太平天国制度初探》(人民出版社,1956)、《太平天国官制军制探略》(上海人民出版社,1958)、商衍鎏的《太平天国科举考试纪略》(中华书局,1961)等,而没有一部取名政治制度史的专著出现。这三个方面的成果,共同特点是从历史学的研究角度,对某项典章制度的形成、演变进行考索,并注重它们的阶级实质与社会后果的分析,但缺少从政治体制上对各单项典章制度的运行机制加以论证。

　　与大陆学术界相比,50 年代至 70 年代末,港台学者对于中国政治制度史的研究兴趣要大得多,相继出版了 70 余部专著,大体上可以划分为五个类别:(1)政制通史类:如陶希圣的《中国政治制度史》(台北启业书局,1974)、曾繁康的《中国政治制度史》(台北华岗出版公司,1979;台北中国文化出版社,1983)、汤承业的《中国政治制度史》(台北黎明文化出版公司,1980)等;(2)断代政制类:如沈任远的《隋唐政治制度》(台湾商务,1977)、陶希圣与沈任远的《明清政治制度》(台湾商务,1967)、傅崇懋的《清制论文集》(台湾商务,1977)等;(3)中央政制类:如孙国栋的《唐代中央重要文官迁转途经研究》(香港龙门书店,1978)、雷家骥的《唐代中央权力结构及其演进》(台北,作者自刊,1979),以及杨树藩写的、由台湾商务印书馆出版的《宋代中央政治制度》(1977)、《辽金中央政治制度》(1978)、《元代中央政治制度》(1978)、《明代中央政治制度》(1978)、《清代中央政治制度》(1978)等;(4)地方政制类:如严耕望的《中国地方行政制度史》(台湾研究院历史语言研究所,1961、1963)、陶道南的《边疆政治制度史》(台湾中华丛书编审委员会,1966)、廖从云的《中国历代县制考》(台湾中华书局,1969)等;(5)单项制度类:如张金鉴的《中国文官制度史》(台湾中华文化出版事业委员会,1955)、李俊的《中国宰相制度》(台湾商务,1966)、姜文奎的《中国人事制度史》(台湾惊声文物供应公司,1976)、张志韩的《中国考试监察制度之演变与五权宪政》(台湾中华丛书编审委员会,1974)、邓嗣禹的《中国考试制度史》(台湾学生书局,1967)、侯畅的《中国考铨制度》(台湾黎明文化事业股份有限公司,1973)、戴炎辉的《中国法制史》(台湾三民书局,1966)、杨幼炯的《近代中国立法史》(台湾商务,1966)等。此外,还有许多断代单项制度研究,内容包括宰相、内阁、文官、人事、考课、科举、监察、审判等制度。概览这一时期港台学者的研究成果,大体上都是沿用了近代西方的新方法来构筑框架,而用传统史学罗列史料的方式铺陈内容。所用资料,多半出自正史及十通,内容基本上是机构的演化与官制的变迁,甚少从国体与政体角度对各单项制度进行分类研究。

1978年以后的十年间,中国政治制度史的研究,出现了前所未有的繁荣局面,散见于国内各报刊的属于中国政治制度史方面的论文,总计约有1200篇,内容涵盖面颇广。其特点是开始注重对过去学术界因受"左"的倾向的干扰而惮于涉足的、属于中国政治制度史研究范畴的众多课题,诸如专制主义、中央集权、文官制度、权力制衡、终身制、世袭制、封建特权等等的探索。然而,多角度的、分散的阐述,往往多于全面而系统的研究;义愤式的声讨,又多于冷静的科学分析。绝大多数论文,是运用历史学的研究方法写出的,甚少运用政治学的研究方法。值得庆幸的是,这十年间,还陆续出版了几部政治制度通史与断代政治制度史。政制通史有王汉昌与林代昭的《中国古代政治制度史略》(人民出版社,1985)、左言东编的《中国政治制度史》(浙江古籍出版社,1986)、张晋藩与王超的《中国政治制度史》(中国政法大学出版社,1987)、韦庆远主编的《中国政治制度史》(中国人民大学出版社,1989)、罗辉映主编的《中国古代政治制度史》(四川大学出版社,1988)等。其中,以韦庆远主编的《中国政治制度史》的时间跨度最大,从先秦一直写到中华人民共和国,堪称名副其实的政制通史。该书是作为高等学校文科教材刊行的,具有提纲挈领、简明扼要的特点。断代政制有:钱实甫的《北洋政府时期的政治制度》(中华书局,1984)、李进修的《中国近代政治制度史纲》(求实出版社,1988)。这两部断代政治制度史具有浓厚的"政治"史色彩,而"制度"史的特点没有充分突出出来。

此外,史学界的学者还写了近30部政治制度方面的学术专著,大体可以划分为三类:(1)单项制度类,如肖永清主编的《中国法制史简编》(上、下册,山西人民出版社,1981、1982)、张晋藩等人合著的《中国法制史》(第1卷,中国人民大学出版社,1981)、游绍尹与吴传太的《中国政治法律制度简史》(湖北人民出版社,1983)、陈光中与沈国峰的《中国古代司法制度》(群众出版社,1984)、张晋藩的《中国法律史论》(法律出版社,1986)、张晋藩主编的《中国法律史纲》(中国政法大学出版社,1986)等。这些著作的相继问世,标志着法制史研究的繁荣。就其中几部"简编"、"简史"、"史纲"而言,基本上都是法制史的通史,教材与讲义的特点十分突出,专著的特点则不明显,有的史实失误之处过多。在这几部法制史中,以肖永清主编的《中国法制史简编》最为可读。此外,单项制度类,还有顾树森的《中国历代教育制度》(江苏人民出版社,1981)、臧云浦等的《历代官制兵制科举制表释》(江苏古籍出版社,1987)、许树安的《古代选士任官制度与社会》(天津人民出版社,1988)、杨宽的《中国古代陵寝制度史研究》

（上海古籍出版社,1985）、中国社会科学院法学研究所法制史研究室编的《中国警察制度简论》（群众出版社,1985）、孟昭华与王明寰的《中国民政史稿》（黑龙江人民出版社,1986）、王汉昌主编的《中国古代人事制度》（劳动人事出版社,1986）、李铁的《中国文官制度》（中国政法大学出版社,1989）等等。（2）断代政制类,如张秉楠的《商周政体》（辽宁人民出版社,1987）、张亚初与刘雨的《西周金文官制研究》（中华书局,1986）、安作璋与熊铁基的《秦汉官制史稿》（齐鲁书社,1985、1986）、钱实甫的《清代职官表》（中华书局,1981）等;（3）断代单行制度类,如朱绍侯的《军功爵制试探》（上海人民出版社,1980）、柳春藩的《秦汉封国食邑赐爵制》（辽宁人民出版社,1985）、钱剑夫的《秦汉赋役制度考略》（湖北人民出版社,1984）、王素的《三省制略论》（齐鲁书社,1986）、王曾瑜的《宋代兵制初探》（中华书局,1982）、许凡的《元代吏制研究》（劳动人事出版社,1987）、张德泽编著的《清代国家机关考略》（中国人民大学出版社,1981）、李鹏年与朱先华等编的《清代中央国家机关概述》（黑龙江人民出版社,1983）、刘子扬编的《清代地方官制考》（紫禁城出版社,1988）、杨启樵的《雍正帝及其密折制度研究》（广东人民出版社,1984）等等。上述著作,除个别者外,有一个共同的特点,即史家治史,因此,史实的订误、官制及机构的沿革,是其基本内容。

80 年代,台湾学者对于中国政治制度史的研究,有两部专著值得注意:一是杨树藩的《中国文官制度史》（台北黎明文化事业股份有限公司,1982）;二是张君劢的《中国专制君主政制之评议》（台北弘文馆出版社,1986）。前者为大学用书,后者是针对钱穆著《中国传统政治》一书的商榷。此外,姜文奎的《中国历代政制考》（台北编译馆,1987）、商文立的《中国历代地方政治制度》（台北正中书局,1980）等,也不妨一读。

国外汉学家对中国政治制度史的研究,以日本最为发达。仅就笔者所见,日本自 20 世纪 30 年代以来,总计发表了约 300 篇有关中国政治制度史方面的论文,内容涉及到国家起源、君主专制、皇权、官制(含荐举、恩荫、铨选、武阶、俸禄、乡官等)、科举制与学制、乡里制与里甲制、家族制与宗族制、法制、军制、祭祀、财政等等制度,特点是以断代研究为主。

同时还出版了 50 余部专著,粗略地可分为六类:(1)关于国家形成问题的,有贝冢茂树的《中国古代国家》(弘文堂,1952)、西嶋定生的《中国古代帝国的形成与构造》(东京大学出版会,1961)、木村正雄的《中国古代帝国的形成》(不昧堂,1965)、守屋美都雄的《中国古代的家族与国家》(东洋史研究会,1968)、伊藤道治的《中国古代王朝的形成——以出土资料为中心的殷周史研究》(创文社,1975)、尾形勇的《中国古代的"家"与国家》(岩波书店,1979)等;(2)关于机构与官制问题的,有山本隆义的《中国政治制度史研究》(同朋舍,1968)、今堀诚的《中国封建社会的机构》(日本学术振兴会,1955)、村松祐次的《中国的文明和官僚制》(三铃书房,1971)、和田清编的《中国官制发展史》(汲古书院、1973)、白川静的《甲骨文的世界——古代殷王朝的构造》(平凡社,1972)、镰田重雄的《秦汉政治制度史研究》(日本学术振兴会,1962)、福井重雄的《汉代官吏登用制度的研究》(创文社,1988)、宫崎市定的《九品官人之法的研究》(东洋史学会,1956)、矢野主税的《魏晋百官世系表》(长崎大学史学会,1960)、日本历史教育研究会出版的《历史教育》杂志 1965 年 5 月号《六朝隋唐制度史特集》、1965 年 6 月号《中国古代的官僚制特集》、筑山治三郎的《唐代政治社会史研究》(创文社,1967)、砺波护的《唐代政治社会史研究》(同朋舍,1967)、周藤吉之的《五代节度史的统治体制》(1952)、梅原郁的《宋代官僚制度研究》(同朋舍,1985)、岛田正郎的《辽制之研究》(中泽印刷会社出版部,1954;汲古书院 1973 年重版)、青山公亮的《元朝尚书省考》(明治大学文学研究所,1951)、清水泰次的《明代皇族与官吏》(早稻田大学出版会,1950)、三田村泰助的《宦官——侧近政治的结构》(中央公论社,1963)、石桥秀雄的《清代的官僚》(近藤出版社,1974)、楢木野宣的《清代重要职官的研究——满汉并用的整个形势》(风间书房,1975)等等;(3)关于法制史问题的,有仁井田升的《中国法制史》(岩波书店,1952)、内藤乾吉的《中国法制史考证》(有斐阁,1963)、幼方直志的《中国的判决制度》(东洋经济新报社,1957)、长谷川良一的《中国的审判》(东洋经济新报社,1957)、福岛正夫的《中国的判决》(东洋经济新报社,1957)、大庭修的《秦汉法制史研究》(创文社,1982)、岛田正郎的《辽律之研究》(号尾书房,1944)、滋贺秀三的《清代中国的法与裁判》(创文社,1984)等;(4) 关于科举制问题的, 有宫崎市定的 《科举》(秋田屋,1946)、村上哲见的《话说科举——考试制度与文人官僚》(讲谈社,1980)、荒木敏一的 《宋代科举制度研究》(京大东洋史研究会,1969)等;(5)关于家族制度的,有牧野巽的《支那家族研究》(生活社,1944)、滋贺秀三的 《中国家族法论》(弘文堂,1950)、《中国家族法的原理》(创文社,1967)、福岛正夫的《户籍制度与家族制度》(东京大学出版会,1959)、江头广的《姓考——周代的家庭制度》(风间书房,1970)等;(6)其他单项制度问题的,有坂本太郎的《古代驿制的研究》(1936)、《仪礼与唐礼》、宫下忠雄的《中国的财政制度》(亚洲经济研究所,1968)、松本善海的《中国村落制度史的研究》(岩波书店,1977),栗林宣夫的《里甲制的研究》(文理书院,1971)等。这些专著的特点,是断代专题考索多于通论,论文集多于系统专史,多数学者治学态度细密谨严,基本上是从历史学的角度阐述问题。

统览 20 世纪以来的中国政治制度史研究,大体上是作为历史学领域里的一门专史的形式而自立于学术界的, 相当一批著作,实际上是以官制史来代替政治制度史。由于对政治学的基本理论和研究方法缺乏深入的认识,没有能从政治学的角度,把它作为政治学的一个独立分支学科,来规范它的研究对象与任务,例如,对作为中国政治制度史研究对象的国体、政体形态及其区别,首脑决策的依据、形式及贯彻,政体机制,行政管理职能、方式、方法及制衡关系,人才的铨选、考绩与迁转、回避制度,行政效率、创新精神、应变能力等等内容,未能给予充分的科学分析与论证,从而陷于静态的缕述和平面的图解,还谈不上建立起中国政治制度史的科学体系。

第四节　中国政治制度史的研究如何突破

以往的中国政治制度史研究表明,建立中国政治制度史的科学体系,是摆在我们面前的当务之急。那么,究竟怎样才能建立中国政治制度史的科学体系呢?或者说,中国政治制度史的研究,怎样才能有所突破呢?我们认为,不外乎从理论和实践两个方面入手。

从理论上说,必须重新学习马克思主义,坚持运用历史唯物主义的立场、观点和方法,对中国政治制度史进行实事求是的研究,严防简单化和绝对化。

由于中国政治制度史的研究对象是阶级社会的国体与政体,这就要求我们必须把问题提到一定的历史范围之内,具体地分析具体的情况。在阶级社会中,政治制度的主要方面、本质方面,是阶级压迫的工具,但却不应是政治制度的全部内容。历代的政治制度,实际上都是统治阶级为了调整各种政治关系的产物。它除了作为阶级压迫的工具之外,管理公共事务的职能始终都是存在的。否则,它的存在与延续就是不可思议的事情。因此,充分认识阶级社会政治制度的两重性,是我们科学地研究中国政治制度史的一条原则。既要找出隐藏在政治制度背后的阶级关系,指出它是阶级统治的工具,科学地阐明它的起源、演化、消亡的规律和本质, 又要揭示它在管理公共事务中的实际地位和作用,客观地解释它产生的必然性与存在的合理性。就以在中国实行数千年的君主专制政体而言,在这种政体之下,国家的立法权、行政权、司法权最后都集中在一个没有任期限制、不受任何监督的个人——国王或皇帝手里。从本质上讲,他是奴隶主阶级、封建地主阶级对劳动人民实行政治统治,他通过专制政体这种政治制度,对劳动人民实行政治压迫和超经济剥削。在这种专制政体下,当统治者不能有效地运用各种制度调整好各种政治关系时,统治阶级内部争权夺利的斗争就层出不穷,上演无数次封建割据与宫廷政变的活剧;阶级矛盾也会因政治腐败而激化,引爆一次又一次不同规模的农民战争;民族矛盾也会加剧,造成民族歧视和民族压迫;甚至在外国侵略者面前,屈辱丧国,祸国殃民。但是,自从秦始皇确立了专制主义中央集权的政治制度之后,两千多年间,当统治者有效地运用各种制度较好地调整了各种政治关系时,这种政体,又对社会的繁荣、封建文明的高度发展,以及统一多民族国家的形成与巩固,乃至抗击外来侵扰等,都起到了不容否定的作用,充分显示了这种政体在管理公众事务方面的职能。因此,我们研究阶级社会的政治制度,一定要遵循历史唯物主义的基本原理,将阶级观点与历史主义有机地统一起来,切忌片面性,此其一。

其二,要强调全面领会马克思主义的精神实质,来指导我们的研究工作,克服那种截取马克思主义经典作家的只言片语生搬硬套的教条主义学风,在实践中发展马克思主义。历来的马克思主义学者,一直都把政治仅仅理解为阶级斗争,这不能不说是一种误解,以致人们说到政治制度的起源与消亡时,总以为它是随着阶级的出现而产生,随着阶级的消灭而消亡的,似乎阶级消亡后,政治制度就不复存在了。其实,这种认识是不符合人类社会发展的实际状况的。既然我们承认政治制度具有阶级统治和管理公共事务的双重功能,那么,在无阶级社会,仍然需要有管理公共事务的政治制度。因为,人是要受制度制约的,如果没有一套政治制度来管理公共事务,其局面是不堪设想的。基于这种认识,应当承认原始社会的氏族民主制,也是一种政治制度。我们研究政治制度史,应当把它单列为一个历史发展阶段。非但如此,即使将来人类社会发展到共产主义阶段,政治制度管理公共事务的功能也绝对不会消失,必定还会存在,只不过它已不再像阶级社会的政治制度那样,还具有阶级压迫的功能罢了。质言之,政治制度并不因为阶级的消灭而消亡。正如在《工作方法六十条(草案)》中所说:"同阶级敌人作斗争,这是过去政治的基本内容。但是,在人民有了自己的政权以后,这个政权同人民的关系,就基本上是人民内部的关系了,采用的方法不是压服而是说服,这是一种新的政治关系。……彻底消灭了阶级以后,单就国内情况来说,政治就完全是人民的内部关系。那时候,人和人之间的思想斗争、政治斗争和革命一定还会有的,并且不可能没有。……但是斗争和革命的性质和过去不同,不是阶级斗争,而是人民内部的先进和落后之间的斗争,社会制度的先进和落后之间的斗争,科学技术的先进和落后之间和斗争。"毛泽东所说的"在人民有了自己的政权以后,这个政权同人民的关系",是"一种新的政治关系",显然主要是就政治制度管理公共事务的职能而言的。长期以来,我们对政治制度这一概念的理解过于狭隘,无疑束缚了我们的研究视野,而欲使政治制度史的研究能有所突破,理论上的建树是必不可少的。

从实践上说,必须牢牢把握住中国政治制度史作为人文科学与社会科学边缘学科的特点,它既是政治学的重要分支学科,同时又是历史学、政治学、法学等学科有关内容的综合,在这两个方面进行开拓性的研究,才能建立起中国政治制度史的科学体系。

首先,是开拓新领域。从政治学的角度,在深入研究历代政体结构的基础上,着力于政体机制方面的探索。在古代中国,从很早的时候起,人们就对政体机制有所认识。例如,《礼记正义》

卷一载孔颖达疏《礼记》时说:"遂皇(按指传说中的燧人氏)持斗机运转之法,指天以施政教。"又说"始王天下,是尊卑之礼"等等。当然,这种认识是将自然现象与社会现象牵混在一块了,不足为训。但是,它却表明政治制度史必须重视政体机制的研究。所谓政体机制,既政权结构关系及其运转方式,它是通过对权力和政治行为的研究,来揭示政治制度的动态表现。换言之,加强政体机制研究, 就是要正确揭示历代帝王如何处理皇权与官僚机构的关系、中央与地方的关系、农耕文化与草原游牧文化的关系、国家与农民的关系、国家与宗教的关系等等。比如,元世祖忽必烈说过,"中书是我的左手,枢密是我的右手,御史台是我用来医两手的", 这生动说明了他是怎样处理皇权与官僚机构关系的。应当承认,历代帝王都是力图处理好这些关系的,只是由于时代与阶级的局限,加上帝王本人素质上的差异,以致历史上出现了有的帝王较好地处理了这几种关系,造成了国力强盛,社会进步,不过,这是少数。多数帝王则没有处理好这些关系,结果造成社会动乱乃至改朝换代。中国政治制度史的研究,应当把政体机制作为重要对象,突出地表现出来,惟其如此,才能跳出传统的以官制史代替政治制度史的窠臼, 成为名副其实的政治制度史的研究。

其次,拓宽政体结构的研究范围。除了对历代行政、司法、军事、人事、监察这些传统主题重新加以研究之外,还要对财政制度、文化教育制度、宗教与民族事务管理制度,以及传统政治文化中那些与政治制度有关的问题, 如历代政治家关于政治制度改革的思想与实践,给予充分的论证。并且,绝对不能满足于结构形式的图解和演变过程的缕述。更重要的是要从政治学的角度,对其运转方式、管理方式等作出理论上的分析与说明。在这里,适当列举某些足以说明问题的事例,把运转方式、管理方式以及上下左右的制衡关系形象化,也是必不可少的。

再次,要从统一多民族国家的历史实际出发,承认历史上国内各民族的政治体制发展变化的多样性，以及国内各民族政体发展的不平衡性。既要充分论证以汉民族为主体的中原王朝政治体制发展变化这条主线，又要兼顾边疆地区历代少数民族政权结构形式及其运行机制的研究。此外，对于历史上重要农民起义军所采行的政治制度，也要给予一定的篇幅进行论述。以汉民族为主体的中原王朝的政体发展变化而言，是有其鲜明的个性与特点的。它是按照等级君主制（夏商周三代）、军事封建君主制（战国迄汉初）、宗法封建君主制（汉武帝以后）的线索发展变化的。开展中国政治制度史的研究，一定要按照中国国家政体演化的实际状况，建立自己的科学体系。同时，要遵循可比性原则，对历代政治制度与同时期世界各国的政治制度进行比较研究，揭示其发展层次上的差异，探索中国政治制度史自身的、有别于他国的发展规律和特点，科学地总结历史经验，也是对中国政治制度史进行开拓性研究的重要方面。

最后，政治制度是经济基础的上层建筑。它是一定经济形态的产物。历史上任何一种政治制度的产生、发展和消亡，都是一定社会经济关系发展的必然反映。因此，对中国政治制度史进行开拓性研究，必须建立在对社会经济基础的深入研究之上，切忌就政治制度论政治制度。否则，既无法说明政治制度发展变化的内在根据，又不能对政治制度的阶级本质和历史地位给予科学的说明，势必流于肤浅。过去学术界在"左"的倾向干扰下，流行过"打破王朝体系"的口号，其主观意图可能是想突出劳动人民的历史地位。但是，王朝更迭，是建立在封建地主制经济基础之上的，它不以人们的好恶为转移。无视客观存在，搞唯意志论，任你怎样去打，也是打不破的。研究中国政治制度史要特别注意摆脱这个"左"的口号的影响。因为中国皇帝制度，是中国政治制度史的重要内容，"打破王朝体系"，无疑就是取消了这个重要的研究领域，那样，建立中国政治制度史的科学体系，也就无从谈起了。

第五节 中国政治制度史的分期问题

任何一种政治制度的建立,大多是在社会性质发生重大变动之后的事。因此,政治制度史的分期与社会史的分期是有差异的。一般地说,政治制度史的分期要略晚于社会史的分期。但是,由于中国是一个历史悠久的多民族大国,各民族、各地区之间的经济文化发展不平衡,造成政治制度上也有明显的差异。即使同处内地,也曾出现了不同地区的不同政治集团或党派,实行着不同的政治制度的情况,于是,又造成了政治制度不同发展阶段的相互交叉,从而又给中国政治制度史的分期问题带来了困难。

如前所述,政治制度包括国体与政体两个方面,而政体又是政治制度的核心问题,那么,究竟应当用什么作标准来解决中国政治制度史的分期问题呢?

我们知道,政体是指政权的组织形式、结构形式和治理形式,而这三种形式,并不能鲜明地体现政治制度所具有的阶级本质,就像君主专制政体一样,夏商周三代的奴隶制国家,是采行的这种政体;战国至清代的封建国家,也是采行的这种政体。二者具有同一性。当然,同是君主专制政体,也在政权的组织形式、结构形式和治理形式上存在许多差别。但是,这些差别,只能作为划分同一君主专制政体自身发展阶段的标准,却不能作为政治制度史分期的标准。只有国体,才能鲜明地体现政治制度所具有的阶级本质。所以,我们认为,只能用国体来划分中国政治制度史的分期。

按照这个标准,在国家出现之前的原始氏族民主制,则不在论列之中,但它在人类社会发展史上,又是一个不可抹掉的历史阶段,否则,阶级社会的政治制度就成为无本之木,无源之水。中国经历了漫长的氏族民主制阶段,其特点在于它只具有单纯质朴的管理公共事务的职能,而且,这种管理职能的行使,不是靠国王、贵族、官吏、军队、警察、刑法和监狱等强制维持,而是靠传统习俗和妇女或族长的尊严或威望把一切公共关系调整好的。所以,作为一种类型,原始氏族民主制应当成为中国政治制度史的开篇,给予一定地位加以阐述。

大约在公元前21世纪时建立起来的夏王朝,是我国历史上第一个奴隶制的国家。从那时候起一直到现在,四千多年间中国的政治制度,依次出现过奴隶制的政治制度、封建制的政治制度、半封建半殖民地的政治制度、人民民主制的政治制度等四种形态。中国历史上这四种形态的政治制度,是按国体加以区别的,大体上与社会形态(社会性质)的划分是吻合的。从这个意义上讲,政治制度史的分期,与社会史的分期又具有同一性。然而,任何一种形态的政治制度,并非是随着社会性质的改变就立即建立起来的,其自身,有一个由萌芽到形成、由形成到确立、由低级到高级、由不健全到健全,这样一个逐步发展的客观过程,因此,要准确地划分政治制度史分期,是十分困难的,在此只拟粗略地勾勒出它的轮廓。

(一)从公元前21世纪至公元前476年,即夏、商、西周、春秋时代,实行的是奴隶制的政治制度。这一时期,还保留了一些原始民主制的遗存,但其主导形式则是奴隶制的政治制度。从政体形式上看,它与古希腊的城邦民主制不同,是一种与宗法制度互为表里的等级君主制。这种等级君主制,萌芽于夏代,形成于商朝,确立于西周。西周政体,是君统与宗统的统一,正如《诗·大雅·公刘》所揭示的,"食之饮之,君之宗之"。传曰:"为之君,为之大宗也。"其政体结构,是严格地按等级划分的。即所谓"天子建国,诸侯立家,卿置侧室,大夫有贰宗,士有隶子弟,庶人、工、商各有分亲,皆有等衰"①。周天子以宗法家长的面目"作民父母,以为天下王"②,对国人进行专制统治。"君父之命不校"③,便是当时政体运行机制的基本原则。

（二）从公元前476年到公元1840年,即从战国起,一直到鸦片战争,实行的是封建制的政治制度。就政体形式而言,经历了军事封建君主制与宗法封建君主制两个大的阶段。战国时代,由于地主阶级的兴起,诸侯割据争雄,愈演愈烈。加强王权,以完成统一霸业,就成为各诸侯国王的政治目标。在这种情况下,鼓吹君主独裁理论的法家,如申不害、韩非等人,或者提出"独视者谓明,独听者谓聪,能独断者故可以为天下王"④;或者提出人主的"权势不可以借人"⑤等政治主张,客观上适应了各诸侯国王的政治需要。秦王嬴政以申韩之术为理论基础,依靠军功地主的力量,于公元前221年,最后统一了六国,建立了专制主义中央集权制的行政体制,从此,等级君主制正式被军事封建君主制所取代,成为封建政治制度最初形成时的政体形态。汉承秦制,汉高祖刘邦建立汉王朝之后,在因袭秦始皇所创立的军事封建君主制的时候,颇多损益,历经惠帝、文帝、景帝,到汉武帝时,随着分封采邑制的恢复和军功爵制的逐渐衰废,以及儒法合流,儒家学说经过董仲舒的改造后,重新登上历史舞台,成为封建君主制的指导思想和理论基础,于是,军事封建君主制又演化为宗法封建君主制,从此,封建政治制度的政体形态基本定型,并世代相因,一直延续到清末。

需要说明的是,这里说的封建政治制度,主要是就中原传统

---

① 《左传》桓公二年。

② 《尚书·洪范》。

③ 《左传》僖公五年。

④ 《韩非子·外储说右上》引申子曰。

⑤ 《韩非子·六微》。

王朝的政治制度而言的，而这一时期周边民族政权所实行的政治制度，多半还是形式各异的奴隶制政治制度，也还有不少处在原始氏族民主制阶段，出现了三者之间的交叉，或者说国内各族政权形态发展的不平衡，此其一。其二，就中原王朝的政体组织形式、结构形式及治理形式而言，也还有个由简到繁的发展过程，中间还可以划分几个小的发展阶段。若以皇权与中央集权制的实施程度与演进形式为标准，大体可以分为六个小阶段：

(1)战国时代，为军事封建君主制的形成时期，君主集权制、官僚制度、将相分职制、常备军制、郡县制和赋税制等，先后为各国所采行。

(2)从秦统一到西汉景帝，为军事封建君主制从鼎盛走向衰微的时期，皇帝制度、官僚制度、二府辅政体制、中央集权制、郡县制等得以确立。

(3)从汉武帝至南北朝，为宗法封建君主制的确立和发展时期，皇帝制度、官僚制度、中朝官尚书辅政体制、中央集权制、郡县制在发展过程中受到战乱的破坏，三省制形成，州郡县三级体制取代郡县制。

(4)隋唐五代，为宗法封建君主制的巩固时期，皇帝制度进一步完善，三省制得以巩固和发展，六部二十四司、九寺五监为中央政务机关的确立、中央集权制的加强、科举制的实行等，都体现了宗法封建君主制的成熟，中唐以后，中央与地方关系失调，中央集权制受到破坏，战乱迭起。

(5)宋元时代，为宗法封建君主制高度发展时期。三省制向一省制转变。宋代采取分割各级长官事权的办法以加强中央集权，又将中央权力集中于皇帝一身。中央派出机构——路，由地方监察区向行政区过渡，而府、州、军、监直属朝廷，县镇以下乡里制发展成乡、都、保、甲制，使中央对地方乃至基层的控制日益加强。元代中央行政体制由二府(省、院)并立，发展为省、台、院三足鼎立，各自对皇帝负责，又以皇太子兼任中书令，从而加强皇权。原为中央派出机构的行省,转化为地方最高行政机构,有利于调整中央与地方的关系。行省以下,实行路、府、州、县及乡里制,以严密控制地方。

(6)明清时代,为宗法封建君主制的鼎盛时期。明代罢中书省,废宰相,以内阁制为中央辅政机构;清代实行以内阁及军机处为中央辅政机构,协助皇帝处理军政事务。明清两代,以六部为中央政务部门,分理国政,直属皇帝。皇权兼并了相权,使皇帝集权发展到了顶峰。地方上,省级政权几经调整,元代开始的省级建制,得以进一步发展和完善,府州县以下建制日趋定型,中央集权制得以强化,宗法封建君主制行将从顶峰跌落下来。

(三)从1842年至1949年,即从鸦片战争后签订的中国近代史上第一个不平等条约中英《南京条约》开始,宗法封建君主制的政治制度逐步半殖民地化,一直到中华人民共和国成立前,中国实行的是半封建半殖民地的政治制度。就其政体形式而言,又可分为半殖民地化的宗法封建君主制与资产阶级民主制两个阶段。

(1)从1842年到1911年,为半殖民地化的宗法君主制阶段,其标志是买办制度的出现、通商大臣的设置、总理各国事务衙门与外国使馆的建立,同文馆、税务司和外国租界的设立,模仿资本主义国家改组内阁,颁布《宪法大纲》,调整与增设各部及地方机关,建立所谓民意机关——资政院与咨议局等等。

(2)从1911年到1949年,即从辛亥革命推翻帝制到中华人民共和国成立前,中国大部地区实行的是资产阶级民主制。不过,中国资产阶级民主制经历了曲折的历程,其间还出现过袁世凯复辟帝制,但从总的发展趋势上看,基本上可以称作资产阶级民主制阶段,其中,还可以南京临时政府、北洋军阀统治的北京临时政府、国民党政府为界标,划分为三个小的发展阶段。

(四)从1949年中华人民共和国成立起,一种崭新的人民民主制度便在古老的中国大地上确立。

人民民主制度,顾名思义,一切权力属于人民,人民是国家政权的主人,享有广泛的民主权利,并通过自己的政权机关对敌人实行专政。

人民民主制度始建于 1927 年的农村革命根据地,经过土地革命战争、抗日战争和解放战争三个历史时期的发展。中华人民共和国成立后,随着全国绝大部分地区的相继解放,人民民主制度逐步得以在最大范围内实行。它是中国历史上最新的政治制度,目前,只有香港、澳门特别行政区和台湾省实行资产阶级民主制。

以上,是我们对中国历史上政治制度演进的几种形态及其发展阶段的初步认识。需要说明的是,本书为叙述方便,没有按照这种认识分章,而是按断代分章。

第六节 中国传统政治制度的基本特征

清人恽敬曾经说过:"自秦以后,朝野上下,所行者皆秦制也。"[1]20 世纪初,著名的历史学家夏曾佑在所著《中国古代史》中也说:"中国之政,得秦皇而后行","自秦以来,垂二千年。虽百王代兴,时有改革,然观其大义,不甚悬殊"。[2]恽敬和夏曾佑所说的"秦制",即统一的专制主义的中央集权制封建国家的政治体制,也就是我们习惯上所说的传统政治制度。

秦始皇作为统一的专制主义中央集权制封建国家政体的创始者,集功过于一身,千百年来,毁誉参半。明朝中叶以后,这种封建国家的政治体制,日益成为阻碍社会经济发展的桎梏,并拉

---

① 《大云山房文稿》卷 1《三代因革论》。
② 《中国古代史》下册,商务印书馆 1933 年版,第 225 页。

大了与西方新兴的资本主义国家的差距,于是,先进的中国思想界健笔纵横,开始对中国封建政治体制进行猛烈的抨击。鸦片战争以后,卓识之士率先萌发了改变封建政治制度的要求,戊戌变法,资产阶级改良派提出了"冲决君主之网罗",建立君主立宪政体的构想;辛亥革命推翻了清王朝,发出了震聋发聩的"扫除数千年种种专制政体"①的呼号;五四运动以来,先驱们把变革传统的封建政治制度与革命实践相结合,进行了可歌可泣的斗争;直到 1949 年中华人民共和国成立,传统的封建政治制度,才在中国大地上被推翻。

然而,在社会主义商品经济没有充分发展的客观条件下,传统政治制度的惰性影响,却与封闭而落后的自然经济未经彻底改造而成正比,传统的政治文化所塑造的社会政治心理,也不因封建政治制度的被推翻而销声匿迹。为了正确认识传统政治制度对近代中国社会的影响,认真总结一下传统政治制度的基本特征,想来是不无意义的。

传统的政治制度的特征之一,是君主专制主义。两千年间,无论是统一王朝的皇帝,还是割据一方、南面称孤的国君,都奉行专制主义原则,实行君主专制政体。

需要说明的是,君主专制政体作为封建制国家最主要的政权组织形式,并非中国所独有,世界上许多封建制国家也曾实行过。但是,中国的君主专制政体,却与西方一些国家的君主专制政体大不相同。西欧一些国家的君主专制政体,是在封建社会向资本主义社会过渡时期,为适应原始资本积累的需要,在封建等级君主制的基础上建立起来的,它的建立与发展,导致了西欧封建制度的解体和资本主义制度的确立。而中国封建君主专制政体,则是从奴隶社会的等级君主制转化而来的,它与原始资本积累毫无关系。它的确立与发展,起到了巩固封建经济基础的作

---

① 邹容:《革命军》。

用,并没有把封建的中国引导到资本主义。因此,我们说君主专制主义是中国传统政治制度的基本特征之一,绝非把普遍性(一般性)当作特殊性而故弄玄虚。

中国君主专制主义在政治制度上的表现有二:一是帝位终身制与皇统世袭制。秦王嬴政创立专制主义的皇帝制度,"自称曰朕","朕为始皇帝,后世以计数,二世三世以至万世,传之无穷"①。它作为一种停滞型的政治体制,在其后的两千年间,为历代帝王所师承。

帝位终身制,就是帝王一旦登极,便终身为皇帝。它贯穿着宗法家长制的原则,体现了皇权的不可让渡性。中国历史上虽然出现过个别皇帝在"驾崩"之前,曾有过让位于儿子、自己成为"太上皇"的事例,如北齐武成帝、唐高宗、唐睿宗、唐玄宗、宋高宗、清高宗等。明英宗被瓦剌俘虏后,其弟景帝即位,次年英宗被放回,也曾称太上皇。但是,这些并不改变帝位终身制的实质。帝位终身制赋予皇帝制度以封闭、保守、僵化、停滞等特点,皇帝本人的素质、好恶,往往给政治以决定性的影响。千百年来,人们之所以习惯地把历代皇帝划分为所谓"明君""昏君""暴君",便证明了这一点。

皇统世袭制,就是把帝位视作皇帝一家一姓的私产,"父子相传"②。其特点是直截了当地以法延传继承,他姓弗替,表明皇权的不可外移性。秦始皇虽然确定了皇统世袭制的原则,但是没有建立预立储君的太子制度。汉高祖接受叔孙通的建议,确定了预立太子及立嫡制度。以嫡长子继承帝位,作为皇权的接班人,虽然旨在求得政局的安定,但是,由于嫡长子有贤愚之分,而帝位作为国家最高权力的象征,又为众皇子所觊觎。所以,尽管自汉朝以来,封建法律就确定了嫡长子继承帝位的制度,然而,围

---

① 《史记》卷6《秦始皇本纪》。
② 《汉书》卷52《窦婴传》。

绕帝位继承权的斗争,历代不绝于书。另一方面,皇子皇孙虽然"居于深宫之中,长于妇人之手",但却并非孤立的个人。在他们的身后有宗亲皇族、后妃外戚、阉宦和三师(太师、太傅、太保),并与前朝(外廷)有着千丝万缕的联系。这样,夺嫡斗争总是与各种政治派系争权夺利的斗争交织在一起,使宫廷阴谋和宫廷政变层出不穷,演出一幕又一幕子杀父、弟杀兄、叔杀侄、母杀子的悲剧。非但如此,那些依附于失败一方的政治派系也往往被株连而惨遭屠戮。更重要的还是伴随而来的后妃干政、外戚擅权、宦官专政,并最终导致祸乱相继,政治黑暗的局面一再出现。

预立太子,是一种原始的国家元首擢任制。它取决于皇帝个人对众皇子的好恶所作出的选择,也是宫廷内各个政治派系角逐的结果,其唯一不变的原则是血缘关系。它是皇家独占的政治特权,带有封闭性、落后性和腐朽性。按照这种办法产生的储君,其政治素质和政治才干,往往与其所负有的使命相去甚远。中国历史上,之所以会出现痴人(如晋惠帝)、酒色之徒(如明武宗)以及众多乳臭未干的娃娃继承皇位的荒唐事,归根结底,都是以这种陈腐的皇统世袭制为渊薮的。

二是皇权没有约束,皇权不受监督。秦始皇确立了"命为制,令为诏","天下之事无小大皆决于上"[1]的专制主义原则,集国家最高权力——立法权、行政权、司法权于一身,从而赋予君主制以个人独裁型。自此而后,皇帝"总揽威权,柄不借下"[2],就成为千古不变的教条。卢梭指出:"专制政治是不容许有任何其他的主人的,只要它一发号令,便没有考虑道义和职责的余地。"[3]黑格尔也认为,君主的理念,"不外是一种任意的、意志决断的理念"[4]。中国

---

[1]《史记》卷 6《秦始皇本纪》。

[2]《太平御览》卷 91 华峤《后汉书》。

[3]《论人类不平等的起源和基础》,商务印书馆 1964 年版,第 145 页。

[4]《马克思恩格斯全集》第 1 卷,人民出版社 1961 年版,第 274 页。

皇帝从决策到行使立法、行政、司法权,无不表现出独断性与随意性。这样的例子,在中国历史上俯拾皆是,无需多说。

历代帝王高居于最高立法者、最高行政长官和最高司法者的地位,对臣下有"审督责"的绝对权力,但是,臣下却没有约束和监督帝王行为的任何权力。帝王除了不能对经济条件发号施令外,在政治领域里,他的权力表现为不受约束和不受监督。即如李斯所说的"主独制于天下而无所制也"[①]。自秦汉以来,有"廷议""朝议""封驳"等制度,也有"犯颜直谏""面折廷争""封还诏书"和"纳谏"等等佳话;一部分帝王还有"兼听"的举动,但这些并不是民主,充其量不过是帝王在行使最高统治权时的一些补充方式和补充手段。就拿廷议、朝议制度来说吧,凡遇军国大事,皇帝往往"下其议"于群臣,叫作廷议或朝议。廷议或朝议,似乎是皇帝集思广益、防止权臣蒙蔽的手段,即所谓"兼听则明"。但是,廷议或朝议,却不能削弱皇帝决策的独断性。我们知道,廷议或朝议,本来是秉承皇帝的旨意举行的,议定的结果,在通常情况下,需由宰相领衔上奏,最后必须经皇帝裁决,方能施行。因此,廷议或朝议,根本起不到约束、限制或监督皇权的作用。

南北朝至唐宋实行三省制,即所谓"中书主受命,门下主封驳,尚书主奉行"[②],历来被认为是限制和监督皇权的例证,受到人们的称颂,其实这不过是一种误解。三省制的要害在于将相权一分为三,使之互相牵制,防止宰相专权。贞观四年(630 年),唐太宗与萧瑀的一段谈话,道出了他实行三省制的真实用意,为的是皇帝可从"千端万绪"的事务中解脱出来,而"高居深视",统摄大政方针[③],使所拥有的对群臣"审督责"的权力进一步加强。唐

---

① 《史记》卷 87《李斯列传》。

② 王鏊:《震泽长语》卷上。

③ 《贞观政要》卷 1《政体第二》。

代皇帝的诏敕,经政事堂决议奏准颁行时,要加盖"中书门下之印"。但实行起来却并不尽然,因而又有"斜封墨敕"的大量出现。所谓"斜封墨敕",就是皇帝直接发出的不经政事堂议决的亲笔手令,以墨笔书写,斜封付有司执行。宋代皇帝的"斜封墨敕"愈演愈烈,他们往往以"内批"直付有司,不经中书、门下,搞成既成事实,使之不得封驳。并以此制造臣僚之间的矛盾。因此,三省制、封驳制度不可能起到真正限制或监督皇权的作用。

传统的政治制度特征之二,是中央集权制。所谓中央集权制,是相对于地方分权制而言的。它与专制主义是两个不容混淆的概念。其区别在于专制主义"既无法律,又无规章,由单独一个人按照一己的意志与反复无常的心情领导一切"①。质言之,就是"朕即国家",指的是国家形式的核心部分,即政体的本质特点。而中央集权制,则是国家政权的结构形式,指的是国家整体与部分之间、中央政府与地方政府之间的相互关系,并包含统治阶级进行统治的手段和管理的方法。英语叫做 centralization,是表示国家政权全部集中于中央政府,而各地方政府只能根据中央的指令办事。

然而,中央集权制又与专制主义有着密切联系。在中国历史上,中央集权制的正式确立,是伴随封建专制主义的确立而载入秦王朝史册的。当然,其形成过程可以上溯到战国时代,自秦至清,两千年间,无论是大一统的封建王朝,还是处于分裂割据状态的各个小王朝,它们都搞封建专制主义,也都实行中央集权制。就中国历史上先后出现过的几次分裂割据局面的实际状况而言,那些据地称雄于一方的小王朝,无不热衷于通过兼并战争来消灭割据状态,最后建立一个统一的专制主义中央集权制的封建国家。因此,中央集权、封建专制主义和大一统,三者之间有着天然的历史联系。它们是中国地主制封建生产方式发展的必然结果,客观上适应了封建地主阶级政治上和经济上的需要。

---

① 孟德斯鸠:《论法的精神》上册,商务印书馆 1987 年版,第 8 页。

　　中央集权制最根本的特点在于，地方政府在政治上、经济上、军事上和文化上，没有独立性可言，必须严格地服从中央政府的政令。主要表现在：(1)"海内为郡县，法令由一统"①。郡国、郡县无立法权。(2)郡县制地方官员的除授、迁转权，悉归中央政府，地方行政长官必须向中央政府负责。(3)就中央与地方关系的发展趋势而言，地方政府在司法、财政、军事诸方面，均无自主权，必须受制于中央政府。(4)地方政府必须接受中央的监督。

　　中央集权制，是国家完整性的象征。对它的历史地位要一分为二。从积极的方面来说，一方面，它促进了统一的多民族国家的形成、巩固与发展；另一方面，它又为社会经济的发展提供了有利的政治环境。然而，由于高度的中央集权，意味着地方无自主性，因此，它的消极方面，也不容忽视，主要有：(1)地方官员一切"倚办于上"，只能秉承中央的旨意行事，不得有任何发挥与创造，从而赋予地方政治以保守性，并由此派生出诸如以欺瞒取悦于上，或以虚文故事相应酬，或者墨守成规等一系列腐败现象。(2)高度的中央集权，必然要求舆论一律，因而加强思想文化方面的统治，以禁锢人们的思想，就成为集权政府势必推行的文化政策。从秦始皇的焚书坑儒，到宋金明清的文字狱，都是显证。其结果，又导致科学文化的保守落后。(3)高度的中央集权制政府，必然需要一支由国家豢养的庞大的官僚队伍来保证行政机制的运行和一支庞大的职业军队作为后盾。这样，巨额的官俸与兵饷，再加上朝廷的开支，就成为封建国家的主要财政支出。这在生产力低下的中国封建社会，只能通过超经济强制手段加重农民阶级的赋役负担来解决，从而又导致阶级关系的紧张和农民战争的爆发。中国历史上农民战争次数之多、规模之大，显然与高度中央集权制有着密切的联系。(4)高度的中央集权，导致"上农抑末""重本抑末"这一传统国策能在全国范围内得以长期推

――――――――――――

　　①《史记》卷6《秦始皇本纪》。

行。"上农""重本",主要是出于财政上的考虑,试图维持小农的简单再生产,以达到封建国家"国运长久"的目的。"抑末",以及"重税征商",则抑制与破坏了商品经济的正常发展,使封建经济失去了发展变化的活力,从而又抵消了它为社会经济发展提供有利的政治环境所能起到的某些积极作用。

传统政治制度的基本特征之三是官僚政治。官僚政治在西方,是封建主义与资本主义斗争过程中的产物。在中国,则是封建专制主义的派生物。它不像西方的官僚政治那样,具有二重性格。中国封建官僚是从奴隶制时代君主的家臣演变来的。官者,管也;僚者,官也。即如《左传》文公七年所云:"同官为僚。"僚在春秋时代还可以作为对奴隶的称呼。因此,官僚的实质,不过是君主的奴仆。"秦兼并天下,建皇帝之号,立百官之职,不师古,始罢侯。置守太尉主五兵,丞相总百揆,又置御史大夫以贰于宰相"①,设郡守、郡尉、县令等以统地方,首创了官僚政治的格局。在其后两千多年间,历代不断有所损益,使之成为传统政治制度的突出特点之一。官僚政治在制度上的表现,是形成体系完备、历史久远、发达的文官制度。无论是考选、铨叙、品阶、薪俸,还是考绩、监察、迁转、赏罚、致仕;无论是品官与吏胥的划分,还是限任制与常任制的区别,在世界各国政治制度史上,都是首屈一指的,并对近代西方文官制度的形成产生了积极的影响。

中国官僚政治的特点如下:

(1)官为君设,从而赋予官僚政治以浓厚的人治色彩。在封建专制主义时代,官职的设置、官僚的任用,权归皇帝。各级官僚是皇帝推行个人意志、统治百姓的工具,必须对皇帝尽忠。后梁宰臣敬翔曾对末帝说:"臣受国恩,仅将三纪,从微至著,皆先朝所遇,虽名宰相,实朱氏老奴耳,事陛下如郎君"②,这段话道破

①《通典》卷19《职官一》。
②《旧五代史》卷18《敬翔传》。

了君臣关系的实质是主奴关系。换句话说,官僚政治的要害,是确立官僚对皇帝、以及官僚上下级之间的人身依附关系。惟其如此,自秦始皇首创官僚政治格局之日起,"丞相诸大臣皆受成事,倚辨于上"①,就成为千古不变的教条。如是,则皇帝个人的政治素质、性格与涵养、兴趣好恶等,就对官僚群体具有决定性的影响。官僚处理政务,唯以上峰脸色为准绳。凡事奉命而行,只对皇帝及上级效忠,这就为官僚政治打上了深深的人治烙印,即所谓"其人存,则其政举;其人亡,则其政息"②。两千多年间,中国民间的细民百姓,之所以寄幻想于明君贤相与清官的出世,其源盖出于此。

(2)中国的官僚政治虽然有一套完善的考选官僚的制度,但是,无论是从考选对象与内容,还是从考选方式与程序上看,都体现了它的封闭性特征。两汉的察举、辟除、征召、荐举之制,魏晋的九品官人之法,唐宋以还的制举、荐举等等,都是以官举人,权操于上,百姓无得参与,民意无得反映。因此,它与近现代的民选制大相径庭。按照这种方式选拔出来的官僚素质大成问题。就两汉的察举来说,东汉灵帝时居然出现了"举秀才不知书,察孝廉父别居,寒素清白浊如泥,高第良将怯如鸡"③的怪现象。魏晋时期的九品中正制,"不精才实,务依党利",是非随爱憎,寄褒贬于一人之手,"所疏则削其长,所亲则饰其短",结果造成"所欲与者,获虚以成誉;所欲下者,吹毛以求疵",以致"一人之身,旬日异状";"或以货赂自通,或以计协登进,附托者必达,守道者困悴","是以上品无寒门,下品无势族"④。科举制实行以后,虽然表面上突破了世家大族垄断官场的局面,但是,科举考试的科目及

---

① 《史记》卷6《秦始皇本纪》。

② 《礼·中庸》。

③ 葛洪:《抱朴子·审举篇》。

④ 《晋书》卷45《刘毅传》。

内容,大抵不出经义的范围。当然也有例外,如唐代的制举,因系皇帝自诏,科目随意标立,名不副实,流于繁冗,有所谓博学弘词科、文词秀逸科、风雅古调科等等,不下六七十种之多。中制举者,属于火箭式提拔的官僚。特别是明清时期盛行八股取士,从而把学子训练成只会鹦鹉学舌式的人物。因此,这样选拔的不是人才,而是官僚,多半没有进取精神,属于非创造型。他们大致只熟悉刑名、钱谷、文书及控制防范人民一类事务,而极端缺乏推进社会发展的科学知识和开展经济建设、造福人民的聪明才智。这种甄选方式所赋予整个官僚群体以因循守旧的保守性格,便是中国封建官僚政治封闭性表现的一个侧面,此其一。其二,作为封建官僚甄选的重要补充方式,历代都实行恩荫任子与赀纳捐官制度。恩荫制的特点,是子孙或其他亲族因其父祖为官,而得以荫庇出任较父祖官阶为低的官位。它重血缘,而不顾才能,是世袭制的一种延续,本身属于一种封建特权。恩荫制实行的结果,使官僚政治门阀化,其实质,是推行徇情任用原则,这导致官僚队伍的素质逐步退化,进而变得腐败不堪。至于赀纳捐官,顾名思义是使官僚政治商品化。历代统治者的赀纳捐官之举,大率出于财政上的考虑,或治河,或实边,或赈济灾荒,或为筹集军饷,诸如此类,不一而足,动机都是为了集资。固然不能对买官者一概而论,不能说他们之中绝无人才,像两汉有名的司马相如,就是"以赀为郎"的。但是,这毕竟是凤毛麟角。就其绝大多数人而言,则绝非俊秀,从而成为官僚政治的一个赘瘤。捐纳的实质,是"以官为贸易",基本不出殷实富户、官吏子弟、市井纨绔的圈子。这类人等,往往是些便佞桀黠之徒。他们熟谙簿书期会之事,舞文弄法之巧,因而,一旦得志,便包揽词讼,武断乡曲,无不肆其掊克之谋,以为取偿之计。捐纳出身的官僚,较之那些来自田间的科举出身的官僚,作奸犯科,尤为在行,而且往往不顾惜名声,为非作歹,肆无忌惮。它非但不能为官僚政治带来生机,反而成为官僚政治的蛀虫。其三,入选的士子获得做官的资格之后，在除官、晋升问题上，实行论资排辈，是官僚政治封闭性的又一表现。

(3)"官无封建，而吏有封建"①，赋予官僚政治以腐败性。历代设官，皆置吏胥。秦且"以吏为师"，汉代名公巨卿起家掾史者不可胜计。魏晋以降，流品始分，为吏者不得与清流为伍。隋唐以后，尤重科举，而吏胥之选益轻。吏胥作为封建官府中的具体办事人员，与官僚相辅相成，构成官僚政治的实体。官与吏的区别在于：职责不同，任期不同(官僚实行限任制，吏胥实行常任制)，官僚放任要回避本籍，而吏胥则基本上是土著。二者政治素质上差异也很大。由于吏胥的任用不避本籍，而且父子兄弟相传，加上官暂而吏久，官少而吏多，于是造成为官者迁徙不常，历官有如传舍；吏人虽不入流品，但却可以终身窟穴公堂，以长子孙，从而形成吏胥左右官场的局面。他们凌驾于公卿之上，舞文弄法，稽延政务，恐吓州县，飞书走牍，要索当道，降低了行政效率，搅乱了行政秩序。在承办赋役、刑狱事务中，招摇纳贿，敲骨吸髓，草菅人命，实为"养百万虎狼于民间"。它是官僚政治腐败性的典型表现。

官僚政治，流弊孔多，最大的弊端莫过于官僚主义。官僚主义是官僚政治的必然产物，也是官僚政治永远摆脱不了的恶魔。它与封建专制主义相结合，对社会发展的危害，可谓罄竹难书。②

除上述三个基本特征之外，中国传统政治制度还具有以天命观为其哲学基础，贯穿着礼治原则和宗法性，以及在地方实行行政包揽一切的权能主义等等特点。宥于篇幅，这里就不一一论列了。

---

① 叶适：《水心别集》卷 14《吏胥》。
② 白钢：《中国封建社会的官僚政治与官僚主义》，《求是》1988 年第 6 期。

第七节 传统政治制度与中国政治体制改革

实践表明，世界上没有一个国家能够和自己的历史一刀两断，传统是扔不掉的。尽管岁月是流逝的，但习俗却是相对凝固的。任何一个国家、民族要实现现代化，只能是在自己传统基础上的现代化。正像人类只有服从自然规律才能控制自然一样，要摆脱历史的影响与束缚，只有正视历史，亦即以另一种方式正视自己。越是硬要不理睬自己的历史，那就越会充当历史的俘虏。不深入认识历史，便不能深入地认识现代。为此，深入开展对传统政治制度的研究，对于促进中国政治体制改革的深入发展，无疑具有重大的现实意义。

传统政治制度是一个历史范畴，但又是一个不断变化着的上层建筑。除了它那可畏的惯力作用外，还有着岁月对它的修正，使它一天比一天更合乎理想的标准。因此，可以说传统政治制度本身包含着过去、现在、未来的因素，它将世世代代的社会主体联结起来，成为人们从事政治活动"天然"的社会条件，也是社会前进不可逾越的舞台。从这个意义上说，传统政治制度是中国政治体制改革的背景与起点。

基于这种认识，我们认为，中国的政治体制改革，应当是对传统政治制度的辩证否定，或者叫做扬弃，即吸收其经过实践检验是合理的东西，摒弃其落后、僵化的东西，创建新的科学的政治体制。

长期以来，在对待传统政治制度问题上，曾流行两个有问题的口号：一个叫做"彻底砸烂旧的国家机器"；一个叫做"与传统旧世界彻底决裂"。这都是形而上学的观点。历史上任何一种上层建筑形成后，都有其发展变化与运动规律，不可能凭主观意志想"砸烂"就能"砸烂",想"彻底决裂"就能"彻底决裂"的。传统是智慧的结晶,没有传统就不能真正地前进。我们在对待历史上的上层建筑的影响这一问题上,绝不能搞历史虚无主义和民族虚无主义。传统政治制度有很多珍贵的遗产,也有很多糟粕。古代一些有作为的政治家、思想家在处理各种政治关系,制定各种制度、政策时,积累了丰富的经验。中国的政治体制改革,是以正确地认识国情为前提的,而不是把西方政治模式奉为圭臬,盲目地崇拜,不加批判地照搬过来。因此,重视研究我国的政治传统,认识自身制度上的优点与缺陷,把传统批判与现实批判有机地结合起来,才能使政治体制改革立足于坚实的基础之上。

尽管近百年来,中国的政治体制一直处在变革之中,这当然是一种进步的表现,但是传统政治制度却使我们背上了沉重的专制主义、家长制、高度集权、官僚政治、人治原则等等历史包袱。新中国成立以后,我们对封建主义制度、资本主义制度和社会主义制度的研究与讨论,存在着绝对化的倾向,缺乏实事求是的态度。任何一种制度都有一个逐步完善的过程,变革是必然的。然而,许多几千年来习以为常的原则、习俗,要变革又谈何容易。我们长期所确认的社会主义制度与计划管理制度必须对经济、政治、文化、社会都实行高度中央集权的管理体制;在一元化领导的口号下,造成的权力过分集中,"以政代法"、"权大于法"的现象层出不穷;在人事制度上没有实行公开考试、择优录用原则;在行政管理上缺乏科学的、系统的行政法规,缺乏民主观念,缺乏严格的监督手段;在制定和执行政策时,"长官意志"与随意性常常起相当大的作用等等,都是传统政治制度消极面的积淀。我们要克服我们制度上的这些缺陷,方法之一就是要认真研究传统政治制度中的糟粕,阐明它在历史上的危害,找出克服的办法,为中国的政治体制改革提供借鉴。这是问题的一个方面。

另一方面,历时数千年的传统政治制度,又蕴含着丰富的文化遗产,有许多是经过实践检验证明行之有效的历史经验。这些历史经验，对于我们的政治体制改革，具有参考价值和启迪作用。因此，那种以为搞现代化就要摒弃传统的观点是不对的。事实上，只有把现代化注入传统，改革传统，以形成新的传统，才能保持我们的民族特色，实现真正的现代化。

中国传统政治制度的成功经验之一，就是有发达的政治分工和悠久的权力制衡观念。

政治分工，是指职能上的分工。它是多层次的，有一般分工、特殊分工和个别分工三种类型。具体地说，有政府与社会的分工、同级政府内部各部门之间的分工、同一部门或单位内的分工。

就以历代中央政府内部各部门之间的分工为例，中国自秦汉时期起，就实行三公九卿制式的政治分工。它是以皇帝为政治权力的中心，掌握国家统治权，而以三公辅佑之。其中，丞相总百揆，太尉主兵事，御史大夫掌纠察，九卿分司庶政。这种职能分工，为后代所师承，并不断有所损益。到了隋唐时期，演化为三省、六部二十四司、九寺五监体制，分工越来越细。及至明清时期，实行内阁六部体制，此外还有六科给事中、五军都督府(明)、理藩院(清)、都察院及诸府寺司监，真可谓部门林立、分工细密。从政治学的角度来看，这种发达的政治分工，在世界历史上可以说是首屈一指的。因此，那种认为中国古代没有政治学的观点，是实在没有道理的。发达的政治分工，标志着政府体制的完善与行政管理经验的成熟。中国传统政治制度在这方面所积累的经验，是值得我们认真加以总结的。

政治分工是权力制衡观念的基础。正是由于古代中国有着发达的政治分工，所以，从很早时候起，就产生了权力制衡观念，建立了权力制衡体制。秦汉以来，历代朝廷都以御史纠察百官，肃正纲纪，以言官谏议政府，减少政策失误，正是权力制衡观念的具体运用。而魏晋以后形成的三省制，无论是唐代的"中书主受命，门下主封驳，尚书主奉行"，还是宋代元丰改制以后的"中书省取旨，门下省复奏，尚书省施行"①，都堪称为古代中国最好的权力制衡体制，并为他国所不及。当然，历代王朝所建立的权力制衡体制的出发点，都是为了防范群臣独大和皇权旁落，力图以此来牵制官僚系统，保证皇权行使畅通无阻。因此，历代王朝无不十分重视所谓"以内驭外"、"以小驭大"，形成所谓"内外相维，犬牙相错"的权力制衡格局。这样做的结果，固然起到了权力制衡的作用，但另一方面，却又造成官僚机构叠床架屋，冗官冗吏充斥，相互掣肘，从而降低了行政效率。

中国传统政治制度的成功经验之二，就是积累了一整套比较科学的人事管理的经验。这首先表现在考试制度的长期实行上。我国人才选拔制度，早在西周时代，就有所谓"先论后使"的说法。《礼记·王制第五》载称："凡官民材，必先论之；论辨，然后使之；任事，然后爵之；位定，然后禄之。"②这里所说的"论辨"，不妨理解为对欲用之人的德行才能进行考察。可以看作是后代考试制度的萌芽。降自秦汉魏晋南北朝，人才的选拔概"以举为选"。无论是两汉时代的"察举"和"征辟"，还是魏晋南北朝的九品中正制，大体都属这一类。直到隋唐时代，开科取士的科举考试制度才正式形成，并一直延续下来，前后实行了一千三百年之久。只是到清末光绪三十一年，因为八股文体为害，不合时代潮流，遂被废弃。科举考试制度是封建时代官员选拔方式上的重大进步，具有一定程度的开放性和竞争性，对近代西方的文官考试制度的形成，曾经产生过一定的影响。诚如孙中山先生所说："现在各国的考试制度，差不多都是学英国的。穷流溯源，英国的考试制度，原来还是从我们中国学过去的。"③当然，科举制度本身，有相当大的局限性，特别是"经义取士"与八股文，培养了士子们

① 彭百川：《太平治迹统类》。
② 《礼记正义》卷11。
③ 《五权宪法》。

空疏谫陋的学风,造成所选拔出来的人才,往往"用非所学,学非所用"。但是,它毕竟体现了尽可能地吸收更多的人参加考试的公平竞争原则,开辟了广大中小地主阶级知识分子从政之门,扫除了门阀政治的积弊。在具体做法上,诸如全国区划名额,实行分科取士,确立解试、省试、殿试或乡试、会试、殿试的三级考试制度,对试卷实行"糊名""誊录""校对"等,对考官"限权""锁院",对考官亲属、子弟应试,实行"别头试",对应试的官宦子弟实行"复试",严防作弊,形成严格的"科场法""科场规则"或"条例"等等,从而使科举考试制度法律化,并确保封建国家管理体系的长期稳定与发展。

其次,在官员的使用上,注重实践性。一般地说,科举考试只能获取任官的资格,如果正式除授,还必须经过吏部考试。初授官,官品都不高;入翰林院的,要从编修、编撰做起;若出任地方官,也要经过一至三年的实践锻炼,等考绩优异,方能晋升。有的朝代还实行试用制度。例如明代,朱元璋曾规定:在京官初入仕者,且令试职,一年后考,堪用者与实授,即正式任命;不堪用者降黜,量才录用。后来试职时间延长为三年,即所谓"诸部寺所属,初止署职,必考满始实授"①。试职即试用制度,是一种强调在实践中考察官员工作能力的科学规定。它可以防止不称职的官员尸位素餐,保证官员素质稳定。

其三,在官员的管理上,实行的品阶、俸禄、考课、铨选、迁转、监察、回避、请假、致仕等制度,都积累了丰富的经验。其中,历代的考课制度虽然各具特色,但在考课的标准、办法、程序和赏罚等级方面,基本上都做到了制度化、法律化。尤其是唐代,在对官员进行职位分类的基础上,制定出各类部门官员考课的最高标准,即所谓叙以"四善",别以"二十七最",并根据考课的结果,决定官员官阶的进退、俸禄的增夺、官位的外迁或解任。

---

① 《明史》卷 71《选举志三》。

同时,还实行复考制度,以减少失误。又如监察制度,历代监察体制一脉相承,虽然代有变化,但监察职能却大体雷同。其中,言官谏议系统,有谏议政事、驳正违失之责;台院监察系统,有纠弹百僚、参与复核审判、政务巡察、财务审计、人事考核、礼仪纠察等职责。历代都有监察立法,实现了监察制度化、法律化。此外,对监察官员实行限任制,有的朝代还实行监司互察法,等等,都不失其为成功的经验。再如,回避制度。我国是创立与实施回避制度最早的国家。至少在西汉,就已有任官亲族回避之例了。到了东汉灵帝时,又出现了最早的回避制度的立法——"三互法"。史称:"初,朝议以州郡相党,人情比周,乃制婚姻之家及两州人士不得对相监临。至是复有三互法,禁忌转密,选用艰难。"①三互法确立了最早的亲属回避与籍贯回避的原则,其后,历代有所损益,唐宋以后,逐渐形成严密的任官回避制度和相关的回避立法。例如,宋代的回避制度,有避亲法、避嫌法、避籍和避置产业州县等立法。又如清代的回避制度,有地区回避(籍贯回避),社会关系回避(亲属回避,含师生、官幕等关系),特定职务回避(如现任三品以上堂官,其子弟不得考选科、道官员;道员以上子弟,皆得回避在军机处任职等),此外,还有民族回避、听讼回避等等。回避制度是防止营私舞弊、朋党为奸的重要措施。

其四,形成了一整套行政法规。中国历史上最早的行政法规,可以上溯到《尚书·周官》。它记述了西周设官分职和用人之法。进入封建社会以后,历代关于行政的立法,几乎代不绝书,大到《唐六典》《淳熙条法事类》《庆元条法事类》《元典章》《明会典》《清会典》等等,小到各部的《条规》《例则》《官箴》《官规》等等,其体系之完备、实施细则之具体,实为世界上任何一个国家古代行政立法所不及。

①《后汉书》卷60下《蔡邕传》。

上述所有这些属于人事管理方面的制度，都蕴含了丰富的历史经验，表明了历代统治者为实现政治清明、保持官员的廉洁、提高行政效率所作的努力，其中许多内容至今仍不乏启迪和借鉴之处。

政治制度具有防微杜渐的作用，任何时代的社会主体，都要受相应的政治制度的制约。现实政治制度的优点与缺点，往往与传统政治制度积极的或消极的影响有着这样或那样的联系，因此，开展对传统政治制度的研究，要本着"述往事，思来者"的原则。换言之，就是要使我们的研究成果具有审视过去、烛照未来的品格。只有这样，才能使传统政治制度的研究，适应社会发展的需要，才具有时代意义。

第二章　国家的产生与夏商政治制度

（甲）中国文明的起源和国家的产生

第一节　原始氏族社会的民主制

　　早在公元前 5 至 4 万年左右,即在山顶洞人时期,我国进入了母系氏族社会。自此以后,由于生产力的逐渐提高和依靠氏族的力量,社会生产逐渐完成了由狩猎、捕鱼和采集为主到以原始农业为主,而以狩猎、捕鱼和采集为辅的变革。

　　《白虎通》卷二载:"古之人民,皆食禽兽肉。至于神农,人民众多,禽兽不足。于是神农因天之时,分地之利,制耒耜,教民农作。神之化之,使民宜之,故谓之神农也。"传说中的神农时代,相当于历史上的母系氏族社会阶段,即考古学上的仰韶文化时期。

　　大约在距今 7000 多年前,我国就出现了原始的农业生产和初级园艺,使人们有了较为稳定的生活来源。当时的农业生产,主要由妇女承担。而男人从事的渔猎则作为生活资料的补充而退居次要地位。妇女们还是原始手工业的发明和承担者,如手制陶器、纺织和缝纫等。此外,妇女们还承担了氏族公社繁重的家内劳动,诸如看守房屋、火塘,分配食物,照顾老人和儿童等等。

这些具有社会性的劳动，对维系氏族的团结和保障氏族的繁荣有重要意义。

妇女还是人类自身生产即种族繁衍的保证。因此，妇女在社会生活中占有中心地位。母系氏族社会繁荣时期实行的是氏族外婚，这是由于经过了一个相当长时期，人们逐渐认识到原始群居公社时期实行的亲子和近亲通婚，对后代子女体质和健康所产生的危害，有关婚姻关系的禁忌逐渐增多，开始实行不同氏族的族外群婚。"民知其母，不知其父" ①。妇女生下的子女留在母亲氏族内，血缘只能依母系计算。"劳动愈不发展，劳动生产品的数量、从而社会的财富愈受限制，社会制度就愈在较大程度上受血族关系的支配。"②血缘亲族关系成为维系氏族的纽带。由一个老祖母生下的子女，和几代女子的子女，构成了一个母系氏族。后来由于人口的增多，又分裂为几个女儿氏族。几个氏族（或胞族）组成了部落。

氏族成员居住在一起，是氏族制度存在的前提。在我国河流两岸台地或两河交汇处的较高而平坦处，发现了很多母系氏族公社的村落遗址。氏族成员在他们的共同住地上，"卧则居居，起则于于"，"耕而食，织而衣，无有相害之心"③，氏族制度有了进一步的发展。陕西姜寨村落遗址，就是母系氏族高级阶段的胞族、氏族和母系家族居住的村落。

姜寨村落遗址的居住区位于中央，周围有壕沟环绕。村东隔壕沟是墓地，村西是不大的窑场。居住区中心是面积较大的广场，广场四周地势稍高，有五组建筑群：东、西、南方各一群，北方两群。每群建筑物以一大型房屋为主体，附近都分布着十几座或

---

①《庄子·盗跖》。

② 恩格斯：《家庭、私有制和国家的起源》第一版序言，《马克思恩格斯选集》第4卷，人民出版社1972年版，第2页。

③《庄子·盗跖》。

二十几座中、小型住屋。各组房屋的门都朝向中心广场,三百多灰坑集合成群分布在各组房屋附近,每组房屋附近有三至四群。村落内小房子室内有火塘和整套的生活用具。住处多在右边,可住二三个、三四个或四五个人的对偶家庭。中型房子也有火塘和生活用具,床位分左、右两半,可住比对偶家庭较多的人,当是女家长、老年和未成年者的住所。它们与周围若干小房子组成一个单位,应是母系家族住所。而若干中、小型房子所围绕的大房子,室内面积远较中型房子要大,房内火塘两边都有低平方形土床,一般可住二三十人左右。床位后边还有较大的空间,可供较多的人在此议事,举行节日或宗教仪式等活动。全村共有这样的大房子五座,可能是氏族酋长的较大家族成员的住处。每座大房子与周围若干中、小型房子居住着一个氏族,约 90~120 人左右。学者认为,姜寨村落居住着五个氏族,应是一个胞族。①

每个氏族成员,都以平等一员的资格参加氏族的各种活动。他们共同生产,共同消费,没有私有财产,只有土地、房屋等实行共同占有。而共同的血缘关系,又把他们和氏族紧紧地扭结在一起。母系氏族成员间这种平等和亲密的关系,在他们的公共墓地也得到了反映②。氏族成员间互相关心、帮助,并有血族复仇的义务,就是死后也要与本氏族的成员埋葬在一起,反映了对氏族的依恋并希望在冥世继续得到氏族的保护。

氏族的权力机关是氏族民主议事会。氏族的一切重大事情,都由全体成年男女参加讨论决定。

氏族首领由氏族民主议事会选举产生。通常是氏族内年长而有能力和威望的妇女被选为氏族的首领。也有由本氏族的男

---

① 巩启明、阎文明:《从姜寨早期村落布局探讨其居民的社会组织结构》,《考古与文物》1981 年第 1 期。

② 中国社会科学院考古研究所:《新中国的考古发现与研究》,文物出版社 1984 年版,第 63—64 页。

子担任的,但他必须由女家长提名并经全体通过,一般他们是女族长的兄弟或儿子,或是她姐妹的儿子。氏族首领与氏族成员处于平等的地位,不脱离生产劳动,没有任何特权,是社会的公仆。首领负责组织氏族的生产,管理生活,代表氏族协调与其他氏族的关系。如果氏族首领不称职,氏族成员有权将她罢免。军事首领则临时选举产生,通常由男子担任,负责指挥对外的武装冲突。

　　"神农无制令而民从。"[1]"刑政不用而治,甲兵不起而王。"[2]氏族首长没有任何的强制手段,管理氏族靠的是首领所有的威信、尊严和女性在社会上的崇高地位。传统的习惯和道德是氏族成员行为的规范和调节相互关系的准则。如果违犯了氏族的禁忌,被认为是最耻辱的事情,重者将要受到氏族的惩罚或被逐出氏族。在半坡、横阵、下孟、泉护、庙底沟、大张、谷水河等仰韶文化遗址中,都发现一些没有固定葬式的埋在规整袋形灰坑中的死者。这些与按一定规则葬入公共墓地有别的特殊墓葬,可能是对氏族成员中凶死者或违犯氏族禁忌死者的一种处理方式。[3]

　　氏族成员实行的族外婚,最初是一群女子与另一氏族的一群男子互为婚姻,后来逐渐缩小为较为固定的偶居。由于氏族人口的增长和血缘亲疏的不同,形成了母系家族。母系家族一开始还很脆弱,没有形成自己独立的经济,土地、林场等仍归氏族所有,必须在氏族的组织下共同生产,领取生活资料进行消费。后来,逐渐成为独立的经济单位,家族与氏族的对立因素日益增强。在姜寨村落遗址,二座陶窑建在居住区内,"其中一座(Y_1),在甲组房屋的东北角,一座(Y_2)在丁组房屋的北边"。这些陶窑,"无疑和该组的房屋属于同一主人,即分别属于甲氏族和丁氏族"。姜寨还发现两处牲畜圈栏和宿场,"都分别安排在各组大房

　　①《淮南子·氾论训》。
　　②《商君书·画策》。
　　③《新中国的考古发现与研究》,第66—67页。

子附近,可以推知家畜的饲养乃是各氏族的集体事业,既不归家族所有,也不是全村人的共有"。但村落内储藏粮食的窖穴分布的不同,却反映了当时的财产所有权和分配制度。"鉴于灰坑大多是成群分布的,一个氏族有三四群,那么每一群当属一个家族,氏族本身至多也只有一群。因此可知消费物品(主要是食物)大部分是掌握在家族手中的,对偶家庭只有很少的储藏。"①

在一定的经济条件下,母系家族具有很强的增殖人口的能动性。陕西华阴横阵墓地为我们反映了母系家族的这一作用。该墓地的母系氏族,由五个家族发展为七个。再继续增殖下去,几代后就会分裂出新的氏族。②

第二节　私有制的产生与父系家长制的形成

母系家族内的若干对偶家庭,开始并不具有独立的经济,不能离开家族而存在。但到母系氏族社会晚期,人们从事生产活动所获得的生活资料,除了维持自身生活的需要以外,开始有了剩余。

公元前 3500 多年,在黄河下游的大汶口文化中期以后,社会经济发展迅速,私有制产生了。人们死亡以后,往往用自己的私有财产随葬,首先是动产,诸如牲畜和一些武器、工具等,以作为冥世间享用。早在大汶口文化的早期遗址,如刘林、大墩子的早期墓葬中就发现了用狗随葬的情况。而自大汶口文化中期以

---

① 巩启明、阎文明:《从姜寨早期村落布局探讨其居民的社会组织结构》,《考古与文物》1981 年第 1 期。

② 巩启明、阎文明:《横阵墓地试析》,载《文物与考古论集》,文物出版社 1986 年版。

后,盛行以猪随葬。墓内随葬猪只数量的多少,表明墓主拥有私有财产的不同。

大汶口文化有私有财产的产生表明,男子在社会生产中的地位也日益显得重要了。仰韶文化晚期的青海柳湾遗址马厂类型墓葬中,"在 82 座男性墓中随葬石斧、石锛、石凿、石刀者有 48 座,随葬石球、石镞者 2 座","在 71 座女性墓中随葬石斧、石锛、石刀者有 8 座,随葬骨椎有 38 座"[①]。随葬生产工具的不同,反映了男性在生产中渐占主要地位,而女性的作用降低了。男性在手工业生产中的作用也日益取代了女性。大汶口文化的大墩子墓地 M102 发现六块有使用磨痕氧化铁矿石的彩陶颜料,此墓男性墓主当为专门制陶的陶工。而 M28 男性墓有随葬品 55 件,其中有切锯痕迹的骨料、牙料 24 件,还有 9 件供磨制骨器用的砺石,此墓墓主当是从事骨器制造业的工匠。[②]男子地位的改变和对私有财产由自己子女继承的愿望,发生了由母系家族向父系家族的深刻转变,导致了女性具有世界历史意义的失败。

大汶口文化晚期以后的墓地上,各墓葬间的规模、葬具、随葬品存在着明显的差别,说明了社会贫富分化加剧了。

几个父系家族组成了父系氏族公社,这在考古发掘中也有反映。江苏刘林氏族墓地之内,又可划分为六个墓群,第一群 23 座,第二群 24 座,第三群 24 座,第四群 28 座,第五群 21 座,第六群 47 座。各个墓群之间有一定的间隔距离,但每墓的头向绝大多数是一致的,反映了"这一氏族已经分化为六个父系大家族,每个家族包括若干个体家庭"[③]。父系家族内女子出嫁,男子娶妻,实行了一夫一妻制。生下的子女属于男子,血统以男子计

---

①② 青海省文物管理处考古队、中国社会科学院考古研究所:《青海柳湾》,文物出版社 1984 年版,第 84–85 页。

③ 钟麓:《从江苏原始社会后期考古资料看私有制产生》,《考古》1976 年第 3 期。

算。河南淅川下王冈遗址,曾发现过一座长达 100 米的大房子,共有 32 个单间,每间都有一个火塘。[1]这一长屋,应是父系家族公社的住宅。而每间小屋,居住着一个小个体家庭。公社内的每一父系家族,仍从公社分配土地、林场,每个家族共同生产,共同消费。

父系家族长老负责组织全家族的生产,管理主要生产工具和收获物的分配,并处理家族内部事务。家族长具有很大的权力,这就是父权和对非自由人的奴役。青海柳湾齐家文化墓葬中,M112 为成年男女合葬墓,男子仰身直肢埋于独木棺内,女子侧身屈肢置于棺外。还有一座(M314)棺内置一年约 40~45 岁的男子,仰身直肢,为墓主。而在棺木右下角,一名 16~18 岁女青年侧身屈肢面向墓主,一条腿被压在棺下。反映了父权制下,妻子是丈夫的奴仆。又如 M979,男性墓主仰身置于独木棺内,人架保存完好。其余 4 人仅存人头置于棺外。还有一座断肢墓(M952),两手斜放腰部,下肢被砍断后倒置于两股骨间似捆绑状[2],这当是用于殉葬的父系家族内的非自由人。

父系氏族公社的首领,虽然还是经过选举产生,但通常是由最有权势的家族长担任。他利用自己的地位,达到为自己和家族谋利的目的,进一步加强了自己家族的地位和家族之间的贫富分化。氏族的平等民主精神已遭到破坏。

几个出自共同祖先的氏族又联合成胞族。如舜向尧所推荐的"八元",即"高辛氏有才子八人:伯奋、仲堪、叔献、季仲、伯虎、仲熊、叔豹、季貍,忠、肃、共、懿,宣、慈、惠、和,天下之民谓之'八元'"[3]。伯、仲、叔、季即四个血缘关系密切的氏族组成胞族,而"八元"就是两个有共同祖先的氏族组成的胞族;几个胞族(或氏

---

① 中国历史博物馆编:《简明中国历史图册》(1),天津人民美术出版社 1978 年版,第 113、114 页。

②《青海柳湾》,第 259 页。

③《左传》文公十八年。

族公社)由共同地域或利益的需要,又联合成部落。《国语·晋语》载:"黄帝之子二十五宗,其得姓者十四人,为十二姓:姬、酉、祁、己、滕、箴、任、荀、僖、姞、儇、衣是也。惟青阳与苍林氏同于黄帝,故皆为姬姓。"著名的黄帝部落,由 25 个氏族——"宗"组成,而这 25 个氏族组成了 12 个胞族——"姓"。这 12 个胞族成为组成黄帝部落的核心。

传说中的黄帝时期,大约在 5000 多年前。相当于这个时期的黄河中游龙山文化庙底沟二期发现了木末,"这是一种双齿木叉形的工具,在庙底沟遗址的灰坑壁上就留有这种工具的痕迹"。生产力的提高,还表现在"王湾和大河村遗址出土了一种可绑木柄的扁平长形平头石铲,更先进的收割工具如长条半月形石刀和石镰等也开始出现了"。农业的发展也促进了畜牧业比此前的仰韶文化时期更为发达。家畜品种增多,驯养了牛、羊,而且数量也大为增加了。"庙底沟 26 个灰坑中家畜骨骼数量远远超过了同地仰韶文化的 168 个灰坑所出的家畜骨骼的数量。"[1]

生产品的增多,使剩余劳动产品有了可能,这不仅促进了父系家族财产的分化,而且促进了家族内个体家庭经济的发展。这一时期虽然人们的血缘关系仍起很大作用,但与母系家族时期的对偶家庭不同,普遍地出现了一夫一妻制的个体家庭。反映母系家族对偶婚制的男女多人一次合葬墓的现象不见了,大量出现了单人竖穴墓。"在庙底沟遗址有一氏族公共墓地,清理了 145 座,都是单人竖穴墓,头向南,排列整齐"[2],有的遗址还有男女合葬墓。

与一夫一妻制家庭相适应,龙山文化时期的住室面积也比仰韶文化时期显著缩小。"以圆形房子而论,面积较大的(如安阳

---

[1] 中国科学院考古研究所:《新中国的考古收获》,文物出版社 1961 年版,第 72 页。

[2]《新中国的考古发现与研究》,第 72 页。

后冈、浚县大赉店），其直径也不过 4 米，小的直径仅有 2.7 米。至于方形住屋，边长通常为 2~4 米，而小的面积或只 4.2×2.7 米"。长安客省庄发现的两座平面呈吕字形有内外两室的半地穴式住屋，室内有烧灶、壁炉、鬲罐等和储物的窖穴，应是拥有自己生活资料并成为一个消费单位的一夫一妻制的家庭的住室。生产力的发展，有可能使这些个体家庭脱离氏族而自己生产，不必再由家族控制了。客省庄龙山文化的陶窑，甚至与住屋连在一起，而邯郸涧沟两座龙山文化陶窑，也分别紧靠住屋①。这向我们透露了这些家庭已形成自己的经济。私有财产的增多和贫富分化的加剧，使父系家族内一些掌握了较多土地、牲畜和奴隶的个体家庭成为富有和有权势的父权家族。

第三节　军事民主制的组织形式与职能

在原始社会末期，私有财产的增加和阶级分化的加剧，刺激了氏族显贵和父权家族首领的贪欲。为了掠夺邻人的财富和供其役使的奴隶，他们经常发动对周围氏族部落的战争，所以又称为军事民主制时期。由于发动战争或防御的需要，几个地域相近或有一定共同利害关系的部落组成了部落联盟。

根据古书的记载，我国这时出现了几个较大的部落联盟。这就是：（一）东方的古夷人部落联盟，主要由太昊、少昊、伯益、皋陶、颛顼、帝喾等六部分组成。他们之中"居于黄河下游直到东北者称为东夷，居住于江淮之间直到江南者则称为淮夷"。（二）西方以炎帝为宗神的古羌人部落联盟。其中主要有四岳、烈山氏、缙云氏、冯夷等部。"他们的活动中心在关中、晋南、豫西、鄂北的

---

① 杨健芳：《仰韶时期已进入父系了吗？》，《考古》1962 年第 11 期。

广大地区。也有一部分东迁了,一部分西移了。"(三)北方以黄帝为始祖的古戎狄部落联盟,主要散处在我国的北方。(四)南方以三苗为主的古苗蛮部落联盟,主要分布在长江流域。①

司马迁说:"轩辕之时,神农氏世衰,诸侯相侵伐,暴虐百姓,而神农氏弗能征。于是轩辕乃习用干戈,以征不享,诸侯咸来宾从"②,反映的就是这一时期的部落联盟曾不断发生激烈的冲突和战争。首先是西方部落联盟炎帝与东方夷人部落联盟蚩尤的战争。《逸周书·尝麦解》载"蚩尤乃逐帝,争于涿鹿之阿,九隅无遗",战争激烈惨酷。炎帝力量不支,只得与北方戎狄部落联盟黄帝联合,"乃说于黄帝,执蚩尤,杀之于中冀,以甲兵释怒",为炎帝集团报了仇。战争进行得相当艰苦、曲折,"蚩尤作兵伐黄帝,黄帝乃令应龙攻之冀州之野。应龙畜水。蚩尤请风伯、雨师,从大风雨。黄帝乃下天女曰魃,雨止,遂杀蚩尤。魃不得复上,所居不雨"③。黄帝胜利以后,"乃命少昊清司马鸟师,以正五帝之官",与东夷部落结盟。在部落联盟中,加入部落的先后不同,往往以不同辈分相区别。"少昊和黄帝自是同辈的兄弟部落,颛顼和帝喾部属于他们的晚辈。因此《史记·五帝本纪》在构筑五帝的系统时,把颛顼、帝喾作为继黄帝之后的二帝。"④其次,是黄帝部落联盟又与炎帝部落联盟发生了战争。"炎帝欲侵凌诸侯,诸侯咸归轩辕。轩辕乃修德振兵,治五气,艺五种,抚万民,度四方,教熊、罴、貔、貅、貙、虎,以与炎帝战于阪泉之野,三战,然后得其志。"⑤而被打败的共工,"实际上还存在,只是改了名称,换了地方,音

---

① 田昌五:《古代社会形态研究》,天津人民出版社 1980 年版,第 118－146 页。

②《史记》卷 1《五帝本纪》。

③《山海经·大荒北经》。

④ 田昌五:《古代社会形态研究》,第 148 页。

⑤《史记》卷 1《五帝本纪》。

变而为鲧,化为黄熊又入渊为鳖,成了颛顼的儿子,又同黄帝部结盟了"①。其三,是中原部落联盟在尧、舜、禹主盟时与南方苗蛮部落联盟的长期战争。"尧战于丹水之浦,以服南蛮。"②"当舜之时,有苗不服……乃修教三年,执干戈舞,有苗乃服。"③而禹时,"亲把天之瑞令,以征有苗"④。如此等等。我国传说时代的三次部落联盟间战争,促进了原始社会的瓦解和奴隶制度的形成。

军事民主制时期,社会组织的最高形式就是部落联盟。经过几次长时间的大规模战争以后,我国中原地区出现了一个势力强大的部落联盟,先后由传说中的五帝主盟——黄帝、颛顼、帝喾、尧、舜。参加这个部落联盟的各部落集团,在掠夺性的战争中,共同的利害关系已超出血缘和地域的界限。为了对付激烈的战争,一些部落组成联盟,如炎帝与黄帝。而失败的一方,要么被从原居地赶走,要么就与胜利者结盟。炎帝与蚩尤的战争,也有的记载说是古羌人后裔共工部与古夷人颛顼或高辛氏(帝喾)部落间的战争。但"不管怎样变化,反正一方是奉炎帝为宗神的共工部落,另一方是古夷人,特别是颛顼和帝喾部落"。古夷人被打败以后,加入了黄帝部落并成为继黄帝之后的晚辈部落。⑤

部落联盟有联盟大会。黄帝与古夷人少昊部落联盟以后,"合鬼神于西泰山之上","蚩尤居前,风伯进扫,雨帅洒道。虎狼在前,鬼神在后,腾蛇伏地,凤凰覆上。大合鬼神,作为清角"。⑥封泰山的传说,就是黄帝与古夷人结成部落联盟以后举行的联盟大会。

部落联盟的决策机构是联盟议事会。各加盟的部落酋长或氏族显贵为其成员,负责处理部落联盟的重大事情。少昊部落联

---

① 田昌五:《古代社会形态研究》,第151页。

②《吕氏春秋·召类》。

③《韩非子·五蠹》。

④《墨子·非攻》。

⑤ 田昌五:《古代社会形态研究》,第148页。

⑥《韩非子·十过》。

盟,由有着共同血缘关系的氏族或部落组成。《左传》昭公十七年说:"我高祖少暤挚之立也,凤鸟适至,故纪于鸟,为鸟师而鸟名。凤鸟氏,历正也。玄鸟氏,司分者也。伯赵氏,司至者也。青鸟氏,司启者也。丹鸟氏,司闭者也。祝鸠氏,司徒也。鴡鸠后,司马也。鸤鸠氏,司空也。爽鸠氏,司寇也。鹘鸠氏,司事也。五鸠,鸠民者也。五雉为五工正,利器用,正度量,夷民者也。九扈为九农正,扈民无淫者也。"少昊部联盟的五鸟、五鸠、五雉和九扈,当为部落联盟中二十四个氏族部落的首领和联盟议事会的成员,并分工负责全部落联盟的天文历法、民治诸事和工农产业等各方面的事宜。中原部落联盟黄帝时"举风后、力牧、常先、大鸿以治民"[①],此四人应是部落联盟中有影响的议事会成员。其他如尧时有羲和、羲仲、羲叔、和仲、和叔、放齐、谨兜、四岳等,舜时有禹、皋陶、契、后稷、伯夷、夔、龙、垂、益、彭祖等二十二人,都是中原部落联盟议事会的成员。

部落联盟的首领通常出自联盟中势力最强大部落。名义上首领由联盟议事会选举产生,实际上联盟首领已由为全体民众谋利益的公仆,蜕变为为自己家族谋利益、并与全社会对立的压迫者。联盟的领导权已被某些部落或某些部落内的有权势的酋长所把持,部落联盟成了他们手中谋取个人利益的工具。为了适应军事的需要,部落联盟又有专门负责指挥作战的军事酋长。随着部落联盟军事性的加强,军事酋长由临时设置变为常设的职务。随着自己势力的加强,最后终于取代了部落联盟的首领。在羌族炎帝部落与戎狄族黄帝部落结成联盟时,黄帝负责指挥与东夷蚩尤部落联盟的战争,很可能黄帝就是炎黄部落联盟的军事首领。而在尧时,"舜宾于四门,乃流四凶族,迁于四裔,以御螭魅,于是四门辟,言毋凶人也"[②]。舜为联盟的军事首领,打败了浑沌、穷奇、梼杌、饕餮等四个部落集团。舜在尧死后,得以主盟。

---

①② 《史记》卷1《五帝本纪》。

而禹不仅为"司空",在舜时治水成功,还"既克有三苗"①,也是一位统兵作战的军事酋长。

军事民主制时期是阶级社会和国家出现的前夜,部落联盟是军事民主制时期的最高组织形式,已具有国家的雏形。部落联盟最重要的特点在以下两个方面:其一,是它的军事性。已如前述,部落结成联盟,主要是为了军事的需要。在残酷的掠夺战争以后,失败的一方加入了胜利者的部落联盟,从而形成地域更广、力量更强大的部落联盟。在战争中联盟首领之一的军事首长地位得到了加强。在他周围,逐渐聚集了一批专以战争为职业的亲兵集团。尧死以后,舜曾让避尧子丹朱于"南河之南"。但那些"不之丹朱而之舜"的诸侯朝觐者、狱讼者、讴歌者们,应是舜即位前就已控制在自己身边的亲兵集团首领。

其二,部落联盟还保留一定的原始民主色彩。自进入父系氏族社会以后,随着贫富分化和阶级的产生,母系氏族社会时期的财产共有、氏族成员间平等和民主精神已被压迫和奴役所取代。而父系氏族公社,虽然财产私有,但土地、林场等重要生产资料仍保持名义上的"公有",并定期在各父权家族间分配。氏族成员间的血缘关系仍在起着一定的作用,母系氏族公社时期残留下来的民主精神还未丧失殆尽。部落联盟的酋长和军事首领由部落联盟议事会选举产生,这就是后世儒家所津津乐道的"禅让制"。尧荐舜为接班人,就是在联盟议事会上经过"四岳",即四方诸侯首领讨论通过的。部落联盟酋长决定重大事情,也需经联盟议事会成员讨论决定。尧时治水最初选定了鲧,经过放齐、谨兜、四岳等议事会成员充分发表意见后,才确定下来。但鲧治水"九岁,功用不成"②。因此舜时又选派禹治水,也是经过向"四岳"征询意见的。军事首领虽然负责指挥对外战争,但战争的决定权在

---

① 《墨子·非攻》。
② 《史记》卷1《五帝本纪》。

联盟酋长和议事会。尧时对三苗、谨兜、共工、鲧部落集团的战争,就是"舜归而言于帝",提出建议而由尧和联盟议事会成员决定进行惩罚,"四皋而天下咸服"的。[1]

军事首领的地位在经常发生的对外战争中加强了,使他获得了比其他部落显贵多得多的奴隶与财富,并提高了他的影响和威望。在原始社会末期,军事首领在亲兵集团首领的支持下,逐渐取代了部落联盟酋长的地位而成为"王"。《国语·鲁语》载:"昔禹致群神于会稽之山,防风氏后至,禹杀而戮之。"在部落联盟大会上,部落首领防风氏成了禹滥用权力的牺牲品。禹在部落联盟中无可争议的权势和地位,为他实行"传子制"和我国历史上第一个奴隶制的夏王朝的建立奠定了基础。

第四节 阶级的产生与国家的形成

在军事民主制时期,部落联盟间进行的频繁战争,在考古发掘中也有所反映。"大汶口墓地上有无头墓、无尸墓,西夏侯有身首分离的死者"[2]。而青海柳湾齐家文化墓地上,也有一部分墓葬"人骨架不全,不是有头无身,就是有身无头,或是肢残缺,或是身首分离。如墓948、980 等,有人骨架而不见头骨。墓944、951、967、977 等皆身首分离。墓953,有头无身"[3]。江苏邳县大墩子墓地,还发现了腿骨中留有箭头的骨架[4]。这些应就是在军事民主制时期的掠夺性战争中牺牲致死的武装战士墓。

---

① 《史记》卷 1《五帝本纪》。

② 《新中国的考古发现与研究》,第 94 页。

③ 《青海柳湾》,第 259 页。

④ 《简明中国历史图册》(1),第 124 页。

"鲧作城郭"①。为了军事防御的需要,不少氏族部落的居地周围修筑了城堡。继解放前在龙山文化遗址的山东历城城子崖和河南安阳后冈发现夯土围墙以后, 又在不少龙山文化遗址发现了城堡遗迹。河南登封王城冈小城堡有东西两城,呈方形。西城西墙长 94.8 米,南墙长 97.6 米,东、北二墙因遭破坏,长度不明。城内一个坑的夯土层下有七具骨骼;河南淮阳平粮台的城址是方形,整个城堡的面积约 5 万平方米,城内面积约 3.4 万平方米。城墙系小板筑法筑成,城角是弧形。南城墙有城门,门两侧还有土坯垒成的门卫房。南门路面下埋有水管,为城堡排水设施。城堡内有陶窑、灰坑等遗迹②。这些城堡,一般面积不大,不仅带有浓厚的军事防御色彩,而且是权力和地位的象征。其居住者可能为较富有的氏族部落首领或氏族显贵。此外,城堡的出现也是原始社会末期阶级对立尖锐化的反映。

《国语·周语》:"王无亦鉴于黎苗之王,下及夏商之季,上不象天,而下不仪地,中不和民,而方不顺时,不共神祇,而蔑弃五则。是以人夷其宗庙,而火焚其彝器,子孙为隶,下夷于民。"一些失败了的部落集团,整族沦为奴隶。掠夺性的战争使少数人聚集了更多的财富和奴隶,加速了阶级分化并促进了奴隶制的形成。在龙山文化遗址里,经常发现杀害战俘奴隶的现象。"这一时期的灰坑中常发现人骨架,有的凌乱,有的整齐,有的有随葬品,有的没有。"陕西客省庄遗址六个灰坑中埋有人骨架,放置极不整齐,有的无头,或人、兽葬在一起。洛阳矬李也有灰坑中埋人的现象。邯郸涧沟发现了几个圆形葬坑,有一个在红烧土下埋十具无次序叠压的骨架,都为男性青壮年或五至十岁的儿童,其中有的头骨上有被砍的痕迹。还有一圆坑极不整齐地放置男女老幼骨架五具,有的身首异处,有的呈挣扎状。另有一半地穴室的烧灶周

---

① 《世本作篇》。
② 《新中国的考古发现与研究》,第 84 页。

围,放置四个人头盖骨①;齐家文化的齐家坪遗址发现 8 人和 13 人的合葬墓,墓中仰身者为主人,其余为殉葬者。这些人骨架凌乱,有的身首分离,也有的作挣扎状。②战俘成了可靠的奴隶来源。

原始社会晚期生产力的提高,为氏族部落显贵榨取奴隶的剩余劳动提供了可能。生产力有了重大提高的标志是铜的使用和制陶业的发展。在公元前 2000 年左右的龙山文化遗址中,发现了一些铜质工具或熔铜的坩埚。山东胶县三里河出土了两件黄铜铜锥③。河南临汝煤山出土了炼铜用的坩埚④、淮阳平粮台发现了铜渣⑤。特别是登封王城岗青铜鬶残片的发现⑥,说明当时青铜铸造技术已达到较为复杂和较高的水平。青铜工具的使用,促进了农业、手工业的发展。特别是这一时期轮制陶器的发明,极大地提高了制陶业的劳动生产率。精美的蛋壳墨陶和各种复杂的器形,说明制陶业烧制技术方面也有了很大进步。其它方面的手工业,诸如玉石器、骨器、纺织、木器制作等方面也有了较大发展。在山东龙山文化遗址和南方良渚文化遗址里,发现大量制作精美的玉钺、玉铲、玉璧、玉琮、玉冠状器等等。原始手工业从农业和畜牧业中分离出来。社会生产的发展,不仅使榨取他人剩余劳动有了可能,而且成为迫切的需要。战俘被投向各个生产部门,变成了供氏族部落显贵役使的奴隶。社会分工的发展,又促使了产品交换行为的发生。在交换过程中,氏族显贵又乘机把大量财富集中在自己手里,氏族成员间的贫富分化加深并使阶级对立更加尖锐。

---

① 《新中国的考古发现与研究》,第 85 页。

② 同上,第 125 页。

③ 同上,第 102 页。

④ 赵芝荃、郑光:《河南临汝煤山遗址发掘报告》,《考古学报》1982 年第 4 期。

⑤ 曹桂岑、马全:《河南淮阳平粮台龙山文化城址试掘简报》,《文物》1983 年第 3 期。

⑥ 李先登:《登封王城岗遗址的发掘》,《文物》1983 年第 3 期。

　　山西襄汾陶寺类型龙山文化遗址为我们提供了原始社会瓦解和阶级、国家产生的具体例证。陶寺遗址发掘了700多座墓葬,其中大墓共9座,占全墓地总墓数的1.3%。中型墓共80座,占总墓数的11.4%左右。小型墓共610多座,占总墓数的87%以上。大型墓墓主都为男性,长方形墓坑内使用木棺,底铺朱砂。随葬品有彩绘龙盘、成套彩绘木器、陶器和玉石礼器、武器、装饰品和整猪等达一二百件。有的还有鼍鼓、特磬、木鼓等礼乐器;中型墓多分布在大型墓附近,有男性也有女性,随葬品较丰富。而小型墓则随葬品很少或一无所有,反映了氏族部落内部贫富分化和等级的差别。

　　据陶寺墓地的布局和墓葬类型的不同,可以分出不同的氏族墓区。大型墓和中型墓集中于墓地中部,反映了氏族部落显贵都出自这一二个氏族。而墓地北部多为密集的小墓、穷墓。而有少量随葬品的小墓,在全部小墓中的比例,墓地中部为三分之一左右,墓地北部不足十分之一。反映了同一墓地各氏族之间的地位不同和贫富差别。值得注意的是,墓地中部五座随葬鼍鼓、特磬的大墓呈四排集中在一片,应是埋在同一墓地的某一氏族或家族的几代人,反映了氏族部落大权已落入某些有权力的氏族或家族,开始出现世袭制的萌芽。而鼍鼓、土鼓、石磬、龙盘等,正是这些与整个社会相对立的世袭氏族部落显贵权力和地位的象征,氏族机关开始转化为阶级压迫和统治的工具。

　　体现氏族显贵意志的刑罚也出现了。《左传》昭公十四年说:"昏、墨、贼、杀,皋陶之刑也。"皋陶在舜时被命为"士","五刑有服,五服三就;五流有度,五度三居:维明能信"[1];在苗蛮部落联盟中也有了刑罚,相传"苗民弗用灵,制以刑。惟作五虐之刑,曰法"[2]。刑罚的制定,是阶级矛盾不可调和的反映。它保障了氏族

_____

① 《史记》卷1《五帝本纪》。
② 《尚书·吕刑》。

显贵的利益和特权,并使他们对奴隶阶级的剥削压迫合法化。

　　刑罚、氏族显贵的亲兵集团和凌驾于社会之上的氏族部落机关,成了对广大民众的强制力量。统一国家的前身,即大大小小的家族奴隶制国家在夏王朝建立前就已经开始形成了。

(乙)夏王朝的政治制度

第一节　奴隶制国家的形成

　　禹取得中原部落联盟的首领地位以后,表面上虚应故事,"举皋陶荐之,且授政焉,而皋陶卒"。"而后举益,任之政"①。但这时皋陶与益的被荐举,再也不像过去那样,在部落联盟议事会上征得各议事会成员,诸如"四岳"等人的意见,再对他进行长期的考验、观察了。在禹举荐益的同时,"而以启人为吏",实际在大力培植自己儿子的势力,因"而势重尽在启也"②。禹崩以后,"虽授益,益之佐禹日浅,天下未洽"。而禹在长期治水和进行的掠夺战争中,形成了他个人的绝对权力和巨大威望,而且攫取的大量财富和奴隶使他的家族成为氏族部落显贵中的最强大者。"故诸侯皆去益而朝启,曰:'吾君帝禹之子也。'"禹子启把部落联盟议事会抛在了一边,直接夺取了最高权位,是为"夏后帝启"③。我国历史进入了第一个王位世袭的奴隶制夏王朝时期,这是发生在公元前21世纪左右的事情。

---

　　①③《史记》卷2《夏本纪》。
　　②《韩非子·外储说右下》。

"五帝官天下，三王家天下。家以传子，官以传贤。"①夏后启是实现了我国历史上"五帝"时期向"三王"时期深刻转变的关键人物。"王和帝代表着两个不同的历史时期。黄帝的帝和帝尧、帝舜的帝一样，实际上是中国原始社会部落联盟时期军事酋长的称谓；而夏、商、周的王则是奴隶社会的专制君主。"②虽然夏王朝的世系自禹始，但禹只不过是氏族社会最后一个最高首领，他为启建立王位世袭的奴隶制夏王朝奠定了基础。《史记·夏本纪》在叙述禹、启的史迹时，称禹为"帝禹"。而启在建立夏王朝前，只是称为"启"。但在他夺取最高权位以后，才称之为"夏后帝启"的。这也说明了是启实现了"家天下"的巨大变革。

夏后帝启建立了以姒姓家族为中心的奴隶主阶级专政，受到了维护旧传统的氏族显贵的激烈反对。《竹书纪年》说："益干启位，启杀之。"益以部落联盟最高权位的"法定"继任者身份与夏启夺权行径进行较量，结果战败被杀。但斗争并没有结束，连与启同姓的氏族显贵对启篡夺联盟的最高权位也不赞成。"有扈氏不服，启伐之，大战于甘"。启取得胜利，"遂灭有扈氏，天下咸朝"③，从而使新建立的奴隶制夏王朝立住了脚跟。《淮南子·齐俗训》说："昔有扈氏为义而亡，知义而不知宜也。"部落联盟是氏族社会所能达到的最高组织形式。氏族制度的灭亡和文明的产生、国家的建立是不可逆转的历史必然，有扈氏成了灭亡的氏族制度的殉道者。

启的地位暂时巩固以后，便"淫溢康乐"去了，但王位传子的家族世袭制还没有最后确立。他死以后，"子帝太康立，帝太康失国，昆弟五人，须于洛汭"④。太康失国，是东方夷人酋领后羿觊觎最高权位造成的。《左传》襄公四年说："昔有夏之方衰也，后羿自

①《汉书》卷 77《盖宽饶传》引《韩氏易传》。
② 金景芳：《中国奴隶社会史》，上海人民出版社 1983 年版，第 2 页。
③④《史记》卷 2《夏本纪》。

钼迁于穷石,因夏民以代夏政。"杜预注:"禹孙太康淫放失国,夏人立其弟仲康。仲康亦微弱。仲康卒,子相立,羿遂代相,号曰有穷。"相逃到了商丘附近,依托同姓诸侯斟寻氏。后羿夺得王位以后,也"不修民事而淫于原兽"。王位又被"伯明氏之谗子弟"寒浞所篡夺,后羿也被杀死。寒浞为了削弱夏王朝的统治基础,派他的儿子浇灭掉了夏王朝的同姓诸侯斟灌及斟寻氏。大臣靡"自有鬲收二国之烬以灭浞,而立少康。少康灭浇于过,后杼灭豷于戈,有穷由是遂亡",这就是"少康中兴"。夏启开始的传子制,从太康失邦到少康复辟,其间经过四代人、一百多年的尖锐斗争才得到了确立。自太康以后,父子相传,直到夏朝末年,因帝桀"不务德而武伤百姓,百姓弗堪"。商"汤遂率兵以伐夏桀",并"代夏朝天下"①。但夏后启所开创的王位传子制度,却为商朝奴隶主统治阶级所继承下来。

夏朝奴隶主贵族阶级是在政治上占统治地位的阶级。早在原始社会末期,一些氏族显贵就已蜕变为拥有大量财富和奴隶的奴隶主阶级。夏王朝建立以后,他们成了把持奴隶制国家机器的各级官吏。而夏王族,就是全国最大的奴隶主。直到少康落难于纶时,还"有田一成,有众一旅",即有方十里的土地和五百名奴隶②他"中兴"复位以后,拥有的土地和奴隶就更多了。而一般氏族部落成员则为平民。有的人由于破产负债,"汤七年旱,禹五年水,民之无糧卖子者……禹以历山之金铸币,而赎民之无糧卖子者"③,沦为债务奴隶。也有人因违犯奴隶主贵族的"禹刑""夏刑"等法律,被罚为奴隶。《尚书·甘誓》"用命赏于祖。弗用命,戮于社。予则孥戮汝"。就是在对有扈氏作战时,威胁参战者要勇敢从命,否则就罚作奴隶。

---

① 《史记》卷2《夏本纪》。
② 《左传》哀公元年杜预注。
③ 《管子·山权数第七十五》。

夏王朝不仅继承了禹时对苗蛮集团战争时所掠夺的大批战俘奴隶，而且自启开始，夏王朝又对益、有扈氏、有穷氏以及畎夷、淮夷、黄夷等夷人方国部落、祝融八姓之后、有施氏等进行了一系列战争，战争的俘虏大多转化为生产奴隶。奴隶们不仅成为夏王朝农业和手工业各种生产领域的主要劳动者，而且备受压迫和各种凌辱。在二里头遗址发现了一些无墓圹的葬坑，"骨架多发现于灰坑和灰层之中，有的仰身，有的俯身，有的直肢，也有屈肢或蹲坐式的，有些骨架身首异处，有的则作捆缚状，往往数具骨架共埋一坑。这些死者都没有随葬品"[1]。这些死后身无长物的非正常死亡者，当是被虐杀致死的奴隶。夏王朝自建立起，就处在奴隶主贵族与广大奴隶和平民的尖锐对立和斗争中。

第二节　夏朝的王权与行政体制

夏朝的建立，是原始社会末期阶级矛盾不可调和的产物。脱胎于部落联盟日益与全社会成员相对立的强制机关的夏朝国家机构，在与旧氏族贵族的传统势力的斗争中，显示了它强大的生命力。夏朝奴隶主阶级又在与平民和奴隶阶级的矛盾和斗争中，使它进一步得到了加强和完善。

《国语·周语上》引《夏书》说："众非元后，何戴？后非众，无与守邦。"夏代的最高统治者称为"后"。《左传》昭公二十九年"龙一雌死，潜醢以食夏后。夏后飨之"。夏后就是夏王，"夏后某"就是夏王某人。如《左传》哀公元年的"灭夏后相"，僖公二十三年的"夏后皋之墓也"，后相和后皋就是夏王的名字。《说文》云："后，继体君也。"虽然后字保存古义，但为后起的假借字，"毓"当为本

---

[1] 《新中国的考古发现与研究》，第218页。

字。商代甲骨文用毓为后，常有"上甲至于多毓（即后）"用语，即上甲至于多位王的集称。毓字字形，为女人生子，"毓"由最初表示生育的本意引申为奴隶制的君主。在民知其母不知其父的母系氏族社会，年长而有威望的"毓（即后）"，自然就是氏族的女性首领。随着女权的倾覆和父权的确立，"毓"作为氏族首领的名称仍然传延下来，但内容却发生了深刻变化，即"毓（即后）"都由男子担任，如后稷、后羿等等，成了管理父系氏族公社首领的专称。进入阶级社会以后，夏王朝的最高统治者袭用了"后"的称号，但这时期的"后"已失去了氏族的民主精神，成为专制的世袭君主。商代的奴隶主贵族最高统治者称"王"也称"后"。《尚书·汤誓》"我后不恤我众"，后就是商王成汤。《盘庚》里称商先王为"先后"，甲骨文中商最高统治者王、后同用。因此，夏代的"后"，和商、周最高统治者称"王"是一样的。所以后世史书上把夏、商、周奴隶制王朝称为"三王"时期，就是这个道理。

夏朝的君后为了巩固自己的地位，把王权与神权结合起来。由于原始社会生产力低下，产生了原始宗教信仰。随着原始社会末期各氏族部落的融合和阶级的分化，由崇拜多神逐渐出现了主宰一切的至上神"天"。《墨子·非攻》记"昔者三苗大乱，天命殛之"，"禹亲把天之瑞令，以征有苗"。作为我国部落联盟时期最后一位军事酋长的禹，在征伐三苗时，就是打着"天"的旗号的。启夺得君后的最高位置，并在夏后氏家族内世代相传，是"君权神授"，即"天与贤则与贤，天与子则与子"[①]，完全是上天的安排。夏启就是把与有扈氏的战争，说成是"今予惟恭行天之罚"[②]的。因此，夏朝君后把自己的一切行为都说成是在贯彻"天"的意志，享有至高无上的权力。

在相传为夏都斟寻的偃师二里头遗址，发现了两座宫殿基

①《孟子·万章上》。
②《尚书·甘誓》。

址。一号宫殿基址呈正方形，基址中部偏北有一处长方形台基，基上有一周排列整齐的柱穴，每个柱穴前还有两个支撑殿堂四檐的小柱穴。学者们根据柱穴排列情况，为我们复原了一座东西长30.4米，南北宽11.4米的"四阿重屋"式宫殿。殿前为5000平方米的广庭。而在大殿、广庭周围有一周一面坡(或两面坡)的廊庑建筑。大门在南墙中部，二座闱门设在东北角；二号宫殿在一号宫殿东北100米左右，大殿建在基址北部的长方形台基上。台基四周围有一圈柱穴，柱穴内又有三间木骨墙房屋。二号宫殿周围也有围墙、廊庑式建筑。大门在南墙偏东处，两侧建有塾。庭院东北部和东廊下还发现了陶质排水管①。

二里头遗址的四阿重屋式宫殿，是夏王和他的大臣们活动的场所，也是夏朝国家机器的运转中心。夏朝奴隶主阶级对广大平民和奴隶的统治决策和镇压措施，以及对方国的征伐等重大事情，就是在这里决定的。二里头遗址巨大的宫殿、宽阔的庭院和围廊等成组的建筑，适与其它夏文化遗址发现的小型半地穴式、地面及窑洞式住房成鲜明的对比。因此，高耸而威严的宫殿，是夏朝君后权力至高无上的象征。

夏朝王族称"夏后氏"。"夏后氏禘黄帝而祖颛顼，郊鲧而宗禹"。"杼能帅禹者也，夏后氏报焉"②。夏朝王族不仅以自己是出自禹后，而且一直上溯到更为古远的黄帝。而"禹为姒姓，其后分封，用国为姓，故有夏后氏、有扈氏、有男氏、斟寻氏、彤城氏、褒氏、费氏、杞氏、缯氏、辛氏、冥氏、斟戈氏(《左传》《系本》都为斟灌氏)"等。夏朝自启以后，后(王)位只能在夏后氏王族内世袭。禹家族的其他支族，都被分封在全国各地，"以国为姓"，成为夏王朝的侯、伯。这些同姓侯、伯封国，成为夏王朝控制全国

①《二里头遗址》，《中国大百科全书》考古卷6，中国大百科全书出版社1992年版，第118页。
②《国语·鲁语上》。

的依靠力量。而一些原与夏部落结盟的氏族部落首领,已蜕化为家族奴隶制部落王国的君主。他们慑于有扈氏的灭亡,早已服从了夏王朝的统治。"天下咸朝",承认夏王朝的天下共主地位并与夏朝结成松散的联盟,成为夏朝的异姓侯、伯。从禹开始至夏桀被商朝灭亡,王位在夏后氏家族内传了十四世十七王,夏朝"有王与无王,用岁四百七十一年"①。

夏后(王)的重大决策,都要经过卜筮以决疑。《左传》哀公十八年引《夏书》说:"官占唯能蔽志,昆命于元龟。"杜预注:"言当先断意,后用龟也。"夏朝已设立了专门的卜筮之官。占筮或龟占,是为了求得人王与上帝的沟通。"昔三代明王皆事天地之神明,无非卜筮之用,不敢以其私亵事上帝。是故不犯日月,不违卜筮。"②夏王的决策有时还要征询长老或重臣的意见。《尚书·甘誓》记夏启与有扈氏战于甘前"乃召六卿"议事。相传夏后启与有扈氏初战不利,但"六卿请复之"。夏后启未采纳六卿的意见,而是退兵继续准备,"期年而有扈氏服"③。虽然如此,还是说明"六卿"对夏王的重大决策有发表意见的权力,但也说明最后的决断权还在夏王手里。相传"诸侯叛桀,关逢龙引皇图而谏,桀杀之"④。大臣关逢龙进谏违反了桀的意志,结果被杀身亡。

夏王重大决策的贯彻执行,主要有以下三个方面:一是通过召集大臣发表誓词。夏启与有扈作战于甘时,战前曾发布《甘誓》。在这篇战争动员令中,夏启历数了有扈氏"威侮五行,怠弃三正"等罪恶,已达到"天用剿绝其命",上天不容的地步。而启是替天行道,"行天之罚"。要求参战者努力作战,并宣布了奖惩措施等。他把讲明这次战争性质、目的、措施的《甘誓》"乃召六卿申

---

① 以上参见《史记》卷 2《夏本纪》集解引《汲冢纪年》。

② 《礼记·表记》。

③ 《吕氏春秋·先已篇》。

④ 《尚书·泰誓》正义引《帝王世纪》。

之"，从而把对有扈氏作战的决策贯彻了下去。二是与诸侯会盟，达到"诸侯所由用命"①的目的。夏朝初年，"夏启有钧台之享"。杜预注："河南阳翟县南钧台陂，盖启享诸侯于此。"虽然有关夏启享诸侯于钧台的记载语焉不详，但此事与商汤"景亳之命"、周武王"孟之誓"、成王"岐阳之蒐"等商、周国王与诸侯会盟之事相提并论，应是夏朝初建，夏后启集天下诸侯于钧台，宣告夏朝建立并贯彻夏王的决策，以动员奴隶主贵族共同巩固王朝的统治。夏朝末年，"夏桀为仍之会，有缗叛之"。这次会盟与桀的愿望相反，"诸侯所由弃命"，引起了有缗氏的叛乱。三是对不执行夏王决策的诸侯进行征伐，强迫他们贯彻执行。我们前面所谈的有扈氏，就因反对夏启"家天下"而遭到灭亡，整族沦为奴隶。而有缗氏在仍之会离叛而去，不久也被夏桀灭掉。

《左传》哀公元年记少康复国过程中，"能布其德，而兆其谋，以收夏众，抚其官职"。《礼记·明堂位》也说："夏后氏官百。"夏王为了贯彻自己的决策和对平民、奴隶的统治，在王朝中央和地方都建立了政权机构，并由同姓和异姓奴隶主贵族充任官吏，这就是中央的朝廷官员和地方侯、伯。

（一）中央朝廷官吏

夏朝中央朝廷官吏又有外廷和内廷之分，外廷官吏主要负责处理王朝日常政务，而内廷官吏则主要负责有关夏王个人的宫内生活事务。

1. 外廷官吏（夏朝外廷官吏又有政务官和宗教官之别）

（1）政务官

六卿。六卿地位较高，能对夏王的重大决策提出建议。而夏王的决策形成后，也往往先召集他们宣布并负责贯彻执行。

稷。管理农业的官吏，周族的不窋曾为夏朝的稷官。周人祖先弃为尧时"农师"，舜时主"稷"，被封于邰，"号曰后稷"。后稷死

---

① 《左传》昭公四年。

后，"子不窋立。不窋末年，夏后氏政衰，去稷不务，不窋以失其官而奔戎狄之间"①。《史记·夏本纪》集解引韦昭说："夏太康失国，废稷之官，不复务农。"

牧正。负责管理王朝的畜牧业。据《左传》哀公元年记载，夏后相被寒浞之子过浇攻灭以后，怀有身孕的夏后相王妃从一个洞里爬出逃生，投奔娘家有仍氏，生下了遗腹子少康。少康长大以后，"为仍牧正"，即有仍氏畜牧官。既然夏朝地方侯、伯已设有牧正之职，夏中央王朝也应有此官的设置。

车正。车服大夫之长。《左传》定公元年载："薛之皇祖奚仲居薛，以为夏车正。"杜预注说，奚仲为夏禹掌车服大夫。

水官。管理水利工程。《国语·周语上》记商族祖先"冥勤其官而水死"。韦昭注说："冥，契后六世孙，根圉之子也，为夏水官，勤于其职而死于水也。"《史记·殷本纪》集解说："冥为司空，勤其官事，死于水中。"其职可能相当于后世的司空。

遒人。宣令官。《左传》襄公十四年引《夏书》"遒人以木铎徇于路"，遒人摇动铜口木舌的铃于道路上巡行，负责宣布政令。

大理。治狱官。《礼记·月令》注："理，治狱官也。有虞氏曰士，夏曰大理。"

啬夫。监察之官。《左传》昭公十七年引《夏书》"啬夫驰"。注释说：啬夫之名见于《仪礼·觐礼》《管子·臣道篇上》《鹖冠子·王铁篇》等……尹知章注《管子》，则吏啬夫为检束群吏之官，人啬夫为检束百姓之官。②

六事。王朝统兵武官。甲骨文中有"东史""西史"，史在商朝是"担任国家边防的一种武官"。武丁时因主要敌人在西方和南方，所以卜辞中"只有在西方才立大史，只有在南方才立三大史"③。

---

① 《史记》卷4《周本纪》。

② 杨伯峻：《春秋左传注》，中华书局1981年版，第1385页。

③ 胡厚宣：《殷代的史为武官说》，载《全国商史学术讨论会论文集》，《殷都学刊》编辑部，1985年。

甲骨文"史""事"二字写法同。因此立"三大史"即立"三大事""三事",为三位统兵战将。《尚书·甘誓》的"六事",即为六史,应与商代的史、三大史相同,从《甘誓》的内容看,也与商代的史、三大史职司相同,应为统兵的武官。

御。驾战车的军官。《尚书·甘誓》"御非其马之正",御在战时负责驭车。秦国人祖先"费昌当夏桀之时,去夏归商,为汤御,以败桀于鸣条"①。

(2)宗教官(负责占筮、记事、天文历法等)

官占。负责卜筮。《左传》哀公十八年引《夏书》有"官占"。杜预注:"官占,卜筮之官。"已如前述,占卜在国家政治生活中有重大影响。"自古圣王将建国受命,兴动事业,何尝不宝卜筮以助善!""王者决定诸疑,参以卜筮,断以蓍龟,不易之道也"②。卜筮盛行于夏、商、周整个奴隶制时期。

太史令。王朝史官。夏朝末年,"夏太史令终古出其图法,执而泣之。夏桀迷惑,暴乱愈甚。太史令终古乃出奔如商。"③

羲、和。掌管天文、历法。《史记·夏本纪》"帝中康时,羲、和湎淫,废乱时日"。

瞽。王朝乐师。《左传》昭公十七年引《夏书》"瞽奏鼓"。

2.内廷事务官

庖正。掌王饮食之官。少康由有仍逃至有虞,"为之庖正"。夏中央王朝内廷也应设有此职。

御龙氏。专门为夏王驯龙。据《左传》昭公二十九年载,夏后孔甲得上帝赏赐驾车之龙,但苦于不会驯扰。陶唐氏豢龙氏的后人刘累,"学扰龙于豢龙氏,以事孔甲,能饮食之。夏后嘉之,赐氏曰御龙,以更豕韦之后"。

---

① 《史记》卷 5《秦本纪》。
② 《史记》卷 128《龟策列传》。
③ 《吕氏春秋·先识览》。

臣。为夏王近侍。臣本为家内奴隶,但王侍臣因时常在王左右而得到信任,也握有一定权力。太康居虞时,为复国大业,曾"使女艾谍浇"。《左传》哀公元年杜预注:"女艾,少康臣。"少康派近侍女艾打入浇处为间谍。

（二）地方侯、伯

地方侯、伯由夏王的同姓和异姓构成。夏后氏的同姓"以国为氏",分布在王朝中心区以外地区。[①]而接受夏朝封号的异姓贵族,成为夏朝的方国、侯伯。大的方国首领称"伯",如今濮阳一带的祝融之后的"昆吾为夏伯"[②]。还有葛伯,《史记·殷本纪》集解引孔安国说葛"为夏方伯,得专征伐"。夏朝的异姓方国部落还有商方国、周方国、虞、有仍、有易、有鬲、薛、皋陶之后的六、蓼、四岳之后的姜姓申、吕,今临淄附近齐国故地的季荝等等以及于夷、方夷等夷人方国部落。

这些棋布于夏朝周围的方国部落社会发展水平不尽相同。有的在夏朝建立以前,就形成了家族奴隶制王国。也有的方国部落,还没有进入阶级社会。与夏王同姓的方国侯、伯,在血缘上与王族有紧密的联系,是夏朝控制全国的核心力量,再团结一批异姓侯、伯,实现了夏王朝对全国的统治。"禹合诸侯于涂山,执玉帛者万国"[③]。夏朝是一个同姓和异姓方国诸侯组成的松散联盟。

夏朝地方侯、伯的政权机构也设有官吏,但文献记载语焉不详。从有仍设外廷政务官"牧正"和虞设内廷事务官"庖正"等职推知,方国诸侯也应有和中央王朝基本一样的内廷和外廷官的设置。

夏朝的方国诸侯都得接受中央王朝的封号,这就是爵命。

---

① 各同姓侯、伯地望,参阅郑杰祥:《试论夏代历史地位》,载《夏史论丛》,齐鲁书社 1985 年版。

②《国语·郑语》。

③《左传》哀公七年。

《后汉书·西羌传》："昔夏后氏太康失国，四夷背叛……至于后泄，始加爵命，由是服从。"受封的方国承认夏王的天下共主地位，并对中央王朝尽有一定的义务：

其一，他们不仅随时应夏王之召参加盟会，如启的"钧台之享"，桀时"仍之会"等，而且他们自己还要到中央来觐见夏王。《竹书纪年》夏后相"七年，于夷来宾"；"少康即位，方夷来宾"；"后发即位，元年，诸夷宾于王门"等等，即来"宾"见夏王。或来"御"见夏王，《竹书纪年》后芬"三年，九夷来御"。宾和御表示他们承认并服从夏朝统治。

其二，方国诸侯的首领还应夏王之召在中央任职。薛方国首领奚仲在中央王朝任车政，商方国首领冥在中央王朝任水官，周方国的不窋在中央王朝曾任稷，羲、和方国首领曾在中央王朝主管天文、历法，如此等等。

其三，为中央王朝提供武装人员，配合夏王的掠夺征伐战争。中康时主管天文历法的羲、和方国首领沉湎于酒，"废时乱日"。"胤国之君受王命往征之"①。夏朝末年，桀曾令"九夷之师"讨伐商汤。②

其四，保卫王族，巩固夏朝统治。夏朝初年，相流落到商丘附近，是为了"依同姓诸侯斟寻"③，以求得保护。而在少康复国的斗争中，方国有仍、有虞以及一度被灭掉的夏王国同姓诸侯斟灌、斟寻的"二国之烬"，即二国遗民起了重大作用。④夏朝末年，诸侯国葛、韦、顾、昆吾等，成为阻挡汤军西进的巨大障碍。⑤直到夏桀被商汤打败，逃到了三㚇方国。"三㚇，国名，桀走保之"⑥，支持桀

---

① 《史记》卷2《夏本纪》集解。

② 《说苑·权谋》。

③ 《史记》卷2《夏本纪》正义引《帝王纪》。

④ 《左传》襄公四年。

⑤ 杨升南：《汤放桀之役中的几个地理问题》，载《全国商史学术讨论会论文集》。

⑥ 《史记》卷3《殷本纪》集解引孔安国说。

进行反扑,结果也遭到了商汤大军的征伐。

其五,对中央王朝缴纳贡品。贡职是诸侯对中央王朝的经常性负担。《说苑·权谋》说:"汤欲伐桀,伊尹曰:'请阻乏贡职,以观其动。'桀怒,起九夷之师以伐之。伊尹曰:'未可,彼尚能起九夷之师,罪在我也。'汤乃谢罪请服,复入贡职。"只因为不按常规贡职,就受到了夏桀的讨伐。特殊的贡品为舞、乐。后发即位元年,"诸夷入舞"①。少康即位以后,方夷"献其乐舞"②。可能是新王即位,夷人方国部落进贡舞、乐奴隶以表示祝贺。

第三节　夏朝的军事制度

夏朝的军队是从军事民主制时期出现在军事首领周围的亲兵集团蜕变而成的,因而带有不少原始性。但作为阶级社会出现的第一支军队,也形成了它自己的特点和制度。这是夏朝奴隶主阶级维护他们的利益,巩固他们对平民和奴隶统治以及对外掠夺性战争的需要。

夏王是夏朝军队的最高统帅,不仅直接控制着中央王朝的军队,还可以调动地方侯、伯的军队。夏朝初年,"大战于甘"。注引郑康成说:"天子之兵,故曰大。"疏谓:"未战称大战者,谓天子亲征之师。"③夏后启对胆敢反对他的有扈氏,率领王朝大军进行挞伐,并在战前宣布了"用命赏于祖,弗用命戮于社,予则孥戮汝"的命令,表明了夏王对军队的绝对领导权。历代夏王不少人亲自统帅军队对一些方国,特别是夷人方国部落用兵。夏启二

---

① 范祥雍编:《古本竹书纪年辑校订补》,上海人民出版社 1962 年版,第 62 页。

② 《后汉书》卷 85《东夷传》注引《竹书纪年》。

③ 孙星衍:《尚书今古文注疏》,中华书局 1986 年版,第 208 页。

年,还亲统军"征西河"。夏后相也在元年统兵征淮夷、畎夷,二年征黄夷及风夷等。夏后不降即位六年,伐九苑。夏末"后桀伐岷山",岷山失败,被迫"进女于桀二人,曰琬,曰琰"。此二女受到夏桀宠爱,并把她们的名字刻在"苕华之玉"上。桀喜新厌旧,自此抛弃了元妃妹喜氏。后来"末[妹]喜氏与伊尹交,遂以间夏"[1],她与商汤派到夏王朝刺探情报的细作过往甚密。岷山方国进贡夏王朝的当然不只这二名女子,只不过此二人成了众多奴隶中地位较高的"床上奴隶"而已。夏王还随时可调动并指挥地方侯、伯的军队,我们前面所谈的中康时胤君征羲、和,桀时九夷之师伐商汤等,就是在夏王的命令下进行的。

夏中央王朝和地方诸侯、方国的军队,还没有形成一套完善的军官指挥系统。中央王朝的军官只是战时由各级官吏临时充任,平时各司其政务。而地方诸侯、方国军队的首领,平时是一国之君,战时是统领自己方国军队的头目。如他们配合中央王朝军队作战时,只得屈居于最高统帅夏王之下,成为和中央王朝官吏一样的领军将佐。《尚书·甘誓》记录了较为完整的夏初战争过程。其中关于领军将佐只有六卿和六事,反映了夏朝官吏文武不分,军官设置不完善的史实。夏朝有时派员代王率中央王朝军队出征,如桀时伐岷山。《太平御览》卷82引《纪年》又作"后桀命扁伐山民"(山民即岷字)。虽然扁职司不可得知,但他是夏王朝奴隶主贵族是无疑的。

夏朝军队将佐文武不分,军官指挥系统不完善,是与它作为我国进入阶级社会建立的第一支军队的原始性分不开的。这是因为:

其一,夏朝进入奴隶社会不久,是一个以夏后氏王族为核心的方国部落的松散联盟。虽然居民按地域划分,但血缘关系仍在起重要作用。居民以奴隶主贵族为核心,按族而居。平时在家族

---

[1]《古本竹书纪年辑校订补》,第34页。

奴隶主贵族指挥下,平民从事生产劳动。战时,平民随家族贵族首领出征。"用命赏于祖,弗用命戮于社"。伪《孔传》谓"亲祖严社之意"。"祖"是祖先,"社"是土地神。而"亲祖",是执行命令勇敢作战者于祖先神主之前行赏, 表示承认他的血缘关系。而"严社",是对不执行命令的战士杀死在土地神前,意味着剥夺他使用的公社土地。因此,学者认为《甘誓》中的以上二句话,反映了夏代战时族军是以血缘关系和土地为单位组织起来的。[①]而方国、诸侯的军队,它们的君长就是各家族贵族的最高首领和战时族军的最高指挥者。因此,夏朝各方国部落也是兵农不分,还没有形成常备军,只是战时临时召集兵员的族军制。

中央王朝的夏后氏王族政治、经济实力较其他方国部落的君主要强大得多,而且王族所控制的中央王畿地区的面积也比地方侯、伯要广。因而中央王朝所动员的战时族军数量,就要比其他方国部落要多。再加上同姓诸侯对夏后氏王族的支持,以及夏王可随时调动某一方国的战时族军, 因此中央王朝有强大的军事力量。

夏朝的军队已从军事民主制时期的战时自愿武装全体民众,发展到家族奴隶主强迫武装家族平民参战。但军队的兵农合一、没有常备军等原始性,决定了夏代军队不可能设置专门的军官进行管理,因而领军将佐文武不分,指挥系统不明确。

其二,军队数量不多。夏初启与益争夺最高权力的斗争中,"启与友党攻益而夺天下"[②]。友党或支党,就是启所依靠的聚集在他周围的亲兵集团。充其量,也不过启自己的家族和他的几支同姓,诸如有男氏、斟寻、彤城氏等十一个家族而已(有扈氏反对启,可不计在内),动用的兵力是不会太多的。而在少康复国的斗争中,依靠的只是他居住纶地时的"有田一成,有众一旅"的力

---

① 杨升南:《夏代的军事制度》,《郑州大学学报》1991 年第 2 期。
②《韩非子·外储说右下》。

量。杜预注:"方十里为成,五百人为旅。"①再加上靡所收夏同姓斟灌、斟寻的"二国之烬",就把篡夺全国政权的有穷氏消灭,恢复了夏后氏的统治地位。夏朝末年,商汤在各方国诸侯中力量最为强大。《孟子·公孙丑》说"汤以七十里"作为伐夏的基地,"汤一征,自葛始,十一征而无敌于天下"②。商汤灭葛以后,继续向夏朝中心地区推进。"韦顾既伐,昆吾夏桀"③,终于夏商交绥。这时他的兵力也不过是《吕氏春秋·简选》所记的"良车七十乘,必死六千人"。汤在伐桀之前,曾试探过中央王朝的虚实。《说苑·权谋》记桀"起九夷之师以伐之",结果暴露了夏中央王朝的兵力。所谓"九夷之师",即东方九个夷人方国的联合兵团,当然不会是诸夷的倾国之兵。以最少每夷方国出一旅(即 500 人计),九夷可达4500 人的兵力,比商汤 6000 人的兵力略少,缺乏对商汤的威慑力。但每一夷方国都出与商汤同样的 6000 兵力又不可能,因诸夷领土和国力都不如商方国那么强大。不妨取最少一旅之兵和最多 6000 之卒的平均值,即每一夷方国出兵 3200 人左右,"九夷之师"最大兵力也不过 28000 人左右。因而"九夷之师"以绝对数量优势威慑住商汤,使他"谢罪请罚",延缓了他的伐夏行动。因此,夏朝末年中央王朝所能动员的兵力也不会超过"九夷之师",故商汤才敢于向中央王朝进军。正是因为夏朝兵员不多,所以中央王朝的官吏、方国诸侯君主及他们家族的大小奴隶主贵族,就可率领自己的家族成员作战,因而也决定了夏朝军队的军官文武不分的原始性。

夏朝的军队由车兵和步卒组成。《尚书·甘誓》"左不攻于左,汝不共命。右不攻于右,汝不共命。御非其马之正,汝不共命",反映了车兵在夏初就已出现了。车兵由战车队组成,有较强的战斗

---

① 《左传》哀公元年。

② 《孟子·梁惠王下》。

③ 《诗经·长发》。

力,是军队的核心。一辆战车三人,左为车左,配备武器为弓、箭,主射。右为车右,持矛主击、刺。而御为居中的驭手。而军官的兵车,将在中央,右边为作战战士,左边为驭手①。夏朝最强大的商方国已有兵车 70 乘。车兵作战还配以步卒,商汤时就配有 6000 步卒。夏朝已进入青铜时代,已用当时最先进的技术成果——青铜兵器装备军队了。在二里头遗址,发现了戈、戚、镞等青铜武器。戈为直援曲内,无阑,曲内后端有突起花纹,制作精致。②但迄今未见夏朝战车出土。

夏朝的军队平时要进行军事训练。夏少康即位,"盘于游田"③。游田也为军事训练的一种方式,贵族带领族众驾车纵马,对野兽围攻追杀,实与对敌作战无异。较为正规的训练是"狩"。《尔雅·释天》"冬猎为狩",本来指的是打猎。《春秋公羊传》桓公四年"春曰苗,秋曰蒐,冬曰狩"。庄公四年传"莫重乎其与仇狩"。注说:"狩者,上所以共承宗庙,下所以教习兵行之义",狩是定时的军事训练,"天子适诸侯曰巡狩"④。天子巡狩诸侯,主要是为了掌握情况,但也有王朝军事大演习性质。夏朝"后荒即位,元年,以玄珪宾于河,命九东狩于海,获大鸟"。王国维在《古本竹书纪年辑校》中考订"东"应为"夷"字,"疑谓后芬时来御之九夷"。九夷在夏王命令之下东狩海滨,当是一次军事大演习。因此,虽然夏朝的战时族军平时兵农不分,但还是有一定的训练制度的。

夏朝的军队,在对内镇压平民和奴隶的反抗以及对外掠夺和扩张的战争中,巩固了夏朝奴隶主贵族的统治并扩大了夏王朝的版图,成为奴隶主阶级政权的重要支柱。

---

① 顾颉刚、刘起釪:《〈尚书·甘誓〉校释译论》,《中国史研究》1979 年第 1 期。

② 《二里头遗址》,《中国大百科全书》考古卷 6,第 118 页。

③ 《史记》卷 2《夏本纪》集解引孔安国说。

④ 《孟子·告子下》。

第四节　夏朝的贡纳、刑罚与教育制度

《史记·夏本纪》太史公曰：“自虞、夏时，贡赋备矣。”为了养活脱离生产并与平民和奴隶相对立的一批夏王朝官吏，夏朝已逐步形成了贡赋制度。而为了镇压平民与奴隶的反抗，体现奴隶主阶级意志的刑罚也制定出来。为了培养夏王朝统治阶级接班人，有了专门的培养贵族子弟的学校。

一、夏朝的贡纳制度

夏朝建立前夜，禹治水成功，“芒芒禹迹，画为九州，经启九道”①。禹“画九州”实际上是把全部落联盟划分为九大经济区，这是阶级社会国家居民按地域划分的前奏。

“禹别九州，随山浚川，任土作贡”。②而“任土”，“谓定其肥硗之所生”③。任土作贡就是根据九州土地的肥瘠不同而制定贡赋。禹时遍布全国的“万国”，即大、小家族奴隶制国家就已向部落联盟的最高首领“各以其职来贡”④了。

夏朝继承了禹时所制定的贡赋制度，对王朝的地方侯、伯征收贡纳品。缴纳的贡品有铜。《左传》宣公三年说：“昔夏之方有德也，远方图物，贡金九牧，铸鼎象物，百物而为之备，使民知神、奸。”杜预注说，“使九州之牧贡金”，即使全国各诸侯方国向中央王朝贡纳铜。关于“夏之方有德也”即收贡的时代，历来众说纷

---

①《左传》襄公四年引《虞人之箴》。

②《尚书·禹贡》序。

③《尚书今古文注疏》注引郑康成说。

④《史记》卷 1《五帝本纪》。

纪。有说是自禹起,有说是启时。但不管是谁,时间相差不远。正像顾炎武所说:"古来田赋之役,实始于禹……后之王者,不过因其成迹而已。"[1]禹所开创的制度,不少为夏启所继承和实行了的。此外,诸方国、诸侯的贡纳品还有当地的特产或舞乐。"禹成五服,齿革羽器备。"而"四海"的特产,诸如鱼类、珠、玑、大贝、大龟、孟诸灵龟、降玉、玄玉等等,也无不"咸会于中国"[2]。而东方夷人贡舞、乐奴隶,我们前面也已谈过。由于按一定的标准收缴贡纳物,所以中央王朝聚敛的各种财富充满了仓库。《国语·周语下》引《夏书》所记"关石、和钧,王府则有"。韦昭注说:"关,门关之征也。石,今之斛也。言征赋调钧,则王之府藏常有也。"

而对拥有少量土地的平民,夏王朝也要收取一定的实物。《孟子·滕文公上》说:"夏后氏五十而贡,殷人七十而助,周人百亩而彻。其实皆什一也。"也就是说,夏朝平民一夫耕田五十亩,其中五亩土地上的收获物要缴纳给奴隶主贵族。这就是"贡者,校数岁之中以为常"[3],取几年收获物的平均值作为缴纳的常数。

二、夏朝的刑罚制度

"夏有乱政而作《禹刑》"。[4]杜预注,"乱政谓民有犯政令者"。平民和奴隶与奴隶主贵族阶级矛盾日益尖锐化,为了维护奴隶主阶级统治,夏朝制定了刑罚。相传"夏刑三千条"[5]。主要内容有死刑,《左传》昭公十四年引《夏书》说,"昏、墨、贼、杀",也称之为皋陶之刑,杜预注说:"三者皆死刑。"死刑的昏、墨、贼罪,就是"己恶而掠美为昏,贪以财官为墨,杀人不忌为贼"。自己行为丑恶,却千方百计美化自己,就是所谓"昏"乱罪。贪污腐化败坏政

---

[1] 顾炎武:《日知录》,商务印书馆1929年版,第45页。

[2][3] 《尚书大传》卷3《夏传·禹贡》。

[4] 《左传》昭公六年。

[5] 《左传》昭公十四年。

事,就是犯了不廉洁的"墨"罪。杀了人而有恃无恐,是为"贼"罪。此三者罪不容赦,皆在该杀之列。另一方面的内容是赎刑。《世本》(《事纪原九引》)说"夏作赎刑",即交纳一定的财物可以减刑。"禹之君民也,罚弗及强而天下治,一馈六两。"郑玄注:"所出金铁也。死罪出三百七十五斤,用财少尔。"①

夏朝还设置了监狱。今本《竹书纪年》载夏后芬"三十六年,作圜土"。《释名·释宫室》"狱又谓之圜土。筑其表墙,共形圜也"。圜土就是监狱,夏朝最大的监狱是均台。《史记·夏本纪》载,夏桀"乃召汤而囚之夏台,已而释之"。索引说:"狱名,夏曰均台。皇甫谧云'地在阳翟'是也。"据说夏桀以谀臣赵梁使用计谋把商汤骗至均台囚禁起来的,但"汤乃行赂,桀遂释汤"②。由于商汤大行贿赂,才被桀从监狱中释放出来。

三、夏朝的教育制度

夏代已有学校的设置。《孟子·滕文公上》说:"夏曰校,殷曰序,周曰庠。学则三代共之,皆所以明人伦也。"正义说:"校,教也。可教道艺也。""道"指"明人伦",主要是要使贵族子弟忠于奴隶主统治阶级。"夏之政忠,忠之敝,小人以野"③。"颍川、南阳,夏人之居也。夏人政尚忠朴,犹有先王之遗风。"④直到汉代还是古风犹存。这是因为夏朝脱离原始社会不久,氏族成员间的平等友爱关系、相互信任的淳朴感情和对氏族首领高度尊敬的精神还有所遗留。夏朝统治者把这些加以改造并利用为"忠",就是要贵族子弟们忠于夏王和贵族奴隶主阶级。所谓"艺",主要是射、御等,把贵族子弟培养成合格的武士。

---

① 《尚书大传》卷6《甫刑》。
② 《绎史》卷14引《太公金匮》。
③ 《史记》卷8《高祖本纪》。
④ 《史记》卷129《货殖列传》。

《礼记·王制》说:"夏后氏养国老于东序,养庶老于西序。"夏代学校教育,主要由退休致仕的奴隶主贵族官吏负责。

第五节　夏朝政治制度的历史地位

夏朝是我国进入阶级社会所建立的第一个家族奴隶主贵族的统一国家政权,是原始社会末期阶级矛盾不可调和的产物。

夏朝奴隶主阶级专政的国家,在压榨平民和奴隶的基础上,保障了社会生产力的继续发展。《韩非子·五蠹》"禹之王天下也,身执耒臿以为民先"。夏代已使用木耒启土,庙底沟龙山文化灰坑壁上留有木耒痕迹。"伯益作井"[①],在二里头遗址、东下冯遗址都发现了水井,夏代有了原始的灌溉技术,农业较前有了发展。与此同时,手工业较前更为发达。在科学技术方面,《左传》昭公十七年引《夏书》"辰不集于房",记录夏代在房宿位置上发生的日食,是世界上最早观察日食的记录。[②]在历法方面,夏代出现了干支记日和《夏令》[③]或《夏时》[④]的历书。而关于夏代天象和动植物的一些珍贵科学资料,保存在战国时成书的《夏小正》中。夏代虽已进入文明时代,但系统的文字还没有发现。但在二里头遗址骨片上发现了一个象形"鱼"字。[⑤]而更早一些的登封王城冈城堡遗址,发现了陶器底残片上刻划一"共"字[⑥],是较象形字更进步

---

① 《世本·作篇》。

② 郭沫若主编:《中国史稿》,人民出版社1976年版,第146页。

③ 《国语·周语》"《夏令》曰……"。

④ 《论语·卫灵公》"子曰:行夏之时"。

⑤ 中国社会科学院考古研究所二里头队:《1980年秋河南偃师二里头遗址发掘简报》,《考古》1983年第3期。

⑥ 李先登:《对夏文化探索若干问题的看法》,载《华夏文明》,北京大学出版社1987年版,第243页。

的会意字。可以预料,今后发现夏代文字也是不无可能的。在夏朝奴隶制国家的干预下,社会经济和文化都较原始社会取得了长足的进步。

"今大道既隐,天下为家。"①自夏启以后,王位父子相传,王朝最高权力为夏后氏家族私有。夏朝开始的王位世袭制,保证了最高统治集团的稳定性和连续性,防止了最高权力之争引起的奴隶主阶级内部矛盾,从而使奴隶主阶级可以集中力量镇压平民和奴隶的反抗。因此,王位世袭制对后世商、周奴隶主阶级有很大的影响。

夏朝王族的力量毕竟是有限的,它只能有效地控制王畿地区。而全国广大地区,则通过分封夏后氏同姓和异姓方国侯伯进行统治的。正因为如此,"分封制"也为商、周奴隶统治阶级所继承并加以发展。

夏朝的王位世袭、分封制等一系列政治制度,对我国历代王朝发生了深远的影响,就是在世界文明史上,也有着一定的地位。我们不妨放眼夏王朝时期(前21世纪—前16世纪)的世界:

在人类文明的摇篮之一的尼罗河流域,正是埃及的古王国时期(前2686—前2181年)崩溃和进入中王国时期(前2181—前2040年)。埃及在第二王朝(前2890—前2686年)时期实现了统一,建立了奴隶制国家。古王国末期爆发了十年之久的奴隶和平民起义,使古王国灭亡并在公元前21世纪末进入了中王国时期。此后,埃及第十二王朝阿明尼赫特三世(前1842—前1797年)削平各州长割据势力,恢复了中央集权的奴隶制国家。在中王朝时期,中、小奴隶主阶层的经济、政治地位有所提高。中、小奴隶主阶级中的少数巨富担任了州长等国家高级官吏。由于来自亚洲的希克索斯人入侵,埃及被统治了近一百年。直到公元前16世纪,埃及人才赶走了侵略者,第十八王朝建立,埃及进入了

---

① 《礼记·礼运》。

新王国时期(前 1567—前 1085 年)。

在人类文明的另一摇篮地两河流域,正是乌尔第三王朝(前
2113—前 2006 年)和古巴比伦王国(前 19 世纪—前 16 世纪)时
期。乌尔第三王朝时期,两河流域进入青铜时代,乌尔加强了中
央集权并制定了两河流域第一部成文法。而其后的古巴比伦王
国,在第六代国王汉谟拉比时,统一了两河流域南北两部成为中
央集权国家。国王汉谟拉比集中军政权、立法和司法审判权于一
身,并建立了庞大的官僚机构。国家建立了常备军,战士有世袭
份地。有时还召集村社农民组成的军队。地方各级官吏都由国王
任命,并制定了人类历史上第一部较为完备的成文法典,即《汉
谟拉比法典》。法典分为序言、本文和结语三部分,严格维护奴隶
主阶级利益,保护奴隶主对奴隶和其他财产的私有权。

而在人类文明的另一摇篮印度河流域,公元前 2500 年至公
元前 1500 年左右的哈拉帕文化反映了贫富分化和阶级对立,已
有了强制性的国家机器和压迫民众的统治阶级。但这一文化在
公元前 2000 年中期消亡了。

在古希腊,公元前 2000 年左右,克里特岛出现了最早的奴
隶制国家。而在希腊本土,南部的迈锡尼在公元前 1600 年才建
立了奴隶制国家。

(丙)商朝政治制度

第一节　商朝的社会结构与宗族制度

商朝是由商族建立的。《史记·殷本纪》载,商人的始祖契之
母简狄"见玄鸟堕其卵",吞食之后,"因孕生契",标志着商族自

契始进入父系氏族社会。契与夏禹、周弃约略同时,曾被帝舜"封于商,赐姓子氏"。契的子孙遂以"商"为氏族名号。

商族在夏代为诸侯,契的六世孙冥曾为夏朝掌治水的官①。在成汤建国前,商族为寻求生存空间,"自契至汤八迁"②。到契的八世孙上甲时,战败有易人,商族得到了发展。至契的十四世孙成汤时,商族力量更为强大。直到最终打败桀,灭掉夏朝,"于是诸侯毕服,汤乃践天子位"③,商朝建立。

商朝从成汤建国,到帝辛灭亡,历十七世三十一王,见于甲骨文的有二十八王(中壬、沃丁、廪辛不见于甲骨文中)。据古本《竹书纪年》记载,从汤至纣"用岁四百九十六年",时间约在公元前16世纪至公元前11世纪。

商代的疆域以今河南全省、河北南部、山东西部、陕西东部为中心。商代的历史可分为早、中、晚三个时期:早期从成汤到雍己历十王,国都在西亳,即今河南偃师县尸乡沟的商城遗址。中期从仲丁到小辛,历十王。此时由于王族内部争夺王位,国力削弱,致使多次迁都,到南庚时迁于奄,即今山东曲阜。晚期从盘庚到帝辛,经十一王。盘庚迁都于殷,即今河南安阳西小屯村。商代晚期的社会经济有了较大发展,成为当时世界上为数不多的大国。

商代的农业、畜牧业和手工业等方面,都比夏代有了很大发展。农业中除使用传统的木石蚌骨工具外,还使用了青铜工具,如用于起土的青铜犁铲等。在耕作技术方面已知中耕、除草、施肥和水利灌溉。农作物品种从甲骨文中知道已有粟、黍、麦、稻(秬)粱等。商人嗜酒,祭祀时大量用酒,而造酒需要粮食,可见商人谷物生产量较丰富。商代的畜牧业与农业一样也很发达,家畜种类有马、牛、羊、猪、犬等。商人祭祀时成批用家畜,少者几头、

---

① 《国语·鲁语上》。
②③ 《史记》卷3《殷本纪》。

十几头,多达几十头、几百头。在甲骨文中记载,有一次准备用牛一千头祭神。①手工业生产以青铜冶铸业为代表。青铜的冶炼和铸造已分开,铸造工场亦有进一步分工,像郑州南关外的铸铜遗址中,镞范和镬范较多,而在今河南饭店一带则以刀范和戈范为主。铸造铜器种类多,花纹精美,形制宏大。像司母戊鼎重达875公斤,为世界青铜器之冠。手工业的发展,促进了商品交换。商人以贝为货币,在墓葬中常发现以贝殉葬,少者一枚,多者达数千枚。如在著名的妇好墓中,曾出土贝6880余枚。甲骨文中的贝以朋为计量单位,最多有70朋的记载。②在商人的观念中,祭品是供祖先神灵在另一个世界享用。因此甲骨文中的"朋贝"多用来享祭先祖,反映货币经济已深深地侵入商朝人的头脑中。

商代是奴隶社会。商代社会中有三个阶级:奴隶主贵族、平民和奴隶。

甲骨文中的奴隶主贵族统治阶级主要有侯、伯、男、任以及"子某"和"某子"等。"某"为人名,如子商、子渔、皋子等,都是奴隶主贵族。他们拥有大片土地和众多的奴隶,死后有丰厚的随葬品并用人殉葬。在安阳殷墟发现的带墓道的大墓,或墓室较大并有青铜礼器和用人为殉的墓葬,都是属于奴隶主贵族的墓葬。

平民是当时社会中的劳动者,又称为"自由民"。所谓"自由"是与奴隶相比较而言,他们的生命有保障,奴隶主贵族不得随意对他们进行杀戮。平民的权利表现在有祭祀祖先权和执干戈卫社稷权等。在甲骨文中他们被称为"邑人"或"人",如武丁时期甲骨文中常记载"登人"若干出征的。所登的"人"就是属于这个等级。在考古发掘中,那些墓室不大,随葬品不多,只有一两件青铜器,或者只有几件陶器,有的只有下葬的墓坑而无任何随葬品的

① 郭沫若主编:《甲骨文合集》(简称《合集》)1027正,中华书局1982年版。
② 《怀特氏等所藏甲骨文集》(简称《怀特》)142,加拿大皇家安大略博物馆,1979年。

墓,都是平民墓葬。1969—1979 年曾在殷墟西区发掘这样的墓葬 900 多座。

奴隶不仅被使用于各种生产领域,而且还将其用做祭祀祖先神灵的牺牲。在安阳殷墟的洹水北王陵区祭祀场,发现大批砍去头颅埋在排葬坑中的人架,即属于被用做人牲的奴隶。从有关甲骨文材料分析,商代的奴隶分为三种:(一)农业奴隶,主要是指众、众人和仆等;(二)从事畜牧业的奴隶,主要是羌奴。甲骨文中有"多马羌臣",即是一种管理养马羌奴的官;(三)家内奴隶。甲骨文中称为仆(或释作宰),其字形像人在屋内劳作状。但在甲骨文中也有用"仆"去打仗的,又有用"仆"去作人牲祭祖的记载。"臣"则是奴隶的泛称。

商代奴隶主贵族阶级以血缘关系为纽带,实行宗族制度。甲骨文中有很多族的名称,如王族、子族、多子族、三族、五族、犬延族等,这些族都是一些宗族。一个宗族包含若干个分族,《左传》定公四年记载,周初分封殷民六族给鲁国,"使帅其宗氏,辑其分族,将其类丑"。宗氏即大宗,指嫡长房之族。分族即小宗,为嫡长房之外的其他庶弟之族。"类丑"即奴隶。商代宗族组织内,族长实行长子传袭制。甲骨文有"家谱刻辞"[1],记载了儿氏家族十三传谱系。其中有两次传弟,但弟死后都回传于其兄之子,可见传长子应是当时的常法。

商代社会中的每个宗族都是一个政治实体。它的首领是宗族长,其下是有血缘关系的兄弟子侄和族众,并有"丑类"——奴隶。族有武装,甲骨文中常有商王命令某族去征战戍守活动的记载,如令"王族"追击召方[2],令"三族"追击召方[3],令"五族"戍守

①《库方二氏所藏甲骨集》(简称《库》)1506,商务印书馆 1935 年版。

②《战后南北所见甲骨集》(简称《南》)明义士 616,北京来熏阁书店 1951 年版。

③《战后京津新获甲骨集》(简称《京》)4387,群联出版社 1954 年版。

羌方①，令"多子族"和"犬延族"协助周人抗击外敌②等，皆是以族的武装执行王朝的军事任务。每个宗族都有自己的土地，《尚书·多士》中周公对商遗民的"士"讲：如果他们臣服于周人，则"尚有尔土"，并能"宅尔邑，尚尔居"。这里的"士"，就是商朝遗民的宗族长们。他们直到商朝灭亡后，还可拥有土地和邑，并仍有美室可居。因此，商朝虽亡国，这些商朝遗民宗族长们若顺臣周人，却不会亡家。商人"贵富而尚齿"③，"任人惟旧"④。这些有土有奴隶的宗族族长，世代在王朝供职，是商王进行统治的支柱和基础。

第二节　与神权相结合的王权

商代的最高统治者生前称"王"，死后称为"后"。后字古义为"继体君"，即曾继承王位为国君。晚期的几位商王名前还加"帝"字，如"帝甲"⑤、文武帝⑥、帝乙、帝辛等。"帝"字在武丁时期甲骨文中为天神的专称，如"上帝"，乃指天上至上神。商王名前加"帝"字，表明他是最高统治者。

每位王死后，都要选择甲乙丙丁等十干中的一干日为名，称为"庙号"，如大乙、大丁、外丙、中壬等的乙、丁、丙、壬即在这一干日举行祭祀该王的典礼。庙号的产生是死后通过占卜选择决

---

① 《殷虚书契后编》(简称《后》)下卷42·6，罗振玉影印本一册，1916年。

② 《殷虚书契续编》(简称《续》)5·2·2，罗振玉影印本六册，1933年。

③ 《礼记·祭义》。

④ 参见《尚书·盘庚》。

⑤ 《殷契萃编》(简称《萃》)259，日本东京文求堂石印本，1937年。又科学出版社1965年版。

⑥ 《殷虚书契》(简称《前》)4·17·4，《国学丛刊》石印本三期三卷，1911年。又1913年影印本四册，1932年重印本四册。

定的，后世子孙占卜得到的庙名干日若有与其先祖相同者，则在干日字前加区别字，如从汤到纣的三十一王中，卜得以"甲"为庙名者有六位，于是在庙号干名前加区别字，分别称为大甲、小甲、河亶甲（戋甲）、沃甲（羌甲）、阳甲、祖甲，这样就不至于相混。干名前的区别字，有些可能已具有后世"谥"号的性质了。所谓"谥"号，即是根据他在世时的行为给以一定的名号以褒贬其政绩，如"施德为文，除恶为武，辟地为襄"的文、武、襄之类就是谥号。商王名号中有成汤、武丁、武乙、康丁、文丁、帝乙、帝辛等称呼的，成、武、康、文、帝可能就具有后世谥号的性质。商人之所以称开国之君汤为"成汤"，汤后的第二十三位王称为"武丁"。据谥法，称"成"的是能"安民立政"，称"武"是能"威强敌德"，"克定祸乱"等，即在军事上有开疆拓地的功绩。按诸史事记载和甲骨文，此二王被谥为"成"或"武"，确与他们在世时的治绩相符。

商王的后妃制中，有一特殊现象，即有的王不止有一个法定配偶。甲骨文中有先妣特祭制度，"先妣"即先王的配偶。受到"特祭"的先妣，即是该王的法定配偶，亦即正配王后，她们与其他不受特祭的地位较低的妃妾不同。像仲丁有法定配偶两位，而祖丁有四位，武丁有三位。凡法定配偶所生的儿子，都有权继承王位。商朝在王位继承中，凡兄弟行皆以长幼为序，兄终弟及，而幼弟死后，王位又复归长兄之子继承。这个制度在中丁时被打乱，中丁父辈有小甲、大戊、雍己三人为王。中丁为大戊之子，雍己死，按惯例王位应由小甲之子继承，但"自中丁以来，废适而更立诸弟子，弟子或争相代立，比九世乱"①，削弱了商王朝的统治。到小乙时，干脆以幼弟之子继位，故小乙传其子武丁。康丁以后，后妃制度改变为一王一正配制，并实行直接传长子的制度。因此，商代王位继承制度虽有弟及现象，但其主干仍是以传长为常法。但无论如何，王位都在前王之子（或孙）中传袭，王位由子姓的商朝

---

① 《史记》卷 3《殷本纪》。

王族一家独占的王权世袭制已经确立。

王位的父子相传，是以血缘关系来达到巩固其统治地位的目的。商王把自己的血统与天神联系起来，即"天命玄鸟，降而生商"①。商人以鸟为图腾，用以宣扬他们的始祖契是鸟的后代。商族历史上有一个重要的王，其名为亥，甲骨文中在亥字上加一鸟形，反映商人确以鸟为图腾②。商始祖是由天神下降，故其王皆能与天神相沟通。"予迓续乃命于天"③，盘庚说是他从上天那里把民众的生命迎接下来的。甲骨文中有大甲宾配于帝的卜问，只有大甲等名王才能在帝左右，向"帝"转达人王的请求。因此，与主宰人间和天上一切的上帝交往，是商王们独具的特权，故地上的一切人应该受其统治。这样，王权和神权就结合起来。

在河南安阳小屯的晚期商代遗址中，发现了大批商代甲骨文。从甲骨文内容分析，当时商王朝的一切行事，都是通过占卜来决定的。占卜时，若在龟或骨上显示出吉利兆头，此事就执行，反之则否。这就把商王的一切行为带上神的旨意，由是占卜成了商王用以独断国政的手段。这从盘庚迁都时占卜所起的决定作用上表现得十分清楚。要迁都的决定，事先大臣和百姓并不知道，只是盘庚个人做出的。虽然遭到贵族和百姓的普遍反对，但盘庚执意要迁，理由是"非敢违卜"④。可见盘庚迁都前是经过占卜，并得到了一个吉兆，他以此去强迫反对者接受迁都的决定，对那些反对迁都者，实在不能说服，盘庚就宣布他们为"易种"，威胁要将其"劓殄灭之，无遗育"⑤。所以，虽遭普遍反对，盘庚还是达到了迁都的目的。可见国事决于卜，实际是决于王。

---

① 《诗经·商颂·玄鸟》。

② 胡厚宣：《甲骨文商族鸟图腾的遗迹》，载《历史论丛》第 1 辑；胡厚宣《甲骨文所见鸟图腾的新证据》，《文物》1977 年第 2 期。

③⑤ 《尚书·盘庚中》。

④ 《尚书·盘庚下》。

商朝贯彻王的决定通过大臣会议和民众会议。《尚书·盘庚》中篇,是迁都前盘庚召集的一次民众大会的记录。"其有众咸造,勿亵在王庭。""王庭"是国王居住宫殿前的大庭。民众都来到王庭,等待盘庚的讲话。下篇是迁都后盘庚对官吏们的告诫,即是在"大臣会议"上的讲话。上述两种会议,都是国王发布政令的场所。它既不能创制新法,也不能对王的施政或权力起制衡作用。在两个会议上,盘庚只是说明迁都的原因和表明他要迁都的决心,不是让民众或大臣在会上讨论国事,更不是以多数议决国事,而只是贯彻商王的决定。

大臣对商王的行动和执行的政策可以进谏,但听与不听都由王本人来决定。《尚书·高宗肜日》记载,有个叫祖己的大臣,在商王祭祀高宗武丁时,见有只野鸡站在放祭肉的大铜鼎耳上鸣叫。他认为这件事对商王朝是个不祥的兆头,于是劝谏王要"敬民",在祭祀时不要厚于父而薄于祖等等。《西伯戡黎》中,记载大臣祖伊劝谏纣王之事。当时周文王已灭掉地处今山西长治县的黎国,形势十分紧急,而纣王却还在荒淫作乐不止。大臣"祖伊恐,奔告于王"。殷纣王却对他说:"我生不有命在天乎"[1],拒绝了祖伊的劝谏。可见大臣的"谏"只是一种被动行为,采纳与否取决于最高统治者王。所以在商朝,被神化了的王,是国家一切大政的决策核心,王的意志是任何人不可违抗的。

第三节　内外服的行政体制

商代的疆域由两部分组成:商王室直接治理的王畿部分和诸侯方国的领土。商王室直接治理的部分在甲骨文中称为商、中

---

[1]《史记》卷 3《殷本纪》。

商、中土、大邑商等。诸侯方国管辖的领地在王室领地的周围,称
为四土,甲骨文中有卜问商和四土受年的辞:

乙巳,王卜,贞[今]岁商受年? 王占曰:吉。

东土受年?

南土受年?

西土受年?

北土受年? ①

在商王身边,治理王室及王畿事务的官,称为"内服"职官。而诸
侯方国臣属王室,其主要活动在王畿外的诸侯国之内,称为"外
服"。外服、内服各级官吏即是王室的外内职官。②

商朝内服职官称为"殷正百辟"③,或"百僚庶尹"④。百辟、百
僚表示其设官之多。商朝官吏多以尹为名,尹有治理、正长之义。
庶尹相当于甲骨文的"多尹"。

内服是属于中央王朝的职官。商王之下、百僚之上有一人总
领其事,辅佐商王。如成汤时的伊尹,"汤得之举以为己相"⑤。大
戊时伊陟"格于上帝,巫咸乂王家"⑥,武丁时的傅说被"举以为
相,殷国大治"⑦。商末还有三公,《史记·殷本纪》记纣以"西伯昌、
九侯、鄂侯为三公"。

商朝内服职官可分为四类:

(1) 政务性职官。有掌管农业的藉臣,掌管畜牧业的 "牧
正",掌管手工业的"多工"。汤时有"咎单作《明居》"⑧,有人认为
是掌管土地、建筑事务的"司空"。

---

① 《合集》36975。

②④ 《尚书·酒诰》。

③ 《大盂鼎》铭文。

⑤ 《墨子·尚贤中》。

⑥ 《尚书·君奭》。

⑦⑧ 《史记》卷 3《殷本纪》。

（2）军事性职官。商代文武不分职，凡是官皆可出征为将。但因古时"国之大事，在祀与戎"，故侧重戎事的一些武职已出现。商代军队以"师"为最大编制单位，"师长"是武职中地位较高者。在甲骨文中马亚、多马、史、戍、卫、射等，都是军事性职官。

（3）宗教文化类职官。此类职官有卜、巫、史等。商人很迷信，每事必卜，故在商王身边有专门从事这类工作的一群人，甲骨文中称为"多卜"①，即当今学者称为"贞人集团"者。巫也是职司神鬼的，大戊时有巫咸，协助大戊"治王家有成"②。古时卜和史不分，常常祝宗卜史连称。在祭祀时，史主掌向神的祷告词，还掌封官册命之事。甲骨文和商代铜器铭中有"作册"，是掌册命的官。

（4）宫廷内职官。商王所居称为寝，甲骨文中有王寝、东寝、西寝等名称，在安阳殷墟发现商王宫寝基址五十多处，是王之居所及宗庙遗迹。主管宫室的官称为寝，《作册羽鼎》铭中有寝农，还有《寝敔簋》、《寝女止盘》等，甲骨文中有寝小𠭥等。宰也是主王宫事务者，"冢宰"即王家事务大主管。武丁在未得傅说前，曾"三年不言，政事决定于冢宰"③。甲骨文有"宰丰"④、铜器有"宰椃"⑤，即名为丰、椃的宰官。

外服职官指商人所封的诸侯或臣属于商王朝的方国。《尚书·酒诰》："越在外服，侯甸男卫邦伯。"在甲骨文中有侯、伯、子、男、任等称，都是商代诸侯。诸侯领地散布于王畿之外，他们有自己的职官和军队，是独立性较大的政治实体。诸侯承认商王朝的宗主权，并要对商王室尽一定的义务，主要有：1.戍边。2.随王出

---

①《殷虚文字甲编》（简称《甲》）940，商务印书馆1948年版。

②③《史记》卷3《殷本纪》。

④《殷契佚存》（简称《佚》）518，金陵大学中国文化研究所影印本，1933年。

⑤《宰椃角》。

征,讨伐叛国。3.向王室纳贡。4.为王室服役。诸侯如有不服从商王朝政令者,则要加以惩罚。如商王文丁十一年杀周人首领季历①,纣王囚周文王于羑里②,都是王权行于诸侯之证。诸侯与王朝的关系,类似后世的地方特权对中央的关系。

商朝内廷职官常握有实权,出任重吏。像伊尹,以滋味取悦于汤,"汤举任以国政"③。《叔夷钟》铭文称之为"伊小臣",为汤之近臣。《作册羽鼎》铭记,商王命寝农去"省北田四品"。寝是掌管宫廷事务的官,商王却让他担当视察北方土地、划分其等第的重任。在甲骨金文中,担当军政要务的职官,多以"小臣""臣"为名。臣本是奴隶,渐变为处理王宫及王室事务的执役人员。这些王的近身侍从,深得商王信任,往往被委以各种要职,则称为"某臣"。如"小藉臣"管理耕藉事务,"小众人臣"管理众人,"小多马羌臣"管理牧马的羌奴等,这些臣官,后来就演变成负责管理某些部门的职官。

第四节　商朝的军事制度

军队是国家机器的重要组成部分, 是商代奴隶制度的重要支柱。商王作为国家的最高统治者,对军队拥有统领、指挥权。军队是由商王直接组建的,甲骨文称为"王作",如卜辞云:

丁酉,贞王作三师:右、中、左。④

甲骨文中屡见商王亲自率军出征,称为"王自征""王征""王往伐"等。此外,商王还命将出征,并授以文书"册"。将领受命出

---

① 《古书竹书纪年辑校订补》,第 72 页。

②③ 《史记》卷 3《殷本纪》。

④ 《合集》33006。

征,称为"称册",如甲骨卜辞云:泚戛称册,王比伐土方①。商王命将出征要禀告祖先于祖庙,征得神灵的认可。如:泚戛称册,告于大甲②。"告于大甲"即是在大甲的庙中举行命将典礼,此即后世的"受命于庙"。通过这种隆重的仪式,表示商王把军队指挥权授予该将领。

商王是军队的最高领导、指挥者,王以下军事性职官有师、马(马亚、多马、马小臣)、亚、射、卫、戍等,构成商朝武职官吏的各级领导指挥系统。

商朝军队由三部分组成:王室军队、诸侯国军队和贵族武装。商军的主力是王室军队,甲骨文称为"王师"③、"朕师"④。诸侯国的军队即是在"师"前冠以某侯名,如"雀师"⑤、"犬师"⑥、"吴师"⑦、"舌师"⑧等等,像雀称"雀侯"⑨犬称"犬侯"⑩,侯即是诸侯。族军是贵族的私人武装,像子族、多子族、三族、五族等,他们也常出征、戍守。这些以族出现的武装集团,直到春秋时期都还存在。

商代军队已用兵车装备起来,在甲骨文中和考古遗址中都有车的记载和发现。在安阳小屯村东北的宫殿区,曾发现5座车马坑。据发掘情况判断,这5座坑中所埋皆属兵车,每车由2匹马(有的是4匹马)牵引。车上有武士3人,所以在车坑中发现有兵

---

① 《合集》6402。

② 《合集》6134。

③ 《合集》36443。

④ 《合集》36127。

⑤ 《合集》40864。

⑥ 《合集》41529。

⑦ 《合集》5811。

⑧ 《合集》5814。

⑨ 《合集》19852。

⑩ 《京集》4777。

器 3 套。上述武职官中有以"马"名官者,就是因为兵车需要马拉,因而以马为名的官是掌管兵车。弓矢是当时重要的远射武器,每车上有一名射手,因此车以射计数,1 名射手表示有兵车 1辆。甲骨文中以"三百射"为最多,即 300 辆战车。商代军队也有步卒,甲骨文中的"步伐"应就是侧重以步卒出征。步卒编制称"行",甲骨文中有"右行"①、"东行""上行"②等。上行是左行,东行即右行。以右、中、左编制军队,是商军的制度。

　　商王室军队称为师或旅。师作为军队的编制单位,始于武丁时期。据文献记载,武丁在位 59 年。在他的统治时期,战争频繁,故对军队进行了一番整顿。武丁时期,甲骨文中常有出征时登人若干的材料。常是一次 3000、5000,甚至多达 13000 人的,这当是一种临时征集兵员的制度。即有战争,则临时建旗击鼓聚众,命将出征。这种原始征集兵员的办法,大约在武丁时行之不久就改变了。武丁为适应频繁战争的需要,把服兵役的人按一定军事编制组织起来,使其"人有所隶之军,军有所统之将"③。服兵役的民众,平时为民,战时即为兵,军事编制和居民的行政组织是相一致的。武丁时期甲骨文中出现有"中师"④,右师以及用右、中、左三师出征的记载。⑤因此,在武丁以后的甲骨文中,绝不见有"登人""供人"若干进行战争的记载。这就是因武丁时已将居民按军事建制编制起来,战时只需命将于庙,就可率军出征,已无须临战时征集了。

　　商代动员的军事力量,在武丁时最多的一次达 13000 人。⑥

----

　　①《合集》19755。

　　②《怀特》1464。

　　③《周礼·司马》正义。

　　④《合集》5807。

　　⑤《殷虚卜释》(简称《虚》)2324,哈佛燕京学社石印本,1933 年。《殷契拾掇》二编(简称《掇二》)62,上海出版公司 1953 年版。

　　⑥《库》310。

商末牧野之战，周武王的军队是"戎车三百乘，虎贲三千人，甲士四万五千人"①。据说诸侯以兵会者，有兵车4000辆。商为周的宗主国，其兵力自应远比周人强大，其武装力量自不会少于周人。《周本纪》载，商纣发兵70万人抵御周武王。这其中有"同恶诸侯"五十余国的军队，而商王室的军队从其编制上推断应有6万人。根据甲骨文记载，武丁时已建有右中左三个师的组织。而在武乙时甲骨文中有"王作三师右、中、左"的卜辞，这当是一次扩军的记载。因此商朝军队至武乙时经过扩充，应已有六个师的军队了。每师大致有1万人，有六个师，即应有6万人的军队。

编入"王师"中的成员，称为"邑人"，即居住在王都及附近的自由民。考古工作者在安阳殷墟发现大批的中小墓葬，称为平民墓，这些墓中的男性成员，多有兵器随葬，说明他们生前是战士。商代因战争需要，一些非自由的人，如众、仆、臣等有时也参加军事活动，这是商代军制中的一种特殊现象。

商代军队中以"王师"最强大，它们平时要进行训练演习，甲骨文中称为"振旅"②。兵车上的射手还要加以特别训练，称为"庠射"③。这支军队无论在数量上、素质上都优于方国军和族军，这是一种强干弱枝的策略。统率、指挥这支军队的商王用它对内镇压各种反抗力量，巩固其统治地位；对外讨伐诸侯国的反叛，巩固王朝的统一。商王朝也通过不断的征伐战争，掠夺了大批奴隶和财富，扩大了王朝的领土。

---

① 《史记》卷4《周本纪》。

② 《明义士收藏甲骨文集》(简称《安明》3139，加拿大皇家安大略博物馆，1972年。

③ 《合集》5770。

第五节　商朝的司法制度

　　法律是统治阶级意志的集中体现。商代的君主，为维护王权独尊的君主专制制度，为维护奴隶主贵族阶级在国家政权中的统治地位，制定了相应的法律。《左传》昭公六年载："商有乱政，而作汤刑。"《尚书·盘庚》篇中载盘庚"以常旧服，正法度"。这里的"汤刑""法度"就是指商时的法律。据传商时已有刑律达三百条之多①。商刑对周朝的刑法有很大的影响，《尚书·康诰》记载周公认为"殷罚有伦"，即殷人刑罚合理，要康叔在断狱决案时"师"之，即仿照、参考、学习。商代的法律已比较完备，所以荀子说"刑名从商"②。先秦时期，商代的《汤刑》、夏代的《禹刑》、周代的《九刑》合称为"三辟"。辟，即是法。"三辟"即是三种法律。

　　商代的王权是和神权相结合的，所以商代的法律也具有神判、神罚的特色。成汤伐夏桀是"致天之罚"③。盘庚对反对迁都的人说"故有爽德，自上其罪汝，汝罔能迪"。即是说：你们若有失德的行为，我的祖先神在天上就要给你们惩罚，你们就活不长了。"乃祖乃父乃断弃汝，不救乃死"④，你们自己的祖先也不保佑你们。商王用刑，要经过占卜，在殷墟甲骨文中有"贞刖仆八十人"⑤，"贞其刖百人"⑥，"庚子卜，王，朕刽羌⑦"，等等。刖是断足之刑，刽

---

①《吕氏春秋·孝行》引《商书》。

②《荀子·正名》。

③《尚书·汤誓》。

④《尚书·盘庚》。

⑤《合集》580 正。

⑥《合集》1043。

⑦《合集》525。

是男子去势的宫刑等。经过占卜而后行刑,表示此刑是由神所判罚,这与文献记载的"致天之罚"是相一致的。

商代已有刑律条文,《吕氏春秋·孝行》篇载:"《商书》曰:'刑三百,罪莫重于不孝。'"

东汉高诱注说,"商汤所制法也",即是商朝的开国之君成汤所制定的《汤刑》,其条款有三百之多,但由于年代久远,至今已不知其详细内容了。可是从保存下来的零星史料中,我们还可以了解商代刑法中定罪的一些罪名。这些罪名主要有:

不从誓言。《尚书·汤誓》中成汤对全军将士宣布:"尔不从誓言,予则孥戮汝,罔有攸赦。"誓言是国王对军队的誓师词。在商代,国王的誓、诰等就是法律的依据,汤对不听从国王誓词的人,要给以最严厉的惩治。《汤誓》中,成汤宣布对这些人的处罚不是杀掉,就是降为奴隶,绝不宽赦。

颠越不恭。《尚书·盘庚》篇中,盘庚对臣民说:"乃有不吉不迪、颠越不恭、暂遇奸宄,我乃劓殄灭之,无遗育。""不吉不迪",即不善良不和顺,"颠越不恭",即做坏事,不服从国王命令。"暂遇奸宄",即诈伪奸邪犯法作乱。这些罪都要处以极刑,将其全家杀绝。

谣言惑众。盘庚在迁都时对臣民说,若有人"胥动以浮言,恐沈于众",即互相以谣言去恐吓民众,他就要用严厉的手段将其"扑灭"。所谓"扑灭",即对造谣惑众者给以惩处。

不孝之行。孝的内容是孝顺父母,实即是尊祖敬宗。孝是为维护宗法制度所必须的。孔子曾说过,如果一个人孝顺父母,顺从兄长,是不大可能触犯他的上司的。不触犯上司的人,而喜欢"作乱"的事,是没有的①,此即是"始于家邦,终于四海"②。因此,《汤刑》三百,最重的罪刑是不孝。因为不孝的人,会犯上作乱,给

---

① 《论语·学而》。
② 《尚书·伊训》。

统治者带来麻烦。

臣下不匡。匡即匡正，不匡即不对国君进行劝谏，也要施以刑罚。据伪古文《尚书·伊训》，臣下有责任对主上的"三风""十愆"行为进行匡正。所谓"三风"，指巫风、淫风、乱风。而"十愆"指歌舞不时，贪于货色游乐、田猎、轻侮圣人言论、拒违忠直之规劝、疏远有德的长者和与顽劣之徒朋比为亲等。三风十愆会使国王昏乱，将会导致亡家灭国。上司若有这类行为，做臣下的要对其规谏、匡正。若"臣下不匡"，是失职行为，要受墨刑的惩罚，即在脸上刺字。这是《汤刑》中的官刑，目的是"儆于有位"，即是警戒有禄位的官吏。《伊训》虽为伪书，但有关《汤刑》中的官刑内容，当不是全无根据。据《墨子·非乐篇》载："汤之《官刑》有之，曰：其恒舞于宫，是谓巫风，其刑君子出丝二卫。"墨子之篇中记的巫风，与《伊训》中所记大致相同。可见《伊训》文中的三风十愆内容，是从商朝流传下来的。

弃灰于公道。《韩非子·内储说上·七术篇》说："殷之法，弃灰于公道者，断其手。"这是轻罪重判。子贡以为罪轻而罚太重，问于孔子，孔子却以为制定此种法律的人是了解治国的道理的。因为若扬灰时恰遇过路人，使其满面蒙尘，其人必怒，怒而发生斗殴，因殴斗罪，按法要灭三族。弃灰于道看来过错轻，实则重，故要用重刑。

商代的刑罚以酷烈著称，其种类可分为死刑、肉刑、徒刑三种。

（1）死刑。死刑是剥夺罪人生命的极刑，死刑有以下几种：

族诛。族诛又称灭族，即一人犯法，株连父母兄弟妻子等。《尚书·盘庚篇》中，盘庚对反对迁都的人说：你们若不服从命令，贻误国家大事，诈伪作乱，"我乃劓殄灭之，无遗育，无俾易种于兹新邑"。劓殄即断绝，育指童稚、幼童，盘庚要将这些反对者斩杀，连他们家的童稚皆不得遗漏，不要使这些"易种"在新迁的都邑中繁衍，此即灭族。

大辟。大辟即是砍头。甲骨文中的"伐"字，是以戈割人头形，此即刑罚中的大辟。

炮烙。或名之曰炮格之刑。《史记·殷本纪》"纣乃重刑辟,有炮格之法"。《集解》引《烈女传》云:"膏铜柱,下加之炭,令有罪者行焉,辄堕炭中。妲己笑,名曰炮格之刑。"《吕氏春秋·知化篇》高诱注云:"格以铜为之,布火其下,以人置上,人烂堕火而死。"这是一种极惨酷的刑罚。

脯醢刑。醢即肉酱,脯是肉干。《史记·殷本纪》:"九侯有好女,入之纣,九侯女不憙淫,纣怒,杀之,而醢九侯。鄂侯争之强,辨之疾,并脯鄂侯。"纣王把九侯剁成肉酱,将鄂侯的肉做成肉干。

剖。《史记·殷本纪》载,王子比干极力劝阻纣王作恶,纣王说:"吾闻圣人心有七窍",于是"剖比干,观其心"。剖比干即开胸掏心。剖也可解作对剖,甲骨文中有卯字,作 形,像对剖状,多用于牛羊牲畜,也有对奴隶用卯的,如:"贞其卯羌伊宾。"(《合集》26955)辞中"卯羌"即是对剖羌奴以祭。卯即文献中的剖。

(2)肉刑。肉刑是伤残其部分肢体,其种类有:

刖刑。刖刑即砍掉一只脚。甲骨文中刖字像用刀、锯斩掉一足形。刖刑的卜辞如:

□□卜,争,贞刖亡不死。(《合集》861)贞刖仆八十人不死。(《合集》580 正)"亡"是逃亡者,仆是一种奴隶。传说殷纣王斩早上涉渡淇水者之胫。[①]胫即小腿,此即甲骨文中的刖刑。

宫刑。甲骨文中有男子去势的宫刑,其字形像以刀割去男子生殖器状。[②]

劓刑。劓即割掉鼻子的刑罚。甲骨文中有刵字,从自从刀,自即鼻子,即用刀割去鼻子。[③]《甲骨文合集》20338 片中一字为以

---

① 《水经·淇水注》。

② 《合集》525。

③ 见《铁云藏龟》(简称《铁》)250·1,抱残守缺斋石印本六册,1903 年;《前》4·36·8《国学丛刊》石印本,1932 年重印 4 册,等。

手持刀割鼻之刑,是正在施行此刑的写状。

断手。前引《韩非子》载,弃灰于道,其刑断手。即砍掉一只手臂。

墨刑。墨刑是在面部用刀刻划一定的符号或文字,前引《汤之官刑》有"臣下不匡,其刑墨"的墨即指此。甲骨文中有从辛的妾、童等字,"辛"是施黥刑所用之刀的象形,从辛即表示此种人是被黥颜的刑余之人。

(3)徒刑。徒刑是拘系做苦役。武丁时著名的辅佐傅说据传就曾衣褐带索,为胥靡而筑于傅险,即用绳子拘系着在傅险地做筑城的苦役,这相当于战国时的"城旦"刑徒。

囚禁也属于徒刑类刑罚。《史记·周本纪》载,纣囚文王于羑里。羑里是商代的监狱,其地在今河南省汤阴县北。甲骨文中的监狱字为圉、圂,像戴着手铐的人囚禁于室屋之中。见于甲骨文中的监狱有川圉[1]、疒圉[2]、敦圂[3]、爻圉、六圉[4]、东对[5]等。川、疒、敦、爻、六、东对等都是地名,是商王室设在各地的监牢,以囚禁奴隶和罪犯。

《汤刑》典籍虽亡佚不存,但它作为我国曾存在过的最古老的法律之一是不成问题的。

第六节　商朝的财政制度

商朝国家财政收入, 主要来自王室经营的田庄和诸侯贵族

---

① 《英国所藏甲骨录》(简称《英藏》)540,中华书局 1986 年版。

② 《合集》522 反。

③ 《合集》139 反。

④ 《合集》22333。

⑤ 《合集》36419。

向王室的贡纳。

　　商朝的土地所有制形态有三种:一是土地的国家所有制。商王作为全国的最高统治者,在名义上是全国土地的所有者;二是贵族所有制,即家族所有制。贵族充任国家的各级官吏,拥有的土地具有禄田的性质;三是农村公社共同体所有制,而公社成员从公社领取一份土地耕种。此外,公社有一定数量的公田,由公社成员共同耕种。公田上的收入原本是作为全公社祭祀、救灾之用,但在商时已被地方基层政权的公社首领占有,此即孟子所称的"殷人七十而助"①。公社成员对国家的主要义务是服兵役,自备装备、口粮,即后世的赋。此外,公社成员还要服一定的杂役,如修路、筑城,参加商王的围猎等。贵族的土地由其族众和奴隶耕种。对王室来说,贵族是各级官吏。而贵族对族内来说,不仅是族长,还拥有行政、司法、军事等方面的权力。贵族须向王室纳贡,提供军事力量及管理田庄的农事。

　　商王直接经营的土地可名之为"王庄"。其面积相当大,甲骨文中有"令尹作大田"的卜辞。尹是王室官吏,"大田"是指大面积的农田。商王经营的王庄,从甲骨文中有关"哀田""藉田"的地区考察,其数量相当多,分布地区不仅在王畿内,还扩及于诸侯国。如在先侯②、羊方③等地商王都去进行哀田活动。哀田即指对王庄土地的开发,藉田即是耕种王庄之田。

　　王室田庄的耕种者是众人④、仆⑤等奴隶。王庄的耕种除专设的小藉臣、小众人臣进行管理监督外,其他官吏、贵族也常被派

---

① 《孟子·滕文公上》。

② 《虚》620。

③ 《甲》3510。

④ 《甲》3510;《前》7·30·2。

⑤ 《战后宁沪新获甲骨集》2·29反,群联出版社,1954年版。

去经营,如商王"令多尹裒田于西"①、"令禽裒田于京"②、"令爱裒田于先侯"③等。王庄的收获物储藏于专门修建的仓库内,甲骨文中称为"廪"。商王时常派人去巡视,称为"省廪"④。王庄上的收获主要供商王及宗族成员、侍役人员等开支。当时官吏和军队士兵皆以其土地所出而自行解决供给问题,不由国家统一负担。

　　贡纳制度,是诸侯、方国和贵族向王室献纳的一定物品。贡纳的物品有牲畜、野兽、货币、谷物、奴隶、玉石、占卜用的龟甲、兽骨等。贡纳制在商代很盛行,它是早期的赋税形态,是剩余产品再分割的一种形式。而对诸侯方国来说,还有表示政治上臣服商王朝的意义。在商代末年,纣王为满足荒淫无度的生活所需而增加赋税,"厚赋税以实鹿台之钱,而盈钜桥之粟"⑤。商纣王残酷地搜括民财,微子称之为"仇敛"⑥。

第七节　商朝政治制度的历史地位

　　商朝是我国第二个统一的奴隶制王朝,它的社会制度和政治制度具有上承夏朝、下启西周的性质。诸如王位继承制度、宗法制度、封建诸侯制度、军事体制、财政制度等等,都是发端于夏而为西周时期所承袭并发展。

　　商朝的内外服制度,是与当时的统治经验、经济、军事力量

---

① 《京人》2363。

② 《殷契卜辞》417,哈佛燕京学社石印本,1933 年。

③ 《前》6·14·6。

④ 《萃》914。

⑤ 《史记》卷 3《殷本纪》。

⑥ 《尚书·微子》。

相适应的。商王利用王权和所握的"王师"力量,巧妙地控制外服诸侯国,保持了王朝的统一。但由于王朝力量所限,不可能直接地干预诸侯的内部事务,因而诸侯国领土的开发、经济的发展,都由他们自行其是。这样,就在王朝中心地区的王畿四周,出现了一批具有各自特点的经济文化区。它们与商王控制的中心区互相影响、促进,从而推动了整个社会经济文化的发展。

商代的权力中心是商王,而商代对王权的运用没有监督制度。王朝政治的好坏,全在商王素质的优劣。但王位是以血缘为基础的父子相继,这就没有选择其素质优劣的可能。商朝王族后裔继位为王者,其个人素质并非皆优,这就是商代历史上出现几次兴盛和衰落的原因。商代统治者又十分迷信,祭鬼神被列为国家头等大事。大量的人力、物力被投入祭祀之用,特别是把成批的活人用来殉葬、祭神,严重地破坏了生产,阻碍了社会经济、文化的发展。大量的以人殉葬、祭神,在政治上造成了一种恐怖的气氛,也束缚了人们才智的发展。

商朝与北非的埃及、西亚的赫梯、两河流域北部的亚述和两河流域南部的嘉喜特巴比伦,是在当时世界上基本同时的几个文明大国。嘉喜特巴比伦是继承古巴比伦的政治制度,早已是奴隶制的君主专制帝国。

埃及的国王称为"法老",但在古王国时期,"法老"只是具有"宫廷"的意义而不指国王。到新王朝(即第八王朝,前1570—前1304年),才成为国王的神圣称号,被认为是由神"显灵",选择他来统治人民的。"法老"控制全国的军事、政治大权,对他所信任的功臣赐予大批的土地和财产,以巩固其统治。赫梯王国从公元前18世纪至公元前12世纪,历时约六百六十年。赫梯王国分为古王国和新王国两个时期。古王国时期国王的权力不大,各城邦具有相当大的独立性。公元前16世纪的后期,铁列平进行改革,确定了王位的长子继承制,使王国内争减少,王权得到加强。大约相当中国商朝盘庚迁都前不久,赫梯各城邦被赫梯王统一,国王成为全国最高的统治者。它是代表国家的最高神——雷雨神来治理国家，可以与神交往，死后成为神。国王依靠军事贵族，大规模向外扩张掠夺，并把战利品赏赐给他们，建立起以国王为首的军事贵族奴隶主专政制度。亚述由城邦共和国制到君主专制帝国的转变，时间也大致相当中国商代盘庚迁都前后。王权加强，中央集权制建立，官吏由国王任免以及维护私有制和奴隶制法规的颁布，是亚述帝国政治制度的特点。

第三章　西周政治制度

第一节　西周的国体政体概观

公元前 1057 年[1]，周武王率领庸、蜀、羌、髳、微、卢、彭、濮等方国联军东进伐商，在牧野与商纣王决战。"纣师皆倒兵以战，以开武王"。周武王乘胜追击，"纣走，反入登于鹿台之上，蒙衣其殊玉，自燔于火而死"。自此，具有六百多年历史的商朝灭亡，我国历史上的第三个奴隶制王朝——西周建立了。

周人也和夏商一样，是一个古老民族。周人自弃时进入了父系氏族社会。周人始祖弃在舜时被封为后稷，与夏人的祖先禹和商人祖先契约略同时，后稷之孙公刘"虽在戎狄之间，复修后稷之业"，农业有了发展，"行者有资，居者有畜积"，产生了私有财产并开始了阶级分化。又经过几代以后，古公亶父为部落首领。因避戎狄人侵扰，古公率领全族人离开了豳地，"度漆、沮，逾梁山，止于岐下"。"于是古公乃贬戎狄之俗，而营筑城郭室屋，而邑别居之，作五官有司。"[2]周人建立了国家，成为商王朝的诸侯国。

---

① 关于西周灭商的年代，历来说法不一，我们这里采用的是张钰哲的说法，见《殷周天象和征商年代》，《人文杂志》1985 年第 5 期。

② 《史记》巷 4《周本纪》。

在商王武乙三十四年，"周王季历来朝，武乙赐地三十里，玉十瑴，马十匹"。季历与商王朝结好后，多次向周围方国发动掠夺战争。武乙三十五年，季历"伐西落鬼戎，俘二十翟王"。在文丁二年，季历伐燕京之戎失败。文丁四年，季历"伐余无之戎，克之"。并被商王封为主管畜牧的"殷牧师"。文丁七年，季历"伐始呼之戎，克之"。文丁十一年，季历又"伐翳徒之戎，获其三大夫来捷"①。周人势力的发展，引起商王的疑惧。就在同年，"文丁杀季历"。文丁也在杀死季历之后不久死去，商王文丁之子帝乙继位。"二年，周人伐商。"季历之子文王昌曾不顾国力，向商王朝发动了复仇战争，遭到失败。西伯昌吸取了教训，此后，"阴行善"，表面上服从商朝的统治，却在暗中聚集力量，作与商朝决战的准备。到文王末年，周人已是"三分天下有其二"②了，成为与商朝抗衡的强大势力。但文王未完成灭商大业就死去了，由其子武王继位。武王"师修文王绪业"③，终于在两年后灭掉了商王朝。

　　商朝灭后以后，"小邦周"还没有力量对商朝故地实行有效的控制。因此周武王"封商纣子禄父殷之馀民"，并"使其弟管叔鲜、蔡叔度相禄父治殷"④，史称"三监"。也有记载以管叔、蔡叔、霍叔为"三监"的。一些"先圣王"之后和周朝的功臣、谋士也被封在战略要地。这就是周初的第一次大分封。

　　但周初"天下未集"，商朝的遗民贵族并不甘心自己的失败。武庚利用成王年少即位，管、蔡二叔对摄政独揽大权的周公心怀不满的时机，纠合了徐、奄、熊、盈、薄姑等东方夷人复辟势力，"作乱叛周"。"周公讨之，三年而毕定"⑤，这就是历史上有名的"周公东征"。自此以后，周朝才真正实现了对全国的统治。

　　周人在灭掉商朝以及对周围方国部落的大规模征伐活动

---

①《古本竹书纪年辑校订补》，第 78 页。

②《论语·泰伯》。

③④⑤《史记》卷 4《周本纪》。

中，使奴隶主贵族阶级获得了大批奴隶和财富。《逸周书·世俘解》说，武王灭商以后，"遂征四方。凡憝国九十有九国，馘磿亿有十万七千七百七十有九，俘人三亿万有二百三十，凡服国六百五十有二"。"凡武王俘商旧玉亿有百万"。《逸周书·作雒解》记周公东征，"凡所征熊盈族十月（有）七国，俘维九邑，俘殷献民，迁于九毕"。《孟子·滕文公下》也说："周公相武王诛纣伐奄……灭国者五十。"以后的历代周王，也常对东南的夷人和西方的戎狄方国部落用兵，使奴隶的数量继续增加。因此，西周的奴隶制经济有了较大的发展，我国历史进入了奴隶制的鼎盛期。

被西周征服的广大地区人民，还维持着原来的社会组织形式，如"殷民六族""殷民七族""怀姓九宗"等，整族沦为西周贵族的种族奴隶。奴隶有的叫作"臣"的，如《不𣄰簋》"赐汝弓一，矢束，臣五家，田十田"。也有叫作"人鬲"或"庶人"的，如《大盂鼎》铭文记"赐汝邦司四伯，人鬲自驭至于庶人六百又五十又九夫。锡夷司王臣十又三伯，人鬲千又五十夫"。有的奴隶还有家室，如"臣五家"以及《麦尊》铭文的"侯赐诸𤔲臣二百家"，即赭衣光足的奴隶二百家等等。大量的奴隶归各级奴隶主贵族所有，并用超经济的强制手段，役使他们集体从事农业等生产劳动。奴隶们的地位极其低下，不仅可以随意杀死，还像牲畜一样随便买卖。《曶鼎》铭文记五名奴隶仅值一匹马加上一束丝，或相当于"百锊"。如果折合成谷物，"凡用即曶田七田，人五夫。曶觅匜三十秭"。七田五夫，才抵得上庄稼三十把。

广大奴隶与各级奴隶主贵族，是西周社会处于对立状态的两大基本阶级。《左传》昭公七年说："天有十日，人有十等。下所以事上，上所以共神也。故王臣公，公臣大夫，大夫臣士。士臣皂，皂臣舆，舆臣隶，隶臣僚，僚臣仆，仆臣台。马有圉，牛有牧，以待百事。"士基本上为平民阶级。《国语·晋语》说："公食贡，大夫食邑，士食田，庶人食力，工商食官，皂隶食职。"士没有奴隶可供役使，只能"隶子弟"。《左传》桓公二年杜预注说："士卑，自以其子弟为仆隶也。"但是,士与贵族有一定的宗法血缘关系,是自由平民阶级。因而士以上为奴隶主贵族阶级,而士以下为广大受压榨的奴隶和平民。西周王朝就是各级贵族对广大奴隶和平民进行统治的奴隶主贵族专制政权。

西周贵族为了保持自己对广大平民和奴隶的统治地位,进一步发展了商朝就已出现的宗法制并使之完善化。宗法制的核心是维护奴隶主贵族的嫡子,即兄长地位的不可动摇性。"别子为祖,继别为宗,继祢者为小宗。有五世而迁之宗,其继高祖者也。是故祖迁于上,宗易于下。"①长子立为"嫡子",为世代相传的大宗。而其余的庶子(即诸弟)即为别子,对长子来说是为小宗。从别子起要自立新宗,他即为这个宗的始祖,即"别子为祖"。别子的嫡长子也世代相传,"继别为宗",也成了"百世不迁"的宗。而他的诸弟(庶子)不能继别,庶子之子也不能继别,只能继承自己的父亲(即庶子),即"继祢者为小宗"。而庶子之子的嫡长子以外的庶子也不能"继祢",只能尊继祢者为其"宗子",因而继祢者的诸弟又成了"小宗"。他们不仅要尊别子的宗子(大宗),也要尊继祢的宗子(小宗)。而小宗至继高祖亲尽祖迁,所以又称为"五世而迁之宗"。

周天子与同姓诸侯,实际是一个宗族的放大。《诗经·大雅·文王》"文王孙子,本支百世"。注谓:"本,本宗也。支,支子也。"郑笺说:文王"以受命造始周国,故天下君之。其子孙适(即嫡)为天子,庶为诸侯,皆百世"。周天子嫡长子相传,是为天下大宗。而各国诸侯是别子,对周天子而言是小宗。但在诸侯国内而言,诸侯是天子的庶子,"别子为祖",他的嫡长子"继别为宗",成为世代相传的"大宗"。而卿、大夫为诸侯的庶子,只能继祢,对诸侯的大宗而言就成了"小宗"了。宗庙祭祀是宗法制度的重要内容之一。《左传》襄公十二年说:"同姓于宗庙(即所出王之庙),同宗于

---

① 《礼记·丧服小记》。

祖庙(即诸侯始封君之庙),同族于祢庙(即父庙,同族即高祖以下)。是故鲁为诸姬,临于周庙;为邢、凡、蒋、茅、胙、祭,临于周公之庙。"为了维护周天子天下大宗的特殊地位,诸侯是不能在其国内立王庙的。只有鲁国因是周公之后,周公出于文王并有大功德于西周王朝,所以得到周天子特准在鲁国立有文王之庙,能为同姓诸侯在文王庙行祭。而邢、凡、蒋等诸侯,与鲁侯伯禽同为周公之子,只能行祭于周公之庙。因此,宗法制度按血缘关系的亲疏,把奴隶主贵族分成不同的等级,大大加强了嫡长子的地位,保障了以周天子为代表的奴隶主贵族在政治上的垄断和特权地位。

宗法制度是与分封制度互为表里的。周人灭殷以后,获得了广大土地和大批奴隶。为了加强对广大被征服地区的控制,西周王朝把子弟、同姓和亲戚分封到全国各个战略要地。《左传》昭公二十八年记:"武王克商,光有天下。其兄弟之国者十有五人,姬姓之国者四十人。"而在周公东征以后,又"封建亲戚,以蕃屏周"①,把周王族子弟,诸如"文之昭""武之穆""周公之胤"等分封在全国各地。据说周公"兼制天下,立七十一国,姬姓独居五十三人"②。周初的大规模分封诸侯,实际是周朝统治阶级姬姓宗族内部权力的再分配。而周王的子弟、同姓及异姓诸侯就封以后,也在自己国内以宗法等级制为基础,在自己家族内进行权力的再分配。《左传》桓公二年说:"天子建国,诸侯立家,卿置侧室,大夫有贰宗,士有隶子弟,庶人、工、商各有分亲,皆有等衰。"就这样,西周宗法贵族奴隶主形成了以周天子为首,并有严格等级关系的奴隶主贵族对广大奴隶和平民专政的国家政体。

西周的诸侯、卿、大夫都要经过"册命"。《周礼·春官·宗伯》典命职"掌诸侯之五仪,诸臣之五等之命"。所谓诸侯的"五仪",

①《左传》僖公二十四年。
②《荀子·儒效》。

就是"上公九命为伯"，"侯伯七命"，"子男五命"。而"王之三公八命，其卿六命，其大夫四命，及其出封，皆加一等"。诸侯的嫡长子代表他的国君，"则下其君之礼一等"。未经核准的诸侯世子，"则以皮帛继子男"；而所谓诸臣的"五等之命"，即"公之孤四命"，"其卿三命，其大夫再命，其士壹命"。"侯伯之卿、大夫、士亦如之"。而"子男之卿再命，其大夫壹命，其士不命"。在严格的宗法等级制度下，经过周天子册命以后，奴隶主贵族内部的等级关系便得到了确认。西周奴隶主贵族成了世代把持着全国各级政权并拥有土地的世卿。铜器铭文中常有卿大夫、王之近臣在前王死后，由新王重新任命其继续旧职的记载，如《师虎簋》铭文说，"命汝更（续）乃祖考"，《善鼎》"今余惟肇申先王命"等等。也有卿大夫、近臣死后，王命他的后人继承其父辈官职、采邑的。如《曶壶》"王乎尹氏册命曶曰：更（续、继承）乃祖考作家司士于成周八师"，《辅师嫠簋》铭文说"更乃祖考司辅（镈）"等。《诗经·大雅·崧高》说申侯"世执其功"。《韩奕》"缵戎（汝）祖考"等等，都说明了奴隶主贵族的爵、官世代相传。

《礼记·礼运》"天子有田以处其子孙，诸侯有国以处其子孙，大夫有采以处其子孙，是谓制度"。西周奴隶主贵族"仕者世禄"，形成了官爵和采邑、奴隶的世袭制，这就是所谓的"世卿"、"世禄"。西周的世卿制保持了奴隶主统治阶级的稳定，并有利于统治平民、奴隶经验的积累和继承，对西周政权的稳固起了一定的作用。

第二节　西周的王权与中央决策系统

西周奴隶主贵族的最高首领称"王"。《尚书·牧誓》记"甲子昧爽，王朝至于商郊牧野"。这个王就是周武王。周王发表诰命时用"王曰",或"王若曰"。周王又称"天子"。郑康成说:"凡人皆云天之子,天子为之首耳。"①《诗经·江汉》"明明天子,令闻不已,矢其文德,洽此四国",《常武》"徐方既同,天子之功"等等。以上二诗,一是记令召伯虎伐淮夷,一是记伐徐国叛乱之事。二诗中的天子,就是周宣王。

西周在立国以前,还没有实行较为确定的嫡长子继承制。《史记·周本纪》载,"古公有长子曰太伯,次曰虞仲。太姜生少子季历"。而"长子太伯、虞仲知古公欲立季历以传昌,乃二人亡如荆蛮,文身断发,以让季历"。自武王以后,周朝才确立了王位由王族嫡长子世袭制。周武王灭商二年后,就得病死去。"太子诵代立,是为成王"。但"成王少,周初定天下,周公恐诸侯叛周,公乃摄行政当国"。虽然"武王之母弟八人"②,但他们都不能继承王位,而非年幼的武王嫡子成王莫属。"周公屏成王而及武王以属天下,恶天下之离周也;成王冠成人,周公归周反籍焉,明不灭主之义也。"③王位嫡长子继承制的确定,避免了由于争夺最高权力而造成的王族内部互相残杀,保证了姬姓家族占据最高统治地位的稳定和团结。

西周统治阶级把王权与天命进一步结合起来。《尚书·大诰》"天休于文王,兴我小邦周"、《梓材》"皇天既付中国民越厥疆土,肆于先王"、《大盂鼎》铭文"丕显文武,受天有大命"等等,是说周人之所以代殷统治天下,"王瑞自太王兴"④,是因为上天保佑太王、王季、文王等先王的缘故。而商朝灭亡,则是因为"天毒降灾荒殷

---

① 孙星衍:《尚书今古文注疏》,《召诰》"皇天上帝,改厥元子"注引,中华书局 1986 年版,第 325 页。

② 《左传》定公四年。

③ 《荀子·儒效》。

④ 《史记》卷 4《周本纪》。

邦"①,老天抛弃了商朝。武王伐纣,是"今予发惟恭行天之罚"②,执行上天的意志讨伐商纣王,因而大获全胜,建立了西周王朝。

　　《礼记·表记》"周人事鬼神而远之"。西周奴隶主贵族虽然大谈"天命",但在周统治阶级内部,却产生了对天的怀疑。《尚书·康诰》"天畏棐忱……惟命不于常", 这是周公告诚康叔的。《尚书·君奭》"天不可信",是周公向召公发的感慨。如此等等,周人对天产生了怀疑。为了巩固自己的统治,周人又提倡"敬德"。《尚书·召诰》"天亦哀于四方民,其眷命用懋,王其疾敬德","王敬作所,不可不敬德"。德字从值(古直字)从心,"意思是把心思放端正。但从《周书》和周彝看来,德字不仅包括着主观方面的修养,同时也包括着客观方面的规模——后人所谓的'礼'"。而敬字有警诫意,本义是要人时常努力,不可放松。《周书》和青铜器铭文都是出自西周贵族之手,"故尔那儿的德不仅包含着正心修身的功夫,并且还包含有治国平天下的作用:便是王者要努力于人事,不使丧乱有缝隙可乘;天下不生乱子,天命也就时常保存着了"③。西周贵族统治者就是这样一面侈谈"天命",把王权进一步神化,以增强对广大被征服地区人民的欺骗;一面又以敬德为补充,强调为政者人的因素,从而达到"祈天永命",即永保周朝奴隶主贵族统治的目的。

　　周王拥有很大的权力, 对许多事情都拥有最后的决断权。《史记·周本纪》载,周"穆王将征犬戎",但大臣祭公谋父反对,向他讲了"先王耀德不观兵"的道理,但穆王不听劝谏,"遂征之,得四白狼四白鹿以归。自是荒服者不至",使不少边远地区方国部落叛离而去。周厉王"好利,近荣夷公",实行荣夷公为王朝制定

---

　　①《尚书·微子》。

　　②《尚书·牧誓》。

　　③ 郭沫若:《先秦天道观之进展》,载《青铜时代》,科学出版社1961年版,第187页。

的掠夺性"专利"政策。大臣芮良夫劝谏厉王放弃专利,"荣公若用,周必败也"。但"厉王不听,卒以荣夷公为卿士,用事"。从此厉王"暴虐侈傲,国人谤王"。厉王还"得卫巫,使监谤者,以告则杀之"。在厉王的高压下,"国人莫敢言,道路以目"。厉王却高兴地向召康公说:"吾能弭谤矣,乃不敢言。"召公说:"是鄣之矣。防民之口,甚于防水,水壅而溃,伤人必多,民亦如之。是故为水者决之使导,为民者宣之使言。""若壅其口,其与能几何?"厉王还是不听召康公劝谏,"于是国莫敢言。三年,乃相与畔,袭厉王。厉王出奔于彘"。西周王朝只得由"召公、周公二相行政,号曰'共和'",即公元前841年为共和元年,我国历史上确切纪年从这一年开始。

西周贵族官吏对周王的行为或决定可以提出意见或建议,这就是贵族谏政。上面所谈的祭公谏穆王、召公谏弭谤等等,就是西周贵族从本阶级的根本利益出发,对国王滥用权力的某些限制与监督。但贵族谏政,除了引述先圣哲王为政的例子和空洞的道德说教以外,并没有什么可以限制国王滥用权力的措施,因此,随着王权的加强,特别是西周后期,贵族谏政往往不起什么作用,而是惟周王自己意见为是。

周王是全国军队的最高统帅,有权调动中央王朝和各国诸侯的军队出征。《史记·周本纪》载,武王伐纣前,曾"遍告诸侯曰:'殷有重罪,不可以不毕伐'",调动各方国诸侯从征。当他"十一年十二月戊午,师毕渡盟津"之时,庸、蜀、羌、髳等"诸侯咸会";有时周王仅率中央王朝军队出征,如穆王征犬戎、共王灭密国等战争,因规模不大,仅动用王畿的部分军队便游刃有余了。但遇到较为强大的敌手,就不能轻易取胜了。"昭王南巡狩不返,卒于江上。其卒不赴告,讳之也。"原来昭王率大军南征荆楚至汉水,当地人把用胶粘接起来的船献给昭王。"王御船至中流,胶液船解,王及祭公俱没于水中而崩。"[1]周人讳言昭王全军覆没,而说

---

① 《史记》卷4《周本纪》集解引《竹书纪年》。

成是"南巡狩不返"云云；周王有时还命将出征。《诗经·江汉》"江汉之浒，王命召虎，式辟四方，御我疆土"，就是周宣王令召伯虎率军征淮夷之事。此外，西周王朝一些诸侯，周王授予他们征伐权。《左传》僖公四年记齐国在周初被分封后，"昔召康公命我先君大公曰：五侯九伯，女（汝）实征之，以夹辅周室"，得以代王专行征伐。

　　周王通过对诸侯、卿大夫的册命制度，确立了严格的等级制度和臣下对周王的隶属关系。此外，周王还通过监国制度对各国诸侯进行监视。周灭商后，虽然封了纣子武庚禄父，但周武王对他并不放心，又封自己的弟弟们去殷人故地。"自殷都以东为卫，管叔监之；殷都以西为鄘，蔡叔监之；殷都以北为邶，霍叔监之；是为三监"①，加强对武庚行动的监视。《周礼·太宰》"乃施典于邦国而建其牧，立其监"。《礼记·王制》"天子使其大夫为三监，监于方伯之国"。西周铜器铭文中也有"监"。《仲几父簋》铭文"仲几父使几使于诸侯、诸监"。《荣监簋》铭文有"荣监"。《应监甗》铭文有"应监作宝障彝"。"应监即周王派往应国的监国者"②。命卿和监国制度加强了周王朝对地方官吏的控制与监督，使王权得到了巩固。

　　西周国王虽有上述种种大权，但重要决策的制定和实行，还需要听取政治经验较为丰富的奴隶主贵族的意见，从而取得奴隶主贵族阶级的支持，这就是师、保辅政。《史记·周本纪》载："武王即位，太公望为师，周公旦为辅，召公、毕公之徒左右王，师修文王绪业。"武王伐纣的重大决策，就是由这些奴隶主阶级的代表人物策划制定的。十一年"武王将伐纣，卜龟兆不吉，风雨暴至。群公尽惧，惟太公疆之劝武王，武王于是遂行"。在师尚父的

---

①《史记》卷 4《周本纪》正义引《帝王世纪》。

② 伍仕谦：《论西周初年的监国制度》，载人文杂志编辑部编：《西周史研究》（人文杂志丛刊第二辑），1984 年。

建议下,周武王形成了正月甲子与商纣决战的决策。而灭商后西周王朝所采取的一系列争取殷民的措施,诸如"散鹿台之钱,发钜桥之粟,以振贫民。封比干墓,释箕子囚,迁九鼎,修周政,与天下更始"等等,也是"师尚父谋居多"①。而周公旦也"常辅翼武王,用事居多"②。武王死后,"成王少,在襁褓之中"③。周公代成王摄政,也是征得太公望、召公奭等人同意的。成王亲政以后,"召公为保,周公为师"。周、召二公辅佐成王"东伐淮夷,残奄,迁其君薄姑",并营建洛邑,迁殷顽民④等等。周公"恐成王壮,治有所淫佚,乃作《多士》、作《毋逸》","以诫成王"⑤。周初的一些重大政治决策,都是周公、召公帮助成王制定的。成王临死以前,"惧太子钊之不任,乃命召公、毕公率诸侯以相太子而立之"。成王死后,"二公率诸侯,以太子钊见于先王庙,申告以文王、武王之所以为王业之不易,务在节俭,毋多欲,以笃信临之,作《顾命》"⑥。康王在召公、毕公等执政大臣的辅佐下,"天下安宁,刑错四十余年不用"。

周王的重大决策是通过发布"诰"命的形式贯彻下去的。《史记·卫康叔世家》记,康叔封于卫,"周公旦惧康叔齿少,乃申告康叔曰:'必求殷之贤人、君子、长者,问其先殷之所以兴,所以亡,而务爱民。'告以纣所以亡者以淫于酒,酒之失,妇人是用,故纣之乱自此始。为《梓材》,示君子可法则。故谓之《康诰》、《酒诰》、《梓材》以命之。"

西周王朝在广大被征服地区,因情况的不同而实行不同的政策。为了削弱商朝遗民的势力,迁一部分殷遗民于洛邑,"周公以王命告,作《多士》、《无佚》"⑦。只要服从周朝统治,就给他们土

---

① 《史记》卷 32《齐太公世家》。
②③ 《史记》卷 33《鲁周公世家》。
④⑥⑦ 《史记》卷 4《周本纪》。
⑤ 《史记》卷 33《鲁周公世家》。

地并不加伤害。如敢反抗,便要"致天罚于尔躬"。另一部分殷遗民,"使帅其宗氏,辑其分族,将其类丑",整族地分封给有功的诸侯。封给鲁公"殷民六族",封给康叔"殷民七族",封给唐叔"怀性九宗"①等。齐国原为商奄故地,反周势力相当强大。"太公至国,修政,因其俗,简其礼,通商工之业,便鱼盐之利,而人民多归齐,齐为大国。"②鲁国为商朝与国淮、徐故地,鲁公伯禽就国以后,"变其俗,革其礼"③,用周朝的模式统治当地居民。卫康叔封于故殷墟,他"皆启以商政,疆以周索",仍商朝旧政不变,但以周人办法疆理土地。唐叔封于故夏墟,此地夏朝遗民仍有一定势力,而所受封的"怀姓九宗"是戎狄人,所以唐叔"启以夏政,疆以戎索"④,实行夏朝旧政,但用戎人的办法疆理土地,以适应戎人的游牧方式。经过周初对殷商遗民的分化瓦解和在各封国实行相应的统治政策,周民族与广大被征服地区各民族的矛盾有所缓和,周王朝的统治终于巩固下来。

《史记·周本纪》载:"故天子听政,使公卿至于列士献诗(即上诗讽刺)。瞽献曲,史献书(即太史上书谏),师箴,瞍赋(即乐师献箴戒之文,盲人献诗讽政),矇诵(即主弦歌的盲乐师讽刺箴谏),百工谏,庶人传语(即身份微贱的人见时政得失,不能直接上言于王,只得在街头巷尾互相传语),近臣尽规(即王的内臣规劝),亲戚补察(补王之过失,察明王之是非),瞽史教诲(乐太师和太史教诫、劝诲),耆艾修之(师傅、长老把瞽史的教诲反映给周王)。"就这样,周天子从民间获得了大量的信息,作为自己决策或制定政策的依据。"而后王斟酌焉,是以事行而不悖"。有时周王形成的决策或制定政策失误,一些大臣对周王谏议。一些平

---

① 《左传》定公四年。
② 《史记》卷 32《齐太公世家》。
③ 《史记》卷 33《鲁周公世家》。
④ 《左传》定公四年。

民(即国人),也可发表意见或评论,这就是所谓"国人诽谤"。西周末期,周王愈来愈独断专行。号称"中兴"之主的周宣王拒绝了虢文公"不修籍于千亩"的劝谏,还拒绝了仲山甫的劝谏,坚持"料民于太原"。其子幽王,"以虢石父为卿,用事,国人皆怨",置舆论于不顾。而且"又废申后,去太子",终于导致西周灭亡,这是公元前771年的事情。

周王还通过巡狩、述职和监国掌握地方诸侯的情况,以作为自己制定政策的依据。"天子适诸侯曰巡狩。巡狩者,巡所守也。"①而诸侯"朝于天子曰述职,述职者,述所职也"②。诸侯朝见天子,"春见曰朝,夏见曰宗,秋见曰觐,冬见曰遇。时见曰会,殷见曰同"③。如果诸侯拒绝定期向周王述职,就要受到惩罚。"一不朝,则贬其爵。再不朝,则削其地。三不朝,则六师移之。"④周王通过亲自到各地巡狩和诸侯定期向周王述职以及临时召集的会同,掌握了全国各地的政治、经济情况。而周王派往各诸侯国的"监",也随时向周王报告情况。这些,也是周王作出决策或制定政策时的依据。

第三节　西周的中央行政体制

《尚书·酒诰》"越在内服,百僚、庶尹、惟亚、惟服、宗工,越百姓里居"。孙星衍疏谓:"《释诂》云:'僚,官也。''庶,众也。'《释言》云:'尹,正也。''亚,次也。''服,事也。'惟亚,谓正官之倅。惟服,谓任事者,其士与?宗工,谓宗人。百姓里居,谓百官致仕家

---

①④《孟子·告子下》。

②《孟子·梁惠王下》。

③《周礼·大宗伯》。

居者。"①西周王朝通过设置在宗周镐京和东都成周的"内服"庞大官僚机构,实现了对全国各地的控制。

《左传》襄公十四年"天生民而立之君,使司牧之,勿使失性。有君而为之贰,使师保之,勿使过度"。杜预注:"贰,卿佐。"周朝的天子虽然具有很大权力,但统治国家的具体政务"使司牧之",是通过设置中央王朝和地方各级官吏实现的。而"内服"官僚机构的百官之首,就是"三公"。《大戴礼记·保傅》"召公为太保,周公为太傅,太公为太师"。《史记·燕召公世家》也说"其在成王时,召公为三公"。三公是王朝最有影响的执政贵族。周公代成王摄政当国,就是取得太公望、召公奭等二公同意的。在西周前期,周王的重大决策形成和制定,一些重要执政大臣(即三公等)是起了很大作用的。不仅如此,西周的"三公"(主要是太师和太保)还作为中央王朝政府的首脑,成为掌握全国军事和行政大权的执政。成王时,"自陕以西,召公主之;自陕以东,周公主之"。王畿的西部宗周地区,由召公主持政务。而东部的成周地区,政务则由周公控制。"召公之治西方,甚得兆民和。召公巡行乡邑,有棠树,决狱政事其下,自侯伯至庶人各得其所,无失职者。"②

但是,师、保等三公执政大臣权力的增大,也会引起周王的疑惧。周公对西周的建立和巩固立有大功,摄政七年后,"还政成王,北面就臣位,匔匔如畏然"③,并不敢居功自傲,而是对成王十分谨敬。但"及王能治国,有贼臣言:'周公旦欲为乱久矣,王若不备,必有大事。'王乃大怒,周公旦走而奔于楚"④。其实,周公对成王忠心耿耿,"初,成王少时,病。周公乃自揃其蚤沈之河,以祝于神曰:'王少未有识,奸神命者乃旦也。'亦藏其策于府"。经过周

---

① 孙星衍:《尚书今古文注疏》,中华书局1986年版,第380页。
②《史记》卷34《燕召公世家》。
③《史记》卷33《鲁周公世家》。
④《史记》卷88《蒙恬列传》。

公祈祷并欲自代成王受神惩罚,成王的病才痊愈。后来,"成王发府,见周公祷书,乃泣,反周公"①,对周公的怀疑才解除了。但是周公奔楚,是周王与执政大臣矛盾尖锐化的反映。

西周的内服官僚行政机构主要由为王处理日常政务的外廷官吏和为王日常生活服务的内廷官吏组成。宣王时的《毛公鼎》铭文说:

> 彶(及)兹卿事寮、大(太)史寮,于父即尹。命女(汝)摄司公族三有司、小子、师氏、虎臣与朕亵事。

铭文上的"卿事寮"和"太史寮"居于众官之首,只有此二者称"寮",说明应是中央政权的两大官署。公族负责掌管公族之事,三有司即为司土(徒)、司马、司工(空),师氏和虎臣是军官,亵事为国王的近臣。②以上各官,分别为外廷政务官署卿事寮、太史寮和内廷事务官的属官。它们的设置和职能是:

(一)外廷政务官。西周王朝处理日常政务的官吏分属负责行政事务的卿事寮和宗教事务的太史寮两大官署。

1.卿事寮。卿事寮主要职掌"三事"和"四方"诸事。周初铜器《令彝》铭文说:

> 惟八月,辰在甲申,王令周公子明保,尹三事四方,授卿事寮。丁亥,令矢告于周公官。公令出同卿事寮。惟十月月吉癸未,明公朝至于成周。出令:舍三事令,眔卿事寮、众诸尹、众里君、众百工;众诸侯:侯、田、男,舍四方令。

《尚书·立政》中有三事。"王左右常伯、常任、准人、缀衣、虎

---

① 《史记》卷 33《鲁周公世家》。
② 参阅杨宽:《西周中央政权机构剖析》,《历史研究》1984 年第 1 期。

贲"。常伯、常任、准人与王左右掌管衣服的缀衣、护卫王安全的虎贲等近臣连言,应是与王较为接近的大臣。此三官,又叫"三事"。"文王、武王……立民长伯,立政任人:准、夫、牧,作三事"。在古代,官、司不分。官司之名,又往往是该机构的最高长官名。因而三事,也是该三官司所负责处理的三种政务。《立政》"宅乃事,宅乃牧,宅乃准"。"'准'的意义是公平,'准人'当是司法的长官;'任'是执掌政务的长官,故云'事';'伯'是管理民事的长官,故云'牧'"。①因此,三事是卿事寮内所管理的政务、司法、民事等三方面的政务官吏。

(1)政务官。政务官即"常任"官司,负责处理中央王朝的军政大事。主要有:

司土、冢司土。司土即司徒,主要管理土地。《载簋》铭文"命汝作司上,官司藉田",司徒负责藉田之事。《免簋》"令免作司土,司奠还敝,众吴众牧",司徒还负责郑地的园林、山场及牧地。《舀壶》铭文"王呼尹氏册令舀曰:更(续)乃祖考作冢司土于成周八师"。司徒还管理八师的军队。或有人谓管理成周八师驻地的土地资源。②此外,司土在册命时还作右者(《扬簋》)、带兵出征(《司土斧》)等。

司工。司工即司空,职掌兴筑工事。《扬簋》"王若曰:扬,作司工,官司量田甸,众司位,众司匀,众司寇,众司工史"。司工负责计量王室土地及位次,学者谓"正与《国语·周语上》所列司空除坛于藉及主道路沟洫的任务性质相近"③。此外,司工还兼摄司寇职,主刑罚及司匀秣等事。

司马。掌军法及指挥仆射等武官。《趞簋》"王若曰:趞,命汝

① 顾颉刚:《"周公制礼"的传说和〈周官〉一书的出现》,载《文史》第六辑,中华书局1979年版,第28页。
② 许倬云:《西周史》,联经出版事业公司1984年版,第206页。
③ 许倬云:《西周史》,第207页。

作^(甏)师冢司马,啻官仆、射、士,视小大又邻"。

以上司土、司工、司马又称"三有司"。《盠方彝》铭文"叁有司:司土,司马,司工"即是。

师氏。师氏是领兵将领,《雪鼎》铭文"以师氏众有司逞或哉伐臡"。师氏有时又分左右,见《师旂簋》铭文。此外,师氏还掌管周王禁卫军(《师克盨》),出入王命(《克鼎》),管理王家事务(《师望簋》),负责教育(《师嫠簋》)等事。

虎臣。是周王的近卫军,与虎贲同。虎臣也可出征,《师寰簋》"今余肇令汝率齐师……左右虎臣,正淮夷"。

(2)司法官。司法官即"准人"官司,主刑罚。主要有:

司寇。前举《扬簋》之扬兼摄司寇,并主"讯讼"。《司寇良父簋》铭之良父即为司寇。周初即有司寇设置,《尚书·立政》"司寇苏公"。《左传》成公十一年,"昔周克商,使诸侯抚封,苏忿生以温为司寇"。杜预注:"苏忿生,周武王司寇苏公也。"此外,《左传》定公四年"康叔为司寇"。

司士。见于《牧簋》铭文"令汝辟百寮……乒讯、庶右、邻,不刑不中"。司士下属有讯、庶右和邻,主要职司"辟百寮",即纠察百官。其次,协助司寇决狱讼。《周礼·秋官·司寇》士师"察狱讼之辞,以诏司寇断狱弊讼"。"不刑不中",即决狱公平。此外,士又可传达王命(《克钟》)。

司誓。亦见《扬簋》铭文。司誓即《周礼》之司盟,为司寇属官,一是掌邦国间盟约的订立并用盟誓惩罚违誓者,二是保藏民间契约副本,如违约引起诉讼,用盟誓惩罚违约者[①]。

(3)民事官。《尚书·立政》"大都、小伯","夷、微、卢烝、三亳、阪、尹"等,应就是"常伯"职司所属治民之官。"'大都'是管诸侯和王子、王弟们采邑的,'小伯'是管卿大夫的采邑的"。"'夷'

---

① 冯卓慧、胡留元:《西周金文中的司寇及其官司机构》,《考古与文物》1988 年第 2 期。

'微''卢'是当时的一些落后部族,'烝'是他们的君长而服务于周的;'三亳'是殷代先前都城所在,'阪'是险要的地方,为了防止叛乱,在那里都设'尹'防守"①。

西周铜器铭文中也有地方民事官的记载。《癲簋》铭文"命汝司成周里人众诸侯大亚,讯讼罚,取遣五寽"。成周诸侯、百姓皆在癲的管辖之下。《师颖簋》铭文"在先王既令汝作司土官司脉闆,今余惟肇申乃令"。脉闆为地名,师颖被命为此地司徒。《恒簋盖》铭文"恒,命汝更鴬克司直鄙"。直是地名,恒被命管理直地之鄙。

西周晚期还有"五邑"官员。《柞钟》铭文"仲大师右柞……司五邑甸人吏",《鄘簋》铭文"昔先王既命汝作邑摄五邑祝",《师兑簋》铭文"五邑走马"等等。所任"五邑走马"之职不可能离京畿太远。而"五邑",可能指西周的西方在岐下、程、丰、镐、西郑、槐里等六处都邑中的五处。也可能"五邑""是首都附近有离宫别苑的地点,汉代有三辅,指京畿附近直属地区"。但五邑所设置独特的地方行政机构,应直属王廷②。

我们可以看到,西周卿事寮是负责处理王朝日常政务的官署,其下又具体分为"三事"官僚集团各主其事。此外,卿事寮还"舍四方令",即处理侯、田、男等"外服"诸侯政务。而这方面的职司,当由"常伯"下属的民事官,即通过"夷、微、卢烝"或"三亳、阪、尹"等官的设置实现的。

周、召二公分陕而治,当是周公以太师的身份统领成周卿事寮,而召公以太保的身份统领宗周卿事寮。成王时的《令彝》铭文记周公之子明公被任命为太保,"授卿事寮"。明公派人报告周公,周公命他"出同卿事寮",即举行大会寮属的典礼。明公到了东都成周以后,就行使卿事寮首脑的职权,"舍三事令"并"舍四

---

① 顾颉刚:《"周公制礼"的传说和〈周官〉一书的出现》,载《文史》第六辑,第30页。

② 许倬云:《西周史》,第219—221页。

方令"了。明公继任此职以前,周公留守成周,卿事寮自然是周公主持。到了成、康之际,西周王朝与东方被征服地区的矛盾日趋缓和,周王为了加强集权,成周不再设卿事寮,政务由宗周执政大臣兼管,也不再有执政大臣像周公那样长期留守成周了[①]。

2.太史寮。太史寮掌管册命、图籍、祭祀、书史、礼制、占卜、时令、历法、天文等方面的事情。大史是太史寮的首脑。

大史。《中方鼎》"王令大史",大史为史官之长。《作册䰠卣》"佳公大史见服于宗周",大史称为"公",地位应较高。主要职掌为:文书起草,策命诸侯卿大夫,助王赏赐,管理天文历法、祭祀,掌管图籍等。

史。铜器铭文中屡见,常作"史某"。史官主要传达王命、代王册命并赏赐臣下,作傧右、参与宗教活动、代王视察地方诸侯、参加征战等。

内史尹。为内史之长,或称为内史尹氏。《师𧧴簋》"王呼内史尹氏册命师𧧴"。

内史、作册内史、作命内史。是主内之史官。《彧鼎》"王姜使内史友员易彧"。王𧦝姜为王后,内史和内史僚属执行王后的使命,内史应为宫中之官。

省史。《鼄攸从鼎》铭文"王令省史南以即虢旅"。南为省史名,即虢旅就是到虢叔旅处。省史为视察、执法之官。

作册、作册尹。《矍卣》"王姜令作册矍安夷伯"。作册之长为作册尹,《走马休盘》"王乎作册尹册易休"。作册主要职掌记事、册命、进献胙肉于王后、册告祖庙、参与铸器、出使诸侯、管理旗帜等事。

大祝、祝。大祝是祝官之长,《禽簋》铭文"王伐盖侯,周公某,禽祝"。伯禽曾任周王朝大祝。大祝还见于《长囟盉》《申簋》铭文。

司卜。《舀鼎》铭"舀,令汝更(续)乃祖考司卜事"。司卜应

---

① 杨宽:《西周中央王朝政权机构剖析》,《历史研究》1984 年第 1 期。

为大卜类,官司占卜之事。

《礼记·曲礼下》"天子建天官,先六大,曰:大宰、大宗、大史、大祝、大士、大卜,典司六典"。注谓:"大宗曰宗伯,宗伯为春官,大史以下属焉。大士,以神仕者。"因此,"六大"虽然与金文不尽相同,但作为"天官"即宗教官的职司是基本相同的。因此,文献中的"六大"应为太史寮的属官。

《尚书·顾命》记康王即位典礼上,执政大臣太保召公与掌管宗族事务的大宗是仪式的主要主持人,即主和傧。典礼完毕,太保率西方诸侯入应门左,而太史毕公率东方诸侯入应门右。这是因为当时召公为宗周卿事寮首领,主管西方诸侯。而太史毕公为宗周太史寮首脑,由他率领东方诸侯,说明东都成周卿事寮已经撤销,而正是由毕公兼管成周的政务了。

(二)内廷事务官。其负责周王宫廷的日常事务。

宰。见《宰簋》铭文。宰的职务主要是管理王家之事,传达宫中之命。在赐命典礼中做傧右或代王赏赐臣下。

善夫。《善夫山鼎》铭文"南宫乎入右善夫山入门立中廷……王曰:山,令汝官司饮献人于 𢎥 ,用作盨司贮"。善夫掌王及四方宾客饮食之礼,食品保藏等事。《小克鼎》铭文"王命善夫克舍令于成周,遹正八师之年"。善夫又出纳王命。

守宫。见《守宫卣》铭文。守宫为守卫王宫者。守宫职与《周礼·天官·冢宰》之宫正、宫伯、幕人、掌次等官应有一定关系。

御正。《御正卫簋》《御良正爵》铭文有御正。《令鼎》铭文"王归自谋田,王御溓仲仆"。王御即为周王御车之人,御正为王御之长。《尚书·立政》之左右携仆,其职与王御相当。

《尚书·立政》中内廷官吏还有:

缀衣。掌管王的衣服。

趣马。为王管理马匹。

小尹。小臣之长。

庶府。分管王的库藏。

内廷事务官常在王左右，是王的近臣，因此深得周王信任。我们从宰、善夫等内廷官可代王出纳王命等事可以看出，内廷官在向外廷官转化。"武王母弟八人，周公为太宰。"①太宰本是王室内廷宰官之首，周公以武王同母弟的身份任宫中诸事的总管。但太宰也可随武王出征并代王传命作《牧誓》。灭商以后，"周公不就封，留佐武王"。周公虽是内廷官太宰，但可以参与外廷政务。"成王元年，周公为冢宰，摄政"，内廷官正式统驭了外廷百官。"八年春，正月朔，王始躬政事，以周公为太师。"②周公正式接替了太公望的太师之职，与召公一起成为西周王朝的执政大臣，为宗周和成周卿事寮的首脑。因此，由于内臣的特殊地位和权力的增大，内臣参政或内臣统驭外臣的现象，在西周王朝就已经出现了。

第四节　西周外服诸侯的行政体制

《尚书·酒诰》说："越在外服，侯、甸、男、卫、邦伯。"《令彝》铭文说："众诸侯：侯、田（甸）、男，舍四方令。"外服就是王畿地区以外的"四方"诸侯。《国语·周语上》"先王之制，邦内甸服，邦外侯服，侯卫宾服"。韦昭注："甸，王田也。服，服其职业也。自商以前，并畿内为五服。""邦外，邦畿之外也。方五百里之地，谓之侯服。侯服，侯圻也。""言自侯圻至卫圻，其间凡五圻，圻五百里，五五二千五百里，中国之界也。谓之宾服，常以服贡宾见于王也。五圻者，侯圻之外曰甸圻，甸圻之外曰男圻，男圻之外曰采圻，采圻之外曰卫圻，《周书·康诰》曰侯、甸、男、采、卫是也。"外服诸侯，根

---

① 《左传》定公四年。
② 《艺文类聚》卷 12 引《竹书纪年》。

据他们与周王关系的亲疏,分布在王畿以外的广大地区,成为西周王朝控制全国各地的地方政权。

被周王朝分封的外服诸侯,不少与中央王朝订有互相支持的盟约。《左传》僖公二十六年,"昔周公、大公股肱周室,夹辅成王。成王劳之,而赐之盟,曰:'世世子孙无相害也。'载在盟府,大师职之"。《国语·鲁语上》也有同样的记载。周王室还授予一些诸侯各种特权。如鲁国,"成王乃命鲁得郊祭文王。鲁有天子礼乐者,以褒周公之德也"①。而卫国,成王"举康叔为周司寇,赐卫宝祭器,以章有德"②。齐国在成王时,"乃使召康公命太公曰:'东至海,西至河,南至穆陵,北至无棣,五侯九伯,实得征之。'齐由此得征伐,为大国"③。索隐说:"旧说穆陵在会稽,非也。按:今淮南有故穆陵门,是楚之境。无棣在辽西孤竹。"齐国被授予对西周的五侯、九伯专行征伐之权,成为中央王朝对东部广大地区统治的据点。

各国诸侯,接受西周中央王朝的封号,就要共奉周天子为天下共主。被分封的诸侯,按周王的意旨,有的在中央王朝任职。如周公旦、召公奭虽被封在鲁、燕,但不就封,都留守宗周或成周,任王朝太师、太保之职辅政。而康叔封于卫,但仍留任王朝司寇之职。

诸侯在自己的封国之内, 也按宗法等级制把土地和民众分封给自己的子弟——卿大夫。诸侯对周天子来说,是小宗。但在国内又是卿大夫的大宗。诸侯是侯国的最高统治者,掌握着军政大权。诸侯国的官吏设置基本与中央王朝相同,司徒、司马、司空等官执掌侯国的军政大权。

西周王朝对诸侯的控制比夏、商两代更加严密。中央王朝卿

①《史记》卷33《鲁周公世家》。
②《史记》卷37《卫康叔世家》。
③《史记》卷32《齐太公世家》。

事寮负责处理诸侯的政务,通过"舍四方令",把周王的意志贯彻给天下诸侯。周天子通过封建亲戚,确立了诸侯对周王的臣属关系。而且命卿制度的施行,又进一步控制了地方诸侯政权。《礼记·王制》"大国三卿,皆命于天子"。"次国三卿,二卿命于天子,一卿命于其君"。"小国二卿,皆命于其君"。郑注说:"小国亦三卿,一卿命于天子,二卿命于其君。此文或误脱耳。或者欲见畿内之国二卿与?"疏谓:"郑何以得知应三卿?按:前云小国又有上、中、下三卿,位当大国之下大夫。若无三卿,何上、中、下之有乎?故知有三卿也。"各国诸侯的卿大夫,由于国家大小不同,爵位的等级也有高低之分。《左传》成公三年"次国之上卿当大国之中,中当其下,下当其上大夫。小国之上卿当大国之下卿,中当其上大夫,下当其下大夫。上下如是,古之制也"。次国的卿大夫比大国的卿大夫低一级,而小国则低二级。而以中央王朝的卿、大夫爵位最高。《孟子·万章下》说:"天子之卿受地视侯,大夫受地视伯,元士受地视子男。"因此,西周中央王朝对诸侯的分封和对卿大夫的册命,体现了"本大而末小,是以能固"①的严格宗法等级制度,从而确立了诸侯、卿大夫与周王朝的等级臣属关系。再加上监国制度和定期的巡狩会同,中央王朝对各诸侯国的控制加强了。而对于不服从中央王朝统治的诸侯,周王则要"整我六师,以修我戎",②调动军队进行征伐。

四方诸侯对中央王朝承担着一定的义务。这就是:首先,诸侯要定期朝觐周王。《国语·鲁语上》说:"是故先王制诸侯,使五年四王、一相朝,终则讲于会,以正班爵之义,帅长幼之序,训上下之则,制财用之节,其间无由荒怠。"韦昭注:"终,毕也。讲,习也。班,次也。谓朝毕则习礼于会,以正爵位次序尊卑之义也。"《礼记·王制》也说"诸侯之于天子也,比年一小聘,三年一大聘,

---

① 《左传》桓公二年。
② 《诗经·常武》。

五年一朝"。诸侯朝见周王,表示承认自己与周王的君臣隶属关系。《逸周书·明堂解》"周公摄政君天下,弭乱六年而天下大治,乃会方国诸侯于宗周"。《礼记·明堂位》也有关于这次方国诸侯大会宗周的记载,即"六年,朝诸侯于明堂,制礼作乐,颁度量而天下大服"。周公摄政期间,"一年救乱,二年克殷,三年践奄,四年建侯卫,五年营成周"①,正是西周王朝日趋巩固的时候。而六年,正是周公"兴正礼乐,度制于是改"②的时候。这时天下诸侯朝会于宗周,不仅表明对周王朝的臣服,而且周王朝通过制礼作乐把周天子与诸侯的等级名分和隶属关系进一步制度化,加强对诸侯的控制,并为周公"七年反政成王"的重大决策做好了准备工作。

其次,外服诸侯要向中央王朝缴付贡纳。《左传》昭公十三年说:"昔天子班贡,轻重以列,列尊贡重,周之制也。卑而贡重者,甸服也。"杜预注:"甸服谓天子畿内供职者。"周成王时,"肃慎氏来献楛矢、石砮,长尺有咫"③。《左传》昭公十二年记楚国祖先熊绎在康王时,"辟在荆山,筚路蓝缕以处草莽,跋涉山林以事天子。惟是桃弧、棘矢,以共御王事"。共即供,供御犹言进奉、贡献。楚国曾以桃弧、棘矢进贡于周王朝。夷王时,"蜀人、吕人来献琼玉,宾于河,用介圭"④。西周晚期铜器《兮甲盘》铭文说"淮夷旧我员晦人",是说淮夷早就是西周王朝入贡布帛的臣民。直到春秋时代,虽然王室式微,但诸侯还要向周天子缴纳贡品。《左传》僖公四年载齐桓公以诸侯之师伐楚的理由之一就是"尔贡苞茅不入,王祭不共,无以缩酒"。诸侯缴纳贡品,表示他们对周天子的服从。如不缴纳贡物,则就要像《兮甲盘》铭文所说的"则即刑扑

---

① 《通鉴外纪》卷 3 引《尚书大传》。

② 《史记》卷 4《周本纪》。

③ 《书钞》卷 160 引《帝王世纪》;《初学记》卷 5 引《帝王纪》同。

④ 《古本竹书纪年辑校订补》,第 102 页。

伐"，受到王室大军的惩罚。

其三，外服诸侯要蕃屏周室，必要时出动军队"勤王"。《左传》定公四年记，"昔武王克商，成王定之，选建明德，以蕃屏周"。分布在王畿以外的各诸侯国，成为中央王朝的重要屏障。西周末年，幽王昏乱，宠爱褒姒。"褒姒不好笑，幽王欲其笑万方，故不笑。幽王为烽燧大鼓，有寇至则举烽火。诸侯悉至，至而无寇，褒姒乃大笑。幽王说之，为数举烽火。其后不信，诸侯益亦不至。"此外，周幽王又任用"为人佞巧，善谀好利"的虢石父为卿，"国人皆怨"。申侯乘机勾结缯侯、西夷犬戎进攻东周，"幽王举烽火征兵，兵莫至。遂杀幽王于骊山下，虏褒姒，尽取周赂而去"①。直到这时，被幽王戏弄惯了的诸侯方知王朝真出了大事，秦国、晋国、郑国才发兵救周。"而秦襄公将兵救周，战甚力，有功"②。周平王为了"避犬戎难"和"晋郑焉依"③，求得晋国、郑国的保护而东迁洛邑。"秦襄公以兵送周平王，平王封襄公为诸侯，赐之岐以西之地。"④因此，东周王朝的建立，正是各国诸侯勤王的结果。

《左传》僖公二十四年"捍御侮者，莫如亲亲，故以亲屏周"。西周王朝建立之初"天下未集"，周人在还没有力量控制广大被征服地区的情况下，只得"遍封功臣同姓戚者"⑤，把力量较为强大的贵族，如师尚父、召公、周公等派往战略要地，成为地方诸侯。"非我族类，其心必异。"⑥鉴于武庚禄父叛乱的教训，周王室利用宗法血缘关系，进一步分封自己的同姓和亲戚为诸侯，授民授疆土，在全国各地形成了姬姓贵族和亲戚的政权，实际上是姬姓家族的扩大。西周分封诸侯把君统与宗统结合起来，从而使中

---

① 《史记》卷 4《周本纪》。

②④ 《史记》卷 5《秦本纪》。

③ 《左传》隐公六年。

⑤ 《史记》卷 33《鲁周公世家》。

⑥ 《左传》成公四年。

央王朝加强了集权和巩固了统治。

但是,由于奴隶制经济的发展和各国统治政策的不同,一些诸侯日渐坐大。齐国"通商工之业,便鱼盐之利,而人民多归齐,齐为大国"①。也有的诸侯国政治经济发展缓慢,鲁国伯禽至国,"变其俗,革其礼",因此"三年而后报政周公"。因其"报政"较齐国要晚,周公预感他将"北面事齐矣"②,迟早要失去周初的重要地位。

随着时间的推移,各国诸侯宗族的发展以及宗族内部的矛盾斗争,他们与西周中央王朝的宗法血缘关系日渐淡薄,成了名副其实的地方统治者。各国诸侯日益成为与中央王朝相抗衡的政治力量。这是西周最高奴隶主统治阶级始料所未及的。

早在西周初,"晋(侯)作宫而美,(康)王使让之"③,中央王朝与同姓地方诸侯就发生了矛盾。在西周中、后期,矛盾进一步加深了。恭王时同姓诸侯密康公"有三女奔之","康公不献。一年,共王灭密"④。而在周宣王时,鲁国"懿公九年,懿公兄括之子伯御与鲁人攻杀懿公,而立伯御为君"。周宣王进行干预,"伐鲁,杀其君伯御","乃立称于夷宫,是为孝公"。鲁国与周宣王同为姬姓,周伐鲁反映了西周王朝与同姓诸侯的矛盾加深和作为"天下宗主"的周王室地位的下降。"自是后,诸侯多畔王命"⑤;而在懿王时,"王室遂微",国力每况愈下。"纪侯谮齐哀公于周懿王,王烹之"⑥。姜姓的齐国与周王室世为甥舅,其始祖太公为西周王朝的建立立有大功。周懿王杀掉齐哀公,反映了周王室与异姓诸侯的矛盾也日益加深了;而一些边远地区的方国部落,更是日益想摆

---

① 《史记》卷 32《齐太公世家》。

②⑤ 《史记》卷 33《鲁周公世家》。

③ 《古本竹书纪年辑校订补》,第 103 页。

④ 《史记》卷 4《周本纪》。

⑥ 《史记》卷 6《秦始皇本纪》引《帝王世纪》。

脱周王朝的控制。西周中央王朝与南方的楚国多次发生战争,直到昭王全军覆灭"卒于江上",①可见战争之激烈。穆王时西征犬戎,"自是荒服者不至"②。而东南的夷人首领"徐偃王作乱",相传秦人祖先"造父为缪(穆)王御,长驱归周,一日千里以救乱"③,才扑灭了叛乱。宣王时的《禹鼎》铭文记臣服于西周王朝的噩侯驭方,"率南淮夷、东夷,广伐南国东国",矛头直指王畿地区。而与西方猃狁的战争也连年不断。《诗经·小雅·采薇》"靡室靡家,猃狁之故。不遑启居,猃狁之故",对西周王朝的统治构成了极大威胁。宣王时与猃狁的战争,在这时的铜器铭文如《虢季子白盘》等和《诗经》的一些诗篇里都有所反映。宣王三十九年,"战于千亩,王师败绩于姜氏之戎"。由于在战争中"既亡南国之师,乃料民于太原"④,西周王朝的统治发生了危机。而西周灭亡,周幽王被杀,也正是申侯勾结犬戎入侵宗周造成的。

西周中央王朝与同姓和异姓诸侯的矛盾和斗争,特别是西周中、后期与边远地区少数民族方国部落的战争,实际是西周中央王朝与地方诸侯的集权和反集权的斗争。随着中央王朝的日益衰落和地方诸侯势力的发展,宗法分封制的"本大而末小"走向了它的反面。各国诸侯日益强大,为西周灭亡和春秋时代的"天下无道,则礼乐征伐自诸侯出"⑤的大国争霸局面埋下了祸根。

①②④《史记》卷 4《周本纪》。

③《史记》卷 5《秦本纪》。

⑤《论语·季氏》。

第五节　西周的军事制度

西周王朝的建立和巩固，是周人依靠强大武装力量不断进行征服和殖民的结果。而为了加强对广大平民和奴隶的镇压，以及发动对外掠夺奴隶和财富的战争，也需要使周王朝的军队进一步扩大和加强。因此，西周的军队初步形成了一定的制度。

周王是王畿地区中央军和诸侯地方军的最高统帅，有权指挥和调动全国的军队。王以下是领兵的各级将佐，已初步形成了战时指挥系统。

执政大臣太师、太保是王以下的最高指挥官。姜族人首领姜尚文王时被"立为师"，武王时又尊之为"师尚父"。武王"东伐以观诸侯集否"，与八百诸侯会师孟津之时，姜尚"左杖黄钺，右把白旄以誓"①，是前敌总指挥。而二年后与纣在牧野决战之时，"维师尚父，时维鹰扬。凉彼武王，肆伐大商，会朝清明"②。注谓"师，大师也。尚父，可尚，可父"。太师姜尚辅佐武王突入纣军，取得牧野大战的胜利。成王时，"召公为保，周公为师，东伐淮夷，残奄，迁其君薄姑"③。周公和召公以师、保的身份指挥大军东征取得了胜利。王朝执政卿士也可以指挥军队。《诗经·大雅·常武》"赫赫明明，王命卿士，南仲大祖，大师皇父，整我六师，以修我戎，既敬既戒，惠此南国"。卿士南仲与大师皇父可以整饬六师，可见卿士出征时也是地位很高的军队指挥官。此外，战时临阵统军的将领

---

① 《史记》卷 32《齐太公世家》。

② 《诗经·大雅·大明》。

③ 《史记》卷 4《周本纪》。

还有"御事：司徒、司马、司空"①。孙星衍谓："御事，郑笺《思齐诗》云：'御，治也。'引《书》'越乃御事'。"②而司徒、司马、司空即是"三事大夫"为西周卿事寮的重要官员。由此可见，西周的军队将佐，基本上和夏、商两朝一样，还是文武不分职，即战时由卿事寮的首脑和其下属官卿大夫充任各级指挥官。

西周的军队由中央王朝的正规军和诸侯地方军两部分构成。中央王朝的军队有西六师、成周八师（即殷八师）的正规军、王室禁卫军和特殊的夷隶兵等几部分组成。

中央王朝的正规军有"六师"，见于《诗经·小雅·瞻彼洛矣》"韎韐有奭，以作六师"。《尚书·康王之诰》"张皇六师，无坏我高祖寡命"。此外，六师还见于《诗经·大雅·棫朴》及《常武》等篇。西周铜器铭文中也有六师，如《鼓𫘤簋》铭文说："惟巢来牧，王命东宫追以六师之年。"是说巢国来犯，周王命令东宫率领六师进行追击。金文中六师归王指挥，应是西周王朝的正规军。③六师和文献中"周王于迈，六师及之"④，即周王统帅六军出征的记载是一致的。六师在金文中称为"西六师"，以与殷八师或成周八师相区别，因而西六师应是驻扎在宗周的部队。此外，铜器铭文中记载中央王朝的正规军还有八师。《小克鼎》铭文记："王命善夫克舍令于成周，遹正八师之年。"善夫克传王命于成周，整饬八师的军队。此八师军队应常驻成周。《曶壶》铭文也证明这一点，说："王乎夷氏册令曶曰：更（继）乃祖考，作冢司土于成周八师。"曶继承先祖职务，统帅成周八师的军队。《竞卣》铭文"佳白犀父成师即东命，戍南尸"，或又叫"成师"，即成周八师。成周地区为西周王朝东方重镇，成王又迁殷民于此，《小臣谏簋》铭文说："伯懋父以

---

① 《尚书·牧誓》。

② 孙星衍：《尚书今古文注疏》，第 284 页。

③ 李学勤：《论西周金文中的六师、八师》，《华夏考古》1987 年第 2 期。

④ 《诗经·大雅·棫朴》。

殷八师征东夷”,所以成周八师又称为“殷八师”。西六师与成周八师(或殷八师)是西周王朝驻守在西方宗周镐京和东方成周洛邑千里京畿地区的两支中央正规军。殷八师主要用来镇压东方和南方的方国诸侯的,《竞卣》“即东命,戍南尸”、《小臣𧽍簋》“征东夷”等等。有时西周王朝则同时调动这两支军队出征,《禹鼎》铭文说:“王乃命西六师、殷八师曰:扑伐噩侯驭方,勿遗寿幼。”周王朝一共动用了十四个师的大军对噩侯驭方大加挞伐,要杀得老少不留,可见战争规模之大和残酷。

西周中央王朝还有王室禁卫军和特殊的夷隶兵。王室禁卫军在文献中叫作虎贲氏,管理虎士八百人。《尚书·立政》中的虎贲,即“掌以武力事王者,《周官》虎贲氏也”[1]。《周礼·夏官司马下》“虎贲氏掌先后王而趋以卒伍。军旅、会同亦如之。舍,则守王闲。王在国,则守王宫。国有大故,则守王门。大丧,亦如之。及葬,从遣车而哭。适四方使,则从士大夫。若道路不通,有征事,则奉书以使于四方”。虎贲氏常在王前后负责保卫,是王室禁卫军虎士的首领。虎士在铜器铭文中称作虎臣。《无惠鼎》铭文“王乎史罗册令无惠曰:官司口王遗侧虎臣”。无惠为管理虎臣之长,其职相当虎贲氏。《师克盨》铭文说:“王若曰:师克……佳乃先祖考有爵于周邦,干害王身,作爪牙……命汝更(继)乃祖考摄司左右虎臣。”师克的先祖用心保卫周王,甘做腹心爪牙。周王又重申命令,任命师克继承他先人之职,兼理王左右的虎臣,负责保卫工作。因此,师克当兼理虎贲氏职而统领王室禁卫军虎臣。

王室特殊夷隶兵归司隶统领。《周礼·秋官·司隶》属下“司隶,掌五隶(即罪隶、蛮隶、闽隶、夷隶、貉隶)之法”。“掌帅四翟(翟同狄,即蛮、闽、夷、貉四隶)之隶,使之皆服其邦之服,执其邦之兵,守王宫与野舍之厉禁”。《周礼·地官·均人》“师氏……使其属帅四夷之隶,各以其兵服守王之门外,且跸。朝在野外,则守内

---

① 曾运乾:《尚书正读》,中华书局 1964 年版,第 248 页。

列"。"内列"是四夷之隶在王野舍时担任内警卫,而外警卫则由司马率六师守之。"四夷之隶"穿着本民族的服装并手持具有本民族特色的武器,担任王的近身警卫。铜器铭文也有关于这种特殊警卫部队的记载。《师酉簋》铭文说:"王呼史醤册令师酉,司乃祖啻官邑人、虎臣,西门夷、𩫁夷、秦夷、京夷、身夷。"师酉所司西门夷等诸夷,当即是司隶所统领的"四翟之隶"和师氏下属所帅的"四夷之隶"。司隶的最高品级为中士,是师氏中大夫爵的属官。而师酉官司邑人、虎臣及四夷之隶,身为师职,与《周礼》师氏职掌是相合的。《师𡊍簋》铭文说,"今我肇令汝達齐师,暨𢼸、贲𡰥、左右虎臣,征淮夷"。记载了王室的禁卫军有时还参加对外征伐。

西周地方诸侯也有军队的建制,但因封国的大小不一,军队的数量也有多少的不同。《国语·鲁语下》说:"元侯作师,卿帅之,以承天子。"元侯即是大国之君,而师是三军之众。大国的三卿都是周天子所册命,故可随从王征讨不义之国。"诸侯有卿无军,帅教卫以赞元侯"。诸侯对元侯而言,是次国之君。次国二卿命于天子,一卿命于其君,元侯有军事行动,则由卿帅其所教武卫之士佐元侯出征。"自伯子男有大夫无卿,帅赋以从诸侯"。小国无天子命卿,只能临时赋国中出兵车甲士随从大国诸侯出征。但《周礼·夏官·司马》序官说:"凡制军,万有二千五百人为军。王六军,大国三军,次国二军,小国一军。"虽然与《国语》所说不尽相同,但无论如何,大国诸侯建有军队的记载却是一致的。

据《礼记·明堂位》说,成王"是以封周公于曲阜,地方七百里,革车千乘"。注谓:"兵车千乘,成国之赋也。"诸侯三百里以下为未成国,鲁国为周初大国,自然能出兵车千乘的"成国之赋"。《诗经·鲁颂·闷宫》也记鲁国有"公车千乘"、"公徒三万",具有一支规模较大的武装力量。

诸侯国的军队也称"师"。《班簋》铭文说:"王命吴伯曰:以乃师左比毛公。王命吕伯曰:以乃师右比毛公。"周王命毛公统帅大军征东夷,并命吴伯和吕伯率其本国军队——"乃师"配合作战。

西周中央王朝和地方诸侯的军队,由车兵和徒兵组成。《孟子·尽心下》说:"武王之伐殷也,革车三百辆,虎贲三千人。"《吕氏春秋·论威》也说:"武王虎贲三千人,简车三百乘,以要甲子之事于牧野,而纣为禽。"车兵由战车和甲士组成,从以上记载看,每车配备甲士十名左右。此外,还要有与车兵配合作战的徒兵。《鲁颂》说:"公车千乘,朱英绿滕,二矛重弓。"笺云:"二矛重弓,备折坏也。兵车之法,左人持弓,右人持矛,中人御。"诗中"车千乘"与"二矛重弓"联系在一起,是专讲战车与执弓、矛的甲士组成车兵的。作战时,车兵还要配以一定的徒兵,此诗句其后又专述徒兵:"公徒三万,贝胄朱绥,丞徒增增。"疏谓:"车徒既多,甲兵又备。"车与徒是不同的,即每"乘"车含十名甲士,还要配以十名徒兵协同车兵作战。宣王时《禹鼎》铭文记,"武公乃遣禹,率公戎车百乘,斯驭二百,徒千"。是说每乘(含十名甲士)还要配备御手二人,徒兵十人。虽然关于一乘兵车配备兵员人数有许多不同记载,但《禹鼎》铭文当更有参考价值。《诗经·小雅·采芑》"方叔莅止,其车三千"。宣王时方叔伐楚,动用了兵车三千乘。如按《禹鼎》所推比例计算,当动用车兵甲士三万,驭手六千和徒兵三万人之众了。

近年在一些西周遗址中,如山东胶县,北京琉璃河,河南洛阳、浚县,陕西宝鸡、沣西等地多有车马坑发现。沣西张家坡已清理出十多座车马坑,一般是一车二马,每个车马坑大都有一名殉葬的舆夫。西周车基本与殷代相同,都是双轮独辕,辕前端向上扬起,衡有直衡、曲衡两种。曲衡较长,两端向上翘起,衡末横插铜矛。车舆为长方形,或两前角内杀呈圆角长方形。[1]各地车马坑的发现,对研究西周的军制是有一定的价值的。

关于西周军队编制的情况,《周礼·夏官·司马》序官说:"凡

---

[1]《新中国的考古发现与研究》,第255—256页。

制军,万有二千五百人为军。王六军,大国三军,次国二军,小国一军。军将皆命卿。二千又五百人为师,师帅皆中大夫。五百人为旅,旅帅皆下大夫。百人为卒,卒长皆上士。二十五人为两,两司马皆中士。五人为伍,伍皆有长。"军队的建制为伍、两、卒、旅、师、军。虽然有学者认为军的名称,是在以五进制代替十进制的军队编制法的春秋时期才出现的。而实际上"在军队的编制上,商周(西周初)是基本一致的,很可能是周人仿商军"①。因此,《尚书·牧誓》"师氏、千夫长、百夫长",应反映的是西周族军的编制情况,即以百人团、千人团、万人团为单位的十进制编制。铜器铭文中也有贵族率领族军参战的记载。《班簋》铭文说:"趞令曰:以乃族从父征,出城,卫父身。"《明公簋》"惟王令明公,遣三族,伐东国"等,就是以族军参加征伐的。

西周的贵族和平民以宗族为单位,聚族而居。大宗、小宗的贵族宗主和宗子以及他们的子弟居住在立有宗庙的城邑之内。而与贵族有一定血缘关系的原贵族子弟,沦为平民后已十分贫困,居住在城外的郊。贵族和平民就是西周的"国人"。战时,以宗族为单位参战,大、小贵族组成车兵,而平民无车马自赋,只能组成随从车兵作战的徒兵队。车兵是西周军队的精锐部分。《诗经·卫风·伯兮》"伯兮朅兮,邦之桀兮。伯也执殳,为王前驱"。《兔罝》"纠纠武夫,公侯干城"等等,反映了西周国人,即中、小贵族奴隶主和平民的上层——士等,是西周军队的基本兵源。

西周军队已有定期训练的制度。《周礼·夏官·大司马》"中春,教振旅。司马以旗致民,平列陈如战之陈"。春天演习班师收兵,主要熟悉司马指挥作战用的旗帜,辨别军中击鼓铎铙的用途。"以教坐作进退疾徐疏数之节",即教练士兵们坐下、起立、前进、后退的快慢和距离疏密的节度。然后就举行田猎活动进行实

---

① 杨升南:《略论商代的军队》,载《甲骨探史录》,生活·读书·新知三联书店1982年版,第86页。

践。"中夏,教茇舍,如振旅之陈"。夏天主要教练兵士夜战宿营的方法。先由所司整顿车辆、人员,辨别各部人员名号,"以辨军之夜事",是为了使士兵夜战戒备守御时易于辨别,不致混乱。接着举行田猎活动。"中秋,教治兵,如振旅之陈,辨旗物之用"。秋天教练士兵作战凯旋的队形,阵列和春天相同,要能分辨各级长官的旗帜,随之举行田猎活动;而"中冬,教大阅",即大校阅。在校阅之前,官长要告诫部属并颁布作战法则,清除田猎场地并立下标志"表",官长要按时率兵集合,迟到者斩首示众。随后队伍排成战斗方阵,官长在阵前听誓令。然后用旗、鼓、镯、铎指挥兵众做接近、攻击敌人的模拟训练,即"车三发,徒三刺"。最后用鼓、铙指挥退兵。接着一场大规模田猎活动就开始了。大规模军事训练活动总是与狩猎活动结合在一起的,一般都在农闲举行。《左传》隐公五年,"故春蒐、夏苗、秋狝、冬狩,皆于农隙以讲事也。三年而治兵,入而振旅,归而饮至,以数军实……古之制也"。这样,既达到了军事训练的目的,又不影响农业生产。

此外,西周军队有时还进行实战演习。众所周知,周武王"东观兵",与八百诸侯不期而会孟津,虽然没有形成决战,但使军队受到了一次长途行军、渡河准备和友军如期会师等多方面的实战训练。可以说,是为两年以后牧野之战所举行的一次实战演习,从而提高了周军的战斗力。

西周的军队是奴隶主贵族手中强大的暴力工具。它的设置和组成,也充分体现了宗法等级制度。在西周初期,依靠这支军队扩大了领土,掠夺了大量奴隶和财富,巩固和加强了中央王朝统治。而在西周后期,也是依靠这支军队镇压了西部和东南部方国诸侯的反抗,得以维持中央王朝对地方的控制。因此,西周的军队是西周奴隶制王朝的支柱。

第六节　西周的刑罚制度

《左传》昭公六年说:"夏有乱政而作《禹刑》,商有乱政而作《汤刑》,周有乱政而作《九刑》。"西周王朝继夏、商王朝之后,进入了我国奴隶社会的鼎盛时期。为了镇压奴隶和平民的反抗,维护奴隶主贵族的根本利益,西周王朝已经有了较为完备的刑罚制度。

据《逸周书·尝麦解》"(四年孟夏)王命大正正刑书","太史筴刑书九篇以升,授大正"。"九刑"的制定应在周初成王时。九刑的内容据《左传》文公十八年"先君周公制《周礼》曰:则以观德,德以处事,事以度功,功以食民"。"作《誓命》曰:毁则为贼,掩贼为藏,窃贿为盗,盗器为奸。主藏之名,赖奸之用,为大凶德,有常无赦,在《九刑》不忘。"杜预注:"誓命以下,皆《九刑》之书。"这里的"毁则",应就是《左传》文公六年"道之礼则"之"则"。或说《九刑》即"正刑五(即司刑所掌五刑:墨、劓、宫、刖、杀)加之流宥鞭扑赎刑,此之谓九刑者"[①]。《左传》所说九刑应为法律原则,而司刑职疏引郑注所说《九刑》为触犯法律所履行的九种刑罚。以上就是《九刑》所包含的法和刑两个方面的内容。西周的法,即"礼"则比较抽象,但又无所不包。"礼,经国家,定社稷,序民人,利后嗣者也"[②],即以《周礼》为根本法。刑罚的内容是比较具体的,共有九种。因此《左传》昭公六年说,"昔先王议事以制,不为刑辟"。即"临事制刑,不豫设法也"[③]。

---

① 《周礼·秋官·司寇》司刑职疏引郑注《尧典》。
② 《左传》隐公十一年。
③ 《左传》隐公十一年杜预注。

　　到了穆王时代,西周的刑罚制度又有了发展,这就是《吕刑》的制定。《吕刑》内容包括"墨罚之属千,劓罚之属千,膑罚之属五百,宫罚之属三百,大辟之罚其属二百,五刑之属三千"①。《吕刑》相传为吕侯(即甫侯)所作,是一部有关西周刑罚制度的较为完备的法规。

　　西周刑罚的制定,主要是依据下述两个方面:其一,继承和借鉴了历代刑罚的行之有效部分。《尚书·吕刑》说:"今尔何监?非时伯夷播刑之迪?"伯夷是军事民主制时期的人,被部落联盟首领尧选择为"三后"之一。《汉书·刑法志》说:"《书》云:'伯夷降典,悊民惟刑。'言制礼以止刑,犹堤之防溢水也。"伯夷比制作"皋陶之刑"的皋陶还要高明一些,因而西周的刑罚借鉴了伯夷的施刑之道;夏朝的刑罚也被《吕刑》所继承。《诗经·崧高》郑笺说:"甫侯(即吕侯)相穆王,训夏《赎刑》。"而夏《赎刑》,就是"禹之君民也,罚弗及强而天下治,一馔六两"。郑玄注"所出金铁也。死罪出三百七十五斤,用财少尔"②。此外,西周时对商朝的刑罚也有所借鉴。周公嘱咐卫康叔"往敷求于殷先哲王,用保乂民。汝丕远,惟商耉成人,宅心知训"③。即遍求商先王用安治民之道,用心体会商的遗老贤人所讲的办法。

　　其次,就是以周王的诰命、训令为制定刑罚的依据。这其中,一部分是继承周先王的法律。《尚书·康诰》说"文王作罚,刑兹无赦"。《左传》昭公七年也说"周文王之法曰:'有亡荒阅',所以得天下也"。西周立国前就已制定了保护奴隶主阶级的法律。西周王朝建立以后,周王时常发布的誓诰和训命,也具有法律性质,违者将受到惩处。《尚书·酒诰》说:"乃不用我教辞,惟我一人弗恤,弗蠲乃事,时同于杀。"即是说不按周王的话办事,就毫不客

---

①《史记》卷4《周本纪》。
②《尚书大传》卷6《甫刑》。
③《尚书·康诰》。

气地惩处。为政不廉明，会败坏社会风气，也要杀掉。《多士》说
"尔不克敬，尔不啻不有尔土。予亦致天之罚于尔躬"。对那些不
听劝告的殷遗民，则要剥夺土地并进行惩罚。《多方》说："尔乃惟
逸惟颇，大远王命，则惟尔多方探天之威，我则致天之罚，离逖尔
土。"不听周王劝告，对王命消极对抗并敢以身试法的方国首领，
也要进行惩罚。如此等等，西周的刑罚集夏、商以来阶级社会法
制之大成，而《吕刑》则是西周刑罚的总结。《吕刑》"五刑之属三
千"，是我国奴隶社会比较完备的一部成文法。

西周刑罚的制定，虽然惟周王意志是从，但也形成了一个相
对独立的司法机构。《周礼·秋官·司寇》大司寇之职"掌建邦之三
典，以佐王刑邦国，诘四方"。大司寇掌握对新建邦国行刑用的
"轻典"、承平国家用的"中典"、叛逆篡弑国家用的"重典"。并以
"五刑纠万民"，即以野刑、军刑、乡刑、官刑、国刑来纠察天下万
民。《龘簋》铭文记司寇负责"讯讼罚"。"讯讼"即审理民事诉讼案
件，而"罚"是据罪处刑。因此司寇"作职官讲，是刑民事审判官；
若作官司讲，则为定罚判刑的司法机构"[1]。

西周的刑罚是奴隶主贵族意志的反映。刑罚规定，对"寇攘
奸宄，杀越人于货"[2]的敢于反抗贵族统治的平民和奴隶，则"罔
弗憝"，格杀勿论。对贵族奴隶主阶级的所有制，也以法律的形式
加以保护。所谓"文王之法"，就是维护贵族对奴隶的所有权的。
鲁国奴隶主贵族也宣布："无敢寇攘、逾垣墙、窃牛马、诱臣妾"，
侵犯了贵族所有制，则"汝则有常刑"[3]。不仅如此，从奴隶主贵族
阶级长远利益出发，西周法律还规定了对那些违犯《周礼》规定
的贵族，要根据罪行的轻重进行惩罚。首先，是对天下共主周王

---

① 冯卓元、胡留元：《西周金文中的司寇及其官司机构》，《考古与文物》
1988 年第 2 期。

② 《尚书·康诰》。

③ 《尚书·费誓》。

王权的维护。《周礼·夏官·司马》说："放弑其君则残之。"《大戴礼记·本命》也说："诬文（王）武（王）者，罪及四世。"周初管、蔡伙同武庚叛乱，周公"伐诛武庚、管叔，放蔡叔"。因为危害了西周王权，就是武王的弟弟也不能幸免。其次，维护宗法等级分封制。"不孝不友"者破坏了宗法制度，是"元恶大憝"。"天惟与我民彝大泯乱，曰：乃其速由"①，造成奴隶主贵族阶级内部关系混乱，就要很快受到惩罚。而对违犯《周礼》规定的诸侯，则要贬爵、削地或六师移之。古代兵也是刑的一种，即"大刑用甲兵，其次用斧钺"②，出动军队镇压是最重的刑罚。《吕刑》的制定，正是因为"诸侯有不睦者，甫侯言于王，作修刑辟"③，是作为申明周王与诸侯的君臣关系和处理诸侯间关系的准则而制定的。因此，西周刑罚的制定，不仅为了镇压奴隶和平民的反抗，还有另一方面的作用是维护奴隶主贵族的长远利益，以巩固西周王朝的统治。

西周的司法机关在审理案件时，"以两造禁民讼，入束矢于朝"。"以两剂禁民狱，入钧金三日，乃致于朝，然后听之"④。即诉讼双方必须都到法庭，各缴一箙矢做保证金，理由不实者被没收其矢。重大的诉讼则要双方订立契约，交纳三十斤铜为保证金。在审判时，司法人员以"五声听狱讼，求民情"。也就是通过辨其辞言、察其面色、闻其气息、听其疑点、观其眼神等几种方法判别是非曲直。然后再将判决"以三刺断庶民狱讼之中"⑤，求得较为公正的结果。三刺即"讯群臣""讯群吏""讯万民"，根据这三部分人对判决的反映，再处以适当的刑罚。

西周的主要刑罚有以下几种：其一是监禁。"以圜土教罢民，

①《尚书·康诰》。

②《国语·周语上》。

③《史记》卷 4《周本纪》。

④《周礼·秋官·司寇》小司寇职。

⑤《周礼·地官·司寇》大司寇职。

凡害人者,置之圜土而施职事焉"①;其次是处以五刑五罚。"五刑不简,正于五罚"。"墨辟疑赦,其罚百锾"。"劓辟疑赦,其罚惟倍"。"剕辟疑赦,其罚倍差"。"宫辟疑赦,其罚六百锾"。"大辟疑赦,其罚千锾"。"墨罚之属千,劓罚之属千,剕罚之属五百,宫罚之属三百,大辟之罚其属二百,五刑之属三千"②。大辟是砍头,为五刑最重之刑。

西周最高统治者鉴于商朝酷刑、滥刑的教训,要求司法官员要"敬明乃罚"③,小心用刑。对犯有"五过"罪,即"惟官、惟反、惟内、惟货、惟来"的司法官吏"其罪惟钧",与被他们所包庇者同罪,进行惩处。所谓"惟官",就是恃官势之威压人。"惟反",就是搞个人恩怨,打击报复。"惟内",就是搞裙带关系。"惟货",就是收取贿赂。"惟来",就是走后门,受人之托进行照顾。因此,为了维护统治阶级的根本利益,西周王朝对司法官吏也制定了必要的监督措施。④

西周的刑罚并不是所谓"刑不上大夫"⑤,而是对奴隶主贵族也是有效的。但贵族享有一定的法律特权。这就是在审判时,"凡命夫命妇不躬狱讼",使其下属代为出庭,以免亵渎其尊贵身份。此外,"凡王之同族有罪不即市"。即不在市朝公开行刑。其次,在贵族犯法议刑时,还可"以八辟丽邦法,附刑罚"。即以八种名目的议刑法附于邦法,可以减轻对他们的处罚。也就是宗亲、故旧、贤良、能人、功勋者、显贵、勤劳官事者、宾客等八种人都在减刑之列。这里,也充分暴露了西周刑罚的阶级本质。

西周铜器铭文中也有奴隶主贵族诉讼、判决以及受刑的记

---

① 《周礼·秋官·司寇》小司寇职。
② 《尚书·吕刑》。
③ 《尚书·康诰》。
④ 佘树声:《西周法制与西周社会性质》,载《西周史研究》。
⑤ 《礼记·曲礼上》。

载。《鬲攸从鼎》铭文记鬲从向周王告攸卫牧不交地租,在周王等
干预下,攸卫牧立誓约:"我弗具付鬲从其租射分田邑,则放。"如
不履约,甘受流放刑罚;《曶鼎》铭文记曶与匡的官司,东宫判决
"偿曶禾十秭,为廿秭。[如]来岁弗偿,则付四十秭"。但匡与曶私
下用土地、奴隶做了了结;《倴匜》铭文记述了王廷大臣伯扬父处
理牧牛为五名奴隶与上司倴一场诉讼的判决。伯扬父向牧牛宣
布说:本应鞭你千鞭并加处黥刑用黑布蒙面。但宽宥后,还要鞭
打一千,并处以免去官职的黥刑。现决定大赦,但要鞭打五百,并
罚铜三百锾。牧牛立誓,在有关官员参与下结了案。

第七节　西周的教育、人事管理制度

《礼记·内则》叙述了氏族贵族从"能食食,教以右手"起,至
"二十而冠,始学礼","四十始仕","七十致事"的一生经历。可以
看出,为了培养奴隶主阶级接班人和专制国家的各级管理人才,
西周王朝已形成了一套对贵族子弟的教育和人事管理制度。

贵族子弟在入仕为官前,有一个相当长的较为严格的受教
育阶段。《孟子·滕文公上》说:"夏曰校,殷曰序,周曰庠。学则三
代共之,皆所以明人伦也。"西周也和夏、商二朝一样,有学校的
设置:《荀子·大略篇》"立大学,设庠序"。《汉书·董仲舒传》说"古
之王者","立大学以教于国,设庠序以化于邑"。因此西周的学校
有设在国中的,也有设在乡邑的。

西周铜器铭文中有"小学"和"大学"。《礼记·王制》说:"天
子命之教,然后为学。小学在公宫南之左,大学在郊。天子曰辟
雍,诸侯曰頖宫。"周代的小学、大学为贵族子弟的国中之学。贵
族子弟八岁开始入小学学习。《白虎通·辟雍》:"八岁……入学
学书计……十五成童志明入大学,学经籍。"

周代学校有固定课程的设置。《周礼·地官·司徒》保氏职"养国子以道,乃教之六艺:一曰五礼,二曰六乐,三曰五射,四曰五驭,五曰六书、六曰九数"。此外,还"教之六仪",即有关祭祀、宾客、朝廷、丧事、军旅、车马等方面的行为和容仪。从上述课程表可以看出,一个贵族子弟在入仕为官前,受的训练主要是以下三个方面:一是礼、乐、仪,二是射、驭,三是书、数。而礼、乐、仪的教育主要目的是"明人伦",即以奴隶制的礼、乐和仪容作为行为道德规范。射、御则是把一个贵族子弟训练成被坚执锐的武士的重要手段。通过书、数的教育,使贵族子弟掌握一定的文化知识。

为了培养合格的人才,对不努力学习的贵族子弟还实行一定的惩罚。"命乡简不帅教者以告",然后让他们向"耆老"习礼教化并以"俊士"为学习的榜样。如果不改正,就改变他们在郊的住地。再不改,则移至更远的"遂"。实在不堪救药,则"屏之远方,终身不齿"了;对已升入"大学"的"王大子、王子、群后之大子、卿大夫元士之适子、国之俊选"等等,在他们"将出学"时,也要由大乐正把不合格者报告给周王。"王命三公、九卿、大夫元士皆入学",教化这些人习礼以改变。还不改正,王亲自到大学督察这些人。如再继续不改,就要"屏之远方"了。①

贵族子弟经过学校进行严格的"六艺"教育以后,就可以"出学"入仕为官。各国诸侯对其下属官员,也要进行册命。《卯簋》铭文说:"焚伯乎命卯曰:戴乃先祖考,死司公室⋯⋯今余佳令汝死司荣宫荣人,汝毋敢不善。"贵族卯继承其祖、父辈之职,管理荣地土地与人民,这就是我们前面所谈的西周贵族世卿制。因为史官负责起草和宣读周王向臣下发布的命令、授予臣下官职或赏赐物品等事,并经常参加册命典礼,因而"作为太史寮长官的大史,就掌握着朝廷行政和用人的大权,成为仅次于太师的执政大臣"②。

---

① 《礼记·王制》。
② 杨宽:《西周中央政权机构剖析》,《历史研究》1984 年第 1 期。

　　而一般的贵族庶子入仕，则要经过小学、大学等几个阶段的选拔。《礼记·王制》说，首先是"命乡论秀士，升之司徒，曰选士。司徒论选士之秀者，而升之学，曰俊士"。秀士，即"乡大夫所考有德行道艺者"①。司徒再从乡大夫所推荐乡学学成有培养前途的"选士"中，选拔"可使习礼者学大学"②的优秀者俊士。"升于学者，不征于司徒曰造士"，习礼乐并能造就成为士，即造士。在大学里，"乐正崇四术，立四教，顺先王诗书礼乐以造士"。大学学成以后，再由"大乐正论造士之秀者，以告于王，而升诸司马，曰进士"。司马再对大乐正推荐名单"进士"进行选拔，"司马辨论官材，论进士之贤者，以告于王，而定其论。论定，然后官之"。

　　除了通过学校教育"学而优则仕"，选拔官吏以外，还通过选举、推荐的途径把人才选拔出来。《周礼·地官·司徒》属官族师、党正、州长、乡大夫等基层官吏就负有选拔人才的责任。族师要"书其孝弟睦姻有学者"。党正要"书其德行道艺，以岁时莅，校比。及大比，亦如之"。州长要"考其德行道艺而劝之"，"三年大比，则大考州里，以赞乡大夫废兴"。而乡大夫"三年则大比，考其德行道艺，而兴贤者能者"。"乡老及乡大夫群吏，献贤能之书于王。王再拜受之，登于天府，内史贰之"。就是这样，民间有才能的人经过选举、推荐，也可入仕为官。"此谓使民兴贤，出使长之。使民兴能，入使治之"。

　　此外，方国诸侯每年还要贡士。《礼记·射义》"是故古者天子之制，诸侯岁献贡士于天子，天子试之于射宫"。这些地方贡士，如在天子复试时能合于礼、乐等规定的要求，也可走入仕途。

　　《礼记·王制》说："任官，然后爵之。位定，然后禄之。"西周各级贵族子弟一旦入仕为官，就要按等级的不同，享受一定的俸禄。"故天子有田以处其子孙，诸侯有国以处其子孙，大夫有采以

_____

　　①②《礼记·王制》郑注。

处其子孙，是谓制度。"①《礼记·祭法》"天下有王，分地建国，置都立邑"。注说："建国，封诸侯也。置都立邑，为卿大夫采地及赐士有功者之地。"因此，西周实行的是把土地和人民赏赐给贵族官吏作为俸禄的采邑制。

卿大夫食邑的多少，是有一定标准的。周代"制农田百亩。百亩之分，上农夫食九人，其次食八人，其次食七人，其次食六人，下农夫食五人。庶人在官者，其禄以是为差也"。官吏授田以此为基准，爵位的高低不同而有所差别。"诸侯之下士，视上农夫，禄足以代其耕也。中士倍下士。上士倍中士。下大夫倍上士。卿四大夫禄。君十卿禄；次国之卿，三大夫禄。君十卿禄；小国之卿，倍大夫禄。君十卿禄。"②

西周已经形成了官吏退休养老制度。《礼记·王制》说，卿大夫"六十不亲学，七十致政"。注谓"致政，还君事"。官吏七十岁致仕退休以后，"周人养国老于东郊，养庶老于虞庠。虞庠在国之西郊"。

第八节　西周政治制度的历史地位

"周监于二代，郁郁乎文哉，吾从周。"③西周王朝继承了夏、商二朝的政治制度并加以发展和完善，对后世有着很大的影响。

西周在商朝大、小宗的基础上，进一步完善了血缘宗法等级制度，形成了同姓为"兄弟"，异姓为"甥舅"关系的以西周王族贵族为核心的奴隶主统治阶级。特别是周成王以后，王位嫡长子世袭制的确立，保障了奴隶主统治阶级核心力量王族内部的稳定，

---

① 《礼记·礼运》。
② 《礼记·王制》。
③ 《论语·八佾》。

使王权得到了巩固和加强。这一行之有效的制度,对后世统治阶级有很大影响。

西周继承和发展了商代的分封制,特别是通过各种措施加强了对外服诸侯的控制,使西周王朝成为一个统一集权的奴隶制大国。这比商朝对方国诸侯的控制不甚严密有了进一步的发展。

西周统治者把王权与天命结合起来,但又提倡"敬德",把为政者人的因素突出来,因而师保辅政、大臣谏议制度比夏、商有所发展。虽然对王权有某些限制,但从根本上加强了奴隶制王朝的统治。

西周的国家机构也要比商朝完善。以太师、太保执政大臣为首的太史寮和卿事寮,负责处理日常政务。为了培养奴隶主阶级接班人和选拔官吏,西周王朝形成了较为完备的教育和人事管理制度。学校选士和乡里推荐的人才选拔制度以及官吏的致仕养老制度,都包含着许多进步意义。

为了镇压平民和奴隶的反抗,维护奴隶主阶级的根本利益,西周王朝在夏、商二朝刑罚制度基础上,制定了第一部奴隶社会的成文法规《吕刑》。西周统治者强调司法官员要"敬明乃罚"以及对犯有"五过"罪官员的惩处等,对后代曾经产生了一定的影响。

西周王朝不少政治制度的形成和制定,都与周公有着密切关系。周公是我国奴隶社会的伟大政治家。

西周王朝是我国奴隶制社会的鼎盛时期,自公元前 11 世纪至公元前 771 年,存在了三百年之久。

就在这一时期,人类文明的摇篮地之一尼罗河流域的古埃及,已进入第二十一至二十六王朝(前 1085—前 525 年)。埃及奴隶制国家衰弱,外族不断侵入,经常为南、北两个王朝并存的分裂局面。农民本人及其子女由于穷困沦为债务奴隶。公元前 10 世纪,绿洲地区爆发了农民起义。公元前 9 世纪,又爆发了长达数年的农民起义。奴隶主已无力进行对外掠夺战争,奴隶来源减少,转向奴役本族人,因而债务奴隶盛行。第三十四王朝法老(前720—前715年)曾发布禁止以人身为债务抵押品的法令,但收效不大。到公元前525年,埃及被波斯人征服。

在人类文明的另一摇篮两河流域,自公元前10世纪进入铁器时代,亚述又复兴起,进入了亚述帝国时期(前950—前612年)。对外掠夺战争使亚述奴隶大增,王宫、官僚贵族、神庙有数以千计的奴隶,就是中、小奴隶主也有5~20名奴隶。从公元前8世纪后期开始,奴隶主把大批奴隶以家庭为单位分散杂居在全国各地,分给每个家庭土地,但大部收获物要缴纳奴隶主,仍然保持着奴隶对奴隶主的人身隶属关系。奴隶主在出卖奴隶时,以家庭为单位连同土地一起出卖。在各被征服地区人民的反抗和奴隶的起义打击下,公元前612年亚述帝国灭亡。

在印度河和恒河流域,从公元前1000年代初至公元前1000年代中叶,这一地区出现了二十多个互相争夺霸权的小国,尚未形成统一的奴隶制国家。

在希腊,从公元前11世纪至公元前9世纪,正处在由原始社会向阶级社会过渡的"荷马时代"。铁的使用是生产力提高的标志。荷马时代后期,奴隶制城邦国家形成。公元前8至公元前6世纪,经历了对外殖民运动和僭主政治的统治。雅典国王由世袭制改为共和制,城邦的执政官最初是终身制,公元前7世纪初改为一年一任制,九执政由氏族贵族中选举产生。但雅典城邦的军政大权由贵族会议控制,执政官的权力被贵族会议剥夺。直到公元前7世纪末,执政官的权力才得到了恢复。雅典城邦内部,平民和贵族奴隶主的矛盾日渐尖锐。

在当时的世界上,西周王朝是奴隶制经济较为发达的奴隶制大国。而统一集权的王朝行政机构和各项政治制度的建立,在世界各国中也是比较完善和先进的。因此,西周王朝在世界文明史上占有重要的地位。

第四章　春秋战国时期的政治制度

(甲)春秋时期的政治制度

第一节　周王地位的衰落与大国争霸

"春秋"作为一个历史时代,是由孔子整理过的鲁国史书《春秋》而得其名。自公元前 770 年春秋时期开始,前一年,周幽王被犬戎所杀,西周灭亡,次年周平王把国都从宗周(今西安市西南)迁都到雒邑(今洛阳市地区)。因雒邑在宗周的东边,故称为东周,而东周直到战国时期才灭亡,实际上经历了春秋和战国两个时代。春秋结束于哪一年,史学家们还有不同的意见,若以《春秋》所记鲁国编年史的最后一年,即鲁哀公十四年(前 481 年)为春秋时代的结束,则春秋一代历时二百九十年。

西周时期,周王室在经济、军事上都很强大,而诸侯国则相对弱小,故周王室能对它们加以控制而成为政治上的核心力量,因而在中原地区形成了以周王畿地区为中心的统一的王朝。到了春秋时期,那些周初分封的用以"屏藩"王室的诸侯国,经过两百多年的发展,其经济、军事力量都强大了起来。与各诸侯国日益强大相反,东迁后的周王室,却因政治、军事和经济力量大大削弱而变成了一个次等诸侯国。

　　周平王东迁后，西部地区全部丧失，只拥有今河南西部和北部地区。东周王朝东不过荥阳，西不过潼关，南不越汝水，北仅达沁水南岸，纵横约方六百余里。其后又分出土地赐与晋、郑等国，到春秋中、晚期，它只拥有一二百里的地盘了。与此相应，诸侯国中，大兼小，强侵弱，有的已拥有方圆数千里的土地。

　　由于地盘缩小，财政上困难，周平王死后，"武氏子来求赙，王未葬也"①，连埋葬的钱都很困难了。再加上王室内部兄弟间争夺王位，大臣间争夺权力，周王室陷入了一团混乱中，它在诸侯中的独尊地位，也就倒塌下来。如被称为"蛮"的楚国，不仅自称为王，而且"观兵于周疆"，"问鼎之大小轻重焉"②，大有对周王室取而代之的企图。曾在王室做卿士并在东迁中有功的郑庄公，因"王贰于虢，郑伯怨王"，与东周王室发生了矛盾，致使"周、郑交恶"③。直到郑国公然对抗王师，在繻葛之战中，"蔡、卫、陈皆奔，王卒乱，郑师合以攻之，王卒大败。祝聃射王中肩"④。周天子的威严丧失殆尽。

　　但是，王室虽然十分衰弱，但还没有哪一个诸侯能将它取而代之。这是因为诸侯国原本是周王室所封，它们大多数与王室是同姓亲戚或甥舅关系，对周王室他们需保持名分上的"君之宗之"的地位。破坏这种关系会被视为"无道"，不但会遭到舆论的谴责，还会招致其他国家的进攻。如"宋公不王"⑤，郑庄公就曾联合一些国家攻打不向王室履行义务的宋国。而"蔡人、卫人、郕人不会王命"，受到郑国、齐国的讨伐。"冬，齐人、郑人入郕，讨违王命也"⑥，管仲责备楚人道："尔贡苞茅不入，王祭不共，无以缩

----

①②③《左传》隐公三年。

④《左传》桓公五年。

⑤《左传》隐公九年。

⑥《左传》隐公十年。

酒。"①楚国因不向周王室缴纳贡品,齐桓公就以此为口实,联合诸侯向楚兴师问罪。此外,在当时的诸侯国中,还没有哪一个国家能有力量征服各国。这样,他们只能打着"尊王",即拥戴周王室旗号,争夺自己的霸主地位,也就是争夺对各诸侯国的领导和控制权。

在大国争霸的斗争中,首先夺得霸主地位的是齐桓公(前685—前643年在位)。他在管仲的辅佐下,打着"尊王攘夷"的旗号,北伐山戎,南遏楚国北上,扶助遭狄人攻击的邢、卫等国,受到诸侯拥戴,曾"九合诸侯,一匡天下",周王封他为诸侯之长。接着是晋文公(前636—前628年在位)成为霸主。晋文公上台时,东周王室时逢内乱,当时周襄王被他的兄弟王子带赶下台而逃到郑国的汜(在今河南省襄城县)地。晋文公的谋士狐偃向他提出"求诸侯,莫如勤主"的建议,文公杀了王子带,将襄王迎接回王都,拥戴王室的旗号就被晋文公抓到了手里。晋国的争霸主要对手是楚国,两国争霸斗争历时最长,从晋楚城濮之战(前632年)始,至公元前546年宋国向成发动的第二次"弭兵"盟会止,历时达八十年之久。这期间楚庄王(前613—前591年在位)曾打败晋国,称霸一时。秦穆公(前659—前621年在位)在西方灭国二十余,称霸西戎。到春秋后期,中原各国诸侯被内部矛盾困扰,无暇外顾,争霸斗争转到南方的吴楚与吴越之间进行。公元前506年(鲁定公四年),吴王阖闾在柏举(在今湖北麻城县东北)大败楚军,攻入楚国都郢。公元前494年吴王夫差打败越国,越向吴投降。公元前486年夫差修邗沟,率大军北上,又于公元前482年与晋在黄池(今河南封丘县南)争霸主得胜,是吴国称霸时期。就在夫差北上与晋争夺盟主的时候,越国乘虚而入,发兵打败吴国,其后吴被越王勾践所灭,夫差自杀。接着勾践北上,会诸侯于徐州,"致贡于周",成为霸主。②但是吴越的争霸斗争,

①《左传》僖公四年。
②《吴越春秋·勾践伐吴外传》。

已是春秋时代大国争霸的尾声了。

春秋时期,大国为争夺霸主地位,而中小国为在大国的争霸斗争中求得生存,都在自己国内采取了一些有利于富国强兵的措施。在国与国之间,政治的外交手段与军事的武力征讨相互为用,使这一时期的政治舞台上呈现出波澜壮阔、变化万千的局面。

第二节　春秋时期国君的权力及其限度

春秋时期,各国国君的称号有种种不同。按照西周制度,周天子称王,诸侯国根据爵位的高低有侯、伯、子、男的不同称号。进入春秋时期以后,除周天子称王外,楚国国君在春秋早期就已自称为王了,而春秋晚期崛起的吴、越国君也称王。中原地区的各诸侯国国君,仍恪守西周时的称号,如齐、晋、秦、鲁、卫、宋等国国君称"公"或称"侯",郑国称"伯",许称"男"等等。各国国君名号虽有不同,但他们在其本国内都是最高的军政首脑。

虽然《左传》等古籍中记载了春秋时期一些国君被大臣、国人赶下台,甚至被杀死,或有的国君是在大臣的一手扶持下登上君位的,但这只是在特殊情况下出现的一种特殊的现象,这种现象并不是此时国君们无足轻重或无权的反映。而在一般的情况下,各国国君还是拥有很大的权力的,其权力主要有以下四个方面:

一、对国家大政的最后决断权

春秋时期,各国所实行政策的制定,先由大臣议论,最后由国君裁断。公元前 585 年,晋国准备迁都。大臣们议论时都主张迁到郇瑕去。但晋景公听了大家的意见后,没有表示可否。待朝散后,景公回到内宫,征询跟随进入内宫的仆大夫韩厥的意见。

韩厥主张迁到新田(今山西侯马市),得到景公的赞同,晋国于是迁都新田①,表明了国君拥有最后决断权。

二、对官吏的任免权

官吏的任命、罢免,甚至逐杀权,皆操于国君之手。晋悼公即位时,只有 14 岁,当他被晋国大臣从国外迎接回国,还没举行即位仪式,就"逐不臣者七人",驱逐了七名不听令的官吏。他正式即位后,"始命百官",着手整顿官制。封一批贵族为卿,并又任命一些贵族为"公族大夫","使训卿之子弟共俭孝弟"。还任命了太傅、司空,以及一批武官,即"卿无共御,立军尉以摄之"。从而使晋国"官不易方,爵不踰德,师不陵正,旅不逼师,民无谤言,所以复霸也"②。春秋晚期曹国国君伯阳即位,他十分喜欢打猎游玩。"曹鄙人公孙强好弋,获白雁,献之,且言田弋之说,说之。因访政事,大说之。"曹国国君当即封为高官,"使为司城以听政"。这位猎人一下飞黄腾达起来。他"言霸说于曹伯,曹伯从之,乃背晋而奸宋",使曹国背叛晋国攻打宋国,结果遭到宋国的攻击,"晋人不救"③。直至宋灭曹,"执曹伯及司城强以归,杀之"④。不仅如此,即使是被赶下台的国君,一旦复位,也还是大权在握的。卫庄公长期流亡在外,其姐孔伯姬之子孔悝是卫国执政大臣,伯姬与浑良夫合谋,胁迫孔悝迎接庄公而把卫出公赶出国。卫庄公上台后"害故政,欲尽去之"。他一复位,就对司徒瞒成说:"寡人离病于外久矣,子请亦尝之。"⑤现在该你去尝尝流亡在外的味道了。瞒成被迫逃亡到宋国。不久卫庄公觉得拥立他的孔悝对自己不利,

①《左传》成公六年。

②《左传》成公十八年。

③《左传》哀公七年。

④《左传》哀公八年。

⑤《左传》哀公十五年。

于是把孔悝和孔伯姬遣送出国,又找借口杀掉了浑良夫。①卫庄公能对大臣进行诛杀,就是因为他是大权在握的国君。

三、对军队的控制权

各国国君是该国军队的最高统帅,军权掌握在国君的手中,如晋国的大臣郤克是一个跛子,公元前 592 年被派遣出使齐国。"齐顷公帷妇人使观之。郤子登,妇人笑于房"。郤克认为这是对他的侮辱,非常生气,"出而誓曰:所不此报,无能涉河",发誓要报此仇。郤克回到晋国后,立刻向国君景公请求出军攻齐,以泄私愤,晋景公不准。郤克又"请以其私属"②,即请景公批准他用私人的武装去攻齐,但也得不到景公的批准。可见无论是国家的军队或私人的武装,其控制权都掌握在国君手中,将领出兵需得到国君的批准。

四、对后嗣的废立权

春秋时期国君君位的继承,是实行嫡长子继承制。这种继承制被当时人称为"常法",人们认为只有这样才"顺"。但国君却可以打破这一"常法",选择自己属意的人为继承人。齐灵公已立公子光为太子作为继承人,但齐灵公有一位十分宠爱的妾名戎子,戎子与齐灵公的另一妾仲子很要好,仲子生子名牙,并托给戎子照看。戎子在齐灵公面前要求立牙为太子,灵公满口答应。牙的生母仲子认为"废常不祥",而且公子光已立为太子,又无错处,"列于诸侯矣",即已经通报各国,废光另立,"而以难犯不祥也。君必悔之"。但齐灵公却说:"在我而已。""遂东大子光,使高厚傅牙,以为大子。"③"在我而已",确实道出了当时国君对后嗣拥有的废立权。

---

① 《左传》哀公十六年。
② 《左传》宣公十七年。
③ 《左传》襄公十九年。

　　但是，国君的权力也不是毫无限制的。特别是春秋中期以后，国君的权力受到来自贵族势力和国人的限制，由于贵族势力膨胀，一些国君的大权逐渐旁落。

　　春秋时期，诸侯国君在制服天子的同时，在他们的国内，制服国君的力量也抬起头来，这就是贵族势力的强大。当时，各国相继都出现了一批很有势力的贵族集团。这些贵族中，有的是国君的亲子弟，如鲁国的"三桓"，就是鲁桓公（前711—前694年在位）的三个儿子之后。郑国的"七穆"，是郑穆公（前627—前606年在位）的七个儿子之后。宋国的"六族"，是宋戴公、庄公、桓公、文公、武公、穆公之后。卫国的宁氏"七世卿族"，出自卫武公之后，七代人都居卫国的卿爵，执掌国政。有的有势力贵族集团是异姓功臣，他们也都有源远流长的家族史。像晋国的范氏，其族氏谱系可追溯到陶唐氏，在夏、商、西周皆为显族。这些世家大族根深叶茂，世代为官，把持国政，各国国君对他们无可奈何，形成尾大不掉的局势。像鲁国的季孙氏，从季文子（鲁文公时人，文公在位年代为前626—前609年）开始，就把持国政，直到终春秋之世。公元前609年，莒国的太子仆杀死其父，带着宝器投奔鲁国。鲁文公见利忘义，"公命与之邑"，并下命令说："今日必授"，赏赐当天就要兑现。季文子为鲁国执政大臣，他却下了一道与鲁国国君相反的命令，"使司寇出诸境"，让掌治安的司寇将莒太子驱逐出境，并说："今日必达"，即必须当天把他驱逐出境。①鲁国以及其他诸侯国的国君对周天子的政令可以不执行，贡品可以不上。但与此同时，国君们的日子也不好过了，他们国内的大贵族对国君的政令亦可以不听，不执行。

　　但是，若把春秋中后期各国出现的贵族专政视为国君无权，或认为是当时实行的是贵族专政的一种民主政治形式，也是不正确的。所谓贵族专政，多是作为执政大臣才有这种权势，如鲁

---

　　①《左传》文公十八年。

国的季孙氏,齐国的崔杼,郑国的伯有,卫国的孙林父、宁喜,宋国的华元等。执政是国君的辅佐,其下统率百官,执政者的窃权专断与国君的专权实际是相同的,只不过是国君的大权旁落到执政的手中,根本谈不上所谓的"民主"政治。

对专断国政的贵族,国君也想从其手中收回权力,但要经过一番严重的斗争。像鲁国的季孙氏,"政自之出久矣",数世执掌鲁国国政。公元前517年,季平子与郈昭伯因斗鸡而不和,鲁昭公在郈昭伯的支持下讨伐季平子,想夺回政权。季平子登上高台,请求昭公让他到沂水上暂住,以调查他的罪状,昭公不准。季平子请求昭公把他囚禁在费邑,再调查其是非,也不准。季平子只好再请求昭公让他带五辆车流亡到国外去,昭公还是不准。昭公做事过了头,后来季孙氏得到叔孙氏和孟孙氏的支持,反把昭公的军队打败,鲁昭公只得自己逃亡国外。昭公逃到国外后,季平子还是想请他回国,但随从昭公出逃的人,坚决阻拦他归国,而昭公本人又是个毫无主张的庸碌之徒,所以后来只有老死于国外。[①]

春秋时期政治生活中的特色是国人阶层十分活跃。国君或贵族权力的得失,与国人的向背关系甚大。所谓"得民心",即要得到国人的支持。鲁昭公之所以不能战胜季氏,乃是鲁国的国君几世不亲民的结果。在昭公准备攻打季氏时,大臣子家子就对他说,鲁国君"舍民数世,以求克事,不可必也"。国君数世以来不关心国人疾苦,现在想攻杀季氏,把握不大。鲁昭公后来死于乾侯(晋国地,在今河北省成安县东南),赵简子问史墨,鲁国的国君被季氏赶走,而国内民众服从,各国诸侯也不过问。国君死于外,又不以季氏为罪过,是什么道理?史墨说:鲁君世世纵其享乐,季氏却世代勤勤恳恳为政,国人都把国君的有无忘掉了,虽然他死在外面,还有谁去怜惜他呢。[②]因为国人阶层是属于统治阶级的

---

① 《左传》鲁昭公二十五年。

② 《左传》昭公三十三年。

下层,不少是从贵族子弟中降下来的,他们具有一定的文化,有参政意识。而国人又是军队的骨干力量,平时为民,定期参加军事训练,战时则为兵。"无民孰战"①,这是当时贵族们都深刻认识到的道理。所以在贵族内部的争权斗争中,国人的向背,往往是成败的关键。因此,无论是贵族或国君,在施政时都要首先考虑到国人的意向。一些比较务实的国君, 还公开召集国人征求意见,如陈怀公让国人表态从楚还是从吴②,就是希望得到国人的支持。

从体制上讲,春秋时期的各国国君,在其国内拥有最高的权力。但国君的这种权力,由于贵族集团的强大和国人的积极参政而受到一定的限制,因而从这个意义上说,国君的权力又不是毫无限制的。

第三节　朝议制度与决策方式

春秋时期各国都有朝议制度,以讨论国家大事,决定国策,发布政令等。据古文献记载,这种制度按照参加者和朝会地点的不同而分为内朝、治朝及外朝三种形式,亦称为"三朝"。春秋时期国都的布局,国君所居的地方都有城墙围绕,称为"宫城"。宫城一般有三道门,而其内国君日常栖息之地称为路寝。第一道门叫库门,第二门叫雉门,第三门叫路门。内朝在路门之内,能进其内参与朝议者,以国君的宗室臣僚为主。治朝在路门外雉门内,能入其内参与朝议者是各种官吏。外朝在雉门外、库门内,国君主要在此接见国人。

---

① 《左传》成公十五年。
② 《左传》哀公元年。

内朝制度不见于《春秋》三传,情况不清楚。外朝即朝国人,在《左传》一书中有记载。朝国人之举有两个方面的内容,一是向国人宣布政令,一是征求国人对某一事件的态度,以获国人的支持。《左传》记载的朝国人多是在国家危难之际,如公元前 645年,晋国被秦国打败,国君被俘,国内大臣借惠公名义"朝国人"。在朝国人时,宣布了对土地的改革方案,即"作爰田",并要求国人同心一致。公元前 502 年卫灵公在晋国受侮,欲叛晋又怕晋进攻时国人不支持他,于是"朝国人",向国人讲述了他受侮于晋的情况。国人知道后十分气愤,表示支持灵公与晋国对抗。公元前494 年,吴国打败楚国,派人召陈国跟随伐楚。陈是小国,介于吴楚之间,且是楚的属国。从楚从吴,国君怀公拿不定主意,于是,"朝国人"而问其所以:从楚者向右,从吴者向左。朝国人之举,多发生在除晋国外的中、小国家,因为他们的国力不强、人口不多,而国人是军队的基本成员,在国家处于生死存亡的关键时刻,更需要获得他们的支持,因此春秋时期中小国家内的国人最为活跃,往往左右政局,是这一时期政治上的特色,但是"朝国人"之举不常有,只是在国君或执政大臣需要时才临时召集,实质上是召集者利用"朝国人"来达到自己政治目的的一种手段,并没有形成固定的制度。有人将这种"朝国人"誉为古代的"民主制度",那是将其作用夸大了。

经常举行朝会的是治朝。国君和各级臣僚,每日必相朝见。在朝见时讨论政事、发布政令等,称为"治朝",有治理国家之意。治朝参加的人较多,凡有官爵者皆可参与。在朝见时按各自的地位等级,规定了所应站立的位置,这就是所谓的"朝以正班爵"。

国家的重大决策,多在治朝上议论。如公元前 594 年,晋景公的姐姐被潞酆舒杀死,景公想讨伐潞氏。参加朝会的"诸大夫"(晋国的大臣们)都认为不宜出兵,只有伯宗支持景公的意见,认为可伐。景公采纳伯宗的意见,出兵伐潞氏,并将其灭掉。有时在朝会上讨论不能决定的问题,国君在退朝后和少数臣僚们商议而定,如前面提到的晋国迁都新田之事。

在朝会上发言议论政事的,多是一些地位高的掌权人物,一般官吏只是听别人议论,故称为"听政"。年轻或地位不尊者随便发言被认为是越礼,可能会遭到不测之祸。晋国的范武子退休后,由其子范文子代为官,上朝听政。一天,范文子归家较晚,并对其父说,朝会上有位秦国人说隐语(即今谜语之类),没有人能猜透,只有他说准了三个。范武子听后十分生气,说:不是大夫们不知道,而是他们谦让长者。你小子刚入仕就在朝会上三次抢先,我不知道何时要遭灭族之祸了,举起手杖就打。范文子的帽子被打掉,头上的簪子也被打断了。①

夫人、宠幸、内侍等干预国政,并左右国君作出决策,在春秋时也是经常发生的。晋献公的宠姬骊姬,使献公诛杀了太子申生,并"潛二公子",又赶走了公子重耳、夷吾。晋献公终于立骊姬所生的儿子奚齐为太子,改变了晋国的法定继承人,②并立下一条法令:除太子外,国君的其他庶子,不得居于国中。卫定公对大臣孙林父很不满,孙逃到晋国避难。晋国支持孙林父,并派人护送他回国,卫定公不肯见他。但在夫人定姜的劝说下,定公不仅接见了孙林父,还恢复了他的职位和归还了禄田。③鲁昭公被逐后,齐景公本信心十足地要派兵亲自护送他回国。季孙氏听到消息后,向景公的宠臣梁丘据送了礼,景公听了梁丘据的"劝说"后,决定不亲自率军护送,从而使鲁昭公归国化为泡影。④

古人迷信,也利用占卜决定国事,即"国之守龟何事不卜"⑤。公元前 597 年,郑国在被楚军包围时,想同楚讲和,经过占卜却

---

① 《国语·晋语五》。

② 《左传》僖公四年。

③ 《左传》昭公五年。

④ 《左传》昭公二十六年。

⑤ 《左传》昭公三年。

是不吉,郑国人死守了三个月。人民苦不堪言,结果城还是被攻破,郑国的国君只好牵着羊向楚国投降。

春秋时期国君的决策,通过治朝和国人的议政制度,可以听取臣僚的意见,但其最后的决定权还在国君手中,即"君命无二,古之制也"①,国君是"出令"者。而臣属或国人,虽然可以议政,但"人所以立,信、知、勇也,信不叛君,知不害民,勇不作乱"②,是当时人们信守的教条和做人的准则。因此,议政是以加强国君的地位为原则的。此外,无论是外朝还是治朝,都无立法权,只起到咨询作用。

第四节　春秋时期的职官制度

春秋时期,各国的职官分为两级:中央和地方。中央系统的职官,在国君之下有一总领全国军政事务的首脑,相当于后世的相、宰相。但各国的称呼不一,如晋国称为"元帅",郑称"当国",楚称"令尹",齐国有时称相,一般称为"执政",即执掌全国大政之意。春秋前期,"执政"官多由国君任命;后期由于各国国内都形成几个大的贵族集团,执政就在他们中轮流充任。如晋国的中军元帅就是由几家大贵族轮流担任。另外,个别的执政是由推荐产生的,如楚国的子玉,是前任令尹子文推荐的。郑国的子产是前任子皮推荐的。当然被推荐者也是贵族世家,在当时"白屋公卿"是没有的。

执政总揽全国大政,辅助国君治国,既是行政的首脑,又是三军的统帅。

---

① 《左传》僖公二十四年。
② 《左传》成公十七年。

执政以下,分设有各部门职官,大致可分三类:

一、政务性职官

政务职官主管一国行政事务,设有司徒管民事,司空掌土木建筑、营造事务,司寇掌刑法等。

二、军事职官

其首脑是司马,主要管军备。如楚国的司马蒍掩书土田,实行"量入修赋",为的是筹集军事物资。春秋时战争频繁,专门军事性的职官已逐渐产生,如晋国的司马执掌军法,侯掩主侦察。晋国的范宣子想攻和大夫,征求伯华的意见,伯华说:"外主军事,内主政事。"即我是主外事的,不问内事。范宣子又征求张老的意见,张老说:"我是在军事方面受你的指示,除此之外,我不知道。"又问藉偃,回答说:"我只听张老的指示,他命令的事我就办,除他外我不受其他人的指示。"伯华、张老、藉偃都以专职军事为由,推托范宣子的询问。范宣子是晋国中军元帅,主管全国大政。上述晋国大臣间的互相推诿,反映出晋国已设专主军事的职官,文武已逐渐分职了。

三、宗教文化类职官

卜人是掌管占卜的,国君贵族行事都要先行卜问吉凶,其事则由卜人进行。史官称为太史,掌记录国内外所发生的大事和封赐官爵的文书等。当时很重视史事的修订,各国都有史官,修当代史或记录国君的言论行动,所谓"君举必书"。史官特别重视史德,为记下真实事件,往往不惜牺牲生命,不畏强暴,不阿权贵,秉笔直书,如齐国的太史记崔杼杀君事。因而当时各国国君和贵族都怕自己的恶名传于后世,故其行为有所收敛。史官实际起到对当政者的舆论监督作用。

地方行政职官有两个系统:一是国中居民组织;二是野中居

民组织。管仲在齐国实行"参国伍鄙"制,将国中分为二十一乡。乡的行政建制是:轨(五家)、里(十轨,五十家)、连(四里,二百家)、乡(十连,二千家)。所设官职是:轨长、里有司、连长、乡良人四级行政体制。野鄙中的建制为:邑(三十家)、卒(三百家)、乡(三千家)、县(九千家)、属(九万家),全国分为五属。各级所设行政长官为:邑有司、卒帅、县帅、属正等。

春秋时期,开始出现一种新的地方行政组织——郡、县。最初,县的建制大于郡,公元前493年,赵简子誓师词中说:"克敌者,上大夫受县,下大夫受郡。"[①]这种县,开始是设在边鄙地区,多是在被灭的国家或获得的土地上设置的,它直接属于朝廷控制,具有边防重镇的作用。在这种县内有一套完整的政治、军事组织和征收赋税制度。县的主要职官由中央直接委派,设县大夫为一县之长,县师主教民,县尉主军事,县司寇主治安,贾正主财政等。

第五节　春秋时期的军事制度

春秋时期军队的最高领导者是各国的国君，他有统率、指挥、命将权。

公元前589年晋国在鞌战中大败齐军,晋军归国后,晋国国君景公奖励三军将士，他对中军统帅郤克说:"这次打胜仗是你的功劳。"郤克回答说:"我是接受了你的命令去指挥三军,将士因而奋力作战,我没有什么功劳。"景公依次对上、下军将领慰问,上军将领说是受中军将之命而打了胜仗,而下军将说是受上军将的节制和战士奋勇作战而获胜的。虽然是晋国将领互相谦让,但反映了下军受上军节制,上军受中军节制,而中军元帅统

---

① 《左传》哀公二年。

率三军的指挥系统。军队的最高将领中军元帅，却要接受国君的命令后方有权统兵出征，这是当时国君握有兵权的反映。齐国管仲整顿三军，国氏、高氏帅左右军，齐桓公率中军①。中军是三军的核心，齐国的军权当然是握在国君桓公之手。

春秋时期没有常备军，专门的武官系统还没有形成，基本上还是文武不分制，特别是在军队的高级领导层中更是如此的。当时各国的执政既治民又统军，出则为将，入则为相。如楚国的令尹子文推荐子玉为令尹，芇贾说他不堪其任，认为"子玉刚而无礼，不可以治民，过三百乘，其不能以入矣"②。"治民"是行政上的内政事务，而"过三百乘"是带兵出征。"其不能以入矣"，是说子玉指挥不了稍大的战争，也就是说子玉既不能为政，又不能统军。

春秋时期的贵族都重视武备，故凡为官者皆能执干戈上战场，并能指挥一定的军队参加战斗。但是，军队毕竟是一种特殊的组织，除了战场上的战斗外，平时还有很多的后勤管理事务，如武器的制备、马匹的调养、士兵的训练、军赋的征集等，需要专人负责管理。各国的司马就是专司此职，总领军事方面的事务。其下有校人，主养马；司士，主训练武士；侯人，主侦察。晋国的司马还是军中的执法官。

春秋时期，各国的军队数量没有确切的记载。当时计算军队规模有两种方法：一是以军计；一是以乘计。以军计，按西周时制度是大国三军，次国二军，小国一军；以乘计，是以兵车多少为单位，按旧制是大国有一千乘，称为"千乘之国"。但到春秋时，由于战争的需要，各国相继扩大军队，突破了这一限额。晋国最初只有一军，为小国。晋献公时扩大为二军，晋文公时"作三军"，又"作三行"，拥有六个军。到春秋晚期，晋、齐、秦、楚各有兵车数千

---

① 《国语·齐语》。
② 《左传》僖公二十七年。

乘，楚国甚至可达万乘之数。

军队的兵种主要有二：一种是车兵，所以各国军事力量一般都用"乘"计；一种是步兵，当时称为徒兵。晋文公作"三行"的"行"，就是步兵队伍。南方国家的楚、吴、越有水师，也称"舟师"。骑兵在一些国家也出现。

军队的编制方面，战车由武士和步兵混编，每车配备25人，其中10人为士，三人在车上，其余在车下，故在《周礼·大司马》职文中，以25人为两，"两"就是兵车一辆的人数配备。最小的战斗编组为5人，称为伍，五个伍为25人称两，四两为一卒100人。以下是五卒为旅，五旅为师，五师为军，一军的人数为12,500人。也有万人为军的。春秋时期各国军队的编制情况不尽相同，像齐国就没有师一级的编制。

春秋时的武装力量可分为三类：

一、国家军队

前面所讲大国、次国、小国多少"军"、多少"乘"，就是这种国家武装力量，它是国家的主力军队。其兵源由国人充当。

春秋时各国基本上还是实行国野制，国人是居住在国都及附近的居民，国人中的男子都是兵士，平时为民，生产劳作，并定期进行军事训练，战时应召入伍。国中的居民编制是与军队的编制相结合的。

二、地方部队

地方部队主要是边境地区县、邑中的武装，为保卫边疆而建立的。像楚国的申、息之师，晋国的"东阳之师"[1]，郑国清邑之卒[2]等，就是这样的军队。

---

[1]《左传》襄公二十三年。
[2]《诗经·郑风·清人》。

三、贵族私人武装

贵族拥有私人武装,是当时的制度。公元前 563 年郑国子产的父亲被人杀死,子产为其父报仇"成列而后出,兵车十七乘"①。这十七乘兵车是子产家的私兵。当时有"千乘之国","百乘之家"的说法,所谓"家"就是指贵族而言。族军是贵族的私人武装,战时是贵族的私人卫队。晋楚鄢陵之战中,晋厉公在军中,"栾、范以其族夹公行"②。"族"即指族武装。在这次战争中,栾书为全军统帅,范文子为其副手,故此二人以其私兵保护国君。贵族武装在战时常起重要作用,国家却不用负担其费用,这是对国家有利的一面。但贵族武装又是贵族互相争夺、攻杀的工具,贵族凭借自己的私人武装甚至同国君抗衡。像鲁昭公被逐出国,就是被三桓的私人武装打败而被迫逃亡的。③春秋时期各国大小贵族拥有私人武装力量,是造成内乱不断的根源。

第六节　春秋时期的人事管理制度

春秋时期各国官吏的选拔主要有以下三种方式:即世官、荐举和学校培养。

世官制是指祖孙父子世代为官。这里需要指出的是世官不是世职。特别是在高级职官中,世职的情况较少。春秋时期还没有哪一国的执政是由父子直接相传递的(不排除子入仕以后,经过一段时期担当其父曾做过的职)。虽不同守一职(只是在带技术性的

---

① 《左传》襄公十年。
② 《左传》成公十六年。
③ 《左传》昭公二十五年。

部门中,有世守其职者,如卜、史之类),但父为官,子必为官,这是因为春秋时期存在屡世显赫的贵族集团,他们是富者,也是贵者。这实际上是从贵族集团中选拔官吏的制度。

推选是官吏的重要来源。秦国的百里奚推荐蹇叔,齐国的鲍叔牙推荐管仲,就是这种推举制。齐桓公根据管仲的建议,在齐国还建立了"三选"制度。即各乡要"进贤才"于国,国家再将这些贤才任之以事,分配到国家各有关部门去实习考察。负责考察的部门长官选其优才荐给国君,国君再作全面考核,并进行问难应对答辩,合格者再授一定官职。①推荐官吏要"任之以事",即在"使用期"间,通过实践考察人才的优劣,是一种比较好的选拔人才的方式。

学校培养是低级贵族、国人进入仕途的重要途径。春秋时各国设有国学和乡校。春秋晚期孔子开创私学,私人讲学之风起。"学而优则仕"是孔子办学的指导思想。孔子说:"三年学,不至于谷,不可得也。"②"至于谷",就是指做官吃谷物俸禄。学校中的课目除文化识字外,主要是教授射箭、驾御战车,称为射、御。学校每年要进行射技比赛,优者可以选拔为官。"古者以射选诸侯、卿、大夫、士"③。士就是低级贵族,可充任国家低级官吏。

春秋时各国的官爵分为卿、大夫、士三等,卿是最高爵级,充任国家的高级官吏。不同等级的官吏待遇有严格差别,表现在穿的衣服、乘坐的车子等都不一样。这就是所谓的"上下有服"④。在同等爵级中,又以命数的多少为贵贱之别,有一命、再命、三命,最多为三命。"命"是指周王或国君对官吏褒奖和提升的方式。

官吏的俸禄主要是土地和土地上的劳动力,这就是所谓的

---

① 《国语·齐语》。

② 《论语·泰伯》。

③ 《礼记·射仪》。

④ 《左传》襄公三十年。

"大夫食邑、士食田"。食邑就是以邑为单位作官俸,包括该邑的土地和人民。作为俸禄的邑称为"官邑",不做官时退还给国家。士食田则不成邑,是士的俸禄以亩计量。士不能役使人民,其土地由子弟之类的族人耕种。卿爵的俸禄可多到一百个邑,大夫有六十个邑的。①春秋时期开始出现实物俸禄,即谷物薪俸。孔子说:"邦有道,谷;邦无道,谷,耻也。"②谷就是指做官,邦无道仍然留恋官位而不离去,孔子认为是耻辱。孔子到卫国,卫灵公问他在鲁国为官的俸禄,孔子说"奉(俸)粟六万",卫国也给他"粟六万"③。官吏俸禄由食邑到谷物的改变,标志着世官制的瓦解。

春秋时期各国还对官吏建立了考核和退休制度。官吏到了一定的年龄,就自动请求退休,称为"请老""告老"或"老"。退休后的官吏被称为"国老",受到国人尊重,有专门的活动场所。退休的年龄为70岁,即所谓"七十致仕"④。

第七节　春秋时期的财政制度

春秋时期各国的财政来源,有税、赋、贡等。

税,是土地税。春秋初期已是"公田不治",井田制逐渐瓦解,耕者用一定时间在国家"公田"上劳动的"藉"法已不能实行,于是改为缴纳实物税,即"谷出不过藉"⑤。春秋时期由于生产力提高,人口增加,人们的劳动场地已突破了井田的局限,而另在井田以外开垦荒地,成为不纳税的私田,为了对私田征税,各国先

---

① 《左传》襄公二十七年。

② 《论语·宪问》。

③ 《史记》卷47《孔子世家》。

④ 《礼记·王制》。

⑤ 《左传》宣公十五年。

后都进行了土地制度和税收制度的变革,如晋国"作爰田",齐国管仲"相地而衰征",楚国"量入修赋",郑国子产"庐井有伍(赋)"。这些变革,都与鲁国在公元前594年实行"税亩"制是相同的。其办法是:一承认土地的现实占有情况;二以新占土地量按亩征收土地税。

赋,是指军赋,即"共车马甲兵士徒之役"①。赋本是按井田制规制出车马、士兵数。据《司马法》中所载,一丘(十六井)出戎马一匹,牛十二头,甲士三人,士卒七十二人。②因此赋是丘或甸为单位出车、马、甲士数。在井田制下,各家占田数相等,故易于均摊。井田制遭到破坏以后,此法再不能实行,因而必须改为按占有土地量征收。这一变革,鲁国大致是在公元前594年"初税亩"制实行以后,如公元前590年"作丘甲",公元前483年"用田赋",把军赋落实到田亩上。军赋与土地税在外表上合而为一,征赋的量大致与土地税量相同。孔子的学生有若劝鲁哀公实行"彻"法征赋税时,哀公反驳说"二吾犹不足,如之何其彻也"③。"彻"是抽取十分之一税,哀公说的"二"即征收十分之二的赋税。有的赋税征收额高达百分之六十以上,晏子说齐国"民参其力,二入于公,而衣食其一"④,可见剥削之重。

除赋税外,春秋各国的国家还垄断山林川泽之利。如齐国的山、泽、薮、海皆设有专人把守,不让百姓利用。春秋时商业较发达,各国在城门、要道、边境都设关征税,即"逼介之关,暴征其私"⑤。货物进入市场,还要征市场管理税。⑥由于商业交换需要,

---

① 《汉书》卷24《食货志》。
② 《春秋》成公元年,杜预注引。
③ 《论语·颜渊》。
④ 《左传》昭公三年。
⑤ 《左传》昭公二十年。
⑥ 《周礼·地官·廛》。

金属货币流行,周景王曾铸"大钱"①,想借此搜刮民财。管子主张"人君铸钱立币"②,各国货币的铸造主要由国家掌握。

贡纳制度,是春秋时期大国霸主剥削中小国家的一种方式。西周时期各诸侯国都要向周王室按时缴纳贡品,称为"职贡"。春秋时期,周王室地位衰落,霸主起而代之,向它所控制的国家征收贡品。公元前529年,晋国在平丘召开各国诸侯会议,其内容是重新确定向霸主缴纳贡品数量。在会上,郑国子产提出过去所纳贡品太重,要求减少。他说:"昔天子班贡,轻重以列,列尊贡重,周之制也。郑伯,男也,而使从公侯之贡,惧弗给也。"③"班贡"就是分配贡纳数额,"列"就是诸侯的等级,亦即国家的大小。西周的诸侯分为公、侯、伯、子、男五等,子产说郑国是品位最低的男爵,却负担大国公侯的贡额,所以缴纳不出。晋人开始不同意,从中午一直争执到天黑才满足了子产的要求。当然,向大国缴纳的贡品,中小国家的统治者又都转嫁到劳动者身上。所以中小国家对大国霸主的贡纳,对于劳动者是沉重的经济负担。

第八节　各国的政治经济改革

春秋时期是政治、经济各方面剧烈变动的时代。为适应社会发展的需要,一些国家实行了改革,从而推动了社会的前进。这些改革主要有:

管仲在齐国的改革。公元前685年齐桓公即位,任用管仲为相,实行改革。管仲的改革着重在两个方面:一是在政治上

---

① 《国语·周语》。

② 《管子·国蓄》。

③ 《左传》昭公十三年。

实行"参国伍鄙"制度,这是整顿行政组织和军事制度。所谓"参国"即是将国中划为二十一个乡,除去工商六个乡外,余十五乡为士农乡。每五个乡编为一军,由齐桓公、高子、国子等贵族各率领一军,称为"作内政以寄军令",为的是不让他国发现齐国在扩军。二是在经济上实行"相地而衰征"制,即按土地的现实占有情况,根据所占土地的多少和土质的好坏,进行征收赋税,以达到负担合理。①管仲改革后,齐国由是强大,齐桓公成为春秋时期第一位霸主。管仲在经济上的改革,承认土地的私人占有制是有利于生产发展的措施,从而也推动了社会的向前发展。

晋国的"作爰田"。晋国"作爰田"是在公元前 645 年,约在管仲改革后四十年。"作爰田"有两个方面的内容:一是将国家控制的土地分赏给国人,使无地、少地的人获得一定数量的土地,并划定疆界加以固定;二是承认土地的现实占有权,"自爰其处"就是耕者在所占有的土地上,自己实行休耕制。于是耕者对所获得的土地具有长期的使用权。"作爰田"后,国家无公田,赋税制当也随着有所改变,由"藉田以力"的力役地租而转变为"谷出不过藉"的实物地租。

晋国"作爰田"后,接着"作州兵"②,是以州为单位负担一定量的军赋。古时国中设乡,乡以下的行政单位是州、党、族、闾、比。五家为比,五比为闾,四闾为族,五族为党,五党为州,一州二千五百家。晋国"州"的规模与齐国"乡"的规模相近,管仲整顿军制在乡,晋国在"州",都是对旧制度加以整顿,使其健全起来,人人得负担军赋,服兵役,因此晋国"甲兵益多"。

公元前 633 年,晋文公"搜于被庐,作三军谋元帅",将晋国军队由两个军扩大到三军,实行中军元帅既是行政首脑,又是三

---

① 《国语·齐语》。
② 《左传》僖公十五年。

军统帅的军事体制。其后赵简子"铸刑鼎"[①]，公布成文法，并以军功免除奴隶籍身份[②]。晋国的一系列改革，使它成为春秋时最强大的国家。

　　鲁国在宣公十五年实行税亩制，承认土地的现实占有制，其后"作丘甲""用田赋"，将军赋落实到田亩上的这一过程，是对土地私人占有的承认。楚国在公元前548年清理土地情况，实行"量入修赋"，即按田亩、土地好坏征收军赋，标志着楚国承认土地私人占有的现实情况。郑国子产实行"都鄙有章，上下有服"，乃是对旧制度的整顿和恢复。"田有封洫，庐井有伍"是有关经济方面的改革措施。"田有封洫"是修建新的田界和沟洫，把现实土地的占有用新的田界固定下来，亦即对土地私人占有的承认。[③]"庐井有伍"的伍，即是赋税的赋，承认土地的占有现实而征收赋税。

　　各国的改革，都达到了富国强兵的目的。在土地制度方面，承认私人占有，实行按亩征收赋税，促进了社会制度的深刻变革。

第九节　春秋时期政治制度的历史地位

　　春秋是我国政治制度大变革的时期，是旧制度开始瓦解、崩溃，新制度逐渐成长壮大到取代旧制度的过渡时期。"变"是这一时代的特点。

　　在政治局势方面，由统一王朝变成分裂割据，由霸政代替王权，由武力争夺代替友好往来。天子、诸侯、卿大夫所组成的宝塔

---

①《左传》昭公二十九年。
②《左传》哀公二年。
③《左传》襄公二十年。

式的旧的政治结构被破坏。在大国争霸、贵族争权的斗争中,开始了新的力量组合。

政治制度的基本方面,是旧的宗法制、等级制、世官制,由于贵族间的不断斗争而遭破坏。特别是"士"阶层的形成和封建官僚制的出现,终于导致宗法制的最后崩溃。由于战争频繁,专事武职的官吏出现了,从而打破了官吏文武不分的传统。随着井田制的瓦解,国野制度开始消弭,国人地位的下降和野人地位的上升造成他们之间的政治地位差别逐渐缩小,到了战国时期,都成为郡县制中的编户之民,秦汉后普遍实行的郡县制度,也在这一时期出现。

经济制度方面,由于"公田不治",藉田制已无法推行,各国先后都进行了以税亩制代替藉田制的改革,承认了土地私人占有的现实。这些改革促进了生产的发展,达到了富国强兵的目的,同时也从经济基础上根本动摇了旧制度。

在文化思想方面,孔子开创了私学,大批下层人得到学习机会,一个新的有文化有知识的阶层——士形成,它为新的社会制度准备了人才。孔子对《周易》《尚书》《春秋》《诗经》《礼书》《乐书》等典籍的整理,以及老子、孔子等一批学者的学术、思想,成为我国文化宝库中的珍品。

与我国春秋时代同时的世界各国中,北非的埃及和亚洲西部两河流域、伊朗高原的奴隶制度,正在进一步发展。而希腊、罗马和南亚次大陆的印度河、恒河地区,正在完成由"王政"向奴隶制的城邦转变。在北非、南欧、西亚几个文明区中,西亚是这一时期历史的主宰。在这里先后建立起新亚述、新巴比伦和波斯几个奴隶制君主专制的大帝国。新亚述帝国从公元前746年到公元前609年,相当于我国春秋早期,新巴比伦从公元前626年建立,到公元前539年被波斯灭亡,相当于我国春秋中期。波斯帝国兴起于公元前5世纪,到公元前330年被马其顿帝国所灭,相当于我国的春秋晚期到战国中期。它们依靠军事力量,征服了广大的地区。这些军事帝国,都采取加强王权,加强中央集权,缩小地方权力的手段来巩固统治。它们把大批的俘虏变为奴隶,促使奴隶制经济得到空前的发展。

这一时期,北非的埃及正经历第二十四王朝至二十七王朝(前 730—前 404 年),先后遭到亚述、波斯帝国的入侵,并被波斯征服,降为一个行省。

印度次大陆的印度,雅利安人已完成由部落向国家的过渡,出现很多以某一城市为政治、经济、文化中心的大小城邦,在印度古代史上称为"列国时代"。城邦的政治体制有两种类型:民主政治和君主专政。印度的"列国时代"到公元前 324 年因孔雀王朝的建立而结束,这已是相当于我国战国时代的后期了。

在南欧的希腊、罗马,也已由"王政"转变为奴隶制的城邦制。在希腊领土上,奴隶制的城邦出现两种政治制度:以雅典为代表的直接民主制和以斯巴达为代表的贵族共和制。斯巴达的贵族共和制,有两个地位平等的王、一个由二十八人组成的元老院(两王也是元老院成员,故实为三十人)、五名监察官和公民大会。元老院是真正的权力中心,它有制定国家法令、政策的权力。其成员是由有势力的贵族家庭,年龄在 60 岁以上的人中选出,一经当选即为终身议员。监察委员也是由贵族中选出,任期一年。它有监督政策法令执行情况的权力,对他们认为有罪的人,包括国王在内,都有权流放。公民大会只能对政策、法令、决议以喊声表示赞成与否,其实是一种形式,成为被元老院贵族利用来贯彻其意图的工具。斯巴达的贵族共和制到公元前 3 世纪由于马其顿帝国的征服而结束。

雅典由氏族社会到奴隶制城邦是经过一系列改革而完成的。公元前 682 年,相当于我国春秋前期,雅典废除"王政",设立任期为一年的首席执政官掌内政,王者执政官掌宗教和氏族事务,军事执政官掌军事,司法执政官(六名)掌司法事务。此外,还有贵族会议和公民大会。公民大会只有选举权,立法权在贵族会议。公元前 621 年司法执政官德拉古制定法典,并创设 51 人的上诉法庭,法官由贵族家族中选任。公元前 594 年,梭伦当选为执政官,进行立法,改革旧制度。他发布"解负令",取消一切债务,禁止以人身为担保的债务抵押,保证了雅典公民不再沦为奴隶。把公民按财产多寡分为四级,规定第四等级不得担任公职,但可参加公民大会和陪审法庭。除贵族会议、公民大会外,另设四百人会议,由公民中选出,任期十年。梭伦改革建立的是雅典的奴隶主贵族国家。公元前 509 年,相当于我国春秋时代的晚期,在雅典出现了克利斯提尼的改革,这一改革开创了雅典型的民主政治制度。他将雅典城邦控制的地域划分为三个大区,每个区分为十个小区。由三大区中各出一小区,组成一部落,全国组成十个部落,这就彻底打破旧的氏族组织。每个部落用全体公民抽签的办法选出 50 名议员,建立全国的 500 人议事会,议事会议员不分财产多少,任何人都可当选。然后,议事会中选出 50 人为议长委员会,这 50 人又分为 10 组,每组 5 人,轮流主持国家日常政务 35~36 天。这样,50 名议长委员都有机会主持一定时期的国政。议事会成员一年一换,执政官在任期结束后,由公民大会对其政绩加以审查。每个部落用举手方式选出一名将军,统率本部落征集的公民军队,全国组成"十将军委员会",统率全国军队,首席将军为最高统帅,且由于军队指挥上的需要,将军可以连选连任。克利斯提尼还创立了"贝壳流放法",即在公民大会上对违害公民自由的人进行讨论,然后各人把认为有过失应该流放的人写在贝壳或陶片上,多数人认为应流放者,此人就被流放出国,十年后才准返回。公民大会是雅典城邦的最高权力机关,每 36 天召开四次,开会通知及讨论的内容五天前即公布。遇非常事件,还可随时召集。一切有关国家大政的法案,必须听从会议的表决,多数赞同方能实施。一般提案多用举手方式,有关个人选举或放逐则用投石子或写在贝壳、陶片上。每个公民都有权参加公民大会,发表意见、参加表决。当然,比雅典公民人数多得多的大批奴隶,是没有资格享受任何政治权利的。

我国春秋时代的各国的政治制度,与新亚述、新巴比伦、波斯帝国的君主专政政体有某些相似。但却不同于斯巴达的贵族共和制,更与雅典的直接民主制有着巨大的差别。春秋时的国人参政,与雅典民主制中的公民议决国事完全不同。所以,我国春秋时期的诸侯国的政治制度,与同时期的欧洲城邦制度相比,是截然不同的两种政治体制。

(乙)战国时期的政治制度

第一节　战国时期的政局与各国的变法

"战国"作为历史时期名称的由来,是由西汉末著名学者刘向整理这一时期各国谋臣策士的言论,成书为《战国策》而得名的。

战国是继春秋后的一个历史时代,但战国始于哪年,历史学家们还没有一致的意见。春秋战国之际,是我国历史上奴隶制与封建制大转换时期。这个转换,当时各诸侯国的进程是不同的,因此要用一个绝对年代来作为两个时代的界限是困难的。目前史学家划分两个不同时代时,往往采用有代表性事件发生的年代,但都还不能概括各国的实际情况。一般说来,春秋时代既从《春秋》一书得名,战国时代又由《战国策》一书得名,则以《春秋》一书所记鲁国史事的末年,为战国时代的始年比较切合实际。孔子修《春秋》,绝笔于"获麟"。这一年为鲁哀公十四年,即公元前481 年,是为战国时代始。而至公元前 221 年,秦统一六国,为战国时代的结束。战国时代共历时二百六十年。

　　春秋时期有一百多个诸侯国,其中大国有十多个。到战国时强大的只有七个,号称"七雄",最后被秦国统一。所以,战国时代,是我国历史上由分裂走向统一的时代。

　　战国"七雄",指的是齐、楚、燕、赵、韩、魏、秦等七国。其中秦、楚、燕、齐四国是西周以来就存在的古老国家,而韩、赵、魏三国是新建立的国家。公元前453年韩、赵、魏三家联合灭掉智氏,瓜分了晋国,公元前403年周威王承认三家为诸侯。自此以后,战国"七雄"并立的局面形成。

　　除大国"七雄"外,战国初期越国的地盘已相当大,只是它后来很快衰落下去了。周王室虽似存在,但变得更为弱小,终于在公元前256年被秦国灭掉。进入战国时期以后,还有一批中、小国家,错杂于大国之间,如郑、宋、卫、莒、邹、鲁、滕、薛、杞、任、郯、蔡等。此外,在今四川境内还有巴、蜀,河北境内有中山,陕西境内有大荔等政权。在边远地区还分布着各种少数民族部落,它们曾以不同形式参与和影响了中原"七雄"间的斗争。

　　春秋战国之交,是新旧社会制度转变时期,进入战国时期以后,刚诞生的新制度还不完善,而旧制度的残余,还在阻碍着它的成长。为此,一批有远见的地主阶级政治家,先后在各国推行改革。李悝在魏国"尽地力之教"和制定"法经";吴起在楚国整顿吏制;商鞅在秦国两次变法;公仲连在赵国、申不害在韩国、邹忌在齐国,以及赵武灵王的"胡服骑射"等改革,都收到了良好的效果。例如,吴起在楚国主持变法,得到楚悼王的支持,他看到楚国民贫兵弱的原因是"大臣太重、封君太重",官僚机构庞大臃肿。吴起实行以削弱封君、贵族权力和整顿吏治、精简机构的改革。楚国的封君原是世袭的,吴起实行了"三世而收其爵禄"的制度,并把贵族发放到边区地去垦荒,以打散贵族反对变法的势力。对官吏则实行"捐不急之官",裁汰"无能之徒",对闲散职官和没有办事能力的冗吏都裁减掉。他还明令禁止私人请托,杜绝谗言诬告和流言蜚语,整顿官场风气。经过吴起的改革,楚国"南收扬越,北并陈蔡",进而"却三晋,西伐秦"①,很快强大起来。

各国通过变法,扫荡了旧奴隶主贵族势力,完成了由奴隶制国家向封建制国家的过渡,而加强君主集权,则是这一时期各国政治体制的共同特征。

第二节　战国时期的王权与决策形式

战国时各国的国君,为提高自己的地位,都先后改称为王。公元前 344 年魏国国君称王。同年,魏在徐州(今山东省滕县境)尊齐国国君为王。秦惠文君在公元前 325 年也称秦惠文王。公元前 323 年魏将公孙衍发起"五国相王"运动。这五国是魏、韩、赵、燕、中山,于是中原各国国君纷纷称王了。"王"号表示它是一国的最高统治者,位最尊,权最重。到战国晚期,秦还与齐相约称"帝"。公元前 288 年秦昭王在宜阳称"西帝",并尊齐湣王为"东帝"。"帝"是天上具有最高权能的神,秦用它加在国君名号上,以表示自己比其他国家的王高一等。

国君名号的变化, 是当时王权强化的反映。在强化王权方面,战国时期各国都采取了以下一些措施。

一、文武分职,以削弱相权

春秋时期,文武不分职,作为执政的相,拥有全国的军、政大权。他们"上则得专主,下则得专国"②。战国时各国普遍设立了将和相,将主管军事,相主管内政,实行文武分职。这一措施,不仅削弱了相的地位,而且将、相还可互相牵制,以便于国王对他们

---

①《史记》卷 65《吴起列传》;《战国策·秦策》。

②《荀子·强国》。

的控制。所以尉缭子说"官分文武，惟王之二术也"①。因此，战国时官吏的文武之分，不但是军政事务增繁的需要，还是国君驾驭臣下的一种统治术。

二、调动军队符节制的实行

为了加强国王对军权的控制，战国时各国普遍实行了使用符节的调兵制度。兵符铸成后中分为二，一半由国王保存，一半在军将手中。要调动军队，必须将国王的一半与将军手中的一半相合对，即所谓"合符"后，才能调动军队。考古发现的秦国军符为虎形，称为虎符。其上铸有文字，文中规定调动军队在五十人以上的，都必须"合符"。历史上有名的信陵君窃符救赵所窃的符，魏王本是日夜不离身，睡时放在枕下的。可见国王对军权的重视。

三、实行玺印制的考核制

为了掌握对官吏的任免权，战国时期的官僚体制不同于春秋时的世官制度。这时官吏与国王的关系，是以一定的礼节来确定的，即所谓臣对君忠，君对臣信。表示这种关系的信物就是玺。玺的授夺权在国王，授玺就是授以官职，夺玺就是罢去其官职。此外，各国还普遍地建立了对官吏的考核制度。根据官吏一年的政绩，在年终加以考评，实行赏优罚劣的制度。对高级官吏的考核，由国王和相主持，其最终评判权在国王。由此国王把对官吏的任免权牢牢掌握在自己的手里。

由于这些措施的施行，使国家的军事、政治大权皆操于国王之手。所以战国末年的范雎给"王"所下的定义为："擅国之谓王，能利害之谓王，制生杀之威之谓王。"②所谓"擅国"，即是国家大

---

① 《尉缭子·原官篇》。
② 《史记》卷 79《范雎列传》。

政由国王作最后决断。当然,国家大事很多,国王不能都以己意断其当行与否,因此,要听取和征求臣下的意见,供决策参考。战国时期,国王向下了解情况,征求意见,主要有三种形式:

一是建议。建议,是国家重要官吏每日与国王相见,以议论国事的一种制度。它是从春秋时代的"治朝"制度演变而来的。墨子所说的"今也王公大人所以早朝晏退,听狱治政,终朝均分而不敢怠倦"①,就是这种建议的例行朝会。参加建议的"王公大人"除国王外,有相、将和其他军政方面的臣僚、各部门的首脑等,国家大政可在建议时讨论。公元前360年,商鞅入秦劝说秦孝公变法。在秦国朝廷上,商鞅与甘龙、杜挚等展开了激烈的争论。孝公听取了双方意见,最后同意商鞅的主张,封他为左庶长,主持秦国变法。②商鞅和甘龙、杜挚的争论,就是这种建议。

二是遇重大国事随时召集有关臣僚讨论。公元前318年魏国进攻韩国,韩向齐国求救,齐宣王"召大臣而谋",商讨对策。丞相邹忌主张不救,将军田忌主张立即发兵相救,军师孙膑主张缓救,即等到韩魏两国打到精疲力竭时再救,可以坐收其利。齐宣王赞同孙膑的意见,向韩国表示要出兵相救,却迟迟不发兵,待韩与魏"五战不胜"而"委国于齐"时,齐宣王才下令出兵救韩,大败魏军于马陵,魏国主将庞涓也被杀死。③

三是个别商议。国王在实行重大措施以前,一般都先与相、将等高级官吏商议,以得到他们的支持,然后再作决定。赵武灵王要在赵国实行"胡服"的改革,以便于骑射。他先召相国肥义,"与议天下,五日而毕"。后又与将军楼缓"谋","欲胡服"。得到了他们的支持以后,武灵王才决定在赵国实行"胡服"的改革。虽然赵国"群臣皆不欲",但有肥义和楼缓的支持,赵武灵王的改革还

①《墨子·非命下》。
②《史记》卷68《商君列传》。
③《史记》卷46《田敬仲完世家》。

是实行了。①

影响国王作出决策的,还有个别臣下的奏书、劝谏、文士的游说,以及宠幸、后妃、王太后的意见等。秦王政下令取消原驱逐居住在秦国的外国人的决定,就是看了李斯写给他的一封信——《谏逐客令》后,才作出决定的。②

国家的政策、法令决定后,就以国王命令的形式向全国颁发。上面提到的秦王政的"逐客令",就是以"令"的形式发出的。1979 年在四川青川郝家坪 50 号秦墓中,发现秦武王二年(公元前 309 年)的"田律",是秦国颁行于蜀地的土地政策。这份律文的开头说:"二年十一月己酉朔,朔日。王命丞相戊、内史匽……更修为田律。"

"戊"是茂的误字,丞相戊即是丞相甘茂。"王命",表明这份田律是秦武王命丞相甘茂和内史匽制定的。它颁行于蜀地,是以秦武王的命令形式发布的。若有违犯此律,即被视为对抗王命,从而使这项田律具有最高的法令效力。

第三节　战国时期的中央与地方行政体制

战国时期,各国都建立了中央集权的官僚体制,在国王以下,有一套可以随时任免的官僚机构作为统治工具。这套官僚机构分为中央和地方两级,并辅之以封君制作为地方政权的补充。

一、中央行政机构

中央行政机构以相、将为首。相,主行政事务;将,主军事。相

---

① 《史记》卷 43《赵世家》;《战国策·赵策》。
② 《史记》卷 87《李斯列传》。

在各国名称不尽相同,有称丞相、相邦、相国等,楚国仍称为令尹。因相是一国的"百官之长"①,所以国王对相的选择十分重视,相位不轻易授人。

相,辅佐国王,总领内政百事,其下设有各类事务性职官。这些职官,按其职掌可分为以下七类:

(1)主管土地和民政事务的官吏。魏国称为司徒,赵国称为田部吏,秦国称为内史等。

(2)主管社会治安、刑罚及司法事务的官吏,称为司寇或称典寇、执法、士师、廷理等。齐威王设宴招待淳于髡,问他的酒量,淳于髡对齐威王说:要看在哪种场面,若今日饮酒,大王在前,执法在傍,御史在后,心中恐惧,饮一斗酒就醉了。②执法掌刑,御史掌监察,所以淳于髡有恐惧心理,少饮辄醉。

(3)主管建筑事务的官吏称为司空。国君宫室的建造、城防关塞的修筑、河渠堤堰的开凿等,皆由司空负责,即荀子所说"修堤梁,通沟浍……司空之事也"③。

(4)主管工商业方面的职官为工师、工尹等。如陶尹掌制造业,市长、市令、市官主管市场商业管理。

(5)主管山林泽海等自然资源的职官称为虞人。有专主某一项资源的,如主铁官、铜官、水官、主渔吏、衡官等。

(6)掌与诸侯交往事务的职官,称为行人,又称谒者、主客、典客等。

(7)主管宗教文化的职官,称为卜、史。卜是掌占卜问神者,史是记录国王言行和国中大事的官吏。

武官的首脑称为将军,但各国名称也不尽一致,有的称大将军。齐国称司马,楚国称上柱国,秦国称大良造。像秦将白起被封

①《荀子·王霸》。

②《史记》卷126《滑稽列传》。

③《荀子·王制》。

为侯,其官职则称大良造。将军作为全国军队的总指挥,其下有总指挥部,配备有参谋、侦察等各类人员。战国时各国还设有尉,以协助将军。尉在各国的名称不同,有中尉、国尉、军尉、廷尉、都尉、卫尉、持节尉等。将的任免权在国王,命将有一套隆重的礼仪。如魏文侯任命吴起为将时,"身自布席,夫人捧觞,醮吴起于庙,立为大将军"①,可见其仪式的隆重。

二、地方行政体制

战国时期地方一级行政单位为郡、县,也有沿用春秋时称邑的,但其性质已是地方政权县,而不是春秋时的封邑了。

春秋时县已出现,但县大于郡。战国时则相反,是郡大于县。湖北云梦出土的秦简《南郡守腾文书》中开宗明义说:"南郡守腾谓县、道啬夫……"表明郡下辖县、道。县是设在内地的,道是在有少数民族的地区设置的地方行政组织,相当于内地的县。

郡的长官称"守",也称"太守"。守有保卫之意,故郡守多由武官充任。吴起就曾做过魏国的西河郡守,多次对秦国作战。守是一郡的军、政长官,既治军又治民,有征发本郡兵役的权力。

县的长官称"令",也有称为大夫的。县令主管全县的军政事务,其下设有县丞主民事,县尉主军事和全县治安。令、丞、尉是一县的三个主要职官。其他还有县司空主建筑、县司马主马政、县令史主书记、治狱主诉讼等,都是职位较低的小吏。

县以下的行政系统是乡、里、聚,也有的国家称为连、里。乡有三老、廷掾,里有里典。居民按什伍编制,以利于军事征发和互相告奸、连坐。

郡县的守、令控制一方,权重,他们的任免权直属国王。如赵国的邺令梁东,其姐去探望他,因她到邺时天晚,城门已关闭,她便越墙入城。梁东知道后,认为她违犯法律而施以刖刑。赵成侯

①《吴子·国图》。

听到此事，认为梁东不慈惠，于是收其玺而罢其官。①

三、封君制度

封君，是国王把邑或县封赏给有功的文武功臣或王室亲贵。受封者即称为"某君"或"某侯"。商鞅被秦孝公封于商而称"商君"，齐国的田文被齐王封于薛而称为孟尝君，赵武灵王封其长子章于东安阳而称为安阳君等。封君在封邑内只收取租税，没有行政、司法权。此外，封君的封号一般不世袭。因此，封君制与春秋时的封邑世袭性质是不同的。战国时期的封君制度，是郡县制下地方政权的一种补充形式。

第四节　战国时期的司法与监察制度

春秋晚期到战国时代，是我国成文法制定和公布的时期。封建统治者制定和公布法律，是以保护封建制度、巩固王权和打击旧贵族势力以及加强对广大人民的统治为目的的。

成文法的公布，在春秋晚期已经开始。公元前 536 年郑国子产"铸刑书"，公元前 513 年晋国赵简子"铸刑鼎"，都是将成文法铸于鼎上，公布于世。进入战国，各国任用法家人物主持变法，他们都十分注重对法的制定和颁行，以作为改革的依据。李悝在魏国制定《法经》六篇；吴起在楚国"明法审令"；商鞅在秦国"定变法之令"，将李悝的《法经》带到秦国实施。1975 年在湖北云梦睡虎地出土的竹简秦律，基本上是李悝、商鞅所制定的法律体系。

战国时期的法律有两个特点：一是诸法合体；二是以刑罚为主体，刑即是法。像重要的行政法经济法，皆与刑法混而为一，而

---

①《韩非子·外储说左下》。

且以刑的方式,体现于法律之中。

战国时期的刑罚可分为三类:

(一)死刑

死刑的实施方法有斩首、腰斩、剖腹、弃市(处死后将其尸体陈放在集市上示众)、车裂(五马分尸)、镬(大锅)、烹(下油锅)等。

(二)肉刑

肉刑是指伤残人的肢体,其种类有黥面(在脸上刻画符号)、劓(割鼻子)、刖(砍脚、斩趾)、宫(男子去势,女子幽闭)等。

(三)徒刑

徒刑是指服苦役。根据云梦秦简中秦律分析,战国末年秦国徒刑的种类有五种:1.侯(一年期刑);2.司寇(二年期刑);3.隶臣妾(三年刑);4.男子鬼薪、女子白粲(四年刑);5.男子城旦、女子春(五年刑)。

法律制定后,便以国王的名义颁行于全国。各地方官长要到中央"受宪",并由太史向其讲解法律条文,以统一认识。各地方官吏再将从中央接受的法律向下级传递。云梦秦简《南郡守腾文书》中讲"以次传""以邮行",即指将律文向下传递到所属各县、道。

中央主管执法的官吏是司寇,保障法律的执行。有的国家也称执法、廷理等,负责法律的执行和狱案的调查、侦询、审理。地方则以郡县长官兼任。

监察制度是为监察百官、保障法律执行而建立的。秦国有监和御史执掌监察职务。《商君书·境内篇》载,在军队攻城时,国正监和御史登上专门建造的高台瞭望,以掌握将士在作战中的情况,战斗结束后根据表现进行奖惩。

御史,本是国王身边负责记录,保管文书、档案等事的近侍官,对全国文武百官情况比较了解,自然就成了国王的耳目而带有监察的性质。在云梦秦简的《传食律》中,有御史的部属出使各地时的伙食供给标准规定。可见御史是常派人到全国各地了解情况的。齐国的淳于髡在齐威王的宴会上说"执法在旁、御史在后",也说明御史是在国王身边监视臣僚的行动,负有监察之责。

战国时期的法家人物执法是很严厉的。商鞅在秦国变法时,秦孝公的太子犯法,商鞅不便于处罚这个未来的国王,于是便将太子的老师公子虔的鼻子割掉,以示对太子的警劝①。但是,国王是不受任何法律约束的。在执法时,行政对法的干预很大,体现了"人治"原则。同时,司法机构不健全,司寇多注重刑的狱案和治安的维持。因此,荀子说战国时情形是"有治人,无治法"②。

第五节 战国时期的军事制度

战国时期各国间战争频繁,所以都十分重视军队。当时的战争与春秋时期相比,一是规模大,二是时间长。与此相应,战国时各国军队一是人数多,二是常备军已形成。

春秋时的大战,如晋楚城濮之战,双方出动人数仅几万人,两军合计也不超过七万人。到春秋晚期诸侯国的军队,楚国的战车可达万乘,但总计军队也不过三十万人。而战国时期各国拥有的军队,动辄数十万、上百万。秦国的军队"带甲百余万,车千乘,骑万匹"③。楚国军队也是"带甲百万"④,而齐国军队是"带甲数十万"⑤。魏国的军队由各种成员组成,其中"武力二十余万,苍头二十万,奋

---

① 《史记》卷 68《商君列传》。

② 《荀子·君道》。

③ 《战国策·韩策》。

④⑤ 《战国策·楚策一》。

击二十万,厮徒十万"①,亦是近百万之众。各国交战时投入的兵力万人、几万人已不算大战,大的战争投入的兵力动辄达数十万。公元前260年秦赵长平之战,秦将白起活埋赵国降兵就达四十万。公元前224年,秦伐楚,秦将王翦带兵六十万与楚国作战。

"将门有将,相门有相"②。将门和相门之分,是当时文武分职的反映。治军由将,将的任免权在国王,军队的调动权也在国王手中。所以,战国时的将军虽可统帅指挥数十万、上百万大军,但其军权不在将手而在国王手中。军队属于国家,也即是属于国王。廉颇为赵国名将,长平之战初他实行固垒坚守战略,对秦国军队速决不利。秦国使用反间计,赵孝成王即免去廉颇的指挥权而任命赵括统军与秦国作战。③战国末年秦倾全国兵力,命王翦带六十万人攻楚,王翦为解除秦王政对他的怀疑,反复多次向秦王请求田宅赏赐。④王翦之所以如此,是为了打消秦王对他的疑虑,不致半途收回他的指挥权。

战国时各国的常备军是军队的中坚,齐国称为"技击",魏国称为"武卒",秦国称为"锐士",楚国称为"选练之士",燕国称为"百金之士"。他们是由"招延募选",经过严格考选而来的。被选中者给以优厚的待遇。魏国考选武卒时,让参选者"衣三属之甲,操十二石之弩。负服(箙)矢五十个,置戈其上,冠轴带剑,赢三日之粮,日中而趋百里"。选中者可以免除全家的赋税,并赐给田宅。⑤

常备军是军队的核心。但当时各国领土不广,财力有限,不可能供养几十万,甚至上百万人的军队,故在实行常备兵制的同时,还伴以郡县征兵制。

---

① 《战国策·魏策一》。
② 《史记》卷75《孟尝君列传》。
③ 《史记》卷81《廉颇列传》。
④ 《史记》卷73《王翦列传》。
⑤ 《荀子·议兵篇》。

　　郡县征兵制是一种"耕战"兵役制,也称为"农战",即耕战相结合。人民平时为农,战时为兵。商鞅所说"入使民属于农,出使民壹于战"①,就是这种制度。

　　战国时各国军队以步兵为主力,骑兵的作用增大。赵武灵王改革服装,实行"胡服"的目的是便于骑射。战国时期战车的作用下降了,但并没有完全退出战场。屈原的《国殇》描写两军交战,"车错毂兮短兵接",就是车战的情景。水军在南方各国普遍建立,甚至秦国都建立了专门的水师。

　　战国时凡编户之民皆要服兵役,并参加战争。男子服兵役年龄为15岁至60岁。若战争需要,女子亦得服兵役从军打仗。云梦秦简《秦律》记载,刑徒、奴隶都要入伍从军打仗。刑徒如果打仗立了军功,可以军功抵偿刑期和赎免奴隶的身份而成为自由民。对逃避兵役的要加以惩罚,不按时到军营报到,要被罚打五十大板。②

　　战国时期各国军队制定了严格的纪律,并规定了奖惩条例。商鞅在秦国制定的二十等爵,就是对有战功者的奖励制度。商鞅规定:士卒斩获敌首级一颗,赐给爵位一级,赐田一顷、宅地九亩和为他服杂役的"庶子"一人。若士兵中有一人犯法或作战不力、投敌等,则同伍之人要连坐,受到惩罚。战国时各国对战功实行重赏重罚制,为的是鼓励士卒奋力作战。

第六节　战国时期的财政制度

　　战国时期各国为了求得生存和发展,必须使国家富强起来,

---

　　①《商君书·算地》。
　　②《云梦秦简·法律答问》。

才能应付不断的战争，因此各国不但注意军事而且重视经济。当时各国都采取了发展生产,增加税收,节约开支,一切为了应付对外战争的方针。各国发展生产的基本政策是实行重农、抑商、禁末。

发展农业生产是各国的基本国策。例如，李悝在魏国实行"尽地力之教",商鞅在秦国奖励农耕,"僇(努)力本业,耕织致粟帛多者复其身"①。而对商人实行限制政策,即所谓的"抑商"。商鞅在秦国禁止商人做粮食买卖,加重过境税和市场税,像对酒肉这类高消费物资,征收十倍于成本的税,以限制商人获取暴利。对华丽的奢侈品,如雕刻文镂、锦绣之类物品的制造和贩卖,称为"末作""末利",而加以禁止。其目的是要把一切力量引导到发展农业方面去。

战国时期各国的财政收入， 主要靠税收和官府直接控制和经营的一部分产业。税收主要有以下三种:

(1)土地税。春秋时期各国先后都承认了土地的私人占有关系,同时国家还不断将控制的土地授给无地或少地的农民。当时每个农产耕种土地量为一百亩,称为一顷,按亩征收十分之一的税,称为"什一税"。什一税是征收谷物,此外还要征收禾秆作为饲料。云梦秦简《仓律》中规定"顷入刍三石,稿二石",征收刍稿供官府饲养的牛马食用。

(2)户口税。即春秋时期按户征收的赋。云梦秦简《法律答问》中有"可(何)谓匿户及敖童弗付?匿户勿徭,使弗令出户赋之谓也"。匿户就是隐瞒户口,不负担徭役和出户赋。所谓"户赋",就是按户征收的。即孟子所说的"夫里之布"②。

(3)商业税。战国时期商业发达,征收商业税,是国家一项重要财政收入。商业税收有三个方面:1.过关税。在国境和国内

---

① 《史记》卷 68《商君列传》。

② 《孟子·公孙丑上》。

的要道或城门等处设关卡征收货物过境税的制度，在春秋时已很盛行,战国时各国继续征收关卡税。1957年安徽寿县发现的"鄂君启节",是楚王发给鄂君启的过境免税"通行证"。节文上说,"见其金节则无征","不见其金节则征"。节文上写明所经水陆两路的关卡近二十处之多,可见即使在一国之内,也是关卡林立的。对无免税证明的商人,这项税是相当沉重的负担。2.铺房税。货物入市,要堆放、存贮在一定的地方,称为"廛"。孟子说"市,廛而不征"。"廛而不征",是指堆放货物不征税,则天下的商人都愿意把货物存放在市场上。孟子理想中的"仁政"是"廛而不征",但现实却是相反的,是"廛"而须征税。3.市场交易税。货物卖出,要按销售量征税。云梦秦简中有"关市"这样一种官吏,就是主收关卡税和市场交易税的。

官府直接经营的产业有经济园林、畜牧、手工业作坊等。云梦秦简中有"漆园殿",是对考课管理漆园不善者的处罚,可见秦国的漆园不止一两处。战国道家人物庄周,曾做过宋国蒙邑的"漆园吏",可知漆园为官府经营,并设有官吏掌管。畜牧业主要是大牲畜马牛，像战争需要大量的马匹和做运输用的牛等,只能由国家饲养。"校人"一官职,就是主管军马的,各县有县司马主马政。云梦秦简中规定农民每顷土地入刍稿数,即是作为国家经营的畜牧业饲料。手工业作坊种类很多,国王、官府所需用品多由官营的手工业作坊制造。出土的战国兵器上常有"相邦某造"的铭刻文字,就是由相邦在官营手工业作坊中监造的。官营作坊的剩余产品还可拿到市场上去出售。云梦秦简中《关市》律规定,在为"官府市"时,必须使买主看到把出卖货物的钱投入储钱器内才算合法,以防贪污。为"官府市"即是替官府出卖货物。

战国时期商业发达,各国广泛使用金属铸币,流通量大。而货币的铸造由国家控制,严禁私人铸钱。

第七节　战国时期的人事管理制度

　　战国时期比较注重官吏的选拔,即"宰相必起于州部,猛将必发于卒伍"①。

　　各国都注意从下层有实践经验的人中选拔人才。商鞅在秦制定军功爵二十等,斩敌人首级一颗授爵一级。若愿做官,授以五十石之官。做官有成绩的,再根据治绩擢升。军功和治绩擢升,是各国大批中下级官吏的主要来源,其中优秀者可升为高级官吏。

　　游说、推荐和招贤,是各国高级官吏的主要来源。战国时期士阶层活跃,他们以游说、上书等方式,向国王陈述自己的政治主张和治国方案。这些人一旦取得王的信任,就被委以重任。像商鞅、苏秦、张仪、邹忌、范雎、蔡泽等人,就是以这种方式被国君委以重任的。大臣向国王推荐,也是各国搜集人才的一种途径。秦将白起是由相国魏冉推荐的,而李斯是由吕不韦推荐的。赵国的相国公仲连向赵列侯推荐牛畜、荀欣、徐越等三人,都受到了赵王的重用。秦国有一条法律,被推荐者若犯罪或不称职,推荐者要被牵连,受到同样的处罚。这一规定主要是为了防止利用推荐之名,行拉私人关系之实,让无才无德之人占据官位。为了及时得到人才,有的国家还公开招贤。如燕昭王筑黄金台,礼贤下士,不少有才能的人纷纷到燕国。齐威王厚待稷下学士,也是招揽人才的有效方法。

　　官吏有职和爵之分,职是指所担任的职务,爵是一种等级制。战国时期虽然破除了旧的等级制,但同时也建立起适合新制

————————
　　①《韩非子·显学篇》。

度的等级制。商鞅在秦国实行"明尊卑爵秩等级"①。尊卑、爵秩、等级实际上是一回事，即是等级制，这个等级制是以爵秩表现出来的。战国的爵秩采用春秋时的卿、亚卿和客卿加以区分。卿有封地或特别荣誉者称为侯。大夫有上大夫、中大夫，还有以其他一些名目相称的大夫，如国大夫、长大夫、五大夫等，其爵秩皆为大夫。秦国商鞅制定的二十等爵中，四级以下相当于士；第五级到第九级相当于大夫；第十级到第十八级相当于卿；十九级为关内侯；二十级彻侯是侯爵。只有爵位高并地位尊的人，才能担任国家的重要官职。

官吏的俸禄采用谷物，计量单位各国不尽相同，有用担、钟、盆、石等。以实物作为俸禄，便于国君对官吏的任免。在实行谷物俸禄的同时，对少数高级官吏还有赐邑，即封君制。

年终考核制的建立，是检查官吏的治绩以作升迁的依据。荀子说："岁终奉其成功以效于君，当则可，不当则废。"②考核称为计、上计或课、大课，是年终下级向上级汇报任内的政绩。其内容包括本地区土地的种植，粮食的收获量，户口、牲畜之数等。考核时主要是看年终完成年初计划情况。魏文侯时解扁为东封令（县令），"上计而入三倍"③。"三倍"是指比年初预算多三倍。齐国相田婴请齐王"听计"，即听取官吏的年终汇报。齐王听计连饭也未吃，后来竟睡着了。汇报的官吏于是拿出刀子，把年初预算的数字削掉，使考核无法进行。④

除年终考核外，国王还随时派人调查了解官吏情况。齐威王上台之初，常听到身边的人说阿邑大夫（县令）如何好，即墨大夫如何不好。他派人调查后，召两县大夫回朝，对即墨大夫说：你

---

① 《史记》卷68《商君列传》。

② 《荀子·王霸》。

③ 《淮南子·人间》。

④ 《韩非子·外储说右下》。

到即墨后，天天有人说你坏话，我派人调查，即墨土地都种得很好，人民生活也不错，官吏办事效率高，因此我国东方安宁无事。你因为没有用钱买通我身边的人，所以他们说你坏话。于是赏给食邑万户。齐威王又对阿邑大夫说：你到阿邑后，天天有人为你说好话，我派人到你阿邑调查，土地没有耕种，百姓贫困，赵国、卫国来攻我边境你还不知道，是你用重金买通我身边的人，所以他们天天在我面前吹捧你。于是把阿邑大夫和替阿邑大夫吹捧的受贿者，都投入油锅烹死。这件事影响很大，"于是齐国震惧，人人不敢饰非，务尽其诚，齐国大治。诸侯闻之，莫敢致兵于齐二十余年"①。

第八节　战国时期政治制度的历史地位

战国是我国由分裂走向统一的时代，是封建制度确立和巩固的时代。在战国时期，经过法家的变法改革，普遍建立起君主集权的政治体制，确立了诸如封建官僚制、将相分职制、常备军制、郡县制、赋税制，以及人事管理方面的考核、俸禄等制度。这些制度，为后代所师承，在我国一直沿用了两千多年。

封建政治制度的建立，促进了经济文化的发展。铁器的普遍使用，牛耕的推广，水利事业的兴建，特别是"百亩一夫"的小农经济普遍的确立，调整了生产关系，"分田则速"②，激发了生产者的积极性，从而为社会提供了较为丰富的物质产品。经济的发展又推动了文化事业的发展。各国统治者对各种学说、各种思想流派不加干预(也无法干预)，采取兼收并蓄的态度。为了"富国强

---

①《史记》卷 46《田敬仲完世家》。

②《吕氏春秋·审分》。

兵",各国统治者尽量争取有才能之士,因而形成礼贤下士、尊重知识、尊重人才的风气。大批学士不但言论自由,人身也是自由的。他们奔走于各国之间,宣扬自己的政治主张和学术思想。在这种学术空气较为自由的环境下,形成了"百家争鸣"的繁荣局面,是我国文化勃兴的时代,无论是哲学、史学、文学,还是天文历法、数学以及军事科学,都取得了空前的成就。这是世界文化宝库中的珍品,成为中华民族的骄傲。

在与战国时期同时的世界其他地区,有雅典的奴隶制民主政治,罗马的奴隶主贵族共和制,波斯、马其顿、印度孔雀王朝的奴隶制的君主制等三种类型。

雅典奴隶制国家的权力核心在公民大会(当然广大奴隶、外邦人和妇女没有公民权)。国家官吏由公民大会直接选举,一切政策法律皆须经公民大会通过才有效。对有过失、违法的官吏,公民大会用"贝壳流放"法,将其放逐出国。公元前480年,对波斯战争取得胜利后,雅典城邦以其强大的军事力量,领导着二三百个大小城邦,迫使它们向雅典纳贡,提供军事力量。但在雅典内部的全体公民中,仍实行民主政治制度。雅典的政治制度是奴隶制民主政治的典型。

罗马实行奴隶主贵族共和制,在公元前509年(相当于我国春秋晚期),才废除"王政",建立起奴隶制的城邦。到我国战国晚期,罗马统一了意大利各城邦。罗马共和国的权力核心在以奴隶主贵族为主所组成的300人元老院,它有行政、立法、监督官吏的大权。两个执政官,由公民大会选举,任期一年,主持日常政务。两执政官互相牵制,一执政官只能阻止另一执政官做某种事,而不能迫使他做什么事。公民大会只对元老院的议案表示赞成与否,权力不大。元老院由奴隶主贵族把持,平民成立"平民部落会议",选举保民官,以干预贵族、官吏危害平民利益的行为。后来"保民官"可参加元老院,对不利于平民的立法拥有否决权。公元前451年颁布了成文法,称为"十二铜表法",是罗马法的基础,法律对奴隶主贵族的专横有一定的限制作用。

波斯与其后兴起的马其顿,是靠军事征服建立起来的奴隶制君主专政。印度的孔雀王朝建立于公元前 4 世纪(相当于我国战国中期),也属于奴隶制的君主专政。在奴隶制的君主专政制度下,国王拥有最高的行政、军事和司法权,国王之下有一个庞大的官僚机构。地方设行省,由国王派总督直接治理。大臣会议或御前会议,既不同于罗马共和国的元老院,更与雅典的公民大会不能相提并论。它只供国王咨询而无其他权力。这种君主专制制度的特征,与我国战国时期各国的君主专制制度大体相若,但其国体却是奴隶制的君主专制,而非封建制的君主专制,就国体而言,当时世界上只有我国战国时期进入了封建制阶段。因此,我国战国时期的政治制度在当时世界上处于领先地位。

第五章　秦汉政治制度

第一节　统一的封建专制主义中央集权制的确立

一、秦汉的社会变动

战国时代,由于各国相继推行了自上而下的变法运动,促进了社会生产力的提高和政治的发展。代表新兴地主阶级利益的七国统治者,都力图通过兼并战争来实现封建的统一。

公元前 246 年,秦王嬴政即位后,便依靠从商鞅变法以来秦国强大的政治、经济、军事实力,准备统一中国。先后于公元前230 年灭掉韩国,公元前 225 年灭掉魏国,公元前 223 年灭掉楚国,公元前 222 年灭掉燕国和赵国,公元前 221 年灭掉齐国,从而结束了自春秋时期以来长达五个半世纪的诸侯争霸称雄的分裂割据时代,建立了我国历史上第一个统一的、多民族的、专制主义中央集权制的封建国家——秦王朝。其后,又经历了西汉、新、东汉,从公元前 221 年到公元 220 年,前后共历时四百四十一年。就其社会性质而言,处在中国封建社会的初期阶段;就其政治制度而言, 确立并巩固了封建专制主义中央集权制的政治体制,奠定了此后历代封建王朝所师承的政治制度的基础,是中国政治制度发展史上极其重要的历史时期。

秦灭六国之后，又北击匈奴，南平百越，疆域不断扩大，"东至海暨朝鲜，西至临洮、羌中，南至北向户，北据河为塞，并阴山至辽东"①，成为当时世界上最大的国家。到了西汉，这个以汉族为主体的统一多民族国家进一步发展，国力所及，东起东海，西逾葱岭至巴尔喀什湖，南自南海，北抵贝加尔湖达黑龙江口。在这样一个幅员辽阔的疆域之内，中华民族创造了光辉灿烂的封建文明。

"千古一帝"的秦始皇，为了巩固封建统一，在政治上，通过"海内为郡县，法令由一统"②，"建皇帝之号，立百官之职"③等措施，创立了封建专制主义中央集权制的政治体制及其相关的法律制度和军事制度；在经济上，以"使黔首自实田"，确立了封建地主土地所有制，同时又实行统一度量衡，统一货币，"徙天下豪富于咸阳"，以及开灵渠等措施，为封建经济的发展开辟了道路；在思想文化上，实行统一文字，严禁私学，提倡"以吏为师"，并以"焚书坑儒"，确立了独尊法术的文化专制主义政策。固然秦始皇的这一切努力，对于消除封建割据，加强专制主义中央集权，巩固封建统一，起到了重大作用，但是，就在秦始皇做出这些努力的同时，却造成了社会矛盾的大集结。特别是他"专任狱吏"，"以刑杀为威"，将"二十倍于古"的赋役和苛暴的刑罚强加到全国人民头上，使用民力巨大而急促的时候，便迅速激化了阶级矛盾，引发了无法遏制的陈胜、吴广领导的农民大起义，使不可一世的秦王朝，在经历了短促的十五个春秋之后而土崩瓦解。

在秦末农民战争烈焰中诞生的西汉王朝（公元前205—公元8年），经历了十二个皇帝，历时二百一十四年。在汉武帝时，创造了中国封建社会前期政治、经济、文化发展的高峰。汉武帝

---

①②《史记》卷6《秦始皇本纪》。

③《汉书》第19《百官公卿表上》。

着力于加强中央集权,在政治上,颁布了"推恩令",作《左官律》和《附益阿党之法》,以打击诸侯王割据势力;用迁徙豪强于关中和诛杀豪强的办法,限制和打击地方豪强势力;用削弱相权、宠信近侍、置十三部刺史等,加强皇权和中央集权。在经济上,改革币制,将铸币权收归中央;实行盐铁官营和酒类专卖以及均输、平准、算缗、告缗等政策,限制和打击富商大贾、豪强、贵族的经济势力,以增加政府的财政收入,加强中央集权的经济实力。在思想文化上,采纳董仲舒的建议,"罢黜百家,独尊儒术",以天命观和三纲五常为理论根据,加强思想文化上的专制统治。此外,还对法律制度和军事制度、选举制度等作了相应的改革。汉武帝的一系列努力,使秦始皇所创建的封建专制主义中央集权制的政治体制得以进一步完善和充实,并趋于定型。它巩固了封建国家的统一,促进了社会经济的发展。但是,由于汉武帝大力扶植宗法地主势力,特别是允许商人买官,鼓励地主兼营商业,造成了商人、地主、官僚的结合,使土地兼并与农民的破产和贫困以加速度进行,从而激化了阶级矛盾和社会矛盾。这就导致了西汉后期社会的黑暗,并为外戚王莽篡汉立"新"提供了条件。由是,在两汉之间,便横生出一个为期十四年的新朝(9—23年)来。

王莽在宗法地主势力的支持下,托古改制。通过恢复三代,主要是周代的礼乐制度,确保宗法地主势力的统治和宗法封建贵族的世袭垄断地位,下令恢复古代的井田制;又仿照古代"工商食官"的制度,下令实行五均六管,垄断工商和高利贷;同时还假托古制,实行公、侯、伯、子、男五等爵,更改官名,授爵封官,滥改行政区划与建制等等。王莽的倒行逆施,不仅没有解决西汉积累的社会阶级矛盾,反而成为农民起义的催化剂。当绿林、赤眉、铜马等农民起义军陷王莽于灭顶之灾的时候,汉朝宗室贵族刘秀打着"复汉兴刘"的旗号,摘取了农民战争的胜利成果,建立了东汉王朝(25—220年)。

刘秀(光武帝)鉴于西汉后期权臣当政、外戚篡权,以及地方权重等教训,着力于加强皇权。他通过一系列措施,诸如限制和防范功臣、宗室诸王、外戚,严防其专权;"政不任下,虽置三公,事归台阁"①,即削弱三公权力,扩大尚书台权力;将地方行政机构由郡县二级制改为州、郡、县三级制,赋予州刺史以不通过三公,直接对皇帝负责的权力;削减地方兵力,扩大中央军队等等,把专制主义中央集权制的政治体制进一步强化。与此同时,刘秀还采取措施,解放奴隶和囚徒,组织军士屯田,裁并郡县,省减吏员,以恢复生产,安定社会秩序。刘秀及其后继者明帝、章帝三朝,创造了封建经济的又一个繁荣期。但是,由于豪族地主的发展使土地兼并恶性发展,导致大量农民破产,或者沦为徒附、部曲、佃客,或者变成流民,从而激化了社会矛盾和阶级矛盾。特别是章帝以后,相继出现了十位年龄在 15 岁以下的娃娃皇帝,母后临朝的结果,造成外戚、宦官干政的严重局面,专制主义中央集权制的政治体制遭到破坏,政治日趋黑暗。这两方面的原因交织在一起,最终诱发了公元 184 年的黄巾大起义。此后,东汉王朝变成了混战军阀手中的工具,苟延残喘至公元 220 年,被曹丕以"禅让"的形式所取代。

二、秦汉的国体与政体

秦汉时期的国体,是封建地主阶级对农民阶级的专政;其政体,则是封建君主专制主义中央集权制。

秦汉时期地主阶级对以农民阶级为主体的劳动人民的专政,与欧洲中世纪的封建主(国君、诸侯、骑士)对农奴的专政相比,统治阶级与被统治阶级都表现出复杂多变的特点。欧洲的封建主和农奴在整个中世纪一直处于比较稳定的状态。秦汉时期的剥削阶级和劳动者阶级则变动不居,这是中国封建社会的基本特点之一。就阶级结构而言,秦汉时期的剥削阶级与劳动者阶

---

① 《后汉书》卷 49《仲长统传》。

级的构成,一开始就不是单一的。秦和西汉前期,剥削阶级包括皇室贵族、食封地主(主要是军功地主)、豪强地主、一般中小地主和大工商主、高利贷者以及残余奴隶主等。汉武帝以后,食封地主的地位随着汉朝廷对他们的不断打击而削弱, 豪强地主的力量则急剧膨胀。汉初一度受到压抑的大工商主和高利贷者的地位有所上升,中小地主有的上升,有的沉沦。到东汉皇朝统治时期,豪强地主、累世经学的官僚地主(即宗法地主)以及新崛起的外戚贵族和宦官地主成为剥削阶级的主要部分。特别需要指出的是,由于土地买卖和诸子析产继承制,地主阶级中的各集团和每个个体都处于不断的变动之中,有的上升,有的下降,有的从统治阶级中被排挤出来,进入被统治者的行列。亦有个别被统治者由于种种机遇上升到统治者的行列。因为统治集团内部充满复杂的矛盾和斗争,所以上层统治者更是变幻莫测,不断演出许多暴发和破产的光怪陆离的闹剧。一朝暴发,位极人臣,财富以亿计,土地连阡陌;忽而失势,满门抄斩,亲戚族灭,财产归公,土地易主,一个庞大的家族灰飞烟灭,消失得无影无踪。西汉哀帝时,董贤由一名普通郎官,因得到皇帝赏识,几年内平步青云,官至大司马,亲戚故旧盘踞要津。但哀帝一死,不仅官位、财富顷刻非己所有,连性命也保不住。东汉中期以后,外戚、宦官相继擅权秉政,再加上经学官僚侧身其间,暴发与死灭犹如走马灯般的迅速。外戚邓氏、阎氏、窦氏、梁氏,倚靠着皇后的地位,一时间权倾朝野,赫赫扬扬。但随着所依附皇后的死亡或失势,一夜之间,又身首异处,想为平民百姓而不可得。宦官倚为皇帝爪牙,在与外戚和官僚集团的斗争中暴发起来,出入禁中,封侯拜将。"手握王爵,口含天宪",熏焰张天,宠贵莫比。最后被袁绍等人纵兵诛杀,一霎时,寒暑易节,被打入十八层地狱。一个最基本的事实是:作为统治阶级的地主阶级虽然一直稳定地存在着,但构成这一阶级的集团和个人则处于不断的变换中。再加上这一时期封建等级制度并不像欧洲中世纪那样严格和固定, 因而容易给人造成社会没有阶级、四民平等的假象。

作为秦汉社会的被统治阶级,其主体部分是农民。在汉武帝以前,其主要组成部分是:由国家授田的农民,拥有土地和生产工具的自耕农,"或耕豪民之田,见税什伍"的佃农,"持手而食"的雇农,独立个体工商业者和散布于公、私之家的奴婢。武帝以后,随着土地兼并的激烈进行,大量失去土地的授田农民和自耕农变成大土地所有者的依附农民:徒附、部曲、佃客等,他们与在逆境中挣扎的自耕农组成了劳动者阶级的主体。而在西汉末年大量存在的奴婢由于经过绿林、赤眉大起义的涤荡,加上光武帝刘秀解放奴婢政策的实施,在东汉时期反而减少了。与统治阶级内部成分的变动不居相对应,中国历代的被统治阶级的成分也处在经常不断的变化之中,两汉亦然。其中的一小部分人由于种种原因、机缘,上升为地主官僚,跻身统治阶级的行列。这表明,这一时期,无论剥削阶级还是被剥削阶级,都没有凝固化,其间经常进行着各自成员的逆向对流,两者之间并没有一条固定不变的分界线。尽管如此,秦汉时期封建国家作为地主阶级对农民阶级专政工具的本质却是无可置疑的。《秦律》《汉律》等就是这种本质的集中反映。例如,云梦秦简的《盗律》就严禁对国有和私有土地的侵犯。《田律》《仓律》规定了对农民的田租剥削,而《徭律》《戍律》《传律》和《屯表律》等,则规定了农民必须承担的徭役和兵役。为了维护这种剥削和压迫,它还规定了极为残酷的刑罚,仅死刑的名目就有多种。相反,对待犯法的官吏和地主,《秦律》和《汉律》就展示出了它的仁慈和宽厚:不仅规定了减轻罪责、逃避制裁的种种条款,而且还有以钱赎刑等办法帮助他们摆脱法网。

秦汉时期的地主土地私有制以及随之而来的统治阶级与被统治阶级的不稳定性,使中国封建社会无法建立中世纪欧洲式的领主贵族专政的政治体制,而只能建立专制主义中央集权制的政治体制。这个体制的主要特点是:

第一,专制主义中央集权制的核心是皇帝制度。它一方面以皇位世袭显示其权力不可转让的宗法性、排他性;一方面以皇权的至高无上和法力无边显示其权力的不可分割。为了神化皇权,秦皇朝宣布自己当"五德之运"中的水德,汉皇朝既相信"五德之运",又相信董仲舒的"天人感应"的"君权神授"说。皇帝是真龙天子,代表上天实行统治,成为其后两千年间统治阶级不断向人民灌输的观念。

第二,中央行政体制,基本上稳定在三公九卿制上。丞相等官,只在国家决策和行政管理上负有重大责任。虽然其间在汉武帝时期建立"中朝"以分割丞相权力,光武帝时发展到"虽置三公,事归台阁",但三公九卿制的基本格局没有打破。

第三,秦汉时期,郡县制成为地方行政体制的主导形式。除秦朝实行单一的郡县制外,两汉时期基本上是郡国并行制。只是经过汉高帝、文景二帝,特别是汉武帝的努力,诸侯封国已难构成对中央集权的威胁罢了。

第四,由于秦汉处于封建社会的初期阶段,专制主义中央集权制的政治体制,在许多方面还不够严密和完善。例如,皇帝继承制度还未形成严格的嫡长子继承制,官吏的任免还未形成严密的回避制,官吏的选拔也未形成制度化的考试制,随意性还有着更广阔的天地。

第二节　皇帝制度与中央决策系统

一、秦汉皇帝制度

中国封建社会延续两千多年的皇帝制度是秦王嬴政首创的。公元前 221 年秦朝统一六国后,他认为自己"德高三皇,功过五帝",王的称号已经不能显示其至高无上的权势和地位了。

于是命令臣下研究确立一个新的名号。臣子们引经据典,认为传说中的三皇(天皇、泰皇、人皇)中以泰皇最尊贵,建议他以此为号。秦王政决定将传说中的"三皇""五帝"各取一字合成"皇帝"作为自己的名号,并建立了与之相应的一套制度①。西汉皇朝建立以后,上承秦制,与皇帝有关的许多礼仪、制度逐渐制定和完备起来。蔡邕在《独断》中说:"秦承周末,为汉驱除,自以德兼三皇,功包五帝,故并以为号。汉高祖受命,功德宜之,因而不改也。""汉天子正号曰皇帝,自称曰朕。臣民称之曰陛下。其言曰制诏,史官记事曰上。车马衣服器械百物曰乘舆。所在曰行在所,所居曰禁中,后曰省中。印曰玺。所至曰幸,所进曰御。其命令一曰策书,二曰制书,三曰诏书,四曰戒书。"②皇帝的名号,还包括死后的谥号、庙号、陵寝号等,旨在神化正统。随着皇帝名号的确立,其有关亲属的尊号也逐步确立下来。如皇帝父曰太上皇,母曰皇太后,妻曰皇后,子曰皇太子、皇子,女曰公主,孙曰皇孙等。③类似的各种制度、法典亦一一确定下来。西汉初年,萧何定律令,韩信申军法,叔孙通制礼仪,张苍定章程,就是从不同的方面厘定汉代的制度。父曰太上皇的制度,为刘邦首创。史称:"上归栎阳,五日一朝太公。太公家令说太公曰:'天亡二日,土亡二王。皇帝虽子,人主也;太公虽父,人臣也。奈何令人主拜人臣! 如此,则威重不行。'后上朝,太公拥彗,迎门却行。上大惊,下扶太公。太公曰:'帝,人主,奈何以我乱天下法!'于是……诏曰:人之至亲,莫亲于父子,故父有天下传归于子,子有天下尊归于父,此人道之极也。……诸王、通侯、将军、群卿、大夫已尊朕为皇帝,而太公未有号。今上尊太公曰太上皇。"④太上皇是

---

① 《史记》卷6《秦始皇本纪》。

② 蔡邕:《独断》上。

③ 《汉书》卷1《高帝纪》;《汉书》卷97《外戚传》。

④ 《汉书》卷1《高帝纪》。

特殊情况下的产物,在整个中国历史上,仅太公、唐高祖、唐玄宗、宋徽宗、清高宗等数人有此徽号而已。比较而言,皇帝后宫以及与之相连的外戚、宦官制度,则各个朝代都是存在的。秦朝后宫妃嫔多达万人,制度详情史文阙记。西汉时已有较严格的等级规定:"汉兴,因秦之称号,帝母称皇太后,祖母称太皇太后,适称皇后,妾皆称夫人。又有美人、良人、八子、七子、长使、少使之号焉。至武帝制倢伃、妵娥、俗华、充依,各有爵位,而元帝加昭仪之号,凡十四等云。"①为了为如此众多的嫔妃服务,设置了不少机构:皇太后居长乐宫,有长乐少府及职吏为之服务。皇后居长定宫,一般称中宫,有中少府、大长秋、永巷、仓、厩、祠祀、食官令长丞等一班人为之服务。其他嫔妃也有一套相应的机构和官员。

秦始皇生前虽明确宣布:"朕为始皇帝,后世以计数,二世、三世至于万世,传之无穷。"②但他没有采取预立太子的制度,以致死后有胡亥等的"诈立"之举,加速了秦朝的灭亡。刘邦称汉王不久,就立长子刘盈为太子。此后,虽然有因皇帝无子而迎立兄弟或其子的例子,但父子相传、立嫡立长的大体趋势已经确定下来。与皇太子继承制度相适应,也建立起一套为太子服务的东宫官系统:"凡三王教世子必以礼乐……立太傅、少傅以养之,欲其知父子君臣之道也。……师也者,教之以事而谕诸德者也;保也者,慎其身以辅翼之而归诸道者也。秦汉以下,始加置詹事、中庶子及诸府、寺等官,亦有以他官而监护者。"③由于太子是封建帝王的法定继承人,他的确立成为封建秩序的稳定因素,"太子天下本,本壹摇天下震动"④,因而在皇帝生前确立太子就显

---

① 《汉书》卷 97《外戚传》。

② 《史记》卷 6《秦始皇本纪》。

③ 《通典》卷 30《东宫官》。

④ 《汉书》卷 43《叔孙通传》。

得十分重要。

与后宫制度相联系的是外戚制度。所谓外戚,是指皇室的外姓亲属、后妃系统的亲族以及皇家公主的夫族。实际上,他们是一个依附于太后、皇后或皇帝宠妃的裙带政治集团。刘邦为汉王的元年(公元前206年),即封吕后父吕公为临泗侯。此后,皇后父及其兄弟等封侯就成为两汉定制。外戚名籍属宗正管理,享有特殊的待遇。由于外戚无功受禄,仅凭裙带关系猎取富贵,所以是封建皇朝中的重要腐化因素。在皇帝英明、大权在握之时,外戚颇难以干政,一旦幼君继立、女主临朝,外戚干政的局面立即出现。西汉的吕氏、霍氏、上官氏、王氏等都曾形成庞大的外戚集团,人莫予毒,专断朝政。尤其是元帝外戚王氏,一门十侯,五大司马,形成权倾朝野的强大势力,最后终于以篡政的方式将刘氏皇朝易为王氏皇朝。东汉中期以后,外戚专权更加严重,邓氏、阎氏、窦氏、梁氏等相继擅权,把东汉政治日甚一日地导向黑暗。外戚擅权是两汉政治中的重要特点之一,他们一朝得势,即宠树亲党,阻塞贤路,秽溢宫闱,腐化朝廷,屠戮大臣,残虐百姓,擅废擅立,篡乱天下,是皇帝制度肌体上一个不可治愈的毒瘤。

中国奴隶社会与封建社会都保留了宗法制度,为了保持皇室一家一姓血统的纯正,早在先秦时,宫廷中即已使用宦官。开始主要用其服杂役。由于宦官与国君朝夕相处,逐渐取得信任,被委以重任,走上政治舞台,专断朝政,肆意杀戮,成为皇帝制度肌体上另一个致命的毒瘤。秦朝任用赵高做中书令,秦始皇一死,他立即唆使胡亥,挟持李斯,背弃秦始皇遗命,以一次血腥的宫廷政变把胡亥捧上皇位,同时又变本加厉地推行秦始皇激化阶级矛盾的政策,迅速地把秦朝推向覆灭的道路。西汉时,“仍袭秦制,置中常侍官。……皆银珰左貂,给事殿省。及高后称制,乃以张卿为大谒者,出入卧内,受宣诏命。……至于孝武,亦爱李延年。……元帝之世……弘恭、石显以佞险自进,卒有萧、周之祸,损秽帝德焉"①。总起来看,西汉宦官虽然也干了不少坏事,但还没有形成左右朝政的局面。东汉初年,宦官全部用阉人,不再杂以士人。永平中,开始确定员额:中常侍四人,小黄门十人。和帝继位后的政权完全操纵在窦宪为首的外戚手中,"内外臣僚,莫由亲接,所与居者,惟阉宦而已"。后来和帝借助宦官郑众等人的密谋诛除了窦氏,郑众也得到封侯之赏,并任大长秋。宦官的地位空前提高,出现了宦官专权的局面,东汉政治更加腐败。"自明帝以后,迄乎延平,委用渐大,而其员稍增,中常侍至有十人,小黄门二十人,改以金珰右貂,兼领卿署之职。邓后以女主临政,而万机殷远,朝臣国议,无由参断帷幄,称制下令,不出房闱之间,不得不委用刑人,寄之国命。手握王爵,口含天宪,非复掖廷永巷之职,闺牖房闼之任也。其后孙程定立顺之功,曹腾参建桓之策,续以五侯合谋,梁冀受钺,迹因公正,恩固主心,故中外服从,上下屏气。或称伊、霍之勋,无谢于往载;或谓良、平之画,复兴于当今。虽时有忠公,而竟见排斥。举动回山海,呼吸变霜露。阿旨曲求,则光宠三族,直情忤意,则参夷五宗。汉之纲纪大乱矣。"②梁冀被诛后,宦官凶焰张天,权势达到顶点,招致了官僚和太学生们的揭露与抨击,最后酿成"党锢之祸"。官僚太学生们遭到残酷的屠杀,东汉皇朝也就在他们手上走向灭亡之路。

秦汉时期,与皇帝有关的各种礼仪制度逐步制定出来。这些礼仪制度大部分继承殷周以来的各种礼仪制度加以损益。《通典》卷40列举了众多的礼仪,其中大部分都与皇帝有关。如"吉礼"中的郊天、明堂、社稷、山川、藉田、时享、祫禘、巡狩、封禅;"嘉礼"中的舆服、玺绶、纳妃;"宾礼"中的朝觐;"军礼"中的出征仪制、田猎、大射、乡射,合朔伐鼓;"凶礼"中的大丧、初崩及山陵制等,都有一套严格而复杂的制度。目的都是展示皇帝至高无上的地位和威仪。例如,秦朝规定臣子向皇帝朝贺的制度,臣下写

---

①②《后汉书》卷78《宦者列传》。

给皇帝的文书称"奏",自称"昧死",以表对皇帝的敬畏。为皇帝祝寿时"呼万岁"。秦朝也确立了避讳制度,对皇帝的名字不能称呼,平时说话作文遇到与皇帝名字相同或同音的字也必须避讳。刘邦称帝后,因为礼仪制度不健全,他那帮出身卑微的臣子们经常"饮(酒)争功",醉而妄呼,"拔剑击柱",搞得朝堂上乌烟瘴气,使刘邦十分厌恶。叔孙通借机建议由他带领儒生们共起朝仪。朝仪制定后,汉高帝七年(前200年)岁首,刘邦在长乐宫接受百官朝贺。由于一切都按照叔孙通制定的礼仪行事,"竟朝置酒,无敢欢哗失礼者",致使刘邦都高兴得忘乎所以,脱口而出的话是"吾乃今日知为皇帝之贵也"。①

除此而外,皇帝制度还包括服御制度、宗室制度、宫省制度等,其宗旨都是为了维护皇帝的尊严。

二、秦汉中央决策系统及其运行机制

秦汉时期,皇朝中央的决策机构是皇帝主持或命令召集的御前会议、宰辅会议、百官会议等,其中重要的是朝议。外朝朝议由丞相主持,中朝朝议由领尚书事的大将军主持。这些会议对重要军国大事,如立君、储嗣、宗庙、郊祀、典礼、封建、功赏、法制、边事、大臣、罪狱等,进行议论、决策,最后经皇帝裁决后,以诏、制、敕、令等形式,交有关机构与官员执行实施。如"二十八年(公元前219年),始皇东行郡县,上邹峄山。立石,与鲁诸儒生议,刻石颂秦德,议封禅望祭山川之事"②。三十三年(前215年),秦始皇置酒咸阳宫,大会群臣,仆射周青臣与博士淳于越就郡县制与分封制进行辩论,"始皇下其议"。于是李斯提出"焚书"的建议,秦始皇批准执行,结果出现了"竹帛烟消"的一幕历史惨剧。汉高帝十一年(前196年),刘邦命诸侯王、相国、通侯、吏二千石等官

---

① 《汉书》卷43《叔孙通传》。
② 《史记》卷6《秦始皇本纪》。

员,议定一个皇子做代王。燕王卢绾、丞相萧何等三十三人议定刘恒,得到刘邦首肯。同年七月,淮南王英布反叛,刘邦立即召集诸将研究破敌方略,结果是采纳了故楚令尹薛公的建议。文帝十五年(前165年)春,"黄龙见于成纪,上乃下诏议郊祀"①。景帝即位后,马上命丞相、列侯、中二千石和礼官议定祭祀汉文帝的礼制。七月,景帝以为当时律条规定,吏受所监临赂遗饮食,即坐免官爵,于法太重,而受所监临财物及贱买贵卖者,论决太轻,便下令更议改之。于是,"廷尉与丞相更议著令"②。汉武帝即位后,决定改变对匈奴的"和亲"政策,于元光二年(前133年)春"诏问公卿曰:'朕饰子女以配单于,金币文绣赂之甚厚,单于待命加嫚,侵盗亡已。边境被害,朕甚闵之。今欲举兵攻之,何如?'"公卿议论,大行王恢"建议宜击"③,从此开始了长达十多年的汉匈战争。元朔元年(前128年),汉武帝又下诏公卿大夫、中二千石、礼官、博士"议不举(贤良文学、孝廉)者罪"④。宣帝亲政以后,经常与臣下议决军国大事,"令群臣得奏封事,以知下情。五日一听事,〔自丞相〕以下各奉职奏事,以傅奏其言,考试功能"⑤。甘露二年(前53年)冬天,匈奴呼韩邪单于叩五原塞,欲于甘露三年正月行朝礼,对汉匈关系如何决策,宣帝"诏有司议",决定接受其朝拜,使汉匈关系转入和平友好阶段。

汉武帝时期,三公在皇朝的重大决策中所起的作用被削弱,由加衔领、平、视、录尚书事的大将军、侍中、尚书等组成的中朝成为中央的决策机构,丞相府作为"外朝"其决策作用被削弱。东汉建立以后,"虽置三公,事归台阁"⑥,尚书台在决策

① 《汉书》卷4《文帝纪》。
② 《汉书》卷5《景帝纪》。
③④ 《汉书》卷6《武帝纪》。
⑤ 《汉书》卷8《宣帝纪》。
⑥ 《后汉书》卷49《仲长统传》。

中起了更大的作用。但是，无论是中朝的朝议还是外朝的朝议，最后的决策权都掌握在皇帝手上。

　　秦汉时期，皇朝中央的决策建立在对不同渠道反馈的各种信息的掌握上。其对全国各地情况的了解通过各种手段进行。依据上计制度，定期了解各郡国的人口、垦田、税收状况。根据各级官吏的奏章疏报，随时了解各地区各部门发生的情况。监察系统的官员御史、刺史等也及时把自己监察范围内的情况奏报。这些奏报，一般通过遍布全国的亭组成的信息网络传递。以上几方面，是皇朝中央比较固定的搜集信息的主要渠道。此外，皇帝和丞相还不时派出大员有目的有计划地到全国各地巡视，以着重了解某些地区某些方面的情况。如元狩六年（前117年）六月，武帝下诏："今遣博士（褚）大等六人分循行天下，存问鳏寡废疾，无以自振业者贷与之。谕三老孝悌以为民师，举独行之君子，征诣行在所。……详问隐处亡位，及冤失职，奸猾为害，野荒治苛者举奏。郡国有所以为便者，上丞相，御史以闻。"①宣帝元康四年（前62年）正月，"遣大中大夫强等十二人循行天下，存问鳏寡，览观风俗，察吏治得失，举茂才异伦之士"②。王莽做皇帝以后，也曾派出五威将巡视边地，派出风俗使者视察各地，搜集他所需要的各种信息。同时，两汉时期的皇帝，特别是那些有头脑、有作为的皇帝，还十分重视广开言路，以便从臣民上书中了解真实情况和获得一些好的建议。例如，西汉建国之初，刘邦原决定建都洛阳。后来，戍卒娄敬一席话，使他改变主意，把首都移到地理条件优越的关中地区。文帝前十五年（前165年）九月，"诏诸侯王公卿郡守举贤良能直言极谏者，上亲策之，傅纳以言"③。元帝初元三年（前46年）春，"珠厓郡山南县反，博谋群臣。待诏贾捐之以为宜

---

① 《汉书》卷 6《武帝纪》。
② 《汉书》卷 8《宣帝纪》。
③ 《汉书》卷 4《文帝纪》。

弃珠厓,救民饥馑。乃罢珠厓"①。另外,几乎所有皇帝都亲自到全
国各地巡行,以便了解情况,解决问题。秦始皇下令修建了宏伟
壮丽的阿房宫,可他在外巡行的时间却远远超过在宫中安居的
时间。东至大海,西至鸡头山,北至逶迤万里的长城,南至碧波浩
渺的洞庭湖,都留下了他的足迹。其他皇帝,如处于征战中的汉
高帝和光武帝,几乎终日驰骋疆场,自不必说,就是和平环境中
的皇帝,如西汉的文、景,东汉的明、章,也经常是席不暇暖,车船
交接,奔波于全国各地。汉武帝不仅数次亲临边塞,视察国防工
程,而且也亲临黄河决口处,督导臣民修复大堤。

秦汉时期的皇帝从获得信息到作出决策,一般经历这样一
些程序:皇帝将问题交有关机构和臣下讨论,提出方案,经由皇
帝批准,交御史府拟定诏、制、敕、令,经丞相副署后交有关方面
执行。这就是在《本纪》中经常出现的从"有司提议"到皇帝"制曰
可"的过程。亦有些比较简单的问题,皇帝自己决断,直接交由御
史府拟定文告,经丞相副署后颁行。有些较重大或疑难的问题,
一般经过朝议与廷争,让较多的臣子参与辩论,最后由皇帝裁
决,再按既定程序执行。如吕后当权时,决定封诸吕为王,举行朝
议时,发生了激烈争论。任气好直言的丞相王陵以高帝"非刘氏
而王,天下共击之"的遗言为根据,坚决反对。而老谋深算的陈平
和周勃则以"无所不可"加以迎合。罢朝后,陈、周遭到王陵斥责。
陈平的回答是:"于面折廷争,臣不如君;全社稷,定刘氏后,君不
如臣。"②也有时候,经过朝议与廷争,皇帝屈从臣子的意见。如刘
邦欲废太子,周昌、叔孙通等据理力争,后经张良等出谋划策,最
后打消了易立的念头。汉朝皇帝的决策,分别采用四种方式下达
执行,这就是诏、制、策、敕。关于这四种文书的区别,《后汉书》卷
1《光武帝纪上》注引《汉制度》作了说明:"帝之下书有四:一曰策

---

① 《汉书》卷 9《元帝纪》。
② 《汉书》卷 40《王陵传》。

书,二曰制书,三曰诏书,四曰诫敕。策书者,编简也,其制长二尺,短者半之,篆书,起年月日,称皇帝,以命诸侯王。三公以罪免亦赐策,而以隶书,用尺一木,两行,惟此为异也。制书者,帝者制度之命,其文曰制诏三公,皆玺封,尚书令印重封,露布州郡也。诏书者,诏,告也,其文曰告某官云,如故事。诫敕者,谓敕刺史、太守,其文曰有诏敕某官。它皆仿此。"在这四种文书中,用得最多的是诏书。

在秦汉中央决策机制运行中,我们可以发现其重要特点:一是皇帝拥有最后的裁决权,这是一个不受限制的权力;二是决策的人治主义原则,无法可依和有法不依的情况比比皆是;三是决策的随意性,缺乏科学的论证体制。

在封建专制主义中央集权的体制下,皇帝拥有最高的行政、司法、军事、财政、人事等各方面的权力。"天下之事,无小大皆决于上"①。而这些权力是不受任何限制的。在皇帝眼里,国家是他的私产,从臣子到百姓,都可以任意处置。皇帝是国家元首,以丞相为首的百官既受其任免又一切听命于他。皇帝制定颁布并随意更定法律,他的话也就是法律:"前主所是著为律,后主所是疏为令……何古之法乎?"②对于国家的土地和其他财产,皇帝既可以任意挥霍,又可以任意封赏臣下,比处理自己的钱袋还慷慨大度。皇帝又是全国武装部队的最高统帅,从太尉、将军到每一个士卒都听命于他的调度。皇帝接受臣民的建议改变自己主意的例子是存在的,这只说明他有善于纳谏的品格和气度,却丝毫不能证明他的权力是可以被限制的。

正因为秦汉时期皇朝中央的决策盛行人治主义原则,无法可依和有法不依的情况十分严重,因而在决策上往往是显出随意性和盲目性,缺乏科学论证,容易造成失误。例如,秦始皇二十

---

① 《史记》卷6《秦始皇本纪》。
② 《汉书》卷60《杜周传》。

八年(前 219 年),他"浮江,至湘山祠"时,遇到大风,便问博士:
"湘君何神?"得到的回答是"尧女,舜之妻"。"于是皇帝大怒,使
刑徒三千人皆伐湘山树,赭其山。"①你看,这一毫无意义的蛮干
之举仅仅导因于一场大风。始皇三十二年(前 215 年),"使将军
蒙恬发兵三十万人北击胡"的巨大军事行动,其诱因出于燕人卢
生所奏图书谶语"亡秦者胡也"②。刘邦大规模北击匈奴之举,是
韩王信的叛变诱发出来的,既未经与臣子细密论证,又拒绝娄敬
的劝谏,贸然行事,结果遭到一次大的失败。

第三节　秦汉中央行政体制及其运行机制

一、三公与丞相制度

三公为古官名,最早出现于《尚书·周官》:"立太师、太傅、
太保,兹惟三公。"其他典籍虽有不同的说法,但习惯上把朝廷
最高的三个官员称三公。不过,秦和西汉时期中央的三个最高
官职丞相、太尉、御史大夫并不是并列的三公。直到汉成帝绥和
元年(前 8 年)将御史大夫更名为大司空,使之"禄比丞相"之
后,三公才成为法定的官名。在此之前,秦汉中央实行的实际上
是丞相制度。

丞相,又称相国,简称相。它"掌丞天子,助理万机"③,是百
官之首。秦朝一般设左右丞相,以左丞相为上,西汉前期一般
设一个丞相。西汉后期与东汉时期的三公皆等于丞相。东汉末
年又复设一丞相。其间丞相职权不断发生变化。西汉前期,尤

---

①②《史记》卷 6《秦始皇本纪》。
③《汉书》卷 19《百官公卿表上》。

其武帝之前,丞相多由功臣选任,位尊权大,总理百官,协理万乘,一切事皆归其管辖。陈平说:"宰相者,上佐天子理阴阳,顺四时,下育万物之宜,外镇抚四夷诸侯,内亲附百姓,使卿大夫各得任其职焉。"①汉宣帝概括丞相职责为:"宣明教化,通达幽隐,使狱无冤刑,邑无盗贼。"②成帝以制诏的形式,归纳丞相的职责,说:"丞相以德辅翼国家,典颂百僚,协和万国,为职任莫重焉。"③总之,丞相职责无所不统,无所不包,上自天时,下至人事,都是其职权范围。其具体职责包括:选用官吏、劾案百官、执行诛罚,主管郡国上计与考课,总领百官朝议与奏事、封驳与谏诤等。这一切大体可归纳为两个方面,一是用人,二是决策,这就把国家政务中两个最重要的方面包揽了。因为职事繁多,所以丞相府的机构日益扩大,到汉武帝时,吏员已增至三百余人。④其重要官属有司直、长史以及诸曹掾属的丞相徵事、丞相史、丞相少史、东曹、西曹、奏曹、集曹、议曹、侍曹、主簿、大车属等。这些官吏分职司事,管理着全国从中央到地方的各项事务。

从秦朝到东汉,丞相职权不断发生变化。汉武帝以前,它位尊权重,礼遇宠隆,凡居相位必须先有列侯的封爵。汉武帝时公孙弘以布衣为相后,也得到封侯之赏。这种成例直到东汉初年始废。由于丞相位尊权大,因而不可避免地与君权发生冲突。有不少丞相在冲突中被皇帝处死。汉武帝开始有意识地削弱丞相的权力,他设中朝尚书,夺取了不少原属丞相的决策权。昭帝时,霍光以大司马大将军录尚书事,掌握了朝中全部大权,"政事壹决于光"⑤。丞相变成了等因奉此的执行官吏。成帝时,正式置三公

---

① 《史记》卷 56 《陈丞相世家》。
② 《史记》卷 89 《黄霸传》。
③ 《史记》卷 82 《王商传》。
④ 《史记》卷 84 《翟方进传》。
⑤ 《汉书》卷 68 《霍光传》。

官,丞相之权一分为三。哀帝时,丞相之名也被大司徒所代替。东汉光武帝时,尚书台正式成为最高权力机关,丞相(司徒)就彻底沦为论道的备员了。

御史大夫为秦官,西汉因之,"掌副丞相"①,地位仅次于丞相。因为它是由天子的亲信发展起来,所以与皇帝的关系相当密切,经常受皇帝差遣处理一些重要问题。又因为它是皇帝的秘书长,所以皇帝的制书与诏语下达时,也多由其承转,然后才下达丞相。御史大夫甚至可以奉命督兵出征,承担军事重任。御史大夫位于丞相之下,九卿之上,其主要职责是辅佐丞相,总理国政。谷永认为它"内承本朝之风化,外佐丞相统理天下"②。朱博也说它"位次丞相,典正法度,以职相参,总领百官"③。它同时还主管图籍秘书,四方文书,又熟知法度律令,兼有考课、监察和弹劾百官的权力。它设有专门的官府处理政务,与丞相府号称二府。其属官有御史中丞、侍御史、治书御史、符玺御史、监御史、绣衣御史等。西汉成帝时,御史大夫"更名大司空,金印,紫绶,禄比丞相"④,地位身份与丞相一样,成为名副其实的三公。但由于此时丞相的权柄已向中朝转移,其实际职权反而削弱了。东汉初年,光武帝改大司空为司空,将其职掌变为掌管水土,⑤在举朝数以十计的重要职位中,它更微不足道了。显然,御史大夫真正起作用的时期也就只有秦和西汉前期约百年的时间。

秦朝"掌武事"的官吏叫太尉或国尉,"金印紫绶"⑥,西汉时与丞相同一级别。但时置时废,不像丞相那样固定。武帝建元二

---

①《汉书》卷 19《百官公卿表上》。

②《汉书》卷 83《薛宣传》。

③《汉书》卷 83《朱博传》。

④⑤《汉书》卷 19《百官公卿表上》。

⑥《续汉书·百官志一》。

年(前139年)罢太尉后,其名称屡变。或称大司马,或称大将军,或称大司马大将军,是汉代武将的最高荣誉职位。但它只是皇帝的军事顾问,本身并无发兵领兵权[①],因而官属较少,有时并入丞相府,武帝以后,做大司马大将军者几乎都领尚书事,成为中朝的官员,其权柄虽大,但却不再属三公的范围了。东汉光武帝建武二十七年改大司马为太尉以后,其权渐重[②],在三公中地位最尊隆,因为此时他不仅兼理军政,而且也领尚书事,太尉府的职权相当于两汉的丞相府。属官甚多。其中长史1人,掾史属24人,令史及御属23人。东汉末年,曹操自任丞相,掌握国政,太尉的权力旁落。

二、中央其他行政机构及其职能

后人习惯用"三公九卿"概括秦汉时期的中央官制,其实,秦和西汉都没有建置法定的九卿官。丞相以下达到中二千石的官员数目不止九人,可名为诸卿。他们在丞相以下组成了中央政府的各职能部门。现分述如下。

太常,秦朝名奉常,西汉改为太常,王莽时改称秩宗,东汉初复称太常,建安中又复奉常之称。"掌宗庙礼仪"。他每年对宗庙主持十二次祭礼,三年主持一次大祭礼。每月定期巡狩陵寝。另外,还兼管博士弟子员的选拔、教育和补吏。共有员吏八十五人,主要是太乐、太祝、太宰、太史、太卜、太医六令丞,都水、均官两长丞以及博士等。西汉中期以后,其权渐削。考试之权在武帝时归尚书,管理陵邑的权力也在元帝时划归三辅了。

宗正是管理皇族和外戚事务的官员。自秦设立,终两汉之世基本没有变化。因职掌所关,任职者都是宗室贵族。其属官有宗正丞、都司空令(东汉省),内官长以及诸公主家令门尉等。

---

① 《汉书》卷3《高后纪》;又卷97上《吕后传》。
② 《续汉书·百官志一》。

　　光禄勋，秦与西汉初称郎中令，其职责是"掌宿卫宫殿门户，典谒署郎更直执戟宿卫门户，考其德行而进退之，郊祀之事掌三献"①。实际上是总管宫内一切事务，因而机构庞大，属官众多，且秩位也较高。属官除卿丞外，还有大夫、郎、谒者、光禄掾、光禄主事、主簿等。另外，光禄勋还兼管朝门、羽林等近卫军，以及大夫、五官左右中郎将、车、户、骑三将。

　　卫尉，秦时开始设立，两汉时期两次短暂改名，一次是景帝时改名中大夫令，一次是王莽时改称太卫。其职责是统辖卫士，卫护宫门。属官有公车司马令、丞，卫士令、丞，旅贲令、丞以及诸屯卫、司马二十二官和诸宫卫士等。②

　　太仆，秦时设立，一直到东汉无大变化，仅在王莽时一度更名为太御。其主要职责是"掌车马"。但因其经常不离皇帝左右，"天子每出，奏驾上卤簿；大驾，则执驭"③。又因其主持国家的马政，所以地位十分重要。

　　廷尉，秦时设立，两汉时数次改为大理。职掌是管理刑狱，为最高司法官。廷尉一方面依法断案，不徇私枉法，一方面接受地方上的上诉，受理全国的疑难案件。同时还管理中央的监狱。其属官有廷尉正，廷尉左、右监，左、右平以及廷尉史、从史、书佐等。

　　大鸿胪，秦朝时名典客。西汉景帝时更名大行令，武帝时改称大鸿胪，王莽时称典乐。其职责是"掌诸归义蛮夷"④，即少数民族事务，还有诸侯王入朝时的朝会、封爵等礼仪，以及管理四方郡国的上计之吏等。⑤其属官有丞及行人、译官、别火三令、丞、郡邸长、丞、使主客、大鸿胪文学、大行治礼丞、大行卒史等。

---

　　①⑤《续汉书·百官志二》。

　　②《汉书》卷19《百官公卿表上》。

　　③《续汉书·百官志二》。

　　④《汉书》卷19《百官公卿表上》。

大司农,秦时名治粟内史,景帝时更名大农令,武帝时更名大司农。其职责是管理国家钱、谷、租税等财政收入与支出。属官除大司农丞和大司农部丞外,还有太仓令、均输令、平准令、都内令、籍田令、斡官长、铁市长以及郡国都水、仓长、农监、盐官、铁官等。

少府,秦时设立;王莽时一度改为共工。其职责是管理"山海池泽之税"①,以供国君为首的皇室之用。由于它等于皇室的财务总管,管理的事务特别庞杂,因而其机构之大和属官之多在诸卿中居第一位。

执金吾,秦时名中尉,武帝时改名执金吾,王莽时改名奋武,东汉时又复名执金吾。其职责是执掌宫殿之外、京城之内的警卫工作,同时在皇帝出行时充任护卫及仪仗队。属官有丞、侯、司马、千人、中垒令、寺互令、都船令、武库令、左辅都卫、右辅都尉、缇骑二百人。东汉时,除武库令外,其余官吏均省。执金吾的职责也只剩仪仗队一项了。

将作大匠,秦时名将作少府,景帝时改称将作大匠。其职责是"掌治宫室"②,筹划营建宗庙、宫室、陵园。其属官除丞外,尚有左、右、中侯,石库令,东园主章令以及左、右、前、后、中校令等。

秦和西汉的中央机构已经有比较严密的组织系统,有比较明确的分工,但也表现出家、国不分的特点,整个机构以皇权为中心,为皇室服务的机构多于国家的政务机构。上面介绍的十一个机构中,有七个基本上是为皇帝服务的,它们是:太常、宗正、光禄勋、卫尉、太仆、少府、将作大匠。这说明,中央集权的行政体制从其在全国确立即日起,就成为皇权的附属物,它既是皇权的外延,又以皇权为依归。

---

①②《汉书》卷 19《百官公卿表上》。

三、西汉中期以后行政体制的变化及其职能转换

在秦和西汉时期,丞相是封建国家政权的中枢。汉武帝为了削弱丞相的职能,不断加强尚书的权力,逐渐形成了决策机构中朝(或称内朝),而以丞相为首的政府机构逐渐失掉了决策权,变成了单纯的执行机构。

秦朝时,尚书是少府的属官,设尚书令、尚书仆射、尚书丞以及左右曹诸吏等,①初步形成了自己的办事机构,但地位并不重要,汉武帝时,由于他有意识地提高尚书的权力,赋予其决策的职能,权柄逐渐扩大。元帝时石显任中书令已经是"贵幸倾朝"了。②成帝正式建三公官,由丞相总理政务的中央政府一变而为司徒、司马、司空三公分权的中央政府。作为中朝的尚书的权力进一步扩大,尚书员额增至五人,分工管理公卿、郡国二千石、吏民上书、外国夷狄及断狱等事务,正式组成宫廷内的政治机构。刘秀建立东汉政权以后,虽然也组织了三公为首、九卿分职的中央政府,但鉴于王莽篡政的教训,他把大权完全集中于宫廷,"选举诛赏,一由尚书,尚书见任,重于三公"③。尚书台正式成为总理国家政务的中枢,变成事实上的国家最高权力机关。实际上,自汉武帝以后,尚书就逐渐获得了出纳章奏、拆阅章奏、裁决章奏、下达章奏的权力,即"出纳王命,赋政四海,权尊势重,责之所归"④。同时,又不断侵夺中央政府的职权,将原属丞相所有的选举、任用、考课官吏之权,廷尉拥有的刑狱诛赏之权,统统收揽到自己的手上,成为"总典纪纲,无所不统"⑤的朝廷实权派高级

---

① 《宋书》卷 39《百官志》。
② 《汉书》卷 93《石显传》。
③ 《后汉书》卷 46《陈忠传》。
④ 《后汉书》卷 63《李固传》。
⑤ 应劭:《汉官仪》。

官吏。光武帝特诏朝会时尚书令得与御史中丞、司隶校尉专坐席，被京师号为"三独坐"。随着尚书台权力的日益膨胀，其机构也不断扩大。主要官员除尚书令、尚书仆射外，还有尚书丞二人、尚书郎四人、尚书令史多人。而分职办事的最主要官员为六曹尚书：掌天下岁尽集课州郡的三公曹尚书(二人)，掌选举斋祠的吏曹尚书，掌中都官水火、盗贼、辞讼、罪法的二千石曹尚书、掌缮理功作、监池花囿的民曹尚书、掌羌胡事务的客曹尚书等。

东汉时期，尚书令的实际职权虽高于三公，但在名分上仍为少府的属吏，其秩位只不过千石，而少府又是隶属于三公的卿之一，因而尚书在名义上也还是三公的下属。由此必然产生下属领导上司的矛盾。为了解决这一问题，于是产生出领、平、视、录尚书之制。即由加衔的"领尚书事""平尚书事""视尚书事"或"录尚书事"的中央高级官吏兼管或主持尚书台的工作。西汉时期，大司马大将军霍光、大司马车骑将军张安世、左将军师丹、前将军肖望之、光禄勋孔光、光禄大夫张禹等都担任过这一职务。因此，汉武帝以后，大司马大将军一职成为常设官员，并主要由外戚担任，其职权也超过丞相。到东汉时，领、平、视尚书事等名称不复见，改称录尚书事。从中朝官领、平、视尚书事的制度也一变而为每帝即位，即置太傅录尚书事，或以太尉与太傅同时参录的制度。牟融、邓彪、徐防、赵峻、陈蕃等就是以太尉、太傅等职务参录尚书事的[①]。同时，窦宪、梁冀等外戚也以"决尚书事"的名义控制尚书台，从而操纵国家政务。

自从汉武帝加强尚书的权力在卧榻之侧设立中朝以后，尚书台的权力日趋膨胀而变成国家的中枢机构。它既是天子的喉舌，又是百官的冢宰，名义上不过是宫廷近侍，实际上成为中央政府权力的总汇。谁掌握尚书台，谁就成为实际的当权者。位至上公、三公和大将军之类显要官职也必须获得领、平、视、录尚书

---

① 《太平御览》卷 210《职官·录尚书》。

事的加衔之后才能掌握国家政权,成为名副其实的执印大臣。尚书台的产生是两汉皇帝削弱宰相权力,加强专制主义中央集权的产物。它在加强皇帝个人的专制独裁方面起了重要作用。不过,其作用的发挥必须具备一个重要的先决条件,这就是皇帝本人必须富于春秋,其威望、能力和手段足以驾驭群臣。否则,当皇帝幼弱或昏聩无能的时候,尚书台就会成为掌握它的大臣们窃弄权柄的依据。西汉时期的外戚霍光,宦官石显、弘恭就是依此权柄擅权秉政,后来的外戚王氏更据此权柄长期把持政权,在中央与地方形成了盘根错节的势力,最后由王莽出台,轻而易举地将篡弑阴谋像开玩笑般地付诸实施,变戏法儿似的搞出了一个"新"皇朝。东汉和帝以后,外戚、宦官据此权柄,相继专断国政,皇帝反而成为他们手中的玩物。最后在曹丕导演的"禅让"闹剧中,乖乖地把皇冠交给了自己的臣子。由此看来,加强专制主义中央集权虽然能收效于一时,一旦条件发生变化,也往往会走向自己的反面。

第四节　秦汉地方行政体制

一、郡县与王国

秦朝的地方行政体制是郡县制。汉代虽然发生了不少变化,但刘邦在汉初所创立郡国并行的基本格局,终两汉之世都维持着,不过郡县制占有主导地位罢了。

秦始皇统一六国后,分全国为 36 郡,后增至 40 余郡。西汉平帝时,有郡国 103 个,其中除三辅外,有郡 80 个。东汉光武帝时精兵简政,省郡国 10 个。顺帝时,有郡国 105 个,其中郡 79 个。两汉与秦时的郡虽同为一级行政机构,但也有大小之异和远近之别。

京师为帝王所居,比一般郡地位重要很多。秦朝以内史掌治京师。汉承秦制,亦以内史为京师最高行政长官。汉景帝时,分左、右内史。武帝时右内史更名为京兆尹,左内史更名为左冯翊。景帝时还将秦时的主爵中尉更名为都尉,武帝时更名为右扶风,与京兆尹、左冯翊共称"三辅",同居长安城中,负责管理京师及其附近地区。三辅秩中二千石,比一般郡守高,并且还能与九卿一样,"独奉朝请"①,即有资格参与朝议。因此,郡守转三辅,被视为晋升,反之则为降黜。三辅长官可晋升九卿,亦可直接升为三公。三辅属官相同者有三辅都尉、令、丞等。各官都有自己不同的属官,如京兆尹的属官有长安市令、丞,长安厨令、丞,都水长、丞,铁官长、丞等。左冯翊的属官有廪牺令、丞、尉,左都水长、丞,铁官长、丞,云垒长、丞,长安四市长、丞等。右扶风的属官有掌育令、丞,右都水长、丞,铁官长、丞,厩长、丞,雝厨长、丞等。由于三辅地位特殊,其属吏也备受优待,如他郡卒吏为百石,此地为二百石。他郡游徼、狱吏皆不满百石,此地皆达百石。

东汉迁都洛阳后,治京师的长官改成河南尹。原西汉首都长安的三辅仍保留,但其秩从中二千石减为二千石。河南尹为中二千石,并得奉朝请。由于河南尹掌治首都,地位重要,东汉对其人选比较慎重,出现了一批才行卓异、治绩斐然的好官。河南尹的属吏多达 927 人,其中主要的有廪牺令、洛阳市长、荥阳敖仓官等。

郡是秦汉时期重要的地方行政机构。其主管长官为郡守。《汉书·百官公卿表》载:"郡守,秦官,掌治其郡,秩二千石。有丞,边郡又有长史,掌兵马,秩皆六百石。景帝中元二年(前 148 年)更名太守。"太守作为一郡的最高行政首长,成为中央与县之间的联系中介,对上承受中央命令,贯彻执行;对下督责所属各县,

---

① 孙星衍辑:《汉官解诂》。

推行各项政务。举凡民政、司法、财政、教育、选举以及兵事等,无所不统。其主要职责是:辟除六百石以下的幕僚属吏,还可以自置令长以摄理属县政事;按照中央所定科目员额选举诸如孝廉、贤良方正、茂才异等、文学明经以及有道之士等;根据各自守郡的实际情况,因地制宜,自设各种条例,如劝民农桑、整齐风俗、举办地方教育事业等;行使赏罚、司法和监察权;获得特许或事处非常,可行生杀予夺之权,掌一郡兵权;除支配按律定由中央拨的经费、俸禄外,还掌握支配田赋以外的杂调以及公田和山泽之利。其实,作为地方上的最高行政长官,郡守对于郡内事务是无所不管的。拥有封爵的达官贵人,直属中央的机构如盐、铁、均输之类,只要在其辖区,就受到郡守管理。不过,郡守对上要接受丞相、御史大夫的监督,并定期向丞相汇报工作。西汉武帝以后,还要接受刺史的直接监督。

郡的佐官属吏较多。佐官有郡丞、长史、都尉,边郡地区还有关都尉、骑都尉、农都尉、属国都尉等。因郡府分曹办事,所以属吏较多,如管理民政的户曹、比曹、时曹、田曹、水曹;管理财政的仓曹、金曹;管理交通的集曹、漕曹、法曹;管理军事的兵曹、尉曹;管理治安和司法的贼曹、决曹、辞曹;以及管理教育的学官和管理卫生的医曹等。在郡中属吏中地位最重要的是在郡府中职总内外的功曹,仅次于功曹的五官掾和担任监察、巡行属县的督邮。另外,郡守还有最亲近的一批门下属吏,如主簿、主记室吏、少府、六下督盗贼、门府亭长、书佐、循行、干、小史等。

郡守对于属吏有任免与荐举权,因而属吏与长官、被举者与举主往往结成一种特殊的关系。属吏即使将来做了大官,对于往日的长官和举主也自称"故吏"。平日,属吏事郡守犹如臣子事君父,生为之服役,死为之服丧,在官场上与之同进退、共荣辱。这种以私恩结成的人身依附关系,必然造成与中央集权的离心力量,助长地方割据势力的发展,是东汉末年军阀割据出现的原因之一。

郡以下的行政机构是县。汉县因情况不同而有不同名称："列侯所食县曰国,皇太后、皇后、公主所食曰邑,有蛮夷曰道。"①西汉县、道、国、邑的数目为 1587;东汉顺帝时为 1180。县的长官称令和长。从秦开始,万户以上称县令,万户以下称县长。县令长的职责很多,实际上对其辖县无所不管:"皆掌治民,显善劝义,禁奸罚恶、理讼平贼,恤民时务,秋冬集课,上计于所属郡国。"②其主要任务是以礼、法两手治理民众,管理财政、司法、狱讼、兵役。即兵、刑、钱、谷等事。县令每年秋定期集课,然后上计所隶郡,以待郡府评定殿最。郡守通过每年的上计和平时的检查,对县令长的工作进行考察。

县的主要佐官有县丞和县尉。县丞的职责是"署文书,典知仓、狱"③。县尉职责是主盗贼和役使卒徒,因其往往独立行使职权,所以有官廨。县的其他属吏分曹置掾办事,与郡的列曹对口,主要人员有功曹、廷掾、门下亲近吏中有主簿、主记、录事、少府、门下游徼、门下贼曹等。分职办事的列曹有:主管民政的户曹、田曹、水曹、将作掾等;主管财政的仓曹、金曹;主管交通的集曹、法曹、邮书掾、道桥掾、厩啬夫;主管军事的兵曹、库啬夫、尉曹;主管司法、治安的贼曹、狱掾史、狱司空、传舍、候舍吏、守津吏、市掾、盟掾。另外,还有管理学校的校官祭酒,以及诸如祭酒、议曹、从掾位、从史位之类的散吏等。县府的吏员多至数百人,是一个颇具规模的官僚机构。

秦朝全面推行郡县制,除了长信侯嫪毐在秦统一以前有一个封国存在了很短一段时间外,再也没有什么封国存在。两汉实行郡国并行的行政体制,王国与侯伯就成为地方政权中的一个组成部分。刘邦在楚汉战争期间和西汉初年,曾分封了八个异姓诸侯王。后来花了不少力气才将他们大部剿灭。在此过程中,他

①《汉书》卷 19《百官公卿表上》。
②③《续汉书·百官志五》。

又封了几个同姓诸侯王，目的是利用同姓的骨肉之亲巩固地方统治并拱卫汉朝中央。在汉初的确起到了这样的作用。但随着时间的推移，日趋坐大的同姓诸侯王也形成了对中央集权的威胁。后来，文帝接受贾谊"众建诸侯而分其力"的建议，分割诸侯国的地盘。景帝接受晁错"削藩"的建议，平定吴、楚七国之乱，采取诸如收回王国行政、官吏任免以及财政等权的措施，大大削弱了诸侯王的势力。武帝时又接受主父偃的建议，颁布"推恩令"，在各王国中分封其子弟，划出许多小侯国。而后又作"左官之律"，设"阿党附益之法"，从此诸侯王不再预闻国政，只能衣食租税，基本上解除了诸侯王国对汉中央的威胁。东汉建国伊始，即重申"阿党附益之法"，对诸侯王加以种种限制。因而在东汉一朝，诸侯王没有构成对中央集权的威胁。西汉皇朝在消灭了异姓诸侯王以后，陆续制定了一系列限制诸侯王的法规，除了上面提到的以外，还有：禁止诸侯王窃用天子仪制，诸侯王置吏需依汉制，无虎符不得擅自发兵，不得在国内私自煮盐冶铸，不得擅自授爵与人和赦免死罪，不得收纳亡人和藏匿亡命，诸王定期入朝，向皇帝贡纳献费、聘币和酬金，还规定诸侯王不得与外戚私自交往，不得与其他诸侯私自会晤，不得对朝廷大臣私自赏赐，不得私自出境等。

王国官制仿照中央，有一套复杂的系统。但随着诸侯王权力的逐步被削弱，王国官吏也在不断的缩减中。《续汉书·百官志五》关于西汉王国官吏情况有这样一段记载：

> 汉初立诸侯王，因项羽所立诸王之制，地既广大，且至千里。又其官职，傅为太傅，相为丞相，又有御史大夫及诸卿，皆秩二千石，百官皆如朝廷。国家惟为置丞相，其御史大夫以下，皆自置之。至景帝时，吴、楚七国恃其国大，遂以作乱，几危汉室。及其诛灭，景帝惩之，遂令诸王不得治民，令内史主治民，改丞相曰相，省御史大夫、廷尉、少府、宗正、博士官。武

帝改汉内史、中尉、郎中令之名，而王国如故，员职皆朝廷为署，不得自置。至(汉)成帝，省内史治民，更令相治民，太傅但曰傅。

王国的主要官吏有太傅，成帝时只称傅，是王的师傅，由天子代置。其职责是在道德学问等方面教导国王，地位崇隆，但不参加政务。王国最重要的行政官吏是相，初名相国，帝惠时更名丞相，景帝时改称相，也是由汉天子代置。终西汉之世，秩二千石。相的职责是"统众官""总纲纪"，王国内的所有政务均归其掌管。他对诸侯王既有辅导之责，亦有谏诤或举奏之权。因地位重要，故任此职者多是功臣和干才，如曹参任齐国相，周昌任赵国相，田叔任曹国相，董仲舒为胶东、江都等国相。西汉中期以前，由于诸侯王势力范围都比较大，相的地位一直在郡守以上。元帝时明令"诸侯相位在郡守下"[①]。此后，郡国连称，王国相也就与郡府等列了。但王国官吏与郡府不一样，它有仿行中央的一套机构和员吏。如丞相府的属吏就有长史、少史、从史、舍人、相掾等。除太傅和相外，王国其他官吏尚有：维持王国治安和督察军吏的中尉，负责监察事宜的御史大夫(吴楚七国之乱后罢)，总揽王室实行政务的内省(成帝时省)，负责王之警卫工作的郎中令，掌管宫门卫屯兵的卫尉、太行，掌管司法狱讼的廷尉，管理王室私收入的少府，管理王室宗族事务的宗正，备顾问的博士(廷尉以下官，景帝时省)，管理车马舆服的太仆，统帅王国武装力量的将军，以及都尉、校尉、私府长、太仓长、医工长、太医、尚方、尚食监、永巷长等。以上是西汉王国属吏的情况。东汉时王国虽然继续存在，但领地狭小，大者亦不过一郡，因而官属也较西汉为少。据记载，只有傅、相、中尉、郎中令、治书、大夫、谒者、礼乐长、卫士长、医工长、永巷长、祠祀、郎中等，且秩位皆不高，除

---

① 《汉书》卷9《元帝纪》。

傅、相、中尉、郎中令外，其余秩都在千石以下，其规格和职守与一般郡已没有什么区别了。①

除王国外，秦汉还存在许多侯国。秦的列侯食邑不治民，仅衣食租税。西汉之初，刘邦封了许多功臣侯，起到了拱卫王室的作用。但其承爵的后代大都骄奢淫逸，横行不法，因而与中央集权发生矛盾，不少乃以各种罪名蠲除。汉武帝"推恩令"下分封的一批娇生惯养的王子侯，也因既无能力，又无权力，处于日趋没落之中，加上地方官吏对他们的管束愈来愈严，他们的存在已经无足轻重了。西汉侯国相当于县一级行政单位，可以独立为国。到了东汉，除县侯外，还有都乡侯、乡侯、都亭侯等级别，皆不独立为国，仅成一衣食租税的地主而已。秦汉中央对列侯加以种种限制，中央设主爵中尉，掌管列侯事务。列侯居国后，要受郡守尉的监督，对其征发国人的徭役和租税，也有严格的规定，不得"擅兴"和"过律"。还规定列侯不得与诸侯王私通，更不能擅自逾越国界。另外，尚有匿死、铸白金、擅发卒为卫、买田宅不发、诅上以及谋反等罪名对他们加以限制。东汉时期，对列侯大致遵循西汉制度而更加严格，再加上地盘小、封户少，势单力薄，已是人微言轻了。侯国主要官吏有家丞、门大夫、庶子、行人、冼马等数人。

二、乡里制度与户籍按比制度

虽然从全国范围看，县是基层行政单位，但真正直接管理百姓的是乡、亭、里之类的组织。国家的赋税、徭役、兵役以及地方教化、狱讼、治安等事，都是由乡里官员直接承担办理的。《汉书·百官公卿表上》在记述乡里官员的情况时说："大率十里一亭，亭有长；十亭一乡，乡有三老、有秩、啬夫、游徼……皆秦制也。"这里的排列顺序是乡、亭、里，并且都是十进位。据不少学

---

① 《续汉书·百官志五》。

者考证,这一排列矛盾太多,恐有讹误。实际上亭并不是乡属的一级行政组织。大体上农村十里一乡,城市十里一亭(市镇、交通要道亦设亭),都直属于县。县以下分若干乡,西汉平帝时有县道邑国 1587,有乡 6622,平均每县辖 4 乡有余。据《续汉书·郡国志五》记载,东汉有县邑道侯国 1180,注引《东观书》记,永兴元年(153 年)乡 3681,平均每县辖 3 乡有余。乡中官吏情况是:"乡有三老、有秩、啬夫、游徼。三老掌教化。啬夫职听讼,收赋税。游徼徼循,禁贼盗"①。 这里,三老掌教化,是百姓的表率,职责是教导人民安分守己,老老实实地服从统治者的剥削和压迫。因而秦汉统治者对选择三老十分重视。高帝二年 (前 204 年)二月曾下举三老的诏书:"举民年五十以上,有修行,能帅众为善,置以为三老,乡一人。择乡三老一人为县三老,与县令丞尉以事相教,复勿徭戍。"②后又举荐孝悌、力田协助三老敦教化,劝农桑。并设县三老、郡三老、国三老,形成一套从上到下的垂直教化体系。三老在两汉时期有较高的政治和社会地位,不但可以与县令丞分庭抗礼,而且可以直接上书皇帝,陈述自己意见。由于三老不是行政职务,也无俸禄,他比直接盘剥人民的乡官有更大的欺骗性。

乡官实际以啬夫为主,他承担乡的主要行政职务。啬夫分两种:一种是郡任命的有秩啬夫,秩百石,登入官簿,佩戴印绶,是两汉时官吏的最末一个等级。一是小乡的无秩啬夫,为县所置,不入官品,无印绶,俸禄低于百石,且往往兼管三老和游徼的职责。啬夫承担乡一级的一切政务,管理行政、司法,征收赋税,征发徭役,是乡里百姓最直接的统治者,因而当时有"但闻啬夫,不知郡县"③的说法。游徼直属于县,由县派驻各乡担任缴巡,惩治

---

① 《汉书》卷 19《百官公卿表上》。

② 《汉书》卷 1《高帝纪》。

③ 《后汉书》卷 48《爰延传》。

盗贼。另外，乡的吏员还有乡佐，是乡啬夫的主要辅吏，协助啬夫处理乡中一切事务。

亭并不是乡下属的行政单位，而是直属于县尉管理的负责治安、邮传和接送来往官员的机构，主要设在城市和地处交通要冲的乡村集镇。亭的主管官员叫亭长，由县里任命和管理。其主要职责是"求捕盗贼"，维持治安。上级官员出行经过其地，他要"导从车"，负责保卫工作。他还有权检查过往行人，执行宵禁法，有权捕系犯人，因而也有亭狱的设置。由于亭都有一定的权辖范围，因而有理民之责，所以制科令、劝生业、励风俗、行教化等也就成了亭长分内的事。亭的吏卒还有亭佐、亭侯、求盗等。乡、亭一级的吏员用人得当，有利于维持社会治安，但乡亭部吏营私舞弊、欺压百姓的情况更多，他们是压在人民头上的土皇帝。

乡以下的居民组织是里、什、伍。里有里正（或称里魁）、父老、社宰（里宰）、里门监等。里下主持十家的叫什典，主五家的称伍老。所有百姓都被编制在什伍组织中。两汉每年登造一次户册，由乡官组织民户到县"案比"。居民实行什伍连坐，一人犯罪，该什伍之人都要受惩罚。云梦秦简的《传律》规定："匿敖童，及占瘝不审，典、老赎耐。百姓不当老，至老时不用请，敢为酢（诈）伪者，赀二甲，典老弗告，赀各一甲；伍人，户一盾，皆迁之。"[1]提供了一个什伍连坐的例子。《法律答问》提供了另外的例子："贼入甲室，贼伤甲，甲号寇，其四邻、典、老皆出不存，不闻号寇，问当论不当？审不存，不当论；典、老虽不存，当论。"[2]这种户籍按比、连坐的制度是在农业自然经济的基础上产生的，它反过来又巩固这种自然经济，把绝大部分居民束缚在土地上，"死徙勿出乡"，以便为封建国家源源不断地提供租税、兵役和徭役，成为封建统治的基础。

---

① 《睡虎地秦墓竹简》，文物出版社 1978 年版，第 143 页。

② 同上，第 193 页。

三、秦汉地方行政体制的特点

秦汉是我国封建社会的初级阶段，其地方行政体制有着自己的不少特色。

首先，除秦皇朝短短的十五年外，两汉（含新）四百二十六年间，地方行政基本上是郡、国并行制，以郡县制为主。这种行政体制，一方面保证了总体上的中央集权，另一方面又保留了不同程度的封建割据。这样一来，中央集权与封建割据的矛盾在两汉时期就一直存在着，并且在西汉初年的高、惠、文、景几代还一度相当尖锐。武帝以后，由于一系列打击限制诸侯王措施的颁布实施，中央集权与诸侯王封建割据的矛盾基本得到解决。不过，由于诸侯王国毕竟与郡县有着许多不同的特点，其存在本身也就与中央集权构成了不协调的色彩。

其次，秦汉地方行政体制的最大特点是行政、司法、军事与财政的合一。与全国政权最后集中到皇帝那里相一致，各地方的最高权力最后也都集中到各级行政长官手里，形成一个权力中心。例如，在郡一级，虽然也实行政治分工，设置了许多官职，分别管理某项事务：郡丞、长史辅佐郡守，都尉管武事，督邮管监察，列曹分理民政、财政、司法、教育等，但所有这些官员都是郡守的属官，都对郡守负责，按郡守的指令办事，根本形成不了制约机制。县一级也是如此。还应该看到，两汉在选任官吏上实行征辟制度，把大部分属吏的选任权交给各级行政长官，这样一来，行政长官就特别容易与属吏建立一种人身依附关系，容易形成强固的关系网络，造成吏治的腐败。由于每一级只有一个权力中心，并且只接受来自上级的监督，既无同级的制约，更缺乏来自下面的监督，因而地方吏治的好坏在很大程度上就取决于该级主管长官的信仰、品格、素质和能力。一个雷厉风行、敢于杀伐的酷吏可以使一郡豪强束手，秩序安定；一个"视民如伤"执法严明的循吏也可以使一个地方生产发展、经济繁荣、文教发达、民风淳朴。汉宣帝对此已有深刻认识,他说:"庶民所以安其田里,而亡叹息愁恨之心者,政平讼理也。与我共此者,其唯良二千石乎!"①但是,由于清官廉吏在封建社会犹如凤毛麟角,而贪残横暴之吏则比比皆是,因此,只要来自上级的监察稍一放松或弱化,吏治的败坏就难以遏止。正是由于地方各级只有一个权力中心,这一中心就容易形成对中央集权的离心因素。每个权力中心都可以自行决定许多重大问题。一旦中央控制权力削弱,地方权力中心就可以形成割据局面。东汉后期的州牧由于形成了一个个强大的权力中心,而汉中央又因为宦官、外戚和官僚队伍的不断斗争而日渐削弱,失去了对地方镇抚威慑作用,终于酿成军阀混战的局面,并最后导向王国分立。

再次,秦汉时期地方行政机构的运行主要靠行政法规和由朝廷不断发布的诏、令、制、敕等的指导。秦汉时期的行政法规规定了各级官府的职责、权限范围,各级官府都依此办理日常政务,并通过每年一次的上计向上级汇报自己的工作。封建皇帝和中央政府对地方政府的约束主要靠各种法规和随时发布的各种诏令和文件,对地方情况的了解除了通过上计的材料外,还通过监察官员的直接了解和皇帝与中央官员的亲自巡视。这种运行机制可称之为垂直领导和单渠道反馈。由于自然经济的特点和领土幅员辽阔,再加上许多地方交通不便,因而信息反馈比较迟缓。更因为单渠道反馈,一个环节出了毛病就影响信息的流通。而地方官们往往拒绝反馈与己不利的消息。这样一来,有些急需解决的问题,长期反馈不到中枢系统,就会旷日持久地延误下去,以致不可收拾。秦二世当政不久,农民大起义就爆发了,但他却一直被蒙在鼓里,不了解真实情况。待他知悉时,农民军的战旗已经在国门飘扬了。王莽当政时,赤眉、绿林、铜马等起义军在东、南、北三个方向节节胜利,可各地的官员却故意隐瞒真相,向

---

① 《汉书》卷 89《循吏传序》。

他提供官军胜利的假情报。待他了解真实情况的时候,农民军已强到陷他于灭顶之灾的地步了。

四、秦汉中央与地方的关系

秦汉时期,以三公九卿和郡县制为主要内容的专制主义中央集权的行政体制已经建立并逐步完善。其发展变化的基本轨迹是:在中央官僚机构与皇帝的关系上,不断强化皇帝为核心的封建专制,"主有专己之威,臣无百年之柄"。在中央与地方的关系上,不断加强中央集权。地方政府在政治、军事、财政、司法等方面必须绝对服从中央政府。不过,国家大事,千头万绪,皇帝难以事事躬亲,因而必须有一个庞大的官僚机构为之服务;中央政府亦不能揽尽从中央到地方的一切事务,所以必须有中央与地方的适当分权。

秦汉时期的中央政府为了加强对各级地方政府尤其是郡一级地方政府的控制,除了依靠各种严密的法律制度使之按自己的意志行事外,更多地通过以皇帝名义下达的命、令、诏、制、敕等使地方随时调整政策。一方面,中央牢牢掌握对郡县主要官吏的任免权,在郡县两级地方官员与机构的设置上,也注意适当分权而达到便于控制的目的。如郡守、郡尉和监御史在行政、军事和监察方面的分权与一定程度的独立性,县令、丞、尉一定程度的分权与独立性等。另一方面,又特别注意加强监察工作。秦和西汉初期,在郡置监御史,作为中央在地方上的耳目。汉武帝更置十三部刺史,全面对郡一级行政行使监察之权。秦汉时期的中央政府在对地方加强控制的同时,也赋予各级地方政府一定的权限,如郡守、县令就拥有自置大部分属吏的权力,还可自设条教,即颁布地方法规,享有对所辖地区的行政、军事、司法、监察等权。中央与地方政府的适度分权是保证国家集中统一、上下协和、行政机器正常运转所需要的。但是,恰当处理好这个关系并不容易,中央集权过多和地方拥有的权限过大,都不利于国家的统一和社会秩序的安定。因为中央过分集权妨碍地方机构灵活地处理问题，延误地方政务；地方政府揽权过多又往往造成封建割据。皇朝中央一般倾向越来越多的集权，而地方政府则希望自己手中握有更多"便宜行事"的权力。这样，中央与地方在集权与分权的问题上就一直存在着或明或暗的斗争。从秦朝到东汉，中央与地方的关系，大体经历了一个中央高度集权到中央地方适度分权，再到地方权限过大的过程。秦皇朝统一中国后，"海内为郡县，法令由一统"，秦始皇厉行集权专制，一切事情由自己决定，将地方的权力最大限度地集中于中央，滥施淫威，形成"内重外轻"的局面。等到农民起义爆发，孤立无援的地方郡县纷纷望风披靡，秦始皇所建立的封建皇朝也就难以逃脱倾颓的命运。西汉皇朝总结秦二世而亡的教训，在地方行政体制方面实行郡国并行制。由于矫枉过正，封国势力强大，形成"外重内轻"的局面，不利于国家的统一与安定。经过文、景、武三代的努力，终于解决了威胁中央集权的地方割据问题。汉平帝时期，汉有郡 103，县 1587，大致千里一郡，人口百万，平均一郡辖 15 县。作为最高一级的地方政府，辖区不太大，自然形不成对中央集权的威胁；同时又因为"太守专郡"，有着足以对地方的镇抚势力，又能巩固守土，建设地方。中央与地方的关系基本上达到了"内外相制，轻重相权"的境地，是中央与地方关系处理比较好的时期，并为后世所赞誉。武帝以后，随着历史条件的变化，地方行政体制悄悄向"外重内轻"转化。汉武帝设置的十三刺史，开始是纯粹的监察官员。后来，却不断侵渔郡国守相等地方官的职权。而汉朝中央有时也因地方政务的实际需要，赋予刺史监察之外的一些权力。日积月累，习惯相沿，它拥有的权力越来越大。到东汉末年，它成为操有辖区民政、军事、司法、人事和财政大权，拥有大批掾史属吏，俨然成为凌驾于郡守之上的一级行政机构。东汉的地方行政机构也就由过去的郡县二级制变为成州、郡、县三级制了。与此同时，郡国守相的权力在武帝以后亦呈逐步加强之势。秦在郡置守、尉、监分掌民政、军事、监察之权,西汉建立不久即废监御史。汉武帝在削弱诸侯王势力的同时,有意加强郡守二千石的职权。到西汉末期,就出现守、尉互兼的事例。东汉时期,除了个别边郡还设置郡尉以管军事外,内地诸郡大部分都废都尉而并其职于守相,由此逐步实现了民政与军政的合一。东汉中期以后,随着阶级矛盾和民族矛盾的激化,农民起义与边疆地区少数民族的反抗斗争此起彼伏,不少州牧太守都被汉廷委以带兵镇压农民和少数民族起义的重任。这样,他们逐渐掌握了一方的民政、军事、财政、司法大权,成为举足轻重的力量。恰在此时,东汉朝廷被外戚、宦官和官僚之间无休止的斗争搞得疲惫不堪,对地方的控制力量大大削弱。由此演出了州牧、守相们拥兵擅权的割据局面,东汉王朝便在这种军阀混战中走向灭亡。

第五节　秦汉司法、监察制度

一、司法制度

秦朝建立后,颁布了轻罪重罚,繁密苛酷的《秦律》,建立起一套严密的司法制度。汉承秦制,萧何定律令,在《秦律》基础上制定《汉律》九章。汉武帝时,大大加强专制主义中央集权,任用酷吏张汤、赵禹等人条定法律。律令多至"三百五十九章,大辟四十九条,千八百八十二事。死罪决事比万三千四百七十二事。文书盈于几阁,典者不能遍睹"[1]。

秦汉时期的司法活动是由从中央到地方的一套机构组织实施的。中央负责司法的最高官员是廷尉。秦时设立,汉景帝时

---

[1]《汉书》卷 23《刑法志》。

更名大理,武帝时复名廷尉,哀帝时复名大理,王莽时改称作士,东汉光武帝以后再复名廷尉。廷尉对上向皇帝负责,对下领导各级地方政府的司法活动。廷尉以朝廷律令为依据,掌管刑狱,办理朝廷案件,依法判罪,同时又接受地方的上诉。廷尉作为最高的司法机关,拥有一大批各司专职的官吏,如主决疑狱的廷尉正,主逮捕事宜的左、右监,掌平决诏狱的左、右平,以及佐吏廷尉史、奏谳掾、奏曹掾、文学卒史、从史、书佐等。秦汉地方各级主要行政官员都兼理司法,郡守的重要职责之一就是管理司法。西汉薛宣为左冯翊时,"为吏赏罚明,用法平而必行"①。东汉马严为陈留太守时,下车伊始就"明赏罚,发奸匿,郡界清静"②。东汉广汉一郡,"豪右并兼,吏多奸贪,诉讼日百数",陈宠为广汉太守后,"显用良吏王涣、镡显等,以为腹心,讼者日减,郡中清肃"③。汉宣帝也认为"政平讼理"是郡太守治绩的主要内容。因为郡守兼理司法,所以其属吏中就有专门对付盗贼的贼曹和追捕盗贼的捕贼掾,有专门主决狱的断狱、用法的决曹以及属官掾、史等。西汉于公任郡决曹,"决狱平,罗文法者……皆不恨。郡中为之立生祠,号曰于公祠"④。东汉桓帝时,应奉"为郡决曹史,行部四十二县,录囚徒数百千人"⑤。县令长同样兼理司法,即"禁奸罚恶,理讼平贼"。如西汉成帝时,"长安中奸猾浸多,闾里少年群辈杀吏,受赇报仇。……城中薄暮尘起,剽劫行者,死伤横道,枹鼓不绝"。著名酷吏尹赏为长安令后,"乃部户曹掾史,与乡吏、亭长、里正、父老、伍人,杂举长安中轻薄少年恶子,无市籍商贩作务,而鲜衣凶服被铠扞持刀兵者,悉籍记

①《汉书》卷83《薛宣传》。

②《后汉书》卷24《马严传》。

③《后汉书》卷46《陈宠传》。

④《汉书》卷71《于定国传》。

⑤《后汉书》卷48《应奉传》。

之，得数百人。赏一朝会长安吏，车数百辆，分行收捕，皆劾以为通行饮食群盗"，几乎全部杀掉，结果是"赏视事数月，盗贼止，郡国亡命散走，各归其处，不敢窥长安"①。其他如东汉洛阳令董宣执法严明，刚正不阿，毅然格杀白日杀人犯罪的湖阳公主苍头，洛阳令虞延敢于逮捕外戚阴氏客马成，使之伏法，都表明县令长的司法之责。正因为县令长兼理司法，所以其属吏中有不少人专职管理此项事务。如县丞管仓、狱，贼掾主辑盗，狱掾史、狱司空管决狱。西汉中期著名酷吏路温舒在年轻时"为狱小吏，因学律令，转为狱史，县中疑事皆问焉。太守行县，见而异之，署决曹吏"②。县以下的基层官吏中，乡啬夫的重要职责是"听讼、收赋税"，游徼的职责是"禁盗贼"，亭长的职责也有"禁盗贼"，都与司法有关。秦汉时期的司法就是通过从廷尉到最基层的啬夫、亭长这套垂直机构贯彻执行的。

秦汉时期的各级司法机构职责与权力各不相同。基层的亭长、啬夫、游徼之类"听讼"处理一般的刑事与民事案件，"禁盗贼"主要是追捕和向上级机关遣送罪犯，其本身并没有判刑的权力，更没有法定杀人的权力。县令长主持一县司法，形成初级审判，可以定罪判刑，但死罪必须上报郡守并经廷尉批复方可执行。县中一般案件由狱掾史、狱司空或县丞审理。重大案件特别是死刑案件县令往往亲自过问。对于死刑犯，在特殊情况下县令可以便宜行事，先斩后奏。如东汉光武帝时董宣为洛阳令，杀湖阳公主苍头，连审判程序都不遵循："时湖阳公主苍头白日杀人，因匿主家，吏不能得。及主出行，而以奴骖乘。宣于夏门亭候之，乃驻车叩马，以刀画地，大言数主之失，叱奴下车，因格杀之。"③自然，这类情况是不多的。每县都设监狱收监犯人，批准执行的

---

① 《汉书》卷90《尹赏传》。
② 《汉书》卷51《路温舒传》。
③ 《后汉书》卷77《董宣传》。

死刑犯一般等到秋后处决。

郡是地方最高审判一级。案件的审理一般由主管司法的决曹负责。《后汉书·周嘉传》记载其祖父周燕在汉宣帝时为郡决曹掾："太守欲枉杀人,燕谏不听,遂杀囚而黜燕。囚家守阙称冤,诏遣复考,燕见太守曰:'愿谨定文书,皆著燕名;府君但言时病而已。'出谓掾史曰:'诸君被问,悉当以罪推燕。'"《后汉书·郭躬传》记载:东汉初年,"父弘,习《小杜律》,太守寇恂以弘为决曹掾,断狱至三十年,用法平。诸为弘所决者,退无怨情,郡内比之东海于公。"对于死囚犯,决曹判决后,以郡守的名义上报廷尉,待批复后于秋后处决。郡守对于一些重大案件有时也亲自审判。郡中无法判定的疑难案件也要上报廷尉请示。《汉书·王温舒传》载:武帝时,"迁为河内太守,素居广平时,皆知河内豪奸之家。及往,以九月至,令郡具私马五十匹,为驿自河内至长安……捕郡中豪猾,相连坐千余家。上书请,大者至族,小者乃死,家尽没入偿臧。奏行不过二日,得可,事论报,至流血十余里。河内皆怪其奏,以为神速。尽十二月,郡中无犬吠之盗。其颇不得,失之旁郡,追求,会春,温舒顿足叹曰:'嗟乎,令冬月益展一月,卒吾事矣!'其好杀行威不爱人如此。上闻之,以为能,迁为中尉。"《汉书·义纵传》也记载他杀人奏报之事:"纵为定襄太守,纵至,掩定襄狱中重罪二百余人。及宾客昆弟私入相视者亦二百余人。纵一切捕鞫,曰:'为死罪解脱。'是日皆报杀四百余人。郡中不寒而栗,猾民佐吏为治。"不过,郡守作为一方大吏,实际上享有生杀予夺之权。特别是汉武帝以后,任用酷吏,条定法律,允许郡守们便宜行事,先斩后奏或斩而不奏的情况愈益增多,上下其手,贪赃枉法者更不乏其人。"是以郡国承用者驳,或罪同而论异。奸吏因缘为市,所欲活则傅生议,所欲陷则予死比。"①周阳由自景帝至武帝时为郡守,"由居二千石中最为暴酷骄恣。所爱者,挠法活之;所

_____

① 《汉书》卷 23《刑法志》。

憎者,曲法灭之"①。

廷尉是秦汉时期的最高审判机关,它依照国家法律,对发生在朝廷周围的重大案件或地方上送的疑难案件进行审理, 对地方判决的死刑案件进行复审, 同时接受各地臣民的上诉。文帝时,张释之任廷尉,一次,"上行出中渭桥,有一人从桥下走,乘舆马惊,于是使骑捕之,属廷尉。释之治问。曰:'县人来,闻跸,匿桥下。久,以为行过。既出,见车骑,即走耳。'释之奏当:此人犯跸,当罚金。上怒曰:'此人亲惊吾马,马赖和柔,令他马,固不败伤我乎?而廷尉乃当之罚金。'释之曰:'法者,天子所与天下公共也。今法如是,更重之,是法不信于民也。且方其时,上使使诛之则已,今已下廷尉,廷尉天下之平也,壹倾,天下用法皆为之轻重,民安所措其手足,惟陛下察之。'上良久曰:'廷尉当是也。'"②在当时社会里,像张释之这样公正不阿、忠于法律、尽职尽责的廷尉是很少的。多数是看皇帝眼色行事的奸佞阿谀之徒。如杜周为廷尉时就公开宣称"三尺法"不足凭。他办案"不循三尺法,专以人主意旨为狱","上所欲挤者,因而陷之;上所欲释,久系待问,而微见其冤状"③。不过,廷尉审理的案件也必须向皇帝报告,这样一来, 审判的最后裁定权就归到皇帝手上。汉高帝七年 (前199 年)给御史诏书说:"狱之疑者,吏或不敢决,有罪者久而不论,无罪者久系不决。自今以来,县、道官狱疑者,各谳所属二千石官,二千石官以其罪名当报之。所不能决者,皆移廷尉,廷尉亦当报之。廷尉所不能决,谨具为奏,傅(附)所当比律令以闻。"④秦汉时期多层次的司法审判程序在一定程度上防止了各级官吏贪赃枉法的行为,维护了法律的公正和严肃,使审判尽量做到合情

---

① 《汉书》卷 90《周阳由传》。
② 《汉书》卷 50《张释之传》。
③ 《汉书》卷 60《杜周传》。
④ 《汉书》卷 23《刑法志》。

合理合法。但是，由于当时以人治为主，人治大于法治，除少数循正不阿的循吏和酷吏依法办事外，绝大部分官吏都视法律为儿戏，加上法律条文本身又有不少空子可钻，贪赃枉法之事层出不穷。皇帝有时为了审理某些重大案件，可以下诏临时组成审判机构进行审讯，称"杂治"。例如哀帝时"廷尉梁相与丞相长史、御史中丞及五二千石杂治东平王云狱"[1]。也是在哀帝时，"（夏）贺良等反道惑众，奸态当穷竟。皆下狱。光禄勋平当、光禄大夫毛莫如与御史中丞、廷尉杂治，当贺良等执左道，乱朝政，倾覆国家，诬罔主上，不道。贺良等皆伏诛"[2]。其实，所有"杂治"的案件更是完全秉命办事，案件审理之前，罪行已经量完了。

二、监察制度

秦汉时期已经建立起一套从中央到地方的监察机构，形成了一套比较完整的监察制度。这套机构，在秦与西汉初期由御史大夫、监郡御史以及郡守和县令长组成。汉武帝时设十三部刺史代替监御史。成帝时，御史大夫晋升为三公之一，其监察之权反而被削弱。到东汉时，中央的最高监察官乃是御史中丞。

御史大夫在秦和西汉前期为副丞相。由于他与皇帝的关系较之丞相与皇帝的关系更为亲密，并且负有监察、弹劾百官之责，因而常常接受皇帝的差遣去完成许多重要使命。其权力有时甚至超过丞相。如张汤任御史中丞时，"每朝奏事，语国家用。日旰，天子忘食，丞相取充位，天下事皆决汤"[3]。御史大夫的属官甚多，重要者首推御史中丞，他"在殿中兰台，掌图籍秘书，外督部刺史，内领侍御史员十五人，受公卿奏事，举劾按章"[4]。他具体负

---

① 《汉书》卷86《王嘉传》。

② 《汉书》卷75《李寻传》。

③ 《汉书》卷59《张汤传》。

④ 《汉书》卷19《百官公卿表上》。

责监察事宜,领侍御史四十五人,担任宫内、殿中执法,纠察朝内所有官员, 并按照皇帝的诏令, 与廷尉共同审理大案要案,"杂治"犯罪的王侯将相。同时又监督监御史和后来刺史的活动,负责指导对各级地方官的监察。东汉建立以后,御史中丞成为最高的监察官,朝会时,享有与尚书令、司隶校尉专席独坐的殊荣。在御中大夫的属吏中,还有派出监察郡国和军队的御史,称监御史,即监郡和监军御史,直至汉武帝设刺史后才予以废除。另外,汉武帝时设有绣衣御史,又称直指绣衣使者,被派往各地逐捕"盗贼",治理大狱。汉初,因郡国并行,且郡级权柄又不太重,因而减省御史监郡制度。惠帝时,因三辅地区不法之事迭出,于是复遣御史以九条行监察之权:"惠帝三年,相国奏遣御史监三辅不法事:词讼、盗贼、铸伪钱、狱不直、徭赋不平、吏不廉、苛刻、逾侈及弩力十石以上,作非所当服,凡九条。"[1]后各郡国又普遍派监察御史。但是,此时的监察御史与丞相史并出行监察之权,因职事重叠,各自为政,又无固定监察区,难以适应加强中央集权的需要。汉武帝时废除御史、丞相史监郡之制,在全国置十三部州,每州派秩六百石、位下大夫的"秩卑""任重"的刺史一人,上受御史中丞的直接统辖,下监临二千石的郡守.对加强中央集权起了重要作用,正如顾炎武所说:"夫职卑而命之尊,官小而权之重,此大小相制,内外相维之意也。"[2]刺史的主要职责是监察郡国,开始时明确规定以六条问事:"刺史班宣,周行郡国,省察治状,黜陟能否,断治冤狱,以六条问事,非条所问,即不省。一条,强宗豪右,田宅逾制,以强凌弱,以众暴寡。二条,二千石不奉诏书,遵承典制,倍公向私,旁诏守利,侵渔百姓,聚敛为奸。三条,二千石不恤疑狱,风厉杀人,怒则任刑,喜则淫赏,烦扰苛暴,剥戮黎元,为百姓所疾,山崩石裂,妖

---

① 《玉海》卷 65《诏令·律令上·汉九条》引《唐六典》。
② 《日知录》卷 9《部刺史》。

祥讹言。四条,二千石选署不平,苟阿所爱,蔽贤宠顽。五条,二千石子弟恃怙荣势,请托所监。六条,二千石违公下比,阿附豪强,通行货赂,割损正令也。"①刺史的主要职责是监察二千石的郡守、诸侯王和地方豪右。由于他是中央派遣常驻地方的监察官,且有固定治所,便于就地监察和吏民举告。他还定期"行部",可以广泛接触吏民,了解下情。同时,又因为他是纯粹监察官而非行政长官,对其所监察的二千石既无上下级关系,又无利害关系,权责各自独立而分开,便于发挥监督检举的作用,同时又可防止其滥用权力。并且,还由于刺史秩卑、权重、赏厚,所以在此职者大多能忠于职守,尽责尽力,对澄清吏治、加强中央集权起到了较好的作用。后来,刺史的权力逐渐扩大,尤其在东汉后期,随着社会矛盾的尖锐,刺史逐渐被赋予六条以外的权力。刺史设立时其所察的对象主要是二千石官吏,西汉末年已下及墨绶县令长,东汉时再下及黄绶的县丞、尉,州中所有朝廷命官都在其监察之列。同时,刺史又获得了选举与劾奏权,并且对地方行政进行干预,进而把郡县长吏撇在一边,直接处理郡县政务。东汉中叶以后,为了镇压农民起义和少数民族的起义,刺史又被赋予统兵的权力。这样一来,刺史就由单纯的监察官发展为总揽地方大权的行政长官了。灵帝中平五年(188年),改刺史为州牧,一批朝廷重臣出任此职:"出(刘)焉为监军使者领益州牧,太仆黄琬为豫州牧,宗正刘虞为幽州牧,皆以本秩居职。州任之重,自此而始。"②由此,秩六百石的刺史成了秩二千石的州牧。随着中央控制权的削弱,州牧就把他们管辖的地区变成父子相袭的独立王国。"焉牧益土,造帝服于岷、峨;袁绍取冀,下制书于燕、朔;刘表荆南,郊天祀地;魏祖居兖,遂构皇业。

---

① 《汉书》卷19《百官公卿表上》注引《汉官典职仪》;《续汉书·百官志五》注引蔡质《汉仪》文同。

② 《后汉书》卷75《刘焉传》。

汉之殄灭,祸源于此!"①刺史由监察官到地方官最后发展到割据诸侯,有一个渐进过程,而逐步的越职侵权则是造成这一后果的根本原因。正如顾炎武所指出的:"自刺史之职下侵,而守令殆不可为。天下之事,犹治丝而棼之矣。"②

两汉时期郡对县的监察也形成制度。郡守既是行政长官,也是监察长官,负责对辖县进行全面监察。郡守每年春季"行县",对属县进行视察,着重"劝民农桑"。实际上主要是考察和整顿吏治,对于违法的县令长和列侯,可以立予逮捕治罪。"行县"中,郡守还传布教令,如提倡教育,慰勉孝子等,同时还发现和选拔人才。如西汉田延年为河东太守时,在"行县"中提拔尹翁归为卒史。东汉会稽太守第五伦在"行县"时拔擢郑弘为督邮。郡守"行县"的另一任务是接受告状和平反冤狱。一些著名的循吏往往在此时惩办贪官污吏,打击横行不法的豪右大姓,释放被冤判的囚徒,受到百姓的称赞。郡守在每年秋冬派其所属的专职监察官督邮分部对属县进行视察。汉代每郡分二至五部,每部设一名督邮,对所属县就地进行监察和巡视,重点是审理刑狱和评定成绩,同时对地方豪右的不法活动进行纠察。由于督邮代表郡守行使权力,他可以收捕罪吏,罢免某些能力低下或老病而不称职的官吏。督邮把所属县官员的情况随时向郡守汇报,起到了郡守的耳目作用。县令长是一县的行政长官,也全面负责该县的监察工作。县把属乡分成若干部,任命专门的监察官廷掾对县属乡分部监察。

两汉的监察制度有自己的特点。首先,它形成了从中央到地方的分级多层次的监察机关,中央由御史大夫(后为御史中丞)总其成,又通过刺史监察郡国,郡守除自任监察之职外,还以督邮监察属县,县令长除自行监察职权外,又通过廷掾监察属乡。

---

① 《续汉书·百官志五》注引臣昭曰。
② 《日知录》卷9《六条之外不察》。

这种分层的监察制度,职权分明,便于检查和督责。其次,监察官秩卑、权重、赏厚,又与行政权脱离,便于他们无所顾忌地大胆工作,尽责尽力地恪尽职守。最后,它把经常性的监察与定期巡视相结合,以提高监察工作的效能。如刺史每年八月"行部",视察所辖郡国;郡守每年春天"行县",视察所属县邑;督邮又于秋冬"行县",视察所属县,每次视察都有明确的目的和重点,以便收到实效。汉代的监察制度在其效能发挥最充分的时候,基本上收到了澄清吏治、加强集权的目的。但是,监察制度的好坏固然与制度有关,更与整个皇朝的政治气候有关。东汉后期,当刺史变成行政长官,而整个皇朝又处于日趋腐败的境况下的时候,监察机构的效能也就难以发挥。"豺狼当道,安问狐狸?"有些监察官员甚至利用其权力贪赃枉法,残害人民,监察机构不仅起不到监察百官的作用,相反,却与被监察者同流合污,沆瀣一气,对吏治的败坏起了推波助澜的作用。东汉末期督邮的变质便提供了生动的例证。

第六节　秦汉军事制度

一、军事领导体制

秦汉时期的军事制度也体现了中央集权的原则。秦汉两朝都建立了庞大的武装部队,有一个复杂的军事统驭系统。皇帝是军队的最高统帅,握有对全国军队的最高指挥权。军队的高级将领,秦的国尉,两汉的太尉,各种类型的将军,位为列卿的卫尉、中尉以及郡尉等高级军官,都由皇帝亲自任免。军队调动,必须出于皇帝的命令。秦朝时,只有皇帝才有权调动50人以上的部队用于军事行动,并且必须执行玺、符、节等制度。下达命令,文书上必须盖上皇帝的玺和各级军将的印，调动军队必须合符为证，一般远距离的军事行动，还必须持有通行证。两汉时期也大致如此。决定和战的大权都操在皇帝手里，不少时候皇帝还往往统帅大军亲自上前线指挥战斗。如刘邦一生，经常亲临前线，数次被流矢射中。高帝七年(前200年)，他率大军北伐匈奴，结果大败而归。以此为转机，才有"和亲"政策的出台。两汉时期发兵仍以虎符为凭，而虎符则由皇帝指定的近臣掌管。如吕雉死后，诸吕欲发动政变，太尉周勃决定先控制北军，以便对付诸吕。但由于无虎符，无法进入北军营垒。正巧掌管虎符的大臣纪通投靠周勃，才使他持虎符假朝廷之命掌握北军，与丞相陈平等协力平定叛乱，恢复了刘氏皇统。

秦汉时期的武装力量大体分成中央与地方两个指挥系统。中央指挥系统由皇帝任命的太尉和将军组成。秦的国尉没有两汉太尉那么高的地位和权力，也不常置。其职责似乎是在战争中负责具体战斗部署。真正的指挥系统是皇帝根据实际需要随时任命的将军及其组织的幕僚。如北伐匈奴的30万大军是由大将蒙恬秉秦始皇之命指挥的，平百越的50万大军是由将军屠睢指挥的。西汉时期，太尉虽然也是"金印紫绶"的三公级高级武官，但其实际职责不过是皇帝的高级军事顾问，是给予立有大功武将的荣誉性职务，并没有什么军政实权，也不常置。武帝时改太尉为大司马，其性质是加官，也无实权。后来有的大司马大将军录尚书事，成为中朝官，进入决策机构，其权柄才大起来，但这已属另外性质的问题。东汉光武帝改大司马为太尉后，其权柄进一步加重，他总理军政，超过丞相权力。其原因也在于太尉录尚书事。

两汉时期的中央军事指挥系统同样是皇帝根据需要直接任命的各类将军及其幕僚。武帝以后到东汉，由于大将军基本上都录尚书事，成为中朝的最高长官，地位超过丞相，东汉时就位居"上公"了。另外，与大将军平起平坐的是骠骑将军，其次是车骑将军和前后左右将军等重号将军,他们作为皇帝的最高级武官,经常统帅一批"杂号将军"从事征战。如西汉大将军卫青、骠骑将军霍去病都是征战匈奴的著名军事统帅。武帝元狩四年(前119年),"大将军卫青,将四将军出定襄"[①]。东汉大司马大将军吴汉也常率9或12位将军出征。西汉时杂号将军很多,大都是根据军事需要临时设置。如汉武帝在征战匈奴时任命李广为骁骑将军、韩安国为扩军将军、公孙贺为轻车将军、李息为材官将军、公孙敖为骑将军、路博德为伏波将军、杨仆为楼船将军、李广利为贰师将军、赵破奴为浚稽将军等,这些将军,或以其征伐的地名、对象,或以其所领的兵种,或以其所负的特别职务确定名号。他们出则领兵,入则另有任用。东汉同样是"前、后、左、右杂号将军众多,皆主征伐,事讫皆罢"[②]。据《东汉会要》卷19记载,各类将军名号多达40种以上,比较重要和著名的有强弩将军陈俊,征西将军耿秉、马贤,征虏将军祭遵,诛虏将军刘隆,捕虏将军马武,复汉将军邓晔,武威将军刘尚,平狄将军庞萌、朱鲔,伏波将军马援,汉忠将军王常,孟津将军冯异,杨武将军马成等。比将军低一点的则单称将,如重将、厩将、城将、弩将、右林将等。高级将领之下的中级武官是校尉和都尉。"校者,营垒之称,故谓军之一部为一校"[③]。西汉特设的校尉和都尉级别相当高,都是秩二千石或比二千石,地位相当于列卿。《汉书·百官公卿表上》所载校尉有:司隶校尉、城门校尉以及中垒、屯骑、步兵、越骑、长水、胡骑、射声、虎贲等八校尉。东汉时将其改并为屯骑、越骑、步兵、射声、长水五校尉。另外,见于《汉书》的还有黄海校尉、执马校尉、驱马校尉、轻骑校尉。见于《后汉书》的还有护乌桓校尉、护羌校尉、戊巳校尉以及上军、中军、下军、典军、助军左、助军右、左、右等所

---

① 《汉书》卷6《武帝纪》。

② 《续汉书·百官志一》。

③ 《汉书》卷55《卫青传》颜师古注。

谓八校尉。见于记载的都尉有护军、奉车、驸马、骑、车骑、军门、强弩、复土等名目。此外,各类将军在指挥作战时,都组织自己的幕府,以助理军务。

秦汉时期将军统帅的军队组织曰部曲,大将军统五部,一般统二、三部。每部由比二千石的校尉和比千石的司马指挥。部下设曲,由比六百石的军侯和司马指挥。曲下设屯,由比二百石的屯长指挥。屯下为队,由比百石的队率和队史指挥,再下就是基层战斗单位什伍,分别由什长、伍长指挥。

秦汉时期的武装力量分成中央军和地方军两部分。秦的中央军由皇帝警卫部队、首都卫戍部队组成。前者又分成两部分:一部分是郎中令统帅的皇帝贴身侍卫,成员全部是军官,负责禁中(省内)宿卫;一部分是卫尉统帅的皇帝亲军,称为卫士或卫卒,分八屯驻于皇宫内四周,负责宫门守卫和昼夜巡逻。首都卫戍部队由中尉统帅,分驻京城内外各要点,负责首都安全和各重要官署、仓库的守卫任务,并带有国家战略机动部队的性质,是秦军的主力。西汉的中央军是皇帝的禁卫军,一部屯驻长安城南部的未央宫,称南军;一部屯驻长安城北部,称北军。南军又分成两部分,一是由卫尉统驭的兵卫,担任殿门外门署的警卫;一是郎中令(后改称光禄勋)统驭的郎卫,负责宫殿门户和宫殿内部的警卫。这两支军队互不隶属,但执行任务时彼此协同。北军由中尉(后改称执金吾)统驭,担任京师长安及内史(三辅)地区的守卫,兵员较多。其士兵为征自三辅地区的正卒。相反,南军士兵多征自国内其他郡县,目的显然是使之互相牵制。汉武帝时,为了加强中央集权和对匈奴连年作战的需要,进一步加强和扩大南北军。南军增加期门军千人,成员为河西地区的六郡良家子弟,兵员多达千人,主要任务是充当皇帝的扈从。又增加羽林军和羽林孤儿2000多人,作为皇帝的宿卫和仪仗部队。羽林军和期门军的地位较其他部队高,其士兵皆是职业兵和贵族兵。北军而外,武帝又增加了八校尉统帅的终身为伍、不轮番服役的职业兵。他们是:统管北军营垒日常事务的中垒校尉,负责训练骑兵的屯骑校尉,统帅上林苑屯兵的步兵校尉,负责训管才力超群战士组成的骑兵的越骑校尉,负责训管降汉匈奴骑兵所组建的长水校尉,负责训管降汉匈奴骑兵的胡骑校尉,以及训管弓弩部队的射声校尉和训管车兵部队的虎贲校尉。元鼎四年(前113年),增设京辅、左辅、右辅三都尉。征和二年(前91年),又增设城门校尉。西汉南北军素质较好,装备精良,人数众多,屯驻首都,形成居重驭轻、强干弱枝之势,对稳定统治起了重大作用。东汉时期的中央直辖军形式上仍沿袭西汉南北军制,但实际上已有很大变化。因郡国无常备兵,重要地方也由中央军驻防,虽然仍有光禄勋、卫尉等编制,但南军名称已不复存在。东汉宫廷宿卫军由两部分组成,一部分由光禄勋统辖,下设七署:五官中郎将和左、右中郎将所属的郎官为皇帝的侍从文官,虎贲中郎将所属虎贲郎约1500人,为皇帝的侍从武官。羽林中郎将所属羽林郎128人,为皇帝的宿卫侍从。羽林左、右监所属羽林左骑800人、羽林右骑900人,担任宿卫侍从和"出充车骑",有时也出征作战。宫廷宿卫军的另一部分由卫尉统驭,下设南宫卫士令、北宫卫士令、左右都侯和七宫门司马,所统卫士共2000多人,负责各宫门和宫内的守卫。北军也分两部分,一部由执金吾统帅,主要由缇骑(骑兵)和执戟(步兵)组成,担任洛阳城内宫廷以外的巡逻、警卫和皇帝出巡时的护卫和仪仗队。另一部为五校尉(即屯骑、越骑、步兵、长水、射声)所统帅的北军主力,负责京城守备和扈从车驾,有时也奉命出征。五校尉互不统属,直接由皇帝指挥。五校尉所统士兵不过5000人,与西汉时的数万人相比,力量已大大削弱。加之其士兵主要来自洛阳及附近地区,安帝以后又增加许多商贾惰游子弟,其战斗力远不如西汉。

除首都驻军外,东汉中央直辖军还有:以幽、冀、并三州步、骑组成的黎阳营,屯驻黎阳(今河南浚县东),由谒者监军,担任黄河北岸防守,作为洛阳北面的屏障。雍营驻雍(今陕西凤翔),

又称扶风都尉部,负责三辅皇陵守备。长安营又称京北虎牙都尉部,驻长安。以上两营构成洛阳西部的屏障。另外,重要的边郡兵与关隘守兵,也归中央管辖与指挥。光武帝以后,出于军事需要,又设了几支中央直辖的常备军:明帝时在五原曼柏(今内蒙古东胜东北)设度辽营,以阻隔南北匈奴。和帝时,设象林(今越南顺化)营,以镇抚南蛮。设渔阳营和扶黎营(今辽宁义县东),以对付鲜卑人的进犯。中平五年(188年),由于北军日益衰败,加之宦官外戚矛盾加剧,于是在五校尉所统兵之外,又增设了宦官控制的西园八校尉。后来这支军队相继转入何进、董卓手中,成了军阀混战的工具。

秦朝的地方部队分布在郡县,由郡尉、县尉统帅,除负责地方治安外,平时主要任务是训练,以便源源不断地为中央军提供兵源。西汉的地方部队是郡(国)县兵。其指挥系统是郡太守、都尉(诸侯国是相和中尉)、县令长、县尉。郡国兵也属于中央,诸侯王与郡太守不能任意发兵,发兵时必须有皇帝的虎符和竹使符。另外,西汉为了防备少数民族,还建立了边郡兵、屯田兵和属国兵。边郡兵设于边地郡县,其指挥系统是太守—都尉—侯官—障尉—侯长—队长。太守对边郡兵拥有较大的指挥权。屯田兵多设于河西走廊、湟中和西域一带,主要任务是对付匈奴、羌人和保卫通往西域的丝绸之路。这些屯田兵由边郡特设的农都尉统帅。属国是专为降汉的匈奴人和羌人特设的地区,共有陇西、北地、上郡、朔方、云中和金城六个。属国兵由中央设的典属国统驭,主要任务是协助边郡兵守卫边防,但有时也奉调随汉军出征。东汉光武帝对地方兵制作了重大改革,罢郡国常备兵,取消内地各郡国的都尉官及其他专职武官,废止郡国对丁男的定期训练及都试制度,实际上等于取消了地方军。由于军权高度集中在中央,地方无常驻之兵,在一定程度上起到了强干弱枝的作用。明帝、章帝以后,朝政败坏,中央对地方的控制削弱了。刺史、郡守相继掌兵,结果形成了军阀割据的局面。东汉后期发展起来的地方兵编组杂乱,没有统一的指挥系统,更因兵源、给养均由地方自筹,因而逐渐形成私人武装,成为汉末军阀混战的工具。

二、武装力量管理体制

秦汉四百多年间,士兵来源和兵役制度经历了不少变化。秦朝实行普遍的征兵制,男子 17 岁为"傅籍"年龄,此后即开始服徭役(兵役是其中之一)。最先服劳役,修城、开路、运输,从事各种军事勤务,称"更卒"。一般 21 岁开始服兵役,称"正卒",役期两年。第一年在本郡地方部队中服役,接受军事训练和执行警卫任务。第二年或以后,再根据国家的征调命令,或去首都警卫部队做一年卫士,或去边防戍守部队做一年戍卒。一年后转为近似现代的预备役,随时准备接受征召入伍参加战争。西汉承秦制,也实行征兵制。它规定男子 20 岁傅籍,一般 23 岁以后开始服兵役,期限为两年,办法与秦朝基本一致。汉武帝出征匈奴,用兵越来越多,加上富室豪强之家多方免役,兵源缺乏,不得不增加募兵、选募和谪兵等办法以保证兵源。其时增设的八校尉,士卒全部来自招募。汉元帝也曾募兵万人击西羌。于是,募兵逐渐成为重要的组军手段。选募也是募兵的一种,它对应募者有特殊要求。如李广统帅的"勇敢"之士,汉昭帝招募的"奔命"之士,汉宣帝选募的"伉健"之士,都是一些特殊人才。谪兵是发囚徒为兵,为一种补充兵源的权宜之计。另外,还组建了少数民族兵和奴兵等。东汉建立后,西汉以来的征兵制度虽然还未废除,但募兵制已成为其士兵来源的主要途径。另外还有谪兵和屯田兵。边疆作战则以少数民族兵为主。这样,由秦朝开始的兵民合一制度逐渐向兵民分离发展,东汉中期以后,兵、民就基本上分离了。

秦汉时期的军兵种变化不大。秦时有陆军和水军两个军种。陆军又分成步兵、车兵和骑兵三个兵种。步兵由轻装步兵和重装步兵组成。前者不穿铠甲,持弓、弩等远射程兵器,主要担负射杀远距离敌人的任务。后者身着铠甲,持戈、矛、钺、殳、铍等长兵器,担负与近距离敌人的格斗任务。车兵以乘为单位,一般每车3人:驭手和2名武士。战车在进攻时用于冲锋陷阵,防御时以其布列阵垒,阻止敌人进攻。骑兵虽已成为重要兵种,但因尚无马蹬,不利于骑士激烈格斗,所以它还只能配合步兵、车兵作战。西汉的军兵种与秦朝大致相同,但发生了若干变化。西汉步兵名材官,是兵力最多的一个兵种。刘邦击匈奴时有步兵32万。刘濞发动叛乱时亲率步兵20多万。骑兵曰骑士,仅次于步兵,多屯于三辅和边郡。卫青、霍去病对匈奴作战时先后动用骑兵24万之多。车兵称车士,因受地形与气候影响较大,又欠灵活,这时已处于被淘汰之势,只在特殊情况下使用。水兵称楼船兵,多设在江河众多的内郡和沿海地区,平南越时就以水军为主,仅江淮地区就有楼船兵10多万人。东汉时期的军兵种与西汉基本相同。

秦汉时期的军队实行的是共同对皇帝负责的多头多级多层次管理。因为皇帝是全国武装部队的最高统帅,秦的国尉,汉朝的太尉或大将军虽然是高级军职,但仅仅是皇帝的军事顾问,并不拥有独立管理军队的权力。所以秦汉两代军队的管理就形成了多头多级多层次的形式,中央军队分别由郎中令、卫尉、中尉等管理,地方军队则由郡守、郡尉、县令长、县尉共同管理。有时太尉、大将军之类接受皇帝委托,对中央各部军队的管理加以协调,但这并未形成一种制度。遇有作战任务时,皇帝命令从中央和地方征调部队组成人数多少不等的军团,交由临时任命的将领统帅。战时的管理则由统兵将领负责,战争一旦结束,士兵即返回原单位,统兵将领的管理权宣告消失。秦汉时期的这种军队管理体制对于加强中央集权,防止将帅挟兵权以自重或反叛朝廷显然是有好处的。

三、武装力量在政权中的地位、作用与影响

武装力量既是国家政权的重要支柱,又是国家机器的重要组成部分,它的强大和统一是封建政权稳定存在的重要因素。秦

始皇所以能完成统一六国的大业,除了经济、政治等方面的原因外,最重要的是他有一支人数众多、装备精良、勇猛顽强、所向披靡的武装力量。而刘邦所以取得楚汉战争的胜利,也是靠的一支由小变大、由弱变强,由韩信、彭越和英布之类猛将统驭的大军。当诸吕欲谋作乱,企图危及刘氏天下时,周勃专注的是如何取得南北军的指挥权。而一旦这一目标达到,对诸吕的诛杀就轻而易举地获得了成功。汉武帝"外抚四夷,内兴功作",搞得"海内虚耗,户口减半",而汉皇朝的统治之所以还能较稳固地存在下去,就是因为它手中掌握着一支强大的南北军和八校尉统帅的精锐部队。秦的灭亡,最直接的原因是其精锐的武装力量在巨鹿之战中被项羽指挥的楚军消灭,王莽的死灭直接原因也是他40万精锐之师瓦解于昆阳城下。东汉的易主,则是因为重兵在握的地方军阀的崛起。正因为秦、西汉和东汉都是在激烈的战争中建立的,因而在秦、西汉前期和东汉前期,立有战功的武将功臣在政权中占了重要位置。也正因为如此,秦汉两朝的皇帝都比较重视武装力量的建设,更重视将武装力量的支配和统帅权牢牢掌握在自己手上。西汉的南军守卫宫城,士兵来自郡县,北军守卫首都与三辅地区,士兵来自三辅,南北军的将领互不统属,但共同对皇帝负责。这显然是为了让其互相制约以达到便于控制的目的。光武帝取消地方军,加强中央军,目的是为了造成内重外轻的局面,以便以内制外,以重御轻,达到加强中央集权的目的。从两汉官僚体制重心的转化也可以看出军队在政权中的作用。秦和西汉前期,丞相是百官之长,同时也可以统驭军队,因而在政权中占有举足轻重的地位。汉武帝以后,政权中心转向"中朝",而录尚书事的中朝长官却几乎是清一色的大司马大将军。东汉政权的重心是太尉府,太尉代丞相成为百官之长。其中原因当然是因为他录尚书事,是尚书台的长官,但何尝又不是因为他与武装部队有着密切的关系呢!

军队对政权的稳定虽然起着至关重要的作用,但是,只有军队牢牢控制在皇帝手里，政权的稳定才能实现。而军权一旦旁落，立即就会危及政权的存在。东汉光武帝"精兵简政"的措施对于减轻国家财政负担，恢复和发展生产固然是有利的，但是，到东汉后期，原有的制度遭到破坏，地方武装力量迅速发展，皇朝中央却没有使之就范的力量，也没有制定出使之就范的制度和措施，结果就使自己消弭于地方军阀的混战之中了。

秦汉两代在军事上加强中央集权的制度、措施和经验被后世皇朝普遍重视和采用。军权必须集中于皇帝之手，成为历代皇朝努力追求的目标和制度。

第七节　秦汉财政管理制度

一、管理财政的机构与职能

秦汉时期封建皇朝管理财政的机构有两个：一是治粟内史（后改大司农），管理国家财政；一是少府，管理皇室财政。"司农领天下钱谷，以供国之常用；少府管池泽之税及关市之资，以供天子"①。治粟内史在秦时已经设立，汉初因之。景帝时更名大农令，武帝更名大司农，王莽曾将其改名羲和、纳言，东汉时复名大司农。《续汉书·百官志三》对其职掌讲得比较详细：大司农"掌诸钱谷金帛诸货币。郡国四时上月旦见钱谷簿，其逋未毕，各具别之。边郡诸官请调度者，皆为报给，损多益寡，取相给足"。这就是说，凡属国家的钱谷等财政收入，都要缴给或报给大司农，一切应由国库拨付的支出，也都由他支拨。每月的钱谷等收入，都按时造册上报皇帝，应收未收的欠款欠粮，也造另册上报。可见，大

---

① 《急就篇》颜师古注。

司农是秦汉财政的总枢纽，在国家财政经济方面起着十分重要的作用。尤其在汉武帝时，桑弘羊做大司农，一系列财政政策出台，保证了汉武帝好大喜功的巨额开支，做到"民不益赋而天下用饶"①。"初置张掖、酒泉郡，而上郡、朔方、西河、河西开田官，斥塞卒六十万人戍田之。中国缮道馈粮，远者三千，近者千余里，皆仰给大农。""天子北至朔方，东封泰山，巡海上，旁北边以归，所过赏赐，用帛百余万匹，钱金以巨万计，皆取足大农。"②

大司农的属官较多，主要有：作为大司农辅佐的大司农丞和大司农中丞。管理首都积谷之仓的太仓令、丞，管理均输、平准事务的均输令、丞和平准令、丞，管理京师钱库的都内令、丞，管理皇帝籍田的籍田令、丞，管理盐铁税收、酒专卖和铸钱事宜的斡官长、丞，管理铁器买卖的铁市长、丞，管理郡国诸仓事务的仓长，管理农业的农监（或农官），管理水利事业的都水。③武帝时设搜粟都尉，负责推广如代田法之类的农业技术。桑弘羊为大司农时，曾置大司农部丞数十人，分部管理郡国与财政、农业有关的事宜。平帝时，又分置大司农部丞十三人，每人主一州，劝课农桑。另外，还有大司农史、大司农斗食属等低级属官。在边郡设置的保卫边防和屯田屯垦的官员，如农都尉、属国都尉、护田校尉、屯田校尉、渠犁田官、北假田官、㻒马田官、候农令、守农令、劝农掾等，以及榷酤之官，似也应属大司农。东汉大司农，属官变化较大，除大司农丞，部丞，太仓令、丞，平准令、丞，导官令、丞外，其余官吏大部分都省了。

郡一级主管长官郡守也管财政，郡丞则辅佐他总揽一切。而具体管财政的则有田曹、劝农掾史、水曹、都水、仓曹、仓曹掾、史、金曹、市掾、漕曹等。县令长亦主管财政，县丞辅佐他，"典知仓狱"。具体负责财政事宜的，另有田曹、水曹、仓曹、金曹等，分

---

①②《汉书》卷 24《食货志下》。
③《汉书》卷 19《百官公卿表上》。

理与财政有关的事务。乡一级是最基层的政权单位,乡啬夫的重要职责之一也就是管理财政,基本内容是征收赋税与征发徭役。从事此项具体工作的是乡佐。

秦汉时期大司农系统所管理的财政收入主要有田租、更赋、算赋、口赋、算缗钱、算车船、税民资、关税、市租、牲畜税、赀贷税、专卖收入、卖官鬻爵与赎罪收入等,其中大宗为田租、算赋、口赋和各种专卖收入。其支出项目为官吏俸禄、行政费用、军费、农田水利费、移民垦殖费及各项事业费、文化教育费、灾荒赈恤费以及宗教迷信支出等。其中官吏俸禄、行政费用和军费为大宗。

管理皇室财政的机构是少府,秦时设立,西汉因之。应劭《汉官仪》云:"少府掌山泽陂池之税,名曰禁钱,以给私养,自别为藏。"此外,水衡都尉所管理的收入也归皇室支配。在西汉,少府和水衡都尉所经管的财政收入超过大司农管理的国家财政收入。"汉定以来,百姓赋敛,一岁为四十余万万,吏俸用其半,余二十万万,藏于都内,为禁钱。少府所领园地作务之八十三万万,以给宫室供养诸赏赐。"[①]正因为如此,少府机构庞大,属官多,不仅超过大司农,在九卿中也居第一位。其中有"主发出"以及尚衣、尚食的六尚书令、丞(武帝时尚书变为中朝官后,参与决策),管理皇帝玺、符的符节令、丞以及尚符玺郎等,主管皇室医药的太医令、丞,主管皇帝饮食、承办各类物料的太官令、丞,主管皇帝膳食的汤官令、丞,掌管御米和乾糒的导官令、丞,主管库兵和诏狱的若卢令、丞,主管制造各种器物的考工室令、丞,主管助射弋和兼造弓弩的左弋令、丞,主管宫内房屋的居室令、丞,管理甘泉宫苑的甘泉居室令、丞,主管皇室用纺织品和各种衣物的东织和西织令、丞,主管陵内器物的东园匠令、丞,掌屠宰之事的胞人长、丞,主管山、水之税的都水长、丞和均官长丞,主管上林苑的

---

① 桓谭:《新论》,引文据《太平御览》卷627《赋敛》。

十池监,典机要的中书谒者,掌管画工、养马、倡优、译事等的黄门,主管京城"诸近池苑囿游观之地"的钩盾,主管重要器物的尚方,主管天子衣服的御府,主管后宫宫女事的掖庭令、丞,主管宫内布置的内者,督责阉人担任宫内服务的宦者令、丞,另外,还有众多的仆射、署长和中黄门等。东汉时,少府的职掌发生了很大变化,少府基本上不再管理财政收入,财政支出主要从大内之类机构调拨,其主要职责变成单纯管理皇室的各项支出。适应这一形势的变化,少府机构也相应缩减。掌管天子供养以及有关宫廷杂务的属官基本保留下来,但做了一些调整,主要是合并官属,取消宦者令一官,同时大大增加了宦官的数量。

秦和西汉时期,少府经管的山川园池的收入,主要有山泽税、江湖陂海税与租、园池收入、苑囿池籞收入、公田收入等,这是一笔数量颇大的财税收入。这些收入主要用于皇室的支出,其项目有膳食费、被服费、器物费、舆马费、医药费、娱乐费、后宫费、赏赐费,以及宫室陵墓土木建筑费等。东汉以后,由于少府经管的财政收入并入大司农,少府的职责就基本上变为为皇室服务的机构,其理财的机能大体上消失了。

二、秦汉财政管理制度的特点

秦汉两朝四百多年间,财政管理制度虽然发生了不少变化,但其共同特点还是十分明显的。

第一,中央集权的财政收入与分配制度。秦汉财政虽然分级管理,但基本精神是中央集权。西汉初年异姓与同姓诸侯王国的财政曾有很大的独立性。随着中央对诸侯王斗争的不断胜利,汉中央从诸侯那里收回了民政、军事和财政的管理权。王国租税由中央统一征收,各诸侯王只是衣食租税而已。在秦汉时期,不要说少府所管辖的财政收入要全部上交中央由皇室支配,就是由郡县分级管理的国家财政,除各地用于支付官吏俸禄、行政经费和其他规定的开支外,其余部分必须全数上交大司农,地方政府遇有超出规定的额外支出，必须经由中央批准后方可执行。秦汉中央政府通过上计制度及时掌握全国和各地的财政状况，以便统筹安排国家的各项开支，并对各地财政的不平衡进行适当的调度调节。几乎每一年都要对钱粮进行不同流向的调度：或由各郡国调往京师，或由京师调往边郡外地，或由此一郡县调往彼一郡县。中央集权的财政体制，对于迅速集中全国力量从事战争或巨大的土木工程是有利的。汉武帝的辉煌功业没有一个坚实的财政基础和集中的财政机制是不可想象的。当然，由于封建的财政体制以自然经济的农业为基础，各地情况又千差万别，过分集中的财政体制必然具有僵化的弊端，不利于地方积极性的发挥。

第二，由秦和西汉时期国家财政与皇室财政分立制，到东汉时期国家财政与皇室财政一体制。秦和西汉时的国家财政与皇室财政的分立制，是由西周的制度承袭而来。从少府财政收入大于国家财政收入、少府机构大于大司农机构的情况看，"家大于国"和"以家为国"的特点是十分鲜明的。后来，由于两项收入和支出不断互相调剂，特别是皇室支出不断渗入国家支出，这种分立制度逐渐遭到破坏。到东汉初年，光武帝干脆将二者合而为一了。这一合并说明财政管理上专制主义中央集权的进一步加强。财政分立时，尽管皇室的收入大于国家的收入，但由于二者界限分明，对皇室的开支毕竟是一个限制。二者合一之后，则取消了对皇室开支的一切限制。这点仅有的约束机制失去之后，皇室可以更容易扩大开支，浪费国家的财政收入。此后，除了个别品格较高的皇帝能自我约束、用度较节俭外，不少皇帝更加肆无忌惮地享乐，糜费的国家财税与日俱增。

第三，中央集权与分级管理相结合。秦汉的财政管理体制虽然从总体上说是中央集权制，但在具体管理上实行的是三级制，即中央、郡和县的三级管理。县以下的乡、亭，固然也征收租税，签派徭役，各有一定的俸禄支出，却难以形成一级财政。县一级政务较广，具体负责征收田租、口赋、算赋、更赋等，同时编制全县的财政预算,支配权力较大,是重要的一级财政。郡掌管兵民训练,有常设军队,管理武库、仓储,以及农田水利、文化教育等开支,财权较县一级更大,自然也形成一级财政。州一级开始是监察机构,形不成一级财政。东汉后期,州形成一级行政机构后,自然也成为一级财政,但由于其时中央控制权削弱,州的各项权力都在畸形扩大,其所拥有的几乎独立的财权已经很难作为正常情况下的一级财政了。

第八节　秦汉人事管理制度

一、学校教育制度

学校教育是人类文明发展的标志,学校教育制度是培养人才的制度。秦汉时期,我国的学校教育制度已初具规模。

据文献记载,我国的学校教育制度起码在殷周时期已经出现。由于当时处在奴隶社会,“学在王官”,教育对象是奴隶主贵族子弟,一般奴隶和平民都被剥夺了受教育的权利。西周时期,王都的学校叫“辟雍”,诸侯国的学校称“泮宫”①,全国自下而上都设立学校,“家有塾,党有庠,术(遂)有序,国有学”②,形成了一个完整的教育系统。春秋战国时期,随着“礼崩乐坏”,即奴隶制的瓦解,学术文化下移,私学勃兴,平民子弟开始接受教育。当时的诸子百家,既是不同的学术流派,又是不同的教育团体。儒、墨等家广收门徒,传布科学文化知识,在中国教育史上写下了光辉的一页。秦始皇统一中国以后,虽然在文化教育上采取了一些有

---

　①《礼记·王制》。
　②《礼记·学记》。

利于政治统一和教育发展的措施,如"书同文""行同伦""设三老以掌教化"等,但由于同时也实行"颁挟书令""禁游宦""禁私学""以吏为师"等政策,对文化教育事业的发展带来了显著的不利影响,生机勃勃的私学受到了抑制。吏师制度实行以后,秦朝的学校教育制度已无信史可征。

西汉皇朝建立之初,由于皇帝刘邦出身于市井无赖,公卿皆造反功臣,文化素质很差,再加上经济残破,"尚有干戈","未皇庠序之事"①。文、景二帝虽然已经意识到文化教育事业的重要性,并采取了诸如立《诗》《书》博士,下诏举士等振兴文化教育的措施,但还没有建立起一套严格的教育制度。武帝继位时,西汉皇朝已经过六十多年的发展,政治、经济、军事力量达到空前的兴盛。与此同时,以孔子、孟子、荀子等为代表的原始儒学经过一系列的改造,终于在董仲舒手里完成了向新儒学的过渡。这时候,对于西汉皇朝来说,建立新的教育制度,不仅需要,而且条件也成熟了。建元元年(前140年),董仲舒在对策中首倡创立太学的主张:"故养士之大者,莫大乎太学。太学者,贤士之所关也,教化之本原也。……臣愿陛下兴太学,置明师,以养天下之士。"②这个建议被武帝采纳。建元五年(前136年),武帝下诏置五经博士。元朔五年(前124年),又命丞相公孙弘等提出设立太学的具体计划。不久,即批准了公孙弘等提出的创立博士弟子员的制度,并在长安城建筑校舍,汉代太学正式诞生。

汉代的学校,大体上可以分为官学与私学两类。官学又分太学与郡国学两级。汉代的太学相当于后世的国立大学,是中央办的最高学府。其主官叫仆射,东汉时改称祭酒。教师称博士,学生名博士弟子员,又称弟子,亦称太学生。太学初成立时,只设5个五经博士,每人名下只有10个博士弟子员,规模是很小的。因为

①《汉书》卷88《儒林传》。
②《汉书》卷56《董仲舒传》。

名额太少,所以正式的博士弟子只好由太常选择"十八岁以下,仪状端正"的地主阶级知识分子充当。而从地方上选送的所谓"好文学,敬长上,肃政教,顺乡里,出入不悖"①的人数较多的青年知识分子只能做特别生,不受名额限制。正式生有官俸,特别生却须自给,所以太学中也有些比较贫穷的学生。后来,随着政治经济的发展,特别是官僚贵族子弟都把入太学看成做官的重要阶梯,太学适应形势发展不断扩大。五经博士逐渐增至十四经博士,太学生的数量更是一再增加。昭帝时增至 100 人,宣帝时增至 200 人,元帝时增至 1000 人,成帝时增至 3000 人。平帝时,王莽辅政,为了争取广大知识分子的拥护,于元始四年(公元 4 年)为太学生建造了能容 10,000 人的校舍。这是两汉时期见于记载的规模最大的校舍建设。东汉皇朝建立不久,光武帝刘季即在建武五年(29 年)下令在洛阳建立太学,广筑学舍讲堂,并且还亲自到太学对博士弟子加以奖励。由此进一步促使各地学生纷纷拥到太学读书,出现"诸生横巷"的盛况。刘秀的儿子汉明帝进一步提倡教育,太学更加发展。太子和诸侯功臣子弟一律读经,期门、羽林的武士也须学习《孝经》章句,甚至匈奴贵族也在此时遣子入学。和帝、安帝时,由于政治黑暗,不重视教育,太学一度很不景气。永建六年(131 年),顺帝接受翟酺建议,扩建太学校舍 240 房 1850 室。同时又扩大太学生来源,除太常所择及郡国选送外,又增加公卿子弟及明经下第两种,还增加太学生俸禄。这些措施自然促进太学生人数大增。质帝本初元年(146 年),当权的梁太后为了取得外戚、宦官和官僚三个集团的好感,以巩固自己的统治,再一次扩大太学生名额。下诏命大将军以下至六百石的官吏送子弟入太学。此后至东汉末年,太学生的人数经常维持在 30,000 人左右。这其中虽然有一批达官贵人的子弟只是在太学挂名而不真正到校读书,但如此规模的中央国立大学在当时世

---

① 《汉书》卷 88《儒林传》。

界上也是罕见的。

太学生学习的主要内容是五经，即《书》《诗》《易》《礼》《春秋》等今文经。由各经的博士按师法、家法进行传授，学习各经的弟子也必须依照师法和家法亦步亦趋地死记硬背经书及解经的内容。由于今文经日益烦琐，"一经说至百万言"，所以真正掌握一经需要耗费大量的精力和时间。"皓首穷经"就是对这一真实情况的写照。显然，太学在两汉时期一方面是传授学术文化知识的中心，另一方面也是残害青年知识分子心灵的渊薮。尽管经书的学习极其烦琐、枯燥和艰辛，但广大知识分子仍然趋之若鹜，因为正是太学在他们脚下铺设了一条充满诱惑力的利禄之路。

两汉太学创造了新的教学模式。它一面采取大班上课的形式，一面采取高足弟子教授低年级学生的方式。同时，由于受学生太多而教师和讲堂太少等条件的限制，太学又允许学生们更多地通过自学和向校外专家求教等形式尽快提高自己的水平。太学也比较重视对学生进行考试，并通过它来督促学生的学习和检查他们的成绩。太学对初入学者每年进行一次考试，叫"岁考"。办法是"设科射策"，即抽签考试。据《学记》所载，七年考试及格的叫"小成"，九年考试及格的叫"大成"。朝廷根据考试成绩一批一批地授予他们不同的官职。尽管在传经时用师法、家法来束缚太学生的头脑，以烦琐的章句来消磨他们的志气，但由于它毕竟是当时传播文化科学知识的主要基地，因而还是培养了一大批思想家和科学家，王充、班固和张衡等人就是其中的佼佼者。同时，由于太学生中的不少人来自地主阶级的下层，对外戚、宦官集团的横行无忌和贪婪腐化十分不满，因而不时酝酿着反对当权集团和要求改良政治的运动。西汉哀帝时，他们曾声援因反对丞相孔光而获罪下狱的司隶校尉鲍宣。东汉后期，他们又与耿直派官僚陈蕃、李膺等相联合，掀起了声势浩大的揭露抨击宦官集团的运动。由此引出了宦官集团镇压太学生的两次著名的"党锢之祸"。

　　灵帝光和元年(178 年),宦官集团为了对付反对自己的太学生,在洛阳的鸿都门附近创建了专门的鸿都门学。这是一种专门教授辞赋、小说、尺牍、字画的学校,它的设立对于突破"独尊儒术"的文化教育政策有一定贡献,同时也是后世各种专门学校的滥觞。另外,东汉皇朝还创立了专门招收外戚子弟的贵胄学校——"四姓小侯学",以及对宫人施以教育的宫廷学校。这说明东汉统治集团对教育的重视超过了西汉。

　　西汉皇朝还在各地方郡国设立学校,教育其他未能进入太学的地主官僚子弟。汉景帝时,蜀郡太守文翁最早在成都设立官学。汉武帝时即下诏令"天下郡国皆立学校官"①。平帝元始三年(公元 3 年),又令天下立官学,"郡国曰学,县、道、邑、侯国曰校。校、学置经师一人。乡曰庠,聚曰序。序、庠置《孝经》师一人"②。另外,在地方政府中还设立郡文学、郡文学史、郡文学卒史、五经百石卒史、乡三老等教官,负责管理文化教育事业和对百姓进行教化。东汉时期,郡国学校更发达,所谓"四海之内,学校如林,庠序盈门"③的说法,虽然不无夸大之处,但毕竟在一定程度上反映了学校教育发展的盛况。不过,两汉地方官学还不是后来意义的进行经常性教学活动的学校。它的主要任务是推广教化,奖进礼乐。由于师资很差,又没有统一的课程设置,因而还没有形成真正的教学系统。纵使如此,地方郡国学校到底还是为后代学校制度的发展奠定了初步基础,在中国教育发展史上仍然是一个巨大贡献。

　　与官学相辅相成的私学,在两汉时期呈现出相当繁荣的局面。这一方面是由于春秋以来私学有着源远流长的历史传统,另一方面因为其时有很多大儒,尤其是古文经师,因不得立为博

---

　　①《汉书》卷 89《文翁传》。
　　②《汉书》卷 12《平帝纪》。
　　③ 班固:《东都赋》。

士,断绝仕进机会而不得不收徒讲学。同时,还有一些名儒高官在致仕后著书讲学。西汉的董仲舒和东汉的王充就是两个致仕讲学的著名人物。两汉的私学种类较多,程度亦参差不齐。由经师大儒自立的"精舍""精庐"相当于太学。"学馆""书馆""书舍""蒙学"等相当于小学。由于私学数量较多,广泛分布于乡村野里,成为农村青少年、儿童接受教育的主要基地,在传播知识上的作用超过了官学。

两汉私学的学生,分及门受教和著录弟子两种。及门受教指亲身受业听讲的弟子。由于这类弟子往往数以千百计,事实上也不可能人人都能得到经师的亲自教诲,所以较多地采取高业弟子辗转相传授的办法。如董仲舒辞官归故里讲学时,就使弟子"次相受业,或莫见其面"①。东汉马融讲学时更是派头十足,"常坐高堂,施绛纱帐,前授生徒,后列女乐,弟子以此相传,鲜有入其室者"②。郑玄到他名下及门受教三年以后,才因为一个偶然的机会得以亲见其面。而在这么长的时间内,给郑玄讲经的显然都是"高业弟子"。所谓"著录弟子",指在名儒门下挂名但不必亲来受业的那些学生。所以这种弟子有时可达万人之多,这是后世流行的"拜门"之风的滥觞。

两汉私人教授的初级学校一般分两个阶段。第一阶段是蒙学,称"书馆",教师称"书师"。学生学习的是字书,目的是识字,汉以前已有这种字书,分为四字句、三字句和七字句等三种。四字句的字书始于周朝的《史籀》,秦朝李斯作《仓颉篇》,赵高作《爰历篇》,胡毋敬作《博学篇》。两汉时经扬雄、班固、贾鲂等人的修改补充,继续使用。三字、七字为句的字书创始于司马相如的《凡将篇》。元帝时史游又模仿该书体裁作《急就篇》,这部字书将姓氏、衣着、农艺、饮食、器用、音乐、生理、兵器、飞禽、走兽、医

---

①《汉书》卷56《董仲舒传》。
②《后汉书》卷60《马融传》。

药、人事等方面的种种日常用字,用韵语汇编在一起,既便于记忆, 又切合实用, 因而成为东汉以及魏晋南北朝时期通用的字书,在我国儿童的识字教育中起了很大的作用。幼童学完第一阶段的字书之后,进入第二阶段。学习《孝经》和《论语》等儒家典籍。西汉宣帝"皇太子年十二,通《论语》《孝经》"①。东汉范升"九岁通《论语》《孝经》"②。到王莽统治时期,下令在郡国设学,在乡聚的庠序中设《孝经》师一人。此后,《孝经》和《论语》也就成为初级学校的必读教材了。读完《孝经》《论语》以后,除了少数人希图继续深造进入太学或经师学者私人教授的 "精舍""精庐" 读书外,一般人即到社会上谋些职业或担任基层小官吏。这些受过初级教育的青少年构成了两汉时期人数众多的基层知识分子群,对于巩固封建皇朝在乡村的统治和传播一般的文化科学知识,起着直接的广泛的作用。

由于两汉时期的私学在人数和影响上超过官学, 而在私学任教的经师又主要属于古文经学,因而对两汉的学风,尤其是东汉的学风产生了比较显著的影响。古文经学讲求名物训诂,注重考证,比较实事求是,虽然有烦琐的毛病,但与今文经学任意发挥的微言大义和谶纬迷信相比,科学的成分毕竟多一些,对当时的青年知识分子产生了较好的影响。古文经学这种考据训诂的治经方法,后世称之为"汉学",它对中国后来的考古学和古文字学研究的发展产生了很大的影响。

总起来看, 两汉的学校教育制度的发展使大批贵族官僚和地主的子弟成为知识分子。他们是两汉官吏队伍的主要来源。他们文化素质的不断提高深刻影响着官吏队伍的面貌。如果说,在文、景时期以前,布衣将相的局面还可以勉强维持的话,那么,武帝以后,官吏队伍就被"彬彬文学之士"所包揽。即使经过新朝末

---

① 《汉书》卷 71《疏广传》。
② 《后汉书》卷 36《范升传》。

年的战乱,东汉立国之初也未能再现布衣将相的局面。一大批饱读儒家经书的文臣武将,与太学生出身的刘秀一起,在较之西汉更高的起点上创造了封建社会又一个繁荣发展的时期。

二、秦汉选官制度

秦朝的选官制度因史料阙如,已难详考。《通典·选举典》说:"秦自孝公纳商鞅策,富国强兵为务,仕进之途,惟辟田与胜敌而已。以至始皇,遂平天下。"辟田,指积极从事农业生产者可得官职,纳粟买官是其内容之一。如秦始皇四年(前243年),"天下疫,百姓纳粟千石,拜爵一级"①。胜敌,指军功,立军功可拜爵,爵级达到一定水平就可做官。这就是说,辟田与胜敌显然是秦代选官的重要条件。至于具体的选官办法,大概秦与汉一样,主要通过"征召"和"荐举"。综合秦汉的选官制度,不外以下数项。

首先是察举,即由下而上推选人才。这显然是秦朝官吏的重要来源,"秦之法,任人而所任不善者,各以其罪罪之"②。任即保举。汉高帝刘邦在十一年(前196年)下达《求贤诏》,要求郡国推荐"贤士大夫",开了汉代察举制度的先河。③吕后、惠帝曾多次诏举"孝悌力田",亦可看作察举制度的先声。至文帝,察举制度正式建立。文帝二年(前178年)下诏"举贤良方正能直言极谏者"④。至汉武帝时,以儒术取士的察举就成为完备的选官制度。汉代察举的科目主要有孝廉、茂才、贤良方正、文学、明经、明法、优异、治剧、兵法、阴阳灾异以及临时规定的其他特殊科目,其标准基本上是四科:"一曰德行高妙,志节清白;二曰学

---

① 《史记》卷6《秦始皇本纪》。按,原文为"百姓内粟千石","内"通"纳",故改之。

② 《史记》卷79《范雎蔡泽列传》。

③ 《汉书》卷1《高帝纪下》。

④ 《汉书》卷4《文帝纪》。

通行修,经中博士;三曰明达法令,足以决疑,能按章覆问,文中御史;四曰刚毅多略,遭事不惑,明足以决,才任三辅令,皆有孝悌廉公之行。"①

其次是征辟,即自上而下选任官吏,分皇帝征聘与公府、州郡辟除两种方式。由皇帝出面采取特征与聘召方式选拔的一些名望很高且品学兼优的人士。如秦始皇时叔孙通以文学征,汉武帝时申公以经学征等。受皇帝征聘,是汉代最尊荣的仕途。辟除是高级官员任用属吏的一种制度,途径有二:一是由三公府辟除,对象是主要公府掾属,试用之后,可出补中央官吏或州郡主要长官。二是由州郡辟除,对象主要是州郡佐吏。试用之后,亦可能升任中央官吏或地方长吏。不过察举之后,还必须经过考试,然后才能量才录用。考试内容是,诸徒试经学,文吏试章奏。考试方法有对策、射策等。即使天子特举之士,皇帝也要亲自策试,如董仲舒、公孙弘等都是经武帝亲自策试后担任重要官吏的。

再次是任子制度。即"子弟以父兄任为郎"②。或"大臣任举其子弟为官"③,也就是高级官吏可以保任其子弟为官。此种制度,可能在秦朝时已经产生,汉文帝时成为定制,后来日益发展,东汉时期尤盛。保任对象除了子、弟、孙以外,还扩大到"门从"、死亡官吏子弟、宦官子弟等。按规定一般是任子弟一人,后来扩大到二至三人。任子制度自然也可以选拔部分有作为的官吏,如苏武、霍光、汲黯等,但这种完全靠父兄的庇荫而得官的制度显然是为了维护地主官僚的特权和既得利益,尽管所选人才,不无才干,然而就其大多数而言,基本上都是碌碌无能之辈,它妨碍了真正有才干的人才的晋升之路,也败坏了吏治。

除了以上三种选官制度外,秦汉时期还盛行纳赀、卖官等方

①《续汉书·百官志一》注引《汉官仪》。
②《汉书》卷 72《王吉传》注引张晏曰。
③《汉书》卷 50《汲黯传》注引孟康曰。

式。秦时已有纳粟买爵的记载。汉文帝时,以财得官的记载日益增多。张释之、司马相如、黄霸等,都是以赀为郎的。武帝时纳赀补官的情况更多了。不过,武帝这样做更多的是从解决财政困难考虑的。东汉桓、灵之世,公开标价卖官。桓帝"占卖关内侯、虎贲、羽林、缇骑、营士、五大夫钱各有差"①。灵帝于光和元年(178年)"初开西邸卖官,自关内侯、虎贲、羽林入钱各有差。私令左右卖公卿,公千万,卿五百万"②。结果进一步败坏了吏治,毒化了当时的社会风气。另外,还有上书拜官。汉武帝时的著名人物东方朔、主父偃、终军等都是通过这一途径跻入朝堂的。另有以材力为官。名将李广、赵充国、傅介子、甘延寿等就是以此为官并建立辉煌功业的。

秦汉时期的选官主要通过察举、征辟进行,由于与考试相结合并伴以较严格的选举法令,在政治清明的条件下,的确可以使国家得到较多具有真才实学的优秀人才。汉武帝时涌现出那么多卓有建树的政治家、军事家、理财家、思想家、文学家和科学家,形成群星闪烁、人才辈出的局面,不能说与这种选官制度没有关系。但是,也应该看到,由于选官的大权掌握在皇帝与各级官吏手里,即使严格按标准办事,也只能选取地主阶级需要的人才。一旦封建政权腐朽,吏治败坏,任人惟亲、惟势与财的倾向必然恶性发展,优秀人才被压抑,碌碌无为与汲汲名利的奸庸之辈就会大量拥入各级官僚机构,进一步助长社会的腐化之势。

三、任用与考课制度

任用官吏制度在秦汉时期已经独立成为人事制度的一项重要内容,主要包括任用方式、任用法规和任用期限等,绝大部分都有具体的法律条文规定。

---

① 《后汉书》卷 7《桓帝纪》。
② 《后汉书》卷 8《灵帝纪》。

秦汉时期官吏的任用为"拜"或"除"，这一权力，特别是任命高级官吏的权力，直接操在皇帝手里。西汉初年，即使秩过百石的官吏也由皇帝任命。后因官吏增多，任免官吏的权限也逐步放宽。先是二百石至四百石官吏由丞相调任，六百石以上官吏由尚书调任，但都要由皇帝最后决定。以后，二千石地方官的选任也归三府经办了。任用方式有多种，实授称"真除"，试用曰"试守"，一般是试用一年，称职即可真除。摄事称"假"，兼领称"领"或"视"，兼领廷尉、尚书等称"平"，东汉时，参决、总领尚书事称"录"，以本官而兼任其他官职曰"兼"，暂由他官代理某官职称"行"，中央临时派员监督地方称"督"，等待皇帝诏命任用的官员称"待诏"，本职以外的虚衔为加官，如侍中、中常侍、给事中之类。无印绶、不治事的官员曰散官，如中央的大夫、博士、御史，地方的祭酒、待事史之类。

秦汉时期对官吏的任用已经逐步形成一些严格的法规。如对诸侯王国官吏的任用常采取限制与裁抑的政策。文帝时规定凡二千石王国官吏必须由中央任命，景帝时又把王国所有官吏的任免权收归中央。对在王国任过官吏的人再任朝廷官吏时特别慎重。值得注意的是，开始实行回避制度，表现为对地方官吏的任用在籍贯上逐渐增加限制。到武帝时，刺史不用本州人，郡守、国相不用本郡人，县令长丞尉不用本县人。东汉时对地方长官的籍贯限制更加严格，不仅地方官不许用本地人，而且还颁布"三互法"，规定"婚姻之家及两州人不得交互为官"[1]。对宗室、外戚和宦官的任用亦有意识地加以限制，如"宗室不宜典三河"，即不准宗室贵族任河内、河南和河东三郡长官，以防其觊觎帝位。不准外戚"备位九卿"[2]和"封侯与政"[3]，不准宦官子弟"为牧人

---

[1]《后汉书》卷60下《蔡邕传》引李贤注。

[2]《汉书》卷79《冯野王传》。

[3]《后汉书》卷2《明帝纪》。

职"①,"居位秉势"②和"为吏察举孝廉"③等,防止他们擅权。可惜这类规定并不能始终如一地执行。另外,对任官者的财产、职业、身份、学历和年龄等也有明确规定。秦汉都把财产多少作为任官的重要条件,如韩信在秦时因为"贫无行,不得推择为吏"④。西汉初年,家资十万方可做官,文帝后元二年(前162年)减为四万可以做官。⑤纵使如此,也说明其时的官吏只能在地主阶级中选取。在职业上,刘邦曾规定"市井子孙亦不得为官吏"⑥,文帝时规定"贾人、赘婿……不得为吏"⑦,景帝时,"有市籍者不得官"⑧。武帝时限制虽一度放松,但哀帝又重申"贾人不得为吏"⑨的禁令。这些禁令反映了汉代重农抑商的政策。在身份方面,秦汉特别规定犯罪者及其子弟不得为吏,"刑人无国位,戮人无官任"⑩。汉代官吏亦有学历方面的规定,"太史试学童,能讽书九千字以上,乃得为吏"⑪。前述四科取士之一,是"学通行修,经中博士"。在年龄上也有规定,秦时官吏只任用壮年。汉时,博士弟子限年18岁,20岁通一艺方可做官。选孝廉限40岁,明经博士限50岁等。

两汉对官吏任职的时间没有明确规定,似乎是越久越好,任职十年以上的丞相、二十年左右的九卿郡守不乏其人。一些小吏

---

① 《后汉书》卷38《冯绲传》。

② 《后汉书》卷54《杨秉传》。

③ 《后汉书》卷63《李固传》。

④ 《史记》卷92《淮阴侯列传》。

⑤⑦ 《汉书》卷4《文帝纪》。

⑥ 《汉书》卷1《高帝纪》。

⑧ 《汉书》卷5《景帝纪》。

⑨ 《汉书》卷11《哀帝纪》。

⑩ 《商君书·算地六》。

⑪ 《汉书》卷30《艺文志》。

父子相传,竟致"以官为氏"①,"居官者以为姓号"②了。东汉后期政治黑暗,外戚、宦官擅权,任人惟亲,调动频繁,是造成吏治败坏的原因之一。

秦汉两代还建立了官吏考课以及与之相适应的迁降赏罚制度。上计是对地方官吏考核的重要内容。秦时上计制度已较完备,它要求郡守在每年年终将该地方的人口、垦田以及各种税收、粮食收入等,呈报中央以备考查;县令长在每年秋天将该县户口、垦田及各种税收呈报主管部门以备考查。即使对地方小吏亦进行考课。汉承秦制,每年年终由郡国上计吏携计簿到京师上计,接受询查,叫"常课"。三年一考查治状,叫"大课"。汉代的考课制度大致有两个系统,一是由中央到郡,由郡到县的中央至地方系统,一是由公卿守相各部门主管长官各课其掾史属吏的上下级系统,并各以其考课的结果作为迁降赏罚的依据。由于考课事关国家大政,因而皇帝有时也亲自主持,并行幸郡国,就地上计。在西汉时主要执行考课任务的是丞相和御史二府。丞相负责岁终课殿最,御史大夫负责按察虚伪真实。其后,西汉末至东汉,上计考课的实权逐渐转到尚书手中。州在东汉变成一级行政机构后,也有对郡县的考课权。在郡县二级制时,郡既需上计中央,又需对属县进行考课。郡对县的考课一般在秋末进行,以便汇总全部情况在岁终上计中央。

考课的结果,登记在册,"考绩功课,简在两府"③,作为迁降赏罚的依据。一般"课最"或"高第"者,都得到升迁。有特殊贡献和劳绩者,可越级升迁。这种制度虽然能擢用优秀人才,不致埋没贤能,但也使皇帝和主管长官可以胡封滥赏,造成吏治败坏。如东汉末年就出现"或一期之中,郡主易数二千石云

---

① 《汉书》卷86《王嘉传》;《通志》卷25《氏族略》。
② 《史记》卷30《平准书》。
③ 《汉书》卷83《薛宣传》。

扰波转"①的混乱状况。考课中发现官吏有过或犯罪,即给予不同等次的惩罚,重者处死或罢官削爵,轻者降职(称"左转"或"左迁")罚俸(称"贬秩")。另外,还有不少赏罚形式。如赏方面的增秩、赐爵,礼遇上的优宠,如给予"带剑履上殿,入朝不趋"的殊荣。罚的方面,除谋反外,对贪赃枉法处罚甚重,"赃直十金,则至重罚",往往给予弃市之类严惩。就是一般贪污罪,其处分也是夺爵免官,罚金没收家产,并禁锢终身或锢及三世。对另外的一些罪过,如坐盗贼罪、坐灾害罪、坐刑滥罪、坐选举不实罪等,除夺爵免官、减秩罚金外,还有科罚之刑,自杖、笞、耐髡以至弃市、族诛不等。九卿以上官吏可免捶扑之刑。如罪至死,即令其自杀。

秦汉两朝对官吏赏罚的条规,比较细严而完备。西汉文、景,东汉光、明、章几代吏治比较清明的时候,这些条规基本上得到了贯彻执行。但在多数情况下,尤其是皇朝末期,赏不当赏,罚不当罚或"有功不赏,无德不削"②的事情层出不穷,既是吏治败坏的象征,也是吏治败坏的原因之一。

四、赐爵、秩俸和朝位制度

秦汉时期已经形成了比较完备的赐爵制度。这一制度是在废除周代世卿世禄的五等爵位制基础上形成的军功爵制。它与官、禄基本上分开,是对战功的一种奖赏。爵在秦和西汉时很有实际的好处,可作为做官的依据,按等第获得田宅和役使庶子,还可以用它来赎罪、赎奴婢,因而成为当时人们追求的目标之一。据《汉书·百官公卿表上》记载,到秦皇朝统一全国时,业已形成了二十等爵位制:"爵:一级曰公士,二上造,三簪袅,四不更,五大夫,六官大夫,七公大夫,八公乘,九五大夫,十左庶长,十一右庶长,十二左更,十三中更,十四右更,十五少上造,十六大上

---

① 《全前后汉文》卷 46 崔寔《政论》。
② 王符:《潜夫论·三式》。

造,十七驷车庶长,十八大庶长,十九关内侯,二十彻侯,皆秦制,以赏功劳。"这个二十级爵位,大致划分为两大等级,七级公大夫或八级公乘以上为官爵,以下为民爵,每一级爵位都代表不同的待遇。西汉初年的爵位基本上承袭了秦的制度。

楚汉战争期间,刘邦曾赐给部下国大夫、列大夫、上间、七大夫、五大夫、执帛、执圭等,多为战国时楚国的军功爵位。这是因为刘邦在秦统一六国前曾做过楚国的百姓,而他参加反秦的起事也是在陈胜和楚怀王的旗帜下进行的。

刘邦统一全国后,转而采用了秦的二十等爵制。高帝五年(前202年)发布诏令称"民前或相聚保山泽,不书名数,今天下已定,令各归其县,复故爵田宅"。"军吏卒会赦,其亡罪而亡爵及不满大夫者,皆赐爵为大夫。故大夫以上赐爵各一级,其七大夫以上,皆令食邑,非七大夫以下,皆复其身及户,勿事。"①这里,刘邦既承认秦时爵位的合法性,又特别奖励跟他打天下的军吏卒,使其中获七大夫以上爵位者有食邑特权的地主,一般军吏卒也得到了"复其身及户,勿事"的优待。刘邦死后,从秦继承来的赐爵制度开始发生变化。这一变化从吕后在高帝十二年(前195年)五月,即刘邦死后一个月以惠帝名义发布的诏书中最早反映出来。该诏书说:"赐民爵一级,中郎、郎中满六岁爵三级,四岁二级。外郎满六岁二级。中郎不满一岁一级。外郎不满二岁赐钱万。宦官尚食比郎中。谒者、执楯、执戟、武士、驺比外郎。太子御骖乘赐五大夫,舍人满五岁二级。"②与以前的赐爵相比,它取消了军功这一根本条件,首次无条件地普遍赐民爵,同时又把吏爵和民爵分开,赐民爵一般一次一级,赐吏爵则一次二三级甚至更多,从而使官吏获得更多的特权。特别重要的是,它取消了以爵级赐田宅的规定,从而使民爵变成了没有多少实际意义的空头衔。而

①《汉书》卷1《高帝纪下》。
②《汉书》卷2《惠帝纪》。

对吏爵却有赐田宅、奴婢以及车马、金帛、器物等的规定。这说明西汉的赐爵对百姓的吸引力大大缩小了。文、景时期,赐爵进一步沿着轻、滥的方向发展。除十九、二十级爵位即关内侯、列侯还有实际好处外,其他等级,特别是八级以下的民爵,更失去实际意义。此后,滥赏民爵就成为统治者欢庆节日、点缀升平、欺骗人民的手段。凡新君即位、皇帝加元服、立太子、太子加冠、改年号、册封皇后等喜庆大事,都要发一纸诏书给天下百姓加一级一文不值的爵位,对"孝悌力田""勤事吏"之类人物更是每每二三级的赐爵。与此同时,它正式实行卖爵制度,入钱、粟、奴婢都可以得爵。因为得爵位的人越来越多,于是将以前规定的七级"复其家"的标准提到九级五大夫只能复一人,而一般百姓很少能达到这样高的爵位。如此一来,西汉的赐爵就完全失去了秦和汉初对农民和军吏卒的吸引力。

汉武帝时,"内兴功作,外攘夷狄",战争连年,征发繁剧,为了鼓励从军吏卒勇敢杀敌的积极性,特创武功爵。据《茂陵中书》记载,它有十一个等级,"一级曰造士,二级曰闲舆卫,三级曰良士,四级曰元戎士,五级曰官首,六级曰秉铎,七级曰千夫,八级曰乐卿,九级曰执戎,十级曰政戾庶长,十一级曰军卫"[1]。规定立功受爵的将士可以补吏和赎罪,功劳超等的还可补郎和封侯。但同时又规定武功爵亦可买卖,当然也就无法避免爵位的轻滥,所以推行不久也就取消了。

武帝之后,汉代的赐民爵越发轻、滥,赐吏爵却加重加多,赐爵进一步变成了维护官僚贵族特权的工具。东汉时期,由于世家豪族通过征辟、察举和任子等制度,基本上垄断了从中央到地方的官吏选拔权,已经用不着赐吏爵为自己找一条晋升之阶了。所以东汉找不到赐吏爵的记载。因为赐民爵仍具有点缀升平的作用,故而每代皇帝都颁布不止一次的赐民爵的诏书,但又千方百

---

① 《汉书》卷 24《食货志下》注引臣瓒曰。

计地防止百姓获得免役的爵级。明帝、安帝、顺帝等多次下达命令："爵过公乘，得移与子若同产，同产子。"[①]这样，赐爵与百姓免役和士兵的社会地位已经完全脱钩，变成徒具形式的无用之物。正如汉末王粲所说："民不知爵者何也？夺之，民亦不惧，赐之，民亦不喜，是设空文书而无用也。"[②]东汉后期，增设县侯、乡侯、亭侯，以满足对外戚、宦官和豪强、军阀胡封滥赏的需要。汉末曹操当政时，除原有的列侯、关内侯外，又增设名号侯十八级、关中侯十七级、关内外侯十六级、五大夫侯十五级四等，都是"不食租"的"虚封"。至此，封爵制度不仅对广大士兵毫无用处，对军官也失去了实际价值。它寿终正寝的日子终于到来了。

商周时奴隶主贵族专政，实行世卿世禄制度。春秋战国以来，随着专制主义中央集权官僚制度的诞生，产生了官吏的秩俸制度。秦汉作为全国规模的统一皇朝，也建立了自己统一的官吏秩俸制度。这里，秩指官阶，俸指薪俸。秦朝的官吏秩俸已难详考，但它用粮食数量表示官阶则是确定无疑的，见于记载的"五十石之官""百石之官""千石之官"即是明证。汉承秦制，官秩亦用石表示，如丞相万石，郡守二千石，县令长五百石到一千石等。石是衡的单位，在发放禄米时则以斛计算。因而石是虚名，斛是实俸。由于两汉各级官吏的薪俸时常有变动，有时以钱计俸，发放时又钱、粮并发，因而史料记载出现不少歧异。大体说来，两汉的三公月俸350斛，二千石120斛，千石90斛，六百石70斛、三百石40斛，百石16斛，斗食佐史则在10斛左右。另外，两汉官吏除常俸外，还有节日赏赐，实际上成为常俸之外的加薪。两汉官吏薪俸高低悬殊较大，最高者为最低者的44倍左右。县令长以下的官吏俸禄较低，乡亭的低级吏佐甚至难得温饱。

与官秩连在一起的是朝位，即在皇帝主持朝议时各级官吏

---

① 《后汉书》卷2《明帝纪》、卷5《安帝纪》、卷6《顺帝纪》。

② 《艺文类聚》卷51《封爵部》。

应处的位置先后左右的排列班次。秦代的朝位已不可详考,估计与汉朝大体一致。西汉的朝仪制度是做过秦博士儒生叔孙通制定的。汉高帝七年十月一日,刘邦在长乐宫举行一次朝仪,《汉书·叔孙通传》这样记载:"仪:先平明,谒者治礼,引以次入殿门,廷中陈车骑戍卒卫官,设兵,张旗志。传曰:'趋。'殿下郎中侠(挟)陛,陛数百人。功臣、列侯、诸将军、军吏以次陈西方,东乡;文官丞相以下陈东方,西乡。大行设九宾,胪句传。于是皇帝辇出房,百官执戟传警,引诸侯王以下至吏六百石以次奉贺。自诸侯王以下莫不震恐肃敬。"后来,高后二年(前186年),又令评定列侯位次,以定朝位。《西汉会要》卷37曾列了一个朝位的班序,从诸侯王、相国直到羽林郎共106人,大致可以反映出西汉的朝位班次。后来,随着官制的变化,朝位班次也不断加以调整。如武帝时大将军卫青就位在三公以上。以后霍光、窦融都是如此。朝会次序升降转换,不断发生,汉末魏晋以后,官品之分,阶班之别乃至流内流外制度日趋繁杂。朝位班次正是封建社会等级制度的反映。

五、玺、符、节与舆服制度

秦汉时期的绝大部分官吏都有与其官秩地位相当的印、绶。其作用一是表示受命于天子,二是表示官阶级别,三是表示职务范围的权力。秦朝的印绶已不可详考,两汉的印绶则比较清楚。据《汉书·百官公卿表上》记载,西汉时相国、丞相、太傅、太师、太保、太尉、左右前后将军皆金印紫绶(高帝十一年相国更为绿绶),御史大夫与秩比二千石以上官吏皆银印青绶,秩比六百石以上皆铜印黑绶,比二百石以上皆铜印黄绶。东汉情况,《续汉书·舆服志》注引《东观书》的资料记载如下:诸侯王金玺缍绶,公侯金印紫绶。九卿、执金吾、河南尹等秩皆中二千石、大长秋到郡国太守、傅相、校尉、中郎将等秩二千石以上官员皆银印青绶。尚书令、御史中丞等皆秩中二千石、洛阳令等秩千石官,从尚书、谒者到郡国长史、丞、侯、司马等秩六百石官以及洛阳市长等秩四百石官皆铜印黑绶,其余二百石以上官吏,皆铜印黄绶。百石以下的乡、亭小吏也有"五两之纶,半通之铜"的印绶。两汉时期,所有佩印绶的官吏都是治事之命官。一些不治事的散官或加官,如光禄大夫、中大夫、大夫、博士、御史、谒者、郎官之类,都无印绶。由于官印是一种国家权力的象征,因而不仅公文传书要盖官印封缄,其他如官府收受货币、入仓谷物的封存、司法中的查封等,都需官府用印。所以,私刻、盗用官印也就成为犯罪了。

封建国家行使权力时需要使用信物和凭证,秦汉时期,统称符节。早在战国时期已普遍使用。符节又分符、传、节等不同种类。汉代分封功臣、任命郡守和发兵一类大事都用符为凭信。符又分两种:铜虎符与竹使符。①前者多用于发兵,后者多用于一般的调发。虎符一分为二,一存中央,一存郡国。中央发兵时,使者携中央存的虎符之半去地方合符,军队方可调动。无符发兵,就算背叛朝廷。传又叫符传,类似身份证或通行证。一般吏民出门远行或出入关界,均需用传。节②是一种比较高级的凭证,汉代出使、发兵均需用它。少府属官中的符节令、丞,就是专管这种凭证的官员。节的使用范围较广,但都是代表皇帝行使某种权力。如文帝时冯唐"持节赦魏尚,复以为云中守"③。武帝建元三年(前138年),"遣(严)助以节发兵会稽",会稽太守稍一犹豫,严助就下令斩一司马,太守只得乖乖地服从命令。④皇帝授节表示授权,臣子受节表示受命,因而节就成为最高权力的象征。苏武出使匈

---

① 《汉书》卷 4《文帝纪》师古注:"应劭曰:竹使符,皆以竹箭五枚,长五寸,镌刻篆书。"

② 《汉书》卷 1《高帝纪上》师古注:"节以毛为之,上下相重,取象竹节,因以为名,将命者持之以为信。"

③ 《汉书》卷 50《冯唐传》。

④ 《汉书》卷 64 上《严助传》。

奴,被扣十九年,节旄尽落,他坚守不失,这种不辱君命的崇高品格,受到当时与后人的赞誉。后来的节操、守节即由此演化而来。由于节是国家权力的象征,所以汉代统治者对节的授受比较慎重,并以严格的法律加以限制。东汉末年,常有权臣假节之制,说明天子的大权已经旁落了。

与严密的官僚等级制度相适应,秦汉文武百官也逐渐形成一套复杂的车舆、冠服制度。它不仅用以区分官民,也表示文武之别与官阶等级。正如徐天麟所说:"所以明尊卑,辨等列,使之不得以相逾者也。故五车之制一定,则乘墨栈者不得拟于篆缦;五冕之制一立,则服缔玄者不得僭于鷩毳。所以检摄人心,维持名分者,盖于此乎寓焉。"①

秦代的车舆已难详考,《续汉书·舆服志》讲到秦代皇帝的属车即百官所乘,可以窥见其大概:"属车皆皂盖赤里,木辂,戈矛弩箙,尚书御史所载。最后一车,悬豹尾,豹尾以前比省中。"但级别等次并不清楚。西汉初年,经济残破,无法讲究排场,只能"因陋就简","自天子不能具醇驷,而将相或乘牛车"②。后来,随着生产的发展和经济的繁荣,统治者逐渐讲究起来。记载中经常出现"安车驷马""安车蒲轮""朱轮华毂"之类,说明官吏的级别、身份已经在车制上体现出来。不过,终西汉之世,似乎也没有颁布一个车制的严格规定。平帝时,王莽"奏车服制度",大概是想就此制度加以统一和规范化。东汉时,百官车制已较完备,《续汉书·舆服志》记载:"公、列侯安车,朱斑轮,倚鹿较,伏熊轼,皂缯盖,黑辖。中二千石、二千石皆皂盖,朱两辖。其千石、六百石朱左辖。……三百石以上皂布盖……二百石以下白布盖,皆有四维杠衣。"同时,关于车、马的文饰也加以区别。公、列侯的车文饰是"倚鹿伏熊,黑辖,朱斑轮,鹿文飞軨,九斿降龙"。卿的车

①《东汉会要》卷10《舆服》。
②《汉书》卷24《食货志上》。

文饰是"朱两轮,两辀降龙"。二千石以下还分不同的等级。王、公、列侯的马文饰为"镂锡文髦,朱镳朱鹿,朱文,绛扇汗,青翅燕尾"。卿以下的马文饰为"缇扇汗,青翅尾,当卢文髦,上下皆通"。这些车马文饰的差异,也标志了身份等级的不同。

秦汉两代也很注意从冠服上区分官吏的身份和等级。秦朝的冠服多由六国服制承袭而来。据《续汉书·舆服志》记载,秦始皇以原齐国国君的高山冠赐给近臣谒者,以楚王的法冠赐给执法近臣御史,以赵惠文王的武冠赐给近臣。秦时袍服的情况已不可详考。西汉继承秦制而有所创新。刘邦以楚冠改制的刘氏冠,樊哙在战争年代所戴的樊哙冠,都曾在部分人中风行。不过,西汉初年对服制并不怎么讲究,直到景帝时才要求各级官吏,"车驾衣服宜称"。但终西汉之世,在服装上似乎也没有形成严格划一的制度。到东汉明帝时,才出现比较完备的冠服制度:"天子、三公、九卿、特进侯、侍祠侯,祀天地明堂,皆冠旒冕,衣裳玄上纁下。乘舆备文,日月星辰十二章。三公、诸侯用山龙九章,九卿以下用华虫七章,皆备五采、大佩、赤舄绚履,以承大祭。百官执事者,冠长冠,皆袀服。五岳、四渎、山川、宗庙、社稷诸沾秩祠,皆袀玄长冠,五郊各如方色云。百官不执事,各服常冠袀玄以从。"[1]对从天子到百官的祭服、朝服以及常服都做了严格的规定,使人们一望即知官吏的身份和等级。

六、致仕制度

秦汉时代的官吏已有休沐与告宁制度。秦的制度虽难详考,但两汉时期的情况则比较明晰。两汉官吏一般"五日得一下沐"[2],即每五日休息一天。另外还有节假日,如夏至、冬至就放几天假处理私事,因功因病还可告假,一般以三个月为期,逾期不

---

① 《续汉书·舆服志下》。
② 《初学记》卷 20"假"引汉律。

归就要免官。父母丧亡,做官的儿子要奔丧,称作"宁",文帝时规定三十六天。西汉后期,延期至三年。东汉光武帝即位后,令公卿、二千石、刺史不得行三年之丧。东汉时期还有许多提前释服(结束丧期)的记载,说明"终汉之世,行丧不行丧迄无定制"①。

秦汉时期,尤其是两汉时期的致仕与优恤制度也已经比较完备。致仕即退休,条件是年老或有病。退休以后,根据不同的官阶享受优恤待遇。两汉公卿大臣老病退休后的待遇,一般由皇帝下诏书决定,情况差别很大。有的享受全俸,有的三公享二千石俸,大多数人享受原俸的三分之一。②还有的享受一次性赏赐的钱、谷、黄金、房舍和车马等。政治上地方官按时派人"存问",有些德高望重的老臣还可依时朝见皇帝。官员死后,朝典还有一种抚恤制度。主要内容是根据官员们身份地位的不同给予不同等级的赠赙(财物)、赠印绶、赠谥、赠冢地、赠各种葬具和明器等。如官吏系因公死亡,则厚加赏赐,并荫其后代。实行这些制度,目的显然是使官吏免除后顾之忧,更加兢兢业业地为封建皇朝服务。

第九节　秦汉时期的少数民族政权——匈奴政权

秦汉是中华民族形成过程中的重要时期。在汉族建立的中原皇朝周边地区,活跃着许多少数民族,北方匈奴族,西北西域各族,南方和东南方的百越族,西南的西南夷各族,东北的夫馀、肃慎、高句丽、乌桓、鲜卑等族,都建立了自己的政权。其中以匈

---

① 赵翼:《陔余丛考》卷 16《汉时大臣不服父母丧》。

② 《汉书》卷 12《平帝纪》,元始元年正月,"天下吏比二千石以上年老致仕者,参分故禄,以一与之,终其身",此可供参考。

奴人建立的政权最为强大，它与秦汉皇朝的和与战对当时历史产生了巨大的影响。

匈奴是很早就生活在中国北部边疆地区的游牧民族，殷周时期已见于历史记载，大约在战国时期开始由原始社会向奴隶社会过渡。公元前209年，冒顿杀死其父头曼自立为单于，标志着匈奴奴隶制度的确立。冒顿单于在其统治时期，统帅"控弦之士三十余万"①，东破东胡，西击月氏，平定楼兰、乌孙等西域各族，南并楼烦、白羊河南王，北服浑庾、屈射、丁令各族，其势力东尽辽河，西至葱岭，南达长城，北抵贝加尔湖，在大漠南北建立起一个庞大的奴隶制政权。

匈奴的奴隶制政权是一个游牧的军事政权。当政的各级奴隶主贵族既是行政首长，又是军事首领。这个政权的最高首领称单于，他总揽军政及一切对外大权，其职位是世袭的。在单于之下，由匈奴显贵氏族呼衍氏、兰氏和须卜氏世袭的左右骨都侯协助处理政务、军事、司法、财政等各项事务。这时的匈奴人没有文字，没有成文法，政务处理靠口头指示或报告，自然也就没有文簿、记录之类的东西。单于经常居住的地方叫单于庭，他直接管辖匈奴中部一大片地方。匈奴地方的最高长官是左、右贤王，其中以左贤王最尊贵，担任这一职务的常常是单于的太子。左贤王设庭于匈奴东部地区，管辖单于直辖区以东的大片地方。右贤王设庭于西部，管辖单于直辖区以西的大片地方。左右贤王之下的高官依次是左谷蠡王、右谷蠡王，左大将、右大将，左大都尉、右大都尉，左大当户、右大当户。由于匈奴政权是在对周边少数民族的战争中发展起来，因而各级官吏都能统兵作战。自左、右贤王以下，统万乘的军事首长共二十四个，他们被称为万骑长。各万骑长又在自己统帅的骑兵中设千长（千骑）、百长（百骑）、什长（十骑），此外，还有裨小王、相、都尉、当户、且渠等官，他们也各

---

① 《汉书》卷94上《匈奴传》。

以部众的多少确定自己权力的大小与地位的高下。

因为匈奴政权是一个游牧的军事政权，所以其主要职能表现在对外的军事掠夺。一些民族被征服后，就要按时向它纳贡。如乌桓交纳牛、马和羊皮。在西域，匈奴设僮仆都尉，负责征收赋税和马畜等土特产品。匈奴政权的对内职能主要体现在对其统治下奴隶的镇压与奴役，依靠习惯法维持稳定的社会秩序和向牧民征收赋税。匈奴的习惯法异常苛酷，如规定盗窃财物者籍没家口和财产，"拔刃尺者死"。其他罪行，轻者用车碾压骨节，重者处死。匈奴政权向人民征税主要通过三次大的集会进行。每年正月，各部首领小会于单于庭，举行春祭；五月，大会龙城，隆重地祭祀祖先、天地和鬼神。秋天，大会蹛林，"课校人畜计"①。这三次聚会中，以秋季这一次最重要，因为要稽查各部落的户口和牲畜繁殖情况，以便在此基础上征收赋税。

综上所述，可以看出，秦汉时期的匈奴政权带有自己鲜明的民族特点：第一，由于这个政权刚刚由原始社会过渡而来，因而还带有许多氏族社会的遗迹，其机构、官位和职能都打上了部落联盟军事民主制的胎记。第二，由于是单纯的游牧经济，社会分工很不发达，政权机构比较简单，还缺乏明显的职能分工，各级官吏几乎都集行政、军事、司法、财政于一身，没有任何权力的制约机制。第三，因为没有文字和成文法，各项政务活动都比较简单。脱胎于氏族社会道德风俗的习惯法，虽然给人们的行为规范提供了一个标准，但在决策和政务活动中，随意性更顽强地显示出它的存在。

---

① 《汉书》卷 94 上《匈奴传》。

第十节　秦汉政治制度的历史地位

秦汉四百多年的历史构成了我国封建社会的初级阶段。这一时期，我们的祖先在辽阔无垠的东亚大陆建立了规模空前的封建大帝国，创造了在全世界占有领先地位的高度发展的经济、文化和科学技术。与之同时存在的世界大帝国如贵霜帝国、罗马帝国和安息王国等，无论就建国的规模、社会的发展、经济的繁荣、科学文化的进步和影响的深远，都难以望其项背。作为一个巨大而辉煌的文明中心，她对周围世界，特别是东北亚、中亚、东南亚等地区的发展产生了深远巨大的影响。丝绸之路使中国文化播射中亚，并越过地中海到达古罗马的王廷。在东北亚，她给朝鲜的历史打上了自己的印记，并使居住于日本四岛的大和民族开始沐浴儒家文化的光芒。在南亚，随着秦汉两朝行政管理权的不断推进，红河和湄公河下游的原始民族开始从森林中走出来，运用中国传来的工具和技术从事对这片热带沃土的开发，从而使自己的历史完成了向文明社会的飞跃。

秦汉时期所建立的专制主义中央集权的政治体制，为我国延续二千多年的封建社会选择了政治体制的基本模式。不管后来的封建皇朝在政治制度方面作了多少损益与改革，其基本原则并没有发生根本变化。

秦汉两朝确立和发展了皇帝制度，皇帝所拥有的不可分割和不可转让的最高国家权力在后来的封建皇朝得到不断强化。与之相关联的太子制度、外戚制度和宦官制度以及各种复杂的礼仪制度，都被后代加以继承、完善和发展。

秦汉两朝在中央建立了三公九卿制度，组成了集行政、司法、军事、财政和监察于一体的庞大的中央政府。它以较严格的行政立法,确定机构设置和人员编制,政府机构有着较明确的分工与协同,基本上适应对一个幅员广大的封建帝国的管理。这一中央政府的组织形式,虽然后来发生了较大变化,如三公九卿制发展到隋唐的三省、六部、一台、五监和九寺制,进而变为宋朝的二府制,元朝的一省一院一台制,明朝的废丞相、六部直接对皇帝负责制以及清朝的军机处制等,但基本上都是从秦汉的三公九卿制发展而来,我们几乎可以从后来封建皇朝的所有职能部门中上溯到秦汉制度的源流。

秦汉时期的地方行政体制,是集行政、司法、军事、财政为一体的郡县制,而它又通过基层的乡里制度和户籍按比制度,把百姓主要是农民牢牢束缚在土地上,以便其为封建国家提供源源不绝的赋税和徭役。后来,历代封建皇朝的地方行政体制不断发生变化,由郡县二级制到州郡县三级制或路、府、(州)县三级制到省、路、府、(州)县四级制,但其基本原则始终不变,乡里和户籍制度变动更小。原因就是这种体制既便于加强中央集权,又较容易确定中央与地方的分工。

秦汉时期逐步形成了一套较完整的以征辟、察举为主导形式的选官制度和官吏任用考课制度。这种制度尽管有不少弊端,但基本上满足了封建国家对于人才的需要。特别是察举中考试方式的确立,直接影响了隋唐时期科举制度的产生与发展。在这一时期形成的官吏任用中的回避制度,为后代清明政治时期所沿袭和发展,这对于防止官吏结党营私、败坏吏治具有一定的积极意义。

秦汉两朝逐步建立和完善了由中央直接控制的具有一定独立性的垂直的监察体系。这个由御史大夫(后来是御史中丞)、监察御史(后来变为刺史)、督邮和县级廷掾组成的监察体系,以及经常监察与定期巡视相结合的制度,对于澄清吏治,加强中央集权起了积极的作用。这种监察制度一直影响到整个封建社会。例如,唐代御史台的设置和十道巡察制度,元代御史台的设置和御史出巡制度，明清两代都察院的设置和监察御史巡按地方的制度等，都是对秦汉时期监察制度的改革与发展。

秦汉政治制度的其他内容，如诸侯王分封制度，司法上的垂直领导与多级审判制度，中央集权的军事与财政制度，人事管理方面的秩俸、朝位、印绶、玺、符、节和舆服制度以及致仕的优恤制度等，都被后世皇朝加以因革、完善和发展。

秦汉政治制度在运行中所显示的利弊得失也给后来皇朝政治制度的改革提供了经验教训。如皇帝与丞相的关系、中央集权与地方分权的关系、监察对行政权力的制约关系等等，都应有一个适度的界限，正确处理好类似关系，是保持政治稳定和纵横协和的重要条件。

当然，也应该看到，秦汉两朝政治制度中不少根本性的弊端也为后世封建皇朝所继承，如皇帝专断独裁，外戚和宦官制度，各种权力之间缺乏有效的制约关系，以及官僚队伍的贪污腐化等等。

第六章 魏晋南北朝政治制度

第一节 魏晋南北朝的政局与政治制度的演变

一、分裂割据与朝代更迭频繁

魏晋南北朝是一个战乱不息、分裂割据的时代。

东汉和帝后，外戚宦官控制朝政，形成许多政治集团，争权夺利，相互倾轧，政局日益混乱。外戚、宦官，多是贪赃枉法之徒，他们盗窃国库，打击清廉，劫掠商旅，鱼肉百姓，从而激化了社会矛盾。

在外戚宦官当权派的压抑下，部分低级京官和太学学生，组成政治集团，公开品评公卿，"裁量执政"[①]，主张"权去外戚，政归国家"[②]，而对专权的宦官，反对尤其激烈，他们发动舆论攻势，多次组织数以千计的太学生到皇宫请愿，要求制裁宦官。但是，他们的斗争遭到宦官集团的镇压，酿成"党锢之祸"，数百人被屠杀，几千人被囚禁。

---

① 《后汉书》卷 67《党锢传》序。
② 《后汉书》卷 63《李固传》。

统治阶级内部矛盾激化的同时,阶级矛盾也日趋尖锐,暴动到处发生,最后终于爆发了公元184年张角领导的全国规模的黄巾农民大起义。

黄巾起义被镇压了,在镇压起义过程中,地方豪强武装集团纷纷建立。他们既合力镇压起义,又相互进行厮杀、火并。通过"官渡之战"(200年)、"赤壁之战"(208年)和"荆襄之役"(219年),曹操挟持汉献帝,占有黄河流域;刘备雄踞巴蜀一带;孙权控制长江中下游,三国鼎立的格局基本形成。

延康元年(220年)正月曹操病逝,子丕继魏王位。十月代汉称帝,定都洛阳,改元黄初,国号魏,史称曹魏。次年,刘备称帝于成都,建元章武,史称蜀汉。下一年孙权称吴王,建都武昌(湖北鄂城),后迁建业(江苏南京),建元黄武,史称孙吴。至此,三国鼎峙的政局正式形成。

曹操前期,中央集权强化,政治也较清平,国力增强。司马氏专权后,地方大族势力发展迅速,曹魏皇帝成为司马氏手中的傀儡。蜀汉先主刘备知人善任,重用诸葛亮,稳定局势,增强实力。后主刘禅亲政后,宠信宦官,排斥忠良,加上赋役苛重,民不聊生,263年为曹魏所灭。两年后(265年),司马炎又逼曹奂禅位,建立晋国,史称西晋。司马氏建国后,晋、吴对峙达十八年之久。孙吴仗长江天险,奄有江东,重用豪门,名宗大族皆有私兵部曲、田园别墅。至末帝孙皓,尤其荒淫残暴,国库空虚,百姓饥困。至晋太康元年(280年),武帝六路伐吴,孙皓出降,全国归于一统。三国分裂割据共六十一年。若从黄巾起义失败、军阀割据算起,至此则九十余年。

三国中疆域曹魏最大,蜀汉最小。史载魏得汉郡54;吴18,蜀11。曹魏编户约有户66万,口443万;孙吴约有户53万,口230万;蜀汉约有户28万,口94万。合计三国户147万,口767万,相当于东汉顺帝建康元年(144年)户994万的14.8%,口

4973 万的 15%。①

晋武帝灭吴后,即大封同姓诸王,尤其是使宗室诸王出专方面重镇,既握兵符,又综理民事,以致能割据称雄,举兵向阙,终于演成惠帝时长达十年之久的"八王之乱"。

"八王之乱"从宫廷政变,争夺最高统治权,迅速发展为八王之间互相残杀的大混战,百姓死于兵灾人祸,动辄以千万数。"八王之乱"尚未结束,流民起义、少数民族反晋暴动接踵而至。元康六年(296 年),氐民齐万年起义于关中;永安元年(304 年),匈奴贵族刘渊反晋于左国城(山西离石西);光熙元年(306 年)賨人李雄在益州起义,占有成都。惠帝死,怀帝即位(307 年),改元永嘉。当时,石勒、刘曜、王弥横行于大河南北。公元 311 年,刘曜、王弥攻陷晋都洛阳,怀帝被俘,宫室焚毁,百姓逃亡,史称"永嘉之乱"。公元 316 年,刘曜又攻陷长安,俘晋愍帝,西晋灭亡。

据《晋书·地理志》,太康元年灭吴,全国置 19 州、173 郡、1122 县,编户约有 245 万,人口 1616 万。比三国时,约增编户 100 万,人口一倍。西晋历四帝五十二年。其中,自司马炎称帝至灭吴(265—280 年),仍是以长江为界,晋、吴对峙;元康(291—299 年)之后,各族人民反晋斗争不断发生,并逐步建立政权。如果以永安元年(304 年)李雄在成都建立政权,刘渊在左国城称帝为界,西晋维持统一局面仅二十五年。

"永嘉之乱",北方进入"五胡十六国"时期,战乱频仍,大批官僚、贵族、豪强率家兵、部曲、宗族、乡里南下。长安陷落后,公元 317 年在江南的南北大族拥戴琅邪王司马睿为帝,即东晋开国之君元帝。

东晋建国历十一主一百零四年(317—420 年)。皇权衰落,

----

① 按:顺帝建康元年(144 年)的全国户口总数,还不是东汉最多的。东汉桓帝永寿元年(155 年)的全国户口总数,才是东汉最多的。这里的比例数仅供参考。

门阀权臣当政。先后执政的权贵有王导、王敦、庾亮、桓温、谢安等,他们都是北来侨姓第一流高门,"多居显位"[1],垄断朝政,主、相之间,侨姓和吴姓门阀之间,荆、扬之间和士庶之间矛盾突出。

东晋太元八年(383年),统一北中国的苻坚挥师南下,重兵压境,东晋统治集团内讧暂停,在谢玄指挥下赢得"淝水之战"的胜利。淝水之战后,苻秦瓦解,北方更为分裂。胡马渡江的威胁一解除,东晋内讧又激化,司马道子父子争权、王恭之乱、赋役苛重、政治腐败,激起孙恩、卢循起义,东晋政权濒于崩溃。

东晋偏安江左,除初期成汉政权及后来谯纵之乱外,据有荆、扬、交、广、益、宁,疆域大体相当于孙吴和蜀汉。安帝义熙年间(405—418年),刘裕北伐灭南燕、降后秦,恢复青、兖、司、豫诸州。但是,东晋政权实际上已转移到出身寒门的权臣刘裕之手。

公元420年刘裕称帝,建国宋,史称刘宋。以后齐、梁、陈相继,谓之南朝。至隋文帝灭陈(589年),南朝共计一百七十年。

刘裕以布衣成帝业,即位后,选拔才能,裁抑门阀。文帝刘义隆,改元"元嘉",他也能励精图治。在宋初三十余年间,"兵车勿用,民不外劳"[2]。百姓得以喘息,算是南朝相对安定时期。此时,北魏兴起,统一黄河流域,形成南北朝对峙局面。元嘉二十七年(450年),北魏太武帝拓跋焘进军江淮,直抵瓜步(江苏六合东南),北方实力已压倒南方。此后,刘宋骨肉相残,国力益衰,淮北、豫西相继归于北魏。公元479年,萧道成灭宋自立。刘宋历八主共六十年。

齐、梁创立者萧道成和萧衍是堂叔侄,祖籍兰陵(山东枣庄峄城),在侨姓中算不上高门世族。道成以刘宋外戚疏族,武功起

---

① 《晋书》卷58《周顗传》。

② 《宋书》卷54《孔季恭传》。

家。萧齐历七主仅二十四年(479—502 年),平均每主三年,在南朝中是统治最短的王朝,其症结所在和刘宋后期相同:同室操戈,骨肉相残。

萧梁历四主共五十六年(502—557 年),其中武帝一人统治四十八年,是南朝做皇帝时间最长的一个。他是个伪善而又虔诚的佛教徒,对外是既贪婪又无能。当时北魏衰落,分为东西,他不能选兵择将、锐意北伐,而是贪图便宜,引狼入室,酿成"侯景之乱",建康毁于兵灾,他自己也被迫饿死台城。萧衍死后,萧梁四分五裂,最后为陈霸先所取代。

陈霸先即位,国号陈。历五主共三十三年(557—589 年)。陈疆域狭窄,北界长江,西至江陵以东,在南朝中国土最小。

南朝时,宋孝武大明八年(464 年),有编户约 90 万户,468 万人。一百二十五年后陈亡时(589 年),只有户约 50 万,口 200 万。

二、民族斗争、民族融合和民族政权

魏晋南北朝也是民族矛盾尖锐、民族融合进展迅速的年代;所谓"五胡十六国"和北朝各政权的建立者多数就是少数民族贵族或酋豪。

"五胡"是指匈奴、鲜卑、羯、氐和羌。

匈奴是我国北部蒙古草原上的游牧民族,东汉初,分裂为南北两部。北部西迁;南部依附于东汉,后迁居塞内,建庭于左国城。建安时,南匈奴势力强大,曹操将它分为五部,部置帅,并选汉人为司马以监督,统属并州刺史。西晋初,塞外匈奴前来归附的有十九种,凡数万部落。所谓"羯",即十九种之一的羌渠。来归诸种多按部落居塞内,但移民中原内地的为数也不少。

属于"东胡"的鲜卑族,原居大兴安岭一带。北匈奴西迁,他们移居"匈奴故地"①。东汉后期,檀后槐为鲜卑军事首领,建庭于

---

① 《三国志》卷 30《魏志·鲜卑传》注引《魏书》。

歠仇水上,势力强盛,东接夫馀,西抵乌孙。檀石槐分其地为东、中、西三部:东为宇文、段部,中为慕容部,西为拓跋部。三国时,诸部向东南发展,慕容与宇文、段部活跃于辽水流域;拓跋向晋北推进,其中有一部秃发氏留居河西走廊。

属于"西戎"的有氐和羌族。羌人原居青海高原,种类繁多。西汉之际,徙居甘、陕一带,西晋时,关陇遍布羌民。氐人原居川、甘、陕交壤处。建安时,曹操徙氐民于关陇,魏初又徙氐民于关中。西晋初,秦陇三辅氐民遍布。

魏晋官府对内迁各族,采取分而治之的办法。或派汉人督护监领,或离散部落,使酋帅与部民分离,藉以削弱酋帅对本部的控制和影响。对少数民族百姓,强迫他们交租纳调,尤其是利用其勇猛剽悍,强迫他们当兵服役。而汉人豪强大族,则用各种手段,使他们成为自己的佃客、部曲,有的甚至沦为奴婢。少数民族酋帅、部民,早已不能忍受魏晋官府和豪强大族的欺凌和压迫。"八王之乱"起,政局动乱,各族酋帅和部民乘机暴动,终于出现了"五胡乱华"的政治风云。

所谓"五胡十六国",如果从西晋灭亡(316 年)算起,到北魏灭北凉(439 年)统一北中国为止,共有一百二十三年。以"淝水之战"(383 年)为界,又可分为两段,即十六国前期和十六国后期。

十六国前期建国的有前赵、后赵、前凉、前燕、成汉和前秦六国。匈奴屠各酋帅刘渊起兵后,称汉王。继承人刘聪,派刘曜等先后攻破洛阳、长安,俘怀、愍二帝,灭西晋。刘曜继位,迁都长安,改国号为赵,史称前赵。公元 329 年为石勒所灭。前赵历四主共二十七年。石勒为匈奴羌渠小帅,羌渠俗称"羯胡",公元 319 年称赵王,都襄国(河北邢台),后称帝,史称后赵。传位至石虎,迁都邺。前后赵都采用胡汉分治政策,石虎尤其暴虐,民族矛盾十分尖锐。公元 349 年,石遵继位,其养子冉闵利用汉人反抗胡羯统治者,滥杀胡人二十余万,更激化了民族矛盾。公元 350 年,冉闵代后赵,国号大魏,改元永兴。后赵历六主共十三年而亡。冉魏后为前燕所灭。

鲜卑慕容部酋帅慕容廆,西晋亡后,称大单于。子皝继位,改称燕王。子儁继位,败灭冉闵,称燕帝,初都蓟,后迁邺,史称前燕。占有冀、豫、并、幽、青地区,与前秦平分黄河流域。公元370年为前秦所灭。当时,前燕有郡157,县1579,编户约245万,人口约998万,其户数与西晋太康元年大约相等。

前秦建立者苻氏,是略阳(甘肃天水)氐豪。西晋亡后,酋豪苻洪先后归附前赵、后赵,率部镇守枋头(河南浚县西南)。洪死,子健率部西归,入关中,据长安,公元352年称帝,建国秦,史称前秦。公元357年苻坚继位,重用汉人王猛,压抑氐豪,整顿吏治,发展生产,境内安定。公元370年灭前燕,公元373年从东晋手中取梁、益,公元376年灭前凉,统一北中国。

西晋惠帝元康年间,关陇连年旱荒,略阳、天水六郡流民大批拥入梁、益就食,其首领是賨人酋豪李氏。公元303年,李雄在流民支持下占领成都,后称帝,国号大成,史称成汉。李氏历五主,割据梁益十四年,公元347年为东晋桓温所灭。

永嘉乱时,中原流民入河西,西京陷落,凉州与中原隔绝,凉州刺史张轨治下的河西实际上成为割据地方政权,其子寔掌权后,史称前凉。前凉历七主共六十三年,公元376年为苻坚所灭。

苻坚灭前凉后,北中国统一,他恃"强兵百万,资仗如山"[1],向南发动全面进攻,公元383年爆发了历史上著名的"淝水之战"。

淝水之战以东晋获胜、前秦瓦解而告终。此后五十七年(383—439年)中,北中国先后建立过十个割据政权。

河北、山东地区是后燕、南燕和北燕。公元384年鲜卑慕容垂称燕王,后定都中山,史称后燕,占有山东、河北全境。慕容宝时,为北魏击败,北奔龙城(辽宁朝阳)。公元407年国亡。历五主

---

[1]《资治通鉴》卷104晋太元七年条。

共二十四年。慕容宝北逃时，后燕宗室慕容德率部南下。公元399 年占有山东半岛，建都广固(山东淄博东)，称帝，史称南燕。历二主共十一年，为晋将刘裕所灭。后燕亡后，经过动乱，公元407 年，鲜卑化汉人冯跋拥立高云为燕天王，都龙城 (辽宁朝阳)，史称北燕。历二主共二十八年，公元 436 年为北魏所灭。

关陇地区是后秦、西秦和大夏。南安羌姚苌，原为苻秦将领。淝水之战后，公元 386 年据长安称帝，史称后秦。子姚兴继位，出潼关，取洛阳，疆域南至汉沔，东越汝颖，西制西河，北守上郡，与后燕为十六国后期较强盛的王国。姚兴死，国内乱，公元 417 年为晋将刘裕所灭，历三主共三十四年(384—417 年)。公元 385 年，鲜卑乞伏国仁称秦王，建都金城(兰州西北)，史称西秦，长期依附后秦。传至乞伏炽盘，迁都抱罕(甘肃临夏)，败吐谷浑，灭南凉，国力较强。公元 431 年为夏所灭，历四主共四十七年。姚兴的将领匈奴人赫连勃勃，公元 407 年称大夏天王，不建都衙，专事攻掠，累败后秦，夺安定、上邽，直逼长安。后称帝，筑统万为都城。公元 431 年为北魏攻灭，历三主共二十五年。

河西地区有后凉、南凉、西凉和北凉。前秦将氐人吕光，公元386 年自立，都姑臧(甘肃武威)，后称大凉天王，史称后凉。吕氏霸有河西，历四主，公元 403 年并入后秦，立国十八年。公元 397 年，鲜卑秃发部酋长秃发乌孤都乐都(青海乐都)，后称凉王，史称南凉。公元 414 年为西秦所灭，历三主共十八年(397—414 年)。陇西汉人李暠，原为后凉敦煌太守，公元 400 年称凉公，仅有数县之地，史称西凉。公元 420 年为北凉所灭，历三主共二十一年。匈奴别部卢水胡酋沮渠蒙逊，原附后凉。公元 401 年自称凉州牧，后以姑臧为都，史称北凉。其全盛时期曾控制河西走廊，交通西域。公元 439 年为北魏太武帝所灭，历二主共三十九年。

北魏太武帝拓跋焘灭北凉，结束了长达一百二十三年北中国的分裂割据局面。

鲜卑拓跋部，魏晋之际居定襄盛乐(内蒙和林格尔北)，建立代国,后灭于前秦。淝水之战后,酋长拓跋珪于公元386年纠合旧部,建国魏,史称北魏。败后燕,占有并、冀,公元398年定都平城(山西大同),称帝,至太武帝时灭夏、北燕和北凉,统一了北中国。

拓跋部以滞留于家长奴隶制阶段的部落,君临封建制已确立的广大中原地区,所建国家实为一个种族复杂的结合体,各类社会矛盾盘根错节。公元471年孝文帝拓跋宏即位,从整顿吏治入手,进行了经济、政治改革。太和九年(485年)所实行的均田制,对北方农业生产的恢复和发展起了重要作用。太和十八年(494年)迁都洛阳,进一步改革文化习俗,使内迁鲜卑汉化,促进了民族矛盾的逐渐消除。为了缓和矛盾,在中原推行汉化政策的同时,曾允许平城及其附近一带暂缓汉化改革。孝文帝死后,这一形势没有变化,中原与代北差别日益扩大,矛盾尖锐化,终于导致北魏末年六镇起义。在镇压起义中,北魏军政大权逐步分别落入怀朔镇和武川镇豪强集团手中,从而分裂为东、西魏。从拓跋珪建魏到分裂为东西魏,历十四主共一百四十九年,是魏晋南北朝时期统治时期最长的王朝。疆域南至淮北,北抵大漠,东濒大海,西达敦煌,最盛时,编户达500万户,超过南朝刘宋大明时户数五倍半。

东魏建都邺,实际执政者高欢是怀朔镇鲜卑化汉族豪强,他坐镇晋阳遥控邺城。公元550年,高洋代魏称帝,国号齐,史称北齐。东魏仅一帝共十七年。北齐据冀、鲁和晋、豫大部,兵力强。但以鲜卑贵族为核心强化中央集权,歧视汉民,社会矛盾尖锐,历七帝共二十八年,为北周武帝所灭。

西魏建都长安,占有关中,开始时国小兵弱。实际执政者宇文泰是中部鲜卑宇文部人,武川镇豪强。他注意改革,拉拢关陇豪强,实行府兵制。后占领益、宁等州,攻陷江陵,国力增强。公元557年宇文觉,代魏称帝,建国周,史称北周。西魏历三帝共二十二年(535—556年)。北周至武帝时期(561—578年),整顿吏治,增强国力,公元577年灭北齐,统一北方。子宣帝在位时,沉于淫乐,不理政事,大权旁落于外戚杨坚手。公元581年杨坚废周自立,国号隋。北周历五主共二十六年。

十六国北朝时期,建国二十一个,其中羌族政权一个:后秦;氐族政权二个:前秦、后凉;賨人政权一个:成汉;匈奴政权五个:前赵、后赵、大夏、西秦和北凉;鲜卑政权十个:前燕、后燕、南燕、北燕(鲜卑化汉人)、南凉、北魏、东魏、西魏、北周、北齐(鲜卑化汉人);而汉人政权只有二个,即前凉和西凉。少数民族贵族政权占90%。在这二百六十五年中,北中国基本上是在内迁各少数民族贵族统治之下。在民族融合过程中有过反复,大体上前秦苻坚、北魏孝文帝和北周武帝的改革,对民族融合起过显著的推动作用。到隋文帝统一全国时,以匈奴、鲜卑、氐、羌为主的少数民族,大抵上与汉族融合。因此,魏晋南北朝时期是中华民族形成发展的重要阶段。

三、魏晋南北朝政治制度的特点

介于秦汉和隋唐统一王朝之间的魏晋南北朝,基本上持续了三百多年的分裂割据局面,政权更迭频繁,民族交错流徙,从而给政治制度造成一种带有浓厚临时性和过渡性的特点,具体体现在三个主要方面。

1.中央职官体系的双轨制。秦汉时期,中央置三公、九卿。三公辅佐皇帝,决策机要,又分管行政、军事和监察。

魏晋时期,中书监、令地位上升,与门下侍中成为皇帝周围的决策核心集团,从而取代了三公辅佐皇帝、决策机要的职能,将决策与行政等具体职能分割开来。在南朝,中书省主要职能在于决策,权力最重。

秦汉时,司徒(或丞相)总统行政,下辖九卿,分理庶条,为一完整的行政系统。东汉中叶后,“政归台阁”,尚书台地位上升。魏晋时期,尚书令、尚书仆射取代了司徒总理行政的职权;各曹尚书,分行庶务,九卿职权败落。

秦汉时,辅助皇帝执掌兵权的是太尉(大司马、大将军)。魏晋时,其职权由都督中外军事所取代。秦汉三公之一的司空(御史大夫),主要负责对官吏的监察。魏晋时,从少府中独立出来的御史台,成为全国性监察机构,御史中丞取代了司空的监察职能。

因此,魏晋南北朝时期,三公成为荣誉职衔,九卿职权败落;作为决策、行政的真正权力机构尚书、中书、门下三省逐渐确立。三省制职官系统逐步发展成雏形,而原有的三公九卿体系仍然保留,从而出现了中央职官体系的双轨制特点。这种变化一方面反映出统治机构不断扩大,分工更趋繁细;另一方面则是行政系统臃肿,职官数量猛增,实际上,三省职官体制尚处于过渡状态。

2.地方政权军事化。秦汉郡国置都尉,"典兵禁,备盗贼"①,兵力不强,职权有限。东汉初,罢省诸郡都尉,仅于"边郡多事"②处设置。而中央对郡国的控制,沿袭武帝以来主要仰仗刺史监察,属于行政性质的措施。

东汉中叶后,地方豪强大族势力迅速发展,私兵、部曲遍布州郡。魏晋以后,州郡拥兵,刺史、郡守多带将军号;同时,以军将为都督,或都督一州、数州、一郡、数郡,逐渐形成地方军区性质。而都督领州刺史、郡太守,既统军事,又理民政,形成地方政权军事化的特点。这一变化的基础是中央皇权的削弱和地方豪强大族力量的强大。

秦汉之际,从编户(主要是农民)中征兵,属于义务兵制,士兵身份为自由人。随着土地兼并加剧,农民日益破产流亡,兵源不足,编户征兵制逐渐为募兵制取代。东汉中叶后,豪强势力发展,控制百姓以为私兵、部曲。魏晋南朝时期,为了保证兵源,实

---

① 《汉官仪》;《续汉书·百官志》。
② 《续汉书·百官志》。

行士家制,士兵专立兵籍,世代为兵,不准转业,属世兵制范围,士兵身份低于编户;十六国北朝时,各少数民族多行部落兵制。以少数民族入主中原,主要依仗本族武装,本族平民专门当兵,被统治族百姓为他们从事生产,虽亦属世兵制范畴,但士兵身份高于被统治族编户。随着诸族汉化程度加深,民族矛盾趋于缓和,各族百姓身份接近,仍以世兵制为特征的府兵制建立不久,即有趋向于兵民合一的变化,其前途是逐步向编户征兵制过渡。

3.以九品中正制为核心的选官制度。汉代通过察举、征辟等途径选拔官员。汉末天下大乱,"士流播迁"[①],百姓居处错杂,无法考察人才,因此,曹丕采纳陈群建议,立九品中正制,即州郡置大小中正,取本籍人在京为官而"才充德盛"[②]者为中正,按德才、门第,区别本籍士人,定为九品。吏部任官时,根据中正品评的等第,区别授以官职。曹魏中期以后,司马氏专政,京官为中正者多为本籍中之大族高门,他们操纵选举,品评人物日益不重视德才,只注重门第,到西晋时,已经形成"上品无寒门,下品无势族"[③]的局面。此后近三百年中,尤其是东晋至梁,九品中正制成为门阀贵族垄断仕途、造成门阀贵族专政的工具。

第二节 魏晋南北朝的皇帝制度

一、皇帝与皇室

秦汉以来,官僚的世卿世禄制度已经废除,而皇位却仍然世袭,具体实施着嫡长子继承制。在专制政体下,皇帝是权力的核

---

①②《通典》卷 14《选举二》。
③《晋书》卷 45《刘毅传》。

心。皇室成员是根据其与皇帝的血缘亲疏,分为等次,享有程度不同的特权。从而,皇帝与皇室就构成了魏晋南北朝整个封建专制政体中享有特权阶层的最主要家族。

既然嫡庶之别和血缘亲疏关系着皇位继承以及特权的分配,因此,皇室宗亲的籍簿就事关重大。汉魏期间,九卿之一的宗正,专职掌管"序录王国嫡庶之次及诸宗室亲属远近"①,规定每年整理一次"诸王世谱差序秩第"②,郡国每年"因计上宗室名籍"③。晋时,宗正统理"皇族宗人图牒"④;梁朝明确规定宗正卿由皇帝宗室担任,主管皇室和外戚的籍簿;北齐改称大宗正寺,其执掌不变。

重视皇室宗亲籍簿的整理掌管,既是为了特权的"合理"分配,更是为着防范皇室成员对皇位的"非理"窥觊。但是,在皇室内部嫡长子继承制往往造成才能、实力与特权分配的脱节,成为皇室内讧的根源。这一点又往往与皇权的强弱紧密地联系在一起。

二、皇权强弱的演化

魏文帝曹丕承其父曹操基业,称帝建国,皇权强盛,军政一统,令行禁止。在防范宗王夺权方面,用功最大。曹操有子二十五人,开初喜爱曹冲聪慧,后爱曹植,数有传位之意,终囿于嫡长子继位的传统,最后定曹丕为嗣。

曹丕称帝之后,虽封诸弟为王公,且置官吏兵卒;但藩国空有国土之名,并无社稷之实,王国僚属,"皆贾竖下才"⑤,兵卒非老即残,人数不超过二百,又设辅督监国之官以伺察王公的言

---

①③《续汉书·百官志》宗正卿本注。

②《续汉书·百官志》宗正卿注引胡广曰。

④《晋书》卷24《职官志》。

⑤《三国志》卷19《魏志·曹植传》。

行,兄弟王公之间不准交往,游猎也不许离开王都三十里。对曹植的控制尤其严格,官吏兵卒"复减其半"①,十一年中易地徙封三次,防禁严密,如同囚禁,以致"思为布衣而不可得"②。旧史家认为,正是由于"内无深根不拔之固,外无盘石宗亲之助"③,致使军国大权为司马氏所篡夺。

晋武帝司马炎有鉴于曹魏苛待皇族,禁锢诸王,致使皇室孤立,终丧国柄,即位之后,"思革覆车"④,立即采取了两项巩固政权的重要措施:一是分封宗室二十七王;二是任用诸宗王为诸要州之都督。其中,尤以宗王出镇最为关键。泰始元年(265年)宗王出镇者有四人。到咸宁三年(277年)"移封(国)就镇"⑤,所封的国虽大不过郡,但所都督的方面却很大,如汝南王司马亮封扶风郡王,镇守长安,他的都督辖区是关中、雍州和凉州。晋武帝末年,全国十个都督区,宗王为都督的就有六个。特别是邺、长安和许昌这三大都督区,一直由宗王控制。这种综合古代方伯和宗王出镇现状而制定的奇特政策,使宗王既理民事,又握重兵,终致尾大不掉,演成"八王之乱"的大悲剧。

"八王之乱"后,除了东晋皇室在流离之余,皇权不振,军国大事为侨姓门阀所操纵外,南北诸王朝纵使其皇室并非出自高门,或出于鲜卑,其政权结构依然是以皇室为首的诸贵族统治,皇室作为联合统治的第一家族凌驾于其他贵族家族之上的基本特征没有改变,因此,重用皇族宗室入辅朝政、出镇方面的政策也就延续下去。

在这里,南朝宋、齐又有其特色。宋、齐在重用宗王入辅出镇

---

① 《三国志》卷19《魏志·曹植传》。

② 《三国志》卷20《魏志·武文世王公传》注引《袁子》。

③ 《三国志》卷20《魏志·武文世王公传》注引《魏氏春秋》载曹冏奏。

④ 《晋书》卷59《汝南王亮等八王传序》。

⑤ 参见唐长孺:《西晋分封与宗王出镇》,载《魏晋南北朝史论拾遗》,中华书局1983年版,第176页。

的同时,为了防止执政专横,起用寒人为中书舍人,参预机要。为了防范外藩跋扈,各地方镇州府,皇帝通常派遣亲信为典签官,以分掌实权,并负责监视宗王的言行。这种措施并没有阻止皇室内部争夺皇位的斗争。从元嘉三十年(453年)太子刘劭杀宋文帝即位后,又杀叔父义恭十二子和嗣王刘瑾、刘晔,拉开了骨肉相屠戮的序幕。此后,仅明帝刘彧就屠杀了孝武帝的十四个儿子和他五个弟弟中的四人。萧齐继承刘宋宗室内讧的传统,尤其是明帝萧鸾,在位仅五年,高帝道成的十九子、武帝萧赜的二十三子,除萧巆一支外,几乎全被斩尽杀绝。

三、宫廷制度

1.后宫制度。魏晋南北朝从汉制,称皇室祖母为太皇太后,母亲为皇太后,妻为皇后,众妾则称夫人或嫔妃,其数量众寡则与皇帝淫奢与否,大有差别;但嫔妃列爵序位,比视朝官,仍然和汉制相同。如晋武帝灭吴后,后宫嫔妃人等就有近万人。他采取汉魏之制,置三夫人(贵嫔、夫人、贵人),位视三公;九嫔(淑妃、淑媛、淑仪、修华、修容、修仪、婕妤、容华、充华),位视九卿。其余有美人、才人、中才人,爵视千石以下。南朝梁武帝,史称"深鉴奢逸"[1],仍置三夫人、九嫔、五职、三职。北魏道武帝建国后,即立中宫,姬妾或称夫人,数额无限,皆有品次。拓跋魏故事,将立皇后,必令手铸金人,成者为吉利,不成者不得立。孝文帝改定内官制:左右昭仪,位视大司马;三夫人视三公;九嫔视九卿;其余也各有品位。北齐河清令规定:内妇均依古制,置三夫人、九嫔、二十七世妇、八十一御女。

后宫卿官,太后有卫尉、少府、太仆三卿。随太后宫号为官号,一般在同号卿上。萧齐郁林王立文安太后,居宣德宫,即置宣德卫尉、宣德少府和宣德太仆,其位在九卿的卫尉、少府、太仆之

---

① 《南史》卷11《后妃传序》。

上。北魏、北齐则无太后宫官。皇后卿一人,名大长秋,魏晋秩二千石,第三品。负责宣布中宫命令,宗亲参见或赏赐宗亲都由他传达送递,皇后出行,陪同供奉。萧梁时,大长秋"主诸宦者,以司宫闱之职"[①],下属黄门、中署、奚官、暴室、华林等署。北魏除大长秋外,又有内侍长四人,掌管顾问、拾遗、应对。北齐称长秋寺,"掌诸宫阁"[②],置卿、中尹各一人,均用阉宦。

2.东宫制度。曹魏明帝之后,不置东宫,而孙吴独重东宫之选。黄龙元年(229 年)孙权称帝,立孙登为皇太子,以诸葛恪为左辅,张休为右弼,顾谭为辅正,陈表为翼正都尉,称为四友;又以谢景、范慎、刁玄、羊衜为宾客,当时"东宫号为多士"[③]。

晋泰始三年(267 年)始建东宫,置太子太傅(中二千石)、少傅各一人。宫中事无大小,皆决于二傅,各有丞一人。属官有功曹、主簿、五官等。咸宁元年(275 年)始置詹事以掌宫事,二傅不再领官属。詹事下有三卿,即家令、率更令和仆。家令主刑狱、饮食,职责如廷尉、司农和少府;率更令主宫殿门户和赏罚,职责如光禄勋和卫尉;仆主车马、亲族,职责如太仆和宗正。此外,还有门大夫、中庶子、中舍人、食官令、庶子、舍人和洗马等文职官吏。

晋初,东宫置中卫率,泰始中,分为左、右,各领一军,职如二卫。惠帝时,愍怀太子在东宫,加前后二率。成都王颖为皇太弟,又增置中卫率,合为五率,东宫宿卫竟达万人。东晋南朝和北魏,东宫多置左右卫率。[④]北齐为左右卫坊率,北周则有司成、司武和司卫。

南北朝时期,太子直接参预军国大事。萧梁大同年间,朝廷政事,多委于东宫;北魏太武帝太平真君四年(443 年),诏令太

①《隋书》卷 21。

②《隋书》卷 22《百官志》上、中。

③《三国志》卷 59《吴志·孙登传》。

④《晋书》卷 35《斐顾传》。

子"副理万机,总统百揆"①。东宫宿卫多至万人,太子逐渐具有综理军事之权。

四、宦官与后党

魏晋南北朝时期,鉴于东汉外戚、宦官擅权乱政的教训,对外戚、宦官的限制和防范十分严格。早在曹丕即魏王位的当年,就规定阉宦只能在后宫任职,官不过"诸署令",而且"金策著令,藏之石室"②,永为准则。黄初三年(222年)九月又下诏,自今以后,臣下不得向太后奏事,后族不许辅政,也不许无功受禄。规定这个诏令传于后世,若有违背者,天下共诛之。刘宋时,刘裕临死前也下诏:后世如果幼主继位,政事委任宰相,母后不得临朝称制。北魏更采取极端的办法,立太子即杀其生母,并且定为"常制"③。但由于魏晋南北朝幼主登基较多,加之大族执政,最高统治集团斗争激烈,因而也不乏皇后干政的事例。

皇后干政突出事例发生在晋惠帝初年。武帝死,惠帝继位,他是个白痴,皇后贾南风机敏狡诈。当时太后父杨骏辅政,独揽大权。贾后勾结楚王司马玮发动宫廷政变,杀死杨骏兄弟,废黜太后,终于导致爆发了"八王之乱"。

皇太后干政的情况要多一些。东晋成帝时,太后庾氏临朝,外戚庾亮等辅政。穆帝死后,崇德太后执政约四十年,四次临朝称制,哀帝继统、海西公立废、简文帝登基,皆以太后令行事。萧齐宣德太后干政,废郁林、海陵王,立明帝、和帝。北魏中期冯太后摄政,曾整顿吏治,推行改革,促进生产。而晚期胡太后临朝专制,恣意淫乐,毒死肃宗,魏祚以亡。治乱兴衰,绝非因为是否女主临朝,吏治清浊、政策合否时宜,才是关键所在。

---

① 《魏书》卷4下《世祖纪下》。
② 《三国志》卷2《魏书·文帝纪》。
③ 《北史》卷13《后妃传上·道武刘皇后·宣武胡皇后》。

蜀汉延熙九年(246年),后主宠信宦官黄皓,排斥忠良,荒淫无度,国政日衰。北魏时期,阉宦为害较为显著,因此《魏书》专立《阉官传》,其中最著者如宗爱逼死太子拓跋晃,杀害太武帝拓跋焘、秦王拓跋翰和南安王拓跋余,一度位居元辅,录三省事,兼总禁军,威权极盛,但为时很短,即以族诛。北魏末年,刘腾乱政,与胡太后临朝有关,他勾结禁军首领元叉,废后戮相(元怿),专断朝政达四年之久。

第三节 魏晋南北朝中央决策机构及其运行机制

一、丞相、相国及三公、八公

《汉官仪》卷上载称:"相国丞相,皆六国时官。"秦有丞相,汉承秦制,仍置丞相;称相国则地位更加尊崇。丞相的职责是辅佐皇帝,总领政务。一方面参预机要,决策军政大事;另一方面又是行政最高首领。实际上是皇帝的幕僚长,掌握军政大权。

西汉哀帝时,改丞相为大司徒,东汉通常称为司徒,丞相一职被废除。汉末,董卓专权,自为相国。曹操挟天子以令诸侯,自封汉丞相,总揽军政大权。魏晋南北朝时期,或称丞相,或称相国,有时也称司徒,不常置,一般以权臣居此职,如曹魏司马昭、司马炎,蜀汉诸葛亮,西晋赵王司马伦、成都王司马颖、梁王司马肜、南阳王司马保,东晋王敦、王导,刘宋刘义宣,北魏乙浑,东魏高欢,西魏宇文泰等,相国、丞相,常为权臣篡夺帝位的阶梯,有时也作为赠官以示恩宠(萧齐)。《通典》卷21称此"多非寻常人臣之职"。

东汉末,曹操罢三公,魏初复置司徒、太尉、司空为三公。又以钟繇为太傅。魏末,增以郑冲为太保。晋初,置太宰以代太师,实避司马师讳。太师、太傅、太尉为上公,位在三公(即三司)之上。汉时,大司马与太尉不并列,至魏有太尉,而又置大司马、大将军,各自为官,位亦在三司上。

司马炎代魏称晋,以司马孚为太宰,郑冲为太傅,王祥为太保,司马望为太尉,何曾为司徒,荀颛为司空,石苞为大司马,陈骞为大将军;八公并置,二大在三公之下。后迁司马望为大司马,二大改在三公之上,"定令如旧"①。北魏太和中改制,以太师、太傅、太保为三师,大司马、大将军为二大,均第一品上阶;太尉、司徒、司空为三公;北周又置少师、少傅、少保为三公副,称为三孤。以大冢宰为天官,司徒为地官,大司马官为夏官,司空为冬官,如西周旧制。

东汉置司徒、太尉、司空三公,综理众务,则三公复为宰相,至于中叶以后,"事归台阁"②,三公备员而已,虽有属官,已无实权。太师、太傅、太保,多作为对位高元老的赠官,无实职。大司马、大将军,在汉代是最高的武职官,魏晋以后,也逐渐变为赠官。总之,从魏晋至南北朝,诸公之官大都成为尊贵的荣誉称号,一般与实际政事无关。

二、中书省的设置与职权

中书官名,起于西汉。初由宦者担任,汉武帝在后宫游宴时,使阉宦"典事尚书"③,称为中书谒者,简称"中书",置令和仆射。成帝时,废仆射,改中书谒者令为中谒者令,使士人担任,均属少府管辖。东汉时,不置中谒者令。

曹操为魏王,置秘书令,"典尚书奏事"④。当时,以刘放、孙资为秘书郎。曹丕继王位,转为秘书左、右丞。数月后,迁刘放为秘

---

① 《晋书》卷 24《职官志》。
② 《通典》卷 21《职官三》。
③④ 《晋书》卷 24《职官志》;《通典》卷 21《职官三》。

书令。曹丕称帝,分秘书府为中书府,以刘放为监,孙资为令。魏晋之际改中书府为中书省,西晋中书权重,人们比喻为凤凰池。①北魏也设中书监、令,宣武帝称中书监崔光为西台大臣,故中书省也称"西台"②。

魏文帝分秘书为中书后,中书府的官员,有监、令、侍郎、通事舍人和主书令史等属史。中书监、令,秩皆二千石,第三品。监高于令,但监令不仅秩品相同,职权和仪制也没有区别,甚至初期还"共车入朝"③。魏文帝置通事郎,亦称中书郎,"掌诏草"④,晋时改称中书侍郎,第五品,四员。魏有中书通事一人,第七品,掌呈奏。晋初,置舍人、通事各一人。东晋合并为中书通事舍人,掌管呈奏案草,传宣诏命,萧梁时,除"通事"二字,称中书舍人。魏晋之际,著作郎等史职官也隶属中书。东魏末,高澄为中书监,崔季舒善音乐,为中书侍郎,乐伎也隶中书省。因此,北齐时,中书省也管进御的音乐和伎伶,从而超出了政治机要之权限。

从政治制度变迁的趋势来看,中书省的发展和汉代的尚书台很相似。东汉中叶以后,"事归台阁"⑤,尚书已取代丞相执掌朝政。魏晋以后,中书省又取代尚书省掌握政治实权。当时,中书负责审理章奏,草拟诏旨,执掌机要。

中书省职官权力的变化,大体可以划分为两个阶段。第一阶段发生在魏晋时期,中书监令,"掌机衡之任"⑥,取代了尚书令和尚书仆射而成为真宰相。中书省当时人视为"凤凰池"。第二阶段开端于刘宋,完成于梁、陈。中书舍人五人,领主书十人,书吏二百人,分掌二十一局,与尚书各曹对口,且为上司,总领诸曹尚书

---

① 《晋书》卷39《荀勖传》;《艺文类聚》卷48引晋帝诏。

② 《通典》卷21《职官三·中书省》。

③ 《晋书》卷45《和峤传》。

④ 《通典》卷21《职官三·中书侍郎》本注。

⑤ 《通典》卷21《职官三》。

⑥ 《通典》卷22《职官四·尚书省》。

的职事，而且侵夺了中书监、令和侍郎的权力。刘宋之后，中书舍人士庶杂用，寒流并进，致使卑官寒士权倾天下，追溯其根源：一是门阀贵族，安于清闲，繁杂吏事，不屑一顾，以致放弃职守；二是皇帝为了强化集权统治，官卑地微的中书舍人容易驾驭，因此委以重任。

三、门下省的设置与职权

东汉时，少府下属有侍中寺，置侍中管领近侍诸官，至晋，始置门下省。此后，南北朝都置门下省。其长官为侍中和给事黄门侍郎。

魏晋时，侍中比二千石，第三品，四员。入侍帷幄，出拥华盖，与皇帝亲近。给事黄门侍郎亦四员，秩六百石，第五品。与侍中同掌奏文案，赞相威仪。俗称侍中为"门下"，给事黄门侍郎呼为"小门下"[①]；北魏后期有"小宰相"之称。

门下省尚有散骑常侍、散骑侍郎以及给事中、谏议大夫等官。魏晋时，散骑常侍比二千石，第三品，掌侍从规谏，与侍中、黄门侍郎共平尚书奏事，员四。员外者为员外散骑常侍，晋武帝时，使二人与散骑常侍通员直，称通直散骑常侍。散骑侍郎四员，秩六百石，第五品，职责与散骑常侍同。晋武帝时，有员外散骑侍郎，东晋元帝又有通直散骑侍郎。

晋宋时期，九卿职权卑落，汉时卫尉所属公车、武库令、太仆所属未央厩（魏骅骝厩）令，少府所属太匠令、太宫令、尚方令、符节令等改属门下省。门下省除出纳诏命，弹劾纠察外，还管辖禁中禁令仪制和献替侍从等，很大程度上成了皇帝事务总机构。

北朝后期，门下省地位重要，故称侍中和给事黄门侍郎为"小宰相"[②]。北齐时，门下省掌献纳谏正和管理进御等事，统领左

---

① 《通典》卷 21《职官三·门下省》。
② 《北史》卷 35《王遵业传》。

· 310 ·

右、尚食、尚药、尚衣、斋帅和殿中六局。

刘宋时,从门下省分立集书省,以散骑常侍为长官,其下有通直散骑常侍、员外散骑常侍、散骑侍郎、给事中、奉朝请等。齐、梁、陈例置。北齐时,门下省也和集书省并置。直到隋朝,才合并集书省于门下省。

四、决策形式的演变与特点

在君主专制政体的国家中,除权臣当政的特殊情况下,皇帝的诏令就是法律,皇帝不仅是最高军事统帅、行政长官、司法长官,而且还掌握着官吏的最高任免权和监察权。因此,以皇帝为一切权力的核心,辅佐决策的机构和官员,远比协助处理行政事务的机构和官员更为重要。司马光在《通鉴》中曾经指出:刘宋时"宰相无常官,惟人主所与议论政事、委以机密者皆宰相也"。说明皇帝是权力的核心,凡是被皇帝委以机密、参预决策的三省长官,他们都是真宰相。

秦和西汉时期,丞相、丞相之副的御史大夫和协理军事的太尉,以及东汉的太尉、司徒、司空,是辅佐皇帝"总理万机"的核心权力集团, 决策与执行的职务在这里并未区别开来。东汉中叶后,尚书台取代三公"总领纪纲,无所不统"①,尚书令、尚书仆射成为真宰相。魏晋之际,重视中书监、令,他们处于皇帝"喉舌之任"②的地位,与皇帝十分亲近,而对尚书省的官员就稍有疏远。当时,中书掌管内事,皇帝密诏下达州郡和边将,均由中书草定,并不一定非要尚书签署不可。决策与执行的职能,逐渐分离,在皇帝周围逐步形成辅助决策的中书省官僚集团和专事执行的尚书省官僚集团。

---

① 《通典》卷 22《职官四·尚书省》。

② 据《通典》卷 21《职官三·中书省》及《晋书》卷 67《郗鉴传》,中书监令不仅代君主草拟诏令,还代为发布诏令,故《通典》有"喉舌之任"的说法。

东晋以后，皇帝以侍中常侍左右，经常和他们议论政事，"备切问近对，拾遗补阙"①，也成为真宰相；而中书的职权又开始分割。中书根据皇帝意向，起草诏书，皇帝又用更亲近的侍从参预审议，最后成为决策。到南朝梁、陈时期，"举国机要"②，都在中书；"献纳之任"③，又归门下，尚书省就成为单纯的行政执行机构了。

尚书、中书、门下三省的出现，把皇帝下面的最高政务核心（以丞相为首的三公），分割成为决策、审议和执行三个职能比较明确的系统，即三个官僚集团。三省制的形成，起到相互制约、互为补充的作用，既可以抑制权臣专横，又可以较充分发挥君主专制政体下各官僚机构的效能，从而减少决策和执行过程中的某些失误，有利于巩固中央皇权。

第四节　魏晋南北朝中央行政体制

一、尚书省（台）

尚书台，本是秦汉九卿之一的少府属下的一个小机构，主管收发和保管文书，最初只有四人，长官叫尚书令，副长官叫尚书仆射。武帝以后，地位日益重要。东汉置尚书六人，东汉中期尚书台实际上取代了丞相、御史大夫二府的职权，但是仍然属于少府系统。

魏晋时期，尚书台从少府中独立出来，而九卿的职权也多转

---

① 《晋书》卷 24《职官志》。
②③ 《通典》卷 22《职官四·尚书省》。

归尚书诸曹，尚书台发展成为总理全国政务的机构。文献记载说:"后汉尚书称台,魏晋以来称省,皇朝(唐)因之。"①

三国魏时有八座尚书,除尚书令,左、右仆射之外,置吏部、左民、客曹、五兵、度支等五曹尚书。西晋则为六曹,东晋又改为五曹。东晋五曹不同于曹魏的是:有祠部,无客曹;祠部尚书与左右仆射通职,不置祠部尚书时,即以右仆射摄理;右仆射缺员时,则以祠部尚书摄知。南朝的宋、齐、梁、陈置尚书,都有吏部、祠部、度支、左民、都官、五兵、起部等七曹尚书,但是,起部尚书只有兴建宫庙时暂置,完工后就罢省。因此,就常置而言,仍然是六曹。东汉时,六曹尚书和一令、一仆,合起来叫作"八座"。曹魏、宋、齐八座之制,是五曹尚书、二仆射、一令。晋、梁、陈无八座之称。八座之上,有时以地位更高的官员加上"录尚书事"头衔来总理尚书台事。

尚书令为八座之首,是中央最高政务官。魏晋时第三品,秩千石,铜印墨绶,掌知选举,总典纲纪。仆射为副,有时分为左、右。令缺,左仆射为省主。当时,仆射名位已重,多兼典选举。北魏时尚书台地位高,权势大。高肇为尚书令,因此专权,予夺任己,"附之者旬月超升,背之者陷以大罪"②。

尚书台在八座之外,分置左、右丞和列曹尚书郎。左丞主持尚书台内禁令,八座之下都可弹劾,属于监察性质;右丞掌管库藏钱谷等事。左丞位轻权重,右丞位重权轻。

尚书郎又称曹郎或台郎,最多时置有三十六曹郎(西晋末和北魏初),最少时只有十五曹郎(东晋穆帝以后),一般员额二十有余。尚书郎为泛称,一般在郎前都系有曹名,如起部郎、吏部郎等。西晋以前,台郎职居显路,为大臣之副,时重台郎人选,选尽

---

① 《唐六典》卷1;《通典》卷22《职官四·尚书省》称:"宋曰尚书寺……亦曰尚书省。"

② 《北史》卷80《高肇传》。

清美。东晋以后情况发生了变化，高门大族"惟作吏部，不为余曹郎"①。之所以如此，因曹郎吏部繁杂，不如秘书郎、中书郎清显闲散；而吏部郎参掌大选，直接关系着门阀大族的仕途垄断权，自然不能轻易放弃。

尚书台的尚书、尚书郎分曹的情况和变化十分复杂，到唐代定型为六部二十四司，其情况大体上可以按唐代的六部作简略的追溯。

吏部：东汉末选曹，曹魏时改为吏部，为诸曹之首。掌管文职官员的任免、考课、升降和调动等事务。南朝时，选举大权多为右姓所操纵，王谢高门任吏部尚书为数最多。王俭及其子暕，齐、梁两代为吏部，典选举。《梁书·谢览传》载，览自祖至孙，"三世居选部"。吏部权重，所以常以尚书仆射兼领。

户部：三国以后，各朝常置度支尚书，掌管财用，取代了汉代大司农的职权。它是隋代的民曹、唐代户部的前身。

礼部：西汉成帝时，置主客曹。东汉初，分为南、北两主客曹。三国魏时，置客曹，东晋时设置祠部，与右仆射通职，掌管祭祀等事。北周时，始有礼部之名。它取代了汉代太常和大鸿胪的部分职权。

兵部：曹魏置五兵（领中兵、外兵、骑兵、别兵、都兵）尚书，晋又设驾部、车部、库部。北魏有七兵尚书，北齐又为五兵尚书。隋唐时，综合五兵和三部，设立兵部。负责军事行政事务，取代了汉太尉职权。

刑部：西汉成帝时，置二千石曹，掌管刑狱；后又置三公曹掌管决案。曹魏置都官郎，掌刑法狱讼事。晋初复置三公尚书掌刑狱。东晋不置三公尚书，而列曹中则有三公、比部、都官三曹，比部郎掌稽核簿籍。宋、齐、梁、陈均置都官尚书。隋改都官尚书为刑部尚书，分掌汉代廷尉的部分职权。

①《晋书》卷75《王国宝传》。

工部:东汉置民曹尚书,掌管缮修工程等事。曹魏时,民曹改称左民。此后置驾部则不置左民,左民、驾部尚书不并置。北魏有左民、右民尚书,多领工役,与梁、陈左民兼知工役略同。北齐置左户、右户二曹郎,分掌计簿户口及公私田宅租调,隶属度支尚书。西晋后,起部郎掌管工程,水部郎掌管航政及水利。北周冬官始有工部之名。隋唐设工部尚书,部分取代汉朝将作大匠的职权。

二、秘书省

东汉桓帝置秘书监,属太常,掌管禁中图书秘籍,校订异同。后罢省。曹操执政时,置秘书令,典尚书奏事,兼管禁中图书秘籍。魏文帝黄初中,分秘书立中书;秘书置监;管理艺文图书,仍属少府。明帝后期,少府职位卑落,乃依秘书监王肃奏,使秘书从少府中独立出来。[①]晋武帝曾并秘书府于中书省,惠帝时复置秘书监,[②]秘书监一人,属官有丞、有郎;并兼辖著作省(史官)。大事撰录,秘书写有副本;新得简籍,都藏入秘书府。萧梁时,改秘书监为秘书省,合尚书、中书、门下、集书为五省。北魏、北齐,秘书省"典司经籍",兼领著作,亦以秘书合"五省"之数。

曹魏置秘书监一人,第三品,秩六百石。从少府中独立后,秘书监多为近臣兼领或由近臣迁任。居此职者,常有著述见称,对图书秘籍的整理,多有贡献。

晋时,秘书监置左右二丞、四郎。丞、郎都是第六品,秩四百石。曹魏时,秘书丞、郎职仪卑微。尚书郎乘犊车;秘书郎只能坐鹿车,不得着朝服;中书郎第五品,秘书丞郎只有第六品。魏明帝时,王肃上奏要求与中书郎、尚书郎地位待遇相当。[③]

晋惠帝时,秘书丞郎品级加隆,职位已属清贵,高门大族也愿意任此职。晋以后,秘书郎职渐清美,宋齐以下,成为门阀子弟

---

①②《太平御览》卷 233《职官·秘书监》。

③《晋书》卷 24《职官志》;《通典》卷 26《职官八》。

的起家官,因员额有限,照例任此职仅数十或百日便要升迁,以便待次入补的高门子弟继任。陈朝时,著令规定秘书郎是"令、仆射子起家为之"①。既然秘书郎成了贵族子弟垄断的起家官和升迁的桥梁,当然要丧失原有才学之士才能充任的整理、考订图书秘籍的职能。

曹魏时,著作郎隶中书,掌修国史。晋元康中,改中书著作为秘书著作,隶秘书省,专掌史任。著作郎一人,品第六,秩六百石,称大著作。任此职者多半是文笔史才著名的人物,很为社会上称美。又置佐著作郎八人;宋、齐以后,改称著作佐郎,梁初,多由显贵兼领。自晋以后,此职职清位闲,权贵竞争,任此职者多非其才。至陈,成为次令、仆子起家官。梁时,民谣称"上车不落则著作,体中何如则秘书",指的就是这一情况。

三、列卿

在汉代,除太后三卿、皇后大长秋外,三公之下,例置九卿,汉代列卿的官署称寺,但机构还未正式称寺,至晋初,九卿机构才正式称寺。②汉代虽有九卿之说,但卿并非正式官名,萧梁时才正式用太常卿、光禄卿等官名。北魏太和改制,九卿又各置少卿。

秦汉九卿,任重权实。魏晋以来,实权旁落,分入尚书、门下诸省;其职也时置时省。晋初,荀勖就提出九寺可以并省入尚书;东晋时桓温更明确指出:"今事归内台",九卿实为虚设,"职无所掌者皆并"③。

列卿的具体部门也时有增省。魏晋九卿为太常、光禄勋、卫尉、廷尉、大鸿胪、宗正、大司农、少府、将作大匠。刘宋、萧齐都同晋制,具九卿之数。但萧齐无宗正而有太仆,其将作大匠、太仆、

---

① 《唐六典》卷 10《秘书省》。
② 《晋书》卷 39《荀勖传》,记他在晋初上表"私谓九寺可并于尚书"。
③ 《太平御览》卷 203 引《桓温集》。

大鸿胪不常置。梁天监中,复置宗正,又增置太府(掌金帛府帑和关津)、大舟(都水使者改,掌管舟船水道),备十二卿,分系春、夏、秋、冬四时,而有春卿、夏卿、秋卿、冬卿之名。陈依梁制。北魏置九卿数,以太常、光禄勋、卫尉为上三卿,太仆、廷尉、大鸿胪、宗正、大司农、太府为六卿。又置昭玄寺,掌管佛教,长官称大统。北齐增国子寺,长官为祭酒,掌管教育行政。

列卿的机构名称变化都不很大,但是内部组织,特别是职能却起了很大的变化。

太常列九卿之首,"掌宗庙礼仪"①,实际上是文化、教育、科学、卫生的综合管理部门。魏晋南北朝时期所属"博士"一职变化较大。博士之称,始于战国。汉代的博士,为顾问兼传授经学之官。魏文帝置太常博士,掌引导乘舆,议定谥号。魏晋沿袭汉制置五经博士,刘宋时改称太学博士,不再分掌五经。西晋又置国子祭酒博士,掌管国子学,国子生师事祭酒,终身致敬。北齐置国子寺,管理训教贵族子弟,祭酒一人,领国子博士、太学博士、四门学博士,仍隶属太常。至隋开皇十三年(593 年)国子不再隶属太常而独立。

光禄勋,秦为郎中令,汉改为光禄勋,居禁中,"掌宿卫宫殿门户"②,即宫廷警卫。其属官有三部分:诸大夫,"掌议论"③,实际上是皇帝的顾问参议;诸郎官,名为侍从警卫,实际上是候补官僚;谒者是传达诏令官员。从曹魏开始,光禄勋职权卑落,渐无郎卫和谒者职,不再居禁内而成为外廷机构,仅仅保留朝会时守卫殿门的职权。④同时,又将少府属官如掌膳食的太官令,掌御用纸笔墨和封泥的守宫令,掌管宫中阉宦的黄门令和掌管后宫贵人、

---

① 《汉书》卷 19《百官公卿表上》;《续汉书·百官志二》。

② 《续汉书·百官志》"光禄勋卿"本注。

③ 《汉书》卷 19《百官公卿表上》。

④ 《宋书》卷 39《百官志上》。

采女的掖庭令等,划属光禄勋,从而成为主管宫殿膳食等事务的机构。萧梁时,改称光禄卿;北齐时称光禄寺卿,掌膳食、宫内器物和宫殿门户。

卫尉,在汉代"掌宫门卫屯兵"①,魏沿袭。西晋时,卫尉统帅公车、卫士、武库及诸冶等令,兼掌冶铸,领江北诸冶。东晋省卫尉,刘宋孝建初复置②,以主管吏民上书及征诏贤良之公车令,改属侍中;萧梁时复属卫尉,梁称卫尉卿;北齐称卫尉寺卿,属官增置城门寺校尉,掌管宫殿、城门和诸仓库钥匙等事。

太仆,东汉时掌管皇帝车马,兼全国马政。曹魏以少府属考工令属太仆,又增置典虞都尉、牧官都尉(西晋扩大为左、右、中典牧都尉)。晋初,太仆所统畜牧颇盛。东晋、宋、齐,太仆或置或省,属官分散,所统者少,加上皇帝出行,侍中陪乘,太仆更加疏远。宋、齐时,仅皇帝郊祀时权置。萧梁称太仆卿;北魏太仆卿权较重,北齐称太仆寺卿,掌管皇帝车马和全国官府畜牧生产。

廷尉,掌管司法审讯。曹魏时,廷尉主要属官有正、监、评,称为廷尉三官;又置律博士。萧梁称廷尉卿;北魏增置廷尉少卿,北齐时称大理寺卿,"掌决正刑狱"③。在正、监、评之外,还有律博士四人,明法掾二十四人,槛车督二人,掾十人,狱丞、掾各二人,司直、明法各十人,机构组织比较庞大。

大鸿胪,掌管少数民族、外邦事务和郡国邸舍。东晋、宋、齐时期,有事则"权置兼官"④,无事则省。萧梁时,去"大"字,称鸿胪卿;北魏仍为大鸿胪,北齐改称鸿胪寺卿,除典客、司仪署外,署典寺署,以掌佛教僧徒事。

宗正,掌管皇族事务,任以宗室皇族。曹魏正元中,以光禄勋

① 《汉书》卷19《百官公卿表上》。
② 《宋书》卷39《百官志上》。
③ 《隋书》卷27《百官志中》。
④ 《宋书》卷39《百官志上》;《南齐书》卷16《百官志》;《通典》卷26《职官八》。

郑袤领宗正,开庶姓为宗正之端绪。东晋以后,宗正清闲,从桓温奏,以之并入太常。梁时又置,称宗正卿;北魏、北齐之宗正寺卿,掌管宗室属籍,兼统皇子王国、诸王国和诸长公主家。帝王赐姓,也以籍属宗正,享受宗室特权。

大司农,原掌管农事、货物及全国财政。自曹魏之后,尚书权大,度支尚书实际上已经取代汉大司农职权,但司农仍然存在。萧梁时,去"大"字,称司农卿,职权较大。北魏在大司农之外,增置少卿,北齐为司农寺卿,"掌仓市薪菜,园地果实"①,以储存粮食为主要职务。

少府,本为管理皇帝钱财和吃、穿、住、用、医疗、娱乐的私府,皇帝处理政务的文书、符节也藏于少府。魏晋以来,侍中、中常寺、尚书台、御史台等都独立出去,另立官寺;太官、守宫、掖庭等令又划归光禄勋。于是少府主要保存掌管手工业制造的尚方。曹魏时,设置掌管木材的材官校尉。东晋哀帝末曾省并少府入丹阳尹,刘宋时复置少府。萧梁称少府卿,另置太府卿,掌管金帛府藏。北魏太和末,改少府为太府。北齐袭魏制也只置太府寺卿,辖左、中、右尚方,司染,诸冶,细作,甄官等署。

四、财政管理制度

1.财政管理机构及其演变

东汉时,少府掌管"中服御诸物、衣服、宝货、珍膳之属"②,只负责宫廷珍贵杂物的保管和支付, 负责全国财政的机构主要是大司农。

曹魏继承汉制,置大司农,有丞、部丞各一人,部丞主管"帑藏"③。属官除主管"受漕谷"④的太仓令、主管"春御米及作

---

① 《隋书》卷27《百官志中》。
② 《续汉书·百官志》本注。
③ 《唐六典·司农寺》。
④ 《三国会要》卷9《职官上》。

糒"①的导官令外,增置掌管民屯的典农中郎将、典农校尉、典农都尉等农官系统,其职权似有扩大。

魏、晋之际,罢屯田,农官转为守令。此后,大司农职权衰减。东晋哀帝(362—365年)时,省并大司农于都水台。至孝武帝宁康元年(373年)才恢复;刘宋文帝元嘉二十九年(452年)又省;孝武帝大明四年(460年)又恢复。屡次并省的大司农实际统辖的事务少。萧梁时去"大"字,称司农卿,稍受重视,主管"农功仓廪"②,属官除太仓、导官、藉田、上林令外,又管乐游、北苑丞,左、右、中部三仓丞,荚库、荻库、箬库丞和湖西诸屯主。天监九年(510年),又增置劝农谒者。

司农实权衰落与尚书权力上升是关联的。魏文帝时,置度支尚书,主持"军国支计"③。当时战事频繁,"军粮计较"④,受到特别关注,因此,任命司马孚任此职。看来,负责军屯的度支中郎将、度支校尉、度支都尉等系列兵屯农官,很可能隶属于度支尚书。《通典》卷23《职官典·尚书下》记载,魏文帝置度支尚书寺,专门负责"军国支计",吴有户部,晋有度支,"皆主算计"。西晋时,重视度支尚书人选,卓有经济管理才能的杜预、张华都曾经担任此职。泰始(265—274年)中,度支尚书杜预上奏,涉及制人力水排、立常平仓、规定谷物价格、筹划盐运、制定课调、重建藉田、安边救边等有关军国财政要事五十余条⑤,实际上超出了汉大司农掌管钱谷金帛、郡国计簿、边郡调度的职能。因此,咸宁五年(279年)诏令认为,一年不收,公私匮乏,负责全国财政收支的度支尚书应该承担责任。⑥南朝宋、齐时期,度支尚书领

---

① 《三国会要》卷9《职官上》。

② 《隋书》卷26《百官志上》。

③ 《晋书》卷37《安平献王孚传》。

④ 《御览》卷217引朱凤《晋书》。

⑤ 《晋书》卷34《杜预传》。

⑥ 《太平御览》卷217引晋起居注。

度支、金部、仓部、起部四曹。萧齐时,度支尚书职务实际上又与尚书右丞相通。①梁、陈多沿袭晋、宋之制,置度支尚书;又置左户尚书,由原来"工官之任",扩大为"掌户籍,兼知工官之事"②,掌管户籍成为主要职能。

北魏置度支尚书,掌军国"支计"。迁洛之后,四方征讨,兵车不息,营建洛都,耗费甚多。崔亮任度支尚书,"别立条格,岁省亿计"③;又修汴、蔡二渠,以通南方漕运。说明度支尚书也是北魏国家财政管理的总机构。北齐时,废支尚书统率六曹:度支曹,掌管计会及军国损益、事役粮廪;仓部曹,掌管诸仓账出入;左户曹,掌管天下计账户籍;右户曹,掌管天下公私田宅租调;金部曹,掌管权衡量度、内外诸库藏文账;库部曹,掌管戎仗器用所须。④其中,特别值得注意的是左户、右户两曹,其职掌正是梁左户尚书的主要职能。除"工官之任"的兼职外,梁朝左户尚书实际上的职能已经并入度支尚书。所以,并民部(左户、右户)入度支,实际上起于北齐,并非隋初的事。隋改度支为民部,唐再改民部为户部。

2.财政管理制度的特点与实施

魏晋南北朝财政管理制度的突出特点,表现为鲜明的过渡性,和九卿制与尚书制的并存一样。首先是曹魏时期大司农和度支尚书并存,并且大司农职权逐步为度支尚书所取代。其次,则是尚书台内部左民、左户尚书和度支尚书的并存。早在西汉后期,已设置四尚书,其三称民曹,掌管吏民上书;⑤另置尚书郎四人,其中一人掌管"天下户口土田垦作"⑥,一人掌管"钱帛贡献委输"⑦。东汉时,民曹职权似有变化,称"掌缮理功

---

① 《南齐书》卷34《虞玩之传》。

② 《唐六典·户部尚书》。

③ 《魏书》卷66《崔亮传》。

④ 《隋书》卷27《百官志中》;《通典》卷23《职官五》。

⑤ 《续汉书·百官志》。

⑥⑦ 《太平御览》卷215引应劭《汉官仪》。

作、盐池苑囿"①;尚书郎职掌不明。魏晋南朝和北魏都置度支尚书,其职掌为"军国支计";《通典》将其与西汉后期"主财帛委输"的尚书郎直接联系起来。《唐六典》认为东汉的民曹,"兼生缮修功作,当工官之任";魏、晋、宋、齐没有变化,唯有梁、陈不同,称左户尚书,"主户籍,兼工官之事"。其"主户籍"的职能,似应与西汉时期"主天下户口、土田垦作"的尚书郎联系起来。到北齐时,左户尚书的主要职掌并入度支尚书,基本上完成了尚书台(省)内部的这一过渡。再次,列曹尚书郎的调整,向有利于财政管理一体化方面发展。刘宋、萧齐时,度支尚书领度支、金部、仓部、起部四曹;隋时,民部尚书领民(户)部、度支、金部、仓部四司。两相比较,减末曹"起部",增首曹"民部"。这一关键性变化正发生在北齐。北齐度支尚书领八曹,除度支、金部、仓部相同外,库部隋唐不置;而左户、右户正是隋唐的民(户)部曹部,其职掌正是"天下州县户口"等事。左户、右户曹郎划归度支,使度支作为国家财政管理总机构配套成龙,基本上完成了管理体制的一体化。

度支尚书作为国家财政管理的总机构,其主要职能为两个方面,即收入和支出:从财政收入而言,户籍记账的编定、管理,田租户调的划定、征收以及运输、入库,权衡度量、仓库账目管理等,都是他的职能;财赋的支出方面,官吏俸禄的颁给,士卒粮廪的支付,武器军需品的供应,也都属于他的职权范围。因此,度支尚书作为国家最高财务长官,其地位日益重要,从魏晋到隋唐,它已由尚书六部的最后一位,上升到仅次于吏部尚书而跃居第二位。

---

① 《通典》卷 21《职官三》。

第五节 魏晋南北朝地方行政体制

一、州、郡、县

魏晋南北朝时期,地方行政区一般为州、郡、县三级制。

秦汉时,地方行政区划为郡县两级制。汉武帝时,分全国为十三部(州),部置刺史一人,为中央派出的监察官。东汉末,改刺史为州牧,以京官带本秩出任此职,权力转重,逐渐形成郡以上的一级行政区。魏晋南北朝时,州为地方最高行政区,但州的设置日益增多,州的辖区也就日益缩小。

曹魏时,分辖区为十三州,以河南、河东、河内、弘农、平阳五郡为司州,置司隶校尉;其他扬、青、徐、兖、荆、豫、雍、凉、秦、冀、幽、并十二州,置刺史。沿边诸州,刺史与领兵都督并置。梁、益等州实际在版图之外,也置刺史遥领。

司隶校尉,汉官,责任是督察京师,并领司州。魏袭汉制,蜀汉也置司隶校尉,但不典益州事。西晋制同汉魏,置司隶校尉统司州,通常监察京师及所部各郡,有"卧虎"①之称。东晋都于建康,以扬州刺史代司隶校尉,北魏、北齐置司州牧。

晋袭魏制,于司州外诸州置刺史,非要州以非帝族为刺史,不带都督和将军号,称"单车刺史"②;要州刺史任重者为使持节都督,次为持节,再次为假节。都督管军事,刺史理民政,二职兼任,权力大增。

刘宋文帝规定,郡、县的守、令,任期六年,刺史有的在任达

---

① 《太平御览》卷 250 引《傅咸集》。
② 《通典》卷 32《职官十四·州牧刺史》。

十余年。孝武帝时,改为三年一任,更代频繁,地方官多无长期打算,史称"宋之善政于是乎衰"①。此后,皇帝括钱心切,规定刺史任满还郡,要交纳"献奉"钱②,任期越短,皇帝得到"献奉"的次数越多。萧梁讲究形式,刺史受命出征的次日,拜辞宫庙,皆持节。皇族兼任刺史的,仪制更为隆重。

北魏前期,州置三刺史,宗室一人,异姓二人。③太和二十三年改定官制,刺史分上、中、下三等,北齐时州分上、中、下三等,每等又分上、中、下三级,自上上州到下下州为九级④,其长吏俸禄品秩也以此分为差额等级。西魏时,苏绰整理六条诏书,要求百官习诵,不通六条和计账的人,不准担任刺史、守、令。

州以下的地方行政区为郡。一般郡的长官为太守,北周改称郡守,有时也简称守。京师所在地的郡级长官称尹。曹魏建都洛阳,称河南尹;六朝的都城在建康(建业),称丹阳尹;北魏前期都平城,称代尹(万年尹);北齐都邺,称清都尹。

郡以下的地方行政区为县,是地方初级行政区。大县长官为令,小县长官为长。北齐时,郡、县都分为三等,每等又分上、中、下三级,共九级,郡称太守,县都称令。

魏晋南北朝时期,在州之上还有过两种特别的政区。(一)都督诸州军事所辖的军区:曹魏黄初三年(222年)始置都督诸州军事。⑤都督可以开府置僚属,机构称府,军区也随之称府。后来都督都兼任当州刺史,并且对所督之州有权干预,因此,军府由军区而带有特别行政区的性质。曹魏时,这种军区合时为六:扬、青徐、荆、豫、雍凉、河北;分时为十:扬、淮北、青、徐、兖、沔北、

---

① 《南史》卷20《谢密〔弘微〕传》。

② 《南史》卷25《垣阆传》。

③ 《魏书》卷113《官氏志》。

④ 《通典》卷32《职官十四》。

⑤ 《三国志》卷9《曹真传》。

豫、雍、陇右和河北。西晋时都督区一般有八：豫、河北（邺城守）、雍凉、徐、青、兖、沔北和扬州。都督诸军地位高，监诸军次之，督诸军为下。使持节为上，持节次之，假节为下；使持节可杀刺史以下。刘宋时，都督诸军事定为常职。北魏也置都督诸州军事，后期战乱频繁，刺史、太守例为当地都督，州府、都督府并置，皆置僚佐，冗员更多，"所在烦扰"①。后周改都督诸州军事为总管，统兵者才加节。（二）行台尚书所辖的政区：魏晋南朝间或在京师以外设立尚书省分支机构，称为行台，如魏末司马昭讨诸葛诞，西晋司马越率众许昌，均以行台自随，还有南朝梁末，侯景为河南王大行台，②这些大都是因重大军事行动，由尚书省派出机构随军行使职权。尚书省别称"中台"，其派出机构称"行台"。北朝时，行台尚书制发达，开府置僚佐，并逐步由尚书省派出机构转变为实质上的一级地方行政组织，在其辖区无所不统。隋的行台省、唐的采访使制以及元代行省制，均由它蜕变而来。

二、封国、侨州郡县

西汉后期，封国和郡属于同一级行政区。东汉末，州成为地方最高行政区后，封国和郡一样，也成为介于州、县之间的中级地方政区。其行政长官为相或长史。

三国时，曹魏的王国除管理国政的相和作为王的师傅的保、傅之外，还置有都尉、郎中令、中尉、大农、侍郎、家令等官员。为了伺察王国和督察国王，置监国谒者。国兵老小病弱，其数常不足三百人。西晋改国相为内史，职仍如太守；其他属官略同于曹魏。惟许大国置三军，兵五千；次国置二军，兵三千；小国置一军，兵二千人。权力大于曹魏时，至东晋，诸王多不就国，王国官徒有虚名。

---

① 《北齐书》卷18《高隆之传》。
② 《通典》卷22《职官四》。

刘宋时,王国无论大小,皆置三军。又除王国官外,皇子皇弟非都督亦开府置记室参军,此为置王府官之始。萧梁时,王国府官、国官并置:府置师、长史、司马、从事中郎、咨议参军;国置郎中令、将军、常侍官。晋以下,皇帝为了伺察王国,置典签,其职能与曹魏的监国谒者相同。魏晋时,王食封国租税,"三分食一";东晋太兴元年(318年;或作咸和元年即公元326年)改为"九分食一"①。

北魏时,王国官吏有师、友、文学、中尉、大农、上中下将军、常侍等。王国户口贡税,有"亲疏世减之法"②。一般为亲王二千户,始蕃一千户,二蕃五百户,三蕃三百户。租税则王食三分之一,侯伯四分之一,子男五分之一。北齐时,皇子王国置郎中令、大农、中尉、常侍、上中下将军等官。封国租调,全部上交朝廷,王食三分之一,公以下四分之一,当由台省另行拨给。

侨州郡县是战争和割据的产物。早在三国分立之初,就有所谓遥领州的出现。梁、益不在曹魏境内,曹魏却置梁州、益州刺史遥领。魏太和三年(229年),吴、蜀相约,灭魏后平分魏版图:兖、冀、并、凉归蜀;豫、青、徐、幽属吴。二国先置刺史遥领。当然,遥领制是虚职,与侨州制不同,属下没有所领州的百姓。

《宋书·州郡志》济南太守条说,晋的济岷郡,是魏平蜀时(263年),徙蜀豪将及其家属于济、河之间立此郡,东晋安帝义熙(405—418年)中土断,并入济南。这大概属于最早的侨郡。永嘉之乱后,中原地区大批流民涌至辽东半岛、河西走廊,更多的则逃往江南。公元310年,前燕在辽河流域设置郡县,安置流民,冀州人为冀阳郡,豫州人为成周郡,青州人为营丘郡,并州人为唐国郡。公元347年,又置侨县,渤海人为兴集县,河间人为宁集县,魏郡人为兴平县,东莱、北海人为育黎县,吴人

---

① 《晋书》卷14《地理志》。咸和元年事,见《晋书》卷7《成帝纪》。

② 《魏书》卷78《张普惠传》。

为吴县。在河西走廊,西晋都城洛阳陷落后,凉州刺史张轨悬隔关陇,他曾上表执政,要求将秦、雍流民安置在姑臧以西。侨立武兴郡,又分西平界侨置晋兴郡。这是西晋末辽东和河西走廊的侨郡县。

最先到江南的流民大概是随琅邪王司马睿南下的。司马睿称帝后的第四年(320年),侨立怀德县于建康,安置这些从琅邪来的侨民。成帝咸康元年(335年),在江乘县境内立琅邪侨郡,称南琅邪郡;北方琅邪郡有临沂县,南琅邪郡属县也有侨县临沂。有的学者认为这是侨郡县的创始。此后,东晋政权将南下流民集中到沿长江中下游和汉水两岸的一些军事要地周围,设置侨州郡进行管理,以便取得稳固的兵源。以东晋为例,略计共侨置司、雍、秦、兖、徐、冀、青、幽、并、豫、梁十一州,七十七郡,一百九十八县。其中有十一郡县不可考。[①]侨郡县别立户籍(白籍),在赋调方面给予优待。东晋中期后,对侨州郡进行了整顿,合并废省了一些郡县,取消了不同于固定户籍(黄籍)的白籍,减少了土著与侨居之间的差别。但是战乱不止,割据存在,流徙不断发生,不仅江南侨州郡问题不能解决,中原地区也先后置立侨州郡。如北魏在江淮一带的侨州郡,还有北魏分裂后,东魏、北齐在晋北,西魏、北周在渭水上游都侨置朔、恒、云、蔚、显州及其属郡县。侨州郡县,是魏晋南北朝时期的一种新出现的地方行政体制,它是战乱所造成的管理流民的行政机构。它的出现表明经济中心向江南及其他偏僻地方的移动,对后代全国经济的发展不无积极意义。

三、乡里制度及户籍管理制度

秦汉时期,县以下地方基层组织有乡、亭、里。一般以十里一

---

① 参见《东晋疆域志》;《晋书》卷14、卷15《地理志》;《宋书》卷35、卷36《州郡志》。

亭,十亭为一乡。①里下有什伍:伍辖五户,什辖十户。即百户为亭,千户为乡。西晋时,以五百家设乡,置啬夫一人;百户置里,设里吏一人。刘宋时,追袭秦汉,五家为伍,伍长主之;二伍为什,什长主之;十什为里,里魁主之;十里为亭,亭长主之;十亭为乡,乡置乡佐、三老、有秩、啬夫、游徼各一人。乡佐、有秩,主赋税;三老,主教化;啬夫,主争讼;游徼,主奸非。②齐、梁、陈三代,大体沿袭刘宋之制。

北魏前期,推行宗主督护制。孝文帝太和十年(486年)改革,创立邻里党三长制,即五家立邻长,五邻立里长,五里立党长。次年,造户籍。三长多由豪门多丁之家担任,负责赋役征发、治安管理。当时制度甚严,征收绢绵,如有一尺不合格,一斤不良好,不仅鞭打户主,三长也受牵连。由于一百家之内,三长共有二十五人,赋役皆免,致使"羊少狼多","苦乐不均"③,至东魏时,似对编户制度有过改变。

北齐时,规定十家为邻比,五十家为闾里,一百家为族党。一党之内,族党一人,副党一人,闾正二人,邻长十人,合计三长十四人,领户一百。北周也设族党、里闾和正长,正长为最基层,三长"各得一乡之选,以相监统"④。

户籍,又称版籍,据《晋令》记载,晋郡国诸户口为黄籍,即正式户籍,籍用长一尺二寸的木札,凡"在官役者"⑤都登记在户籍上。东晋时期,还有一种临时户籍,登记流民,称为白籍。编制户籍的主要目的是管理编户,向编户征收租调,摊派徭役。

---

① 关于"亭"的设置,这里是按《汉书》卷19《百官公卿表上》记载说的。本书第五章"秦汉政治制度"的第四节"秦汉地方行政体制"中已作说明,请参照之。

② 《宋书》卷40《百官志下》。

③ 《北齐书》卷28《元孝友传》。

④ 《周书》卷23《苏绰传》。

⑤ 《太平御览》卷606引《晋令》。

据敦煌发现的西凉建初十二年(416年)敦煌郡敦煌县西宕乡高昌里户籍残卷，户籍包括郡县乡里、户主及其家庭成员姓名、年龄、身份(兵、散、大府吏、驿子)、性别(男、女)，男性又分为丁、次、小以及造籍年、月。从这个残籍看，可能是重在丁役，与西晋"在官役者"入籍簿有关。

汉魏以来，征收赋税，都采用按赀产定户籍的办法。建安时，就有评定家赀的记载，东晋的常年赋税，也按"九品相通"①的办法，由主持者"诘评百姓家赀"②；北魏前期，也按"九品混通"③的办法征收田租户调，太延元年(435年)诏各县县宰"集乡邑三老，计赀定课"④；萧梁中期和北魏太和改制后，基本上废除"计赀定课"法，但在西魏大统十三年(547年)计账中，课户又分三等。因此，对赀产的登记，一直是魏晋南北朝时期户籍管理中的一项重要内容，这种户口赀产簿又称"赀簿"。从南朝记载中看出，它的内容包括土地、房屋和桑树等。而大统十三年计账残卷似乎把晋代户籍和赀簿合为一体了。此种变化或者发生在东晋以后。

户籍赀簿据推测一般需要书写三份，一份报朝廷，由尚书台(省)左民尚书右丞和左民郎专掌，保存在左民曹前厢二库。《南齐书·百官志》称尚书左丞掌管"州郡租布，民户移徙"事等。另一份由郡县呈州，由户曹保管，州治中"主财谷簿书"⑤，有专职的簿曹书佐。一份保存在县里，以便每年评赀定户等和征发租调徭役的根据。

---

① 《初学记》卷27引《晋故事》。
② 《晋书》卷70《刘超传》。
③ 《魏书》卷110《食货志》。
④ 《魏书》卷4《世祖纪》。
⑤ 《宋书》卷40《百官志下》。

四、边远地区的管理体制

秦汉时期,于边远少数民族地区,设置行政机构名"道",与县平级。东汉时,内地各郡取消负责军事行政的郡级武官,但边境地区仍旧保留都尉。在这些地区,按居民的族类分别设置武官进行监护,如西域都护、使匈奴中郎将、护乌丸校尉、护羌校尉等。

魏晋时期,边远地区的"道"改为县。少数民族地区仍置校尉监领。曹魏于黄初三年(222年)西域内附时,置戊己校尉。又置护羌校尉、护东羌校尉,置乌桓校尉治广宁(河北张家口)、护鲜卑校尉治昌平(属北京)、西域长史府治海头(新疆罗布泊西)。

西晋仍旧于海头置西域长史府,于高昌置戊己校尉。晋武帝又置南蛮校尉于襄阳,西戎校尉于长安,南夷校尉于宁州(治滇池,属云南)。惠帝元康(291—299年)中,改护羌校尉为凉州刺史、西戎校尉为雍州刺史、南蛮校尉为荆州刺史。

晋武帝置护匈奴、羌戎、蛮夷、越四中郎将,或领刺史,或持节;又置平越中郎将于广州,主持护南越事。①

东晋时,一度省南蛮校尉,不久又置于江陵。安帝时,又于襄阳置宁蛮校尉,宁蛮、南蛮校尉分治长江以北和以南蛮人。②

刘宋泰始五年(469年),分荆州、益州五郡置三巴校尉,治荆益二州蛮僚,并新置安蛮校尉,治豫州蛮人。③刘宋还先后置西督护、南江督护,以统摄广州西南二江俚人。齐改置护南蛮、宁蛮、平蛮、镇蛮校尉,分别隶属于荆、雍、益、宁四州;又置平越中郎将,隶广州。④此外,还有护西戎校尉、护羌校尉和镇蛮护军、安远

---

① 《晋书》卷24《职官志》。
② 《宋书》卷40《百官志下》。
③ 《宋书》卷8《明帝纪》;《宋书》卷72《南平王铄传》。
④ 《南齐书》卷16《百官志》。

护军等。梁、陈之制略同。

镇戍之制在魏晋南北朝时期非常普遍，后秦、大夏和北魏最为突出。以北魏为例，拓跋起于塞北，定都平城（大同）后，陆续于北塞置军镇，其最著名的有沃野、怀朔、武川、抚冥、柔玄、怀荒，史称北镇或六镇。此后，北疆还置有御夷镇。北魏建国初，重视军事占领，所到之处，多立军镇。随着统治逐渐稳定，中心区镇戍改为州郡，而沿边地区，仍置镇戍屯兵。太和前后，除此镇外，西疆著名军镇有薄骨律、高平、上邽，南疆有武都、悬瓠、彭城等镇。

北魏的镇戍，北方、西北方的，往往以镇代州，以戍代郡县。属下士兵称镇兵，百姓称镇民。实际上是军事管制。镇置镇都大将、镇将等，开府置僚佐；戍置戍主。镇将"统兵备御与刺史同"[1]，城隍仓库都由他掌管，既统军又治民，其职权重于刺史。北齐和北周承袭北魏，沿边各要地，仍旧置有很多镇戍，不过职能主要不在于对少数民族的统治，而是为了进行割据政权间的兼并战争。

五、中央与地方之间的关系

魏晋南北朝是割据战乱时期，军事力量的控制与运用占有特殊重要的意义，因而中央与地方之间的矛盾，往往表现为拥有军事大权的方镇与中央之间的对抗。

曹魏末年有镇守寿春的王凌、毋丘俭、诸葛诞三次叛乱；西晋有"八王之乱"，从赵王司马伦称帝以后，基本上是洛阳中央与方镇邺、许昌、长安之间的斗争；东晋、南朝是近三百年的"荆、扬之争"。上述各类斗争具体情况和性质各不相同，其实质多为掌握军权的军镇长官与中央对抗则是一致的。这些矛盾冲突中拖延时间最长、斗争最为复杂的要数"荆扬之争"。

荆、扬二州是东晋、南朝的两大地区性经济中心，两州户口

---

[1]《魏书》卷113《官氏志》。

较多,真所谓"江左重镇,莫过荆扬"①。就地理条件和军事形势而论,自东晋以来,都以扬州为"内户",荆州为"外阃"。扬州虽是京畿所在,为政治中枢,而长江上游的荆州,"地广兵强"②,军事力量强大,常有控制下游的可能。《通典》就曾指出,荆州财富兵强,地处上游,威胁建康,"称兵跋扈,无代不有"③。杜佑历举东晋时的王敦、陶侃、桓温、桓玄,刘宋时的谢晦、刘义宣、袁颤、沈攸之、刘休范,萧齐时的陈显达、萧衍,陈时的王琳、华皎,"皆自上流,拥兵东下"④。

"荆扬之争"开端于王敦之乱。司马睿以皇室疏宗南下建业,全得力于王导、王敦兄弟的拥戴,建都称帝时,不仅没有强大的实力,连一支像样的军队也没有。元帝立国后,对"王与马,共天下"⑤的政局并不满意,以北伐为旗帜,起用刘隗、刁协,力图在建康建立一支自己的武装,以便与操纵朝政和拥兵上游的王氏兄弟较量。此举引起了王导的不满,更激怒了王敦。王敦举兵东下,占领建康,逼死元帝。此后,企图建军建康、抗衡荆州的斗争不断发生,直至东晋后期"北府兵"建立,荆、扬的军事形势才发生变化。但是,这时东晋的军政大权已经逐步落入原北府兵下级军官刘裕之手,导致以宋代晋。

南朝宋、齐两代,都是由于皇室骨肉自相残杀,致使远亲(萧道成)、疏宗(萧衍)得利;萧衍更是拥兵上游,挥师东下,最终夺得皇位。萧梁后期,元帝建都江陵。此后,萧詧降魏,夺得江陵,建立后梁。它实际上只不过是西魏、北周的傀儡。荆州与西魏、北周并为一体,"荆扬之争"得以暂息。因此,"荆扬之争"几乎延续了约二百五十年,成为中央与地方对抗的突出的事端。

---

① 《南齐书》卷 15《州郡志下》。
② 《宋书》卷 68《南郡王义宣传》。
③④ 《通典》卷 183《州郡典·荆州风俗》。
⑤ 《晋书》卷 98《王敦传》。

第六节　魏晋南北朝司法、监察制度

一、法律的制定

魏晋南北朝时期，有的王朝颇重法治，当时制定的著名法律，有《魏律》《晋律》和《北齐律》。

曹魏明帝太和三年(229 年)，陈群、刘劭等将汉代的律、令、比经过增损厘改，制定《魏律》十八篇。它的基础是汉《九章律》[①]，根据当时的情况增加了九篇；又删去汉《傍章律》[②]中不合时宜的条款；改《具律》为《刑名》，列为首篇。这种体例结构为后代封建法典所沿袭。

晋初，贾充等增损《魏律》，编《晋律》二十篇，于武帝泰始四年(268 年)颁布，又称《泰始律》。《晋律》以《魏律》为基础，参考汉律本着"蠲其苛秽，存其清约"[③]的原则，对条款大量合并精简。它比汉律多十一篇，却减少二万三千余条，也减少了《魏律》苛碎繁复之处。因此，可以认为它是在大量删订汉魏律的基础上完成的，是总结性的产物。《晋律》的影响长达二百余年。

《北齐律》是北朝的一部重要法律，《隋律》就是径取《北齐律》精简而成的。《北齐律》的制订花费了十多年的时间，在河清三年(564 年)才颁布执行。它有十二篇，共计九百四十九条。篇目为《名例》《禁卫》《婚户》《擅兴》《违制》《诈伪》《斗讼》《贼盗》《捕断》《毁损》《厩牧》和《杂律》。首篇《名例》即"刑名法例"。其所

---

① 《九章律》是盗、贼、囚、捕、杂、具、户、兴、厩，为萧何所造。

② 《傍章律》是萧何"益律所不及"对《九章律》的添设，共十八篇。

③ 《晋书》卷 30《刑法志》。

确立的重罪十条,即封建法典"十恶"的前身。它根据"赦死从流"的原则,将"流"定为法定刑。《北齐律》在历史上以"法令明审,科条简要"①著称。

法律制定的变化,在魏晋南北朝时期值得注意的有四点:

(1)"八议"入律,"官当"出现。在《周礼》中即有"八辟"(亲、故、贤、能、功、贵、勤、宾)丽邦法之说,《魏律》首先将"八议"载入律文,实开晋、唐之先河。所谓"八议",就是对上举八种人在犯罪时赋予宽免的特权。"八议"适应门阀士族统治的需要,把秦、汉律中保护官僚、贵族特权的条款系统化、制度化、法典化,使之享有更充分的法定特权,以致有的贵族官僚的不法子弟白日杀人,横行不法。

"官当"与"减赎"之法也是源远流长,《晋律》就有八议以上,皆免官收赎,"勿髡钳、笞";免官者,"比三岁刑"②的条款。《陈律》对"官当"和"减赎",更有明确的条文。官员犯罪,应判五年或四年徒刑的,许以官位当罪二年,其余"居作"③;三年徒刑,"官当"二年,余一年可收赎。"官当"、"减赎"是适用于职官的特权制度,后世长期沿用。

(2)魏晋南朝时代免除宫刑,北朝后期也以"没官"抵宫刑。妇女从坐制有改进,原来妇女一生,内外从坐受刑;改为在家从父母,出嫁从夫家。北魏、北齐都确定流刑为死刑、徒刑之间的中间刑;北周时,更分流刑为五等。

(3)晋张斐、杜预注《晋泰始律》,总结了古代的刑法理论与实践,并解释刑法的某些概念(如"故意"和"过失","谋"、"群"、"造意"等),使它们更明确和规范化。

(4)民间契约的法律效力得到官府确认;确立民事诉讼的"时

---

① 《隋书》卷 25《刑法志》。
② 《太平御览》卷 651 引《晋律》。
③ 《隋书·刑法志》。

效"原则。

二、司法机构和职能

汉制,置廷尉(大理)为全国最高司法官。其属官主要有正、监、评,称为廷尉"三官",魏晋沿袭汉制,使掌管"刑法狱讼"[①]。北魏时,增置少卿司直,为廷尉的副手。北齐时,改称大理寺卿,机构扩大,职权是"决正刑狱"[②]。除正、监、评三官外,又置律博士四人,明法掾二十四人,槛车督二人,掾十人,狱丞、掾各二人,司直、明法各十人。

廷尉之外,御史中丞、司隶校尉也经常审理案件。御史中丞负责"董摄宫殿"[③],司隶校尉"督察京辇"[④],大概主要是宫廷之内和京畿地区的案件,分别由他们进行审理。

西汉成帝时置三公尚书,"主断狱事"[⑤];东汉光武帝时,由二千石曹负责"中都官水火盗贼辞讼罪法",又称为"贼曹"[⑥],很受重视,它实际上是最早设置的专管司法行政的机构。

曹魏置定科(课郎),主持制定法令;都官郎负责军事刑狱。晋恢复三公尚书掌刑狱的汉成帝旧制。刘宋增置都官尚书,主管"军事刑狱"[⑦];吏部尚书所领删定(即魏晋"定科")、三公、比部诸曹郎,皆主法制。北齐时,都官尚书统五曹,其中,都官曹掌管畿内违法,二千石曹掌畿外违法,比部曹掌诏书、律令的检查;而掌诸曹囚帐、断罪的三公曹,却属于殿中尚书。北周置刑部中大夫,刑部之名起于此。

汉代,郡县长官有审判权,可以判决死刑。郡国置贼曹掾、决

---

① 《晋书》卷 24《职官志》。

② 《隋书》卷 26《百官志》。

③④ 《三国志》卷 14《魏书·程晓传》。

⑤ 应劭:《汉官仪上》。

⑥⑦ 《通典》卷 23《职官五》。

曹掾和狱史,县丞典知仓狱。魏晋南北朝时期,此体制基本未变。但由于都督府的出现,刺史权重,郡县长官审判权受到约束。刘宋以后皇权加强,中央政权干预郡县审判。

三、监察制度

秦汉置御史府,以御史大夫为长官,御史丞为副长官,负责秘书和监察职权。汉武帝又分全国为十三部,置刺史巡视以监察郡县。西汉成帝时,改御史大夫为大司空,为三公之一;而由御史中丞领侍御史入侍"兰台",御史中丞成为台主,属于少府。少府职权卑落后,兰台典掌秘书图籍的职权,先分入中书,后转归秘书监。而负责监察弹劾的御史中丞,遂发展成为独立于少府之外的"宪台",形成全国性监察机构。

魏晋承袭汉制,置御史中丞为台主。御史台称"宪台",与尚书台(又称"中台"或"内台")、谒者台(又称"外台")合称三台。州成为地方最高一级行政区台,刺史不再是监察官,而是地方最高行政长官。御史台除台主外,置治书侍御史、侍御史、殿中侍御史、禁防御史、监察御史、检校御史等,分掌内外监察之权。

四、皇帝与司法、监察制度的关系

秦统一后,君主权力神圣化,君主不受法律约束,监察也只能是单方面的,即君主对臣下的监察。

魏晋时期,皇帝对司法权的集中与干预,反映为郡县的审判权受到很大的限制。凡属重囚,县审判后报郡,由郡守派遣督邮进行案验方能执行。南朝刘宋时,实行县、郡、中央(廷尉)三级三审制。重大案件县里审判后,须将案犯押送到郡,由郡守亲自复审,郡守不能断决时,上送廷尉进行审理。

对死刑的判决权,必须奏闻皇帝方能执行,这点在《魏书·刑罚志》中是有明确记载的。皇帝对死刑处决权的控制,是专制主义中央集权在司法方面的新发展, 也表现了皇帝对司法镇压之权的重视。

北魏时,皇权强大,对司法的直接控制也多:从取消重枷、大杖,至刑审囚犯,"杖限五十";从宫阙"左悬登闻鼓",百姓"有穷冤则挝鼓",到诏告"天下吏民,得举告牧守之不法"①,等等。

古代的监察,主要是君主对臣僚的监察,对皇帝最多只能做点温和的规谏,君主可听可不听。秦统一后,对君主批评要处以灭族的极刑,因此,专制集权的君主是不允许有谏官的地位。属于光禄勋(郎中令)的光禄大夫、谏议大夫等,其职责仅限于议论政事、备顾问的性质,不能直言皇帝缺点,否则就有杀身之祸。汉武帝时,甚至用"腹诽"的罪名来处死大臣。魏晋以后,逐渐形成的门下省、集书省,虽具有规谏、驳正违失的职责,但主要是为了审议由中书起草的诏令,以求减少失误,而不是为了监督皇帝已经发生的过失。

皇帝为了监察臣僚和百姓,除了正式的监察机构"宪台"和司隶校尉、都官尚书之外,有时还专门设置特务机构。早在汉末建安年间,在权臣曹操的丞相府中,就置有刺奸、校事,用以监察"群下",实权极大。②此制到曹魏齐王芳嘉平(249—253年)年间才废除。与此同时,孙吴也置校事,"操弄威柄",伺察群僚。③南朝宋齐时期,皇帝对州、国的监察是通过典签来进行,权势极盛,当时称典签为"签帅"。他们不仅"出纳教命",操纵州、国政务,④甚至刺史诸王的饮食起居也受他们的控制,取一节藕、一杯浆,都要得到典签同意,如果"签帅"不在,则"竟日忍渴"⑤。北朝北齐时,州也置有典签,职权略同于南朝。北魏时,置内外"候官"数百人,他们

---

①《魏书》卷 111《刑罚志》。

②《三国志》卷 24《魏书·高柔传》。

③《三国志》卷 61《吴书·潘浚传》。

④《南史》卷 77《吕文显传》。

⑤《南史》卷 44《齐武诸子·萧子伦传》。

内伺诸曹，外察州镇，有时还"微服杂乱于府寺"之间，以访求"百官疵失"①，向皇帝报告，其职权与曹魏校事、刺奸之类，非常相似。

第七节　魏晋南北朝军事制度

一、军事领导体制

秦汉时期，军事行政最高长官是太尉（或大司马）。曹魏时，始置五兵尚书（后或称七兵尚书）以为专门的军事行政机构，取代了太尉的职能；两晋南北朝沿袭；北周有兵部中大夫、少兵部下大夫，即隋、唐兵部的前身。

秦汉时，常备军集中在京师，由将军、郎将、校尉等武官率领，或充宿卫，或守城门，或领兵卫戍京师，都属于禁卫、侍从的性质。在郡国，郡守管征发，都尉主训练。有征伐、戍边任务时，由中央派遣将领领兵；事毕，士兵返归田园，将领解除兵权，回朝充宿卫、侍从。

魏晋南北朝时期，社会纷乱，军制混杂。军队大致分为两大类，即中央军和地方军。

中央军有中军和外军之分。中军又称"台军"，一部分担任京师卫戍，称禁卫军；一部分屯据京城附近的要冲重镇，保卫京师，或受命出征。外军是各地都督府所领军队，名义上它为中央军，所以通常称中外诸军。在这几百年间，其总领的武官大多是都督中外诸军事，由重臣或权臣充任，如曹魏时的曹真和司马懿父子，东晋的王导等人。南朝和北朝权臣当政时，通常都任都督中外诸军事，以掌握军权。

---

① 《魏书》卷 111《刑罚志》；《魏书》卷 113《官氏志》。

曹魏时,禁军的最高长官是曹操任丞相时,丞相府亲卫武官领军将军沿袭下来的中领军,资历高的称领军将军,第三品,"掌禁兵"①,总领城内诸军。西晋时,中领军曾改称"北军中候",中护军不隶属中领军,东晋元帝初,并入领军,明帝时复置。西晋时禁军数量庞大,有六军、四军、六校、三将和四卫率。其中,左卫、右卫两军最强;领军、护军、骁骑、游击四军次之;六校和三将最弱。二卫属下的宫廷宿卫兵有前驱、由基、强弩三部司马和雄渠虎贲、佽飞虎贲,而三部司马又是殿中的主要宿卫兵,正是他们在西晋"八王之乱"中扮演着极为重要的角色。东晋禁卫军力量大为削弱。南朝刘宋时领军将军掌中军,或称内军,护军将军掌外军。②北魏也置领、护军将军。北齐时,领军将军"掌禁卫宫掖"③,朱华阁之外,所有禁卫军官兵都归他统率。护军将军"掌四中关津"④,京师外东、西、南、北四中府都由他管辖,其职能亦略同于魏晋。

方镇军即外军的长官,是各方镇的都督诸军事。东汉建安二十一年(216年),曹操征孙权还,以伏波将军夏侯惇都督二十六军,留守居巢。这种都督属于临时派遣军的司令长官,其率领的当然是中央军。大概到延康元年(220年)前,以各种将军名号充任的都督职称已成定型。曹魏时,边州领兵都督与刺史并置,到魏晋之际,全国已形成十个或六个相对稳定的都督区。其中,特别重要的有:镇守许昌的都督豫州诸军事、镇守长安的都督关中雍凉诸军事和镇守邺城的督邺城守诸军事。此三大方镇,西晋时期都以宗王出镇,充任都督,晋初,他们的封国与方镇并不一致。这种由都督统率的十大(或六大)军区,一般也不由都督兼任当州刺史。其屯驻的军队,属于中央的野战军,即方镇兵或外兵。在

---

① 《晋书》卷24《职官志》;《三国会要·职官》。
② 《宋书》卷39《百官志》。
③④ 《隋书》卷27《百官志中》。

十大军区之外,边州都督,往往兼任当州刺史,如下邳王司马晃、高密王司马泰都曾经被任命为使持节、都督宁益二州诸军事、安西将军,领益州刺史,新蔡王司马腾为持节、宁北将军、都督并州诸军事、并州刺史。凡兼任刺史者,其所统率除一部分中央军外,还有一部分州郡兵。

咸宁三年(227年)之后,随着"移封就镇"和都督兼任刺史普遍化(即都督刺史并任),中央在方镇的驻屯军和州郡兵的界线日益混淆。东晋建国后,中央权力削弱,中央驻屯军与州郡兵都为兼任当州刺史的都督统帅,有时成为对抗中央的军事力量,"荆扬之争"中荆州都督的军队,从实质到形式上都已不易区分兵员的属性。南北朝时期,中央集权加强,中央对方镇屯驻军的指挥权恢复,由中护军统率指挥,外军与州郡兵的界线又明晰起来。

魏晋南北朝时期真正的地方武装是州郡兵。早在建安后期曹操统治地区已经实行州郡置兵。魏明帝时,荆、扬、青、徐、幽、并、雍、凉八个缘边的州已有州郡兵。即使不置兵的兖、豫、司、冀四州,有时刺史也领兵。西晋统一后,曾一度实行军民分治,都督、校尉治兵,刺史、太守治民。惠帝元康以后,此规定破坏,州郡领兵恢复,州郡兵自南北朝一直存在,成为各地割据势力的重要支柱。

武官制度方面还有两点值得注意:一、武官名号的激增和职能的变化。除秦汉沿袭下来的武官名号外,各朝各国多有自置,如杂号中郎将、都尉,杂号将军多至数十。原秦汉武职除大将军、领军将军、护军将军实行总领军事或主掌宿卫外,其他大多失去原有职能,成为加官宠勋之用,如南朝时以四安、四平、征虏、四中郎将为加给诸王的军号,此实为隋唐武散官之前身。十二卫,朱衣、直阁将军,千牛备身等名号的宿卫武官代起,约略可视为隋唐总领近卫武官系列的前驱。二、开府仪同三司和仪同三司开府制的滥行,重号将军加此置大府,小号将军加此置府有佐史,形成庞大的军府组织。刺史太守带都督将军号,既有军府僚佐,又有州郡佐吏;诸王加军号为刺史,既有王国国官,又有军府幕僚,还有州郡佐吏。再加上当时州、郡数量成十倍的增加。比如东汉只有州十三,郡一百零五。梁代有州一百三十二,郡三百九十八;北周有州二百一十五,郡一千一百二十四,从而形成庞大的官僚队伍,造成官多民少,十羊九牧的怪现象。

二、武装力量体制

秦汉时期,原则上实行编户征兵制。士兵从编户中征集,实际上是农民兵役制。汉武帝以后,土地兼并,农民破产,流民增多,编户减少,兵源不足。始有从流民中招募士兵的募兵制,它是一种职业兵。另外,还有从刑徒中免死戍边的谪兵,或称刑徒兵。募兵和谪兵的出现,反映士兵身份在下降。

东汉末年以来,社会政治制度十分紊乱,豪强多自拥私兵、部曲,割据称雄。为了保证兵源,曹操在收编豪强武装的基础上建立军队,平定冀州之后,推行"士家制度"。

"士"指士兵,"士家"指士兵和他的家属。"士家制"作为一种相对稳定的兵制,其特点在于:(1)兵民分离,兵民分籍。在魏晋南朝都有分离于编户之外的士家户籍或称"兵籍"。士家与编户分开管理,士家不属于乡里,而属军府或营署统辖,因此,也称兵户、"营户"或"府户"。(2)世袭当兵。兄终弟及、父死子继,目的是保证士兵名额有稳定的后源。(3)役使繁杂,劳役沉重。士家"出战入耕"[1]是常制,兵役年龄一般规定为 17 岁至 50 岁;兵役之外还要服劳役,劳役的年龄小至十一二岁的孩幼,长至 60 岁以上的老翁,都在服役之列。(4)控制严酷。士家集中居住,集中管理,即所谓士兵"妻子营居"[2]。平时是士兵和军屯劳动力的补充所,战

---

[1]《晋书》卷 26《食货志》。

[2] 参见周一良:《魏晋兵制中的一个问题》,载《魏晋南北朝史论集》,中华书局 1963 年版。

时,它就成为一种质赁制。(5)身份卑贱。规定士家不准读书,不准做官,不准转业;士家不得与非士家通婚,士兵去世,妻子由官府配婚;士兵逃亡,罪及妻子;甚至可以把士家作为礼品赏赐或赠送。这种身份卑贱的世兵制,在魏晋南朝时期一直在推行,成为士兵来源的主要保证。

十六国北朝时,少数民族贵族在中原地区建立政权,主要倚仗本族的军事力量。本族的青壮年都是战士,他们往往可以从战争中分得一部分战利品——牧畜和奴婢。这是一种由兵牧合一的部族兵制沿袭下来的世兵制。由于战士是统治民族的自由民,因此其身份不仅是自由的,而且往往高于被统治民族的编户齐民。这一制度在北魏孝文帝前后,由于封建化、汉化的日益加深而实际上发生了变化,其主要表现为从汉族百姓中征兵和士兵地位的低落。但是,随着北魏的分裂,东魏、西魏、北齐、北周的兴起,出自武川、怀朔镇鲜卑和鲜卑化汉人的掌权,依靠鲜卑武装以巩固政权,士兵地位又有所提高。正是在这一基础上,西魏、北周推行了"府兵制"。

西魏大统十四年(548年),宇文泰按照鲜卑八部旧制,正式建立以八柱国为首的府兵制。八柱国大将军是宇文泰、元欣和赵贵、李虎、李弼、于谨、独孤信、侯莫陈崇。其中宇文泰以都督中外诸军事为西魏实际的军事最高统帅;元欣是西魏宗室,仅有虚名;赵贵等其他六人分别统率六军。这六位柱国大将军分别统率两个大将军,共十二个大将军;每个大将军统二开府,共二十四开府;每个开府统二仪同,共四十八仪同。每仪同统率士兵一千,合计共有府兵四万八千人。为了维持士兵与军官之间的密切联系,保持并扩大鲜卑旧的氏族关系,诏令有功诸将继承鲜卑三十六国九十九姓之后,除已是鲜卑复姓者(如侯莫陈、独孤)外,对已采用汉姓或本是汉姓的将领赐给鲜卑复姓,如李虎赐姓大野,李弼赐姓徒何,杨忠赐姓普六茹,赵贵赐姓乙弗等,并任命他们充当本姓的"宗长"。同时,命令他们的鲜卑和汉族士兵,皆以其主将的鲜卑姓氏为姓氏,于是,他们和士兵之间就建立起了旧日酋长与部落民之间的宗法关系。宇文泰企图用恢复氏族关系组织府兵,改善士兵地位以提高其战斗力的做法,自然是不符合历史发展方向的。但是,这种做法提高了府兵的身份,而且用诏令(实际上是法律)形式,巩固地确立了以六镇鲜卑、关陇豪右组成的府兵的地位。随着时间的推移,北周武帝正式下诏府兵"诸军军士"都改称"侍官"①,由统属相府的武装,成为名实相符的宿卫禁族。而且,府兵基础从六镇鲜卑、关陇豪右逐步扩大到从均田民中"六户中等以上,家有三丁,选材力一人"②来补充,并以"除其县籍""无他赋税"③为条件来号召均田民充当府兵,到周末隋初,"夏(汉)人半为兵矣"④。这时,以长安为中心,在关陇地区设置数"不满百"⑤的专注军籍的土著军府,进一步过渡到府兵"垦田籍帐,一与民同"⑥。魏周之际,府兵大多是军府所在均田民中财富力强之人。这一趋势可说是在一定程度上恢复了秦汉编户征兵的旧制。

三、皇帝对军队的统御关系

　　封建社会里,皇帝是最高政治首脑,同时也是最高军事统帅。皇帝之所以能控制政局,主要的原因就在于他能有效地对军队进行控制。东汉末年,曹操挟天子以令诸侯,统一北中国,重要的原因是一支有战斗力的军队始终控制在曹氏、夏侯氏手中。魏晋南北朝混乱割据时代,有效控制军队更为重要,一些有统治经

---

① 《周书》卷 5《武帝纪》。

② 《玉海》卷 138 引《邺侯家传》。

③ 《隋书》卷 24《食货志》;《北史》卷 60《李弼等传后序》。

④ 《隋书》卷 24《食货志》。

⑤ 《玉海》卷 138 引《邺侯家传》及《后魏书》。

⑥ 《隋书》卷 2《高祖纪下》。

验的统治者,对这一点是很明白的。

　　魏晋时期有"士家",东晋、南朝有"募兵",十六国北朝有"部落兵",各朝各国的君主如何统御这些士兵组成的军队,手段和方法亦各有其差异。曹魏控制"士家",其方式在《三国志·梁习传》中载有典型实例。梁习为并州刺史,原先割据称雄于关州的是所谓"胡狄"酋帅和豪强"兵家"。梁习至并州,先征酋豪入幕府,使酋帅、豪强与部落、私兵相分离;再发丁壮为"义从""勇力"和吏兵,将部曲私兵改变成为官军;最后将其家属迁徙集中于邺城,通过控制家属来加强对士兵的直接控制。在此基础上,编兵籍,严科禁,从而形成"士家制度"。由于曹魏皇帝(曹操是一个没有称皇帝的皇帝)直接控制士兵及其家属,禁止将领拥有私兵,因此,中央专制主义集权强大,对军队能做到令行禁止,指挥若定。

　　孙吴境内,豪强大族普遍拥有私兵部曲。而孙吴的将领,又几乎都出自豪强大族,他们所领之兵类似私产,有时直接称为"家部曲"①,父子承袭已成惯例。将领领兵实际上是一种权力的享受,并不一定要负统兵作战的真正责任。这种父子承袭领兵的惯例,不仅为孙吴政权所认可,而且形成了制度。将领世袭领兵作为一种制度,把孙吴政权与地方势力联系起来:豪强成为政府的将领,私兵部曲成为孙吴的官兵。同时,将领世袭领兵作为制度,本身就是承认豪强大族对部曲的世袭统治权,就是用制度来巩固士兵对将领的世袭依附关系,士兵不仅个人终身依附于将领,而且士兵的子弟也要依附于将领及其子弟,将领不仅控制士兵个人,也通过士兵"妻子营居"②来控制士兵的全家。因此,孙吴皇帝和曹魏不同,他对由"士家"组成的军队的统御不是直接的,

---

　　①《三国志》卷 52《吴书·顾邵传》注引《文士传》。

　　② 参见周一良:《魏晋兵制中的一个问题》,载《魏晋南北朝史论集》,中华书局 1963 年版。

而是通过"将领世袭领兵制"①，即通过统驭将领，或者说通过与将领的妥协来实现的。

"北府兵"是东晋后期由"募兵"组成的一支具有战斗力的军队，这支由南兖、南徐州侨户组成的精悍善战的队伍，士兵与将领之间乡里故旧关系密切。东晋皇帝（孝武帝、安帝）或权臣（谢安、司马道子父子和桓玄）对北府兵的统帅权，都是通过对北府兵将领的驾驭来实现的。北府兵主要将领刘牢之的三次向背，就曾在东晋内部掀起三场政治风波。刘裕也正是利用他原来是北府兵将领的身份，联络原北府兵中下级军官发动武装政变，诛灭桓玄，控制东晋朝政，最后取而代之。这就表明，皇帝指挥、调遣军队的绝对权力，常常由于权臣利用都督中外诸军事而独揽军权，结果不仅皇权被削弱，而且权臣趁机改朝换代。

部落兵制的基础是宗族血缘关系。十六国、北魏前期的君主正是利用其本族原有的酋长身份，统驭以本族青壮年为基干的军队，对中原地区实现武装割据。前面业已谈到的西魏宇文泰，也是企图建立八柱国大将军来"恢复"鲜卑八部旧制。他赐将领以鲜卑复姓，命令他们为"宗长"，并撰写谱录，"记其所承"②，证明他们确实是三十六部九十九系的嫡系子孙；指令士兵们皆从主将姓氏，好像他们就是同一氏族的成员。所有这一切，不过企图人为地"恢复"将领与士兵之间存在着所谓"宗族血缘关系"，重建"部落兵制"，以达到牢固地统御"府兵"的目的。

---

① 参见唐长孺：《孙吴建国及江南的宗部与山越》，载《魏晋南北朝史论丛》，生活·读书·新知三联书店 1955 年版。

② 《隋书》卷 33《经籍志二》。

第八节　十六国、北魏前期汉夷混杂的政治体制

一、以汉制为主的汉夷混杂的政治体制

刘渊起兵时,自称大单于,以刘景为右於陆王,刘延年为左独鹿王,子刘聪为鹿蠡王,使用匈奴职官体制。公元 304 年改称汉王,以妻呼延氏为王后,刘宣为丞相,崔游为御史大夫,刘宏为太尉,卜豫为大司农,改用的是西汉三公九卿职官体制。称帝后至公元 310 年去世前,立子和为皇太子,刘欢乐为太宰(即太师),刘洋为太傅,刘延年为太保,刘聪为大司马、大单于、录尚书事,置单于台于平阳西,渊子刘裕为大司徒,所使用的是西晋八公制夹杂着单于台制。公元 316 年,刘曜破长安灭西晋,其控制区扩大到广大中原地区。在他以平阳为中心的牢固统治区内,皇帝之下,设置左、右司隶,左、右司隶各统辖汉人编户二十余万户,每编户一万置一内史,共有内史四十三人。除以左、右司隶统治汉人编户之外,又在大单于名号下,设置单于左、右辅各一人,各自统帅"六夷"十万落[1];每万落置都尉一人。所谓"六夷",指的是匈奴、羯、鲜卑、氐、羌和乌丸,即以匈奴为首的各少数民族部民。大单于权力很大,实际上就是副王。刘渊称帝,刘聪为大单于,刘渊十多万大军,全部由刘聪统御。刘聪正是凭藉这支武装杀渊子刘和而自立为帝的。刘聪即位后,以弟乂为太弟,而以其子刘粲为大单于。刘聪在位时,曾"大定百官"[2],以丞相、太师、太傅、太保、大司徒、大司空、大司马为上七公;御史大夫、州牧为亚公;以左、右司隶,单于左、右辅,左、右选曹尚书为六官,位次于尚书仆射。后来,省丞

---

[1][2]《晋书》卷 102《刘聪载记》。

相为相国,以子刘粲为相国、大单于"总百揆"①,则大单于实在皇帝之下、丞相等上公之上,即国之副主。经过刘聪"大定百官",把胡汉职官按品位糅于一体,形成以下状态:

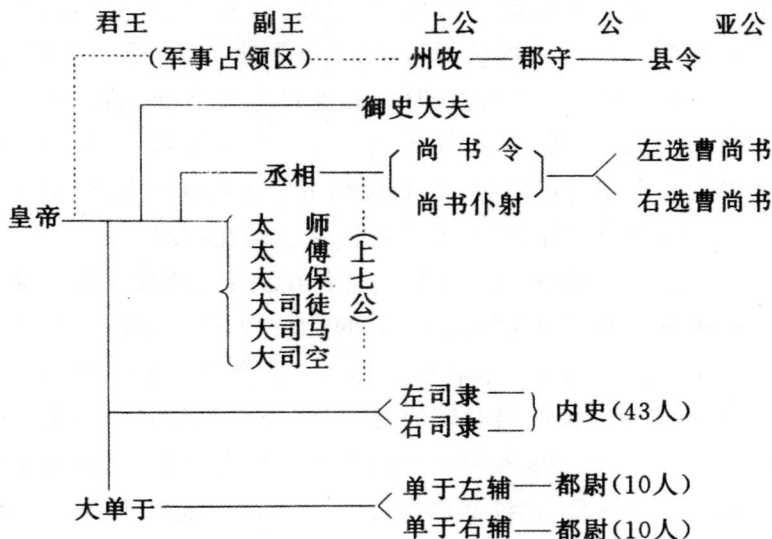

除军事占领区仍维持州、郡、县行政体制,置州牧(刺史)、郡守、县令外,在刘聪"本土",以汉制为主的汉胡职官按品位糅合在一起,这一点他的继承者和实行"胡汉分治"的十六国少数民族政权,也基本如此。

刘聪之后,刘曜在长安称帝,改国号为赵,以子刘胤为大单于,置单于台于渭城(咸阳),下设左、右贤王,选胡(匈奴)、羯、鲜卑、氐、羌酋帅充任。在皇帝刘曜之下,行"胡汉分治"体制,存在着杂糅于一体的两套职官(汉、匈奴)体系。

石勒初称赵王,就自兼大单于,以从子石虎为单于元辅、都督禁卫诸军事,来"镇抚百蛮"②。石勒称帝,以子弘为太子,子石

①《晋书》卷102《刘聪载记》。
②《晋书》卷105《石勒载记》。

宏为大单于。石虎因为石勒没有让他当大单于而心怀不满。石赵的单于台大概设于邺城。羯人称为"国人",汉人为"赵人",严禁汉人称羯人为"胡","国人"的地位高于"赵人"。石勒以支雄、王阳为门臣祭酒,"专明胡人辞讼"[1],以张离、张良、刘群为门生主书,"司典胡人出入",可见胡人、汉人在职官方面、管理方面、法禁方面都是有区别的。石弘即位,石虎自为大单于。晋咸康元年(335年)石虎废石弘,自称居摄赵天王。咸康五年,以其子石宣为大单于。永和五年(349年)石虎称帝。从石勒到石虎,也是始终推行"胡汉分治"体制,两套职官体系杂糅在一起。

前燕、后燕、南燕、北燕四国,都是由鲜卑慕容部(或与慕容部关系极密切的鲜卑化汉人)建立的,前、后、南三燕的建立者是同宗近亲。公元307年慕容廆自称鲜卑大单于,公元337年,子皝继位,称燕王。他们当时统治着辽西一带。当后燕慕容宝兵败逃回龙城后,公元398年鲜卑贵族兰汗自称大单于。慕容宝子盛杀汗自立,"立燕台","统诸部杂夷"[2]。盛后为慕容垂子熙所杀,改北燕台为大单于台,置单于左、右辅,又恢复"胡汉分治",所立胡官与刘聪相同。冯跋自立为北燕天王,以其子冯永为大单于,"内置四辅"[3]。总之,四燕本出一部,入主中原后,虽不见设置单于台,但在辽西,不论最早的前燕,还是以后的后燕、北燕,都实行"胡汉分治",都将胡、汉两套职官体系混杂于一体。

二、以夷制为主的汉夷混杂的政治体制

北魏太武帝拓跋焘太延五年(439年)灭北凉,统一北中国。北魏统治地区分为两大部分:东至军都关(北京昌平),西至黄河,南至中山隘门塞(山西灵丘),北至五原(内蒙古包头西),地方

---

① 《晋书》卷105《石勒载记》。
② 《资治通鉴》卷111晋隆安四年条。
③ 《太平御览》卷127偏霸部;《资治通鉴》卷116义熙七年七月条。

千里,视为"甸服"①,也叫作"剗内"②,是北魏的"本土",是"国人"居住的地方;在这之外,广大的中原地区,包括关中和河西走廊,是它的军事占领区。在"甸服"之内,以代京为中心,周围500里,即东至晋时的代郡(河北蔚县),西至善无(山西右玉西),南极阴馆(山西代县),北尽参合(内蒙古凉县西南)的地区,称为"畿内"③。居住在"甸服"之内的"国人",由三部分人组成:一是鲜卑拓跋部民;二是早期归附拓跋的鲜卑化各族部民;三是由中原内地或关陇、河西走廊强迫迁徙来的"新民"和占领前本地的旧住户。

　　早在什翼犍称代王时(338年),"始置百官","分掌众职"④,以燕凤为右长史,许谦为郎中令,其余职官,"多同于晋"⑤,这是汉官体系。同时,又设近侍"传宣诏命";内侍长,"主顾问,拾遗应对"⑥,这是鲜卑职官体系。对于诸方来附的"杂人",统称"乌丸",按部民多少,分别称酋长、庶长,分南北两部,设南部大人、北部大人进行统摄。这种制度一直到太祖道武帝拓跋珪建国时未变。不过在近侍、内侍长之外,增置都统长、幢将等职官。拓跋珪平定中原后,"离散诸部,分土定居"⑦,才有了较大的改变。

　　北魏前期,官制极为混乱,除因袭传统自立职官外,也仿效魏晋,设置省寺。史文记载简略,职官时置时省,现分三个系统,对北魏甸服地区,离散部落后至孝文改制前略作概述:

　　1.汉制官系。皇始元年(396年),初置曹省,设百官。⑧置太尉、司徒等三公和廷尉、将作等九卿官。后,九卿为"司空、主客、太仓、库部、都牧、太乐、虞曹、宫舆、覆育"⑨。尚书台置左、右仆射,左、右丞,右民尚书、驾部尚书、右士尚书等。邓渊为吏部郎,"典官制,立爵品"⑩。尚书省下诸曹,曹置代人令史、译令史、书令史各一人。中书省置中书监、令。屈遵为中书令,"主出纳王言,兼总文诰"⑪。门下省有侍中、黄门、散骑常侍、散骑侍郎等员。又置

---

①②③④⑤⑥⑦⑧⑨⑩《魏书》卷113《官氏志》。

⑪《北史》卷61《叱列伏龟传》。

兰台御史、御史中丞以管纠监。

"甸服"地区,置司州牧(刺史),辖代尹(万年尹)和上谷、广宁、雁门太守;代尹辖代令(万年令)等。

2.鲜卑系职官。离散部落,分土定居之后的鲜卑拓跋部民,是"属诸军戍者"①,被安置在代京附近定居。拓跋珪分皇城四方四维为八部(八国),部置一大人,称"八部帅",统领"八国良家"。八部大人,又称"八公",各置三属官,"总理万机"②,约相当于汉制中的尚书令。又置"武归""修勤"。"武归"相当于郎中,"修勤"相当于令史,分主省务。③置内官二十人,轮值左右,相当于侍中、常侍;麒麟官四十人,"宿值殿省",相当于常侍、侍郎。④又用"八国良家"等年长有器望者为"侍官",侍值于左右,"出内诏命"⑤。置"受恩""蒙养""长德"等官,以宠勋旧;置"训士",掌"规讽时政,匡刺非违",相当于谏议大夫。⑥其余,还有凫鸭(尚书诸曹的"走使")、白鹭(监察部门的"候官",即暗探)等官职。⑦

"八国"除八部帅之外,又置"大师""小师",以"辨其宗党,品举人材"⑧,相当于汉制州、郡的中正。

3.统管"乌丸"的职官系统。什翼犍时,对"诸方杂人来附者",统称为"乌丸"⑨。分为南北二部,以弟孤监北部,子实君监南部,分民而治,相当于古代的方伯。拓跋珪登国初,南北两部仍旧置大人,"对治二部"⑩。明元帝泰常二年(417年),改为天、地、

---

① 《魏书》卷74《尒朱荣传》。

② 《元和郡县志》卷14《河东道三云州》。

③ 《魏书》卷74《尒朱荣传》。

④ 《魏书》卷110《食货志》。

⑤ ⑥⑦⑧《魏书》卷113《官氏志》。

⑨ 《魏书》卷83上《贺讷传》。

⑩ 《魏书》卷113《官氏志》。

东、西、南、北六部,置六部大人,"皆以诸公为之"①。每大人置三属官,也当是"分民而治"。其下各部落仍以本部酋长自领,或称"第一领民酋长"②,或称"领民酋长"③。其部落未曾离散,控制在一定范围内从事游牧,战时征发其青壮年从军征伐。

北魏前期,虽官职系统混杂,就掌握实权而论,鲜卑系职官当属最有威权。

三、军事占领地区职官

十六国、北魏前期,北中国豪强大族多拥有武装,据坞堡自守。少数民族统治者在占领这些地区后,对坚持反抗的多采取屠杀、迫徙方法,对于归附的坞堡主,往往给予刺史、郡守、县令等官职,基本维持原有州、郡、县体系。除此之外,还应该提到以下两点:

1.设置军镇,进行军事控制。北魏早期,大批高车(敕勒)部落,迁至晋北、陕北和关陇一带,北魏在这里设置的北方六镇和统万、高平、上邽等军镇,一方面是北防柔然,另一方面是控制内迁敕勒诸部。在山胡聚居的山西境内,吐京、离石和六壁三镇,为的是镇压控制稽胡的反抗。甘、陕境内,羌、氐聚居,上邽、安定、抱罕、李阔四镇镇压羌人,而仇池、武兴、雍城、长蛇、清水五镇,则主要是控制氐民。

军镇有镇都大将、都将、大将、镇将、都副将、副将、监军、长史、司马、录事、参军。军镇下属戍。戍置戍主、戍副。镇相当于州,戍相当于郡。

2.本族部民移居占领区,进行军事殖民统治。公元 380 年前秦主苻坚决定,把聚居陕甘边境的氐民 15 万户,由其宗亲将领

---

① 《魏书》卷 113《官氏志》。

② 《魏书》卷 33 补《屈遵传》。

③ 《南齐书》卷 57《魏虏传》。

率领,驻屯于被占领区的各重镇。计有:以长乐公苻丕为都督关东诸军事、征东大将军、冀州牧,率领氐户3000,镇邺城;征东左司马、仇池氐酋杨膺、右司马九嵕氐酋齐午,各率氐户1500,随苻坚至冀州。毛兴为都督河、秦二州诸军事、河州刺史,率氐户300,镇抱罕;王腾为并州刺史,率氐户3000,镇晋阳。毛、王二人是氐族权贵和苻氏的姻亲。苻晖为都督豫、洛、荆、南兖、东豫、扬六州诸军事、镇东大将军、豫州牧,配氐户3200,镇洛阳。苻叡为雍州刺史,配氐户3200,镇蒲坂。这些氐族酋豪、苻氏子弟,就成为这些军事殖民地区的最高军政首脑。

四、以镇戍取代郡县的体制

以仇池(后发展为仇池、武都二郡)为中心地带的氐族酋帅杨氏曾建立过"仇池国"。杨氏曾分氐族百姓为二十部,部置护军统领,"各为镇戍,不置郡县"①。

匈奴族酋豪赫连勃勃的大夏,早期连国都、牙帐都不设置,后期虽筑统万城以为都,但境内,"不置郡县,惟以城为主"②。就是十六国后期一度成为强国的羌族建立的姚秦,虽有州、郡和刺史、太守名号,实际上只是一些大小镇戍,军镇上属姚秦中央,下统镇户,下面并没有县和乡、里等机构,大小军镇城戍之间,也只有松散的军事隶属关系。③

---

① 《魏书》卷101补《氐传》。

② 《十六国疆域志》卷16,洪亮吉按语。

③ 参见牟发松:《十六国时期地方行政机构的军镇化》,《晋阳学刊》1985年第6期。

第九节　魏晋南北朝人事管理制度

一、九品中正制

汉代官府用人以察举、岁举为主要入仕途径。选举的资格、范围和数量都由诏令规定,负责选举的,在西汉中叶以后,地方是刺史、太守,朝廷是司徒、吏部(选部)曹。东汉末年,社会动荡,士庶流离转徙,与家乡分离,乡举里选无法进行;加上地方基层政权的败坏,被选人士的家世德才,官府也很难了解。为了加强对人才选举权的控制,曹丕为魏王时(220年),采纳吏部尚书陈群的建议,实行九品中正制(又称"九品官人法")。

九品中正制建立之初,各郡置中正。中正由各郡长官推举"德充才盛"①,在京任官的本籍人兼任,由司徒选定任命。其属员称"访问"②。中正的主要任务是品评人物,作为吏部任命官员的依据。他们向朝廷提供本籍士人的资料有三项:1.家世(又称"簿阀"或"簿世"),2.状(即本人的道德才能的总评语),3.品(根据"状",参考"家世"评定的品第,共分为九品)。③中正评定人物后,将其资料用黄纸写定,上报朝廷,藏于司徒府备用。此后,三年清定一次,对品第进行一次大调整。中正评定的品第虽分为九品,大的类别却只有两类,即上品和下品,或称高品和卑品。曹魏时,一品徒有空名,没有人能评上;二品、三品属于上品。中正评定的

---

① 《通典》卷14《选举》。

② 《晋书》卷56《孙楚传》。

③ 参见唐长孺:《九品中正制度考释》,载《魏晋南北朝史论丛》,生活·读书·新知三联书店1955年版。

品第有九品，当时职官官品也已区分为九品，两者虽不是一回事；但确有联系，吏部任官时，官位必须以中正所评品第为准，卑品升迁官职时，必须同时升品；降品也就等于降官。

九品中正制建立时，中正由现任中央官兼任，朝廷易于控制，确有将选举权收回中央的效果。但是，中正本人必须是门第二品；司徒举中正时，要请二品士人提意见，从而参预中正推举权；而获得二品品第的几乎全部都出自高门大族，这样自然逐步由士族把持选举。

随着地方大族势力的扩大，他们已不满足于一郡范围的选举。齐王芳时期，增置州中正（又称"州都"或"大中正"）。州中正除了评定本州人物之外，还有权委任州主簿和从事，以及向司徒推举郡中正。西晋统一后，中央评定的三品，日益不受社会士人的尊重，已算卑品，只有二品为上品。二品中的"精英"，称为"灼然二品"，即货真价实的二品，或者干脆简称为"灼然"。魏晋之际，寒门升上品已非易事。西晋时，品第高卑的依据主要是家世，"状"，即德才的作用已不大。从而出现"上品无寒门，下品无势族"①的状态。晋、宋之际，除军功之外，寒门上升上品，已经是绝无仅有了。

官职与品第相关联，品第又取决于门第，于是考订父祖官爵、门第的谱牒之学盛行，吏部除授都以谱牒为准绳。有人概括地指出：南北朝时期，崔、卢（北方）、王、谢（南方）子弟，胎毛未干，"已拜列侯"；未离襁褓，已被"冠带"②。只要有一个"高贵"的出身，也就是凭藉门第和父、祖的官爵，就可以"平流进取，坐致公卿"③。因此，他们做官不仅不需要竞争，甚至连起码的道德文化素养、政治统治之术也不必要去学习和具备。官是要做，也必

① 《晋书》卷 45《刘毅传》。
② 明人屠隆：《鸿苞节录》卷 5。
③ 《南齐书》卷 23《褚渊等人传论》。

然会做的,而且要做职任清闲、廪俸丰厚的官。

门阀垄断高位而不愿做事,朝廷大量政务又必须及时处理,于是,皇帝就只有把眼光转向庶族寒门。中书监、令不愿或不能承担起草诏令、出纳王命的大量事务,就很自然地由省内七品下吏的中书舍人来操办,机要实权逐步由监、令转移到舍人手中。

南朝后期,高门士族已成为政治僵尸,天监七年(508年)梁武帝下诏,州置"州望",郡置"郡宗",县置"乡豪","专掌搜荐"。搜荐时"无复膏粱、寒素之隔"①。这个变化是重大的。但是,南朝门阀政治的影响太深,一朝一夕难于厘革,不久又反复。公元557年梁敬帝又令诸州各置中正,刺史太守推荐选举,都要经中正画押才能上报;不经中正画押推荐选举无效。陈朝明文规定:亲王子起家侍中,三公子起家员外散骑侍郎,令仆子起家秘书郎,次令仆子起家著作佐郎。②这就更进一步用法令形式固定贵族官僚子弟按等级规定了起家官。这大概只能算回光返照了。

十六国北朝虽由少数民族贵族专政,但九品中正制基本上仍然施行,至迟北魏太武帝时已有中正。孝文帝改革时规定,士人品第有九,小人之官,复有七等。官分清浊,士族属于清品,应该当清官;寒门小人属浊品,只能充任浊官。北齐时,举秀才、州主簿,郡功曹,非士族右姓不在选列。到西魏、北周时,选举发生了重大变化。苏绰所编《六条诏书》,第四条《擢贤良》中,批评了魏晋以来选举"但取门资,多不择贤良"的做法,提出当今的选举,"不限资荫,唯在得人"③。由于西魏、北周"罢门资之制",察举精慎,"选无清浊"④之分。隋时虽置州都、郡中正(郡中正后废省),但职任俱微,没有多大作用了。

---

① 《通典》卷14《选举》。
② 《隋书》卷26《百官志上》。
③ 《周书》卷23《苏绰传》。
④ 《通典》卷14《选举》。

二、学校教育与考试制度

汉武帝设太学,置五经博士,设博士弟子员,授经,弟子员经考课,录取者可授官。东汉安帝时,太学生多达三万余人。汉末战乱,太学废弛,图籍毁损。

曹魏建国,重建太学,学生一千余人,晋武帝时,增至三千人。咸宁二年(276年),始建国子学。太学为教育一般官员及庶民子弟的学校。国子学是教育五品以上官僚子弟的学校,设置国子祭酒、博士各一人;助教十五人,协助博士传授经学。①州郡也立学校,置儒林祭酒。当时,太学、国子学中生员近万人。

梁武帝时,又置五经博士,分立五馆,每馆有生员数百人,官府发给饩廪,分甲乙科,凡射策通经者即除为吏。②时,贺玚精于《礼》,其弟子明经对策者有数十人之多。

北魏迁洛以后,于国子学、太学之外,更立四门学(小学),三学都置博士和助教。郡立郡学,也置博士、助教。北齐时,建立了中央专门的教育机构——国子寺(形式上仍隶太常),③长官为祭酒。

两晋南北朝时期,选举重门第,学校教育多流于形式。学生数量有时甚多,但是,学校里"多是贵游,好学者少"④。尤其是专门培养士族官僚子弟的国子学,这里的学生本来凭门第就可进入仕途,进学校不过是混时间,学风极坏,"世胄之门,罕闻强学"⑤。

---

① 《三国志》卷13《魏书·王肃传》注引《世语》;《晋书》卷2《武帝纪》;《晋书》卷24《职官志》;《南齐书》卷9《礼志》。

② 《梁书》卷48《儒林传》;《隋书》卷26《百官志》。

③ 《通典》卷27《职官九》。

④ 《周书》卷35《薛裕传》。

⑤ 《北齐书》卷44《儒林传》。

　　察举贤良、方正、直言诸科和岁举秀才、孝廉,在魏晋南北朝一直存在,而且州举秀才、郡举孝廉,一般需要策问考试。

　　曹魏时,岁举要求"儒通经学,吏达文法"①,即其学识标准以经学为首。晋时颇重秀才之选。《官品令》规定,举秀才要求五策皆通,授郎中。若有一策不通不得中选。而孝廉只须答通一策。当时人指出,所试的一策、五策,都只是雕虫小道,"何关治功得人?"②两晋之际,社会混乱,远方荐举来的秀才、孝廉,都不经过策试就授给官职。东晋后来恢复了试经,但是,"孝、秀无学"③,虽远道至京师都不敢赴试。刘宋时,州举秀才、郡举孝廉都要策试,有时皇帝还亲临试场。公卿所举都交吏部随才叙用;如果所举不实,荐举人和被荐举人都要受到处分。制度似很隆重严格,实际上荐举首重门第,策试也多虚妄。萧齐秀才有"五问之格"④,五问全通为上,通四、三为中,通二为下,通一不合与第。梁代虽较重视考试,但对策时也多行贿赂。陈朝考试更属走形式。北魏策试孝、秀,分甲乙科,有五条策问制度。北齐秀才试文学,孝廉试经义,由中书省主持。北周置吏部中大夫,掌选举。废除门资,制度也日趋精慎,已具备进行选举改革的初步基础。

三、入仕杂途

　　魏晋南北朝时期,还存在汉代盛行的特征、辟召、任子以及武官选举等入仕之途。

　　那时候,被征者有时以公车入朝,有时荣称"征士"。孙吴嘉禾元年(232年)公车征陆瑁为议郎、选曹尚书。⑤东晋建元元年

---

①《通典》卷13《选举》。

②《艺文类聚》卷53引孙楚语。

③《晋书》卷76《孔坦之传》。

④《南齐书》卷36《谢超宗传》。

⑤《三国志》卷57《吴书·陆瑁传》。

(343年),康帝以束帛征处士寻阳翟汤、会稽虞喜。①《梁书·袁君正传》载有东阳郡民"征士"徐天祐等。到北魏末年,节闵帝曾下诏征召德孝仁贤忠义志信之士,说是不应征者,"以不敬论"②,那是带有强制性了。

辟召在西汉业已流行,东汉以来,王公、州郡和将军府都自行辟召僚佐掾属,州郡僚佐往往为当地大族豪强所垄断。魏晋南北朝时,加将军号或开府仪同三司者甚多,都自辟掾属;僚佐掾属员额又无限制。琅邪王司马睿南迁建业时,王府所辟掾属多达106人。因此,辟召泛滥,造成吏制更加混乱。西晋以后,特重门第,僚佐掾属,特别是州郡纲纪,非门阀士族难于充任;并无才学品行的要求。

任子制起源于春秋战国的质任制。它既有朝廷对外任官员人质防范的性质,又包含给予官僚子弟优先入仕的意义。汉制,二千石外任三年,例得一子为郎。魏晋以后,郎中、侍郎和中郎等三郎,分属于尚书、秘书、中书、门下诸台省,且尚书郎、秘书郎、中书郎、散骑侍郎等,都成为门阀官僚子弟以门荫起家的官位,实际上是任子制和门阀制结合的产物。南北朝时,任子制盛行,陈朝就专置"任子馆"③。北魏时,凡出任一届刺史,例一子解褐。邢晏先后出任南兖、沧州刺史,例两子入仕,他就上启以弟子子慎和兄子昕代补。④

魏晋时,武官选举,例由护军将军掌管。⑤晋时曾下诏州郡举勇猛、秀异等科,⑥说明州郡也行武举制。此事可能亦由护军将军负责。南朝和十六国也用此制。北魏太和改制后,武官选举归吏

---

① 《晋书》卷7《康帝纪》。
② 《魏书》卷11《前废帝纪》。
③ 《陈书》卷6《后主纪》。
④ 《魏书》卷65《邢晏传》。
⑤ 《通典》卷34《职官十六》。
⑥ 《晋书》卷3《武帝纪》。

部执掌。①这是五官选举制的一大变革。

除此之外,北魏时有"客例起家",专置客馆以招徕四方;有以工艺入仕,如北魏蒋少游以工艺自进,北周赵遐以医术入仕。②还有纳赀入仕,称为"赀选",晋武帝时卖官,"钱入私门"③。南朝陈卖官价贱,以致员外常侍,"路上比肩";谘议参军,"市中无数";四军五校"车载斗量"④。北魏时,元晖任吏部尚书,"纳赀用官",都有定价,大郡 2000 匹绢,小郡 500 匹,余职各有等差,因此,当时人称吏部为"市曹"⑤。

四、官员的品级、俸禄及任免制度

魏晋南北朝时期,贵族有爵位,官僚分品级。

曹魏时,爵分王、公(县公、乡公)、侯(县侯、乡侯、亭侯)、伯(亭伯)、子、男六等。晋与南朝宋、齐,爵位制沿袭曹魏。南朝梁、陈,封爵无定制,大体王分亲王、嗣王、蕃王。北魏皇始初,爵分五等。天赐元年(404 年)除伯、男二号,分为王、公、侯、子四等爵。北齐又复六等爵;北周为公、侯、伯、子、男五等爵。诸王,在国境内称"殿下",公侯封在郡县,境内称"第下"。

魏、晋和南朝的宋、齐,官员品级为九,以一品为最高。当时,百官车服佩饰,按品定制,占田、荫客,也按品级分配。萧梁又于九品之外,定十八班。班多为贵;镇卫将军以下,又立十品二十四班。陈承梁制,于九品十八班之外,又置流放七班,为"寒微士人之官"⑥。北魏孝文帝末年,诏定官品,每品又分正、从二等;从第一品起,正、从二等又分上、下两阶,凡九品、十八等、三十

① 《魏书》卷 66《崔亮传》。
② 《周书》卷 47《赵文深传》。
③ 《晋书》卷 85《刘毅传》。
④ 《陈书》卷 26《徐陵传》。
⑤ 《魏书》卷 15 补《常山王遵附晖传》。
⑥ 《隋书》卷 26《百官志上》。

阶。①阶与班同义。北魏也有"流外"官,以其"位卑"不载于职官令。北齐沿袭北魏,又有流内比视官十三等。北周改制,作"九命之典",以第一品为九命,第九品为一命;改流外品为九秩,也以九为高。

曹魏虽定官品,禄俸为汉的五分之一。②两晋俸禄内容包括谷、绢、绵等实物和菜田、田驺。田驺也就是力役。各按官品高低以定俸禄等级的多少。南朝俸禄制度大体沿袭两晋,但更趋向混乱。从刘宋开始,百官俸禄除正俸外,有"恤禄",南齐时众官有"僮、干之役"③,外有所谓"杂调"、"赏给"等收入,以及迎新送旧之费。萧梁定制:一品秩 10,000 石,二品、三品秩 2000 石,四品、五品秩 2000 石。内外百官依品次递减。此为法定禄秩制,实施时有变动,与定制常异。陈沿袭梁制,又有所谓"四时禄俸"④之说,若此,则与北魏后期俸制类似。

北魏前期百官无俸禄。太和八年(484 年)孝文帝始颁俸禄制:内外百官,四时受禄,"每季一请"⑤,禄各有差等。州郡县宰民之官,就近给公田,刺史十五顷,太守十顷,县令六顷;又依所领户之多少给俸。虽同是县令,领编户数量不同,禄亦有差。北齐按官秩,内官一品岁俸 800 匹,从一品 700 匹,依次递减,至从九品 24 匹;又执事官一品以下给公田;州郡县听敕乃给僮、力。北齐外官刺史、太守、县令各分三等九级,其年俸刺史一等一级 800 匹,依次递减,至县令最低级为 50 匹。⑥北周下士俸 125 石,中士以上至大夫各以倍增,上大夫为 4000 石。公因盈数为10,000 石。京官、外官各给职分田;外官又给公廨田以供公用。不过,北

① 《通典》卷 38《职官二十》。

② 《三国志》卷 25《魏书·高堂隆传》。

③ 《通典》卷 35《职官十七》。

④ 《陈书》卷 30《陆琼传》。

⑤ 《魏书》卷 7《高祖纪》。

⑥ 《隋书》卷 27《百官志中》;朱大渭:《魏晋南北朝官俸》,《中国经济史研究》1986 年第 4 期。

周官俸以收成好坏,分上年、中年、下年,上年官俸全给,中年给二分之一,下年给三分之一,凶年不给俸。

自孝文帝定俸禄制,北魏以至齐、周,执法颇严;而南朝几无定制,上下相率,肆意搜刮百姓,两相比较,北朝较优于南朝。

尚书台(省)的吏部曹,是专门负责官员(文职,北魏后期包括武职)任用的机构。汉代规定,官员由"守"即"真",任期一年,年终考课,三年大考课,以定黜陟。魏晋南北朝时局动荡,制度混乱多变。三国时,任用制未上轨道。晋定州郡长官,任期以六年为限。但这些长官的选任,往往以解决士人的贫困为前提,上任后,"搜括民资",富足"即便解职"①,不受任期限制,以致长吏到官,未几便迁,送故迎新,交错于道路,吏卒疲于迎送,百姓备受其困扰。②刘宋初限年三十仕郡县,六年而代,刺史或至任职十余年,此后改为三年任满,仕者不限年龄。③齐、梁、陈三朝,大体以三年为"小满",六年满任,或迁升或解职。北魏孝文帝定令,太守、县令,都以六年为限,限满即代。④

任用限制也有若干规定,如姻亲不得相监临。晋时,刘弘为荆州刺史,朝廷准备用他的女婿为襄阳太守,弘以姻亲不监临为根据,表请以牙门将皮初为之。⑤宋齐时,有甲族二十登仕,后门三十试吏之制,梁武帝又诏定,年未三十,不通一经,不得入仕。这就涉及年龄、学识的限制。实际上,士族入仕年龄根本不受限制。此外,还有"刑门"、"盗门"和"兵户"不准入仕的规定。不过上述限制,后来有的有了变动,有的多有破例。总之,此期间对任用影响最大的是"士庶之别"的门阀制度,在统治阶级中它形成了

---

① 《晋书》卷 75《范宁传》。

② 《晋书》卷 82《虞预传》。

③ 《南史》卷 20《谢庄传》。

④ 《魏书》卷 43《房景伯传》。

⑤ 《三国志》卷 15《魏书·刘馥传》注引《晋阳秋》。

明显的等级差别,而这正是时代所赋予的特点。

五、考绩、升降与赏罚制度

曹魏继承两汉的考绩制度,"三年课长吏之能"①,且"随宜设辟"②,进行官吏考绩。西晋武帝太始中,杜预、石苞都曾订考绩法,其尚书、侍中考绩就有五条要求。两晋官吏任期虽为六年,但仍为"三载考绩"。如东晋诸葛恢为会稽内史,"太兴(318—321年)初,以政绩第一,诏曰:'……莅官三年,政清人和,为诸郡首。'"③由于两晋战乱繁多,考绩也时兴时废。南朝情况类似两晋。两晋士族把持官品,选举除授,都以门第谱牒为依据。凡属士族,都是"依流平进"④,"随牒推移"⑤,稳步上升。考绩之制,成绩不显著。加以梁陈以来,军勋杂乱,考绩更难以进行。

北魏前期考绩制也未建立。孝文帝延兴五年(475年)诏"定考课,明黜陟"⑥。太和中,王肃来奔,孝文帝委以重任,改定百官,三年一考,六年一迁,成为定制。建立考课制后,先在外官中实行。三年一考绩,"考即黜陟"⑦。分优劣为三等。六品以下由尚书负责,六品以上,孝文帝亲自"与公卿论其善恶"⑧,上上者升迁,下下者降免,中中者守其原任。宣武帝时,又制定内官考绩制并实行,依考课标准,进行升降赏罚。

官员因殊罪、殊功另行惩罚外,一般都按考绩标准来升降赏罚。官员的升迁,分为"平迁"和"超迁"两种。如"依流平进","随牒推移",属于"平迁";因功绩卓著,越级提拔,称为"超迁"。升迁也有"常例"可循,如士族以秘书郎起家,百日便迁,就是"常例"。

---

① 《全前后汉文》卷46引崔寔《政论》。
② 《三国志》卷24《魏书·崔林传》。
③ 《晋书》卷77《诸葛恢传》。
④ 《南史》卷22《王骞传》。
⑤ 《晋书》卷43《王衍传》。
⑥⑦⑧ 《魏书》卷7《高祖纪》。

任上有政绩,不迁官时可以给赏。给赏可以用加秩、赐钱帛谷物,晋爵加封、加戎号、加仪仗,或特诏给事力,僮干等。

朝廷设有左迁之科,对官员考绩恶劣的进行惩罚。惩罚分为降和罚两类。降也称为贬,又叫作"左迁""左降"或"左转"。魏晋南朝人们虽时常提到左迁之制,但始终未能真正实行。北朝自北魏中期以后似乎要认真得多。降罚大体上有降官、降号、削封、削爵、褫夺冠服、罚减俸秩等。除死刑之外,其最严重的处分有免官禁锢、除名为民、免官爵为兵等。

六、致仕与休假制度

官员因事、因病、因婚丧喜庆或者侍养父母,都可以请求短期休假。

汉制,吉称"告",凶称"宁"①,告宁休假,相沿成习。曹魏时,台省官员,病假有百日之限,超过百日不给俸禄。晋时也规定,大臣病假满三月,解职免官。②父母去世,大臣服丧假有三年。三年服满复,称停忧起复之制。此外,晋宋时期,还有田假(五月)、受衣假(九月)各十五日。父母在,三年给省亲假三十天。婚假九天,拜墓假五年一次,十天。事假每年一百天或者六十天。齐、梁、陈,大抵沿袭晋、宋的旧制。

魏晋南北朝时期,官员规定有退休制度。一般沿袭先秦古制,以 70 岁为退休年龄,"七十悬车"似乎已经成为惯例。即使朝廷没有命令退休,在职官员也多自以年老请求辞职,因为当时认为年老致仕是光荣的事。

退休养老的官号,多加特进、光禄大夫、太中大夫、中散大夫等官号,以示优崇。这些官员并无职事,是作为领取俸禄、享受礼遇的依据。此外,赐钱帛谷物,赐医茶,赐床帷被褥、几杖、安车驷

---

① 《汉书》卷 1《高帝纪上》注引李斐、孟京和颜师古语。

② 《礼学记·假》;《太平御览》卷 634《急假》。

马等,也是优崇退休功勋重臣的礼制。一般官位越高,致仕后的待遇越优崇。

第十节　魏晋南北朝时期边境地区民族政权

魏晋南北朝时期,各少数民族除在内地建立的政权外,边境或偏僻地区也建立过不少民族政权,这里仅就史籍记载较多的加以叙述,它们是早期拓跋鲜卑、吐谷浑、柔然、仇池和高昌。

一、早期拓跋鲜卑建立的政权

鲜卑族属于"东胡",东汉中叶前活动在阴山地区(原汉代的五原郡一带)。酋长檀石槐曾一度建立过强大的军事部落联盟。东汉后期,这个联盟瓦解,作为原联盟一部分的拓跋鲜卑仍滞留在阴山地区,过着游牧生活。

拓跋鲜卑从力微担任酋长(220年,曹魏文帝黄初元年)到拓跋珪称魏王(386年,东晋孝武帝太元十一年),经历了十四个首领,共一百六十六年,其中,力微统治五十八年,什翼统治了三十六年,共计九十四年;混乱时期约二十六年。[①]因此,这一百六十六年的统治基本上是稳定的。正是在这一时期,拓跋鲜卑走完了从部落联盟到奴隶制国家的历程。

1.世袭王权取代各部落大人民主推举的联盟首领。

力微初起,是在没鹿回部酋长窦宾的支持下,才成为游牧于长川的小部落大人。经过二十九年的经营,"诸部旧民,咸来归

---

① 据黄烈:《拓跋鲜卑早期国家的形成》,载《魏晋隋唐史论集》第2辑,中国社会科学出版社1983年版。本节有关拓跋鲜卑事,很多地方都采取黄文观点,此后不另注。

附"[1],他的部落强大起来,于是公然以暴力手段杀死没鹿回部的合法继承人速侯和回题[2],"尽并其众",迫使"诸部大人,悉皆款服",这样产生的部落联盟首领,与"民主推举"当然是毫不相干的了。

十年后,力微把牙帐从长川迁到定襄的盛乐(内蒙古和林格尔),夏四月,举行"祭天"仪式,要求所属各部大人都来"助祭"。白部(即东部鲜卑)大人"观望不至",力微大怒,"征而戮之"。这种暴力强制的"助祭"活动,其权力的象征远远超过于传统的习俗,反映力微的权力超越了部落联盟的盟主,意味着王权的产生。

拓跋统治者对征服部落,除直接兼并者外,多保留其部落组织,而采取对其酋长实行质任制度来进行控制。什翼犍十九年,刘务桓死,弟阏头立,谋叛。阏头弟刘悉勿祈等十二人为"质任"在拓跋部,什翼犍"尽遣归,欲其自相猜离"。二十一年,悉勿祈夺其众,阏头"穷而归命"。什翼犍正是利用"非民主"的质任制度,达到控制从属部落的作用。

根据《魏书》卷1《序纪》记载,从拓跋力微到拓跋珪的十四代中,其权力继承关系,可以表示于下：

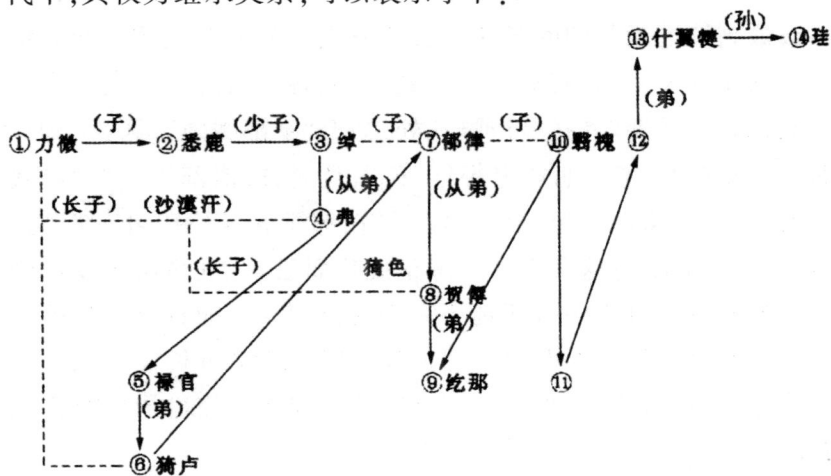

---

①《魏书》卷1《序纪》,此后凡出自《序纪》的引文,不另加注。

②《魏书》卷13《神元皇后窦氏传》。

上表显示,父子、祖孙相继者三人,兄弟相继者五人,叔侄相继者五人,侄孙继叔祖者一人,继承关系似很混乱。但是,所有继承人都是力微的四个儿子沙漠汗、悉鹿、禄官、猗卢和他们的后代;其中,尤其是直接继承汗位的悉鹿和力微的长子沙漠汗的子、孙。而发生动乱的悉鹿、贺傉、纥那和翳槐期间,恰恰是背离了嫡长子继承制或父死子继的时候;再者,"弗"继承"绰","贺傉"继承"郁律":弗是力微长子沙漠汗的长子,贺傉又是弗的儿子。根据上述情况,可以认为拓跋鲜卑王权继承,正处于从兄终弟及向父死子继,甚至是向嫡长子继承制的过渡阶段;至少,到拓跋珪时,王权的世袭继承权是已经完全确立了。

2.由部落联盟的军事首领蜕化成为至高无上的军事独裁者。

首先是军事力量的迅速增长。在力微二十九年(248 年)时,有"控弦上马二十余万";禄官元年(293 年),发展到"控弦骑士四十余万";到郁律二年(316 年),已是"控弦上马,将有百万"。七十年间,兵力增强了五倍。其次,这数十、上百万铁骑,除部分由拓跋部民组成、部落大人统率外,多由归附各部落酋长辖理,拓跋最高统治者与归附部落酋长并非平等的联盟关系,而是统帅与从属的关系,若有战争,"乃敕诸部,各率所统",限期集中于某地,如有"后期"者必受严酷惩处,甚至"举部戮之"。再次,到什翼犍五年(342 年),他规定每年"秋七月七日,诸部毕集","讲武驰射,因以为常";而"治兵讲武",早在郁律五年(319 年)就已开始,不过什翼犍将这种军事训练正规化而已。上述情况不仅说明拓跋鲜卑酋长对所辖诸部具有完全的指挥权,而且这些部落大人实际上成为至高无上的军事独裁者属下的军事长官。

3.建立稳定的军事、政治中心,设置贵族官僚机构来取代元老议事制。

力微初期,拓跋鲜卑还不过是在没鹿回部卵翼下游牧于长川一带的小部落。力微兼并鹿回部、威服临近诸部之后,即南迁塞内,定居于定襄的盛乐故城,从此,逐步强大的拓跋鲜卑的军事、政治中心就基本上稳定于盛乐一带。

　　属于"东胡"的拓跋鲜卑,其最高首领称为"可汗",其妻称"可敦"(或译为"可贺敦")。①《魏书·官氏志》说,拓跋鲜卑,"世君玄朔","掌事之司,各有号秩"。《序纪》也说,什翼犍建国二年(339年),"始置百官,分掌众职"。他"初置左右近侍",其数量有数百人之多,其职任是"侍直禁中,传宣诏命";担任近侍的人,都是"诸部大人及豪右良家子弟(当然包括归附部落的质子)仪貌端严、机辩才干者"②,也就是说,条件中第一位的是诸部酋豪子弟,其次才是仪表和才干。在众"近侍"之上"置内侍长四人",其职任更为重要,"主顾问,拾遗应对,若今之侍中、散骑常侍",即"可汗"的"参谋长"和"智囊团",其成员可能是拓跋部落内部德高望重、经验丰富的酋豪长老,大概是由原部落长老会的成员演化而来的。在力微晚年,曾发生"诸大人"反对并"矫(诏杀)害"合法继承人沙漠汗,拥立悉鹿之事;什翼犍十四年,准备乘石赵败亡大举南下,终因"诸大人谏"阻而止。说明"诸大人"(疑即"内侍长"等)在征伐、王位继承等重大问题方面,仍有较大权力,这正是原始部落长老会议权力的残余。在内侍长、近侍之外,什翼犍设置的"百官","分掌众职"的情况没有记载。不过,就在他的继承人拓跋珪建国之初,他"法古纯质",制定官号中略可推知。拓跋珪定官员"或取诸身,或取诸物,或以民事,皆拟古云鸟之义"。如"走使"就称之为"凫鸭",取其"飞之迅疾";"伺察者"(即"密探")为"候官",称为"白鹭",取其"延颈远望";还有"总统群隶",即奴隶大总管,称之为"典师"③。"凫鸭""白鹭""典师",大概正是什翼犍时设置的"分掌众职"的中央百官。当然,由于从猗卢开始就接受了西晋的"代王"封号,而且也吸收了不少汉族士大夫参加政务,所以在什翼犍建国初,就任命燕凤为右长史,许谦为郎

----

① 米文平:《鲜卑石室的发现初步研究》,《文物》1981 年第 2 期。

②③《魏书》卷 113《官氏志》。

中令,而且"余官杂号,多同于晋"①,这些自然是中原汉文化的影响,但是,正在形成王权过程中的拓跋鲜卑,其部落贵族的权力还很强大,代表或者带来中原文化的燕凤等人最多不过是些出谋划策的帮闲官员,权力和影响是不会太大的。

早在猗卢时期,拓跋鲜卑就将所辖诸部落划分为南、北两部,使长子六修统领南部,岳父刘眷统领北部。②什翼犍时期,更明确地规定,诸方部落和杂人归附者,"各以多少,称酋、庶长。分为南、北部,复置二部大人以统摄之",当时,什翼犍以弟拓跋孤监北部,子实君监南部,"分民而治"③。这种不顾血缘关系而按方位划分的"地区部落",不仅是"一种自治的政治组织,而且也是一种军事组织"④。因此,据有的学者推测,拓跋早期也有军、幢这种十进位军事组织⑤,而这种百人置的幢帅、千人置的军将,同时也就是其基层的政治机构和官吏了。

总之,在早期拓跋鲜卑社会,其最高统治者是"可汗",下置"四内侍长",形成朝廷决策集团;在内廷置"近侍"数百人,"传宣诏命";外廷则有名之为"凫鸭""白鹭""典师"名号的,从事使节、侦察、掌理奴隶等事务。在地方,分疆土为南北两部,"可汗"派子弟亲属为大人统治;其下,按部民多少各置酋长、庶长统率,再其下,很可能有按十进位置军将、幢帅进行军事政治统治。

4.用带有严酷军令性质的法令,取代传统的习俗法。

力微时期,仍然是礼俗纯朴,刑禁疏简。置四部大人,坐王庭,决辞讼,"以言语约束",无"囹圄拷讯之法"。有人犯罪,"皆临时决遣"⑥。到猗卢时,受晋影响,"明刑峻法","每以军令从

---

① ③《魏书》卷113《官氏志》。

②《魏书》卷83上《外戚·刘罗辰传》。

④《马克思恩格斯全集》第21卷,第134页。

⑤ 参见周伟洲:《关于柔然社会经济和政治制度的初步研究》,《中国史研究》1982年第2期。

⑥《魏书》卷111《刑罚志》。

事"。此前"国俗宽简,民未知禁",突然强化法禁,百姓"多以违命得罪,死者以万计"[①],出征讨伐,"凡后期者皆举部戮之"。法令带有严酷的军令性质,一方面反映拓跋鲜卑出兵征伐是其掠夺生口、牲畜,发展部落的基本方式,必须绝对保证;另方面说明法令粗糙,尚处于初级阶段。但比较起力微之前的习惯法来,已经有了很明显的进步。它已经成为维护统治者的权威和表达统治者的意志的有力工具。

什翼犍建国二年,法令的内容更为充实。它规定:"当死者,听其家献金马以赎;犯大逆者,亲族男女无少长皆斩;男女不以礼交皆死;民相杀者,听与死家马牛四十九头,及送葬器物以平之;无系讯连逮之坐;盗官物,一备五,私则备十。"这个法令是公开宣布的,因此,"法令明白,百姓晏然"[②]。什翼犍《法令》中,最突出的是"大逆"之罪,处刑极重;其次是允许"献金马以赎罪"和"以马牛四十九头"抵死,反映金、马和牛具有货币的作用;第三,盗私物处罚比盗公物重,反映私有观念强化,特别重视用法令保护私有财产。这个法令的出现,说明私有制已经发达,阶级已经产生,法令是代表阶级的国家来维护私有制和统治阶级利益的有力工具。

拓跋鲜卑军事、政治中心的稳定;部落联盟军事首领演化成为权力至高无上的军事独裁者和世袭王权的确立;由军事贵族充任的官僚机构的建立,通过掠夺性战争获得大批奴隶与牲畜以及带有严酷军令性质的法律的颁布,充分说明拓跋珪建国时,拓跋鲜卑已经走过了漫长的无阶级社会,确立了军事贵族专政的早期奴隶制国家。

二、吐谷浑

鲜卑慕容吐谷浑,是慕容廆的庶兄,西晋怀帝永嘉六年(312

---

①② 《魏书》卷 111《刑罚志》。

年)左右,率部民 1700 户,脱离慕容鲜卑,沿阴山西迁,沿途接纳流散的匈奴部民,到西平(青海西宁)、抱罕(甘肃临夏)一带,与诸羌杂处。沿袭至叶延时,采用祖父名称"吐谷浑"作为这个部落联合体的称号,表现出建立独立政权的明显倾向。如果叶延称"吐谷浑"开始(约在公元 329 年),到唐高宗龙朔三年(663 年)灭于吐蕃为止,"吐谷浑国"共存在了近三百四十年。

三百余年中,吐谷浑主要活动于青海地区,有时向东北扩展到甘肃东南,向南扩展到四川的西北部,向西到达鄯善(新疆楼兰故址),其活动中心是白兰山(青海布尔汗布达山)至青海湖一带。

青海属高寒地区,气候恶劣,土地贫瘠。吐谷浑西来时,慕容鲜卑人不过 2000 户落,吸收沿途匈奴余部,与当地诸羌杂住,种族繁杂,户落稀疏。经济方面以畜牧为主,兼营农业,手工业、商业较为发达。整个经济不发达而且发展极不平衡。境内阶级分化明显,贵族、官僚、富室、商人构成统治阶级,广大牧户、农民、小手工业者和奴婢是被统治阶级。主要生产资料牧地和牲畜(牲畜实际也是生活资料)基本上为统治阶级所占有。

吐谷浑的政治制度的变革,基本上是从树洛干时期(405—417 年)开端,最后完成于夸吕时期(535—591 年)。

1.从建牙立帐到筑城定都。自吐谷浑到视连的五代,他们游牧于青海湖至白兰山一带,视连通聘于西秦,乞伏乾归封其为"白兰王"[1],其牙帐大概设置在白兰山麓,属于西秦的附庸。东晋义熙元年(405 年)树洛干继位自称可汗,建牙帐于莫贺川[2](青海同德县西的巴沟),有了比较稳定的政治、军事中心。至拾寅(452—481 年)筑城池,起皇室,"始邑于伏罗川"[3](青海共和县西北铁卜卡古城),即吐谷浑汗国已从牙帐向筑城建都过渡;不

---

①②《晋书》卷 97《吐谷浑传》。
③《魏书》卷 101《吐谷浑传》;《南史》卷 79《夷貊下·河南王传》。

仅汗国有了王都,"其小王并立宅"①,即所封小王也有了固定的屯驻地和住宅宫室。此后,吐谷浑还曾立都于树敦(青海曲沟,即赤水城)、贺真②(城在屈真川,茶卡盐池附近的柴集河);最后,到夸吕(535—591 年)及其以后,一直以伏俟城(即拾寅建邑立都的伏罗川)为都。伏俟城,南依石乃亥北山,北临切吉河,"在青海(湖)西十五里"③,是青海通西域的孔道。据考古发掘,伏俟城外郭以砾石叠成;呈长方形,东西 1400 米;郭内偏东有南北内墙,内城靠西墙有方形屋基,边长 700 米,约为宫殿的基址。④可见,从拾寅到夸吕,已经完成了从游牧牙帐到城居定都的这一历史演变。

2.从地方性政权到独立汗国的职官制度。视连以前,这个部落联合体仅以地方政权自处,设置的职官,只有长史、司马、将军之类。⑤树洛干时,"自称大都督、车骑大将军、大单于、吐谷浑王",自为"戊寅可汗"⑥。大都督、车骑大将军,自然是受魏晋影响,属于汉人职官体系;他的部民中有匈奴人、羌人,称"大单于"不仅有匈奴官制影响,而且按十六国时通例,是表明他是所属各部各族的"共主";而他的统治基础是慕容鲜卑,属于"东胡";早在吐谷浑南迁时,其部众就称之为"处可寒"⑦(即"可汗"异译),所以在吐谷浑王之外,更明确地自称"戊寅可汗"。至夸吕时,自称"可汗",以其妻为"母尊"⑧"恪尊"⑨,即"可敦"或"可贺敦"的异译,意思是"皇后"。

---

① 《南史》卷 79《夷貊下·河南王传》。

② 《周书》卷 28《史宁传》。

③ 《魏书》卷 101《吐谷浑传》。

④ 黄盛璋等:《吐谷浑故都——伏俟城发现记》,《考古》1962 年第 8 期。

⑤⑥ 《晋书》卷 97《吐谷浑传》。

⑦ 《宋书》卷 96《鲜卑吐谷浑传》。

⑧ 《北史》卷 96《吐谷浑传》。

⑨ 《魏书》卷 101《吐谷浑传》。

　　树洛干前后,除仍保有原职官长史、司马之外,还曾有侍郎[①]、博士[②]等中央朝廷职官员。拾寅时,可汗之下已有"小王"若干,指的是封为王爵的拾寅的子弟。到夸吕时代封爵除王外,还封有公。在吐谷浑与北周交往中,史籍就载有婆周国王、征南王、贺罗拔王[③]、广定王、钟留王、龙涸王[④]、洮王[⑤]、赵王[⑥]等。保定四年(564年)北周将田弘进攻吐谷浑时,"获其二十五王,拔其七十二栅"[⑦]。

　　《北史》卷96《吐谷浑传》载,可汗夸吕自立,其置"官有王、公、仆射、尚书及郎中、将军之号"。除王、公为封爵之外,将军为戎号,而仆射、尚书和郎中,都是南北朝中央行政机构中的主要官员。因此,这个汗国的主要职官体系仍然沿袭汉制。

　　3.军事制度方面的变革。视罴时,"众赴如归",有"控弦之士二万"[⑧];树洛干"化行所部,众庶乐业","沙、漒杂种莫不归附",自称"士马桓桓,控弦数万"[⑨],这大概是其兵力强盛时的概数。作为游牧民族,在地方其军事组织往往和政治组织相混一。树洛干的军事首领称为"别统",据史籍记载,当时称为"别统"的有句旁、支旁和掘遂,他们和树洛干之弟阿柴(阿豺)都是分驻于泾勒川、长柳川、渴浑川和尧杆川[⑩]的军事长官;当时,吐谷浑则居莫何川。[⑪]宋、齐之际,吐谷浑除国汗仍居莫驾(贺)川,即莫何川外,

---

① 侍郎,见《魏书》卷101《吐谷浑传》,在慕瑨时,当于树洛干后。
② 博士,见《晋书》卷97《吐谷浑传》。
③ 《周书》卷28《史宁传》。
④ 《周书》卷50《异城下·吐谷浑传》。
⑤ 《周书》卷29《刘雄传》。
⑥ 《周书》卷6《武帝纪》下。
⑦ 《周书》卷27《田弘传》。
⑧⑨《晋书》卷97《吐谷浑传》。
⑩《册府元龟》卷231《僭伪部·征伐》;《资治通鉴》卷116义熙九年四、七、九月条及卷118义熙十三年二月条。
⑪ 藤佐长:《西藏历史地理研究》,转引自周伟洲:《吐谷浑史》,宁夏人民出版社1985年版,第36页。

境内形成了四大戍,即清水川、赤水、浇河和吐屈真川,这些戍的军政长官"皆(王汗)子弟所居"①。据周伟洲考证,清水川戍在今青海循化附近;赤水戍在青海共和县的曲沟;浇河戍在青海贵德县附近;吐屈真川戍在茶卡盐池附近的紫集河。②总之,这时吐谷浑汗国活动中心已移至青海湖以南;至于四大戍与前叙"四川"者应有一定的联系;不过前"四川"守将除阿柴外身份不明确,而四大戍的军政首长则都是汗的子弟,大概就是拾寅时期为之建宅的诸"小王"吧。《洛阳伽蓝记》还提到,公元518年惠生等西行至鄯善时,其城主就是吐谷浑汗伏连筹的第二子,"总部落三千,以御西胡"③。总之,吐谷浑国人口不多,兵力约数万;至少大部分军事首领在南北朝时期多是可汗子弟;他们很可能既是当地军事长官,又是所在地方的政府首脑。④

4.财政和法律制度。《南齐书》卷59《河南传》说,吐谷浑"多畜,逐水草,无城郭。后,稍为宫屋,而人民犹以毡庐百子帐为行屋。地常风寒,人行平沙中,沙砾飞起,行迹皆灭"。在这种苦寒地区,百姓贫困,财政制度极为简单。《晋书·吐谷浑传》记载:"国无常赋,调用不给,辄敛富室商人,取足而已。"⑤《魏书》和《北史》的记载也无差别。不过,树洛干时期曾"轻徭薄赋"⑥,似乎已改变"国无常赋"的状况,有了关于赋税、徭役的常规。《晋书》又记载:"杀人及盗马者,罪至死,他犯则征物以赎"⑦;《北史》卷96《吐谷浑传》则系以上记载于夸吕时期,在"赎罪"二字后,有"亦量事决杖。刑人,必以毡蒙头,持石从高击之"等语。"盗马"与"杀人"同

---

① 《南齐书》卷59《河南传》。

② 周伟洲:《吐谷浑史》,第122页。

③ 《洛阳伽蓝记》卷5《城北·凝圆寺》引宋云《西行记》。

④ 据周伟洲考证,史籍虽记有益州、宁州刺史,不知设于何地,是否行郡县制,尚难于确定。见《吐谷浑史》,第121页。

⑤⑦ 《晋书》卷97《吐谷浑传》。

⑥ 《魏书》卷101《吐谷浑传》。

处极刑,说明私有财产得到法律保护;除死罪之外,还有"罚物赎罪"和"杖刑"。

从吐谷浑率部南下至青海一带,经过一百多年的发展,建立了稳定的都城,有了初步的刑律和财政制度,形成了以可汗为首的军政统治机构,一个吐谷浑军事贵族专政的不发达的奴隶制国家已经建立起来。

三、柔然

柔然,《南齐书》作芮芮,《魏书》上又作"蠕蠕",族属"东胡",是公元五六世纪居住在我国北方的一个游牧民族。原先,他隶属于拓跋鲜卑,西晋末年,从其酋长木骨间开始,逐步挣脱拓跋鲜卑的控制,郁久闾(柔然汗姓)车鹿会时,自号"柔然"[①],社会有了发展,可汗"兄终弟及"制基本上由"父死子承"世袭制所代替。[②]

5世纪初,车鹿会五世孙社仑继位,为了回避拓跋鲜卑的袭击,从漠南向漠北转移。公元402年(北魏道武帝天兴五年),社仑自号"豆代可汗",意即"开基之主"[③],建汗庭于鹿浑海附近(蒙古哈尔和林西北),通过兼并战争,扩大疆土,西逾阿尔泰山,东至大兴安岭,南至大戈壁,北抵贝加尔湖,成为北方强大的游牧汗国。[④]从社仑建国到公元555年(西魏恭帝二年)庵罗辰可汗被杀,柔然汗国历十三主一百五十三年。

柔然的最高统治者称为"可汗",妻为"可贺敦"。汗庭主要官员是国相和国师。《南齐书》卷59《芮芮虏传》载宋时有柔然国相希利垔"解星算术数,通胡、汉语";又在齐建元初有国相邢基祇罗回代表柔然汗致书齐高帝,推测当似中原丞相,主管行政和外

---

①② 《北史》卷98《蠕蠕传》。

③ 参看周伟洲:《关于柔然社会经济和政治制度的初步研究》,《中国史研究》1982年第2期,本节多采用周伟洲同志此文论点,后面不一一加注。

④ 《高僧传》卷8《释法瑗传》。

交事宜。国师则由佛教徒担任，"俸以二千户"①，很受尊重，可能是负责全汗国宗教事宜。

其次是俟力发，或译作"俟匿伐"，为王族宗亲长者担任，地位崇高，势力也大，常为一方面的军政大员。由王族宗亲担任的还有吐豆发，其地位仅次于俟力发，也有译作"吐屯发"的。②

柔然汗国的决策集团似由"可汗"及掌管行政、外交的"国相"，以及掌管宗教的"国师"所组成。但它保存有"常所会庭"，设在敦煌、张掖之北。③可能除决策集团和诸如俟力发、吐豆发这些长老宗亲之外，还有大部落酋长参加，以决定汗位继承时的纠纷，这种情况反映汗国的"常所会庭"还多少带有军事民主的特点。

根据柔然的习俗，可汗"因其行能，即为称号"，如社仑称"豆代可汗"，豆代即"开基"之意；大檀称"牟汗纥升盖可汗"，牟汗纥升盖即"制胜"之意；吴提称"敕连可汗"，敕连即"神圣"④之意等等。

汗庭除决策集团和宗亲大臣外，还有相当于御史的吐屯⑤（吐豆登）和职位低于吐屯的俟斤。但《通鉴》胡注称："俟斤，柔然大臣之号。"⑥以上大概是柔然汗庭的职官及其职掌概况。

木骨闾六传至地粟袁，地粟袁死，柔然辖区为西东二部，其长子匹候跋继父居东部，次子缊纥提则"别居西边"⑦。到社仑统一漠北后，仍旧保持东西两部分治制，大檀在立为可汗之前，"先统别部，镇于西界"；其弟匹黎则"先典东落"，当公元429年太武帝拓跋焘大军逼临时，"将赴大檀"。东西两部，大概是由可汗及其兄弟分掌，《姓氏书辨证》曾称"俟利"一职在柔然，"犹中国方

---

① ②《通典》卷197《突厥》。

③ ④ ⑦《魏书》卷103《蠕蠕传》。

⑤《太平广记》卷250。

⑥《通鉴》卷148梁武帝天监十六年十二月条胡三省注。

伯也"①。除可汗外,分领另一部的可汗是否称"俟利"?《姓氏书辨证》根据什么作出这个判断? 只能存疑。

柔然东西两部之下,各辖众多部落。其数目有时可以多达数十部。各部落自有大人(或称"渠帅")。文献中柔然称"莫弗"或"莫何去汾"者甚多。《通典》说:"其勇健者,呼英(莫)贺弗"②,其后转"莫弗"为部落酋长的称号。③这些部落大人,其柔然称呼应即"莫弗""莫贺弗"或"莫何去汾"。

柔然各部落,均以游牧为生,牧民平时放牧,战时人人为兵,都是按军事编制而成。早在社仑时,各部大人之下,按"千人为军,军置将一人;百人为幢,幢置帅一人"④。军幢体制,既是柔然汗国的基层军事组织,也是其基层政权组织,军将、幢帅既是军事首领,也是行政长官。

社仑时,"始立军法"。崔玄伯对拓跋珪也说过:"今社仑学中国,立法置战陈,卒为边害。"⑤其所立"军法",除军幢制度外,还有"先登者赐以虏获;退懦者以石击首杀之,或临时捶挞"⑥。军法反映出其战争的目的,就是为了掠夺人口和牲畜,而这正是奴隶制战争的重要特点。

到了北魏中期,柔然为罗部真可汗郁久闾予成当政,由于受到北魏和中原汉文化的影响,开始建元。柔然建元的可汗有予成、豆仑、那盖、伏图和丑奴,其年号分别为"永康""太平""太安""始平"和"建昌",先后共五十六年。⑦北齐、北周时期,阿那瑰可汗又重用齐人淳于覃,任命他为秘书监、黄门郎;其署"立官

---

① 《姓氏书辨证》卷 22。

② 《通典》卷 197《突厥》。

③ 《隋书》卷 84《室韦传》:"每部置莫何弗以贰之";《辽史》卷 116《国语解》更直称"莫弗"为部落酋长。

④⑤⑥ 《魏书》卷 103《蠕蠕传》。

⑦ 《北史》卷 98《蠕蠕传》。

员,僭拟王者,遂有侍中、黄门之属"①。

这时,北方突厥兴起。公元 555 年,末代可汗庵罗辰为突厥击败,投奔西魏。但西魏朝廷在突厥的压力下,把庵罗辰及其余众 3000 余人转交给突厥使者,于长安青门外全部处死。②一度称雄塞北的郁久闾氏贵族专政的奴隶制柔然汗国,至此灭亡。

四、氐杨仇池国

仇池国的历史,马长寿先生分为五部分:一、前仇池国(296—371 年);二、后仇池国(386—443 年);三、武都国(447—477 年);四、武兴国(478—553 年);五、阴平国(477—580 年):共计二百八十四年。其中,武兴与阴平二国并列,而阴平长于武兴二十七年。③李祖恒先生也将仇池国史分为五个时期:一期为 196—295 年;二期为 296—371 年;三期为 385—442 年;四期为 443—506 年;五期为 518—552 年:前后共三百三十三年。④二者起、止不同,但都认为从 296 年至 443 年的一百四十七年(即马著"前仇池国"、"后仇池国"时期),是氐杨建国兴盛时期,我们简要介绍的就是这段时期仇池国的政治制度。

西晋惠帝元康六年(296 年),氐族豪强杨戊搜自略阳率部 4000 家,还保仇池,以此地为政治中心,建立政权。其后,控制西汉水上游,保有阴平(甘肃文县西北)、武都(甘肃成县西)二郡,并曾东克梁州(治陕西汉中)、西城(陕西安康西)。公元 371 年,为前秦所灭。⑤东晋太元十年(385 年),杨定复国,至从弟杨盛时,又保有武都、阴平,占驻汉中;孙难当时,北取上邽(甘肃天水),南克葭萌(四川广元东南),围攻涪城⑥(四川绵阳东北),其

---

① ②《北史》卷 98《蠕蠕传》。

③ 马长寿遗著《氐与羌》,第 61 页。

④ 李祖恒:《仇池国志》,书目文献出版社 1986 年版,第 9—10 页。

⑤《魏书》卷 101《氐传》。

⑥《宋书》卷 98《氐胡传》。

疆域一度北抵天水，西至宕昌（甘肃岩昌西南），东临安康，南到广元。疆域扩大，树敌过多，南有刘义隆统治的刘宋，北有拓跋焘统治的北魏，终于在宋元嘉二十年（443年）为宋、魏所灭。①

仇池杨氏，属于"白马氏"，世代聚居仇池，为部落酋豪。仇池以山为名，在今甘肃成县西北百里，"背蜀面陇"，"山有绝险固"。"襟武都，带西康"，"结茅储粟"，历来为形势镇戍之地。仇池山"上土下石，屹然特起，界于苍、洛二谷"间。"丹岩四面，壁立万仞，天然楼橹，二十四隘路若羊肠，三十六盘，周围九千十四步，高七里有奇。东西二门，泉九十九，地百顷"②，所以又称为"百顷仇池"③。当作乱世的割据中心十分有利。

前仇池时期（296—371年），其政治制度颇受匈奴影响。

杨戊搜初建仇池国，自称"辅国将军、右贤王"。晋建兴元年（313年）朝贡于长安，愍帝拜戊搜为"骠骑将军、左贤王"。公元317年，戊搜死，杨难敌继位，自号"左贤王"，以弟坚头为"右贤王"。公元334年难敌死，子毅继位，自称"龙骧将军、左贤王、下辩公"，以弟盘为"河池公"。

"辅国""龙骧"等将军称号，"下辩""河池"公等封爵，自然属于魏晋职官体系，而"左贤王""右贤王"等则属于匈奴官制。而且杨戊搜为"左贤王"还是受西晋愍帝所封。说明前仇池国七十五年中，半数时期（296—336年为四十年）仍有匈奴制度的影响。其次，前仇池时期，杨难敌虽曾受前赵刘曜封为武都王；但仇池各主，除左右贤王的称号外，一般都只以"公"爵自称。其戎号亦仅见"辅国""龙骧""冠军""征西"将军，其他职官未见记载。

---

① 《魏书》卷101《氐传》；《宋书》卷98《氐胡传》。

② 据《略阳县志》卷4《文艺部》引宋人曹居贤绍兴甲寅（1134年）《仇池碑记》。

③ 《水经·漾水注》。

"后仇池国"在政治制度方面发生了变化。后仇池六主,共五十七年。其末二主,杨保炽为刘宋所立,杨保宗为北魏所立,都属于傀儡,都只维持了一年。其余四主,按自称的爵谥,可以列表于次:

顺序	国主名	统治起止年	称公	称王	谥号
1	杨定	385—393	仇池公	陇西王	武王
2	杨盛	394—424	仇池公		惠文王
3	杨玄	425—429		武都王	孝昭王
4	杨难当	430—441		武都王、大秦王、都王武	北魏赐谥"忠"

与"前仇池国"不同,国主基本上以"王"自称;而且死后有谥号。其次,仇池早在杨戊搜立国之后,基本上实行了父死子承的世袭制。杨定复国,无子,以从弟盛继位。杨盛立子玄为世子;盛死,子玄继位。史载,杨"玄临终,谓弟难当曰:'今境候未宁,方须抚慰,保宗冲昧,吾授卿国事,其无坠先勋。'难当固辞,请立保宗以辅之"①,反映王位"父死子承"制确立。至于以后难当听信其妻姚氏的话,废保宗自立,属于反传统的悖逆事例,就难于以制度论了。《通鉴》载宋元嘉十三年(436年)二月,杨难当自称大秦王,改元"建义",立妻为王后,世子为太子,一切"皆如天子之制"②,其帝王体制就更为明晰了。

后仇池国王廷职官体系,我们只见到"丞相"杨万寿,时间正在杨难当末年,③《通鉴》说他曾"置百官"④,应该是有根据的。

后仇池国的地方制度,《宋书·氏胡传》在第二主杨盛时期,有这样的记载:"分诸四山氏、羌为二十部护军,各为镇戍,不置郡县。"⑤用护军制完全取代郡县制,是地方行政和军事制度方面

---

① 《魏书》卷 101《氏传》。
②④ 《资治通鉴》卷 123 宋文帝元嘉十三年二月辛未条。
③ 《宋书》卷 47《刘怀肃传》。
⑤ 《宋书》卷 98《氏胡传》。

的一项重大改革,按理说应该在史籍中有较多的反映,可是,我们却完全找不到另外的资料。根据李祖恒在《仇池国》的《职官表》,略加整理,我们可以看到杨定复国后四主的地方和武职官员的概况:

职官	州郡及将军号	在何主的统治时期之内	何人为此职(与国主的关系)
州牧	秦州	杨定	定自称
刺史	秦州	杨定、杨盛、杨玄、杨难当	定自称、盛自称、玄自称, 难当以子顺任此 难当司马赵温代此职。
	梁秦	杨难当	或作梁秦二州刺史
	沙州	杨难当	难当时,吕平为此。
	雍州	杨难当	难当子顺任此。
	益州	杨难当	难当二子虎任此。
太守	魏兴	杨难当	难当时薛健任此。
	冯翊	杨难当	难当时蒲早子任此。
将军	龙骧	杨定	定自称。
	征西	杨定杨盛	定、盛自称。
	平北	杨盛	盛时,苻宣任此。
	征西大	杨玄	玄自称。
	镇南	杨难当	杨难当时,杨保宗、杨虎为此。
	镇北	杨难当	杨难当时,苻义德为此,
	镇东	杨难当	杨难当时,杨顺为此。
	左卫	杨难当	杨难当时,吕平为此。
	建忠	杨难当	杨难当时,赵进、苻冲、苻隆、 杨亮、杨林。
	建节	杨难当	杨难当时,杨保炽、苻弘祖。
	宁朔	杨难当	杨难当时,杨早子、司马飞龙 (许穆之)。
	陵江	杨难当	杨难当时,赵英为此。
	振威	杨难当	杨难当时,姚宪为此。
	抚军大	杨难当	杨难当时,世子杨和为此。

据上表:在杨玄之前,后仇池国只置秦州一州;定、盛、玄都是自任秦州刺史(定曾称州牧);只有难当时,才任命子顺为秦州刺

史。除秦州外,难当另立梁、沙、雍、益四州,任雍、益二州刺史的
是其子顺、虎;梁州是代刺史,任此职的是难当的司马;沙州刺史
吕平疑为后凉宗室。其次,难当次子杨顺为镇东将军、秦州刺史,
镇上邽;①后改任雍州刺史,镇下辩;②三子杨虎为镇南将军、益州
刺史,镇阴平;③其侄杨保宗也曾为镇南将军,镇宕昌。④左卫将
军、沙州刺史是吕平;⑤梁州代刺史、难当的司马赵温,一直转战
于汉中;⑥其世子杨和为抚军大将军,曾驻守修城。⑦其刺史有治
所,多系氐杨宗室。再次,难当时似曾置郡,有魏兴、冯翊二郡太
守。因此,杨盛时,分氐、羌为二十护军,"各为镇戍,不置郡县"的
记载,是指一时权宜之计,还是这些刺史、太守就是护军的异称,
还需进一步研究。

上表中,杨难当时将军名号甚多,任此职者除氐杨之外,也
多是氐族大姓苻、吕,羌族姚氏等,其军政大权集中在以杨氏为
首的氐、羌酋豪手中。

仇池国居蜀陇间,山川险阻,土地肥沃,水源充沛,物产丰
富,又可"煮土成盐"⑧,其甲兵甚利,士兵身着"犀革","戈矛所不
能加"⑨。当中原纷乱时,此处割据称雄,生活亦颇能自给。

仇池财政、法律制度不见记载,从职官制度推测,前仇池由
于与刘曜、石勒交往,颇受匈奴影响;后期基本上完全汉化,从丞
相、司马⑩、刺史、太守和各类将军,几乎与魏晋同制。全祖望称

---

① 《魏书》卷 101《氐传》。
②③④ 《宋书》卷 98《氐胡传》;《魏书》卷 101《氐传》。
⑤⑥ 《南齐书》卷 1《高帝纪》。
⑦ 《宋书》卷 98《氐胡传》。
⑧ 《水经·漾水注》。
⑨ 《宋书》卷 78《萧思话传》。
⑩ 除难当司马赵温传,还有杨定司马邵强,见《资治通鉴》卷 108 晋太元
十九年十月条。

"晋亡宋篡,而仇池王杨盛犹以义熙统年,终其身不改"①,即是证明。这时的仇池国大体上处于早期封建制阶段。

五、高昌国

高昌王国是公元5至7世纪间,由汉人在今新疆吐鲁番地区建立的政权,前后经历过阚、张、马、麴四姓王朝。阚、张、马氏三个王朝,共约四十年,而麴氏王朝从公元500年麴嘉建国,到唐太宗贞观十四年(640年)灭亡,共历十主一百四十年。②我们谈高昌王国,仅仅是简要介绍麴氏高昌的政治制度。

高昌气候温暖,土地肥沃,引水溉田,谷麦一年再熟,手工业较发达;地处中西交通的孔道,商业贸易堪称繁荣。居民多"汉魏遗黎"③;"文字亦同华夏,兼用胡书"④,但日常交往,"皆是胡语"⑤。

麴氏王国以高昌(新疆吐鲁番县东南60里阿斯达拉)为王都。以长子为继承人,称"世子"。国王之下,置交河、田地二公,由王子担任,分别镇守交河、田地二城⑥(交河城,新疆吐鲁番县西雅尔;田地城,新疆鄯善县西南鲁克沁)。王廷内,置中郎,传宣王令⑦。置令尹一人,"比中夏相国"⑧,很可能兼理高昌郡事,相当于丞相兼京兆尹。令尹之下,文官系统在麴氏王朝末期,分为八部,即:吏、祠、库、仓、主客、礼、民、兵部。⑨每部置长史一人为正长

---

① 《鲒琦亭集·外编》卷37《唐天祐纪年论》。

② 参见陈国灿:《敦煌吐鲁番文书与魏晋南北朝隋唐史研究》,武汉大学历史系,1985年油印本。

③⑤《北史》卷97《高昌传》。

④⑥《周书》卷50《高昌传》。

⑦ 据《吐鲁番的出土文书》第2册《高昌章和十一年(541年)部官下交河郡司马主者符为检校失奴事》文书,有"中郎崇信传(高昌王)令"。

⑧《周书》卷50《高昌传》。

⑨ 上述文书有都官长史,刘曲坚时期(531—548),有都官部,后改为何部?疑为"民部"。

官,司马一人为副长官。八部下,置侍郎、校书郎、主簿、从事等官吏,"阶位相次,分掌诸事";此外,还置"省事",专门负责"导引"①。

武官系列,最高级的是左、右卫将军,很可能即由交河、田地二公兼任。②其次,是建武、威远、陵江、殿中、伏波五将军。③近百年来,由于考古发掘,大量碑志、文书出土,将军称号除上述五名外,另知有冠军、奋威等号。④

高昌是个高度君主集权的王国。军国大事,几乎全部由国王专断(甚至民间土地所有权的转让,也由国主决定);⑤在国王周围也有一个很小范围的决策机构,"由世子(很可能即兼令尹)及(交河、田地)二公"组成,日常事务,由他们"随状断决"⑥。王廷诸官,属于行政官员,"虽有列位,并无曹府",每天清晨诸官上朝,"集于牙门评议众事"⑦。官虽多而衙门少,事务性质的工作,办起来到也集中、迅速。

高昌王国和中原一样,也实行郡县制。据黄文弼考证,其大城有五,即高昌、田地、交河、蒲昌和天山城;并且倾向于五城即五郡。⑧由于解放后大量吐鲁番文书的出土,经研究,高昌麹氏王朝后期,有都城一:高昌城;郡城三:交河、田地和南平城(新疆吐鲁番县城南40里的让布工商古城,俗名"拉木伯");县城十四:横截、永昌、无半、始昌、安乐、安昌、永安、洿林、高宁、宁戎、威神、临川、酒泉、龙泉城;镇戍四:东镇城、笃进、盐城和柳婆城;总

---

①③⑥⑦《周书》卷50《高昌传》。

②《周书·高昌传》载,曲嘉时,其子曲孝亮为"左卫将军,田地太守",疑其爵即田地公。

④ 黄文弼:《高昌专集》《高昌官制表》,转引自王仲荦:《魏晋南北朝史》下册,上海人民出版社1979年版,第674页。

⑤ 见前揭陈国灿文。

⑧ 黄文弼:《高昌疆域郡城考》,载《西北史地论丛》,上海人民出版社1981年版。

计二十二城。①《周书·高昌传》说:"诸城各有户曹、水曹、田曹",每城由国王派遣司马、侍郎相监检校,名为"城令"②。

高昌是个城邦国,"东西三百里,南北五百里"③,有城池二十二座,即大小二十二处沙漠中的绿洲。到麹氏高昌末年,全国只有8000户30,000人口,马4000匹。④相对于北塞强大的游牧汗国,国力是很弱的。因此,麹氏高昌先后曾役属于柔然、高车和突厥。

沙漠城邦国的高昌,骑兵是主要兵种,其"兵器有弓、箭、刀、楯、甲、鞘"⑤;兵部对马匹和马料控制甚严,出土的麹氏高昌兵部文书中,不少是有关马匹和马料征调和管理的。⑥兵部只负责军队的行政管理,军队的指挥和统率权则属于国王和左、右卫将军,即国王和他的儿子们。由于马匹数量不多,高昌国的骑兵数量大概在4000骑左右。

财政制度方面,《北史》只提到"赋税则计田输银钱,无者输麻布"⑦。从解放后出土的文书研究,其赋税制度较复杂,有租、有调、有徭役,还有诸如"丁正钱""远行马价钱""逋绢钱"⑧等杂税。王国中央负责财政的机构可能是民部或仓部;徭役的征发,特别是有关军事性徭役的征发,可能由兵部负责。在地方郡县,负责机构可能是"户曹"。

---

① 钱伯泉:《高昌国郡县城镇的建置及其地望考实》,《新疆大学学报》(社会科学版)1998年第2期。

②《北史》卷97《高昌传》无"城"字,此据《周书》卷50《高昌传》。

③《周书》卷50《高昌传》;《隋书》及《太平寰宇记》同;《北史·高昌传》作"东西二百里"。

④ 此据《新唐书》卷221上《高昌传》;《旧唐书·高昌传》作"户八千,口三万七千七百,马四千三百匹"。

⑤《北史》卷97《高昌传》。

⑥⑦ 参见武汉大学历史系编《吐鲁番出土文书》第2册有关麹氏高昌时期的兵部文书,文物出版社1983年版。

⑧ 见前揭陈国灿文。

有关法律制度,《北史》和《周书》都只提到,其刑法"与华夏小异而大同"①。根据前注引高昌章和十一年(541年)都官文书,王国中央有都官部负责刑律,其长官是都官长史麴顺。为了翟忠义其人有一个奴隶逃亡,国王麴坚亲自下令,要都官部行文郡县,②进行追捕,都官部的文书是直接下达给交河郡以及柳婆、无半、盐城、始昌4县"司马主者"的。说明其司法系统是都官、郡司马、县司马。

麴氏高昌十传至麴文泰,中原唐王朝已经强大并逐步向西发展,而高昌王国奴隶制残余严重,赋敛繁重,百姓困苦,国小力弱,国主无能。公元640年,终于为唐太宗派兵征服,这个由麴氏家族专政的早期封建制城邦国至此灭亡。

第十一节 魏晋南北朝政治制度的历史地位

一、魏晋南北朝政治制度的利弊得失

魏晋南北朝时期是我国君主专制主义中央集权制的发展阶段。在这个阶段,政治制度有了明显的进步和变化。

首先,在政治机构的设置方面,主要的政务机构已经从宫廷事务机构中逐步地独立了出来,形成中书拟旨、门下审议的中央决策机构;形成省(台)及诸曹尚书等一整套执行办事体制;形成从全国户籍、计账到赋税收支、运输和贮存等较完整的财政管理体系;形成相对独立的御史台监察机构;从而标志着君主专制主义中央集权制已日趋成熟和相对稳定。

---

① 《北史》卷97《高昌传》;《周书》卷50《高昌传》。

② 《吐鲁番出土文书》第2册在前引文书之后,又有同时同样内容给柳婆等4县司马主者的文书一件。

其次,国家的种族成分结构方面,许多边境少数民族通过各种途径,进入中原,并且迅速地由氏族社会、早期奴隶制社会飞跃进入封建社会,为祖国民族大家庭增添了新鲜的血液,带来了蓬勃向上的朝气,其中出现了很多杰出的政治家、军事家,如石勒、苻坚、元宏、宇文邕等,对国家的重新统一、中华民族的形成和隋唐盛世的出现,都做出了重要的贡献。

其三,在权力的分配方面,汉王朝中央皇权的解体,外戚、宦官势力受到了长时期较有效的抑制,随之而来的是从官僚贵族化到门阀士族势力上升,出现了短时期的门阀专政。门阀专政带来的不是安定,而是腐败和战乱;带来的不是统一,而是偏安和割据。广大中原地区的统治权落入少数民族军事贵族之手,从而开始了长达一百六七十年之久的南北对峙。在南方,门阀和寒门之间展开权力的争夺;在北方,权力则在少数民族军事贵族和汉族门阀之间进行争夺和分配。

魏晋南北朝政治制度的弊端主要表现为门阀政治方面。门阀操纵选举,以门第取人,使两晋南北朝的官员素质迅速下降,他们既不能作战,也不能办事,崇尚清谈,以不干实事照例署名为荣。三省制政务体制,官员考试、考课等制度未尝不曾建于魏晋南朝,但是官职与职掌脱节,制度与实践脱节;机构重叠,设官紊乱,人浮于事,无人办事,从而出现了政治上的大混乱。北朝行政体制多效法南朝,当然会有不少类似的弊端。但北方吏治时有整饬,行政效率逐步提高,中央权力日益增强,在永嘉之乱后政治、经济极度破坏的情况下,北方的国力、民力逐渐得到恢复和发展,至南北朝后期渐居优势,最后终于由北方统一南方。因此,制度是重要的,但在同一制度情况下,吏治的好坏,决定国力的强弱、国家的兴衰,古今中外,无不如此。

二、魏晋南北朝政治制度的历史地位

公元3—6世纪,世界大部分地区(东亚的日本和朝鲜,东南亚和亚洲北部,欧洲东北部,非洲东北部和拉丁美洲等地),还处于原始社会和奴隶制早期,国家在建立之中,一切政治、经济制度才开始草建。

公元 3 世纪初期,非洲最发达的尼罗河流域,为罗马帝国所占领。统治西南欧、北非和西亚的罗马帝国,于公元 359 年分裂成为东西二部, 尼罗河流域转属以君士坦丁堡为首都的东罗马帝国(又称拜占廷帝国)。西罗马帝国的首都罗马,公元 410 年为西哥特人占领,被迫迁都于意大利的拉温那。公元 5 世纪中期,西罗马帝国领土大部分为蛮族西哥特人占领,公元 476 年,蛮族将领奥多亚克(Odoacer)废西罗马帝国皇帝自立,西罗马灭亡。从此,西欧进入封建社会。初期,王权衰微,分裂割据,城市凋敝,经济文化衰退,神权势力扩张,封建政治、经济制度处于草创阶段。占领西亚的东罗马帝国,当查士丁尼(Gustinian)大帝在位时(527—565 年),国力很强盛,中国的养蚕法相传即在此时(550年)由南朝传入东罗马,然后传及希腊罗马的。

公元 3 世纪时,印度次大陆建国近百年的贵霜王朝日趋衰落,疆域缩小,而且很快分裂成为很多小国,并开始向封建制过渡。公元四五世纪时,摩揭陀兴起笈多王朝(320—470 年),逐步建立了对次大陆北部的统治。东晋高僧法显西游即在此时。5 世纪中,呋哒人(白匈奴)来自北方,占领了贵霜王朝控制下的大夏和印度河流域,消灭了贵霜王朝的残余势力,也给笈多王朝以致命打击,印度北部地区的城市、村庄遭到了毁灭性的破坏。直至 6 世纪中叶,印度乌阇衍那王朝始逐呋哒,重建印度王国,但国力并不强。

那时候,西亚伊朗高原上的“新波斯帝国”,即波斯萨珊王朝,国土辽阔,实力甚强,公元 226 年,萨珊王朝代替了安息王朝(公元前 170—公元 226 年)。它是以祆教为国教的奴隶制国家,国内祭司控制司法和教育大权,势力很大,残酷地镇压以摩尼教(拜火教)为代表的所谓“异端”,社会阶级矛盾十分尖锐。5 世纪末,终于爆发遍及全国、长达四十年之久的马资达克领导的大起义。公元 531 年,大起义虽被残酷镇压下去,但起义对奴隶主的沉重打击为封建势力的发展扫清了道路。波斯帝国对外长期与拜占庭帝国不断交争,导致两败俱伤。

纵观上下,魏晋南北朝政治制度承上启下,是三公九卿制到三省六部制的奠基阶段;环顾左右,它是处于封建制度发展成熟阶段的政治制度,和经济、文化的发展程度一样,在当时的世界上都处于领先的地位。

第七章 隋唐五代政治制度

第一节 隋唐五代的社会面貌与政治制度的演进

一、隋唐五代的社会面貌

1.隋唐社会统一的契机

隋唐的统一,是从北朝演进而来的,宇文泰经营关陇,便是隋唐统一的契机。南北朝时期社会政治的最主要特点是门阀政治,魏晋以来,门阀世家把持着政治实权。宇文泰立国的政策首先是厘整军事编制,"以诸将功高者为三十六国后,次功者为九十九姓后,所统军人亦改从其姓"①。也就是利用以前血缘氏族部落的外衣,使许多本来姓氏不同的将卒得以重新团结,并厘整其系列,以强化他们作战的精神。另外,创建府兵制度,"仿周典置六军,籍六等之民,择魁健材力之士以为之,首尽蠲租调,而刺史以农隙教之,合为百府,每府一郎将主之,分属二十四军"②。隋唐的府兵制即渊源于此。其次,是改造诸氏族的郡望。把那些随从

---

① 见《周书》卷 2《文帝纪下》。
② 《文献通考》卷 151《兵考三》。

西迁有功的汉将本属山东郡望的改为关中郡望；胡人中在孝文帝迁洛后系属于河南郡望的，也改为京兆郡望。第三，是在中央官制中改行六官之制。宇文泰以关陇是姬周旧地，采用苏绰建议，仿《周礼》，实行六官制度，不久宇文泰病死，其子孝闵帝宇文觉即帝位，沿用六官制度，直到隋文帝代周，前后行用了二十五年之久。六官制度在当时仅是一种形式，实际上仍是汉魏所形成的三省制度在起作用，不过倒是裁革了汉魏以来的许多冗官。第四，开始改变用人制度，诏举诸科，废除九品中正制，用人不限门第，开启了隋唐科举的先声。建德六年(577年)北周灭北齐，为南北朝的统一奠定了基础。关陇贵族集团的杨坚和李渊就是在此基础上建立隋唐王朝的。

2.隋与唐初的政治革新和门阀势力的衰落

隋文帝建国后，废除周礼的六官制，恢复汉魏以来业已形成的三省制度，对诸寺诸监加以调整，地方罢州置郡，继续推行均田制和府兵制，创建十二卫。炀帝继位，开通运河，便于输入江南财赋于关中，运河正好是联系关中与江南的纽带。但是隋炀帝自恃富强，穷奢极欲，穷兵黩武，各地农民起义风起云涌，李渊父子为首的关陇贵族集团乘机打起反隋旗号，攻占都城长安，夺取了农民起义的胜利果实建立了唐朝。隋唐统治集团都是关陇贵族，唐代继续推行隋代创立的三省六部制、均田制和府兵制、科举制。唐朝初期统治者以隋亡为鉴，相对减轻人民的赋役负担，对农业生产起着积极的作用，带来了盛唐的经济繁荣。

隋及唐初的士族门阀势力已显著衰落，唐太宗鉴于旧门第的虚夸腐败，令高士廉等厘定《氏族谱》，以当朝冠冕代替旧族，王子婚配，公主择婿，都取新贵，不求旧族。高宗显庆四年(659年)又诏改氏族志为姓氏录。进一步将晋升士流的范围扩大，此后神龙元年(705年)、先天二年(713年)、乾元元年(758年)都曾重修《氏族谱》，随着时间的推移，新陈代谢，士族门阀不再有固定不变的社会政治身份；加以科举制度的推行，永隆以后，已成为入仕的重要途径,以前的门资退居与武功、艺术、胥吏等并列为杂色入仕之途。

3.中唐以后藩镇割据的形式

唐自高宗中年以后,府兵制度迅速破坏,沿边为了军事需要,逐渐设置了一些节度使,府兵的败坏使担任节度使的武人势力发展很快,野心勃勃雄据范阳等地的安禄山便找借口发动叛乱。唐朝廷依靠内外武装力量才把安史之乱平息下去,平乱功臣以及降臣藩镇,大都授予节度使,于是节度使遂遍设于全国。安史之乱后,河北三镇各自专擅其地,赋税不纳于中央,朝廷也无可奈何。其他藩镇,亦相继对抗朝廷。朝廷力弱,藩镇愈强,朝廷再也无法消灭藩镇。

中唐以后,朝廷内又出现朋党之争与宦官专权,朋党之争是门阀残余势力与庶族地主矛盾斗争的表现。隋唐时期由于科举制度的逐渐盛行,新兴的士人阶级抬头,便形成了旧门阀与新兴士人阶级之间的政治斗争,科举制度促使座主与门生、举主与被举者以私恩而结合,是造成朋党之争的主要原因之一。而朋党之争,往往又与藩镇势力相结合。朝廷不少人士,常常与强藩暗地沟通,其间颇有互相凭藉的作用,如李林甫与张九龄互相倾轧时,李林甫与朔方节度使相交通;安禄山所以能在河北形成割据势力,与在朝当政的杨国忠也有极密切的关系。另外,宦官势力也颇能影响党派间的力量。宦官中的党派,与朝中党派互相呼应援引,势力互相消长。唐代宦官专权,始于监军并统治禁军。中唐以后典领禁军之权大都转归宦官,势力遂大。形成北司宦官的专权乱政及其与南衙之间的冲突。宦官往往利用手中军权随意进退朝官,操纵外朝党派。太和以后,此类事实最为显著,朝臣的进退,多由宦官上下其手。宦官势力便进而包围君主,乃至废王、弑君、立主,使君主成为宦官的傀儡。稍有作为的君主常常想诛戮宦官,但都以失败告终,终唐之世,君主无不在典兵宦官的包围之中。

唐末黄巢、朱全忠领导的军事集团,针对唐后期土地高度集中和赋役负担严重不均的局面，首次提出了"平均"的要求。它结束了唐朝的统治，结束了唐代的宦官专政与顽固的党争，并且在它的冲击下，将旧士族门阀扫除殆尽。

4.五代时期政权分立与绝对君权的酝酿

唐亡以后，中原地区形成了梁唐晋汉周五个朝代的嬗替。在江淮以南，先后形成了九国。再加上立国河东的北汉，共计十国。史称五代十国。五代期间，社会的结构发生了变化：第一，是衣冠户继续存在与发展。衣冠户是在唐朝后期形成的，他们出身科举，原来成分可能是旧门阀后裔或是庶族寒门，一经科举及第便享受不少特权，唐末农民战争之后，他们的力量继续存在。五代时他们继续享有特权，南北统治阶级对他们给予礼遇，到了宋代，称他们为官户。第二，是形势户的发展。形势户的产生也在中唐以后。他们是一批担任诸色职掌的胥吏和各地有权势的人户，可以恣意虐害百姓，乃至庇护富户，官吏也不过问。入宋以后形势户更有新的发展。

政治上，五代仍是藩镇专权，除了建国的五代、十国之外，不少藩镇或节度使在各地拥有独立的统治权。藩镇军士随意拥立节帅或君主造成社会混乱，加以天灾频仍，人民大批死亡，在长期动乱中，人民思治心切，较有远见的统治者，如唐明宗、周世宗等也比较关心经济的恢复与发展，江淮以南的九国境内经济发展较快，南北虽然隔阂很深，但民间通商往来并未中断，彼此依靠通商交易有无，而且五代多建都于汴，乃是北方在经济上依赖南方的表现。经济上联系密切，促进了政治上的统一。北宋建国后统一了南北，绝对君权终于在这种回波之后确立。

二、隋唐五代政治制度的演进

隋唐五代政治制度的演进，可以从中央和地方两个方面观察：

1.中央行政体制的演进

第一,是三省制的厘整与六部的确立。作为中枢机构,魏晋南北朝时已有尚书、中书、门下三省的设置。隋改中书省为内史省,门下侍中改称纳言,中书省掌决策,门下省掌审议,尚书省掌政务执行。内史令、纳言、尚书令分别代表中书、门下、尚书三省,是共同辅佐君主处理国务的首脑,都算作宰相。唐初沿隋制,惟改内史令为中书令、纳言为侍中。但自魏晋以至南北朝,尚书分曹办事很不固定,隋初始定为吏、礼、兵、都官、度支、工六部,旋改度支为民部,都官为刑部。炀帝时又定尚书、侍郎为各部的正副长官。唐改民部为户部,定其序列为吏、户、礼、兵、刑、工。

第二,新的君主幕僚制度的发展,导致宰相制度的变化。隋初虽以三省长官为正式宰相。至唐,君主常以参掌机务、参议朝政、参知政事、知门下省事、同掌机密、同平章事等名义加给臣僚,让他们参加高级谋议,这样就形成了君主最高级的幕僚制度。初期此种幕僚制度并无固定的形态,各种名称随敕而定,员额亦不固定,后来,一部分名为平章事、同中书门下三品、知政事、参知政事等,较其他名称用得多,渐趋于固定。而同中书门下平章事,同中书门下三品且成为真正的执政者的称号,虽为三省长官而不带此号者不算作真宰相,这就使以三省长官为宰相的定制发生了变化,未带同中书门下三品的三省长官自己就不敢到政事堂去议事,自然算不了宰相了。君主幕僚的称号成了真宰相的名称以后,员额随之亦趋固定。中唐以后,带同中书门下平章事的宰相,员额常为四人,且常以一人为首相。自宫殿、馆、院诸内职发达之后,又有首相带太清宫使,次三相依次带宏文馆大学士、监修国史与集贤殿大学士的制度。唐代的宰相是集体而不是个人,比起秦汉的丞相来,权力已不那么集中。以幕僚代替正规的宰相是君主进一步分割相权的措施,等到首席幕僚同中书门下平章事成为真宰相且成为定制之后,自然又有新的官职——翰林学士和枢密使来分割其权,以防止宰相的专擅。

第三,是诸院与诸馆的发展。诸院与诸馆本在唐代正规官制之外。其初均为侍奉皇帝左右或供差遣之职。如翰林院本为文学待诏供奉之所,枢密院是宦官在禁中典掌军机文书之所,宣徽院是用于宣达特殊懿旨与主掌禁中财物,宏文馆是皇帝的书斋或侍读之处。这些非正式机关,由于亲近皇帝的关系,逐渐在政治上取得重要地位。中唐以后,诸院与诸馆的职权和组织日趋庞大,成为中央官署中的重要组成部分。例如枢密院,在元和时,典掌枢密的宦官刘光琦与梁守谦等即已招权揽事,宰相只能容忍。五代时后梁改枢密院为崇政院,院使改以士人为之,备顾问参议。后唐复为枢密院,枢密使之权力很大。后晋一度废枢密院,以其职掌归并中书,旋复置。至宋代遂以枢密与中书对掌军、政二柄,号称"二府"。又如翰林学士院,则从文学待诏之所逐渐变成文士的储备之所,翰林学士参议机要,起草任免宰相的制敕,号称"内相"。后晋一度废翰林院,以其职掌并归中书,旋复置。此后翰林院,在中枢政治中地位重要。再如宏文馆,从皇帝的书斋的侍读之处发展为馆职,置大学士,与集贤殿大学士同为次相的兼衔。史馆置监修国事,亦为次相的兼衔。后唐又有端明殿学士之名,以赵凤、冯道任其职,后并加平章事。宋沿唐五代之制,诸殿与馆阁学士遂为文臣之清选,地位崇高。

第四,是理财职官的特设及其发展。唐代的财务行政,本属户部的职掌。中唐以后,国家的财务殊忙,常特派他人管理户部的事,称判户部,如果本身就是户部的官,则称判本司。另外又特派大臣专判户部的度支司,称为度支使,或知度支使、勾当度支使。又常以宰相兼任盐铁转运使。判户部、判度支与盐铁转运使合称三司,分掌赋税、统筹财政和一切税源。三者合起来才是财务行政的全部。五代时,将三司合并成一个机构,即以司为名。其长官称三司使,至宋初,乃与中书、枢密院分掌政、军、财三权,号称计相。

2.地方行政体制的演进

南北朝时代地方行政的最大弊病是州郡增设太多。隋文帝于开皇三年(583 年)罢郡,以州统县。炀帝大业三年(607 年)又改州为郡,以郡统县。自隋初至唐代前期,地方政制均为州(郡)县两级。州上达君相,县俯亲民事,形式上与汉代郡县两级制相同,但在实质上,都有很大差异:第一,秦汉郡府、县廷的组织与相国僚佐相同,唐代州县以功、仓、户、兵、法、士六司分职,与尚书省六部同型。第二,秦汉郡县的佐吏由府主自辟,属吏与长官有君臣之分。隋文帝开皇十五年(595 年)废除州郡自辟佐吏,州县佐官的任用全出自中央,僚佐与长官之间只有行政统属关系而无君臣之分。第三,秦汉时州府内部曹吏分职细,吏员多。隋唐佐官少,但常依赖地方人士的协助,幕宾弄权由此而起。第四,汉代重治民之官,当时不存在重内官轻外官现象。唐前期,仕官者多重内任而轻外职,斑景倩由扬州采访使入为大理少卿,倪若水比喻为登仙。中叶以后,京官俸薄,士人为求利而出为外官,少以政绩显于当世,地方吏治不佳。安史之乱后,诸道藩帅总揽境内诸州军民行政,成为地方行政的重心。地方行政变为道、州、县三级制。藩帅或为节度使或为观察使,形式上由中央官兼充,实际上是变相的三级制。宋代诸路分置使职,又以京朝官知府州事,均为唐制的沿用而加以发展。另外,节度、观察的佐官如副使、支使、判官、推官等名目,亦为使职,他们佐助节度、观察分判诸务,而无曹司分职之制。使职名号与所分判的职务无相当的联系性,实由藩镇制度开其端。

第二节　隋唐五代的皇帝制度

一、皇帝

自秦始皇统一中国以后,以皇帝为君主的名号,形成了一套皇帝制度。隋唐五代的皇帝制度,比起前代来又有所发展。

　　1.皇帝的职权

　　皇帝拥有立法、司法和行政三方面的最高权力,以唐代为例:第一,立法权。唐高祖入关,废除隋代旧法,制定新法,"除苛政,约法十二条,唯制杀人、劫盗、背军、叛逆者死,余并蠲除之"①。皇朝正式法律的制定,由皇帝核准并颁行,如"贞观十一年(637年)正月十四日颁《新格》于天下"②。正式法律之外,皇帝制敕同样具有法律的效力。第二,司法权。皇帝有诛杀和大赦之权。武德四年(621年)七月,"丙寅,窦建德伏诛。丁卯,大赦,给复天下一年"③。死刑的执行须三复奏,表示死刑的终审权由皇帝掌握。第三,行政权。皇帝是国家的行政首脑,中枢机构中书、门下、尚书三省长官均对皇帝负责。宰相的决策只有经过皇帝认可,以皇帝制敕名义颁行,才能发生效力。皇帝经常通过常朝朝议、入阁议政和在延英殿召对诸形式,和朝臣、宰相们议政、决策。日常以降颁诏册制敕的形式处理国家一切政务。

　　2.强化皇权的各项制度

　　都城与宫殿:隋唐建都长安。隋文帝初即位,继北周以汉长安旧城为国都,因其规制狭小,于开皇二年(582年)六月,诏于城东南二十一里龙首川处创建新都,名大兴城。唐改隋大兴城之名为长安,宫朝城市,均沿隋旧,惟易以新名。称宫城为西内,正门为承天门,"元正、冬至大陈设、燕会、赦过宥罪、除旧布新、受外国之朝贡、四夷之宾客,则御承天门以听政,盖古之外朝也"④。承天门之北为太极门,其内正殿为太极殿,为朔望视朝之处,相当于古代的中朝。太极殿之北为两仪门,其内为两仪殿,为日常听朝和处理政务之所,相当于古代的内朝。此外宫中还有殿阁亭

---

①②《唐会要》卷39《定格令》。

③《新唐书》卷1《高祖纪》。

④《唐六典》卷5《尚书工部》。

观三十五所。贞观八年(634年)太宗于玄武门外营建大明宫,因其位于太极宫的东北方,故又称东内。大明宫的南半部有大朝含元殿、日朝宣政殿、常朝紫宸殿。后部为帝后居住和游宴的内廷,宫的北部凿有太液池,池中建蓬莱山,为大明宫内的园林区。开元初,玄宗营建兴庆宫,因其位于皇城正东,居大明宫之正南,故又称南内,亦具外朝、中朝和内朝规制,特别是其园林建筑胜于西内和东内。玄宗又在骊山下扩建华清宫,作为冬春间游幸的离宫。唐沿隋制在皇城中左列宗庙,右列社稷中央机构的各官署,包括六省、九寺、一台、四监、十六卫和左右羽林军都在其中,体现皇城是全国的政治中心。

　　隋唐时除京师长安外,又以洛阳为东都,其城郭宫殿都具有都城的规制。因为洛阳居天下之中,各地交纳赋税输入洛阳比输入京师方便。东都的营建主要是为了赋税转输之便和对于东南经济发展地区的控制。五代时除后唐建都洛阳外,后梁、后晋、后汉、后周均建都于汴,称为东京。

　　车舆:唐制,皇帝车舆有八等。一为玉辂,祭祀、纳后时用之;二为金辂,乡射、祀还、饮至时用之;三为象辂,行道时用之;四为革辂,巡狩、临兵时用之;五为木辂,畋猎时用之;以上合称五辂。六为耕根车,举行籍礼时用之;七为安车,临幸时用之;八为四望车,拜陵、临吊时用之。

　　服饰:《旧唐书·舆服志》云:皇帝的服饰有十二等,用于不同的场合。一为大裘冕,祀天神地祇时服之;二为衮冕,诸祭祀、飨庙、遣将、征还、饮至、践阼、加元服、纳后及元日受朝时服之;三为鷩冕,有事远主时服之;四为毳冕,祭海岳时服之;五为绣冕,祭社稷、帝社时服之;六为玄冕,蜡祭百神、朝日、夕月时服之;七为通天冠,诸祭还及冬至、朔日受朝、临轩拜王公、元会、冬会时服之;八为武弁,讲武、出征、四时蒐狩、大射、祃、类、宜社、赏祖、罚社、纂严时服之,以鹿皮制成的弁服则于朔日受朝时服之;九为黑介帻,拜陵时服之;十为白纱帽,视朝、听讼及宴见宾客时服之;十一为平巾帻,乘马时服之;十二为白帢,临大臣之丧时服之。

车舆和服饰制度,是皇权物化与神化的表现,意在突出皇帝地位的至高无上。

封禅:封禅是指在泰山祭祀天地的典礼。在泰山上筑土为坛祭天,报天之功,称为"封",在泰山下梁父山上辟场祭地,报地之功,称为"禅"。秦汉以后,历代封建帝王都把封禅作为夸耀自己功业的举动。唐初兖州刺史薛胄,以天下太平,请封禅,高祖谦让不许。太宗时秘书少监颜师古撰定封禅的礼书,遂有封禅之举。其后唐代诸帝亦间有封禅的活动。

祭祀:唐武德初定令,每年冬至祀昊天上帝于圆丘,以景帝(高祖之祖李虎)配祀;夏至祭皇地祇于方丘,亦以景帝配祀;孟春辛日,祀感帝于南郊,以元帝(高祖之父李昞)配祀;孟夏之月,雩祀昊天上帝于圆丘,以景帝配祀,五方上帝、五人帝、五官并从祀;季秋,祀五方上帝于明堂,元帝配祀,五人帝、五官并从祀;孟冬,祭神州于北郊,元帝配祀。以祖先配祀天地,是皇权崇高的象征。

3.后宫制度

自汉以后,后宫设置诸内职,包括皇帝、太子的妻妾和宫中女官,各有名号,形成后宫制度。隋唐五代诸内职自皇后以下有两个系统,一是妃嫔等内命妇系统;二是宫中女官系统。皇后为天下的母仪,与皇帝在仪制上是相对的,不在内职之列。临轩册命皇后,有严格的制度规定,也与皇帝一样有谥号。内命妇之制,自隋至唐略有变化。隋开皇时有嫔、世妇、女御,文献皇后殁后又置贵人。炀帝时以贵妃、淑妃、德妃为三夫人,顺仪、顺容、顺华、修仪、修容、修华、充仪、充容、充华为九嫔,又以婕妤、美人、才人合称世妇,以宝林、御女、采女合称女御。唐因隋制,以贵妃、淑妃、德妃、贤妃为夫人,昭仪、昭容、昭媛、修仪、修容、修媛、充仪、充容、充媛为九嫔,又有婕妤、美人、才人、宝林、御女、采女之设。

关于宫中女官,炀帝仿外官尚书省置内官尚宫、尚仪、尚服、尚食、尚寝、尚工六局,合称六尚局。各局分设四司,六尚共二十四司,各有职掌。唐沿置六尚局,尚宫局置尚宫,掌导引中宫;尚仪局置尚仪,掌礼仪起居;尚服局置尚服,掌供服用采章之数;尚食局置尚食,掌供膳羞品齐;尚寝局置尚寝,掌燕见进御之次叙;尚工局置尚工,掌女工之程。每局亦各分四司,分掌本局之事。此外又设宫正一人,掌宫中戒令、纠禁、谪罚之事。

太子另有内职系统。内命妇有良娣,其地位仅次于太子妃;其下又有良媛、承徽、昭训奉仪之名。宫中女官有司闺(掌导引妃及宫人名簿)、司则(掌礼仪参见)、司馔(掌进食先尝)等。

4.殿中省和内侍省

殿中省是为皇帝衣食住行服务的机构,所谓"掌天子服御之事"[1]。它在三省之外,与秘书省、内侍省同称为省,其地位已高。殿中省以监、少监为正副长官,其属省六局:尚食局掌储供,尚药局掌和御药、诊视,尚衣局掌供冕服、几案,尚舍局掌殿庭祭祀张设、汤沐、灯烛、洒扫,尚乘局掌内外闲厩之马,尚辇局掌舆辇、伞扇、纸笔砚杂供奉之事。六局各有奉御、直长为正副主官。

北齐初置中侍中省;隋初改设内侍省,为宦官之职,偶亦参用士人,所掌都是宫廷内部事务。炀帝时改称长秋监,唐代或称内侍省,或称为侍监、司宫台,专用宦官。以监、少监为正副长官,其下有内侍、内常侍、内给事,内谒者监、内谒者、内寺伯、寺人。所属六局各以令、丞为正副主官。掖庭局,掌宫人簿籍、女工;宫闱局,掌宫内门禁;奚官局,掌奚隶工役、宫官品命与宫人疾病治疗及丧葬之事;内仆局,掌中宫车乘出入;内府局,掌中藏宝货出纳之数与宫中灯烛、汤沐、张设之事;太子内坊局,掌东宫阁内及宫人粮廪。

---

① 《新唐书》卷47《百官志二》。

5.皇权与外戚

外戚是指皇帝母族和妻族,以及公主的夫家。他们是通过婚姻关系而形成的,是皇帝制度的必然产物。外戚由于是椒房之亲,常能对于政治起很大的影响。隋文帝杨坚就是凭着外戚的身份以功为北周大丞相,后来自立为帝的。唐初外戚对于太子的废立,影响甚大。唐高宗李治得立为太宗的太子,全赖其母舅长孙无忌的力争。高宗时武后专宠,武家子弟多封王爵,把持从中央到地方的军政大权。玄宗专宠杨贵妃,贵妃从祖兄杨国忠便由御史进位宰相,玄宗年老倦于政事,杨国忠窃权自握,酿成大祸。

6.皇权与宦官

宦官是服役于后宫与宫殿间的阉人,也是皇帝制度的产物。唐代中期以后,在面临外扰内乱、各种矛盾尖锐的情况下,宦官作为皇帝的心腹,对监视朝臣、控制藩镇、抵御少数民族侵扰、维护中央政权,曾起过重大作用,例如以宦官统领的神策军,增强了朝廷的军事力量,有利于防遏少数民族侵扰和抑制地方藩镇,宦官监军,以皇帝特派员的身份常驻方镇,"监视刑赏,奏察违谬"[1]。宦官还以枢密使、宣徽使以及中使等身份,参与决策,宣传诏旨,加强对文臣武将的监督控制。宦官参与军事、政治活动,可以说是皇权的延伸。但是宦官因功得宠,因宠专权,特别是掌握军权的宦官,甚至操纵了皇帝的废立之权,于是又出现了宦官专权之祸,是造成唐代后期政治混乱的因素之一。

二、东宫制

1.皇位继承与太子

皇位是封建社会中行使国家最高权力的职位。皇朝的嬗代,是用暴力或政变的办法所取得。隋文帝以北周皇后父亲身份,废北周皇帝自立;唐高祖本是贵族,夺取了隋的统治。后梁

---

[1]《唐会要》卷72《京城诸军》。

太祖朱全忠则是以强藩篡夺了唐代的中央政权。皇朝建立后的皇位继承，自汉代以来，一般都册立太子，以确定皇位的继承人。封建宗法制度规定的继承方法是嫡长子继承制，但君统和宗统不同，官位继承并不一定是嫡长子，继位人选系于皇帝的取舍和各派政治力量的对比与斗争的结果。隋文帝本来已立长子杨勇为太子，次子杨广运用阴谋手段，害死太子，弑父自立。唐代除武则天以外，还有二十位皇帝，除李渊开国皇帝之外，以嫡长子继承的只有德宗和顺宗，由大臣拥立的有高宗、中宗、睿宗、敬宗、哀帝五帝；由宦官拥立的有代宗、宪宗、穆宗、文宗、武宗、宣宗、懿宗、僖宗、昭宗九帝；因特殊事变而立的有太宗、肃宗；因稳定政权有功而立的为玄宗。武则天初以母后临朝，继则废子称帝，改国号为周，表示武家取代了李家的天下。武则天作为中国历史上第一个女皇帝，晚年在皇位继承问题上进退维谷，作为武家天下，她的异母兄的儿子武承嗣、武三思力求继位，爱女太平公主也想继位做女皇，但朝臣却要求传子，武则天延至圣历元年(698 年)才决定立亲生儿子李显为皇太子。神龙元年(705 年)武则天病重，宰相张柬之等拥李显即位，恢复唐国号，这是一个特例。五代年代短促，杀夺相循，皇位继承所可注意的是有以异姓养子相继承的事例。

2.东宫组织

东宫为太子所居之宫，太子属官自成一套体系，比附皇朝的中央官制而成，称为东宫制度。自汉以后，东宫官属逐渐庞大，隋唐五代的东宫官属组织，沿袭前代而又有变化，五代战乱，东宫之制不详。隋唐东宫组织如下：

师傅与宾客：隋唐东宫置太子师傅六人，即太子太师、太傅、太保各一人，太子少师、少傅、少保各一人，掌辅导太子，"官不必备，惟其人，无其人则阙"①。唐显庆元年(656 年)又置太子宾客

———————————

①《唐六典》卷 26《太子三师三少》。

四人,掌侍从规谏,赞相礼仪。

詹事府:比拟宰相府兼尚书省。隋开皇二年(582年)置詹事一人,次年置。唐置詹事、少詹事各一人,龙朔中改为端尹,天授中改为宫尹,神龙初复旧。"统东宫三寺、十率府之政令,举其纲纪而修其职务"①。凡敕令及尚书省、左右春坊符牒下东宫诸司者,均由詹事府转发。詹事府所属还有太子司直三人,职比侍御史,掌弹劾宫府僚佐。

左右春坊:隋因北齐之制,置门下坊与典书坊,比拟门下、中书两省。唐初沿置,后改称左右春坊。

三寺、十率府:东宫置家令寺、率更寺、仆寺,比拟九寺五监,又置十率府为东宫保卫机构,比拟十六卫。

三、公主及其邑司

自汉以来,历代皇帝的女儿称公主,姊妹称长公主,姑称大长公主,诸公主家事都有管理机构。唐制,公主置邑司,设令、丞,掌公主家财货出入、田园征封之事。公主邑司归宗正寺管辖,若公主出降,则邑司撤销。

四、宗室

1.亲王和王府组织

隋制以皇帝伯叔昆弟皇子为亲王,亲王无封土之实。府官有师、友、文学,掌辅导王;还有掌理王府事务的一套人马。嗣王、郡王无师、友、主簿、录事参军、东西阁祭酒、长兼行参军等员。国官有国令、大农、国尉,掌王国之事。炀帝大业时,"王府诸司参军更名诸司书佐,属参军则直以属为名。改国令为家令。自余以国为名者,皆去之"②。

---

① 《唐六典》卷26《太子詹事府》。
② 《隋书》卷28《百官志下》。

唐制以皇帝兄弟、皇子为亲王。亲王府置傅、咨议参军、友,及文学,东、西阁祭酒等,以分掌王府政务;又置亲王亲事府与亲事帐内府,为亲王护卫机构。亲王出阁则置国官,有国令、大农,掌通判国事;国尉国丞,掌判国司,勾稽监印事,还有一套相应的属官。所谓国官,并不管理封国政事,只是会同州县官收取封国租调而已,与地方行政无涉。

2.宗正寺

宗正寺掌皇帝族亲属籍,包括皇族和外戚。隋制不统署,置卿、少卿各一人,唐制,皇帝亲属有五等,先定于吏部的司封司,而掌于宗正寺。宗正寺也以卿、少卿为正副长官,其下有丞、主簿、录事、知图谱官、修玉牒官、知宗子表疏官。武德二年(619年)诸州各设宗师一人,管理在诸州的皇族,属宗正寺,后省。

皇帝的墓葬称为陵,唐代依山为陵,特称山陵。隋制诸帝陵各有陵署主管。唐代沿置,设令及丞,掌山陵守卫之事,所属有主衣、主辇、主药、典事、掌固及陵户。皇帝祭祀祖宗之处称为宗庙,隋置太庙署,设令及丞,又有阴室丞,掌守护阴室。唐武德初始立四庙,贞观中沿南朝之制立六庙。中宗时始立三昭三穆并太祖为七庙。东都洛阳亦建太庙。开元中创太庙九室之制,分别祭祀献祖、懿祖、太祖、世祖、高祖、太宗、高宗、中宗、睿宗。自此以后,太庙以九室为常制。太庙管理沿隋制置太庙署以令为主官。唐诸陵署与太庙署本属太常寺,开元二十四年(736年)以宗庙不可以称署,废太庙署,以太常寺奉宗庙。次年以陵庙管理之职归宗正寺,诸陵署改称诸陵台,太庙去署字。

诸太子的陵庙其初亦属太常寺,后并隶宗正寺。诸太子陵署令及丞,所属有录事、典事及护陵的陵户。太子庙亦置令及丞,掌洒扫开阖及四时享祭,所属有录事、典事等。

宗正寺所属还有崇玄署,掌京、都诸观名数与道士帐籍、斋醮之事。

统揽上述,隋唐五代时期的皇帝制度,较之秦汉,更趋复杂化。不仅通过在皇帝生前上尊号(包括屡加徽号)、死后加谥号以及宗庙、庙号、陵寝制度的健全,来加强皇帝至高无上的神圣性,而且,还通过都城和宫城的规制、宫廷组织的系统化、东宫制度定型化等,来加强皇家的特权地位,从而使秦始皇创立的皇帝制度发展到一个新的阶段。

第三节　隋唐五代的中央决策机构及其运行机制

一、中央决策系统的结构与机制

1.最高层次决策——御前决策会议

隋唐时期的中央决策系统具有它自己的特色,即在中央内部形成了多层次的决策结构与不同的决策机制,以便能够较充分地发挥统治集团内部成员的积极性,使中央的决策具有较大的可行性。由于皇帝在封建王朝中具有至高无上的地位和拥有绝对权力,所以,这些不同的中央决策层次中,最高的层次是御前决策会议。

隋唐皇帝经常以不同的方式会见大臣。会见的时间、场所和参加的人员都有所不同。在这些会见中,除某些礼仪性质的,如正月元日和冬至的朝会以外,通常都要进行对国家政事的讨论和决策。由于这些会见均由皇帝亲自主持,因此可以总称为御前决策会议。

每月的一日(朔)和十五日(望),皇帝要定期会见群臣,称为朔、望朝参。唐代前期在朔望朝参会议时,官员可以向皇帝奏事。但在玄宗开元年间以后,逐渐转化为一种会见群臣的仪式,丧失了决策的功能。唐代正式的御前决策会议称为常参。参加者一般为五品以上的高级官员。常参会议一般每日或隔日举行，会议的内容十分广泛，举凡军国大事、百官奏议等，均可在会议中提出、讨论、决策，在唐代前期的中央决策过程中作用很大。但是，由于常参会议因皇帝辍朝和灾异等原因，经常不能按时举行。同时，参加人数众多，往往纪律懈怠，效率很低，也不便于保密，因此，在唐高宗以后，其重要性下降，往往也成为一种仪式。

唐代皇帝在举行朝会和常参时，卫士布列仪仗，朝罢才放散，百官也随之退出殿庭。为了保持重要决策的机密和提高效率，产生了在常朝仗下后，皇帝再与宰相或有关大臣议决军国大事的决策方式。高宗时，宰相"许敬宗、李义府用事，政多私僻，奏事官多俟仗下，于御座前屏左右密奏"①。由于仗下后会议较常参会议更为灵活，更能保守决策秘密，所以在高宗以后逐渐取代常参会议，成为御前决策会议的主流。

与仗下后决策会议有别的，是延英殿决策会议。唐玄宗时，延英殿会议已颇为流行，开元时，杨玚为御史中丞、户部侍郎，"上曾于延英殿召中书门下与诸司尚书及玚议户口之事，玚因奏人间损益，甚见嗟赏"②。到唐肃宗、唐代宗时，延英殿决策会议经常化了。③它是适应唐代中期以后政治情况变化的需要而出现的，其保密性很高，会议的形式较为随便，在讨论中不仅宰相之间经常进行辩论，甚至宰相与皇帝之间也可以对政事争论。召开的方式十分灵活，开会时间可长可短。延英会议的参加者，主要是皇帝和宰相。

延英殿会议以其多方面的优越性，在唐代中期以后成为最重要的御前决策会议形式，在中央政权的决策过程中发挥了举足轻重的作用。延英殿会议的议案由宰相提出，经过讨论得到皇

---

① 《资治通鉴》卷 211 唐玄宗开元五年条。
② 《旧唐书》卷 185 下《杨玚传》。
③ 《唐语林》卷 3。

帝口头批准后,再由宰相具体拟定执行办法进状,由皇帝最后书面批准。唐代后期,随着宦官势力的不断上升,宦官首脑枢密使等经常出席延英殿会议,以便加强对中央决策过程的控制。

唐代中期以后,皇帝还不定期地在宫内的各个偏殿中召见翰林学士议事,成为学士召对会议,对中央的各项决策影响也很大。

唐代御前决策会议的发展趋势,总的说来,是逐步由固定向灵活,由规模较大向规模较小,由低层次向高层次转变。这种转变,既是唐王朝的中央决策系统逐步多元化的反映,也是为了适应唐代不断变化的政治、军事和社会形势的需要。

2.中书、门下两省的决策机制

隋唐中央决策系统的结构,是以皇帝和中书、门下两省为核心的。唐玄宗时颁布的行政法规《唐六典》中,正式规定两省长官"佐天子而统大政"①。并规定"国政枢密,皆委中书,八座之官,但受其成事而已"②。即使在政治系统的实际运行中,也有非两省系统的其他高级官员被任命为相,参与最高决策,但中书门下在中央决策系统中仍居于重要地位。当然,从延英殿会议以及中唐之后的任官情况看,唐后期中书门下的权力,已有了不少变化,直到五代时,才逐渐因枢密院地位的上升而发生较大的变化。

中书省,在隋唐时期又曾一度被称为内史省、内书省、西台、凤阁和紫微省。其职权主要是参与中央决策和起草诏令。中书省的各级官员,依其地位不同,在决策过程中起着不同的作用。长官中书令,"总判省事"③,在隋唐时期为正式宰相,直接参与中央的各项核心决策。

中书侍郎是中书令的副手,名义上也负有参议中央各项决

---

① 《唐六典》卷8《门下省》、卷9《中书省》。

② 《唐六典》卷1《尚书都省》。

③ 《新唐书》卷47《百官二·中书省》。

策的职权,但按照唐代惯例,"侍郎虽是副贰,但置位而已,甚无谓也"①。如果不被正式任命宰相,并不能参与核心决策,只能主持一些本省事务。不过,在玄宗以后,中书令由于地位崇高,经常阙而不授,中书侍郎一般都被任命为宰相,成为中书省名副其实的实际长官。

中书舍人是中书省的重要官员,共有六人。负责起草诏令,并担任宰相会议的秘书工作。不过,他们的部分职权在玄宗以后,逐渐转移到翰林学士和政事五房②官吏之手。

门下省在隋唐时期一度改名为东台、鸾台和黄门省,负责对中央决策的审议和封驳,拥有封还皇帝诏书和驳回臣下章奏的权力。成为中央决策系统中的重要制约机构。门下省的长官侍中,职为宰相,直接参与核心决策。他的副手门下侍郎是实际上的门下省长官,中唐后,常被任命为相,同样参与中央决策过程。

给事中是门下省的重要官员,具体负责对中央各项决策的审核,如发现有失误和不可行的,则无论是皇帝的诏令还是臣下的奏抄,都可以退回重新起草或作废,并分管部分省事。

两省还分别设置谏官,包括散骑常侍、谏议大夫、补阙和拾遗,负责对中央各项决策的得失进行监督评论,以便对决策作出进一步的修改。为了便于决策活动的进行,中书门下两省又分别设置一些下属机构。其中较重要的有:中书省下属的集贤殿书院和门下省下属的弘文馆。这两个机构收藏有大量图书,具有皇家图书馆的性质,可以作为决策时的参考。史馆,初属门下省,后属中书省,负责国史的修撰。起居舍人,属中书省;起居郎,属门下省,唐代前期负责在御前决策会议中担任记录。符宝郎,属门下省,负责各种印鉴符节的掌管。

---

① 《唐会要》卷54《中书侍郎》。

② "五房"名称,见《新唐书》卷46《百官志》,即吏房、枢机房、兵房、户房、刑礼房,是为宰相会议的秘书机构。

二、宰相会议的决策机制

1.政事堂与中书、门下的关系

唐代宰相议政的地方称为政事堂，所以，唐代前期的宰相决策会议又称为政事堂会议。唐王朝之所以要设立这样一个决策机构，是因为中书、门下分掌出令和封驳，没有一个统一的机构，容易造成各持己见，争执不休，或者互相依违，知错不改，都会对决策产生不良影响。因此，从唐初开始，中书、门下和尚书三省首脑，就在一起议政决策，形成了政事堂决策会议。

唐玄宗开元以前，宰相例为兼职，他们一般是"午前议政于朝堂，午后理务于本司"[①]。作为政事堂会议秘书的中书舍人，也同样兼有其他职务，所以政事堂仅仅是一个临时会议场所。玄宗时，官僚机构日趋庞大，社会各种矛盾盘根错节，加以战事纷繁，国家事务不断增多。可是，"开元以后，宰相数少，始崇其任，不归本司"[②]。宰相得以专职，事务丛杂，政事堂会议开始逐渐转变为专门的决策机构。

在政事堂会议的转化过程中，经历了两次较重要的改革。第一次是在武则天执政之初，中书令裴炎把政事堂由门下省迁往中书省。第二次是玄宗开元时，宰相姚崇和张说把政事堂会议改名为中书门下会议，并先后剥夺中书舍人的宰相会议秘书职权，而在政事堂后设立吏房、枢机房、兵房、户房、刑礼房五房作为宰相会议新的秘书机构。五房官吏地位不高，完全听命于宰相，从而大大加强了宰相的决策权力。这些改革，再加以宰相的日益专职化，导致宰相决策会议的功能大为提高，使中书、门下两省机构在最高决策层次合为一体，有如司马光所言："开元初，张说奏改政事堂为中书门下，自是相承，至于国朝(按：指宋朝——引者)

---

① 《通典》卷23《吏部尚书》。
② 《旧唐书》卷106《杨国忠传》。

莫之能改。非不欲分也,理势不可复分。"①

2.宰相名称及其职权的变化

唐代初年,继承隋制,以三省长官为宰相,从贞观年间开始,皇帝开始任命中央其他高级官员为相。最初,这些非三省长官的宰相有各种名义,如参知机务、参预朝政等,临时性质较为显著。从太宗后期到高宗时,开始授予中央资历较低的官员以"同中书门下三品"或"同中书门下平章事"的名义,作为宰相的职衔。以后,这种职衔逐渐固定下来,玄宗以后,"同中书门下平章事"成为宰相的正式称呼。宰相来源的广泛化和其职衔名称的固定化,是为了适应唐王朝的实际政治需要,加强皇权,分散相权,以便建立更为灵活的、能为皇帝所控制的中央决策系统的措施。

但是,就宰相之间的职权来说,仍然存在着不平衡。隋代尚书省的权力比中书省、门下省为重。隋代除杨素任尚书令不满一年而外,再无人为尚书令。尚书省掌实权的是尚书左、右仆射。他们是最受信任的尚书省长官。例如,高颎为尚书左仆射,"朝臣莫与为比"②,杨素为尚书右仆射,"与高颎专掌朝政"③。唐代初期,基本沿袭隋制,尚书省长官由于集决策和执行的权力于一身,在宰相中地位最高,权力最大,对皇权构成潜在的威胁。因此,如何改变宰相之间的权力配置,就成为唐代前期政治改革的又一任务。唐太宗曾任尚书令,尚书省长官便是左右仆射。唐中宗时,单被任命为仆射,而不加授"同中书门下三品"职衔的官员,不再是宰相,不能进入政事堂议政,这一做法在以后逐渐固定下来。尚书省长官丧失了宰相的职权,使宰相之间权力轻重失调的情况得以消除,中央决策系统的结构更为协调合理。

---

① 《文献通考》卷 50《职官四》引。

② 《隋书》卷 41《高颎传》。

③ 《隋书》卷 48《杨素传》。

3.宰相会议的决策方式

唐代宰相会议讨论的内容十分广泛,其来源主要有:皇帝直接下达的指令;皇帝转发的臣下奏状;各级中央和地方的机构上报中书门下的文书,以及宰相自己认为有必要讨论的各种政事。宰相会议讨论后作出的决策,一般以中书门下奏状的方式上报皇帝批准后,作为与诏令具有同等法律效力的文件颁布,或者转交中书舍人、翰林学士等起草正式诏令颁布。但是反过来,皇帝的诏令一般情况下也要经宰相会议讨论通过,并加盖"中书门下之印"方正式生效。

在唐王朝的中央决策系统中,御前会议主要讨论最重要的军国大事,而其余较次要的日常政事,则主要在宰相会议中决定。皇帝一般仅行使批准权。另外,在御前会议中,一般只讨论处理的原则,具体实施方案则交由宰相会议拟定。

唐代宰相会议实行集体决策制度。这一制度的主要标志,是宰相奏状联署制。从制度上来说,各相的地位是平等的,但在实际上,由于封建专制主义的影响和皇帝信任程度的变化,又往往形成某一权相个人专断的局面,造成对集体决策制度的破坏。宰相会议的决策权力,在唐代中期以后,由于翰林学士和宦官逐步进入中央决策系统而有所降低。

4.扩大参与的百官会议

唐代在遇到重大和复杂的军国大事,御前会议和宰相会议都难以作出准确的判断时,为了广泛反映和集中统治集团成员的意见,往往由皇帝指令或宰相请求,召开百官决策会议。

百官会议参加者的范围无定准,较小的仅部分高中级官员参加,较大的可以包括整个中央九品以上官员。会议的场所一般是在尚书省。会议主持者和讨论记录的整理汇报者,除宰相外,也可由中央其他高级官员担任。百官会议通常受到宰相控制,从开会时间、议题、议程一直到对其议状的分析评价,宰相往往都拥有较大的决定权,但需皇帝最后批准。

当皇帝和宰相在决策过程中还没有形成确定意见的情况下,百官会议往往能对中央最后的决策产生重大的影响。但当百官会议的看法与皇帝和宰相相异时, 则只能屈从迎合皇帝和宰相的意见。这种情况表明, 皇帝和宰相召开百官决策会议的目的,除了可以提供决策时的参考外, 主要还是寻求整个统治集团对自己政策的广泛支持和参与。

三、决策机构逐步多元化

1.宦官参与决策

从唐玄宗时起,宦官的势力不断发展,从而逐步进入中央决策系统。宦官参与中央决策者,最早为玄宗时的高力士,自此以后,愈演愈烈。司马光说唐代"宦官之祸,始于明皇,盛于肃、代,成于德宗,极于昭宗"①。具体揭示了唐代宦官参与中央决策程度的变迁。

宦官参与中央决策,主要是通过其首脑神策护军中尉和枢密使实现的。神策中尉手握禁军,拥有废立皇帝之权。对中央日常决策干预多是枢密使。它设置于代宗时,最初仅负责传达诏令,到宪宗时,已渐获得参预核心决策之权。他们可以预知命相,可以参加御前决策会议和宰相决策会议,还可以更改诏敕,形成"宰相、枢密,共参国政"②的情况。宦官除了直接参政外,还间接对决策施加影响。唐代中期以后,通过与宦官交结而获得相位的情况屡见不鲜,在他们任相期间,自然与宦官存在着一定的合作与屈从的关系, 这种情况直到唐末昭宗时诛灭宦官以后方才改变。

2.学士的设立和翰林学士职权的扩大

唐高祖、太宗时已设立文学馆、弘文馆学士,经常与他们在

① 《资治通鉴》卷 263 唐昭宗天复三年条。
② 《资治通鉴》卷 250 唐懿宗咸通二年条。

宫禁中讨论国家政事。学士们"本以文学言语被顾问,出入侍从,因得参谋议,纳谏诤,其礼尤宠"①。不过,他们主要还是起一种皇帝私人顾问的作用。随着君主为加强自己权力以及分割决策系统内宰相和中书舍人权力的需要,学士的作用越来越大。高宗武后时,设立"北门学士","朝廷疑议及百司表疏,皆密令万顷等参决,以分宰相之权"②。玄宗时,又在禁中设立翰林待诏,专门负责协助皇帝批答臣下奏疏及起草诏令,不过仍属临时性质,集贤院有时亦可起草诏敕。开元末年,改翰林供奉为翰林学士,专掌诏令起草,并在禁中建立翰林学士院。于是,翰林学士正式成为中央决策系统的成员。

翰林学士居于禁中,独立于三省之外,直接对皇帝负责。由于翰林学士与皇帝的关系十分密切,翰林学士不仅限于起草诏令,进一步参与中央决策,时有"内相"之称,与外朝的宰相渐有分庭抗礼之势,也多成为晋升宰相的阶梯。唐代中期以后,翰林承旨学士"凡大诏令,大废置,丞相之密画,内外之密奏,上之所甚注意者,莫不专对,他人无得而参"③。翰林学士参与中央决策的体制至此基本固定下来,一直延续到五代以后。

3.唐末、五代枢密院的设置及演变

唐末,据《东观奏记》卷中记载,在宣宗时,已有枢密院。到僖宗、昭宗时,随着宦官首领枢密使的权力不断扩大,枢密院逐渐演化为中央决策系统内新的机构。但随着昭宗时宦官的被诛灭,宦官控制的枢密院也就灭亡了。强藩朱温命其心腹任枢密使,自此以后,枢密院职务改由士人担任。

五代时,枢密院(后梁称崇政院)的权力更大,独立性更强,成为与中书门下并立的中央决策机构。甚至当时枢密使的权力

①《新唐书》卷46《百官一》。
②《旧唐书》卷190 中《元万顷传》。
③《元稹集》卷51《翰林承旨学士记》。

超过宰相,"不待诏敕而可以易置大臣"①。从后唐时开始,枢密院逐渐倾向以处理军事事务为主,中书门下则以行政事务为主,逐渐形成了中央决策系统中军事和行政并立的二元化结构。

唐代中央决策机构逐步多元化趋势形成的主要原因,是在皇帝的"独断"倾向不断增强的同时,他还不断削夺和分割决策机构内部权高望重成员的权力,并把这些权力授予自己所信任的近侍及另一些统治集团成员,从而造成决策机构的逐步多元化。

四、决策的程序与方式

1.诏令的颁行程序

封建王朝中央政权的决策活动,主要是通过以皇帝名义发布各种诏令来进行的。按照《唐六典》卷9规定,唐代颁布的诏令共有七种,即册书、制书、慰劳制书、发日敕、敕旨、论事敕书和敕牒。其中,前三种用于重大赏罚,重要政事变动和人事任免,以及皇室内部事务。后四种主要用于国家日常行政事务和普通人事变动。因此,诏令的颁行程序,实际上也就是中央决策的主要程序。

唐玄宗以前,皇帝的意旨、御前会议或宰相会议的决议,如要以诏书的形式颁发,一般先交由中书舍人起草。起草完毕,由中书令、中书侍郎和中书舍人署名后,交由门下省审查、署名,再呈送皇帝书面批准。已批准的诏令又送往门下省,正本存档,另抄一份副本注明"制可",加盖骑缝印,再送交尚书省施行。如果给事中在审查时发现诏令有错失,还可以封还重新起草或作废。

唐玄宗以后,由于翰林学士逐步参与中央决策,诏令颁行程序发生了一些变化。诏令被分为内命和外命两种。内命属于重要的中央决策,"自非国之重事,拜授将相,德音赦宥,则不得由于斯"②。内命由皇帝直接指令翰林学士起草,宰相会议的决定,在

---

① 赵翼:《廿二史札记》卷22《五代枢密使之权最重》。
② 《全唐文》卷455,韦执谊《翰林院故事记》。

上奏皇帝被批准后,也可转交翰林学士草诏。内命诏令由禁中直接发出。外命为一般决策,仍由中书舍人起草后交门下省审查颁发。玄宗以后诏令颁发程序的变化,是唐代中央决策系统内部多元化趋势的反映。

除此以外,唐王朝的中央决策还经常采用皇帝对宰相或中央各部门奏状的批转的形式。这些奏状经皇帝画可,并加盖印鉴批准正式颁发,也具有与诏令同等的法律效力。唐代中期以后,这种由皇帝批准转发臣下奏状的决策程序,反映出唐代中后期中央决策权力由集中走向分散的趋势。

2.战略性决策与行政性决策

隋唐王朝中央决策,从其决策范围来看,又可分为战略性决策和行政性决策两类。战略性决策,是一种具有较长时间跨度影响的重大国策。它往往是在缺少充分信息和周密分析的情况下,由决策者依据其经验和直觉作出,因此,主要决策者皇帝和宰相的素质与经验如何,对决策有极大的影响。

从总体上看,隋唐王朝前期的战略性决策是比较成功的。这可以从隋唐时期经济文化的繁荣,对外文化经济交流的发展,国力保持长时期强盛中反映出来。唐王朝建立了一套行之有效的决策制约机制,即通过谏官的进谏和封驳,宰相和百官的集体决策,较充分地调动了整个统治集团的经验和智慧,减少了决策中的错失。当然,在隋唐后期,随着统治集团的日益腐朽,战略性决策中的盲目性和错失也随之而不断增加。

行政性决策,是有关中央各部门日常工作的大量程式性决策。这些日常行政决策,处理大量具体事务,需要确切的信息作为其分析和决断的基础,所以又属于信息性决策。行政性决策由于是大量的和重复性的,因而与战略性决策不同,可以用定型化和程序化的方式加以处理。《旧唐书》卷43《职官志》载有官吏任命方面的两类不同的决策方式,即自初唐以来,五品以上高级官员的任命,采用制授;六品以下官员的任命则采用敕授。所谓"制授者",用后来陆贽的话说是"宰相商议奏可而除拜之也;旨授者(即敕授者——引者),盖吏部铨材署职,然后上言,诏旨但画闻以从之,而不可否者也"①。也就是说,日常行政性决策,由有关部门按律、令、格、式决定,上报皇帝备案批准即可,与重大决策需经宰相会议和御前会议反复讨论通过是有很大区别的。

五、决策的依据和信息传递渠道

1.地方奏报与大臣章疏

为了获得各种及时的和准确的信息,作为中央决策的依据,隋唐王朝建立了多种不同来源的信息渠道,以保证中央决策的及时性与可行性。

隋唐王朝各种上达中央的信息渠道中,最重要的是各地行政机构的情况上报制度。地方情况的上报分为两大类。第一类是定期的常规性汇报,即各道、府、州、县在固定的时间,按照规定的项目上报本地情况。户籍、田地、财政、吏治是其中最重要的项目。上报的文书主要采用籍、帐等形式。第二类属于不定期的上报,其项目根据当时需要由中央临时确定。其文书则主要采用表、状等形式。

各地信息传送到中央,在唐中期以前,主要通过两条渠道,即派遣专使或者通过邮驿。专使可靠性较高,所以地方州府重要的情况和文书的上报,一般都采用这种方式。专使中较重要的是朝集使,由地方长官或高级官吏担任,每年定期到京城考绩,并向中央直接汇报各地情况。安史之乱后,朝集使制度渐废弃,诸道进奏院应运而生,诸道进奏院是由各地方镇派遣官吏在长安设立的常驻办事处,其职能十分广泛,但最重要的是充当中央和各地方镇之间的信息联系渠道。

隋唐时期,最为广泛应用的信息传递途径是邮驿。唐代邮

---

① 陆贽《陆宣公翰苑集》卷 17《请许台省长官举荐属吏状》。

驿系统发达,全国共设立 1600 多所驿站,传递诏令文书的效率很高。

安史之乱后,刘晏为解决财政困难而创立了巡院制度,后来逐渐发展到全国。各地巡院以汇报地方经济动态的高效率著称,"四方物价之上下,虽极远,不四五日知"①。因而在其创设不久,就成为中央据以了解各地信息的重要渠道。

2.御史出巡

仅仅依靠地方各级官吏向中央的上报,还是远远不够的,仍然有可能出现虚报和隐瞒真实情况的现象。因此,隋唐王朝在建立由下至上的地方信息上报制度的同时,又建立了从上而下的御史出巡制度,以利于直接掌握和监察各地情况。

御史台组织有三院:台院、殿院、察院。殿院的殿中侍御史和察院的监察御史,除负责纠举百官和推理刑狱外,还要巡察京城和出使各地了解情况,"事无巨细得失,皆令访察,回日奏闻"②。御史出巡所要了解的情况十分全面,包括吏治好坏,经济状况,治安情形及各地人才等,成为中央获得各地信息的重要途径。因此,如其反映情况不实,就要受到惩处。但是由于御史人数较少,出使时间短,察访范围过广,所了解的情况是有限的,有时甚至难免失实,因而仍有较大的局限性。

3.使臣出巡

派遣各种使臣前往各地,是隋唐王朝中央政权获取信息的又一条重要渠道。隋文帝就经常"潜遣行人采听风俗,吏治得失,人间疾苦,无不留意"③。到唐代,使臣的派遣更为频繁。这些使臣有各种各样的名义,如观风俗使、巡察使、按察使、黜陟使、采访处置使等等。他们也往往代表中央处理一些地方事务。

---

① 《旧唐书》卷 123《刘晏传》。

② 《旧唐书》卷 128《颜真卿传》。

③ 《隋书》卷 2《高祖纪下》。

使臣出巡各地，也存在着因时间匆促而不能深入了解情况的弱点，因而到唐中宗以后，开始在各道设立中央常驻使臣，定期轮换。玄宗时，这些常驻使臣开始向道一级地方行政长官转化，肃宗以后的各道节度观察使已成为正式的地方行政长官了。不过在唐中期以后，由于加强对地方控制的需要，中央向地方派遣的使臣仍然很多，"访其所要，察其所弊，还日上奏"①，仍然发挥了一定的信息渠道功能。

4.广开言路

为了更广泛地了解统治集团内外以至于民间的各种信息和意见，以作为中央决策的参考，唐王朝又实行了广开言路的政策。其具体做法为：第一是在某些特定时候，如发生水旱灾害，皇帝继位、改元以及其他有必要的场合，下诏求言，允许臣民以直接向皇帝上封事的方式，反映自己的意见和各种情况。上书者的资格并没有一定的限制，而是每次下诏时临时规定，有时限五品以上高级官员，有时包括九品以上甚至扩大到一般平民。这种求言方式，由于上书可以直达皇帝，减少通常在文书层面上报过程中出现的干扰和阻碍，对中央决策能起到一定的影响。

第二是设立匦制。唐代统治集团认识到，下诏求言不可能经常举行，因而需要设置一种固定的、能够被广泛利用并且可以直达皇帝的信息渠道。这样的渠道在武则天时创立，她在朝堂设立四个铜匦，"以收天下表疏"②。匦制为低级官吏和平民提供了下情上达的机会，也是皇帝得以直接获取外部信息的重要途径，具有其他信息渠道所不能完全取代的优点，所以在武则天以后仍然一直沿用，成为唐代的制度。

投匦文书，重要的由皇帝直接审阅，一般的则转发宰相和有关部门处理。匦制的实行，在一定程度上起到减少壅蔽的作用，

---

①《唐大诏令集》卷116德宗《奉天遣使宣慰诸道制》。

②《旧唐书》卷50《刑法志》。

但也产生了一些弊病。主要是由于投匦文书的繁杂众多,增加了皇帝审阅的负担,因而不得不设立匦使,事先对文书投匦进行限制,但这种方式实际上又给予了匦使控制这一信息渠道的权力。

5.决策与信息的关系

要能够作出正确和及时的决策,中央政权必须随时了解全面的和可靠的信息。隋唐王朝的政治家们对这个问题有较为清醒的认识。魏征提出的"兼听则明,偏信则暗"的决策原则,正是建立在这一基础上。唐太宗也认识到,王朝的兴衰,与君主是否被蒙蔽耳目有极大的相关性。[1]因此,隋唐统治集团不仅经常在诏令中强调信息的重要性,而且还用法律来给予保证。在《唐律疏议》中,对壅蔽信息与欺骗上级和君主的官吏,根据情节规定了各种惩罚。

隋、唐前期,由于信息渠道的较为畅通,上意能下宣,下情能上达,中央的决策建立在较为可信的基础上,这正是开皇之治、贞观之治和开元之治能够取得成功的重要因素之一。隋炀帝恶闻直言,任用佞臣,上下相蒙,以至身死国亡。而唐玄宗后期,倦于政事,偏听偏信,造成决策失误,又是开元盛世向安史之乱转化的一个重要因素。

唐代后期,随着地方割据势力的兴起,各地藩镇与中央之间对信息的封锁与反封锁斗争日趋激烈。地方割据势力为加强对本地的控制,经常对中央隐瞒真实情况以至进行欺骗。而中央也竭力采取各种措施,力图打破这种封锁。斗争的结果,是中央对信息渠道不断失去控制,上下相蒙的现象日益严重,引起错误决策不断增多,这是唐王朝走向灭亡的重要原因。

六、中央决策的特点与效应

隋唐王朝和中国历史上的其他封建王朝一样,中央决策的

---

[1]《贞观政要》卷1《政体》。

主要特点,是实行"人治原则"。也就是说,各级官吏,尤其是皇帝,其决策行为主要取决于自己的主观意志,而较少受到法律的约束和限制。"人治原则"的实行,使隋唐五代时期的中央决策过程孕育出以下两个方面的负面效应:

首先是造成了中央决策机制的不稳定性。隋、唐的中央决策机构虽然大体上相似,但决策程序和结果却有很大差异。因此,隋唐五代各个封建王朝中央决策机制的运行, 与其说受到官制和行政机构如何设置的影响, 不如说主要受到皇帝和宰相这些决策者们的性格、决策能力、思考方式等因素的影响。皇帝和宰相的更迭,往往比机构的变化对中央决策更具有重要的意义。欧阳修说:"唐之官制,其名号禄秩虽因时增损,而大抵皆沿隋故。"①唐承隋制,但隋二世而亡,唐则享国长久,其兴亡之机,主要正是由于人治效应的强烈作用。

其次, 人治效应造成了封建王朝政治系统中的层层人身依附关系。每一级官吏的实际权力和地位,主要不是取决于法律,而是由上级官吏至皇帝的个人好恶与评价来决定。这就是各级官吏的决策并不一定符合封建王朝的根本利益,而往往以上级官员和皇帝的意志为转移。此外,最高决策者所作出的决策,即使有错失,由于人身依附关系的存在,也很难受到大多数官吏的抵制,而被层层执行,造成封建王朝权力金字塔中的错误放大效应,在这种决策错失十分严重,而又没有出现主要决策者更迭的情况下,往往造成严重的统治危机,甚至王朝倾覆,隋王朝的灭亡过程便是明证。

诏令颁布和文书下达,仅仅是中央决策的第一步。只有当决策被各级机构完全付诸实施以后,才可以说完成了决策的全过程。

隋唐王朝中央决策与实施之间的差距, 任何时候都是不同

———————————

① 《新唐书》卷46《百官一》。

程度存在的,关键是中央政权是否有能力把这种差距,控制在整个政治系统能够承受的范围内。即使在号称"贞观之治"的唐太宗时期,也有"律合颁行,积有岁时,内外群官,多不寻究,所行之事,动乖文旨"的现象。①决策未能完全实施的原因,首先是决策本身存在着前后矛盾之处,其次是决策的变动过于频繁,再次是各级官吏从自身利益出发而不愿执行。不过,在隋、唐前期,由于中央能实行强有力的统治,决策的错失较少,前后较为一贯,所以决策和实施之间的差距还不至于扩大。

隋代后期,由于炀帝的倒行逆施,中央的决策实际上大多无法实施,整个政治系统也就迅速崩溃了。唐代安史之乱以后,随着中央统治力量的削弱和决策失误的增多,以及地方割据势力的增长,决策的实施程度也不断下降。唐代后期,形成"敕命不行,因循成俗,诞告四方为虚设,开施庶政为空文"的现象,②导致唐王朝政治系统的腐朽和失灵。

此外,隋唐中央决策还存在着历史的局限性,表现在隋唐王朝的决策若在面临因商品经济发展而出现的新生事物挑战时,束手无策,如货币汇兑业中的飞钱变换,市场发展中的夜市,以及新兴的茶业等,便惊慌失措,采取简单的阻碍甚至禁止政策了事。

第四节　隋唐五代的中央行政体制

秦汉时以九卿行使中央政务,东汉以后,尚书台正式成了总理国家政务的中枢。但就官制体制而言,此时尚书台仍然"文属

---

① 《唐大诏令集》卷 82 太宗《纠劾违律行事诏》。
② 《唐大诏令集》卷 70 敬宗《宝历元年正月南郊敕》。

少府"，也就是名义上属于少府，没有完全摆脱宫官的性质。三国时尚书台始正式成为外廷机构。南朝梁，始定制称省。南北朝时代九卿没落，其职多为尚书省所侵夺，在中央行政体制中造成了许多缭绕不清的现象。隋唐时对此种现象加以厘正，确定尚书省在中枢三省中的地位属于执行机构，国家一切重大方针、政策、法令，经决策机关——中书、门下两省议决之后，必须由尚书省贯彻执行，也就是尚书省是全国政务中枢。在中央行政系统中，尚书省六部是政令机关，九寺、五监是事务机关，分别接受尚书六部的政令。唐制除中枢三省之外，另有殿中省、内侍省与秘书省，其长官都称为监，地位低于中枢三省。其中殿中省与内侍省属于皇室服务机构，而秘书省则是中央的文教机构，也属于中央行政系统之中。

一、尚书省

隋沿南北朝之制置尚书省，为中枢三省之一。唐沿置，其官署位于长安皇城中央贯通南北的承天门大街东侧，中书、门下两省之南，故别称南省。

尚书省是隋唐五代执行政令的机关。中书门下发出的制敕，均由本省转发到中央各官署及地方州县衙门，或根据制敕精神制成政令，交有关官署执行。中央卿监百司下达给地方州县的符、移、关、牒等各种公文，由本省转发；地方给朝廷的章奏文表也要经本省转上。尚书省还要根据制敕制定具体施政的方案，其方式主要有三种：一是根据中书门下通过的法令拟具实施细节；二是对于中书门下难于作出具体判断而交由尚书省有关部门商量的军国政事，商量后将具体意见写成"商量状"附于原敕后进呈；三是对于中央各官署及地方府州有所奏请并获得敕准施行的事项进行"评定"，也就是根据现行格例与实际情况审查各该事项实施的可能性，认为有不当的，奏报皇帝后再施行。尚书省还可以根据行政法规节制中央各官署和地方州县的一般行政事务。

尚书省采取合署办公的制度。尚书都省居省内中心，为尚书令、仆射、左右丞办公之处，称为都堂(故都堂亦可借指尚书省)，并设左右司，作为六部的管理机构。都堂之东有吏部、户部、礼部三行，左司统之。都堂之右有兵部、刑部、工部三行，右司统之。都省的日常工作一是勾稽文书。对于各类文书的签发与检核都有日程的规定："凡内外百司所受之事，皆印其发日为之程限，一日受，二日报，小事五日，中事十日，大事二十日，狱案三十日，其务急者不与焉。"①二是转发文书。尚书省六部诸司的文案都必须由都省转下。其他官署上行下行的文书也必须由都省转发。三是对于本省的文书档案进行检核："凡文案既成，勾司行朱讫，皆书其上端，记年月日纳诸库。凡施行公文应印者，监印之官考其事目无或差缪，然后印之，必书于历，每月终纳诸库。"②

二、六部二十四司——政务官

1.六部组织

隋代尚书为六部，在尚书都省管辖之下已自成为独立机构，六部名称为吏部、礼部、兵部、都官、度支、工部，不久又改度支为民部，都官为刑部，每部各辖四司，共二十四司。光宅元年(684年)武则天按《周礼》六官限定六部的次序为吏、户、礼、兵、刑、工，此后一直到清代，相沿不改。六部二十四司主要工作是掌政令，也管理部分实际事务。吏部掌文官铨选、考课、封爵、勋赏之事。开元以前，科举考试亦由吏部主持，开元二十四年(736年)移归礼部。吏部的正副主官尚书、侍郎除了领导本部行政工作之外，还亲自掌管一部分铨选工作。尚书掌六、七品官的铨选，侍郎掌八、九品官的铨选。景云以后，尚书、侍郎统掌六品以下官的选任。户部掌全国户口、田赋、仓贮等民政、财政方面的政令。礼部职掌全国礼仪、祭祀、教育、科举等政令。礼部侍郎是法定的知贡

---

①②《唐六典》卷1《尚书都省》。

举官。兵部掌全国军事政令,管理军籍、武官铨选、军训讲武等。刑部掌全国刑法及徒隶、勾覆、关禁的政令。刑部长官还与大理寺及长官共同参加"三司"推鞠。工部掌土木、水利工程及国家农、林、牧(军马除外)、渔业的政令。

隋初六部以尚书为长官,分统二十四司,每部四司,各司以侍郎为长官,员额一至二人,共三十六侍郎,分司曹务,直宿禁省,如汉代之制。炀帝即位,改诸曹侍郎为郎,升侍郎为六部尚书的副职,每部各一人。唐制尚书为正三品,侍郎除吏部侍郎为正四品上外,其余五部侍郎均为正四品下。唐初以来,尚书地位高,特别是吏、兵两部尚书,常为宰相与藩帅兼领之职,渐渐不理本部事务,中唐以后六部尚书成为文武大臣迁转之资,侍郎反成为六部掌握实权的长官。尚书的升迁不是按部的序列升迁,而是按行升迁。唐代六部按其在尚书省中的排列为三行:吏、兵是前行,户、刑是中行,礼、工是后行。不仅是尚书,各部官员的迁转都是按这个次序,由后而中而前的。所以担任某部的官职并不一定熟知这一部的职务,而只表明其资格。因此,六部尚书以下的官职,只代表官员的身份而不一定代表其所任职务。这就是宋初以其他机构代替六部的由来。

2.二十四司

六部各有四司,分掌本部政务。各部第一司,名称与部名同,称为子司,又称本司或头司。唐制,郎中从五品上,员外郎从六品上,其下有主事、令史、书令史、掌固等员。五代除吏部外,其他各部四司不全设。二十四司其司名改易及职掌如下:

吏部四司,以吏部司为子司,隋炀帝时改称选部,唐武德中复为吏部,有郎中二人,一人掌文官阶品、朝集、禄赐,给其告身假使;一人掌选补流外官。员外郎二人,一人掌选院,即检勘选人文书,因其地在选曹之南,又称制南曹;一人处理本司日常公务,又称"判曹务"。司封司,主持爵之事。司勋司,掌文官勋级之事。考功司,掌考核文武百官的功过善恶及其行状。

户部四司,其名称为户部、度支、金部与仓部,其职掌详后。

礼部四司,以礼部司为子司,佐助尚书、侍郎掌礼乐、学校、衣冠、符印、表疏、图书、册命、祥瑞、铺设,及百官、宫人丧葬赠赙之数。祠部司,掌祠祀、享祭、天文、漏刻、国忌、庙讳、卜筮、医药、僧尼之政令。膳部司,掌陵庙、祭品与祭具的规格制度和诸王以下常食、小食及蕃客在馆者食料的供给制度。主客司,掌前朝后裔(隋室杨氏封酅公,北周皇室宇文氏封介公)及各藩属国朝聘、接待、给赐之政令。

兵部四司,以兵部司为子司,有郎中二人,一人掌兵马名籍、武官阶品及选授;一人掌军戎调遣。员外郎二人,一人掌武举;一人掌判南曹,主审核选人的资历档案。职方司,掌地图、城隍、镇戍、烽候、防人道路的远近及周边少数民族归化之事。驾部司,掌舆辇、驿传、马牛、杂畜等的簿籍、政令。库部司,掌兵器、卤簿、仪仗之政令。

刑部四司,以刑部司为子司,辅佐尚书、侍郎掌律法及按覆大理寺及全国判决案。都官司,掌俘隶簿录,给衣粮医药,而理其诉冤。凡反逆相坐,没其家口为官奴婢。比部司,实际上是全国最高审计机关,但因审计的结果,往往有行政处分,故隶属于刑部。其职掌详后。司门司,凡门关的政令,早晚启闭、发钥纳锁之事,掌于皇城司;道路、津梁掌于州县;本司掌门关出入之籍及阑遗之物。

工部四司,以工部司为子司,佐助工部尚书、侍郎掌城池土木的工役程式。若京都有营缮之事,则由少府监与将作监任其事。屯田司,掌全国屯田及在京文武官的职田及公廨田,以及京城街巷种植、山泽苑囿、草木薪炭、供顿、田猎之事。水部司,掌渡口、船舻、桥梁、堤堰、沟洫、渔捕、运漕、碾硙之事。

三、九寺五监——事务官

唐代,九寺五监掌管中央政府管辖的具体事务,它们对六部是隶属关系,仰承六部政令,接受其节制督责。六部与九寺五监的对应关系是:吏部节制宗正寺、户部节制司农、太府二寺,礼部节制太常、鸿胪、光禄三寺和国子监,兵部节制太仆、卫尉二寺,刑部节制大理寺,工部节制少府、将作、军器、都水四监。除九寺五监之外,秘书省,也是一个事务性机构。

1.九寺

隋置太常、光禄、卫尉、宗正、太仆、大理、鸿胪、司农、太府九寺,以卿与少卿为正副长官,唐沿置,除太常寺卿为正三品外,其余八寺卿均为从三品,少卿除太常少卿为正四品上外,其余八寺少卿均为从四品上。九寺属官有丞及主簿、录事。丞掌判本寺日常事务。五代沿唐制亦置九寺,但除寺卿外,余官常缺。下面分述各寺:

太常寺,主要职官有太常博士、太祝、协律郎、奉礼郎。太常博士掌礼制,根据功过善恶,给王公及三品以上官议定谥号;朝廷举行大礼时,则辅助太常卿掌寺引。太祝掌出纳神主及跪读祝文等事。协律郎掌监调律吕音乐。奉礼郎掌朝会、祭祀时君臣版位之次及赞导跪拜之节。

光禄寺,专掌邦国酒膳之事,成为掌膳的机构。

卫尉寺,掌器械、仪仗的收藏。

宗正寺,掌皇亲族属籍。

太仆寺,掌厩牧舆辇之事。

大理寺,隋沿北齐之制置,为中央最高审判机关。

鸿胪寺,掌少数民族朝会与丧礼吊祭之事。

司农寺,所掌多为仓储、农林、园苑、屯田管理和宫廷的杂物供给。

太府寺,隋置太府寺,炀帝分置少府监,太府寺不再掌皇室私用,而变成为国家金帛和谷物的保管出纳机关。唐沿置,龙朔中改称外府寺,主管卿与少卿改为外府寺正卿与外府寺大夫,咸亨初复旧。光宅初改为司府寺,主官仍称卿与少卿。掌财货廪藏与贸易;辖京都四市、左右藏、常平诸署。诸市署掌财货交易、度量器物。左藏署掌钱货、绢帛、杂采,全国赋调上供者都纳入左藏。其主要库藏有西京东库、西库、朝堂库和东都库、东都朝堂库。右藏库掌珍宝器玩,分藏于西京内库、外库及东库。常平署掌仓粮平籴。

2.五监

隋置国子、将作、少府、都水、长秋五监,唐改长秋监为内侍省,增置军器监,亦为五监,为教育、器物造作与水利管理诸机关。五监各置正副主管、丞、主簿、录事(惟都水监无录事)。国子、少府、将作三监的地位略高。五监各辖若干署或其他同级机构。署各置令及丞。五代诸监,见于记载的仅有国子、少府二监。

国子监,隋初统国子、太学、四门、书、算五学,各置博士,为全国管理学校的最高机构。自隋至唐,因而未改。唐置国子祭酒一人,司业二人,以官而兼师。辖国子、太子、广文、四门、律、书、算七学,各置博士及助教。

少府监,掌百工技巧之事。辖五署及诸冶监,为宫廷的总务机构。就中,铸钱监,负责钱币铸造;互市监,掌与少数民族及外国交易之事。

将作监,隋初沿北周之制称将作寺,开皇二十年(600 年)改为将作监,唐因之。掌土木工程营建之事。

军器监,唐武德初有武器监一人,掌兵仗、厩牧,贞观中废。开元三年(715 年)置军器监,十一年(723 年)废,复为甲弩坊,隶少府。十六年(728 年)复为军器监,迁监址于北都太原,故又称北都军器监。掌修治甲弩,按照输入武库。

都水监,掌川泽、津梁、渠堰、陂池之政,辖舟楫、河渠二署及诸津。舟楫署,掌公私舟船及运漕之事;河渠署,掌修补堤堰、渔钓、川泽渔醢之事;诸津,掌检查出入行旅及所携货物,收其课税。

3.秘书省

秘书省置秘书监、丞各一人,掌经籍图书,监修国史;所属有秘书郎,掌甲乙丙丁(即经史子集)四部图书的抄写与贮藏;校书郎和正字,掌典籍的校勘与刊布。直辖机构有著作、太史二局,后来太史局独立为司天台。另外,自史馆移于门下省后,著作局的著作郎不实任撰史之职,故秘书省的职任卑落,仅主书写、勘校之事而已。五代时秘书省的职任亦主书写、勘校,设官不详。

司天台脱离秘书省,成为独立机构之后,掌测验天文,考定历法。每日向朝廷报告所测量日月星辰、风云、气候、祥眚。每年制订历法,呈报皇帝后颁布。选择祭祀、冠婚及其他重大典礼日期。五代时改司天台为司天监,仍为独立机构。

四、宗教事务管理制度

1.隋唐佛教与道教的管理制度

隋唐宗教管理制度为沿袭北朝而来。北魏置监福曹,统辖全国僧尼。北齐置昭玄寺,掌管佛教与道教。置大统一人,统一人,都维那三人,又有主簿、功曹等员,以管理州郡县沙门。并在鸿胪寺置典寺署,有僧祇部丞一人。北周置司寂上士、中士,掌佛教之政;又有司元中士、下士,掌道教之政。隋制于鸿胪寺置崇玄署,设令、丞为正副主官,管理佛教与道教事务。炀帝改佛寺为道场,改道观为玄坛,各置监丞,属鸿胪寺。

唐初沿隋制于鸿胪寺置崇玄署,掌管佛教与道教。各寺观置监一人。贞观中废寺观监。武则天崇佛,于延载元年(694年)敕全国僧尼隶祠部,不属司宾(即鸿胪寺)。玄宗时仍改属鸿胪寺,而以祠部为其主管机关。《唐六典》卷18"鸿胪寺"条说:"凡天下寺观三纲及京都大德,皆取其道德高妙为众所推者补充,上尚书祠部。"玄宗崇道,盖早在唐高祖时,即以道教所托始祖老子是李唐皇室的祖先。开元二十五年(737年),诏道士、女冠隶宗正[①],次年以崇玄署改隶宗正寺,专掌京都诸观名数与道士帐籍、斋醮

---

① 《唐会要》卷49《僧尼所隶》。

之事；而以僧尼隶祠部。《旧唐书》卷43《职官》谓：祠部郎中"掌祠祀、享祭、天文、漏刻、国忌、庙讳、卜筮、医药、僧尼之事"。管理僧尼簿籍是祠部职掌的一部分。天宝二年(743年)，以"道士、女冠，宜令司封检校，不须更隶宗正寺，其崇玄署并停"①，也就是干脆将道士、女冠名籍划归礼部司封司直接管辖，连崇玄署也撤了。

天宝六年(747年)，玄宗置左右街功德使以及东都功德使、修功德使，以管理僧尼和修建官寺，僧尼度牒仍由祠部司掌管。宪宗时又在左右街功德使下分设僧录。《大宋僧史略》卷中说："至元和、长庆间，立左右街僧录，总录僧尼，或有事则先白录司，后报官方也。"元和二年(807年)，宪宗以僧民、道士、女冠并隶左右街功德使。于是，左右街功德使代替了前此的崇玄署，总掌佛教和道教。会昌二年(842年)，又以僧尼隶礼部主客司，六年(846年)，复隶两街功德使。

2.崇玄学的设置

唐开元二十九年(741年)，置崇玄学于玄元皇帝(老子)庙。天宝元年(742年)，两京置博士、助教各一人，学生100人。每当祭享之时，以学生代斋郎。次年，改崇玄学为崇玄馆，博士改称学士，助教改称直学生，置大学士二人，两京玄元宫及道院都由崇元馆学士检校，改全国各地崇玄学为通道学，博士称为道德博士(因为道家经卷主要为《道德经》)，代宗宝应、永泰之间，学生所存无几。大历三年(768年)复增至100人。会昌二年(842年)太清宫置玄元馆，亦设学士，六年(846年)武宗死后，该学废罢。

3.祆教管理机构

琐罗亚斯德教，南北朝至隋唐时译为"祆教"，是流行于古波斯、中亚等地的宗教，主张善恶二元论。认为火、光明、清净、创造、生是善端；黑暗、恶浊、不净、破坏、死是恶端。要求教徒通过

---

① 《唐会要》卷65《宗正玄》。

专门仪式,礼拜"圣火","祆"就是天神的意思。南北朝时传入中国,西域焉耆、疏勒、于阗等均信祆教;北魏、北齐、北周皇帝都曾带头奉祀。隋唐时东西两京均有祆祠,信奉祆教者多为侨居中原的西域及外国人。政府设专官以管理之。早在北齐时,在鸿胪寺典客署置京邑萨甫二人,诸州萨甫一人,以管理祆教教徒。[①]唐译作萨宝,成立萨宝府作为管理祆教的专门机构,隶属于礼部的祠部司。设官有萨宝、祆正、萨宝府祓祝、萨宝率府、萨宝府史等,为管理祆教的祀官。

五、使职差遣制

1.使职差遣的产生及其制度化

差遣本是指差派某官去任某种临时性的工作。如少数民族酋长逝世,派遣吊祭使;贞观初,派遣大使十三人,巡省天下。诸州水旱,则有巡察、按抚、存抚之名。贞观八年(634年)分遣萧瑀等巡省天下,观风俗之得失。又发十道黜陟大使,黜陟官吏。这种诸道特遣使,虽亦为临时性质,但其差使的完成也需较长时日。开元、天宝之后,随时因事置使,名目尤多,使职差遣逐渐变成正规官制之外的重要职务。差遣官一般都由君相直接任命,可以不受吏部或中书门下铨选授任时的资历和程序的限制,他们以中央特派使的身份,分割了中央和地方各种正规机构的职权。在中央部门中,如功德、礼宾、木炭、铸钱、闲厩、皇城诸使就分别侵夺了宗正、鸿胪、司农、太府、太仆、卫尉诸寺的职权。诸使的广泛设置,使中央行政部门不少机构成了闲曹,而且由于他们直接受命于君相,不受六部令的约束,而且六部本身的职权也被部分侵夺,如祠祭使侵夺祠部司职权,户部使侵夺了户部的部分职权等。

2.各类使职的发展

第一类是财政诸使。开元十一年(723年)以宇文融勾当租

---

① 《隋书》卷27《百官志》。

庸地税使;开元二十一年(733年)裴耀卿以侍中充江南淮南转运使;天宝四载(745年)户部郎中王铁加勾当户口色役使;肃宗至德以后,军费支出浩繁,二年(757年)十二月,以吕湮为勾当度支使;乾元元年(758年)第五琦为盐铁铸钱使,初变盐法;代宗大历元年(766年)诏置青苗使征收青苗钱;德宗时,开始创置两税使;宪宗时,置和籴使;穆宗时,王涯为榷茶使;唐末又以三司、大将军为都督粮料使。财政诸使都为唐政府聚敛财货,统筹财政。中唐以后,盐铁使和度支使多以宰相兼任,与户部使合称三司使,逐渐形成为国家财政最高主管官,衙署称为三司。五代时正式合为一职,成为皇权控制下最高财政主管机关。

第二类是翰林学士、枢密使与宣徽使。玄宗时所置翰林学士,属于行政系统以外的差遣,不计官阶,也无官署,文士轮班在禁中的学士院住宿,以待皇帝随时宣召,代皇帝起草诏令。本来诏命撰拟为中书舍人职掌,学士只掌非正式的特别诏命。后来逐渐以翰林学士加"知制诰"衔取代了中书舍人之职。德宗以后,翰林学士日趋重要,他们常在皇帝左右参议政事,往往即可升任宰相。

内枢密使初置于代宗时,以宦官充任,无公署,"其职掌惟承受表奏,于内中进呈,若人主有所处分,则宣付中书门下施行而已"[1],其后,宦官多以枢密使名义干预朝政,权势无比。五代时,后梁大杀宦官后,改枢密使名为崇政使,以最亲信大臣充任,以备顾问参议。后唐时复称枢密使,此后不改。郭崇韬、安重诲等为枢密使,实权不亚于宰相。

唐代君主宣达特殊徽旨恩赐等事,往往使宦官为之,后即用其意置宣徽使,以宦官充任,总领宫内诸司及三班内侍的名籍和郊祠朝会宴食供帐等事。因宦官的势力日大,官职也渐尊贵。中唐以后,分置宣徽南院使与宣徽北院使,南院使的资望比北院使

---

[1] 《文献通考》卷58《职官考十三》。

稍高。宣徽南院使王居方接受宣宗遗命曾参与立嗣之事。五代时枢密使已不为内官,渐变为负责实际政务的重要官员。后唐庄宗时马绍宏为宣徽使,兼掌内勾,天下财谷均归其裁遣;明宗时以宣徽北院使张延朗为右武卫大将军判三司。后晋、后汉以后,宣徽使有内班之名,其出派,可职兼军民财政诸大权,地位仅次于枢密使。

第三是内诸司使。唐五代内诸使名目繁多,如飞龙使、小马坊使、军器使、弓箭使、五坊使、染坊使、内作使、如京使、阁门使等,都有实际职掌。

宋真宗时,王旦指出:"唐设内诸司使,悉拟尚书省:如京,仓部也;庄宅,屯田也;皇城,司门也;礼宾,主客也,虽名品可效,而事任不同。唐朝诸司所领,惟京邑内外耳。"①五代时,孙光宪说:"观军容、处置、枢密、宣徽四院使,拟于四相也,十六宫使,皆宦者为之,分卿寺之职,以权为权行备员而已。"②有关唐代内诸司的职名和职掌,名号极多,也很复杂,它是庞大的北衙行政系统,上述所言飞龙使负责马匹管理,军器使、弓箭使职事兵器,可见宦官由此掌握了京城军事实权,业已剥夺了南衙诸官署的实权。

六、行政效率的保持与波动

1.行政效率的保持

国家机器的运转需要有较高的速度,才能避免出现决策和实施的过程落后于实际情况的变化,从而使决策失去效用或无法执行,也才能在政务繁多的情况下,不致因决策和行政效率的低下,使大量政事无法处理,造成壅塞,导致国家机器的运行失灵。为此,隋唐王朝中央政权制定了一系列制度,来保证决策和行政的高度效率。

①《宋史》卷 168《职官志》。
②《北梦琐言》卷 6。

首先,御前会议和宰相会议这两个中央最高决策层次,其召开的时间和处理政事的时效都有一定的惯例和规定。隋唐时期的御前决策会议,除隋文帝、唐高祖、唐太宗前期和唐玄宗时大致每日上朝外,其余皇帝往往是隔日或数日一朝。如皇帝无故减少上朝时间,便会引起臣下"忽于黎庶,怠于听政"的批评。[①]在有紧急军国大事必须立即处理时,皇帝和宰相还可以随时要求召开御前会议。在御前会议召开时,对于奏事前的准备工作,进状时间都有明确规定,同时发言也必须简明扼要。每日政事,一般都必须当日处理完毕,如隋文帝经常"一日之内,酬答百司,至乃日旰忘食,夜分未寝"[②]。宰相会议,一般每天均举行,以利于迅速处理日常政务。

其次,在《唐六典》与《唐律疏议》中,对各种诏令文书的处理期限,作出了明确严格的规定。超过程限者,按其情节轻重给予有关官吏不同的惩罚。对各种文书还实行严密的签注登记制度,以防稽延和遗失。

隋唐王朝还制定了周密的上班和值班制度,以及严格的休假与请假制度,使各种政务的处理,不致因官吏的缺席而旷废和拖延。违反这些制度的,轻则扣罚俸禄,处以笞杖,重则御史台弹奏,免除官职。对于诏令文书的上传下发,也根据不同的情况而规定了相应的日程与期限。对于诏令文书的下传上报违期的,各种使者出使时稽延时日而超过规定期限的,都要以失职论处,甚至处以刑罚。

唐代还在中央和地方各级行政部门中建立勾检制度。各级勾检官负责检查文书的处理过程中,有无违期和差错,这对于保证较高的行政效率起了重要作用。唐代还经常对各种繁冗的文书进行整理和简化工作,以减轻各级部门的工作负担,提高行政

①《唐会要》卷24《受朝贺》。
②《资治通鉴》卷175陈长城公至德元年十一月条。

效率。

2.行政效率的波动

中央和地方各级机构较高的行政效率,是隋唐能够成为中国历史上强盛封建王朝的重要因素之一。但是,这种较高的行政效率,并不总是长期保持的。总的说来,在隋代前期与唐代的前期与中期,除出现较短暂的波动外,行政效率是比较高的。在此以后,行政效率逐渐下降,终于使国家机器无法有效地运转,隋唐王朝也就走向衰亡了。

隋代前期,由于实行一系列政治改革,如废弃北周繁杂而不合时宜的模仿《周礼》所置的官制,而代之以系统较为简要,分工较为明确的三省六部制,废郡和大力省并地方州县,裁汰冗官,都有利于行政效率的提高。炀帝时期,由于统治集团的迅速腐败,行政效率也相应急剧下降。

唐代初期,统治集团在吸取历史教训的基础上,结合自身统治经验,逐渐制定和完善了各种制度,唐太宗并且大量精简官员,使贞观时期唐王朝的行政效率达到较高水平。但从高宗时开始,官僚机构不断膨胀,再增以腐败现象的严重,导致行政效率下降和政事的败坏。玄宗即位,采取了裁汰冗官,精简机构,对稽延政事的官吏给予告诫和惩处,以及制定行政法规等措施,使唐王朝国家机器恢复了高效率的运转。

安史之乱前夕,由于在唐代前期建立起来的一系列制度,已经逐渐不能适应新的形势发展的需要,但因为社会比较安定,矛盾还不突出,开元天宝时期,特别是开元盛世,全国境内仍然保持了较高的行政效率。

唐代后期,官僚机构恶性膨胀,加以统治集团日益腐朽,地方割据势力非常猖獗。不但信息的传递速度减慢,军国政事也经常迟疑不决,刑狱处理的日益迟缓很具有代表性。唐末僖宗以后,唐王朝国家机器的运转效率急剧下降,由停滞而到了崩溃瓦解的边缘。

第五节　隋唐五代的地方行政体制

一、道及其机制转换

唐初,道作为一种区域,有几种不同的划分。一是行台省统领的区域,这是沿北朝之制,如武德年间有陕东道大行台,兰州道、襄州道等行台;二是作为行军线路的道,如引月道、定襄道、金牙道,大体按行军方位、作战地点命名,长官称为某道行军总管;三是作为监察区的道;四是作为军事防御区域,武德中分关中为十二道,置十二军。开元间在边境置八道节度使也是这种道。上述几种道,其划分区域都不尽相同。前两种道,唐初以后就不用了。后两种道,即监察区域的道与军事区域的道的各自划分,使监察权与军权相分离,便于唐朝廷对地方的控制;中唐以后,监察区域的道与军事区域的道相互结合,军政长官合一,形成了藩镇,道就成了行政实体,是中央与州县之间的一级行政组织,地方行政体制也由州、县两级制演变为道、州、县变相的三级制。

1.唐前期监察性"道"

唐承隋制,分地方为州(郡)、县两级。贞观初,因天下民少官多,于是省并州县,因山河形势,分全国为十道,其初仅作为地理区域,监察使臣的派遣并不以此十道分发。贞观八年(634年)派萧瑀等十三人,巡行天下,观风俗之得失;又遣十六道黜陟大使,黜陟官吏;贞观十八年(644年)遣十七道使臣巡察。天授以后才以十道分遣使区。如天授二年(691年)发十道存抚使,神龙二年(709年)置十道巡察使。但是这些使臣往来中央与地方之间,并未对地方行政起多少促进作用,有时还难免骚扰地方,为改变此种情况,景云二年(711年)唐朝廷拟设立二十四个都督府,令都督纠察所管州刺史以下官吏善恶,制下不久,议者以权重难制而罢。于是仍置十道按察使。但当时土地兼并、官吏贪酷、人口逃亡等社会问题都要求加强地方统治。开元二十一年(733年)在原来十道基础上分为十五道。各置采访使,较固定地留在任上,允其照地方长官例入奏。到后来,实际上已成为道的民政长官。采访使岁时遣朝集使朝觐皇帝并向中书门下报告政务及岁计出入。

2.中唐以后地方行政实体性"道"

唐初总辖地方军民二政的地方长官本为都督刺史,以刺史的名义管民政,以都督的名义管军事。其后,沿边重镇因边防需要赋予更大权力,玄宗开元中,乃在沿边设八节度使,其辖区亦称为道,计有朔方、河东、幽州、河西、陇右、剑南、碛西、岭南八道。安史之乱后,内地亦相继设置节度使。玄宗幸蜀途中,已诏各道节度使有自调兵食、征发和任免管内官吏等权。肃宗乾元元年(758年)改采访使为观察使,此后观察使例由节度使兼任,并封降将为节度使。内地节度使同样保留。于是节度使制遍及于全国,称为藩镇。普遍设立的藩镇成为中央与州县之间的一个行政实体。此后,诸藩镇或背叛,或被削平,还有的相互兼并,大者占数十州,小者领三四州。德宗后有藩镇五十余个,节度使所辖之地常另行赐以军号,系于节度衔上;而所兼观察使则以节度使所辖州名系衔。如《旧唐书·宪宗纪下》有"以荆南节度袁滋为唐州刺史、彰义军节度使,申、光、唐、蔡、随、邓州观察使,权以唐州为理所"一例。袁滋任节度使时驻在唐州,故以唐州刺史为所兼之职,彰义为其辖区的军号,申、光等六州则是其所管辖的各州,系于观察使上,以表明其有兼管此六州民事之权。其所管之州又有支郡之称。

节度使驻地州城之内,筑有牙(衙)城,为节度使治所,节度使所属有行军司马、判官、支使、掌书记、推官、巡官、衙推等员。而以行军司马与节度副使为最重要。掌书记往往以有名文士担任,日后往往入为朝官,渐至将相高位,如李德裕、令狐楚等都是。支度使掌计军资粮仗用度,节度使身兼此职,便可自行支配本道财政。

至德以后,又在大郡要害之地设防御使以治军事,刺史兼之,不赐旌节。上元末,改防御使为都团练守捉使,大者领十州,小者三五州。代宗时,元载当国,令刺史悉带团练。《唐会要》卷78"诸使杂录上"引元和十四年(819年)二月诏:"诸道节度使,都团练、防御、经略等使,所管支郡,除本军州外,别置镇遏、守捉、兵马者,并合属刺史。如刺史带本州团练、防御、镇遏等使,其兵马额便隶此使。如无别使,即属军事。"大抵至德以后,军事频繁,地方军事特遣使,其名目随时创立,或停或置,或兼或移,没有固定的规制,至于僚属,团练使有副使、判官、推官、巡官、衙推各一人;防御使有副使、判官、推官、巡官各一人,然或增或减,亦无定准。上述军事诸特遣使多为节度使的兼官,虽有时移属于州刺史(或郡太守),但大都受节度使的管辖。五代因唐制仍有防御、团练等使的设置。

诸道节度使在京城设有进奏院,掌奏章、诏令及各种文书的投递、承转,是中央与藩镇之间的联络机构。

二、府、州(郡)、县

隋及唐代前期地方行政体制采取州(郡)、县两级制,府是州的特例,都督府是掌理一州政务兼督数州防务的军政机关。县以下的组织为乡、里。

1.都督府

都督府的设置,源于南北朝时期。当时州刺史有领兵与不领兵之别,领兵刺史兼督数州军事,由督军事而兼总民事,为地方行政的最高机关。北周改都督府为总管府,隋沿置,文帝为并、益、荆、扬四州置大总管府,其余总管府于诸州,列为上中下三等,炀帝悉罢之。唐初复置总管府,武德七年(624年)改称都督府。隋唐以总管、都督专掌辖区诸州的城隍、兵马、甲仗、食粮、镇戍等事,虽仍兼任驻在地的州刺史,但不能指挥本州以外的行政事务,所以不是州以上的一层政权组织。唐初都督府一般置于缘边及军事要冲之地,管十州以上为上都督府,不满十州只称都督府。开元时分都督府为大、上、中、下四等,并、益、荆、扬、潞五州为大都督府,另有五个上都督府,十三个中都督府,十六个下都督府,大都督一般以亲王遥领而不莅任,以长史主持府事;其余都督府均以都督掌理府事。其下置别驾、长史、司马为上佐,有司录参军,功、仓、户、兵、法、士诸曹参军事,分理诸州镇防行政事务;所辖有诸镇戍,掌防捍守御。每镇置镇长、镇副及仓曹、兵曹参军事;诸戍则置戍主、戍副。

2.府、州(郡)、县、乡、里

京师或陪都所在地的州称为府,唐有西、东、北三京府。后又续置凤翔、成都、江陵、兴德、兴元、河中六府。京府分置西都、东都、北都牧各一人,一般由亲王遥领而不莅任。改三府别驾为京兆尹、河南尹、太原尹;司马为少尹;以尹、少尹主持京府政务。设功曹、仓曹、户曹、田曹、兵曹、法曹、士曹参军事,司录参军事,职掌同诸州的司功、司仓、司户、司田、司兵、司法、司士参军事与录事参军,只是品秩比州职略高而已。其余属吏与诸州同。六府不置牧,自尹与少尹以下设置全同京府。

州为县以上的一级行政区划,分上、中、下三等(隋代的上中下州又各分上中下三等)。州的行政长官为刺史,"掌宣德化,岁巡属县,观风俗,录囚,恤鳏寡。亲王典州,则岁以上佐巡县"①。自隋文帝废州郡自辟的一系佐署以后,州的佐属颇为精简,主要有上佐、判司和录事参军。上佐指别驾(或长史)、司马,上佐掌贰州事,"以纪纲众务,通判列曹,岁终则更入奏计"②。在刺史阙位或

---

①《新唐书》卷49《百官四下》。

②《唐六典》卷30《州县官》。

由亲王兼领时,上佐可以代主州政。但是唐代的别驾与司马,实际上并不管政事,只是用以安置贬退大臣和宗室、武将。玄宗是由潞州别驾入定内乱取得帝位的。判司指司功、司仓、司户、司兵、司法、司士参军事,每司一般为一人,分掌州政。此外还有佐、史、仓督、执刀、典狱、问事、白直等,为胥吏之职。州在隋炀帝与唐玄宗时两度改称为郡,州刺史改为太守,其余佐官均无变动。

县是隋唐五代州(郡)以下的行政区划,按其户口多寡和地位轻重分等。隋制分上中下三等,每等又各分上中下,共为九等。唐制,等级最高的为京府城内的县,称为京县,其次为畿县,是三京郊区的县;其下又按户口多寡分为上、中、中下、下四等。县的长官为县令,掌劝课农桑,征督赋税,编造户籍,并得躬亲狱讼,分派差役,为"亲民之官"。佐官有丞、主簿、尉各一人,县丞是县令副职;主簿掌检查文书簿籍的违制失误,并加以纠正;县尉分判众曹,催征课税,追捕盗贼。县尉以下有司功佐、司仓佐、司户佐、司兵佐、司法佐、司士佐等六曹司,为承接州府六曹而来,所掌与州府诸曹参军同,均为吏职。除京县外,六曹并不全设,畿县无司兵,上县以下仅设司户佐、司法佐及典狱、问事、白直、市令、仓督等职。

县以下的行政组织有乡里,"贞观九年(635年)每乡置长一人,佐二人,至十五年(641年)省"[1]。废去了乡长、乡佐后,乡只设耆老,并无具体职权。乡司既无实际主管行政工作人员,里正就成了乡里基层政权的实际管理者。这也就是唐代很多以乡为中心制作或申报簿籍文书,其署名往往只是该乡几个里正而无乡司主管人的原因。里正职掌,一是查核户口,加强控制人民;二是收授田地,监督农业生产;三是负责治安工作;四是征收赋役。此外,两京及州县的城内分为坊,郊外为村。坊置坊正一人,掌坊门锁钥,督察奸非;村设村正,职掌同坊正。坊正、村正由里中居

---

① 《通典》卷33《职官十五·州郡乡官》。

民推荐,里长选用。在里正管辖的百户中,还实行邻保制:"四家为邻,五家为保;保有保长,以相禁约。"①

三、民族地区政权组织

1.都护府

唐代前期于边疆地区设置都护府,作为周边少数民族事务的管理机构,贞观以后至武则天时期,共设置安东、安南、安西、安北、单于、北庭六个都护府。它是边疆地区的最高行政机构,直隶于中央。

都护府分大都护府与上都护府两等,"掌抚慰诸蕃,辑宁外寇,觇候奸谲,征讨携贰"②。也就是管理归附的少数民族,抵御外敌,防范奸细,讨伐和平定少数民族上层分子的分裂和叛乱。大都护府设大都护一人,一般由亲王遥领;副大都护、副都护各二人;所属长史、司马、录事参军各一人;录事二人;功曹、仓曹、户曹、兵曹、法曹参军事各一人,参军事三人;诸曹的职掌与州府同。上都护府置都护一人,副都护二人,属官同大都护。都护府的设置,是唐代中央集权制度的重要发展,对维护国家的统一,促进内地与边疆地区各民族经济文化的交流,都有重要的作用。

2.羁縻州

都护府统领边疆少数民族,主要是通过羁縻府州来进行的。上述都护府所属的府州都是羁縻府州。小者为州,大者为都督府,以本族首领为都督、刺史,并得世袭。羁縻府州的机构大致有三种情况:一是保留原有的统治机构。从长官到僚属都由本族人充任;并允许其在本族内部称"国",其酋领君长亦可保留"王"与"可汗"称号。唐代对大多数民族地区都采用这种

① 《旧唐书》卷 43《职官二》。
② 《旧唐书》卷 44《职官三》。

办法。二是以汉官参治。即派遣汉官充任羁縻府州的部分官员，组成联合统治机构。对于社会经济形态与中原基本相同的民族地区，如辽东一带采用这种办法。三是监临制。即保留原有组织机构，承认其酋长的统治地位，但由唐朝廷派遣政治代表进行监视督导。如唐朝廷对黑水靺鞨地区，"置长史就其部落监领之"①。

唐朝廷对羁縻州的管辖权主要表现为下列几方面：第一，贯彻政令。各羁縻府州的都督、刺史须经朝廷册命，各府州必须执行中央的政令，各府州间发生纷争，中央可以直接干预。第二，实施法律。对于破坏国家统一的反叛活动，得依法律严格处理。至于各族内部的刑事诉讼，则允许按各族传统法律处理。《唐律疏议》卷6规定："诸化外人同类（同族）自相犯者，各依本俗法，异类（不同族）相犯者，以法律论。"第三，征调兵马。唐朝廷允许羁縻府州保留兵马，也不限数量。但须听朝廷调遣，皇帝制有"天子信宝"，专门用来征调蕃国之兵。②第四，收取贡赋。唐朝廷不直接向羁縻府州征收赋税，而是由各族统治者按旧有剥削方式自行征取，但须向朝廷呈报"版籍"，定期上交"贡赋"。

除都护府外，西南地区的姚州、泸州、黔州、桂州、邕州、峰州诸都督府，也分别兼领一些羁縻州，统领若干少数民族。羁縻府州是我国多民族国家历史发展的产物。它的建立，加深了民族地区与中原的政治关系，促进了民族地区政治、文化的发展，巩固和加强了民族之间的融合。

四、地方行政体制的特点

1.地方行政体制由州（郡）、县二级制发展为道、州、县变相的三级制

---

① 《唐会要》卷96《靺鞨》条。
② 《旧唐书》卷43《职官二》。

秦汉时地方制度本为郡县两级,汉末改置州牧,地方制度就一变而为三级制。魏晋后沿之。东晋南朝往往侨置州郡,原有州郡辖境日益缩小,隋废除郡一级建制,以州统县,侨置州郡全部废除。州(郡)县两级制是隋及唐代前期地方的基本分级制度。中央直接统辖州(郡)县,是隋唐中央集权措施之一。隋炀帝时仿汉制以刺史监察郡县,唐初则分道特遣监察使臣,玄宗时设诸道采访使,已成为监临地方的长官,这时的道已成为中央集权下的地方分治单位。安史乱后,诸道监察权与军权相结合的藩帅,可以总揽一道的军民刑财诸权,这时的道已成了地方分权分治的单位,成了行政实体,地方行政体制已由州、县二级制演变为道、州、县的变相三级制。

2.王国的组织不再是地方行政组织的一部分

汉代,王国、侯国是地方行政组织的形式之一,自魏晋至南北朝,王侯封爵逐渐成为虚封,无土地之实。其时国官的设置,虽有内史与相,其职相当于太守与县令,但是王侯不得过问封国政事,仅食租税而已。只有巨臣、军阀的封国,其王国内的军民财政均由王国独立行使,在地方上形成一种特殊的体制,禅代之际,即以王国的组织取代中央,自曹丕代汉到隋文帝取代北周,都是如此,可以看作是政权转移之际的一种特殊形态。隋建国后,王侯的封爵全是虚封,所食实封户数租调,均由内府支给。唐代诸王出阁,仍置国官,只有名号。玄宗以后,诸王多不出阁,国官亦渐废除。

3.以强化户口管理为中心任务

户籍管理是封建社会中政府的重要民政工作。唐代前期实行均田制度,计丁授田,户籍是受田的依据,而赋役征发也是以丁户为单位,因此,户籍制度也就成为保证均田制实施与赋役征纳的重要制度。唐令规定:"诸户籍三年一造,起正月上旬,县司责手实、计帐,赴州依式勘造。乡别为卷,总写三通,其缝皆注某州某县(某乡)某年籍。州名用州印,县名用县印,三月三十日纳讫,并装潢。一通送尚书省,州县各留一通"。①可见户籍编造是三年一次,州负责编定,户籍编排以乡为单位。一式三份,州县各留一份,报送尚书省一份。编制户籍,以手实和计帐为依据。计帐每年一造,造时要进行团貌(由县司会同乡里阅定形貌)。其办法如《唐会要》卷85"团貌"所说:"诸户口计年将入丁、老疾、应免课役及给侍者,皆县亲貌形状,以为定簿。一定以后,不得更貌。疑有奸欺者,听随时貌定,以附手实。"手实是民户申报户口的文书,审报手实要注明户主,并以户主名义呈报;手实主要内容为家口、年龄、田地;户主要保证所报内容属实。出土贞观、载初年间的手实残卷,末尾大都写有保证词,如:"若后虚妄,求受重罪","如后有人纠告,隐漏一口,求受违敕之罪"之类。这反映唐时有允许纠告手实不实之事。手实在团貌之后编成,依据手实,造成计帐。户籍注明户等。定差科先后,并作为担负税额高低的依据。评定户等分九等,由县令与城乡父老一起评定,制成九等定簿,上报于州,经州司复准认可,注明在户籍上,评定户等的时间,据《唐六典》卷3,也是三年一次。不过评定户等要比编造户籍早一年。户籍是根据手实、计帐和户等空簿而制定的。首列户主姓名,次列男女人口、姓名、年龄、与户主关系。在户主名下注明户等,是否课户,还载应受田若干,已受田若干,其中口分、永业、园宅各若干。均田制崩溃以后,唐政府还允许民户向国家请田,国家往往以逃户及荒田等授给农民。中唐以后,户籍不再有黄小、中、丁、老、课户之分。

4.割据型藩镇的特征与边疆地区特殊行政机构的创设

安史之乱后,河朔诸镇长期处于割据状态。节度使不由唐朝廷派遣而由本镇拥立,赋税不上输中央。但他们与朝廷仍有一定联系,唐朝廷通常在那里设有监军院,藩镇在京师设有进奏院,节度使的拥立例须得到监军同意,朝廷法令也部分奉行,河朔地

---

① 《唐会要》卷85《籍帐》;《册府元龟》卷486。

区州县行政区划的改易和废置,官吏员额的增减,也颇按朝廷敕令行施,所以这种割据型的藩镇与独立政权不同,它们是分权分治的地方政权的特殊形式。但是这种割据型的藩镇摆脱朝廷的控制日益严重,终于导致了唐代中央政权的瓦解。

另外,唐代吸收前代的经验,在边疆少数民族地区创建都护府与羁縻州,根据少数民族的不同情况,因俗而治,作为边疆地区特殊的行政机构,这是唐代对于地方行政体制的创新。明清的土司制度即渊源于此。

第六节　隋唐五代的监察制度

唐代除了不时派遣大臣到各地巡省风俗、黜陟官吏而外,御史台已发展成为一个独立完整的监察机构,内部采用三院制,台院、殿院、察院各有其职掌,责任分明;并建立了御史分察制度,分察尚书六部,分巡京畿内外,分按各道州县,兼知馆驿、仓库等,分工细密。另外,唐代的尚书左右丞,有权纠劾御史台官员,使监察机构的官员也接受监察,这是唐制完善的地方。上述诸官对皇帝不能实行监察,秦汉以来设有散骑常侍、谏议大夫等负责谏诤,唐代又增置补阙、拾遗,并分设左右两职,左属门下省,右属中书省,两省中谏官形成了集体,称为谏院。御史台是用来解决统治阶级内部矛盾的,谏官是作为君主专制的调节器而存在,合称台谏。

一、御史台与尚书左右丞

1.御史台

隋承北齐之制置御史台,大业三年(607年),炀帝在御史台之外分设谒者、司隶两台,三台共同分掌监察事务,御史台掌纠察中央百官,司隶台监察京畿和郡县地方官员,谒者台掌奉诏出使,持节按察。不久罢废司隶台。唐代以御史台总掌隋时三台职务。光宅初分御史台为左右肃政台,左台专掌对中央百官及军旅的按察,右台专掌京畿内外及州县文武官员的按察。后来两台兼主京师和州县的监察,权限很不分明。御史台以按朝廷法规监察百官为职,其初御史不受理词讼,通词的人须在台外等候。御史按时在门外收状,认为其事牵涉官员可以弹劾的,就具情状上奏,但不对通词者的姓名加以保密,托言风闻访知。这便是所谓"风闻论事"。但御史中疾恶如仇者少,因循敷衍的多,渐使"通状"壅滞,或竟至御史无人上劾状。永徽间崔义玄为御史大夫,便开"受事"之例,由御史一人轮直接受状词,劾状中亦得叙述告人姓名。开元以后遂为定制。御史台的推鞫狱讼,包括举弹前的推复和受命推按,往往需要拘留人犯,于是开元以后便在御史台设置了监狱,称为台狱。由御史台审问落实的案件,须移交大理寺定罪判刑。御史台官员还常与刑部、大理寺官员组成三司,会审案件。御史台是因行使监察权而具有一定的司法职能,但不是纯粹的司法机关。

御史台的正副长官是御史大夫和御史中丞。隋代讳"忠"字,又改御史中丞为御史大夫,员额一人,秩正三品,炀帝时降为从四品,专掌纠弹,不预政事。御史中丞之名既废,增治书侍御史之秩为正五品,后又改为从五品,员额二人,为御史台的副长官,专管台内簿书。到唐高宗时讳"治"字,又改治书侍御史为御史中丞,而御史大夫之名仍旧。唐制,御史大夫一人,从三品;御史中丞二人,正五品上,据《新唐书·百官志三》的记载,御史大夫与御史中丞的具体职掌是:第一,御史大夫会同中书省、门下省审理民人向皇帝上表审诉案件,叫作三司受事,一般由侍御史与给事中、中书舍人受表、鞫听,称为小三司。大事须奏请皇帝裁决,小事则自行决断。第二,管理御史弹奏之事。御史号称"人君耳目",唐初御史执行弹奏的职务是各自独立的,不受长官的指挥。后来有所变更,御史有弹奏之事须告知御史大夫或中丞,大事由御史大夫或中丞专折上奏皇帝,小事则由御史弹奏,其奏状须由御史大夫或中丞署名。第三,若皇帝遣大使复查囚徒,则由御史大夫或中丞会同刑部尚书参与甄别。第四,国家举行大典礼时,御史大夫与中丞乘辂车为先导。中唐以后,以御史大夫望重秩高,很少任命,御史中丞实际上是御史台的长官。自此经五代至宋,御史大夫往往只用作兼官,不单授。御史中丞二员,一人在东都,负责东都留台事务。开元二十二年(735 年)以后,京畿采访使与都畿河南采访使例以二御史中丞分任。

御史大夫、御史中丞以下,有御史,隋置侍御史、殿内侍御史与监察御史三种,唐代分别称三种御史治事之所为台院、殿院、察院。

侍御史,隋置八人,掌侍从纠察。唐制台院有侍御史六人,以六品为下,分掌推、弹、公廨、杂事。推是审问案件;弹是弹劾官吏;公廨是衙门;杂事指一切庶务。其中知杂侍御史一人,以年资最久者充任,协助台长掌御史提名、改迁及考核令史等等,以及台内一切事务,分别称内台端和杂端。①知公廨侍御史一人,常居御史台内,处理本台日常事务。知弹侍御史一人,协助台长主管弹劾之事。知推侍御史二人,分知东、西推。所谓东西推,就是把京城百司及地方诸县分成东西两个部分,其审案事务分属东西推。②知西推侍御史一人,掌西推及赃赎事务,代表御史台参加三司受事,号称副端;知东推侍御史一人,掌东推及理匦等事务。凡有制敕交付御史台审问的案件,审问完毕,据实状奏问,若是寻常案狱,御史台审问后交大理寺断案。分司东都留台侍御史一人,分主都留台之事。

殿中侍御史,隋置十二人,唐制,殿院有殿中侍御史九人,从

---

① 《通典》卷 24《职官六》。
② 《新唐书》卷 48《百官志》。

七品下，掌纠察殿廷各种仪式和分知京城内的左右巡。其分工为：同知东推一人，监太仓出纳，单日在台院受事。双日到殿院受事。同知西推一人，掌监左藏钱帛，杂练出纳，其单双日的分配与同知东推同（元和中命四推御史受事，周而复始，罢东西分日之限）。[1]廊下仓使二人，于朝官就仓廊下时出监。分知左右巡二人，分察京城之内不法之事。内供奉三人，掌监殿廷供奉仪式。

监察御史，隋代，员额十二人。唐察院有监察御史十人，正八品上；其职掌为监察百官，分巡郡县并纠察狱讼、军戎、祭祀、营作等，监察百官，主要是由监察御史六人分掌对于尚书省六部的监察，合称"六察官"。分巡郡县属于地方监察事务。纠察狱讼方面，唐代规定京兆、河南府处决死刑囚犯，必须由监察御史临场监决，而且在监决前由监察御史在京兆府或河南府引问一次，给囚犯最后一次申诉机会。监察军戎方面，隋唐均有监军御史，垂拱中，以御史监军为"以卑制尊，非所以委专征"[2]，此制遂停。另外，凡郊庙、祭祀，例由御史为监祭使，有不如仪者即举劾。乃至屯田、铸钱，亦纠察其功过。开元时，始以监察御史兼巡传驿，后改兼巡为检校。大历中，两京以御史一人知馆驿，称为馆驿使。

2.尚书左右丞

唐代尚书左右丞是尚书省的实际主持者，《旧唐书·职官志二》述左右丞之职："御史有纠劾不当，兼得弹之。"这就是以监察机构监察百官，复以行政长官来监督监察权的行使，使监察制度趋于完善。

二、谏官

御史台掌监察，其对象是内外百官，但是皇帝作为国家最高权力代表，不能施行监察，为使皇帝言行不致破坏统治阶级的整

---

① 《新唐书》卷48《百官志》。
② 《通典》卷24《监察御史》。

体利益,就设谏官以规正。所以谏官是监察的一种特殊形式。谏官始置于秦,称谏大夫,后改谏议大夫,掌论议讽谏。魏晋以后,又有散骑常侍,地位略高,也常侍从规谏。唐分设左右散骑常侍、左右谏议大夫,增置左右补阙、左右拾遗,以左属门下省,右属中书省,并为谏官,五代之制同唐。

谏官可以就皇帝个人生活到时政的得失,提出意见。如穷奢极欲、滥施刑罚、除授不当、穷兵黩武等,均在谏诤之列。在唐代,谏官属于清选,得与丞郎出入迭用。唐代并以谏官为知匦使,与由御史中丞或侍御史一人充任的理匦使出掌匦事。知匦使专知受状,事关紧要的当即处断,一般情况则出付中书及理匦使据状申奏。若发现诈伪,知匦使可以不予受理。一般在政治清明时期,皇帝比较尊重和信任谏官,谏官能发挥一定作用。如贞观时期,唐太宗虚心从谏,贞观八年(634 年)他对大臣们说:"朕每闲居静坐,则自内省。恒恐上不称天心,下为百姓所怨。但思正人匡谏,欲令耳目外通,下无怨滞。"[1]善于纳谏,正是取得贞观之治的原因之一。唐末政治腐败,也是谏官们最不受欢迎的时候。僖宗时,左拾遗侯昌业以"上不亲政事,专务游戏,赏赐无度,田令孜专权无上,天文变异,社稷将危,上疏极谏"[2]。僖宗拒谏,并将侯昌业赐死。在谏官遭到不幸的时候,唐王朝离灭亡之日也就不远了。

三、地方监察制度

隋大业中,在中央设立司隶台,作为专门监察诸郡的机构。以司隶大夫一人为长官,佐官有别驾二人,分监京师和东都;所属有刺史十四人,掌巡察畿外诸郡;从事四十人,协助刺史巡察。每年以二月乘轺车巡郡,十月入奏,以"六条"视察诸郡:一察品

---

① 《贞观政要》卷 2《求谏》。
② 《资治通鉴》卷 253 僖宗广明元年条。

官以上理政成绩;二察官人贪残害政;三察豪强奸猾侵害百姓,及田宅逾制官司不能禁止者;四察水旱虫灾不以实言,枉征赋役及无灾妄蠲免者;五察郡内盗贼不能穷逐,隐而不申者;六察德行孝悌及茂才异行,隐而不贡者。[1]大业末年,司隶刺史薛道衡触犯了炀帝,罢废司隶台,而司隶从事的名义仍然存在,不作为常设官,只是由其他官员临时加司隶从事的名义而巡察诸郡。

　　唐武德九年(626年)变更隋制,改郡为州,刺史仍为地方行政长官。贞观时分天下为十道,随时派遣官员巡察地方,没有固定员额,称为台使;武则天时定额八人,每年春秋两季出巡地方,并令凤阁侍郎韦方质删定巡察条例四十八条。神龙中设各道台使二十人,选择内外官五品以下贤明清劲者充任,定名为巡按使,任期二年,各以判官为佐官。并规定察例六条:一察官人善恶;二察户口疏散,籍帐隐没,赋役不均;三察农桑不勤,仓库减耗;四察妖猾盗贼,不事生产;五察德行孝悌,茂才异行等,藏器晦迹,应时用者;六察黠吏豪宗,兼并纵暴,贫弱冤苦,不能自申者。景云中改巡按使为按察使,员额十人。开元中又更名为十道按察采访使,其后又有几次罢废,旋均复置,察例仍以六条为准,但访善举恶只举大纲,至于郡务、所有奏请都归郡守处理无须干涉。按察采访使驻于所部之大郡,实际上已成为道的民政长官。各采访处置使有采访支使二人,以协助其工作。乾元初,肃宗停采访使,但采访使既撤,民政无归,故旋又改置观察处置使,以统一事权。

　　节度使、观察使通常兼带御史台官。至德以后,诸道使府参佐多以省郎及御史充任,谓之外台,而节度使又例兼本道观察使。因此,中央监察州县之权,尽为藩镇所夺。直到五代,情况犹是如此。

---

①《隋书》卷28《百官下》。

第七节 隋唐五代的司法制度

隋唐五代时，司法制度较之前代也有新的发展。首先，在刑制上，废除了前代的鞭刑、枭首、轘裂等酷刑与孥戮相坐之法，确定笞、杖、徒、流、死新的五刑制，此后为历代封建皇朝所沿用。危害封建统治最重的"十恶"，以及优待贵族、官僚等犯罪的"八议"，都比前代有更详密的规定。《唐律》条文精简，量刑适中，对后世及域外都有深远的影响。其次，在司法机关的设置方面，大理寺属于法院性质，专掌审判，刑部为司法行政机关，御史台为监察机关而兼具司法职能，三者各有专职，且互相配合。三机关的长官共同审理重大案件称为三司推事，明清时代的三法司会审及九卿会审即是此制的沿用和发展。另外，地方司法工作虽仍由地方官兼理，但府州县都设有分管刑事案件和民事案件的僚属。

一、法律形式与刑罚制

1.隋律、唐律与刑统

隋开皇元年(581年)文帝命高颎、郑泽等上采魏晋刑律，下至齐梁，斟酌轻重，取其折衷，制定新律。开皇三年(583年)又因律尚严酷，人多陷于罪，命苏威、牛弘等更定新律，删繁就简，删去死罪八十一条，流罪一百五十四条，徒枷等罪一千余条，共留五百余条，计分名例、卫禁等十二篇。更定刑名为笞、杖、徒、流、死五种，废除前代鞭刑、枭首、轘裂等酷刑与孥戮相坐之法，并规定讯囚行杖不得过二百，执行杖刑时中间不得易人。又规定八议之制，以维护官僚与贵族的特权。更定北齐的"重罪十条"为"十恶"大罪，对破坏封建统治秩序的行为加强镇压，是为《开皇律》。炀帝继位，对《开皇律》进行修订，于大业三年(607年)颁行，计十八篇,共五百条,称为《大业律》,刑罚规定较《开皇律》为轻,但随着炀帝大行暴政,《大业律》的刑罚制度实际没有遵行,磔、轘裂、枭首、夷九族等酷刑都屡行不止。

唐高祖李渊,曾打着"除隋苛法"的旗号起兵,与民约法十二条,除杀人、劫盗、背军、叛逆者外,余均蠲除。建国以后,命裴寂、萧瑀等人参照隋《开皇律》制定《武德律》十二篇,五百条。太宗又命房玄龄、长孙无忌持《武德律》,修成《贞观律》。高宗命长孙无忌、李勣、于志宁等以武德、贞观两律为基础,编纂《永徽律》十二篇,五百零二条,于永徽二年(651年)颁行。又命长孙无忌等"网罗训诂,研核丘坟",对《永徽律》逐条逐句进行解释,叫作"律疏"。经皇帝批准,于永徽四年(653年)颁行,附于律文之下,与律文具有同等效力。疏与律统称为《永徽律疏》,后世称之为《唐律疏议》。唐玄宗时根据现行令式,对《永徽律》作了个别文字订正与增补,称为《开元律》,内容与《永徽律》相同。唐律十二篇,与隋《开皇律》相同,各篇内容如下:第一篇名例,属于刑法总则范畴;第二篇卫禁律,是关于皇帝宫殿庙苑的警卫和州镇城戍、关律要塞以及边防、国防的保卫等方面的制度和法律;第三篇职制律,是关于官吏设置、失职、贪赃枉法和交通驿传方面的法律;第四篇户婚律,是关于户籍、赋税、田宅、婚姻家庭方面的律文规定;第五篇厩库律,是关于养护公私牲畜、仓库管理、官物出纳的法律;第六篇擅兴律,是关于军队征调、指挥、行军出征和兴建工程不如法等的处罚;第七篇贼盗律,是关于惩治反叛、大逆、杀人、劫盗等犯罪的法律;第八篇斗讼律,是关于斗殴伤人和控告申诉方面的法律;第九篇诈伪律,是关于惩治诈欺和伪造方面的法律;第十篇杂律,是关于无法独立成篇的各种犯罪的法律,包括国忌作乐、私铸钱币、奸非、失火、赌博、犯夜、私造度量衡、借贷、雇用契约、商品价格、市场管理、商品质量检查、医疗事故、堤防、水运、城市交通、公共安全、清洁卫生等方面法律;第十一篇捕亡律,是关于追捕逃犯和逃丁的法律;第十二篇断狱律,是关于审讯、判决、囚禁、执行等方面的法律。

五代法律形式有刑统。"刑统"的意思就是刑律统类,起源于唐代。唐大中七年(853 年)时曾颁布过《大中刑律统类》十二卷。后唐时仿《大中刑律统类》颁行《同光刑律统类》,后周显德四年(957 年)因当时的律令文辞古质,格敕条目繁多,不便使用,且易生弊端,命侍御史知杂事张湜等人编集刑书,于次年完成,共二十一卷,称为《大周刑统》,颁行全国,成为《唐律》以后的一部重要律书。其内容以律为主,"式令之有附近者次之,格敕之有废置者又次之。事有不便于今、该说未尽者,别立新条于本条之下。其有文理深古、虑人疑惑者,别以朱字训释。至于朝廷之禁令、州县之常科,各以类分,悉令编附"①。

2.诉讼程序

隋代诉讼以县为第一审, 州为第二审, 死刑再送大理寺复按,然后送尚书省奏请皇帝裁决。至于上诉程序,据《隋书·刑法志》所记,文帝时曾诏告全国:"有枉屈县不理者,令以次经郡及州,至省仍不理,乃诣阙申诉。有所未惬,听挝登闻鼓,有司录状奏之。"

唐代地方诉讼第一审为县,杖以下罪县司即为终审,徒以上罪,则为初审;第二审是州(或郡),徒以下即为终审,流刑与死刑须报尚书省复审,死刑还须三复奏,皇帝批准后,再经过三天才能执行。诸州遇有疑案,须申报大理寺复审,再上报尚书省。京师的诉讼程序,凡杖以下罪,长安、万年两县及中央政府各衙门都可决定执行,徒以上须由大理寺及京府审理,对于徒刑,虽可判决,但须经刑部复核,流刑与死刑须报尚书省复审,死刑须经皇帝批准,并实行三复奏,与地方上报复查制度相同。至于上诉程序,据《唐六典》卷 6"刑部郎中员外郎"条记载,对于不服第一审判决而想上诉的,须先上诉到原审机关的上级官署(如初审机关

_____

① 《旧五代史》卷 147《刑法志》。

为县,有冤屈即上诉到州),要是上级官署距原审机关道路险阻难行,可由邻近的州审理、判决,又不服,即请求领取"不理状"(准许有冤屈者到京城告状的证书),至尚书省,由左右丞仔细审问,申其冤屈。又不服,复给不理状,经由刑部、大理寺、御史台三个司法机关陈述冤屈,又不服者,可向皇帝上书申诉(此类案件一般由侍御史、中书舍人、给事中会同审理)。如果接受上表的官司压下上书不上奏皇帝,准许击登闻鼓。若孤独而无依靠的老幼不能自申者,可站立在肺石之下。若本身被拘禁,可由亲友代立,立石者由左监门奏闻,击鼓者由右监门奏闻。

3."十恶""八议"

隋唐刑律中规定的"十恶",是指触犯封建统治阶级根本利益,是为"常赦所不原"的十种犯罪。具体内容是:一谋反,指"谋危社稷",即预谋反对皇帝和推翻封建政权的行为。二谋大逆,指"谋毁宗庙、山陵及宫阙",即谋毁皇家的宗庙、陵墓及宫殿的行为。三谋叛,"谓谋背国从伪",即背叛朝廷、私通和投降敌伪的行为。四恶逆,"谓殴及谋杀祖父母、父母,杀伯叔父母、姑、兄、姊、外祖父母、夫、夫之祖父母、父母者"。五不道,指灭绝人道,如杀死一家三口,而被杀者都不是应判死罪的;或用肢解手段杀人;或用蛊毒、厌魅的方法使人致死。其实这两种行为并不能给人造成伤害,是一种迷信。六大不敬,指对皇帝的不尊敬,如盗取皇帝祭祀用品或皇帝日常穿戴物品;盗取或伪造皇帝的玺印;为皇帝配制药物及药物题封有错误;为皇帝烹调膳食误犯食禁;为皇帝制造舟船误不牢固;诽谤皇帝;无礼对待皇帝派遣的使者。七不孝,指对直系尊亲属有忤逆行为,如控告或咒骂祖父母、父母;祖父母、父母在时分居独立门户;对祖父母、父母供养有缺;居父母丧时嫁娶作乐,改着吉服;闻祖父母、父母丧匿不举哀;诈称祖父母、父母死亡。八不睦,指谋杀及出卖缌麻以上亲属,殴打或控告丈夫及大功以上尊长和小功尊亲属。九不义,指杀害本属府主、刺史、县令、现受业师;吏卒杀害本部五品以上官长;闻夫丧匿不举哀,作乐,改着吉服及出嫁。十内乱,指奸污小功以上亲属,强奸及和奸父祖之妾。

　　规定十恶罪,主要是维护封建皇帝的专制统治和君臣、父子、尊卑、上下的封建伦常关系。隋唐刑律中于规定十恶罪的同时,特别规定对贵族、官僚的庇护,有所谓"八议",即议亲、议故、议贤、议能、议功、议贵、议勤、议宾的制度。所议八种人在犯罪时须经特别审议,并享受减免刑罚。根据《唐律》规定,"亲"指一定范围内的皇室成员或外戚;"故"指皇帝的某些故旧;"贤"指"有大德行"者,实际上是地主阶级中的知名人士;"能"指"有大才艺"者,即封建统治阶级中能够治军治国的杰出人才;"功"指"有大功勋"者,即为封建国家建立过卓越功勋的人;"贵"指"职事官三品以上,散官二品以上及爵一品"者,即封建贵族和大官僚;"勤"指"有大勤劳"者,即为封建国家服务勤劳的人;"宾"指"承先代之后为国宾者",即指前朝退位者后裔。这八种人犯了死罪,官府不能直接定罪判刑,而要将他们的犯罪情况和特殊身份报告朝廷,由负责官员集体审议,提出意见,奏请皇帝裁决;若是犯了流以下罪,都可减一等论处;但是如果犯了十恶罪,则不适用上述规定。

　　4.五刑

　　隋唐时规定刑罚为笞、杖、徒、流、死五种,合称五刑,代替了商周以来的墨、劓、剕、宫、大辟的五刑制度。这是中国古代刑制的一个重大变化,标志着中国古代刑罚制度到隋唐时已进入较为文明的阶段。新的五刑制度一直沿用到明清。

　　笞刑。隋代始设,为五刑中的最轻刑。定为十、二十、三十、四十、五十,凡五等,都可以用铜来赎刑。唐沿其制,决笞者,腿部与臀部分受,如愿背、腿分受者,亦听其便。

　　杖刑。隋废鞭刑,以杖刑代之,另立笞刑,以代替原来的杖刑。隋分杖刑为五等:六十、七十、八十、九十、一百。所犯重于五十笞者则入于杖刑。唐制与隋同。

徒刑。隋唐时,分为五等,其刑期较前代有所缩短,最低为一年,最高为三年,每等之间相差半年,且不附加笞刑和杖刑,并准许以铜赎刑。唐制,凡判处徒刑者,"著钳若校,京师隶将作,女子隶少府缝作"①。

流刑。隋代流刑分为一千里、一千五百里、二千里三等,合称"三流"。应配者三等分别居作二年、二年半、三年。应住居作者,"三流"均服役三年。唐制流刑亦分三等,其路程比隋代各加一千里,其居作期限则都缩短为一年。役满就在流放之地为编户,称为"常流"。此外贞观中又设加役流,服役期为三年,以代替原来的断趾之刑。唐代流刑可用铜赎,二千里赎铜八十斤,二千五百里赎铜九十斤,三千里赎铜百斤。

死刑。隋唐时死刑分为斩与绞两种,斩是使犯人身首异处的死刑,在汉代称为"殊死";绞是用帛、绳等勒死或用绞刑架绞死。绞可保留全尸,较斩为轻。

5.禁贻误军机、违犯军令和将士逃逸

历代的封建统治者都十分重视军队在政权中的作用,唐律规定凡是贻误军机、违犯军令和将士逃逸等都是犯罪,要严加惩处。

不及时供应军需或应征作战,都是贻误军机,《唐律》称为乏军兴,是严重的犯罪。不分故意、过失都处斩。如在军队对敌作战时弄巧欺诈逃避作战,或者进行试验时实际能而假装不能,军务因此被延误,以乏军兴论处。奉命告报军期而违误的,同此。

违犯军令最严重的是擅发兵。为了维护皇帝对军队的最高指挥权和防止兵变、篡夺,《唐律·擅兴》中对此列有专条。所谓擅发兵,指"无警急又不先言上而辄发兵者",或者虽然请示了而不待批准,犹为擅发,只要文书施行即为犯罪成立,不必真正得兵。"擅发兵十人以上徒一年;百人,徒一年半,每百人加一等;七百人以上,流三千里;千人,绞。"或者虽有兵部发兵文书,掌兵者也

①《新唐书》卷56《刑法志》。

不准马上给兵,必须先奏请皇帝批准而后给,违者按所给人数减擅发罪一等。《唐律·擅兴》中还有关于调发供给军事违法的处分规定:凡应该调发供给军用的各种物品,都须先行上报,等待批复的命令,违反规定调发的,处一年徒刑;给与的,比调发的减一等论处。如果军情紧急,则应就便调发,并立即向上报告。若是不调发和不拨给的,也得处一年徒刑;调发后不立即上报的,各自比应调拨而不调拨的罪减一等论处。其他如校阅违期、征人滞留、边防轮班替代派遣违期,都是违犯军令的行为,在《唐律·擅兴》中各有具体的刑罚规定。

将士逃逸,根据不同情况,在《唐律》中都有惩处的规定,:主将守城,弃城而逃或临阵先退,是一种失职行为,在《唐律·擅兴》中规定都处斩。至于士兵,《唐律·捕亡》中规定:凡已确定征召或随军出发参战而逃走的,逃离一天处一年徒刑,多一天加一等,满十五天处绞刑;在同敌人对阵情况下逃逸的,处斩。

6.官吏违法、失职、贪污、擅权的惩处

官吏是国家机器中的工作人员,为了加强君主专制的中央集权和封建国家机器的统治效能,《唐律》对于官吏的违法、失职、贪污、擅权等行为都有惩处的规定。

对于官吏犯法,早在秦汉律中就已划分"公罪"与"私罪"。《唐律·名例》中进一步明确规定:公罪指官吏"缘公事犯罪而无私曲者",私罪则是官吏"不缘公事,私自犯者",或"虽缘公事,意涉阿曲","受请枉法"者。无论"公罪""私罪",都可以官当罪,并且"犯公罪者,各加一年当"。这种区分的目的在于庇护在职官吏因执行公务而犯的罪,以维护封建统治者的尊严。

《唐律·职制》中规定了官吏的各种失职罪:如"贡举非其人及应贡举而不贡举者,一人徒一年,二人加一等,罪止徒三年"。内外文武官吏年终考校课试不实者,减贡举非其人一等。刺史、县令私自出界,杖一百。在职官员应值班不值,无故不到公署办公,上任限满不赴任。迟缓制书、官文书期限,违背制书,制书有误擅改，上书奏事有误或犯讳，事应奏而不奏等，要分别处以笞或徒刑。对于有损皇帝的尊严和危害皇帝人身安全的渎职罪，惩处尤严：如和合御药误不如本方及封题失误者，造御膳误犯食禁者，造御用舟船误不牢固者，对抗使臣而无人臣之礼者，都处以绞刑；诽谤皇帝者，处斩。官吏不得泄漏国家机密，"诸漏泄大事应密者，绞"。

《唐律·职制》中具体规定了对于官吏贪赃枉法的惩处："诸监临主司受财而枉法者，一尺杖一百，一匹加一等，十五匹绞。"受财"不枉法者"，一尺杖九十，二匹杖一百，三十匹加役流。此外，如接受财物为人请托，接受或借贷被监临人的财物，役使被监临人及借用其奴婢、牛马、车船等，都以贪赃论罪。

《唐律》中还规定了对于官吏擅权罪的惩处：如《擅兴律》中对擅自兴造和非法兴造的惩处。兴造指修城、筑堤、营建楼堂馆所等。唐制，工程营造应计功多少申报尚书省批准后方准动工。应当上报而不报，应当等待批准而不等待批准就动工，分别计算工程价值按坐赃罪减一等论处。凡属非法兴建或役使人夫，计值在十个工以上的，按坐赃罪论处。《户婚律》中对非法赋敛有惩处规定："若非法而擅赋敛，及以法赋敛而擅加益，赃重入官者，计所擅坐赃论；入私者，以枉法论。"此外，擅奏改律令格式、出使辄干他事、代署代判等行为在《职制律》中均认为是非法的，违犯者都要受到一定的惩处。

7.加强控制编户

租赋是封建国家主要的财政来源和赖以生存的经济命脉，丁户则是征收租赋和徭役的对象，因此历史上封建国家都竭力争取直接控制自耕农户，严格管理户口。《唐律·户婚》严禁漏报户口，凡漏报户口（脱户）的，家长处三年徒刑，脱户及虚报年龄逃避课役的，处一至三年徒刑。里正和州县长官，也依所辖地区脱漏户口多少，处以笞刑到三年徒刑。如里正和主管官司有意脱漏户口以牟取私利的，以枉法论，处徒、流直至加役流。

关于禁逃避赋役,还有几条措施,一是禁止私入道。《唐律·户婚》规定,凡是私自出家为僧道,以及私自度人为僧道的,杖一百;若是主管官吏私自度人为僧道,每度一人,杖一百,二人加一等,罪止流三千里。二是禁止相冒合户。课丁不得利用疏亲的关系把户口报入免役户中去,以逃避课役。犯者徒二年。三是限制析户分居。由于丁、产的多少是决定户等高低的依据,人们就用分户异居的办法来分散财产和丁口以降低户等减轻赋役的负担。《唐律·户婚》对分户有所限制,表面上是为了维护孝道,敦厚风俗,实际上是为了多征赋税。所以对于要求分户而自愿不降低户等的可以允许。

二、审判制度

1.大理寺及其职权

隋沿北齐之制置大理寺,以大理寺卿与少卿为正副主官,其下有正、监、评各一人,又有律博士、明法、狱掾。掌中央百官犯罪及京师徒刑以上案件的审理。《狱官令》规定,大理寺及京兆府判决的徒刑案及官员的刑案,要申报尚书省刑部复核批准,发现有不当的可以驳正。大理寺及各州所判流刑以上罪,或者要对官员附加撤去官职处分的,也要申报尚书省复核。其中死刑要奏报皇帝裁决。大理寺还得复审诸州府上报的疑案及刑部转来的死刑案件。唐制大理寺卿一人,从三品,少卿二人,从五品下,凡是重大疑狱,一般都由大理寺卿或少卿亲自审讯,凡中外官吏犯罪判决后仍然称冤者,亦由卿与少卿亲审。其下有正、丞、司直、评事等,号称法官。大理寺正二人,从五品下,地位在丞之上,掌参议刑辟,详正科条之事,凡六丞断罪不当,则以法正之。内外官及爵五品以上犯当斩首者,由大理正监决。丞六人,从六品上,掌分判寺事,一般分别受理尚书省六部所领诸司及州府案件,其中判刑部丞兼掌押狱。每一丞断案定罪完毕,由其余五丞同署,有不同意见的可以写上。判处徒刑以上罪则通知犯人家属,不服者可以重新起诉。司直六人,从六品上。评事十二人,从八品下,掌出使推按,受理府州疑狱。不出使时,大理评事可以参议寺内疑狱。狱丞二人,从九品下,掌监狱的管理。凡监禁的囚徒,分别贵贱,男女异狱,五品以上犯人每月沐浴一次,暑天给饮料;囚有病给医药,病重者脱械锁,听家人入侍。又有录囚之制,"若禁囚有推决未尽留系者,五日一虑"①。也就是向囚犯讯察决狱情况,以了解其是否有冤屈。

2.三司使会审

唐代对于重大案件和上诉要案,由大理寺卿会同刑部尚书、御史中丞共同审理,称为"三司推事",是一种特别法庭。此三机关长官称之为"三司使"。有时三机关的长官不能出席,则由侍御史同刑部郎中或员外郎、大理司直或评事共同审理。

3.地方官兼理司法及其有关僚佐

封建时代地方行政体制,是司法与行政合一的,地方行政长官也就是司法长官,而且司法工作是考核地方行政长官政绩的重要内容之一。唐代县的长官都要"躬亲狱讼",亲自审问刑事、民事案件。《唐六典》卷30"三府督护州县官吏"条说:"京畿及天下诸县令之职……审察冤屈,躬亲狱讼,务知百姓之疾苦。……诉讼之曲直必尽其情理。"县以上的行政长官是州刺史,同时也是地方第二审法院的长官。此外都督、都护,亦兼管地方之事,亦是兼理司法的长官。

地方行政长官都有专管司法的僚属,县有司法佐、司户佐,州有司法参军事、司户参军事,三京府、六府、都督府、都护府都有法曹参军事、户曹参军事。法曹和司法参军"掌律令格式,鞫狱定刑,督捕盗贼,纠逖奸非之事,以究其情伪而制其文法"②。户曹和司户参军掌"剖断人之诉竞,凡男女婚姻之合,必辨其族姓,以

①《唐六典》卷18《大理寺》。
② 均见《唐六典》卷33《上州、中州、下州官吏》。

举其违;凡井、田利害之宜,必止其争讼,以从其顺"①。可见当时州、府衙门对于民事、刑事已是分庭办理。由于县令亲理狱讼,不分刑事、民事两庭,所以,分别由司法佐与司户佐协助审理。

第八节　隋唐五代的军事制度

隋及唐前期实行府兵制度, 府兵作为中央直接控制的军事力量,组成诸卫,平时警卫京师和宫廷,战时调遣作战。府兵的军府多数集中在关中,便于府兵上番,以造成居中御外的形势。唐制中央警卫军分为南衙与北衙两个系统,南衙就是府兵十六卫,北衙由募兵组成,初期有羽林等军,后来发展为六军。南北衙禁军交错宿卫, 互相牵制, 不让臣下有同时指挥南北衙禁军的权力,以保证皇帝对军权的控制。中唐以后,府兵制破坏,南衙十六卫已无战斗力,仅作仪饰之用,唐朝廷依恃的是北衙禁军。唐前期,在边防设有边防军,后来加重其权力,改为节度使。安史之乱后,节度使遍及全国,拥兵割据,终于瓦解了唐代中央政权。五代诸中央政权都由藩镇演变而成, 他们的禁卫军由旧日藩镇的衙兵演变而成,称为侍卫亲军,设侍卫亲军都指挥使以指挥之,下分侍卫马军与侍卫步军。六军诸卫名号直至后晋时才予废除,所有中央军队统一于侍卫亲军系统。后周时,中央军又分成殿前司军和侍卫司军两支。至北宋初即发展为"禁军三衙"的体制。

一、隋与唐前期的府兵制

1.高度集权的领兵体制

隋制,兵权集中在朝廷,军队基本上由皇帝亲自统御,尚书

---

① 均见《唐六典》卷33《上州、中州、下州官吏》。

省兵部处理军事行政事务,是皇帝在军事方面的办事机构。以十二卫分统禁卫军与分布在各地的军府。府兵分别隶属于各地军府。各卫府设大将军,直接归皇帝指挥。战时由皇帝派行军元帅为最高指挥官。灭陈战争,曾以杨广、杨俊、杨素同为行军元帅,并由杨广以淮南道行台尚书令名义统一指挥军事。大业八年(612年)炀帝用兵高丽,亲自指挥,左右各十二军,凡一百一十三万人,号称二百万。

唐初沿用隋制,皇帝掌握军事指挥权,由兵部处理军事行政事务,征战的统帅以诸王充任,在内地及边境重要地区设置总管府,以总管为所在军事长官,负责地方军的统御。后改总管府为都督府,总管改称都督。贞观初开始整顿和加强府兵制度,全国共设六百五十七个军府,分隶于十六卫及东宫六率府。这些军府分散在全国各道,错综交织。使将不能专其兵,十六卫大将军名位虽高,只统领在京番上宿卫兵,平时同一地区的若干军府,其所隶卫、率的系统不同,战时府兵是由皇帝选派的元帅指挥。这样,府兵尽管驻地分散,实际上仍是皇朝直辖的中央军队,而不是地方军,而且在地方长官、卫府将军的相互制约之下,但都无法利用府兵形成割据势力。唐代除了南衙十六卫,另有北衙禁军,高祖时有元从禁军,其后又有左右羽林军等的建立。南北衙禁军的宿卫任务相互交叉,兵将相互渗透,使他们互相牵制,这是加强皇帝对军队控制的一个措施。另外,军府分布的地点多集中在关中,这样就使朝廷握有重兵,以实现其"举关中以临四方"①的军事方针。

五代后梁时,没有形成全国最高军事统御机构,作为禁军的六军诸卫与皇帝的侍卫亲军各成系统,分别统领,由皇帝统一指挥。后唐时,命侍卫亲军都指挥使康义成判六军诸卫事,成为中央直辖军队的统帅。与此同时,枢密院也逐渐成为全国最高的军

---

① 陆贽:《陆宣公奏议》卷11《论关中事宜状》。

事统御机构。后梁开平初,改唐枢密院为崇政院,后唐时复改为枢密院,职权范围逐渐扩大,也管军事。后汉时,郭威为枢密使,曾多次统兵作战,后周也曾任命武将王峻和郑仁海为枢密使与副使。由是枢密院既是当时中央最高行政机关,也是中央最高军事统御机构。

2.府兵建制

府兵制,是一种建立在均田制基础之上的封建性的兵农合一、寓兵于农的制度。府兵由军府从所在州县的农民中挑选,年二十入伍,六十免役,平时在家生产,农闲训练。府兵主要任务是宿卫,护卫京师,按路途远近分番轮流,叫作"番上"。《新唐书·兵志》说:"凡当宿卫者番上,兵部以远近给番,五百里为五番,千里七番,一千五百里八番,二千里十番,外为十二番,皆一月上。若简留直卫者,五百里为七番,千里八番,二千里十番,外为十二番,亦月上。"研究府兵番第,一般以千里内的规定作为计算的基础。五番是指一个军府的士兵分作五组,轮流上番。七番则分作七组,轮流上番。每次上番的期限均为一个月。府兵虽然以军府远近而定番,但路远的府兵每年上番的天数和花费在路上的天数合计起来看,要比路近的府兵天数和路上费用为多,所以唐代规定,在近畿地区须亲自上番,远处可以纳赀代番:"凡诸卫及率府三卫,贯京兆、河南、蒲、同、华、岐、陕、怀、汝、郑等州,皆令番上,余州纳赀而已。"[1]这一规定,照顾了距京师路远的府兵的实际困难。府兵训练由地方负责,遇有战事,府兵由中央直接调动,以中央发布的铜鱼兵符为凭,临时委派将帅,统领出征。战事结束,将归于朝,兵归于府。府兵垦田籍账,与一般平民相同,所使用武器、装备和征途所需粮食,完全自备。

贞观十年(636年)改军府为折冲府。盛唐时,全国有折冲府657府,其中关内道288府,约占全国折冲府44%;河东道164

---

① 《唐六典》卷5《尚书兵部》。

府;河南道74府;河北道46府;陇右道37府;山南道14府;剑南道13府;淮南道10府;岭南道6府;江南道5府。这些折冲府分隶于十六卫及东宫六率府。

3.折冲府组织与兵源

隋代府兵组织称为骠骑府,长官为骠骑将军、车骑将军,有时也设置与骠骑府平行的车骑府,即以车骑将军为长官。大业中,改骠骑府为鹰扬府,以鹰扬郎将、鹰扬副郎将为正副长官。旋又改鹰扬副郎将为鹰击郎将。此后鹰扬府逐渐冠以地名。唐初将隋代的鹰扬郎将、鹰击郎将改为军头、府副。为了笼络将领,随后又改军头为骠骑将军,府副为军骑将军。武德中,以天下已定,改骠骑将军为统军,车骑将军为别将。太宗时,对府兵组织与名号重加厘定:贞观十年(636年)改统军为折冲都尉,别将为果毅都尉,其品秩低于刺史,诸军府总名为折冲府。折冲府分布在各地,以所在地名为折冲府名。如京兆府云阳县有甘泉山,为汉甘泉宫所在,该地所设折冲府即名甘泉府;长安城内的永乐坊也设有折冲府,就名为永乐府。甘泉府、永乐府则是各该地方折冲府的专称和简称。诸道折冲府是府兵的基层单位,分为上中下三等,上府1200人,中府1000人,下府800人。折冲府除以折冲都尉与左右果毅都尉各一人为正副长官之外,还有长史、兵曹、别将各一人,校尉六人。兵士以300人为团,团有校尉;100人为旅,旅有旅帅;50人为队,队有队正;10人为火,火有火长。折冲府兵士的来源,据《旧唐书·职官志》记载,"皆取六品以下子孙及白丁无职役者点充"。六品以下子孙到白丁无职役者,既包括地主阶级,也包括农民及手工业者,具体拣点的办法,据《唐律·擅兴》"拣点卫士征人"条《疏议》说:"财均者取强,力均者取富,财力又均,光取多丁。"可知唐代拣点府兵的标准,首先考虑资财,其次是才力强弱,第三是丁口多寡。考虑资财是因为府兵须自备某些武器和粮饷,他们负担很重,所以一些研究者认为唐王朝是企图从品官、富室中拣点卫士,而不是普遍

征兵。①府兵平时进行农耕,冬季进行训练,由折冲都尉率领的
府兵士进行教战。府兵调遣是由兵部下符契,州刺史和折冲都
尉勘契相合,然后发兵。

4.隋十二卫、唐十六卫与东宫六率府

隋开皇中,置十二卫,为府兵的领导机构,统领军府,并担任
宿卫。左右翊卫掌宫掖禁御,督摄仗卫;左右骁卫、左右武卫、左
右屯卫、左右御卫分掌外军宿卫;左右候卫掌车驾出,先驱后殿,
昼夜巡察,执捕奸非。另有左右备身府,掌翊卫出入;左右监门
府,掌宫殿门禁及守卫之事,不领府兵。唐沿隋制,略有变更,改
置十六卫,领府兵的十二卫是:左右卫,领武成、武安等五十府,
府兵名号为"骁骑卫士";左右骁卫,领永固等四十九府,府兵名
号为"豹骑卫士";左右武卫,领凤亭等四十九府,府兵名号为
"熊渠卫士";左右威卫,领宜阳等五十府,府兵名号为"羽林卫
士";左右领军卫领万敌、万年等六十府,府兵名号为"射声卫
士",以上十卫共掌宫门禁卫及门籍;左右金吾卫,领同轨、宝图
等五十府,府兵名号为"佽飞卫士",掌徼巡宫中、京城、烽候、道
路、水草之宜。不领府兵的四卫为:左右监门卫,掌宫门警卫及
门籍;左右千牛卫,掌侍卫及供御兵仗。

十六卫组织可以左右卫为例。有上将军各一人,从二品;大将
军各一人,正三品;将军各二人,从三品。以上为长官。长史(相当
于后世机关的秘书长)各一人,从六品上;录事参军事(掌管各曹
文书,纠察府事)各一人,正八品上;仓曹参军(掌俸禄、公廨、田
园、食料等事)各二人,正八品下;兵曹参军(掌士兵番上等事)各
二人;骑曹参军(掌外府杂畜簿账、牧养)各一人,胄曹参军(掌兵
器等事)各一人。奉车都尉(掌陪侍君主所乘车舆)与驸马都尉无
定员,都是从五品下。以上是事务官。此外还有司阶、中候、司戈、执

① 参见谷霁光:《府兵制度考释》,上海人民出版社1962年版,第184—
185页,他同意岑仲勉《府兵制度研究》中的意见。

戟、长士各若干人为执兵官。其他诸卫,其组织大体与左右卫相同。

左右卫除作为外府领导机关外,还有直属的"五府三卫",称为内府。这五府是:亲卫之府一个,叫"亲府";勋卫之府二个:"勋一府""勋二府";翊卫之府二个:"翊一府""翊二府"。每府的长官有中郎将一人,正四品下,左右郎将各一人,正五品上,其他官员有亲卫、勋卫、翊卫,总计4963人。兵曹参军各一人,校尉各五人。每校尉有旅帅二人,每旅帅各有队正二十人,副队正二十人。凡是五府卫士上番,由该府中郎将把名簿送到大将军处。唐初官宦富室之家多有从军风尚,内府的卫士限于二品至五品官的子孙才能充当。高祖和太宗时,重视"资荫",三卫非权势子弟往往站不住脚,柱国之子有到白头补不上的。

唐制,东宫十率府也是府兵的领导机关。率府是皇太子的警卫组织,仿照十六卫警卫君主办法,设置东宫十率府,只是规模远比十六卫为小。太子十率府各置率一人,正四品上,副率二人,从四品上,为率府的正副长官。其领兵的为六率府:左右卫率府领广济等五府,府兵名号为"旅贲卫士",左右清道率府,领绛邑等三府,府兵名号为"直荡卫士"①。不领府兵的四率府为左右监门率府、左右内率府。

5.御史监军

隋末始以御史监军事,《新唐书·孔若思传》说:"祖绍安……隋大业末为监察御史。高祖讨贼河东,绍安与夏侯端同监军,礼遇尤密。"唐初时有其职,但非常职。《新唐书·李峤传》记李峤"授监察御史。高宗击邕、岩二州叛獠,诏监其军"。文明元年(684年)九月,武则天下诏将"旧御史台改左肃政台,专知在京有司及监诸军旅,并出使"。此时对御史监军已有明文规定,台中侍御史、殿中侍御史与监察御史均可充任监军。监军之事为朝廷所重

---

① 关于十二卫和六率府所领折冲府数字,研究者说法不一,此据谷霁光《府兵制度考释》。

视,说明当时朝廷与武将之间的矛盾有所发展,这时期虽还不是每次出师都派有监军,但已趋向于制度化。不过御史终究只是八、九品官,又不是皇帝的亲信,所以御史监军制度的作用不大。在开元中改由宦军监军。

6.府兵与地方军、边防军的关系

隋唐时,各地另有地方军与边防军。自西魏实行府兵制以来,地方州郡兵并未削弱,隋炀帝置都尉与郡太守分掌军政两权,如汉之制。唐制各州都有一定兵额,以刺史领之,都督府有常备兵,另有镇戍兵,在边疆地区更置有军、守捉、城、镇等。其军、守捉、城、镇等皆有使,而隶于本道大都督府。临时出征的行军元帅、行军总管又有招募兵,无固定数额。在边疆地区,有少数族人组成的蕃兵。

府兵除了宿卫京师外,与地方军与边防军也有一定关系。一般来说地方上有战事时,府兵常与地方兵、边防兵、临时招募兵以至蕃兵结合在一起,而以府兵为中坚力量。贞观初年,李靖在碛口袭击突厥,即以匡道府折冲苏定方的骑兵二百为前锋,获得了胜利。府兵还担负着边疆或内地的特殊任务,有指定的折冲府分番服役,如贞观十年(636年)以游击将军守左领军长春府别将王神庆留守永丰仓;仪凤二年(677年)以兴国府右果毅乙速孤行俨守护定州河阳桥。守仓、守桥的府兵,虽有专责,但仍然会同地方兵驻屯于本府辖境之内。府兵还配合边防军担任戍边,一般均以少数兵力担负着防戍的重要任务。

7. 彍骑、团结兵与官健的崛起

玄宗时,由于府兵制赖以存在的经济基础——均田制的破坏,农民大量逃亡,富户规避兵役,"诸府士益多不补,折冲将又积岁不得迁,士人皆耻为之"[1]。每年简阅训练的制度也不能执行,至开元六年(718年)不得不命折冲府兵每六年一简,折冲府

---

[1]《新唐书》卷50《兵志》。

渐至无兵可交。天宝八载(749年)停止折冲府上下鱼书,府兵的上番和发兵活动就完全停止。折冲府的活动停止以后,折冲府的机构、官吏、兵额,在名义上和形式上还保留了相当长的时期,其目的是利用府兵的军职,作为军将升转的一种依据。

十二卫名号在唐代一直没有废除,在府兵上番不足但尚未废除上番制度期间,因府兵番役多不能按时到达,朝廷不得不采纳宰相张说建议招募破产流民当兵。开元十一年(723年),简取京兆、蒲、同、岐等州府兵和白丁,加上潞州长从兵,号"长从宿卫",十二年(724年)更名为彍骑。过去府兵轮番宿卫京师的规定已经无形废除。彍骑总共十二万人,分隶十二卫,每卫一万人,分为六番,轮流上番服役,仍号卫士。彍骑初始颇注重演习,并免除出征、镇守的负担,一时号称强盛。天宝以后,彍骑也变废了。

团结兵是介于府兵与招募兵之间的兵种,它选点殷实强壮的男丁,免除赋役,定期训练征集,不完全脱离生产。上元二年(675年)曾在黎、雅、邛、翼、茂五州募镇防团结兵,设团练副使为帅。万岁通天元年(696年)为防止奚、契丹,河北各州也置有团结兵。同年又在山东近边诸州设"武骑团兵"。开元八年(720年),团结兵发展到关内道,朝廷派人就两京及其附近各州拣取十万兵,诏书规定只求骁勇,不限蕃汉,免去一切番役和征赋,平时在家练习弓矢,按时集中试阅。安史之乱后,唐朝廷常有团练使、防御使、镇遏使等设置,以训练和统率地方团结兵。

官健具有职业兵性质。唐制边境的军、守捉、城、镇、戍都有额定兵员,有的自募,有的以附近的府兵轮番。开元十五年(727年)前后,这种制度有了变化,规定戍卒中有愿多服役三年的,赐物二十段。稍后,规定各军镇可根据不同情况,于从戍人员及客户中招募自愿长任边戍的,除一般待遇外,长年免赋,家属愿去的,在军州给予田宅,名为长征健儿。以后发展到所有军队都招募健儿,由官家给粮和春冬衣,故称之为官健,成为军镇和有关州、府的常务军。

二、中唐以后至五代的军制

1.禁兵六军与神策军

禁兵为皇帝的亲军,称为北衙,与南衙十六卫共同组成宿卫军。龙朔二年(662年)置左右羽林军。左右羽林军是在太宗所置玄武门左右屯营的基础上,加上选取的府兵新组建的禁兵,君主依为亲信。其官员设置,与诸卫相似。高宗建立左右羽林军,把它看作是一支最亲信的军队。武则天时,为排斥异己力量,杀了不少卫大将军、将军。废中宗时,以羽林将军程务挺、张虔勖勒兵入宫,羽林军的地位更为重要。武则天和韦后当政时期,都任命亲信充任左右羽林大将军,其地位比十六卫大将军更为突出。神龙元年(705年)张柬之等推翻武周政权,其后,玄宗废杀韦后,都以掌握羽林军获得战功。

贞观初,太宗在"元从禁军"中选择精于骑射者一百人,称为"百骑",武则天时扩充为一千骑,睿宗又扩充为一万骑,分左右营,玄宗把一万骑改组成左右龙武军,都用功臣子弟,制度和羽林军相同。此时北衙已有四军。玄宗末年,禁兵员额日少,安禄山反,玄宗入川,跟从之兵才得一千人。肃宗赴灵武,士不满百。及即位,稍复旧制,增置左右神武军,亦号神武天骑,制度如左右羽林军、左右龙武军,总称北衙六军。

天宝十三载(754年),陇右节度使哥舒翰在临洮设神策军,以成如璆为军使。安禄山之乱,如璆使其将卫伯玉率兵一千余人入卫,屯于陕州。当时神策故地沦陷,因号伯玉所领之军为神策军。代宗时,宦官鱼朝恩统领神策军,永泰元年(765年)吐蕃入寇,鱼朝恩以神策军屯苑中,由此列为禁兵。贞元时,分神策为左右厢(旋又改为左右神策军),由宦官窦文场、王希迁分统,宦官领神策军遂成为定制。其时边兵衣粮供应很不足,而亲卫临时外出驻防的,颁给特厚,于是诸边将往往自请遥隶神策,其众遂至十五万。

2.宦官监军与皇权削弱

隋及唐初以御史监军,开元二十年(732年)以后,遂改派宦官监军,谓之监军使,那是在军队出征时由皇帝临时派出宦官,随军监察。其后又设观军容使。上元中,以鱼朝恩为观军容使,监神策军。贞元以后,宦官领神策军遂为定制。

中唐以后,内地普遍设置节度使,藩镇之兵强盛,朝廷为了对藩镇兵实行控制,便在所有藩镇驻地都设置了常驻监军机构,称为监军院或监军使院,设监军使和副使(亦称副监),所属判官若干人,分掌各项具体事务,又有小使若干人供差遣驱使;同时还有自己的军队。《旧唐书·卢坦传》便记义成军"节度使李复病笃,监军使薛盈珍虑变,遽封府库,入其麾下五百人于使牙"。出军作战时,偏将所领军队中设监阵,如果调诸色兵进行大会战,则在任命都统、都都统等统兵官的同时,也派出都监、都都监等监军宦官。监军使任期一般为三年,由皇帝特敕可提前调动或继续留任。监军使是作为皇帝的代表,"监视刑赏,奏察违谬"[1],它是朝廷控制藩镇的有力工具。

宦官由监视禁兵进而掌握兵权,"正是军队皇朝直辖化,皇帝直辖的畸形发展"[2]。由于十六卫已成空名,不足以制约禁兵,掌握兵权的宦官野心膨胀,进而操纵君主的废立。出监藩镇的宦官监军一般不直接与皇权发生尖锐对立,却能助长朝廷中擅权宦官的权势。为加强皇权而设的宦官监军、统军制度,结果成了皇权的直接威胁。

3.藩镇兵

史称:"所谓方镇者,节度使之兵也,原其始,起于边将之屯防者。"[3]天宝初期,节度使的配置、任务及兵力情况如下:安西节

---

① 《唐会要》卷72《京城诸军》。

② 谷霁光:《府兵制度考释》,上海人民出版社1962年版,第138页。

③ 《新唐书》卷50《兵志》。

度使,抚宁西域,统四镇,有兵力 25,000 人;北庭节度使,防制游牧在北方的突骑施、坚昆,统三军,有兵 20,000 人;河西节度使,防制吐蕃,守护河西走廊,统八军、三守捉,有兵 73,000 人;朔方节度使,防制突厥,统三军、三城及安北都护府兵,计 64,700 人;河南节度使,与朔方共同防制突厥,统四军、一守捉及三州兵,计 55,000 人;范阳节度使,防制奚、契丹,统九军,有兵 91,400 人;平卢节度使,镇抗室韦、靺鞨,统二军、一守捉及安东都护府兵,计 37,500 人;陇右节度使,防御吐蕃,统十军、三守捉,有兵 75,000 人;剑南节度使,西防吐蕃,南抚蛮獠,统二军、一守捉、二城、一团结营及九州十一郡之兵,计 30,900 人;岭南五府经略使绥靖夷、獠,统二军、四管经略使兵,计 15,400 人。

安史之乱后,各地遍设节度使,总领军事、行政、监察、财政诸权,称为藩镇。藩镇大致分为四种类型:第一类是河北藩镇,割据跋扈,为半独立性政权,自有其兵,不受中央节制;第二类是中原藩镇,配备重兵,以防跋扈藩镇的叛乱;第三类是西北和西南边疆的藩镇,为了防边的需要,集结了大批兵力;第四类是东南地区的藩镇,这个地区是唐王朝的主要财赋来源,其藩帅多用文官,严格限制兵力,在战争期间虽陆续设置了防御、团练、节度诸使,其主要目的在于防御盗贼。

4.牙兵与乡兵

牙兵制度是节度使专兵的产物。中唐以后藩镇各节帅往往有募编的亲卫军,兵士取其恃勇,待遇逾于各军,寄为心腹,以作爪牙,称为牙(衙)军。牙兵常由流民募集,骄惰蛮横,杀易节帅如同儿戏,是造成藩镇动乱的原因之一。魏博自田承嗣以来一百五十余年,牙兵跋扈,主帅、长吏都不能制止。至唐末,罗绍威为节度使,率奴客数百与朱全忠的军队千人,里应外合,将魏州城内的牙兵 7000 余人尽行杀戮。五代后梁末年,杨师厚为魏博节度使"置银枪效节军凡数千人,皆选摘骁锐,纵恣骄养,复故时牙军之态"①。后唐时，安义（即昭义）军兵马留后李经韬有牙兵数千，原为其父李嗣昭所豢养。

五代时各州县虽然也有节度使统领的地方军，但这些藩镇之兵，实际上多是拥兵自重，并不完全听命于中央。后晋时一度在各州组建乡兵，《文献通考》卷152说："晋初置乡兵，号天威军，教习岁余，村民不娴军旅，竟不可用，悉罢之，但令七户输钱十千，其铠仗悉输宫。"至开运初复诏诸州籍民为乡兵，组建成"武定军"，纳入禁军系统，变为职业兵。

5.五代侍卫亲军司

五代后梁建国，朱全忠即将原来任藩帅时的牙兵改组为侍卫马步军，任命外甥袁象先为侍卫亲军都指挥使。②并选拔"富家之材武者"组成厅子都，为亲军的一支，掌帐前宿卫。"都"是唐末五代一种军事编制单位，其统领称都将、都头。后唐亦置侍卫亲军为中央禁军的一种，由李存勖任藩帅时的帐前银枪都等亲军组成，主帅为侍卫亲军马步都指挥使，其下分设侍卫马军都指挥使和侍卫步军都指挥使，分统马军与步军。后晋时，六军诸卫的制度完全废除，所有皇帝控制的中央军队，统一于侍卫亲军系统之中，设侍卫马步军都指挥使、侍卫马步军都虞侯共同统率。这时侍卫亲军的性质已由皇帝私兵发展为中央禁军，至后周时中央军又分成殿前司和侍卫司两支。广顺二年（952年）周太祖命其外甥李重进担任殿前都指挥使，总殿前诸班。周太祖临终时，以樊爱能和何徽分别任侍卫马军和步军都指挥使，分统侍卫马军和步军。显德初，后周与北汉战于高平，侍卫亲军几至伤败。据记载，周世宗因此"慨然有惩革之意"，"决意扩大殿前诸班的军力，招募天下豪杰，不以草泽为阻，进于阙下，躬亲试阅，选武艺

---

① 《旧五代史》卷22《杨师厚传》。
② 《旧五代史》卷59《袁象先传》。

超绝及有身手者,分署为殿前诸班"①。显德三年(956年)世宗任命张永德为殿前都点检②,其地位虽略次于侍卫亲军马步军都指挥使,但军力过之。后来赵匡胤取代张永德充任殿前都点检,凭藉殿前司的精兵锐卒,终于取代后周而建立北宋政权。

第九节　隋唐五代的财政管理制度

一、隋唐五代理财机构与职掌

1.隋与唐代前期的财政管理机构

尚书省户部是国家财务行政机关。户部掌天下田户、均输、钱谷之政令,户部司掌全国计账、户籍;度支司掌财政预算与全国的会计核算;金部司掌钱帛出纳之政令;仓部司掌粮谷出纳之政令。在会计核算方面,凡一年财物收支及结存情况,金部司与仓部司必须按时向度支司报告,由度支司统核一年出入。至于地方财务行政组织,府州分别为仓曹、司仓参军事,户曹、司户参军事,县为司仓佐、司户佐。

国库组织具体主管仓储。其组织与金、仓二司相一致,亦按钱帛,粟米分为两大部门。司农寺所属仓储,均由仓监主管,掌全仓粟米保管、验进、验出以及会计核算;太府寺掌国库中钱帛、金钱之类的储积与出纳。

刑部比部司是审计机构。唐制,凡国家财计,无论军事或行政,中央或地方,均由其勾复审理。此外,凡是朝廷官员有关经济问题的犯罪都是由御史台负责弹劾,然后依法判处刑罚。

---

① 《五代会要》卷12《京城诸军》。
② 《旧五代史》卷116《周世宗纪》。

2.中唐以后财政管理机构的变化

第一，户部与度支两司职事轻重易位，金部与仓部两司成为闲曹。唐前期国家财政收入主要靠租庸调，掌管全国计账、户籍的户部司事务繁冗，掌全国财政预算和核算的度支司事简。中唐以后，税目增多，而检括户口却不如以往抓得那么紧，户部职任转轻。而当时军事繁兴，为筹措军费，度支司事务转繁，特派大臣专判度支，独立于户部之外，或称度支使，或称知度支事，或称勾当度支使。分掌库仓出纳的金部司与仓部司，职务也就被度支使所侵夺，成为闲曹。度支独立于户部之外以后，户部事务主要掌管赋役，亦特派大臣专管，称为判户部，如果本身就是户部的官，则称判本司。户部的官如无判本司的官衔，就不担任户部的实职。

第二，各种财政专使的派遣，侵夺了中央与地方原有财政机关的职权。开元、天宝以后，随时因事设使，盐铁是重要税源，特设盐铁使；粮食转输，特设转运使；其他如铸钱使、租庸使、两税使、水陆转运使等等，名目繁多。大体上盐铁、转运以扬州为中心，而分布所属的巡院于各地，在正规官之外又另成一系统。盐铁使往往由将相兼任，后来成为主管一切税源之官。

第三是国库制度的变化。唐初以来，国家财赋都纳于左藏库，库藏情况由太府寺四季奏报皇帝，并由刑部比部司复核其出纳。安史兵兴，第五琦为度支盐铁使，京师豪将求取无节，第五琦不能禁，乃移财赋于禁中大盈库。这样一来，方便皇室支用，此后二十年，一直以皇帝私库作为国库。杨炎为相才奏请将财赋复归左藏库，每年拨给大盈库一定数额经费，以充皇室开支。会昌五年(845年)宰相李德裕奏请设置备边库，收纳度支、户部、盐铁三司钱物为特别储存，大中三年(849年)改为延资库，每年户部交钱二十万，度支盐铁交三十万，诸道进奉助军钱亦收储于此。置延资库使以领其事，以宰相充任。

3.三使司的建立

中唐以后以度支使统筹财政，户部使掌管赋役，盐铁使掌管诸种税源,三司一直分设。唐亡前夕,昭宣帝任朱全忠"为盐铁、度支、户部三司都制置使,三司之名始于此"①。朱全忠只想篡位,并未接受此职。后梁建国后,以建昌宫使掌国家财政,后改为国计使,后唐,以租庸使掌理财政,盐铁、度支、户部三司并隶租庸使。明宗时废租庸院名额,依旧为盐铁、户部、度支三司,以宰相一人专判三司。长兴元年(930年)"以许州节度使张延明行工部尚书充三司使,班右宣徽之下,三司置使自延明始也"②。从此三司之名相沿不改,至北宋初,与中书、门下、枢密分掌财、政、军三权,号为计相。

二、仓廪制度

唐代重要税收有租庸调、两税、盐铁、杂税等,仓廪则同财赋的聚敛、储运、分配有关。仓廪的赈贷、平籴、平粜活动乃是维持劳动人手、保障社会再生产的一种手段。所以仓廪制度是唐代用以维持其政权存在的重要财政制度。

1.太仓与转运仓

太仓与转运仓属于国库,归司农寺管理。隋唐在长安都设有太仓。唐代太仓设在宫城内;另外,位于万年县北五十里灞渭二水交汇处的东渭桥仓,也是太仓的一部分。东渭桥太仓包括输场和仓室两部分,其仓室部分亦称为北仓,即北方仓。东渭桥输场受纳的税谷,由北仓和宫城内的太仓分别收贮。北仓所贮供给百司诸卫、转输诸军以及备荒使用;太仓贮粮供皇室食用和百官俸禄。东都洛阳城内设含嘉仓,建于隋大业九年(613年),唐沿置,以供给东都洛阳各官署所需用粮,其职掌与太仓同。太仓由司农寺太仓署管理,设太仓置令三人,东都称含嘉仓令。东渭桥仓另设有掌管仓粮出纳的给纳使。太仓收受州县上供的正租,也收受

---

① 《资治通鉴》卷265。
② 《册府元龟》卷481《邦计部·总序》。

京官职田的地租,某些时期和籴粟也输纳于太仓。太仓税谷的分配:一供皇室需用;二供京官俸禄及付给京官职田租;三供京官和诸色劳作人的粮食;四供军饷;五供籴贷之用。

转运仓"本为关津处停米易舟而设"①,漕运途中所以"停米易舟",是因为各段漕路水情不同,须用性能不同的各种漕船,同时也是为了错开各地税粮运太仓的时间,以便受纳。隋开皇三年(583年),"以京师仓廪尚虚……于卫州置黎阳仓,洛州置河阳仓,陕州置常平仓,华州置广通仓,转相灌注。漕关东及汾、晋之粟,以给京师"②。秦汉时期的河渭转运线基本上得到了恢复。隋末大乱后,贞观初年河渭漕运已在运转,高宗时在东都外围重建河阳仓,新置柏崖仓,长安附近置渭南仓,重新启用隋虎牢仓、洛口仓、太原仓、永丰仓,形成了以东都为中心的河渭转运线。以后对河渭转运线作了几次调整:开元中以河阴、太原、永丰仓为枢纽,河渭并重,以提高向关中的转输能力。安史之乱后,各地叛乱相继发生,阻断漕路,至德中对漕运线路又作调整,开通江汉转运线,以襄州为枢纽,增设了几处转运仓场,河汴不通则由江汉转运,增强了朝廷对漕运的控制。元和时期,藩镇割据之势已成,"法令不能制者,河南北五十余州"③。为供应讨藩所需兵饷,整个转运线的重心由河汴、江汉移至淮南,在淮南、淮西还新设了一些转仓或转场,著名的有都梁山仓、郾城输场、庐州橐皋仓等。

2.正仓与军仓

隋唐以正仓受纳正租。正仓分为县仓和州仓(郡仓),正仓职官,州为司仓参军(府称仓曹参军)事,县为司仓佐,具体管理正仓事务的为州县仓督。正仓主要职掌是受纳租税,出给禄廪与递粮。正仓所受纳的租税,主要是指正租和地税两项。此外,官府出

①《永乐大典》卷07515《仓·转般仓》引南宋《黄氏日抄》。
②《隋书》卷24《食货志》。
③《资治通鉴》卷238宪宗元和七年三月条。

佃的土地的地租也由正仓收纳,其中包括外官职田的地租,地方公廨田、宴设田的地子,逃人田的地租。正仓所出给的禄廪,包括外官俸禄和正仓粟米代给职田地子。正仓出给的地粮,是指供给驿递运输丁夫的口粮。此外,正仓还办理和籴、补给军饷、供应公厨粮(外官常餐费用)。在某些时期,还向寺院颁给佛食。遇到饥荒时,也办理赈济、出贷、出粜事宜。

军仓设置在戍边兵驻防处或屯田处, 是供应戍兵军粮的专门粮仓。军仓储粮来源约有三种:一正租,二和籴,三往年屯田收获的积存。军仓按其所属的不同,分为三级:军镇仓设在置军之处,是大型军仓;镇戍仓,设在置镇或置戍之处,是中型军仓;烽铺粮贮,设在烽燧碉楼内,是小型军仓。

3.常平仓与义仓

隋唐置常平仓与义仓。常平仓始置于汉,隋置于陕州,唐贞观中令在洛、相、幽、徐、齐、并、秦、蒲八州置常平仓,开元天宝时期又有较大的发展。常平仓在唐代前期隶属于太府寺的常平署,后来归道管辖,再后来又归州管辖。其职能是谷贱时用较高价籴入,谷贵时减价粜出。中唐以后,常平活动已主要被用于筹集国家经费,纳入了为国家敛财的轨道,不过平籴平粜的调节职能仍然存在。义仓始置于隋。所谓义仓,就是"令民间每秋家出粟麦一石已下,贫富差等,储之闾巷,以备凶年,名曰义仓"[①]。隋以后设于各州县。常平仓与义仓的职能不同,但在社会再生产过程中的作用是相同的, 即以稳定自耕农民的手段来调节和维持封建经济中农业、手工业和商业三个部门之间的平衡,使社会再生产得以保持其连续性。

三、财政预算与收支分配

1.唐代的预算制度

唐代发展了北周与隋以来的计账、户籍制度,已有了一整套

---

① 《隋书》卷 46《长孙平传》。

户籍制度与检括户口的方法。计账与户籍都自下而上逐级编制，逐级汇编上报，最后由户部在各州所送帐籍基础上分类汇总，编制出全国的计账、户籍。计账是根据户籍资料和国家规定的收入项目进行归类计算而编制的，是一种具有预算性质的经济账目。它是会计资料与统计资料相结合的一种经济报告，是检查和落实各项赋役收入的重要依据。

唐初，朝廷从管理全国财政收支出发，每年对州县另有编制预算的要求。当时实行"量入为出"的原则，所以预算的重点仍放在赋税收入方面。开元二十四年（736 年）户部尚书李林甫奏请颁发《长行旨条》五卷，将赋税收入细目、税率及征收放免办法，形成条文，从原则上将有关规定明确下来。于是《长行旨条》便成为各州县编造和审查预算的准则。《长行旨条》的出现，标志着我国预算制度早期形态的确立。

德宗采纳杨炎建议，废止租庸调制，实行两税法，在预算编制上，也废除"量入为出"，改行"量出制入"制。在国家财政收支关系中，"入"是手段，"出"是目的。有利于社会经济发展的"出"是必要的，对于不利于社会经济发展的"出"则必须加以限制，如果取之有度，用之有节，"量出制入"制也是无可厚非的。但是，唐代是在藩镇割据、战事频仍的时期，为了满足日益增长的财政支出的需要而贯彻此制的，因此，其客观的社会后果是不断地加重劳动人民的负担，从而导致社会危机的逐步加深。

2.唐代的收支分配

唐代的财政收入，主要来源于租庸调，其次是盐铁、榷酤、茶税等，再次是关市税收、屯田收入以及上贡、卖官鬻爵、度僧道等。

天宝年间，据天下计账，有户约 890 余万，租庸调收入如下：

户税：约得 200 余万贯；

地税：约得 1240 余万石。

由于租庸调是按课丁征收，当时全国有课丁 820 余万。其中，出丝绵郡县有 370 余万丁，出布郡县有 450 余万丁，分别征收：

〔出丝绵郡县〕

租粟：每丁 2 石，计 740 余万石；

庸调输绢：每丁 2 匹，计约 740 余万匹；

庸调输绵：每丁 3 两，6 两为 1 屯，即 2 丁合为 1 屯，计 185 万余屯。

〔出布郡县〕

租：江南郡县折纳布，每丁 3 端，共 190 余万丁，计 570 余万端；

江北郡县纳粟，每丁 2 石，共 260 余万丁，计 520 余万石；

庸调输布：每丁 2 端 1 丈 5 尺，10 丁为 23 端，计 1035 万余端①。

　　唐代的岁入，以租庸调为大宗，而以盐铁、榷酤、茶税次之。在大历末年，岁收盐利约 600 余万缗；大和年间，岁收榷酤约 150 余万缗；德宗时，岁收茶税约 40 万缗②；大和年间，仅山东就"岁取冶赋百万"③。此外，屯田收入也十分可观，例如天宝八年（749 年），全国屯田总收入为 1,913,960 石④。至于关市税收、上贡的方物，以及卖官鬻爵、度僧道等，都成为唐代财政收入的来源。就以后者为例，在肃宗即位的次年，"以天下用度不充，诸道得召人纳钱，给空名告身，授官勋邑号，度道士僧尼不可胜计，纳钱百千，赐明经出身。……及两京平，又于关辅诸州，纳钱度道士僧尼万人"⑤。

　　建中元年（780 年）改行两税法之后，用"量出制入"制定预算，其分配方案为：京外，钱 2050 余万缗，米 400 万斛；京师，钱

---

① 以上数字，请见《通典》卷 6《食货典六》。

②《新唐书》卷 54《食货志四》。

③《新唐书》卷 179《王涯传》。

④《通典》卷 2《食货典二》。

⑤《新唐书》卷 51《食货志一》。

950 余万缗，米 600 余万斛①。由于是"量出制入"，因此，这个预算方案，既是该年度的岁收数目，又是该年度的支出数目。

关于唐代的开支，据沈既济说："天下财赋耗斁之大者，唯二事焉，最多者兵资，次多者官俸。其余杂费，十不当二事之一。"②就军费开支而言，以开元、天宝年间为例，"每岁军用日增其费，籴米粟则三百六十万匹段，给衣则五百三十万，别支则二百一十万，馈军食则百九十万石，大凡一千二百六十万，而赐赉之费，此不予焉"③。就官俸而言，据《新唐书》《旧唐书》记载，京官除职田禄米之外，高宗以前，每年给 50,000 余贯；代宗时为 260,000 贯；德宗时上升到 610,000 余贯。这里还不包括官府的行政开支、公共工程开支等。在军费与官俸开支外，皇室费用应该说是最多的了。它不仅包括皇室的各项享用开支，还包括赏赐、营建宫廷、陵寝方面的支出。

总之，唐王朝的财政收支分配，体现了封建国家压迫剥削农民阶级的阶级实质，如果说在实行"量入制出"制时，曾造成唐王朝府库充盈、社会安定的话，那么，到实行"量出制入"制时，必然造成民不聊生、社会动乱了。唐末农民大起义的主要原因正在这里。

第十节　隋唐五代的人事管理制度

隋唐五代的人事管理制度与前代有很大的不同，官吏选拔，废除了九品中正制，创立了科举制。魏晋南北朝时期实行九品中

---

① 《新唐书》卷 52《食货志二》。
② 《旧唐书》卷 149《沈传师传》。
③ 《通典》卷 6《食货典六》。

正制,选拔人才,分别等第,大权掌握在担任中正的门阀手中,吏部基本上按州郡大小中正所选拔和评定的等第任用。所以说,九品中正制是支持门阀政权的一大杠杆。科举制度虽然也由地方州县推荐人才到中央政府参加考试,但地方仅有推荐之权,录用权在吏部(礼部)。唐制,科举取中的人员仅仅是取得了任官的资格,真正任用为官吏,还得经由吏部考试,考试后才加以任用,称为释褐试。这样,考试和任用之权都由地方转移到中央来了。科举制作为支持官僚政治的一大杠杆,唐以后被历代封建王朝所沿用。

唐代采取科举与学校相结合的方式,注重人才培养。隋文帝初年设立国子寺,置国子祭酒,专门管理教育工作。炀帝改国子寺为国子监,统管以儒学为中心的诸学。唐沿其制,并创设贵族学校弘文馆和崇文馆,由门下省与东宫直辖,隋唐并设专门技术学校,由有关政府业务部门管辖。国子监所属诸学与贵族学校是为国家培育统治人才,通过科举选拔,任用为官吏。技术学校的学生,毕业后由政府主管部门直接任用为技术官。

隋唐五代的官吏任用制度:第一,废除汉以来州郡辟署僚佐的制度,改为由吏部铨选。北魏、北齐时州郡僚佐已多为吏部所授,隋承其制,州郡僚佐的任命之权一律收归吏部,是中央集权的措施之一,为铨选制度上的一大改革。后代均沿袭此制。第二,唐代在正官外,实行特派制度。中央自宫禁诸内职以至府寺台省,地方自监察巡省、军事节制乃至租调征收、盐铁转运诸政,无不遣使充任。发展到宋代,完全以临时差遣的官把握实权。形成了正式机构与实际办事机构并存的现象。第三,高宗、武后以后,知、摄、判、试、参知、检校等任用方式日渐盛行。所任用的都是特派官员,特派官自有其本官,代表其品位高低,特派任务才表明其职事。特派制度盛行结果,造成官仅用作系衔定品,而不行使政务,差遣才是官的实际职务。此种名实不符现象,中唐以后愈演愈烈,历五代至宋且有新发展。

一、教育与仕途

1.学校教育

隋唐时国家设立几种类型的学校：

第一类是国子监所属以儒学为主的学校。隋有国子、太学、四门、书、算五学。唐有国子、太学、广文、四门、律、书、算七学。唐制，国子学置博士、助教各五人，直讲四人，五经博士各二人，学生三百人，招收三品以上官的子孙入学。太学置博士、助教各六人，学生五百人，招收五品以上官的子孙入学。广文馆置博士四人，助教二人，掌领以报考进士为专业的国子学学生，名额六十人。四门学校博士、助教各六人，掌教七品以上、侯伯子男之子为学生，兼收庶人子弟中的俊秀者。律学置博士三人，助教一人，招收八品以下及庶人子弟为学生，以律令为专业，兼习格式法例。书学置博士二人，助教一人，招收八品以下及庶人子弟为学生，名额一百三十人，以石经、《说文》《字林》为专业课程，兼习其他字书。算学设博士二人，助教一人，招收七品以下及庶人子弟为学生，员额三十人，以《九章》《海岛》《孙子》《五曹》《张丘建》《夏侯阳》《周髀》《五经算》《缀术》《辑古》为专业教材，兼习《记遗》《三等数》。

第二类是中央机构附设的技术学校。太医署医学，分医学、针学、按摩学、咒禁学四种专业。医学设医学博士、助教各一人，学生二十人；铖学设铖学博士、助教各一人，学生二十人；按摩学设按摩师一人，学生十五人；咒禁学设博士一人，学生十人，教他们以咒禁驱除一切邪恶鬼魅，实际是一种迷信。司天台有天文博士二人，教授天文观生九十人、天文生五十人；历博士一人，教授历生五十五人。大仆寺有兽医博士四人，教授学生一百人。大卜署有卜正博士二人，卜筮助教二人，教授卜筮生四十五人。

第三类是贵族学校。门下省所属弘文馆，附设学生三十人，东京所属崇文馆附设学生二十人，以皇帝缌麻以上亲，皇太后、皇后大功以上亲、宰相及散官一品、功臣身食实封者、京官职事从三品、中书黄门侍郎之子为之。

地方府州县均置儒学,教官有博士、助教。京都学生八十人,大都督、中都督府、上州各六十人,下都督府、中州各五十人,下州四十人,京县五十人,上县四十人,中县、中下县各三十人,下县二十人。学生入学都由州县长官选补。

2.科举制

九品中正制自魏晋至隋已经历了三百多年,弊端丛生。隋炀帝时开始建立进士科,用"试策"取士,一般把隋炀帝创制进士科,作为科举制度正式产生的标志。唐制,参加科举考试的考生,来源有两种:一是生徒。包括国子监、弘文馆、崇文馆和地方州县儒学的学生。他们在学校内考试合格后,便可直接参加朝廷于尚书省举行的科举考试,简称为省试。二是乡贡。凡不属于国子监、诸学馆的学生,可以向所在州县官府报考。史称:"举选不由馆学者,谓之乡贡,皆怀牒(指身份、履历证书)自列于州县。"①地方州县逐级对他们进行考试,合格者被保送到京,参加省试。主持考试的官员,初时为吏部的考功员外郎,后改以礼部侍郎掌之。唐代科举考试每年举行一次,其科目繁多,有秀才、明经、进士、明法、明字、明算,又有一史、三史、开元礼、道举、童子,而明经又分五经、三经、二经、学究一经、三礼、三传、史科。各科对人才的要求不同,凡博识高才、强学待问,无失俊选者为秀才;通三经以上者为明经;明娴时务,精熟一经者为进士。从要求的标志来看,进士不如明经,明经不如秀才。秀才分上上、上中、上下、中上共四等。贞观中,凡被推荐应试而没有取中的,处分其州长官。由是秀才科没有人敢应试而废绝了。唐代取中秀才的总共才十余人。明经分甲乙丙丁四科,进士分甲乙两科。自武德以后,明经只有丙丁,进士只有乙科。大体上,参加进士考试者,一千人中能取中百

_____

① 《新唐书》卷44《选举上》。

分之一二,明经取中者十分之一二。

科举文字有程序规定。唐沿隋制,凡关于经史的,有帖文、口义、墨义三种程式。帖文亦称帖经,取应试人所习的专经文句,遮掩其上下文,从几个字中,测验其能否记忆;墨义,是问其书中的事实,令应试者录于纸上,"直书其义,不假文言"①;口义是口试经文大义。时务测试乃是汉代策问的继续。文艺,有诗赋、杂文两种文体。杂文是指箴、论、表赞几种文体,以后又单立一格,叫论议。大体上说,唐制诸科,帖文、口义、策试,三者并试。进士一科,初只试策,后乃帖经兼试杂文,开元以后增试诗赋。

唐时诸科并行,士人所趋,明经、进士二科。明经所试不为人所重,进士独为矜贵,其所取中的人也愈多。进士科大大影响了唐代文官制度。除宦官系统、地方军阀系统以外,他们几乎垄断了省、部、寺、御史台和京府各机构,以及中央所能控制的各州县刺史、县令、参军事、丞尉、主簿等官职。

3.制举与辟召

唐代制举,有直言极谏及才堪经邦、武足安边诸科,不可胜举。往往数年举行一次,与作为科举制度的经制——常科名目不同。录取者优予官职,不像常科仅给予出身。

辟召是对于有特殊才学或有德之士的一种特殊取用方式,不经过考试,如开元中征恒州张果授银青光禄大夫,号称通玄先生。高郢初辟为马燧掌书记,未几征拜主客员外郎。德宗即位,选能使绝域者,韦伦征拜太常寺少卿兼御史中丞,持节充通和吐蕃使。中唐后藩镇辟召用人极为普遍。五代后周太祖广顺元年(951年)二月明令特征者不受任用制度的限制:"应诸道州府,有前资朝官居住,如未赴京,不得发遣,其行军副使已下,幕职州县官等,得替求官,自有月限,年月未满,一听外居,如非时诏征,不在此限。"②

---

① 《唐会要》卷75。
② 《旧五代史》卷111《周太祖本纪》。

4.荐举与门荫

隋代荐举盛行,开皇十八年(598 年)诏京官五品以上,总管、刺史以"志行修谨""清平干济"两科举人。唐代仍用荐举制。如李藩的"曾祖至远,天后时,李昭德荐为天官侍郎,不诣昭德谢恩,时昭德怒,奏黜为壁州刺史"[①]。唐末五代,荐举制度淫滥,文献记载说:"初,梁祖领四镇……关东藩守,皆其将吏,方面补授,由其保荐,四方舆金辇璧,骏奔结辙,纳赂于其庭,如是者十余年,寖成风俗。藩侯牧守,下迨群吏,罕有廉白者,率皆掊敛剥下,以事权门。"[②]

门荫始于汉,其时有任子之令,隋唐门荫之制仍然未衰。如房玄龄、杜如晦、尉迟敬德以元勋各封一子为郡公,刘弘基以父荫为右勋侍。门荫系依其父祖官资的大小有一定的条格加以规定,其事掌于吏部。

5.铨选

铨选是选任官吏。六品以下官员由尚书省吏、兵二部对于有任官资格的人员按一定标准量才授用。吏部主持文选;兵部主持武选。岭南黔中等地因距京师遥远,由朝廷派官到当地主持选官,称为南选。选授对象不同,任命职事官九品以上官员称为流内铨,任命未入流的吏职称为流外铨。吏兵两部的选铨,一般从头年十月开始至次年三月结束,称为"选限"。但在铨选开始前五月,即头年的五月,便须向各州县下达本届选人资格范围即"选格"。符合选格规定的选人报名后,州府对选人出具解送状文,称为"选解"或"解状"。选解送达尚书都省后,分别转给吏、兵两部。选人最迟亦得于十月份集于京师,称为"冬集"。并须以京官五人为保,一人为识,向吏部或兵部通送"铨状"。分别由吏、兵二部派专人对选人资格进行审查,开元十二年(724 年)定制以员外郎

---

①《旧唐书》卷 148《李藩传》。
②《旧五代史》卷 59《袁象先传》。

二人判此事,称为判南曹。南曹又称为"选院",专掌检勘选人出身、课绩以及是否符合当年选格等。经南曹检勘合格的选人便可参加吏部或兵部尚书主持的铨试。选人被分为三组,称为"三铨"。旧制尚书一人主持六、七品选,称为尚书铨;侍郎二人分为两组,主持八、九品选,分别称为中铨和东铨。景云以后,始通其品而铨之,也不一定由尚书、侍郎主持,常临时由他官兼判。唐制文官铨试内容有身(取其体貌丰伟)、言(取其词顺言正)、书(取其楷法遒美)、判(取其文理优长)四项,武官铨试"以五等阅其人,一曰长垛,二曰马射,三曰马枪,四曰步射,五曰应对。以三奇技其选:一曰骁勇,二曰才艺,三曰可分统领之用,其尤异者,登而任之,否则量以退焉"①。三铨以后定出留、放人名,向选人公布,称为"长名",又称"长榜""长名榜"。得留者便依铨注期限限注官唱名。注拟时还得回避亲族。选人如不同意所注拟官职,可以要求重新注拟,经三次注官唱名仍不同意时,可以等候下届冬集,届时可以免试书判,只需检旧判注拟。注唱完毕,还得经过几道审查手续:吏、兵两部将所拟官以类相从,编为甲历,称为"团甲",送尚书都省审核。都省审查以后将选入注拟名单送门下省复审,称为"过官"。过官以后;便由中书省中书舍人起草任命状——告身。这一切工作要在三月底以前完成。四月份便须编造新的选格以便五月份下达州府,开始下一年的铨选工作。

五品以上官的选授由中书门下办理,皇帝任用。任命时不须经过铨试的程序。每有除拜,中书门下皆立簿书,谓之"具员",取其年课,以为迁授。具员簿记载官员的功课、考绩以外,还有乡贯、历任、官讳等内容。也就是五品以上官的档案材料,由中书门下掌握。五品以上官考满以后,也得待选授官,待选期间,由所在州府或京兆尹每两月向中书门下申报一次,有员阙时依"具员簿"授官,而应入三品或尚书省四品官者,还得临时由皇帝裁定。

---

① 《唐六典》卷五《尚书兵部》。

二、官员任用

1.任用类别

隋唐官员任用方式有:(1)正(真)。即正授。(2)守。本为试署的意思。隋炀帝时由守即真,为期一年。唐贞观令以所任职事官高于本品者为守。①(3)行。唐贞观令以所任职事官低于本品者为行。(4)兼。如唐代岭南节度使常兼五管经略使。(5)带。本官品之外兼带其他官品,如唐贞观二十三年(649年)八月,以英国公李勣为开府仪同三司尚书左仆射同中书门下三品,仆射始带同中书门下。(6)领。太和七年(833年)七月,以金紫光禄大夫、守尚书右仆射诸道盐铁转运使、上柱国、代郡公、食邑二千户王涯可同中书门下平章事领使如故。②唐代还有遥领之制,诸王多遥领大都督。(7)试。试是正命之外的一种任用。《通典》卷19《职官一》说:"天授二年(691年)凡举人无贤不肖咸加擢拜,大置试官以处之,试官盖起于此也。"原注:"试者未为正命。"(8)摄。指暂摄职事,摄任出于御旨,可不根据资历出身,且不经过吏部铨选手续,与由吏部正授者不同。(9)知。是由敕旨所规定的任用。隋时有以他官加知政事名义,唐制有知省事、知台事、知制诰、知贡举、知杂、知州事、知府事、知军州事等,均随敕而定。(10)同。贞观中有同中书门下三品,其后为真宰相者必加此衔。永徽以后又有"同正"之制。史称:永徽六年(655年)八月,"尚药奉御蒋孝璋员外特置,仍同正。员外同正,自蒋孝璋始也"③。同正官待遇、禄俸、赐予,与正员同,单称员外者,则俸禄减正官之半。(11)判。"判者,云判某官事",与检校、试、摄、知均非正命。"判某官事",即主判某官经行的文书簿籍。(12)权。权为暂代之意。知、判、兼

---

① 《旧唐书》卷42《职官一》。

② 《旧唐书》卷17下《文宗纪下》。

③ 《旧唐书》卷4《高宗纪上》。

等类的任用,往往冠以"权"字,称为权知、权判、权兼,以表示其为暂任。(13)检校。其含义有二:一指代理某官,如贞观七年(633年)魏征由检校侍中改为正授侍中;一指地方使职带台省官衔,由于使职本身没有阶品,检校官衔就用来表示其地位。(14)版授。多用以除授年高者,含有养老优恤之意。如大业七年(611年)诏令河北诸郡、山西、山东年九十以上者版授太守,八十者授县令。(15)勾当。勾当意指勾检充当其职。如乾元三年(760年)五月,以河南尹刘晏为户部侍郎、勾当支度铸币盐铁等使①。(16)充。是近乎特派式的任用。开元以后多用之。如开元中,遣侍中裴耀卿充江淮河南转运使。(17)斜封墨敕。唐中宗时,有一种不由正式旨敕的斜封墨敕官,睿宗即位停废。但次年又诏中宗时斜封墨敕的官并许依旧任职。

2.告身

告身是任用官职的凭据。唐制告身一般由中书省中书舍人起草。天宝十三载(754年)曾诏取蜀郡大麻纸书写,被任命者要交一笔官告费。唐中叶以后,官爵冗滥,备有空白告身,随时可填人名。

3.任期

隋初定制,刺史、县令三年一迁,佐官四年一迁。开皇十四年(594年)改定州县佐吏三年一代,不得重任。次年诏文武官以四考交代,即以四年为一任。唐代,在"开元二十五年(737年)刊定职次,著为格令……自六品以下,率由选曹,居官者以五岁为限,于是百司具举,庶绩咸理,亦一代之制焉"。原注:"一岁为一考,四考有替,则为满,若无替则五考而罢。……至广德以来,乃立制限。……官以三考而代,无替四考而罢。"②可见开元至广德之际任期的规定已缩短一年。德宗时诏令刺史、县令以外四考

---

① 《旧唐书》卷 10《肃宗纪》。
② 《通典》卷 19《职官一》。

为限。文宗时,外官实行三年一任之制。

4.位、品、爵、勋、阶

位,指朝会时的班序。隋制朝班以官品的高低为序列。品同则以省府为前后,省府同则以局署为前后,唐制同隋,并补充规定官同者先爵,爵同者按年龄。但由于兼加检校常参官错杂于本品之间,因而使由本品而定的班序每有所升降,这是变例。

品,指官员阶品。隋制分九品,每品各有正从。自四品以下,每品又分为上下阶,品官共为三十阶,称为流内。又定流内视品,起自正二品,至于九品,各分正从,共分十六等,谓之视流内。又有流外勋品,自二品至九品,共八等,还有视流外勋品,亦自视二品至视九品,共分八等。唐承隋制,流内分九品,自四品以下又各分上下阶。视流内自五品至九品,各分正、从,开元初罢废,惟留萨室(视正五品)、祆正(视从七品)两官。流外自勋品(相当于一品)以至九品,以为诸司令史、赞者、典谒、亭长、掌固等品。视流外亦自勋品至九品,开元初惟留萨宝府袚祝(勋品)、萨宝率府(四品)、萨宝府史(五品),其余亦罢废。①

爵指封爵。隋制有国王、郡王、国公、郡公、县公、侯、伯、子、男凡九等。炀帝时并废,惟留王、公、侯三等。②唐制分爵为九等:一等为王,食邑 10,000 户,正一品;二等为嗣王、郡王,食邑5000 户,从一品;三等为国公,食邑 3000 户,从一品;四等为开国郡公,食邑 2000 户,正二品;五等为开国县公,食邑 1500 户,从三品;六等为开国侯,食邑 1000 户,从三品;七等为开国县伯,食邑 700 户,正四品上;八等为开国县子,食邑 500 户,正五品上;九等为开国县男,食邑 300 户,从五品。③

勋指勋官等级。隋文帝置上柱国、柱国、上大将军、大将军、

---

① 《旧唐书》卷 42《职官一》。

② 《隋书》卷 28《百官志下》。

③ 《旧唐书》卷 43《职官志三》。

上开府仪同三司、开司仪同三司、上仪同三司、仪同三司、大都督、帅都督、都督，其品起自正二品至七品，共分十一等，勋官武散官，用以褒赏军功。唐承隋制，分勋官为十二转，转数高者为贵。十二转为上柱国，视正二品；十一转为柱国，视从二品；十转为上护军，视正三品；九转为护军，视从三品；八转为上轻车都尉，视正四品；七转为轻车都尉，视从四品；六转为上骑都尉，视正五品；五转为骑都尉，视从五品；四转为骁骑尉，视正六品；三转为飞骑尉，视从六品；二转为云骑尉，视正七品；一转为武骑尉，视从七品。勋官并无职任，常在兵部上番，以序功之高下。

阶指品官间的分阶。隋开皇中，流内正从九品，自正四品以下，每品各分上、下阶；六品以下散官，并以郎为上阶、尉为下阶。大业三年（607 年），改为自一品至于九品，惟分正、从，不分上下阶。唐制文官九品复分正、从，自正四品以下有上下阶，共分三十等，[①]其制与隋初同，文散阶最高为从一品，共分二十九阶，以郎与尉分别作文武散官的称谓。五代官之制，在制度上与唐同。

5.诸公官、散官、勋官、员外

诸公官包括三师与三公，是承袭北朝之制。隋唐沿置为掌训导之官，职无所统，不设府僚。实际上只是加官或赠官。唐代后期宰相或藩镇加三师三公之名者，以太尉为重要。太尉地位本在三师之下，由于军阀政治，崇尚武职，遂以太尉超居傅、保之上，五代时节度使例以检校太傅升太尉，再由太尉迁太师。

散官是无实际职务官员的总称，亦称阶官。唐代以散官定其班位，而以职事官定其职守。文散官自开府仪同三司至将士郎共二十九阶；武散官自骠骑大将军至陪戎副尉共四十五阶。[②]散官与职事官品级不一定一致。有低级散官而任较高级职事官者称"守某官"，有高级散官而任较低级职事官者称"行某官"。待遇则

---

① 《新唐书》卷 46《百官志一》。

② 《新唐书》卷 46《百官志一》；《旧唐书》卷 43《职官志二》作二十九阶。

仍按其散官品级。散官按资历升迁，而职事官则由君主量才使用。所以常有任重要职事而其本官阶——散官仍较低的情况。在当时不无慎重"名器"之意，唐末，散官贱滥，低级武官常带高级武散官，与初期情形正好相反。

勋官，产生于北周，用以奖励有功战士，后渐及于朝官，在官阶、封爵之外，又多了一种表示等级的制度。隋唐沿置，唐初有勋官九百人，其官品在正二品至从七品之间，实际上是一种计算官资的办法。自咸亨五年（674年）以后，战士授勋动辄万余人，实际地位是在吏胥之下。他们每年纳课，要在兵部和本郡上番，就像僮仆一样被役使。[①]五品以上者，番上四年，六品以下者番上五年，可以被简选授予散官。简选不及第者，五品以上与六品以下分别再得番上四年与五年；再简选时没有选中的，十二年者再番上六年，八年者再番上六年。没有取得散官的勋官，仅比平民身份略高。

员外指正官以外的官员。唐中宗神龙二年，"大置员外官，自京师及诸州凡二千余人，宦官超迁七品以上员外官者又将千人"[②]。员外官的俸给为正员官之半。另外，犯罪官吏，多被贬到远方做州县以下官，称为左降官，往往为员外，置同正员，其实只能领取少量生活费。

6.品俸官禄与食实封

隋唐官俸由土地、实物及货币三项构成。隋制，京官俸禄，高级官员高于外官，低级官员则低于外官。京官一品禄900石；其下以每100石为级差，至正四品为300石，从四品250石，其下每以50石为差，至正六品为100石；从六品90石，以下每以10石为差，至从八品为50石。食封及官不判事者及九品以下官都不给禄。官俸禄米，分春秋两季发给。京官按名发给，外官刺史、

①《旧唐书》卷42《职官志一》。
②《资治通鉴》卷208，神龙二年条。

太守、县令则计户给禄。州按大小分为九等,大州 620 石,其下每以 40 石为差,至于下下则 300 石。大郡 340 石,其下每以 30 石为差,至于下下,则 100 石。大县 140 石,其下每以 10 石为差,至于下下,则 60 石。其禄惟及刺史、上佐及郡守、县令。低官俸外,各级官员都分给永业田。文帝定令,自诸王以下至于都督,均依品位给永业田,多者至 100 顷,少者为 30 顷。内外官又各给职分田,京官一品者给田 5 顷,每品以 50 亩为级差,至九品为 1 顷。外官也有多少不等的职分田。另设"公廨本钱",周转取息,以供官署办公费和没有俸禄官吏支用。

唐初,京官给禄米,外官只有职分田。京师及州县无俸禄的官吏及办公费用都给公廨田,公田租收入供用。其后,设置"公廨本钱",贸易取利,以给公用,太宗贞观时,禄米以地租收入按春秋两季发给,外官禄米,其等级比京官低一级,无米时发给盐。均田制时期,诸官按品受永业田。职事官还可以从职分田中取得收益。高宗永徽初,又废公廨本钱,京官俸料,专以税钱给之。玄宗开元二十四年(736 年)始将百官料钱合为一色,以月俸为名,各据本官随月给付。天宝十四载(755 年)诏百官每月给俸食料、杂用、防阁等 10 分率加 2 分,永为常式。肃宗承德二年(757 年)以国库空虚,内外官并不给料钱。乾元以后,始逐渐恢复料钱,德宗兴元初,诏百官俸料,准原数支给。

唐制封爵有食邑,亲王以下至男爵的食邑都是虚封。只有加上"食实封"若干户者才能享有相应封户租税。据记载景龙三年(709 年),"食实封者凡一百四十余家"[1]。"凡封户,三丁以上为率,岁租三分之一入于朝廷。食实封者,得真户,分食诸州。皇后、诸王、公主食邑,皆有课户"[2]。其租谷的具体收取办法是:"州县与国官、邑官执账供其租调。各准配租调,远近州县官司,

---

① 《资治通鉴》卷 209。
② 《新唐书》卷 46《百官志一》。

收其脚值,然后付国、邑官司。……入国邑者,收其庸。"①

三、官员考核及其他

1.考课制

隋唐时由尚书省吏部考功司具体掌管官吏的考课。宰相等高级官员考课,则由皇帝亲自掌握。唐制对官吏的共同要求是四善:"一曰德义有闻,二曰清慎明著,三曰公平可称,四曰恪勤匪懈。"这是对于官吏政治素养和一般品质的要求。另外,还订出了每类职官的考课标准,称为二十七最。②考课时又以"善""最"来定考课的等第,共分九等,以善最结合的九等考第,使德才标准结合,约束官吏的行为,提高工作效能。

唐代对官吏每年进行一次小考,四年进行一次大考。小考只定等第,记入考状备案,大考是综合几年来小考等第来确定等第,以决定对官吏的赏罚黜陟。考课由下而上分两个步骤:第一步,先由中央各官署和地方长官对所属官吏进行考核,"凡应考之官,皆具录当年功过行能,本司及本州长官对众读,议其优劣,定为九等考第"③。应考人如对所定等第不服,允许申诉。考定之后,将结果记入考簿。第二步是报尚书省复考。京师各官署在十月一日将考簿直接送吏部考功司,地方各州由朝集使于十月二十五日前将考簿送尚书省。尚书省汇集考簿后,由校考、监考官与考功郎中、员外郎向朝集使和中央各官署长官了解情况并参考监察官访察官吏政绩提供的情况,复考内外百官等第。京官则集应考人对读注定,外官由朝集使注定。复考中如发现等第评定不当,掌考官可以驳回或改定。复考结果须奏报皇帝,其考状则由吏部存档,以作为官吏升降任免的依据。

---

① 《唐会要》卷 90《食实封数》。
② 《新唐书》卷 46《百官志一》。
③ 《唐六典》卷 2《尚书吏部》。

2.任用限制

唐代对于官吏任用的限制有下列若干方面：（1）出身限制：主要是对流外出身者任官限制。唐制，凡是八寺丞，九寺主簿，诸监丞、簿，通事舍人，大理寺司直、评事等官，流外出身的人都不得担任。流外出身之官，并不得升入正三品。（2）经历限制：一些官职不得由初仕者担任，如"要官儿子，少年未经事者，不得作县官亲民"①。一些官须担任过县令才能充任："凡官不历州县者不拟台省"②。（3）职业限制：唐制，"凡官人身及同居大功已上亲，自执工商，家专其业，皆不得入仕"③。（4）对于犯罪官员再任的限制：《唐律·名例》规定：凡是除名的，官爵全免，六年后，依除名法，并参照资格重新任用。开元中诏："内外官有犯赃至解免以上，纵逢赦免，并终身勿齿。"④（5）专门学识的限制：唐代对于司法官员的人选，要求熟娴法理者充任。开元十四年（726 年）十二月二十五日敕："比来所拟注官，多不慎择，或以资授，或未适才，宜令吏部每年先于选人内精加简试，灼然明娴理法者略拟。其评事以上，仍令大理长官简择。"⑤对于秘书省、弘文馆、崇文馆、左右春坊、司经局、校书郎、正字诸官，亦要求精通专业，元和三年（808 年）三月敕：上述诸官"宜要吏部，自今平流选人中，择取志行贞进、艺学精通者注拟"⑥（6）对技术官任职的限制：技术官是指掌理天文、音乐、医药等专门知识的官员，唐代规定他们只能在本司任用，除非任职年久，否则不得外迁。技术官外迁他官，被认为是"器用纰缪，职务乖违，不合礼经"⑦。（7）亲属回避：唐制，

---

① 《册府元龟》卷 630《铨选部·条例二》。

② 《文献通考》卷 37《选举考十》。

③ 《唐六典》卷 2《尚书吏部》。

④ 《旧唐书》卷 8《玄宗纪》。

⑤⑥ 《唐会要》卷 75《杂处置》。

⑦ 《唐大诏令集》卷 100《厘革伎术官制》。

凡职责相联或监临检察官，亲族需要回避。如宰相子不能任谏官，兄弟不可在同省任职。(8)籍贯限制：唐制，官吏不得在本籍及其邻近州县任职。但京兆、河南府官不在此限。(9)居父母丧不得为官：唐制，父母之丧以二十七个月为期，在居丧期间禁止任官，违反此项规定要处以徒刑。(10)名讳限制：唐代重视避讳，《唐律·职制》中规定，凡是官称有犯父、祖名者不得担任，否则为犯讳，要判处一年徒刑。

3.迁转、升降与赏罚

正常升迁是按考课成绩进行的，如隋时赵绰、令狐熙均以考绩连最升迁；唐代崔沔为魏州刺史奏课第一，征还朝廷，分掌吏部铨事。此外有超迁的，如唐代刘师立于太宗初以功超迁左卫率，姚崇于武则天时以综理兵机有功，超迁夏官侍郎。官员贬降谓之左迁或左降。情节较轻的左迁，仅贬降其官品，为中央官者亦不外迁。如隋代许善心为御史所劾，左迁给事郎，降品二等。情节重的，多左迁为边远地方官。安置发遣考转，和再度起用，乃至根本罢废，均有敕令法规。

官员赏罚内容有多种形式，赏为晋爵、叙勋、增秩、赐金、增资、荫子、赐紫、赐绯、赐紫金鱼袋以及赙赠、抚恤、赐美谥之类；罚如贬爵、罚俸、停任、贬低服色、赐予恶谥之类。

4.公文格式、称谓与礼仪

唐代对于人际间公文程式有统一规定。下行公文的形式有七种：(1)制：原称"诏"，避武后讳改为制，用于大赏罚、大除授、改革旧制、宽赦降虏。(2)敕：有发敕、敕旨、敕书、敕牒诸形式。凡废除或设置州县，增减官吏，发兵，任免六品以上官职，用发敕；凡百官奏请朝廷施行的政务，皇帝批答用敕旨；凡慰谕公卿，诚约朝臣者称敕书；凡由政事堂草拟文书，经中书舍人进奏画敕字，然后政事堂出牒公布于外的称敕牒。(3)册：凡立皇后、立太子、封王、尊贤等用之。(4)德音：凡颁降恩惠用之，旨在戒励风俗。(5)令：皇太子所发的命令。(6)教：亲王、公主所发的命令。

(7)符：为尚书省下达州、州下达县、县下达乡的文书。

上行公文的形式有十种：(1)表：用于陈谢、庆贺、进献。(2)状：近臣上书言事用表或用状，区别在于前者讲究文采，后者较为质俗。(3)笺：上书皇后、太子用笺记。(4)启：指言事于太子、诸王的文书。(5)辞：一般指狱讼招供的文书。(6)牒：有品秩的官向其上级报送的文书，称为牒。(7)议：犹如现代的意见书。(8)奏抄：史称"奏抄以支度国用、授六品以下官、断流以下罪及除免官用之"①。送达皇帝之前，须经门下省审核。(9)奏弹：即向皇帝弹劾官员的文书，送达皇帝之前须由门下省审核。(10)露布：用兵获胜向上奏捷的文书。送达皇帝之前须由门下省审核。

平行文书有三种：(1)关：诸司之间相质问所用的公文。(2)刺：其本意为"达"，也是诸司相质问的文书。(3)移：用于诸司自相质问。

唐制，用于公文中的各种上下称谓也都有明令规定，开元二十三年(735年)八月《仪制令》规定，对君主的称谓即皇帝、天子，夷夏通称陛下(对策、上表通称)、乘舆(服饰所称)、车驾(行幸所称)等。百官上疏于太皇太后、皇太后称殿下，自称为臣。百官及东宫官属对皇太子都称殿下(上启表同)，百官自称名，宫官自称臣。②

官员相互间的礼仪规定十分严格：(1)凡百官拜礼各有差，文武官三品以下拜正一品(中书门下则不拜)。(2)东宫官拜三师，四品以下拜三少，其余属官于本司隔品者皆拜焉。其准品应致敬而非相统摄则不拜(谓尚书都事于诸司郎中、殿中主事于主局直长之类，其品虽卑则亦不拜，若流外官拜本司品官)。(3)凡致敬之式，若非连属应敬之官相见，或自有亲戚者，各从其私礼(诸官人在路相遇者，四品以下遇正一品，东宫四品以下遇三师，

---

① 《新唐书》卷47《百官志二》。
② 《唐会要》卷36《笺表例》；《唐六典》卷4。

诸司郎中遇丞相,皆下马。凡行路之间,贱避贵,少避老,轻避重,去避来)。

5.衣冠服饰等级制

隋大业初,炀帝始参照古制定章服制度,五品以上通服朱紫,六品以下兼用绯绿。胥吏用青色①。唐制,官员服色依散官高低而定。武德四年(621年)令三品以上服紫,五品以上服朱,六品以下至流外,通用黄。贞观四年(630年)改令三品以上服紫,四品、五品服绯,六品、七品服绿,八品、九品服青。中央高级职事官其散官不到三品的可以赐紫,不到五品的可以赐绯;地方都督、刺史其散官不到五品的可以借绯,离任则停。

龙朔二年(662年)孙茂道奏称:"旧令六品、七品着绿,八品、九品着青,深青乱紫,非卑品所服。望改八品、九品着碧,朝参之处听兼服黄。"皇帝采纳了他的主张。总章元年(668年)始诏一切官员不许着黄。上元元年(760年)又诏:"文武官三品以上服紫,金玉带。四品服深绯,五品服浅绯,并金带。六品服深绿,七品服浅绿,并银带。八品服深青,九品服浅青,并鍮石带。"②

唐代高级官员又有佩饰鱼符之制。当时规定:"随身鱼符者,以明贵贱,应召命,左二右一,左者进内,右者随身。皇太子以玉契召,勘合乃赴。亲王以金,庶官以铜,皆题某位姓名。官有贰者加左右,皆盛以鱼袋,三品以上饰以金,五品以上饰以银。刻姓名者,去官纳之,不刻者传佩相付。"③三品以上的鱼袋称为金鱼袋;五品以上的鱼袋,称为银鱼袋。由于赐紫、赐绯者例赐鱼袋,故常以赐绯紫鱼袋表示对官员的宠异。军队中赏金银鱼袋者,离开军队时不得佩用。开元时常以金银鱼袋数十枚付军将以赐有军功者。安史之乱后,武人得鱼袋人数更多,章服赐借制度遂形贱滥。

---

① 《隋书》卷12《礼仪志》。
② 《唐会要》卷31《章服品第》。
③ 《新唐书》卷24《车服志》。

6.休假

官吏休假有许多种类:(1)例假:隋唐例假大体上是每旬休假一天。(2)节假:唐制有元正、寒食、清明、端午、中和(本为正月晦日,贞元中改为二月初一)、七夕、重阳、冬至诸节及各种诞辰、忌日、节假日均有休假,并按当时礼俗而有一定仪式。(3)事故假:官吏因事请假,有许多具体条格规定,如不遵守,须受罚俸等的处罚。(4)婚丧假:结婚假九日,路程另计;周亲婚嫁给假五日,大功亲三日,小功以下亲一日,不给路程。服父母丧,居丧二十七个月,并解除官职。(5)病假:限期一百天,超过一百天的,须停职。(6)其他:如内外官五月给田假,九月给授衣假,各给假十五天。又探视父母、周亲也可给假:父母在三千里外,三年给假一次,假期三十天;五百里五年给一次扫墓假,假期十五天,路程另计。五品以上官休此种假并须奏闻。①

7.致仕

官员 70 岁时退休,称为"致仕"。若精力未衰,虽满 70 岁亦可留任,也允许提前致仕。提前致仕有几种不同的情况,有的因病,有的由不乐意仕途,有的因过失犯罪而由朝廷特令致仕。凡请求致仕,五品以上须奏请皇帝批准,六品以下则由尚书省按规定统一办理。②

官员致仕给予一定待遇,有的可以加官一级,有的可变更官称而不改品秩。经济待遇方面,五品以上官员致仕后终生享受半俸,③个别的还可以给予全俸。④六品以下官致仕后的头四年给予半俸,天宝后亦改为终身给半俸。致仕官还有其他各种礼遇:如允许致仕官终身佩带鱼袋;三品以上官朔望听朝参,其班列在本

---

① 《唐会要》卷 82《休假》。
② 《唐会要》卷 67《致仕官》。
③ 《通典》卷 35《职官十七》。
④ 《旧唐书》卷 164《杨於陵传》。

品现任官之上；致仕官还乡，有时由政府特备马车。此类待遇，或有成例可循，或是随敕而定。

8.赠赙与谥称

赠赙本是指以财物助丧仪。对于官员的赠赙，有赠官、赠俸料、赠布帛谷物、给东园秘器(棺木)、给丧仪仗之类，有的系依官品而有令式的规定，有的随具体情况临时而定。如永徽中公孙武卒，赠荆州都督，给东园秘器。又贞元十年(794年)二月诏："应文武朝臣薨卒者，其月俸料宜全给……以为赙赠。"[①]

谥起源于先秦，历代相沿。唐制，职事官三品以上，散官二品以上身亡者，均给谥。谥分美、恶两种，是对于官员品行功业的一种论定。定谥依据官员一生功业事迹，由礼官提出，并经朝议评定，有多种功业事迹，则加以复谥。

四、吏胥典史

隋唐吏胥可分为吏与胥两部分，吏是流外官，胥史大多是《通典》卷40所说的内外职掌。隋唐流外官从勋品(当于一品)至九品，共分九等；又有视流外从视勋品至视九品，亦分九等。开元以后，视流外惟留勋品、四品、五品三等。内职掌有斋郎、府、史、亭长、掌固、主膳、幕士、习驭、驾士、门仆、陵户、乐工、供膳、兽医、学生、执驭、问事、后(俊)士、渔师、直屯、主仗、典食、亲事、帐内等；外职掌有州县仓督、录事、佐史、府史、典狱、问事、执刀、白直、市令、市丞、助教、津史、里正及岳庙斋郎即并折冲府旅帅等，总计三十多万人。

吏胥大多来自前任官、勋官、品官子和平民，但其铨选法不同，吏员，由吏部的流外铨选补，亦谓之小铨。以郎中一人主其事，其校试铨注与流内铨略同。参加流外铨的人选是"六品以下、九品以上子，及州县佐吏，若庶人参流外选者，本州量其所堪送

---

① 《旧唐书》卷13《德宗纪》。

尚书省者"①。吏员选拔标准："一工书，二工计，三工时务，其工书工计者，虽时务非所长亦叙限，三事皆下则无取焉。"②胥史的选用，在中央部门由各官署自行选用，在地方，则由本州、县选用。凡州县及镇仓督，县博士、助教，中、下州市令及县市令，岳渎祝史，并州选，各四年一任。

吏胥的待遇，吏与胥不同，吏作为流外官，有一定的经济待遇。流外官待遇应较职事官为低，隋制京官九品，外官自刺史、郡守、县令以下均无俸给。唐武德初，京师及州县无俸禄官吏的报酬及办公费用都由公廨田的田子提供，作为流外官的吏员，也能得到一定的经济待遇。后来诸州县流外九品以上的官都给白直，其名额依品级而有等差。至于内外胥史，隋唐均无俸给。唐制规定各色人都有对政府服役的义务，称为色役，胥史作为职役，也是色役的一种。勋官和品官子弟担任内外职掌一定年限以后，可以取得升任流内官的资格。

吏胥作为各级官署和地方基层的处理日常工作的人员，事务性的行政工作都靠他们去完成，他们人数众多，是封建国家中推行政务不可缺少的一支力量。吏胥可以升任职官，也是入仕的途径之一。一般流外官，"每经三考听转选，量其才而进之，不则从旧任"③。转选均须试判。例如亭长与掌固经若干考后可"转入府、史，从府、史转入令史，选皆需试判"。令史任满六七年后有升至本司主事及上县县尉的，就成了流内官。一般流外官"其考满有授职事者，有授散官者"④。流外职自身的升迁只需试判，而从流外入流，则还须试一经一史。入流以后，其管理与升迁就按流内官的管理办法了。

五、唐代的行政法规

唐代法律形式有律、令、格、式四种，律是刑事法规，令、格与

①②④《唐六典》卷2《尚书吏部》。

③《唐六典》卷1《尚书都省》。

式都是行政法规。

1.令、格、式

令，是国家政治法律制度的设立、废更的诏令。武德中裴寂等在修纂《唐律》时，也修纂了《唐令》。贞观初，又令房玄龄等刊定《唐令》。此后麟德中源直心，仪凤中刘仁轨，垂拱初裴居道，神龙初苏环，太极初岑义，开元初姚崇、宋璟都曾对《唐令》进行过刊定。《唐令》共 30 卷，分 27 个篇目：(1)官品；(2)三师、三公、台省职员；(3)寺监职员；(4)卫府职员；(5)东宫、王府职员；(6)州县、镇戍、岳渎、关津职员；(7)内外命妇职员；(8)祠；(9)户；(10)选举；(11)考课；(12)宫卫；(13)军防；(14)衣服；(15)仪制；(16)卤簿；(17)公式；(18)田；(19)赋役；(20)仓库；(21)厩牧；(22)关市；(23)医疾；(24)狱官；(25)营缮；(26)丧葬；(27)杂令。共计 1546 条。

格，是国家机关的行政法规。唐代先后制定了《贞观格》18卷(房玄龄等删定)；《永徽留司格》18 卷、《散颁格》7 卷(先后由长孙无忌、源直心等删定)；《永徽留司格后本》(刘仁轨等删定)；《垂拱留司格》6 卷、《散颁格》2 卷 (由裴居道删定)；《太极格》10卷(由岑义等删定)；《开元前格》10 卷(姚崇等删定)。所谓《留司格》是中央行政机关六部二十四司各自的日常办事规章，《散颁格》是全国通用的官吏办事规章，均以尚书省二十四司为篇名。

式，是国家机关的公文程式和活动细则。唐代有《永徽式》14卷，垂拱、神龙、开元《式》并 20 卷，其删定人与删定《格》《令》的人员相同。《唐式》20 卷亦以尚书省列曹及秘书、太常、司农、光禄、太仆、太府、少府及监门宿卫、计账为其篇目，共计 33 篇。

2.《唐六典》

《唐六典》是一部关于唐代官制的行政法规，全书 30 卷，规定：唐代中央和地方国家机关的机构、编制、职掌、员额、品秩、待遇等，注文中叙述了官制的历史沿革。《唐六典》题为玄宗御撰，李林甫奉敕注。据《直斋书录解题》引韦述《集贤记》注，开元十年

(722年)起居舍人陆坚奉旨修此书,玄宗命按《周礼》分为理典、教典、礼典、政典、刑典、事典六个部分,故以《六典》名书。后来宰相张说以其事委徐坚,因唐代官制与《周礼》官制大小不同,徐坚思考经年未能下笔,其后又把撰书之事委毋煚、徐钦、韦述等,始采取以六部比拟《周礼》六官的办法,把令、式分别编入六部之中,官制沿革用注的形式说明。全书历时十余年完成,中间多次换人,最后经宰相李林甫进奏皇帝。《唐六典》在当时是否颁行,历代学者颇有异论。今人岑仲勉的意见颇为中肯,他认为此书未经颁行,但《六典》是排比当时现行《令》《式》编成的。现行令式本来就是行政法规,自然为人们所遵行。不过有一部分《令》《式》"成书前已改章而《六典》尚记其旧制"或"成书后不久便改章而与《六典》相违",或"拟加修改而未经明诏施行者"[①],因此编入《六典》的令式不能事事遵用。

第十一节　隋唐五代时期的少数民族政权

一、突厥

西魏大统十八年(552年),原居住在金山(阿尔泰山)之阳的突厥族首领阿史那氏土门击破柔然,建庭于鄂尔浑河于都斤山(乌德鞬山、郁督军山),自称伊利可汗,是为东突厥汗国。

其后,伊利可汗遣弟莫贺咄叶护室点密攻略西域,统昂诺古部(十姓)。室点密遂于公元562年自立为可汗,建庭于鹰沙川(今新疆库车西北裕勒都斯河)。公元563—567年间,室点密联合波斯萨珊王贺斯罗击破哌哒,又建庭于千泉(今哈萨克斯坦楚

---

① 岑仲勉:《隋唐史》,高教部教材编审处,1954年版,第53节"职官概论"。

河西岸），是为西突厥汗国。

东西突厥各据一方，在隋开皇元年（581年），漠北连年大风雪，加上突厥诸可汗内讧，东突厥沙钵略可汗于开皇三年（583年）为隋文帝所破，此后东、西突厥正式分裂。东突厥臣服于隋，西突厥则拥兵自重。

隋末唐初，突厥复强，唐公李渊且事之。及至贞观二年（628年），唐太宗联合薛延陀部真珠毗伽可汗夹击颉利可汗，并于贞观四年（630年）将颉利可汗擒送长安，东突厥乃亡。唐遂乘胜攻西突厥，先取伊吾七城，置伊州。贞观十四年（640年），复取高昌，设西州及安西都护府，又取可汗浮图城（今新疆吉木萨尔），置庭州。接着，平焉耆，并于贞观二十二年（648年）平龟兹，移安西都护府于此。西突厥东境半归于唐。及至高宗永徽三年（652年）平处月、处密，显庆元年（656年）平葛逻禄、突骑施、处木昆。次年，击破阿史那贺鲁，遂分西突厥之地置濛池、昆陵都护府，封北庭阿史那步真为濛池都护、右卫大将军、继往绝可汗，封南庭阿史那弥射为昆陵都护、左卫大将军、兴昔亡可汗。此后，西突厥臣服于唐。

唐高宗永淳元年（682年），云中都督舍利元英部酋阿史那骨咄禄据黑沙城（今内蒙古呼和浩特北）叛唐，用谋臣暾欲谷（葛逻禄安匐部人）之计，东破契丹，北取九姓铁勒，复立汗庭于于都山，重建东突厥汗国，史称后突厥。后突厥信传至白眉可汗，唐天宝四年（745年），为回纥怀仁可汗骨力裴罗击杀。后突厥亡。

突厥自阿史那土门击破柔然而建立汗国，至白眉可汗之灭于回纥，历经西魏、北周、隋、唐四朝，活跃于漠北和中亚地区垂二百年，时有盛衰。

突厥的政治制度，无从详考。其国体，大致属于建筑在分散的游牧经济基础之上的奴隶制国家阶段。突厥早期的政治制度与部族制度合为一体，"贵贱官号，凡有十等"：（1）始波罗或莫贺弗，译言勇健；（2）三大罗，此官特贵，惟其子弟为之，职掌不详；

(3)哥利达官,译言老达干;(4)苏尼,掌兵之官;(5)珂罗啜,译言黑啜,此官甚高,耆年者为之;(6)吐屯,州郡官;(7)热汗,掌监察非违,厘整班次;(8)其泥,掌家事如周官;(9)附邻可汗,译言狼可汗;(10)遗可汗,译言屋可汗。上列十等,除可汗、啜、达官(达干)、吐屯外,皆于史无征。杜佑谓其官"或以形体,或以老少,或以颜色、须发,或以酒肉,或以兽名"[1],似出于土俗传闻,并非定制。

自从东突厥汗国建立之后,"可汗"就成为国家的最高首脑。但因可汗常常分封其子弟或近亲为"小可汗",所以,可汗又称作"大可汗"。"可汗"相当于匈奴的"单于"。可汗的妻子为"可贺敦",相当于匈奴的"阏氏"。可汗的子弟一般称"特勤","别部领兵者谓之设"[2]。

综合汉文资料和突厥碑文资料来看,突厥大官凡二十八等,皆世代为之。今可考者,依次当为:(1)叶护;(2)设;(3)啜;(4)失毕;(5)达干;(6)梅录;(7)俟斤。此外,还有俟利发、颉利发、吐屯、阎洪达等官,因史料语焉不详,尚难定其等第。它们的职权分别是:

叶护,居于"大可汗"之下"设"之上,相当于可汗的储副,且有大叶护、统叶护、肆叶护等称。

设,位居叶护之下,为典兵官,亦可立为可汗。

啜与俟斤,二者地位相当,均在设之下,为突厥部落的最高长官。[3]

失毕、达干、梅录均为贵官,地位与啜、俟斤相当。失毕在突厥文为 Sadapyr,前代学者认为与典兵官"杀"(Sad)有关,疑其含义为"副杀"。达干,为"酋帅""统兵马事"。梅录,史文称之为大臣,可能是总理政事之官。

---

① 《通典》卷 197《突厥上》。
② 《通典》卷 197《突厥上》;《新唐书》卷 215《突厥传上》。
③ 《唐会要》卷 94;《旧唐书》卷 194《突厥传》。

至于俟利发(颉利发)、吐屯、阎洪达,史文称"以评议国事",当是突厥理政之官。西突厥曾对"其西域诸国王悉授颉利发,并遣吐屯一人监统之,督其征赋"①。可见俟利发实为突厥属国行政首脑之称,而吐屯,则为派驻属国的督监,位在俟利发之上,且不以一员为限。汉文文献还说:"突厥谓御史为吐屯"②。

突厥汗国对统治区实行分区而治,东突厥分东、西都,西突厥则称左、右厢,后突厥因之。根据突厥文阙特勤碑和毗伽可汗碑,左厢又可译作北厢,右厢又可译作南厢。以突厥尚东言之,左右厢自可称南、北厢。碑文中曾出现东西南北四厢并称,因此,最晚在后突厥汗国时期,突厥已由旧制划分东、西二厢而治改为分东西南北四厢而治了。突厥诸厢的最高长官或称叶护,或称设,其下则称啜、失毕(西厢)、达干、失毕(东厢)、达干、梅录(南厢?)、梅录、俟斤(北厢?)。它们的职掌已如上述。

突厥汗国的汗位继承制度,初为父死子继,后为兄终弟及,继则叔侄相承。但是,始终奉传嫡为祖法。诚如莫何可汗处罗侯在继位时所说:"我突厥自木杆可汗以来,多为弟代兄,以庶夺嫡,失先祖之法,不相敬畏。"③

史称突厥为"匈奴之别种"④。以匈奴语言和突厥语言而论,二者均属阿尔泰语系,而以匈奴语为最古。匈奴与突厥的亲缘关系是无可否认的。所以,突厥的政治制度取法于匈奴,仅名异而实同。唐封突厥降部便直接称单于、左右贤王等,盖以匈奴单于比突厥可汗,以匈奴左右贤王比突厥左右杀(设)。回纥继突厥而兴起漠北,其"署官号皆如突厥故事"⑤。

---

① 《旧唐书》卷 194《突厥传》。

② 《太平广记》卷 210 引《御史台记》。

③ 《隋书》卷 84《突厥传》。

④ 《周书》卷 50《突厥传》。

⑤ 《通典》卷 200《回纥》。

二、回纥

公元 7 世纪中叶，漠北敕勒诸部之一的回纥建立了回纥汗国。回纥部的主要部分，其驻牧地区一向在仙娥河（又名娑陵水，今色楞格河）、嗢昆河（今鄂尔浑河）及独洛河（土剌河）流域一带。隋唐之际，受突厥政权统治。唐初，回纥联合敕勒诸部终于摆脱了突厥奴隶主政权的统治，逐渐强大起来。回纥有内九族和外九部之分，内九族是组成回纥部落的各氏族，其中以药罗葛为首，为回纥可汗的亲族，后来回纥可汗各代可汗多出于这一氏族。以下是：胡咄葛、咄罗勿、貊歌息讫、阿勿嘀、葛萨、斛嗢索、药勿葛、奚耶勿。这九个氏族通常也称为"内九姓"。所谓外九部是当时漠北地区在反抗突厥统治的斗争中形成的组成回纥汗国的九个部落，其中以回纥部为首，其为仆骨、浑、拔野古、同罗、思结、契苾、阿布思、骨仑屋骨思拔悉密、葛逻禄等构成的回纥部落联盟，通常也称为"外九姓"。回纥等部自脱离突厥统治后，酋长都自号俟斤，自隋末回纥时健俟斤君长死，子菩萨被推为继承人，酋长世袭制开始出现。公元 630 年（唐贞观四年）东突厥汗国亡，漠北惟薛延陀、回纥两部称雄。公元 646 年（贞观二十年）回纥君长吐迷度与敕勒诸部协助唐朝攻杀薛延陀多弥可汗，兼并薛延陀诸属部，奄有其地，成为漠北唯一一强部，并请归附唐朝。唐在回纥诸部地设置府、州建置，漠北凡六府七州，六府是：回纥部为瀚海府（中心在今蒙古人民共和国鄂尔浑河上游）、仆骨部为金微府（中心在今蒙古人民共和国鄂嫩河上游）、多览葛部（今蒙古人民共和国乌兰巴托附近）、拔野古部为幽陵府（约在今内蒙古呼伦贝尔盟至蒙古人民共和国东方省一带）、同罗部为龟林府（约在今蒙古人民共和国通格勒河畔）、思结部为卢山府（约在今蒙古人民共和国杭爱山脉之南）。六府酋长称都督。又在上述诸部以外的部落设置七州：浑部为皋兰州（初置独京河东）、斛萨部为高阙州（后废，置稽落州，在色楞格河下游）、奚结部为鸡鹿州

（其地东靠近石勒喀河上游）、阿跌部为鸡田州（约在鄂尔浑河东边，浑部东北）、契苾部为榆溪州（在今蒙古人民共和国乌兰巴托南）、白霫部为寘颜州（约在哈拉哈河之西）。七州酋长称刺史。六府七州隶属于燕然都护府（治所在今蒙古人民共和国哈拉和林旧城，鄂尔浑河上游）。唐朝任命都护统管诸部，诸部酋长尊唐太宗为"天可汗"，被允许在回纥以南、突厥以北开设通往长安的驿道，分设六十八驿，称"参天可汗道"，各驿站备有马匹和食物，供往来贡使应用。

这个时期的回纥部处于双重的地位和身份，一方面它臣服于唐朝，另一方面它又继续实际管辖着一个特定的地区。回纥药罗葛部酋长吐迷度接受唐赐封怀化大将军兼瀚海都督名号，承认自己是唐朝官员的同时，却又在回纥部落联盟内部自称可汗，并依照突厥汗国的制度设置了各级行政官吏，事实上建立了自己汗国政权雏形。回纥汗国自吐迷度正式建国至十世骨力裴罗于公元747年（唐天宝六年）受唐朝封怀仁可汗，徙牙帐于乌德鞬山（今内蒙古鄂尔浑河上游杭爱山东支），国势强盛，最盛时其领土东接室韦，西抵金山，南跨大漠，尽有突厥故地。回纥汗国到公元840年厖驳可汗在位时国亡，正式立国达百年之久。

回纥汗国的政治制度，可汗为汗国的最高统治者。统治阶层由贵族和官吏两部分构成。贵族一系的等级分别是特勤（亲王）、叶护（副王）、设（别部领兵者）。特勤、叶护、设分别由可汗的子弟及宗室充任，他们享有极高的荣誉和特权，但却极少负有行政责任。官吏一系分别是：阿波（统兵马官）、阎洪达（评议国事官）、达干（统兵马官）、梅禄（皇室总管，掌兵者）以及内宰相三人、外宰相六人。此外还有掌印官塔木葛支等。官吏系统与贵族相比，在荣誉和政治特权方面少，而行政责任远比贵族集团成员大。除上述官职外，汗国还依照唐朝官制设将军、司马等。

回纥汗国像立国于北方草原的其他游牧部族如匈奴、突厥政权一样，所建立的国家是一种暂时的不稳固的军事行政联合体。汗国由相对独立的游牧集团组成,在政治上往往若即若离,这就促使它实施一种内外有别的统治体系,这个统治体系是多层次的,其核心是内九族、外九部,边缘地区是非回纥部的被征服部落。在回纥部诸氏族,即内九族游牧地区汗国的基本疆域内,汗国实施直接统治,向这些氏族集团派遣拥有行政权力的都督,都督既是行政首脑,还负责为国库征税。对外九部,作为回纥部落联盟的成员之间,彼此有多方面的联系,各部落向来拥有自己的武装力量和势力范围,汗国授予这些部落酋长以俟斤、叶护、俟利发等贵族称号,委托他们在各自的范围内实施统治。这些部落酋长,在政治上对汗国可汗负有服从其领导的义务;在经济上负有按时向国库交纳贡赋的义务;在军事上负有提供军队、协同作战的义务。外九部在稳定汗国政治局势方面是一支不可缺少的力量。回纥汗国的边远地区,是一些被征服或被迫臣服的游牧部族,他们游离于各敌对势力之间,回纥汗国对其靠拢或臣服者,派驻大批的"监使",在政治上对部落上层的活动进行监督;在经济上向驻在部落勒索贡赋。回纥汗国依靠这种多层次的统治系统,在北方草原上维持了一百年的统治。

三、吐蕃

公元 7 世纪初,居住在青藏高原上的羌族诸部之一雅隆部(居今西藏山南地区),在其首领松赞干布统率下,先后征服兼并青藏高原各部,统一全境,定都逻些(今西藏拉萨),建立了以赞普(王)为中心的奴隶制中央集权国家。吐蕃王朝从公元 629 年(唐太宗贞观三年)第三十二世赞普松赞干布继位正式建国,到公元 846 年(唐武宗会昌六年)最后一世赞普郎达玛死,王室分裂,传立计九代,凡二百一十八年。吐蕃王朝创始人松赞干布建国后在稳定内政、巩固王权、创制文字、厘定法律、建立各项制度及对外用兵、保卫国家安全方面都取得巨大成就。至 8 世纪中叶,五世国王墀松德赞为赞普时,是吐蕃国家实力最强时期,统辖范围除西藏本土外远达安西四镇及河西陇右（今甘肃省地区）。

吐蕃王朝在松赞干布以前，王朝的组织十分松懈，官吏由氏族和部落首领担任，父子世代承袭，各自治理所部人民，赞普也只是直接管理自己本部人民。松赞干布开始改革中央官制，摹仿唐朝制度，设置从中央到地方的各级官制体系，委任官吏。

王朝最高统治者是赞普（王），赞普妻称"末蒙"。赞普之下，设大相一人，藏语称"论茝"，又称"大论"，唐人译为宰相平章国事；副相一人，藏语称"论郭扈莽"，又称"小论"，但副相一职不常设。大相与副相是总管王朝政治事务的大臣，地位最高，权势极重。设都护一人，藏语称"悉编掣逋"，主管王朝对外事务，即管理属部，对外侦察、征讨等。设内大相一人，藏语称"曩论掣逋"，又称"论莽热"，内副相一人，藏语称"曩论觅零逋"；内小相一人，藏语称"曩论充"，主管王朝内部事务，如赞普起居饮食及一切内务。设整事大相一人，藏语称"喻寒波掣逋"；副整事一人，藏语称"喻寒觅零逋"；小整事一人，藏语称"喻寒波充"，主管王朝司法事务。由上述赞普以下四部分官员（大相、都护、内大相、整事大相）组成的政治机构，藏语叫"尚论掣逋突瞿"，意为由王室和贵族掌握着吐蕃王朝的全部政权。在吐蕃王朝担任官职的人，往往在名字前面标明"论"或"尚"字样。论，指王族，是宗室受封官号，即和王室有直接亲属关系的大臣；尚，原意是舅舅，指宦族，即外戚受封官号，指和王室通婚的贵族出身的官员。

军制和地方官制。吐蕃王朝的地方行政组织与军事组织完全一致。松赞干布仿唐朝的府兵制，建立了一套严密的军事组织。据藏文史籍《五部遗教》记载，当时吐蕃全境划分为四个军政区域，藏语称"如"（翼），即藏如如拉（分支翼，治所在今拉孜地区）；约如（左翼，治所在今乃东昌珠地区）；卫如（中央翼，治所在今拉萨地区）；叶如（右翼，治所在今南木林地区）。"如"，藏语意为部，每个如又分上、下两个支如，共有八个支如。其中藏如、约如、叶如各设有八个千户府和一个下千户府,卫如只设七个千户府和一个下千户府, 合计四如共设有三十一个千户府和四个下千户府。千户府既是军事组织,又是行政组织。每个支如都设有专职军官,大将、副将、判官各一人。"如"亦设元帅,但不常置,由王朝临时派遣。各支如以不同颜色的旗帜和马匹作为区别的标志。各"如"之上还有都元帅和副都元帅,是王朝的宰相同平章事,再上面便是直接受命赞普指挥军事的大相。出兵时赞普派遣监军使监视元帅和大将的行动,直接向赞普报告情况。军队的调动以赞普的金箭为凭。

军队编制以"组"为最小单位,由四人组成:组长称"组本",副组长称"俄本",另有"直普"即炊事兵和"真约"即仆役各一人。兵制以二五进位,两"组"为"十",如十长、副十长共十人。"十"以上为五十、一百、五百、一千、五千、一万。最大的兵团为一万零三百人。据《吐蕃历史文书》记载有百夫长、大五百、千夫长等官员。

吐蕃王朝还组织了强大的禁卫军,分驻各千户府的军队夏秋二季定期操演,实行奖惩。对属国和属部实行戍边制度,由各支如调兵派驻,定期轮换,任命大贵族为节度使。

官阶制度。吐蕃王朝以章饰区别官阶,共分六等,分别是:瑟瑟(翡翠)、金、银镀金、银、铜、铁。章饰钉在方圆三寸的粗毛布上,悬于臂前。

盟会制度。吐蕃有传统的盟会制度,赞普与群臣每年举行一次小盟,三年一次大盟。盟会制度初期是以向赞普表示效忠的盟誓为主要内容,到后来演变成由主政大臣召集的议事会议,即赞普将军政大事、宗教、官员任免等事项交主要辅政大臣商议,作出决定, 再召集各位大臣及一部分地方官员、将领分别参加的"御前会议"作出决定,以赞普的诏命形式发布全境。主持盟会的人由赞普改为主政大臣,反映了王权的发展和稳固。

为了维护奴隶主阶级的利益,吐蕃王朝在松赞干布时期制定了维护奴隶制度的严酷法律。这些法律明确规定了奴隶制度下各阶层的社会地位和统治特权,对广大奴隶则实行残酷的镇压,据记载:"其刑,虽小罪必抉目,或刖、劓,以皮为鞭挟之,从喜怒,无常算;其狱,窟地深数丈,内因于中,二三岁乃出","砍头、剜眼、剥皮……诸刑皆备"[①]。

四、南诏

公元 7 至 9 世纪在我国西南地区以洱海和滇池地区为中心建立了南诏国。南诏国是由我国古代氐羌系民族乌蛮和白蛮为主体建立的奴隶制的民族政权。唐开元初,乌蛮"六诏"之一的蒙舍诏首领皮逻阁在唐王朝的扶持下统一六诏,公元 738 年(唐开元二十六年)唐朝封皮逻阁为云南王、越国公,赐名蒙归义,南诏国正式建立,都太和城(今云南大理南太和村),公元 779 年(唐大历十四年)又迁羊苴咩城(今云南大理)。其疆域极盛时据《新唐书·南诏传》称:"东距爨,东南属交趾,西摩伽陀,西北与吐蕃接,南女王,西南骠,北抵益州,东北际黔巫。"

南诏是以奴隶制为主导的奴隶制国家,南诏王是最高的奴隶主,也是南诏国家的最高统治者。"诏"是王的意思,是臣下和百姓对王的称呼。南诏王则自称"元"。南诏王坐向东,称诸臣为"昶"。大臣见王自称官衔而不称臣。南诏王后宫妻妾统称"诏佐",王母叫"信庅",也叫"九庅",王妃称"进武",王子称"信苴"。

南诏政治制度深受中原影响,王国建立后基本模仿唐制建立了一套比较完整的中央官制。设清平官和大军将,协助国王处理全国政治军事大事。清平官六人,称"坦绰""布燮"或"久赞",为最高行政官员,相当于唐朝宰相,参预"决国事轻重"。清平官"中设一人为内算官,掌机密,代国王判押处理文书,如唐之中书令。又设二副内算官为辅佐。大军将十二人,掌军事,是王国最高武职,与清平官官阶同列,共同在国王统率下议处全国军政大

事,决定后交六曹执行"。

六曹是南诏的国务行政机构,仿曹六部和内州府六司组织形式而设,由清平官、大军将兼任的外算官兼六曹长。六曹是:士曹,掌官吏调派;户曹,掌户籍;仓曹,掌财政;客曹,掌礼宾外交;兵曹,掌军事;刑曹,掌刑法。南诏后期曾将六曹改为三托、九爽。三托是:乞托,主马;禄托,主牛;臣托,主仓。九爽是:幕爽,掌军事,相当于兵曹;琮爽,掌户籍,相当于户曹;慈爽,掌礼仪;引爽,掌外交,二者相当于客曹;万爽,掌财政,相当于仓曹;劝爽,掌官吏,相当于士曹;罚爽,掌刑法,相当于刑曹;厥爽,掌工程建设;禾爽,掌商业贸易;六曹各设曹长,下设一系列办事官吏。

南诏的高级官员中有"同伦判官"二人,为国王亲信,负责向六曹传达南诏王的指令。南诏王的侍从称羽仪,由贵族子弟担任,由国王亲信八人任羽仪长,可以佩剑见南诏王。贵族亲兵称"负排",是南诏王及其诸镇大军将的卫队。

地方行政机构:南诏王为加强对地方的控制,在其疆域内设置十睑、六节度及二都督等地方军政制度。

睑意为州,十睑是:云南睑(在今祥云县云南驿一带),白崖睑亦称勃弄睑(在今弥渡县一带),品澹睑(在今祥云县城一带),邓川睑(在今邓川一带),蒙舍睑(在今巍山一带),大厘睑亦称史睑(在今大理喜州),苴咩睑亦称阳睑(在今大理县城一带),蒙秦睑(在今巍山北部至漾濞一带),矣和睑(在今邓川至洱源之间),赵川睑(在今大理凤仪一带)。十睑分布在南诏国腹心洱海周围地区,由南诏王室直接管辖,因此行政建置比较完善,是南诏国政治、经济、文化中心地区。

六节度是:弄栋(在今姚安)、永昌(在今保山)、银生(在今西双版纳)、剑川、拓东(在今昆明)、丽水(在今缅甸境内伊洛瓦底江上游之大劳伊)。二都督是:会川(在今四川会理)、通海。(《新唐书·南蛮传》)节度和都督是仿唐制在唐王朝原设都督府、羁縻州县的基础上发展起来的。节度设节度使,都督有一名最高军事长官,由南诏王任命的大军将担任。节度和都督既是地方最高军事机构,又是地方最高行政机关,它代表行使一个地区的最高级军政职权。

南诏的地方行政建置及其职官具有十分浓厚的军事色彩,为了维护奴隶制政权和对外掠夺战争的需要,南诏国建立了一整套自上而下的军事制度。国王是最高军事统帅,国家的最高武职是大军将,其下为军将,又其下为将。出领的大军将常冠以城名,如开南城大军将、拓东城大军将等。也有称城使和节度的。大军将以军职为主,也兼管地方行政,南诏官制虽分文武,但实际上文武权限并不十分明确。

军队编制有乡兵、常备军、部落兵三种。建立在村邑基础之上的乡兵制是南诏军事力量的基础。各地乡兵按村邑分布组成东西南北四军,各置将一人,统领五百或一千人。四军置军将一人统领。军事组织系统中又分成大、中、下、小四府,府各有主将、副将、书记官、差判官。军队的核心力量是常备军,其中由乡兵中严格选拔出马军和兵卒称"罗苴子"或"四军苴子",在作战中充任先锋。国王和诸镇大军将还由罗苴子中挑选亲兵,称"负排"。部落兵指被征服少数民族地区征调的兵士,如永昌节度辖区的扑子蛮、望蛮、裸形蛮、黑齿蛮、金齿蛮、穿鼻蛮等。南诏王室和军中的象队主要由永昌、开南的金齿、茫蛮供给和使役。

南诏军队出征时没有正式的后勤供给,出征者自带口粮,乡兵自备武器马匹。军队有严格的军法,赏罚分明。每次战役,南诏王都派清平官或心腹前往军前监视,记录功过以定赏罚。如军将违命者受杖刑五十至一百,严重者流瘴地。对士兵也有赏罚,勇敢牺牲者奖,作战中前身受伤准许养息,背后受伤被看成临阵退逃,要处以死刑。作战中允许士兵劫掠。

五、渤海

公元 7 世纪末, 居住在我国东北地区的靺鞨诸部以粟末部为主体建立了渤海国。靺鞨先秦称肃慎,汉晋称挹娄,南北朝称勿吉,至南北朝末史出始有称靺鞨的记载。众多的靺鞨部落到隋代形成著名的粟末等七部,隋末唐初,靺鞨七部又形成南北两个中心。南部靺鞨人南迁唐营州(今朝阳)地区后,社会得到迅速发展,粟末靺鞨部首领大祚荣率领族人进行了反抗唐王朝民族压迫的斗争,公元698年(唐武则天圣历元年)于敖东城(今吉林敦化县)建立以靺鞨族为主体的民族政权,称震国,自号震国王。公元713年(唐开元元年),唐王朝于其地置忽汗州都督府,册封大祚荣为忽汗州都督。祚荣受唐王朝封号后,改国号渤海,其国人皆称渤海族。

渤海国自大祚荣建国至第十代宣王时统一靺鞨诸部为最盛时,其疆域包括现今吉林省的绝大部分,黑龙江省的大部分,辽宁省的一小部分,及俄罗斯滨海地区和朝鲜的咸镜北道、咸镜南道、两江道、慈江道和平安道的一部分,成为幅员辽阔的"海东盛国"。渤海国的行政区划,至八九世纪逐步完备,据《新唐书·渤海传》记载,"地有五京,十五府,六十二州",州下属县一百余个。至9世纪下半期,由于渤海内外矛盾加剧,逐渐走向衰落,于公元926年(五代后唐天成元年)为辽所灭。渤海王国前后更换十五个国王,历经二百二十九年,大体与唐代相始终。

渤海国境内,民族复杂,社会发展不平衡,但封建制度已处于主导地位。因此渤海国家的政治制度是封建的集权专制制度,渤海国家是封建贵族压迫各族人民的机器。渤海的政治制度、政权组织形式、职官制度,基本上都是袭用唐王朝的,只是为了适应渤海社会发展的不平衡与多民族特点而做了一些变通。公元8世纪大钦茂从唐王朝输入《唐礼》,从此开始建立了比较完善的政治制度与职官体系。

国王是渤海的最高统治者,仿效唐王朝的封建礼仪:尊称王曰"圣王",本族语称"可毒夫""基下"等。王父称"老王",母称"太妃",妻"贵妃",长子称"东宫""副王",王女称"公主"。国王自立年号,生有尊号,死有谥号。王墓称陵。王位继承采用父死子继,兄终弟及。

国王之下,仿效唐王朝制度建立了一整套铺佐国王的统治机构,据《新唐书·渤海传》记载,中央设三省六部十二司一台七寺一院一监一局,对全国进行统治。三省为政堂省、宣诏省、中书省。政堂省在三省中居于核心地位,其名源于唐宰相办公处政事堂之名。政堂省相当于唐之尚书省,权力集中于此,是王国一切政令的最高施行机构。置大内相一人,位在左右相之上,相当于唐之尚书令;副手为左右司政各一人,位在左右平章事之下,相当于唐之左右仆射;其下左右允各一人,相当于唐之左右丞,分管左右六司。

六部、十二司为政堂省下属的职能机构。仿唐吏、户、礼、兵、刑、工六部置忠、仁、义、智、礼、信六部,其各部命名与实际职能没有联系。每部下辖二司,是为十二司,乃据唐二十四司缩减设置。六部各置卿一人,相当于唐之各部尚书。各司设郎中一人,员外若干人。宣诏省相当于唐门下省,"掌出纳王命",与政堂省大内相、中台省右相共同审议军国要政,作出决定。置左相一人,副手为左平章事一人。其下侍中一人。设左常侍与谏议二职,掌国王侍从顾问和讽谏。中台省相当于唐中书省,"掌司王言",负责草拟制定政令,审议决策。置右相一人,相当于唐之中书令。其下右平章事、内史各一人。诏诰舍人,相当于唐之中书舍人,负责草拟诏诰,记载国王言行。

一台即中正台,相当于唐之御史台,为最高监察机构。置大中正、少正各一人,相当于唐之御史大夫、御史中丞。七寺为:殿中寺,相当于唐之殿中省,掌宫廷生活管理;宗属寺,相当于唐之宗正寺,掌王族宗亲事务;太常寺,与唐同名,掌礼仪祭祀;司宾寺,相当于唐之鸿胪寺,掌外事;司藏寺,相当于唐之太府寺,掌财货、廪藏、贸易;司膳寺,相当于唐之光禄寺,掌宫廷酒醴、膳食;大农司,相当于唐之司农司,掌农田仓储。各寺设大令、少令、监、少监、卿、少卿等。一院即文籍院,相当于唐之秘书省,掌经籍图书、撰文等。一监即胄子监。相当于唐之国子监,掌教育。一局即苍伯局,相当于唐之内侍省,掌宫廷服侍、警卫。院、监、局各设监、少监、长、常侍等官。

渤海的军事制度,仿唐十六卫制度,上设十卫,下有府兵。十卫为:左右猛贲卫、左右熊卫、左右罴卫、南左右卫、北左右卫。各卫设大将军、将军各一人。将军之下有都将、郎将、少将等。渤海有府兵制下的官职名称,如折冲府属下的果毅都尉、别将等,折冲府隶十卫之下。

渤海有仿唐之品阶勋爵制度。品分九级,每品分正从二阶。散官有文散官、武散官之分。散官的作用也体现在章服上,并根据唐朝章服制度作了简化和变通。据《新唐书·渤海传》记载:"以品为秩,三秩以上服紫,牙笏,金鱼;五秩以上服绯,牙笏,银鱼;六秩、七秩浅绯衣;八秩绿衣,皆木笏。"

渤海的地方行政管理体制为府、州、县三级体制,乃仿效唐朝道、府、州、县制度。府大体上按民族或部落的分布设置,或设一府,或设二府。在政治、经济中心和军事要地所在的府,又仿唐五京之制设五京。府下辖州县,府设都督,州设刺史,县置县丞,皆主一方军政。根据史书记载的分析,一些边地府州内并存着部落首领制。某些重要地区也仿唐制设置节度使。

第十二节　隋唐五代政治制度的历史地位

一、隋唐五代政治制度的利弊得失

1.宰相制度的成熟

宰相是封建时代执政者的通称。秦与西汉以相国或丞相当宰相之任,地位较高,号称君主的副贰,并以御史大夫为副相。东汉时名义上以司徒当丞相之任,与司空、太尉合称三公,然其时宰相实权,实为正在崛起的尚书令,主赞奏事,总领纲纪,无所不统。魏晋以后,尚书省的尚书令、左右仆射与中书省的监令共同负责最高政务,汉代侍中以下的侍从官如侍中、常侍之类地位提高,成立门下省,作为皇帝的机要顾问,并兼领部分宫廷事务,上述三省长官,都可以算作宰相。唯北周依《周礼》以大事宰为宰相之任,但国家最高权力仍掌握在皇帝手里。大事决策,皇帝还是要由亲近的官僚协助。北周后期,虽是《周礼》那一套六官制度,实际上仍是三省制度在起作用。杨坚取代北周以后,以中书省决策,门下省审议,尚书省执行,互相牵制。唐朝宰相一般为四至五人,常以他官兼任,随时选拔有治国才能不受资历限制的人出任宰相。遇有军国大事,集体决议,以皇帝名义发号施令,防止宰相专擅。宰相办理公务,议决军国大事有严密的制度,从制度上保证决策机制的正常运行。宰相进退较快,以保持决策人物经常保有锐敏、开拓的精神,以避免政治上的僵化。所以唐代宰相制度是中国封建社会中宰相制度比较成熟的形态。

2.政府机构设置的合宜

秦汉以九卿执行中央政务。魏晋以后,尚书、中书、门下诸省逐渐侵夺了九卿的职权,卿寺职权衰落的原因:一是社会向前发展,国家机器管理行政事务职能日益增强,为皇帝、皇室服务的职能必然日减。太常、光禄、卫尉、太仆、宗正诸卿的职掌多为皇室事务,它自然要削弱。二是魏晋南北朝时期,世家大族掌握政治实权,皇权卑落,以皇家事务为主要职掌的诸卿自然不能如过去之显赫。但是南北朝时代诸卿制度始终未废,这是因为在当时门阀政治时代,公卿世家平流进取者人数众多,需要很多国家机构予以安置,九卿机构庞大,事务清简,很适合此种需要。隋代加以厘正,行政完全归于三省,诸卿监职务逐渐消除前代那种缭绕不清的现象。唐代进一步确定:中书门下为决策机关,尚书省为政务总汇,尚书六部分行全国政务,九寺五监为事务机关,承接六部之政令。中书三省之外,又设秘书、内侍、殿中三省,分掌文教与皇室事务。禁卫军则有南衙十六卫和北衙禁军。地方机构则采取州(郡)县两级制,全国监察和边防军事则设道随宜分遣监察和节度诸使,不在正规官之列。

3.《唐律》轻重得中

刑律是封建统治者维持统治和维护社会安定的重要工具。秦汉以来,用刑严酷,律条过于繁芜。唐承隋制,克服了前代的重刑主义。首先废除肉刑,确立笞、杖、徒、流、死为五刑;其次废除过长的刑期,规定徒刑分七年、一年半、二年、二年半、三年五种;流刑应发配者千里居作二年,千五百里居作两年半,二千里居作三年;并废除前代鞭刑及枭首、辗裂之法。在律条方面,《唐律》502条,并加疏议,使每条都有明确含义,便于执行。唐代进行这些改革,是因为唐代统治者意识到法律不是万能的,重刑主义也不是维护统治的法宝。唐代统治者还懂得量刑要适中,量刑过轻,不足以惩凶顽,重刑主义也解决不了问题,只有刑适其罪,才能警犯罪者之心而促其悔悟。唐代统治者还注意到律条不能繁多,司法官员难以记忆更会上下其手,出现纰漏。由于统治者注意到上述几种情况,作了恰当处理,才使《唐律》得以轻重适中,为后世和域外所师法。

4.造成藩镇割据

第一,剥削加重,农民逃亡,逃户成了藩镇割据的社会基础。唐初以隋亡为戒,不过分加重人民负担,少造宫室。实行府兵制时,卫士自带兵器、粮食,只有边防军才由国家供养,所以政府军费负担不大重。随着社会财富的积累,皇室和贵族、官僚的生活日趋奢侈,对农民的剥削和土地兼并加重。玄宗后期,赋税和兵役都集中在有限的课丁农民身上,造成大批农民破产逃亡,成为社会的不安定因素。游民往往成为藩镇雇佣的职业兵的来源,他们与具有野心的节帅相结合,便成为中央政权的离心力量。游民由于脱离生产,充当职业兵后往往骄惰成性,惟利是图,逼杀节帅,拥立新主,如同儿戏,成为唐代藩镇割据和动乱的社会基础。

第二,府兵制的破坏造成外重内轻之势。由于大批农民逃亡,折冲府无兵可交,造成了府兵制的崩溃,中央军事力量便大为削弱,改用募兵制后,由于军费支出拮据,中央常备军常常不足,形成了内轻外重的局面。中央兵力不足以控制藩镇,藩镇便敢于割据,自擅其人民与财赋,中唐以后的藩镇割据遂以形成。

第三,统治者措置的失当。本来唐初的宰相常由建立军功的将领升任,文臣作宰相亦可领兵。将相职位可相互调动,维持了唐代前期的稳定。李林甫为相后,为了使自己的相位能保持久长,怂恿玄宗不用文臣领兵,玄宗后期边防吃紧,中央军事力量减弱,只好在边疆屯驻大军,边将从少数民族的中下级军官中选拔。这些出身微贱没有文化的将领虽不致威胁相位,而对朝廷离心力增大,他们野心膨胀,构成了对皇权的威胁,安史之乱及其以后的藩镇割据即由此酿成。

二、隋唐五代政治制度对邻国的影响

隋唐时期中日交往甚密,日本政制受唐代政制的影响最大。7世纪中叶,日本建立中央集权的国家制度,中央设神祇、太政二官及中务、设部、治部、民部、兵部、刑部、大藏八省,地方设国司和郡司,显然是摹仿唐制。公元709年,日本迁都奈良,奈良城布局仿唐长安城,也有"朱雀大街""东市""西市"等,以后迁都平安,也按长安街市布局设计,规模比平城宏大。据《大日本史》记载,当时度量衡也悉从唐制。

公元7世纪时,新罗与唐朝联合,先后灭掉百济和高丽,统一了朝鲜半岛。模仿唐朝建立了中央集权的政府,中央设省,分全国为九州、五京和四百余郡县。还仿照唐朝实行科举,设"读书出身科"以举用人才。由于中国的天文、算学、医学等学科的传入,还相应地设置了天文、算学、医学博士,从事其本学科的研究并教授生徒。

《唐律》对国外有很大的影响：日本《大宝律令》中的田令，亦有口分田、职分田、公廨田，与唐代均田令相同。朝鲜的《高丽律》，越南的李太尊明道元年《刑法》和陈太尊建中六年《国朝刑律》，都与《唐律》类似。

三、隋唐五代政治制度的历史地位

首先，唐代前期政治制度是中古时期政制的完善形态。唐前期治世校长，也可以证明这一点。自武德元年（618 年）至天宝十四年（755 年）安史之乱以前一百三十多年时间，社会相对安定，经济持续发展，连续出现"贞观之治""永徽之治"和"开元盛世"，治世几乎占了整个唐代的一半时间。这样的持续长期的治世是不可能在不完善的政治制度下出现的。

其次，唐五代政制对宋制产生了较大的影响。宋代政制沿袭唐五代而有所变化。宋初承唐制，以同中书门下平章事为宰相，以参知政事为副相。其后有四次变化：元丰改制后，名义上恢复三省长官，但虚设其名，以尚书省的左仆射兼门下侍郎、右仆射兼中书侍郎，作为宰相，于是名为三省，实则合而为一；徽宗时又改左右仆射为太宰、少宰，仍兼两省侍郎；高宗时左右仆射并加同中书门下平章事，改中书门下侍郎为参知政事；孝宗时又改左右仆射为左右丞相。唐末以宦官充任的枢密使隐操内廷政治，五代后梁时改以士人充任，成为君主的私人顾问，宋代以枢密院为常设机关，专掌军政，与中书对掌政柄，号为二府。唐代的三司使职到五代时合为一职，宋代沿置，其权位与执政相侔，号称计相。宋代的翰林学士也是沿袭唐代，翰林学士知制诰以代皇帝撰拟文稿为专职。至于九寺、五监，其制与唐同。宋代的军事机构直接沿袭五代，有殿前司、侍卫马军司与侍卫步军司，合称"三衙"。甚至唐代十六卫名称在宋代也仍保留，称之为"环卫官"。唐末专横的节度使，宋以文臣知军州事以代节度使职，于是节度使仅留空名,位分却有提高,只有亲王、外戚及前任将相大臣中有特殊资望的,方授此官。节度观察留后本是唐代藩镇以其亲信留充后务之称,宋代作为次于节度使一级的官员,后改为承宣使。此外,宋代将观察、防御、团练诸使及刺史都作为虚衔,虽带某州之名,并不赴任,名为遥郡。宋代节度、观察虽已等于废除,而两使之下的判官、支使、掌书记、推官等幕职依然存在。防御、团练、军事州都仍有幕职,作为入仕的初步,与州的录事参军、户曹参军、司法参军、司理参军等同为州的佐官。宋代地方官制,基本上沿袭唐代,所不同的是州刺史、县令已同虚设,实际任事的是知州、知县。

第三,《唐律》对后世也产生了较大的影响。五代沿用《唐律》,宋代将《唐律》连同疏议都收入《宋刑统》作为宋代的法规。金泰和律基本上袭用《唐律》。元《至元格》二十篇,其中九篇与《唐律》相同,其他十恶、八议、官当之制,也都沿袭《唐律》。明太祖于洪武元年(1368 年)命儒臣四人同刑官讲《唐律》,日进二十条,作为他制定《明律》时的参考。洪武六年(1373 年),命刑部尚书刘惟谦、翰林学士宋濂详定《明律》,篇目沿袭《唐律》,共分三十卷,计六百零六条。后来才变更体例,将律文按六部之名编排,分为吏律、户律、礼律、兵律、刑律、工律。清律沿袭明律,是唐律影响的延续。

【第3版】

下卷

中國政治制度史

白钢 主编

天津出版传媒集团

天津人民出版社

第八章　宋朝政治制度

公元 960 年,后周殿前都点检赵匡胤在陈桥驿(今河南封丘东南陈桥镇)发动兵变,夺取皇权,建立了宋朝。1127 年,金朝军队攻占汴京(治今河南开封市),掳走钦宗和徽宗,北宋宣告灭亡。同年,钦宗弟赵构在南京(治今河南商丘)称帝,重建了宋朝。直到 1279 年在元军的追击下,帝昺投海殉难,南宋亡国。宋朝前后经历了三百二十年的漫长岁月。

第一节　宋朝社会面貌和政治制度的基本特征

一、宋朝的社会面貌

唐朝中期以后,中国封建社会进入了新的发展时期。由门阀士族和部曲、奴客、贱民、番匠、奴婢等组成的旧的社会阶级结构,到宋朝终于转变为官僚地主和佃客、乡村下户、差雇匠、和雇匠、人力、女使等新的社会阶级结构。商人的社会地位也有了很大的提高,这是中国封建社会内部阶级关系的一次重大变化。土地私有制进一步发展,土地买卖盛行,土地所有权转移频繁。国家制定了严密的法规,保障私人对于土地的转移让渡的权利,使土地买卖和典当的法律更加规范化。地主阶级改变了对农民的剥削方式,普遍采用将土地租给农民而收取地租的办法,放松了对农民的人身束缚,租佃关系发展迅速。在此基础上,宋朝的农业、手工业、商业和科学技术都取得了前所未有的新成就。农业生产技术和粮食产量都居于当时世界上遥遥领先的地位。银、铜、铅、锡、铁等矿产量也在当时世界上首屈一指。广泛利用雕版来印刷书籍,并发明了胶泥活字印刷术。制造出水罗盘等指南仪器,用于海船远洋航运。应用火药制造武器,并由制造燃烧性的火器发展到制造爆炸性的火器,造出了世界上第一批火箭、火枪、火炮等新式武器。铜钱和铁钱的铸造量逐渐增大,还发行了世界上第一张纸币。国内外交通更加发达,尤其是海上丝绸之路的开辟使中外文化经济交往更加活跃。这一切都证明宋朝经济的发展远超过唐朝,而且对当时的世界做出了伟大的贡献。

农业和手工业以及科学技术的巨大发展,促使国内外贸易更为兴盛,货币流通量比前代大为增加,商品经济比前代发达。如果当时生产力获得顺利的发展,定会产生资本主义关系的萌芽。但是,由于宋朝在外部不断受到北方邻近的少数民族建立的王朝的侵扰,在内部地主阶级加紧对人民的压榨和控制,社会经济的进一步发展受到了压抑,因此始终没有产生出资本主义萌芽来。在元蒙灭宋的过程中,不少地区的生产受到了严重的摧残,社会经济的发展更是再度受阻。

二、宋朝政治制度的基本特征

宋朝的社会形态决定统治阶级采用官僚政治制度。经过三个多世纪的不断完善,宋朝的官僚政治制度已经达到十分严密和完整的程度,为元、明各代奠定了坚实的基础。

第一,宋朝实行皇帝、官僚政治体制。唐末以后,门阀士族业已退出历史舞台,旧的皇帝士族政体彻底解体。宋初结束了五代十国的分裂割据局面,对各国官僚采取兼收并蓄的政策,保持其原有的官职,给予优厚的待遇。同时,又通过科举考试、学校考选等途径不断吸收士人进入各级官衙，使宋朝形成了自己的基本官僚队伍。这些官僚与门阀士族不同，他们的门第族望观念比较淡薄，也不再严格区分清、浊的流品。除皇室以外，他们不享受世袭官职和财产的特权，在经济上所享有的免税和免役的特权也比之前大为减少。他们只在荫补亲属方面享受到较多的特殊优待，使一批中、高级官员的子弟获得低、中级的官衔或差遣。作为地主阶级总代表的皇帝，已不再是士族地主的首领，而是官僚和上户地主的首领。皇帝作为天命的和社稷的象征，起着维系和凝聚整个王朝的官僚士大夫和黎民百姓之心的作用；同时，又是整个王朝的最高行政长官，全面管理国家的政治、经济、军事、文化等等。所以，皇帝的地位虽然依旧至尊至贵，但皇权有时却要受到舆论和各种条法的制约。

第二，宋朝的统治者充分吸取唐、五代弊政的历史教训，为了严密防范文臣、武将、女后、外戚、宗室、宦官等六种人专权独裁，制定出一整套集中政权、兵权、财权、司法权等的"祖宗家法"。从太祖开始，用设官分职、分割各级长官事权的办法，将权力集中于皇帝，削弱了各级长官的权力。为防止宰相专权，设置了参知政事和枢密使，以分散其权力。为防止武将跋扈，首先解除其军职，授以虚衔，赋以厚禄；其次废除节镇支郡之制，委任京、朝官出任权知州事；在各州之上，又设监司和帅司，以监督知州，并分掌一路的民、财、兵、法等权，不用武将专制一路；武将一般只做统兵官，率领兵马。对于宦官、女后、外戚、宗室，宋朝也用各种办法，防止他们专权。宋朝统治者的这些集权措施，都立之以法，而且日趋严密，甚至达到了细者越细，密者越密，举手投足，都有法禁的地步。此后，针对社会政治和经济生活中陆续出现的各种各样的新情况，宋朝都制定了相应的条令法规，包括行政法、民法、刑法、经济法等，作出了比较严格的具体的法律规定，以供人们援据。可以这样说，宋朝法律制度在中国封建社会已达到了相当健全成熟的程度。

第三,宋朝商品经济的发达,促使政治领域和经济领域中的一些强制性措施,改行经济性的手段解决。在兵制方面,宋朝不再采用征兵制度,而是采用雇佣性质的募兵制度,将全国军队分为禁军、厢军、乡兵、蕃兵等。禁军实际上是受封建国家雇佣以服兵役;厢军实际上受雇于封建国家以服杂役,他们是一支从事牧业、手工业的专业生产兵。大批职业士兵的存在,使广大直接生产者免受征战和屯驻之苦,也分担了他们的大部分夫役。募役制度造成了兵、农的分离,是中国封建社会中进步的历史现象,它意味着军事劳役的赋税化,是劳役地租向实物地租过渡的表现之一。在征调徭役方面,北宋中期采用了夫役(丁役)的雇募法,不再单纯用无偿征调农民等服劳役的办法。此后,雇募法和差役法并行不悖。宋神宗时,职役也采用了雇募法,此后主要实行此法,但一度也是雇募法和差役法同时实行。在官府征调工匠服役方面,由单纯的轮差制度主要改为差雇制度,封建国家给予服役的工匠一定的报酬,从而减少了对工匠劳动力的剥削。如此等等,都显示经济的发展带来的威力,迫使封建国家在政治制度和经济制度方面采取更多的经济手段。

第四,宋朝官员彼此之间在法律上都处于平等地位。上自职位最高的宰相,下至职位最低的县尉、监当官,"比肩事主",对皇帝一人负责。上级官员不能随便对下级官员动用刑罚,下级官员也不须对上级官员行跪拜之礼。为了有效地管理文、武百官,宋朝按照官阶的高低,将文官分为升朝官、京官和选人三等,又将武官分为横班、诸司使和使臣三等。文臣升朝官在北宋前期为太子中允以上,元丰改制后通直郎以上,是当时的中、高级官员。京官在北宋前期为秘书省著作佐郎到将作监主簿,元丰改制后为承务郎到宣德郎,官品仅为从九品、正九品和从八品,是当时的较低级官员。选人又称幕职州县官,北宋前期为签书判官厅公事到县尉,元丰改制为承直郎到将仕郎共七阶,是当时最低级的文臣阶官和地方官的总称。升朝官如果出任外官,不须每天参加朝参仪式;京官也没有规定必须在京师任职。将文臣划分为京、朝官和选人三大档次的实际意义,在于朝廷按此分别设置管理机构,然后根据举主、出身、资考等授予相应的差遣以及办理磨勘迁官的手续。同时,宋朝还适应社会政治生活逐步复杂的情况,将官员的官称和实际职务基本分离,出现了官、差遣和职的区分。官指正官或本官。北宋前期用前代的各种官名组成官阶,但不再担任与官名相应的职务。所以,这些官名又称阶官或寄禄官。差遣是指官员担任的实际职务。官员不担任差遣,朝廷一般停发俸禄。官阶按年资升迁,差遣则根据朝廷的需要和官员的才能,进行调动和升降。职一般指馆阁中的官职,如大学士、学士、待制等,是授予较高级官员的清高的头衔,并非实有所掌。元丰改制,采用原来文散官的名称重新编制官阶,依此来定俸禄,更趋规范化。宋朝实行官、差遣和职分离的制度,是当时政治制度发展的必然结果,三者交互并用,既有利于主管机构合理地行使用人大权,又有利于提高各级机构的行政效能,还增添了驱策官员的手段。

第二节 宋朝的皇帝制度和中央决策系统

从宋太祖开始,逐渐建立起由皇帝、宰执、侍从和台谏组成的中枢权力结构。在这一权力结构中,皇权处于主导地位。同时,皇帝成为决策的中心,并且形成了环环相扣、层层相联、互相制约的中央决策系统。

一、宋朝皇帝制度

宋朝统治经过 14 世、18 位皇帝。宋太祖以后,皇位转入太宗世系的子孙继承;从孝宗开始,皇位又转入太祖的世系。

宋朝前 15 位皇帝,平均寿命为 52.3 岁。他们继承皇位的平均年龄为 27 岁，其中最年轻的即位者是哲宗，10 岁即帝位，仁宗 13 岁；最年长的即位者是光宗，43 岁即帝位。他们在位的时间平均是 22.33 年，最长是仁宗，共 41 年；其次是理宗，40 年；最短是钦宗，仅 3 年。从 15 位皇帝的平均寿命、即位年龄和在位时间看，宋朝统治阶级在当时的历史条件下，较为妥帖地完成了历次新、老皇帝间皇位交接的过程，不至于出现严重的统治危机。

当然，宋朝统治阶级也不是没有遇到一些皇位继承方面的麻烦。宋太宗继袭其兄太祖之位时，已经 38 岁，具备了充当一国之君的地位和才能，所以即位后没有引起政治纠纷。从真宗朝开始，陆续出现了四次女后专权的局面。真宗晚年病重，政事多由刘皇后决断。宰相寇准密谋请皇太子监国，谋泄被罢相。真宗死时，仁宗年幼，遗诏由刘太后"权听断军国大事"。刘太后与仁宗每五天去承明殿垂帘决事一次。晚年，引进外戚，重用宦官察访外事。御史曹修古等上章表示异议，尽被逐出。刘太后执政 12 年，明道二年（1033 年）去世，24 岁的仁宗才得以亲自执政。英宗 32 岁即位，但身患疾病，由曹太后"权同处分军国事"，在内东门小殿内垂帘听政。一年后，英宗病愈，曹太后撤帘还政。哲宗幼年即位，由高太皇太后"权同听政"，前后 9 年。元祐八年（1093 年），高太皇太后去世，哲宗才得以亲政。徽宗初立，坚请太皇太后向氏（神宗皇后）"权同处分军国事"，规定臣僚先向太皇太后奏事，然后向皇帝复奏。半年后，太皇太后主动还政。宋朝皇太后垂帘听政时，有坐正殿、立生辰节、与契丹遣使往来、回避家讳等待遇，但不完全一样，而是因人而异。

为了确保皇位继承的稳定性和皇权的连续性，宋朝统治阶级较为关注皇储问题。太宗雍熙二年（985 年），长子元佐患狂病，太宗"为宗社计"，决定将其废为平民。太宗晚年，觉得诸子尚幼，仍不想立储，直到至道元年（995 年），才决定以第三子元侃为皇太子，改名恒。自唐末以来，已经 90 年不立皇嗣，太宗立赵恒算是第一次。真宗时，刘皇后取李宸妃所生为己子，天禧元年（1017年）册为皇太子。四年，真宗病重，决定每五天开一次资善堂，皇太子立听辅臣参决各司事务。仁宗曾生三子，皆夭亡，故长期不立皇储，直到嘉祐七年（1062年）以濮王赵允让之子宗实为皇太子，改名曙。五个多月后，仁宗便死去，赵曙即位。神宗在死前五天，才立第六子为皇太子。哲宗无子，生前也不建储。死后，向太后与宰相等商议拥立新帝事宜。宰相章惇认为应立神宗之子简王或申王为帝，认为端王赵佶"轻佻"，"不可以君天下"，但太后与大臣曾布、蔡卞等坚持立端王为帝[①]。宁宗嘉定十四年（1221年），立侄子赵贵和为皇子，改名竑。皇子痛恨丞相史弥远专权，预谋在即位后将予严惩。史弥远发觉皇子用意，便趁宁宗病危，矫诏立皇侄赵贵诚为皇子，改名昀。宁宗后，史弥远联合杨皇后，决定立赵昀为帝。宋朝在确定皇太子后，一般便任命他为京城的长官，使他在治理政事上受到锻炼。

宋朝还四次出现皇帝内禅。徽宗宣和七年（1125年），在金军包围太原府和进犯中山府的国难当头时刻，44岁的徽宗匆忙内禅，命皇太子即位。高宗在绍兴三十二年（1162年）五月，立太祖七世孙赵玮为皇太子，改为昚。六月，下命由皇太子即帝位，自称太上皇帝，退处德寿宫。高宗直到孝宗淳熙十四年（1187年）才去世。孝宗在乾道七年（1171年），立第三子赵惇为皇太子。淳熙十六年（1189年），孝宗决定传位皇太子，自己退位休养。光宗在绍熙五年（1194年），因长久患病，决定退闲，传位给皇太子赵扩。光宗在7年后去世。

皇帝在宋朝拥有至高无上的地位，是当时的最高统治者。他握有最大的官员任命权、财权、兵权、立法权和司法权。宋朝官员众多，一般中、下级官员的差遣由专门机构委任，其他高级官员如宰相、枢密使、三司使、翰林学士、御史中丞等要员，则由皇帝

---

① 《宋史》卷22《徽宗纪四》。

亲自选派再经有关机构办理手续。一般官员的任命，也要"引对"，由皇帝当面考察他们能否胜任。宋初将地方财权收归朝廷中央后，在宫廷中设立封桩库和内藏库，以分割三司的部分财权而直接掌握在皇帝的手里。后来，封桩库和内藏库的规模不断扩大，库目陆续添增，收入日益增多，成为三司或户部以外由皇帝直接掌管国家财政的机构。内藏库等收入，主要由内廷掌管，委派外官和内侍做监官，或须内侍负责"点检"。他们只对皇帝负责。朝廷其他机构，如太府寺、户部也有权对内藏等库进行"检察"①。皇帝掌握调兵遣将的最高权力。三衙负责统辖全国禁军，但没有调动兵马之权。枢密院有调动兵马之权，但必须"去御前画旨"②才能调动。皇帝还拥有立法权和司法权。宋太祖时，法制极简，太祖动辄"以便宜行事"。此后，各朝皇帝陆续立法，"讲求备具"。太祖、太宗甚至真宗、仁宗时的立法，都成为以后各朝皇帝遵循的"祖宗之法"。经过不断完善，宋朝的法制达到了十分严密的程度。有的皇帝还亲自逐条审定"法册"，删去不合时宜的"条令"③。有的皇帝还登殿审理一些行政诉讼，决定如何审判和量刑。每年盛夏，皇帝"临轩虑囚"，实际上再次复查，囚犯常因而得到宽待。虑囚成为制度后，皇帝又掌握了复审关押在京师罪犯的权力。

宋朝的皇权受到一定的限制。宋朝虽然把政治、军事和财政大权最大限度地集中到朝廷中央，但它是按照"人主莅权，大臣审权，争臣议权"④的原则建立专制主义中央集权制度，制度规定皇帝任命或责降官员不当，负责起草诰词的知制诰和中书舍人可以"封还词头"，加以拒绝。皇帝动用内藏库等经费，外廷大府寺或户部也有权进行监督。这些说明宋朝的皇帝要受一定的法

---

① 《宋会要辑稿》食货 51 之 7—8。
② 《朱子语类》卷 128《本朝二·法制》。
③ 《宋会要辑稿》帝系 11 之 9。
④ 《宋史》卷 394《林栗传》。

律约束,不能随心所欲地行事,比较有效地限制了最高统治者的胡作非为。只有在北宋末年,徽宗为了防止三省和台谏对自己命令有所驳难,直接用"御笔"的形式颁发到有关机构推行,稍有阻隔,便以"违制"罪论处。从此,全国政事不论大小,唯自己所欲施行,大臣们不敢再有异议。后来,徽宗委派宫女代写"御笔",由宦官用印付外。最高统治者无限地扩张皇权,丧失了自我约束能力,破坏了中枢权力结构的分权制衡关系,终于导致社会大动荡,宋室被迫南渡。

二、宋朝中央决策系统及其运行机制

宋朝的中央决策系统是以皇帝为中心,辅以宰执、侍从、台谏等构成的。

皇帝除节、假日不坐殿视事外,每天清晨坐殿,接受在京升朝官的朝参。朝参分三个部分:一是不厘务朝臣每天赴文德殿(前殿之一,又称正衙殿)立班,东、西相向对立。宰相从垂拱殿奏事完毕,即来此押班。听到传令皇帝不坐殿,再拜而退,称为"常朝"(常参)。参加正衙常朝的官员,最初有在京省、台、寺监厘务的官员,后来因妨废职事而免除朝参,仅御史台和审官院的待缺阶官前赴。后来连宰相也不来押班了。二是皇帝坐垂拱殿(内殿)受朝,文官待制以上、武官诸司使以上皆日赴,称为"常起居"。宰相升殿奏事时,枢密使和宣徽使退下等候;宰相奏毕,枢密使再入奏事。以下依次为三司、开封府、审刑院和群臣登殿奏事,总称"内殿起居"[①]。三是每五天文、武朝臣不论厘务或不厘务,都要赴内朝,称为"百官大起居"[②]。神宗元丰四年(1081年)重定朝参之制,认为文德殿常朝与垂拱殿日参重复,决定废罢常朝仪式,同时,新定日参、六参、望参、朔参制度。凡侍从官以上,为日参官

①《宋史》卷116《礼志十九》。

② 宋敏求:《春明退朝录》卷中。

（又称常参官）；京师百司升朝官以上，为六参官（逢一日、五日朝
参者）；在京升朝官以上，为"朔参官"或"望参官"。遇朝参的日
子，皇帝坐殿，先将准备上殿奏事官员的名单过目。百官请安出
殿后，宰相、枢密使上殿奏事，宰相和参知政事站在殿上东壁，枢
密使以下站在西壁。宰相奏事时，以片纸读奏疏，皇帝表示同意
或者提出一些问题，宰相回答完毕，退立东壁。枢密使奏事，也照
样退立西壁。然后阁门带领一二名臣僚上殿，或者带领台谏入
奏。官员上殿奏札，规定要呈送一式两份。奏事可行者，一份留
中，一份转发有关机构。

　　宋朝规定了百官奏事制度，而且不断完善。首先，规定了官
员升殿奏事的资格，包括官阶高低、差遣重要程度。其次，规定官
员申请入前殿奏事，必须移牒阁门，安排日期和班次，到时由阁门
引见皇帝；要求入内殿奏事，则由入内侍者引班。再次，规定面奏
的内容，必须是时政得失、人民疾苦、刑狱冤滥、军事机密等，其
他日常小事属本机构该做之事，可用奏状闻奏。如果违反规定，
随意论述私事和企求恩幸将受到弹劾。最后，规定面奏的方式有
好几种，即轮对、请对、召对、留身等。一、轮对，又称转对、次对，
是文武升朝官每五天排成班次，限定人数，轮流入殿向皇帝面
奏，时间安排在宰执和枢密院奏事完毕后，或者在皇帝再坐后殿
时引见官员。徽宗后，只有侍从以下、待制以上官员允许轮对。轮
对的官员要呈上有关时政或利便的札子。二、请对，又称求对。中
书、枢密院辅臣，如有军国大政、边防重事，准许随时请对，或者
提前一天，上报准备面陈的事目，申请在后殿谈话。有时虽遇朝
廷休假，也允许请对，皇帝特坐便殿听取。三、召对，又称诏对。由
三省、枢密院进拟在京文官开封府推判官、武臣横行使副，在外
文官诸路监司、藩郡知州、武臣知州军以上名单，申奏皇帝批准
召对。①有些涉及机密之事，官员不愿通过中书门下，可以要求临

---

① 《宋会要辑稿》仪制 6。

时召见。①召对的地点有时在内东门的小殿。四、留身。辅臣平时有充分机会与皇帝谈话，如果不是请求罢免，一般不会特地要求留在殿中与皇帝单独谈话。当时把留殿与皇帝个别商议，称为"留身"。神宗元丰年间，规定尚书、侍郎奏事时，郎中、员外郎轮流随同，不准独自留身。侍郎以下，也不准请求单独奏事。徽宗崇宁元年（1102年），允许六曹尚书独员上殿奏禀。后来，又规定执政官除非入谢和陈乞罢免，不准独班奏事，寺、监长官也不准留身。②

地方长官在接受差遣后，按照规定在朝辞日要引见皇帝，由皇帝亲自审察，也使中书有机会"阅其可否"。各路监司、郡守在任期间，一般不得要求赴京奏事。但罢任回京后，必须各自申报边防机事、民事三至五条。有些外任官，必须奏事完毕才能再有除授。河北、河东等沿边安抚使、都督等官员，到京奏事，只准住十天，由阁门、内侍省催促进发。③

官员们在升殿面奏时，在帘前进呈一份札子，又将另一份密封投送通进司，不准要求皇帝直接批降中书门下（三省）或枢密院执行。一般札子都由皇帝批发中书门下（三省）或枢密院处理。有些札子规定要复奏，便由承旨司申报有关机构办理。

皇帝通过阅读各地各级官员奏章和接见官员谈话等渠道，获得信息，了解全国情况，然后与辅臣商讨对策。遇有不能决定的重要事情，便下令召集有关官员进行讨论，当时称为"集议"。集议的地点一般是尚书省，有时改在御史台或吏部尚书厅、后省等。参加尚书省集议的官员，大致有尚书、门下、中书三省和御史台官员以及翰林学士等。北宋前期，由判尚书省事"主席"，按照官阶高低就座。集议结束，要将议定意见奏告皇帝，由皇帝最后决策。如有不同看法，准许另备札子论列。孝宗初年，一度命令侍

① 《宋史》卷307《魏廷式传》。
② 《宋会要辑稿》仪制6；《宋史》卷21《徽宗纪三》。
③ 《宋会要辑稿》仪制6。

从、两省官每天到都堂集议一次。如果事情理应关报台、谏，也应请台、谏官一起参加会议。①

在北宋前期，宰相、参知政事等在中书门下（政事堂）办公。平时，百官赴政事堂与宰臣议事，称为"巡白"。宰相据桌而坐，侍从官北向而坐，至于京官以上只能站着白事。元丰改制后，三省合班奏事，同时，以尚书令厅为都堂，成为三省议事的场所。后来，枢密院长官与三省长官举行会议，也同赴都堂。尚书省和枢密院的属官，在入局的日子，分头带上所议公事，上都堂禀白宰执，而后施行，称为"过堂"。都堂成为当时的最高决策机构。

皇帝在殿上倾听官员们陈述奏札，回宫后还要阅读各地和各级官府的奏章。对于这些章疏，皇帝一般都要作出批示，然后将有关政体的章疏转送中书门下（北宋后期以后为三省），将有关军机的章疏转送枢密院。其中，凡中书门下的奏札，皇帝如果同意，便批"可"；凡枢密院的奏札，便批"依"②。有些章奏，皇帝批示转送有关机构"相度以闻"。有些章疏，皇帝认为不能同意，或者事涉机密，便留在宫中，称为"留中"；或者烧毁，不予保存。两府长官在接到皇帝批示或口头指示后，回到各自办公处与其他长官起草"圣旨"，最后一起押字。宋孝宗时，为防止漏洞，规定还要向皇帝复奏，皇帝详审"圣旨"确实无误，便通过二府下达有关机构或州县执行。③

皇帝不可以未经中书门下（三省）和枢密院而将"圣旨"以"指挥"形式直接下达有关机构，否则，便不符合"国体"④。中书门下（三省）和枢密院在接到皇帝批发的"指挥"后，也要参照前后敕令审度可否，然后行下。这样，能够防止内外臣僚通过不正当

① 《宋会要辑稿》仪制 8。
② 《续资治通鉴长编》卷 278 熙宁九年十月丙午条。
③ 周必大：《二老堂杂志》卷 3。
④ 《宋史》卷 161《职官一》。

途径要求皇帝"内降恩泽",防止"侵紊纪纲","增长侥幸"①。中书门下(或中书省)和枢密院"宣奉"皇帝的命令,还要录付门下省审读,藉以驳正二府的失误。

经过不断的完善,宋朝中央决策系统的决策的程序性得到了逐步加强。

第三节　宋朝中央行政体制

宋朝建立了适合当时需要的中央行政管理体制,设置了相应的各类行政管理机构,比较有效地实施民政、外事、宗教、民族、财政、外贸、司法、交通、教育等方面的行政管理。

一、宰辅制度

宋朝宰辅又称宰执,是指宰相和执政。北宋前期,正宰相称"同中书门下平章事",简称"同平章事",副宰相称"参知政事"。宰相一般每天值日办公,遇有国家大政,在议定后奏告皇帝。正、副宰相如有两员以上,则轮流掌印,并负责押班奏事。宰相的编制不定,大致同时不超过五员。太宗后,以三相二参或二相三参居多。元丰改制,以尚书左仆射兼门下侍郎、尚书右仆射兼中书侍郎为正宰相,以门下侍郎、中书侍郎、尚书左右丞为副宰相。开始实行以三省长官并为宰相的体制。徽宗政和年间(1111—1118年),蔡京任宰相,自称太师,总领门下、中书、尚书三省,改尚书左、右仆射为太宰、少宰,由太宰兼门下侍郎,少宰兼中书侍郎。钦宗时,恢复尚书左、右仆射,废除太宰和少宰。高宗建炎三年(1129年),正式以左、右仆射兼同中书门下平章事为正宰相,以

---

① 《宋史》卷 161《职官一》。

参知政事为副宰相。门下、中书和尚书三省合而为一。孝宗乾道八年(1172年),又改左、右仆射兼同中书门下平章事为左、右丞相。

哲宗元祐元年(1086年),始设"平章军国重事""同平章军国事"之职,用来安排德高望重的大臣,位居宰相之上。当时首以文彦博任平章军国重事,吕公著任同平章军国事,但实际只是一种最高的荣誉职位。宁宗时,韩侂胄任平章军国重事,立班在作为正宰相的丞相之上,每三天一朝,和赴办公地处理军国大事。度宗时,贾似道也任太师、平章军国重事,独揽军政大权,丞相反屈居副宰相的地位。

执政官包括两府的大部分长官,其中属于枢密院的有枢密使、枢密副使、知枢密院事、同知枢密院事、签书枢密院事、同签书枢密院事,属于中书门下或三省的有门下侍郎、中书侍郎、参知政事、尚书左右丞。

宰执是宋朝最高的官僚集团,绝大部分由文官充任。武官如狄青、韩世忠、岳飞等一度担任枢密院的长官,但只是少数。宰执在百官中地位最高。但在罢免归班后,则与庶官等同,也可能担任较低级的差遣。直到徽宗崇宁(1102—1106年)年间,这种情况才有所改变①。

二、中央行政机构及其职能

宋朝中央行政机构,有中书门下、枢密院、三司、三衙、翰林学士院、三省、御史台和谏院等。元丰改制前后有相当的差异。

在北宋前期,中书门下是正副宰相处理政事的最高行政机构,其办公厅设在宫中,称政事堂。正副宰相一般每天要到此视事。印文为"中书门下"。政事堂后设"制敕院",分设孔目、吏、户、兵礼、刑等五房办公,其官员称堂后官,宋初开始任用士人。

枢密院是总理全国军务的最高机构。北宋前期枢密院与中

① 洪迈:《容斋续笔》卷11《祖宗朝宰辅》。

书门下,元丰改制后与三省对掌文、武大权,合称东、西"二府"。枢密院掌管兵籍、虎符,有调动兵马之权,但必须皇帝批准,将命令下达殿前司,方能生效。其长官为枢密使或知枢密院事,副长官为枢密副使或同知枢密院事、签书枢密院事等。

三司是北宋前期最高财政机构,号称"计省",总管各地贡赋和国家财政。其长官为三司使,地位仅次于宰相。副长官是三司副使。盐铁、度支、户部等三部,各设数案,分工治事。元丰改制,撤销三司,其职权分归户、工等部。

三衙是殿前都指挥使司、侍卫马军都指挥使司、侍卫步军都指挥使司的总称。各设都指挥使、副都指挥使、都虞候、副都虞候各一员。三衙分掌全国禁军。南宋时,分管所辖各指挥的名籍、管理、训练、戍守、升补、赏罚等政令。与枢密院相反,三衙只统辖全国禁军,但没有调遣之权。

在北宋前期,中书门下、枢密院与三司分管民、军、财政,三者鼎立,彼此不相知。仁宗时,因对西夏用兵,宰相始兼枢密使。南宋时成为定制。元丰改制,宰相还兼管财政。这样,宰相重新握有民政、财政和部分军政的大权。

翰林学士院实际是皇帝的秘书处,负责起草朝廷的制诰、赦敕、国书和宫廷文书,侍奉皇帝出巡,充当顾问。设翰林学士承旨、翰林学士等。承旨不常设,学士设员不定。其他官员入院而又未授学士,则称"直学士院"。如果学士全缺,由其他官员暂草院中文书,则称"学士院权直"或"翰林权直"。北宋前期,翰林学士只是官衔,并不入院供职,必须带知制诰职者,才真正掌管诏命,直接替皇帝起草麻制、批答及宫廷文书,称"内制";单称知制诰或以他职带知制诰者,则奉皇帝或宰相之命,分房起草官员制词,称"外制"。内、外制总称"两制"。元丰改制后,翰林学士虽不再另任他职,但仍带知制诰。遇缺,则以侍郎、给事中、中书舍人兼学士院。

三省,即门下、中书和尚书省。北宋前期,设在宫外。三省长官非由宰相兼者,一般不登政事堂办公,没有议政和决策之权。元丰改制后,三省成为最高政务机构。南宋时,三省合为一体,宰相们办公的官厅称为"三省都堂"或"都堂"。门下省在北宋前期,主管皇帝宝玺、外官和流外官考课等,元丰改制,始专司审复。北宋前期,其长官为判门下省事,副长官为门下侍郎。中书省在北宋前期,主管郊祀、皇帝册文等,元丰改制,始专司取旨出令。北宋前期,其长官为判中书省事,副长官为中书侍郎。尚书省在北宋前期,总辖吏、户、礼、兵、刑、工六部和司封、司勋、考功等二十四司,元丰改制,始专司执行命令。北宋前期,其长官为权判尚书都省事,尚书省长官的办公厅也称"都堂"。元丰改制,最终确立了朝廷中央的中书省、门下省和尚书省的决策、审议和执行三权分立的体制。

三、外国和少数民族事务管理制度

宋朝与周邻许多国家和少数民族有着不同程度的政治、经济和文化方面的联系。朝廷掌管外国和少数民族事务的机构有鸿胪寺,官员有礼部主客郎中、兵部职方和驾部郎中、客省使、引进使、四方馆使、东西上阁门使等。鸿胪寺主管"四夷"朝贡、宴劳、赏赐、送迎等事务。如有贡品,则开具数字报告四方馆,引见皇帝。下设往来国信司,专管辽朝使臣交聘之事。都亭西驿和管勾所,掌管河西蕃部贡奉事宜。礼宾院,掌管回鹘、吐蕃、党项、女真等国朝贡、馆舍、设宴、互市、译语等事。怀远驿,掌管交趾、龟兹、大食等国贡奉事宜。同文馆和管勾所,掌管有关高丽的使命。南宋时,撤销鸿胪寺,有关事务拨归礼部。礼部主客郎中,主管以客礼接待来宋朝贡的"四夷",负责慰问、安排食宿、赏赐等。兵部职方郎中,掌管归附的少数民族,负责将其安排至邻近各州,授给钱粮和田屋。驾部郎中负责向少数民族购买马匹。客省使,主管国信使晋见、告辞、设宴及"四夷"朝见、贡奉的仪式等。引进使,主管蕃国进奉礼物事宜。四方馆使,主管郊祀和大朝会时外国使臣的名单。东、西上阁门使,主管辽朝使臣以下朝见、辞谢等事。

宋朝将外国和少数民族事务管理制度制定成专法,以便严格照章办事。诸如《诸蕃进贡令式》16 卷;宋神宗元丰年间制定的《高丽入贡仪式条令》30 卷、《高丽·女真排办式》1 卷;徽宗宣和间(1119—1125 年)制定的《接送高丽敕令格式》《奉使高丽敕令格式》各 1 部等。

对于愿意臣服的外国,宋朝封其国主为国王或郡王,赐予最高荣誉官衔。如太祖时,封高丽国主王伷为检校太保、玄菟州都督、大义军使、高丽国王,封交趾丁部领为开府仪同三司、检校太师、交郡王。对于愿意留居的外国士人,宋朝量才录用。高丽士人金行成,被授以升朝官,担任通判之职。高丽士人康戬曾任知县、知州、转运使等职。

北宋前期,宋朝开辟登州港,允许高丽使臣等在此往返。神宗熙宁七年(1074 年)起,改为明州港,接待使臣等费用,由朝廷立式公布,全由官府供给。熙宁九年,仿照都亭西驿建造专门接待高丽使臣的馆舍。徽宗政和间,将高丽使臣升格为国信使,接待的规格高过夏国,与辽朝使臣皆隶枢密院负责,接待高丽使臣的引伴和押伴官,也升格为接送馆伴。①

宋朝外侨甚多。为便于管理,在侨民集中地设置蕃坊,委派蕃长管理本坊事宜。北宋后期,广州设蕃坊多处,又设蕃长司以总管。泉州聚居了许多大食商人,他们死后,由官府在城外专辟墓地安葬。允许外侨与留居地妇女通婚,以及雇人做人力和女使,但不准带他们出国入蕃。②还制定了"蕃商犯罪决罚条",具体规定外国船主和曾受宋朝官衔以及其他人犯罪时处理办法。③

宋朝境内外还有很多少数民族,有些单独立国,有些归附宋

①《宋史》卷 487《外国三·高丽》。

②《庆元条法事类》卷 78《蕃蛮出入》。

③《续资治通鉴长编》卷 72 大中祥符二年十一月甲子条。

朝成为"熟户",有些不归附宋朝依旧是"生户"。宋朝规定了熟户每次入贡的年限和人数,授给其首领以大将军、将军、郎将、司阶、司戈等官爵。或则在其聚居地区设州,委任其首领为刺史,赐给官印,每月给予茶叶和绢帛。有些地区的官府则向少数民族征取租米和丝绵,并"团结"其丁壮为义军。

四、宗室和宗教管理制度

宋朝宗室是赵家皇族。主管宗室的机构有宗正寺和大宗正司。宋初,宗室人数较少,只设宗正寺。仁宗景祐三年(1036年),因人数日增,特置大宗正司。宗正寺掌管皇族名籍,记录其宗派之脉,区别昭穆,定出亲疏。北宋前期,设判宗正寺事为长官,元丰改制,改设卿和少卿为正、副长官。大宗正司掌管统领宗室,用德行和道义进行教育,审理词讼,纠正过失。每年统计人数,申报宗正寺。设知大宗正事和同知大宗正事各一员为正、副长官。徽宗崇宁二年(1104年),将太祖位下子孙迁至南京,设南外宗正司,将秦王(赵德芳)位下子孙迁至西京(治今河南洛阳),设西外宗正司,各置敦宗院。南宋时,西外宗正司迁至福州,南外宗正司迁至泉州,又新设绍兴府宗正司。各外宗正司皆设知宗,掌管本司事务。另设玉牒所,编修《皇宋玉牒》,每十年纂修进献一次。

宗室四五岁,便由官府供食。男子5岁或7岁,由朝廷赐名授官。到十四五岁,裹头参加起居。北宋前期,朝廷对宗室不教、不试、不用,即不重视宗室子弟的教育,不准应举,不准注授差遣。神宗时,王安石削减宗室的"恩数",又增立"教养选举之法",开始允许应举和注授差遣。南宋时,逐渐准许执政,一度还允许典兵。[①]

被封郡、县主的宗女(宗室妇女),朝廷月给俸禄,宗正寺设官媒负责议婚,也不规定对方的门第。神宗熙宁十年(1077年),始规定不得与"杂类"(指公公曾为人奴,婆婆曾为娼等)婚配。

---

① 《宋史》卷329《赵汝愚传》。

后又规定男方第三代中要有一代为官。宗女之夫因婚而得官，准许应举。

宋太祖、太宗和宣祖世系祖免亲以上子孙，如秀王、沂王邸第授诸卫环卫官者，称南班宗室。南班宗室只依本官阶领俸禄，孝宗隆兴(1163—1164年)后，才开始带宫观使和提举宫观头衔。

宋朝扶植佛教和道教。徽宗时一度禁佛崇道，佛教受到打击，但不久便恢复原状。礼部祠部郎中，主管全国佛道、寺庙的政令，控制名额，颁发度牒。鸿胪寺所属左、右衙僧录司，掌握寺院僧尼的账籍和任命僧官等等；在京寺务司和提点所，掌管京城寺庙维修等事；传法院，掌管翻译佛经。

宋真宗时，为加强对佛寺的管理，规定统一改换全国寺名，由朝廷赐额。各路每年剃度僧尼有定额和年龄等限制。沙弥、童行读经考试合格，尼年满15，僧和道士、女冠年18，准许正式剃度，并发给官方证明文件——度牒。朝廷通过发放度牒来控制僧尼数量，但后来度牒可以买卖，减少了它应有的功能。南宋时，还向僧、道征收免丁钱，年满60或病残者免纳。

神宗前，各大佛寺均由朝廷授予宣敕，差补主首(住持)，远地大庙多用黄牒选补。神宗后，改由尚书省祠部给帖。一般寺观的僧、道正副及寺观主首、主事，由本州僧、道正司审察差补。各州僧、道正，由知州、通判委派，申报转运司审核。京师设左、右街僧正、僧录、副僧录、校义等，道教也设相应的左、右街道录、副道录、都监、首座、校义等，分管本街教门公事。徽宗政和四年(1114年)，专设从六字"先生"到"校义"共二十六阶道官。朝廷对有名望的僧人授予二字或四字"大师"或"禅师"称号，授予道士二字或四字"真人"称号，另外，或赐给紫衣。①

宋朝重视佛经的翻译和佛、道经典的雕印。鸿胪寺最初设译经院。皇帝亲自组织翻译佛经，制作序文。真宗时，还委派宰相兼

---

① 《宋会要辑稿》道释 1。

译经使,其他大臣为润文官。朝廷不时发布诏令,要求将新译佛经全部刻版摹印,以广流布。还曾由三馆校定道藏经。

第四节　宋朝地方行政体制

宋朝地方实行府州军监、县、镇以及乡都里保等行政管理系统,藉以贯彻朝廷的法令,严密控制城乡居民。

一、地方行政系统

宋朝的府、州、军、监是同级官府,直属朝廷。各府州军监实行军制,由朝廷委派京、朝官管理州郡事,称"权知某州军州(府、监)事",表示全权管辖一州的军政和民政。各州可以直接向朝廷奏事。二品以上和带两府职事者,称"判某州(或某府)"。同时,设"通判州军事"一至二员,与知州同领州事,裁处兵民、钱谷、户口、赋役、狱讼等。各州公文,知州须与通判一起签押方能生效。通判还有权监督和向朝廷推荐本州的官员。知州不法,通判可奏告朝廷。知州和通判的官属,有录事、司户、司法、司理等各曹参军。录事参军主管"州院"(监狱)的日常事务,监督各曹。司户参军掌管一州的户籍、赋税和仓库出纳。司法参军掌管检法议刑。司理参军 (宋初称司寇参军) 掌管狱讼审讯。各曹官衙一般称"厅",少数称"院",如司理院。

各州还设立各种幕职官和监当官。幕职官有节度掌书记、观察支使、判官、推官等,负责协助本州长官治理郡政,分管各案公文。监当官是各州主管仓场库务等经济机构的官员,负责征收茶盐酒税、矿冶、造船、仓库出纳等事务,名目繁多,随事置官。

宋朝将县分为赤、畿、望、紧、上、中、中下、下八等,除赤、畿为四京属县所定等级外,其他都按户数多寡而定。朝廷任命京、朝官领县,称"知县";任命选人领县,称"县令"。知县或县令的职权是主管一县的民政、司法和财政,如果驻扎军队,则兼兵马都监(升朝官兼)或监押(京官兼)以下。仁宗初年,县始设"丞",作为一县的副长官,委派选人任职。后来以京朝官充丞,称"知县丞";以选人充丞,带"权"字,仍称县丞。丞主管常平、坑冶、农田水利等事。另设主簿和尉,主簿掌官物出纳,销注簿书。尉的职位居主簿之下,掌管训练弓手,维持治安,南宋时兼管巡捉私贩茶盐矾等。宋时称县官为"亲民官"。

各县在居民繁密处或地形险要处设立镇或寨。五代时,由节度使自补亲随为"镇将",与县令分庭抗礼,公事得以专达于州。北宋初年设置县尉,维持乡村秩序,镇将只管城郭以内,归本县管辖。自太宗开始,经常委派本州衙前吏人兼任。后改设镇监官,掌管巡逻盗贼、烟火事宜,或兼征收酒税和商税。寨设寨官,招收士兵,训练武艺,防止盗贼。镇、寨官有权处分杖罪以下刑罚,其余解送本县。

各地还在重要地带和边远地区设立巡检司,不受州县疆界的限制。其长官称都巡检使、同都巡检使、巡检使、同巡检使,官阶低者称为都巡检、巡检等,以大、小使臣充任,主管本界的士兵、禁军的招募和训练的政令,巡逻州县,捕捉盗贼,兼巡捉私茶盐矾、私铸铜器和铁钱,或搜捉铜钱、下海出界等。巡检司隶属所在州县长官统辖。

县以下乡村,北宋初实行乡、里制。各乡设里正一员,主管征催赋役。太祖开宝七年(974年),撤销乡的建制,改设"管"。管设置户长和耆长。户长负责征税,耆长负责防盗和处理词讼。太宗淳化五年(994年),下诏以人丁和物力定差第一等户充当里正,以第二等户充当户长。里正、户长负责征收赋税。里正下设乡书手,负责撰写和保管文书;耆长下属有壮丁、差下户充当。[①]

_____

① 梁克家:《淳熙三山志》卷14《版籍类五》。

宋神宗时,在全国推行保甲法。将乡村民户以十户组成一保,五十户为一大保,十大保为一都保。选派主户中财产最多、势力最大者担任保长、大保长和都副保正。主户和客户有两丁以上者,抽一人为保丁,训练武艺。每一大保夜间轮派五人巡逻,遇有盗贼报大保长追捕。同保内发生盗窃等案,知情不报,连坐治罪。哲宗元祐初,虽然下令解散保甲,但保留保甲或后来恢复保甲的地区也不少。

南宋时,乡村一般实行乡、都、保、甲制,保正副主管原来耆长的职责,大保长主管原来户长的职责。每一都下设若干保,保以下设甲,每五家为一甲,甲头常常用来催税。有些地区,诸如福建、四川泸州等,则实行乡、里、耆、都制,设置保正长和耆长、壮丁。有些地区还设"团",相当于原来的乡,团设团首或团长。

州县城郭内,地域较大者划分为若干厢,厢下分设许多坊。北宋初,各坊设坊正一员,主管征税。地域较小者划分为若干隅,隅设隅长,隅以下也设坊。神宗开始,撤销坊正,将每二三十户编成一甲,设甲头轮流催税。

宋朝将居民分为主户和客户两大类,又在城镇和乡村实行不同的户等制度。官府在此基础上实行户籍的管理。一般规定,各州、县每三年造一次产业簿。乡村主户分为五等(一度分作九等),城镇居民即坊郭户分为十等。乡村主户,是指有税产的农村人口,上三等属地主,称"上户";第四、五等属自耕农和部分佃农,称"下户"。坊郭户是指京城、府、州、县城内和镇内的居民。太宗至道元年(995年),全国各州县开始重造户口和二税版籍,由朝廷统一颁布格式。县将户数、夏税和秋税总数、田亩数、杂税数等逐一登记成长卷,一本送州库保存。仁宗景祐元年(1034年),各县造乡村和坊郭丁产等第簿和丁口账。丁产簿包括各户户主的姓名、出生年月日、本户丁口数和年龄、田产、物力等。乡村由"三大户"即耆长亲往各户调查登录。后来改由百姓"自实",即自行核实申报,依式立状。三大户将通抄本耆的户口、税产报到县备案。县将各耆申报数字抄录副本，申报州官印缝，并收藏在州院。丁产簿每逢闰年更造一次。各县还依丁口的死亡生长随时增加或销注，登记在丁口账上，由主簿专掌其事。每年年终，将全县的丁数申报给州，州将各县丁数申报转运司，转运司将各州的丁数申报户部，户部总计全国丁数申报朝廷。①

各州有户账、户帖、户钞、升降账、桑功账、闰年图等。户账、户帖、户钞由本州判官和录事参军掌管。从太祖乾德元年(963年)开始，规定各州申报朝廷的户账，其中丁口男夫以 20 岁为丁，60 岁为老；女口不须统计。户账每隔三年造一次，与闰年图一起上报尚书省。各州又将本州历年主户的户口的平均数登录造册，称为"升降账"，一州的官吏依此受俸。各州还将当年统计所得本州户口数登录造册，称为"桑功账"。将桑功账与升降账相比，如户口有所增加，官吏加俸；有所减少，则要受罚。这些帐册的户口数，每年也都要申报户部备案。

各路转运司在收集辖下各州户口数字后，首先负责复核，并审核本路隐漏丁口，然后申报户部或三司。三司负责每年收集各路转运司供申的户口升降管额文账，并规定文账格式。元丰改制，撤销三司，其职权改归户部掌管。哲宗元祐六年(1091 年)立下定式：各州每年供具户口和财用数，在次年正月申报转运司，转运司在二月申报户部，户部在收到各路统计数后，半月内申报尚书省，然后三省汇总进呈皇帝。②

宋朝还给百姓颁发户帖。太祖建隆四年(963 年)，朝廷在命令各县造版籍时，又命令百姓没有户帖者，一律都要置造。③户帖上详细开列该户所有的田地房屋的亩步、土色、间架、方位以及应纳的赋税数。户账带有户籍和地契的双重性质。

---

① 《宋会要辑稿》食货 11。

② 《宋会要辑稿》食货 12 之 3。

③ 《宋会要辑稿》食货 69 之 16。

朝廷中央和州、县都设有架阁库,负责收藏户籍。尚书省专设管架阁库官(南宋改为主管尚书某部架阁库),负责收藏户籍等文书档案。州由知州、通判或司户参军掌管,县由县令、丞或主簿等掌管。连同其他簿籍,各州每隔三年拣出可以销毁的部分,申报监司派官复查,值得长期保留者改存他库。①

二、中央派出机构及其机制转换

宋朝在府州军监之上,尚未设置更高一级的行政机构,以代表朝廷加以管辖。宋太祖时,将全国分为若干道。太宗至道三年(997年),将全国分为十五路。仁宗初年,析为十八路。神宗元丰八年(1085年),增至二十三路。

各路设转运使司(漕司)、提点刑狱司(宪司)、提举常平司(仓司)、安抚使司(帅司)。漕、宪、仓三司,又统称"监司"。真宗景德三年(1007年)前,转运使掌管一路的大权,实际上是本路的最高长官。景德四年,正式设置提点刑狱,负责察访本路刑狱,审问囚徒,复查案牍,荐举官员。神宗熙宁二年(1069年),设提举常平官,掌管本路常平义仓、免役、市易、坊场、河渡、水利等事,并荐举官员。安抚使掌管本路的兵政,由最重要的州府长官兼任。南宋前期,安抚使或经略安抚使成为一路的第一长官,掌全路的兵、民之政,弹压盗贼,用兵时,有权"便宜行事"。宁宗后,各路兵政划归都统制司,民政分属各司,安抚使反而有职无权。②

各路还设一些特殊的机构。太宗时,设置江淮、两浙发运使司,指挥东南六路的转运使,调运粮食至汴京,兼管茶盐、货币的政令和荐举官员。真宗时,称"都大发运使司"。设发运使、发运副使、发运判官等。高宗时,重设江淮、荆浙、闽广经制发运使,专管收籴粮食。徽宗时,因军事需要,临时设某路或数路制置使司,委

---

① 《咸淳毗陵志》卷6《官寺二·仓库》。

② 李心传:《建炎以来朝野杂记》甲集卷11《安抚使》。

派制置使一员,主管本地区经划边防军旅等事。南宋时,仍设各路制置使,多派安抚大使兼任。南宋后期,除闽、广以外,浙东、浙西两路设沿海制置使司,江东、江西两路设沿江制置使司,湖南、湖北等路设京湖制置使司,淮东、淮西两路设两淮制置使司,成都、潼川、夔州、利州四路设四川安抚制置使司[①],实际成为管辖数路的大军区。南宋初,还创设总领所,委派户官担任"总领某路财赋"官,简称总领,掌管调拨和筹办各军钱粮,并有权预闻本路的军政。

三、宋朝地方行政体制的特点

宋朝地方行政体制是中唐以来政治体制变革的产物,朝廷通过路级机构来监督府、州,又通过府、州来统治地方。它具有以下几个特点:

第一,路是由地方监察区向行政区过渡的一种形式,具有半地方半监察区和半行政区的性质。帅、漕、仓、宪四司并立,职能各有所侧重,而又同掌军政、民政、财政和司法,互不统属,而又彼此监督。所以,路级官府只是朝廷派驻各路的机构,朝廷通过路级官府来实行对府、州的监督。但是,从路级长官的总体而言,他们实际上行使了一级行政单位的职权。从唐朝的道发展到元朝的"行省",宋朝的路是这一发展过程中的一种过渡形式。

第二,府州军监直属朝廷。由于路级官府尚未成为完全的行政机构,朝廷通过府州军监的军府来统治地方。各州府军监直接受朝廷的管辖,知府或知州可以直接向朝廷奏事,府、州的财赋直接送交朝廷。

第三,县镇以下的地方基层组织较为复杂。各地乡村,从宋初实行乡、里制,发展为乡、都、保、甲制,呈现较为复杂的情况,但总的趋势是不断加强了对县镇以下广大乡村的控制。

---

① 《永乐大典》卷 14627《部字·吏部十四》。

第五节　宋朝的立法、司法和监察制度

中唐以后,政治和经济关系的大变化,促使宋朝统治者几乎全面地制定各种条法,而且随着社会的发展,不断编纂修订,日趋完善。在三个多世纪的漫长时期内,宋朝逐步确立了比较严密的立法、司法和监察制度。

一、立法制度

宋朝的法制沿袭前代的习惯,仍以刑法为主要内容,兼含民法、婚姻法、诉讼法等。部分行政法开始从刑法中独立出来。

宋朝统治者重视法治。从太祖时修订《重详定刑统》起,历朝皇帝都制定和修订各种法规, 直到理宗淳祐年间(1241—1252年)编纂《淳祐敕令格式》和《淳祐条法事类》为止。这与前代开国皇帝立法、继位者守法和立法不多的立法惯例大不相同。

宋太祖时,因《大周刑统》不适合新的形势,使用不便,命窦仪等主持修订。窦仪等以此书为蓝本,加以修改补充,还采录有关刑制律文和式、令、宣敕、续降,另编成《建隆编敕》4卷,全书称《重详定刑统》,共30卷,分为213门,前列律条、律疏,以下按照时间顺序分列敕、令、格、式。《重详定刑统》是中国历史上第一部木版雕印的法典。它基本上属于刑事法规,包括了刑事立法和刑事诉讼法,但又保留或增添了如户绝资产、死商钱物等纯属经济范围的民法。

《重详定刑统》作为宋朝的律典,发挥了一定的作用,但它的大部分内容不切合宋朝的实际生活, 因此逐步让位给不断新订的编敕和令、格、式、例等。

从宋初起,各朝都纂修"编敕",专门成立编纂所或敕令所,

由宰执担任提举(总编),两制以上官员负责详定(审稿)。①平时,皇帝对一定的人和事发布的诏敕,称为散敕(敕条)。其中长期适用的敕文,经过编纂成书,则称编敕。编敕中,除诏敕正文外,还附有看详、申明、指挥、赦书、德音等。

北宋前期,法规的主要形式为令、格、式、敕,与律(《刑统》)并行。令是皇帝颁布的各种约束禁止方面的规定;格是有关官民等级和论功行赏等方面的规则、规程;式是有关体制楷模方面的规定,即实行细则,包括各种文书程式。神宗认为律不能概括所有情况,正式将法规主要形式改为敕、令、格、式,同时保留了律。如果敕令格式与律出现抵牾,则依从前者。②从此,法规采用以上四种形式,而敕与律相比则优先适用。神宗以后,各朝皇帝依此体例"随时修立",不断编纂前一时期敕令格式,以后冲前,以新改旧,使之成为较为完备的基本法典。如《元祐敕令格式》《乾道重修敕令格式》等。尚书省还负责将一些专门的敕令格式编纂成书,如神宗时国子监、武学、司农寺等都编有各自的敕令格式。

神宗以后,敕令格式被称为"海行条贯",简称海行。遇到新情况发生,又制定新的敕令,称"续降指挥",简称续降。刑部负责将续降指挥编录成册,每年仲春或仲夏时颁布实行。续降具有同等的法律效力。朝廷临时处置一些事情的措施,后来相继援用,便成为"例"。例分为判例(断案的成例)和一般行政等方面的例两种。前者如《熙宁法寺断例》12 卷、曾旼《(元符二年)刑名断例》3 卷等,后者如沈立《新修审官两院条贯》、张诚一《熙宁五路义勇保甲敕》各附《总例》1 卷。③断例由刑部和大理寺官员筛选前后所断刑狱和定断公事(行政诉讼法)编纂而成。④这些经过编

---

① 《玉海》卷 67《宋朝敕局》。

② 李心传:《建炎以来朝野杂记》甲集卷 4《淳熙事类》。

③ 《宋史》卷 204《艺文志三》。

④ 《续资治通鉴长编》卷 140 庆历三年三月戊辰条。

纂颁行的例,更具有法律适用的效力,以致达到了法与例并行的程度。

南宋时期,还出现了随事分类编纂的法典。高宗时,有人编纂《宋大诏令集》240卷,收集了宋初到徽宗的诏书、手诏、御笔、制书等3800多篇。绍兴十五年前,晏敦复还裁定吏部七司条法。孝宗初年,又仿此体例,编成《淳熙条法事类》。这是前此法令未有的形式。宁宗嘉泰二年(1202年),又在《庆元敕令格式》的基础上,改编成《庆元条法事类》437卷。从此,"条法事类"成为有别于敕令格式的另一体例的法典。

除各种综合性的法典外,宋朝还制订了一些专门法,如带有行政法性质的铨选法。在综合性的法典中,包括了刑法和民法两大类:刑法如"盗贼重法""妻孥编管法""诸仓乞取法"等;民法如婚姻法、继承法、分析法、户绝法、亲子法等。在这两大类立法中,都各自包含许多经济方面的立法。大量经济法的出现,是宋朝立法不同于前代的重要特点之一。

二、司法制度

宋朝逐渐形成了一套比较严密的司法制度。

皇帝实际是最高审判官,拥有最大的司法权。皇帝不时亲自审判京城的疑案。各地的一些重大案件必须奏报皇帝裁决。一些特别重大案件则由皇帝派员前往立案审判,称"诏狱",其审讯机构称"制勘院"。

在朝廷中央,设置大理寺、刑部、御史台、审刑院等最高司法机构。北宋前期,大理寺不管一般审讯,只负责详断各地奏报案件,送审刑院覆查,同署上报。神宗熙宁九年(1076年),复置大理狱,始治行政案件,民事案件则送开封府。①刑部在北宋前期,负责覆查大理寺所判杖罪以下案件和全国已决死刑案件;元丰

---

① 李心传:《建炎以来朝野杂记》甲集卷5《大理狱非得旨不许送理官宅》。

改制后,掌管刑法、狱讼、奏谳等事。审刑院设在宫中,负责覆查大理寺所详断案件,上报中书,奏请皇帝定夺。元丰三年(1080年),并归刑部。各地重大刑事案件和重大行政案件,还由御史台设狱审理,简称"台狱"。台狱由尚书省右司纠察审核。

各路监司不设刑狱机构,不接受词诉,不负责直接审案。转运使和提刑有定期巡历制度,负责审查各州所定刑事和民事案件,平反冤狱,巡视在押囚犯等。南宋后期,提刑也可直接审案。各州专设州院、司理院、判官厅和推官厅为审讯机构,由录事参军、司理参军、判官和推官主持审理。北宋前期,州有权判决包括死刑在内的刑事案件以及民事案件。元丰改制后,州判决死刑的案件,必须申报提刑司核准,才能执行。如有疑难案件,即申报朝廷,转送大理寺复议。各县不专设审讯机构,但有刑事和民事审判权,可判决笞罪和杖罪,徒以上罪则移送至州。

刑事案件,实行鞫谳分治和审讯官独立审判的原则。各级审讯机构,同时设鞫(审问)和谳(检法议刑)官,双方独立活动,互不通气,以防偏听偏信和徇私舞弊。各级审判活动,由本级承勘官员独立进行,不受上级机构约束。审讯结案后,还要经同级官员的复查和上级审讯机构的逐层复查。还允许犯人翻供,翻供后,移交其他机构重审。

朝廷规定了各级机构审判每个案件的期限,以提高司法效能。州县审理民事案件,每年也有时间限制。从农历二月一日"入务"(务指农务)起,直到九月三十日,为"务限"期间。州县官府停止受理有关田宅、婚姻、债务、地租、役法等民事诉讼。自十月初一"开务",直到明年正月三十日为止,这段时间内才受理这类诉讼。民事案件,也实行多级审理制度。县衙属初审机构,县衙判决不公或拖延太久,可上诉州衙。依次向转运司、提刑司、尚书省本曹、御史台、尚书都省逐级上诉。尚书都省成为民事终审机构。如认为尚书都省判决不当,可向登闻鼓院上诉,实际是向皇帝上诉。州县判决时,要向词诉双方发"断由"(判决书),作为以后的凭据。民事起诉人,允许自己写诉状(起诉书),也允许请书辅代写。专写状钞的书辅户,要经县衙批准,发给木牌作为营业执照。起诉人的年龄,限为 18 至 69 岁。

宋朝实行赦宥制度。赦宥分为大赦、曲赦、德音、疏决等类。大赦是朝廷每三年举行一次,郊祀后,发布赦免杂犯死罪以下犯人的命令,有时还赦免常赦所不予宽减的犯人。曲赦是因武功开边、皇帝巡幸或某地发生严重灾害,颁发命令,特赦一路、一州或陪都、京畿的罪犯。德音是宽减死罪和流罪犯人,释放轻罪犯人,其赦免地区和罪犯等级广狭不常,一般比曲赦地区广,比大赦罪犯等级窄。疏决是每年盛夏清理在押犯人,一般杂犯死罪以下都得减罪或释放,称为"热恩"①。岳珂统计过,太祖建隆元年到光宗绍熙五年(960—1194 年)的 234 年内,宋朝共赦宥301 次②,平均每年赦宥 1.28 次。

三、监察制度

宋朝在朝廷中央有台谏监察系统和封驳监察系统,在地方有路的监司和帅司监察系统,还有走马承受所和通判厅,自上到下构成了一个严密的监察网络,形成了比较完备的监察制度。

御史台和谏院合称"台谏",台官和谏官合称"言官",表明宋朝两者职能上的趋于合一。台谏官的遴选程序是由侍从官荐举,宰执进拟候选人名单,最后由皇帝决定去取。宰执无权荐举台谏官。台谏系统的职责除审理案件和参决朝政外,主要是监察内廷和外朝。凡皇帝违反法制的行为,宫中不经政府而直付有关机构的"内降"命令,皇太后的专权,宦官的弄权等,台谏官都有权进行揭发和弹劾,加以抵制。有时,皇帝不得不采纳台谏的意见,修改诏旨,遵守法制,皇太后不得不交出政权。台谏系统成为制约

---

① 《宋朝诸臣奏议》卷 100 范镇《上仁宗论不可数赦》。
② 岳珂:《愧郯录》卷 15《赦宥之数》。

皇权滥用的一个重要环节。神宗元丰二年(1079年)，台谏对朝廷中央各省、部等机构实行新的行政监察权，即六察制：御史台分设吏、户、刑、兵、礼、工六察官，对中央大部分行政机构按照职能进行对口监察。六察御史专司行政监察，不预言事，开始与言事御史出现了不同的分工。朝廷举行的各种会议，轮派监察御史一员到会监督。御史台还负责对"外台"——监司、帅司长官考核政绩，检查有无违法行为等，以此实施对地方的监察。

台谏官的信息渠道，有中央各部门抄报的文书案卷、参预各种重要会议、内外百官呈送的"短卷"、官民的奏章等。[1]台谏官的各种监察活动，有着比较完整的法律依据。台谏官享有风闻言事的特权，即使弹奏失实，皇帝既不可追问消息来源，又不可以治罪。宋太祖立下誓碑，不杀言事官[2]，使监察官无后顾之忧。但也要求弹奏尽量审实，多论朝廷得失和民间利病，少指摘纤瑕细故。

台谏官的监察活动，具有相对的独立性。台谏官不准禀承时相风旨言事，也不必遵照皇帝圣旨弹劾。台谏官每月要轮派一员言事，称为"月课"[3]，还设立台谏章奏簿，一册存中书，一册存宫中，便于皇帝和宰执对他们的监控。台谏官之间也实行互察互劾制度。

朝廷中央的另一监察系统，是由门下省给事中、中书省中书舍人和知制诰等组成的监察网络，即封驳监察系统。门下省是国家政令的审察机构。但元丰改制前，由枢密院银台司兼管门下封驳事。元丰改制，门下省给事中终正其职，负责驳斥朝廷政令失误、除授不当以及纠治积压百官章疏等事。驳正的方法之一是封还词头，封驳中书的画黄和录黄。元丰改制，中书舍人负责起草

---

① 《皇朝中兴两朝圣政》卷46《孝宗皇帝六》。

② 王明清：《挥麈录》后录卷1《太祖誓不杀大臣言官》。

③ 《两朝纲目备要》卷7。

制词,遇朝廷除授非人和处事不当,允许论奏并封还词头,拒绝草诏。给事中和中书舍人合称"给舍",在监察职能上都有封驳或缴驳之权,但一般不准联合同奏。给舍举驳不须事先禀告宰执,实行封驳独立原则。给舍之间实行互察法。

各路监司和帅司各有专职,是本路同时并立的几个监察机构。转运司监察部下官员,有不称职、怠惰、黩货者,即奏申朝廷。同时,督察州县的行政、司法情况。提刑、提举和帅司也都负责对州县官吏的督察。监司长官分上、下半年出巡本路州县,询访民间疾苦,纠察贪赃官吏,规定一年或两年巡遍辖区。各监司实行独立监察原则,彼此不须通报按刺情况。监司自身要接受御史台、谏院以及走马承受的监控,彼此又实行互察法。监司出巡,随从人数有定员,不准赴宴吃请和接受馈赠。

走马承受公事所,宋初设在河北、河东、陕西、川陕等沿边地区,后各路陆续添置。委派三班使臣和内侍出任走马承受公事,简称走马承受。名义上隶属各路帅司,但并不是帅司的正式属官[1],实际直接受皇帝指挥。走马承受的职权,宋初只是随军承受奏报文书,附带了解各处物情人事。到仁宗后期,可以预闻边要和主帅的机密公事。徽宗政和六年(1116年),改称廉访使者,一路事无大小都可按刺,几乎与监司地位相埒。钦宗靖康初,复名走马承受。走马承受并非正式察官,官位也不高,但其权甚重,不仅监督军队,而且监督地方行政,凡各路民生利病、法令废举、吏治清浊,每季或每年春、秋两季各赴京一次奏告皇帝。他们也享有风闻言事的特权。[2]

各州通判厅的长官是通判,与知州同领州事。通判有权监督本州及其属县的官员,实际是一州的监察员,所以又称"监州"。

---

① 徐度:《却扫编》卷中;《宋会要辑稿》职官41之124、126。

② 《宋会要辑稿》职官41之127—128。

第六节　宋朝的军事制度

中唐后,随着府兵制的崩溃和募兵制的推行,军队的性质由兵农合一的半职业化军队演变为专事战斗的职业化军队,对军队的管理也由政军合一的折冲府体制逐步演变为专司军队的侍卫司与殿前司领导体制。五代时期,这种变化逐渐完成,到宋初,建立起有别于盛唐的新的军事制度。这种军事制度,可称是中国最早的成熟的职业军队的管理体制。

一、军事领导体制

1.皇帝与军权

职业军队的危险性,远大于兵农合一的府兵。随之而来的是皇帝对于军队的控制,也远强于府兵制时期。军权最终集中到了皇帝手中,并且体现在制度上。

北宋时期,握兵权、调兵权与统兵权分而为三:三衙握兵,枢密院调兵,临时遣将统兵,三者均向皇帝负责。保证了军权从属于皇帝,任何一方不能拥兵自重,再演唐末藩镇割据或五代兵变上台的闹剧,有效地保证了宋朝政权的稳定。

南宋时期,总的说来,皇帝对军权的控制不如北宋时期。高宗初年,屯驻大军各归其将,至有"岳家军""韩家军"之称。高宗收张俊、韩世忠、岳飞三大将兵权,未尝不是怕军权旁落而危及自己的统治地位。南宋的川蜀、荆襄,地当前线,远离中央,颇有鞭长莫及之势,在军政方面,一直保有某种程度的独立。即或如江淮、闽广,皇帝对军队的指挥也不能如身之使臂。加之南宋先后有秦桧、韩侂胄、史弥远、史嵩之、贾似道等权臣擅权,如果说初期的秦桧,还是在高宗控制之下,那么韩侂胄以后诸人,就颇有凌驾皇帝之上之势,皇权对军队的控制,就更成为虚话而已。

2.北宋的中央指挥系统

北宋的中央指挥系统,可称为枢密院——三衙体制。

枢密院的设置、职责和人选:

枢密使,始置于唐代宗(762—779年在位),由宦官担任。五代时期改用士人,任枢密使(后梁曾改为崇政使)者皆是皇帝的心腹之臣,其权势日益增大。枢密院取代中书门下,成为中央政府。

宋太祖乾德二年(964年),赵普出任宰相,中央事权从枢密院归属中书门下,中书重新成为中央政府。枢密院所掌,仅军政而已。太宗淳化元年(990年),从左正言、直史馆谢泌之请,自今凡政事送中书,机事送枢密院,财货送三司①,此后,枢密院成为专掌军事的机构。

枢密院的职责是:"掌军国机务、兵防、边备、戎马之政令,出纳密令,以佐邦治。凡侍卫诸班直、内外禁兵招募、阅试、迁补、屯戍、赏罚之事皆掌之。"②设枢密使、副,签署院事、同签署院事,都承旨、副都承旨。有时不置使、副,以知院事、同知院事为其长官。

北宋的枢密院长官,一般以文臣担任。武将任此职者极少,仅曹彬、王德用、狄青数人而已。

3.三衙的设置、职责和人选

五代时,禁军的最高统率机构为侍卫司与殿前司,前者健全于后晋,后者建置于后周。

宋初,殿前司的都点检、副都点检与侍卫司的都指挥使、副、都虞候,陆续不再除授。殿前司的长官为都指挥使,侍卫司无长官,侍卫马军与侍卫步军分为两司,各有都指挥使为其长。这样,禁军的统率机构便由殿前司、侍卫马军司、侍卫步军司三者组

---

① 《续资治通鉴长编》卷31;张其凡:《宋初中书事权初探》,《华南师范大学学报》1986年第2期。

② 《宋史》卷162《职官志二》。

成,称为"三衙"。

三衙不仅掌管禁军,也掌管厢军,天下兵柄,尽归于三衙。①

三衙的长官,各有都指挥使、副、都虞候,但一般未配备齐全。三衙之帅,在宋初尚有领兵出征者,后来不再领兵出征。三衙将帅,不能参政,"用边臣、戚里及军班出身各一人"②。

枢密院掌握调兵权,三衙掌握训练权,统兵出征则另遣将帅,三者均难以拥兵自重。这就是北宋中央指挥系统的相维相制原则。

4.北宋地方的军事机构

北宋的路、州、县三级都设有军事机构。

一路有路分钤辖,一州则有州钤辖。官高资深者称都钤辖,有些地区还增置驻泊钤辖。③

掌管就粮与驻泊禁军,有各级都监。"都监有路分,有州、府、军、监,有县、镇,有城、寨、关、堡。"路分都监掌本路禁军屯戍、边防、训练之政令,以肃清所部;州、府以下都监,皆掌其本城屯驻兵甲训练、差使之事。④

北宋时,以文臣任地方经略使、安抚使等军职,统辖驻泊和屯驻禁军,实行以文制武,以防军人萌生野心。

5.宋神宗时军制的变化

宋神宗元丰改制,三省重又成为实权机构,但枢密院—三衙的中央统兵体制依旧不变。

军队的地方指挥系统,在神宗时期有所变化,主要表现在将兵法的实施上。

将兵法实施后,北宋政府在各路设将,统率各地禁兵。河北,

_____

① 叶梦得:《石林燕语》卷 6。

② 《建炎以来系年要录》卷 97 绍兴六年正月乙未条。

③ 《文献通考》卷 59;《续资治通鉴长编》卷 63 景德三年七月壬戌;《宋会要辑稿》职官 48 之 107。

④ 《宋史》卷 167《职官七》。

"置立三十七将,各专军政,州县不得关预"①。开封府界、京东西,二十六将。河东,"团成十二将"。鄜延,分为九将。环庆路军马,分为八将。秦凤路,最终扩大至九将。泾原路,前后置十三将。熙河路,共分十将。东南诸路,共分十三将。

总计各路至少设置了一百四十三将,各将所辖兵力不同,从几千人至一万余人都有。因将官是别置的,所以与原来的地方统兵官——总管等形成"设官重复",逐渐使总管钤辖等统兵官成为闲散官员,地方兵权主要由将官掌握了。

6.南宋的指挥系统

宋高宗即位未久,即设御营司,"以总齐军中之政","其后遂专兵柄,枢密院几无所预"。宰相、执政分任御营使、副,下设都统制,统管御营军。②

建炎四年(1130年),取消御营司,"将佐并属枢密院",恢复了枢密院管军的旧体制。当时,正规军主要由吴玠、岳飞、刘光世、韩世忠、张俊五大帅统领。绍兴十一年(1141年),夺诸大帅兵权,取消其军号,各军并称御前诸军。在长江沿线和川陕交界,先后布置了十支大军,称为屯驻大兵。屯驻大兵的统兵官是都统制和副都统制,下设军、将两级编制。

南宋时,三衙军逐渐恢复充实后,成为与御前诸军平列的屯驻大兵。三衙长官也成为与御前诸军各都统制平列的统兵官,不再统辖全国军队。三衙的编制,与御前诸军相同。

二、武装力量的体制

1.兵种

北宋的军队,主要分为禁兵、厢兵、乡兵,还有蕃兵,依乡兵之制。

---

① 王曾瑜:《宋朝兵制初探》,中华书局1983年版,第97页。
② 李心传:《建炎以来朝野杂记》甲集卷10《御营使》。

禁兵,是中央的正规军,皇帝的卫兵。其中最亲近扈从者,号诸班值;其次者,总于御前忠佐军头司、皇城司、骐骥院。以上诸军皆拱卫宫阙。其余诸军,用以守京师,备征戍。禁兵的数量,太祖时,马步 193,000;太宗时,358,000;真宗时,432,000;仁宗时,826,000;英宗时,663,000;神宗时,612,000。

厢兵,是诸州的地方军,名义上属侍卫马、步军司管辖。厢兵很少教阅,分给畜牧缮修之役,没有多大战斗力。神宗元丰末年(1085 年),厢兵共约 230,000 人。

乡兵,选自户籍,或士民应募,在当地团结训练,以为防守之兵。乡兵是地区性的,一般不脱离生产。所以,乡兵可说是非正规的地方军。河北、河东、陕西三路乡兵,共约 430,000 人。

蕃兵,具籍塞下内属诸部落,团结以为藩篱之兵。蕃兵以部族为单位组成,朝廷对各部族首领封官,由他们分别统率本部族壮丁,"籍城砦兵马,计族望大小,分队伍,给旗帜,使各缮堡垒,人置器甲,以备调发"①。蕃兵是仁宗时因对西夏作战的需要而设置的,主要分布在陕西的秦凤、泾原、环庆、鄜延四路和河东的石、隰、麟、府、岚五州。陕西四路蕃兵,共约 100,000 人。蕃兵虽是西北的地方军,但颇有战斗力。

从军队种类来说,北宋的军队主要由步兵、骑兵和水师组成。

步兵,主要分隶于殿前司与侍卫步军司。殿前司步军,先后有 18 军额;侍卫部军司,先后有 63 军额。

骑兵主要分隶于殿前司与侍卫马军司。殿前司马军,先后有 31 军额;侍卫马军司,先后有 36 军额。

北宋的水师中,禁兵较少。殿前司步军有虎翼水军,侍卫步军司有神卫水军、虎翼水军,均为一指挥。上述三指挥水军,屯驻开封。厢兵中的水师,兵力大于禁兵,分布甚广,主要部署在南方。

南宋军队,主要分为屯驻大兵、禁兵、厢兵三大类。厢兵情

---

① 《宋史》卷 191《兵志五》。

况,与北宋无异;禁兵地位下降,与厢兵相差无几,成为地方役兵;屯驻大兵,乃南宋的正规军。

绍兴五年(1135年),南宋朝廷将张俊、韩世忠、刘光世、岳飞、吴玠五大帅统领的五支大军统一改名为行营护军,标志着屯驻大兵取代禁兵,成为朝廷的正规军。绍兴十一年(1141年),罢韩世忠、张俊、岳飞兵权后,先后撤销行营护军各军番号,改称御前诸军。自川陕至长江沿岸,先后设置了十个都统制司,将御前军分为十军,加上三衙三军,组成屯驻大兵,是为南宋正规常备军。

2.编制

北宋禁兵的编制,大致规定是:"大凡百人为都,五都为营,五营为军,十军为厢,或隶殿前,或隶两侍卫司。"营又称指挥,"凡五百人为一指挥,其别有五都,都一百人,统以营居之"①。

北宋禁兵的最精锐部队,是充当皇帝宿卫的诸班直,分隶殿前司马军诸班直与殿前司步军御龙诸直。诸班直的各班各直都是军事编制单位,人数不尽相同。殿前司马军诸班直的统兵官有都虞候、指挥使、都知、副都知、押班,殿前司步军御龙直的统兵官有四直都虞候,每直有都虞候、指挥使、副指挥使、都头、副都头、十将、将虞候。

诸班直以外的禁兵,大致分为厢、军、指挥、都四级编制。

北宋厢一级的统兵官是厢都指挥使。上四军——捧日、天武、龙卫、神卫,各分左右厢,曾设置过"马步军龙、神卫四厢都指挥使"与"殿前捧日、天武四厢都指挥使"。此外,殿前司马军骁骑、步军虎翼,侍卫马军司骁捷、骁武、云翼,侍卫步军司虎翼、勇捷、威武、清塞、归思诸军也分左、右厢。但左、右厢并非厢一级的正规编制,三衙的多数军额是不分左、右厢的。

北宋军一级的统兵官是军都指挥使和都虞候。每军兵力,按规定是2500人,但实际各有不同,许多军的兵力高于标准编制,

---

① 曾公亮《武经总要》前集卷1《军制》、卷2《日阅法》。

多者达 5000 人。

指挥(营)是北宋最普通的军事编制单位。指挥的统兵官是指挥使和副指挥使。每指挥兵力,虽规定为 500 人,实际却往往少于此数。

都的统兵官,马军是军使和副兵马使,步军是都头和副都头。在副兵马使和副都头以下,还有军头、十将、将虞候、承局、押官等军职。一都的兵力,规定为 100 人,实际数量基本符合规定。

南宋将屯驻大兵统一改称行营护军时,将五帅的军队统一定名为行营前、后、左、右、中护军。各支大军的编制,一般分成若干军,军设统制、统领等;各军分为若干将,设正将、副将和准备将为统兵官;将之下,部分行营护军还设有"部"的编制,设部将;队一级编制,普遍存在,设旗头、拥队、押队之类做头目。行营护军的总军力达 30 余万人。

绍兴十一年后,逐渐将韩世忠、张俊、岳飞、吴玠四支屯驻大兵改编为十支屯驻大兵,统称御前诸军。屯驻大兵的统兵官是都统制和副都统制。屯驻大兵普遍有军、将两级编制。军一级统兵官有统制、同统制、统领、同统领、副统领等。将一级统兵官在正将、副将、准备将以下,还设有训练官、部将、队将、押队、拥队、旗头、教头之类的军官和军吏。御前诸军的总兵力,绍兴十二年约 21 万多,绍兴二十三年约 25 万多,绍兴三十年约 31 万多,乾道三年约 32 万多,此后通常保持在 40 万上下。

3.募兵制的实行与作用

两宋军队的来源,主要是招募,禁兵、厢兵等都依此补充。或募土人,就所在团立;或取营伍子弟,听从本军;或募饥民,以补本城;或以有罪,备隶给役。招募时,先度人材,次阅走跃,试瞻视,然后黥面,赐以缗钱、衣履而隶诸籍。

募兵制的实行,使农民和工匠在很大程度上免除了兵役,使军队走上了专业化、职业化的道路,是历史性的进步。但是,宋朝实行募兵制,也产生了许多弊端。军队的宏大数量,造成了沉重的财政负担；军队战斗力的衰弱，是主要的弊端。

4.管理体制

阶级法与禁戒

宋时所谓"阶级"，是指军队内部的等级尊卑关系。章如愚《群书考索》后集卷40《宋朝兵制》记载："峻其等级相犯之刑，谓之等级，以绝其犯上之心。"北宋时，严明军纪，"令以威驾，峻其等为一阶一级之法，动如行师，俾各服其长"。对禁军长吏，"付以生杀，寓威于阶级之间，使不得动"。①所谓"阶级法"，即军队内部的管理法，各级军校，各司其职，下级绝对服从上级。宋孝宗说，太祖设为阶级法，"二百年军中不变乱，盖出于此"②。

除阶级法外，北宋还制定了许多军事法规，严加禁戒，要使"士卒衣食无外慕，安辛苦而易使"③。曾公亮(999—1078年)撰《武经总要》前集卷14《罚条》所载军事法规，共计72条。南宋王质所列举的，有斗伤、博戏、禽犬、巫卜、饮、滥、逃、盗、诡名、匿奸、弛艺、窃造军器、私传兵武、出法物、结义社等禁。④宋初，逃禁规定：禁军逃亡满一日者斩；仁宗时，改满三日；神宗熙宁五年(1072年)又改为七日。⑤按照禁戒规定，禁兵不得衣皂，只许衣褐，长不得过膝，红紫之服更不许穿；葱韭不得入军门，鱼肉和酒严禁入军门；军兵无故不令出班，每班置市买二人；每月请月粮时，营在城西者，即于城东支，营在城东者，即于城西给，不许雇车或人帮助，士兵必须自己背负。⑥

---

① 陈傅良：《历代兵制》卷8；朱弁：《曲洧旧闻》卷9。

②《中兴两朝圣政》卷50乾道七年五月条。

③ 彭乘：《续墨客挥犀》卷8。

④《雪山集》卷6《兴国四营记》。

⑤《宋史》卷192《兵志七》。

⑥ 张方平：《乐全集》卷18《再对御札一道》；《玉海》卷141《兵法·建隆军律》；《续资治通鉴长编》卷74大中祥符三年十月条；《续墨客挥犀》卷8；沈括：《梦溪笔谈》卷25。

更戍法

北宋以"强干弱枝""内外相维"为军事部署的指导方针,因此,有大量禁军驻守外地。北宋规定,除殿前司的捧日、天武两军外,其余诸军"皆番戍诸路,有事即以征讨"①。禁军的驻地经常更换,轮流戍守边陲。这就是更戍法。

北宋禁兵出屯,有三种名目:就粮、屯驻、驻泊,三者有所不同。就粮是因经济原因——粮食不足而移屯者,可携家属前往;屯驻或驻泊是军事或政治的原因而移屯的,一般不许携带家属,隶州者曰屯驻,隶总客者曰驻泊。②

更戍的时间,京东、西,河北、河东、陕西、江、淮、两浙、荆湖、川陕、广南东路三年,广南西路二年,陕西城砦巡检并将领下兵半年。③

保甲的上番与教阅

熙宁三年(1070年)颁布"保甲法",将保、大保、都保的编制推行于各路乡村。对于保甲的管理,北宋政府主要采取了"上番"和"教阅"两项措施。

上番,是规定主户保丁轮流到本地巡检司和县尉司值勤,"教习武艺","出入巡警"④。上番时间,一年共有十天,也有半月,并未统一,但上番是全国性的。

教阅,是在冬季农闲时,集中保丁进行训练。各路专设提举保甲司,负责保甲的教阅事宜。教阅并未推行于全国,仅限于禁兵的主要集结地开封府与河北、河东、陕西等地。教阅的本意是企图增强军力,但结果并无多大用处。

保甲的上番与教阅,是宋朝统治者在实行募兵制的同时,部分恢复征兵制的一种做法。神宗后,保甲的上番与教阅逐渐废弛。

---

①《文献通考》卷152《兵四》引《两朝国史志》。

②《文献通考》卷152《兵四》;《群书考索》后集卷40《宋朝兵制》。

③《宋史》卷196《兵志十》。

④《续资治通鉴长编》卷237熙宁五年八月条。

宦官对军队的监督

宋太祖时,很少派宦官到军中监督将领。太宗时,开始钳制前方将帅,每每赐以阵图,训令按图作战。宦官监军,从此逐渐增多。淳化四年(993年),西川王小波、李顺起义,太宗以宦官王继恩为统帅,领兵前去镇压。真、仁、英、神四朝,宦官监军,成为常例。徽宗时,宠信宦官童贯,命他长期主持对西夏、辽、金的战事,时称"媪相"。

总的看来,北宋时宦官对军队的监督作用,远不及晚唐。到南宋时,权相迭出,宦官监军的情况就不多见了。

三、兵制在宋朝的地位、作用与影响

在宋朝的政治制度中,兵制占有相当重要的地位。

中唐后,天下大乱,武人势力日趋膨胀,至五代达到顶峰。皇帝无不出其手者。在这种背景下建立起来的赵宋皇朝,总结了晚唐五代的经验,建立起一套新的兵制,将职业化的军队牢固地控制在封建皇帝手中,从而保证了宋朝政权机制的正常运转,排除了武人对政治的干扰。从这一点上讲,宋朝的兵制,是宋朝政权机制运转的重要稳定因素。

在两宋319年统治中,军队一直比较稳定,大规模的兵变基本没有,武人没能够再度威胁国家与社会,这是两宋兵制的成功之处。

两宋兵制,处处透着一个"防"字,提防将领,钳制士兵。猜忌和压抑武将,使有才干的将领难以出头,庸将得以擢升。钳制士兵,刺字为军,当兵成为社会歧视的下贱职业,从而使士兵们对社会产生了一种对抗心理。又因招募对象的影响,更加剧了军队中的这种情绪。军士易恃功而骄,欺凌百姓;或则无事时因将校虐待,起而为乱。因此,宋朝大规模的兵变甚少,小规模的兵变则时有发生。由于将士们这种心理状态,军队的战斗力不能不受到严重的影响,加上其他原因,最终造成宋朝军力的积弱状况,对

外作战,败多胜少。

第七节　宋朝的财政管理制度

一、三司的设置

三司是北宋前期的中央财政管理机构,总管盐铁、度支、户部三部。三司使一职,创设于唐代中期,初由宰相兼任,但作为专门掌管盐铁等三部的财政长官, 则始于五代后唐长兴元年(930 年)。①

宋初,沿五代之旧,仍设三司使。太宗时,分合不定,几经变化。真宗咸平六年(1003 年),设三司使,盐铁、度支、户部各置副使。自此直到元丰改制前,大致相沿未变。

三司使负责征调财赋,主持国计,号称计省,位亚执政,目为计相。②

三司以及盐铁、度支、户部三部各设正使、副使、判官。盐铁,掌天下山泽之货,关市、河渠、军器之事,以资邦国之用;度支,掌天下财赋之数,每岁均其有无,制其出入,以计邦国之用;户部,掌天下户口、税赋之籍,榷酒、工作、衣储之事,以供邦国之用。③

三司使一般委派地位高的大臣。咸平六年三司定制时,以曾任枢密副使、参知政事的寇准出任三司使,可见其地位。缺正使时,则以给、谏以上权知使事。元丰改制,撤销三司,三司职责归于户、工等部。

---

① 《资治通鉴》卷 277。
②③ 《宋史》卷 162《职官志二》。

二、内库

太祖时,封建桩库。太宗时,扩大而为内藏库,遂为长久之计。其后,内藏库规模不断扩大,库目续有增加,形成一个内库系统,并且规模、库目仍呈发展趋势,直至亡国。

内库之财,由皇帝亲自掌握。内库收入很高,支出范围甚广,使朝廷财政部门在相当程度上仰赖内库。内库实际上是朝廷财政机构——三司(户部)之外的又一套中央财政机构。

内库与朝廷财政机构的收入来源并无明确界限,形成了整个国家赋税收入的分成制,并且在大部分时间内维持着很高水平。

内库的支出大致有六项:一为宫廷消费,二为郊祀之费,三为军费,四为协助支出国家日常费用,五为赈恤,六为充作市易、青苗、均输等的本钱。几乎在两宋的每一个时期,内库对军费、日常费用、郊祀等国家最大宗的开支进行着同朝廷财政机构平行的拨款,其中郊祀、赈恤、市易本钱等项的全部支出,常以内库为主。

内库完全控制在皇帝手中。皇帝有自己一套保密的管理办法,动用内库之财的决定权只属于皇帝。内库的主管者,多为内臣或专门委派的朝臣,只向皇帝一人负责。内库成为皇帝全面控制国家财政的有力机构,成为提高并巩固皇权的物质基础。[1]

三、地方财政管理系统

宋朝各路转运使,负责从本路州县征集财赋,供输中央;调剂各州县财赋,以满足地方官府的财政开支;监察各州县财务。转运使之下,有副使和判官等员。转运司尚未能在朝廷中央与州军之间形成一个正式的财政管理级别。

在州一级,知州是本地财政的最高负责人,并设立完整的

---

[1] 李伟国:《论宋代内库的地位和作用》,载《宋辽金史论丛》第 1 辑,中华书局 1985 年 8 月版。

财政管理机构,由通判及属官分领。各州的民税和专卖收入,除"系省钱物",即州军留用的财赋外,缣帛之类,全部上缴朝廷,部分起发上京,部分就地贮积,部分应付别路州军。辇送京师的上供钱帛的舟车,并从官给。各州的主库吏,每三年一易。朝廷还派遣常参官分往各州,接受民税。①诸州军的征榷场务,随事置官。场务的监当官,由朝廷派员充任,掌茶、盐、酒税征输及冶铸等事,并制定了精密的条禁与文簿,岁有定额,岁终课其额之登耗以为升降。②

宋朝,州是地方完整的一个财政管理级别,是地方财政的基本核算单位,而县财政附属于州级财政。

四、财政预算与收支分配

宋朝为记录国家财政收支情况,定期编纂《会计录》,成为一代之制。《会计录》的编制,始于宋真宗景德四年(1007 年),权三司使丁渭主编《景德会计录》6 卷,为宋朝第一部《会计录》。其后, 代有编制。今可考知者有:《祥符会计录》30 卷,《庆历会计录》2 卷,《皇祐会计录》6 卷,《治平会计录》6 卷,《元祐会计录》30 卷,《宣和会计录》《宣和两浙会计总录》,《绍兴会计录》两种,《乾道会计录》《绍熙会计录》《庆元会计录》《端平会计录》等。③

宋朝的财政收入,主要包括五方面来源。第一是农业税收,包括田税、身丁税、和籴与和买收入、杂税(农器税、牛革筋角税、曲引钱等)、官庄租税;第二是商税;第三是榷利,即盐、茶、酒、矾等项专卖收入;第四是契税、牙税及杂税;第五为徭役——免役钱收入,这是熙宁(1068—1077 年)年间变法后所收,纳入司农寺。

---

① 《宋史》卷 179《食货志下一》。

② 《宋史》卷 167《职官志七》;《宋史》卷 179《食货志下一》。

③ 《玉海》卷 185《食货·会计》;《宋史》卷 344《李常传》;《宋会要辑稿》食货 56。

宋朝的财政支出,主要有五项。第一是军费,包括军饷、作战费用与向辽、夏、金交纳的费用,此项支出所占的比重最大,达十之七八;第二是俸禄与赏赐,由于官吏数目的庞大,赏赐数目的众多,此项支出费用不少;第三是皇帝费用;第四为郊祀之费;第五为日常费用,如交通支出及各项杂支。

宋朝编制《会计录》的目的之一,是为了"量入制出",但制作财政预算,则迟至仁宗时期。天圣初(1023年),首命有司取景德(1004—1007年)一岁用度,较天禧(1017—1021年)所出,省其不急者。①这虽是裁减部分冗费,但以景德、天禧用度为基准,已有预算之意。神宗时,王安石执政,命官考三司簿籍,商量经久废置之宜,凡一岁用度及郊祀大费,皆编著定式。②这就正式编制了固定预算。元丰三年(1080年),诏户部取有关财用,除诸班诸军料钱、衣赐、赏给、特支如旧外,余费并裁省。③但是,各种费用的不断增加,使预算定式不断被突破。徽宗时,虽曾几度企图恢复元丰三年的预算定式,但均未成功。

五、宋朝财政管理制度的特点

宋朝财政管理制度的一大特点是散乱:"天下财用岁入,有御前钱物、朝廷钱物、户部钱物,其指置衰敛、取索支用,各不相知。天下财赋多为禁中私财,上溢下漏,而民重困。"④财政收入与支出均政出多门,给朝廷财政机构的工作造成了极大的困难,《会计录》并不能真实反映财政收支状况。

另一个重要特点,是皇帝对财政大权的有力控制。国家财政管理的两个主要机构——三司(户部)和内库,内库直接由皇帝控制,宰相亦不得过问;三司或户部,皇帝也可间接控制。因此,财政大权高度集中于皇帝手中,提高并巩固了皇权。

与皇权对财政的有力控制形成鲜明对照的,是三司或户部

---

①②③④《宋史》卷179《食货志下一》。

等政府财政部门的软弱和窘困。三司或户部在财政上对于内库的仰给越来越厉害,掌握的财力日益不能应付国家的日常支出,积贫之态日益严重,"财匮"之议盈溢朝野。

第八节　宋朝人事管理制度

宋朝全面确立了官员以及胥吏的人事管理制度,制定出铨选、贡举取士和学校三舍考选、回避、品阶、俸禄、致仕、休假、胥吏等制度,并且制定出一系列行政方面的法规。

一、铨选制度

宋朝官员铨选制度,是指朝廷中央选拔、任免、考察各级官员的制度,具体包括注授差遣、叙迁、考课、恩荫等许多方面。

铨选机构

宋朝官员比前代增加很多,尤其是幕职州县官的激增,使原有的铨选机构不能适应,所以从宋初开始,铨选机构不断改革,到元丰改制才基本定型。

北宋前期,设吏部南曹、磨勘院、京朝官差遣院、吏部流内铨、三班院等机构,分管文臣和武臣的铨选事宜。吏部南曹分管幕职州县官的磨勘(考核),将合格者送流内铨。幕职州县官授官,颁发印纸。神宗熙宁五年(1072年),并入流内铨。磨勘院实际有两个,一是磨勘京朝官院,二是磨勘幕职州县官院。太宗淳化四年(993年)二月,将前者改为审官院,后者改为考课院,总称吏部流内铨。五月,将考课院并入流内铨。神宗熙宁三年,新设审官西院, 将原审官院改为审官东院。太宗太平兴国六年(981年),设置京朝官差遣院,分管少卿监以下京朝官的注拟差遣和考课事宜。淳化四年五月,撤销差遣院,由审官院总管。太宗雍熙四年(987年),还设立三班院,分管武臣中的大小使臣的铨选事宜。元丰改制,实行吏部四选制,以审官东院为尚书左选,主管文臣寄禄官从朝议大夫,职事官从大理正以下,非中书省敕授的官员,即承务郎以上官员;以审官西院为尚书右选,主管武臣升朝官从皇城使,职事官从金吾阶街仗司以下,非枢院宣授的官员,即武翼郎以上官员;以流内铨为侍郎左选,主管文臣从初仕到幕职州县官,即承直郎至迪功郎;以三班院为侍郎右选,主管武臣从借差、监当到供奉官、军使,即承信郎、校副尉以上官员。此外,兵部主管下班祗应、进义副尉、进勇副尉等无品级武臣,刑部掌管无品级的进武副尉。

任用制度

官员赴铨选机构如吏部四选或兵部、刑部报到,办理接受差遣的手续,称为"参部注授",简称"参选"。

官员年满20,方可出任差遣。非贡举登第和特旨者,包括以恩荫授官者,要求达25岁。

官员注授差遣有三个途径:一、从两府以下到侍从官(即左右谏议大夫或太中大夫以上),全部由皇帝提名除授。二、从卿监以下及已经晋升,或寄禄官到中散大夫阶者(即中大夫到中散大夫,或秘书监到少府监),都由"堂除",不属吏部管辖。部分监司、知州、通判由都堂注拟差遣。三、从朝议大夫到迪功郎,接受常调差遣的文臣,都归吏部授予,不属中书。

北宋前期,官员每任一般以三年为期。哲宗时,改为三十个月。南宋时,又改京朝官为两年,而知县仍以三年为任。①

官员根据朝廷官缺选注差遣。官缺分为堂缺和常调缺两类。堂缺是指由都堂授予的差遣官缺。常调缺中又分为正格、破格、残零、无人愿就残零、破选等缺。正格缺中又分为非次和经使两类。这些官缺是因差遣的等级和吏部公布的缺榜的时间长短而区分

---

① 杨简:《慈湖遗书》卷18杨简行状;《宋会要辑稿》职官54之39—40。

的。吏部公布缺榜，由合格人投状指射，始于仁宗时。因官员逐步增多，常年员多缺少，所以官员必须待缺一年半载甚至三四年。

叙迁制度

官员升迁制度，宋朝称"叙迁"。北宋前期，将京官以上文官分为三类：一是将作监主簿到秘书监，二是左右谏议大夫到吏部尚书即两制、两省（中书和门下省）官，三是宰相和执政官。第一类根据有出身、卿列馆职、荫补、杂流等大致分为四等，前二等人可超资转官，后二等人逐资转官。第二类不再分等，共十一转。第三类可超等升资，宰相每次超三官，执政超二官。宋高宗后，承务郎以上文臣四年一转，有出身者超资升转，无出身逐资升转，升到奉议郎都逐资升转，到朝议大夫开始七年一转。武臣承信郎以上五年一转，升至武功大夫也七年一转。

各类官员逐级晋升到一定的官阶，差遣，便不能往上晋升，称"止法"。这时，必须具备其他条件，才能继续晋升。如文臣升转到中大夫，要差遣达到侍从格，才准许再升太中大夫。

考课制度

官员升迁本官阶时的考课，称为"磨勘"。京朝官升转都有一定年限，在任期内每年由上级长官考核其功过，再由审官院、吏部等复查其成绩优劣，而后决定升迁官阶。考查标准因职务而异，一般用"举官当否"等"七事"考查监司。用"德义有闻"等"四善""狱讼无冤，催科不扰为治事之最"等"三最"考查守令。考查分三等，七事中达到五项列为上等，三项为中等，其他为下等。选人经磨勘合格，即改为京朝官，称"改官"。磨勘制度到真宗时正式形成，制订了京朝官三年磨勘进秩一次之法。京朝官及选人任满三年，由审官院或考课院考核功过，然后引见皇帝，由皇帝决定升黜。官员有过犯，则延期磨勘。此后，大致规定了文臣三年、武臣五年一次磨勘迁官之法。

恩荫制度

恩荫又称"任子""门荫""荫子"，是官员按照职、阶高低而为其子弟或亲属获得官衔或差遣的制度。真宗时基本确立这一制度。恩荫的名目大致有五类,一是每三年举行一次郊祀或明堂典礼。宁宗时规定,宰相可荫补缌麻以上亲属十人,执政八人,侍从六人,中散大夫到中大夫四人,常职朝奉郎到朝议大夫三人。二是皇帝诞日。真宗时规定,大两省至知杂御史以上,各荫一子为京官,少卿监一子充试衔。皇太后、皇后等也荫亲属为官,人数不等。三是官员致仕。曾任宰相和现任三少、使相,荫补三人;曾任三少、使相、执政和现任节度使,荫补二人;太中大夫及曾任尚书、侍郎和右武大夫以上,荫补一人。四是官员上奏遗表。曾任宰相和现任、曾任三少、使相,荫补五人;曾任执政和现任节度使,荫补四人;太中大夫以上,荫补一人,等等。五是改元、皇帝即位、公主生日、皇后逝世等临时性恩典,都给予品官亲属一定的荫补名额。

宋朝每年都有一批中、高级官员的子弟通过恩荫而获得中、低级官衔或差遣。大部分州县官、财务官、巡检使等职位,被恩荫出身者占据。

二、贡举取士和学校三舍考选制度

宋朝百姓入仕途径有多种,主要是贡举、恩荫、学校三舍考选、摄官、吏入出职、军功、纳粟等。其中贡举取士和学校三舍考选,是统治者选拔人才的两个主要途径。

贡举取士制度

宋朝实行乡试(解试)、省试(礼部试)、殿试三级考试制度。举人或举子,是参加贡举考试的各科士人的统称。举人乡试及格,获得"发解"资格,可进一步参加省试。省试及格,可进一步参加殿试。举人享受免除丁役和身丁钱米的特权;参加过省试者,犯徒以下公罪和杖以下私罪时,允许赎罪。举人殿试合格,朝廷按科目和录取甲次,授予及第、出身、同出身、赐出身,并授予官职。宋朝士人以进士科登第为荣。统治者通过贡举,选拔出大批官员。

学校三舍考选制度

宋初,朝廷只设一所学校即国子监(国子学),学生甚少,州、县学也寥寥无几。从仁宗朝起,增设四门学、太学,国子学的地位逐渐由太学代替,并且开始在藩镇立学,随后又在州、县建学。但在神宗前,各级学校没有取士权,即使太学也只在每次贡举考试时,与各州同时举行国子监发解试,由朝廷统一指定录取名额(解额)。

从神宗熙宁元年(1068年)开始,太学逐步实行三舍法,太学生初入学为外舍生,由外舍升内舍,由内舍升上舍。外舍一年,内舍二年,上舍二年。太学生由学校供给伙食。太学还实行私试和公试制,外、内舍生每月考试经义、诗、赋、论、策一次,由学官自行出题,派其他学官任考校、弥封、誉录等职,称为"私试"。每年年底,比较成绩优劣,每十人录取一人,升入内舍,称"外优"。内舍生私试合格,年终总成绩达优等,为"内优"。内、外舍生每年还由朝廷派外官主考,每七人录取一人,称为"公试"。外舍生公试及格,也可升入内舍,视私、公试成绩决定入等升、本等升、行等升或追升。内舍生公试合格,计算分数。内舍生参加上舍试。上舍试每两年举行一次,由朝廷派外官主考,命题难过省试,成绩及格者分优、平两等。内舍生已得"内优",上舍试又列优等,即定为上等上舍;其次一优一平,为中等上舍;再次为二平,为下等上舍。上等上舍,赐进士出身,一般授京官阶,注国子录或教授差遣,俗称"释褐状元";中等上舍"免省",直赴殿试;下等上舍"免解",直接参加省试。理宗时,中等和下等上舍常常准予释褐授官。至此,太学取得了部分取士权。

徽宗时,一度取消乡试和省试,太学成为士人获得殿试资格的唯一途径,但不久又全面恢复贡举制度。此后,太学三舍考选和三级贡举制同时实行,互为补充,不断为国家提供了一批批有用的人才。

三、回避制度

宋朝官员在政治生活、贡举考试等方面实行比较严格的回避制度。有服亲属和婚姻之家互相回避,称为"避亲法";为避嫌疑而互相回避,称为"避嫌法";还有官员任职回避原籍、置产业州县等。

避亲法

官员之间职事上有统摄或相干关系,则应与亲戚加以回避。仁宗康定二年(1041 年),规定官员避亲服纪亲疏,为本族缌麻以上亲属和有服或无服的外亲,其他亲属不拘。①神宗熙宁三年(1070 年),规定内外官避亲法,亲属等级为:一、本族同居无服以上亲;二、本族异居祖免以上亲;三、亲姑、姐妹、侄女、孙女之夫;四、女婿、媳妇之父及其亲兄弟,母、妻之亲姐妹之夫,姨之子,亲外孙,外甥女之夫;五、母在世时,母之本服大功亲。不必回避的亲属:一、堂从之亲;二、嫡母、继母,慈母亡故后,母之本服大功亲。②

避亲法的方法主要有三种:一是与他人对换差遣,二是调换出京,三是解职罢官。常常是职位低者回避高者。改换的新职原则上要与旧职相应,不然,只能辞高居卑,不准趁机升迁。

在贡举和学校考试时,也实行避亲法。回避的亲属等级与官员任职避亲法大致相同。贡举的省试、类省试、太学和各州乡试时,考官和地方长官的亲戚和门客都要回避,另派官员专设试场考试,称为"别头试",简称"别试"。考官中包括主司、考校、监门、巡捕、封弥、誊录等官。学校举行公试、上舍试时,本房考官和考生有亲戚关系,考生不须别试,但须将试卷转送他房考校,称为"避房"。

---

① 《宋会要辑稿》职官 63 之 2。
② 《宋会要辑稿》职官 63 之 4—5。

在司法过程中,审理案件的复审官与原审官如有亲戚关系,准许自报回避。同一案件、同一系统的同级或上、下级审讯官,如有亲戚,必须依法回避。[①]

避嫌法

官员之间原来有嫌隙不和,允许相避。凡经宰相和执政官推荐过的官员,不准许充任台谏官;宰相的现任属官,也不准兼任台谏官。台官和谏官之间,如有乡里关系,也须回避。负责推勘、录问官与被审案犯,如有同年加上同科目及第关系,就须避嫌,提出辞避。

避籍和避置产业州县等

避籍是外任官员不得在原籍任职。各路属官不准委派原籍和家住在本路的官员充任。其中主管坑冶官员须回避原籍和居住州县。禁止地方官在任所购置田宅,禁止地方官和部下百姓结婚,任满后不得在任所继续居住。[②]在司法过程中,京朝官不准被派回本乡里主持审讯工作,[③]但也有一些例外,如侍从官出任知府或知州,高宗时还特许不避本贯。

四、品阶制度和俸禄制度

品阶制度

北宋前期,官员分为九品,每品分正、从,四品以下,正、从之中又分上、下,共三十阶。官品功能甚小,只是决定官员公服颜色的一种标准。元丰改制,重定官品令,减少官品,共为九品正从十八阶。

官阶有本官阶和散官阶两类。本官阶即寄禄官阶,用以定品秩、俸禄和叙封等。文臣从太师、太尉、太傅到秘书省正字,共四

---

① 《庆元条法事类》卷 8《亲嫌·职制令》。

② 《建炎以来系年要录》卷 187 绍兴三十年十一月庚辰条。

③ 《宋会要辑稿》职官 3 之 52。

十二阶;武臣从节度使、节度观察留后到三班借职,共二十七阶。元丰改制,将原有京朝官本官阶改成职事官名称。而新定官阶采用了原散官阶的名称。这些新的京朝官寄禄官阶,从开府仪同三司到承务郎,共二十五阶。新阶的功能是决定俸禄。官员担任差遣时,以此为标准,结衔时在寄禄官前加上"行""守""试"字,以示区别。徽宗崇宁二年(1103年),改选人的官阶为承直郎到将仕郎,仍为七阶,以与京朝官阶统一。大观初年,增加升朝官的官阶,有宣奉、正奉、通奉、中奉、奉直大夫,共五阶。政和二年(1112年),再次改换选人最后三阶名称。文臣的寄禄官阶至此完备。同时,对武臣、内侍、医职的官阶也进行整顿,使之整齐划一,又易于区别。

散官阶,又称散官、散阶,是一种附加性官衔,表示一定的级别,而与实职和俸禄无关。文散官从开府仪同三司到将仕郎,共二十九阶。武散官从骠骑大将军到陪戎副尉,共三十一阶。元丰改制,废除散官阶。此后,散官专指闲散不管事的官职。

俸禄制度

官员俸禄包括正俸(钱)、衣赐(服装)、禄粟(粮食)、茶酒厨料、薪炭、盐、随从衣粮、马匹刍粟、添支(增给)、职钱、公使钱以及恩赏等。

宋初,官员俸禄较低。真宗大中祥符五年(1012年),首次全面增加文武职官俸钱,仅幕职州县官等依旧。仁宗嘉祐年间(1056—1063年),正式制定"禄令",详细规定了文武各级官员的俸禄数。如宰相、枢密使每月俸料300千,春、冬衣服各赐绫绢50匹,冬绵100两,每月禄粟各100石、傔人衣粮各70人,每月柴草1200束,每年炭1600秤、盐7石等。东京畿县5000户以上知县,升朝官月俸20千,东官18千;3000户以上知县,升朝官18千,京官15千。各路10000户以上县令20千,等等。神宗熙宁四年(1071年),增加幕职州县官的料钱和米麦。元丰改制,又略增俸料,同时将原来官方供给在京职事官的钱数,一并改为

"职钱"，按照官阶的高下分为行、守和试三等，试者职钱稍低。徽宗时，一度将职钱改为"贴职钱"，不久恢复添支旧制。南宋初，因财政窘困，官俸减半支给，后来又逐渐恢复北宋旧制。

北宋地方官还分配职田，每员从 40 顷到 1~2 顷不等，南宋时大幅度减少。各路监司、帅司、州军、边县、带兵武将，由朝廷给予一定的公使钱，专为往来官员供应酒食之用。官员请病、事假满 100 天后，不能继续任职者，即停发月俸。官员在外地任职，家属可分领俸给、衣赐、添支钱等。[①]

五、休假制度

祠部（属礼部）掌管官员的请假事宜。官员的假期有多种，如节假、旬假、上任假、丧假等。休假的方式，一是放朝假，即官员不赴殿朝参；二是休务，即官员不值日办公。

宋初规定，岁节、寒食、冬至是三大节，各放七天朝假，称"七日假"，其中五天休务。圣节、上元、中元，各放朝假三天，其中休务一天。春社、秋社、上巳、重午、重阳、立春、人日等 18 个节日，各放朝假一天；但官府不休务。夏至、腊日，各放朝假三天，官府不休务。朝廷大祀，放朝假一天，官府也不休务。朝廷大祀，放朝假一天，官府也不休务。神宗元丰五年（1082 年），祠部规定官员全年休假 76 天。[②]

宋朝还规定，凡逢大忌即皇帝和皇后去世之日，在京六部各司都不休务，但执政官可以早退。南宋时，在京百官在双忌日放假一天，单忌仅三省官员休假回家。官员遇私忌，给假一天。

每遇旬末，官员休务一天，皇帝不御殿，官衙不开门。仁宗康定元年（1040 年），因西夏元昊反叛，临时取消中书门下、枢密院和三司官员的旬假，到时并须赴后殿奏事。数月后复旧。

---

① 《宋会要辑稿》职官 57 之 29、38、56。
② 庞元英：《文昌杂录》卷 1。

京朝官受命出任外官,朝廷给假一个月,以便准备行装,辞别亲友。文官遇父母亡故,一般都要解除官职,持服三年(实足27个月)。武臣遭父母丧,宋初照例不解除官职,也没有给假的日限。仁宗天圣八年(1030年)开始规定武臣父母丧,给100天公假,然后朝参。嘉祐四年(1059年),因武臣往往不持丧,引起朝廷重视,决定阁门祗候、内殿崇班以上持服,供奉官以下不持。哲宗元祐七年(1092年),又下诏命武臣丁忧者,现任管军处或担任路分总管、钤辖、都监、押纲大使臣等,都不解除官职,其中系沿边任职者和押纲者,给假十五天。其他武臣一百天。南宋时,小使臣和内侍官遇丁忧,小使臣不解除官职,都给公假一百天。①在京场、务、坊监官,遇期亲丧,给假五天,闻哀两天;大功、小功丧,给假三天,闻哀一天;缌麻亲丧,给假一天。②

六、致仕制度

从宋初到真宗时,逐步确立了比较完善的致仕(退休)制度。文臣年满70,武臣年满80,除少数元老、勋贤等尚需留任外,都应自动申请致仕。官员未到规定年龄,无特殊理由,不得请退。确因昏老不能任事或自愿就退,可以奏请朝廷准予提前休致,当时称"引年致仕"。习惯上凡援引这一年限而退闲者,也可称此。官员到了退休年龄,应撰表札,通过所在州府,向朝廷提出申请,获准后便领取致仕告敕,作为证明文书。

宋太宗时,开始规定给予致仕官员半份俸禄。神宗时规定,对曾因立战功而升转两官以上的武臣,致仕后准予领取全俸。

官员致仕后,照例升转其本官阶一阶,称"加转一官"。官员致仕时应升转的官阶或官资,称"合致仕官"。得到皇帝的特准,

---

① 《续资治通鉴长编》卷470元祐七年二月甲子条;《宋会要辑稿》礼36之17。

② 《续资治通鉴长编》卷89天禧元年四月癸未条。

可升转数阶。已致仕者,每逢朝廷举行重要典礼,仍能升转官阶。有些选人无资可升,则改为初等京官。80 岁以上者,可加转一级官资。

四品以上文臣和六品以上武臣致仕时,可按官品授予其一至三名近亲子弟低、中级官衔;五品到七品文臣和七品武臣,可荫补一名近亲。在法律上,官员荫补亲属常称"恩泽"。官员挂冠时,如只荫补亲属而不转官资,则称"守本官致仕"。因荫补得武官者,致仕时最高能升为武功大夫。官员致仕前,如曾犯罪等,只能转官,不能荫子孙。

官员致仕时,还可按照规定向朝廷要求"恩例",如允许在贡举考试时升其亲属的名次,授予"出身",指射差遣,减少磨勘年限等。

北宋前期,高级官员致仕,必须"落职"即解除在三馆、秘阁中所任官职。神宗时,开始允许职事官带原职致仕。

致仕官员在朝廷需要时,允许复出任职,授予相应的差遣,称"落致仕"。复职的官员一般可恢复原来的官阶,如在致仕时已加转过一阶,恢复旧官实际比致仕时降低了一阶,如系"守本官致仕",享受过"恩泽",复职后不予追回,但下次致仕时不再"推恩"。

宋朝采取各种措施奖励及时致仕的官员。仁宗时,一度对到期致仕者发给全俸。又制造舆论,使官员们以及时退休为荣。对一些年迈老朽、不肯退休的官员,及时由朝廷勒令致仕,或停止磨勘转官,或不准荫补子孙,或降低官阶等,以示惩罚。[①]

七、吏胥制度

宋朝的吏胥是指官员(品官和未入品官)以外的官职办事人员。他们是在各级官府中担任日常行政事务的属员,大致可以划

---

① 朱瑞熙:《宋代官员致仕制度概述》,《南开大学学报》1983 年第 3 期。

分为中央政府吏胥、各级官府吏胥两大类。各级吏胥虽然地位低微,但大部分人比较熟悉各种法规和公文程式,擅长笔札,往往不因主管长官的更替而变动,故而颇有势力。

吏胥的名目很多,统称"公吏"。公吏包括公人和吏人两类。公人是指衙前、专知、副专知、库子、称子、掏子、杖直、狱子、兵级等。吏人是指职级到贴司。①朱熹曾指出,公人"各管逐项职事",吏人"掌文书简牍",胥徒是"今弓手、节级奔走之类"。②宋朝另有"人吏",乃指州、县官府中一种不领官俸的贴书一类的小吏。③

北宋前期,朝廷各司地位最高的一种胥吏称中书五房堂后官,从太祖开始,任用士人做堂后官,晋升至员外郎,便可出任外官。元丰改制,废堂后官之名,在中书省和门下省各置录事,不再任用士人。④南渡后,改称三省诸房都录事,地位其次的胥吏是中书门下的堂吏和枢密院的院吏。这些胥吏都领取朝廷的俸禄。中书堂后官月俸为 20 千,特支 5 千,中书和枢密院的主事 20 千,录事和令史 10 千。春、冬各赐绢 10 匹、春罗 1 匹;主事以上赐冬绵 50 两,录事和令史 30 两,主书 7 千,守当官和中书令史 5 千。春、冬各赐绢 2 匹;主书和书令史春钱 3 千、冬绵 12 两,钱 1 千;守当官春钱 1 千。堂吏迁官到朝请郎为止,徽宗时至中奉大夫。⑤其他省、部、寺、监的吏,有都事、录事、主事、令史、书令史、守当官、贴房、贴书、都勾押官、贴司、法司等,视官府的级别和职掌而决定吏胥的编制。这些胥吏中还可以划分为正名、守缺、私名三种。前两种是正式的吏,守缺是待缺之意,但也定编制,实际成为同一名目次等的吏。私名人从州县吏人中选补,每年经考试合格

① 《庆元条法事类》卷 52 《解试出职》。

② 《朱子语类》卷 84 《礼一·论修礼书》。

③ 陈耆卿:《嘉定赤城志》卷 17 《吏役门》。

④ 王栐:《燕翼诒谋录》卷 4 《堂吏不得为知州》。

⑤ 曾敏行:《独醒杂志》卷 1。

补正名之缺,如私名贴司升为正名贴司。私名也定员。

州县官府的胥吏,有衙前、人吏、贴司、造账司、祗候典、散从官、都虞候、杂职、斗子、掐子、称子、拣子、库子、栏头、手力、乡书手、所由、保长正、耆长、壮丁等,名目甚多,州衙和县衙所设大同小异。这些吏职除祗候典、保正长等是神宗变法时创设以外,大部分从宋初就已出现。他们大都从乡户中按户等轮差。北宋前期,衙前分为都知兵马使到第六名教练使,共 13 阶;人吏分为都孔目官到粮料押司官,共 10 阶。①

北宋前期,除朝廷中央各司胥吏领取官俸外,州县胥吏大部分人属于轮流担任职役者,不领官俸。神宗熙宁三年(1070 年),开始实行"诸仓乞取法",又称"仓法",逐步推广,内自政府百司,外至监司、州县胥吏,都授予俸禄,已有俸禄者增加俸禄,因而又称"重禄法"。领取重禄的胥吏,称"重禄公人"。重禄公人受贿或勒索,即从重处罚。②

各级官职和各州、监司胥吏,属于高级胥吏,都可按照"年劳",免予铨试,直接注授差遣,称为"出职"③。一般都要任职 20 年,才有可能出任官职。朝廷制定了"流外补选法"或"流外出官法",对各种胥吏补授官职作出了具体的规定。有些胥吏任职年满后,本应出职授官,却勒令继续留司担任本职,或在任差遣得替后,命回原司祗应,称为"勒留官"。勒留官再依照选限,准予出职。地方衙前和人吏,任职年满后,经过考试刑法,也可出职授官。④

八、各种行政法规

《唐六典》的制定,开始了中国古代行政法从刑典中分离的

---

① 《嘉定赤城志》卷 17《吏役门》。

② 沈括:《梦溪笔谈》卷 12《官政二》。

③ 赵升:《朝野类要》卷 3《入仕·年劳》。

④ 《庆元条法事类》卷 52《解试出职》。

过程。宋朝的行政法虽然有一部分仍然散见于各种法规中,但也出现了一部分自成体系的完整法规。为了有效地管理各级和各类官府,宋朝陆续制定出许多行政方面的法规,规定各级官府本身的活动原则和制度,以及与其他官府的关系和官民的关系。

《宋史·艺文志三》保存了宋朝一些行政法规的名称和卷数。其中有关中书省,有《中书省官制事目格》120 卷。有关门下省,有《门下省官制事目格》和《参照卷旧文净条厘析总目目录》72 册。有关尚书省及其所属官府,有《尚书省官制事目格参照卷》67 册,《六曹条贯》和《看详》3694 册,《六曹格子》10 册,《绍兴重修六曹寺监库务通用敕令格式》54 卷,范镗撰《熙宁详定尚书刑部敕》1 卷,《元丰户部敕令格式》,《贡举条制》12 卷,《政和禄令格》等 321 册,吴奎撰《嘉祐禄令》10 卷和《驿令》3 卷,《审官院编敕》15 卷,沈立撰《新修审官西院条贯》10 卷,《嘉定编修有司吏职补授法》133 卷,王海撰《群牧司编》12 卷,李承之撰《礼房条例》并目录 19 册,王珪撰《在京诸司库务条式》130 卷。有关枢密院,有《枢密院条》20 册和《看详》30 册。有关大宗正司,有张稚圭编《大宗正司条》6 卷,《熙宁新编大宗正司敕》8 卷,《大宗正司敕令格式申明》和目录 81 卷。有关三司,有陈绎撰《熙宁编三司式》400卷、《随酒式》1 卷,《三司条约》1 卷。有关各寺、监,有曾肇编《将作监式》5 卷,《司农寺敕式》各 1 卷,蔡确编《元丰司农敕令式》17 卷,陆佃撰《国子监敕令格式》19 卷等。

尚书省吏部的一些行政法规最值得注意,有一部分至今还残存于世。《宋史·艺文志三》记载有曾伉撰《新修尚书吏部式》3卷和《元丰新修吏部敕令式》15 卷。《吏部四选敕令格式》1 部,吕惠卿撰《新史吏部式》2 卷,朱胜非等撰《绍兴重修吏部敕令格式》并《通用格式》102 卷。陈康伯等撰《绍兴参附尚书吏部敕令格式》70 卷,龚茂良等撰《淳熙吏部条法总类》40 卷,《开禧重修吏部七司敕令格式申明》323 卷。《嘉定编修吏部条法总类》

50 卷。高宗绍兴十五年(1145 年)前,晏敦复裁定吏部七司条法,其中虽然不无疏略,但"已十得八九,有司守之以从事,可以无弊"①。孝宗淳熙二年(1175 年),龚茂良等奉命编纂当时铨选制度方面的法典,将吏部尚左、尚右、侍左等七司现行改官、奏荐、磨勘、差注等条法和指挥,分门别类加以删定。次年成书,分为 68 类、30 门,以"吏部条法总类"为名。②宁宗嘉定六年(1213 年),又命官员重编一次。理宗景定三年(1262 年),再次派官重修吏部七司条法,次年后编成,今存《永乐大典》卷 14620—14622、卷 14624—14629 中的《吏部条法事类》,正是该书中的一部分。虽然今存仅 9 卷,分为差注、奏辟、考任、荐举、关升、磨勘等 6 门,比原书缺少了 24 门,但也足以反映南宋后期有关人事行政制度的行政法规的一个概貌。

此外,散见于史籍的行政法规,还有避亲法、仓法、钱法、役法、保甲法、安济法、谥法等。

第九节　宋朝政治制度的历史地位

中国政治制度发展到宋朝,已经进入了长成期。统治阶级经过三百多年的不断努力, 建成了一个比较健全、完整的国家机器,其合理性、严密性远超过唐、五代。对周邻各族、各国也带来了深刻的影响。但是,由于皇帝或者大臣不时滥用权力,把个人的意志凌驾于整个制度之上, 常常使已趋严密完整的政治制度的功能大为减弱,甚至导致了中央权力制衡结构的倾覆。

---

① 《文献通考》卷 38《选举考十一》。
② 《玉海》卷 66《淳熙吏部条法总类》。

一、与唐、五代政治制度的异同

宋初统治者在唐、五代政治制度的基础上,根据唐、五代的历史经验,确立了皇帝为主导的新的中央集权制度,而且不断加以完善。宋朝的政治制度与唐、五代有其相同处,又有较多的相异处。

第一,国家机器效能发挥方面的异同。唐中叶以前,以皇帝为核心的国家机器,统治效能发挥较好,促进了社会经济、文化的繁荣。但中唐以后,皇权呈现不稳定状态,皇族、女后、外戚、文臣、宦官和武将为争夺权力展开了激烈的斗争;皇帝反而成为傀儡。皇权旁落,国家机器运转出现故障,政局动荡不定。五代十国的五十多年,更是武将们割据一方、称王称霸的时期。宋朝则比较妥善地解决了宗室、女后、外戚、文臣、宦官和武将的问题,保证了皇权的长期稳定和国家机器的正常运转。诚然,北宋末年时,徽宗滥用皇权,削弱了自束力,又重用蔡京,相权实际上超过了皇权,破坏了国家机器各个环节间分权制衡的关系,终于导致覆亡。南宋后期,理宗信用贾似道,将军国大权全部交由贾似道掌管,皇权旁落,加上统治阶级的腐败,国家机器运转失灵,加速了国家的灭亡。

第二,监察制度方面的异同。唐朝前期,监察制度逐步完备。朝廷设置御史台,以御史大夫为长官,御史中丞为副长官。御史可以风闻言事,且有独立奏事而不须向本台长官咨禀的权力。但谏官隶属门下省,作为宰相的僚属,要听命于宰相,难以独立规谏。朝廷派遣监察御史出巡州县,另外又派出十道按察使,对地方官实行监察。从唐玄宗开始,取消了御史风闻言事和御史独立奏事的权力,规定御史劾状要写明告事人的姓名,弹奏要事先告诉本台长官,再通报中书、门下。又将十道按察使改为采访处置使或观察处置使,变为地方行政长官,监察职能丧失。还允许节度使、观察使、刺史都可兼御史大夫、中丞之号,御史台长官变成了一种虚衔。尚书省户部、盐铁、度支三司官员这时也受命出使地方,负起监察的责任。宋朝初年监察一职尚未形成制度,直到真宗时经过整顿,开始走上正轨。宋朝中央也设御史台,但不设御史大夫,而以中丞为长官。台谏官出现了合一的趋势。宋朝实行台谏官风闻言事和独立言事的原则,不仅奏事不须禀白本台本院长官,而且不须咨禀宰执甚至皇帝。御史大夫和御史中丞不再作为一种加官,而另立一种"宪衔",作为武臣等的加官,从"兼御史大夫"到"兼监察御史"共五级。[1]御史一般不出巡地方,三司则没有按察地方的职权。地方的监察机构是监司、走马承受公事所和通判厅。从总体衡量,宋朝的监察制度比唐朝更加系统、合理和严密,监察的对象包括皇帝、宰相和文武百官,监察的面从中央到地方要宽广得多, 朝廷监察机构在中央权力结构中发挥的效能也比唐朝要更大一些。

第三,在亲嫌的回避制度方面。唐朝在官员任职时,已规定在同一机构有互相统摄或相干关系的官员之间, 遇有亲等在大功以上亲戚者,应该加以回避。[2]法官与犯人之间,也有涉及亲戚、仇怨、业师三种关系回避的规定。[3]宋朝的回避制度,比之前更加严密和制度化,而且推广到官员任职、贡举和学校考试以及刑事和民事审判等各个方面, 回避的亲属范围也扩大了很多。中国古代丧制,按照亲属的亲疏分为斩衰、齐衰、大功、小功、缌麻共五服。斩衰是五服中最重的丧服,缌麻是最轻的丧服,至于袒免亲更是五服以外的远亲。宋朝的回避亲等,仁宗时从唐朝的大功以上扩大到缌麻以上 (即包括所有五服之亲在内), 神宗时更进一步扩大到本族同居无服以上和异居袒免以上,还有婚姻之家(即外亲)的种种亲属。此外,有些官职同是乡

①《宋史》卷 169《职官志九》。
②《旧唐书》卷 43《职官志二·吏部》。
③《唐六典》卷 6《刑部门》。

里者,也有回避的规定。①

第四,中央行政机构设置的异同。唐朝中央行政机构实行尚书省、中书省和门下省三省制。三省是皇帝控制下的最高行政、决策和审议机构。三省长官以门下省的政事堂作为议事的场所,后来将政事堂迁到中书省,唐玄宗时改政事堂称"中书门下"②。北宋前期,虽设三省,但大部分职权被其他机构分割,宰相办公的场所"中书门下"设在禁中。元丰改制,才撤销中书门下,恢复三省应有的职权,三省长官议事的场所设在尚书都省,称政事堂或都堂。唐朝前期实行府兵制,朝廷中央设左右卫、左右骁卫、左右武卫、左右威卫、左右领军卫、左右金吾卫、左右监门卫、左右千牛卫。每卫设上将军、大将军、将军,负责统领府兵。中唐后,府兵制度破坏,实行募兵制。朝廷始派宦官任"内枢密使",为"内诸司之贵者",干预朝政,权势无匹。五代后梁改用士人代居其职。后唐庄宗又分中书兵房置枢密院,与宰相分掌朝政。宋朝依旧保持从左右金吾卫、左右卫到左右千牛卫等官称,号"环卫官",但没有职掌,也不定编制,只用作除拜宗室以及武臣的赠典、安置武职闲官而已。③同时,依旧设置枢密院,作为最高军政机构。唐朝中叶设置盐铁、度支二使,也有判户部,但从未总命一使。后唐明宗时才分盐铁、度支、户部为三司。④宋初承袭此制,三司成为北宋前期的最高财政机构。元丰改制,撤销三司,其职权分归户、工等部。

第五,法律制度的异同。唐朝法律有律、令、格、式四种形式,宋朝改为敕、令、格、式(仍保留律),其内涵也与唐有所不同。唐朝在审判过程中,不实行鞫、谳分职的制度,各州司法参

---

① 李光:《庄简集》卷 10《乞出第一札子》。

② 高承:《事物纪原》卷 4《中堂》。

③《宋史》卷 166《职官志六》。

④ 赵与时:《宾退录》卷 7。

军既掌鞫狱,又掌定刑。①五代时,各级司法机构分设推司官典和详断检法官,审判活动开始分为三个程序,一是推勘(审讯),二是检法,三是定罪。②宋朝继续实行此制,各级审判机构皆按此原则设置专职官员。唐朝州县没有死刑的终审权,五代仍然如此,但已普遍出现地方执行犯人死刑而不向朝廷覆奏的情况。③宋朝县衙仍旧没有死刑终审权,但北宋前期州衙有死刑的判决权,元丰改制后,须申报提刑司审核。唐朝的地方司法机构与地方行政机构合一,州县的行政长官同时又是司法长官。宋朝承袭此制,没有变化。

二、宋朝政治制度对周邻族、国的影响

与宋朝同时鼎立中国境内的辽朝、西夏、金朝以及许多少数民族,都受到宋朝政治制度或多或少的影响,主要表现在采用宋朝的职官制度方面。

辽朝南面官系统的一些官职,是在契丹族封建化过程中,兼采宋制而逐渐添置的。辽太祖时设置政事省,其长官为政事令。辽兴宗重熙十三年(1044年)改为中书省,设中书令、大丞相等职。从辽圣宗开始,实行贡举取士制。进士及第的名额逐步增多。贡举实行乡、府、省三级考试。辽圣宗时,考试科目为词赋、法律,后来又增加明经、茂才等科。圣宗以后,完全仿宋制,只设诗赋、经义两科。

西夏也是一面采择宋制设立官职,一面又设党项官,两个官僚系统并行。仿宋制,设立了中书省和枢密院,作为最高行政和军事机构,长官是中书令和枢密使。设御史台,作为最高监察机

---

① 徐道邻:《中国法制史论集·鞫谳分司考》,台北正中书局1970年第5版,第142页。

② 《五代会要》卷10《刑法杂录》、卷16《大理寺》。

③ 《五代会要》卷10《刑法杂录》。

构,长官是御史大夫。又设尚书令,总管三司、翊卫等 16 个司。西
夏在直接统治的 22 个州,各设州主,又仿宋制设通判等职。文官
的服式为戴幞头,穿靴执笏,服色为紫、绯等,都基本采用宋制。
夏仁宗还仿宋制,开科取士,正式策试举人,立唱名法。又设童子
科。夏崇宗时,在蕃学外,设立国学,教授汉学。在宫中创办小学,
设教授。后来又创办太学和内学。

金朝在熙宗废除勃极烈制后,采用宋制,朝廷设立太师、太
傅、太保三师,领三省事。尚书省设尚书令,下设左、右丞相和左、
右丞,左、右丞相实际是宰相,左、右丞是副相。不久,增设平章政
事和参知政事,为正、副宰相的助手。设御史台,作为最高监察机
构。海陵王时只设尚书省,直属皇帝,三师不领省事。世宗时,以
尚书令、左右丞相和平章政事为宰相,以左右丞、参知政事为执
政官。尚书省下设六部,分理政务。金朝还仿宋制,将地方划分为
路、府、州、县四级。举行贡举考试,分词赋、经义两科,录取文士。
海陵王时,废经义科,举人只考词赋。

西夏和金朝部分采用宋制,加速了党项和女真族封建化的
进程。

宋朝境内外还有许多少数民族, 他们的社会发展落后于宋
朝。西南溪峒各少数民族在唐末混乱时期,其首领各占其地,仿
唐制自署为刺史。入宋后,宋朝对于归附的各族首领,基本按照
文官和武官制度授以官职,赐给官诰和印符。承袭知州者,任满
五年,由该路帅司奏申朝廷颁发敕诰。一般不允许自署职名,年
老者,依法迁官致仕,其家属享受邑封等待遇。邕州左、右江壮
族聚居地,宋朝实行羁縻政策,将各部分为州、县、洞三级管理,
设知州、权州、监州、知县、知洞等,知州有养印田,如同宋朝的
职田。[①]西南诸少数民族在入宋后,宋朝同时实行夷、宋两种职
官制度,既赐给其首领以王、大将军、将军、郎将、司阶、司戈、司

---

① 范成大:《桂海虞衡志·志蛮》。

候等官称,又赐以刺史、都鬼主、知军等官职。①宋朝在有些少数民族地区,对峒丁等都计口给田,制定条法,禁止买卖田地,私自交易者有罚。②

宋朝与稍远的邻国高丽,有着密切的关系。高丽的政治制度受宋朝的影响较深。高丽仿照宋制,参照唐朝《开元礼》,设置官职,制定阶、勋、赐、检校、功臣、诸卫的等级③,如高丽王王楷时,朝廷设置尚书省、中书省、门下省、枢密院、御史台等机构,设置太傅、太保、太师、太尉、司徒、中书令、尚书令、门下侍郎、中书侍郎、平章事、参知政事、枢密院使、知枢密院事等官职。据王楷说:高丽立政造事、大小云为,无不资禀崇宁、大观(宋徽宗年号)以来的施设注措之方;高丽文阁经筵、求访儒雅,悉遵宣和(徽宗年号)之制。④官员的服饰也仿宋制,卿、监以上穿紫纹罗袍,戴纱制幞头,高官还束玉带、佩金鱼,国相则束毯纹金带;朝官穿绯纹罗袍,束角带,佩银鱼,低级的庶官穿绿衣,持木笏,戴幞头,穿乌靴。⑤又参照宋朝贡举制,地方的贡举考试,称土贡(京城之内)、乡贡(郡邑),合格者集中于国子监,再次考试,最后由国王亲试。每三年举行一次,分进士、诸科、算学、制科、宏辞等科。⑥考试科目为诗、赋、论三题。⑦将录取者分为甲乙丙丁戊五等,朝廷赐予的恩例等级大致仿照宋朝省试制度。⑧

---

　　①《宋史》卷 496《蛮夷志四》。

　　②《宋史》卷 494《蛮夷志二》。

　　③ 徐兢:《宣和奉使高丽图经》卷 8《人物》。

　　④ 徐兢:《宣和奉使高丽图经》卷 6《宫殿二》。

　　⑤ 徐兢:《宣和奉使高丽图经》卷 7《冠服》。

　　⑥⑧ 徐兢:《宣和奉使高丽图经》卷 40《同文·儒学》;《宋史》卷 487《外国·高丽》。

　　⑦ 徐兢:《宣和奉使高丽图经》卷 19《民庶·进士》。

三、宋朝政治制度的利弊得失

宋朝的皇帝官僚政体，决定它必然实行高度的中央集权的专制主义统治。但以皇帝、宰相、侍从、台谏组成的权力结构，难以长期保持这种分权制衡的状态，不免出现畸轻畸重的局面。于是在有利的另一面，则产生了许多弊端。

第一，宋朝实行以皇帝为核心的中央集权专制主义政治制度，革除了唐末五代的一些弊政，保证国内长期没有发生大规模的战乱，保持了统治秩序的相对稳定。但中央集中权力过多，也带来了一些弊病。叶适说过，宋太祖为安定天下，认为不削弱节度则祸源不断，于是设置通判，以监督刺史而分割其事权；任命文臣权知州事，使名称似乎不正，任职似乎不长，以减少其权力；委派监当官管理榷税，都监总领兵马，而知州块然只管空城、接受词讼而已。①加之，许多州郡被堕毁城墙、收缴兵甲、撤除武备，成为一些不设防的城池②，在剥夺藩镇之权的时候，把各州的"兵也收了，财也收了，赏罚刑政一切收了"，因此州郡"日就困弱"③。正因为州县的权力太轻，遇到突发事变，就难以支撑。北宋末年，金军所过一州破一州，所到一县则破一县，宋朝地方政权立即溃散。④宋朝许多有远见卓识的政治家，都已看到了中央集权过甚、地方权力太少和各个机构事权过分分割、行政效率太低等等弊病。

第二，宋朝制定了以贡举考试为主的一系列选拔士人入仕的制度和选拔官员任职的制度。贡举考试通过不断完善，出现了考卷实行编号、糊名弥封、誉录、别头试等比较严密和行之有效

①《水心别集》卷14《外稿·纪纲二》。

② 蔡襄：《蔡忠惠公文集》卷17《乞相度开修城池》；《续资治通鉴长编》卷47咸平三年条。

③《朱子语类》卷128《本朝二·法制》。

④ 文天祥：《文山先生全集》卷3《己未上皇帝书》。

的方法,使贡举考试在录取方面有了一个比较客观的标准,取消了贵族和官僚子弟的特权,对选拔人才发挥了积极的作用。但是,限于当时的技术条件,以及官僚政治风气的日益腐败,各级贡举考试中也出现了许多舞弊现象。权贵、富豪子弟使用挟书、请人代笔、拆换卷首、改动编号、考官密告试题、暗立记号等非法手段,猎取高第,有些地区富室子弟在考试前贿赂考官,预买题目,请人答卷,称为"买解",而考官根本不阅考卷,只根据记号录取举人,称为"卖解"①。大批有真才实学的穷寒之士因而名落孙山,难以金榜题名。至于那些庸庸碌碌甚至目不识丁的纨绔子弟,反而进士登第,取得了一官半职。虽然宋朝的任官制度,还是比较严密、完整的,通过这一制度,使许多德才兼备的士大夫担任了有利于发挥他们专长的官职,推动国家机器的正常运转,但是,公卿大臣的子弟亲戚们常常捷足先登,抢占了一些美差。诸如京师诸司库务的许多监当官职务,原应由三司荐举,权贵之家子弟和亲戚便想方设法,"因缘请托",通过三司,注授这些差遣。②范仲淹在回答仁宗手诏的十件事中,第一件"明黜陟"就提到在京百司,钱谷浩瀚,"权势子弟,长为占据"③。权贵们还不时为其子弟和亲戚向朝廷要求注授馆阁职事,或者进入馆阁"读书",或者担任接待外国使臣的接伴使,或者违反各种规定优先注授差遣,或者由选人超迁知州和通判,等等。大批素质低下的权贵子弟占据了重要的职务,导致各级机构运转失灵,而且使官场更加腐败和混乱。

第三,宋朝依靠儒臣治国,由文臣控制各级各类重要的职位,而对武臣严加防范。同时,为鼓励士大夫公心为国,从太祖起立誓不杀大臣,成为士大夫积极参预国事的政治保证。不过,太

---

① 《宋会要辑稿》选举 16 之 36。

② 欧阳修:《归田录》卷 2。

③ 《范文正公政府奏议》卷上《答手诏条陈十事》。

祖、太宗时对枉法贪赃的官吏仍然严惩不贷,赃官往往被判处死刑,或被刺配。这类事例很多,不胜枚举。但从真宗起,一般不再将赃官处死。神宗熙宁(1068—1077 年)后,开始赦免犯了入己赃罪的贪官。哲宗元祐七年(1092 年),又赦其杖罪。元祐八年,则全部赦免。[①]到绍圣年间(1094—1098 年)后,更立出"三免法":赃官不死、不黜、不杖。大批官员贪赃枉法而不受严惩,甚至逍遥法外,使他们有恃无恐,变本加厉地盘剥百姓。所以,南宋时有人指出,由于赃吏无法无天地勒索百姓,浙西一带"根本之地",已经十室九空了。[②]

第四,宋朝确立了比前代更为严密、健全、合理的监察制度,在国家的政治生活中发挥了维护法制和自我调节机制的功能。通过制度上的监督,加强了对各级机构的控制,以维护中央集权的统治秩序;加强了对违法官员的弹劾和必要的法律制裁,防止官僚政治的腐败;通过对皇帝的规谏,纠正皇帝的过失,尽量减少决策上因随意性而产生的偏差或失误。监察官员的职事回避制度,首先包括对宰执的亲戚和嫌疑的回避,其次包括监察官之间的回避,有效地防止了宰执与监察官、监察官与监察官之间交通关节、营私舞弊的情况。监察官员的相对独立监察制度,保证了监察权的行使,对推动监察系统的正常运转,起了十分积极的作用。监察官在当时的政治生活中处于特殊的地位,特别是在政治斗争中起到举足轻重的作用。宋仁宗时的庆历新政,便是在谏官范仲淹、韩琦、富弼等人推动下兴起的,后来他们又升任执政而主持新政。徽宗时,御史也曾多次弹劾权相蔡京,使其多次罢相。这些都反映监察系统在抑制权臣、女后、外戚、宦官、宗室、武将六种人所发挥的积极作用。但是,宋朝皇帝官僚政体,决定了监察制度必然存在一些缺陷,从而不可避免地产生了许多弊

① 陈师道:《后山谈丛》卷 2。
② 俞文豹:《吹剑四录》。

病。最大的缺陷是监察系统的独立监察权只是相对的,它不断地受到皇权和相权的干扰和破坏。在皇帝昏庸、权相跋扈的情况下,监察系统不可能正常运转,反而会成为打击坚持正义、贤明的大臣们的工具。宋徽宗和理宗时监察系统的逆向作用,是最好的证明。

第五,宋朝制定了一套民事和刑事审判制度,内容包括审判原则、审判管辖、回避、起诉、立案、审讯、复审、判决等许多方面。这套制度基本上适应了司法机构审理形形色色的民事和刑事案件的需要,而这些案件因为社会经济和政治生活的发展变得越来越多。审判制度的正常执行,对缓和社会矛盾,促进社会的发展起了不可估量的积极作用。但审判制度也存在一些弊病。在刑事审判过程中,宋朝承袭唐制,允许审判官对囚犯进行"拷讯",即用刑逼供。虽然对拷讯作了一些限制,但审讯官为了早日结案,或因收受贿赂,往往非法严刑拷打,逼迫囚犯招认。[1]有些地方官还主张将囚犯吊起一足直立,不让其睡觉,迫使其招认。[2]在严刑拷打之下,假案、冤案自然不会很少。此其一。元丰改制后,虽然将州级的死刑终审权收归监司,表示对死刑复审的重视,但州官常常用重杖处死的变通办法,将囚犯用杖打死,实际上取消了监司审定死刑的权力。此其二。复审制度过于繁琐,囚犯不服判决或翻供,就要移交同级另一法庭重审,称"别推"。囚犯依然不服或申诉,再移交上级司法机构开庭审理,称"移推"。移推的程序是从县、州、监司,一直到朝廷。地方的一些疑案也可奏申朝廷决断。次数过多的复审,大量案件集中到中央,势必造成许多案件长期拖延不决,延长了审判时间,影响了司法机构的正常活动。此其三。

---

① 胡太初:《昼帘绪论·治狱篇第七》。
② 李元弼:《作邑自箴》卷 3《处事》。

第九章　辽、金、西夏政治制度

(甲)辽朝政治制度

第一节　辽朝政治制度的演进

　　辽朝是契丹贵族建立的王朝。契丹最初只是居住在今内蒙古东部西拉木伦河及老哈河流域的一个小部族的名称，公元4世纪后期,始见于史书记载。隋唐时期,他们已成为东北边境上一支强大的势力。唐末,回鹘衰微,北方民族曾有过一次大迁徙。在这一过程中,契丹得以吸收其他部族,壮大自己。同时,与汉族的各种联系日益增多。契丹族很早以来就处在原始社会末期——部落联盟阶段,先是大贺氏,后来是遥辇氏充当联盟首领。唐末,当耶律阿保机出现在历史舞台上时,正值遥辇氏痕德堇可汗在位。由于不断南下袭扰中原地区,所以契丹部族军事首领权势日重,并且通过战争,掠夺和积聚了财富,成为最早的私有者——氏族贵族。阿保机就是他们当中最为突出的一个,其祖先"世为契丹遥辇氏之夷离堇,执其政柄"[①]。夷离堇最初是

---

　　① 《辽史》卷2《太祖本纪》。

统率军马的部族官。

唐末,幽州地区处在军阀刘守光的暴虐统治之下,当地人民群众纷纷逃往邻近的契丹地区寻求生路。同时,契丹贵族也不断率部入塞俘掠。契丹地区从事农业、手工业生产的汉人的数量日增,于是,在契丹人放牧的大草原上出现了许多汉族人民的定居点,即所谓"汉城"。汉城连同其中的居民都是契丹贵族各自的私产。阿保机一族因长期充当部族联盟的军事首领,俘获独多,所以早已是契丹贵族中最富有和势力最大的一个。待阿保机成年后,即率其部众及治下的汉人,脱离原来的部族组织"别自为一部"[1],建立了一个包括他的汉城在内的部族。据欧阳修记载,阿保机有一座汉城"在炭山东南滦河上,有盐铁之利,乃后魏滑盐县也。其地可植五谷,阿保机率汉人耕种,为治城郭邑屋廛市如幽州制度,汉人安之,不复思归"[2]。公元907年,阿保机以实力为后盾,取代了遥辇氏最后一个可汗——痕德堇(亦称钦德),焚柴告天,即汗位。

阿保机即位后自称"天皇帝",并称其妻为"地皇后",表明他一开始就谋求要建立专制皇权。然而,这却是违背契丹氏族社会传统的,所以,他只好求助于中原统治者。他不惜卑辞厚礼,遣使向刚宣告即位的后梁朱温要求"封册"。朱温提出了苛刻的条件:要求阿保机协助他消灭李克用,而且事后还要与后梁确定"甥舅之国",并以三百骑入卫后梁都城。阿保机不接受这些条件,封册未能实行,但他建立自己的皇权的决心未变,并且要把自己的统治一直扩张到中原。

为要南下,他首先必须解除后顾之忧。天显元年(926年)初,他率师伐渤海,灭掉了这个"海东盛国"。然而,契丹贵族们发现,在他们的部族联盟内是无法容纳这块封建关系业已得到发展的

---

① 《资治通鉴》卷266后梁开平元年五月条。
② 《新五代史》卷72《四夷附录》。

地区的,于是他们决定仍然保留渤海国的行政机构,改名为东丹国,立汉文化修养甚高的耶律倍(阿保机长子)为东丹王,由契丹和渤海权贵共同辅佐他治理这一地区。后来,辽太宗即位后,又以类似方式处理了从后晋手中得到的幽蓟十六州,维持这一地区原来的社会政治制度不变。

更大的难题则出现在灭晋之后,石敬瑭死后,其后继者石重贵要求改变对契丹的依赖关系,辽太宗耶律德光认为这是石氏"负恩",不可容忍。公元947年他率军攻占开封,灭了后晋。对于这样一片更广大、更发达的地区,他没有采用渤海和幽蓟的方式,经多方征询意见,最后决定由自己直接统治。这一年的二月初一,他在开封登基,宣布改晋为大辽。此时,他坐在崇元殿上,环顾左右,志得意满地说:"汉家仪物,其盛如此,我得于此殿坐,岂非真天子邪!"①但是,这个为已取得的成功而陶醉的契丹首领,毕竟不是"真天子"。他还缺乏作为一个封建统治者所应当具备的基本的政治常识。战争过后,他不去重建秩序,却纵容大批军队四处劫掠,终于激起人民群众更广泛、更激烈的反抗。同年三月,他不得不撤离开封,率部北返。他尽载后晋府库之实,并令后晋文武百官随行。但还未及出塞,就病死在栾城(今属河北)了。临终前,他总结这次南下灭晋而最后却遭致失败的教训说:"我有三失,宜天下之叛我也!诸道括钱,一失也;令上国人打草谷,二失也;不早遣节度使还镇,三失也。"②这"三失"恰好说明直至打下开封之后,这个契丹首领仍不知封建政治为何物。真正使塞北和幽蓟统一在一个朝廷之下并从而建立起辽朝初级封建专制主义中央集权制度的是继德光而立的世宗兀欲,而辽朝统治达到鼎盛,则是在统和二十二年(宋景德元年,1004年)承天太后和辽圣宗以武力迫使宋朝订立"澶渊之盟",从而实现和平之后。

---

① 《新五代史》卷72《四夷附录》。
② 《资治通鉴》卷286后汉天福十二年四月条。

第二节　辽朝皇帝制度与中央决策系统

一、辽朝皇帝制度

辽朝皇帝一方面对汉人、渤海人行使皇权,另一方面对契丹等游牧民族又具有可汗的权威。集双重身份于一身,这是辽朝皇帝制度最重要的特点。它影响到与皇帝制度直接相关的一整套制度以及中央决策系统和行政机构的设置。

1.皇位继承制度

遥辇氏自唐开元后期阻午可汗即位,至阿保机取代痕德堇,大约垄断汗位170多年,此间,该家族总共产生了连续在位的九个可汗,几乎每个可汗都实现了终身制。当时,汗位在同一家族范围内承袭,不是"世袭"而是"世选",亦即可汗之子孙不是自行承袭汗位,而是由氏族贵族从他们当中量才挑选继承者。阿保机取代遥辇氏之后,仍旧奉行此制不废。

灭渤海之后,天显元年(926年)七月,阿保机死于返回皇都的途中。依据契丹及北方其他游牧民族的传统,大汗死后,在通过选举确定汗位继承人之前,暂由皇后摄政。在述律氏摄国政期间,次子德光掌握军事大权。述律氏本来属意德光,但因有长子东丹王耶律倍在,所以,汗位继承问题,还是不得不走"世选"这一形式。至期,述律氏令二子乘马立于帐前,然后让众酋长"择可立者执其辔"①。由于众酋长预先已了解她的意向,所以一声令下,都争相去为德光执辔,而述律氏则顺水推舟,表示她愿意顺从众人所欲,于是德光即位为天皇王。

---

① 《资治通鉴》卷 275 后唐天成元年九月条。

然而，这种世选制度与正在形成过程中的至高无上的皇权必然要发生冲突。即使皇帝(可汗)本人愿意奉行世选制度，但是，世选因为是要在他死后才能举行，所以，当他一命呜呼之后，总会马上有人假托他的遗言，夺取皇位，对抗世选。这种事情，在太宗德光死后就发生过。大同元年(947年)四月，德光死于栾城时，耶律倍之子永康王兀欲正在军中。他在挫败了赵延寿争夺皇位的阴谋之后，宣布了实际伪造的德光"遗制"："永康王，大圣皇帝之嫡孙，人皇王之长子，太后钟爱，群情允归，可于中京即皇帝位。"①于是，他在中京镇州(亦称恒州，今河北正定)即位，他就是历史上的辽世宗。后来，他又以武力战胜了反对他继承皇位的述律太后及其少子李胡，迫使他们承认其皇位的合法性，从而结束了契丹"世选"可汗的传统制度。此后，穆宗、景宗亦都先后在动乱中以武力夺得皇位，这不过是辽世宗的故技重演。

景宗在位时间，始预立皇位继承人，确立传子制度。乾亨二年(980年)，他封10岁的嫡长子隆绪为梁王。两年后，景宗病故，梁王隆绪年仅12岁，在其生母睿智皇后保护下即位。此后，辽朝诸帝只有兴宗即位前正式立为皇太子，并在此之前已封梁王。此外，道宗和天祚帝即位前都只是封王，并且最初都曾封梁王。梁王实际上就是皇位继承人。所以，景宗虽无立太子之名，却已行立太子之实了。辽朝皇帝预立皇位继承人的制度应当说是始于景宗。

2.太后临朝称制

按照契丹及北方其他游牧民族传统，大汗死后，照例由其妻摄政，并主持汗位继承人的世选。阿保机死后，述律后摄政，景宗死后，睿智皇后(即承天太后)摄政，都是这种传统的体现。圣宗晚年，齐天皇后干政。齐天无子，而当时契丹已实行预立太子的制度。齐天取顺圣元妃所生宗真为子，宗真因此得以立为皇太子。太平十一

---

① 《资治通鉴》卷287后汉天福十二年五月条。

年(1031年)六月,圣宗病故,宗真即位,其生母元妃立即发动了一场政变,将齐天拘禁并逼迫自尽,然后自立为皇太后,临朝听政,重用外戚,宗真(即辽兴宗)则不得过问一切政事。重熙三年(1034年)五月,她又谋废兴宗而立少子重元。结果重元将这一阴谋告诉了兴宗,兴宗得以抢先将其囚禁,并将其亲信一网打尽。皇帝与母后的冲突愈演愈烈,实际上是日益加强皇权与母后干政的旧传统发生矛盾的结果。兴宗亲政以后,太后临朝的历史也并未到此结束,直到辽末,仍有称为太后的女主出现:保大二年(1122年),北辽皇帝耶律淳病故,这个建立在燕京的小朝廷遥立并不在燕京的天祚之子秦王定为帝,由淳妻德妃为皇太后,临朝称制;西辽德宗大石死后,子夷列年幼,遗命皇后塔不烟称制,权国政。七年后,子夷列始即位,是为西辽仁宗;仁宗死后,子幼,遗诏以妹普速完称制,权国政,并且亦号"承天太后"。可以说,太后临朝称制,几与有辽一代历史相始终。这在中国各封建王朝的历史上也是绝无仅有的。

3.宫卫制度

"辽国之法,天子践位置宫卫:分州县,析部族,设官府,籍户口,备兵马。崩则扈从后妃宫帐,以奉陵寝。"[1]契丹每一新统治者上台,都要组建自己的宫卫,宋人记载称"宫院"。太祖有弘义宫,太宗有永兴宫,世宗有积庆宫,应天皇太后述律氏有长宁宫,穆宗有延昌宫,景宗有彰愍宫,承天太后有崇德宫,圣宗有兴圣宫,兴宗有延庆宫,道宗有太和宫,天祚帝有永昌宫。孝文皇太弟(圣宗弟)虽未即位当皇帝,但亦有宫卫,曰敦睦宫。此外,大丞相耶律隆运(即韩德让)有文忠王府,其性质亦同宫卫。每个宫卫都由两部分组成:划归它管辖的州县及部族组织,这些部族组织构成斡鲁朵。这些所谓"宫"并不是供皇帝、太后起居的宫殿。宫卫其实是管理皇家财产及直接隶属于最高统治者本人的军队的机

---

[1]《辽史》卷31《营卫志·宫卫》。

构,此外,它还是皇帝即位以前的"潜邸",例如景宗即位前,穆宗即将其"养子永兴宫"①。

二、辽朝中央决策机构与机制

北方游牧部族一年四季转徙随时,车马为家,其首领议政本无定所,这是他们古老的传统。汉代,称这些非城郭以居的游牧部族为"行国"。严格说起来,辽也始终是个"行国"。圣宗以后,在长期的和平环境中,逐渐形成了四时捺钵制度。辽的最高决策机构———北南臣僚会议就设在捺钵,其机制亦在迁徙中运作。

春捺钵地点在鸭子河泺,亦称鱼儿泺,即今吉林大安附近的月亮泡。春捺钵的中心活动是捕鹅。皇帝到达鸭子河泺的时间是二月底或三月初,当时天气尚寒冷,天鹅未到,故选在冰上搭起帐篷,凿冰钓鱼,直至阴历三月以后,冰雪渐渐消融,这时则在长春州(今吉林前郭境内)东北不远的一处沙地上捕鹅雁。因为这些活动都是在冰上或水边进行的,所以春捺钵又称"春水"。秋捺钵的主要活动是狩猎,圣宗以后,主要活动地点是在庆州(今内蒙古林西白塔子)西部诸山,故称"秋山"。这种春秋两季例行的游猎活动,并非寻常消遣。每届春水、秋山之时,各部族首领都要参加。狩猎时,他们要为辽主呼鹿、射虎、搏熊;春季钓鱼,辽主举行"头鱼宴",他们不仅要来献方物,而且还要歌舞助兴。因此,辽帝藉此机会,一方面可以与各部族首领联络感情,密切关系;另一方面还可以考验他们对朝廷是否忠诚。因此,春水、秋山实际上是专为处理各部族事务而设的例行的政治活动。

冬、夏捺钵亦称消夏和坐冬,届时,辽帝要召集北南臣僚会议。夏捺钵的主要地点是在距庆州不远的永安山,冬捺钵的主要地点是在今西拉木伦河与老哈河合流处的一片平原上, 当时称广平淀。冬、夏捺钵与春水、秋山的性质明显不同,其间由皇帝召

---

① 《辽史》卷8《景宗本纪》。

集的北南臣僚会议,不单纯是要研究、处理部族事务,而且要决定包括汉族地区在内的辽朝全境范围内的军国大事。在春水、秋山活动中,辽帝是以契丹可汗身份主持活动,所以住的是帐篷。冬、夏捺钵期间,他是以辽朝皇帝身份主持活动,所以住的是宫殿。例如广平淀冬捺钵,"南有省方殿,殿北约二里曰寿宁殿,皆木柱竹榱,以毡为盖,彩绘韬柱,锦为壁衣,加绯绣额"①。宋使沈括使辽见到辽道宗设在永安山的夏捺钵亦"有居,单于(道宗)之朝寝、后萧之朝凡三,其余皆毡庐,不过数十,悉东向"②。这种蕃汉合璧的宫殿,恰与冬、夏捺钵性质相适合。

捺钵是辽朝皇帝日常活动的场所,正因为如此,所以圣宗及其以下的兴宗、道宗和几个皇后都死在捺钵。辽朝的捺钵虽然名为"行宫",但与宋朝皇帝的行宫还不尽相同。辽朝皇帝一年四季都往返于四时捺钵之间,行宫(捺钵)并不是他在朝廷之外临时活动的场所,其本身就是朝廷。契丹内外臣僚及杂役人等,还有北南面官各机构的主要负责人,都跟随皇帝在捺钵活动。圣宗以后,作为名义上的都城中京,只有汉宰相以下的南面官员留守,负责行遣一切汉人公事,但重大问题却不得自行处理。例如除拜官员,中京只能行"堂帖"权差,须待皇帝在捺钵召集北南臣僚会议讨论决定,然后才能出给诰敕,确定下来。因此,捺钵作为辽朝全境政治中心的地位是非常明确的。辽朝实行这种制度,既照顾到了全境之内蕃汉杂处的特点,同时又保证了权力得以最大限度地集中于皇帝。

---

① 《辽史》卷 32《营卫志·行营》。
② 《熙宁使虏图抄》。

第三节 辽朝中央行政体制

一、宰辅制度

辽朝有蕃汉宰相,但实际上的相权归枢密使,北、南枢密院才是真正的宰辅机构。

在我国历史上,枢密院之设,最初始于唐代。辽置枢密院,则始于灭晋以后。当时,耶律德光全盘接收了后晋的官僚机构,其中也包括后晋枢密院在内,并且仍旧以后晋枢密使李崧为枢密使。当时,枢密院只是辽朝用以管理原属后晋统治区的机构。契丹撤离开封时,枢密院及文武百官亦随之北迁。德光未及出塞,即病死于栾城。紧接着,统治集团内部就发生了激烈的争夺皇位的斗争。李崧、冯道等一大批汉官借汉兵反正之机脱离了契丹。世宗兀欲即位以后不久,于大同元年(947年)八月重新设置枢密院,以耶律安抟为枢密使,是为专管部族事务的北枢密院。同年九月,又设南枢密院,以汉人高勋为南院枢密使。

北枢密院是辽朝最高军政机关,事无不统。依例,辽朝本来有掌狱讼的官员,称夷离毕,但北院枢密使却兼管狱讼和立法,此外,还兼管赋役。统和三年(985年)北院枢密使奏,契丹服役民户多困乏,请以富户代之。圣宗审阅诸部计账之后,以涅剌、乌隗二部户少而役重,故决定予以减免。[①]北院枢密使还有选拔官吏之责。兴宗时期,曾任北院枢密使的萧孝穆说过:"枢密选贤而用,何事不济?"[②]当然北枢密院最重要的事权还是军权(详后)。

---

① 《辽史》卷10《圣宗本纪》。
② 《辽史》卷38《萧孝穆传》。

南枢密院主管五京各州县汉人及渤海人的赋役、民政等事务。其地位虽不如北枢密院重要,但亦同样是宰辅机构。有了北枢密院,辽朝皇帝才得以把政令贯彻到北、南二府及各部族,从而根本上结束了诸部各自为政的部族社会时代,另外,皇帝还可以通过南枢密院管辖下的汉宰相及各职能部门,把政令贯彻到五京及各州县。所以,北、南枢密院的建立才真正标志着辽朝专制主义中央集权政治制度的形成。

二、中央行政机构及其职能

辽朝的中央行政机构有两套,分别隶属于北、南枢密院,构成"北面官"和"南面官"。但是,辽官制中的"南面""北面",原是指官衙与殿帐的关系而言:因为契丹拜日,皇帝殿帐常东向,故一侧属北面,另一侧为南面。如同中原各封建王朝官分左、右一样,辽朝"随驾"官员分南、北。"其官有契丹枢密院及〔契丹〕行官都总管司,谓之北面,以其在牙帐之北,以主蕃事;又有汉人枢密院、中书省、〔汉人〕行宫都总管司,谓之南面,以其在牙帐之南,以主汉事。"①所谓"牙帐"即皇帝的殿帐。辽的中央官虽然依据官衙与殿帐的位置关系,分属南、北两面,但并非所有的官员都是如此。辽有超越北南面之上的机构,例如行宫都部署,最初虽为北、南分设,但是到了开泰六年(1017 年)四月,圣宗"以枢密使漆水郡王耶律制心权知诸行宫都部署事"②,于是,在北、南面行宫都部署之上就有了诸行宫都部署。兴宗时期就曾先后以萧扫古及圣宗弟隆庆之子宗政任诸行宫都部署。此外,部族官和方州官虽然分别隶属北南面官,但他们本身却是不分南北的。

作为辽朝中央行政系统的南面官,采用的是唐代官制,有三省、六部之设。但是,有些机构,仅存名义,未必实设。汉宰相有大

---

①《续资治通鉴长编》卷 110 天圣九年六月丁丑条。
②《辽史》卷 15《圣宗本纪》。

丞相,不常设。终辽之世,授大丞相者仅三人:太宗时赵延寿有此名义,不久即罢;景宗时,高勋为大丞相,一时间权势炙手可热。圣宗时,韩德让有宠于承天太后,他任大丞相,实际上成了太上皇。汉宰相的常用职名是同平章事和参知政事。但一般情况下,汉宰相的地位是在枢密使之下,宰相须兼枢密使"乃得预闻机事"①。

作为中央行政系统的北面官,是采用传统的契丹部族官制度。在北枢密院之下设北、南宰相府,其长官分别称"北宰相"和"南宰相",实际上皆系北面宰相,掌管各部族。另外还有北、南大王院,亦分掌部族军民之政;大惕隐司,掌皇族之政教;夷离毕院,掌刑狱;大林牙院,掌文翰之事;敌烈麻都司,掌礼仪。总起来说,南面官治汉人州县,北面官则治宫帐、部族、属国。

第四节　辽朝地方行政体制

一、契丹及其他部族组织

部族依据人数多寡、实力强弱有大小之分。辽初以来,列为大部族者有四:天赞元年(922年),辽太祖耶律阿保机以迭刺部强大难制,将其一分为二,变成五院部和六院部,各置夷离堇。会同元年(938年),太宗又更夷离堇为大王,故这二部在朝又曰北大王院和南大王院。此外还有,乙室部,其首领称乙室大王,故该部在朝又称乙室王府;奚六部,其首领为奚王。除以上四大部族之外,余为小部族,其首领称节度使。部族之下,还有更小的单位,曰石烈、瓦里、抹里等。

①《武溪集》卷17《契丹官仪》。

二、五京及州县

辽有五京,即上京临潢府(今内蒙古巴林左旗林东镇南)、中京大定府(今内蒙古宁城县大明城),东京辽阳府(今辽宁辽阳),南京析津府(今北京市)和西京大同府(今山西大同)。辽的五京都不是全境的政治中心。辽前期的皇都上京和中期以后被称为"契丹国"的中京,都只是名义上的和礼仪上的都城,而实际上,包括上京、中京在内的五京只不过是各自所在地区的汉族州县的行政中心,其辖区称"道"。辽有上京道、中京道、东京道、南京道和西京道,各辖若干州县。五京设官,为制不一,但都针对当地的实际情况,设有管理财政的机构:上京有盐铁司,东京有户部使司,中京有度支使司,南京有三司及转运司,西京有计司。辽朝统治下的汉人从事农业、手工业生产,是赋税的承担者。为确保赋税的征收,辽沿袭唐、五代制度,亦有户籍之制,"太宗籍五京户丁以定赋税"[①]。

除向农民征收赋税之外,辽还有征商之法,在五京及州县置市,供百姓交易货产,同时官府从中收取商税。

在上京、中京等地区,另有一类州县不属一般行政系统,称为"头下军州"或"头下州(县)"。"各部大臣从上征伐,俘掠人户,自置郭郭,为头下军州。凡市井之赋,各归头下,惟酒税赴纳上京,此分头下军州赋为二等也。"[②]头下军州,是契丹贵族的私产。当辽朝立国初期,与中原连续不断发生战争,王公大臣们跟随阿保机和德光频繁南下掠夺,他们以掠夺来的汉族居民在草原上建城,从事生产,供其剥削。头下州的居民,实际上是头下州主的私奴。此外,诸宫卫管辖的人户中有一类称"宫分户",其身份亦与头下户类似,是皇家的私奴。头下户和宫分户不入州县户籍,他们另外有籍。宫分户或宫分人,只有经朝廷核准摆脱宫籍

---

①②《辽史》卷 59《食货志》。

之后,才能取得正式户籍。韩德让原为宫分人,他当了大丞相之后仍隶宫籍,直至统和二十三年(1005 年),承天太后始诏令他"出宫籍,属于横帐"①。"横帐"即皇族。道宗时期为北府宰相的姚景行亦是即贵之后"始出宫籍,贯兴中县"②的。

第五节　蕃汉分治的司法制度

一、辽朝司法制度的建立

辽朝实行蕃汉分治:"以国制治契丹,以汉制待汉人。"③所谓"汉制",即《唐律》《唐令》,是用来治理汉人和渤海人的;"国制"基本上是指契丹固有的制度,与突厥、鲜卑等北方游牧民族的传统制度有共同的渊源,但除此之外,在部落中也辅之以推行《唐律》。

契丹司法制度的起源, 可以一直上溯到辽朝建国之前的遥辇氏痕德堇可汗时期,当时"以蒲古只等三族害于越室鲁,家属没入瓦里"④。这说明,早在阿保机即汗位之前,契丹已有刑狱,有国家和法的萌芽了。当他未经"世选"而自行宣告即位之后,遭到他的几个弟弟的强烈反对,为惩治诸弟"逆党",当时曾"权宜立法"。契丹最初的文字——"契丹大字" 始创于神册五年(920年)。⑤当惩治诸弟"逆党"时,既然尚无文字,当然所谓"权宜立法"也还只是一种口头约束,而不是成文法。据《辽史·刑法志》记

---

①《辽史》卷 14《圣宗本纪》。
②《辽史》卷 96《姚景行传》。
③④《辽史》卷 45《百官志》。
⑤《辽史》卷 2《太祖本纪》。

载,其规定大致有这样几项:"亲王从逆,不罄诸甸人,或投高崖杀之;淫乱不轨者,五车轘杀之;逆父母者视此;讪詈犯上者,以熟铁锥舂其口杀之;从坐者,量罪轻重杖决。"当时的刑罚,随意性很大,仅死刑就有许多种,除中原行过的磔、诛、弃市、绞等等之外,还有生埋、射鬼箭、投崖等契丹特有的方式。神册六年(921年),阿保机乃诏大臣"定治契丹及诸夷之法,汉人则断以《律》《令》,仍置钟院以达民冤。至太宗时,治渤海人一依汉法,余无改焉"①。当时,契丹已创制文字,所以,"治契丹及诸夷之法"当是一部契丹法规。现在我们已无从查考其线索,但从一系列相关史实中可以发现,此法与统治汉人的《唐律》《唐令》既有区别,又有很多联系。

自立法以后,刑罚滥施的情况减少了,死刑除绞、斩、凌迟之外,"又为枭磔、生瘗(即生埋)、射鬼箭、砲掷、支解之刑,归于重法,阎民使不为变耳"②。这些重法只是间或行之,一般情况下不用。但是,除死刑以外的其他刑罚,"治契丹及诸夷之法"的规定也明显地较《唐律》为重。例如,北朝及隋初即已废止的"宫刑",直至辽穆宗时,还明令行之于契丹。③此外,契丹刑法制度还存在明显的不健全之处,例如同罪不同罚的情况即很严重,世宗天禄二年(948年),"天德、萧翰、刘哥及其弟盆都等谋反,天德伏诛,杖翰,流刘哥,遣盆都使辖戛斯国"④。

二、辽朝法制演变的趋势

辽朝虽然实行"蕃汉分治",但是,蕃汉各族毕竟是统一生活在

---

①②《辽史》卷61《刑法志》。

③《辽史》卷61《刑法志》:穆宗应历十二年(962年),"国舅帐郎君萧延之奴海里强陵拽剌秃里年未及之女,以法无文,加之宫刑,仍付秃里以为奴。因著为令"。

④《辽史》卷61《刑法志》。

一个政权之下,相互影响和涉及不同民族之间的纠纷,都是不可避免的。在这样的社会历史条件下,辽朝法制演变的基本趋势是契丹法制不断依汉制加以补充,并且逐渐趋向于同汉制相一致。

会同二年(939年),"乙室大王坐赋调不均,以木剑挞背而释之"①。"赋调不均"是辽初乙室部移居山后,一部分人开始从事农业生产后出现的新问题,在"治契丹及诸夷之法"中是没有相关规定的,而只能执行《唐律》。《唐律》卷13《户婚律》:"诸差科赋役违法及不均平,杖六十。"乙室大王所受处罚,与此相合。统和六年(988年),"奚王筹宁杀无罪人李浩,所司议贵,请贷其罪。令出钱赡浩家,从之"②。所谓"议贵"亦见于《唐律》,该书卷1《名例律》中有关于对权贵犯罪减免处罚的规定,曰"八议","议贵"乃其中之一,"议者,原情议罪,称定刑之律而不正决之"。至统和十二年(944年),圣宗又诏契丹人"犯十恶者,依汉律"③。"十恶"是《唐律》卷1《名例律》中开列的"其数甚恶"的十类罪行,有谋反、谋叛、恶逆、不道、大不敬、不孝、不睦和内乱等。其核心是要维护封建秩序。然而,阿保机称帝前契丹尚处在氏族社会,故在其传统中既无"十恶"的观念,亦无惩治"十恶"的法律规定。辽朝建国后,在专制皇权形成和巩固的过程中,统治者始借用《唐律》中有关"十恶"的规定,镇压契丹部族群众的各种反抗斗争。

辽朝蕃汉之间法律上的不平等甚为严重。这与不同民族适用不同的刑律有关。圣宗时,"更定法令凡十数事,多合人心,其用刑又能详慎。先是,契丹及汉人相殴致死,其法轻重不均,至是一等科之"④。但是,这是一个非常不易解决的问题。宋哲宗元祐

---

①《辽史》卷4《太宗本纪》。
②《辽史》卷12《圣宗本纪》。
③《辽史》卷13《圣宗本纪》。
④《辽史》卷61《刑法志》。

四年(辽道宗大安五年,1089年),苏辙使辽,返回之后,曾向宋廷奏报此行所见,据他说:"北朝宽契丹,虐燕人,盖已旧矣。然臣等访闻山前诸州祗候公人,止是小民斗杀之狱,则有此弊。至于燕人强家富族,似不至如此。"①这说明,除所谓"强家富族"之外,燕京地区一般的汉族居民,在法律上从来也不曾取得同契丹人平等的地位。这是引起广大汉族人民不满、从而造成社会危机的重要根源之一。契丹统治者越来越关注这一问题,并采取了对策。咸雍六年(1070年),道宗"以契丹、汉人风俗不同,国法不可异施,于是命惕隐苏、枢密使乙辛等更定《条制》,凡合于《律令》者,具载之;其不合者,别存之"②。这实际上是要以汉制统一辽朝的法律制度。然而,法律是上层建筑,在蕃汉民族的社会存在尚有显著差别的情况下,强求法律制度的统一,必然行不通,而只能采取渐进的办法,减少差别。大安五年(1089年),道宗不得不宣告统一法制的努力暂告终止,"自今复用旧法,余悉除之"③。

第六节　辽朝军事制度

一、皇帝为最高军事统帅

如前所述,辽朝祖先在唐中期以后遥辇氏充当可汗的一百七十多年的漫长时期内,曾世代为夷离堇,掌管契丹的军事大权。阿保机即位后,仍是自己担任最高统帅,率部伐幽蓟,灭渤海,在战马上结束其一生。太宗德光即位前,就受命为天下兵马大元帅。后来的世宗、穆宗、景宗都是以武力夺得帝位的,在位期

---

① 《栾城集》卷42《北使还论北边事札子》。
②③ 《辽史》卷62《刑法志》。

间,更是不忘控制军权,自为统帅。这样,连续经过几代努力,辽朝的统治基本上是稳定下来了。尽管如此,在辽宋对峙的历史条件下,辽朝最高统治者始终不曾忽视对武装力量的直接控制。景宗死后,于乾亨四年(982年)即位的辽圣宗虽然年仅12岁,但"精射法"①,统和四年(986年)16岁时,即与其母承天太后一同率军至燕京前线,抵御宋军来攻。统和二十二年(1004年)的澶渊之役,他又一次与太后率军亲临前线。

自圣宗在位之时起,又恢复了以皇位继承人为"天下兵马大元帅"的传统。圣宗初以同母弟隆庆为继承人,故统和十六年(998年)曾封隆庆为"梁国王",开泰间又拜"大元帅"②。由于隆庆早逝,圣宗之子宗真始得以册为皇太子。宗真即辽兴宗,在位期间,无大规模战事,但他亦"善骑射"③,不忘战事,晚年(重熙二十一年,1052年) 又命其继承人燕赵国王洪基为天下兵马大元帅。洪基即辽道宗,他在位期间,于大安七年(1091年)命燕国王延禧"为天下兵马大元帅,总北南枢密院事"④。延禧即辽末帝天祚,他即位后不久,就遇上女真起兵反辽。他多次率军亲征,直至最后战败当了俘虏。辽朝诸帝作为最高军事统帅,并非仅仅是名义上的,在多数情况下,完全是实质性的。

二、"南衙不主兵"

辽朝枢密院最重要的事权是军权,但这仅限于北枢密院而言,南枢密院是没有军权的,此即元好问所说的"南衙不主兵,北司不理民"⑤。元修《辽史》的作者不理解这两句话的含义,凭空编

---

① 《辽史》卷10《圣宗本纪》。
② 《辽史》卷64《皇子表》。
③ 《辽史》卷18《兴宗本纪》。
④ 《辽史》卷25《道宗本纪》。
⑤ 《元文类》卷51《故金漆水郡侯耶律公墓志铭》。

造出北面官中又有北、南两枢密院,以至辽朝竟有三个枢密院,其实并无此事。"南衙不主兵"就是指南枢密院(即汉人枢密院)不主兵。余靖据使辽见闻,亦记载说:"大抵胡人以元帅府守山前,故有府官,又有统军掌契丹、渤海之兵;马步军一,掌汉兵。以乙室王府守山后,又有云、应、蔚、朔五节度营兵,涿州又置乡兵。"①可见,山前汉兵隶属元帅府,山后汉军则隶属乙室王府,均与南衙无关。这种情况,直至辽末,不曾改变。天庆十年(1120年),金军已克辽上京,北枢密院不敢以实情向天祚帝奏报。本来,依照辽朝传统,军政方面的问题,都由北枢密院负责向皇帝奏报。但上京失守事,却是由当时任知南枢密院事的左企弓向天祚奏报的,天祚仍说:"兵事无乃非卿职邪?"②

三、武装力量体制

《宋朝事实》卷20《经略幽蓟》记载,辽朝"兵旅大约计之,未满三十万,且自诸京统军司及寨幕契丹兵不过十五万,奚家、渤海兵不过六万,汉儿诸指挥不过一万五千"。这些是辽的主要军事力量。此外还有"刺字父子军"及"乡兵义军"等。"契丹兵",实则包含有多种成分。据契丹供奉官李信投宋后所说:"其伪署将帅、契丹、九女奚、南北皮室、当直舍利及八部落舍利、山后四镇诸军约十万八千余骑。"③其中"山后四镇诸军"属汉军,其余皆可以归入契丹军。奚即库莫奚,与契丹异种同类,奚军是契丹部族军中的一个特殊部分。因此,总括起来,辽军除"乡兵义军"不计外,主要当分为部族军、皮室军和汉军三类。

1.部族军

契丹部族全民皆兵,部族组织即是军事组织。部族军主要是

---

① 《武溪集》卷17《契丹官仪》。
② 《金史》卷75《左企弓传》。
③ 《续资治通鉴长编》卷55咸平六年七月己酉条。

各部族用以维护及扩展自身利益的武装力量。遥辇氏时期,契丹有"胜兵四万三千人,分为八部。若征发,诸部皆须议合,不得独举。猎则别部,战则同行"①。辽建国之后,阿保机通过北、南二府以统诸部。其中最强大的是五院部、六院部、乙室部和奚六部,皆各自为军。奚王府所统军队不仅数量多,而且还具有较大的独立性。"奚王府掌奚兵,在中京之南"②,这一带是奚族地区。保大三年(1123 年),奚王回离保脱离燕京的北辽政权,即在这里依靠奚军僭号称帝。乙室王府所统辖的则不仅限于该部的部族军,而且还包括该部所驻山后地区的汉军。

2.皮室军

由于部族军不仅不能完全听从阿保机调遣,而且在一定条件下甚至可能成为他的反对派手中的工具,因此,他为巩固自己的地位,就必须建立一支完全属于他自己指挥的武装力量。辽朝自己组建的这样的军队统称"皮室军"。精通契丹语的宋人余靖解释说:"契丹语金刚为'比室',取其坚利之名也。"③皮室军中包括一个特殊部分,称为"腹心部",又称"宫分军"。阿保机的腹心部是他即位后不久建立起来的。最初,这支军队是负责宿卫他的行营,由诸部选拔出来的两千名"豪健"充当士兵,以耶律曷鲁及萧敌鲁统领。曷鲁是阿保机的同族兄弟,萧敌鲁是他的妻弟,他即位之前,这二人即常在其左右侍从。这支军队由他们统领,可保证完全听命于阿保机个人,与部族军完全不同。

"腹心部"不是仅仅存在于阿保机时代,它在辽朝历史上一直存在,是构成皇帝宫卫的基本成分,即斡鲁朵。斡鲁朵是由各部族抽出一些比较小的单位——石烈、抹里等组成的人为部族,亦具有军政合一的性质,并不是常备军。而真正担任宿卫的,则是腹心部中更特殊的一部分。例如,当阿保机幼年罹难时,突吕

---

① 《旧唐书》卷 199《契丹传》。
②③ 《武溪集》卷 17《契丹官仪》。

不部人耶律台押曾搭救过他，后来台押之子欲稳就成了阿保机的好友。当阿保机即位后置宫分军——腹心部用以自卫时，欲稳首先率领自己的"门客"来附宫籍。于是，欲稳的"门客"也就成了皇家的私奴了。用奴隶充当警卫，这是殷周时期即已通行的古老办法。辽朝建立后仍然如此。

从《辽史》上的一系列记载可以发现，"腹心部""宫分军"也就是皮室军。但是，宋琪却说："晋末，契丹主头下兵谓之大帐，有皮室兵约三万，皆精甲也，为其爪牙。国母述律氏头下，谓之属珊。"①似乎皮室军系太宗德光所独有。其实不然，"皮室军自太祖时已有，即腹心部是也"②。

腹心部只是构成皮室军的一个特殊的组成部分，除此之外，见于《辽史》记载的"皮室"还有南、北、左、右之分，有的还冠以部族名称，如"敌烈皮室"。此外，隶属诸宫卫的由汉人组成的军队，亦称为"皮室"。据明代孙世芳所撰《宣府镇志·兵籍考》记载，天显十一年（936年），"契丹籍奉圣州兵为亲军"。其下自注云："时契丹主选州郡精甲置诸爪牙为皮室军。"奉圣州即石敬瑭割献给辽的新州，向来是汉人居住的地区。

3.汉军

汉军亦是辽朝武装力量的重要组成部分。辽有汉军，是从收编中原军队开始的。《辽史·太祖本纪》载，神册元年（916年）十二月，阿保机"收山北八军"。其实，此事是发生在次年二月。"山北"又称"山后"，包括燕蓟十六州中的新、妫、儒、武、云、应、寰、朔、蔚九州。"山北八军"或"山后八军"就是后唐在这一地区设置的八个军镇，其统帅是新州团练使李存矩。后梁贞明三年（辽神册二年，917年），"晋王（李存勖）攻黎阳"③，遇上梁将刘鄩奋力抵

---

① 《宋史》卷264《宋琪传》。

② 《辽史》卷46《百官志》。

③ 《资治通鉴》卷269后梁均王贞明三年二月甲申条。

抗。存勖召存矩率山北八军前去助战,行至岐沟关(今河北新城西北),部队哗变,存矩被杀,众人拥立存矩手下将领卢文进。他受拥立后,率部还攻新州、武州,皆不克,于是率众投契丹。契丹仍令这支汉军以原建制存在,驻守平州(今河北卢龙),以卢文进为节度使。

此外,在今山海关内外,后唐还置八防御军。神册二年(917年),平州刺史兼平、营、蓟三州指挥使赵思温降契丹,至少上述八防御军的一部分是跟随他投降了。卢文进、赵思温的汉军自接受阿保机收编之后,都由中原用以防御契丹的武装力量,变成了契丹统治者手中的武装力量。赵思温曾于天显元年(926年)率汉军跟随阿保机攻渤海,力战有功,很受赏识。但是,契丹统治者对于这些降将及他们统领的汉军,终究不能完全相信。例如阿保机虽令卢文进继续统军守平州,但同时又派契丹军将去那里驻守,实则监视他们的行动。后唐天成元年(辽天显元年,926年),卢文进杀契丹戍平州者,率部复归中原。

辽更大规模收编汉军的事件,是发生在辽太宗德光时期。天显九年(934年),后唐统治集团内乱,德光乘机南下援立石敬瑭,在与后唐军队作战过程中,收编了赵德钧、赵延寿父子的军队,辽以延寿为幽州节度使,封燕王。后来幽州又改称南京,以他为留守,总山南事,一直统率汉军,在灭晋战争中,为德光效尽了犬马之劳。

契丹收编汉军的办法,一直沿用不废。北宋时,辽朝仍收编投降的宋军,号"投来南军"[1]。乾亨三年(宋太平兴国六年,981年)五月,"上京汉军乱,劫立喜隐不克,伪立其子留礼寿"[2],这些"汉军"即是"宋降卒"[3]。

---

① 《续资治通鉴长编》卷166皇祐元年三月癸卯条。

② 《辽史》卷9《景宗本纪》。

③ 《辽史》卷72《李胡传附喜隐传》。

第七节 辽朝人事管理制度

一、世选与科举

辽朝北面官主要是通过世选进行补充，南面官则主要是通过科举来选任。

1.世选

这是契丹族的古老传统。随着氏族贵族的出现，契丹的部族官如夷离堇、决狱官等，也如同可汗一样，其职位世代为某一固定的家族所垄断，在这种情况下，部族官只能在特定的家族中产生，这就是世选。辽朝建国后，继续奉行这种制度。太祖四年(910年)"以后兄萧敌鲁为北府宰相。后族为相自此始"①。神册六年(921年)又"以皇弟苏为南府宰相……宗室为南府宰相自此始"②。不仅南、北府宰相适用世选，而且几乎北面官的所有官职都要经过世选补充。大康三年(1077年)，辽道宗诏："北院枢密使魏王耶律乙辛同母兄大奴、同母弟阿思世预北、南院枢密之选，其异母诸弟世预夷离堇之选。"③

2.科举

由于辽朝境内汉族地区日益扩大，并在中央集权的体制下分设南、北面官，这样，一方面是南面官机构需要不断补充新官吏，另一方面是汉族读书人要求有入仕的途径，因此，辽中期以后也实行科举制度。圣宗统和七年(989年)八月，放进士高正等

---

① ② 《辽史》卷 1《太祖本纪》。
③ 《辽史》卷 23《道宗本纪》。

二人及第。①至兴宗重熙十五年(1046年)六月,一次即放王棠等六十八人及第。②辽朝制定的一系列关于科举的规定表明,此事已经广泛影响到各阶层知识分子。重熙十九年(1050年)六月,兴宗诏令"医卜、屠贩、奴隶及倍父母或犯事逃亡者,不得举进士"③。不仅汉族各阶层的知识分子争相参加科举,而且契丹族的读书人也不甘落后。当时,契丹贵族虽然大都可以通过世选做官,但他们认为通过科举这一途径入仕似乎更荣耀,所以竟有违令让子弟参加科举的。辽朝"国制",限令契丹人不得应科举。重熙中,耶律庶箴因"擅令子就科目"④,被责罚二百鞭子。辽朝统治者限制契丹人参加科举,主要是担心契丹人争相习文,削弱武力。

二、品级与俸禄

辽官虽有品级俸禄之制,但与唐宋制度不尽相似。北面官自不待言,就是南面官的品级也无法使之逐一与宋制对应。北宋末年,收复燕山之后,宣抚使谭稹曾勉强制定一个辽官"比换补授"宋官的规定。但是实行起来,困难很大。辽的官品很滥,而俸禄又十分微薄。据谭稹说:"虏人设官无度,补受泛滥,惟吝财物而不惜名器,虽有官之人类无请受,止是任职者薄有俸给。"⑤另据路振所记,辽朝"在廷之官有俸禄,典州县则有利润庄"⑥。这就是说,那份微薄的俸禄,也只有朝官才能享受,州县官则要靠自己经营农庄以求温饱。在这种情况下,官员"受赇鬻狱,习以为常"⑦。

---

① 《辽史》卷12《圣宗本纪》。

② 《辽史》卷19《兴宗本纪》。

③ 《辽史》卷20《兴宗本纪》。

④ 《辽史》卷81《耶律庶成传·附蒲鲁传》。

⑤ 《宋会要辑稿》兵17之12。

⑥ 《宋朝事实类苑》卷77《乘轺录》。

⑦ 《栾城集》卷42《北使还论北边事札子》。

三、考核制度

辽朝对官员亦实行考核。太平六年(1026年)，圣宗曾诏"北南诸部廉察州县及石烈、弥里之官，不治者罢之。诏大小职官有贪暴残民者，立罢之，终身不录；其不廉直，虽处重任，即代之；能清勤自持者，在卑位亦当荐拔"①。此外，对官员还以封王、赐"某某功臣"称号、赐木拐(犹如汉仪赐几杖)以示褒扬。

第八节　北辽与西辽的政治制度

一、辽朝末年统治集团的分裂及北辽政权内部的蕃汉关系

辽朝末年，统治集团曾发生两次大分裂，其结果则是严重削弱了辽朝自身的力量，加速了它的灭亡。第一次分裂是发生在保大二年(1122年)三月。当时，金军已克上京、中京，天祚一路南逃，已入夹山(今内蒙古萨拉齐西北)。此时，留守燕京的汉臣李处温、张琳等外假"怨军"郭药师的支持，内结都统萧干(即奚王回离保)拥立秦晋国王耶律淳为天锡皇帝，遥降天祚为湘阴王，建立了历史上的北辽政权。

北辽政令所及，实际上仅限于燕云地区，这里虽然全是汉族居民，但耶律淳仍采用传统的南、北面官制度。他以李处温守太尉、左企弓守司徒、张琳守太师、处温弟处能直枢密院。"南衙不主兵"的老传统仍旧不变，故这些汉臣没有兵权，掌握兵权的是北院枢密使萧干等人。淳立数月，至六月间即一病不起。当时这个小朝廷真是岌岌可危，北有金人日益迫近的攻击，西面还有天

---

①《辽史》卷17《圣宗本纪》。

祚要回来"讨逆"的威胁,南边的宋朝亦不断对之施加压力。淳在临死前感到,北辽政权要在燕京地区存在下去,必须进一步依靠汉人,于是"密授〔李〕处温番汉马步军都元帅,意将属以后事"①。无奈处温手中并无一兵一卒,耶律淳临终前私相授受,待他一死,即全然不能作数。萧干等人拥兵立王妃萧氏为太后,权主军国事,李处温被令自尽。紧接着,当年十二月,燕京即被金军攻破。

燕京陷落之后,辽朝统治集团又进一步发生分裂。萧干率残部北走,于保大三年(1123年)初僭号称大奚皇帝,不久即失败。耶律大石和淳妃萧氏则逃往西北,投奔天祚。天祚本应捐弃前嫌,团结来归者一致对抗金人。但他却立即杀了萧氏,并指责大石不该参与拥立耶律淳。由于天祚顽固坚持奉行这种孤家寡人政策,所以,其内部进一步发生分裂,就不可避免了。先是其子梁王雅里于保大三年五月脱离天祚自立,建立了又一个北辽政权。四年秋,天祚全然不顾于己日益不利的形势,竟谋出兵收复燕云,大石力谏不从,最后亦率部出走。

二、耶律大石出走后最初建立的政权

耶律大石字重德,是辽太祖阿保机的八世孙,通汉文和契丹文,且精骑射,是契丹皇室中少有的文武双全的人才,他在保大四年(1124年)七月脱离天祚以后,最初是在今内蒙古东部地区活动。这里是契丹初兴之地,当辽朝强盛时,又是四时捺钵所在地。大石回到这里,是要一反天祚帝及耶律淳依赖汉族封建地主的路线,重建契丹王朝。他"置北、南面官属,自立为王"②,但并未称帝,而是仍然以天祚帝作为一面旗帜,号召游牧各部与他"共救君父"。这是他接受了耶律淳的失败教训之后,作出的选择,而且效果果然不错。一年后,据降金的挞不野报告:"耶律大石自称

---

①《辽史》卷102《李处温传》。
②《辽史》卷29《天祚本纪》。

王,置南北官属,有战马万匹。辽主从者不过四千户,有步骑万余。"[1]看来,大石的力量很快已经超过了天祚。他获得这样的成功,不是靠胁迫各部,而是对他们动之以情,晓之以理,充分利用他们自辽初以来形成的对辽朝的依附关系。

三、西辽政治制度

如前所述,最初,大石建立的仍是沿袭辽朝传统的政权,目的是要战胜女真人,重新确立辽朝的统治。但是,由于女真人的势力迅速发展,形势对他越来越不利,他才不得不被迫西行,历尽艰难,于公元1132年左右到达中亚的八拉沙衮,在那里称帝,号天祐皇帝,改元延庆。在此之前,天祚已成了金朝的俘虏。

大石在中亚称帝,建立西辽,使辽的国统得以延续。西辽政权,在形势上虽然部分地继承了辽朝的制度,例如统治者仍称皇帝,但是,由于客观环境已发生了变化,故其政治制度也随之发生了变化。大石到来之前,八拉沙衮是喀拉汗王朝驻地。大石来到这里之后,仍令该王朝继续存在。其他已归附的小王朝,也都如此。西辽皇帝自称菊儿汗("古儿汗""葛儿罕"是其异译),意为"汗之汗"[2],即可汗之上的可汗。它不同于天祚皇帝以前的辽帝,在他的统治下,并没有众多的汉族人民,而只有各部族、属国。在这种情况下,西辽朝廷是否仍有维持南、北面官体制的必要呢?囿于文献无征,已经很难说清楚了。但是可以肯定,西辽即使仍是分设南北面官,南面官的地位也会进一步削弱,甚至完全成为象征性的。

西辽政治制度另一重大变化是皇帝不再有"四时捺钵",亦无名义上的都城,其驻地称虎斯斡耳朵。"斡耳朵"即斡鲁朵,如

---

① 《金史》卷3《太宗本纪》。

② 巴托尔德著:《中亚突厥史十二讲》,罗致平译,中国社会出版社1984年版,第126—127页。

前所述,它是统治者组建的部族组织,具有军事性质。金世宗在位时,"回纥移习览三人至西南招讨司贸易,自言本国回纥邹括番部,所居城名骨斯讹鲁朵……契丹所居屯营,乘马行自旦至日中始周匝"①。这个邹括番部也就是被契丹征服的喀喇汗王朝。土著居民所居之城,显然是原来就存在的。契丹人到来之后,称这座城为虎斯斡耳朵(即骨斯讹鲁朵),而实际上,真正的虎斯斡耳朵,当是指契丹皇帝的屯营,其范围大到骑马绕行一周就得花上大半天的程度,可能比现在的北京城还要大。这显然不是一座城,而是一座屯营。西辽皇帝的驻地就是一座屯营。他不再称自己的驻地为捺钵,而称斡耳朵,这表明契丹人已从天祚以前和平的、汉化的时代,在很大程度上又返回到最初经过的游牧民族的军事时代了。

西辽皇帝通过汗国的可汗及部族首领对各地区实行统治,同时向各地派驻自己的代表,称为"沙黑纳",译成汉语即"少监",对那些已归附的统治者实行监督。少监不是行政官员,而是西辽派驻各地的军事将领,都管辖有一定数量的军队。

第九节　辽朝政治制度评议

辽朝统治下有生产、生活方式各不相同的民族,既有耕稼以食、城郭以居的汉族,又有转徙随时、车马为家的契丹人和其他游牧民族。在政治制度上,辽朝实行的"因俗而治""蕃汉分治",是处理民族关系的创造性的尝试。辽朝得以维持长达二百多年的统治,这说明,他们的这些尝试,自有其成功之处,值得我们在处理民族关系时加以借鉴。

---

① 《金史》卷 121《粘割韩奴传》。

但是,另一方面我们也不能不看到,辽朝在"蕃汉分治"的格局之下,虽有捺钵作为全境范围之内唯一的政治中心,但由于这个政治中心远处塞外草原,因此妨碍了契丹族的进步,并且在一定程度上也延缓了中国统一的历史进程。辽朝统治者热衷于要求北宋承认自己并与他们互称南、北朝,而并不要求在全中国范围内实现自己的统治。这显然是一种不利于国家统一和历史发展的保守观念。

马克思说:"相继征服过印度的阿拉伯人、土耳其人、鞑靼人和莫卧儿人不久就被当地居民同化了。野蛮的征服者总是被那些他们所征服的民族的较高文明所征服, 这是一条永恒的历史规律。"[1]在历史上,这种征服越彻底,同化也就越彻底。辽以前的鲜卑人和辽以后建立金、元、清王朝的女真人、蒙古人和满洲人,其主要部分与汉族文明的融合,的确比契丹人要彻底得多。

(乙)金朝政治制度

第一节　金朝的建立与政治制度的演进

一、女真族社会形态及金朝的建立

金朝是由原生活在我国东北长白山和黑龙江流域的女真族建立的王朝。女真族的历史颇为古远,先秦时就已见于史书记载,被称作"肃慎"。后来,名称几经改变,在五代时,才正式确定了"女真"这个名称,到辽朝时,因避辽兴宗宗真的讳,辽金的文

---

① 《马克思恩格斯全集》第 9 卷,人民出版社 1961 年版,第 247 页。

献上又写作女直。

公元 1115 年，女真族在其部落联盟首长完颜阿骨打领导下，在反辽战争的胜利进程中，建立了大金王朝。不久，这个新兴的王朝便先后灭掉了辽和北宋政权，在中国北方广大领土上确立起自己的统治。金国是在 1234 年被蒙古帝国所灭的。它共维持统治一百一十九年，历经九代皇帝。

金政权的统辖区，幅员辽阔，其中包含着众多的民族，除女真族之外，有原来在辽、北宋统治下的契丹族、渤海族、汉族等，还有生活在北方山林、草原、大漠上的诸多少数民族。金国境内的经济成分也极不相同，除了大片的农业区之外，有牧区、猎区，还有农牧交错区等。这些不同民族、不同地区中的社会组织及生产关系，有封建性质的，有奴隶制性质的，还有仍处于原始氏族社会阶段的。但是，这个国家的主要统治区域是原来在辽、北宋封建政权统治下的汉、契丹、渤海等民族生活的地区，这些地区在金政权统治下仍保持了原有的封建制度。

作为金王朝的统治民族——女真族，其自身的社会形态与在金政权统治下的其他民族不同，它经历了突变的历史过程。

建国前夕的女真族，处于原始社会的末期，以完颜部为中心的部落联盟巩固和强大起来。由于私有财产制度的确立，导致了社会内部的阶级分化，出现了原始的国家组织，即史书所记的"有官属，纪纲渐立"[1]。这时的女真族已经走到了原始社会的尽头。到阿骨打称帝建国，女真族正式完成了从原始社会向阶级社会的过渡。

在与先进的辽王朝战争过程中立国的金朝，从其建立伊始，便同封建的经济、文化和政治制度有着频繁的接触，且受到强烈的冲击，因此，这个政权从一开始便带有某些封建性质，或者说是个初级封建政权。在迅速灭亡了辽国、北宋，占据了黄河以北

---

① 《金史》卷 1《世纪》。

的大片土地之后,女真族受到了高度发展的封建主义的各方面影响,社会内部向着全面封建化飞跃发展。到了金太宗朝后期,女真族社会便基本完成了封建化过程。此后,虽然女真族社会内部仍有着奴隶制残余的各种表现,但占社会主导地位的已是封建制度。

二、金朝政治制度的形成和特征

金朝是在先后灭亡了两个比自己先进的封建政权之后发展起来的。这就使这个王朝政治制度的形成和确立不可避免地受到先进制度的深刻影响而呈现出错综复杂的变化过程。就其主要方面来看,大致经历了如下几个发展阶段:

1.金太祖阿骨打至金太宗完颜晟前期——制度初建时期

这一时期是金统治者进行统一、征服战争时期。金政权各项政治制度之建置,都是为以女真族为骨干的军队从事征战这个中心任务服务的。新创建的以及经过根本性改造而沿袭了建国前的若干制度和设官,都仍带有浓厚的原始部落制以及民族压迫的色彩和烙印。对于金统治者来说, 他们的政策是推行"本国制度"——女真族制度。就这个政权的制度而言,都尚处于草创阶段。

2.金太宗完颜晟后期至金熙宗完颜亶时期——制度剧变时期

金太宗统治后期,对政治制度着手进行了一系列的改革。而这种改革的继续和大规模进行则是由金熙宗完成的。金熙宗在天眷年间颁布了一套改革后的制度条文,即所谓的"天眷新制"。"天眷新制"改变了以前金国曾一度几种政治制度并存的局面,基本上按照中原封建政治制度的模式统一了金国的制度,中央集权制的专制统治得到了加强。这一时期,金国政治制度经历了这样一个变化,即由过去只用本国制度,过渡到采用辽朝的北南两面制度,进而又吸收中原的"汉制",多种制度并存了一个阶段之后,逐渐趋向于全面实行汉制这样一个剧烈变动的过程。

3.海陵王完颜亮时期——基本定制时期

以正隆元年(1156年)海陵王对金国中央官制全面改革的正式完成,颁布所谓"正隆官制"为标志,金朝的政治制度基本确定下来。海陵王之后的几代皇帝,如世宗、章宗等虽又实施过一些改革措施,但都只是进行了局部的调整,不过使海陵王以来的制度更加系统和完备而已。故史称,"正隆官制"之后,"职有定位,员有常数,纪纲明,庶务举,是以终金之世守而不敢变焉"①。

金朝是以女真贵族为主,联合汉、契丹等其他民族上层贵族组成的一个封建国家。其政治制度的特征是,以承袭辽、唐、宋制度为主,又糅合、掺杂了女真族自身的某些制度而形成的、带有民族色彩的封建政治制度。

第二节　金朝皇帝制度与中央决策系统

一、皇帝制度

金国的创立者——金太祖完颜阿骨打是由部落联盟长的身份登上皇帝宝座的。建国之前,女真的部落首长称"孛堇",诸部长——部落联盟长则称作"都孛堇"。这些孛堇、都孛堇最初是由部落成员民主选举产生的。但是从史书有记载的女真部落联盟长出现之时,都孛堇的推举已限在完颜阿骨打的这一系家族中进行了。大约在阿骨打任联盟长前一个世纪左右,联盟长的承袭制已基本实行"兄终弟及,复归其子"的方式。这种继承制,还保留着一些原始推选的形式。

完颜阿骨打废除了联盟长制度,自称皇帝,确立了皇权统

---

① 《金史》卷55《百官志》。

治。但是，金朝初年并未像中原皇帝那样实行太子制度。皇帝的继承人事实上是由皇帝以下最高统治集团成员"谙班勃极烈"担任的"谙班"，女真语意为尊大，"勃极烈"是孛堇的转音。金太祖之后的金太宗完颜晟、金熙宗完颜亶都是以谙班勃极烈的身份即皇帝位的。金熙宗即位后，废除了勃极烈制度，采用"汉制"，实行了立皇太子的制度。从此以后，皇太子成为金朝法定的皇位继承人。这标志着金朝皇权世袭制的正式确立。

金朝与辽、宋皇帝制度相同，皇帝在位有尊号，死后则有庙号及谥号。有金一代九个皇帝的庙号分别为太祖、太宗、熙宗、废帝、世宗、章宗、卫绍王、宣宗、哀宗。谥号多则十八字，少则四字。如太祖完颜阿骨打的谥号字数最多："应乾兴运昭德定功仁明庄孝大圣武元皇帝。"金代皇帝除最后的哀宗以及末帝之外，陵寝都在今天北京市房山县的大房山。

金朝初年，皇帝并无威仪，君臣之间不甚注重礼仪，"虽有君臣之称，而无尊卑之别"①，仍保留着原始的民主习俗，"未易改旧俗也"②。太宗时期，开始注重礼仪制度。灭辽、北宋后，便部分模仿和实行了辽、宋的朝廷礼仪制度。而金朝有关宗庙、社稷、尊谥、祭祀、朝参、仪卫、舆服等礼仪的全面改革和定制则主要是在熙宗朝完成的。金熙宗通过任用汉人宰相韩企先等，一改女真族旧有的简朴无华的礼仪制度，而以充满繁文缛节的中原封建王朝礼仪为其蓝本，实行了处处表现皇帝至高无上的尊严和严格的等级制度的礼仪制度。

金朝中央集权制的皇权统治是在各项政治制度的不断改革中逐步得到加强的。金太祖时，君权未张，皇权受着勃极烈会议、贵族集团等势力和各种旧制度的约束，表现得很微弱。少数贵族基本上可以与皇帝处于较为平等的政治关系中。但后来，经过几

---

① 《三朝北盟会编》卷 166，《金虏节要》。
② 《金史》卷 70《撒改传》。

代皇帝的努力,在一系列的政治制度改革中,皇帝的地位日益提高,逐渐具有了高于一切的地位。与此同时,皇权得到了加强和扩张,其权力和行使已与中原皇帝专制权力的行使大致相同了。

二、中央决策系统

金朝建立至金熙宗即位前的二十年左右的时间里,金国中央最高决策机构是勃极烈会议。勃极烈会议制度源于女真族原始时代的部落贵族议事制。那时,遇有大事,部落长老"适野环坐,画灰而议"①,共同讨论决策。阿骨打当皇帝后,便在中央任命出身宗室、地位显赫的四人为勃极烈:吴乞买为谙班勃极烈,撒改为国论忽鲁勃极烈,辞不失为国论阿买勃极烈,斜也为国论昃勃极烈。后来又增加阿离合懑为国论乙室勃极烈。由这些勃极烈组成贵族议事会议,在皇帝主持下共同商议和决策国家大事。

勃极烈制度在金熙宗对官制的大刀阔斧的改革中首先被废除了,中央改用了"汉官制度"的三省制。不久,海陵王的正隆改制,又罢废了中书、门下二省,中央只剩下一个尚书省成为皇帝控制下的唯一最高权力机构,一直行用到金末。

尚书省虽然成为全国最高决策机构,但它已与原来的勃极烈会议有着明显的不同。勃极烈采取合议形式完全可以决定军国大事,即勃极烈会议可以操纵政权。而尚书省却不同。尚书省的建置是加强皇权的产物,因此,它是听命于皇帝、辅佐皇帝掌理国政的。军政大事,尚书省的宰执、官员们可以参议,但最终的决策是由皇帝作出的。

尚书省成为最高权力机构以后,金国中央决策过程主要有两种形式:

一种是由尚书省召集百官会议,或由尚书省内部的官员会议,讨论提出意见,拟定方案,然后报呈皇帝作出决定。这就是史

---

① 《三朝北盟会编》卷 3。

书上所记载的"尚书省集百官议""百官议于尚书省""下尚书省议"等等。例如,大定二十九年(1189年)有人建议兴办学校,推行宋朝的三舍法等制度,"事下尚书省集百官议",最后,章宗采纳了户部尚书邓俨等人的意见。①世宗朝,有关机构提出将世袭猛安、谋克官与流官同样实行定期考核。"诏下尚书省议",经过尚书省的讨论,世宗同意按宰相宗宪的意见办。②

金国中央掌管军事的最高机构是枢密院,它本是受尚书省节制的。但在金后期的军事非常时期,枢密院一度与尚书省脱离关系,在军事决策中,便出现了枢密院以同等资格与尚书省会议,或单独由枢密院议事的现象。如,兴定元年(1217年)正月,完颜仲元请试兵西夏,"诏下尚书省、枢密院议"③。兴定五年(1221年)正月,"诏枢密院议夏事"④。元光元年(1222年)十二月,关于是否发兵守潼关以抵御蒙古兵一事,"诏付尚书省、枢密院议之"⑤。

另一种形式则是由皇帝亲自召集和主持百官会议商讨国家大事,皇帝根据各方面的意见作出抉择。皇帝召集的会议,范围较小者便是所谓"廷议",有时则范围大、人数多,即"诏集百官议"等等。例如,熙宗朝,关于是否将废掉的伪齐旧地予宋这一重大问题,"命群臣议"⑥。大定初年,面临着窝斡发动的契丹族大规模的反抗斗争,世宗深为忧虑,便"诏公卿百官议所以招伐之宜"⑦。章宗承安二年(1197年),"上御便殿,召朝官四品以上入议",商讨如何解决北部边境不宁的问题。⑧

---

① 《金史》卷51《选举志》。

② 《金史》卷70《宗宪传》。

③④ 《金史》卷134《西夏传》。

⑤ 《金史》卷113《白撒传》。

⑥ 《金史》卷77《完颜昌传》。

⑦ 《金史》卷105《任熊祥传》。

⑧ 《金史》卷97《移利益传》。

一般说来,在采取上述某一形式进行决策时,最高决策者皇帝总能或多或少地避免一些失误。他或者吸收群臣各种意见中的合理部分,而作出一个综合决定;或者直接采纳某一可行的方案;有时甚至就完全听凭百官会议的结果。例如,兴定五年(1221年),蒙古纲奏请移军于河南,宣宗诏百官议,并说:"此事朕不能抉择,众议可者行之。"①可是,也有某些特殊时候,特别是当皇帝的权力欲极度膨胀之际,皇帝独断专行,不肯听取任何意见,众人缄口,"言者辄罪之",即使尚书省、百官议论,皇帝也根本"不听",一意孤行。这种现象在金朝也是时有发生的。

三、中央决策的依据与信息传递渠道

金朝中央百官会议、尚书省会议等所作决策的信息依据,主要是朝臣及各级地方官奏章反映的情况和提出的建议。将相大臣、内外大小官僚,甚至平民百姓都可以上书建策,必要时皇帝还下"求言诏",鼓励朝野内外发表意见。金朝历史上的一些重大历史事件的发生及重要决定的作出,诸如迁都燕京、礼仪制度的确定、整顿猛安谋克、对宋发动的战争等等,都是以中央及地方官的奏报为根据的。决策的信息有时还由朝廷派出使臣进行专门调查来获得。例如,熙宗朝、世宗朝经常派使者到全国各地了解民政及吏治得失;章宗朝则在各路设立提刑司,掌纠察黜陟兼采访廉能之事,以求了解下情;各朝皇帝还都经常派使臣到边境地区查访实情,以为采取和制定正确的边防政策提供准确的依据。

与辽朝皇帝相似,金朝皇帝也有着"四时捺钵"的游猎生活习惯,不过,与辽朝皇帝相比,他们倒是以居住在京城为主。金朝皇帝经常春水秋山外出射猎,冬夏逛幸行宫避寒避暑。这种出行,在某种程度上也成为皇帝接触实际、体察民情的一个有效途

---

① 《金史》卷 102《蒙古纲传》。

径。例如，大定十九年（1179年）二月，金世宗行春水，见民桑多为牲畜啮毁，于是下诏"亲王公主及势要家，牲畜有犯民桑者，许所属县官立加惩断"①。大定二十七年（1187年）九月，世宗又曾总结说："朕今岁春水所过州县，其小官多干事，盖朕前尝有赏擢，故皆勉力。以此见专任责罚，不如用赏之有激劝也。"②这些说明，皇帝可以利用巡幸之机，直接获得沿途州县生活生产的信息，作为制定政策的依据。

金朝中央和地方之间的信息联络和传递，除了特殊情况下的专门信使外，主要靠铺驿。早在建国九年，即金太宗天会二年（1124年）就设置了驿传线路，规定每五十里置驿。③后来，这一传递渠道又得到不断的增置和完善。章宗时，又设置急递辅转送文牒。十里设一铺。凡元帅府、六部文移，以敕递、省递牌子，八铺转送。主要干线设置提控急递铺官。这就有效地构成了一个从中央到全国各地的信息传达网络，政令得以畅通无阻。

四、金朝中央决策的特点与效应

金朝的中央决策是随着金朝皇权的逐渐强化，而决策权逐渐集中于皇帝一人手中的。

中原许多王朝是这样：王朝建立初期，恰是皇权最强烈的时期。开国君主为防范权力旁落，苦心经营，制定许多"章法"来保证专制权力的行使和地位的至高无上，由此，中央的决策便常常表现为皇帝个人的独断。金朝与此不同，建国初期，皇权有限，中央决策权掌握在勃极烈贵族手中，后来随着勃极烈制度的废止，中央三省制到一省制的过渡完成，皇权得以强化，决策权得以集中于皇帝一人手中。而且，终金之世，基本上未出现

---

① 《金史》卷47《食货志》。

② 《金史》卷8《世宗纪》。

③ 《金史》卷3《太宗纪》。

外戚、宦官掌握中央决策大权的局面。一旦最高决策作出,便令出则行,令禁则止。

金朝皇帝的决策并不总是、也不可能是在经过群臣的充分调查、研讨、分析之后作出的,也不可能是对可供选择的各种方案经过科学筛选之后采纳最佳方案的,也不是根据多数人的意向决定取舍的。皇帝经过一些必要的步骤,有时可以作出正确的、合理的决策,但是,不可避免的是,皇帝常常根据个人的好恶或一时的情绪、心理因素,就作出某项重大决策,从而导致了国家和民族、甚至他本人的一些严重后果或灾难。海陵王伐宋战争的决定,就是一个典型的例子。

第三节　金朝中央行政体制

一、尚书省

金熙宗的"天眷新制",实现了由勃极烈制向三省制的转变。但这时期的三省,并不真正是三省分立。门下省、中书省的长官,地位不但在尚书省的丞相之下,且为兼职:尚书省的左丞相兼侍中,右丞相兼中书令。这样,名义上设三省,实际上只是尚书省执政,中书、门下两省属于尚书省,形同虚设。这便自然导致了海陵王"正隆改制"中所谓"罢中书门下省,止置尚书省"①的结果。从此以后,金朝政治权力集中于尚书省。这种一省制的局面一直保持到金末。金朝正式废除了隋唐以来中央的三省制度,这在中国封建政治制度上也是一件值得注意的大事。

尚书省是在皇帝控制下的中央唯一的最高政府机构。尚书

---

① 《金史》卷 55《百官志》。

省的主要官员是宰相和执政。

宰相之职有：尚书令一员，左丞相、右丞相各一员，平章政事二员。按制度规定，金朝一般设有以上五名宰相，其职责是"掌丞天子，平章万机"。金朝中央机构是在模仿中原封建王朝政府机构的基础上有所改造而后形成的一省制的体系的。在尚书省内部，其组织机构也是在模仿中原王朝制度的基础上有所变通的。唐朝初年以后，尚书令作为尚书省的最高长官在中原政权中一直成为一个虚缺的官位，未实际授人。而金朝在正隆改制之后，恢复了这个职位，是为宰相。但是，由于这个职位品秩规格过高，不便于由他再统领省内事务，行使权力，结果，这个职位逐渐成为一个荣誉职衔，并不真正统率尚书省的政务。另外，熙宗朝在尚书省设置了平章政事作为宰相的一种职衔，海陵王时期一度加以废除，世宗朝以后又重新设置。在尚书省中，真正的最高长官是左丞相，其地位在其他宰相之上。

执政官之职有：左丞、右丞各一员，参知政事二员。按规定，金朝一般设有以上四名执政官。执政官为宰相之贰，即副宰相，其职责为"佐治省事"[1]。

宰相、执政官被称作"政事之臣"，他们是"和阴阳，遂万物，镇抚四夷，亲附百姓，与天子经纶于庙堂之上者也"[2]。因此，其地位殊尊，职权显要。宰执的职能"总天下事"，"领总纪纲"，并不理具体行政事务。宰执主要与皇帝共同研讨政事，建策献言，同时也具有处理人事、监督各级官吏的权力，对所属各机构及各级地方机构有指挥权等等。宰相和执政虽然地位略有差别，但在职能上没有多大差别，他们共同担负处理国务的任务。

在金朝，女真族作为统治民族在组织人选上的一个重要表现，就是宰执官员大部分由女真贵族充任。汉族及其他族人任宰

---

①《金史》卷 55《百官志》。
②《金史》卷 109《陈规传》。

执者为数不多，且往往是因这些人具有某种特殊地位或有过特殊功勋。

金朝宰执谋政者通常为八位。尚书省内研讨政事的程序大致是这样：先由各位宰执们提出意见，然后首席宰相——左丞相加以筛选，作出抉择，最后奏呈最高决策者——皇帝批准。例如，《金史》卷94《内族襄传》中就记载过这样的事实：身为左丞相的襄，"重厚寡言，务以镇静守法。每掾有所禀，必问曰：'诸相云何？'掾对某相如是，某相如是。襄曰：'从某议。'其事无有异者。识者谓襄诚得相体"。

尚书省的具体办事机构，有左右司。其长官为郎中，副长官为员外郎。左司"掌本司奏事，总察吏、户、礼三部受事付事"；右司"掌本司奏事，总察兵、刑、工三部受事付事"。即此二司辅助宰执分别办理中央六部的具体行政事务，司内的官员是为业务官员。此外，尚书省还有一些附属官员及机构：尚书省祗候郎君管勾官、架阁库管勾、提点岁赐所、堂食公使酒库、直省局等等。这些是尚书省乃至于朝廷殿堂日常工作的服务机构。

作为中央最高政府的尚书省向地方有派出机构。金前期称作行台尚书省，后期则简称作行省。金熙宗即位后，废掉了傀儡政权刘豫的伪齐国，在汴京设置了受中央尚书省统一领导的行台尚书省，以代表金中央在这一地区实施统治。不久，因要以河南地给宋，便把这个行台尚书省改设在燕京。河南地收回后，又迁回到汴京。这是行台尚书省设置初期的情况。行台尚书省的官员与"中台"相同，只是不置令，其他如左右丞相、平章政事、左右丞、参知政事之类皆置，但比中央尚书省官员低一级。海陵王天德二年（1150年）十二月曾下令"罢行台尚书省"，但很快又恢复了这一制度。金章宗朝以后，行台尚书省这一名称不见于史书记载，而根据军事和政治的某种需要，随时设置行省，以至于设置过滥。

行省作为中央在地方的派出机构，所行使的权力范围基本上与中央尚书省相同。其下也设置六部等机构,对所统辖地区的军政、民政、司法及各方面事务均有统辖权力,对原地方政府官员及行政事务有监督和处理权力。

二、六部及其职能

熙宗的"天眷新制",按照中原封建政权组织的模式,在中央设置了三省,三省之下,设置了分理全国各类政务的机关——六部,即吏部、户部、礼部、兵部、工部、刑部。海陵王正隆年间撤消了中书、门下两省,六部依旧存在,作为尚书省领导下的行政部门。六部对管辖范围内的行政事务的处理意见必须申报尚书省,由尚书省审议批准而后执行。六部既受尚书省统辖约束,又在一定范围内有独立的行政权力。而且,如对省的批示持反对态度时,有保留意见的权力,可以直接奏请皇帝裁决。

与中原政权相同,六部的长官为尚书,副长官为侍郎。

吏部——负责官吏事务。文武官员的选授、勋封、考课、出给诰敕等等,均由它们办理。

户部——负责全国民政、财政事务。户籍、婚姻、田产、俸禄、赋税及度支国用、府库仓廪、盐铁权易等,均由它处理。

礼部——负责文化、教育、礼仪等方面事务。凡属礼乐、祭祀、燕享、学校、贡举、仪式制度、符命表疏、图书册命、祥瑞国忌、天文漏刻、医卜释道、四方使客、诸国进贡、犒劳张设等,均掌管之。

兵部——负责军政管理方面的事务。如兵籍、军器、城隍、镇戍、厩牧、铺驿、车辂、仪仗、郡邑图志、险阻障塞、远方归化之类。

刑部——负责法律事务。如规令格式、审定刑名、关津稽察、敕诏勘鞫、追征给设以及监户、官户、配隶、诉良贱、城门启闭、官吏改正、功赏捕亡,等等。

工部——负责修造营建事务。凡修建营造法式、诸作工匠、屯田、山林川泽之禁、江河堤岸、道路桥梁之事,均由工部掌管。

六部之外,中央还设置了一些其他名目的院、台、司、寺、监、局、署、所等机构,掌管某一方面的业务。这些机构有的是按照唐宋制度而置,作为常设机构,如太常寺、国子监、大理寺、都水监之类。有的是随宜而置,时过而废,如章宗泰和八年(1208年)省户部官员而置三司,兼掌劝农、盐铁、度支三项,贞祐年间罢掉。有的则是反复废置,如军器监,承安二年(1197年)设,泰和四年(1204年)罢,至宁元年(1213年)复设,等等。

金朝中央机构虽然以模仿唐宋制度为主,但还没有形成像中原政权那样的整齐严密的行政管理体系,各机构有名实不符的现象,机构内部分工也常常不十分明确细致。

第四节　金朝地方行政体制

一、地方行政编制

金朝在地方上对不同的民族和处于不同生产、生活方式下的人民而采取不同的行政管理措施,大致实行三种不同的行政体制:一、对汉、渤海等族人民,设置州县管辖;二、对女真族以及部分其他民族人民,编制成猛安谋克;三、对北方边境地区以游牧生产为主的各族人民,基本上以原有的社会组织——部落、部族为地方行政组织。

金熙宗皇统元年(1141年)与南宋签订协议,"以淮水中流为界,西自邓州南四十里、西南四十里为界"①(即所谓绍兴和议),将南部边界划定之后,金朝的疆域便稳定了下来。金承袭了辽、宋制度,在全国区域内进行了京、路、府、州、县的设置。

---

① 《金史》卷25《地理志》。

金置五京:首都为中都(今北京),另四京为南京(今河南开封)、北京(今内蒙古宁城县)、东京(今辽宁辽阳)、西京(今山西大同)。五京分别领一路,京内设留守司,长官留守带本府尹兼本路兵马都总管。除五京路外,又设十四路。各路路治所在的府称总管府。这样,全国共设十九路。各路管辖府、州、县。府的行政级别相当于州,只是地位略高于州,是高一级的州。每路中,除路治所在的府之外,还有一些府的设置,如南京路辖三府,除路治所在的开封府外,还有归德府、河南府等,府长官为府尹。各州基本上分为三等:一为节镇州,设节度使治之;二为防御州,设防御使治之;三为刺史州,设刺史治之。州辖县,县制与唐制大致相同,有亦县、京县、剧县之分,一般县也分为上、中、下三等,官员设置也仿唐制。

金朝地方上还有猛安谋克这一形式。这一组织形式主要是针对女真本族人的。作为一种军事组织,猛安谋克在金建国之前就已存在于女真部落中。1114年,阿骨打在宁江州大败辽军后,"始命以三百户为谋克,谋克十为猛安"[①]。这是阿骨打对原来氏族部落中存在的猛安谋克制度进行改造而创建的新的猛安谋克制度。新的猛安谋克已经不仅仅是军事组织的单位,同时也成为行政组织的单位。猛安谋克"如郡县置吏之法"[②],即以猛安谋克为组织形式建立地方行政统治机构和设置官吏。据《金史》卷55《百官志》记载:猛安"从四品,掌修理军务,训练武艺,劝课农桑,余同防御";谋克"从五品,掌抚辑军户,训练武艺,唯不管常平仓,余同县令"。从设官及其职掌也可以明显看出,猛安谋克是与州县平行的另一种地方设置。

虽然猛安谋克是相当州县一级的设置,但处于国内地区的猛安谋克还要受总管府和节镇州的统辖;边防及军事要地的猛

---

① 《金史》卷 44《兵志》。
② 《金史》卷 128《循吏传》。

安谋克则受负责该地区军事防卫事务的统军司、招讨司统辖。

与州县、猛安谋克平行的还有一种地方行政设置——部族、乣(部落)。金朝境内,特别是北部地区活动着众多的以游牧、游猎或半农半牧生产为主的民族。在辽政权统治时期,他们就曾经被按照部族的组织形式而设置了统治管理机构和官吏。金政权基本上保持了原有的制度,也设置部族、乣,由部族统辖乣。这从《金史》卷 57《百官志》对部族、乣的设官也可以看出:诸部族节度使"从三品,统制各部,镇抚诸军,余同州节度";诸乣详稳"从五品,掌守戍边堡,余同谋克"。这就是说,部族节度使相当于节度州一级的官,而乣详稳——部落长官相当于谋克一级的官。

与猛安谋克相似,部族、乣也受各路机构或统军司、招讨司的管辖。

二、地方行政体制的特点

由金朝地方行政的设置可以看出,其地方行政体制是多元化的。这种多元化局面的形成,是因为地方行政制度有着不同的来源。这些来源大致是三种:一、仿照唐宋地方制度;二、经过改造的原女真氏族社会固有的组织形式;三、承袭辽朝的制度。

尽管地方行政组织形式各异,但有一个共同的特点,或者说实行了一个共同的原则,即地方上的军政一体化。各路、京、府、州机构统一管理区内的军政、民政,地方军既领军兵又管政事。猛安谋克和部族本身既是行政组织又是军事单位,其官员既是民政长官又是军事长官,则更充分体现了这一精神。

金"以兵得国"①,与其他游牧、游猎民族相同,女真族固有的社会组织本身就具有军事组织和行政组织的双重性质。女真族建国后,将具有这一性质的社会组织加以改造沿用了下来,进而把这种立国精神扩而大之,实施于其他地方行政组织中,以军政

①《金史》卷 44《兵志》。

合一体制构造了各地方行政机构。

第五节　金朝的司法、监察制度

一、司法制度

　　金朝的法制经历了一个演变发展过程,太祖时期,主要实行原始时期女真人的不成文法——"金国旧俗"。太宗时期虽然法制的基本精神未变,但已"稍用辽、宋法"[①]。随着统治区域的扩大,人口的增加,特别是随着中央集权的发展,金朝迫切需要适应本国实际的自己的成文法。于是,熙宗皇统年间,制定了第一部成文法——《皇统新制》。这部法规是"以本朝旧制,兼采隋唐之制,参辽宋之法,类以成书"[②],共有千余条。继熙宗之后的海陵王、世宗更加注重法律的修定。海陵王正隆年间,修定《正隆续降制书》,与《皇统新制》并行。金世宗则把自己历年"从时宜"的制旨集为《军前权宜条理》,与前两部法律文书并用。后来,由于三部法律文书兼用,一些奸吏钻空其间,徇情枉法,于是,世宗于大定十九年(1179 年)设立专门机构,修订法律。经过三年多时间,编成了一部新法规,名曰《大定重修制条》,并废止其他几部法规。这部新法规又经过反复删定,确定条文 1190 条,分作 12 卷。它总结整理了金朝几十年来的立法成果,对维护封建秩序、统一金朝法律起了积极的作用。

　　金章宗即位后,为审定律令,设立了专门机构——详定所。在这里,将金朝廷的各种法律条文以中原制度的律令格式为模式而统一起来。经过三年多的时间,审定了一部法规——《明昌

---

①②《金史》卷 45《刑志》。

律义》。虽然它并没有公布实施,但却为后来《泰和律义》的制定奠定了基础。《泰和律义》就是在《明昌律义》的基础上,经过反复校订,于泰和元年(1201年)十二月修成,并于第二年五月公布实施的。它分名例、卫禁、职制、户婚、厩库、擅兴、贼盗、斗讼、诈伪、杂律、捕亡、断狱等十二律,共563条。这部律文集金朝以前法律之大成。它是金朝所修的最后一部法规,也是金代最完备的法规。

在不断完善立法的过程中,金朝逐渐建立起一套执法系统。

在法制还未健全的金朝初年,与政治权力尚未完全集中到中央相同,司法权也未统一集中。地方官各许专决,执法轻重不一,喜怒自任。熙宗即位后,改革旧制,按照中原制度在中央设立了三省六部,其中之一就是刑部。从这时开始,司法权就逐渐集中到中央。到了海陵王天德二年(1150年),又正式设置了大理寺。这样,中央便由刑部专掌律令格式、审定刑名等事,大理寺专掌审断天下奏案、详谳疑狱等事。

金国的法律语言是女真语、汉语并用。"女真人诉事,以女真语问之;汉人诉事,以汉语问之。"①金朝后期,女真人通行汉语,所以,法律语言的使用也趋向于汉语化。

二、监察制度

金朝中央监察机构——御史台正式设置于熙宗天眷元年(1138年),即在设置三省六部的同时,也设置了监察机构。这一机构一直保存到金末。

按照唐制,御史台下设有三院——台院、殿院、察院,分掌监察各级官吏的职权。金朝御史台内设置了与唐制职掌及名称相似的各种职官,但却没有划分为三院。

金朝御史台职官情况如下:

长官为御史大夫,一名;副长官为御史中丞,二名。其职掌为

---

① 《金史》卷8《世宗纪》。

"纠察朝仪,弹劾官邪,勘鞫官府公事。凡内外刑狱所属理断不当,有陈诉者付台治之"①。

侍御史,二名,"掌奏事,判台事"②;治书侍御史,二名,掌同侍御史。金前期并未设治书侍御史一职, 大定二十九年(1189年),金扩充地方监察机构,于九路设置提刑司之后,中央御史台增置治书侍御史以协助御史处理台事。

殿中侍御史,二名,专掌纠弹朝会百官失仪者及具奏百官告假事。

监察御史,明昌年间定员十二人,掌纠察内外官僚、机构违反制度者,以及监察朝廷祭礼及出使之事。

海陵王正隆二年(1157年),模仿宋朝制度,设立了登闻鼓院、登闻检院隶属于御史台。登闻鼓院长官为"知登闻鼓院","掌奏进告御史台、登闻检院理断不当事"③,用以牵制和监察御史台、登闻检院。登闻检院长官为"知登闻检院","掌奏御进告尚书省、御史台理断不当事"④,用以监察和解决尚书省、御史台失误事。章宗明昌二年(1191年)之后,原作为附属机构的登闻鼓院和登闻检院从御史台分离了出来,成为中央一个独立的机构,而职掌不变。这无疑是提高了此二院的地位。

由上述机构的设置可以看出,金朝中央监察系统较为周密,相互制约监督,层层纠劾弹压,以确保封建统治阶级内部秩序的稳定。特别是章宗朝,监察机构的组织和权限是最强化的时期。章宗即位伊始,于大定二十九年(1189年)六月,"立提刑司,专纠察黜陟。当时号为外台"⑤。新创设的提刑司是扩充的地方监察机关,其长官为提刑使,兼宣抚使,副长官为提刑副使等。其职掌主要为在各路审察刑狱,照刷案牍,纠察滥官污吏豪猾之人及各

①②《金史》卷55《百官志》。
③④《金史》卷56《百官志》。
⑤《金史》卷98《完颜国传》。

种违反禁限事例,兼劝课农桑等事,监督和管理辖区内猛安谋克事务也是其分内职责。承安四年(1199年),提刑司改名为按察司,按察司于宣宗贞祐三年(1215年)罢废。

第六节　金朝的军事制度

一、军事领导体制

在皇权高于一切的中国封建社会里,最高军事权力是掌握在皇帝手中的。金朝也不例外。全国军队的调动权、指挥权、统率权最终都归于皇帝,而且皇帝还常常作为直接统帅,亲临阵伍,指挥作战。金章宗承安元年(1196年)以后还明确规定,全国任何军事部门要发兵300人以上,以及征兵、更换军事机构的正副长官,都必须由尚书省奏请皇帝批准,派专使带虎符前往。遇有紧急情况,不容事先奏请者,地方军事机构可先发兵,随即奏报,皇帝下诏施行。

为了严格控制军权,终金之世,中央及地方的专门军事机构的把持者,主要是女真族出身的贵族官僚。这是金统治者的"制胜长策",即使用"志一之将"。

金国中央最高军事机构的设置及职能曾经历过这样几个时期:

勃极烈会议时期——金朝初年,女真族人民壮者皆兵,编为猛安谋克。金太祖阿骨打本人就是军队的最高统帅。作为国家的专门军事机构尚未形成。当时的勃极烈会议是皇帝之下的最高政治机构,也是最高军事中枢。遇有战争,皇帝根据勃极烈会议决定,直接任命国论忽鲁勃极烈(诸部统帅)或其他将领率军作战。

元帅府时期——金太宗时期,随着征服战争的进展,国土不断扩大,军队数是剧增,为了加强军事集权,金朝廷开始模仿辽、宋的军事统帅制度。在与辽、宋的作战中,由谙班勃极烈为内外诸军都统,即都元帅,总管军事事务,但并不亲自率军作战。1125年,金太宗发兵侵宋,设立元帅府作为最高军事指挥机构。元帅府中设都元帅,左、右副元帅等指挥官。各路金军受元帅府的指挥和调动,元帅府则受命于皇帝。

枢密院时期——海陵王当政时期,对政治制度进行了大规模的改革,其中重要一项就是废除元帅府,进一步按照辽、宋的军事制度,在中央设置了最高军事指挥机构——枢密院。这一机构一直保持到金末。章宗泰和年间,曾一度在用兵时改枢密院为元帅府,兵罢则复为枢密院。枢密院长官为枢密使,副长官为枢密副使,由朝廷任命,主管军事。枢密院和尚书省管辖下的兵部,职能不同:枢密院是继承了元帅府的职能,是军队的统率机构;兵部则是军政事务的管理机构。金中央由尚书省和枢密院分管政治、军事,但枢密院是受尚书省节制的。尚书省指挥、监督枢密院,关于军事的各项命令也必须经由尚书省批准后才能发出。

枢密院与尚书省的关系到金后期发生过变化。从卫绍王时期蒙古军向金发动进攻开始,战争形势的发展使军事问题成为全国生死攸关的大事,军事机构自然日益强化,实权增大。于是,枢密院脱离尚书省的节制而独立出来,成为直接受皇帝支配的处理军务的最高机关。由于枢密院独擅军权,弊端太多,金哀宗时期,经朝廷大臣多次奏请,天兴元年(1232年)四月,又"并枢密院归尚书省,以宰相兼院官"[①]。但这时,金国已濒临末日了。

另外,适应军事上的需要,金后期在一些军事要塞、边防重

---

① 《金史》卷114《白华传》。

地设置"行枢密院",即中央枢密院的派出机构,在当地统率军队,指挥军事行动。

二、武装力量体制

全国把所有的女真人都组织在猛安谋克之中。猛安,女真语意为千户;谋克,女真语意为百户。猛安谋克既是女真族人的行政单位,也是军事编制,是女真族人统治金国的军事基础。金太祖阿骨打对女真部落中原有的猛安谋克制度加以改造后,规定"以三百户为谋克,谋克十为猛安"[①]。猛安谋克是金国军队的主干和核心。其成员壮者皆兵,平时务农,从事生产,其中部分人按期抽调,组成常备军,更番防戍京师、州县或边境地区;遇有大规模战事,则全体成员应征出战。

谋克之下,有副手蒲里衍。一谋克中设两个蒲里衍。战士则分成正军(或甲军)和阿里喜两种。正军是谋克中的正规战士,阿里喜则是副卒。

金朝中后期,随着猛安谋克组织内部的腐化变质,作为军事组织猛安谋克日益瓦解。特别是遭到蒙古进攻之后,猛安谋克每况愈下,原有的军事编制根本得不到保证。到了贞祐年间,竟以三十人甚至二十五人为一谋克,五谋克为一千户。到这时,猛安谋克只剩下了一个躯壳。随着猛安谋克的崩溃,金国也迅速走向了灭亡。

金国北部、西部边境地区有大量以部落组织形式生活着的游牧、半游牧民族。这些部落、部族组织与猛安谋克相似,既是生产组织,也是军事组织。金政府便以这些部落为单位组成部落军、部族军,分番守戍边境。这也是金国军事上所依靠的一部分重要力量。

对于汉人的州县,有战事则签取于民,战事结束即放还回乡。

---

① 《金史》卷44《兵志》。

此外,金国还有些专门军队。如,镇防军,指从各军队中抽调组成的戍边军队;诸路射粮军,是五年一籍由 30 岁以下、17 岁以上强壮者组成的兼充杂役的军队;京师防城军(大定年间改为武卫军),掌京师巡捕事。还有由犯罪者组成的以防盗窃、主筑城之役的牢城军,有负责警捕事的土兵等各种名目的军队。

金朝皇帝也设置亲兵队伍——禁军。中央禁军士兵来源于合扎猛安谋克。"合扎者,言亲军也"①,合扎猛安谋克是皇帝、宗室亲领的猛安谋克,从这里选拔士兵来组成侍卫亲军。初期,由侍卫亲军司统领,到海陵王正隆五年(1160 年)罢亲军司后,亲军分隶于殿前都点检司和宣徽院。

金朝中后期以后,合扎猛安谋克与一般猛安谋克同样,组织内部发生变化,军事素质和战斗力都大大下降。因此,侍卫亲军战士的选拔便不再限于合扎猛安谋克,而是从一般猛安谋克中选拔了。

亲军的数额前后有过增减。世宗初,定员为 4000 人,后省为 3500 人,最后定额为 3000 人。章宗时期,数额增加:承安四年(1199 年)增为 5000 人,后又增为 6000 人。

以猛安谋克为基干的金朝军队是实行征兵制的,每人都有服兵役的义务,轮番卫戍京师、地方和边境。但到了世宗大定年间,完全使用这种征兵法已成为一般人民的沉重负担,而且征来的兵员又常常不习骑射,不任军旅,不符合作战要求。因此,开始兼行募兵法,即按照家产物力多寡征兵税,国家再用这笔钱来招募"材勇骑射之士"充军。这样做,一方面是猛安谋克蜕化变质的结果,另一方面又加速了猛安谋克原有军事职能的丧失,导致了金朝原有军事制度的彻底崩溃。

---

① 《金史》卷 44《兵志》。

第七节　金朝财政管理制度

金朝中央最高财政机构是六部中的户部。金熙宗朝中央正式设立三省六部后,便由户部主持国计,征调财赋,总领全国财政。金后期,章宗泰和八年(1208年)为加强财政管理,将户部中的主要三项,劝农、盐铁、度支从户部中分出来,仿唐后期以来的三司体制,设立了三司机构。于是,三司成为中央主要财政机构,即所谓"三司治财"①,其职掌地位超出了户部。但是,三司制度在金代并未行用多久,十几年后,宣宗贞祐年间便又罢掉三司,其职权重归户部。

户部掌财务各项政令、审核计账等事,国家金谷之保管出纳机构则为太府监,"掌出纳邦国财用钱谷之事",它根据户部的文书出纳财物。

金朝地方各府、州设有官员掌管地方财政事务。为加强中央财政集权,早在金太宗天会年间,就已开始在经济、军事要地设置转运司。至海陵王时期,全国各路分别设置了转运司或都转运司,其职能为"掌税赋钱谷、仓库出纳、权衡度量之制"②。转运司负责一路之内各州县财赋的筹划、调配以及督征上缴中央的财赋,同时监察和管理地方财务制度。章宗朝设立提刑司,不久改为按察司。由于按察司在地方权力颇大,影响转运司的权力行使,于是,就在泰和八年(1208年)中央设立三司掌财政的同时,大部分路改由按察使兼转运使,地方财政事务并由按察司统一监察和管理。个别如中都路都转运,"依旧专管钱谷事"③。

---

① 《金史》卷104《王扩传》。
②③ 《金史》卷57《百官志》。

　　与唐宋相似，金中期以后，也经常增派官员到各地监察财赋，添设一些各种名目的财政使职。他们秉命于君主，开辟利源，改革赋税制度，如设置盐使、曲酒使；如每次全国通检推排由中央任专使分路监督实行，等等。

　　金朝的赋税征收主要有牛头税、两税和杂税几种。

　　牛头税是国家向猛安谋克户征收的田税。女真族各家族按照分得的牛具、税地向国家交纳赋税。规定，每末牛3头为一具，25口人受田四顷四亩有奇。不论收获多少，限定额的粟，岁输粟不过1石。官民占用无过40具。牛头税比汉人的赋税负担要轻得多。

　　金朝对汉人的赋税则基本上沿袭了五代、辽、宋以来的两税制度。金之两税皆征粮。夏税亩征粮3合，秋税亩征粮5升，秸1束（每束重15斤）。夏税为六到八月，秋税为十到十二月征收。两税负担比女真族牛税重20至40倍。

　　金朝除了两税为正税外，还有许多杂税，如铺马钱、军需钱、盐、酒、茶、醋等也都课税。最重要的一项为物力钱，即资产税。户等是物力钱征收的依据，先通括各户物力多寡，然后分户为四等或三等，按籍科差。遇有临时的差役，也按物力钱的多寡来分派。

　　这些赋税征收，构成金政府财政收入的主要来源。

第八节　金朝人事管理制度

　　为了培养人才，选拔各级封建官吏，金朝对教育事业也很重视。特别是在世宗时期，在辽、宋的基础上，大规模地发展教育事业，创办了许多学校。

　　金中央设有国子监，下辖国子学、太学。大定十年（1170年）

中央又设女真国子学。金各地方都设官办学校,分为府学、州学、县学。县以下设乡学,则大多为民办,还有私塾。金朝教育制度基本上沿袭辽、宋旧制,所不同的是各级官办学校都分汉儿学和女真学两种。金统治者意在发展女真自身文化。

金朝也实行科举,略如辽宋制度。金中期以前,考试分乡试、府试、会试(即中央礼部试)、御试四级。章宗朝,罢乡试,只有府试、会议、御试三级。金太宗时,曾因原来的辽、宋地区实行的科举内容各不相同,下诏南北各因其素常所习学之业取士,号为"南北选"。海陵王时期将南北选合并为一。凡举人由乡至府,由府至省及殿,四试都中选者,即授以官,这与宋制是相同的。御试五次被黜则赐予"及第",叫作"恩例";又有特命及第的,叫作"特恩"。

进士是科举中的一科。金朝创女真进士科。熙宗朝又设武举,分上、中、下等。章宗明昌初,又设制举。

科举是金朝选拔官吏的重要途径之一。但金朝入仕的路子甚多。除科举入仕外,应袭、劳效、恩例等都可得官。

金朝对官员的考核一般以 30 月为一考。职事官每任期为 30 月,群牧使及管课官长任期为 3 年,防御使则以 40 月,三品以上官则以 50 月,转运则以 60 月为任期。铨选有一些特殊名称:凡外任按资历升官者,叫作"常调",被选为朝官者,叫作"随朝",随朝官则可每考一次升职事一等;若以廉察而升官者叫作"廉升";授东北沿边州郡而升官者,叫作"边升"。

仿辽、宋制,金朝官位也有散阶、勋、爵等。文武官之外,司天、翰林、太医、内侍、教坊等皆有特定的官阶。各级官吏按品级每年由国家发给粟、米、麦、绫、绢等俸禄。

金朝官吏也有致仕制度。除在职者因病致仕,或因病不能赴任而致仕,或因自请而致仕等特殊情况而提前致仕外,大都因年老而致仕。金朝官吏致仕的年龄一般为 60 岁。有大功于国家,或国家栋梁之材、不可或缺者,则不受 60 岁限。

第九节　金朝政治制度评议

金朝政治制度是中国政治制度发展史上一个重要阶段。在这个阶段中，中国封建政治制度出现了一些富有特点的变化。由于金朝是少数民族入主中原的政权，所以，它的政权模式为后来的元、清所模仿，成为元、清制度的先驱。

金朝是以女真族为核心、联合汉族及其他民族上层组成的政权。这个政权带有女真族的民族特色，又具有中原封建政治制度的某些共性。金政权在制度的重要方面模仿了唐、宋，建立了一个"汉制"政府，但对其他制度也采取了兼容并蓄的态度：既以中原封建政治制度为楷模，又吸收、继承本民族以及北方其他民族政权的某些切实可行的制度。中原的政治制度与北方少数民族政权的政治制度在这里合流，并有机结合，形成一套有特色的统治系统。可以说，金朝政治制度是在综合和消化吸收了唐、辽、宋三朝制度的基础上发展、创新而形成的。

例如，金朝继承了契丹族所建辽政权的对境内不同民族采取"分而治之"的统治方式，但金朝却又没有完全模仿辽朝的中央北南两面官制度，而是中央实行唐宋的设官制度，实行一元化统治，地方则采取不同制度——州县、猛安谋克、部族并行的统治方式。

再如，金朝继承"汉制"也并非是完全照搬，而是有所改造和发展。隋唐以来中央政府的三省制，到金代则正式变为尚书省一省制。此后，三省制便在中国封建政治制度中消失了。由于仅存尚书省，撤消了中书、门下的设置和作用，除掉了三省之间的相互牵制和取消了驳正违失的机会，致使皇帝的决策权力更为增强，把专制主义中央集权制更向前推进了一步。还有，金朝新创的行省,也为后代所师承,可以说,金朝开了行省制的先河。总之,金朝政治制度对中国政治制度的发展有着重要的、独特的影响。

但是,与其他封建王朝的政治制度一样,金朝政治制度在各个方面都程度不同地、不可避免地存在着各种弊端。特别是受到民族的、历史的、经济的、地理的等等内部和外部条件的制约,金朝的许多政治制度在尚未得到充分发展和完备之际,国祚便结束了,这就使某些制度上的弊端表现得更为突出,甚至是致命的。

(丙)西夏政治制度

第一节　党项族的兴起与西夏王国的建立

西夏是党项羌建立的国家。党项羌是古代羌族的一支,南北朝时期(公元 6 世纪后期)还居住在今青海省东南部黄河河曲称作析支的地方。唐初,活动范围逐渐扩展到"东距松州,西叶护,南春桑、迷桑等羌,北吐谷浑"[1]的广阔草原地带。其时尚处于氏族部落的末期,著名的部落有八个,部落各自分立,不相统一,其中以拓氏最强。从隋代起党项羌开始"归化"隋朝,唐朝在党项居住地区置州,委任归附的部落首领作刺史,管理党项事宜。唐代吐蕃的崛兴与向外扩张,北上并灭了吐谷浑,党项羌的许多部落受其威逼,请求内徙。从公元 7 世纪初至 9 世纪末,党项羌部逐渐向西北方向迁徙,到五代宋初,在"灵、夏、绥、麟、府、环、庆、丰州、镇戎、天德、振武军"[2]等地都有了党项羌的族帐。在党项羌大迁徙的过程中形成了以庆州为中心的东山部, 以夏州为中心的

---

① 《新唐书》卷 221《党项传》。
② 《宋史》卷 491《党项传》。

平夏部和以横山为中心的南山部。平夏部的显赫大族拓跋氏即是后来建立西夏王朝的统治者。

唐朝末年,宥州刺史拓跋思恭助唐镇压黄巢起义军,被封为夏州定难军节度使,统辖夏、绥、银、宥四州地方,赐姓李,封夏国公,夏州党项李氏成为唐王朝藩镇之一。五代时期,李氏对相继统治中原的梁、唐、晋、汉、周以及北汉王朝,名义上保持了"臣属"关系。北宋初,夏州政权内部发生了争夺权力的斗争,在位者李继筠死,弟继捧袭职,继捧族弟继迁率族人逃往夏州东北的地斤泽抗宋自立。宋雍熙二年(958年)继迁攻下银州,自称定难军留后。继迁采取联辽反宋策略,粉碎了宋朝的经济封锁与军事围攻,至道三年(997年)收复夏、银、绥、宥故土,又把矛头指向宋朝西北边疆的战略要地灵州。咸平五年(1002年)继迁攻陷灵州,改灵州为西平府,宣布作为自己的都城。继迁子德明继位后采取了与宋和好的政策。受宋封西平王,在他当政的两年多中,对内保境息民,发展生产,对外加强同宋朝和西域的和市贸易等经济联系。另一方面对河西回鹘用兵,把势力伸展到玉门关以东。同时还加紧建国称帝的准备工作,由西平迁都怀远镇,改称兴州作为新都。

德明子元昊继位后,为建立西夏国家采取了一系列措施。为了团结部族,提高民族意识,他抛弃中原王朝的李、赵赐姓,改姓嵬名氏,更名曩霄,自称"兀卒";以元魏王室后裔自诩,发布"秃发令",恢复鲜卑民族旧俗,改服饰;创制了独具风格的西夏文字。但在国家政治制度、文化制度方面却基本上采自唐、宋而加以改造。宋宝元元年(夏天授礼法延祚元年,1038年)元昊正式称帝,立国建元,国号大夏,本族称"白高国",并向宋朝皇帝上表。西夏正式建国定都兴州,升为兴庆府。国土领域"东尽黄河,西界玉门,南接萧关,北控大漠,地方万余里"[1],与宋、辽王朝鼎

---

① 吴广成:《西夏书事》卷12。

足而立,因其在宋、辽之西,史称"西夏"。西夏自元昊起共传十帝,历时一百九十年,公元 1227 年被蒙古军所灭。西夏国家作为我国历史上少数民族为主体建立的封建王朝, 曾经起过重要的作用。

第二节　西夏的皇权

一、西夏的皇帝制度

西夏的皇帝制度完全仿自唐、宋制度, 但是由于史料的缺乏,只能略见其梗概。从李德明起西夏历代皇帝始有尊号、谥号、庙号、墓号等。如德明、元昊父子曾分别追上祖继迁尊号:"应运法天神智仁圣至道光德孝光皇帝"和谥号"神武";德明追谥:"光圣皇帝";元昊称帝尊号为:"世祖始文本武兴法建礼仁孝皇帝"①,以后历代相沿。元昊用本族语尊称"兀卒",即"青天子",以与宋朝皇帝的"黄天子"等同,他迟迟不愿向宋朝皇帝称臣,以保持自己与宋朝皇帝一样的至高无上地位。西夏皇室的皇位继承与后宫制度亦自德明开始,德明始立元昊为太子,立卫慕氏为后,追尊母野利氏为顺成懿孝皇后。由此产生的围绕皇位继承权的斗争及后妃干政与外戚专权又成为不可避免。西夏十帝中,景、惠、崇、仁、桓五帝系嫡长子继承皇位;毅宗系庶出长子,在经过宫廷之乱后被拥立,其余襄、神、献宗与末帝均非嫡系,反映了西夏争夺皇权的激烈斗争。

都城、宫殿、陵寝是皇权的象征。西夏在制度上效法唐、宋。宋天禧元年(1017 年)六月,德明借口于贺兰山发现龙,以为祥

---

①《宋史》卷 485《夏国传》。

瑞,迁都怀远镇,改名兴州,元昊时升为兴庆府,后曾改名中兴府,兴庆府自德明初建,又经景、毅、崇三朝大兴土木,其都城"周回一十八里,东西倍于南北,相传以为人形"①。城南北各有两门,东西各有一门,城周围有护城河,城内有道路、居民街坊。其城市规划布局、建筑设计、命名都借鉴或深受唐长安与宋东京的影响。因地制宜的"人形"平面设计与安排,表现其鲜明的地方特色。②兴庆府的宫室建筑开始于德明时期,他徙居兴州后,开始大建门阙、宫殿、宗庙、官署等,元昊进一步"广宫城,营殿宇"。"于城内作避暑宫,逶迤数里,亭榭台池,并极其胜"③。又于贺兰山东修建离宫(木栅行宫)达数十里。兴庆府的兴建与中原王朝都城一样,充分体现了以皇帝为中心的思想,使之成为西夏王朝的政治、经济和文化中心。

陵寝制度:党项族本实行火葬,亦有"凿石为穴"④的葬式记载。德明始葬其父于贺兰山,并取法于唐、宋的陵墓制度。据史籍记载,西夏除神宗、献宗、末帝最后三帝处于西夏败亡之际未及造陵外,从太祖继迁、太宗德明,及景、毅、惠、崇、仁、桓、襄七帝帝陵分别命名裕、嘉、泰、安、献、显、寿、庄、康陵等。西夏皇帝陵园坐落在今银川市以西25公里的贺兰山东麓,陵区面积东西约4公里,南北约10公里。陵园坐北朝南,呈纵向长方形。每座陵墓由角台、阙台、神道、碑亭、神城、角楼、月城、献殿、陵台等单体建筑组成独立完整的建筑群体,在平面上严格按照唐、宋时代大建筑群沿中轴线左右对称的格式,宏伟庄严。虽称"仿巩县宋陵而作"⑤,但在埋葬制度与陵园设计建造方面,也有自己独特的

---

① 《嘉靖宁夏新志》卷1。

② 参阅汪一鸣、钟侃:《西夏都城兴庆府初探》,《西北史地》1984年第2期。

③ 吴广成:《西夏书事》卷18、19。

④ 吴广成:《西夏书事》卷7。

⑤ 《嘉靖宁夏新志》卷2。

风格。西夏帝陵区内每座帝陵周围,分布着多少不等的皇亲贵臣的陪葬墓,无论在规模和形制上都与帝陵有显著的差别,反映了森严的封建等级观念。①

二、西夏的后族擅政与皇权的确立

以党项族为主体建立的西夏王朝带有浓厚的贵族色彩,皇族与后族都拥有很大势力,互相争夺权力,斗争十分尖锐。在西夏王朝占多半的时期里,后族势力不断对皇权造成严重威胁,使皇帝制度本身必然产生的后妃干政、外戚专权的政治局面,表现得更严重而突出。

西夏建国时期就未形成巩固的皇权,党项贵族集团之间的长期斗争,在建国之后仍在激烈进行。这时在形式上是皇族与后族贵族集团的斗争,在内容上则往往通过提倡"蕃礼"还是提倡"汉礼"而进行。野利氏和没藏氏都是西夏建国时期的显赫贵族,景宗元昊建国得到后族野利氏的很大支持。景宗因与没藏氏女私通,废野利后,招致了被太子宁令哥刺杀。没藏氏兄没藏讹庞又杀宁令哥及野利后,立没藏氏女所生子谅祚为帝,以己女为皇后,故能操纵皇权,总揽国政。毅宗年长后企图通过汉人势力摆脱没藏讹庞的控制,奲都五年(1061年),没藏讹庞父子阴谋杀害毅宗,夺取皇权,被讹庞子妇梁氏告密。毅宗在大将漫咩支持下,擒杀讹庞父子及没藏皇后,迎娶梁氏为后。毅宗执政,实行了一系列变革,上书宋朝,请废蕃礼,改从汉仪;求取经书诗文;求赐工匠及与宋皇室通婚;恢复榷市贸易等。毅宗病死,由年仅8岁的惠宗秉常继位,太后梁氏执政,任命弟梁乙埋为国相,政权落入后族梁氏手中,乾道二年(1069年),梁氏又宣布废除汉礼,改用蕃礼。对内排斥异己,结党专权;对外穷兵黩武,大举进犯宋朝

---

① 参阅吴峰云:《西夏陵园建筑的特点》,载史金波、白滨、吴峰云:《西夏文物》,文物出版社1988年版。

边境。大安二年(1076年),惠宗亲政,但大权仍掌握梁太后与梁乙埋手中,惠宗在大臣支持下下令废除蕃礼,改行汉礼,实行与宋和好政策,遭到后族势力的群起反对。梁太后、梁乙埋与大臣罔萌讹等设计害死支持惠宗的汉人将军李清,囚禁了惠宗。一时西夏各地支持皇室的将领拥兵自重,夏国出现的分裂,引来了宋朝的五路进攻。梁氏虽在军事上取得了胜利,但经济损失与政治危机,使之被迫令惠宗复位。天安礼定元年(1086年)惠宗死,又是年仅3岁的儿子崇宗乾顺继位, 由母后梁氏与母舅梁乙逋执掌朝政,梁氏"一门二后",连续两朝操纵国政。这时皇族嵬名阿吴和仁多保忠分掌兵权,嵬名、仁多和梁氏形成西夏掌握军政的三大家族,彼此又展开相互倾轧的角斗。后族内部梁太后与其兄梁乙逋的争权斗争也发生了, 梁太后限制乙逋的兵权, 乙逋不满,阴谋篡夺。太后令大将嵬名阿吴、仁多保忠率兵杀死梁乙逋。永安二年(1099年),崇宗在辽朝的支持下,并由辽朝遣使臣毒死梁太后,开始亲政。崇宗亲政后,对外仍采取依附辽朝并对宋朝实行和解的方针;对内全力巩固皇权的统治,依靠皇族削弱领兵贵族的权力,除掉支持梁后对外扩张的嵬保没、陵结讹遇。贞观三年 (1103年) 解除与嵬名皇族抗衡的大族仁多保忠的统军职务,招赴牙帐。为了巩固皇权统治,更大力提倡汉礼,娶汉人曹氏女,立宋降臣任得敬女为皇后,采用中原王朝的封王制度,下令国中建"国学",教授儒学。这些措施使皇权得到巩固,从而为仁宗时期封建经济的迅速发展及建立更加完善的封建政治制度奠定了基础。但在仁宗时期,由于外戚任得敬的擅权,几乎被胁迫分国,在金朝的干预下才又转危为安。仁宗之后,西夏外则面临金朝的勃兴和蒙古南侵, 内则由宗室镇夷郡王李安全篡位而肇兴的皇室动荡,使西夏王朝以后诸帝处于风雨飘摇之中,终被蒙古军队所灭。

第三节　西夏的中央与地方行政体制

一、中央行政机构设置及变化

党项建国前的夏州政权时期,为中原王朝的节度使。在党项部落内部较大的帐族首领被授为蕃落使、防御使、团练使、都押牙、指挥使、刺史等。西夏建国时,景宗仿照北宋官制建立中书省、枢密院、三司、御史台、开封府、翊卫司、官计司、受纳司、农田司、群牧司、飞龙院、磨勘司、文思院、蕃学院等。①其职掌可据宋朝制度推知, 其中开封府是沿用宋朝管理首都地区事务的衙门名称,这里指管理首都兴庆府的衙门机构。

景宗于建国后的第二年,夏天授礼法延祚二年(1039 年),又根据需要改订官制,即仿照宋制设立尚书省,置尚书令,其职掌在"考百官庶府之事而会决之"②,变更宋所设二十四司为十六司,隶属于尚书省,分理六曹事务。毅宗时对中央官制也作了新的增补,如设立了"各部尚书、侍郎、南北宣徽使及中书、学士等官"。到西夏崇宗、仁宗时期,封建经济关系的迅速发展,促成了西夏政治制度的变革与更加完善,并用法律的形式固定下来。据仁宗天盛年间(1149—1169 年)制定的《天盛旧改新定律令·司序行文门》中规定,已十分繁复,其中分上、次、中、下、末五品司,兹按顺序列出与中央官制有关的机构名称:

上司:中书、枢密;

次等司:殿前司、御史、中兴府、三司、僧人功德司、出家功德

---

① 据《宋史》卷 485《夏国传》;吴广成:《西夏书事》卷 12。

②《西夏书事》卷 13。

司、大都督府、皇城司、宣徽院、内宿司、护法功德司、阁门司、御
庖厨司、瓯匣司等；

中等司：大恒历司、都转运司、陈告司、都磨勘司、审刑司、群
牧司、农田司、受纳司、边中监军司、前宫侍司、磨勘军案殿前司、
史院、用刑务、租税务、外夷务、医人院、工技院、圣容地居等；

下等司：行官司、举荐司、南院行宫三司、马院司、西院经制
司、三边工院、北院、南院、边境转运司、东院、西院、寺庙山、边地
城司等；

末等司：刻字司、造案司、金作司、织绢院、番汉乐人院、首饰
院、铁工院、木工院、造纸院、砖瓦院、舆辇院等；

不入品司者：都纳言处，飞禽主□处、秘书监、工技院总管、
番汉大学院等。①

"天盛律令"规定的中央机构品级所依据的原则是什么？由
于史料的缺乏，至今还无法作出解释，但毕竟能够看出同类型
的机构及其在国家机构体制中的地位。如处上等司的是掌中
央文武二柄大权的中书、枢密。次等司系管理宫廷、京城事务
及监察、宗教机构。中等司主要为经济管理部门和行政办事机
构。下等司主要为边境管理机构。末等司为手工制造业作坊的
管理机构。

以上史料说明西夏中央行政体制是一套完整的官制系统，
并且根据自己的需要逐渐完备，又有所变更，因此不能完全同宋
朝庞大的官僚系统类比，它精简了许多中间环节，如某些省、部
和许多寺、监等。还有未设机构而以其官职授人的情况，这可能
是为了招诱汉人或派遣使臣的需要。

西夏建国后实行一套官制系统，故在任职上不分党项人和

---

① 据黄振华：《西夏文字典文海、文海杂类及其研究》，载中国中亚文化研
究协会编：《中亚学刊》第 1 辑，1983 年；陈炳应：《西夏文物研究》第 5 章，宁夏
人民出版社 1985 年版。

汉人一律任用。汉文史料记载:"自中书令、宰相、枢使、大夫、侍中、太尉以下,皆分命蕃汉人为之。"①由于由部落武装首领管理部落延续下来的军事管理体制,党项人多任武职,汉人多任文职。西夏时期辅佐皇帝握有重权的宰相,西夏称国相,也分别由党项人或汉人担任。景宗时任用宋朝投夏汉族文人张元为太师尚书令,兼中书令,官至国相。毅、惠、崇三朝分别以母舅没藏讹庞、梁乙埋、梁乙逋任国相。仁宗时以外戚汉人任得敬为尚书令、升中书令,后居国相。任得敬篡国被诛后才又擢党项重臣为中书令,又任国相。

二、西夏的宗教管理体制

党项族入居西北地区后,同流行于这个地区的佛教发生了关系,很快接受了佛教信仰。西夏建国后,上层统治人物,更采取大力推崇和扶持佛教的政策,佛教在西夏得到了迅速的传播和发展,使佛教在西夏具有特殊重要的地位。

佛教的兴盛,首先是信徒众多,僧人的数量很大,这就需要有一套比较完善的佛教管理机构和管理制度。西夏在佛教管理方面继承中原地区的功德司机构,并有新的发展。《天盛旧改新定律令·司序行文门》中次等司有三个功德司:僧众功德司、出家功德司、护法功德司,都是主管全国宗教事务的高级机构。其职能,顾名思义,僧众功德司掌管全境僧职人员,出家功德司掌度僧出家事宜,护法功德司掌佛门戒律,纠察僧人越轨行为等。三功德司与殿前司、御史台、中兴府等并列,可见其地位的重要。

功德司长官称功德司正,副手(辅佐)称功德司副。其下有判与承旨。"天盛律令"规定护法功德司有一正、一副、一判、一承旨。担任功德司正和副的僧人,都是当时有威望的高僧。如西夏

①《宋史》卷485《夏国传》。

有帝师、国师称号的僧人才可以担任功德司正的职务,有法师称号的僧人才可以担任功德司副的职务。

帝师、国师、法师、禅师等是西夏佛教界的高级职称。帝师之称过去最早见于元代,新发现的资料证明西夏后期已有帝师之称,其品位极高,位在皇太子之下。西夏帝师之设,可能受藏传佛教的影响,帝师的职能起到调整皇室与佛教领袖之间的政治关系的作用。元代的帝师制度可能又是受西夏的影响。国师是西夏前期僧人的最高封号,史料记载所见的西夏时期十三位国师中,著名的有景宗时主持译经的国师白法信,惠宗时主持译经的安全国师白智光,崇宗时主持修建甘州卧佛寺的国师嵬名思能,仁宗时校译佛经的兰山觉行国师沙门德慧,主持大度民寺大法会的国师宗律、净戒及大乘玄密国师等。由此可以看出国师的职能为主持译经、校经,主持法会,主持修建佛寺等。天盛法规和西夏时期的《官阶封号表》都把国师列为上等司(上品),其地位在诸王位和中书、枢密位之间。国师以下称法师,法师具有较深厚的佛学知识,善于讲经,也参加译经与传经,有较高的地位。

西夏寺庙及僧人有一套管理制度,寺庙中僧人职务名称,据现有资料有提举、僧正、僧副、僧监、僧判、僧录等。僧人及有僧职的也兼任政府官员,如据西夏天祐民安五年(1094 年)修建的《凉州重修护国寺感通塔碑铭》记载,西夏僧人卧屈皆为皇城司正兼典礼司、统军司正等次、中等司品级的职务。又如提举解经僧药永铨又担任行宫三司正属下等司的职务。以上说明西夏寺庙中僧职的地位也是比较高的。

西夏僧人有"赐绯""赐紫"制度。唐制以职官服色表示职位高低,三品以上赐紫色袍,五品以上赐绯色袍,后赐及僧、道之职位高者。上文提到的《凉州重修护国寺感通塔碑铭》中记载有七个赐绯僧人。碑铭未见有赐紫僧人的记载。在敦煌莫高窟、安西榆林窟洞窟壁画西夏时期的题款中则发现赐紫、赐绯的记载。此外在西夏时期的佛经中多次见到的"番汉三学院",可能是西夏培养党项人、汉人及其他民族佛学人才的场所。[①]

三、西夏的司法、监察制度

党项族在建国前没有成文法律,相约成俗。部族中"择气直舌辩者"担任"和断官","以听讼之曲直"。如"杀人者纳命价百二十千"[②]。开国皇帝景宗十分重视研读汉文法律著作,实行以法治国,反映在西夏建国即设立了司法、监察机构。西夏学者骨勒茂才于乾祐二十一年(1190 年)编撰的《番汉合时掌中珠·人事门》中列举了陈告司、审刑司等司法机关,并记载了某种案例详细的司法诉讼程序:接状之后,"都案判凭,司吏行遣";由法医看验伤者或尸体;取证,追查干证;把犯人枷在狱里,仔细取向,不肯招供者严刑拷打,令其"伏罪入状"[③]。在一份保存下来的西夏文"狱典"残卷中记载:"无论何人昔日作恶多端,入狱需教以正道,使其明了罪恶性质及大小程度。"[④]有一种用西夏文草书书写的《瓜州审案记录》[⑤]残卷共十数纸,笔录了西夏天赐礼盛国庆元年至二年(1069—1070 年)瓜州地区同一民间财产纠纷案件的数次审判情形,反映了西夏初期民事案件的审判程序。西夏后期崇宗、仁宗时期法制建设更加完善,特别表现在有多种类型法典的颁布,如崇宗贞观年间(1102—1114 年)制定的军事法规《贞观玉镜》、仁宗天盛年间颁布的《天盛旧改新定律令》《新法》,及神宗光定五年(1215 年)编纂的《光定猪年新法》[⑥],特别是天盛律

---

① 本节内容参阅陈炳应:《西夏文物研究》,宁夏人民出版社 1985 年版;史金波:《西夏佛教史略》,宁夏人民出版社 1988 年版。

②《辽史》卷 115《西夏外记》。

③《番汉合时掌中珠》,《嘉草轩丛刊》罗氏影印本。

④⑥《西夏文写本与刊本》,载《民族史译文集》第 3 辑,民族研究所历史室,1978 年。

⑤ 参阅史金波、白滨、吴峰云:《西夏文物》,文物出版社 1988 年版。

令20卷,详细规定了西夏人民生活及国家政治机构的规范和法则。此外西夏还有制定赈济法、戍边法的记载①。

西夏建国即设御史台,掌监察弹劾。官有御史大夫、御史中丞、殿中御史、监察御史等。御史大夫的地位和职权都很重要,贞观十二年(1112年)六月,崇宗命诸臣言得失,御史大夫谋宁克任上疏:"既隆文治,尤修武备",表明了对崇宗一味崇尚儒学的进谏。大德四年(1138年)八月,御史大夫芭里祖仁奏请立任得敬女为皇后,崇宗令其任持册使。大庆四年(1143年)四月,夏州地震,御史大夫苏执义上言察变异,仁宗下令免其地租二年,并令有司修复城池庐舍。大庆四年(1147年),御史大夫热辣公济谏阻外戚西平公任得敬入朝,防其干政乱国。应天元年(1206年)西夏镇夷郡王安全废桓宗自立为帝,支持安全的桓宗母罗氏遣御史大夫罔执中奉表到金朝为安全请封,遭到拒绝。御史大夫往往担任出使邻国的重要使臣。低一级的御史中丞,其地位与职责与御史大夫差不多,如贞观元年(1101年),御史中丞薛元礼按崇宗的意思奏请在国中建"国学"推行儒学。因谏阻任得敬入朝而降为御史中丞的热辣公济,于天盛十二年(1160年)三月,又上疏弹劾任得敬进爵为楚王,天盛二十一年(1169年)二月,他再次"抗疏"要求罢斥位极人臣的外戚权臣任得敬。仁宗怕热辣公济反受其害,令他致仕归家。神宗遵顼时御史中丞梁德懿敢于上谏喜好战争的遵顼皇帝宜"抚恤黎庶,修睦邻邦",并请求释放因谏伐金被囚的太子德任。神宗不听,也令其致仕。此外史书记载有关御史台官员任职与事迹,如乾定二年(1224年)六月,西夏国将亡,献宗德旺求直言,殿中御史张公辅上疏陈述"经国七事",献宗感其言辞恳切,提升为御史中丞。天盛十年(1158年)五月,西夏首次立通济监铸钱,仁宗委派掌监的官员即监察

①《西夏书事》卷35;黄振华:《评苏联近三十年的西夏学研究》,《社会科学战线》1978年第2期。

御史梁惟忠。以上都说明御史台之设在西夏整个时期都处于重要地位,发挥重要作用。

四、西夏的地方行政体制

西夏的地方行政体制也基本沿用唐、宋中原王朝的府、州、郡、县建置。西夏史料中有府路的名称,但目前还没有足够资料证明其有路的建置。

史籍记载西夏建国初期有 19 个州,也有记载有 20 个州的;后期记载有 22 个州。[1]如据汉文史料考证西夏早期、后期所领州数可达 26 个,甚至尚不止此数。[2]再如根据考古资料和西夏文文献资料考察,还可以发现一些汉文史籍上没有记载的州名。如南宋《地理图》刻石,在"党项夏国"的西北部,居延泽之东南有"碛南弥峨州"之名。证之榆林窟 25 窟西夏文题记中有"你合饿州监军司通判",说明西夏时期还有一个称作弥峨的州,不包括在上列州的设置中。

西夏时期州的设置与变化,随宋、辽、金战争中疆域的变化而增减。如据汉文史籍所载 22 州考察,西夏前后期的变化,即仁宗乾祐十四年(1183 年)以前,河南之州原有 11 个,即夏、银、绥、宥、灵、盐、会、胜、洪、威(韦)、龙,到后期,即公元 1183 年以后为 9 州,后期无绥、龙、胜 3 州而增置石州。绥、龙二州为宋收复,石州亦为增置。前期河西之州 9 个:兴、静、甘、凉、瓜、沙、肃、定、怀,后期变静州而增置永州仍为 9 个。西夏前期未领有熙秦河外之西宁、乐、廓、积石 4 州,皆为后期宋室南渡后西夏所取置。史籍上记载的州名,有的是被西夏短期占领过的,如《武经总要》[3]记元昊占有的领土比《宋史·夏国传》所述早期诸

---

① 《宋史》卷 485、486《夏国传》;《续资治通鉴长编》卷 120。
② 章巽:《夏国诸州考》,载《西夏史论文集》,宁夏人民出版社 1984 年版。
③ 曾公亮:《五经总要》卷 18。

州多一个兰州,西夏占有兰州近五十年(1036—1081 年),是否设州,尚不可考。西夏还有一些"预署"的州,即未占领而先行封州官,如西夏建国前李继迁曾预署并、代、麟、丰四州刺史;景宗元昊时宋人于宝元二年(1039 年)捕斩元昊"伪环州刺史刘奇彻于都市"①,其时环州为宋所有,故环州刺史当为预署。又《宋史·夏国传》记载天授礼法延祚六年(1043 年),景宗"遣六宅使伊州刺史贺从勖"②为使臣出使宋朝。伊州即今新疆维吾尔族自治区哈密县,其时为西州回鹘所有,故伊州刺史亦为预署,此二州当未置。

西夏建国初期所置州,绝大多数是沿袭唐宋州置。景宗立国为增加州的数目,把许多堡砦、城镇都改置州。所谓"洪、定、威、龙皆即堡镇号州"③,洪州即夏州地界的洪门镇,定州即灵州地界的定远军,龙州即延州地界的石堡镇,威州又称韦州地界在鸣沙县。这一类型新置州在西夏时期一定还很多,如上面提到的弥峩州,"天盛律令"中还列举了富夷州、长富州、原州等,有的尚无法考其地望。

西夏地方体制以州为主,也有府、郡、县的设置,州或县因其地理或政治、军事上的重要作用而升为府、郡。西夏建国前李德明改灵州为西平府,建都;景宗定都兴州,升兴庆府,后改名中兴府。大庆元年(1036 年)五月,景宗"升州郡,益边防"④,把河西边防要地的肃州升为蕃和郡,甘州升为镇夷郡。同时又在甘州置宣化府,可能是作为对回鹘、吐蕃等民族的宣抚机关。

府州郡之下为县,西夏县的设置汉文史籍没有记载,在"天盛律令"中,同样的县治则列入不同的等级,如中等司列两个县,下等司列 11 个县,可能因其重要性而区别等级。县以下属乡一

---

①《续资治通鉴长编》卷 124。
②③《宋史》卷 485《夏国传》。
④《西夏书事》卷 12。

级的堡、寨等。地方行政机构中府、州、郡均设正职和通判,正职的名称有正听、州主、郡正等。①

第四节　西夏的军事制度

一、军事统御机构

西夏中央行政机构中设枢密院为最高军事统御机构。掌管国家军事兵防边备。见于史书的官职有枢密使,左、右枢密使、都枢密使、枢密都招讨使、枢密都承旨、枢密副都承旨、枢密直学士等。枢密院下的翊卫司掌管军队统帅、训练、藩卫、戍守、侍卫及扈从等,官有马步军都指挥、副都指挥及诸卫上将军、大将军。还有一些如飞龙院、群牧司、官计司也兼及军务,如飞龙院负责防护宫城,警捕盗贼,多由武职亲信或内臣充任;群牧司掌军马政务,官计司掌武官的升迁调补。西夏后期的统军体制有了新的变化,如出现了经略司、正统司、统军司、殿前司、皇城司、内宿司、巡检司等新机构。从机构的名称分析,经略司相当于枢密院的职能,正统司、统军司大约相当于翊卫司的职能,殿前司、皇城司、内宿司、巡检司大约相当于前期飞龙院的职能。机构的增加,说明西夏在军事统御方面由前期基本上由枢密院独掌军权,到后期出现了军事分权。

二、军事编制

西夏军队在编制上分中央侍卫军与地方军两种。

---

① 本节参考章巽:《夏国诸州考》,载《西夏史论文集》,宁夏人民出版社1984年版;陈炳应:《西夏文物研究》,宁夏人民出版社1985年版。

1.中央侍卫军

景宗于建国初期,选拔党项豪族子弟中之善骑射者5000人,担任侍卫亲军,号称"御围内六班直,分三番宿卫,月给米二石"[①]。其性质既是侍卫亲军,也是用以控制部落豪强的"质子军"。另外皇帝还有亲信卫队3000人,分编10队,每队300人,队设队长。皆是重甲骑兵,号为"铁骑"。在兴、灵二州地区还屯驻一支训练有素的卫戍部队,由2500名正军和7万副兵(负赡)组成,装备精良。

2.地方军

西夏地方军采用军区监军制,全国分为左、右两厢,共设12个监军司分别统军。每一监军司仿宋制立有军名,规定驻地。12监军司的名称和驻地是:

左厢神勇军司,驻夏州弥陀洞;

祥祐军司,驻石州;

嘉宁军司,驻宥州;

静塞军司,驻韦州;

西寿保泰军司,驻柔狼山北;

卓罗和南军司,驻兰州黄河北岸喀罗川侧;

右厢朝顺军司,驻兴庆府西贺兰山克夷门;

甘州甘肃军司,驻甘州;

瓜州西平军司,驻瓜州;

黑水镇燕军司,驻肃州兀剌海城;

白马强镇军司,驻盐州;

黑山威福军司,驻居延故城。

监军司的数量与驻地后来又有增加或调整,如毅宗时将原驻石州的祥祐军司换驻绥州,改名祥祐军;左厢神勇军司改名神猛军,于西平府立翔庆军司等,所以有的史书记载西夏有18监

---

① 《西夏书事》卷12。

军司。监军司设都统军、副统军和监军使各一员,由党项贵族豪右担任。其下还设指挥使,教练使,左、右侍禁官等数十人,由党项人或汉人充任。西夏的监军司既是部族兵性质的军事组织,又是具有地方性的行政体制。

3.兵种

西夏军队以骑兵为主,步兵次之。骑兵称"铁骑"或"铁鹞子"。铁骑"乘善马,重甲,刺斫不入,用钩索绞联,虽死马上不坠"[①],类似金人的"拐子马"。作战时常以骑兵为前军突阵,"阵乱则冲击之,步兵挟骑以进"[②]。山区步兵称"步跋子"者,上下山坡,出入溪间,轻足善走,与骑兵配合默契。所以平原作战多用骑兵,山区作战多用步兵。

擒生军,大约是后期组建的兵种,有 10 万人,用于战斗中俘掠牲口,是一支配合正规部队作战的部队。

炮兵,西夏军队内有炮手队,号"泼喜",炮手用一种旋风炮立于骆驼鞍上,发射拳头大的石块。

强弩军,西夏出产良弓,故党项人善射。崇宗时晋王察哥向他建议"选蕃汉壮勇,教以强弩"[③],以备战时使用。崇宗采纳,并派察哥掌管兵权,因此其时可能建成一支强弩军。

4.兵力配备

西夏建国初期的兵员数,据《宋史·夏国传》记载总计 50 余万[④],这可能是大大夸张了的数字。其兵力布置重点在以首都兴庆府为中心的三角线上。大约以 10 万人配备在西夏与北宋交界的宥州、盐州地区,以备御北宋;以 7 万人配备在黄河以北安北路的卧罗娘山区,备御契丹;以 3 万人戍守甘州,控制河西走廊地区,备御吐蕃、回鹘;以 5 万人镇守东南的灵州西平府,以 5 万

---

① ②《宋史》卷 486《夏国传》。

③《西夏书事》卷 31。

④《宋史》卷 485《夏国传》。

人驻守西北贺兰山，以 7 万人控扼兴、灵二州腹心地带，随时调动策应。所谓"每有事于西，则自东点集而西；于东，则自西点集而东；中路，则东西皆集"①。

5.兵役制度

西夏的军队来源以党项人为主，党项多游牧部落，居帐幕，一家一帐。男子到 15 岁成丁，部落中每二丁取"正军"一人；取随军服杂役的"负赡"一人，称为"抄"，或四丁中取二人为"抄"。"兵三人同一幕梁"②，其中包括正军一人和抄二人。身体疲弱的正军则降级为抄。"正军"每人发给马、骆驼各一匹，如死亡可以赔偿，故名"长生马驼"。

军队的武器装备："团练使以上，帐一，弓一，箭五百，马一，橐驼五，旗、鼓、枪、剑、棍棓、秒袋、披毡、浑脱、背索、锹钁、斤斧、箭牌、铁爪篱各一。刺史以下，无帐无旗鼓，人各橐驼一，箭三百，幕梁一。"③幕梁是用木架支撑的毛织帐幕。

6.西夏军制的特点

西夏建国后的军事制度是在部族兵的基础上发展起来的。景宗建国时"以兵法勒诸部"，使松散原始的部落兵逐步成为组织健全、号令严明的军队。

西夏初期，军队作战还保持着若干原始的部落习俗，"每举兵，必率部长与猎，有获则下马环坐饮，割鲜而食，各问所见，择取其长"④，这实际是一种原始部落贵族议事制度。出战选用单日，避晦日，忌雨雪，赍粮不过一旬。白天举烟火或扬尘，夜间点燃篝火为信号。传送军情使用铜质或银质信牌，这种信牌叫"敕燃马牌"。战前常卜卦预测胜负，打了败仗后，过三日复至其处，捉人马，或缚草人射之，称为"杀鬼招魂"。西夏军制保留浓厚的原始风俗制度残余是其重要的特点。

西夏初期军制的另一特点是全民皆兵制度。大多数的战斗

①②③④《宋史》卷 486《夏国传》。

兵不脱离生产,所谓"人人能斗击,无复兵民之别,有事则举国皆来"①,作战部队"皆自备弓矢甲胄而行"②,所以宋人说西夏"建官置兵不用禄食,每举众犯边,一毫之物,皆出其下,风集云散,未尝聚养"③。到西夏后期,随着正规的常备军的建立,这些特点也不存在了。崇宗贞观年间(1101—1113年)军事法规《贞观玉镜统》的制定,反映了西夏封建国家军事制度更加完备与成熟。

第五节　西夏的人事管理制度

一、学校制度

西夏正式建国前,元昊于大庆元年(1036年)颁行一种新创制的文字,尊为"国书",史书称为"蕃书",即记录党项语言的西夏文字。景宗建国后"思以胡礼蕃书抗衡中国"④,于天授礼法延祚二年(1039年)五月下令建立"蕃学","蕃学"的内容主要是学习西夏语文和翻译汉文典籍,如译汉文儒家经典《孝经》《尔雅》及《西言杂字》等为西夏文字。"蕃学"由参预创制西夏文字的党项学者野利仁荣主持,各州所设"蕃学"由政府委派教授领导。学校学员"于蕃汉官僚子弟内选俊秀者入学教之,俟习学成效,出题试问,观其所对精通,所书端正,量授官职"⑤。史书记载到崇宗贞观元年(1101年),西夏经"蕃学"而进入仕途的诸州多至数百

---

①《续资治通鉴长编》卷217。
② 曾巩:《隆平集》卷20《夷狄传》。
③《续资治通鉴长编》卷134。
④⑤《西夏书事》卷13。

人①。可见,"蕃学"是西夏初期选拔官吏的重要途径。

崇宗时期,为适应封建王权政治的需要,努力学习汉族文化更加迫切。虽然其时大量的贵族官僚子弟通过"蕃学"进入仕途,但他们并未能学到儒家文化的精髓。所谓"汉学日坏,士皆尚气矜,鲜廉耻"②,与西夏迅速发展的封建文化是不相适应的。贞观元年(1101 年)八月,御史中丞薛元礼上书崇宗,阐述提倡儒学的重要性,崇宗即下令于"蕃学"之外又建"国学"。学员由皇家贵族及党项和汉人官僚子弟内选送。定员三人,"国学"中置教授,教授儒家经典;设"养贤务"供给廪食。

西夏的"国学"仿自宋朝的"国子学",到仁宗时期又仿宋朝制度建立了几种学校:1.小学,大庆元年(1144 年)六月,仁宗诏令建,设于各州县,全国有学员三千人。2.宫学,也称小学、内学。亦建于大庆元年六月,大庆五年(1148 年)三月复设。置教授,招收宗室子孙 7 岁至 15 岁者入学。设于宫禁中,仁宗与罔后常亲往训导。3.太学,仁宗仰慕汉人"太学"的崇高声誉,于大庆二年(1145 年)七月,也建立太学,有一定品级的官员子弟才可入太学学习,太学研读儒家经典,仁宗并"亲临释奠",并且给予学员一定的赏赐。

学校是封建国家培养人才的机构,西夏国家从提倡"蕃学"到建立学习儒学的"国学""太学"等,反映了西夏社会的变革与发展进程。到仁宗时尊孔子为"文宣帝",把儒学抬到了极高地位。西夏儒学的发展经历了长期斗争的过程,它们也是皇族与后族关于"蕃礼"斗争的基本内容。兴建学校既受到代表保守势力的封建贵族的反对,也受到汉族守旧权臣的反对,外戚汉人任得敬即上书仁宗废除学校。但是"蕃学"毕竟是与西夏封建经济发展不相适应的,它日趋衰落,在西夏后期的汉文史料中再很难见到"蕃学"之名,大概是名存实亡或完全被汉学所代替。

---

①② 《西夏书事》卷 31。

二、科举制度

西夏科举仿唐、宋制度,据史书记载始于仁宗时期。大庆四年(1147 年)八月,仁宗"策举人,立唱名法,复设童子科",开始通过科举取士。

西夏正式实行科举取士之前,主要是通过"蕃学"选拔官吏,也可以说"蕃学"已具有科举取士性质。贞观十二年(1112 年)二月,崇宗"命选人以资格进。凡宗族世家议功议亲,俱加蕃汉一等,工文学者尤以不次擢"①。这是具有恩荫察举性质的荐官办法。崇宗时宗室子仁忠、仁礼都是通过这种途径升官晋爵的。

据史籍记载,西夏通过科举进入仕途者以仁宗时期的名相斡道冲为最早。他 8 岁以《尚书》中童子举,后通《五经》,担任蕃汉教授,官至宰相,著译有《论语注》《论语小义》《周易卜筮断》等。据斡道冲中童子举的时间推测,估计在崇宗后期西夏已开始实行科举。西夏第八代皇帝神宗遵顼系科举出身,他于桓宗天庆十年(1203 年)三月"廷试进士唱名第一"②,嗣齐王爵位,后又擢为大都督府王。翰林学士权鼎雄于天庆年间(1194—1205 年)中进士,神宗时召为左枢密使,官至吏部尚书。夏末名臣高智耀于乾定三年(1226 年)三月赐"进士及第",同时赐进士及第的还有其他人。据史载高智耀的曾祖父高逸为仁宗时进士。

西夏从崇宗时建"国学"学习儒家文化,为在西夏实行科举取士创造了条件。崇宗后期到仁宗时期,西夏大力推行科举制度,通过科举选拔官吏,这个时期,不论是党项人或汉人,不论宗室贵族都只有通过科举才能进入仕途。崇宗、仁宗实行"以儒治国",从而把科举取士制度化。从此科举制度在西夏已是十分深入人心。献宗德旺于蒙古大军兵临城下国将亡之时,还要实行

①《西夏书事》卷 32。
②《西夏书事》卷 39。

"策士"。皇室李桢随父到金国避乱,还要在金国"应经童试"。科举制度适应并促进了西夏封建制的发展,同时,也因由科举制度而产生的官僚政治的种种弊端,加速了西夏衰亡的过程。

第六节　西夏法规

西夏时期重视法律典籍的编纂,今存世的用西夏文编纂的法典残卷有《天盛旧改新定律令》《新法》《亥年新法》,军事法规《贞观玉镜统》等。《天盛旧改新定律令·进律表》开宗明义追述仁宗皇帝"敬受祖业,袭持古德,欲全先圣神意,冀正大法文义"[1],说明"天盛律令"是继承了先圣之朝的"大法文义",它不是西夏最早的法规。

一、《天盛旧改新定律令》

这是一部仿宋朝政书体例,据西夏前代律令增补修订的西夏法律汇编。编成于仁宗天盛年间(1149—1169 年),共 20 卷,约 1500 条。前有《进律表》,叙述奉诏增修新律的缘起、经过。其后为律令正文。总兼修北王兼中书令嵬名氏,还有参与修订律令的纂修、润色、汉译、校勘人计 22 人,其中有党项人也有汉人。律令今存缺失第 16 卷及 14 卷的部分条款,共有 1460 条。

《天盛旧改新定律令》对西夏仁宗时期国家政治生活和人民生活应遵循的法则作了全面的规定。如第一章规定对触犯统治阶级利益的"十恶"大罪的内容及处罚;第二章"八议",规定统治阶级在违法犯罪的情况下也可以合法地逃避惩罚而逍遥法外。第十章"司序行文门"规定了国家行政机构的等级。在其他章节

---

① E.N.克恰诺夫:《天盛旧改新定律令》第 2 卷,莫斯科:科学出版社 1988 年版。

还规定了官职的承袭、轮换、奖惩。还有关于军事、对外关系的规定。经济法规方面，规定了西夏的水利灌溉制度，严格规定了使用水利设施和使用水的办法。土地关系方面，规定生荒地归开垦者所有，他和他的族人可永远占有，并有出卖权。这个规定确立了农民的小所有制。《律令》还载有夏国的赐田，每亩田应交的地租数额，说明了封建地租已是普遍的剥削方式。《律令》详细规定了土地买卖法，土地所有者买卖土地要呈报官府，并在官府的赋税册上勾掉卖主的姓名，改填买主。①

"天盛律令"明显受中原王朝即唐、宋律令的影响。律令中的许多内容如"十恶""八议"等完全按照《唐律疏义》或《宋刑统》的有关规定。西夏法规也受到其他民族法规的影响，但西夏法规所据以反映的西夏国情与民族特色是其重要的成就，在我国法制史上具有一定的地位。

二、《贞观玉镜统》

这是一部西夏军事法规，编纂于崇宗贞观年间(1102—1114年)。今存残卷第二、三、四章。该法规为崇宗时期的军事法规，全面规定了西夏军队与军事行动中的原则条例。据残存内容来看，法规规定西夏军队中兵将分统军、正将、副将、行帅、步马将佐、大小首领、下走、后卫、庖主、侍卫、土卒、弁人，前五者为将。有正军、辅军，可带私士随军作战。战斗中赏罚分明，视军职不同而有区别，击败敌军则视所获人马、旗鼓等战利品升赏。此外还规定：先登敌楼，熟知战地地形，捕捉敌探，俘获宋朝团练、中官、主官和下级官吏以及汉族、契丹显贵，掩护败军等战功突出者均有升赏。所谓战利品包括人马、甲胄、旗鼓锣等七种。

《贞观玉镜统》规定了军败则罚的条例。如擅自撤兵、合兵失期、不援友军、不听将令、丢失旗鼓、谎报战利品和斩首级数、收

---

① E.N.克恰诺夫：《西夏史纲》，莫斯科：科学出版社 1968 年版。

买敌军首级冒功请赏者均受不同处罚。处罚也因军职高低而异。统军、行帅、步马将佐等不处肉刑和死刑，所罚可以马代赎；行帅和步马将佐可削职为卒。法规规定了减免处罚的一些具体情况，如军败回师是由于道路艰难、气候不良或敌军顽抗，虽弃失旗鼓但未落入敌手而被取回，或仅仅丢失旗杆、旗幅者，则所罚减半。对统军以下的处罚也有详细的规定。对低下级军职的处罚有死刑、刺字、限杖、终身苦役或定期苦役等。

西夏编纂军事法规主要也是受中原军事法律著作的影响。景宗元昊建国前熟读汉文兵书，如《野战歌》之类。继王位后"明号令，以兵法勒诸部"①。西夏时期用西夏文翻译了许多汉文兵书，如《孙子兵法》《六韬》《黄石公三略》等。《贞观玉镜统》吸取了宋人曾公亮著《武经总要》中的某些内容。但西夏的军事法规有其特色，既有鲜明的阶级性与等级性，又比中原军法具有相对的温和性。《贞观玉镜统》是西夏军事法律的宝贵文献，也是研究西夏军事制度的珍贵资料。

第七节　西夏政治制度评议

西夏建国后的政治制度从体系上来说是沿袭或采用唐、宋中原王朝的政治制度，即宋人所谓"称中国位号，仿中国官属，任中国贤才，读中国书籍，用中国车属，行中国法令"②。民族意识极强的景宗元昊尽管标榜"衣皮毛，事畜牧，蕃性所便"③，但是他在正式建国时还是仿照宋朝制度建立了一套适合于封建国家需要的国家机器。元昊称帝时向宋朝皇帝上的表章中夸耀自己"制小蕃

---

① ③《宋史》卷 485《夏国传》。
②《续资治通鉴长编》卷 150。

文字,改大汉衣冠,革乐之五音,裁礼之九拜"①,但其文字衣冠、礼仪制度从根本上说还是中原汉族文化礼仪制度的摹仿或改造。作为国家政治制度核心的官制系统,过去的学者误将汉文史书中记载的"蕃号"名称,解释为西夏中央官制系统中的除"汉宫系统"外还有一套"蕃官系统",即西夏有两套官制系统说。殊不知仅仅出现于西夏和宋朝交聘中西夏使臣官称的"蕃号"名称,正是这个官职名称的党项语译名。这是宋王朝封建统治者大民族主义封建正统观念在两国关系中的反映。景宗以后诸帝都倾心于汉文化,致力于对中原制度的摹仿,到崇、仁两朝达到了顶峰。但西夏的政治制度从整体而言,与宋王朝以及邻国辽、金相比,由于其地理条件、国力、人力的限制,可以说徒有其规模,而内涵不足,或者说从现有资料看来,系统地描述西夏时期的政治制度还是深感不足的。

党项族是一个游牧民族,从内迁到建国的三百多年中,党项社会基本上完成了由氏族部落制到封建制的转化。但直至西夏建国,以封建制占主导的西夏社会中,带有原始氏族血缘色彩的部落制残余并未彻底消失,特别是部落军事组织的存在。这在建国后国家政治制度,特别是在军事制度上都得到反映,有的甚至基本上保留下来。但是颇为原始的军事制度与作战方法,仅仅适用于西夏初期对外掳掠战争,宋人所说"西夏建官置兵不用禄食"②云云,也是反映了西夏建国之前后一定时期内的实际情况,到西夏后期,西夏的军事制度也逐步趋向了正规化。所以说西夏建国后现成搬用或摹仿而建立的政治制度中,都不可避免地保存或夹带着表现本民族历史痕迹和意愿的东西,它们有机地融合在一起,形成了具有民族特色的西夏文化。

西夏在文化礼仪、政治制度方面还善于向邻近各国与各民

---

① 《西夏书事》卷13。
② 《续资治通鉴长编》卷134。

族学习,取长补短,择善而从。在西夏的某些制度中可以找到取之于辽、金及吐蕃、回鹘等民族制度的痕迹。党项民族是一个十分进取的民族,金朝大臣斡特剌说:"以西夏小邦,崇尚旧俗,犹能保国数百年。"①这种看法是不正确的。西夏虽"崇尚旧俗",但不拘泥于旧俗,并勇于改革旧俗,以增强对周边环境的应变能力,故能立于不败之地。

　　蒙古人最终灭亡了西夏,但党项族(唐兀氏)以色目人的身份成为元朝帝国的座上客。党项族的高度汉化,以及对中原唐、宋文化制度的深刻理解与实践,使中原的汉文化及其制度,有可能通过他们在元代发扬光大。西夏人对元朝在军事、政治、文化、宗教制度等方面建树的作用都是十分突出的。所以,也可以说,西夏的政治制度对元朝的政治制度有一定的影响。

---

　　①《金史》卷8《世宗下》。

第十章　元朝政治制度

第一节　从大蒙古国到元朝的递嬗

一、从大蒙古国到元朝的国体、政体的演变

13 世纪初,金、宋南北对峙。同时存在的还有西夏、大理、畏兀儿等政权,吐蕃地区则处于许多地方势力分裂割据的状态。蒙古高原大小部落林立,互相吞并。

1206 年,蒙古高原的形势发生了巨大的变化。蒙古部首领铁木真战胜了他的许多对手,统一了各部,在这一年建立国家政权,国名大蒙古(以部名为国名),自己号成吉思汗。建国以后,成吉思汗不断向外扩张,先后对西夏、金用兵,收服了畏兀儿,又进军中亚。成吉思汗死后,相继嗣位的窝阔台(成吉思汗第三子)、贵由(窝阔台子)、蒙哥(成吉思汗第四子拖雷的长子),继续向外扩张,先后灭夏、金、大理,收附了吐蕃,西征的马蹄直至今天的东欧和叙利亚。蒙古人的声威震动了当时的整个世界。

在窝阔台、贵由统治时期,对南宋的战争一直时断时续在进行着。蒙哥登基以后,决意对南宋发起进攻,一举消灭南宋。1258年起,他亲自率军出征四川,但遭到坚决抵抗,本人受伤死于军

中。蒙哥死后,他的兄弟忽必烈和阿里不哥各自称汗,兵戎相见。最后忽必烈取得胜利,成为大蒙古的第五代大汗。

大蒙古国的建立,标志着蒙古社会进入奴隶制发展阶段。这个政权代表蒙古奴隶主阶级的利益。成吉思汗家族以及他建国时分封的万户、千户都占有大量奴隶以及属于自己的百姓,成为成吉思汗统治的支柱。汗是这个政权最高统治者的称号,享有至高无上、生杀予夺的权力。蒙古高原的全体居民划分为九十五千户,千户既是地方行政单位,又是基本军事单位,在平时千户长是行政长官,在战时领军出征,就是部队的将领。此外,在汗的下面设有也可札鲁忽赤(大断事官),处理民事和刑政。总的说来,建国之初,政权的组织形式是很简单的。在向外扩张过程中,其他民族的首领、官员、将领不断前来降附,他们也成为大蒙古国的积极支持者。随着统治区域的扩大,这个政权的阶级基础也在扩大。

蒙古军进入原金朝统治的农业区("汉地")之初,大肆杀掠,对社会经济造成极大的破坏。金朝灭亡,大蒙古国取而代之,便面临如何进行统治的问题。有的蒙古贵族认为,应把土地空出来,作为牧场。这种主张是和蒙古人的生活方式相适应的,因为"大片无人居住的地带是畜牧的主要条件"①。但是,窝阔台在他人的劝告下逐渐认识到,保存"汉地"原有的生产方式和统治方式,更有利于财富的榨取,于是便逐步推行某些"汉法"(中原封建王朝施行的规章制度)。实行"汉法",意味着由奴隶制剥削方式向封建制剥削方式的变化。窝阔台汗死后,"汉法"的推行受到种种阻挠,进展迟缓。忽必烈在称汗以前,对"汉法"已表现了极大的兴趣,当他受蒙哥汗之命管理河南、关中时,积极推行"汉法",取得了很好的效果。登上汗位以后,他全面推行"汉法",在政

---

① 马克思:《〈政治经济学批判〉导言》,载《马克思恩格斯选集》第 2 卷,人民出版社 1972 年版,第 100 页。

治、经济、思想文化各个领域实行改革,基本上仿效前代中原封建王朝的模式,建立起行政管理的机构和制度,军队也进行了调整和改组。他还采取了建元和改国号等措施,先后以中统、至元为年号,以大元为国号,后来习惯把大元国称为元朝。1279 年,在元军进攻下,南宋政府彻底灭亡,元朝实现了全国的统一,成为中国历史上空前规模的统一的多民族国家。

由大蒙古国到元朝,并不仅仅是国号的变化,实际上也标志着国体的变化。大蒙古国在其创立之初,是蒙古奴隶主阶级的专政机器。随着向外的逐步扩展,性质逐渐改变。到了元朝,则成为蒙、汉以及其他民族地主阶级联合的专政机器。大蒙古国和元朝的政体都是君主制,大蒙古国的君主称汗,元朝的君主称皇帝(蒙古人仍称为汗),都拥有至高无上的权力。但是大蒙古国的政权组织形式简单,在扩展过程中随时随地定制,十分混乱。元朝的政权组织复杂而且严密,全国有基本划一的制度。它主要是以金朝为蓝本的,当然也根据实际情况作了某些改革,例如行省制的变化(详下),此外还保存了若干蒙古旧制。事实上,忽必烈推行的"汉法",主要是金朝的典章制度,这是因为忽必烈出谋划策的谋士都是金朝的遗老遗少,而金制秉承辽、宋制度而来,能适合统治多民族国家的需要。大蒙古国的政权组织形式和前代的一些游牧政权(匈奴、突厥等)有相类似之处,可以称之为游牧军事君主制,而元朝的政权组织形式则和前代封建皇朝相近,是一种中央集权的君主专制制度。

二、元朝的阶级结构与民族等级

元代,地主和农民是两个基本的阶级。

元代的地主包括贵族官僚地主、寺院地主和民间地主。每一类地主中都有大、中、小之分。上层贵族官僚地主无例外都是大地主,他们依靠皇帝的赏赐以及强行霸占国家或民间私人的田地而得以占有大量的土地。中低级官僚有的是大地主,也有一些则是中、小地主。元代历朝皇帝崇信佛教和其他宗教,各种宗教的寺院享有种种特权,统治者的赏赐、民间(包括贵族官僚)的捐献以及用各种手段进行兼并,是寺院土地增加的主要方法。大寺院占地常达数百甚至上千顷,占地最多的大都大承天护圣寺竟达三十万顷。一般中、小寺院占地也有数顷或数十顷。寺院的土地以"公有"的面目出现,但实际上上层人物对寺院财产有支配权,他们属于地主阶级。在民间的地主中间,财产的差别是很大的。江南不少富户收租在万石以上,有的达二三十万石。他们占有如此数额的土地,主要靠兼并农民和中小地主的土地。这些大地主"无爵邑而有封君之贵,无印节而有官府之权",横行一方。[①]有的还用财产谋取了官职,挤进官僚地主的行列。一般中、小地主占地数十顷或数顷。由于各类地主占有并且不断扩大他们占有的土地,元代土地集中的现象是很严重的,这在经济发达的浙西地区(今江苏南部和浙江北部的部分地区)尤为突出,富人"连阡互陌",穷人却无立锥之地。福建有的偏僻县份(崇安),五十余户"巨室"占地竟达百分之八十以上。[②]

　　与地主相对立的,是农民阶级。农民包括自耕农和佃农。北方地广人稀,自耕农一户五口耕地百亩左右。丰收所得不过七八十石,勉强可以应付日常生活的支出,如果歉收就会入不敷出。南方农民占地较少,每户为三四十亩甚至更低,单位面积产量略高于北方,但总产量大体相近,生活遭遇也没有多大差别。南、北自耕农民在正常的情况下可以维持简单的再生产,任何意外(天灾、封建国家的横征暴敛、地主的兼并)都会把他们逼上破产逃亡的道路。佃农自己没有或只有很少的土地,租种地主的土地,交纳地租。地租一般是土地上的出产物(粮食),多数实行分成制,也有些地方实行定额制。租额一般为土地收获量的一半甚至

---

① 《元典章》新集《吏部·官制》。
② 虞集:《崇安县尹邹君去思之碑》,载《道园学古录》卷41。

更多。此外地主还常常强迫佃户承担各种封建义务，如家内服役、替地主承担国家规定的劳役等。佃农的人身是不自由的，依附于地主，有些地方的地主可以将佃农"计其口数，立契或典或卖"；有些地方佃户生男供地主役使，生女为地主的婢妾，甚至婚姻都要受地主的干涉。①

元代社会中地位最低的是驱口（奴隶）。法律上认为驱口"与钱物同"，是财产的组成部分②，使长（奴隶占有者）对驱口有完全的人身占有权利，可以任意买卖驱口及其子女，或以他们作为女儿的陪嫁。使长杀害驱口虽为法律所禁止，但实际上仍是常有之事，只要加以某种罪名便可加以杀害而不受政府的处罚。

元代的商人有大、中、小之分。大、中商人一般来说都占有很多土地，同时又是地主，其中一部分还开设解典铺，地主、商人、高利贷者三位一体。元代贵族、官僚兼营商业和高利贷的情况也很普遍。小商人则资本微小，往往奔走于城乡之间，仅能餬口。他们也是大、中商人和地主欺压的对象。在元代手工业者的行列中，少数人占有较多的生产工具，雇工劳动。多数则是个体劳动者，有一定的生产工具，进行简单的再生产。他们常被征调为官府服役，所得报酬极为有限而且常被官吏所吞。还有一些人，本身没有生产工具，只好受雇于人，为他人操作，换取衣食。

上面所说的，主要是农业区的情况。在边疆民族地区，情况更复杂一些。有些地方占主导的生产关系是奴隶制，基本的阶级关系是奴隶主和奴隶。有的地方是封建农奴制，农奴主对农奴进行统治。元朝对待边疆民族地区的基本方针是，笼络各族的上层人物，授予他们各种官职，依靠他们进行统治。

因此，元代的基本阶级结构是：由各族地主和其他剥削者组成的统治阶级，以及由各族劳动人民，主要是农民、驱口、个

①《元典章》卷57《刑部十九·禁典雇》。
②《通制条格》卷2《户令》。

体手工业者、个体商贩等等组成的被统治阶级。

应该说明的是,关于元代基本阶级结构的认识,是我们今天根据人们对生产资料的占有状况和在生产中的地位得出的看法,在当时人们的心目中,并不存在明确的阶级的概念。他们在现实生活中感受到的主要是贫、富的差别以及由这种差别形成的对立。剥削阶级的理论家鼓吹贫、富"分定"(天生注定),而被剥削者则喊出了"摧富益贫"的口号。

在元代社会生活中,通过政府法令的形式,对全体居民的身份,从两个角度加以区分,一个是良贱之分,一个是四等人之分。

所谓良贱之分,就是将社会全体成员分为两大类,一类是良民,一类是贱民。贱是卑下之意,贱民就是地位卑下之民。一般来说,凡人身完全隶属于他人(或国家)者,即为贱民,其他均是良民。在元代,贱民主要指驱口而言,此外还有娼妓与乐人。元代法律规定,贱民在社会地位各个方面均与良民不平等;良贱冲突,对贱民加重处罚;犯同样的罪,贱民的处罚要重于良民,如此等等。良贱之间,是不能随便通婚的。

所谓四等人之分,是指元朝政府将全国居民分为蒙古人、色目人、汉人、南人四等,划分的标准是民族和地域的混合。蒙古人即出自北方草原的蒙古族人。色目人既不是民族也不是地域的名称,而是各色名目(各种类)的意思,当时以此来泛称蒙古以外的西北各族及其以西直至欧洲的各族人。汉人与汉族并非等同的概念,而是指淮河以北原金朝境内的汉族和契丹、女真、渤海等族,以及云南、四川两地居民。南人又称蛮子,指原南宋境内(四川除外)的居民。四等人的社会地位和政治待遇是不平等的。元朝官员的任用以蒙古人、色目人为主,汉人、南人除少数例外,一般只能担任次要和低级的职务。在刑法上,同样犯罪,量刑轻重不同,蒙古人、色目人轻,汉人、南人重;汉人、南人遭蒙古人、色目人殴打,不许还手。在武器保管上,只有蒙古人、色目人可以担任,汉人、南人不得参与,汉、南人家中收藏兵器更在严禁之列。四等人的区分主要是对良民而言的。在元代社会中,首先是良、贱之分,地位、待遇各不相同。其次是良民中又有四等人之分,地位、待遇又不相同。在元代政治制度中,这两种区分在各个方面都有所表现。四等人的区分就其实质而言是民族歧视与民族压迫。

第二节　元朝皇帝制度与中央行政体制

一、大蒙古国时期的决策系统与机制

大蒙古国时期,大汗是国家的君主,由所有蒙古贵族参加的"忽里台"(大会)是议决国家大事的最高形式,国家的日常行政事务由大断事官掌理。

蒙古大汗,从形式上讲,是由蒙古贵族推举产生的。在蒙古国时期,只明确了大汗必须出自成吉思汗的子孙,没有形成预先确立法定汗位继承人的制度。在选立新汗时,已逝大汗的遗言起着重要的作用,他在临终前指定的继承人,是全体蒙古贵族首先要考虑的新汗人选。在正常情况下,贵族们只需聚集在一起,履行推举继承人的手续,无需再加以讨论。由于所有成吉思汗的儿孙都具有继承人资格,并都能找到一批支持自己的贵族,所以由已逝大汗指定继承人变成实际大汗的正常汗位传承只有一次:成吉思汗去世前指定第三子窝阔台为汗位继承人,窝阔台后来即被其兄弟和其他蒙古贵族奉"遗诏"推举为大汗。更多发生的则是拥有政治优势或雄厚军事实力的人违背已逝大汗的遗言,改变继承人选。窝阔台曾指定失列门(窝阔台第三子阔出之子)为汗位继承人,在窝阔台死后有两次汗位继承,失列门均被提出来作为主要的候选人,但都遭到否定。头一次是摄政的脱列哥那

皇后强行推举窝阔台长子贵由为汗，第二次是术赤与拖雷后人以强大的军事力量做后盾，拥立拖雷之子蒙哥即汗位。成吉思汗指定窝阔台为汗位继承人，却把大蒙古国的大部分军队交给拖雷管领，构成了汗权和军权的分离，埋下了汗权必将转到拖雷系后人的契机。自蒙哥以后，大汗的继承者只能在拖雷的子孙中产生了。

推举大汗有一套完整的程序和仪式。首先是在全体贵族参加的忽里台上，确定汗位继承人。如果是奉"遗诏"推举新汗，对已逝大汗指定的继承人没有异议，这个过程就比较简单，只需被推选者按照旧例再三表示辞让，拥立者不断劝进，被推选者终于接受，成为公认的汗位继承人。如果对新汗候选人有争议，则免不了一番舌战，甚至会有人持刀相威胁。舌战的内容，主要是是否遵先汗遗言行事。经过激烈交锋后产生的汗位继承人，形式上也要逊谢一番。继承人确立之后，即履行继位仪式，包括君臣之间确立盟誓、由萨蛮主持拜日等宗教礼仪、贵族代表将新汗拥上宝座、新汗大行赏赐、全体推举者欢宴庆祝等内容。这一套仪式，作为"国礼"，后来一直存在于元朝的政治制度之中。

在位大汗选择继承人，是有一定标准的。成吉思汗择定窝阔台为继承人，就是因为他"有宽弘之量，忠恕之心"。同时，成吉思汗还宣布，若窝阔台的子孙不才，即从其他儿子的后人中择贤才即位。①这种量才授任的原则，在以后的汗位继承中表现得十分突出，推举者往往要列举被推选者的才能和忠诚、仁爱。就是自立为汗的人，也要认真标榜自己的品行。如忽必烈在蒙哥死后，召集一批支持他的贵族推举他为汗，即郑重其事地在即位诏书中宣称："太祖嫡孙之中，先皇母弟之列，以贤以长，止予一人。虽在征伐之间，每存仁爱之念，博施济众，实可为天下主。"②所谓贤

---

① 《元朝秘史》卷 11，第 254 节，《四部丛刊》三编本，1936 年版。
② 王鹗：《即位诏》，载《元文类》卷 9。

才,主要指治军齐众的能力,因为作为蒙古国家的君主,把握大规模的军事行动和协调蒙古贵族之间的关系,是首要的职责。

蒙古大汗具有至高无上的权威,任何违背大汗命令的人和有损大汗利益的行为,都要受到严厉的制裁。但是,大汗对于征伐等国家大事,并不能独自作出决定,也必须在忽里台上得到全体贵族的认可。在大多数情况下,大汗提出的征战动议,是不会有人提出质疑的,只有一些人对具体的军事部署提出方案,供大汗采纳。

选汗和决定征伐大事,是忽里台的主要内容。除此之外,大汗向诸王、功臣分封领地、臣民,以及发布法令,也在忽里台上实施。忽里台不定期召开,召集人自然是大汗。大汗阙位,则由摄政的皇后、王子或极高威望的诸王召集。全体贵族,都必须按照规定的时间赶来参加忽里台,不得缺席。如果无故不出席忽里台,就是藐视忽里台的召集者,很可能由此引起战端。在忽里台作出的决定,各级贵族都要恪守和执行。

大汗将部分贵族子弟编入怯薛组织。怯薛是大汗的护卫军,同时也分管汗廷的各种事务。护卫士称为"怯薛歹",分番入值大汗宫帐。成吉思汗规定,群臣奏事,都要先经过怯薛歹的通报方可入帐;奏事时值班怯薛歹亦不离开大汗左右。这个规定,以后一直被蒙古大汗乃至元朝皇帝奉行。怯薛组织中,还设有专掌文牍的札里赤(书写圣旨者)、必阇赤(主文书者)以及掌管鹰房的昔宝赤等,称为"怯薛执事"。怯薛歹作为大汗的侍从近臣,在蒙古国的政务中发挥着很大的作用,大汗经常派遣怯薛歹为使者,出去传达旨意或处理重大事务。

成吉思汗建国时,任命养弟失吉忽秃忽为"也可朴鲁忽赤"(大断事官)。大断事官的职责主要是两项,一是掌管民户的分配;一是审刑断狱,掌握司法权。大断事官是蒙古国的最高行政官,大致相当于汉人官制的丞相。后来窝阔台又以失吉忽秃忽为中州断事官,主持清查汉地户口和征收赋税,汉人就直称他为丞相。

在大断事官之下置有若干断事官，分管国政。在蒙古诸王、贵戚和功臣的分地内，也各置断事官管理其本部百姓。

大蒙古国时期，军事决策的速度是最快的，军令的传达和军队的调动雷厉风行，令行禁止，违反军令的要受到最严厉的惩罚。但是，蒙古汗廷的行政管理效率极低，大多数断事官和怯薛执事都没有处理民政的能力，唯以征敛横夺和滥杀无辜为能事，造成了社会的极大混乱，尤其是蒙古政权控制下的汉地严重不治。窝阔台汗时，跻身于怯薛必阇赤的契丹人耶律楚材，利用经常接近大汗的机会，向大汗建议以汉制治中原，建立赋税征收体系和行政管理制度。窝阔台命耶律楚材试行，耶律楚材乃奏立十路征收课税使，以汉人儒士充任，不久即将征收到的金帛等送到汗廷。这就使蒙古统治者大为惊奇，至有耶律楚材不离大汗左右，"而能使国用充足"之赞。以此为基础，耶律楚材等在窝阔台支持下，改变民户分赐后的收赋方法，选考诸路儒生，并作出了以"长吏专理民事，万户府总军政，课税所掌钱谷，各不相统摄"的规定，开始实施蒙古政权对汉地有效的行政管理。但是，这种运行机制还未健全，就因为回回商人的扑买中原课税和窝阔台去世后耶律楚材被排挤迫害，而遭到严重破坏。蒙哥汗时，其弟忽必烈受命总领汉地军民事务，延揽儒士，在局部地区建立了新的行政系统，不久后也因蒙哥与忽必烈的矛盾而被撤罢。在忽必烈即位之前，"法度不一"的情况始终很严重，不但诸王、功臣在自己的封地内各行其是，甚至投靠蒙古政权的大部分汉人地主、豪强，也在自己的势力范围内自成体系，集行政、司法、财政大权于一身。这种行政管理混乱的情况，显然对蒙古政权的统治不利，所以必须加以改革。

二、皇帝制度的确立与特征

1260 年，忽必烈即汗位，推行汉法，改变蒙古政权的行政管理体制。确立皇帝制度,是其中最重要的一项内容。

忽必烈即位伊始,即宣布"稽列圣之洪规,讲前代之定制,建元表岁,示人君万世之传;纪时书王,见天下一家之义",建元"中统",以继承中原王朝的正统自命。[①]为把蒙古大汗变成名副其实的皇帝,忽必烈做了以下工作:

1.改建中央机构。蒙古国时期的札鲁忽赤统管行政事务,既与中原王朝传统的中央机构设置相悖,也不利于行政管理。所以忽必烈即位后,马上改设中书省,"以总权纲",不久又设立了执掌监察的御史台和掌管全国军政的枢密院。以省、院、台为核心的中央机构建置,构成了新的统治实体,成为最高统治者加强中央集权的有力工具。

2.迁都。忽必烈击败称汗于漠北的阿里不哥和在山东叛乱的李璮之后,即把都城从漠北移到漠南,中统四年(1263年)五月升开平府为上都,并在次年八月将燕京改为中都路,在两地营建宫室。至元九年(1272年)二月,改中都为大都,作为正式都城;以上都为陪都,确立了两都制度。在"宫室城邑,非巨丽宏深,无以雄视八表"思想的指导下[②],都城殿庭的设计主要参考了中原王朝都城的模式,并加以发展,以显示帝王的威严。

3.确定君臣名分。蒙古国时期,诸王印章混杂不一,名分混乱。至元元年(1264年)七月,定用御宝制。忽必烈即位时所铸"皇帝行宝",专门用于诏诰;另铸宣命玉玺和金玺。此后,又将诸王印章分为六等,通过印章等级来确定皇帝的名分和诸王地位的高低。同时,采取削夺藩权的措施,限制诸王权力发展,使之不能成为新的帝位竞争者。对于敢拥兵反抗朝廷的诸王,则坚决予以镇压。

4.改国号,制定朝仪。至元七年(1270年)二月,刘秉忠、孛

---

① 王鹗:《中统建元诏》,载《元文类》卷9。

② 欧阳玄:《马合马沙神道碑》,载《圭斋文集》卷9。

罗、许衡、徐世隆等将制定的朝仪排出请忽必烈观看。八月,正式启用朝仪。此后,皇帝即位,元正、天寿节,诸王及外国君主来朝,册立皇后、皇太子,群臣上尊号,郊庙祭祀,群臣朝贺等,都有了与以往中原王朝大致相同的礼乐制度。至元八年（1271年）一月,忽必烈下诏建国号为"大元",使蒙古政权正式跻身于中原王朝的行列。

5.建立皇太子制度。为解决帝位继承人问题,忽必烈采用了历代帝王建储的办法,于至元十年（1273年）三月正式册立第二子真金为皇太子,仍兼中书令、枢密使,随即设立了东宫及其相应的机构。

6.组建中央禁卫军组织。原来蒙古大汗的护卫军怯薛,不易改造成历代中原王朝的中央禁卫军。忽必烈乃从中统元年（1260年）开始,征调汉军精锐士兵三万人编成武卫军,作为中央禁军,后来将其改名为侍卫亲军,负责两都的安全及作为朝廷"居重驭轻"的常备精锐部队。怯薛组织依然保留,只负责皇帝的安全,掌管宫城与皇室大帐的防卫。

由忽必烈确立的皇帝制度,汉法的影响显而易见,蒙古传统制度的遗存也不少。在中书省、枢密院、御史台之外,尚有由札鲁忽赤主持的大宗正府等专掌蒙古诸部事务的中央机构存在。在大都、上都的宫殿中,有按照蒙古旧俗修建的殿堂,并且保留了皇帝的大帐(斡耳朵)。忽必烈嫡子被派往漠北、关中、云南、吐蕃地区"出镇",仍拥有较大的权力。在正式的朝仪制度外,依然存在着一套"国礼":皇帝即位,先按照蒙古大汗即位的程序进行,然后再举行朝仪。至于皇帝每年巡幸上都时的宴赐、猎狩等,更是一依蒙古旧制。忽里台的形式也保存下来。怯薛歹的预政,实际上亦一如既往。元朝的皇帝制度乃至整个政治制度,都具有汉蒙合璧的明显特征。

以专制集权为主要精神的皇帝制度,对传统的蒙古旧制度进行了改造,将忽里台、札鲁忽赤的作用降低,通过常设中央机构的活动,保证了皇权至高无上的地位。但是作为皇帝制度组成部分的继承人问题,并未因忽必烈册立皇太子而彻底解决。真金死于忽必烈之前,忽必烈去世后,帝位继承还是通过忽里台决定的。忽必烈虽然曾将"皇太子宝"授与真金第三子铁穆耳,他仍不得不在忽里台上与兄长甘麻剌抗争,最后赖以朝臣伯颜、玉昔帖木儿等的武力相胁,甘麻剌才屈从。以后皇太子顺理成章地即位,也有几例。皇太子夭折,皇帝遗言指定的继承人,臣僚一般不能更改。皇位保留在忽必烈后人手中,已成为定制,奉他系诸王为帝的可能性根本不存在了。

三、中央决策系统的构成

忽必烈在确立皇帝制度的同时,建立起了一套新的中央决策系统。和皇帝制度一样,中央决策体制也是"汉法"和蒙古旧制杂糅的产物。

皇帝作为中央决策首脑人物,不但对征伐、分封、册立皇后及太子等国政大事有决断权,更重要的是确定和推动实施治国方针,在实行"汉法"、以儒治国和推行蒙古法、"回回法"之间进行自我选择。忽必烈在位前期改行"汉法",后期趋于保守,重用"敛财之臣"。忽必烈以后的皇帝,无论是选择以儒治国,还是推崇"财臣",都能在忽必烈的统治政策中找到根据。前者被当时的儒士标榜为"文治"或者"新政",后者则被称为"守成"。

选择治国方针和决断征伐等大事,皇帝当然希望听听臣僚的意见。忽必烈时,凡决断国家大事,先召集中书省、枢密院、御史台的长官集议,有时还要咨询翰林院的儒臣。有关钱粮、设立官府等事务,省、院、台官定议后,经皇帝同意,即颁诏实施;有关军事行动、分封等事务,由于与蒙古诸部有密切关系,所以朝廷官员商议后,还要在忽里台上宣布或者讨论,然后才付诸实施。忽里台定期举行,除全体蒙古贵族参加外,省、院、台等中央机构的主要官员也可参加。忽里台的主要作用,是通过宣读札撒和宴赐等活动,使皇帝与蒙古各部继续保持密切的联系。它的决策功能,在正常情况下,为中央机构的长官聚会所取代,交付忽里台通过的征伐、分封等事宜,实际上大多已经决定,只不过形式上还要得到蒙古贵族的认可。如前所述,只是在缺乏明确继承人的情况下,忽里台才真正起所谓"定国是"的作用。

同蒙古国时期一样,怯薛歹对皇帝决策有着重要的影响。有些怯薛大官出任省、院、台要职,直接参预决策;留在皇帝身边番值的怯薛歹和怯薛执事,则依然能够利用经常接近皇帝的机会,对治国方针、征伐大事等提出自己的意见。蒙古皇帝对来自怯薛的意见始终非常重视,因为他们坚信怯薛是蒙古贵族利益的代表者。正因为有这么一条直通皇帝的捷径,不少臣僚想办法通过怯薛把自己的意见转述给皇帝,而不是通过中书省转递奏章。这种做法当时称为"隔越奏事",从制度上讲是不允许的。但是只要怯薛人员影响决策,类似行为就不可能杜绝。

参预决策人的政治素质和文化修养,往往是由皇帝的治国方针决定的。当朝皇帝推行文治,参预决策的宰辅大臣往往是受儒学影响较深的蒙古人和色目人,同时也不乏汉人,甚至南人儒士、官僚。皇帝"守成",且要搜刮民财,解决财政困竭问题,保守的蒙古贵族和善长理财的色目人就会在决策人中占很大比例,但是也还要有一些汉人儒士来点缀门面。不管在什么情况下,蒙古人在决策阵营中均占主导地位,人数往往在一半以上;色目人多于汉人。突出蒙古人的地位,是元朝的国策,在决策系统中当然要充分体现出来。

四、中央行政机构及其职能

中统元年(1260 年)四月,立中书省。七月,设燕京行中书省。中书省设在开平,总领汉地政务的实际是燕京行省。约在中统三年(1262 年)前后,燕京行省并入中书省,中书省作为全国最高行政管理机构遂成定制。

中书省以皇太子兼中书令,太子阙位则为虚衔。丞相、平章政事、左右丞和参知政事为宰辅,由丞相主管省务。中统元年(1260年)建省时只置丞相一员,次年五月,即分置左、右丞各二员。至元八年(1271年)以后,左、右丞相各设一员成为定制。蒙古风俗尚右,右丞相位于左丞相之上。有的时候皇帝为了表示任用之专只设右丞相,号为"独相"。平章政事以下的官职,员数时有增减。成宗大德七年(1303年)二月,"诏中书省设官自左、右丞相以下,平章二员,左、右丞相各一员,参知政事二员,定为八府"①。武宗时平章政事增为五员,文宗时定制改为四员,其他皆以成宗时所定员数为准。

中书省左、右丞相,建省初期有汉人充任,以后原则上专用蒙古人,少数色目人因受宠于皇帝亦可被授予丞相之职。出任丞相的蒙古人,多半来自怯薛,其余亦为蒙古贵族或其子弟。平章政事参用蒙古人、色目人,有时亦有汉人出任,但所占比例极小。左、右丞和参知政事,大量选用汉人,但亦要选用部分蒙古人和色目人。按照规定,南人不得进入中书省充任宰辅之职。能够被任以平章政事、左右丞、参知政事的蒙古人、色目人,或是亦出自怯薛和贵族世臣之家,或是皇帝亲信,或是理财能手;任职的汉人则既有功臣子弟,也有熟悉治道的儒臣,当然也有个别理财能手。

中书省初设时,设左、右三部,以吏、户、礼为左三部,兵、刑、工为右三部。至元元年(1264年)十一月,将左、右三部改为吏礼、户、兵刑、工四部。至元七年(1270年),吏礼部与兵刑部皆分开,遂成六部定制。各部设尚书、侍郎主事,员数时有增减,到文宗时定制,每部设尚书三员,侍郎二员。

中书省掌管全国政务,乃是通过六部具体实施的。省官参预军国要事的决策,搜集全国各地的治乱情况,拟定税收、选官、户

---

① 《元史》卷21《成宗纪四》。

籍管理、刑狱、礼仪等条例,上呈皇帝批准后颁诏实施,由各部负责监督和管理。六部的分工为:

吏部掌全国官吏选授。除御史台、枢密院、宣政院官员由本官府自行选奏,大宗正府官员由皇帝亲择外,所有行政部门的官吏除授都要经过吏部。职官、吏员的铨选、调补、考课及封爵、荫补、致仕、守丧等条例,亦由吏部制定。

户部掌管全国户口、钱粮、土地,负责赋税征收、发行钞币、平准物价和调运、储备粮食及金银币帛。直属户部的机构有广源、宝源、绮源、赋源、宝钞、行用等库和诸路宝钞都提举司、税课提举司、都转运盐使司及都漕运使司等。

礼部掌国家礼仪,负责宫廷礼乐、祭祀、朝会(即忽里台)、宴赐和印信。忽必烈即位后,制定朝仪和确定印章等级,是礼部的主要工作。仁宗时开科取士,礼部兼掌科举。直属礼部的机构有侍仪司、仪凤司、教坊司、会同馆、铸印局等。

掌全国驿站、屯田与牧业、鹰坊的兵部,职能常被其他机构取代。至元七年(1270年)设立了诸站都统领司,掌管全国驿站,十三年(1276年),改为通政院。至大四年(1311年)撤销通政院,事归兵部。同年,又在两都复置通政院,只掌蒙古站赤。延祐七年(1320年),通政院又兼领汉地站赤。屯田则军屯隶于枢密院,民屯分隶于大司农司、宣徽院。马匹牧养等隶于太仆寺。鹰坊则有鹰坊都总管府等,大多隶于宣徽院下。兵部实际掌管的只是山川城池图册和站户、屯田户籍册等及直属于兵部的几个打捕鹰房民匠等户都总管府。

刑部掌管全国刑狱,但蒙古人刑名之务由大宗正府管领。复审重罪犯、抄没财产和制定法律,是刑部的职责。直属刑部的机构有司狱司和司籍所等。

工部掌全国工役营造,系官工匠亦为其所管。修建宫殿,如工役繁重,有时设行工部于营建之地,事已则罢。直属工部的有提举左、右八作司,各路人匠总管府及各种营造提举司、局。

为协调六部的工作,中书省设参议府为总办事机构,设参议中书省事四员,品秩低于六部尚书,但可以参预宰辅的会议,议决军国要事,并且掌管中书省文牍,地位比较重要。参议府下设左右司,左司联系吏、礼、户部,设吏礼房、知除房、户杂房、科粮房、银钞房、应办房等;右司联系兵、刑、工部,设兵房、刑房、工房。

元朝实行两都制度,皇帝每年都要到上都去避暑。皇帝巡幸上都,中书省左、右丞相及其他宰辅大多随赴上都,一般留平章政事、左丞(或右丞)、参知政事各一人于大都,处理来往公文,参议中书省事也要留下一至二人。重大公务全部转报上都,由随从皇帝的中书省臣处理。

元代中书省的行政权力,因蒙古旧制的影响,常常受到干扰和限制。

蒙古诸王、贵戚、功臣的分封领地制度,在忽必烈即位后又有较大改变,在五户丝领地之外,又增加了江南户钞领地。五户丝和江南户钞由中书省负责征收,但是各领地的达鲁花赤等官员由领主选派,自成体系,不经过中书省,实际留下了一个个行政管理的死角。

掌管蒙古刑狱的大宗正府,有时又被宣布兼理汉人刑事,与中书省刑部的权力相侵。直到致和元年(1328 年),才明确规定大都、上都所属蒙古人并怯薛、军站色目人与汉人相犯者由宗正府审理。其他地方路府州县汉人、蒙古人、色目人词讼,悉归刑部掌管。标拨投下草地及处理有关词讼,则由经正监掌管。蒙古各部的行政管理,实际上是独立于中书省系统之外的。吐蕃地区的行政管理也不属于中书省,而是由宣政院管辖(详后)。

为宫廷服务的宣徽院、中政院、将作院及太仆寺、尚乘寺、度支监、利用监等寺、监,自成体系,直接领管着一大批人匠、财赋总管府和各种杂造司、局,掌握着大量屯田、牧场与鹰房,使户部、工部、兵部的权力受到严重影响。当然这不是元朝特有的风格,历代王朝也大多如此。

如前所述,怯薛歹能够利用接近皇帝的机会影响决策。除此之外,怯薛歹还起着从内廷向外传旨的作用。在传旨中,怯薛歹可以大做手脚。成宗大德九年(1305年)二月,中书省以近侍自内传旨,凡除授、赏罚皆无文记,恐有差违,请准此后传旨,悉以文记付省。但是这并没有制止滥传诏旨的势头。从大德元年(1302年)到至大元年(1308年)之间,"诸人恃恩径奏,玺书不由中书,直下翰林院给与者",竟达六千三百余道,"皆干田土户口、金银铁冶、增余课程、进贡奇货、钱谷、选法、词讼、造作等事"①。隔越中书省奏事和内侍滥发圣旨,严重地干扰了中书省正常行使行政管理权。

在财政管理上,中书省的权限更经常受到侵害。至元七年至九年、二十四年至二十八年、至大元年至四年,曾以"理财助国"为施政中心,设立尚书省,六部和天下行省悉归尚书省统领。在此期间,中书省建置虽依然保留,但政柄全归尚书省,中书省臣只是备员而已。出任尚书省主要官员的大多是受皇帝宠信、善于刻剥百姓、"变乱章法"的人,在他们的管理下,赋税征收、课程交纳、钞法流通等,往往偏离正常轨道,最后还要由中书省来收拾混乱局面。自世祖朝以后,岁赐、横赐以及做佛事等不加节制,经常造成巨大的财政亏空。中书省宰辅不断请求皇帝加以限制,但很少有几个皇帝能够听得进去。在皇帝及其亲信意志的干预下,中书省对财政的管理始终难以正常进行。

元朝后期,也出现了中书省权力膨胀的情况。中书宰辅兼领卫军蔚然成风,干扰了枢密院的正常职能。中书省丞相为达到专权目的,在中央各机构中安插族人、亲信,"每罢朝,皆拥之而退,朝廷为之空矣"②。这样的情况,当然也是极不正常的。

---

① 《元史》卷23《武宗纪一》。
② 权衡:《庚申外史》。

五、宗教、民族事务管理制度

元朝不设统管全国宗教、民族的中央机构,而是分教、分族而治,分别设立专门的中央、地方机构进行管理。

元朝皇帝置藏传佛教于佛教其他宗派之上,至元元年(1264 年)设总制院,以国师、吐蕃萨斯迦寺主持人八思巴领之,掌管全国佛教事务,兼管吐蕃地区军、民政务。至元二十五年(1288 年),改总制院为宣政院,以帝师(亦出自萨斯迦寺)领院事,下设院使等职。为首院使常以朝廷大臣充任,位居第二者由帝师推荐僧人担任。灭宋后,设江南释教都总统,以后又置行宣政院于杭州,均为宣政院下属的掌管江南各省佛教的僚属或机构。诸路、府、州、县设僧录司、僧正司、都纲司等,管理佛寺、僧徒。在吐蕃地区设吐蕃等处、吐蕃等路、乌思藏纳里速古鲁孙三路三个宣慰司都元帅府,下设安抚司、招讨司、宣抚司、元帅府、万户府等,对吐蕃地区进行行政管理。宣政院自成系统,与中书省、枢密院、御史台并立,宣政院直辖的吐蕃地区是与行省平级的行政区划单位。宣政院的官属由本院自选,不需经过中书省。但在吐蕃地区有重大军事行动,宣政院需与枢密院会商。宣政院的文牍和官员不法行为,在皇帝特诏的情况下,可由御史台检核与督察。

元代道教由集贤院统管。集贤院同时还负责提调学校、征求隐逸等事务。江南道教,由皇帝敕封的正一道天师掌领。各地设道录、道正、道判、提点等道官分管道观、道徒。

掌管也里可温教的是设于至元二十六年(1289 年)的崇福司。伊斯兰教则由回回哈的司掌管。

除了宣政院专领吐蕃地区外,元朝政府还设立了都护府,掌管畏兀儿军、民事务。任都护府主管的是原高昌王的后裔。畏兀儿人离开西北地区,迁居汉地者,也由都护府管理。

吐蕃、畏兀儿之外的少数民族,由所在行省管理(详后)。

第三节　元朝地方行政体制

一、大蒙古国时期的基层行政组织

成吉思汗建国之后,大规模编组千户,将全蒙古的百姓纳入严密的组织,以千户取代过去的部落、氏族组织,作为大蒙古国的基本军事单位和地方行政单位。千户那颜(千户长)由大汗册封,在所管范围内,掌握着分配牧场、征收赋税、差派徭役和统领军队的权力。千户那颜下置百户和十户那颜。各千户都有自己的草原领地,各千户所管百姓不许变动,私投其他单位的人要受到严厉的责罚。

大部分蒙古千户,直接隶属于蒙古大汗,少部分千户则由大汗分封给诸子、诸弟,作为他们"兀鲁思"(封国)的基本组织。各兀鲁思也要听从大汗的号令。

蒙古统治势力进入中原、中亚等地区后,以朝觐、入质、籍户、助军、输赋税、置达鲁花赤等六条为原则,建立起一套地方行政系统。凡投附蒙古的国家、民族乃至地方势力,其首领需亲自觐见蒙古大汗,送子弟前往蒙古汗廷充当质子,承担籍户、助军和输赋税的义务,接受达鲁花赤的监领,方可得到蒙古政权的承认与保护,并被赋予继续统治和管理原有属民的权力。"达鲁花赤"意为"镇守者",由蒙古汗廷派出,大多以蒙古人充任,负责监督各地首领的行动和籍户、助军、纳税的实施,其地位和实权都在首领之上。

蒙古汗廷以札鲁忽赤掌行政、刑狱的制度,不久即推行到地方,在中原、别十八里、阿姆河等地都先后设置了札鲁忽赤,掌管当地的政务。汉人因金朝旧制,习惯上称札鲁花赤为行省,于是就有了燕京等处行尚书省、别十八里等处行尚书省及阿姆河等处行尚书省的称谓。将札鲁忽赤与行省的称谓联系在一起,实际上是元朝行省制度的开端。

由于蒙古统治者没有确定严格的地方行政机构建置,所以中原、中亚的行政组织非常混乱。在中原地区,既有万户长、千户长统管军民政务,又有州、县官的存在,甚至还有人自号为行省。再加上蒙古诸王、贵戚、功臣的五户丝封地星罗棋布,自行其是,以及札鲁忽赤、达鲁花赤的无能,使地方行政的管理停留在极低的水准上。其中最大的问题是地方管理系统军政、民政不分,"诸路长吏,兼领军民、钱谷,往往肆其富强,肆为不法"。虽然有人曾建议州县"长吏专理民事,万户总军政,课税所掌钱谷,各不相统摄",并且成为"定制"①,但是,定为制度是一回事,执行起来却又是另一回事。

二、行省制度的确立

忽必烈即位后,为加强国家的行政管理,"内立都省,以总宏纲;外设总司,以平庶政"②,设立了燕京、益都济南、河南、北京、平阳太原、真定、东平、大名彰德、西京、京兆十路宣抚司,分管各路政务,隶于中书省之下。宣抚司设使、副使,职掌为征赋税、筹军储、劝农桑、礼高年、抑游情、问民疾苦、举贤才以及惩处污滥官吏等。宣抚使、副使,无忽必烈特旨,不得理军政。在宣抚司之下,有的路设立了总管府。十路宣抚司的建置只存在了十九个月,于中统二年(1261年)十一月被撤销。各路均设总管府,置达鲁花赤、总管等职,行使军政、民政管理权力。

为解决地方管理系统军政、民政不分的矛盾,中统三年(1262年)十二月,忽必烈先正式下诏:"各路总管兼万户者,止理

---

① 宋子贞:《中书令耶律公神道碑》,载《元文类》卷57。
② 王鹗:《中统建元诏》,载《元文类》卷9。

民事,军政勿预。其州、县官兼千户、百户者仍其旧",随即又宣布"诸路管民官理民事,管军官掌兵戎,各有所司,不相统摄"[①],初步理顺了地方行政组织内部的分工关系。

在设置十路宣抚司后不久,忽必烈以京兆等路宣抚使廉希宪领中书省臣职务,掌管陕川政务,于是有了秦蜀行中书省的建置。以后又增设了西夏中兴、北京等行中书省。行省官若以中书省宰职行省事系衔,即与中书省权限相等;若没有系衔,则只称某处行省某官,权限略低一筹。行省的职掌,在忽必烈前期并不十分明确。有的行省,纯粹为统一指挥军队作战而设,实际执行枢密院的职责:置行院即置行省,罢行省即改行院。更多的行省是为统掌民政而设,但又与中统三年(1262 年)开始设立的各地区宣慰司相重复:在很长一段时间内,宣慰司与行中书省处于同级状态,罢宣慰司,即置行省;行省罢,改立宣慰司。有的地区甚至省、司并存,相互牵制。南宋灭亡之后,行省、宣慰司的建置被推广到江南地区。至元十三年(1276 年)六月,"设诸路宣慰司,以行省官为之,并带相衔;其立行省者,不立宣慰司"[②]。在江南地区先后设立了江淮、湖广、江西、福建四个行省和十五道宣慰司,后裁为十道宣慰司。四川地区亦分置四宣慰司。至元二十三年(1286 年)十二月定制:"诸道宣慰司,在内地者置官四员,江南者六员。"[③]其后,宣慰司地位逐渐降低,陆续并、改为行省。到了元成宗、武宗时,行中书省作为常设地方行政机构,成为定制,各行省的行政区划也大致固定了下来。全国分设十个行中书省:

1.陕西行省,治京兆(今陕西西安),辖境包括今陕西及甘肃、内蒙古部分地区。

2.甘肃行省,治甘州(今甘肃张掖),辖境包括今甘肃、宁夏

---

①《元史》卷 5《世祖纪二》。

②《元史》卷 9《世祖纪六》。

③《元史》卷 14《世祖纪十一》。

及内蒙古部分地区。

3.辽阳行省,治辽阳,辖境包括今辽宁、吉林、黑龙江三省及黑龙江以北乌苏里江以东地区。

4.河南江北行省,治汴梁(今河南开封),辖境包括今河南省及湖北、江苏、安徽三省的长江以北地区。

5.四川行省,治成都,辖境包括今四川省大部及湖南、陕西部分地区。

6.云南行省,治中庆(今云南昆明),辖境包括今云南省全境,四川、广西部分地区,以及泰国、缅甸北部一些地方。

7.湖广行省,治鄂州(今湖北武昌),辖境包括今湖南、广西、贵州三省大部及湖北部分地区。

8.江浙行省,治杭州,辖境包括今浙江、福建二省,江苏南部以及江西部分地区。

9.江西行省,治隆兴(今江西南昌),辖境包括今江西省大部及广东省。

10.岭北行省,治和林(后改和宁,今蒙古人民共和国后杭爱省厄尔得尼召北),辖境包括今蒙古人民共和国全境,中国内蒙古、新疆一部分及俄罗斯西伯利亚地区。

在这十大行政区划之外,还有两个单列的行政区划,一是中书省直辖地区,当时称为"腹里",包括今山东、山西、河北及内蒙古部分地区;一是宣政院管辖的地区,包括今西藏及四川、青海部分地区。

除了正式行政建置的行省外,有时还设置专门用于出征的行省,如安南行省、征缅行省、征东(日本)行省等,事已则罢。元朝末年,为镇压红巾起义军,曾增设淮南江北、福建、广西等行省。

各行省原与中书省品秩相同,设官也同中书省一样。至元二十三年(1268年),铨定省、院、台、部官,罢各行省所设丞相,只置平章政事为最高长官,以与中书省相区别。以后丞相或置或罢,到文宗时定制,每省可视情置丞相一员,秩从一品,低于中书省右、左丞相,平章政事二员,左、右丞各一员,参知政事二员,品秩均同于中书省官。

行省的职掌,在忽必烈时期主要是钱粮、户口、屯种、漕运、刑狱等民政事务,军政则由分设在各地的行枢密院掌管。成宗即位后,罢行枢密院,于元贞元年(1295年)颁给行中书省长官虎符,使其就领本省军队。嗣后形成定制,由各行省平章政事二员兼管本省军政,其他行省官没有中央令旨,不得参预军事。地方的军、民政管理权,在行省一级又合而为一了。

行省不仅在品秩上稍低于中书省,在权力行使上也要受到中书省乃至枢密院的节制。各行省的重大民政事务,必须呈报中书省;军政要务则需呈报枢密院。没有中书省、枢密院转发的诏旨,行省官员既不能更改赋税,也不得调动军队。行省官员一定时期内还要去觐见皇帝,尽述职之责。为保证行省官尽职,除由监察机构进行监督外,元廷还采取了省官互迁和奉旨宣抚的方法。大德七年(1303年)十月,因御史台奏称"行省官久任,与所隶编氓联姻,害政",成宗乃下诏互迁省官。但是这种做法没有坚持下去。由皇帝派人到各地巡察政务得失,称为奉使宣抚。奉使宣抚不常实施,前后共两次。开始实施时曾震动各省,并收到了一定效果。如大德七年(1303年)成宗遣人巡行诸道,即罢免赃污官吏18,473人,查出赃款45,865锭,审理冤狱5176事。①到了后来,奉使宣抚也同其他封建官僚沆瀣一气为害地方了。

三、行省的下属机构

行中书省以下的行政区划,依次为路、府、州、县。

路按所管民户多少分为上、下两等,十万户以上为上路,十

---

① 《元史》卷21《成宗纪四》。

万户以下为下路。地理位置重要的地方,户数不及十万亦可置上路。路设达鲁花赤、总管各一员,作为长官,下置同知、治中、判官、推官(专掌刑狱)等正官和总领六曹、职掌案牍的经历、知事、照磨等首领官。

府设达鲁花赤一员,知府或府尹一员,下置同知、判官、推官等职。有的府隶于路之下,有的府则直隶于行省或中书省;府之下有的直辖州县,有的不辖州县。

州按所管民户多少分成上、中、下三等,而且江南、江北地区标准不同。江北以一万五千户之上为上州,六千户之上为中州,六千户之下为下州。江南世祖时确定五万户以上为上州,三万户之上为中州,不及三万户为下州。成宗元贞元年(1295 年)五月提高了江南立州标准,规定户至四万、五万者为下州,五至十万户为中州,十万以上为上州。后来又恢复了世祖时的定制。上州设达鲁花赤、州尹,中、下州设达鲁花赤、知州;同知、判官等下属官相同。有的州直隶于路,也有的直隶于行省;州下亦有不置县者。

县也按管民多少分成三等。江北六千户以上为上县,二千户以上为中县,不及二千户为下县。江南三万户以上为上县,一万户以上为中县,不及一万户为下县。上县设达鲁花赤、县尹、县丞等官,中、下县不设县丞。有的县直隶于路、府,有些县则隶属于州。

在个别边远地区,还保留着"军"的建置,品秩和设官与下州相同。

在路治所在城市,设录事司,管理市镇居民,置达鲁花赤、录事、判官等。人数多的城市,可设数个录事司。城镇民户过少,则不设司,居民归倚郭县管理。

在远离行省中心的地区或少数民族聚居地区,设立宣慰司,品秩高于路而低于行省,"掌军民之务,分道以总郡县。行省有政令则布于下,郡县有请则为达于省。有边陲军旅之事,则兼都元帅府"①,兼有行省派出机构和介乎省、路之间的一级行政机构的职能。这些宣慰司,大多是成宗朝以后陆续设置的,而不是忽必烈时期诸道宣慰司的恢复。宣慰司设宣慰使、同知、副使等职。

在云南行省、湖广行省、四川行省的边远民族地区以及宣政院所辖吐蕃地区内,还有宣抚司、安抚司、招讨司的建置。各司品秩与路总管府相同,大部分隶于各道宣慰司之下,少数直隶行省。

在边陲民族地区的宣慰司及其所属的路府州县或宣抚、安抚、招讨诸司,往往参用当地土官任职,以便于因族而治与因俗而治。

岭北行省的情况与其他行省不同,千户仍然是基本军事单位和地方行政单位,除了设有和宁路、青海宣慰司和个别州外,没有路府州县的四级设置和统属关系。

中书省辖地内路府州县的设置和各行省一样,大都和上都则另有一套管理制度。两都都设留守司,品秩相同,高于行省的宣慰司。大都留守司下分置大都路都总管府,往往以大都留守兼总管府达鲁花赤、总管;上都留守司则与本路都总管府合为一体。留守司下辖有都城造作、供应、存储各司局;路都总管府下则设有兵马都指挥使司、司狱司及警巡院等鞫捕盗贼、审理刑狱和管理市民的民事机构。

四、乡都、社与户籍管理制度

元代的基层行政编制,农村为乡都制,城市为隅坊制。此外,还普遍设立一种旨在"劝农"的"社",个别地方还实行甲制。

乡都制,是元代农村的基层行政设施,一般分乡、都两级,有的地方乡、都又属于同一层次。乡设里正,都设主首。"里正催办

---

① 《元史》卷 91《百官志七》。

钱粮"，"主首供应杂事"。①不过，"每乡所辖都分不等，其中为里、为村、为坊、为保，皆据其土俗之所呼以书"②，各地并不划一。元朝政府十分注重里正、主首的职责，明文规定："诸村主首使佐里正催督差税，禁止违法"；"今后凡催差办集，自有里正、主首，其社长使专劝农"。③

隅坊制，是元代城关的基层行政编制。隅与坊的关系，有类于乡与都的关系。隅设隅正、坊设坊正。但各地城关的情况不一样，有的城关隅下设若干坊，有的城关仅有若干坊，其职责主要是维护治安。

在乡都、隅坊制之外，元代普遍立"社"。

世祖至元七年（1270年）二月，颁布农村立社法令，规定以自然村为基础，原则上50家立为一社，各种人户均须入社；社设社长，由社众推举年高、通晓农事、家有兼丁的人担任，免除本人杂役，专务督促农业生产；社长监督社众，社众服从社长；每社设义仓和学校；社众之间和社与社之间在生产上互相协助。社，基本上属于社会组织，主要职责是劝农，但后来，元廷将其纳入基层行政系统，置于乡都之下。南宋灭亡后，社制被推广到江南地区，在全国范围内普遍施行。

自从社被纳入基层行政系统之后，里正便通过村社社长实施对基层的管理，因而社长的地位更为重要。社长除了劝农、兴学、济贫以外，尚需负责统计户口、征调赋役、维持治安和处理一般诉讼事务。由社众推选村长一般是流于形式，实质上社长多由地方官吏和村社富户指派。

城市立社也是从至元七年开始推行的，每社的户数多于农村的社，凡城关居民均须入社。城市的社隶于隅、坊之下。城市社

---

① 《至顺镇江志》卷2《地理·金坛县·乡都》。

② 《至顺镇江志》卷2《地理·丹徒县》。

③ 《通制条格》卷16。

长的主要职责是维护法纪和治安。

元代户籍制度比较复杂,既有户等,又有诸色户计。户等即是将全国居民按财产丁力状况分成上、中、下三等,每等又分为上、中、下三级,合称为三等九甲。登记户等的簿籍叫作"鼠尾文簿"。科征赋役时,即以鼠尾簿为准。

户计是按照居民职业划分的,常见的有民、军、站、匠、盐、儒、僧、道、医、鹰房等户计。军、站、匠、盐等户是国家强制从民户中签发出来的,各有专门系统进行管理;儒、僧、道、医等户是国家通过考试或其他方式认可的,由地方官府或宗教机构管理。

元朝政府虽然将"增户口"作为考核牧民官的六条标准之一,但是由于没有定期的户籍登记和调整户等的规定,户等多名实不符,诸色户计虚额甚多,整个户籍制度很混乱。

第四节　元朝的司法、监察制度

一、司法制度

大蒙古国时期,法制是混乱的。在蒙古本土,起作用的是"约孙"(yosun,习惯法)和"札撒"(yasa,成吉思汗的敕令)。"约孙"和"札撒",体现了维护奴隶制社会关系的要求和游牧生活方式的特点。在原金朝统治的农业地区("汉地"),军阀割据,他们在自己的地区之内,"生杀予夺,皆由己出",根本无法制可言。[1]不少来到"汉地"的蒙古将领和官员,还把蒙古的"约孙"和"札撒"强制推行。这种情况,在忽必烈登基以后才有所改变。

忽必烈采取了一系列加强中央集权的措施, 他取消了"汉

---

① 胡祗遹:《论并州县》,载《紫山大全集》卷23,三怡堂丛书本。

地"军阀世袭的特权,实行军民分治和地方官员迁转的制度,颁布一系列法令,逐步建立起了比较周密的诉讼和审讯制度。灭南宋后,全国的司法制度趋于基本统一。总的说来,元朝的司法制度是前代中原封建皇朝的司法制度的延续,与金朝的制度有着特别密切的关系,但又具有自己的一些特点。下面分别就诉讼审讯制度和立法的情况作简要的说明。

和前代一样,元朝路、府、州、县(录事司)的行政官员,同时又是主管司法的官员,行政权与司法权是密不可分的。一般来说,州、县的正官直接处理刑狱词讼,而在路、府,则在长、次正官之下设推官,专治刑狱。无论路、府或是州、县,都设有"掌管刑名司吏"[①],协助正官和推官进行工作。

有关刑狱诉讼的案件基本上可以分为两大类。一类是民事案件,主要有婚姻、田产、钱债、驱良(良贱身份的区别)等项。一类是刑事案件,主要有斗殴、杀伤、偷盗、诈骗、奸情等项。民事案件以判断曲直为主,有的也要加上经济上的处罚和判刑。刑事案件以判刑为主,有时也要加以经济上的处罚,如杀人要按情节分别判死刑或流刑,同时还向罪犯家属征烧埋银。刑有五种,即笞刑、杖刑、徒刑、流刑和死刑。每种刑中又有若干等级,笞刑自七下至五十七下分为六等,杖罪自六十七至一百零七分五等。徒刑自一年到三年分五等,判徒刑同时判杖刑,罪犯受杖以后,发配到盐场、金矿等处,"昼则带镣居役,夜则入囚牢房"[②]。流刑分南、北,女真、高丽人犯罪流湖广,"余并流奴儿干及取海青之地"[③]。湖广是炎热之地,多传染病,原来生活在北方的女真、高丽人很难生存。而奴儿干在黑龙江入海之地(今俄罗斯境内)。"取海青(鹰的一种,供捕猎用——引者)之地"在黑龙江中下游,是酷寒人烟稀少地区,流放到这里也是很难生还的。死刑分斩和凌迟处

---

① 《元典章》卷40《刑部二·推官专管刑狱》。
②③ 《元史》卷103《刑法志二·职制下》。

死两种。①元代的笞刑和杖刑都不取整数而取七，这是其他朝代没有的。据说忽必烈"定天下之刑"时说："天饶他一下，地饶他一下，我饶他一下。"于是便成为一代特有的制度。②

五刑之外，还有一些刑罚。如墨刑（黥刺），主要施加于盗窃罪者，或者刺臂，或刺面部、颈部。充军，犯死罪者，常许充军自赎，作战时充敢死队打先锋。③后来处流刑者亦常以充军。迁徙，"凡应徙者，验所居远近，移之千里"。"十年无故，则量徙之。"④元代还实行"警迹人"制度。犯盗窃罪服劳役者，期满之后发回原籍，充警迹人。五年不犯，才能除名。所谓"警迹"，就是要他们承担告发、追捕盗贼之责。警迹人的身份是不自由的，"有不告知邻佑辄离家经宿，及游惰不事生产作业者，有司究之；邻佑有失觉察者，亦罪之"⑤。警迹人实际上是地方官府的管制对象。

无论民事或是刑事诉讼，都严格实行自下而上的程序，"先经本管官司，自下而上，依理陈告"⑥，"不得隔越陈诉"⑦。这就是说，申诉者必须先经县或录事司衙门，听候判决，如果不服，再到府、州和路，不能越级上告，否则要笞五十七下。诉讼必须有词状，不少地方官府设有状铺，有专门的书状人，为诉讼者书写词状。县和录事司一般由长、次正官（包括管民官与达鲁花赤）一同审理。在路、府二级，"凡遇刑名词讼，推官先行穷问，须要狱成，与其余府官再行审责完签案牍文字"⑧。路、府的管民官与达鲁花

---

① 元代无绞刑，这与其他朝代不同。

② 叶子奇：《草木子》卷3下《杂制篇》。

③ 在大蒙古国时期，以犯死罪者充八都鲁军，作战时打先锋，元朝沿袭了此制。

④ 《元史》卷33《文宗纪二》。

⑤ 《元史》卷104《刑法志三·盗贼》。

⑥ 《元典章》卷5《台纲二·行台体察等例》。

⑦ 《元史》卷5《世祖纪二》。

⑧ 《元典章》卷40《刑部二·推官专管刑狱》。

赤在审理时"圆坐参议词讼"①,也就是共同商议,然后再由长官裁定。在审讯过程中,如果遇到证据确凿的罪犯不肯认招,必须经过集体商议同意,立下文书,才可用刑:"问事的官人每、首领官园聚着商量了,依着体例,合使什么杖子,打了多少杖数,明白立着札子,园押着。"一些残酷的逼讯手段,如夜间疲劳审讯,罚跪在砖石、铁索上,打软肋,揪头发,等等,都在禁止之列②。笞刑五十七下以下由县、录事司断决,杖刑八十七下以下由府、州断决,一百七下以下须由路总管府断决。徒罪由路总管府断决,"仍申合于上司照验"。流罪以上,经路总管府断决后,"须牒廉访司官,审覆无冤,方得结案,依例待报"③。廉访司是监察机构(见下)。"依例待报"是指须上报中书省刑部批准。

有元一代,始终没有修成系统的法典。大蒙古国时期,对蒙古人用蒙古习惯法,对"汉城"居民,大体沿用"旧例",也就是金朝的《泰和律》。忽必烈采用"大元"的国号后,下令禁用《泰和律》,曾经命人修订新律,但没有成功。元成宗(1294—1307)、顺帝(1333—1368)时,都有过修律之议,据说均已修成,但都没有正式颁行。但是,元代历朝皇帝为了处理词讼的需要,先后颁布过许多条令,其中有的是称为"条例""通例"或"条画"的系统的单行法规(如"赃罪条例""强窃盗贼条画"等),有的是具体处理个别事件的指令性文书(通常称为"断例"),遇到类似的案件,可以参照执行。元代以政府名义颁行的《大元通制》和《至正条格》,实际上就是将单行法规和"断例"加以整理而成的各种法规汇编④。元朝各级地方政府在断狱量刑时,就以单行法规和"断例"为主要依据。

---

① 《元典章》卷 13《吏部七·圆坐署事》。

② 《元典章》卷 40《刑部二·有罪过人依体例问》。

③ 《元史》卷 104《刑法志三·盗贼》。

④ 现在流行的《元典章》一书,并非政府纂修,而是民间自行编辑出版的。

那么,这些单行法规的制订,以及成为"断例"的案件处理,又是以什么为根据的呢? 首先,它们根据的主要是"旧例"(这是在元代法律文书中常常可以看到的名词),也就是金朝的《泰和律》,而金朝的《泰和律》则是以唐律为基础的。其次,还可以看到蒙古习惯法的影响,例如对偷盗牲畜者实行盗一赔九,不论蒙古人、汉人都是如此。再次,根据现实的政治需要进行调整("量情断遣"),这主要表现为对蒙古人、色目人的优待和对汉人、南人的歧视。同样的杀人罪,蒙古人杀汉人只判打五十七下,征烧埋银,汉人殴死蒙古人则要处死,而且断付犯人家产。蒙古人殴打汉人,汉人不得还手,违者严行断罪。犯窃盗罪均要刺字,但蒙古人、色目人不在刺字之列。即使犯有死罪的蒙古人也与他人不同,"有司毋得拷掠,仍日给饮食"①。

和前代中原封建皇朝相比较,元朝的法制是相当混乱的。从立法角度来看,元代始终没有一部形式完备、内容稳定的法典,那些因事立制、临事制宜的条例、"断例"愈来愈多,必然出现许多罪同罚异、轻重不论的情况,官吏们可以各取所需,上下其手。从执行角度来看,元代官吏素质很差,"郡县官吏,贪污苟且,通知法律者少"②;"无辜者牵连受刑,有罪者侥幸获免"③;"设计害民,无所不至"④。法制的混乱,加速了社会矛盾的尖锐化。

---

① 《元史》卷 103《刑法志二·职制下》。

② 例如,中国历代有"保辜"之法,凡殴人致伤,官府立期限(手足、他物、刀火伤人各不同),"限内死者各依杀人论",限外死者以伤人论。此法即为"保辜"。元代的"断例"中,却有"辜限已满"被殴者身死而"加等科断"之例,常为官府断决时引用类比。苏天爵认为,允许这样做是"破已成之法,开奸弊之门"。见苏天爵:《建言刑狱五事》,载《滋溪文稿》卷 27。

③ 苏天爵:《乞详定斗殴杀人罪》,载《滋溪文稿》卷 27。

④ 苏天爵:《禁治死损罪囚》,载《滋溪文稿》卷 27。

二、监察制度

大蒙古国时期,法制极端混乱,当然也没有任何监察制度可言。忽必烈登上汗位以后,在恢复法制的同时,也将中原封建王朝固有的监察制度建立了起来。

至元五年(1268年),忽必烈下令,在中央建立御史台,作为政府的监察机构,并发布了《设立宪台格例》,亦即御史台的工作要则[①]。这是元代监察制度的开端。此后,从中央到地方的监察系统逐步完备,其职责也通过一系列条例和诏令得到明确的规定。

元朝政府中不存在独立的司法系统。在地方,行政机构同时又是司法机构,行政官员也是司法的官员。在中央,没有独立的司法机构,刑部只不过是中书省下属的一个部门。与之不同,元朝政府中有一个独立的监察系统,从中央到地方,与行政系统完全分开,对行政系统起监督的作用。

中央的监察机构称为御史台,秩从一品,低于中书省(正一品),与枢密院等。中书省管行政事务,枢密院管军政,御史台掌监察,是政府中最重要的三个机构。御史台的长官是御史大夫,次官是御史中丞,下设侍御史、治书侍御史、殿中侍御史、监察御史等。元代御史台职官的名称均沿袭前代,但品秩一般都有所提高,以御史大夫、御史中丞来说,唐代为正三品、正四品下,宋、金分别是从二品、从三品,而到元代,则升为从一品、正二品。

在地方上,则设有行御史台(简称"行台")和提刑按察司(后改为肃政廉访司)。行台是中央御史台的派出机构,先后设过四个,但长期保存下来的只有两个,即江南行台和陕西行台。江南行台设在建康路(后改集庆路,治今江苏南京),管理江南地区的监察事务。陕西行台设在奉元路(治今陕西西安),负责管理甘肃、陕西、四川、云南的监察事务。为适应监察工作的需要,全国

---

① 《元典章》卷5《台纲一·设立宪台格例》。

划分为二十二道,每道均设提刑按察司。严格来说,道不是一种行政区划,与行省或路、府、州、县不同。道的范围,或一省一道(如云南诸路道、西蜀四川道等),或一省数道(如江浙行省分浙东、浙西两道,河南行省分四道),还有中央御史台和江南行台的直辖道。提刑按察司设按察使、副使,秩三品、四品。至元二十八年(1291年)改名肃政廉访司,长官改名廉访使、副使。提刑按察司(肃政廉访司)负责一道的监察事务,长官要定期在一道之内巡行,履行监察职务。

忽必烈曾说:中书是我的左手,枢密院是我的右手,"御史台是朕医两手的"①。监察机构的首要任务,是纠察各级官吏的不法行为。中央和地方各级机构中官员们"奸邪非违",诸如贪污枉法、刑名违错、赋役不均、侵使官物、军功不实、军情不报,等等,都在纠察之列。犯罪的官员,"受宣官"(一品至五品)由御史台向皇帝上奏,听候处理;"受敕人员"(六品至九品)"应断应罢者",御史台或行台便可处理。"受省札人员"(行省委派官吏),提刑按察司便可决定。②此外,监察机构还有监督铨选(官员的选用和迁转),肃清风俗、劝农、追赃等任务。元朝政府出动军队镇压人民反抗时,常有监察机构的官员随行。地方的军务重事,行省官和统军官要和行台长官协商办理。地方官府判决的重大案件,都要送肃政廉访司覆核,经查明无误,移文路总管府结案,才能上报。

监察机构的日常工作,主要是刷卷和巡按(又称按治、监治)。刷卷就是定期对中央和地方各级政府机关的公文案卷进行审核,如果发现问题,就要进行调查处理。巡按(监治)就是各道的按察司(廉访司)官员定期到本道所管辖各路府州县去巡视,"察官吏能否,问民间利病,审理冤滞,体究一切非违"③。元朝中

---

① 叶子奇:《草木子》卷3下《杂制篇》。
② 《元典章》卷5《台纲一·行台体察等例》。
③ 《元典章》卷6《台纲二·察司合察事理》。

后期,还曾两次实行过"奉使宣抚"之法,即由皇帝直接选派官员,"布宣德意,询民疾苦,疏涤冤滞,蠲除烦苛,体察官吏贤否,明加黜陟"①。这种办法,实际上是监察机构巡按方式的扩大。"奉使宣抚"的权力也和监察机构相似:"有罪者,四品以上停职申请,五品以下就便处决,民间一切兴利除害之事悉听举行,其余必合上闻者,条具入告。"

御史台的长官御史大夫,在元代只有出身勋贵或曾为皇帝近侍(怯薛)的蒙古人才能担任。次官御史中丞一般也在蒙古、色目世臣勋贵的后代中选充,但也参用了一定数量的汉族官员。殿中侍御史的工作是负责宫廷中的监察事宜,接近皇帝,因而任职者"必国人(蒙国人——引者)世臣之胄",不用汉人。②御史台和行台其他官员(侍御史、治书侍御史、监察御史),采取蒙古人、色目人、汉人参用的原则。按察司(廉访司)的官员必是蒙古人、色目人、汉人相互参用,多数以蒙古人为长官,色目人、汉人次之,但汉人为廉访使者亦颇有其人。无论御史台、行台或按察司(廉访司)的官员,原则上都不许南人充任,只有个别的例外。元末农民战争爆发后,为了缓和地主阶级内部的矛盾,才允许较多的南人到监察系统任职。总之,监察系统官员的任用,突出地反映了元朝政府在官吏任用上的民族歧视原则。

元朝中央和地方各级行政官员的选用,都要通过中书省吏部。但监察系统官员的任用,则由御史台自行选择。监察系统官员的迁调,主要也在本系统之内。采取这些措施的目的,都在于保持监察系统的相对独立性,可以更好地在国家机器中发挥制衡的作用。

总的来说,元代监察系统的组织建制是相当周密的,其地位比前代有所提高,规章制度也是比较严密的。但是,它的存在和活

---

① 《元史》卷 92《百官志八》。

② 马祖常:《殿中司题名记》,载《石田集》卷 8。

动并没能阻止元代政治腐败的总趋势。封建皇帝的专制权力经常阻遏监察机构职能的正常进行,敢于触犯皇帝亲信的监察官员往往遭到贬谪甚至杀害。御史台长、次官的地位重要。实际上成为勋贵家族竞逐的对象,有时甚至出现一家兄弟子侄同时把持省、台要职的现象,互相包庇,根本谈不到监督的作用。权臣秉政,公开打击监察官员,以致无人敢于说话,这种现象也曾不止一次出现。在大部分时间和大多数地方,监察工作只是徒具形式,刷卷和巡按大都是走过场而已。就是"奉使巡抚"也是如此,当时的民谣说:"奉使来时惊天动地,奉使去时乌天黑地,官吏都欢天喜地,百姓却啼天哭地"。"官吏黑漆皮灯笼,奉使来时添一重"。①这些民间文学作品深刻地揭示了"奉使宣抚"实际上也是元代整个监察工作的实质。

第五节　元朝军事制度

一、武装力量体制

从大蒙古国时期到元朝,武装力量体制有过较大变化。

大蒙古国时期的军队,主要分成蒙古军和汉军两大类。

蒙古军以草原各部蒙古人为主体,"其法,家有男子,十五以上,七十以下,无众寡尽科为军",以千户组织作为基本军事单位,"上马则备战斗,下马则屯聚牧养"②,能够动员的士兵大约有十余万人。十五岁以下的儿童,被编组成"渐丁军",作为蒙古军的后备力量。在战争中陆续被蒙古统治者招降和掳掠来的哈剌鲁、钦察、

---

① 陶宗仪:《辍耕录》卷19《阑驾上书》。
②《经世大典序录·军制》,载《元文类》卷41。

唐兀、阿速、康里、畏兀儿、回回、阿儿浑等族人(后来被统称为"色目人")中的丁壮,也大多"隶蒙古军籍",被编入蒙古军。

随着战争的发展,蒙古统治者需要一支蒙古军队长期留守中原、西域等地区,于是从蒙古各部中"签发"了部分士兵,组成专用于军事镇戍的探马赤军。探马赤军被派出去镇戍后,仍与蒙古本部保持密切联系,还属于蒙古军系统。

为有效控制刚统一起来的蒙古各部和确保汗廷的安全,成吉思汗从蒙古各部中征调了一万名精锐士兵,作为大汗的常备护卫军,称为"怯薛"。怯薛由宿卫千户、箭筒士千户和散班八千户组成,平时护卫大汗,在战争中则是全军的中坚力量,被称为"大中军"。

汉军来自降蒙的金、宋军队,投附蒙古政权的地方武装以及蒙古统治者在中原汉人民户中签发的士兵。汉军的编制最初比较混乱,到窝阔台汗时逐步统一起来,按照蒙古军的组织制度,编成万户和千户。当时汉军的总数大约在三十万人左右。

忽必烈即位后,改造军队组织体系,建立起中央宿卫军队和地方镇戍军队两大系统,确定了元军的编制和隶属关系。嗣后元朝诸帝都只是在这两大组织系统中对某些军队和军府进行局部调整。

中央宿卫军队由原有的怯薛和新建的侍卫亲军组成。

怯薛的定员仍为一万人,但经常被突破。到元文宗时,怯薛宿卫士有一万三千余人。

侍卫亲军始建于中统元年(1260年),第一个卫军组织称为武卫军,兵员三万人左右,士兵来源于汉军各万户。至元元年(1264年),武卫军改名侍卫亲军,分为左、右两翼,后又改成三卫、五卫,仍以汉军为主体,称之为汉人卫军,并陆续增设了武卫、虎贲卫、忠翊卫等机构。原来隶于蒙古军籍的色目人也逐渐集中到京师,编组成唐兀、钦察、贵赤、康里、西域(即阿儿浑)、阿速、斡罗思等卫军,称之为色目卫军。部分探马赤军也被编入侍卫亲军,被称为蒙古卫军。到元朝后期,卫军总人数大致在二十万至三十万人之间。

怯薛和侍卫亲军的职能略有不同。怯薛主要负责皇帝的安全,掌管宫城和皇帝大帐的防卫,一般不再外出作战。侍卫亲军则既要负责大都、上都以及"腹里"地区的安全,又是朝廷用以"居重驭轻"的常备精锐部队,随时可以派出去镇压地方的起义和抵御外来的侵扰。怯薛由怯薛长管领,直接与皇帝发生关系;侍卫亲军由各卫都指挥使司掌管,隶属于专掌军政的枢密院之下。

地方镇戍军队由驻牧在草原上的蒙古军和分散在全国各地镇戍的探马赤军、汉军和新附军等构成。

蒙古军仍然保持着有战事传檄集合、平时散归各部的状态,千户组织还是蒙古军的基本组织形式。

镇戍中原等地的探马赤军,逐渐与蒙古本部脱离了关系,元朝政府陆续设置了山东河北、河南淮北、陕西、四川四个蒙古军都万户府,立司于泲州(今山东鄄城北)、洛阳、凤翔、成都,分掌探马赤军。探马赤军人后代都隶于军籍,儿童也被编组成"渐丁军",有时称为"小厮蒙古军"。

在元廷对宋战争中,招降了大量的南宋军队,以后就将南宋降军称为新附军。元朝政府对新附军的安置颇下了一番功夫,先是广为招集,确立军籍;然后将精锐士兵抽调到京师,编入侍卫亲军各卫(主要是汉人卫军各卫);其他士兵则分编在地方镇戍诸军中,由蒙古人、色目人、汉人将领统率。每当有战争发生,总是首先调发各军中的新附军人出征,不参战的新附军人则要从事屯田和工役造作。

忽必烈即位以后,又从中原地区签军近二十万人补充汉军。全国统一之后,分布在河南、陕西、四川和江南地区镇守的汉军和部分色目人军队,加上分编在各军中的新附军人,重新进行了编组,在各地设立万户府、元帅府等几十个统军机构,分掌戍军。

在边疆民族地区，元朝政府编组了一些由当地少数民族组成的军队，如辽东的高丽军、女直军，云南的寸白军，湖广的土军、黎兵、洞兵，福建的畲军，吐蕃地区的吐蕃军，等等。这些军队，主要被用来维系当地的安宁，被当时人视为"乡兵"，也是地方镇戍军队的一个组成部分。

元代军队的总数，估计当在一百万人上下。

二、军队管理体制

大蒙古国时期，蒙古军中设左、右翼万户长，分管直辖于汗廷的蒙古各千户；蒙古诸王自掌所属千户。汉军由蒙古大汗任命的统军都元帅分掌。

忽必烈即位后，为强化中央集权，改变了蒙古国时期两种军队领导体制的做法，撤消了蒙古左、右翼万户长和各地统军都元帅的建制，代之以枢密院管军的体制。

枢密院设立于中统四年（1263 年）五月，是掌管全国军政的最高中央机构。枢密院的职能包括筹划军事部署、管理军队、铨选武官和为军队提供后勤保障等。枢密院的实际最高长官是知枢密院事（知院），在其上的枢密使由皇太子兼任，往往是虚衔。知院原设一员，后来不断增加，多时达十余员，少时也有六员。成宗朝以后，在知院中择一人为长，总管枢密院事务。知院之下，置同知枢密院事、枢密副使、金书枢密院事、同金枢密院事等职。知院、同知以蒙古人为主，参用色目人；副使以下，参用汉人。枢密院主要官员由皇帝亲自择用，属官由枢密院自身选择奏举，依旨任用。

为了保证漠北蒙古本部的军政统一，元廷常年委派一名知院坐镇漠北，就地处理军务。忽必烈还把自己的嫡子分派到漠北、陕西、云南、吐蕃等地作为出镇宗王，节制当地的军队。

枢密院的派出地方机构为行枢密院，在对宋战争及全国统一后曾反复设罢。成宗即位后确定了以行省长官兼掌军政的体制,行枢密院不再作为必设的地方军政机构,而是在战事频繁地区临时设置军前指挥机构。

元代实行的是征兵制度,但其方式因民族不同而略有区别。对蒙古各部采用成年男子皆兵的办法征集士兵, 由蒙古各千户实施对士兵乃至牧民的管理。其他民族实行军户制度,即国家强行指定一部分百姓承担服兵役的义务, 他们的户籍与其他百姓分开,另行管理,凡列名军籍的人户,就是军户。

军户分成汉军军户、新附军户和探马赤军户几种。汉军军户一般签取于民户中的中户,并实行正、贴军户制度来平衡军户无丁或无力服兵役的情况,即依据军户的财产、丁力状况,以二三户或四五户合出军一名,出人当兵的户是正军户,又称军头,其他各户出钱资助,称为贴军户。正、贴军户由政府指定,不能随意改变。如果正军户缺乏可以当兵的合适人选,由有丁的贴军户顶替,改为正军户出钱资助;一旦正军户中有了合适人丁,便要继续出征。探马赤军户不实行几户合出一军的制度,但某些探马赤军户原来拥有的驱口释放为良之后,按照政府的规定,就成为旧主人的贴户,出钱资助出军。新附军户均没有贴户。

军户世世代代都要服兵役, 不能改变。逃亡和以他人顶替"正身"(应出军本人)服兵役,均为政府所明令禁止。军人战死、病死或长期征战、戍守,可以按政府规定"存恤"其家属或本人一段时间,放还休息或暂免军役。

军户的管理机构称为"奥鲁"。探马赤军万户中原来都有奥鲁官,负责管理军户,到了元朝中期均被撤罢,由蒙古军都万户府下属的万户府、千户所直接管理探马赤军户。汉军军户原亦由各万户属下的奥鲁官掌管,忽必烈即位后实行军民分治政策,确定了各路、府、州、县管民官兼领奥鲁的体制,于是形成了探马赤军户由军队系统管辖、汉军军户由地方行政系统管辖的不同情况。新附军户由所在管军军官直接管理,没有奥鲁的设置。奥鲁的主要职责,是组织军人服兵役,征取出征、出戍军人的封桩钱,协助审理军户的"奸盗诈伪"等重大案件。

元朝实行军官世袭制,规定如果军官阵前战死,其子孙本等承袭(按父祖原来的品级袭职);如果病死,降二等承袭;军官年满 70 致仕,也可由子孙承袭,与病死同等承袭。承袭者必须年满20 岁,按照规定要进行武艺、文化水平考核。

在实行军官世袭的同时,还实行军官迁转的办法,一般是三年一满,通行迁转,但出征时验功过决定升降。

元朝军府的设置,依照管兵多少而定,分成几个级别。万户府、元帅府以及侍卫亲军都指挥使司为同一级别,万户府又以管兵 7000、5000、3000 人而分为上、中、下三等。元帅府、都指挥使司没有等的区别,均与上万户府同等。千户所为第二级别,以管兵 700、500、300 人分为上、中、下三等。百户所为第三级别,以管兵 70、50 人分为上、下二等。草原蒙古千户的级别,大致相当于万户府等或略高一些。

元朝军官佩符牌。牌与符是一回事,分为虎头金牌、平金牌、平银牌三等,又称为虎符、金符和银符。大致上是万户佩虎符,千户佩金符,百户佩银符。虎符还有三珠、二珠、一珠的区别,三珠为最高,只有上万户府达鲁花赤、万户以上的掌军者才能发给。符牌由政府颁发,军官升迁或去职后,按规定都要交回原持符牌。

第六节　元朝的财政管理制度

一、大蒙古国的财政管理体制

在成吉思汗时代,由于对被征服地区实行"裂土分民"的分封制,以及通过直接抢掠来扩大财富,因此,这时的大蒙古国尚未建立专门的财政管理机构,也没有形成完整的财政管理制度。

尽管那时对直接抢掠的办法与分配办法也有一些具体规定,例如,在抢掠时,以参战者的功绩大小为顺序,功大者先抢,功小者后抢,先抢者进门后,插一支箭在门口,后来者就不得进去了。在分配时,有留"分子"的规定,即任何人抢到的战利品,不论多寡,都必须给成吉思汗留一分,否则,成吉思汗便不高兴。《元朝秘史》第 260 节,记述了 1221 年,成吉思汗的三个儿子——术赤、察合台、窝阔台攻克花剌子模都城玉龙杰赤之后,将所掠夺的财物及百姓都分光了,没有给成吉思汗留一分,于是,成吉思汗大怒。等回来后,成吉思汗"三日不许三子入见"。至于将帅、大臣以下,平时没有俸禄,只是将战争中抢掠来的战利品,自上而下地进行分配,没有参战的大臣也能得到一分,称为俵分。但是,严格讲来,这些都还算不上是正式的财政管理制度。

到了窝阔台时代,随着蒙古统治者进入中原地区的时间加长,蒙古统治者对中原地区的统治方式与剥削方式,不能不适应中原地区的封建文明作相应的调整,大蒙古国的财政管理制度才逐步形成。

1229 年,窝阔台即位后,中原地区地主阶级的代表人物耶律楚材,根据大蒙古国的军费及其他费用开支,造了一个财政预算,大致每年需银 50 万两、帛 8 万匹、粟 40 万石。[①]耶律楚材认为,只要将中原地区的地税、商税、盐、酒、铁冶及山泽之利加起来,就足够开支的了。窝阔台采纳了耶律楚材的建议,确立了赋税制度。

在蒙古本土,实行抽分制,规定"蒙古民有马百者输牝马一,牛百者输牸牛一,羊百者输羒羊一,永为定制"。在中原地区,制定了"汉民以户计,出赋调"的税则,耶律楚材主管其事。在河西,订立了"西域人以丁计,出赋调"的税则[②],派花剌子模人牙剌花

---

① 《元史》卷 146《耶律楚材传》。

② 《元史》卷 2《太宗纪》。

赤主其事。

接着,耶律楚材又奏立十路课税所,作为财政管理机构,并建议"凡州郡宜令长吏专理民事,万户总军政,凡所掌课税,权贵不得侵之"①。即实行行政、军政、财政各自独立的原则。1230年,设立十路课税所专掌征收钱谷。十路是:燕京、宣德、西京、太原、平阳、真定、乐平、北京、平州、济南,包括了除李全控制区以外的全部蒙古统治区。

1235年,乙未籍户,共得110多万户。按照蒙古分封制度,窝阔台将一部分中原州县民户分赐给诸王、贵戚、功臣为食邑,计70多万户,其余40万户直属汗廷。窝阔台又采纳耶律楚材建议,规定受封贵族只在分地置达鲁花赤监临,由汗廷置吏,收其贡赋,按其应得分额,岁终颁给,以杜绝受封贵族擅自科征。"每二户出丝一斤,以给国用;五户出丝一斤,以给诸王功臣汤沐之资"②,是为"五户丝"。同时,制定了各类人户的丁税、地税以及商、盐等税的具体税则,定为常赋。窝阔台晚年,又对汉地实行"画境之制",调整行政区划,使中原地区由原来的十路,增加到二十余道(路),自路以下,遍设监临官达鲁花赤。

随着赋税制度的确立,大蒙古国的财政管理体制亦渐趋定型。蒙古风俗,被征服地区被视作成吉思汗家族的共同财产,由汗廷设官统治。各支宗王派代表协同管理,监督其赋税收入。1234年燕京行台建立后,除大汗任命大断事官主管行省事务外,诸王也各派一名家臣"参决尚书事"③。1239年,窝阔台准许回回商人奥都剌合蛮以每年银220万两扑买中原课税;1241年又调牙剌瓦赤任中州断事官。贵由时代,又以包税人、提领诸路课税所官奥都剌合蛮同行省事。直到蒙哥汗时代,仍因循这种体制。

---

① ② 《元史》卷146《耶律楚材传》。

③ 姚燧:《李恒家庙碑》,载《元文类》卷21。

二、元朝的财政管理体制

忽必烈建立元朝之后，财政管理体制几经变化。中统元年（1260 年）中央以吏、户、礼为中书左三部，负责管理中央财政。地方则由十路宣抚司的都转运使分领诸县，综理地方财政。

至元元年（1264 年）罢中书左右部，并入中书省，分立户部；至元三年（1266 年）立制国用使司，以阿合马为使，作为最高财政管理机关；同年，复分为三部；至元五年（1268 年）复分为户部。至元七年（1270 年）立尚书省，罢制国用使司①，从此，尚书省成为中央最高理财机构。有元一代，先后曾在至元七年至九年（1270—1272 年）、至元二十四年至二十八年（1287—1291 年）、至大二年至三年（1309—1310 年）三次设立尚书省，总管财政，并统领中央六部及全国十一个行省。此间，虽然中央仍保留中书省的建制，但大权全操于尚书省，中书省臣仅仅是备员而已。

在尚书省罢置期间以及罢置以后，中央财政管理悉归中书省所辖户部，并由中书省统领行省，行省统领路、府、州、县。

户部"掌天下户口、钱粮、田土之政令。凡贡赋出纳之经，金币转通之法，府藏委积之实，物货贵贱之直，敛散准驳之宜"②。其人员组成，在元世祖一朝，时有增减，大体上维持在尚书三员，侍郎二员，郎中二员，员外郎三员的数量上。元成宗大德五年（1301 年）实行定编：置尚书三员，侍郎二员，郎中二员，员外郎五员，主事八员，蒙古必阇赤七人，令史六十一人，回回令史六人，怯里马赤一人，知印二人，奏差三十二人，蒙古书写一人，典吏二十二人，司计官四员。即户部官员及吏胥总数为一百五十六人。我国现在的版图，大体上是元朝奠定的基础，偌大的国家中央财政管理机关，当时也只不过一百五十六个编制，这倒

---

① 以上参见《元史》卷 5、6、7《世祖纪》。

② 《元史》卷 85《百官一》。

是耐人寻味的。

户部下属十四个库、司、坊、局,即(1)掌管宝钞、玉器的都提举万亿宝源库;(2)掌管香药、纸札诸物的都提举万亿广源库;(3)掌管诸色缎匹的都提举万亿绮源库;(4)掌管丝绵、布帛诸物的都提举万亿赋源库;(5)分掌万亿宝源库出纳金银事的提举富宁库;(6)主管交钞公事的诸路宝钞都提举司;(7)宝钞总库;(8)印造宝钞库;(9)烧钞东西库;(10)行用六库;(11)掌诸色课程,并领京城各市的大都宣课提举司(中间一度称大都税课提举司);(12)掌酒醋榷酤之事的大都酒课提举司;(13)抄纸坊;(14)掌印造腹里,行省盐、茶、矾、铁等引的印造盐茶等引局。这些库、司、坊、局的人员构成不等,其长官除正副提举或提领、正副大使外,有的还设正副达鲁花赤,其品级最高者,如三个万亿库和诸路宝钞提举司,为正四品,与户部侍郎同级。同时还规定,各库、司、坊、局中,必须参用色目人二名。

此外,户部还统辖六个漕运使司、都提举司和转运盐使司:(1)京畿诸漕运使司,领在京诸仓出纳粮斛及新运粮提举司站车攒运公事,下属新运粮提举司、京师22仓、通惠河运粮千户所等24个单位;(2)都漕运使司,掌御河上下至直沽、河西务、李二寺、通州等处攒运粮斛,下属河西务14仓、通州13仓、河仓17仓、直沽广通仓、荥阳等30纲[①],共75个单位;檀景等处采金铁冶都提举司,掌各冶采金炼铁,榷货以资国用;(4)大都河间等路都转运盐使司,掌场灶榷办盐货,下属盐场22所;(5)山东东路转运盐使司,下属盐场19所;(6)河东陕西等处转运盐使司,下属解盐场、河东等处解盐管民提领所、安邑等处解盐管民提领所等三个单位。这六个转运盐使司中,除檀景等处采金提举司的正官为正四品外,其余诸司的正官均为正三品,与户部尚书同秩。诸司均实行定编。

---

① 按:元代规定,"每编船30只为一纲"(《元史》卷85《百官一》)。

元朝地方财政管理体制与地方行政系统合一,即行省(边远少数民族地区设宣慰司)总摄钱粮、漕运等事。根据至元二十七年(1290年)元廷调整全国行政区划的结果,除山东、山西、河北等地称作腹里归中书省直辖以外,全国分置十个行省。它们是岭北、辽阳、河南、陕西、四川、甘肃、云南、江浙、江西、湖广。行省以下的行政区,依次为路→府→州→县。各级行政机构的长官(达鲁花赤)和正官,同时又是各级财政官员,其职责是逐级对上级负责。

三、元朝的财政预算与收支分配

元朝的财政预算不具有现代意义,但确有预算制度,大体上是以每年全国的赋税收入总额作为财政匡算的依据而确定的。

元朝的财政来源,主要是赋税。元朝赋税制度的特点之一,是南北异制。北方赋税体制是窝阔台八年(1236年)奠定的。至元十七年(1280年)元世祖忽必烈"申明旧制,而加密焉。则送纳之期,收受之式,封完之禁,会计之法,于是乎大备矣"[1]北方赋税主要有两项:一是税粮(分丁税、地税两种),二是科赋税体制,征收夏、秋两税。两税之中,又以秋税为主。除此而外,元朝的赋税收入,还有"诸色课程",包括盐、茶、酒醋、商等税,市舶抽分、额外课,以及金、银、铜、铁、铅、锡、矾、硝碱、竹木等课。

由于史料缺乏元朝财政收入的确切数字,因此,元朝历年财政预算的详细情况已不可知,只能根据有限的材料,描绘出大概的轮廓。根据《元史·食货志》提供的情况,当时天下岁入粮数,总计 12,114,708 石;科差总数:至元四年 (1267 年) 为丝 1,096,489 斤,包银等钞 78,126 锭。又根据盐课收入占"天下办纳的钱"的一半以上[2]来匡算,在至元后期,盐课总额在 200 万锭

---

① 《元文类》卷 40《赋税》。

② 《元典章》卷 22《盐司人休买要盐引》。

左右①,那么,诸色课程的总收入当为 400 万锭左右。如果税粮、科差诸色课程三者相加,大致就是至元年间的财政预算总数。元成宗曾对丞相完泽等说:"每岁天下金银钞币所入几何?诸王驸马赐与及一切营建所出几何?其会计以闻。"完泽对曰:"岁入之数,金一万九千两,银六万两,钞三百六十万锭,然犹不足用,又于至元钞本中借二十万锭矣。"②这里还不包括税粮及科差收入。如果加上税粮与科差之数,可以视作元成宗时代财政预算总额。不过,元朝历年的财政预算,呈逐年增长的趋势。就以中统、至元间的科差总数为例:

中统四年(1263 年),丝 712,171 斤,钞 56,158 锭;

至元二年(1265 年),丝 986,912 斤,包银等钞 56,874 锭;

至元三年(1266 年),丝 1,053,226 斤,包银等钞 59,085 锭;

至元四年(1267 年),丝 1,096,489 斤,钞 78,126 锭。

仅科差一项就以此速度增长,那么诸色课程就可想而知了。史称:"除税粮、科差二者之外,凡课之入,日增月益。至于天历之际,视至元、大德之数,盖二十倍矣。"③这是一个综合估计,至于落实到某些单项税课上,情况就不一了。例如,盐课钞到天历元年(1328 年)就由至元后期的 200 万锭,增加到 766.1 万余锭,约为至元后期的 3.5 倍。又如,商税,"逮至天历之际,天下总入之数,视至元七年所定之额,盖不啻百倍云"④。诸色课税大幅度的增加,表明了元王朝封建剥削的加重,同时反映了财政预算数额的增大。尽管如此,仍然入不敷出,形成"朝廷未有一日之蓄"的局面,其因盖出于元廷"不能量入为出"的缘故。⑤由此可见,元朝的财政预算,不过是徒有虚名罢了。既没有起到指导经济发展的作用,又没有收到制约财政开支的效果,从而反映了元朝财政预

---

① 舒尔曼:《元朝经济制度》,哈佛大学出版社 1956 年版,第 170 页。

②③⑤《元史》卷 93《食货一》。

④《元史》卷 94《食货二》。

算作为一项经济管理制度的先天不足。

元朝的财政支出,主要有六类:

1.军费开支。自成吉思汗建立大蒙古国起,战争连年不断。庞大的军费开支,成为大蒙古国的一项最主要财政支出。从元世祖忽必烈即位起,先有与阿里不哥争位之战,后有平定李璮叛乱,接着进兵南宋,统一全国,旋又远征海外、镇压各族人民的反抗、与北方诸王之战,直到元顺帝时爆发全国规模的农民战争。战争接二连三,为了维持战争,元廷把财政收入相当大的一部分,作为军官俸禄、兵饷、装备等开支。

2.皇帝与宫廷开支。元朝皇室与宫廷开支毫无节制,皇帝后妃及皇室成员的生活奢侈程度,令人震惊。例如,天历二年(1329年)中政院臣言:"皇后日用所需,钞十万锭、币五万匹、绵五千斤。"①皇后如此,皇帝的生活可想而知。除此而外,还有诸王朝会、没完没了的盛大宴会、搜求奇珍珠宝及异兽、营缮宫殿苑囿等等。

3.岁赐。元制:诸王、后妃、公主及勋臣,皆有食采分地之外,复岁赐银币。岁赐制度,始定于窝阔台之时,而增于蒙哥之日,及至世祖忽必烈灭南宋,又各益以民户。每年用于赏赐的开支,数量相当大。就以元世祖至元二十九年(1292年)为例,该年的财政预算为 2,978,305 锭,截至十月,实际收入为 1,893,993 锭,而赐给皇子、皇孙、诸王、藩戚、禁卫、边庭将士等,就为 466,713 锭,约占该年财政预算的六分之一、实际收入的四分之一。其中一个人受赐最高者,多达 20 万锭。②由此可见,岁赐在元朝财政支出中占多么大的比重。

4.官俸。大蒙古国时,未实行禄秩制度。元世祖即位之初,颁行禄秩制度。内而朝臣百司,外而路府州县,小到府史胥徒,莫不

---

① 《元史》卷 33《文宗纪二》。

② 《元史》卷 17《世祖纪十四》。

有俸禄。元成宗大德年间(1298—1307年),以外有司有职田,于是无职田者,复益之以俸米。元初,各部门实际定编,官吏数量还有个限制,但随着官僚机构的膨胀,冗官冗吏充斥,造成官俸开支越来越大。

5.事佛支出。元朝皇帝崇信藏传佛教,每年用于佛事开支,超过了官俸与兵饷的开支。当时全国到处寺院林立,事佛作会日甚一日,以至大德七年(1303年)郑介夫说:"今国家财富,半入西番。"①至大三年(1310年)张养浩也说:"国家经费,三分为率,僧居二焉。"②元文宗天历二年(1329年)中书省臣言:"佛事岁费,以今较旧,增多金1150两,银6200两,钞56,200锭,币帛34,000余匹。"③元顺帝元统二年(1334年),中书省臣言:"佛事布施,费用太广,以世祖时较之,岁增金38锭,银203锭40两,缯帛61,600余匹,钞29,250余锭。"④这在历代财政支出中,实属罕见。

6.赈恤。这是元代财政开支中,唯一有益于人民的项目。元朝赈恤之制,分为蠲免差税与给米粟以赈贷两种。凡遇水、旱、蝗、风、地震、疫疠等灾害的地区,以及鳏寡孤独人等,皆有灾免或赈贷之举。仅以至元二十九年为例,用于赈贷钞,竟达368,428锭,约为当年财政收入的五分之一。

元朝财政支出的突出特点是毫无节制。因此,入不敷出的超前消费,造成了有元一代财政赤字越来越大,最后导致通货膨胀,物价翔涌。前揭至元二十九年(1292年)的支出超过预算数660,238锭,超出实际收入一倍。元武宗即位不到一年,仅岁赐、军费及赈贷开支,已搞得"帑藏空竭,预卖盐引"。和林、甘肃、大

---

① 《历代名臣奏议》卷67《郑介夫上一纲二十目》。
② 《归田类稿》卷2《时政书》。
③ 《元史》卷33《文宗纪一》。
④ 《元史》卷38《顺帝纪一》。

同、隆兴、两都军粮及诸所营缮开支,居然用钞 820 余万锭,不得不借支钞本 710 余万锭。[①]元仁宗即位之初,国库仅存 11 万余锭,但是却支出了近两千余万锭。[②]缺口越来越大,财政危机日益加深。

四、元朝财政管理制度的特点

首先,是南北异制。蒙古贵族入主中原,统一全国,属于落后民族征服先进民族,然其统治方式与剥削方式,很快被所征服的先进民族所同化。蒙古征服金朝在先,灭南宋在后,于是财政管理制度,北方多承金制,南方则因循宋制,形成南北异制的局面。其突出表现为北方实行税粮、科差制,南方实行夏、秋两税制。

其次,带有浓厚的民族压迫性质。不仅各级财政管理机构于正官之外,遍设长官——达鲁花赤(大多数达鲁花赤由蒙古人担任),而且规定户部办事人员中,蒙古人、色目人居重要地位,并占一定比例。由于蒙古统治者特别赏识色目人的敛财手段,所以,一些色目人被委以朝廷理财机构的最高长官,如阿合马、桑哥等。在收支分配上,每年用于赏赐蒙古勋贵的银钞占元朝政府收入的很大比例,表明元朝的财政管理制度,是以保证蒙古贵族利益为原则的。

复次,元朝的财政支出,不是量入而出,而是挥霍无度,毫无节制,往往搞成“岁入之数,不支半岁,自余皆借及钞本”[③]的局面。大致从元世祖忽必烈晚年起,终元一代,财政赤字越来越大,从而表现出蒙古统治者的贪婪性和财政管理的无规则性。

---

① 《元史》卷 22《武宗纪一》。

② 《元史》卷 24《仁宗纪一》。

③ 《元史》卷 20《成宗纪三》。

第七节 元朝的人事管理制度

一、官、首领官、吏

元朝政府是一具庞大的国家机器,从中央到地方,有许多层次,每一层次中都分若干部门。在各级政府机关中工作的人员,也就是通常所说的官吏,大体均可分为三个等级。

第一等级是官,又称正官。各个政府机关中的负责人,也就是主持某一政府机关工作,负有决策责任的工作人员,属于“官”的范围。第三等级是吏(吏员)。各个机关中具体办理各种公务(案牍、翻译、传达政令、掌管印章等)的人员,称为吏或吏员。介于官和吏之间的是首领官,他们统辖吏员,负责一方面的政务,协助主管官员进行工作。首领官亦即吏员首领之意,是官吏中的第二等级。

中央机构的官吏构成,可以御史台为例。御史大夫(二人)、中丞(二人)、侍御史(二人)以及治书侍御史(二人)属于“官”的等级。经历、都事、照磨、承发管勾兼狱丞、架阁库管勾兼承发共六人,属于“首领官”等级。以下另有掾史、译史、知印、通事、宣使、蒙古书写、典吏等。属于“吏”的等级。地方机构的官吏构成,可以路总管府为例。属于“官”的有达鲁花赤、总管、同知、判官和推官;属于“首领官”的有经历、知事、照磨;属于“吏”的是通事、译史和司吏等。①

官和首领官都有一定的品级,自一品到九品不等。一般说来,

---

① 《元史》卷 91《百官志七》;《至顺镇江志》卷 13《廪禄》。

各级机关的官,上至一品、下至六七品不等,首领官则自五六品到八九品不等,机关的地位高,官和首领官的品级也高。吏的大多数没有品级,但中央和行省一级机关中的部分吏有由下层官员(首领官)中调任的,如中书省的掾史于七品文官中选充,中书省下属六部的令史于九品文官中选取,等等,这部分吏是有品级的。元代官吏的进身途径,按其出身不同有所差别。凡由吏出身的,都要经过首领官这一等级,再上升到官。凡由科举或国学贡举入仕的,通常先任首领官或较低级的官,然后转为官或高级的官。由怯薛出身的,通常直接为官。

在前代封建皇朝中,官与吏的界限是极其严格的,吏的社会地位很低,虽然可以上下其手,在衙门中把持一部分权力,但受人鄙视,一般不能进入仕途。这种情况在金朝有明显的变化:吏可以出职仕官,直至宰相。元朝继承了金朝制度,而且有所发展,"今之官即昔之吏,今之吏即后之官",官与吏实际上已没有严格的界限。①至于首领官与官之间,只是职务的不同,可以随时调动。

按照元朝政府的规定,从中央到地方,所有官府衙门的官长次正官,都要"每日早聚,圆坐参议词讼,理会公事"。首领官们则将应办公事汇集,提出初步意见,供参与圆坐的长次正官参考。"参议"时,首领官也可发表意见。至于吏员,在"圆坐参议"时不能参预意见的。"参议"的结果是,"长官择其所长,从正与决"。其他官如有不同意见,可以向上申报。首领官如对长次正官的决定有不同看法,"执覆三次,不从",也许上报。②有些重大决定的作出(如拷问犯人),必须长次正官与首领官共同签字画押。元代各级政府机关在决策时均采取集体讨论的运作方式。

---

① 吴澄:《赠何仲德序》,载《吴文正公集》卷 14。
② 《元典章》卷 13《吏部七·首领官执覆不从许直申部》。

二、官吏选拔的途径

大蒙古国时期,在朝廷中,蒙古贵族、色目官僚世代相袭,掌握了军政大权。"汉地"的军阀也实行世袭之法,父兄子侄以及亲族把持了一定地区的各种权力。下级官员和吏员的选用,主要决定于主管者个人的态度,实际上没有制度可言。忽必烈取得统治权力以后,逐步改革和完善了中央和地方的各级行政管理机构,与此相应,官员的选拔也趋于制度化。

元代官员的选拔,主要有科举、国学贡举、荫叙和承袭、宿卫出职、吏员出职等途径。

科举是唐朝以来历代封建皇朝奉行的选拔官员制度,但在元朝迟迟未曾举行,直到仁宗皇庆二年(1313 年),才正式恢复。科举考试每三年一次,分三级。乡试在地方进行,全国共设十七处,选合格者三百人。会试地点在大都,由三百人中取一百人。会试中选者再举行御试(廷试),将会试中选者划分等级,分为三甲。乡试合格者称举人,会试合格者称进士。无论哪一级考试,都采取蒙古人、色目人与汉人、南人分开的办法,蒙古人、色目人为一组,汉人、南人为另一组,考试的科目与要求均不相同,如乡试时,蒙古人、色目人考两场,汉人、南人考三场。御试时,汉人、南人"试策一道,限一千字以上成"。而蒙古人、色目人"时务策一道,限五百字以上成"[①]。录取时,按四等人平均分配,乡试三百人中,蒙古人、色目人、汉人、南人各七十五人;会试一百人中,各二十五人。御试后发榜,蒙古人、色目人为一榜,汉人、南人为一榜,称左、右榜。御试合格的第一名授从六品,第二名以下授正七品或七八品。

忽必烈时立国学,生员百人,后来增至四百人。生员主要是"公卿大夫之子",即贵族官僚的子弟。[②]国学生必须就读三年以

---

① 《元史》卷 81《选举志一》。

② 苏天爵:《乞增广国学生员》,载《滋溪文稿》卷 26。

上,才有贡举的资格。在学期间,定期考试,积分计算。满一定分数可以升充高等生员。国学生只收蒙古人、色目人与汉人。高等生员由政府派人考试,每三年蒙古、色目、汉人各贡二人。蒙古授官六品,色目正七品,汉人从七品。考试的要求对三种人各不相同,蒙古最宽,色目次之,对汉人最严格。

科举取士与国学贡士为数是很有限的。当时就有人指出,"由进士入官者仅百分之一"[1],据统计,元代后期五十多年中,科举考试总共举行过十六次(中间两次停科),取士不过一千二百余人,与前代相比是很少的。而在科举录取的进士中,能够官至宰相者寥寥可数,官至行省宰臣及路总管的也不过二三十人,绝大多数"例不过七品官,浮湛常调……不改官以没身者十八九"[2]。至于国学贡士,为数不多,在官僚队伍中所占比例更小。

荫叙就是高、中级官僚的子弟可以得到一定的官职。这是历代封建皇朝普遍实行的办法,是宗法制度在政治上的反映。至元四年(1267年),在取消"汉地"军阀世袭、实行地方官员迁转之法以后,相应地开始实行荫叙制度。凡一品至七品的官员均可荫子一名,正、从一品和二品的子孙,以正七品叙,以下类推。后来作了调整,正一品子,以正五品叙,以下类推。蒙古人荫叙由皇帝钦定,色目人比汉人高一等。荫叙必须是嫡长子,如无则按宗法关系再立他人。承荫者必须年二十岁以上。荫叙限于文职官员。至于军职,则实行承袭制度。各级军官,凡是阵亡的,其子孙承袭原职,凡病故的承袭降二等。荫叙和承袭的官员,在整个官僚队伍中所占比例是相当大的,特别是军职中,子弟承袭成为主要的部分,论者一般均认为元朝承袭是军制腐败的原因之一。[3]

在大蒙古国时期,怯薛是大汗的护卫军,又是负责日常起居

---

① 《元史》卷 185《韩镛传》。
② 苏伯衡:《送楼用章赴国学序》,载《苏平仲集》卷 6。
③ 例如郑介夫论阅武,载《历代名臣奏议》卷 68《治道》。

的近侍。忽必烈采用"汉法"改革政制,但是怯薛仍然保持了下来,而且在政治上起着重要的作用。怯薛的成员,主要是蒙古、色目的贵族、官僚子弟,世代相袭,也有少数汉人和南人。他们在内廷服役一定时期之后,常由皇帝直接指派,出任中央或地方的重要官职。根据《元史》中二十六个出身怯薛的人员情况进行统计,其中十八人初任官职在三品至五品之间,三人阶正、从二品,其他五人;最后升至一至三品的共二十一人。①所以当时有人说:"凡入官者,首以宿卫近侍。"②还有人估计,由宿卫(怯薛)入官的,要占官僚总数的十分之一。怯薛出仕的品级由皇帝直接决定,"言出中禁,中书奉行制敕而已"③。

元代官僚队伍的主要来源是吏员出职。低级衙门的吏员,在任职一定年限以后,可以转任中、上级衙门的吏员,中、上级(廉访司以上)衙门的吏员,经过一定年限,可以出职为官。廉访司的吏员出职正、从九品,中央省、院、台的吏员出职可为六七品官。

大蒙古国时期,由于蒙古、色目贵族官僚和"汉地"军阀缺乏文化素养,在民政和财政管理方面不能不依靠汉人吏员。忽必烈统治时期,吏的管理趋于制度化,当时朝廷中的官僚"自贵戚世臣、军功武将外,率皆以吏发身"④。后来,对吏员出身的最高官阶作了限制,"吏员出身者,秩止四品"⑤。但吏员出身者在官僚队伍中占主要部分的情况,终元之世,始终没有改变。元代著名文学家揭傒斯说:"我元有天下,所与其治出刀笔吏十九",并非夸大之词。⑥

---

① 萧启庆:《元代的宿卫制度》,载《元代史新探》,新文丰出版公司 1983 年版。

② 朱德润:《送强仲贤之京师序》,载《存复斋集》卷 4。

③ 姚燧:《送李茂卿序》,载《牧庵集》卷 4。

④ 吴澄:《赠何仲德序》,载《吴文正公集》卷 14。

⑤ 《元史》卷 29《泰定帝一》。

⑥ 《善余堂记》,载《揭傒斯全集》卷 6。

总起来说，元代官员的几个来源中，以吏员出职的数量最多，但上层官员则主要来自宿卫（怯薛）。科举取士和国学贡士的数量有限，在整个官员队伍中所占比例不大。

元代吏员的来源，上、中级行政机关与下级行政机关（县、录事司）有所不同。下级行政机关（县、录事司）的吏员是直接在民间选拔的。凡是当地的居民，"性行循良、廉慎无过"，或"儒通吏事"，或"吏晓儒书"者，经本地"耆老、上户人等"推举，便可充任。①所谓"儒通吏事""吏晓儒书"，就是要有一定文化知识同时又有办理公务（处理公文案卷或核算财务）的能力。这是一个途径。此外，县、司的吏员还从"贴书"或"写发"中选充。贴书、写发又称见习吏员，是吏员的助手，协助吏员钞写公文和从事其他杂务。每名吏员可以有二名贴书，写发则无限额。贴书和写发"本为后生习学吏业，以图进用"②。充当者一般是"后生"少年，有的才十余岁，其中不少就是吏员的子弟，以此作为继承吏职的阶梯。

上、中级行政机关的吏员，主要从下级机关的吏员中选取。在地方上，州司吏有缺，县司吏内勾补；路司吏有缺，州司吏内勾补。③行省典吏于各路府司吏内选充。在中央，各道按察司（廉访司）每年贡吏二人，经考试中选，分发各部、寺、监作令史，台、院的令史则在六部令史中选用，中书省的令史又从台、院令史中选用。④但中央和地方的高级机关（省、台、院和行省、宣慰司）的吏员中有一部分也从中、下级官员中选充。元武宗至大元年（1308 年），进一步规定内外高级行政机关的吏员一半由职官中选充，以后沿为制度。

---

① 《元典章》卷 12《吏部六·试补司吏》。

② 《元典章》卷 12《吏部六·革去滥设贴书》。

③ 《元典章》卷 12《吏部六·选补州县司吏新例》，司吏是吏员的一种。

④ 《元史》卷 83《选举志三》，令史是吏员的一种。

三、品级和俸禄

和前代一样,元代的官员有职有品,职是担任的具体职务,品是等级待遇的标志。一定的职务都与一定的品相对称。官品分九等十八级,自一品至九品,每品又分正、从。九品以内的官员称为流内官,九品以外的官(如负责地方治安的巡检)称为流外官。县以上的政府机构都有一定的品级, 该机构的长官品级与机构的品级相等,以下官员依次递降。政府机构的品级是该机构地位和重要性的标志,有些机构的地位和重要性发生变化,其品级也会相应提高或降低。例如,翰林国史院初立时秩正三品,后不断升级,由正三品升为从二品、正二品,最后为从一品,其长官承旨的品级也不断相应提高,最后为从一品。

每一官品都有一定的名号,即"散官",这也是隋、唐以来历代相沿的制度。文职官员五品以上称大夫,六品至八品称郎或佐郎,如奉训大夫、承德郎等。武职官员五品以上称将军(无一品散职),六品至八品称校尉或副尉,如武节将军、修武校尉等。无论文武百官,凡九品均不授散官。每一品中散官又分二至三阶,如文官从一品分光禄大夫、荣禄大夫两阶,正二品分资德大夫、资政大夫、资善大夫三阶。文散官共四十二阶,武散官三十四阶。品阶与官员迁转有密切关系,下面还将叙述。各级官员按品级高下穿不同颜色的公服,一品至五品服紫,六品至七品服绯,八品至九品服绿。在任命的手续上也有等级区别,一品至五品为宣授,"以制命之"(用皇帝的名义授与任命状), 六品至九品为敕授,"中书牒署之"(用中书省名义授与任命状)。①

在大蒙古国时期,官员没有俸禄,收入来自大汗和上级的赏赐,以及向属下和百姓勒索。这是造成当时贿赂公行、政治混乱的重要原因。忽必烈登上汗位前后,不断有人向他建议"给俸禄

①《元史》卷 83《选举志三》。

以养廉能"①,中统三年(1262 年)二月,"始定中外官俸"②。这是指文职官员。至元七年(1270 年),始定军官俸。发给官员的薪俸由俸钞、职田、俸米组成。俸钞是薪俸中的货币部分,用法定货币中统钞支付,不同官品有不同的数额。至元二十二年(1285 年),在每一品中,又分二等或三等,"视职事为差",按照担任职务的大小来定。从一品分为六锭和五锭二等, 正三品为三锭二十五两、三锭十五两、三锭。后来,由于中统钞不断贬值,"诸物增价,俸禄不能养廉,以致侵渔百姓,公私俱不便益",于是又不得不多次调整。

除了俸钞之外,还有职田与俸米。这是俸禄中的实物部分。地方官员有职田,按职务分给。北方上路达鲁花赤、总管职田十六顷,下路十四顷,以此递降,县达鲁花赤、县尹的职田四顷。江南比北方减半。职田的来源是国有土地或无主荒地, 募人耕种(常常是强行摊派的),按照一般的民间习惯交纳地租,地租即归职田占有者所有。也就是说,官员分得职田,实际上得到的是实物地租,即粮食。中央政府中的官员没有职田,另行发给俸米。俸米是以俸钞为基数计算的,大体上十两钞相应发给俸米一石,如中书省丞相俸一百四十贯,得俸米十五石;平章政事一百二十八贯余,得俸米十二石;右丞一百十八贯余,也得十二石。大德七年(1303 年)开始实行俸米之法时,一年需二十八万石。③至大元年(1308 年),每年俸米的支出,增为四十万石。④

无论中央和地方,政府机构中的正式吏员都有俸禄。但地方政府的吏员没有职田,也发给一定数量的禄米,"每一两(俸钞)给

---

① 《元史》卷 163《张德辉传》。

② 《元史》卷 5《世祖纪二》。按《元史》卷 96《食货四·俸秩》说,朝廷职官中统元年定之,六部官和州县官二年定之。

③ 《元典章》卷 15《户部一·官吏添支俸给》。

④ 《元史》卷 22《武宗纪一》。

米一斗,十两以上至二十五两,每员支米一石"①。例如路总管府的司吏月俸钞八两,另有俸米八斗,县的司吏月钞六两,俸米六斗。

四、考核与迁转

在大蒙古国时期,无论朝廷和"汉地",都盛行世袭制,各地军阀用人随心所欲,根本谈不上考核和迁转制度。忽必烈登上汗位之后,进行改革。至元元年(1264 年)八月,省并州县,定官吏员数,分品从官职。十二月,"罢诸侯世守,立迁转法"②。以后又陆续颁布了一些法令,对官吏的考核与迁转作出种种具体的规定。

中央政府各机构以及行省、宣慰司的官员,以三十个月为一考(即考核一次),如果通过就升一等(指正从九品十八等),调任他职。地方路府州县的官员,三周年为一考,"或一考进一阶或两考升一等,或三考升二等"③。这里的阶指的是文武散官的阶。九品中每一品分正从两等,每等中又分二至三阶。显然,京官以及行省、宣慰司的官员升迁,要比路府州县的官员快得多。所以,当时人们向往在朝中做官,有"内重外轻"之说。④官员的循年资升迁,到三品为止。三品以上,由皇帝根据需要选拔任命,"不拘常调"⑤。

在一般情况下,官员必须循年资经过考核逐级迁转,破格是受到严格限制的:"若未及任满,本管官司不得辄动公文越例保申。果才干不凡有事迹可考者,从御史台察举。"⑥考核主要看工作中表现好坏及有无罪过。地方的路府州县官员,以"五事"作为"考校"的主要内容,这"五事"是:户口增、田野辟、词讼简、盗贼

---

① 《元典章》卷 15《户部一·官吏添支俸给》。

② 《元史》卷 5《世祖纪二》。

③ 《元史》卷 33《选举三》。

④ 郑介夫奏疏,载《历代名臣奏议》卷 68《治道》。

⑤ 《元典章》卷 8《吏部二·循行选法体例》。

⑥ 《通制条格》卷 9《选举·五事》。

息、赋役均。如果"五事备"可于合得品级之上升一等，三事成依常例迁转，五事不备降一等，四事或二事则减资或添资（年限）。官员的考核是由上级机构和监察机构共同进行的。地方官员在任满以后，都要由上级官府发给"解由"①，上面详列本人经历、任职年月、承担的各种工作情况、移交的物品，等等。"解由"统一送到中书省吏部，进行核实，然后再根据情况，加以迁转。官员在任期间如犯贪赃等罪，就不发"解由"。

官员在迁转时，实行回避制度。所谓回避包括两个方面。一是一门之内父子兄弟不能在同一系统或同一地方做官。如有这样的情况，除留一人外，其余都要迁转。一是"迁转官员自己地面里休做官者"，"自己地面"就是指官员的原籍。②原籍范围有大有小，元代要回避的是，县官不能在本县，路、府官不能在本路、府，等等。地方的吏员也实行回避之法。至元十三年（1276年）北方实行吏员回避之制，但到二十三年，因种种原因，"已迁人吏，听还本籍"。到大德七年（1303年），由于吏员在本地任职，很容易造成"上下交通，表里为奸"的局面，元朝政府决定全面实行吏员避贯迁转制度，州县司吏在路内避贯迁转，路司吏在本省内避贯迁转。③

凡是按照正常步骤由中书省吏部考核迁转的，称为"常选"。此外，由皇帝直接任命、不通过省部的，称为"别里哥选"④。"别里哥"是蒙语belge的音译，义为符验。因"别里哥选"得官的，主要是怯薛人员，以及权臣们的亲信，他们无需经过考核迁转，一出便是高官。两种途径，形成了很大的矛盾。这种情况，其他朝代也

---

① "考满职除曰解，历其殿最曰由"（徐元瑞：《吏学指南》），宋、金均有此制。《辞源》说它是"宋金官吏赴任的证书"，似不确。

② 《元典章》卷8《吏部二·选格》。

③ 《元典章》卷12《吏部六·司吏》。

④ 郑介夫奏疏，载《历代名臣奏议》卷68《治道》。

有,但元代是比较突出的。"别里哥选"事实上与"常选"并行,也成为一种制度。

吏员的迁转也有时间的限制。有元一代,吏员"以九十月出职"①。中间有十余年改为一百二十月,但很快便恢复旧制。这就是说,每个吏员必须在吏的行列中满九十个月,才能进入官的行列。关于吏员的迁转情况,前面已经说过,即由下级机关的吏转为上级机关的吏,再转入官的行列。吏员任满也有"解由"。事实上,中央和地方机构的吏员,升迁的速度是很不一样的。在朝廷中的吏员,"部升之院,院升之省,通理俸月,不十年已受六品之官"。而地方的吏员,由州县而路,"中间往复给由待缺,四十余年才登仕版,计其年已满六十矣"②。地方的吏员,要想进入官的行列,是很艰难的。真正由吏而为高官的,主要是中央各衙门的吏员。

五、假期、丁忧与致仕

元代官吏的假期有几种。一是政府机构中的法定休假日。原来规定:天寿(皇帝生日)、冬至,休二日;元正(正月初一)、寒食,休三日。七月十五、十月初一、立春、重午、立秋、重九,休一日;每旬休一日(初十、二十、三十)。后来,每旬休一日改为休初一、初八、十五、二十三和乙亥日。按照六十干支记时之法,每六十日有一个乙亥日,因此每月休假平均为四天半。作出这一改变是受佛教的影响,因为这几天是禁止宰杀的日子,"有性命的也不交宰杀有,人根底也不打断有"。而初十、二十、三十这几天则无此禁忌。③旬休是中国古代传之已久的制度,但在元代发生了改变。

---

① 《元史》卷 83《选举志三》。
② 郑介夫奏疏,载《历代名臣奏议》卷 68《治道》。
③ 《通制条格》卷 22《假宁》。

二是丧假。凡是祖父母、父母去世或迁葬，许给假限，丧假三十日，迁葬二十日，路程假以马行一日七十里计。后来汉族官吏实行丁忧制度，葬假实际上就没有意义了。丧葬假期发给薪俸。

三是病假和事假。官员有病有事不能上班，均需请假。请假的报告称为"曹状"。在中央，御史台属下的殿中司"掌管随朝官告假事故"，凡请假三日以上，都要以"曹状报殿中司，还职亦行具报"。如果不报"曹状"，就要罚俸。无故不上班的官员，按日扣除薪俸。不报"曹状"或无故不上班达三次的，就要给予行政处分。地方官员请假，也和中央政府的官员一样，要向所属衙门送报"曹状"。各级地方政府衙门都"置立假故文簿明白附写"，文簿由首领官掌管，每日一次登记核实，然后由主管正官署印，以示郑重。无论病假或事假，百日以内仍给薪俸，百日以外，作离职论，不再发给薪俸，一年以后可以重新入仕。①

丁忧就是父母去世守丧三年之制，这原是儒家的礼制，后来却成了国家的正式制度。官吏遇父母丧，都要回家守制三年，才能重新出仕。蒙古人兴起于草原，没有守丧丁忧的观念。元朝建立以后，在相当长一段时间内，实行的是丧假制度，已见上述。政府明令实行丁忧三年之制（实为二十七个月），是大德八年（1304年）之事，但规定怯薛人员和征戍军官在外。丁忧之制不仅对官而且对吏员同样适用。凡是亲死不丁忧，杖六十二，降职二等。如果没有终丧就重新出仕，笞四十七，降一等。天历二年（1329年），进一步明确，官吏丁忧，各从本俗，蒙古人、色目人愿丁父母之忧者听。②实际上，蒙古、色目官吏是很少有人实行丁忧之制的。元朝末年，有人向皇帝建议，蒙古人、色目人官员应"守纲常"，实行丁忧，但这一建议没有任何效果。③

---

① 《通制条格》卷22《假宁》；《元典章》卷11《吏部五·假故、作阙》。

② 《元史》卷83《选举志三》；《元典章》卷11《吏部五·丁忧》。

③ 《元史》卷187《乌古孙良桢传》。

致仕就是官员的退休制度。元朝实行官员致仕始于至元二十二年(1291年),规定致仕的年龄是70岁。大德七年(1303年)规定,三品以下致仕官员加散官一等。九年(1305年)规定,致仕官员子幼家贫者给半俸终其身。后来,在"加散官一等"外,"职事"也升一等,也就是说授予与加授散官等级相当的职事,当然是虚的,所以称为"遥授职事"①。但是,翰林、太史司天官"虽年过七十,不致仕"。这是从郭守敬开始的。郭守敬是一位具有多方面杰出成就的科学家,在天文、历法、水利等方面都做出了伟大的贡献。大德七年(1303年),元朝政府全面推行七十致仕制度,"独守敬不许所请"。从此,翰林国史院和太史院的一些专门人才,不再受致仕年龄的限制。②

六、行政法规

忽必烈登上统治宝座以后,致力于推行"汉法",建立中央集权的封建政治体制。为此,他颁布了一系列法规,就行政机构的设置、职责范围、工作方式等等作出规定。这些法规主要是以"条格""条画"(条例)形式出现的,以前代的有关法规为依据,同时根据实际情况加以调整补充。

早在中统三年(1262年),忽必烈就令汉人臣僚讲定条格。至元元年(1264年)八月,"诏新立条格:省并州县,定官吏员数,分品从官职,给俸禄,颁公田,计月日以考殿最;均赋役,招流移;禁勿擅用官物,勿以官物进献,勿借易官钱;勿擅科差役;凡军马不得停泊村坊,词讼不得隔越陈诉;恤鳏寡,劝农桑,验雨泽,平物价;具盗贼、囚徒起数,月申省部"。"又颁陕西四川、西夏中兴、北京三处行中书省条格。"③可以看出,这一次颁发的条格,就其

---

① 《元史》卷84《选举志四》;《元典章》卷11《吏部五·致仕》。
② 《元史》卷194《郭守敬传》。按:元代的太史院掌天文历数之事。
③ 《元史》卷5《世祖纪二》。

主要内容而言,无疑是一部系统全面的行政法规,涉及机构、人员、品级、俸禄、考核、职责、禁令、工作程序等许多方面。遗憾的是,原文已散佚,只有部分内容保存了下来。

在此以后,元朝政府陆续颁布了《品官子孙荫叙格》《立御史台条画》《立各道按察司条画》《设立司农司条画》《立行御史台条画》等等,就人事制度的一个方面,或某一机构的设置和职责范围等,作出了具体的规定。这些都是单行法规。至元二十八年(1291年),元朝政府颁布了《至元新格》,分为公规、选格、治民、理财、赋役、课程、仓库、选作、防盗、察狱等十目。①从这些标题可以看出,《至元新格》的主要内容应属于行政法范围。"公规"主要讲"官府常守之制",如文件的签发与保管、官员的座次、公事处理的方式与期限以及官员出差的办法等。"选格"主要讲官吏的选拔、考核与奖惩。至于"治民"以下的内容,主要讲各类行政机构的职责范围、工作方式,以及奖惩办法等。它基本上可以说是一部行政法典,当然也包含有其他法的内容(如诉讼法、经济法等)。

但是,《至元新格》内容比较单薄,全文"不数千言"②,与一部完整的行政法尚有很大的距离。而且,现实情况的不断变化,也需要对行政机构及其职责范围、运行方式作一定的调整。因此,忽必烈以后的诸帝,一方面继续颁发有关的"条画",如《设立奉使宣抚条画》《科举条画》等。另一方面,则以"断例"的形式颁布,对行政法的某一方面或某个环节作出具体的规定。所谓"断例"就是断案的成例,一经颁布以后,遇到类似的情况,可以参照执行,因而也具有法律的效能。例如,本节"考核与迁转"中说过的

---

① 《元史》卷198《何荣祖传》;徐元瑞:《吏学指南》。按:《至元新格》原文已佚,部分内容散见各处,参看日本学者植松正的《汇辑〈至元新格〉及解说》(《东洋史研究》第30卷,第4号)。

② 苏天爵:《〈至元新格〉序》,载《滋溪文稿》卷6。

吏员避籍的规定,便是以"断例"的形式出现的。

元朝政府的一些部门,常将有关部门的各种行政法规,包括"条画""条格"和"断例",以及重大活动的档案文书,汇集成书,以备查考。例如,监察部门曾先后辑有《宪台通纪》《宪台通纪续编》和《南台备要》三书,前二者是关于整个监察机构的行政法规和各项活动的档案文书汇编,后者是江南行御史台的行政法规和各项活动的档案文书汇编。元文宗时纂修的《经世大典》,是仿效唐、宋会要之体搜集政府各部门的档案文书编辑而成的。全书八百八十卷,分十篇,其中"君事"四篇(帝号、帝训、帝制、帝系),"臣事"六篇(治典、赋典、礼典、政典、宪典、工典)。"帝事"部分收集了皇帝制度的丰富资料,帝训和帝制二部分,是历代皇帝口谕和圣旨、诏书的汇编。"臣事"六篇中,"治典"和"礼典"主题是官制和人事管理制度,"宪典"是刑法法规的汇编,但其中也有行政法的内容。可以说,《经世大典》是元代中期以前各种法规和文书档案的摘要汇编,其中有行政法的内容。元顺帝时,又曾将中书省六部收藏的档案文书,辑成《六条政类》(至正戊年成,1348年)。这是一部与《经世大典》性质相近的法规和文书档案汇编,其中无疑也有大量行政法规。可惜的是,二书均已散佚,《经世大典》尚有部分内容散见各处,而《六条政类》已不可得见了。①

此外,元英宗时,修《大元通制》(成书于至治三年,即1323年)。全书分制诏、条格、断例三部分。后来,在元顺帝时,又修成《至正条格》一书(成书于至正五年,即1345年)。二者可以说是具有法典性质的各种法规的汇编。和《经世大典》(《六条政类》应该差不多)明显不同的是,《大元通制》和《至正条格》是按照传统的法典形式编纂的,内容限于各类法令,至于各部门活动情况的档案文书,则不在收辑之列。但是,从现存的《大元通制》"条格"

① 关于《六条政类》的成书,见《元史》卷41《顺帝纪四》。《析津志辑佚》有《中书省六政条要题名记》一文,《六政条要》系《六条政类》之误。

部分看来(即通常所说的《通制条格》),所收内容在形式、体裁上很不统一,缺乏中国传统法典所具有的系统而且划一的形式。无论如何, 这两种法规汇编同样包含有大量行政法的内《通制条格》(残本)是研究元代行政制度时必须参考的珍贵文献,例如其中的"选举""禄令""假宁"等篇,就是研究元代人事管理制度的基本史料。流行很广的《元典章》一书,则是当时民间印行的各种法规汇编,内容比较芜杂,也有丰富的行政法资料。

第八节　元朝政治制度的特点和历史地位

一、元朝政治制度的特点

上面我们分别对元朝政治制度的各个方面作了简要说明。可以看出,这一时期的政治制度具有下列的特点:

第一,以中原"汉制"为主的两种制度的混合。所谓政治制度应包括三个方面,即机构设置、人事管理、运行机制。中原封建王朝在长期发展过程中形成了一整套系统的以皇帝为中心的、以官僚为支柱的政治制度(可以简称为"汉制"),兴起于草原、与游牧生活方式相适应的大蒙古国,则实行以大汗为中心,以各部贵族、军事将领为支柱的政治制度,两者的区别是很大的。元朝是从大蒙古国演变而成的,忽必烈在推行"汉法"的基础上改换了国号,但没有也不可能完全摆脱蒙古传统的影响。元朝的政治制度,基本上是中原历代封建王朝奉行的"汉制"的延续,同时又包含了游牧国家的某些特点,这种混合的状况,无论在机构设置,或是人事管理、运行机制上,都有所表现。以机构设置而言,中央省、台、院鼎立,组成国家的最高权力机构,这是中原传统政治制度("汉制")的发展;但在内朝,怯薛不仅保存下来,而且在政治上起着重要的作用,与外朝省、台、院相互制约,这正是蒙古传统的体现。以人事管理而言,元朝逐步地推行了中原封建王朝的选举、考核、迁转等一整套制度,但同时皇帝在用人方面又有特殊的权力。"常选"和"别里哥选"的平行,就是混合政制的体现。当然,在其他朝代,皇帝也可以越过正常的轨道,随心所欲任用私人,但从制度上来说一般是不允许的,往往会受到臣属的批评甚至抗争;而在元代,"别里哥选"就是人事管理制度的一个组成部分。以运行机制而言,中央日常事务由省、台、院及其他机构分别处理,大事需奏报皇帝批准,才能执行。军国重事还采取"廷臣集议"的形式①,这些都是中原王朝政制的表现。但是,从蒙古国时期延续下来的怯薛,仍然在元朝政府的决策和推行措施中起着重要的作用。一方面,怯薛利用其与皇帝的特殊关系,影响皇帝的决策,侵越省、台、院的职权;另一方面,省、台、院的高级官员,大多是出身怯薛的蒙古人、色目人,他们即使在担任官职以后,仍须在怯薛中轮值。内、外朝相互渗透,"廷臣集议"时,起决定作用的是蒙古、色目高级官员,而他们又与怯薛有密不可分的关系。除了怯薛之外,由贵族、军事将领组成的"忽里台"(大会)仍然保存下来,在皇位继承(这是王朝的头等大事)问题上发挥着不容忽视的作用。

应该看到,元朝政府内各系统中,"汉制"和蒙古传统的比重是各不相同的。军事系统中,蒙古传统最为突出(如十进制的编组方式,军官世袭制,等等),但是也根据"汉制"进行了很大的改造(如中央卫军的设立);行政司法系统中以"汉制"为主,但也保存了相当多的蒙古传统制度;至于监察系统中,机构设置或是运行机制都是"汉制"的继续和发展,但在人事安排方面则仍采用混合的形式。在中央政府和地方政府之间,两种制度的比重也是不完全相同的。大体说来,中央政府中保存蒙古传统要多一些;而在地

---

①《元史》卷 185《吕思诚传》。

方上(特别是路以下),无论机构设置或运行机制,都是"汉制"的继续,就是在人员安排方面,主要也是按"常选"选用的汉人和南人,蒙古人、色目人所占比重很少。当然,这里主要讲的是以汉族为主体的广大农业区,至于民族地区,情况要复杂一些。

第二,鲜明的民族歧视。元朝的政治制度,处处表现出民族歧视。元朝政府将全国居民按民族、地域划分为四等,在政治生活中对四等人予以不同的待遇。《元史·百官志序》中说:"官有常职,位有常员,其长则蒙古人为之,而汉人、南人贰焉。"这段话虽不完全确切,但却道出了元代政制的一个基本特点。总的来说,蒙古人、色目人任高官、长官,汉人、南人任中下级官员、次官。其中南人尤其受排挤。具体来说,则各系统、各层次、各机构情况有所区别。在军事系统中,将领实行世袭制,重要职位都由蒙古人、色目人和少数汉人占据,南人根本不能问律。至于枢密院的高级职位,从来是蒙古人、色目人的禁脔。监察系统中,长官非"国姓"(蒙古人)不授,次官以下参用蒙古人、色目人、汉人,但南人完全在排斥之列。[1]在行政系统中,中央各机构的长官一般必须是蒙古人、色目人,也有少数机构,长官(不止一人)参用蒙古人、色目人和汉人,但必以蒙古人、色目人为主。行省一级也是一样。在路、府、州、县,达鲁花赤必须是蒙古人、色目人,总管、府尹、州尹、县尹及以下官员,则各类人参用,但南人是极少数。

在官员选拔方面,蒙古人、色目人比汉人、南人有更多的途径,升迁速度也快得多。前面所说的"别里哥选",主要便是为蒙古人、色目人而设的。蒙古人、色目人迁转,可以不依"常例"。甚至在科举考试时,蒙古人、色目人的题目也比汉人、南人要容易。

在运行机制方面,也体现出民族歧视。重大决策往往将汉人、南人排挤在外。元末农民战争爆发后,宰相"脱脱议军事,每

---

[1] 统一江南之初和元末农民战争爆发后,监察系统用过南人。元代中期,则仅王都中一例(见《元史》卷184《王都中传》)。

回避汉人、南人"。他到宫内奏事时,甚至下令将中书省的汉人高级官员阻在门外,不许入内。①这可以说是一个很典型的例子。在行省高级官员中,只有蒙古人才能知道驻军的数目,才能调动当地的驻军。至于像皇位继承这样重大的问题,只有蒙古贵族和少数色目官僚才有发言权,汉人、南人根本不能过问。

第三,吏的特殊地位。唐、宋的政治体制上,吏与官的区分是很严格的。这种情况在金朝发生了变化,吏的地位有明显的提高,由吏入官已相当普遍。蒙古贵族以弓马之利取天下,但要维持政权的存在,就需要征收赋税,实行赏罚,设置刑狱,制作器物,等等,历来处理这些事务是吏的专长,因而也就得到了蒙古统治者的特殊重视。在忽必烈建立元朝以后,吏在政治生活中的作用更有所发展,许多汉人高级官员都由吏出身。元代中期,尽管有的统治者推崇儒学,恢复了科举制度,甚至对吏员的晋升加以限制,但吏的重要性依然如故。

吏在元代政治生活中的特殊地位表现在:(1)由吏入官是选举的主要途径,有人估计官员中十之八九均由吏出身,也许有些夸大,但占大多数是没有问题的。由吏出职的官员,往往能升到很高的职位。(2)普遍存在的吏把持权柄的局面。如前所述,元朝各级政府机构都以蒙古人、色目人为长官,文化素质很差,处理公务往往依赖于吏。正如当时人所说:官员们"高坐堂上,大小事务一切付之于吏,可否施行,漫不省录。事权之重,虽欲不归之于吏,不可得也"②。这种情况成为风气,后来虽是汉人、南人为官,也难以改变局面。在全国农民战争爆发后,有人甚至说:"八十余年,一旦祸起,皆由小吏用事。……坏天下国家者,吏人之罪也。"③吏在国家机器运行过程中有着特殊的重要性,这种情况在其他朝代是不多见的。

---

① 权衡:《庚申外史》卷上。
② 许有壬:《至正集》卷75《风宪十事》。
③ 孔行素:《至正直记》卷3《世祖一统》。

二、元朝政治制度的历史地位

元朝的政治制度，其主要框架是在忽必烈当政时形成的，后来的诸帝又有所调整补充。无论就机构设置、人事管理，或是运行机制来看，元朝的政治制度基本上是以金朝为蓝本的，当然有所改造和发展。为忽必烈献计划策、订立制度的汉人谋士，原来都是金朝的臣民，他们熟悉的是金朝的制度，这是元承金制的直接原因。但更重要的是，金朝的制度"大率皆循辽、宋之旧"①，"因时制宜，而以汉法为依据"②，它基本上能适合一个具有不同类型经济地区的多民族的国家的需要。

和前代比较，元代政治制度中有几个比较明显的变化：(1)中央机构由二府(省、院)并立发展为省、台、院三足鼎立，监察机构的地位比起前代来有很大的提高，职能也有所扩大。监察机构是皇帝"见的眼，听的耳朵"③，能够使皇帝掌握更多更确实的情况，更好地控制他的臣僚和百姓。(2)中央设置宣政院、大宗正府、崇福司、经正监等机构，负责处理民族和宗教事务。这些机构的设置，有利于统一多民族国家的巩固。特别是宣政院的设立及其与省、台、院相并立的地位，对于加强吐蕃地区与中央政府之间的联系，有着很大的作用。元代的各种法规有大量专门针对蒙古人、色目人的规定，这无疑是为了适应统治多民族国家的需要。在中国法律发展史上，有关民族问题的法规在全部法规中占有如此大的比重，应该说是前所未有的。(3)行省由中央的派出机构，转化为最高一级的地方行政机构。除"腹里"外，全国划为十个行省。行省具有很大的权力，可以在中央统一政策的基础之上，独立处理本省以内的政务。行省制的确立，对于加强中央集

---

① 《金史》卷 55《百官志一》。

② 《金史》卷 51《选举志一》。

③ 《元典章》卷 53《刑部一五·称冤赴台陈告》。

权,特别是调整好中央与地方的关系,具有重要的意义。(4)在边远的民族地区,设置了各种名称的行政机构,如宣慰司、宣慰司都元帅府、安抚司等。在这些机构的官员中,有的是元朝政府派遣、定期迁转的官员,更多的则是当地民族的首领人物。在西南地区,后一类即称为土官,他们世代相袭,有罪罚而不废。中国历史上的土司制度,由元代始。边远民族地区行政管理机构的设立和土官的任命,加强了这些地区对中央政府的向心力,以及与中原地区的政治、经济、文化的联系。(5)建立了全国范围的驿站(站赤)和急递铺管理制度。其规模之大,是前所未有的,管理制度也有许多改进。驿站设置是为了"通达边情,布宣政令",急递铺的设置目的是便于"四方文书之往来"①。总起来说,一方面为了及时掌握信息,另一方面则是将有关的决策及时下达。也就是说,驿站和急递铺,都是政府运作过程中不可缺少的联系手段。在全国范围内两者的系统化和制度化,是加强国家统一和中央集权的有力工具。

元朝政治制度还有其他不同于前代的变化。但是,上述几个方面应该说是比较重要的。元朝的统一,使我国历史上长达数百年之久的分裂割据局面得以结束,并使许多边疆地区首次处于同一中央政权的管辖之下,这就为中国历史以后的发展奠定了基础。元朝政府统治疆域之大,是前所未有的。为了管理如此广大的疆域,元朝政府在前代"汉制"的基础上,进行某些改革和创新,这是很自然的。可以说,元朝政治制度是中国历史上管理如此广大疆域的多民族国家的一次尝试,无论成功与否,对于后代都有不可忽视的影响。事实上,监察机构的加强,行省制的设立,土司制的开创,以及民族、宗教事务管理机构设置,等等,大都为后代所承袭,因此,元朝的政治制度,在中国政治制度的发展史上,是有其特殊地位的。

---

① 《元史》卷 101《兵志四》。

第十一章　明朝政治制度

第一节　明朝社会政治面貌与政治制度基本特征

朱元璋是在元末暴政的废墟上,经过农民战争夺取政权的,切身的经历使他深深体会到"弦急则断,民急则乱"①,故取得政权后,"用宽"的政策,采取一系列措施恢复被元朝摧残的社会生产力;令农民归耕,鼓励垦荒,承认农民对新垦荒地的所有权,并分别免赋或役三年;组织地狭人稠处的无地农民迁到地广人稀处开发;大力推广以军屯为主的各种屯田;积极兴修水利,并在各地设仓储粮备荒;放松了佃农对地主的人身隶属关系;提倡种植经济作物以充分利用土地,为手工业提供更多的原料;又改善手工业者的地位,允许纳银代役;减轻商税。这些使社会生产力得到恢复和发展,垦田和粮食总产量增加,粮储充足,农村家庭副业日益恢复,商业活动也随农业、手工业的发展而日趋兴旺,出现了15世纪前半期的社会繁荣。

但是,地主阶级的剥削虽有所缓和,农民、手工业者却没有也不可能摆脱地主阶级的剥削和压迫。贵族大地主仍占有广大土地、众多佃仆,小规模的农民起义时有发生,轮班服役的工匠

---

① 《明太祖实录》卷 36。

"失班""脱籍"严重,说明手工业者的斗争亦没有停止。

朱元璋即帝位后,马上大力进行新政权的建设,以历代皇朝为模式,建立起以皇权为核心的明王朝。明王朝的政体是君主专政的中央集权制,皇权代表着贵族大地主和其他地主的利益。这时主要的阶级矛盾是地主阶级与农民阶级的矛盾。这些与秦汉以来历代封建王朝没有本质的区别,所以明朝的国体,仍然是地主阶级剥削压迫农民阶级的封建国家。

但是,由于明朝所处的时代距离封建制度诞生已有一千多年,在这漫长的岁月中,封建社会已经从诞生、成长,进入了衰老时期,因而明朝又带有自己的、明显不同于前朝的特点,这就是统治阶级已经从各个方面积累、总结出丰富的政治经验,有一整套驾御臣民之术,诸如废除相权对皇权的威胁;五府与兵部、三法司之间的互相牵制,而集兵刑大权于皇帝;严禁宦官、后妃干政;实行内阁与宦官双轨制,中央集权与地方分权相结合,并加强对地方的监督和控制;实行特务统治,加强对百官的监察和对士人文化思想的控制;打击豪强,严格控制户籍等等。这些使中央集权得到进一步发展,皇权空前膨胀,明代廷杖的经常滥施,甚至一次可以廷杖一百多个朝臣,锦衣卫、东厂、西厂的恣意横行等,均是君主可以滥用权力的例证。

第二节　明朝皇帝制度

一、明朝皇权的确立与特点

洪武元年(1368年)正月,出身于红巾军士卒的朱元璋在应天(今南京)南郊拜祀天地,即皇帝位于奉天殿,成了一代开国之君的明太祖。为迅速恢复封建专制主义在全国的全面统治,稳定社会秩序,巩固新建的朱家王朝,朱元璋在继续用武力完成全国统一的同时,采取了一系列确立与巩固皇权的措施。首先是改国号为明,年号洪武,追尊四代祖先皆为帝、后,册立皇后、皇太子,颁即位诏书,追封皇伯考以下皆为王。制定各种礼乐、舆服、仪卫,修《女诫》等,以崇天子之威,明上下尊卑之别。

其次是大量封藩。洪武三年(1370年)一次即封九个皇子、一个从孙为王。到二十四年(1391年),共封王25个。还亲自为东宫、亲王世系各拟20字,每字为一世,子孙初生,即由宗人府照序排列,以示传世久远。接着又大封功臣,先后封了6公28侯2伯,使皇室周围有一批新贵族簇拥。

第三是进行一系列政治体制改革,建立起庞大的官僚机构,使皇权极端强化。在地方,撤消行中书省,分全国为十二个布政使司①,置承宣布政使、提刑按察使、都指挥使,使军、政、司法三权分立,各自直属中央。在中央罢丞相,把中书省权分散到吏户礼兵刑工六部,六部不相编属,各自由尚书任事,直接对皇帝负责。把大都督府分为中左右前后五军都督府,与兵部互相牵制,使军权集于皇帝一人。又成立都察院、通政司、大理寺,以加强皇帝的耳目监察和对刑狱的控制,这些机构都是“彼此颉颃,不敢相压”,以达到“事皆朝廷总之,所以稳当”②的目的。此外还以锦衣卫、镇抚司实行特务统治,颁布《大明律》,用法律形式肯定了皇权的至高无上和政治体制改革的成果。又加强对文化思想的控制,大杀功臣宿将,以消除对皇权的隐患。

通过上述种种,明代皇权空前膨胀,朝仪时山呼万岁,再山呼万万岁,已成定例,连跟从皇帝行丹墀,也规定“常北面,不南向,左右周旋不背北”③。皇帝是如此的威严、崇高,以致在君臣隔

---

① 后来行政区域有所变化,永乐时正式定制为十三布政使司。

② 《明律汇编全集》卷1。

③ 《明史》卷53《礼志七》。

阁的明中叶后，"一逢召对，遂有手足茫茫之感"①。大臣不是只会叩头呼万岁，就是"口噤不复出声"。最典型的是神宗召见阁臣时，吴崇仁竟然"惊怖，宛转僵卧，乃至便液并下"，直到把它送回家后，仍然"如一土木偶，数日而视听始复"②，成了极大的笑话。

但是，尽管皇帝可以被神化，可以取得像朱元璋那样得以日理万机、"自操威柄"的独裁者的位置，却无法改易那凡夫俗子的躯体，因而精神有限，对诸事，干练如朱元璋父子已是疲于应付，以致到了长于深宫、耽于逸乐的皇太子继位或幼主登基时，皇帝本人已无法挑起或不愿挑起如此重大的权力担子。于是逐步产生了皇权的转换形式，宣德年间出现了"票拟"，继又有"批朱"。这样，皇权逐渐异化，出现了"先生"王振、"立皇帝"刘瑾等一系列太监擅权，以及"大礼仪"等首辅与皇权之争夺，或严嵩等首辅专权。较之明初，明中叶以后的某些时期，皇权明显削弱。天启以后，宦官专权误国积重难返，廷臣党争势如水火，政治更趋腐败，终于激成了明末农民大起义，朱明王朝也就崩溃了。从明太祖朱元璋自操威柄到崇祯帝朱由检提剑砍杀亲生公主，哀叹他"何生于帝家"，这就是有明一代皇权经历的道路。皇权的空前膨胀反而促成了皇权的削弱以致崩溃，这就是明朝皇权显著的特点。

二、皇权的传承

明朝皇位的承袭实行嫡长制，这种只问嫡长，不分贤愚、大小的规定，对明代历朝政治产生了重大的影响。一是在传承中发生了一系列战乱、纷争等悲剧。洪武时，懿文太子早逝，朱元璋深知诸子中的燕王朱棣堪称雄才大略，但碍于嫡长制，只能传位于太孙朱允炆，结果是朱允炆即位四年，朱棣便以"清君侧""靖难"为名，起兵夺取了亲侄儿的帝位，而朱允炆则下落不明。宣宗朱

---

① 陈登原：《国史旧闻》卷 49。
② 沈德符：《万历野获编》卷 1《列朝》。

瞻基即帝位后,在永乐时屡立战功的汉王高煦谋反,宣宗亲征,把这嫡亲的皇叔抓起来禁锢、烙死。正德时安化王朱寘鐇、宁王朱宸濠先后谋反,同样是落了个悲惨的下场。嘉靖帝朱厚熜以藩王继位,为了争夺皇统,嘉靖朝廷被“大礼仪”吵得乱纷纷,对政局产生很大影响。万历、泰昌时朱常洛与朱常洵这太子与王子(光宗与福王)之间激烈的矛盾,导致大案迭出,廷臣门户与宫内派系交结,这些无不加剧了政治的腐败。

二是由于皇帝嫡子年幼即位,每每导致大权旁落。9岁便登基的英宗听从权宦王振摆弄,开宦官擅权的先例,土木之变成了明朝由盛而衰的转折点。武宗、熹宗均十四五岁即帝位,被宦官引诱得整天追逐声色犬马,致旨从中出,一切政务裁决落于刘瑾、魏忠贤之手,使明代政治腐败到了极点。

凡此种种,可见嫡长制的规定,主观上是为了确保万世一系统治的牢固,实际上却蕴藏或加剧了最高统治集团的内部权势之争,导致了皇权的削弱和王朝的崩溃。

三、礼乐、宫廷制度

1.礼乐制度

礼乐是历代统治者巩固统治的手段之一,朱元璋初定天下,“他务未遑,首开礼、乐二局”,广征耆儒前来分别商讨有关问题。洪武元年(1368年),命中书省、翰林院、太常司制定郊社宗庙礼。二年(1369年),诏儒臣修礼书,书成,赐名《大明集礼》,仍分吉、嘉、宾、军、凶等五礼,对各种祭祀,对死去皇帝上谥号、庙号,对母后母妃上尊号、徽号、册封、大婚,直至品官、庶人间相见的礼,亲征、阅武、受降的礼,从皇帝的山陵寝庙到士庶的丧制等等方面,“凡升降仪节,制度名数,纤悉毕具”①。对冠服、车辂、仪仗、卤簿、字学、音乐等,也分别作了具体规定。以后又屡使礼臣等编

---

① 《明史》卷47《礼志一》。

辑修纂礼书,单是洪武一朝著书可考见的,即有十四种之多。洪武以后,历代不仅严格遵循礼制,如每年正月必大祀天地于南郊,以示皇权神授,而且对礼制均有所修订。永乐中,颁行《文公家礼》,定巡狩、监国、经筵日讲的制度。英宗定婚礼仪注,取消宫妃殉葬制度。孝宗时陵庙有嫡庶之分。至世宗,更有诸如分祀天地、罢二祖并配、易至圣先师号等等改动;还制《礼仪成典》等书;而对"徇本生"还是"违大统"引起的大礼之争,更是直接与皇权、相权的矛盾交织在一起。

朱元璋又"锐志雅乐"。攻下南京后,立即设典乐官。1367年,命以后朝贺不用女乐,后置教坊司,隶属于礼部,负责宴会大乐,设奉銮(正九品)等,皆以乐户充任。洪武时对各种祭祀、乐舞之数、奏典之名、朝会宴飨之制度,祭祀、朝贺之乐舞器服,均有明确规定。十一年(1378年),设神乐观,掌乐舞备祭祀,隶属太常寺,设提点(正六品)等。以后历代虽欲对乐有所兴革,但实际上只是集汉唐宋元之旧,雅俗杂出,未见成效。

有明一代,不论何种时间、场合、仪式,所有礼乐导向的焦点,均是尊崇皇权,使人感到皇帝受命于天,从而安于等级尊卑之别,这就是明统治者大力提倡礼乐的目的之所在。

2.东宫制度

洪武三年(1370年),诏天下"朕惟帝王之子,居嫡长者必正储位"①,在封皇太子时授予金册。并定太子冠礼之年或12岁,或15岁,届时由皇帝敕字某。洪武时置大本堂,藏古今图籍于其中,并召四方名儒训导太子,选才俊之士伴读。十年(1377年),命大小政事先启皇太子,裁决上闻,"以练习国政"。凡百官启事东宫,均得称臣。天顺时,定出阁讲学仪,以后每日早朝退后,由侍班侍读讲官主持,分别读讲四书、经史,然后习字。又有太子监国制度,永乐时成祖北行及嘉靖时南巡期间,均由太子监国。

① 《明会要》卷13《礼八》。

东宫官属有三师三少,人员及名额均不固定。洪武时以朝臣兼宫职,以后,除成祖北上,以姚广孝为太子少师留辅太子外,三师三少终明世,皆为加官、赠官之荣誉职衔。辅导太子的具体工作由詹事府之詹事(正三品)承担。天顺之前,詹事由尚书、侍郎或都御史兼任。成化以后,由翰林出身的礼部尚书或侍郎兼任。詹事府下有左、右春坊,均设大学士(正五品);司经局设洗马(从五品)。但实际上嘉靖以后,府坊局已变为翰林官迁转的阶梯。

3.皇室婚姻

初,朱元璋并不禁止皇室与勋臣联婚,还亲选徐达之女为燕王妃,公主亦多下嫁勋臣家。洪武三年(1370 年),始令"天子亲王后妃宫嫔,慎选良家子女,进者勿受"[①]。并严禁后妃干政。自后"慎选良家以充六宫"成为定制,而婚选之权则操于司礼太监之手,于是后妃"自文皇后外,率由儒族单门入俪宸极"[②],诸王妃驸马亦多"求之市井"。成化十八年(1482 年),又禁诸王府不得与亲属为婚。

4.宫官制度

明宫官有妃、嫔、才人、婕妤、昭仪、美人、昭容、选侍、淑女等。女官沿唐制,设尚宫、尚仪、尚服、尚食、尚寝、尚功六局及宫正司,均正五品。六局分领二十四司,均正六品。女官进宫五六载后,可回家由父母主持婚嫁;年纪大不愿离宫的,可以留宫。在宫中任职时给其发俸禄。永乐后,由于宦官包揽了全部宫廷事务,女官只留下尚宝四司。

5.宦官制度

朱元璋鉴于前代宦官之擅权,初年设置宦官不到 100 人。以后几经改制,至末年定为十二监及各司局,从此直到明末,机构未有大的变化,但人员历代递增,直到达 10 万人之众。明代宦官

---

① 谷应泰:《明史纪事本末》卷 14《开国规模》。
② 《明史》卷 108《外戚恩泽侯表序》。

机构之庞大,人员之冗滥,史所罕见。计有司礼等十二监,各设太监一员,正四品。惜薪等四司、兵仗等八局,各掌印太监一员,正五品,合称二十四衙门。另有内府供用库等库,甲字等十库,御药等房、灵台、绦作、盔甲等厂,午门等门,皇城、京城内外诸门,提督东、西厂,提督京营,文书等房,各种御前近侍,南京等各处守备、织造,各处镇守、市舶、监督仓场、诸陵神宫监。此外有监军、采办、粮税、矿、关等非常设之使。名目之多,不可胜数。按规定,宦官衣食于内廷,月米一石,但实际上权宦的财富之多,骇人听闻。明代宦官专权乱政影响之大,为汉唐以后之最甚者。

6.封藩制度

封藩是朱元璋巩固皇权的重要措施之一。

明制,皇子封亲王,授金册、金宝,岁禄万石;在封地建王府,置官属;护卫甲士从 3000 人到 19000 人不等,隶籍兵部;藩王冕服、车、旗次天子一等;公侯大臣见藩王或过藩王境,均得拜谒。亲王嫡长子年 10 岁即立为王世子,长孙为世孙,诸子为郡王。嫡长子为郡王世子,嫡长孙为长孙,诸子授镇国将军,以下各世依次为辅国将军、奉国将军、镇国中尉、辅国中尉、六世以下皆为奉国中尉。宗藩生时请命名,成年请婚禄,死时还由朝廷负责办丧葬,充分体现了家天下"亲亲之谊笃矣"。

朱元璋把二十四个儿子和一个从孙分封到名城大都,目的是要他们"外卫边陲,内资夹辅"①,如燕王棣、晋王㭎、宁王权等驻守边地,抵御蒙古势力。燕、晋二王曾数次受命领兵出塞,可以筑城屯田,中央派往的大将如宋国公冯胜、颍国公傅友德均受其节制,只有重大的军情才需要向皇帝报告。驻于内地各省的如周王橚、楚王桢等,均受命监督地方官吏。太祖还规定诸王可以移文中央索取奸臣和举兵清君侧,所以尽管也有"列爵而不临民,分藩而不锡土"的规定,但藩王势力仍完全有可能发展到与中央

①《明会要》卷 4《帝系四》。

抗衡，"靖难之变"就是明证。

建文四年（1402年），实力雄厚的燕王棣在"靖难"名义下举兵，把帝系改到了燕府，以后，历代藩王谋反的还有几起。这些事实说明封藩在明初有利于巩固中央集权和新王朝的稳定，但洪武以后，已在不同程度上构成了对皇权的威胁，因而中央对藩王的控制日严，藩王封国后，非奉召不得入京，不得擅出封地，成了孤立无为的寄生虫，这时明初封藩的作用和意义已完全丧失。

但是，为了体现"亲亲之谊"，宗藩仍然"食禄而不治事"，以致明后期，藩禄成了天下事中"极弊而大可虑者"[①]，禄米总数比当时全国供应京师的米多出一倍多。低层的宗室领不到岁禄，又不能自谋生计，陷于饥寒困辱之中，"常号呼道路，聚诉有司"，使地方官"每慎生变"[②]。皇帝又不断把田地、盐引等赐予宗藩上层，他们乘机兼并土地，夹带私盐，霸占码头、桥梁，私征税项，成了地方上的恶势力。这些都加深了明朝的社会矛盾，使宗藩从皇权的护卫者变成了沉重的包袱，终于成为导致明王朝崩溃的一个重要因素。

第三节　明朝中央决策系统及其机制转换

一、宰辅的废弃与内阁制度的演变

明初沿元制，中央设中书省，置左、右丞相（正一品）及其系列属官，总理吏户礼兵刑工六部事务。但由于丞相之上无皇太子令衔的中书令，下又无参议之文臣，故相权比元时更为膨大。对此朱元璋深表疑忌。为确保皇权，他在洪武十三年（1380年）以

---

① 《明世宗实录》卷514。
② 《明史》卷82《食货志六》。

胡惟庸谋反为借口,罢中书省,废丞相及其系列官属,将中书省的政务分别归到六部,六部尚书升秩为二品,直接对皇帝负责。以后又严令嗣君不准再设丞相,"臣下有奏请设立者,论以极刑"。这样,他达到了高度集权的目的。

但是,"政皆独断"却又造成政务丛集于一身的矛盾。据给事中张元辅统计,洪武十七年(1384年)九月十四日至二十一日,内外诸司奏事札达1660件,共3391事,即朱元璋平均每日要处理奏章207件411事。以致"星存而出,日入而休",仍无法处理好。遇到大事,更深感"密勿论思不可无人"。于是在十三年(1380年)九月设四辅官(正三品),选年老耆儒担任,任务是"协赞政事""讲论治道",与谏院官考察郡县所举诸科贤才,封驳刑法。但这些耆儒无法胜任,相继致仕。所以四辅官设置时间只一年多,但它却是明初中央政治制度有所转变的征兆,反映了独裁皇帝亦非人"协赞政事"不可。

十五年(1382年),仿宋制置华盖殿、武英殿、文渊阁、东阁诸大学士,又置文华殿大学士以辅导太子,皆正五品。但这时朱元璋"自操威柄",直到病危仍"临朝决事如故",故大学士对政事"鲜所参决",仅"侍左右,备顾问而已"。

成祖即位,选拔了解缙等值文渊阁,参预机务,开始了阁臣参预机务的先例,从此内阁成了常设机构,其成员是正从六、七品的侍读、编修、检讨一类翰林官,没有属官,"不得专制诸司",而各部门奏事"亦不得相关白"。但是,这貌似不扬的机构,却是拟办章奏文书、机要事务的地方,成祖朱棣退朝以后与阁臣长时间的"商机密"已成了常例,并肯定他们是"代言之司,机密所系,且旦夕侍朕,裨益不在尚书下"[①]。不过,尽管如此,由于职位低下,这时阁臣的权力远远不及六部尚书,行事虽有皇帝支持,仍受到种种顾忌、限制。而且一应奏章均由成祖朱棣亲自批答,大

---

① 《明史》卷147《解缙传》。

权始终牢牢掌握在皇帝手里。

内阁地位和权势的显著提高是在洪熙、宣德时期。仁宗即位后，把阁臣从五品提为三品，大学士杨士奇等与吏部尚书蹇义同样享有密封奏事权。又另立弘文阁由杨溥负责，亲自授给阁印。接着晋杨士奇等为三孤（从一品），升尚书，形成"虽居内阁，官以尚书为尊"，阁臣成了显赫大臣。宣德时开始了票拟制度，即阁臣草拟对各种奏疏的处理意见，用小条贴在奏章上，供皇帝参考采用。于是阁臣取得了处理国家大事的实权，可以利用详审奏章加以票拟的机会压制六部，票拟往往成为敕谕发至全国执行，阁权日重，"即使有一二吏兵之长与执持是非，辄以败"[1]。与此相应，内阁从不置官属变为下辖诰敕房、制敕房，两房均设中书舍人（从七品）。至此，内阁制度逐步完备，首辅成了实际上的丞相。嘉靖以后，内阁"朝位班次俱列六部之上"，夏言、严嵩专权，"遂赫然为真宰相，压制六卿矣"。

从内阁的形成、演变，可见内阁是皇权不可缺少的辅助，它是以亲近皇帝，在皇权的直接扶翼下运作的。正因为如此，从体制上说，它不是最高政务机关，六部不是它的下属，首辅并不能真正完全等同于宰相。所以当皇权盛衰，皇帝爱眷有所变动时，内阁权势即受到直接影响，这就是正统以后"内阁之票拟，不得不决于内监之批红"，而实权转到了比内阁更为亲近皇帝的权宦手中的根本原因。

二、司礼监的构成及其机制转换

司礼监是明朝宦官二十四衙门中权势最大的一个部门，宦官的擅权乱政主要就是司礼监的擅权乱政。《明史·职官志》载，司礼监有提督太监、掌印太监各一人，秉笔、随堂太监等若干人。提督负责督理皇城内一切礼仪、刑名，掌印负责内外奏章及御前

---

[1]《明史》卷72《职官志一》。

勘合,秉笔、随堂管章奏文书,照阁票批朱。同时东厂提督太监由秉笔第二或第三人担任;礼仪房提督由掌印或秉笔兼任,负责一切选婚等事。南京守备太监则是司礼监的外差。又规定入司礼监者必须由文书房出身,文书房是总掌收发一切奏章、阁票、御批、圣谕的部门。这就是说,司礼监有掌握一切奏章及批红、发谕旨的权力,特务机关的领导权,选后妃、驸马权,护卫留都权。其中又以批朱权与督东厂对政治影响最大。

司礼监取得批红权是明代皇权异化的开始,也是司礼监得以压制内阁的手段。据《明通鉴》载,宣德元年(1426年)时,每日上奏的文书御笔只批几本,其余均由秉笔太监照阁票代皇帝用朱笔批红。由于宣宗仍坐朝问事,所以太监在这上面搞的花样还不大。英宗冲龄即位,不能处理政务,阁臣票拟与司礼秉笔批红成为定制。以后,君主荒唐怠政,很少接见大臣,一切只靠宦官两面传达,这时为了掣肘阁臣,加强了批红权,而宦官则乘机打击内阁。这样,在中枢部门,票拟与批红不仅成了鲜明的内外双轨制,而且后者出前者之上。这种格局成于正统而迄于明亡。司礼取代了内阁实权,被目为"内相",《明史·职官志》亦载,"凡内官司礼监掌印,权如外廷元辅……秉笔、随堂视众辅"。宦官虽然只有四品,却凌驾于一、二品阁臣之上,利用批红权他们可以操纵威柄,假传诏旨。至天启时,旨从中下,已根本不经内阁。从此,一些阁臣不得不奔走于权宦之门,连一代名臣张居正亦仰仗冯保作靠山。

东厂是皇帝直接操纵的特务组织,司礼监秉笔"掌东厂,权如总宪"。锦衣卫虽由武将掌管,与东厂属不同系统,但卫使多是司礼太监的党羽,厂的人员取给于卫,所以厂卫经常勾结罗织廷臣,制造大狱,成了一股最凶恶的势力。司礼太监还代表皇帝参与大审录,这时三法司只能左右坐,而审理案件"俱视中官意,不敢忤也"。

上述情况说明司礼监与皇权的关系比内阁更为亲近,得以更受宠信,挟制内阁,由管理宫廷事务,变成明中叶以后把持朝政,以致加速皇朝崩溃的恶势力,这是严禁宦官干政的朱元璋所始料未及的。

三、中央决策系统的运行机制及其特点

1.廷议

廷议又称集议,是指国家遇有重要军政大事,在皇帝作出裁决之前先由大臣会议的制度。如议位号、立君、储嗣、建都、郊祀、宗庙、典礼、封爵、亲藩、大臣、民政、漕运、边事等。廷议在朝堂举行,始于洪武二十四年(1391年)。宣德以前由皇帝亲自主持,正统以后,凡所议之事属于某部,则由某部尚书或侍郎主持,如所议之事难于划归某部,则由吏部主持。参加者包括阁臣、九卿、科道官以及与所议内容有关的文武官员,人数无明确规定,历次自三四十人至百余人不等。廷议后,主持者应将所议结果上奏,由天子裁决。嘉靖后,廷议结果要经内阁核准才能上奏。廷议仅系向天子建议的性质,对皇帝没有约束力。皇帝认为所议不合,可以一再发回再议,甚至"自排廷议"。皇帝还可以遣太监监议或司礼太监亲自出席,对与会官员给予暗示,但这类情况较少。

2.廷推

廷推又称会推,指当大臣缺员应补,不待考满而推升时,由吏部主持,会同九卿、科道官推举数人备皇帝简用的制度。为表示无私,万历三十三年(1605年),变一人主持为共同署名,如保举不当,实行连坐。

明初,大臣由皇帝亲自选用,称"特简"。正统以后,有由阁臣荐用的,有由吏部会阁臣或礼部会阁臣推举后由皇帝任命的,也有由阁臣与吏部共同推荐、天子面予裁决的。这样选用的人,由于经过几方考虑,一般比较合适,"廷无闲议",但这些都不是廷推。

廷推始于何时,史无明载,大致形成于成化。时宪宗十五六

年未与群臣相见，大臣缺员只能作为大事纳入廷议，后来宪宗"令吏部会推才望者二三员，疏名请旨点用一员"①，从此廷推大臣成为定制。

廷推参与人员视被推者职任而异，对阁臣，吏、兵二部尚书，总督之推举最为慎重，参与的有九卿、科道官。吏兵以外各部尚书、侍郎以下及祭酒，吏部会三品以上廷推。巡抚在嘉靖十四年(1535 年)以后亦会九卿廷推。

廷推时由吏部提出正推和陪推名单，不同意者可以后提出或单疏上奏。廷推后吏部将被推者依适任情形、官职品位列名请旨，并附以年龄、经历，供皇帝选用时参考。皇帝可以从中点选，也可以令重推或一再重推，甚至全部将之否决而出特旨任命。至天启时，魏忠贤直接矫旨任命，无所谓廷推了。

3.封驳

封驳指封还皇帝失宜的诏命、驳正臣下有违误的奏章。明代内阁有封驳之权，当政事不由内阁、诏旨不宜、朝臣不由廷推时，阁臣可以不奉诏，将之封还。但封驳作为专门的职掌，则属于六科给事中。《明史·职官志》载，凡诏敕"有失，封还执奏"。对批下之章疏，亦要"驳正其违误"。给事中不封驳即为失职。

洪武十七年(1384 年)，朱元璋向给事中张元辅指出，皇帝日理万机，难以事事周全，只有给事中"各勤厥职"，才能"事自无不当"。自此以后，封驳成为定制，而见于史籍的给事中封驳事例亦不少。由于一切文件均得六科抄发才能生效，所以在皇帝厌政的明中后期，六科封驳对宦官的擅权在一定程度上有所驳正。但对于"旨从中出"来说，六科的封驳权已被夺去了。

廷议、廷推、封驳，均是中央决策系统围绕皇权而运行的机制，大体上政治较清明时，它们均能正常运转，否则就徒具形式，议处大政、选用大臣之权随皇权之异化、削弱而落到宦官、内阁，

① 张萱：《西园闻见录》卷 26。

尤其是宦官之手,而封驳权则实际上被废止。

第四节　明朝中央行政体制及其运行机制

一、六部机构与职掌

明初仿元制,六部隶于中书省。洪武十三年(1380 年)撤中书省后,一切政事分别归于六部。部各有尚书一人(正二品),左、右侍郎各一人(正三品),直接对皇帝负责。所以洪武、永乐时,部权重于阁权。宣德以后,阁臣品位提高,又有票拟权,渐居六部之上。至张居正为首辅时,"部权尽归内阁",六部尚书对张居正"逡巡请事如属吏"[①],这是对"祖制"的一大改变。

六部的组织机构基本相同,各部总的办事机构为司务厅,由司务(从九品)负责,所属有某某清吏司,每司设郎中(正五品)、员外郎(从五品)、主事(正六品)。吏、礼、兵、工部各按业务性质分设四个司,户、刑两部按地区各设十三个司。

六部中以吏部权最重,掌管全国官吏"选授、封勋、考课之政令,以甄别人才,赞天子治"。户部掌管全国"户口、田赋之政令"。礼部掌管全国"礼仪、祭祀、宴飨、贡举之政令"。兵部掌管全国"武卫官军选授、简练之政令"。刑部掌管全国"刑名及徒隶、勾复、关禁之政令"。工部掌管全国"百官、山泽之政令"[②]。

永乐迁都北京时,官属全部北移,但南京作为留都。仍置六部,品秩机构皆同于北京,人员则较少,事亦较简单。南京官六年之考察由南京吏部负责,不必经由北京吏部。南京户部负责公侯

---

① 《明史》卷 225《杨巍传》。
② 《明史》卷 72《职官志一》。

禄米、军官月俸。南京兵部因有防卫留都任务而又远离皇帝,故从宣德开始,尚书均加"参赞机务"衔,以便于处理未及奏报之紧急军机;还要与内外守备官"操练军马,抚恤人民,禁戢盗贼,振举庶务",故在留都六部中职责最重。南京刑部"分掌南京诸司及公、侯、伯、五府、京卫所刑名之事"①。由于北京系皇帝所在,所以重北京轻南京是普遍现象,北京常把异己的官员排挤到南京,北京到南京虽是同级调动甚至是提级调动,亦常含有贬义。

二、都察院、通政司、大理寺

1.都察院

明初沿元制置御史台,设左、右御史大夫(从一品),后罢。洪武十五年(1382 年)改置都察院,设监察都御史(七品)。十六年(1383 年)升都察院正三品,设左、右都御史。十七年(1384年),升都御史正二品。至此,都察院与六部平级,合为七卿,至明末基本不变。都御史下有左、右副都御史(正三品),左、右佥都御史(正四品)。都御史的职责是"纠劾百司,辨明冤枉,提督各道,为天子耳目风纪之司"②,要对"奸邪""构党""乱政""坏官纪""学术不正""变乱成宪"等等加以弹劾。参与廷议、廷推。与吏部会同考察官吏,与刑部、大理寺会审大案并监察部寺对案件的审理。还代表皇帝抚循各地或处理某重大事件。由于在外抚循大员均加都御史、副都御史或佥都御史衔,故这些人员数额不定。

都察院直属办事机构为经历司、司务厅、照磨所、司狱司。属官有十三道监察御史 110 人,均正七品,负责纠察内外百官。

都察院还有相对稳定的派驻地方或因事而设临时派遣外出的官员,前者如督抚等,后者如经略等。

---

① 《明史》卷 75《职官志四》。
② 《明史》卷 73《职官志二》。

南京都察院除设十三道御史外,有操江都御史一人,以金都御史或副金都御史兼任,负责长江南京上下游地段的防守。

2.通政司

通政使司是明代创设的机构,置于洪武十年(1377 年),取"政犹水也,欲其常通"之意。其前身是洪武三年(1370 年)置以掌受四方章奏的察言司,但职权有所扩大。设通政使(正三品),左、右通政、誊黄右通政(正四品),左、右参议(正五品)。办事机构为经历司。"通政使掌受内外章疏敷奏封驳之事"①,凡进呈皇帝的奏章,臣民上呈皇帝之密封件,都必须经通政司辨验、登记、摘要,然后在早朝分类分别奏闻;午朝则"引奏臣民之言事者",重要机密则随时入奏。如上奏之事不实或不妥,一概驳回,只存案备照。②"凡抄发、照驳诸司公移及勘合、讼牒、勾提件数、给由人员",均由通政司月终类奏,年终通奏。

通政司居七卿以下最高位置,参与廷议、廷推与会审大狱。

南京通政司则只负责收呈状付刑部审理。

3.大理寺

大理寺是中央司法复审机构,定制于永乐中,设卿(正三品)、左右少卿(正四品),左、右寺丞(正五品)。其职责据《明史·职官志》载,是"审谳平反刑狱之政令"。凡刑部、都察院、五军推事官所审理案件,均要把审录案宗、犯人送到大理寺复审。复审时既按律例,又复问情况,如发现情罪不清,犯人不服,量刑不当等时,有权照驳、参驳,一直到提请圆审或请旨发落。凡结案,未经大理寺平允,各部门均不得执行,否则要受到纠劾。

此外,中央行政机构还有太常寺(掌祭祀礼乐之事)、光禄寺(管宫廷膳食)、太仆寺(管牧马)、鸿胪寺(掌管礼仪)、行人司(管出使)、钦天监(管天文历法)、太医院(管医疗)、国子监

---

① 《明史》卷 73《职官志二》。
② 参看沈德符:《万历野获编》卷 20《通政司官》。

（管教育）、翰林院（掌制诰、史册、文翰之事，其官属皆文学侍从之臣）等。

三、六科

明给事中始设于至正二十四年（1364年）。洪武六年（1373年），相对应于六部而将给事中分为吏、户、礼、兵、刑、工六科，以后隶属、员数、品级屡有变动。永乐时定制六科为独立机构，于午门外直房办事。各科各设都给事中一人（正七品），左、右给事中各一人（从七品），给事中四到七人不等，从七品。六科职责是"掌侍从、规谏、补阙、拾遗、稽察六部百司之事"，即包括言与察而以察为主。由于君主的集权，六科的察主要也只能是监察六部。宣德开始，在一定范围内也可以监察宦官，凡内官传旨，必经六科复奏，再得旨然后施行。六科还要在日朝时轮立殿左右珥笔记旨，登记题奏备编纂，注销各部门奏旨办理事项，充正、副使册封宗藩或告谕外国，主持或参与各级考试等。六科还参加廷议、廷推、大狱廷鞫。

四、宗教民族事务管理制度

1.僧、道录司

洪武十五年（1382年），成立各级管理僧道的机构。中央有僧、道录司，均属礼部。僧录司设左、右善（正六品），道录司设左、右正一（正六品），其下均设若干各级属官。府有僧纲司、道纪司。州有僧正司、道正司。县有僧会司、道会司。皆设官不给俸。洪武时对寺道管理很严，二十四年（1391年），限僧三年一度给牒，各府州县僧观只准存留最大一所，其余均得合并，各额设寺皆有住持，由僧录司给与札付。僧道人数限额，府、州、县依次不得过40、30、20。男性40岁以上，女性50岁以上才准出家。二十八年（1395年），又令天下僧道赴京考试给牒，淘汰不通经典者。以后制度渐弛，僧道人数滥增而素质下降。由于君主的迷信以及僧道与宦官勾结,僧有被授予法王、佛子、大国师等封号,道士有被授予大真人高士等封号。有的僧道随意出入宫廷,甚至被加卿、尚书、宫保衔,封伯。但这些未形成制度。

2.对藏族地区的管理

洪武四年到六年(1371—1373年),陆续在藏族地区设置了乌斯藏、朵甘卫指挥使司、宣慰使司、招讨司、万户府、千户所等行政机构。七年(1374年),置西安行都指挥使司,升朵甘、乌斯藏两卫为都指挥使司。上自都指挥使,下至千户、寨官、巡检等地方军政官员,均由明中央政府直接任免、升迁、更替,其中指挥同知以下各级,任命藏族部落首领担任。

明承元制,在西藏实行政教合一。永乐时制定西藏僧官制度。僧官分法王、王、佛子、大国师、国师、禅师、都纲、喇嘛等级。由于西藏地域广阔,教派甚多,单靠行政设置难以实行有效统治,所以明政府利用宗教力量,根据僧官制度各等级,授予藏族各部首领和藏传佛教各派宗教领袖以不同的品级和职位,先后封授了大宝法王、大乘法王、大慈法王、阐化王、辅教王、赞善王、护教王、阐教王等八个主要的法王和教王。三个法王都有自己较固定的势力范围,五个教王都各有份地,世代相传。各代教王均由明中央政府封授,彼此互不统属,是政教合一、由明中央政府管辖的地方政权。明政府在西藏实行多封众建、以教固政的制度和令各教王修复驿站、道路等措施,有利于中央加强对西藏的统治。

3.对蒙古地区的管理

明初,朱元璋对蒙古各部采取分化瓦解、各个击破和随时羁縻的政策,对归降之元宗室均授以官;蒙古、色目人等有才能的,与汉人同样擢用。又令蒙古人迁入内地"占籍为民",并设朵颜、泰宁、福余三卫安置归降者,使其头目各自领其部众。

永乐初,蒙古分为鞑靼、兀良哈、瓦剌三部。朱棣陆续封鞑靼部首领为和宁王;瓦剌部三个首领为顺宁王、贤义王、安乐王;兀良哈部各级首领为都督佥事、都指挥佥事，使分别管理朵颜三卫，对其他357个头目亦分别授予指挥、千户、百户等官职。但这些蒙古贵族军事势力反叛无常。为加强对这些地区的管理，朱棣五征漠北，打击了蒙古的割据势力，使蒙古地方政权服从中央政府管辖。

4.对东北少数民族地区的管理

为加强对东北女直、吉烈迷、达斡尔、蒙古等少数民族地区的管理，永乐元年至七年(1403—1409年)，在乌苏里江、黑龙江流域设置了一百三十多个卫。七年(1409年)，置奴儿干都指挥使司。奴儿干都司是直属明中央政府的、军政合一的，管辖黑龙江、乌苏里江流域等地的最高一级地方行政机构，设都指挥使、都指挥同知、都指挥佥事等。都司以下各卫所官员，由中央政府任命当地各部族首领担任。永乐至宣德期间，明朝还多次遣太监亦失哈以钦差身份到奴儿干巡视。

5.对西北少数民族地区的管理

在西北少数民族地区，明朝先后设置了安定、阿端、曲先、罕东、沙州、赤斤蒙古、哈密等七个卫，委任元朝时统治这里的各部酋长和首领管理。先后封了忠顺、忠义、安定三个王，并授予一些首领以指挥使、指挥同知、指挥佥事、千、百、户、都指挥同知、都指挥佥事等官职，要求他们"约束部下"，"循分守职，保境睦邻"以"屏蔽西陲"。并通过给以金牌，令每年以马易茶的"差发"形式，表明中央对这些地区的主权。①

6.对西南少数民族地区的管理

在西南少数民族地区，明沿前朝实行土司制度，把原来元朝时的官位授予归附者。土司衔号有宣慰司、宣抚司、招讨司、安抚司、长官司。军民府、土州、土县设官同府州县。文职由吏部管辖，武职隶于兵部。土司品级为从三品至从七品，共九级，均无俸禄。

---

① 《明史》卷330《西域志二》。

主要职责是"附辑诸蛮,谨守疆土,修职贡,供征调"①。其袭替一般均按照习俗,但要经吏部审核、登记,然后授予,"所谓袭替必奉朝命,虽在万里外,皆赴阙受职"②。

由于土司系屡朝世袭,割据性很强,经常互相争战或反叛明朝,故明政府每平定一处,即裁撤该处土司,改置流官,如永乐十一年(1413年),思南宣慰使、思州宣抚使互相仇杀,明政府以武力将之平定后,将其地改设郡县,并设贵州布政使司总领之。随着明政府对边区统治力量的加强,"改土归流"已成了发展趋势。但这种历史进程缓慢,占主导地位的仍是土流参用,如云南地区正印为流官,助贰亦必用土司;贵州在府以下一般亦参用土官。

在建立土司制度的同时,西南少数民族地区亦实行卫所制和屯田制。卫所是明政府地方军的一部分,兼管当地汉人的民政。屯田分军屯和民屯,明政府把在这一地区屯田作为加强对少数民族统治的政策,所谓"屯田以守要害,以驭夷狄之长策"③。

第五节　明朝地方行政体制

一、南北两京及京畿

明初定都南京,永乐十九年(1421年)正式迁都北京,南京作为留都,明遂有南北两京。

京师在元时直隶中书省,洪武元年(1368年)曾分属河南、山东两行中书省,二年(1369年)置北平等处行中书省,九年

---

①《明史》卷76《职官志五》。

②《明史》卷310《土司传》。

③《明太祖实录》卷50。

(1376 年)改为承宣布政使司。永乐元年(1403 年)正式建北京于顺天府,称"行在",置北平布政使司。十九年(1421 年)正月,改北京为京师,辖顺天、保定、河间、真定、顺德、广平、大名、永平八个府及延庆、保安两直隶州。另有属州 17,县 116。其区域北至宣府,东至辽海,南至东明,西至阜平。洪武二十六年(1393 年),编户 334,792 户,口数 1,926,595。

永乐十年(1412 年),升顺天府知府为府尹(正三品),设官与应天府同。直辖宛平、大兴二县。府尹掌京府之政令;二县职掌如外县,但品秩提为正六品。

南京。明太祖丙申年(1356 年)七月,置江南行中书省治应天府。洪武元年(1368 年)八月建南京,罢行中书省,应天府直隶中书省。十一年(1378 年),改南京为京师。永乐元年(1403 年)仍称南京,辖应天、凤阳、淮安、扬州、苏州、松江、常州、镇江、庐州、安庆、太平、池州、宁国、徽州等十四府及徐州、滁州、和州、广德州等四直隶州,另有属州 17,县 97。迁都北京后南京成为留都。其区域北至丰、沛,西至英山,南至婺源,东至海。洪武二十六年(1393 年)编户 163,915 户,口数为 1,193,620。洪武三年(1370 年),改应天府知府为府尹(正三品),赐银印。下设府丞、治中、通判等系列官属。直辖上元、江宁二县。

二、省、府(州)、县及县以下组织

明初承元制,设行中书省统管地方的军政事务。洪武九年(1376 年),为分散、削弱地方权力,改行中书省为承宣布政使司。永乐时定制,除南、北两京外,全国分山东、山西、河南、陕西、四川、湖广、浙江、江西、福建、广东、广西、云南、贵州等十三个布政使司,分统 140 个府、193 个州和 1138 个县及羁縻府州县。①由于各布政使司辖区范围与行中书省时基本相同,故一般仍旧

---

① 《明史》卷 40《地理志一》。

称之为行省或省。

布政司设左、右布政使各一人(从二品),左、右参政(从三品),左、右参议(从四品)。办事机构为经历司、照磨所,理问所,司狱司。布政使总掌一省之政令。与布政司并立的有提刑按察使司和都指挥使司。按察司设按察使一人(正三品),副使(正四品),金事(正五品),无定员。办事机构为经历司、照磨所、司狱司。按察使掌一省刑名按劾之事。都司设都指挥使一人(正二品),掌管一方之军政。这三司虽然品秩不同,但分权并立,各自直属中央。明初藩司与六部并重,布政使到中央可任尚书、侍郎,副都御史到地方任布政使。景泰以后,由于重内轻外积习已成,这种情况才有所改变。

布政使司下的地方政权分府(直隶州)、县(属州)二级。府由宋、元的路改变而成,分三等,以赋粮 20 万石上、下,和 10 万石以下为划分。设知府(正四品)、同知(正五品)、及通判、推官。办事机构为经历司、照磨所、司狱司。知府掌管一府之政事,宣风化,平狱讼,均赋役,以教养百姓。直隶州直属于布司,有知州掌一州之政事,其地位和府相等。县亦分三等,以赋 10 万、6 万、3 万石以下为划分。设知县(正七品)、县丞(正八品)、主簿(正九品)。知县掌一县之政事,均赋役,听狱讼等。属州的地位与县相等。

县以下编民为图里,里下设甲。里有里长管钱粮,总甲管差役,里书管土地钱粮之推收过割。此外,明初还有朱元璋称之为"方巾御史"的老人一二名,佐州县之政事,调解民事纠纷。甲有甲长,由一甲十户轮流担任。在城镇都市中,城内分坊,设坊长;附廊为厢,设厢长。坊、厢长由官府指任或金派。在南京的坊厢长一般由迁徙实京的富民担任,管理地方行政、治安,追征钱粮。

三、户籍管理制度

为控制人口,保证赋役之征收,朱元璋很重视加强户口户籍管理。洪武三年（1370年），实行半印勘合户帖制度。户帖大小不到三尺，内容包括姓名、年龄、籍贯、人口、男子已、未成丁数、妇女大人与小孩数；产业田亩数，瓦、草房间数，牛畜数等等。由地方官和户部尚书押名，以字号编为勘合，用骑缝印，把半印勘合交由户主收执，而户籍名册则上交户部备查。以后凡人口有增减变动，均得申报。如不申报或隐瞒年龄的，家长要受杖100以下的处分。①

在户帖制基础上，洪武十四年（1381年），又建立了更为严密的黄册制度和里甲制度。黄册制度以户为单位，登载各户乡贯、姓名、年龄、丁口、田宅、财产，并以元朝版籍为准，进一步按职业强制固定人口的籍属。户籍名色很多，划分很细，主要可归纳为军、民、匠、灶（盐）四大类，各类不准转籍、析居和过继，以保证皇朝得到不同的财富和徭役。黄册以里为单位汇总装订，送户部的以黄纸装面，故称黄册或户口黄册。册首有一总图，每甲有一全图，不足十户有半图。一里中鳏寡孤独不服徭役的则附于册尾，称"畸零带管"。黄册每十年一造，加以核定后，一式四份分别报送户部、布政司、府、县，是征派钱粮佥发徭役的依据。

黄册编造时以110户为里，一里中推丁粮最多的10人为里长，其余100户分10甲，每甲10户，以一人为甲首，按财产多少为顺序，每年轮换。一个里长、十个甲首管一里之民政、礼教、生产、赋役等事，以10年为一周期，称"排年"。由是又产生了里甲制。里甲中各户要了解彼此的丁口、职业，互为担保。逃亡、流徙均属非法，出入邻里要互相告知，离境他住要领取"文凭"、"路引"方能通行，否则要受到杖责并押回原籍处分。一人违法，全家受牵连；邻里知情不报便要连坐。所以里甲制度是强化基层统治以稳定社会秩序、保证黄册制度得以实施的重要措施。

---

① 李诩：《戒庵老人漫笔》卷1《半印勘合户帖》；《续文献通考》卷13《户口考》。

四、三司六道及中央派出机构

明代省一级建制为三司并立,布政使下之左、右参政,左、右参议,按察使下之副使、金事则合称为"六道",故通常将省级建制又称为三司六道。三司六道之互相牵制,确保了中央集权,但地方上却缺乏强有力的统一领导。为解决这个问题,遂有督抚之设。

巡抚之名起于懿文太子巡抚陕西,但这次实际上只是太子出巡,与巡抚制度无关。巡抚长期稳定于一地,主要是从宣德五年(1430 年)周忱等分往各省巡抚时开始。①以后,巡抚不再与布政司合署办公,而向都察院系统迁转,称巡抚都御史,并陆续建起衙门。但巡抚每年八月要回京参加议事。成化时,又取消了巡抚每年八月要回京议事的规定。②这样巡抚遂由中央派出的官员转化为地方长吏,由临时差遣转成地方的正式机构。巡抚资格也逐渐制度化,嘉靖十四年(1535 年)起,还要经由廷推委任。巡抚的职责,除有专项任务以外,一般是解决足食足民大计,考察属吏,提督参赞军务。但巡抚虽总揽一方军政,名义上却隶属于都察院,不是三司的上级机构,三司虽隶于巡抚,却是法定的省级权力机构。而且巡抚还必须接受巡按以及形形色色钦差御史等的监督纠劾,所以只能紧紧依附中央而不能成为与中央抗衡的地方势力。

巡按是都察院在各地的派出机构,洪武二年(1369 年),已有关于监察御史巡按松江的记载③,永乐元年(1403 年)二月遣御史分巡天下,成为定制。宣德以后,巡按权力逐渐加强,可以

①《明会要》卷 34《职官六·巡抚》。

②《明会典》卷 209《督抚建置》;《明宪宗实录》卷 274。

③《明太祖实录》卷 43;《明史》卷 2《太祖本纪》作十年七月"始遣御史巡按州县"。

"大事奏裁,小事立断"。巡抚虽带都御史衔,对巡按有统属关系,但实际上巡按只直接对都察院负责。《会典》明载"地方之事俱听巡按处置",都布按三司要将对事情处理情况"备呈巡按知会",然后由巡按查核纠劾,并每年将镇守总兵、巡抚都御史政绩奏上听勘。巡抚、总兵、中官及三司、郡县官互讦时,亦由巡按勘核上闻。巡按在履行这些职权时,巡抚不得干预。但巡按只属十三道监察御史之列,定员额、定辖区、定任期,任满要经都察院堂上官考察查勘,确为称职,无过错,才准照旧回道管事,否则奏请罢黜。巡按保荐官员不当,要连坐。而且巡按不能代替按察司工作,一般是共同执行任务。故巡按未向地方官转化,而是中央控制地方的强有力措施之一。

总督亦系由都察院之派出人员转化为长驻久任一地的地方大吏。总督是在巡抚制度的基础上产生的,它在因事特遣、偏重军事、节制地方文武以及撤置的不规则等方面,比巡抚突出,其级别辖区则比巡抚高,辖区亦比巡抚广,一般带尚书、都御史衔,辖五到七个省,节制巡抚、三司或者直接兼任巡抚。

总督设置始于正统六年(1441年),当时大征麓川,以兵部尚书王骥总督军务①,但当时仅系因军事行动而设,事毕即回,并未成定制。景泰时两广多事,但命将出兵却互相推诿,以致失机误事。为了统一事权,责有所归,亦曾置总督,但天顺时罢置。成化五年(1469年),为加强对汉、瑶人民反抗的镇压,正式设置两广总督,开府梧州。以后各地逐渐增置,遂成定制。成化十年(1474年),设制府于开城,总制延绥、甘肃、宁夏三边,总兵、巡抚以下皆受其节制,后来为各地所援引。总督与总制并无本质区别,为避"制"字,嘉靖三十年(1551年),诏令总制一律改为总督,这样,总督制得到进一步发展。

总督节制一方,关系边境治乱安危,故委任比较慎重,人选

---

① 《明会要》卷34《职官六·总督总制》。

以与吏、兵二部尚书同样规格廷推产生。明后期,随着南倭北"虏"及内地农民起义纷起,除原设的总督外,临时因事而设的总督数量猛增,辖区越来越大,往往出现事权交错重叠,甚至以巡抚兼任总督以应急,还有经略、督师、经理等等相类似的官职,以致体制纷乱,而明亦亡。所以总督设置作为一种制度,在明代并未完成,它只为清代总督变成地方大吏开启先河。

五、明代地方行政体制的特点与发展趋势

明代地方行政体制的特点,首先是统治严密。从省、府、县到里甲坊厢,有一整套的严密的管理机构,而户帖、黄册、里甲等制度则将户籍、人口固定于一处,尤其是将农民牢牢地束缚在土地上,这是中央集权政治加强的突出表现。其次是确保中央集权对地方分权的控制。各省平级的、上下级的机构,或并立互相牵制,或犬牙交错互相制约,巡抚辖三司,但《会典》明载巡抚"不许辄差都布按三司及军卫、府州县正官、掌印官";巡抚对有错误或不称职的三司官不能自行处理,只能奏罢。而巡抚违法,三司官可以直接向中央参奏。巡抚之上有总督,另还有巡按等等的监督纠劾。所以巡抚虽集一省大权,却不可能发展成独立的地方势力。再次是地方分权的原则虽不能动摇,但随着社会矛盾的发展,地方集权的需要日益迫切,将帅遇事互相推诿、不相支援的局面要扭转,调兵转饷之类更难专责一地一人,于是有巡抚、总督之设。督抚如不久任,将由于下情未及体悉,属吏难以考察,庶务未及兴革等等而失去应起的作用。因而这些中央派出的官员都在不同程度上逐渐转化为地方长吏,由临时差遣变成了常置的地方机构。

第六节　明朝的司法、监察制度

一、司法制度

1.《大明律》《大诰》之制定

明太祖惩元末法制松弛之弊,重视法制。1367年,命左丞相李善长为律令总裁官,刘基等二十人为议律官,议律令。不久,律令草创。以后几经修改和朱元璋的亲自裁酌,至洪武三十年(1397年),《大明律》正式颁示天下。全律分7篇30卷460条。首篇是总则《名例律》,下面按六部政务范围分为吏、户、礼、兵、刑、工六律。《大明律》的制定比较慎重,太祖又严禁嗣君变乱成法,故历代相承,不敢轻易作出改动。有明一代,《大明律》一直是中外决狱依据的大法。以后即使因时势需要有所变动,也只是作为诏令,或发于廷臣奏议,或制定条例,辅律而行。

洪武十八年(1385年),即在制定《大明律》的过程中,朱元璋又亲自采辑官民犯罪的事例,编成《大诰》。①

《大诰》的目有揽纳户、安保过付、诡寄田粮、民人经该不解物、洒派抛荒田土、倚法为奸、空引偷军、黥刺在逃、官吏长解卖囚、寰中士夫不为君用等十条,记录了一万多件各种案例。《大诰》制成后,发至全国,要求臣民"熟观为戒"。各级学校要向学生讲诵《大诰》,学生可以按背诵《大诰》的多少得到不同的赏赐。讲读《大诰》也是考核官员的一个内容。还规定犯人家有《大诰》的,可以减罪一等。

从总的来看,《大明律》整个法律体系比《唐律》完备,也更严

---

① 以后又有《续编》《三编》《大诰武臣》,亦统称《大诰》。

酷。它加强了对危害国家的惩处,严禁结党及内外勾结,严惩经济罪犯,加强思想统治,加重了对诬告处分并增加了充军、凌迟;充分肯定了皇帝的独裁统治和对政治机构、制度的种种变革,反映了封建社会后期君主专制制度的强化。《大诰》则突出以法外加刑来严惩贪官豪强,"意在使人知所警惧,不敢轻易犯法"[①]。《大明律》《大诰》均是朱元璋"绳顽"治国的工具。

2.司法机构

中央一级实行三法司制,即由刑部审判案件,都察院纠察,大理寺复核驳正。刑部下属机构,洪武时为总部、比部、都官部、司门部。宣德十年(1435年),定制按十三道分为十三个清吏司,分别受理各省及兼领所分京府、直隶上诉之案件(包括陵卫、王府、公、侯、伯府),复审地方之大案,并审理中央百官之案件。大理寺之左、右寺分理京畿十三布政司刑狱,以能按律出入罪者为称职。刑部、大理寺对案件之审理、复核,均得受都察院监督。

地方司法机构,省有提刑按察使司,府、县则与行政结合在一起。顺天、应天两府由府尹,其他府由知府负责或亲自审理案件。县则由县官亲自审理案件。府、州、县还将内外职官犯法罪状及其处理揭示于申明亭,以示惩戒。里社之申明亭带有司法基层组织的性质,官府择公正老人会里胥于申明亭,调解民事纠纷,若不经里老而上告于县官,称为"越诉"。

此外,不是正式司法机构,但兼管刑狱的,有由皇帝直接控制的特务机构:东厂、西厂、锦衣卫、镇抚司。东厂始设于永乐时,无专官,由司礼秉笔第二或第三人兼任,任务是"缉访谋逆妖言大奸恶等"[②],对象包括王府以下臣民。东厂可以不经任何手续即逮人入镇抚司狱,虽晚上亦可从东华门隙投疏即送皇帝,故厂的势力常在锦衣卫之上。成化、正德时,又曾断续设置由宦官提督

---

① 《御制皇明祖训序》。

② 《明史》卷95《刑法志三》。

的西厂,一度置内行厂。刘瑾死后独留东厂。

锦衣卫狱俗称诏狱,即由皇帝亲自处理的重大刑狱。洪武二十年(1387年),以锦衣狱多施酷刑,将之撤消。永乐时复设。历代锦衣卫滥捕无辜,使政治更加黑暗。

镇抚司原为锦衣卫下属两司之一,负责"掌本卫刑名,兼理军匠"①。后增置北镇抚司专理诏狱,一切刑狱不必知会锦衣卫,锦衣官亦不得干预;三法司更不能过问,只能按镇抚司审讯结果来拟罪名。原来的镇抚司则改为南镇抚司,专理军匠。

厂、卫、镇抚司狱与廷杖创设于明代。廷杖是在朝堂当众杖打获罪的官员,始于明太祖。②正统以后受杖者越来越多,正德、嘉靖时甚至有一次廷杖一百五十人,杖死十多人的。这些都是明王朝为加强皇权而使用的工具。但它们超越法制,借皇权肆虐的结果,只能是加深了统治集团内部的矛盾。

3.会审制度

因案情、天气、时势、参与人员等的不同,明代会审制度有多种。洪武时,凡有重大案件,多由朱元璋亲自审讯,谓之廷鞫。洪武十四年(1381年),令刑部审讯后议定入奏,然后录所下旨送四辅官、谏院官、给事中复核无异,才复奏执行。有疑议,由四辅官封驳。十五年(1382年)四辅官罢,议狱归于三法司,重大案件均由三法司共同审录,或三法司会府部大臣审录。会审始于洪武三十年(1397年),五军都督府、六部、都察院、六科、通政司、詹事府、间及驸马参加。天顺三年(1459年)开始,每年霜降后由三法司与公、侯、伯会审重囚,谓之"朝审",由吏部尚书秉笔。正统六年(1441年),开始派太监参与审录罪囚,但未成定制。成化七年(1481年),始以司礼太监一人会三法司于大理寺审录,谓之"大审",并定制以后每五年大审一次。在南京,"大审"由内守备负

---

① 《明史》卷76《职官志五》。
② 《明史》卷95《刑法志三》。也有认为始于东汉或元朝的。

责。大理寺复核案件发现情罪不当,可以调另一衙门再审,犹未能得出满意的结论,可以请旨下九卿会审,称为"圆审"。

又有"热审""寒审""在外恤刑会审"。热审、寒审系为了防止未经审理囚徒因寒暑而大量死于狱中而设的制度。热审始于永乐二年(1404年)暑天,令轻罪犯人出狱听候审判。后来又放宽到徒流以下。成化以后相沿成制度,每年自小满后十余日开始至六月底,一般以两个月为限,这时不施笞刑,将犯人减等判刑或将轻罪者释放。寒审开始于永乐四年(1406年)十一月,因天寒,将杂犯死罪以下约二百人全部"准赎发遣"。以后类似情况屡有出现。如宣德四年(1429年)冬,以严寒"敕南北刑官悉系录囚以闻,不分轻重"。但寒审作为定制则迟至崇祯十年(1637年)。在外恤刑会审定制于成化十七年(1481年),规定每大审之年遣部寺官分往各地,会同巡按御史详审疑狱,发现原判过重的,可以奏请减刑直至释放。

此外凡遇有大庆及灾荒,皆大赦,但情况不一,有特赦、常赦、不赦。"十恶"①及故犯者均不赦。

明代立法相当完备,有从上到下的一系列机构,严密的司法程序,而且很重视慎刑和监察。但是,由于皇帝凌驾于法外,而对法律的解释、修改权均属于皇帝,所以司法制度、条例并未能真正贯彻执行。法外行刑立案、特务机构的建立、法外"开恩"赦免等,无不反映了君权在司法方面的强化以及司法是加强皇权的有力工具。

二、监察制度

1.监察机构

明代最高的监察机构是都察院,另有独立的、兼言与察的

---

① "十恶"为:谋反、谋大逆、谋叛、恶逆、不道、大不敬、不孝、不睦、不义、内乱。

六科。省有按察司。

都察院负责对所有部门和官员的监察。十三道监察御史"主察纠内外百司之官邪,或露章面劾,或封章奏劾"①。在两京巡视京营、监临乡、会议及武举,巡视光禄、仓场、内库、皇城、五城、轮值登闻鼓。分别协管两京、直隶衙门。即监察范围包括内府、六部、六科、翰林院等以及都察院本身。在外则纠劾自己所分管的道,巡按、清军、提督学校、巡盐、茶马、巡漕、巡关、欶运、印马、屯田、监军纪功。代天子到各地巡按时,要审查各级官员的政绩,覆核案件,巡视仓库,查算钱粮,视察学校等等,即对地方一切事务均得加以察核。

此外,还不定期地派出加都御史、副、佥都御史衔的总督,提督、巡抚,总督兼巡抚,提督兼巡抚及经略、总理、赞理、巡视、抚治等官员,监察一定地区的全部或某一方面的工作。督抚相对稳定一地后,仍属都察院的派出机构。所以都察院的监督保证了中央对各地区、各部门的控制。

对六部之监察主要由六科执行。六科对皇帝的规谏、朝政之议论、百官的评价,一般由单疏专达,但事情比较重大,则事属某科即由某科为首,各科公疏联署奏闻。六科通过科参匡正六部行政之失误;通过抄发文件、定限日期、注销案卷、检查和催督六部、都察院完成各项政务;用露章或封章的方式奏劾两京的大臣或方面等官。各科还在业务范围内通过日常工作监察各部。吏科在吏部引选时,要同到皇帝那里"请旨";外官领文凭要先到吏科登记;内外官考察时与各科具奏并拾遗纠劾。户科与各有关科监督光禄寺岁入钱粮,甲字等十库钱钞杂物;弹劾陈乞田土及隐占侵夺者。礼科监视礼部仪制,记录处分以核赠谥之典。兵科监视武臣之贴黄诰敕及执行引选、登记。刑科凭法司移报的各种审判、罪囚数字,定期上奏。工科阅试军器局,与御史巡视节慎库,与各科稽查宝源局。

① 《明史》卷 73《职官志二》。

由于六科深入六部业务中,监督弹劾能抓住要害,故六部官员"无敢抗科参而自行者"①。

按察司负责对省内官员之监察,在省和府之间有按察分司,亦称道,由副使、佥事分理各道刑名。按察使经常与分管本道的监察御史共同执行任务。

2.监察制度的特点

明代监察制度的特点，是显示了封建社会后期君主集权进一步发展,监察制度日臻成熟并走向了它的反面。其表现:

第一是监察范围的扩大。一方面, 除了纠劾各种违法犯法外,专门有劾"学术不正,上书陈言变乱成宪"一条,还置督学御史,使臣民不仅在行动上,而且在思想文化上亦只能绝对走在忠君的轨道上。另一方面,监察机构不仅监察现任官吏,而且直接参与官吏的选拔简任,从选举生员到各级考试,推选主考官以及荐举、铨选、拾遗等,处处均有科道官主持或参加,改变了过去官吏委任权全操于吏部的情况,有利于堵塞漏洞。

第二是监察系统纵横设置的完备及运行时机制的严密,超过前朝。百官受到弹劾均得明确表态,大臣受到弹劾亦要自请罢免。监察机构内部则互相纠察,"御史上封事,必以副封白长官"②;出按归来由都御史覆劾其称职或不称职,但御史可以弹劾都御史。而且,"自御史至吏典,皆得互相纠举"③。监察机构之间也要互相纠举,如科道之间,都察院与按察司之间,巡按与巡抚,巡按与按察司等等, 这就使官僚系统包括监察系统在内的每一官员均受到监察,有利于皇权的加强和封建统治秩序的稳定,并保证国家机器的正常运转。

第三是监察官员作为皇帝的耳目,受委寄深而威权重,充分

---

① 顾炎武:《日知录》卷9《封驳》。
② 《明史》卷236《江东之传》。
③ 霍韬:《霍文敏公集》卷4《陛辞疏》。

体现了以内制外,以小制大的君主驾御之术的成熟。科道官品秩低;职权重,《会典》还明载有对阻挠他们行使职权的惩罚;升迁快,御史有政绩即可超擢为三品之按察使,给事中亦同样,正德、嘉靖以后,"即拜都科仅一日,亦得三品"①。但御史犯罪加三等,有赃从重论。这些无疑是科道官敢言敢争的一个重要因素。而重内轻外,则有利于控制地方,而使之不能对中央构成威胁。

　　第四,值得注意的是,明代监察严密之目的,只在于巩固和加强皇权,所以对经济犯罪之惩治虽严厉,但监察的重点不是纠劾虐民,而首先是对皇帝是否忠心,因而除行政监察外,还有由皇帝控制的厂卫的特务活动。后者在监察对象、地域、部门范围之广阔,受倚任程度之深上,均超过前者,而其手段之恶劣、狠毒,更是骇人听闻,充分反映了封建社会里监察制度的阶级属性。

　　第五,明代监察制度虽严密,但明中叶以后,随着政治日渐败坏,科道监察之权在事实上亦日渐削弱,科道在很大程度上未能起到应有的作用。一是皇权凌驾于监察之上,科道只能制造舆论,而皇帝却没有必须听从规谏的义务,权宦还往往矫旨行事,科道官因一言不合即受到廷杖、诏狱、革职、充军的不胜枚举,以致言路日塞。二是封建的监察机构本身就是封建官僚机构的一个组成部分,它不可能自外于官僚主义的种种恶习,也不可能摆脱官僚制度弊病的制约、侵蚀,于是请托、贪污之风日盛。万历时御史出巡,尚未离京,"而密属之姓名,已盈私牍。甫临所部,而请事之竿牍,又满行台"②。天启时,御史崔呈秀巡按淮阳,"盗以贿释,犯以贿免",还到处透支经费,以致"各县赔补,不胜其苦"③。也有自己作风不正,只得"听人颐指",或"严小吏而宽大吏,详去

---

① 沈德符:《万历野获编》卷 11《吏部》。
②《明史》卷 226《邱橓传》。
③ 李逊之:《三朝野记》卷 2。

任而略见任"等等。三是科道有时严重缺员,如万历时,有的御史一人兼管几个道。人员不足必然直接影响工作开展。四是科道对百官审核于前,纠劾于后,尤其是六科无所统属,以致往往出现骄横滥权,干扰了行政系统的正常运作,如成化时在南京,御使审错了的案件,大理寺也不敢平反,这已经是"习以为常"的事。[①]又好以危平允,甚至"凡六科拾御史之已升者一人,则十三道亦拾给事中之已升者一人"[②]。弹劾以危言激论相标异,劾人论事失于平允,弹劾成了派系攻击的工具,助长了朋党。而且监察过多过细,必然会压制了文臣武将的积极性。凡此,又使严密的监察制度走向了它的反面,滋生出种种不利于皇权的因素,助长了政治的腐败。

第七节　明朝的军事制度

一、五军都督府及卫所制

以武力得天下的朱元璋对军事极为重视,至正二十一年(1361年)即置大都督府为最高军事机构,以亲侄朱文正为大都督,节制中外诸军事。吴元年(1367年),罢大都督。洪武十年(1377年),以甥李文忠领大都督事,负责掌管全国军队一切选拔、升迁、调遣。十三年(1380年),将大都督府改为中、左、右、前、后五军都督府,每府设左右都督(正一品)、都督同知(从一品)、都督金事(正二品),办事机构为经历司。各府分领在京各卫所及在外各都司卫所,负责军队之管理、训练,但军官任免、升调之权

---

① 焦竑:《南征录》卷68;丘浚:《大理寺丞孙君珂墓志铭》。

② 孙承泽:《春明梦余录》卷25《六科》。

已转属于兵部,军队调遣权直属皇帝。凡有征战,由皇帝直接委任总兵官挂将军印统卫所军队出征。战事结束,总兵归还将印,军队归还卫所。

地方的最高军事指挥机构为都督指挥使司,设都指挥使(正二品),都指挥同知(从二品),都指挥金事(正三品)。办事机构为经历司、断事司、司狱司等。都司掌管一省之军政,率其卫所隶于五府,听于兵部。下为卫所,卫所是明代军队的基本编制单位。"自京师达于郡县,皆立卫所。"①洪武七年(1374年)定卫所之制,卫约5600人,置于连郡之军事要地,设指挥使(正三品)、指挥同知(从三品)、指挥金事(正四品),下辖前后中左右五千户所。千户所置于一郡之内,1120人,设正、副千户(正、从五品)、镇抚(从六品)。下辖十个百户所。每百户所112人,设百户(正六品),下辖总旗二、小旗十。每总旗50人,每小旗10人。按这系统上下相联成军。洪武二十六年(1393年),定全国都司卫所,共计都司17、留守司1、内外卫329、守御千户所65。永乐以后数字屡有增改。

在各地方分别负责镇守的,有总兵官、副总兵官,均由公、侯、伯、都督担任,下设参将、游击将军、守备、把总,均无品级、无定员。总镇一方的称镇守,独镇一路的称分守,各守一城一堡的称守备,与主将同守一城的称协守。另又有提督、提调、巡视、备御、领班、备倭等。明后期总兵不断增加,至崇祯时已"纷不可纪"。

明代军士另立户籍,称军籍,隶于都督府,身份世袭,管辖极严,只有做到兵部尚书才能除籍。军士来源有"从征"(跟随农民起义队伍)、"归附"(元和元末各割据势力之降卒)、"谪发"(因犯罪充军)以及"垛集"。垛集指明建国后按一定比例从民户中征取的军士,是军队的主要成分。由于军士地位低下,所以逃匿严重,有明一代清军、勾军不断,有株累几十家,勾摄达几十年的,成了扰民一大弊政。

---

① 《明史》卷89《兵志一》。

二、亲军、京军、班军

1.亲军

明初，置帐前总制亲军都指挥使司，以后屡经改制。洪武中，设锦衣等上十二卫以卫宫禁，为亲军指挥使司，轮值宿卫，不隶属都督府。永乐中增置10卫。宣德增置4卫，共26卫，均名亲军，设京卫指挥使司，设指挥使（正三品）、指挥同知（从三品）、指挥佥事（正四品）。26卫中作用最大而与其他卫显著不同的是锦衣卫。锦衣卫设于洪武十五年（1382年），前身为仪銮司，负责侍卫、巡察、缉捕、诏狱之事，常以勋戚都督掌管。所属有南、北镇抚司，所隶有将军、力士、校尉等。由于恩荫者多寄禄锦衣卫，故人数不定。正统以后，寄禄日多，卫士被占役、买闲等弊亦同于三大营，宫禁亦日弛。

2.京军

京军或称京营，指驻扎京师以卫京城的部队。洪武中有留守等48卫，亦正三品。其中33个分隶各都督府，武功中、左、右等三卫以匠役隶工部，其余诸陵设卫不隶都督府，亦不称亲军。永乐时京卫增为72。二十二年（1424年），分步骑军为中军，左、右掖，左、右哨，称五军营。以边外降丁3000人分为五司，称三千营。而肄习由交阯得到的火器法的，称神机营。合为三大营。各营均由内臣、勋臣提督；各有哨、掖、把总、把司、把牌等，洪熙时始命武臣一人总理营政。当时京营是最精锐的部队。

景泰时选三营精锐十万人，立十团营，于三营都督中推一人为总兵官，派内臣监督，由兵部尚书或都御史一人提督。以后营制屡变，正德中还选团营精锐分为东、西两厅。但随着整体军政的腐败，京营中亦占役严重，嘉靖时军士"支粮则有，调遣则无"，陷入了虽有兴革，率无所振作的境地，以迄明亡。

3.班军

班军始于永乐，指每年从大宁、中都（凤阳府）、山东、河南各都司轮番抽调到京师五军营操练、宿卫的部队。洪熙时,班军"毕农而来,先农务遣返",但成化以后,班军在京多被用作营建土木,或被势家占役,以致班军往往逾期不至或逃亡,或雇请老弱以代。万历末年,甚至"军不营操,皆居京师为商贩、工艺,以钱入班将"①。班军之作用至是完全丧失。

三、宦官监军

明代军队不论是京营、作战部队还是地方部队,均有由司礼监直接派出的宦官监督。

宦官监军京营最早见于永乐年间,时京军三大营定制皆设提督内臣,五军营一人,三千营二人。由于对火器重视,火器营不仅有提督内臣二人,而且中军下辖之四司均各有监枪内臣一人,马队有坐营内臣一人。内臣之位皆列武臣之前。景泰时立十团营,太监阮让与都督杨俊提督四营,太监陈碹、卢永与都督郭震、冯宗各提督三营,太监刘永诚、曹吉祥与兵部尚书于谦、都督石亨一同参与总的节制。至成化时,更发展到由权宦汪直总督团营,这是禁军专掌于内臣的开始。从此直到嘉靖二十九年(1550年)后,提督、监枪内臣才被撤销。但天启时魏忠贤又立内操,增内臣监视。崇祯即位,一度撤去军中内臣,但旋即更深地陷入故辙,这时京营"营务尽领于中官",最后,当李自成部队抵京师时,宦官竟独揽城防大权,直到"降于关门"。

对出征部队派宦官监军,这实际上始于严令"内臣不得干预政事"的洪武时。洪武十一年(1378年),贵州总兵官杨仲名"讨五开蛮",朱元璋就曾先后遣内官吴诚前往"观兵",尚履奉御吕玉"诣军阅胜"。但这时未有监军之名,而且是临时差遣。宦官在出征部队势力的迅速扩展是在永乐年间,这时正式委任宦官监军、统领军队的情况已经出现,开以后每有较大的军事行动均派宦

---

① 《明史》卷 90《兵志二》。

官监军的惯例。到明末,宦官已成了军中无所不在的、掣肘将帅的阻力。

宦官对地方部队的监督。最早是永乐八年(1410年)派马靖往甘肃"巡视",这次巡视实际上给予了宦官镇守的权力。不久,即派宦官到诸边"协镇",并有正式镇守之派遣,如马骐镇守交阯等等。宣德、正统时,不仅边防要地,就是内地省、府地区亦有了镇守、分守的内臣。到了天顺时,人们已习惯了这一事实,并把各处负责地方防守的镇守太监、总兵官、都御史合称为"三堂"[1]。此外,在留都、天寿山、凤阳,均设有守备太监。按制度规定,南京守备一人系由公侯伯担任,协同守备一人系以侯伯都督担任,他们与南京兵部尚书一起,负责南京一切留守防守之事。但洪熙时,皇帝却派郑和为南京守备太监,率官军"护卫留都"。于是,这位"三千里外亲臣"[2]竟位于公侯之上,在公堂"高据首席"[3]。

总之,在作为政权主要支柱的军队的各个重要部分,均有宦官参与监督控制,这是明代宦官擅权乱政的一个重要方面。

四、地方武装

卫所之外,郡县有民壮,边都有士兵。

民壮之招募始于正统二年(1437年),时陕西得4200人,人给布二匹,月粮四斗。天顺时,民壮鞍马器械由政府供给,免本户粮五石,丁二丁。弘治七年(1494年),立金民壮法,对年龄、地区数额作了规定。十四年(1501年),民壮曾多至三十多万。嘉靖时又再增额。但以后民壮或调边塞,或抽补军役,而且占役、应募营差等等弊端严重,已失去原来防卫各地之作用。

土兵是在边郡招民壮训练,以增强当地防边力量,成化二

---

① 陆容:《菽园杂记抄摘》3。

② 刘若愚:《酌中志》卷16《司礼监外差》。

③ 王世贞:《风洲杂编》1。

年(1466 年)始于延绥。指挥千百户以募兵多少为差,可以此晋级。已削职的可以复职,即令统所募兵。但士兵素质低下,并未起多大作用。

此外还有乡兵,随当地风俗之长技应募,调佐军旅缓急,如泉州技击、徐州箭手等。隶军籍的如浙兵、辽兵,也有不隶军籍的,名目繁多,如河南毛葫芦、僧兵等等。崇祯时,乡兵,尤其是川湖、云贵、两广土司的兵,主要用于镇压农民起义。

第八节　明朝财政管理制度

一、明朝财政管理制度

明朝财政管理体制,亦分中央的和地方的两级。中央的财务行政由户部负责,下设十三清吏司,司下分民科、度支、金科、仓科。户部总掌全国户口、田赋之政策法令及粮仓、农耕;主管国库,掌理太仓银。各司除掌管其所分省之事外,还分别兼领所分南京、直隶贡赋及诸司卫俸禄,边镇粮饷,并各仓场盐课、钞关。四科之分工,民科负责地理、田土、户口、物产多寡登耗之数等。度支负责夏税、秋粮、存留、起运及赏赉、禄秩经费。金科负责市舶、渔盐、茶钞税课及赃罚之收折。仓科负责漕运、军储出纳料粮。此外,另有总督仓场一人,掌督在京及通州等处仓场粮储,宣德五年(1430 年)开始,定制由户部尚书或侍郎专职负责,不兼部事。工商方面有都转运盐使司、盐课提举司管理盐务之事,市舶司管外贸,茶马司管茶马,在京官店为宣课司。

地方之财务行政,省由布政司负责总掌一省之户口、钱粮、田数、禄饷,均贡赋役于各府州县,每岁分豁存留、起解数目。下有参政、参议分守各道,派管粮储、屯田、水利等事。府由知府总管赋役、籍账、仓库、水利等事,下有同知、通判分管粮政、农田、水利等事。县由知县督征贡赋役,下有县丞、主簿分理。最基层的是里甲和粮长,里甲催征粮赋,粮长负责收解。府州县还有税课司,掌管工商税、田宅买卖税等事。

明朝纸钞与铜币同时通行,纸钞由宝钞提举司印制。铸钱权属中央,在京师有宝源局,属于工部,各省有宝泉局。

二、明朝财政收支

明朝财政收入主要是赋税,赋税以田赋为主体,而以人口税、工商税为主要收入。支出主要是俸禄、军费、皇室开支。

征收赋税以黄册为根据,册有丁、有田。丁有役,即人口税;田有租,即田赋。田赋分夏税、秋粮。交纳时间,夏税不得过八月,秋粮不得过次年二月。交纳物品各有多种,大略以米麦为主,称"本色",丝织与钞为副,称"折色"。明朝田地分官田与民田两大类,交纳田赋数额不一,洪武时,定官田亩税五升三合五勺,民田减二升,重租田八升五合五勺,没官田一斗二升。苏松嘉湖官田则以私租簿为税额,浙西因地肥,赋亩加二倍。致江南赋畸重,民多逃亡。正统元年(1436 年),中央不得不令苏松浙江等处官田"准民田起科"。

正统以后,南畿、浙江、江西、湖广、福建及两广又以米麦一石折银二钱五分的比率,以百万两为限额,把米麦折银入内承运库,称金花银。以后这办法在全国推广,但征折比例不断提高,成化以后,有石折银高至一两者,极大地加重了农民的负担。

嘉靖三十年(1551 年),以京边费用不足,议于南畿、浙江等州县加赋 120 万两,于是开始了"加派"。万历四十八年(1620 年),加派辽饷亩共计 9 厘,崇祯时又增派剿饷、练饷,致民不聊生,明亦旋亡。

明代,男年 16 为成丁,从 16 岁至 60 岁均得服役。徭役可分正役、杂役两大类,其佥派由府州县官负责,以人口和财产的多少为依据,分上中下三等,按户等上下分任重役(如马驿的马夫)、中役(如水夫)、轻役(如禁子、皂隶),貌似公允,但实际上往往是"放富差贫",明中叶后这情况更为严重。隆、万时,张居正以赋役繁重,弊漏百出,遂以清丈田地为基础,于万历九年(1581 年)在全国推行一条鞭法,以州县为单位计算赋役数额,合并贡赋役,皆计亩征银。

工商税以商税、盐税、茶税为大宗。明初,商税为 1/30,以后数额和名目日渐增多。税也分本色、折色两种征收。盐、茶是通过控制盐引、食盐纳钞法(计口配盐),茶引实行专卖。国家财赋收入"盐法居半"①,而茶则主要用于市马,"茶马事例"行于有明一代。此外尚有竹木之抽分、渔税、关税、关市税、矿税等等。万历二十四年(1596 年)矿税使之派遣,使税收极度混乱,形成对全国,尤其是对工商业的一场浩劫。

《明史》载,"国家经费莫大于禄饷",这里包括了宗藩的岁禄与百官的俸禄。从洪武大封宗藩开始,宗藩不仅待遇优厚,而且"世世皆食岁禄",于是,随着宗藩人口的增长,岁禄也大幅度增长。至嘉靖时,全国供京师粮只有 400 万石,而王府禄米之需已达到 853 万石。明代官吏数字亦随官僚政治之发展而猛长,洪武中,内外官只有 24,000 人,成化时,单是武职已超过 80000 人,文武一共有 10 万以上,此数远远超过了以冗官著称的宋代的 34000 人。嘉靖后此数又猛增。这样,禄饷成了明朝财政的沉重负担。

明初大力推广屯田,军士在边境的 30%守城,70%屯种,在内地的 20%守城,80%屯种,所以军饷及卫所官吏俸粮基本上可以由军中供应。正统以后,屯政日渐废弛,军饷不仅要靠太仓供给(称"年例"),而且随着卫所制的破坏,募兵日增而军饷日增。明中叶后,占役军士与侵吞军饷严重,军队素质不断下降,嘉靖

---

① 孙承泽:《天府广记》卷 13《户部》。

时南倭北"虏"交加,募兵不足又增以客兵,军费大量增加,当时太仓每年收入 200 余万两,而嘉靖三十年(1551 年)单是各边军费已达 600 余万两。崇祯末年加派的"三饷"更达 2000 万两。再加上明代军械屡有更新,亦耗资不少。军费成了明朝财政的另一沉重负担。

随着商品经济的繁荣,权宦的挑唆逢迎,明皇室生活日更奢靡,宦官达到十万之多,宫殿、陵墓之修建不断,如世宗时"土木祷祀之役月无虚日"①,织造、烧造、珠宝、赏赐等等费用直线上升,而且往往是立即就要大量支付的计划外开支,于是一再传取太仓银入内库,甚至"移济边银以供"内使之采造。这一切连同禄饷、军费,使明财政陷入严重危机,成为导致皇朝覆亡的重要因素。

三、明朝财政管理制度的特点

明朝财政管理制度的特点,主要体现在下列四个方面。

第一是一元化,即国家财政机构的一元化及地方政治与财政之一元化。明代从户部到各司、各布政司、府、州、县、里甲,有一整套完备的财政管理机构,保证财务政策法令的贯彻执行,财权牢牢掌握在皇帝手里,这与高度发达的君主集权制是相辅相成的。各级地方行政长官均直接担负财务、税务的责任,赋税征收情况是官吏考核内容之一,嘉靖二年(1523 年)还规定,官吏考满迁秩,必经严核任内租税,征解足数,才发给由交代,这就促使地方官必须着眼于生产的发展和户口的稳定。但与此相伴,也出现了官吏"惮考成",以追赋为急务,对农民加以逼迫的情况,而且随着政治的腐败而日更显著。

第二是会计、审计有制度,注意加强对财务行政之监督。户部每年编制会计录,分岁征、岁收、岁支、岁储四大项,于年底进

---

①《明世宗实录》卷 351。

呈皇帝，并作为次年岁派实征通融节缩的参考。都察院有审计权，都御史可审核中央财政或兼理财赋。政府每年之存留、起解数目由御史查勘其数目。御史还巡视仓场、内库、盐政、茶马、漕运等等，给事中亦巡视太仓库、甲字诸库。值得注意的是，明代太仓库——银库是归户部掌理的，即使皇帝要动用太仓银，按制度亦得经户部，像弘治时内官传旨索太仓银为灯费，户部尚书周经"持不与"等事例，见载于史的不少，虽然在更多情况下是户部"不能沮"，但这对皇帝的挥霍毕竟起到了某种程度的制衡作用，还是有积极意义的。

督抚有责任管理地方财务行政，或带专衔提督分管盐法、粮储等等。各道监察御史可审核财政；各布政司、都司、直省府州县卫所贮金银等等库，由巡按御史三年一盘查；各运司贮银之库，年终由巡盐御史委官盘查。此外，巡按所到之处，均视察仓库、查算钱粮，对贪污者绳以峻法。不过，皇帝之靡费与官吏贪污是封建社会的痼疾，虽有严密的制度亦难将之铲除。明代皇室之奢侈、官吏之贪赃，比起别的朝代，有过之而无不及。

第三是地政管理的周密及赋役合一以田为据的开始。明代管理田土的主要依据是鱼鳞图册，册制于洪武二十年（1387年），册上开载田主姓名，田之丈尺、四至，并绘成图，详细注明土质之类别、肥瘠，位置高低。每户照册上钱粮田段，各给号单一纸收执，开明坐落、亩数、四至图形，以后遇有交易推收，即将号单粘入契内，以防弊漏。这样从田问赋，既恢复了田赋制的本质，又使课税更趋合理。

作为赋役改革的一条鞭法，其特点在于简单——赋役合一，用银交纳，由官府直接办理；相对公平——按亩计税，因而开清代摊丁入亩之先河。还应注意到的，是赋役征银相对松弛了对农民的人身控制，促进了商品经济发展；以田为征赋役的依据减轻了无地商人的负担，顺应了明中叶后经济蓬勃发展的历史潮流。当然，由于中国封建社会长期延续而赋予的历史特点，劳役租始终占有很大比重,因此一条鞭法施行后,许多地方货币租并不占主导地位,直至明亡,并没有真正完成赋役合一的历史进程。

第四是有重点地控制、调节全国经济,稳定江南。政治重心与经济重心的远距离分离是明王朝一个显著的特点。永乐迁都后,北京是全国军政中心,而朝廷财赋却依靠东南,所以,中央对东南一直是采取稳定的政策,所谓"诚倚东南,莫如休养"①。从明初开始,就严禁在东南封藩,已封为吴王的朱橚,朱元璋也以"钱塘财赋地",而将他改封周王,使就藩开封。宦官不准在江南买地置庄。重视对江南水利的兴修和疏浚运河,派干员如周忱等治理江南。即使魏忠贤擅权时,对苏州民变也不敢采取极端措施,以免事态扩大。所以江南田赋虽一直重于它处,宦官织造、采办之骚扰亦颇频繁,但江南始终未出现大规模农民起义,生产始终能以不同的速度在发展,这对明朝在严重的财政危机中,仍得以存在百年来说,未尝不是一个重要因素。

第九节　明朝人事管理制度

一、学校制度

明代重视学校,学校有中央的和地方的。中央的是国学,或称太学、国子监。地方的是府州县卫所学,此外还有宗学、武学、社学、书院、私塾。稍后宣慰、安抚等土官亦设儒学。

国学亦与其他中央机构一样,有南、北两处,各设祭酒(从四品)、司业(正六品)等,教师均由名儒担任。学生称监生,年龄在50岁以下,根据其来源的不同,分为贡监、举监、荫监、例监。洪武

---

① 张大复:《梅花草堂集》卷10。

元年(1368年)令品官子弟及民俊秀通文义者充当,以后诏择府州县学诸生入国子学,但制度屡有变动。弘治嘉靖间定制,府学岁贡二人,州学二岁三人,县学岁一人。所贡学生经考试合格,入学,称贡监。永乐中,开始从会试不中的举人中选年少者入学,称举监。品官子弟入学为荫监,其中土司子弟入学的称土官生,景泰元年(1450年)开始,又有因纳粟、上马得入学的,称例监。四者之中,以贡监为主要成分。而例监则被指为"以货为贤",又"不与馈饩",故"人甚轻之"①,受到歧视。

学生分率性等六堂学习,按成绩分三段递升,升至率性堂后,实行积分法,每月考试一次,文理俱优者给一分,一年内积满8分便可分派官职。才学出众的可奏请皇帝破格委任。

监生在学期间由国家供给伙食和部分衣物,历事生未娶的赐钱婚聘,在京师时间长的,给予探亲假及路费。但学规很严,除假日外,每日要坐堂学习,内容包括四书本经,刘向《说苑》及律令、书、数、大诰,每日还要练二百个字。生活管理也严格,立身处世、饮食起居、外出请假等等,均有具体规定,违反制度的轻则予以登记、责罚,重的开除,甚至谪送远方典史,罚充吏。

明初曾大量擢用监生,监生一般出任府州县六品以下官,但亦有若干出任布政司、按察司三四品官或御史的。又有历事监生,始于天顺年间,即分别到政府各部门实习,然后回监再送吏部铨选。

府学设教授(从九品)、训导,州有学正、训导,县有教谕、训导。府州县学学生称生员,俗称秀才。其人数在京府学60人,外府40人,州30人,县20人。由国家供给伙食的称廪生,后来增加的称增生,以后再增加的称附生。岁贡生均由年资深的廪生中产生。成化中,对卫学人数亦作了规定,其额视卫数多少而增减。土官子弟可入附近儒学。府州县学生只有入国学才可以得官。

---

① 何良俊:《四友斋丛说》卷10。

生员入学,初由巡按御史,布、按两司及府州县官,正统以后由提学。学规也很严,生员专治一经,以礼、乐、射、御、书、数设科分教,三年有两次大考,先以六等考诸生优劣,称岁考,成绩低下的依次降等(廪生→增生→附生)直至开除。继又有科考,选取优秀者参加乡试。生员入学十年,学无所成或有大过,均送部充吏,并追夺廪粮。

未入州县学的士子不论年龄大小,一律称童生,其中确实有才学的,可以个别吸收参加乡试。

宗学,在嘉靖时正式设立,由宗室子弟年 10 岁以上者入学,由王府官中择学行优长者教授《皇明祖训》《书经》等。社学是村塾性质,由民 15 岁以下入学,主要讲授礼仪、《大诰》。

武学收武职子弟,由文武重臣教习,都司、卫所应袭子弟年 10 岁以上者,由提学官选送入武学(无武学则入卫学或附近儒学)。成化中开始,每年中考入学武生,10 年以上学无可取者,追廪还官,送营操练。

朱元璋重视办学,其目的只在于通过学校宣扬封建教化,培养能够事君抚民的官员,学校对于科技文化学术的发展,并未起多大作用。

二、科举制度

洪武三年(1370 年),正式建立科举制度,在《科举条格诏》中,明确宣布"自洪武三年八月为始,特设科举……非科举,毋得与官"[①],这时的科举制度,基本上沿唐宋之旧,但内容上规定专以四书、五经命题,行文要用古人的思想来阐述,根据程、朱等宋儒的注疏来发挥,用八股文的体裁作文。

考试定制三年一次,分三级进行,县府级总称童生试或小考,通过它考入府州县学成为生员。省级的是乡试,又称乙科,逢

---

① 王世贞:《弇山堂别集》卷 81《科试考一》。

子、午、卯、酉年八月在省直举行,考中的称举人(孝廉),第一名俗称解元。中央级的是会试,又称甲科,由礼部主持,逢辰、戌、丑、未年二月在京举行,宣德以后有南、北、中卷之分,对南、北、中地域考生按55%、35%、10%的比例录取。考中的称贡士,第一名俗称会元。

乡试、会试均分三场进行,初场试书经义,二场试论判诏诰表,三场试经史时务策。考试律则很严:考生资格有审查,试卷之首要详列三代姓名及其籍贯、年甲、所习本经、所司印记。主考、监考及有关工作人员均定员、定岗,考卷文字中有回避及禁例。采取多种措施严禁作弊。但尽管如此,科举场内外上下的种种弊端自始至终均未能禁止。

会试后的廷试或称殿试则只是一种形式,由皇帝复试,表示官员的最终选拔权在皇帝手里,恩出自上。殿试录取者通称为进士,分一、二、三甲为名次等第,一甲三名为状元、榜眼、探花,赐进士及第。二甲、三甲各若干人,分别赐进士出身或同进士出身。一、二、三甲各按名次分别授予修撰等翰林院官,给事等官职,或外派地方为府推官、知州、知县等。未考上的举人、监生,则只授小京职或府佐及州县正官、教职。

朱元璋希望设科举"取经明行修、博通今古、名实相称者"①,使中外文臣均由科举出身。事实上科举亦能选拔一些有较高文化水平的儒生,相对于荫官、捐官、传奉等任官方法,有很大优越性。但是,科举考试用八股文考经义犹如用程、朱语句填词②,在很大程度上禁锢了士人的思想,以致顾炎武斥之为"等于焚书"③,"败坏人才"④。而且使程朱理学成了加强封建专制主义的理论基础;使选拔唯资历出身成了惯例,基本上取代了"三途并用"。科举虽

①《明史》卷70《选举志二》。
② 黄云眉:《明史考证》卷70《考证》。
③④ 顾炎武:《日知录》卷16《拟题》《十八房》。

然有利于吸引整个地主阶级对专制皇权的拥护，但科举出身的官员中，相当多数往往只会空谈性理，缺乏办事能力，而许多未经科举的人才却得不到任用，这对人才的发掘、发展是很大的阻碍，对政治也造成许多不利因素。

武科定于吴元年(1367年)。洪武二十年(1387年)，应礼部请立武学，用武学。令武职子弟于各直省应试，三年武举，六年会举。但以后屡有变动，效果不明显。

三、任用制度

明初，为补足缺额官员，改变官员队伍的素质和成分，曾大批选任监生及荐举的布衣为各级官员。以后定制，官员的任用，文官归吏部，武官归兵部，其中又以吏部职责最重。文官的铨选由吏部文选司负责，有所谓"三途并用"。一是进士选派京官六部主事、中书、行人、评事、博士；外官知州、推官、知县。二是由举人、贡生选外官推官、知县、学官；由官荫生选京官五府、六部首领官，通政司、太常寺、光禄寺、詹事府属宫；由监生选州、县佐贰，都、布、按三司首领官。三是由吏员、承差等杂流选外府、外卫、盐运司首领官，中外杂职、入流、未入流官。三途中以进士最受重视，人数也最多，最集中，洪永时曾一次多至472人，成化以后一般也达到每次三四百人。

铨选分大选、急选、远方选、岁贡就教选、拣选、举人乞恩选。大选包括所选及考定升降，于每年双月举行。急选包括调动、降职、丁忧、留任起复、补缺员，于每年单月举行。远方选是将地方相应贡监生选补为远方知县。岁贡就教选是不定期地考选会试下第举人或岁贡生任教职。拣选是从科贡监生中选员补足府佐、州县正官。举人乞恩选是举人三试不中，可以到吏部就职，"部中另立班铨注"[1]，铨选不定期举行，选后发给文凭前往报到。

---

[1] 赵翼：《陔余丛考》卷18。

凡官员升迁必须"考满",即按年资经考绩期满。如果由于官员缺额应补,则可以不待考满而用推升。推升的办法因新缺额及推者、被推者身份不同而分廷推、部推、会选、会举四种。推升之名单最后由皇帝审定。地方府州县正佐,在京大小九卿之属员选授迁除,均由吏部决定,称"常选"。司天监、太医院等技术性的职位则由内部递补。还有"馆选",由内阁会吏、礼二部考选庶吉士进行储才教育,由翰林院、詹事府官高资历深者任教。

为了在更大范围内发掘人才,并分吏部之权,铨选外又有保举之法,始于洪武永乐。①洪熙时,令京官五品以上及给事、御史,外官布、按两司正佐及府州县正官各举所知。现任府州县正佐官及曾犯贪污罪者,不许荐举。后又定制,凡布、按两司,知府有缺,令三品以上京官保举,其所奏保者,郎中、员外、御史及司务、行人、寺副皆与,不依常调,但保举不当要连坐。当时由保举出任的如况钟等,多有政绩。但法久弊生,以后或者保举不问贤愚,只凭关系,或者无官保举的长期不得升迁。正统以后保举之法时行时废,而保举方面郡守,终止于嘉靖八年(1529年)。

文官由铨选得官职后,再经署职、试职然后实授。实授后京官即给诰(五品以上)、敕(六品以下),地方官三年考满,亦按品级给予诰、敕。但曾犯赃罪者停给。

此外,官员的任用还有一些制度上的或惯例上的规定,如以捐纳得官、它途入仕、极刑家庭五服内子弟不许为官,各种回避,等等。

武官的任用,洪武五年(1372年),定武选法。武官铨选除京营外,均由兵部武选司主持。凡大选分色目、状貌、才行、封赠、袭荫等项,其途径则有世职、武举、行伍、纳级。但实际上均未能认真执行。冒功升赏、恩幸冗滥,是明代军队一大弊病。

---

① 《明太祖实录》卷141;《明会典》卷5《保举》。

四、爵、勋、品级、俸禄

明初,因前代之制,列爵五等,后只存公、侯、伯,并定制,"凡爵非社稷军功不得封,封号非特旨不得与"①(外戚、中官封爵的,均称"恩泽封")。爵有岁禄而无封邑。封功臣时先予封号,继以爵号,不书食禄数。封号不得世袭,爵号有世袭、不世袭,以军功大小而定,但均给诰券。②如再立功,可仍爵增禄或进爵增禄。有封爵有才能者可出任军职。食禄数虽有规定,但实际上常有增减。

明代五品以上历再考,乃授勋。勋级文武各异,文勋由正一品左、右柱国至从五品协正庶尹,共分十级。武勋由正一品左、右柱国至从六品武骑尉,共十二级。

文官之品有九,均分正、从,一共十八级。不及从九品的称"未入流"。散阶分四十二级。武官之品有六,亦分正、从,共十二级。散阶有三十级。

但明代爵、勋、官、阶意义之区分不如唐、宋清楚,实际上均是随官而定。

明代官俸较低,明初,百官之俸皆取给于江南官田,其后令还田给禄。③洪武二十五年(1392年),重定内外文武官岁给禄俸之制,正一品1044石,以下依次递减至从九品60石,未入流36石。洪武时官俸全给米, 间以钱钞兼给。永乐时官高者支米40%~50%,官卑者支60%~80%,其余全部给钞。九品及杂职等才全支米。中叶以后,官俸又改为支给本色和折色。本色包括月米、折绢米、折银米三部分,折色包括本色钞、绢布折钞两部分。但不管何种形式,都因米、布、钞均贱,而银独贵,致百官俸给可谓空前至

---

① 《明史》卷72《职官志一》。

② 郑晓:《今言》卷1。

③ 赵翼:《廿二史札记》卷32。

薄。①后来政府不得不给京官柴薪银,而给新任郡县官以道里费。

五、考核制度

明代文官考核分考满、考察两种,相辅而行,均由吏部与都察院共同负责,由考功清吏司主持。

考满是对官吏全面的考核,决定其升、留、降。具体办法是根据官员任职以来的情况,依《职掌》事例考核,三年给由为初考,六年再考,九年通考。项目有称职、平常、不称职,分上、中、下三等。诸部司所属官员开始时只能署职,考满后才予实授。外官则递考以待核。杂考或一年、二年,或三年、九年。

洪武十一年(1378 年)开始朝觐考核。以后京官一般由部门长官开具情况送部考核,地方官分别由监察御史,布、按二司考核或复考。京官四品以上及近侍官、御史等,地方布政司四品以上,按察、盐运五品以上,由皇帝直接决定升降。内外入流并杂职官九年任满,给由赴吏部考核,依例升降。

考满中称职者升,平常复职,不称职者降职,贪污或不法的送法司问罪或罢免为民。

考察又称"大计",是对官吏的行政审查与处理,分京察、外察两种,有贪、酷、浮躁、不及、老、病、罢、不谨八项。考察初无固定的周期,弘治未定制,京官六年一考,正德更定为逢巳、亥之年考。届时四品以上自陈以取上(皇帝)裁,五品以下分别致仕、降调、闲住、为民。具册奏请,谓之京察。对外官考察始于洪武四年(1371 年)。弘治时每三年,即逢辰、戌、丑、未岁到京朝觐,同时考察,谓之外察。不论京察还是外察,吏部均发出访单。州县官以月计上之府,府上下其考,以岁计上之布政司。至三年,由抚按通核其下属情况造册上报。其处分察例与京官同。在考察中被罢黜的一般永远不得录用。考察去留决定后,由科道纠劾考察中的弊

---

① 于慎行:《谷山笔麈》卷 9《月俸》。

漏,称"拾遗"。拾遗由阁臣票拟去留或下部院复议罪状以听上裁,但习惯上一被拾遗必须引退。①

明中叶,考核中百弊丛生,包揽、徇私、朋党、互相报复的情况,至明亡不变。

武官考核称军政,由兵部武选清吏司负责。成化二年(1466年)定五年一次,以现任掌印、带俸、差操及初袭官一体考察。十三年(1477 年),令两京通考以为常。五府大臣、锦衣卫堂上官、直省总兵官自陈,听皇帝裁决。五府所属并直省卫所官,全部由巡视官及部官注送。在外都司、卫所官由抚按造册送兵部。副参以下,千户以上,由都、布、按三司察注送抚,咨兵部考举题奏。

六、回避、丁忧、休沐、致仕制度

1.回避制度

明代主要有籍贯回避、亲属回避、听讼回避。

籍贯回避:一是"避贯铨注"。洪武间定南北更调之制,南人官北,北人官南。以后官制渐定,自学官外不得官本省,但亦不限南北。二是考试时各省乡试之主考官不得用隶籍本省的官员,两京主考官要回避本省。户部吏不得用浙江、江西、苏松人。

亲属回避:洪武元年(1368 年),令凡父兄伯叔任两京堂上官,其弟男子侄不得任科道官,有任者要按品对调。内外官属衙门官吏,有系父子兄弟叔侄的,以下避上。父兄伯叔充吏离役未久,及犯赃问发充军为民者,弟男子侄不许充吏。王官不外调,与王府联姻者不得任京职。考试时科场官亲属要回避。

听讼回避:遇服亲及婚姻之家、受业师、旧有仇嫌之人,并听移文回避,违者笞四十;若罪有增减,以故出入人罪论。

2.丁忧制度

百官父母之丧,称丁忧。洪武八年(1375 年),诏百官闻父母

---

① 沈德符:《万历野获编》卷 11《京官考察》。

丧,不待报即可奔丧,并解职守制三年。匿不举哀或不离职者,原籍3000里以上限一年,不及者限半年,过期即发配到隆庆、永宁等处为民。居丧不满三年要受"纠劾"。但钦天监奔丧三个月即要复任。守制期间若在职已一年,无过犯,给半禄终制;三年历考无过,给全禄终制。守制期满再起复时,地方官要"考过复除"。丁忧时如工作需要,皇帝可以"诏留视事",或"夺丧"、"夺情"继续任职,但这种做法常遭舆论谴责。武官经常要"夺情",甚至经衰出征。

3.休沐制度

明代有病假、事假、赐假、休沐假等规定。

成化三年(1467年)定制,内外文武官员病假不得超过三个月,超过即停发俸粮。高级官员病假超过三个月,要自动辞职。

事假如探亲、祭祀等等,一般是本人申请,由部门掌印官勘实代奏然后给假。假期视地远近而异。弘治时定,除往返路程外,在家两个月。超假一年的停发俸禄五个月,一年半以上"送问"。外官满三考可以给探亲假。国子生有父母者,洪武时三年给一次探亲假。京官及进士回乡完婚,由同乡官保勘明白,然后上奏。

休沐假一般为初一、十五。元旦给假五天,冬至三天。永乐七年(1409年),令自正月十一日开始,赐元宵节假十天。但遇事可以停止放假,如弘治四年(1491年)正月,以修省,罢上元节假。

4.致仕制度

致仕即退休。文武官退休年龄时有变动,一般京官70岁,外官65岁;乞致仕者不限年。55岁以上可以冠带致仕,55岁以下冠带闲住。65岁即使不致仕,亦不再列入铨选。对致仕官一般给予某些优待,如升一至二级,官品服色与现任同,经济有困难的略予补助。有的还给予第宅、俸禄、夫役等。致仕后皇帝还可以特命起用。由于有的致仕是因政见不合被勒令的,有的是考察时因犯轻罪令致仕的,故舆论上往往以致仕为耻。吏员之致仕无明文规定,一般吏役满,年50以上,皆罢为民,或冠带回籍荣身。

七、吏胥制度

吏胥包括吏员和吏役。

吏员类别很多,主要分京吏、外吏两大类。京吏有掾史、令史、书吏、司吏、典吏、提控、都吏、人吏、胥吏、狱典、撰典等,视衙门政事之繁简而设。外吏有通吏、令史、书吏、司吏、典吏、攒典、狱典、驿吏等[1],但除通吏外,各衙门只能设置其中的一种,只有典吏可以同时并存,并形成从属关系。[2]此外还有大量专管的吏,如闸有闸吏,坝有坝吏等。

吏员职务范围很广,人事、经费、典礼、词讼、差役、工程等无所不包,承担衙中除主管官必须亲为以外的一切事务,其中又以典掌文移、案牍为主,文书上呈以官的名义发出外,承行之吏亦要押名负责。所以六部业务虽分在各司,但实际上往往是一切委之于胥吏,吏员是行政事务之落实者。

吏员数额据洪武十三年(1380 年)申定的六部官制,官吏共548 人,其中吏443 人,为官数 4 倍强。武职衙门吏又比文职衙门多 1 倍以上。随着官僚政治的发展,正德时,内外吏员已有 6万多人[3],明末"胥吏日以伙,每县殆不止千人矣"[4]。

吏员来源有三种,一是从农民身家无过、年 30 以下能书者选用;二是生员、监生、进士中之不肖者;三是有罪罚充吏的官员。此外,中叶以后又有纳粟充吏。民家子弟初在本处纳银充吏,谓之农民,然后由巡按考其刑名、行移、写字。考上后照纳银,司府州县令典等项依次参充。不中者降为役。由于纳吏最低只 15两银,而一旦挂名卯簿,则家里不坐重差,免一丁,免力役,所以

---

① 《明会典》卷 7《吏员》。

② 参看丘浚:《大学衍义补》卷 98《治国平天下之要·备规制》。

③ 陈洪谟:《继世纪闻》卷 5。

④ 侯方域:《额吏胥》,载《清经世文编》卷 24。

援纳者甚众,因而往往不得实缺,遂有"候缺吏"、"实役顶首银"出现。顶首银高达数百至数千两,这种高价营吏成了"六曹之弊在吏胥"的一个重要因素。

吏员的出路在明中后期差异较大。明初,由于官吏缺额多,三途并用比较落实,吏员三年一考,九年考满即可出身任郡县之职。明中叶后,一方面由于重科举,选用吏员日少;另一方面,由于这时吏与官之比约为 3:1,即三个吏只能争夺一个官缺,加上吏员九年考满即候缺,而官任职二三十年极为平常,所以出缺甚少,吏员候缺十多年还不一定能补上。成化时,大学士商辂曾疏奏:"吏员考满,冠带听选有经十二三年未得除授者。"①有的终因老、疾、贫被罢为民。故后期有的吏员役满不到吏部候职而盘踞衙门,或将吏员的职位私相顶替。

吏员虽受官管辖,但官员的处事吏员均知悉,故彼此互有戒心。对中央来说,吏员对官可起到权力制衡的作用。

明代差役之种类极为繁杂,有因事而设、因差而设、习惯沿用、额外添设等等,其中又各有许多名目,又有银差、力差之分。但总的来说,均是于官府中供使令杂务。另属里甲供应的亦有差役。按黄宗羲在《明夷待访录》的说法,大略而言,差役有库子、解户、坊里长。雇役有皂隶、快手、承差、弓兵、捕盗。

在正常情况下,吏卒对基层工作能起到一定作用。但由于明代贱视皂隶,不仅倡优隶卒并称,还常以轻罪囚充皂隶,故服役者往往愿拿银代,于是皂隶又尽属贫贱之人,始终不属民籍。加上有些衙门如工部四司等,皂隶连工食也没有。这样,皂隶素质低下,经济困难,从明初开始,朱元璋就不得不承认"吏卒贪赃,岂能尽革"②。中叶以后,随着官僚政治的滋长,吏卒科敛勒索、挟诈长官以及捕快与盗贼相表里等百弊丛生,致百姓深受其害,故

---

① 商辂:《政务疏》,《明臣奏议》卷4。

② 《大诰续编·吏卒赃私》。

顾炎武曾愤然抨击明朝胥吏"皆虎狼也"。

第十节　明朝政治制度的历史地位

一、明朝政治制度的利弊得失

明朝政治制度比以往历代都更完备，其中异于历代而影响最大的，当首推丞相制的废除与内阁制设立。历史上多有相权对于皇权的威胁，明代丞相制的被永远废弃，是皇权对于相权取得了彻底的胜利。但是，偌大帝国政务丛杂，皇帝绝不可能凡事亲裁，只得设内阁助理。这情况决定了，一方面，内阁从一开始就是不定型的，职权并不明朗，以后事实亦表明，内阁纵然得到皇帝青睐，得到迅速发展，但始终没有法定的地位，不能正式统率六部百司。另一方面，皇帝虽然离不开内阁，但仍然顾忌内阁会演化为事实上的丞相，威权震主，于是以司礼监加以牵制，出现"外相""内相"并存，而内相往往以亲近皇帝更为得势的局面。从总体而言，历代丞相多是饱受儒学熏陶、文化层次较高的有识之士，其忠君、忧国忧民的观念虽然有很大的阶级局限性，但毕竟还是存在的。而司礼监的太监则多是文化素质低下，夤缘进宫，由于种种不固定的因素而得到皇帝宠信的，其中不乏狡诈之徒，或如魏忠贤这样的赌棍、文盲。他们心胸狭隘，政治眼光极其短浅，只图私利。这样的人与内阁内外共事，本身就只能是对阁权的妨碍与掣肘，易于出现宦官口衔天宪控制内阁的局面，宦官一再擅权，正是明代政治日更黑暗乃至不可收拾的重要原因。

封藩制度不始于明朝，明初封藩对巩固新生的政权曾起过一定作用。但是，由于宗藩权势过重，旋即引起了皇族集团内部一次次争夺皇权的战争，这是一方面。另一方面，宗藩岁禄过于优厚,而且历代封藩只推恩五世以内,明代宗藩却六世以下均封奉国中尉,亦"世世皆食岁禄","不授职任事",以致国家背上藩禄这沉重的包袱,到最后藩禄无法支付,宗藩下层"多不能自存",骚扰地方。宗藩从屏藩皇室转为促使王朝覆亡的因素。

明代皇帝拥有最高的军权,并得到制度上的保证,消灭了历史上屡见的将领拥兵自雄的可能性,这有利于稳定统治秩序。明代军屯规模之大,成效之显著,亦在历代军屯之上。军队粮饷可以自给,使明初可以一再减免赋税,而仓储仍然充实,这对于明初经济的恢复和发展起了很大的作用。但随着政治的腐败,军队素质日下,兵将不相习,屯政废弛,这些都消弱了明代的军事力量,军费成了财政一大负担。

明代开始在全国各地遍设学校,太祖尊师礼儒,对国子生严格要求,放手使用,照顾他们的生活,很有可取之处。这时的科举制度也比前代有了很大的发展。以科举取士比较能提高官僚队伍的文化素质,吸收庶民地主阶级和其他阶层中才智之士入仕,扩大统治的社会基础。但后来学校课程与科举均集中于八股,结果不但失去办学校、设科举的积极意义,而且束缚了士人的思想,学术未得以繁荣,所取之士亦多数唯知空谈理性,缺乏办实事的能力,以致官僚政治日更泛滥。

明代监察制度之周密亦超过历代,中央集权与地方分权的体制,上下相维、左右相掣的监察,使中外机构、大小官僚时时处在受监察的地位,地方亦得紧紧依附于中央,这对稳定封建统治起了很大的作用,但过细过密的监察又使官员处处受掣肘,积极性、主动性无从发挥;监察后来在很大程度上成了门户斗争的工具,其腐败与行政上的腐败相互助长,以致完备的监察又走向了它的反面。

明代对贪污惩罚之严厉,为史所罕见。朱元璋规定,官吏贪赃 60 两以上就要斩首示众,剥皮实草。但是,明代的贪污却是在历代中比较突出的,这除了贪污是封建社会痼疾外,很重要的一个原因是官俸过于低薄,"卑官日用不赡",自然难以养廉,这也是明代政制中的一弊。

二、张居正政治改革的历史教训

万历初年进行的张居正改革,是我国封建社会最后一次重大的政治改革。当时,资本主义萌芽已经在中国古老的封建社会中出现,并开始蛀蚀着(哪怕是轻微的)封建生产关系;中央集权制从它的顶峰不断下滑,种种社会矛盾基本已得到充分暴露,国家财政困窘,"岁入不能充岁出之半"①,公文"被视为故纸","朝廷诏旨多废格不行"②,庞大的、中央集权的国家机器已经显得运转不灵。一些比较开明的官僚,希望靠封建国家自身机制某些环节的调节来恢复国家机器正常的功能,首辅张居正就是他们的代表人物,他毅然进行一系列改革,以图振兴衰败、混乱、匮乏的局面。

张居正改革以"尊主权、课吏职、信赏罚、一号令为主"③。即以尊君为号召,提高中央威信,集权于内阁,整顿统治秩序,由内阁层层控制从中央到地方的各级机构,以从组织上保证改革的进行。颁布考成法,大小事务严立限期责令完成,然后按登记册籍逐一注销,欺瞒的从严查处,按月考成,每年总结,以提高行政效率;又以"安静宜民"为标准,对官吏逐级考核,裁撤冗员,奖励廉能,以整顿官僚机构,提高官员队伍的素质,作为推行改革的政治力量;钱谷亦作为考成的内容之一,追缴欠税不到90%的要分别受到处分。还提出"锄强戮凶",打击权贵的违法活动以补足国家所受的亏损。由于张居正坚决以法理政,即使是强宗豪民阻挠改革,亦严惩不贷,因而一段时间后,已达到政令"虽万里外,朝

---

① 夏燮:《明通鉴》卷 60。
② 《张太岳集》卷 36《陈六事疏》。
③ 《明史》卷 213《张居正传》。

下而夕奉行"，"一切不敢饰非，政体为肃"的效果。又以均赋役为中心，清丈土地，推行一条鞭法，实行赋役合一，计亩征银，官收官解，使国家从入不敷出转为"帑藏充盈"。还兴修水利，巩固边防，保障和发展改革成果。

无可怀疑，张居正改革在各方面均取得了重大成就，为垂危的王朝赢得了生的转机。张居正本人也因此威权显赫，连皇帝都尊称他"太师张太岳先生"，对他提出的撙节宫中用度等等建议，无不依从。内阁大学士对他更是"莫敢异同"，或者"恂恂若属吏"。张居正牢牢握着大权，丁忧、病重亦不稍放。

但是，改革是在豪强兼并、违法成风的情况下推行的，所以，尽管它贯彻的只是封建专制，维护的只是统治阶级的长远利益，仍然处处遭到保守势力的责难、阻挠、诽谤、打击。对此，张居正充分表现出一位杰出改革家置得失毁誉于不顾的宽广胸怀、气魄和才干，但悲剧的结局已为历史条件所铸定。

张居正得以力排众难，迅速推行改革，其间有一个极为重要的特殊条件，这就是皇帝年幼，他得到太后大力支持，以师保和托孤大臣的身份，在实际上代行皇帝权力，取得了足以压倒反对派的优势。但是，当皇帝年长，要收回权力，并突破改革对他的束缚而滥用权力时，皇帝必然会站到张居正的对立面。皇帝一言可以立法，也可以废法，至此，张居正只能落得个身后满门查抄、一败涂地的下场，新政随之亦全部被推翻。没有法的保证，政以人举，亦必以人亡，这是一个教训。

张居正改革的基本精神是法治，力图按祖宗的法来匡正种种越轨行动。但是，时代变异，祖宗之法已不可能依旧遵行，而他的改革又是靠他在位以政令强制推行的，没有纳入正式的法的范畴，也没有取得法定的地位，因而他死后一切泯灭，连以"立法颇为简便"称的一条鞭法，也"行十余年，规制顿紊"[①]。没有用法

---

① 《明史》卷78《食货志二》。

来巩固改革成果,人亡政亡,这又是一个教训。

从张居正本身来说,历史与阶级的局限,亦使改革隐伏着最终失败的因素。封建统治江河日下的时代使他的改革除了"守成业""富国强兵"外,不可能有更远大的政治理想。因此改革的实质,只是谋求保护整个地主阶级包括豪强地主在内的长远利益,所发动的只是守法与犯法的斗争,并不触及所有制,这就使改革本身埋伏着同属于这个阶级的保守派与改革派之间矛盾可以调和的危机,也意味着改革得不到广大群众的大力支持,没有广泛的社会基础。正是改革内部蕴藏的封建性,决定了改革不能彻底与必然失败。

张居正过于自信,独揽威权,他虽然敢于打破常规委任人才,"亦自知身后必不保"[①],嘱咐改革派的官员抓紧时机,趁他在位时"做个一了百当"。但是,他对此并没有认真考虑对策,培养好接班人,或者满足于逢迎,对一些投机分子如张四维等予以重用,以致改革派没有形成真正的核心力量,当他死后,盘根错节的保守势力在皇权支持下反扑过来时,改革派顿形孤立无援,分崩离析,没有招架之力。改革派中的投机者还给以狠狠的反击,这又是一个教训。

随着张居正改革的失败,明王朝的统治危机更加严重,真正荡涤封建统治污泥浊水的农民起义也就不可避免地迅速到来。张居正改革的失败告诉人们:不彻底的改革总是要失败的,但它是真正革命的预兆和前奏。

三、明朝政治制度的历史地位

明承"法度尽紊"的元朝之后,吸取其为政"宽纵""赏罚无章"的教训,注意政制的建设。明代政治制度主要沿于唐宋,但又参酌历代及时势需要,故发展得更为完备,封建的中央集权政治

---

① 沈德符:《万历野获编》卷 9《内阁》。

制度在这时得到最完整的体现。清入关后,除兵制以八旗制度为基础外,一切制度均沿袭明朝,遵用《大明会典》,援引旧例、旧制为行政标准。冯铨、洪承畴等所提出施政建议,不出明代万历以前政治制度的范畴。顺治元年(1644 年),顺天巡按柳寅东请"速定律令颁示中外"时,摄政和硕睿亲王干脆答复:"自后问刑,准依明律。"①顺治四年(1647 年)颁行了《大清律》,但它只是《大明律》的翻版,其内容甚至还有"依《大诰》减等"等语。顺治三年(1646 年),《洪武宝训》译为满文后,清世祖制序,颁行全国,并提出与天下共遵明之祖训。像他这样把前代政制奉为自己的祖训,这在历史上还是第一次。

满族入关后,由于仍带有浓厚的游牧民族的特征,曾一度打断这封建体制的进程,出现圈地、督捕逃人等,但这些都因激化了民族矛盾,影响了生产和社会秩序,很快就被迫停止了。以后,在有清一代二百多年中,虽亦曾根据自己的特点和不同的历史条件,在政制方面有所改动和创设,尤其是在鸦片战争以后。但总的来说,其基本格局并未超过明代,明代末年已经纷乱的政制,反而在清代得到一定程度的恢复。可见明代政治制度曾维系明清两代统治达数百年之久,对中国历史有过广阔而深远的影响。

明前期,强大的、中央集权制的明帝国具有积极的国家职能,在防止蒙古侵掠,加强对边境的开发和管理,维护国家领土完整和国内社会经济繁荣,积极开展外交活动等方面,起过很大的作用。使中国直到 15 世纪仍然在世界先进国家行列之中。但是,从根本上看,明代强大的皇权也如同历代皇权一样,既不能解决封建社会基本的矛盾,也不能消除封建统治的种种痼疾。恰恰相反,随着皇权的强化,封建制度的烂熟,封建社会的一切矛盾弊漏,都更迅速、更强烈地暴露出来了。从 15 世纪中叶起,随

---

① 《清世宗实录》卷 5。

着皇庄、王庄的扩展,贵族大地主疯狂兼并土地。失去土地的农民大批转为流民,流民、农民起义日益频繁。贵族大地主不仅排斥政权中其他地主阶级的势力,而且狠狠打击改革派,形成反复的、激烈的斗争。膨大的皇权也使其衍生物——宦官制度发展到前所未有的高度,以致当幼主或怠政的皇帝不能把握着硕大的皇权时,皇权不是被权臣分割(如嘉靖时),就是被宦官窃夺。这一切互相影响,使官僚政治日益严重,贪污成风,党派固结,矛盾日益复杂, 沿海倭寇与西北边境蒙古的侵扰同时严重起来。皇室奢侈、藩禄众多、官兵冗滥造成了严重的财政危机。张居正改革虽奏效一时,旋即被种种矛盾所淹没。社会矛盾更急剧地向前发展。

16 世纪中叶开始出现的资本主义萌芽,应该是中国历史新时期的开端。但是,萌芽遭到天降霜雪的无情逼迫,正是在丝织、外贸、制瓷、茶叶这几个最有可能更早出现生产方式变革的领域里,受到皇权控制、垄断与掠夺最严重。"萌芽"变得奄奄一息,只能步履艰难地挣扎着,迂回曲折地前进。而且始终未能达到成熟的阶段。皇权还以其天命迷信、思想钳制、学术垄断等封建统治手段,顽固地限制了哲学、自然科学、文化艺术的发展。从这个意义上说,明代强大的皇权,是造成中国封建社会长期延续的一个重要因素。

所有这一切,说明以明皇权为代表的封建专制统治,已成了新形势下社会发展的障碍。也正是这一切,使得英国资产阶级革命取得胜利,世界进入近代史的时候,中国却是处在波澜壮阔的明末农民战争之中。李自成部队彻底摧垮了明皇朝,这是农民起义的胜利, 但是明末农民大起义与清兵入关的战乱频仍,却使中国农业、商业、手工业生产均遭到不同程度的破坏,社会发展的步伐,也就不能不显著地落后于西方。从这个意义上说,明代强大的皇权,又是中国在世界上从先进转为落后的一个重要因素。

第十二章　清朝政治制度

第一节　清朝的历史特点与
政治体制的演变

　　清朝是我国历史上最后一个封建王朝。秦汉以来将近两千年的封建社会历史，使我国中央集权制的封建政治制度得到充分的发展，在某种意义上也可以说达到当时最完善的阶段。但是，封建社会的种种弊端，诸如保守、僵化、专制、残暴等等，也更加显露无遗。与此同时，从世界范围来看，资本主义的曙光已经在西欧出现，并迅速地扩展势力。它们的商船以及殖民主义的舰队等等，不断地在地球的各个角落敲叩大门，同时也愈来愈频繁地把触角伸到了中国，终于在道光二十年(1840 年)，用大炮轰开了这个古老封建国家的大门。中国从此逐步地沦为半殖民地。社会的变动，不能不影响到上层建筑的各个领域。这样，在封建政治制度中，也产生出某种为适应资本帝国主义需要，和迫于国内要求自强压力所作的改革变动。

　　除此以外，众所周知，清朝是一个以满族贵族为主体而建立的封建朝代。满族原居东北黑山白水之间，在入关取代明朝以前，虽已建元立国，但社会发展阶段较之关内汉族要低得多，体现在政治制度上，那种带有奴隶制或早期封建制的贵族军事民主色彩的内容，直到入关后相当长的时期里，仍在中央决策系统中起着一定的作用。另外，由于清朝特殊的民族因素，如何在政权内部不断调整满汉、满蒙以及其他各民族之间的关系，也构成有清一代政治制度的重要内容。

根据以上的情况，清代的政治制度史，如果撇开入关前那一段不作专门叙述，大致可分为前后两个时期。前期属于封建社会晚期阶段；后期由于资本帝国主义入侵而带有殖民主义的性质，与此同时，若干具有近代色彩的因素，在旧的体制中业已有所表现。

在两个大时期中，依着政治体制内部的变化，还可以细分。

前一时期分为三段：顺治到康熙前期为一段。此时清朝初建，从中央到地方的很多制度，大抵仿明而行，同时关外形成的一些固有规制，仍继续发挥作用。由于顺治和康熙两个皇帝都年幼继立，为了辅佐皇帝，曾专门设置摄政、辅政，结果都在相当程度上造成对皇权的损害。从康熙中期起到雍正初年为第二个阶段。此时，各种制度逐渐趋向健全完善。康熙和雍正为了提高皇权，加强专制主义，诸如在突出皇帝权力、压抑满族贵族干扰政务，以及解决皇位继承等方面，都采取了相应的措施，并取得了成果。第三阶段从雍正建立军机处到道光二十年（1840年）发生中英鸦片战争止，在此期间，皇权高度集中，各项制度已确立定型，但封建社会诸多弊端也暴露无遗。

后一时期分两个阶段。前段：道光二十年（1840年）到咸丰十年（1860年）。两次鸦片战争，中国都是战败国，英、法等西方国家，强行将一系列不平等条约加到清政府头上，把顽固存在于统治层头脑中的"天朝"观念给打破了。不过中国封建社会的基础仍相当牢固，不能指望立时会在上层建筑领域中有明显反映。尽管如此，在政治制度上还是有所表现，比如为开放上海等口岸而设置的五口通商大臣就是例证。后段：咸丰十一年（1861

年)到宣统三年(1911 年),随着中国殖民地化程度的加深,清政府不断投靠于资本帝国主义,在政治制度上也发生一系列变动。咸丰十一年设置的总理各国事务衙门则为重要标志, 接着开办由洋人一手控制的总税务司。任命直隶总督和两江总督兼任北洋通商大臣和南洋通商大臣。①到了光绪"维新"变法失败和签订丧权辱国的《辛丑条约》后,变化就更多了,中央权力大大衰退,地方势力膨胀。在官制、军制和行政、考选等制度中,不得不仿效和加入西方资本主义的内容,中国的封建政治制度,伴随着社会基础的动摇而走向坍塌。

以上,我们就清代政治制度中的历史特点和时代划分,交待了大致的线索。由于篇幅的限制,下面的讨论只能以块为主,分段或分问题进行,不过在此之前,先有一个纵的轮廓,这对叙述后面的各项具体制度,也还是有用的。

第二节　皇帝制度与中央决策系统

一、皇帝制度

在清朝统治者入关以前, 满族首领努尔哈赤曾创立了集军事行政于一体的八旗组织。1616 年(明万历四十四年),努尔哈赤建元称汗, 汗便是八旗的最高统帅。汗又派其子侄分掌各旗,叫"和硕贝勒"(也叫固山贝勒)。凡军国大事,由汗召集诸贝勒共同

---

① 南洋大臣原为两广总督兼职,即前面所说的五口通商大臣,咸丰八年(1858 年)底改归两江总督兼任,仍沿旧称,同治元年(1862 年),始有南洋通商大臣之名,并一度改为专职,直到同治十二年(1873 年)才正式定为两江总督兼职。北洋大臣原为专任,同治九年(1870 年)起改兼任。

商讨。后来又进一步明确为八和硕贝勒共治国政，连汗位的继承，也归他们推举。由于权力的更迭，八和硕贝勒又集中为四大贝勒。努尔哈赤的继承者皇太极，就是受四大贝勒（他本人亦是其中之一）推举而登位的。当时，"凡国人朝见，上（指皇太极）与三大贝勒俱南面坐受"①，政事亦由诸大贝勒按月分掌。

随着汗国势力的不断扩展，皇太极对这种仅有"一汗之虚名"②的地位越来越无法忍受了。为了突出汗的独尊地位，他采取一系列措施以削弱各贝勒的实力，又借机把三大贝勒中的两个加以降革，剩下一个也已有名无实。接着，他又着手整顿和完善政府机构，使其为己所用。1636 年（明崇祯九年），皇太极宣布把原国号"金"改为"清"，同时废除汗的叫法，自尊为皇帝。

顺治元年（1644 年）四月，清军入关。十月，皇太极嗣子福临在北京祭告天地，即皇帝位，标志着清朝代替明朝，成为全国的统治者。由于清朝的很多制度都仿效明代，所以在清代，除了诸如服饰、某些封号、称谓等有所不同，在体现皇帝至上威严的各种特权方面，内容是完全相同的。像皇帝自称为朕（对太后、太皇太后、太上皇例外），下属臣民则呼之为皇上、陛下、圣上、万岁。在书写时，遇到与皇帝名字相同的字，必须避讳替代。明黄是皇帝专用的颜色，定有专用的服饰、仪仗，如有侵犯，那就是僭越，就是大逆不道。此外，皇帝具有颁发诏旨、封授赐予、大赦天下、大阅军队、接受朝贺、颁定律例、追夺籍没，以及蠲免钱粮、税银等特权，总之，全国生杀予夺的一切权力，均属于皇帝。皇帝是最高权力的体现者。

皇位继承也是皇帝制度中的一个重要内容。按照中国传统的宗法礼仪，都是以嫡长顺序，依次立嗣。清朝的情况有所不同。前面曾经提及过，入关之前，以诸贝勒大臣共同推举的办法解决

---

① 《清太宗实录》卷 11，天聪六年正月己亥。

② 《天聪朝臣工奏议》卷上。

皇位(或汗位)问题。前者如皇太极继努尔哈赤为汗,后来福临又继皇太极为皇帝,都是如此做的。福临进关后,虽不断有汉族大臣上疏,请求依汉族封建礼仪早立太子,但因囿于满族的习惯,再加上其他原因,直到福临临终前,才匆匆集合满族亲贵们,商讨继统大事。此种立嗣法,虽有集合众议的长处,但因为牵涉到各派各人的实际利益,几乎每次继位,都会在满洲贵族内部,展开一场激烈的斗争。

顺治帝福临和康熙帝玄烨,都以幼年登基,这实际上也是矛盾斗争的一种产物。为了辅佐幼主,便需要有摄政或辅政。在顺治帝的头七年中,几乎所有军国大事,均操纵于摄政王多尔衮之手。康熙嗣位后,为避免顺治初年的教训,采取了辅政的形式,选异姓功臣为辅政大臣,又改原一二人摄政为更多的四人辅政,并由皇族宗亲从旁监督。尽管如此,辅政毕竟具有代行皇帝部分权力的职能,在整个统治集团中,也必然会造成一种凌驾于百官之上的威严,而四大臣中内部权势的消长,也使初定的辅政体制有所变样。玄烨是康熙六年(1667年)亲政的,但真正做到政柄在握,还是两年后清算了鳌拜等辅政势力,才算达到。

鉴于上述种种弊端,玄烨决定仿效历来汉族的皇位继承制度,于康熙十四年(1675年)宣布立嫡长子为太子。但实践证明,他的试验也不成功。皇帝和太子,太子和其他诸子之间,都矛盾重重,斗争激烈,甚至把许多满汉官员都牵连进去了,导致两立两废太子的尴尬局面,严重地影响了康熙晚期政局的稳定。

清代的皇位继承问题,到雍正时才算得到妥善解决。雍正元年(1723年)八月,新嗣君召集在朝满汉文武大臣,宣布了他的建储设想,做法是:将选定的继承人名字,亲写密封,藏于匣内,放在大内乾清宫正中最高处"正大光明"匾之后,待老皇帝故世,取下当众开封验明,确立新皇帝。这就是清代秘密建储制度。自此以后,除乾隆因他生前实行内禅,情况特殊(在他内禅前,也遵守乃父法制,行秘密立储)。另外,同治帝因系咸丰独子,同治和后来的光绪都无嗣子,未用秘密建储外,其他各代,都遵循了此种规制。

雍正建立的秘密立储法,总结了乃父乃祖在皇位继承中的经验教训,同时也记取了我国以往各朝在立嗣中的长处和短处。一方面,他突出了唯我独尊的君主绝对权威,只有皇帝本身才能指立嗣君;同时又摒弃了传统宗法规范中不管贤愚,只以嫡长为序的那种僵死的做法,使皇帝为其"宗社绵延"计,可以在诸子中有所考察选择, 做到立贤重于立长。这就是皇位继承中的优选法。由于立储是严格保密的,在皇子中不知谁将嗣位,从而减少了诸子为觊觎储君而演出的悲剧, 也避免皇帝和太子间可能产生的矛盾,对于消弭结党,也有好处。清朝的秘密立储法,是我国两千年来建立皇位继承制度的最后终结。

如果说,清代的皇位继承制度,曾于初期经历了相当曲折的过程,那么在皇子分封方面,入关后即充分借鉴了明代的教训而有所改进。

清朝统治者十分注重对皇子幼年的宫中教养, 除规定学习满汉语文、经史书籍外,还要熟悉弓矢骑射。稍长出宫,封亲王、郡王、贝勒、贝子等爵位,并按等发给粮银俸禄,亦赐予田土牧场及庄丁。据康熙六年(1667 年)所定则例:亲王有粮、银庄和瓜菜果园等四十二座,约合田地六七万亩;郡王庄园十九座,约合二三万亩之间。①牧场,"亲王牧厂方八里,郡王牧厂方四里"②,还有采捕山场。以上田土、牧场、山场,均由内务府所属皇庄中按数调拨,这比明代赐地无限额,且多搜括民田以充数的做法,是很大的改进。清代王公均建藩于北京,明令"亲王无故出京师六十里,

---

① 参见郭松义:《曲阜孔府与明清贵族地主》,载《明清档案与历史研究》上册,中华书局 1988 年版。

② 《八旗通志初集》卷 22《田土志五》。

罪与百官同"①,从而避免了明代诸王利用建藩于所在庄田地区以干预民事的弊端。明代自成祖后,即罢诸王典兵权,更不许参预朝政。清代从入关前起,诸王贝勒不但领兵打仗,也参预国政,以后虽程度有所不同,但其例始终相沿不废。清朝的此种做法,目的是加强宗亲们屏卫皇室之心,但同时也常常造成内部倾轧,争斗纷起。到了晚年,又因亲贵用事,政事壅蔽,而终于无法自拔。

清代后宫,除按制遴选八旗秀女为宫妃外,还有意识地采取了与蒙古联姻的政策。根据《清史稿》不完全的载录,从努尔哈赤时期起,到道光时为止,共有十三个后妃选自内蒙古科尔沁部的博尔济吉特氏,其中尊为皇后的五人(包括顺治的废后)。与此同时,也不断把公主或宗室女下嫁各部蒙古。康熙成年的八个女儿中,有七个都远嫁蒙古,以后雍正、乾隆,也大都相沿袭。至道光初年,正式形成"备指额驸"的制度。额驸,就是公主的丈夫。按照定制,凡内蒙科尔沁等十三旗中,具有王、贝勒、贝子、公等爵位的嫡亲子弟,或下嫁公主、格格子孙,年龄在 15 岁以上、20 岁以下(道光十九年后又稍有放宽),而且"聪明俊秀"者,都必须将"衔名年命"具帖,于每年十月内报送理藩院,然后跟随年节进京请安的父兄引见于皇帝,以便钦指额驸。②当然,清代下嫁蒙古各部贵族的公主,并不限于上述十三旗,但"备指额驸"则指此而言,表明了清统治者与他们的特殊关系。

大致有清一代,下嫁于外藩蒙古的公主,共约六十余位,多数是在漠南蒙古,少数也有嫁至喀尔喀蒙古和厄鲁特部蒙古的。清朝统治者所制定的"满蒙联姻"的政策,具有明显的政治目的,即通过血缘的纽带,把两个民族上层分子的利害关系连结在一

---

① 龚自珍:《答人问关内侯》,载《龚自珍全集》,上海人民出版社 1959 年版,第 333 页。

② 光绪《大清会典事例》卷 978《理藩院》《备指额驸》。

起,最后达到巩固帝王基业的作用。

二、中央决策及其行运机制

清代的中央专制主义集权,到雍正时已发展到最高水平,在此之前,顺治和康熙,都十分注意用权。康熙就说:"天下大权,惟一人操之,不可旁落。"①后来,他的孙子乾隆再次重申:"本朝家法……一切用人听言,大权从无旁落。"②但是,这不等于说皇帝就可以随心所欲地处置政事,因为它毕竟关系到大清朝的"国祚康泰"和"宗社延绵"。何况中国又是个版图辽阔、人口众多、民族关系复杂的国家,没有一定的信息依据和臣工们的赞划咨询,只凭皇帝一人,根本无法应付如此繁杂的局面。

在清代,以皇帝为代表的中央决策及其行运机制,大体通过如下形式得以实现:

1.进呈题奏本章

在清代,除中央各部院和科道官外,地方总督、巡抚、将军、正副都统、提督、总兵以及朝廷的差遣官,都可汇集下属情况,向皇帝呈递题奏本章。这些题奏,一般都通过内阁,并提出初步处理意见,即"票签"后,才送交皇帝决断。在此过程中,有的还需反复讨论,才作定论。凡经皇帝裁断的题奏,内阁即"批红"抄发有关机构执行。

处理题奏本章的过程,也就是皇帝了解政情的过程。至于内阁票签,尽管只起咨询作用,但对避免皇帝个人决策失误,可以起一定的制衡效应。

2.密折陈奏

密折制度系清代独创,先系满文奏折,康熙二十年(1681年)左右始有汉文奏折。开初内容比较单一,只限于名单、清单一

---

① 《清圣祖实录》卷 259,康熙五十三年六月丙子。
② 《清高宗实录》卷 323,乾隆十三年八月辛亥。

类东西,也不机密。康熙二十年末,内务府包衣曹寅、李煦在江宁、苏州织造任上,因受皇帝嘱咐,刺探江南民情舆论向主子汇报。与此同时,康熙帝也常将意见直接朱批在奏折上,再发还本人。由于内容大都涉及官场隐私及地方动静,不能公开于众,只能由具折人和皇帝两人知道,这就是密折陈奏。密折陈奏使皇帝了解不少从一般题奏中无法得知的情况,有助于进一步扩大视野,所以特准密折言事的官员也在逐渐扩大。到了雍正以后,更规定朝廷内外的高级官员,凡属"宜守机密"或"应速上闻"之事,都可密折言事,①又制定了凡经朱批的奏折,必须如数上缴朝廷,及录副存档和传抄遵办等制度。乾隆十三年(1748年),鉴于内外各官已普遍使用奏折,于是诏令除保存题本外,废止再用奏本。

密折制度,取消了内阁等许多中间环节,加快了宫廷决策效率,同时也使君主专制主义集权,达到一个新的高度。

在密折陈奏中值得一提的还有,地方官员定期奏报雨雪、年成和粮价的制度。从现存资料考察,康熙三十二年(1693年)苏州织造李煦是此事的最早发端者,并得到皇帝的肯定,朱批道:"五月间闻得淮徐以南,时旸舛候,夏泽愆期,民心慌慌,两浙尤甚,朕夙夜焦思,寝食不安,但有南来者,必问详细,闻尔所奏,少解宵旰之劳,秋收之后,还写奏帖奏来。"②以后,很多大臣都纷纷仿此而行。乾隆时,进一步加以制度化,不但所有督抚必须按时呈报,而且对时间、格式都作了明确的规定。如奏报粮价,每省必须按府州开列粮食品种、等次、价格,在价格中又需注明是价昂、价平或价贱,比上月报价上涨了还是下跌了,等等。又规定:每月上旬奏报上月晴雨粮价,每年四月奏报二麦收成分数,八月报秋禾收成分数。文武同报者,务必细心查核,划一数字。在以小农生产为主体的封建社会中,农业收成的好坏和粮价的涨落,往往关系

---

① 参见《康熙朝汉文朱批奏折汇编》第1辑,档案出版社1984年版,第5页。
② 《康熙朝汉文朱批奏折汇编》第1辑,档案出版社1984年版,第5页。

着民生的安定和国家的治乱。及时向皇帝报告雨水、年成和粮价信息,使统治者做到心中有数,便于及早调配,作出救灾平籴或蠲免钱粮等决策,把动乱消弭于未然,这实在是清朝统治者高明的一着。

3.御门听政

前述呈递题奏或密折言事,大多是皇帝和大臣们通过文字来传达信息,而御门听政便是君臣之间面面相见讨论政务的活动了。

清代的朝议亦相沿于明代,分为大朝和常朝。大都属礼节性的仪式,凡元旦、冬至或万寿庆典,皇帝都要在鼓乐声中登上太和殿,接受群臣进表朝贺。常朝有两种,一是每月逢五逢十,皇帝在太和殿理政。一切官员觐见、升迁谢恩、任前辞朝、外藩王公台吉等来朝,以及接受国外使臣、颁敕赏赐等等,都在此时进行。另一种就是御门听政,地点在乾清门,偶尔也安排在瀛台东门等处,在圆明园则定于勤政殿,只要不属大朝、常朝太和殿理政,或遇斋戒、祭祀、婚丧大事,或遇皇帝有病,一般都定时举行,甚至外出巡幸,也要在驻跸地抽暇坚持。

正规的听政活动一般分前后两段。前段在乾清门等地接见各部院等官呈本奏事,偶尔皇帝也作些询问。后一段便是皇帝与内阁大学士在内宫讨论题奏中未经奉旨的那部分本章(也叫"折本")。这时,君臣可以交换看法。对此,康熙帝说过这样一段话:"一切政事皆国计民生所关,最为重大,必处置极当,乃获实效。朕每详览奏章,内有所疑,或积五六本、七八本,咨询尔等者,务欲得至当耳。"[①]当然,不管如何讨论,最后决定权属于皇帝,但不断听询臣工们的意见,毕竟也是重要的。

4.派出钦差大臣

有时候,皇帝为了解或处理地方某一重大事件,常常派出钦

---

① 《康熙起居注》,中华书局 1984 年版,第 1025 页。

差大臣。比如康熙十二年(1673年),平西王吴三桂等三藩先后上疏请求撤藩,朝廷特派礼部左侍郎折尔肯、翰林院学士傅礼达、户部尚书梁清标、吏部右侍郎陈一炳等为钦差大臣,分别往云南、广东、福建,安顿撤藩等事。二十二年(1683年),清廷收复台湾后不久,又派吏部侍郎杜臻、内阁学士席柱到广东、福建,工部侍郎金世鉴、都察院左副都御史雅思哈往江南、浙江,恢复因迁海而内移的百姓返还故土及开海贸易等事。雍正七年(1729年),浙江总督李卫在江南等地查出了一个以张云如为首的反清密谋组织,狱案所及,牵连到百数十人,甚至包括一些官员。雍正帝以案情重大,特派工部侍郎李永升为钦差大臣,前往全权审理。道光十八年(1838年),清廷以林则徐为钦差大臣,往广东办理查禁鸦片等事。钦差大臣均由皇帝特遣,行前和回朝后,都得面见皇帝请训或接受垂询,其内容除所办本身差务外,还常常包括其他民情政务。在外地办事过程中,也得时时奏请,使皇帝能及时了解情况,作出决断。

5.外出巡视

清朝皇帝中,出巡最多的是康熙和乾隆。皇帝出巡,原因很多,如谒陵祭祖、进香朝佛、狩猎习武、观赏游览等等,但考察民情,"兴利除弊",亦是重要目的。康熙曾说:"朕时巡之举,原欲周览民情,察访吏治。"[1]实际上即使是谒陵朝佛,也兼有了解地方的意义。嘉庆说他去山西五台山的目的是:其一,"瞻礼朝佛,为民祈福";其二,绥抚外藩,因为"其地介处西北蒙古诸部落,赴山瞻拜者每岁络绎不绝",故"亦寓绥藩之意"[2]。

皇帝走出深宫,进行实地巡视,比单纯看奏章或听臣子们的议论更增加了真切度。正如康熙所说:"臣下之贤否,朕处深宫何由得知,缘朕不时巡行,凡经历之地,必咨询百姓,以是知

---

① 《康熙起居注》,中华书局1984年版,第1251页。
② 《皇朝政典类纂》卷284《礼三十二》《嘉礼》《巡幸》。

之。"①有一次,他由北京去承德避暑山庄,途中见田地因缺雨而影响庄稼生长,便似有所感地说:"近闻外省奏折人等金云麦苗甚好,但路上未曾遇雨,据此,则暵旱不但京北地方矣。"②说明督抚们的奏报颇有掩饰。实地巡视,也大大加快或加强了朝廷对地方事务的决策速度。康熙二十年(1681年),皇帝巡行直隶霸州、天津等处,"见漕艘挽运甚苦",又见霸州等地田土被浑河冲淹,便立时下令,恢复运丁工食银两和豁免霸州等地的钱粮。二十四年(1685年),康熙行至口外,目睹蒙古饥馑,灾民三千人,以荒野草根为食。遂命理藩院尚书阿喇尼查察上报,并支粟千石赈灾。在康熙的几十年中,曾六次南巡和几十次巡视畿甸,其中一个重要原因,与修治黄河、永定河有关。通过考察,不但增加了皇帝对河患为灾的认识,同时也加强了他对河工决策的科学性。康熙时期的治河工程所以能取得较大的成果,与其不断进行实地调查研究有密切关系。

外出巡视,虽不像进呈题奏本章、御门听政等等,有比较确定的制度,而且也与各个皇帝喜好习惯有关。但是,它对加强中央决策是很有意义的,所以它构成清代决策系统中一个重要组成部分。

第三节 清朝的中央行政体制

一、中枢机构的运行及其变迁

为了切实具体地把中央的决策贯彻到下面去,还需要一套

---

① 《清圣祖实录》卷 201,康熙三十九年十月丁卯。
② 《清圣祖实录》卷 268,康熙五十五年四月戊申。

完整的组织保证,中枢机构的设置和运行,即寄命于此。

1.议政王大臣会议

议政王大臣会议,是清朝初期满洲亲贵大臣们商讨并决定军国大事的一种重要形式。它与内阁等不同的是,除了决策外,还往往兼有参与政务的职能,但又不属于具体的执行机构。应该说,这与它在关外初建时,政事简单,且军政不分有重要关系。

议政王大臣会议的导源可追溯到努尔哈赤时期的诸贝勒共议国政制度。及至皇太极继位,又不断扩大议政者的范围,除满洲诸王(即原领旗贝勒)外,已有贝勒,以及兼具议政的固山额真(即后来的都统)和议政大臣,故亦称议政王、贝勒、大臣会议。议政王大臣会议的职权很广,很多军务大政,像政府建置、兴兵征讨、制定规章法令以及对王公大臣的议处等等,差不多都经其讨论。

清统治者进关以后,议政王大臣会议仍相沿握有较大权力。但是由于清朝统治地区的急剧扩大和政务活动更趋繁杂,这种由满洲亲贵大臣把持政务的做法,实际上越来越难以适应了,同时也与皇帝的集权要求相抵触。康熙亲政以后,便通过一系列手段,如裁减斥罢宗亲贵族(病故或因罪夺爵削职后不再另行补充)参预议政资格等等,使会议参加者仅剩都统、各部尚书、内大臣等一般满蒙汉军高级官员。自康熙中期以后,议政王大臣会议已取消了"王"字,议政的内容范围也大大缩小,大体限于八旗王公大臣袭爵、斥革,旗人生计,婚丧礼仪等一般事务方面。有些重大案件,如皇八子允禩谋夺储位案,议处将军年羹尧及国舅隆科多不轨案,也特命进行讨论。此时的议政大臣会议,不过是皇帝操纵下为其行事的工具罢了。但也有涉及重大军国之事,如平定三藩、出兵征讨准噶尔以及筹措西藏、青海、蒙古各部事务,与沙俄的和战,签订中俄《尼布楚条约》和《布连斯奇条约》等,都曾经过议政大臣的商讨。这是因为在涉及军务或民族、国际关系方面,统治者不愿让汉官更多涉及其中的缘故。

自雍正设立军机处，各种军务大事，皇帝都径交军机处承办，议政大臣会议更是逐渐成为虚名，终于在乾隆五十六年(1791年)取消。前后经历了一个多世纪兴衰变化的议政王大臣会议，至此完成了它的使命。

2.内阁

清代内阁沿袭明代，但内容却有所变化。入关前，皇太极曾创设文馆，是为内阁雏形。后来又把文馆扩大为内国史、内秘书和内弘文三院，负责起草对外文书、撰拟诏令、编纂史书、颁布制度，辅佐皇帝处理政务。顺治十五年(1685年)始称内阁。鳌拜等四大臣辅政期间，在"循祖制""复旧章"的口号下，仍复称内三院。直到康熙九年(1670年)，才诏令恢复内阁名号。

内阁设满汉大学士，并与明代一样，例兼殿阁衔。雍正七年(1729年)，特置额外大学士，即后来的协办大学士。乾隆十三年(1748年)，因鉴于大学士员额多寡不定，正式确定为满汉各二人，协办大学士则根据情况，满汉或一员，或二员，因人酌派。又重新调整了殿阁兼衔，即三殿(保和、文华、武英)三阁(文渊、东阁、体仁)。大学士、协办大学士以下，还有学士、侍读学士、侍读、典籍、中书等官。

内阁"掌议天下之政"[1]，大学士又"为百僚之长"[2]，是协助皇帝办理军国大事的政府最高机构。皇帝颁发的制、诏、诰、敕，例由内阁草拟颁发，下属臣僚向皇帝所进题奏表笺，亦经内阁承阅票签，奉旨后转发六科或各部院传抄遵行。从这一点来看，内阁只不过是一个在皇帝授意下的具体办事机构。尽管如此，内阁毕竟是表率百官的法定政府，能代表皇帝草诏票签，且得利用御门听政的机会，与皇帝讨论政事，这在封建专制主义时代，就是

---

① 光绪《大清会典》卷2《内阁》。

② 龚自珍：《上大学士书》，载《龚自珍全集》，上海人民出版社1959年版，第320页。

很大的特权,弄得不好,难免会出现像明代那样由大学士擅权、弄权的局面。对此,清统治者十分注意防范。清初是满洲贵族大臣专权时期,议政王大臣会议掌有很大的权力,"大事关大臣,群事关内阁"①。康熙时期皇帝信用南书房官员,也使内阁权力有所降低。到雍正建立军机处,"密勿重务咸在军机",内阁"秉成例而行,如邮传耳"②。

清代大学士常兼任各部尚书或管理某部部务,某副手学士则兼任侍郎。军机处设立后,大学士"必充军机大臣始得预政事"③。所以,大学士主要办事地点往往不在内阁。"内阁为百僚之长,中书实办事之官"④,就是说,在号称百僚之长的内阁里,只剩下中书在支撑场面,由此可见清代内阁权力的衰落。

3.南书房

南书房位于乾清宫西南,大概设于康熙拘禁鳌拜,政柄在握以后。南书房并不属于中枢机构,开初不过是皇帝召集一批翰林学士,用以传授知识、讨论学问的场所。这样难免会涉及当前政事。皇帝觉得用这些词臣办事既周密安全,又便于控制。乃于康熙十六年(1677年),借口观书写字,需要博学善书者常侍左右为名,命令翰林院优选人材,入值南书房。从此,南书房的地位骤然提高,"非崇班贵僚,上所亲信者不得入"⑤。入值者不但得参预机密,连皇帝的诏旨也常命其具草。这既部分地剥夺了内阁的权力,也是对议政王大臣会议的一种制约。雍正建立了军机处后,南书房的地位有所降低,但因入值者常得觐见皇帝,仍被内廷视

---

① 龚自珍:《徐尚书代言集序》,载《龚自珍全集》,上海人民出版社1959年版,第192页。

② 程晋芳:《章奏批答举要序》,载《清朝经世文编》卷14。

③《清史稿》卷294《张廷玉传》。

④ 龚自珍:《上大学士书》,载《龚自珍全集》,上海人民出版社1959年版,第320页。

⑤ 肖奭:《永宪录》卷1。

为亲信,在备顾问受咨询这一点上,始终延续不废,直到光绪二十四年(1898年),皇帝载湉因迫于慈禧那拉氏的压力,传旨撤销,南书房的作用才算最后完结。

4.军机处

军机处的建立与清廷向西北用兵有直接关系。雍正初年,清军为征讨准噶尔,事先特命怡贤亲王允祥和大将军岳钟琪统筹军需事宜。由于办事缜密,经理数年,内外臣民竟不知国家"将有用兵之举"①,大为皇帝所赞赏,并由此得到启发。雍正八年(1730年),决定于接邻内宫的隆宗门内设立军机房,处理有关前线的奏报和诏旨。不久更名军机处,并由单纯办理军事,逐步扩大到其他政务。乾隆继位初时,庄亲王允禄以总理事务王大臣的身份辅佐新皇就位,一切政务均出于总理事务处,军机处因成闲曹,一度予以取消。乾隆二年(1737年),皇帝丧服期满,撤罢总理事务处,军机处才重新恢复。在军机处设立以后的一百八十多年中,它始终是辅助皇帝办理政务的最重要的一个中枢机构。直到宣统三年(1911年)初,清廷被迫实行"君主立宪",宣布成立责任内阁,军机处方得寿终正寝,但不久,清朝的统治也被民主革命的烈火烧毁了。

军机处设军机大臣若干名,一般由大学士兼任,也有选自各部院官者,以品贵资深者为班首,但无统属关系。又有军机章京,俗称小军机,满汉各十六员,是大臣的僚属。军机大臣的职掌是"掌军国大政,以赞机务"②,几乎涉及到当时朝廷中的所有大事。还有人事咨询权,自大学士、各部院正副职,以至总督、巡抚、将军、提督、总兵、学政等高级官员出缺递补,都由军机大臣开单进呈发出,这在当时具有十分重要的意义。

但是,皇帝设立军机处的目的是为了更好地集权,凡军机大

---

① 《清世宗实录》卷82,雍正七年六月癸未。

② 《清史稿》卷114《职官志》。

臣均归其钦定,并秉承皇帝意旨办事,没有任何决策权。实际上皇帝把授予内阁的有限参预机密的权力,又收归于己了。

与内阁相比,军机处的最大特点,可以归结为"简、速、密"三字。"简"就是机构人员都十分简单。不像内阁殿阁轩屋,属官众多,除了几间入值房舍外,始终无正式衙署。其全部办事人员,包括军机章京在内,至多不过三四十人,且"有官而无吏"①。特别因大臣和章京,都属差遣官,由皇帝特简,能中选者多为亲信干练之辈,如不称旨,可随时"罢值"回到原来衙门,省却官场中许多拖泥带水之事。其次是"速",即办事效率高。根据内阁制度,下属官员有事题奏,或皇帝颁发诏旨,都得经过多层机构,辗转送达,要花费很多时间。军机处则不然,一切由大臣、章京通同办理。皇帝有旨得随时承办,而且必须当日事当日毕。又有"廷寄"制度(也叫字寄),由军机处交兵部直接发出。寄信时,军机处司员根据事情缓急,或采取日行三百里的"马上飞递",或注明行四、五、六百里,甚至还有六百里加快的,减少了很多中间环节,大大加快了办事速度。最后就是"密"。军机处地处内廷,外界干扰少,又严令外官不得擅入值班房舍,皇帝召见军机大臣时,连太监也不得在侧,承旨书谕,则限于入值房内,发送廷寄谕旨,也都径交径收,无敢中间收受者。为了避免嫌疑,大臣、章京平时均少与督抚外吏或部院官相交接。这比内阁多次草拟票签、明发上谕,显然要缜密多了。正因为如此,自有军机处后,尽管有不少人提出异议,但始终相沿不弃,可以说这是清代最具特色的一个政府机构。

二、中央行政机构及其职能

以吏、户、礼、兵、刑、工六部为基轴的中央行政机构的设置,也是从明代接受过来的。大体吏部掌文官品秩、铨叙、考课、黜陟、封授;户部领管全国户口、田土赋税、官员俸饷、仓库、钱币、

---

① 梁章钜:《枢垣纪略》卷 22;王昶:《军机处题名记》按。

国用；礼部主朝廷礼仪、科举、学校、外国贡使交聘；兵部司武官除授、封荫、考绩、军资、军籍、马政、邮传；刑部主持国家民、刑律令和狱断；工部负责工程建筑、水利兴修、钱币鼓铸。与明代相比，清代六部在官员配备和具体职掌方面，也还颇有变通。

按照规定，尚书是各部的最高长官，清代设满汉尚书各一，一个部就出现了两个首脑；又设满汉侍郎各二，即四人。侍郎名义是尚书的副手，但因与尚书同属堂官，可以直接向皇帝陈奏请旨，皇帝也常常拣选他们入值军机处，所以实际上并不存在严格的统属和被统属关系。如此多头的局面，必然会增加处理部务的难度。为此，朝廷常以亲王、大学士等兼管部务。由于被委派的大臣并不一定熟悉部内事务，只好倚靠办事司员，以致造成下属司员的弄权。

在具体职权方面，因为很多军政大事，都由皇帝直接过问处理，这比明代各部，实际上也缩小了很多。比如吏部在明代可"掌天下官吏选授"[1]，连大学士、尚书等官也有权推荐。清代则通过军机处由皇帝径直拣选，取代了吏部这一权力。军队是国家政权的根本，清朝统治者深知其情，故凡命将出征等权，均归于皇帝，特别是视为性命的八旗军队，更别立系统。故名为兵部，所司不过是绿营兵籍、武职升转等事务性的工作。工部名义上是负责全国的工程兴筑，然诸如黄河、海塘等重大修建，都由皇帝指示调度，工部并不与问。其他如刑部、礼部，在行使职权时，也并不完整，常常因受到皇帝的干预而改变原定规则。

清代还仿效明代以南京为陪都的做法，称沈阳为盛京，先后置户、礼、兵、刑、工五部[2]，各设侍郎以示隆重，唯任职者均为满人，所管仅所在庄田、旗地租赋，宫殿陵寝，祭祀修缮，旗民交涉及邮驿、关门稽察等事，与明代南京六部，在职权上相差甚远。光

---

① 《明史》卷 72《职官志一》。

② 吏部掌文官考授，权在中央，故盛京无吏部。

绪三十一年(1905 年)五月,盛京五部同时裁撤。

在清代,最具特色的是设立专司边疆民族事务的理藩院。理藩院原称蒙古衙门,建于崇德元年(1636 年),不久改作此称。开初所管亦只蒙古等事,随着清朝统治地区的扩展,各边疆民族越来越多,理藩院的权限也一再得到扩大,所有内外蒙古、察哈尔、新疆、科布多、唐努乌梁海、青海、西藏等地的有关军政、司法、宗教、贡赏等事,都归其负责主持,并兼理与某些外国的交往。设置理藩院,一方面表示清廷对边疆民族事务的重视,同时也说明我国统一多民族国家确实已达到一个新的高度,中央需要有一个专设机构,以协调各方面的关系。理藩院的等级同于六部,组织形式也与之相仿,设尚书、侍郎等官,只是都用满族人和蒙古族人。

除了以上所述,另外还有一些机构,如收阅直省题本的通政司,稽察各部院衙门奉旨办理各事情况的稽察钦奉上谕事件处,缮写册文诰敕的中书科,掌修史文的翰林院,充作文学侍从的詹事府,管理朝会祭祀、燕飨演乐的乐部。其监察机构有都察院,处理全国刑名案件的则有大理寺。又有太常寺、光禄寺、鸿胪寺、太仆寺、钦天监、太医院等。

为了防止宦官揽政,顺治十八年(1661 年),清朝统治者明令撤销沿袭明代的十三衙门,改由掌管上三旗包衣的内务府负责宫廷日常事务。内务府机构庞大,属员众多,除管领京师内府诸事外,还辖有盛京(特设盛京内务府)、口外等地的皇庄、牧地。又设侍卫处、銮仪卫,为皇室作警卫仪仗。管理皇族事务的则有宗人府。凡此种种,构成一个围绕着皇帝、宫廷,为其指使服务的庞大的中央机构。

三、清末改制呼声下的机构变动

1.总理衙门

咸丰十年(1860 年),清朝政府迫于英法等资本帝国主义侵略者的压力,在北京设立了以处理"外国事务"为目的的总理各国事务衙门,标志着延续两千多年的封建旧政体业已走向没落。在此以前,清朝统治者尽管在强化专制主义集权方面,费尽心机,但对急速变化的国际形势,却始终无大作为。当然,在此期间,中国也曾出使聘问,或接受外国朝贡。但那多半是在封建正统思想指导下,按"天朝"对待"夷邦"的态度,并且多由礼部和理藩院兼理。总理衙门的设立,固然是西方国家侵略的产物,然而其中也确实显露了旧的,政治体制的陈腐落后,进行变革已势在必行。

　　清朝统治者对新设的总理衙门一直心存疑虑,想着一俟"外国事务较简",便"即行裁撤"①。所委官员,除皇帝特简的王、贝勒外,还从军机处、内阁和各部院现任宫中临时差遣。但由于实际情况并不如同预想,总理衙门不但无法撤销,而且随着要处理的"洋务"愈来愈多,它的机构和职权也在不断扩大。凡是和各国签订条约,传达中国政府意见,以及通商贸易、海关税务、派遣使臣、厘定疆界、文书翻译、传教、海防等等,若有涉及"洋务"者,均归其定议。所以有人说:"是则总理衙门之事,固不独繁于六部,而实兼乎六部矣。"②

　　总理衙门官制大体仿效军机处,设大臣和章京。大臣中除亲王、郡王称"管理大臣"或"管理总署事务"名号外,一般都叫大臣上行走、大臣上学习行走和办事大臣,名额无定员,开初只有三人,后来增加到十多人。章京是协助大臣做工作的,其中又分总办章京、帮办章京、额外章京和章京。章京的人数也不断增多,最后竟接近五十人。由于章京亦属差遣,所以他们的品衔和升补,也都归照于原来衙门。

---

　　①《筹办夷务始末》咸丰朝卷 72。

　　②　《添裁机构及官制》,载国家档案局明清档案馆编:《戊戌变法档案史料》,中华书局 1958 年版,第 524 页。

在总理衙门的附属机构中,需要一提的就是总税务司。它成立于咸丰十一年(1861年),是负责全国海关税务的行政机构。司署地点开始是在上海,同治四年(1865年)才迁至北京。税务司设正副总税务司,以下有税务司、副税务司,又分总务、机要、统计、汉文、铨叙五科,每科置正副主任、帮办等。各地海关也照总署设税务司、副税务司、科长、帮办等职。自税务司成立之日起,其总税务司一职就把持在英国人手中,特别自同治二年(1863年)赫德继任后,中国的有关财政、通商以及外交、内政等很多方面,都往往要征询他的意见。赫德俨然成为清朝政府中的一名太上皇。

税务司名义上是总理衙门下的一个附属机构,实际上除定期接受报告外,其司署事务,全由总税务司独断专行。至于海关,清朝政府都设有监督,但亦有名无实,很多重要关口的正副税务司,也由洋人控制,中国的海关权并不在中国人手里。

2.设立督办政务处,全面厘定官制

清朝政府在西方列强进逼下,不断丧权辱国,促使中国人民觉醒,也引起统治阶级队伍中一些人的深切思考。他们感到中国要自强,其中的重要一环,是必须改革现行的政治制度。光绪二十四年(1898年)发生的一场自上而下的维新变法,即由此而来。维新运动只存在了百天,便为顽固派的屠刀所镇压。不久又发生了八国联军侵略中国,清朝政府被迫签订具有更大奴役性的《辛丑条约》。顽固派们为了摆脱自身的孤立,同时也为了迎合西方侵略者的要求,于光绪二十七年(1901年)三月宣布成立督办政务处。三十二年(1906年)更名会议政务处,并归隶于内阁之下。

参加政务处的成员,除特派亲王外,主要是军机大臣或大学士、部院尚书。下设提调、帮提调、总办、帮总办、章京,均出自军机处章京及各部司员,后来归由内阁、翰林院官员兼充。政务处职责主要是审议政务,诸凡官制、学校、科举、吏治、财政、军政、邦交、商务、工艺、刑律等事，参考中西法制，详加厘订，陈述请旨施行。所谓政务处，并不是行政机构，只是讨论改革政事的一个场所。

政务处成立后所讨论的第一件大事，就是将各国总理衙门改组为外务部。这实际上是由西方列强首先提出来的。他们认为设置总理衙门后，虽然改变了过去的局面，使外国有一个可以和清朝中央政府直接打交道的地方，但毕竟属于临时性的差遣机构，在体制和职责上都不明确，而且遇事推诿。所以在讨论《辛丑条约》时，便提出改组的要求。光绪二十七年（1901年）六月，清朝统治者下谕，着政务处大臣会同吏部妥速议核。根据政务处大臣等的讨论，决定新设外务部，用以取代各国总理衙门。外务部班列六部之首，简派亲王总理部务，下有会办大臣、尚书兼会办大臣、左右侍郎等。它的职权范围大体与原来的总理衙门相同，唯所设机构较前细密，并改差遣官为专任官。

在此以后，清朝政府于光绪二十九年（1903年）下令设立商部，三十一年（1905年）设巡警部和学部。同时也裁并了一些机构，于二十八年（1902年）裁詹事府，将所办事务归入翰林院，还裁汰了通政司。接着，光绪三十二年（1906年），清政府以"立宪预备，须先厘定官制"为名①，改组了各部院。规定除内阁、军机处、外务部、吏部、礼部、学部、宗人府、翰林院仍然照旧外，改巡警部为民政部，户部为度支部，兵部为陆军部，刑部为法部，工部与商部合并，称农工商部，理藩院为理藩部。各部设尚书一人，侍郎二人，不分满汉。都察院设都御史一人，副都御史二人。改大理寺为大理院。增设邮传部，司铁路、轮船、电线、邮政等事。将太常、光禄、鸿胪三寺并入礼部，太仆寺并入陆军部。所有各部尚书，俱充政务大臣。另外还筹备设立海军部和襄赞军谋的军咨处。

---

① 《清史稿》卷24《德宗本纪二》。

从光绪二十七年(1901年)到三十三年(1907年)间,清统治者慑于内外愈来愈大的压力,被迫在政府部门作了一些改改添添的工作,但由于它始终不愿触及专制主义皇权这块阵地,如在三十二年大规模厘定官制中,竟有意将内阁、军机处排除在外。这种避重就轻的做法,实际上只能使自己更加陷入被动。

3.资政院和责任内阁

资政院始设于光绪三十三年(1907年)。清廷在上谕中说:"立宪政体取决公论,中国上下议院一时未能成立,亟宜设资政院以立议院基础。"①原来设立资政院,是清朝统治者为缓和民情而搞的所谓立宪制的一个具体花样。在经过一段时间的筹备以后,第二年(1908年)清廷便颁定了资政院议员选举章程,并着手推选议员,举行会议。

按照规定,资政院设总裁(由王公大臣内特简)、副总裁(三品以上大臣内简充)各一人。以下有协理、帮办、参议各三人,又置秘书厅,简请秘书长一人,一、二、三等秘书官各四人,负责会计、文牍等杂务。议员名额总共二百名。其中一百名由皇帝钦定,包括宗室王公世爵十六人,满汉世爵十二人,外藩王公世爵十四人,宗室觉罗六人,各部院官三十二人,"硕学通儒"及"纳税多额者"各十人。另外一百名从各省咨议中互选产生②,再经该省督抚准定,报送资政院。议员任期三年,任满后改选。资政院的咨议范围是议决岁入岁出、法典宪章、公债税率以及其他奉旨需要讨论者。但即使形成决议,也不能算数,因为最后还得会同国务大臣上奏裁可才行。资政院规定每年开会一次,但自宣统二年(1910年)九月至十二月第一次年常会后,未等二次会议开始,全国的革命风暴已风起云涌。议员们匆匆地把袁世凯扶上了责

---

① 《清史稿》卷113《选举八》。

② 在资政院开院前,各省亦遵旨设立咨议局,以为政治议事机构。文中所说咨议,就是各省咨议局的议员。

任内阁总理大臣的高位,它的命运也就随之终结。

责任内阁的出台,已是清朝统治面临灭亡的前夕。宣统二年十月,清廷宣布定于三年后召开国会,组织内阁。诏谕发布后,各省督抚和咨议局代表纷起上疏请愿, 要求提前开会。宣统三年(1911 年)四月下诏,决定先设立责任内阁,以等待国会的召开。

责任内阁辅佐皇帝担负责任,是全国最高的行政机关,设总理大臣、协理大臣和由各部大臣兼充的国务大臣组成阁员。下属机构有承宣厅和制诰、叙官、统计、印铸四局,又设法制院。责任内阁成立后,原内阁、军机处以及组阁不久的政务处,均告撤销。又裁吏、礼二部,把礼部的典礼职务,并入新建的典礼院。另外还设立弼德院。弼德院设院长、副院长各一人,顾问大臣三十二人,可参预机密,"审议洪疑大政"①,是皇帝的顾问班子,实际是害怕内阁权重所作的牵制性措施。

新组成的责任内阁成员, 绝大部分都是满洲亲贵, 被称作"皇族内阁"。所以自成立之日起,便遭到上下的反对,不到半年,便宣告废除,但清朝的统治寿命,也行将结束了。

第四节　清朝的直省行政机构

一、政区的划分和各级政府机构

1.政区的划分

清代的地方政治体制,可分为内地和边疆两种类型。内地除京畿和直隶外,均设省管理,所以亦称直省地区。其范围大体比照明代两直隶和十三布政司所辖区域,按省、道、府(直隶州、

---

①《清史稿》卷 119《职官志六》。

厅)、县(州、厅)四级政制进行划分。另外,京师所在称顺天府,盛京则有奉天府,单列建置。

清军入关之初,除改明南直隶为江南省外,其余仍称直隶、山西、山东、河南、陕西、浙江、江西、湖广、四川、福建、广东、广西、云南、贵州,共十五直省。以后又陆续分江南为江苏、安徽,陕西则分其西部诸府、州、卫所为甘肃,湖广分置湖北、湖南。到了清末光绪九年(1883 年),又建新疆省,十三年(1887 年)置台湾省,三十三年,(1907 年)设奉天、吉林、黑龙江三省,设省范围已扩至东北、西北边疆,总共达二十三个省。①

2.总督和巡抚

总督和巡抚是省的最高军政长官,属封疆大吏。但在清初相当长的时间里,他们与明代时一样,只是一种差遣官,乾隆时才正式确定为实缺官。总督一般辖两省,也有辖三省或一省的。巡抚辖一省。乾隆以后,设总督的是直隶(兼巡抚,同治九年加授北洋通商大臣)、两江(辖江苏、安徽、江西三省,同治五年兼授南洋通商大臣)、陕甘(辖陕西、甘肃并任甘肃巡抚事,新疆建省后复兼辖之)、闽浙(辖福建、浙江,光绪十一年兼福建巡抚事,台湾建省后亦归其管辖)、湖广(辖湖北、湖南)、四川(兼管巡抚事)、两广(辖广东、广西,光绪三十一年兼广东巡抚事)、云贵(辖云南、贵州,光绪三十一年兼云南巡抚事)、东三省(辖奉天、吉林、黑龙江,兼管三省将军并奉天巡抚事),此外还有漕运总督和河道总督。

清代总督、巡抚有很大的权限,照例兼有兵宪之衔。总督授兵部尚书、都察院右都御史(光绪三十二年改为陆军部兵部尚书衔);巡抚授都察院右副都御史,经吏部奏请后,亦兼有兵部侍郎衔(光绪三十二年改陆军部兵部侍郎衔)。山西、山东、河南三省

---

① 台湾省于光绪二十一年(1895 年)中日《马关条约》后,曾割让给日本达 50 年。

因无总督,故巡抚又兼提督衔,以便于统帅省内驻镇绿营军兵。此制后来又扩及到浙、皖、赣、陕、湘、桂、黔等省。这就是说,总督和巡抚,除掌有行政大权外,同时兼领兵权和监察权,具体说来,像制定省例省规、节制绿营军队、升调黜免属吏、上奏钱粮会计、司法审制、监临乡试、对外交涉等等,均属于督抚的职权范围。有时他们还奉旨兼理河道、漕运、盐政和关税。一般地说,总督偏重军政,巡抚偏重民政,且因巡抚每省都有,所以作为省的守土官员,实应属巡抚。

漕运总督和河道总督不负担地方行政职责, 是一种专业性的官员。漕运总督驻淮安,管理鲁、豫、苏、皖、赣、浙、鄂、湘八省漕政。咸丰时,因漕粮改为海运,于光绪三十年(1904 年)更总督为巡抚,次年正式裁撤。河道总督掌理黄运二水的河务,分北河、东河和南河三段。北河辖直隶境内运河,由直隶总督兼领;东河管山东、河南,南河管江南,均专任。咸丰后,黄河北徙,漕运改为海运,河道总督也先后被裁省。因为漕运总督与河道总督"并无地方之责",其官缺通常多由道员升署,地位较低,故乾隆四十八年(1783 年)规定,他们只兼领兵部右侍郎和右副都御史衔。

总督和巡抚,由于前者的品衔高于后者,在朝廷的敕书中,又常有总督节制巡抚之说,依此,巡抚应听命于总督,可实际情况并不完全如此。二者都单开幕府,有独自的奏事权,遇有大事,亦需两相会商,并联名奏请。加上他们的职掌又多重复,不像尚书、侍郎一正一陪,故职责上的磨擦,在所难免。特别是督抚同城或在一省者,更常因"志不齐、权不一"出现许多明争暗斗的事。①很多官员也上疏要求改变此种局面。清朝统治者虽在后期作过某种调整,如裁同城或同省者的巡抚,改归总督兼任等等,但其原则却始终不变。之所以如此,是因为督抚们辖地至广,又都掌握着军政财务大权,最具有闹独立性的本钱,实行二元化的领导

---

① 《皇朝政典类纂》卷 238《官制》《裁汰》引薛福成:《叙督抚同城之损》。

体制,可使两方有所牵掣,有利于防范尾大不掉的局面,反映了统治者的良苦用心。

3.藩司、臬司

除了督抚以外,承宣布政司使、提刑按察司使和提督学政,也都是当时的省级官员。

布政使通称藩司,主管全省财政和民政等事务,诸如户籍税役、道府以下官员的转免考核、宾兴乡试、民事案件等,都由布政司衙门承办或参与商决汇报。按照清朝的原先规制,布政使一职亦比照明代,属地方最高长官,但因统治者看重督抚,突出其权力,使藩司事实上处于从属地位。到了乾隆十三年(1748年),朝廷鉴于督抚的职务已经固定,正式议准:"督抚总制百官,布按二司皆其属吏",在位置排列上,"应首列督抚,次列布按"①。从此,布政使完全成为督抚手下的属官了。

布政使一职,在顺治和康熙初年,除直隶以口北道兼理钱谷不设专职外,每省定为二人,一左一右(只有贵州省因事简,无右布政使)。康熙六年(1667年),裁减为一人,同时直隶亦于雍正二年(1724年)改钱谷司道为布政使。乾隆二十五年(1760年),又以江苏钱谷殷繁,特设江宁、苏州二布政使,到了光绪时,随着台湾、新疆等地陆续建省,也都按制派设布政使。

在布政使司内,设有经历司、照磨所、理问所,分别由经历、都事、照磨、理问等职负责,处理全衙门的文书案卷等工作。又置库大使或仓大使,掌稽察粮仓。他们都是布政司内的具体办事机构。

按察使也叫臬司或廉访,负责全省刑名案件和监督官员的风纪,是主管司法事务的官员,另外也兼理省内驿传和充任乡试监临官。它与布政司并称两司。按察使也是每省一员,直隶原以巡道兼理,雍正二年始行改定。又,新疆建省后,不专设按察使,

---

① 光绪《大清会典事例》卷23《吏部》《官制》。

其所办事务,概由镇迪道代管。按察使的属员有经历、照磨,掌收纳文书;知事理勘察刑名;司狱负责囚狱之事。

此外还有提督学政,负责全省学校科举、稽察士习文风。学政原按授官出身,分学道、学院两类,雍正以后,提高学政地位,一律改称学院,并加翰林院官衔。光绪三十一年(1905年)停罢科举,学政也随之改为提学使。

4.道和道员

道员原为藩臬二司的派遣官, 并不属于地方的一个行政区域官。他们分守道和巡道两种,守道兼布政司参政、参议衔,驻守于一定地方;巡道兼按察司副使佥事衔,分巡于所管区域。大致守道偏重钱谷会计,巡道掌理刑名。乾隆十八年(1753年),取消道员兼衔,官阶正四品,正式成为辖属于督抚的实官,在具体职能上,分守、分巡也逐渐趋向混同融合。

道员的名额,每省虽有定数,但中间常因事务繁简而有所增减。道员中,有固定辖区的一般管若干府州,属省和府州之间的行政官。还有一种通辖全省,经管某项专门事务,如粮储道、巡海道、海关道、兵备道、兴屯道、茶马道、河工道,光绪时又置巡警道和劝业道。他们均无守土责任。实际上,前面一类道员也常常通兼后面的专职事务,如江苏省的分巡苏(州)松(江)太仓道,便兼领兵备道事;陕西西(安)乾(州)鄜(州)分守道兼粮储道;甘肃巩(昌)阶(州)分巡道兼理茶马、屯田道等。道员下杂职有库大使、仓大使、关大使,衙门内无具体机构。

5.府、直隶州、直隶厅

道虽是介于省与府州之间的一级行政机构, 但很多具体经办的事还是放在府和州县身上。所以自省以下,府(直隶州、厅)和州县才是最重要的衙门。

府设知府,从四品,是管理全府民刑财政、统辖所属州县的长官,设同知、通判等佐贰官,分管粮饷、水利、缉捕、抚边、江防、海防等专门事务。属吏有经历、照磨、司狱、宣课司大使、库大使等。

在府的机构中,京师所在的顺天府和盛京的奉天府,因地位特殊,在编制上亦与众不同。首先,其长官为府尹大臣,秩正三品;副职称府丞,正四品。雍正元年(1723年)规定,顺天府尹特简部院大臣兼任。奉天府尹自乾隆三十年(1765年)起,确定选盛京五部中侍郎兼摄。光绪二年(1876年),加府尹二品衔,兼右副都御史,行巡抚事。其次,这两个府的管辖范围,也远比一般府要大得多。顺天府共领二十四州县,分东西南北四路,每路设厅同知一员,管四五县或五六县。奉天府尹自行巡抚事后,其管辖范围包括了当时整个盛京地区的二府四厅五州十四县,以后随着府厅州县的增设而不断加多。

直隶州或直隶厅,与府处于同一级位置。直隶州设知州一人,正五品,下有州同、州判。直隶州也有属县,知州除管辖本州事务外,亦与知府一样,同时负责所属各县事。厅和直隶厅一般设在边疆或新开辟地区。直隶厅除少数领有属县外,大都仅有厅的建置,设同知以领之。

6.州、县、厅

在清代行政组织中,州、县、厅都属于基层衙门。县有县令,正七品;州设知州,从五品;厅则以同知或通判为其长官。凡所属区域的赋税、治安、司法、教育,以及垦荒地、劝农桑、兴水利等发展生产和发仓谷、赈饥荒等救灾救荒工作,都是他们的职务范围。有人曾将州县官与道府官的职司作了一番对比说:“道则巡察数郡,府则表率一方,州县一官则寄以地方,寄以百姓,寄以城池府库,寄以钱粮征收,责任尤重”[①]。比较起来,州县官是最接近地方、最接近百姓的了,而朝廷的政策法令,也是最后由州县官贯彻到百姓的头上,所以被称作“亲民之官”,或习呼为“父母官”。

---

① 阎敬铭:《请道府州到四项毋庸考成疏》,载《皇朝经世文续编》卷17。

知县以下设县丞、主簿，州称州同、州判，分别掌管钱粮、户籍、税收、巡捕、河防等事，员额依据该地事务繁简而定。其属吏有典史、巡检、驿丞、闸官、税课大使、河泊所大使等。

二、地方基层组织

1.里甲制度与户丁的编审

里甲制度沿袭于明代。目的是通过它来编审户丁、攒造黄册，保证封建赋役的征派。里甲的组织形式是这样的，以纳税民户为单位，每 110 户编成一里，摊丁多粮多的 10 户充当里长。里下有甲，每甲 10 户（包括里长一户，共 11 户），设甲长一。里甲制在城中叫坊，近城称厢，置坊长、厢长，职责等同里长。除此而外，里甲制称谓在各地也常有不同，像江苏省的某些县份叫里为镇或约，甲为保或村；浙江有叫都或镇，再下则叫庄；河南有的县又叫甲和村。也有的州县把里甲制的两级组织分成三级，即乡—都—村，或乡—都—里，等等，但作用都是一样的。

为了使里甲组织能正常地发挥作用，必须建立一整套严格的户丁编审制度。明代以来，由于连年的战乱，民逃地荒，在很多地区，户丁田土额数早已名不符实，而以之作为基础的里甲体系，亦多名存实亡，或连名也没有了。所以自清初顺治年间起，统治者从确保赋税收入着想，十分重视恢复里甲组织，重申编审之法。顺治三年（1646 年），清廷下令修造《赋役全书》，实行"因田定赋，计丁授役"的制度。五年（1648 年）又题准：编审天下户口，"照旧例攒造黄册"，重建里甲体系。[①]话虽如此，真正开始行动还是在顺治十二年（1655 年）以后。到了十四年（1657 年），在编审基础上制定的《赋役全书》宣告完成，从此，清朝的里甲制才算走上轨道。

清代的户口编审，从顺治十三年（1656 年）起，规定每五年

---

① 光绪《大清会典事例》卷 157《户部》《编审》。

进行一次。具体的步骤是,先以户为单位,将本户的丁口地产依式填写,交与甲长,然后汇集成册,由甲至里、至州县(附有田地、山、水、道路的地图)、至府、至省、至户部,最后由户部具报皇帝后收贮于府。因为它们都书写于黄纸之上,所以叫作"赋役黄册"或简称"黄册""赋役册"。

与明代一样,清代的户丁也分成不同类别。先说户,户与籍亦有所不同。明代曾分籍为军、民、驿、灶、匠、卜、工、乐八类,每类各单独成册。清代简化成军、民、匠、灶四类(嘉庆时,鉴于匠班银制度废除后,单列匠籍已无必要,决定予以取消,但又增加了商籍)。在清代,满人的地位特殊,早在入关前起,他们和一部分蒙古人、汉人实行八旗制度,故又别立旗籍,并有专门系统进行管理。户的划分有民、军、匠、灶、渔、回、番、羌、苗、瑶、黎、夷等十二种,总称"烟户"。上述十二种户别中,人数最多、最重要的,当然还是民户。另外,相对于土著人户而言,又有自外地迁居来的"寄庄户"。"寄庄户"与土著户,在赋税负担上是有差别的。丁有民丁、站丁、土军丁、卫丁、屯丁、匠丁、灶丁、寄庄丁、寄粮丁等。他们在编审时,分别归入上面所说的四籍中。在当时,丁有确定的含义。据《清会典》记载:"凡民男曰丁,女曰口,未成丁亦曰口,丁口系于户。"作为承担赋役的丁,指的是 16 岁以上至 60 岁的男子。在实行"摊丁入地"的赋役改革以前,清朝政府原则上规定以人丁册征收丁银,所以在编审时也只计丁不计口。现在我们看到的顺治八年(1651 年)至雍正十二年(1734 年)的官方记录中,只有丁数而无人口数,其原因就在于此。

每届编审,各造册部门都必须分别按原额(也叫旧管)、新增(比上届新增数)、开除(死亡或因年过六十照章开除的丁数)、实在四个项目进行登录,叫"四柱式"格式。在规定五年一次的编审中,每隔一届,即十年,为"大造"期,进行较大规模的调查登录,并攒造黄册。在五年中,每年还有简单的户口增减登记,叫作"小审"。按照以上所述,每次编审所得的人丁额,应为当时封建国家控制的成年人头数。实际却并不尽然，原因是清朝政府进行编审，目的是为了征收丁银。从明末以来，全国已有不少州县将丁银均入田地或额粮之内，清初就更多了。还有的州县采取了按户编丁的做法。至于仍然实行"照丁派差"的地方，也因为"折丁""朋丁"①，使实在人丁和承担丁税的丁两相分离，把丁事实上变成一个计税的单位了。

既然里甲组织的任务主要与赋役有关，而在清代，由于土地所有权经常发生转移，同时人口流动也十分频繁，这都造成里甲组织内部的困难。加上清朝统治者对赋役的不断追求，从而更增加了矛盾的深度。当时曾有一些地方官府采取办法，以挽救里甲制的颓势，但大局实难以挽回。康熙五十一年（1712年），清廷颁诏实行"滋生人丁永不加赋"，接着雍正时又全面推行"摊丁入地"，把原征丁银摊入地亩或地粮中进行征收，使里甲编审完全失去意义。乾隆五年（1740年），经户部奏准，决定将原由里甲负责的编查户口的工作，改归从保甲组织统计造报。到三十七年（1772年），又正式宣布"嗣后编审之例著永行停止"②。至于里甲组织所负有的提供赋役的职责，亦同时为另外一种形式（如与保甲制有表里关系的顺庄法等等）所替代。乾隆以后，虽然在一些地方仍存有里甲组织的名称，但意义和作用都大大缩小了。

2.保甲制度

保甲组织虽早在宋明时已经出现，但形成体系、全面推广是在清代。

早在清军入关之初，一些官员就向摄政王多尔衮提出行保甲之法以招徕降服、安抚流亡的建议，为此，清廷特颁诏施行。根据清朝政府原先规定：保甲组织的形式是十户为甲，十甲为保，

---

① "折丁"，就是在现有人丁基础上，折成同一等次（如上上丁或下下丁等）进行计算；"朋丁"是几个人丁合计一丁，载入编审册。

② 《清高宗实录》卷911，乾隆三十七年六月壬午。

属两级制。后来在甲之下又加进了牌,成为牌、甲、保三级,仍为十进制,分别设牌头、甲头(或甲长)和保长。每户都发有印牌一份,上书户长及成员的姓名,凡有出入,都要一一注明。其余如寺院、客店,亦均给印牌、簿书以便登录。清廷的这些规定,目的是维护和加强封建统治秩序,即当时官员们所说的要"消弭盗贼","严查奸宄"。为了强化保甲组织,还有所谓"连保"或"互保"。官员陆陇其在谈到武昌知府于成龙推行的保甲法时说:若有"不轨可疑之人",并不责令"十家举报",但书"无保"二字于其名下,使官员对百姓的动向一目了然,便于控制。[1]"连保"还与"连坐"法联结在一起。清初厉行"逃人法"[2],便是借助保甲组织,以实施其连坐法。

在清初,保甲组织还负有招徕流亡、组织生产的任务。顺治元年(1644年),天津边海一带聚集了一万多户逃避战乱的难民,清朝政府便采取编制保甲的办法,把他们安顿下来。顺治六年(1649年),清廷宣布:凡各处逃亡民人,不论原籍别籍,招征后统行编入保甲,"察本地无主荒田,州县给以印信执照,开垦耕种,永准为业"[3]。类似这样的内容,直到康熙时还不断地重申。当时,在一些里甲制度没有全面恢复的地区,保甲组织还常代行里甲长的职责。不过因为它会削弱保甲组织以保警为主的重任,所以一俟里甲制度健全,清朝统治者便竭力把两者区分开来。

---

① 陆陇其:《三鱼堂日记》卷3。

② 明朝末年,清军曾多次闯入北直、山东、山西等省,抢掳大批人口、财货。这些被掳汉人多沦为满族贵族、兵丁的奴仆、庄丁。顺治元年(1644年)清军入关后,众多的汉族奴仆、庄丁也随之进关。他们为了反抗主人的奴役,或实现与原来家人的团聚,不断发生逃亡。清朝统治者为了维护满族贵族、兵丁的剥削利益,制定了严酷的"逃人法"进行缉捕,其中一个重要内容,就是实行十家连坐的举保制度。

③《清世祖实录》卷43,顺治六年四月壬子。

清代保甲组织到乾隆以后又有许多新的变化。雍正全面推行"摊丁入亩",改变了传统的赋役派征办法,里甲制度事实上失去存在价值。这样促使统治者考虑把一部分原由里甲组织承担的工作,转嫁到保甲组织的身上。封建社会内部各种固有弊端淤积所引起的社会矛盾,以及因商品经济发展、疆域扩大、人口激增所带来的人户流动、迁居频繁,各民族间交往增多,等等,也都使清朝统治者感到强化基层控制的重要性。从乾隆元年(1736年)起,清廷曾不断颁布加强保甲组织的诏令,其中尤以二十二年(1757年)"更定保甲之法"十六条最为详尽。从这些诏令来看,可以归纳为:

保甲的编制范围不断扩大。当时,不但内地各省要遍立保甲,边外蒙古种地民人,"改土归流"后西南苗疆各村寨、悬崖密箐居户以及西北"番子土民",都要分别情况,进行造册编查。流动性较大的盐场井灶,矿丁民丁,山居棚民、寮民,商渔船民,流寓商贩,外来流丐等等,亦一例顺编或加强管束。至于绅衿之家、在京驻防旗、雇役、僧道释教等人,也不得恃强或借故脱漏。

内部组织更趋严密。除重申十进制的牌—甲—保编制外,另有畸零散居不足十户之处,亦通融一并编列。牌长、甲长三年一更换,保长一年一更换。凡充当保甲长者,官府不得再派别差,以便专司责成。在一些聚族而居、丁口众多的村庄,遴选族正一人,协助保甲长做查举工作。

又严格保甲循环册(又叫保甲烟户册)的制度。这项做法,在康熙时已有人提出,并付诸实施,乾隆时普遍推行,循环册内开:某人系某里某甲某牌人,年龄若干,地粮若干,作何生理,妻、妾、子、女、孙、媳、奴婢姓名及左邻右舍等等,一式两份。一称循册,置州县存档;另一份叫环册,由甲长收藏。各户如遇有迁移、生故、婚嫁、外来借住等变动,由甲牌长报告甲长,查明改注。每一季度或半年,保甲长携环册至县换取循册,或以循册易环册,将业已变化的情况加以改定,仍存甲长处,以便时时核定。循环册制度大大加强了清朝政府对其民户的了解,有利于加强统治。

职能的扩大和强化。清朝政府推广保甲组织,主旨在于治安保警。乾隆二十二年规定:凡属盗窃、邪教、赌博、窝逃、奸拐、私铸、私销、私盐、踘曲、贩卖硝磺、私立名色敛钱聚会,及陌生可疑、形迹诡秘之徒,都属于保甲查察的对象。四川乾隆《威远县志》中载录了一份十家牌式,在开首就告示:"严禁啯匪,禁止邪教,巡查赌博,踩缉逃盗,包唆词讼,酗酒打架。"并说:"以上各条挨户稽察,倘敢隐匿,罪连十家。"可见保甲组织在有关保警治安方面的规定,较前更加细密了。

乾隆五年(1740年),清朝政府鉴于里甲编审废弛,决定根据保甲门牌统计人口实数,年末由各省报送户部。二十二年又规定:各保甲长将"户口迁徙登记,并责随时报明"①。特别是户口编审与赋役脱钩后,又加上在保甲组织中全面推行循环册制度,各家庭人员变动的来龙去脉,一清二楚,从而使户口统计数字,比起以前任何时候,更加接近于实际。另外保甲组织还承担了调解民间户婚词讼、派办地方杂差、赈济灾荒等责。这些,以往大抵系里甲所司,乾隆后亦渐归保甲,使保甲职能更加扩大。

保甲组织以治安保警为主,又兼理地方某些公务,成为各州县衙门赖以维持基层统治最得心应手的工具。正因为如此,清朝统治者对保甲组织的建立和发展,一直至为关心,不断地加以调整充实,使之更好地为维护和加强封建统治服务。

三、行政体制特点

通过上面从省的督抚衙门直到基层保甲组织的介绍,我们可以发现,在清代地方行政体制中,大体具有如下特点:

1.行政、财政、司法权的合一

清代,从省一直到州县,每一级行政长官的职司,差不多都

---

① 光绪《大清会典事例》卷158《户部》《户口》《保甲》。

集行政、财政、司法权于一身。此种做法,虽非始于清代,但有清则更甚。当然,这有它的优点,从上到下,可一条线贯通到底,便于施政,便于领导,符合专制主义集权的要求。但是,它却使每级长官权力过分集中,而清代除有上司弹劾下属的做法外,尚缺少并行的监察制度,从而必然会造成只要瞒住上司,或巴结好上司,便可滥用权力,以至于闹出种种贪赃枉法的事来。清代吏治不清,应该说与此有相当的关系。

2.突出督抚权力

清代督抚虽沿制于明代,但辖区固定,是地方最高行政和军事长官。按明以布政使为省行政官,同时设按察使主司法,巡按使主监察,三者相对独立,便于监督。清代的督抚不但集中了行政、司法、监察三权,同时又加上了军事指挥权,可以说集四权于一身。他们向上可密折陈奏,直接向皇帝负责;向下从布按两司至道府州县,均为其属官。督抚可随时对其工作提出弹劾,也可借故予以改调, 或令其不许到任。清朝统治者所赋予的这些权力,方便了朝廷向地方贯彻政令,也提高了地方办事效率。然而,也存在着问题的另一方面,特别到了清末,随着外国势力入侵和皇权力量的相对削弱,督抚的权力有增无减。他们的任期明显地比过去延长了,加上清廷又授予他们有较大的对外交涉权,其中像直隶和两江总督, 还分别兼领了北洋通商大臣和南洋通商大臣,更是威势显赫。在八国联军侵华期间,两广、两江和湖广等地,出现抗命于朝廷的"东南互保"事件,虽说背后存在有外国势力的影子,但确实反映了因督抚权力过大而产生的反向力。

3.强化基层控制

这突出表现在保甲组织的全面推广和深化上。清代处于中国封建社会的末期,各种矛盾交错复杂,加上清朝统治者又是以东北关外的一个少数民族,入主中原统治地广人多的汉人地区,这都使其感到忧心忡忡。为了更好地巩固和加强自身的统治,除了采取其他手段外, 清朝统治者十分注意总结历代王朝通过加强基层组织以控制广大人民的经验。他们看中了宋明以来所出现的保甲组织,并不断地加以充实完备,集多种职能于一身,形成从基础一直到最高顶端——皇帝,一层接着一层的完整体系,使统治者对基层人户的控制,超过中国历史任何一个朝代。

4.机构层次繁杂,官员职权交错

明代自省以下为府(直隶州),为县(州),共三级,清代在省和府(直隶州)之间,又插入了道,成为四级制。其实作为行政一级的道,它的职责,除呈递文书多了个中间环节外,并不十分明确,很多行政上的事务,还是由府和州县来承担。所以,在某种情况下, 实在是增加了机构层次的繁杂性。至于官员们的职权交错,最明显的莫过于在省级机构上。在乾隆以前,布政使衙门是省名义上的行政长官机关, 可实际权力却掌握在总督、巡抚手中。后来布政使正式成为总督、巡抚的下属。它与按察使,一个重点掌管赋税财政,另一个偏重于司法。然而与此同时,他们又都同样负有行政、人事、考试方面的责任。在职权上,二者不但很多方面与总督、巡抚雷同,而且在两司间亦多交错重复。至于总督和巡抚间在职责上的相互碰撞,因前面已有叙述,这里就不再说了。清朝统治者的此种做法,目的仍是通过多方牵制,以利于控制。但在具体事务上,常常是有利则互相争夺,无利则扯皮推诿,造成官僚主义的严重泛滥。

第五节　清朝的边疆行政体制

一、区域划分和机构设置

这里所说的边疆,主要是指关外东北地区、内外蒙古、青海、新疆、西藏以及西南川、滇、黔、桂等省的土司统治区。由于这些地区都是我国少数民族聚居之所，很多传统习俗与内地存在差异，所以清朝政府对它们的行政管理，也各根据情况，采取了不同的办法。

1.关外东北地区

这是清朝的"龙兴之地"，其范围包括山海关以北，外兴安岭、额尔古纳河以南，东至库页岛，西接蒙古科尔沁草原的广大区域，分盛京、吉林、黑龙江三个政区。

盛京大体为明辽东都司所辖地，顺治入关定都北京后，称沈阳为盛京，以作陪都，除设盛京五部和奉天府尹衙门外，还置盛京将军①，辖盛京全境，其下亦有府州县厅建置。盛京将军还兼管奉天府尹，辖理境内旗民诸事务，所以比照内地总督例，兼兵部尚书、都察院右都御史衔。

盛京以北为吉林和黑龙江，各设将军一人，②以下有吉林、宁古塔(今黑龙江省宁安县)、伯都讷(今吉林省扶余县)、阿拉楚喀(今黑龙江省阿城县)、三姓(今黑龙江省依兰县)、珲春(以上各城属吉林将军辖区)、黑龙江(今黑龙江爱辉县)、墨尔根(今黑龙江省嫩江县)、呼兰、呼伦贝尔、布特哈(今莫力达瓦达斡尔族自治旗)(以上为黑龙江将军辖区)等副都统，协助将军管理军民诸事务。

在吉林、黑龙江将军辖区，散居着很多少数民族部落，由于他们的语言、风俗习惯和满族颇为接近，早在清统治者入关以前，努尔哈赤、皇太极等人就十分注意招抚他们，并将其中的一

① 原称盛京昂邦章京，康熙元年(1662年)改镇守辽东等处将军，后又称奉天将军，复称盛京将军。

② 吉林将军原为宁古塔昂邦章京，康熙元年改镇守宁古塔等处将军，十五年(1676年)移驻吉林城，乾隆二十四年(1759年)更名吉林将军。黑龙江将军于康熙二十二年(1683年)置，原驻黑龙江城，二十九年(1690年)移驻墨尔根，三十八年(1699年)又迁齐齐哈尔。

部分编入八旗,后来又被陆续调往内地作战、驻防,但多数仍留居原地,编设佐领进行管理。康熙二十年(1691年),清朝政府又进一步将散居于黑龙江、额尔古纳河、精奇里江(今称结雅河,在俄罗斯境内)、牛满江(今俄罗斯境内的布列亚河)沿岸直至外兴安岭的"打牲部落",统辖于布特哈衙门之下。布特哈衙门设满洲正副总管和索伦、达呼尔正副总管,统理达斡尔、索伦、鄂伦春、毕喇尔等事务。他们多各编旗设佐领,归黑龙江将军管辖。对于居住于黑龙江下游、库页岛和乌苏里江沿岸一带的赫哲、费雅喀、库页、鄂伦春、奇勒尔等各民族,除一部分赫哲、费雅喀人编设佐领外,多数设乡长、姓长进行治理。乡长称噶珊达,姓长叫喀喇达,都是各民族头人,但必须经清朝政府任命,并以噶珊(乡)和喀喇(姓)为单位,编制户籍。他们都属于吉林将军治下。

2.内外蒙古和其他各部蒙古

清朝政府对蒙古各部的管理,在朝廷设有理藩院,又派驻将军、都统、副都统、参赞大臣、办事大臣等官员,以综理或监督该地事务。如内蒙古有察哈尔都统、热河都统、绥远城将军、归化城副都统等,外蒙喀尔喀等地区有乌里雅苏台定边左副将军、科布多参赞大臣、库伦办事大臣等,青海有西宁办事大臣。另外,在新疆境内的各部蒙古则统于伊犁将军辖下。

为了便于进行统治,清朝政府还把蒙古分为"内属蒙古"和"外藩蒙古"。内属蒙古亦称游牧八旗,包括察哈尔八旗,归化城土默特二旗,以及牧于热河、呼伦贝尔等地的一些旗。此外,在伊犁、塔尔巴哈台、科布多等地的厄鲁特、扎哈沁、明阿特等部,以及西藏的达木蒙古,都属于游牧八旗。游牧八旗直辖于朝廷,由内务府或派设的将军、大臣、都统等进行管理。

外藩蒙古包括漠南蒙古和漠北喀尔喀蒙古、新疆厄鲁特蒙古、阿拉善和额济纳厄鲁特蒙古、青海各部蒙古等。其中漠南蒙古六盟四十九旗称"内札萨克",故称内蒙古,余外各盟旗统谓"外札萨克"。"外札萨克"各旗多地处边疆或民族杂居区,清朝政府基于加强国防和镇压人民反抗的需要，规定除阿拉善和额济纳二旗外，所有"外札萨克"兵均分别归所在的乌里雅苏台定边左副将军、科布多参赞大臣、伊犁将军和西宁办事大臣奏调统领，并负责监督屯戍、驿站、互市等事。

外藩蒙古实行札萨克制度。按照此种形式，旗是基本行政组织，也是军事单位。每旗设札萨克一人，管理旗务。札萨克拣选本旗内授有爵位的封建主充任。旗下设佐，或称简、苏木，其长官叫佐领（或称简长和苏木章京），承办编审户丁、征收税银、征发人夫，也负责调解民事纠纷之类。为了加强对蒙古人民的控制，还规定每十家立一什长。贵族家庭各于本族内设置族长，叫"努图克达"，处理家族内部事务。旗之上设盟（阿拉善蒙古和额济纳蒙古均不设盟，青海各部蒙古原亦无盟，道光三年始分二十四旗为左右两翼，每翼添设正副盟长各一员）。各盟初定每年会盟一次，后改三年一会（青海各札萨克每隔一年举行一次）。届时，清廷派出钦差大臣亲临盟会（后改遇有必要时始参加），并参与检阅军队，审阅各旗丁册、军备和审理狱讼。盟有盟长、副盟长，亦称大札萨克，由理藩院挑选盟内札萨克或闲散王公，奏请皇帝任命而成。在喀尔喀蒙古，四部的汗就是盟长。各札萨克都统属于理藩院，驻在该地区的将军、大臣也有监督之责。

另外，在喀尔喀蒙古以西的科布多地区，还有阿尔泰诺尔乌梁海、阿尔泰乌梁海和唐努乌梁海等部。对于他们，清朝政府也采取编旗设佐领的办法进行管理，并置立总管，归由乌里雅苏定边左副将军、科布多参赞大臣统辖。

3.新疆地区

清朝政府对新疆采取以军事长官综理军民事务的方式进行统治。伊犁是全疆的政治军事中心，新疆的最高长官署——伊犁将军衙门即驻在此地。将军以下有都统、参赞大臣、办事大臣和领队大臣。他们除协助将军管理伊犁本地区外，大部分被派镇守各地。

当时,新疆南北两地的情况有所不同。北疆原为准噶尔等部的游牧区,清朝政府统一该地后,居住此地的有哈萨克、厄鲁特蒙古、维吾尔,以及后来陆续移居的汉回等民族的商人、农民、手工业者,还有八旗、绿营军队及家属(有满族、蒙族、锡伯族、索伦族、汉族等民族)。对于哈萨克族,除一小部编为佐领外,居于卡伦族(即哨所)近旁者,由清廷给头领以封号,每年军队巡边时,酌收其马税,他们的内部事务,一般不加干预。对于蒙古族各部,如前所述,实行盟旗制。对于聚居于乌鲁木齐等地的汉族回族人,则仿照内地设府、州、县、厅,归辖于甘肃省。

南疆为维吾尔族人民的主要聚居区。清廷于喀什噶尔(今喀什)设参赞大臣,统领南疆诸事务,又于英吉沙尔设领队大臣,叶尔羌、和阗、阿克苏、乌什、库车、喀喇沙尔各设办事大臣,同时保留原来的伯克制度(维吾尔族人民称官员为伯克),但废除世袭制,并照清制授予三品至七品衔。在南疆各大小城市,都设有阿奇木伯克,全面负责境内的民政事务。以下还有伊沙噶伯克、商伯克、噶匝纳齐伯克、哈子伯克、密喇布伯克等,分别负责粮赋、仓库、词讼、水利诸事。在哈密和吐鲁番,因当地头领投清时间较早,后来在统一新疆过程中又立有功劳,故实行世袭的札萨克制度。

在喀什噶尔以西和西北地区,还居有布鲁特(即今柯尔克孜族)各部和塔吉克族人。对于他们,采取由将军、参赞拣选当地头领奏请授予翎顶的办法,以施行管理。

4.西藏

清朝政府对西藏实行政教合一的管理制度。达赖喇嘛(驻前藏)和班禅额尔德尼(驻后藏)是两个最高宗教领袖,同时也掌握政治大权,但具体事务则委托第巴①处理。雍正五年(1727年),清廷向西藏派出驻藏大臣两员,代表中央政府负责全藏事务。乾

---

① 第巴原义为酋长,此处应为总揽西藏政府的官位名称。

隆十六年(1751 年),清廷鉴于第巴权势过重,易生事端,明令取消第巴制,改由噶厦处理政事。噶厦由三名贵族和一名僧侣组成,叫作噶伦,授三品衔。以下有四品仔琫三人,商卓特巴二人,在"商上"(库藏)总司出纳;五品衔有业尔仓巴,管发放各番目口粮,协尔帮管理刑名,郎仔辖理拉萨城"番民",希约第巴管领布达拉带番民。还有六品衔的达琫管理马厂。地方官员统称"营官",有边营官、大营官、中营官和小营官。还有相应的喇嘛官,但不授予品衔。统领藏兵最高官叫戴琫(四品),以下有如琫(五品)、甲琫(六品)和定琫(七品)。

清中央政府为了加强对西藏地方的管理,乾隆五十八年(1793 年)颁布了著名的《钦定西藏章程》,明确规定:驻藏大臣"督办藏内事务",地位和达赖喇嘛、班禅额尔德尼平等。凡噶伦以及下属各僧俗官员,都属驻藏大臣管辖,其任命权由驻藏大臣会同达赖喇嘛拣选后奏请补放,另外如审查财政收支、春秋巡视国境、设关立卡、主持对外交涉等等,亦都由驻藏大臣经管。清朝政府还建立金本巴制度,规定达赖、班禅和前后藏各大呼图克图(活佛)灵童转世的"金瓶掣签"的仪式,要驻藏大臣亲临监视,然后呈清廷批准,才算有效。达赖、班禅的坐床典礼,也由驻藏大臣主持。

5.土司地区

土司制度是利用原部落的统治基础,任命其头领为朝廷官员,并可世代承袭,世守土地、人户,即所谓"修其教不易其俗,齐其政不易其宜"①的统治方式。土司制度相传始于元,盛于明。清军进驻西南等省,承认和维持了此种做法。但土司制度毕竟具有浓厚的割据性,不利于朝廷政令的贯彻,同时随着各民族经济文化交流的日趋紧密,因土司各自为政所造成的有形无形的阻碍也愈加明显了。所以从明代开始,已出现朝廷废除土司,改为州县以实行流官统治的做法。到了清代,特别是雍正年间,在今滇、

---

① 嘉庆《黄平州志》卷 3《土司》。

黔、桂、湘、鄂、川等省,更大规模地开展改土归流活动。到乾隆时候止,很大一部分土司被废,改为流官。尽管如此,还有相当多的土司被保留了下来,他们大体分布于云南、贵州、四川、广西、甘肃和青海、西藏等省区。

清代土司的职衔仍分文武两种,文职隶于吏部,武职隶于兵部,西北一些土司则隶于理藩院,当然也归所在的督抚、将军、大臣管理监督。在具体职衔、等第和承袭规则方面,清代比明代更为严密细致。文职自土知府、土知州、土知县直到土知事、土吏目,均比照流官进行设置。品衔最高的是土知府,从四品。其他,土知州从五品,土知县正七品,与流官相同。在此以下,还有土典史、土巡检和土驿丞。武职最高的是指挥使(正三品),下面有宣慰使(从三品)、宣抚使(从四品)、安抚使(从五品)、招讨使(从五品)、长官司长官(正六品)、副长官、指挥同知、指挥佥事、指挥副使。又有土千户、土百户、土游击、土都目、土守备、土千总、土把总等职。无专门品衔的有土舍、土目。土司的承袭方法是按照嫡庶近亲的顺序严格排列,不得任意逾越,并需上报有关部院稽核批准。

土司按规定必须缴纳贡赋,遇到战时亦有征发,但数额和范围,比起明代大大地缩小了。为了防备土司的跋扈闹独立,清朝政府还常常采取土流并治、分封众建、严禁土司私越境外等方式加以限制,甚至不惜动用武力强迫其改土归流。清代的土司,除少数曾发生反抗朝廷的叛乱外,绝大部分都因势力削弱,无法与中央相抗衡了。

二、边疆施政特点

1.大权集中,小权分散

清廷对边疆地区的管理,采取了大权集中、小权分散的做法。所谓大权,指的是军国外交大政,以及制定法律、机构配置、军队部署、民族上层分子的封赏爵禄。这些,差不多都需经皇帝认可,或颁诏决定。为了沟通中央和边疆地区的联系,审定和协调相互关系,清廷还设立理藩院,专管边疆民族事务(西南地区一般归各省督抚辖理)。由于边疆地域辽阔,情况复杂,不可能事无巨细,悉能洞知,故特派出将军、大臣,代表朝廷监督和掌握全局,保证中央政策的施行。至于一般地方民刑之事,甚至包括征收赋税、摊派差徭等等,都由各所在民族头领或官员自行处理或支配,有的还可保留自己的军队。他们在行政、财政等方面所享有的自治权,远比内地的省府州县要大得多。这种大权集中、小权分散的做法,既保证了中央朝廷对边疆的控制,有利于防止发生分裂、割据,及时制止外国的侵略活动,同时亦照顾到边疆的特殊情况,使之享有一定的便宜之权,不致因小故而影响对大事的处理,对发挥边疆地方政府的活力,具有重要意义。

2.依据民族特点,循其俗,施其政

我国边疆地区民族众多,各民族之间的历史传统和信仰习惯,都存在差别。从这一基本事实出发,清朝政府采取了依据民族特点,循其俗,施其政的做法。比如像关外东北诸民族,他们与满族关系密切,所以在行政编制上,多采取八旗制形式。蒙族则用盟旗制,新疆喀什噶尔等地的维吾尔族,仍沿袭伯克制,西藏则以噶厦治政,西南等地区的少数民族,除改土归流者外,又多实行土司制。至于新疆的哈萨克族和厄鲁特族人,除授予当地头人翎顶和征收一定实物税外,更不干预其内部事务。

清廷的上述制度,差不多都套用了该地区或本民族旧制的做法,又适当加以改造而成。像采用伯克制时,明令废除其世袭制度。在西藏噶厦的人员组成方面,也适当作了必要的调整。至于土司,更非元明之时的故样了。而且不论何种官制,均按清朝政府的规定,授予一定品衔,以期比照划一。有时候,即使是同一民族,其施政亦不完全相同。在蒙古族中,内属蒙古实行八旗制,外藩蒙古采取盟旗制。在盟旗制中,漠北喀尔喀蒙古四部的汗,就是当然盟长,而青海各部蒙古,在道光二年(1822年)以前的相当长时间里,虽有盟会而不设盟长。在维吾尔族中,哈密、吐鲁番两地实行世袭札萨克制,与其他地区所行伯克制有别。同为藏族,西藏归噶厦治理,居于周边的青海、四川、云南的藏族多为土司制,川边的松潘和大小金川等地,则设立了厅或直隶厅。如此等等做法,使清朝统治者可以在较少阻力之下,达到更好的统治效果。

3.厚养头领人物,实行分而治之

清朝统治者对各民族的头领人物都竭力加以优待,一般都保留他们原来的地位和各种特权,以期通过这些人物达到安抚边疆的目的。其中特别对一些投靠较早又影响较大的人,更恩宠备至。

实行满蒙结盟,乃是整个清代的国策。清廷根据蒙古封建主原来地位的高低和对其效忠的程度、功劳大小,分别授予亲王、郡王、贝勒、贝子、台吉等各种爵位,使他们享有各种政治和经济特权。此外,政府每年要拨出大量银两、缎匹以及俸禄,赏赐蒙古贵族。清朝统治者还通过满蒙亲贵世代互通婚姻的办法,紧密双方的关系。对各民族中一些立有特殊功勋的人物,清廷更是破例提拔为心腹重臣。喀尔喀蒙古的赛音诺颜部首领策凌,雍正时因战功显赫,晋封为超勇亲王固伦额驸,佩定边左副将军印,分土谢图汗十九札萨克,别为一部,使赛音诺颜部得与喀尔喀其他三部相并列。新疆哈密、吐鲁番两地封建主,亦因对清廷忠诚,立有功劳而世袭郡王,并得到各种赏赐。清军统一新疆后,南疆各城的阿奇木伯克,多从这两地的封建主中挑选。科尔沁札萨克多罗贝勒僧格林沁,因参与镇压太平天国、捻军起义有功,得授博多勒噶台亲王爵,死后诏祀昭忠祠,于立功地方建专祀,配享太庙,并得到绘像紫光阁的荣誉。

清朝统治者在厚养头领人物的同时,也对各民族防范甚严,作了种种限制规定,主要的做法就是实行分而治之。比如对蒙古所设每一个旗,都规定了界线,严禁私行往来,使互相隔离,不能集众成势。在喀尔喀四部中,虽然仍保留着汗的最高称号,但随着札萨克地位的加强,汗的权力却大大地缩小了。不但如此,清朝政府还常常用"众建以分其力"的做法,不断编立新旗,削弱札萨克的实力。喀尔喀原来是三部三十七旗,后来增为五十五旗,雍正时分为四部七十四旗,乾隆时又增为八十二旗。又如青海和硕特蒙古,原是个统一的部落。雍正二年(1724年),清廷以其首领罗卜藏丹津叛乱,将它编为二十一旗,并长期不设盟长,连同其他各部蒙古,共二十九旗,统归于西宁办事大臣辖领。乾隆三十六年(1771年),土尔扈特部蒙古由欧洲伏尔加河下游回到伊犁后,清廷又将其部编为新旧二部,分归两地进行游牧。类似蒙古的分治做法,在其他地区的民族中也同样存在。

在实行分而治中,还值得一提的就是,严格区别移居汉民(其中也有不少回民)和原住民族,实行不同的管理方法。康熙以后,几乎每年都有大批内地民户流迁到关外东北、口外蒙古以及新疆等地。对于内地民户,清朝政府都用设置府州县厅的办法,与蒙古等盟旗制度,分别进行治理。像热河设承德府,察哈尔地区设张家口、独石口、多伦诺尔、丰镇等厅,在土默特归化城地区建萨拉齐、托克托、和林格尔、清水河等厅,新疆有镇西府、迪化州,等等。清廷的此种做法,诚然具有沿用习惯、方便管理的一面,但根本意图还是想要隔绝各民族之间的交往,不致互为影响。

4.大力倡导藏传佛教

蒙藏两大民族都信奉藏传佛教,清朝统治者通过优待藏传佛教以巩固蒙藏地区的统治。藏传佛教格鲁派中的两个最高宗教领袖,西藏的达赖喇嘛和班禅额尔德尼,他们的名号就是经清朝政府封赐而确定下来的。西藏政教合一的政治制度,在清代得到进一步发展,亦与清廷的施政有重要关系。清廷又敕封蒙古各大庙住持为"呼图克图"(活佛),其中喀尔喀大喇嘛哲卜尊丹巴呼图克图及内蒙多伦诺尔汇宗寺住持章嘉呼图克图,均因清廷的封赐,与达赖、班禅并列成为格鲁派中的四大领袖。为了保护僧人封建主的利益,清朝政府还把蒙古、青海的藏传佛教僧人单独编旗(共设有七个旗),这些旗"治其事如札萨克"①,但不参加盟会,也不受一般札萨克旗的干预,属单独的行政系统。

清廷倡导藏传佛教,虽然适应了蒙藏人民的信仰要求,有利于边疆政治安定,但宗教毕竟是消极的东西,而清朝统治者又是作为一种政治工具加以利用,所以必然会对蒙藏两族人民的经济文化发展起阻碍作用。

5.贡赏制度和年班制度

贡赋是中央朝廷实现对边疆地区统治的一个重要方面。为此,清朝政府对边疆各民族都规定了"贡献"制度。"贡献"的项目大抵为当地的土特产品,如蒙古的马、驼、羊、乳酒,吉林、黑龙江各部贡貂,回疆各部贡缎匹、干瓜、葡萄,西藏贡哈达、铜佛、藏香、氆氇之类。咸丰以后,因清廷财政困难,又在蒙古和新疆回部等地的上层人士中实行捐输,凡能捐输一定银两或马驼生畜,可予记录或加衔,僧人则给匾旌奖或其他名号。

清廷的赏赐,除按爵位和任职发给俸禄外,还有各种廪给和进京值年班时的大批实物赏赐。

年班制度始于顺治时期,开初只限漠南蒙古各部,以后逐渐扩大到喀尔喀部、厄鲁特部、新疆回部各城和四川等地的土司。每逢年节或"万寿庆典",上述各部王公、台吉、伯克、土司头领和藏传佛教上层僧人,都要按照排定的班次,轮流到北京朝觐或充当御前乾清门行走。与年班性质相同的还有围班。这是因为自康熙以后,每到夏秋,皇帝常常出塞到承德避暑,并在那里处理政事,举行隆重热烈的"木兰秋狝"(围猎)典礼,作为"讲武绥远"之道②。围班就是让这些随班来承德的王公台吉等,扈从围猎,同时在避暑山庄接受皇帝的召见。每次年班或围班,各民族上层人士都要给皇帝带上贡品。清廷除负担沿途食宿、在京等盘桓招待

---

① 光绪《大清会典》卷63《理藩院》。

② 昭梿:《啸亭杂录》卷7《木兰行围制度》,中华书局1980年版,第219页。

外,还有隆重的宴请和可观的赏赐。年班制度是清朝统治者用以增强边疆民族向心力,巩固清廷在边疆统治的一项重要手段。

清朝政府对边疆的施政,有很多成功独创之处,使我们统一多民族的祖国,得到切实有效的管理,对巩固国防边防有重要意义。但其中也不乏有残暴落后的一面,比如像对关外东北行施"封禁"政策,限制和防范各民族间的往来,等等,使边疆的防卫,相对地处于空虚薄弱状态。到了近代,西方资本帝国主义觊觎我边疆地区,不断进行蚕食掠夺,以致大片抢占我国领土。对此,清朝政府也负有不可推卸的责任。

第六节　清朝的司法、监察制度

一、司法制度

清代与以前各朝代一样,皇帝拥有最终的立法权和司法权。皇帝以下,具体掌管刑罚政令的是刑部,凡徒、流以上案件均归其复审;还有都察院,主纠察;大理寺,参与平决,以上合称"三法司"。所有犯绞、斩以上罪行的重犯,都需经过"三法司"的会勘。有的特大案件,还得送交九卿①或王公大臣们确认,最后奏报皇帝,才算定谳。

地方一般民刑词讼,先由州县衙门审理,也就是初审,并将审定结果报行按察司。按察司若发现情罪不符,得驳回州县重审。民人不服判决,亦可向上控告,但需从府(直隶州)、道、院,逐级进行,直至京师通政司,不得无故逾越。总督、巡抚只能审结流罪以下人犯,咸丰初,太平天国革命兴起,清廷为了能及时镇压

---

① 据《大清会典》载,"六部、都察院、通政使司、大理寺为九卿"。

起义群众,曾把部分死刑权交与督抚,从而大大加强了地方在司法上的便宜处置权。

根据清朝政府的规定,京师旗人犯罪,轻者归负责警卫京师的步军统领衙门完结,徒刑罪以上交刑部问定。畿辅旗人之间或旗人与民人之间互控,亦归刑部,若涉及土地财产等事,则归户部。外省驻防旗人犯案,由所在将军、副都统等官审理。八旗宗室贵族,更因身份特殊,而另有专设的宗人府负责。至边疆民族地区案件,均归各民族行政机构自行处理,但流刑以上,得按例呈报理藩院,会同刑部或"三法司"审定。

到了清末,朝廷实行官制改革,司法制度也相应有所变革,仿照西方各国行"三权分立",又改大理寺为大理院,专司审判,并附设总检察厅。地方则设立城乡谳局,作为初级审判厅,然后是地方审判厅、高等审判厅,最后以大理院为终审。

清代的第一部大清律是顺治四年(1647年)颁布的,条目大都抄自明律,康熙时续有修订。雍正六年(1728年),又发布《大清律集解附例》。到乾隆五年(1740年),再次重修《大清律例》。清律分例(刑名)、吏、户、礼、兵、刑、工七类,归刑部审定。乾隆时还颁诏规定,清律每隔若干年要增修一次,所谓增修,就是把各地发生的新案例经皇帝下旨而定为条例者,或经有关官员奏请议决形成的条例,不断地加添进去。律例并存,由例提升为律来使用,这是明代以来的习惯,清代则尤为突出。乾隆四十六年(1779年)明确规定:"既有定例,则用例不用律"①,把例完全放到优先于律的重要地位。

清律中也保持了前朝的"十恶""八议"之法,还严格区别良贱。清朝政府规定:军、民、匠、灶四民为良,即良民,法律上叫"凡人";奴仆及娼、优、隶、卒为贱,即贱民,在法律上没有地位,贱民犯法,要加等科罪。其中奴仆告发家主,虽所告皆实,却因名分攸

---

① 《大清律例》卷 4《总类》《比引律条》。

关,亦必置重罪。相反,主人殴打甚至杀死奴仆,也没有死罪。法律还维持封建族权和父权。所谓父权,并不限于家庭内部。在人格上已不属于贱民的雇工人,在法律上仍称雇主为家长,因此在地位上仍要低于凡人。对于百姓逃避和拒绝承担官府粮差,都要重处。清律还禁止人民抗粮和佃户拖欠租课,又规定佃户和田主在身份上不平等。至于密谋或聚众反抗之事,更列十恶之首,罪不容诛。清律可说是一部集历代封建统治之大成的法律。

此外,还有《督捕则例》,是为维护八旗贵族利益、针对逃人立法的,在清初曾雷厉风行地加以推行。新疆、西藏、蒙古及各少数民族,也有专门的法律,《大清会典》《理藩院则例》和《回疆则例》中的有关禁令和刑法等条规,以及像《西宁番子治罪条例》等,都属于这一类型。

清末,清朝政府为更定新式法典,专门成立了法律馆,颁布《法院编制法》《现行刑律》等法,但未等全面推行,清朝就灭亡了。

二、监察制度

清代的监察制度亦承袭了明代而又有所变化。都察院是最高监察机构,设左都御史二人,左副都御史四人。其下以京畿和各省为名,置十五道监察御史(清末增至二十道),又有六科,每科定掌印给事中二人,给事中二人。六科在明代是个独立机构,用以诤谏皇帝,封驳诏旨奏请,清初仍沿其旧例。雍正元年(1723年)清廷借口"廷论纷嚣""恣情自肆"①,将其并入都察院,结束了我国历来台谏分离的做法,可算是清代监察制度中的一大事件。

归结清代监察官员的职权,大体有:建白政事缺失,稽察在京各司效绩,弹劾违纪官员,审计财政,监督文武乡会试,参与覆审重大案件,封驳诏旨题奏,纠察朝会礼仪,颁发官员敕书,注销各衙署文卷,等等,从监察的范围来看,涉及面还是相当广泛的。

---

① 《皇朝掌故汇编》,《官制二》。

清代地方监察体制较明代为弱。顺治时亦派遣巡按使巡视各省，但行之未久，即被罢斥。以后，虽还有巡江、屯田、茶马、巡盐、巡漕、巡台等御史，雍正时，还派在京御史巡察各地，但毕竟规模小，有的时间也短。通常的做法都是以上级监督下级，其中总督、巡抚，分别以右都御史和右副都御史兼衔而行使对地方的监察权，实际上是把行政官与监察官合在一起，有形无形地削弱了监察的地位和力量。

清代监察制度的变化，反映了中国封建社会后期专制主义的集权和发展。就以台谏合一而言，尽管谏诤皇帝，历来都要冒很大的风险，而且不一定有多大效果，但从封建制度的角度考察，毕竟是有意义的。清代否认其独立存在的价值，把给事中的职权变成与御史没有什么区别，使六科徒存封驳之名，再也没有谏诤官存在的位置了。清代御史弹章纠劾，亦诸多忌讳。特别是都察院，属于清水衙门，御史们视外任官为肥缺，不敢得罪权臣，也不轻易纠举总督、巡抚等地方大员，唯恐因此招致报复，丧失自己的前程。至于地方监察机构的削弱和取消，在某种程度上，使行政官员更可放任无忌。清代官员中贪风的炽盛，缺少监督也是个原因。

当然，在清代的监察制度中，也有不少好的方面，比如像对财政的奏销审计，以及其他有关条例规章，制定得都很细致严密，到今天很多还可以作为借鉴。

第七节　清朝的军事制度

一、军事领导体制

清朝在太平天国起义以前，其武装力量主要由八旗和绿营两大部分组成。八旗成员的主体是满族子弟,另外还有投靠较早的蒙古族人和汉族人,被清朝统治者视作维护政权存在的根本。由于八旗人数有限,除拱卫京师外,不足以镇守全国各地,于是便得仰仗绿营。绿营的兵将绝大多数都是汉人,在军队的数额上,远远超过八旗。

清朝的武装力量,不管是八旗、绿营,还是非经制之师的乡兵、夷兵、士兵、番兵等等,其最高领导权均属于皇帝。皇帝年幼未亲政前,暂由摄政王代理。

协助皇帝执掌军权的中枢机构,主要有议政王大臣会议、军机处、兵部,以及清末的陆军部、海军部、军咨处。兵部名为中央军事领导机构,实权不如议政王大臣会议和军机处大,仅司绿营兵籍和武职升转之事,并无统御之权,下设的武选、车驾、职方、武库四个清吏司,以及会同馆、捷报处、满档房、汉本房、司务厅、督催所、当月处和稽俸厅,亦大抵围绕上述职司,分头做些具体工作。自兵部改为陆军部后,地位大为提高,已有统帅全国军队的权力。但随后海军处和军咨处从陆军部中分离出来,另立海军处和军咨府,赞佐皇帝总统陆军和海军的已不是陆军部,而是掌握在满洲亲贵手中的军咨府。

地方军事领导体制主要指绿营系统而言,绿营以一至三省为军区,省内最高武官是提督。提督有陆路和水路之分,也有水陆兼任的,或由巡抚兼任的,每省一至二人。一省之内又分设若干镇,每镇由总兵一人率领,各镇守一方。总兵也有陆路和水路之分,也有水陆兼任的,每省二至六人。唯东三省特殊,不设绿营,故无提督和总兵。提督对各镇总兵有统领权,但无征调权。全国性的征调权属皇帝,每有重大军事行动由皇帝命将出征。地方性的征调权,由中央分寄于地方最高文官的总督和巡抚。总兵受总督、巡抚和提督的双重节制。康熙皇帝说:"武官久任非善事"[①]。为防止

---

①《清圣祖实录》卷123,康熙二十四年十二月丁亥朔。

绿营的中高级武官久擅兵权，骄纵不遵国法，造成尾大不掉之势，清政府一方面实行兵皆土著、将皆升转、回避原籍、丁忧守制、回籍终养等制度，使兵将分离；另一方面又通过集权分寄、以满治汉、以文督武、大小牵制等政策，使官官相制，从而巧妙地将各省兵权收归中央。

咸丰初年，太平天国运动蓬勃兴起，八旗、绿营腐败不堪一击，清廷急令各省官绅兴办团练助剿。湖南团练大臣曾国藩坚持己见，认为今非昔比，官军不能战，团丁不能用，必须改弦更张别树一帜，才有希望。于是募团丁为官勇，仿明朝戚继光练戚家军的方针，编成湘军，又称湘勇。勇营实行兵必自招，将必亲选，饷必自筹的制度，虽然提高了勇营的战斗力，但同时也种下了兵为将有，军权下移的祸根。

清政府除在京师设理藩院管理边疆民族事务外，还在内外蒙古、新疆、青海、西藏等地派驻将军、都统、副都统、大臣等，就近主管当地的军政事务，节制各民族的文武官员。至于云南、贵州、广西、四川等地的武职土官，在中央由兵部的武选清吏司管辖，在地方由本省的总督、巡抚、大臣等管辖。

清末，清政府欲乘编练新军、统一军制之机，将兵权收归中央，改变地方督抚专政的局面，但为时已晚，大势已去，随着中央集权的瓦解，清朝也随之灭亡。

二、禁旅八旗与驻防八旗

清朝统治者按其战略意图，将八旗兵分为京营和驻防两部分，各十余万人。京营是首都禁卫军，又称禁旅八旗。其中由领侍卫内大臣率领的侍卫和亲军营，负责侍卫皇帝保护皇宫，称郎卫。由都统、统领、总统、管理大臣等率领的骁骑营、前锋营、护军营、步军营、火器营、健锐营、神机营等，负责拱卫京师，称兵卫。主管郎卫的机构是侍卫处，由领侍卫内大臣六人、内大臣六人、散秩大臣若干人负责。侍卫和亲军主要由八旗满洲、蒙古人中挑选,尤其是从皇帝亲自统领的上三旗(正黄、镶黄、正白)中挑选,从下五旗(镶白、正蓝、镶蓝、正红、镶红)中挑选的要抬入上三旗行走,个别汉人考上武进士后才能入选为侍卫。一般侍卫分一等、二等、三等侍卫和蓝翎侍卫,共有 570 人,由侍卫领班、署领班、侍卫什长率领。宗室侍卫 90 人,由宗室侍卫长率领。亲军共有 1770 人,由亲军校、署亲军校率领。主管兵卫的机构是八旗都统衙门等。镶黄旗在安定门内,正黄旗在德胜门内,正白旗在东直门内,镶白旗在朝阳门内,正红旗在西直门内,镶红旗在阜城门内,正蓝旗在崇文门内,镶蓝旗在宣武门内。八旗各按其方位,从东南西北四面环卫皇宫。八旗都统衙门主管八旗的军务和旗务,其内部组织有印房、折房、俸饷房、银库、派差房、督催所、户口房、马档房、档案房、档案库、米局等。八旗都统轮流当值一个月,办理八旗共同事务的制度,至乾隆十六年(1751 年),改为每年轮值一次,在值年旗公署由皇帝特简的值年旗大臣掌八旗会理之事。步兵统领所辖除八旗步兵外,尚有巡捕五营的绿营兵,这是个例外。八旗步兵分汛驻守城内,巡捕五营驻守外城及京郊。在城内白塔山设有信炮五位,内九门也各设信炮五位,若白塔山因遇警奉旨放炮,其余九门信炮则齐鸣响应,京城文武官兵闻炮后,立即分区集中待命。

驻防八旗由将军、都统、副都统、城守尉、防守尉等率领,分驻于全国性的战略要地,负责震慑地方,监视绿营,保卫边防海防的重任。

满蒙八旗以骑射为根本,在平川旷野冲锋陷阵是其长,而汉军八旗善用火器,围城攻坚和水上作战屡建功勋。因八旗官兵为清王朝的建立和巩固立下汗马功劳,故清政府实行首崇满洲,优待八旗的政策,在各方面都给予特殊照顾。后因八旗官兵贫富分化,缺乏训练,斗志消沉,自康熙平三藩之乱开始,八旗对绿营的依赖日益严重。至乾隆时,连皇帝也说,打起仗来,八旗官兵不过随从行走,远不如绿营奋勇,表明八旗的战略主力地位已被绿营取代了。

三、兵役、编制、装备、俸饷

八旗是满族社会特有的制度。太祖努尔哈赤首创满洲八旗，太宗皇太极又增编蒙古八旗和汉军八旗。八旗兵以正黄、镶黄、正白、镶白、正蓝、镶蓝、正红、镶红八种不同颜色的旗帜为标志，以兵民结合、军政结合、耕战结合为特点，实行以旗统人即以旗统兵，成年男丁皆可为兵的世兵制。努尔哈赤初定，以三百丁为一牛录，由牛录额真统领。牛录额真之下设代子二人为其副职。将三百丁分为四个达旦，每达旦由一个章京率领，章京之下设一个管文书的拨什库。又以五牛录为一甲喇，由甲喇额真率领，以五甲喇为一固山，由固山额真率领，固山额真之下设梅勒额真二人为其副职。汉语称固山为旗，八固山即称八旗，又称牛录额真为佐领，甲喇额真为参领，固山额真为都统，梅勒额真为副都统。因人口增加和形势发展的需要，八旗的某些制度和职能也不断发生变化。如每牛录的丁数减少至百余丁，而每甲喇的牛录数却增加许多。旗主的实权被削弱，全归皇帝统帅。生产职能消失，导致八旗生计困难和军事职能的削弱。

绿营是清初根据明朝的边防镇戍制度，将明朝降军和新募汉兵改编而成的各省地方军，因以绿旗为标志，以营为基本建制单位，故名绿营。绿营本来实行募兵制，但承平日久，兵皆土著，父兄在营当兵，子弟为余丁备补，兵有缺额，骑兵拔于步兵，步兵拔于守兵，守兵拔于余丁，不足再募于民，因"绿营兵丁世代以食钱粮为业"[①]，实际上已由募兵制向世兵制转化。绿营建立营制的第一个原则是因地设官，因官设兵，故其兵亦因官分类：总兵所属称标，居中镇守，以备征调；副将所属称协，本镇冲要，率兵协守；参将、游击、都司、守备所属称营，城邑关隘，领兵专守；千

---

① 《清朝续文献通考》卷214。

总、把总、外委所属称汛,道路边境,分汛备御。第二个原则是因势论地,因地设兵,故其兵数亦因地而异,虽为同级之官,同营之制,所属之兵,众寡悬殊,甚者相差十倍。凡标、协、营兵制皆以营为单位,一般一至五营,别以左、右、前、后、中营之名,惟汛不设营。汛兵由协、营派出,每汛数人至数十人不等。全国绿营兵约六十万,汛兵约占三分之一。总兵以上官员所统绿营亦称标兵,故除总兵的镇标外,又有八旗驻防将军的军标、总督的督标、巡抚的抚标、提督的提标、河道总督的河标、漕运总督的漕标等。一省之内,以督标、抚标、提标为机动兵力。一镇之内,以镇标为机动兵力。遇有征调,首以标兵为主,故标兵集中屯驻,装备较好,勤于训练,随时备征,不像协、营、汛兵那样,以分散驻防为首务。绿营平时担负繁重的地方杂役,战时又为八旗官兵打先锋,当后勤,而各种待遇又远不如八旗,处处受压制,被轻视,加之装备简单落后,训练徒具虚名,兵将不亲,官官相制,各顾其私,所以,自嘉庆时期五省白莲教起义以来,绿营也无可挽救地衰落下去了。

咸丰初年,湖南团练大臣曾国藩见八旗绿营腐败,团丁力弱,难以完成镇压太平军的任务,决定仿明朝名将戚继光编练戚家军的方针,力改绿营习气及其调遣成法,不求多,但求精,募团丁为官勇编成湘勇。按照曾的设想,勇营的规制是:营官由统领挑选,哨弁由营官挑选,什长由哨弁挑选,勇丁由什长挑选。他认为此种做法的好处是,"统领如根,由根而生枝,生叶,皆一气所贯通。是以口粮虽出自公款,而勇丁感营官挑选之恩,皆若受其私惠,平日既有恩谊相孚,临阵自能患难相顾"[1]。勇营以营为基本建制单位,陆军是一营四哨,一哨八队,分别由营官、哨官、什长率领,另有亲兵六队直属营官,一营 500 人,营官、哨官在外。武器有刀、矛、抬枪、劈山炮。水师一营 30 船,每船一哨,共500 人,营官、哨官在外。船有长龙、舢板、快蟹。武器有洋庄小

---

[1] 曾国藩:《曾文正公奏稿》卷 28。

炮、鸟枪、刀、矛、喷筒。马队一营五哨,一哨五棚,一营250人。营官马四匹,哨官马二匹,什长和马勇各一匹。马百匹,一年内可按例报倒毙36匹,如数换领。湘军中主管军法号令的机构叫营务处,将才多由此出。主管粮饷器械的叫粮台。湘军粮物转运多由水路,供应灵便及时,组织精干。随着湘军的发展壮大,上层组织系统亦逐渐完善,营官之上有分管数营的分统;分统之上有自主一路的统领;统领之上有独当一面的统帅;统帅之上有总统全军的大帅,大帅就是曾国藩。

同治初年,太平天国被镇压下去后,曾国藩深知久握兵权必遭朝廷猜忌,且湘军士气已非昔日可比,便主动将其大部解散,而又大力扶植李鸿章的淮军来接替湘军的战略地位,继续维护自己的权势地位。与此同时,清廷也深知八旗和绿营的开国雄风已去而不返,只得承认现实,采纳湘军统帅左宗棠等人的建议,将尚未解散的湘军和淮军变为经制兵屯防要地,称防军。又从绿营中挑选官兵按勇营规制编练,称练军。从此,由勇营演变而来的防军、练军,成了清朝的主力部队。

从19世纪60年代开始,随着洋务运动的发展,清军加快了向西方军队的学习,连最保守的京营八旗也对传统的骑射发生动摇,挑选精兵万人创建神机营,专习枪炮和洋操。然而进步最大的是水师。清朝的水师有内河、外海之分,官制与陆军同。外海水师十分落后,连守海口捕海盗都无能为力,更不用说与船坚炮利的西洋海军对抗了。经过长期努力,清政府终于筹建起北洋、南洋、福建三支海军舰队,但福建一支随即毁于中法战争,于是集中全力加强北洋海军,并设立海军衙门,仿英国、德国海军规制定《北洋海军章程》。北洋海军的装备,主要从外国购买,拥有主力舰船二十五艘,官兵约四千人,战舰分中军、左翼、右翼三路,每路分在、中、右三营,每营一艘。又有后军六营,精练四营。海军官制与陆军同,提督统领全军,总兵率两翼,副将以下各官以所带船只大小和职事轻重别其品秩。战官为水师学堂出身,艺官为管轮学堂出身,弁目为练勇水手出身。各种海军学堂集中在天津等地,学生从官绅富户子弟中招收。优秀者可选送外国留学。练勇水手从沿海渔户青壮年中招募。海军官兵的待遇、装备、训练远非昔日水师可比,本计划作进一步发展,终因经费紧绌,受到限制。后来在中日甲午海战中,北洋海军全军覆灭,海军更从此一蹶不振。

甲午海战失败后,清朝文臣武将纷纷献策,认为旧军"讨内匪则可,御外侮则不能"①,当今应以裁旧军和仿西法编练新军为急务。于是开始在天津小站编练定武军,袁世凯接任后改称新建陆军。张之洞也同时在江南练自强军。随后又从京师神机营中选万人为先锋队,将直隶新军合为武卫军,分左、右、前、后、中五军。但经八国联军之役后,武卫军溃不成军,唯存袁世凯的武卫右军。接着清政府推行新政,停止武童生和武科乡、会试,在京师设练兵处,在省设督练处,以统一全国军制,加速新军建设。与此同时,通过裁减、改编、选练旧军,在各省成立巡防队和巡警为地方武装力量。

陆军常备军的建制是军、镇、协、标、营、队、排、棚,分别由总统、统制、协统、标统、管带、队官、排长、正目率领。镇为战略单位,每镇共 12512 人。各省巡防队以营为基本建制单位,下设哨、棚,由管带、哨官、什长率领,全营共 189 人。全省巡防队区分为若干路,每路不超过十营。京师禁卫军先按陆军一镇步、马、炮、工、辎、军乐各标营队额数,参酌编练第一、二两协,以待扩充,暂不设立镇统将。清政府原计划先在全国编练新军三十六镇,但因军费不足,政局不稳,中央与地方督抚的矛盾,新军与旧军的矛盾,都在不断激化,故仅编成十余镇,清朝就灭亡了。

一般说来,从八旗、绿营到勇营,再经过勇营到新军,清朝的武器装备逐渐由冷兵器向火器发展,官兵的俸饷有所提高,后勤

---

① 朱寿朋:《光绪朝东华录》,光绪二十一年十二月己巳。

也有所改善，对官兵及其家属的恤赏都有具体规定，正因为这样，军队的战斗力才会随形势发展的需要而逐步提高，虽不足以抗外侮，讨内乱却有余。

四、卡伦、马政、训练、驿站、军政

卡伦是满语的音译，意为更番候望之所，即指边防军事哨所而言，其制形成于康熙时期，主要设于西北、东北、蒙古等边境地区，另外，在西藏与廓尔喀（今尼泊尔）等接界处，则设有卡隘。卡伦由侍卫章京、侍卫、效力官等直接管辖，其上则服从当地的八旗驻防将军、都统、大臣等。按其任务和时间的不同，卡伦可分为内地常设卡伦、边境卡伦、添设卡伦、移驻卡伦，此外还有木兰围场卡伦和御营前卡伦等。每卡伦有数人至数十人的兵力，主要任务是防止外国入侵，监督边地的贸易、游牧，捕逃犯，捕盗贼等。卡伦官兵实行严格的会哨、巡边制度，在保卫祖国边疆的战斗中发挥了重要的作用。

马兵在清军中，尤其在八旗兵中占有非常重要的地位，故八旗号称以骑射为根本。主管马政的机构是兵部车驾清吏司和太仆寺。太仆寺是由满、汉卿各一人，少卿各一人，以及满、蒙员外郎，主事，主簿等官员主持。太仆寺所属边外牧场，以四百匹左右为一群，设牧长、牧副、牧丁共七八人管理。康熙时规定，出征噶尔丹的八旗，兵一人马四匹，四人为伍，一伍主从骑八匹，驮器粮用具亦八匹。绿营兵则一人二匹。马兵在绿营中的比例远不如在八旗中的高，尤其是南方沿海地区，一般是马一步九，或马二步八，西北地区较高，是马四步六。

清军水陆各营的训练因地制宜，因时而异。有分期分批分操，也有定时定点合操，项目有步射、骑射、试炮、步围、鸟枪、云梯、水战、列阵、出洋会哨、乘舰列阵、扬帆驶风、鸣角发炮等。曾国藩训练湘军，一方面用封建的三纲五常来培养官兵的忠君思想，称训家规；一方面使士兵知道每天必须点名、操练、站墙子、

巡更、放哨的规则，称训营规；再就是经常反复训练士兵的技艺和阵法。由于湘军训练注重实效，故少而精，战斗力高于八旗、绿营。新军的训练基本按英、德、日等国的制度，以实战为目的，其效果远胜于旧军。

清朝的驿站具有交通、运输、通信三方面的功能。清初，因战乱加重了驿差的负担，加之经费不足，官吏骚扰，破坏极大，康熙时期才逐渐恢复。吴三桂在云南发动叛乱时，兵部郎中党务礼、户部员外郎萨穆哈正出公差在贵州，得消息后，立即乘驿马疾驰十一昼夜赶到京师。由于他们飞驰告变，康熙皇帝才能及时地早做准备，将叛乱平息，由此可见驿站的重要性了。清沿明制，在中央由兵部的车驾清吏司管驿站，在各省则由按察使管。驿站分为驿、站、塘、台、所、铺六种组织形式，"各量其途之冲僻而置"①。各省腹地及盛京所设称驿，两驿之间所设的换马处又称腰驿，仅供本县本州所需的称县递。蒙古、西北、东北为军报所设的称站。甘肃、新疆等地曾设有军塘，以传文报。西北两路所设称台。甘肃有些地区称用牛车运官物的设施为所。以上站、塘、台由军卒充役，以飞递军报为任务，并兼有巡逻边境、侦察敌情、运输物资之功能。各省腹地厅州县，每隔15里就在交通要道上设铺一所，专管传送地方和中央的公文，又叫急递铺。清代共有驿站2000个，驿夫7万余人，递铺1.4万个，铺兵4万余人，可谓规模空前。以驿站为主体的水路陆路网，和以急递铺为主体的步班递铺网，互相交织，彼此衔接，把边疆与内地，中央与地方紧密联系在一起，在促进交流和统一方面发挥了重要的作用。

军政是清朝甄别武官的一个重要制度，五年举行一次，目的在于黜陟将弁，整饬纲纪。提督、总兵或是自陈，或由兵部列本候旨钦裁，都由皇帝考核，副将以下武官，由其长官考核。一般考以四格：才技、年力、驭兵、给饷；纠以八法：贪、酷、罢软无为、不谨、

---

① 光绪《大清会典》卷51《兵部》。

年老、有疾、浮躁、才力不及。由兵部会同都察院、兵科、京畿道核议,汇疏上奏。经过考核后,提督、总兵贤者优叙,劣者罢黜。副将以下武官则卓异者荐举,劣者纠劾,贪酷的革职提问,不谨、罢软的革职,年老、患病的勒令休致,才力不及的降二级调用,浮躁的降一级调用。被纠劾官员如出征有伤有功,可以从宽处理。至于勇营对官兵的考核,特别将才则破格超保,主要指幕府人物而言。一般官兵则按一定的人数比例,以军功选拔。新军制度另成系统,军官考核论出身、才干、军功,士兵论军功。一般说来,"遇有官弁出缺,仍先尽学堂毕业之员选充,余按原委之官弁考其才具优劣、教练勤能,或积功较多,或劳绩较深者分别擢补……所有新军人员,均由该管官出具切实考语,暨平时记注功过之多寡,在营年限之久暂,资请练兵处、兵部立档以资考核官缺,分别准驳"①。为随时考核新军官兵,又规定校阅制度:每三年一次,由朝廷派中央人员数人轮赴各省校阅,凡军容、军技、军阵、军学、军器、军垒、军情、军律,按其程度高下,如实上奏皇帝,称钦派校阅;每二年一次,由各将军督抚亲阅该省军队,视其程度,以定各镇各协各标之考成,并咨兵部备案,称本省校阅;三是本军校阅,即各镇各协各标统将按期校阅所部官兵,将其考核结果造具详表上报本省将军督抚,转咨兵部备案。

第八节　清朝的财政管理制度

一、财政管理体制

由于财政用途的不同,清代在财政管理体制上,分别归属于

---

① 《清朝续文献通考》卷204。

两个系统。

一种是国家政府部门系统,户部(后改度支部)就是最高的主管机关,直隶和各省钱粮均总汇于此,支出亦向其关领。以下通过省府州县的垂直行政体系,把作为当时国家财政主要来源的田赋、丁银(推丁入地后合称地丁银或地丁钱粮)征收上来,其中除按规定扣除地方存留或协济邻省外,均递解于户部各库藏。至于税关、运盐等类,则另有专门机构经管,像各省有盐运使司或盐法道,榷关监督或海关道。它们的收入,最后也归于户部(一部分榷关归由工部管理)。到了近代以后,清廷曾一度设置财政处,并开办大清银行以加强金融管理,所设海关亦归掌理外交事务的各国总理衙门督理,比之前期,可说是新的内容。

另一种属于内务府系统,所得收入专供皇室花费。下设广储司,掌管银、皮、瓷、缎、衣、茶六库,验收各庄园钱粮地租。打牲乌拉所进珍珠、人参、貂皮,外国和全国各地进献的珍稀贡品,江宁、苏州、杭州织造衙门送交的绸缎、衣物,亦归广储司收储。与此同时,广储司还得备办皇帝及家族的衣食住用,关支内务府官员养廉银两。它是内务府中的一个财务总管机构。广储司外,还有都虞司,兼理打牲乌拉渔猎采捕;掌仪司,分管皇室果园;会计司,经管关内外及热河、归化城等处庄园土地;庆丰司,负责口外等处牛羊等牲畜牧场。为了保证皇室的花费,清廷还特准两淮盐运使、粤海关监督等盐政、海关官为内务差遣专缺。从这些区所得到的收入,除按规定上缴户部外,另有相当部分以"报效"方式,进入内务府库藏。

按照清代财政管理制度,无论是征收、支出,或是调拨、储库,都有严格的规例。比如课征地丁钱粮,均照《赋役全书》开载经征。每年开征前,州县衙门得先将《钱粮会计册》呈户部查核。开征时,由布政司钤印的红簿,需和经征花户填写的串簿进行对验,然后再送省磨勘用印。所纳钱粮,各州县例得随征随解,为的是防止挪移偷盗。巡抚衙门则造送开明存留、起解的钱粮"奏销册"，和官员经征钱粮情况的"考成册"，分交吏、户二部，以备最后考核驳查。其他如关税、盐课、茶课的征收，支用，亦都各有相应的奏销制度。至于中央和地方的额外开支，经奏准后，向户部实支实销，一些临时性的收支项目，亦都要取尽征尽解、实用实销的方式进行解决。为了杜绝冒滥和贪赃之弊，还规定由都察院和有关各部行稽查、审计之责。

二、财政预算与收支分配

在清代的历史条件下，封建国家不可能做到有近代意义的财政预算制度。但是在正常情况下，国家的收入和支出，都有严格的规定。从康熙中期到乾隆年间，一般都做到收支平衡而有所结余。

清朝政府的财政收入以田赋和丁银为大宗，属于正赋。其次是盐课、关税、漕粮、杂赋（如芦课、茶课、矿税、渔课、旗租、学田租、公田租、官田租、当税、牙税、牲畜税、烟酒税、落地税等）。自雍正实行耗羡归公后，各类耗羡，也成为国家财政的一项重要收入。以上种种，除漕粮直接征收米麦豆，田赋和杂赋中也有一小部分属于实物外，多征收银子，而且数额也较稳定。它们是清朝政府的基本财政来源。

除上述基本税收外，还有一些临时性的收入。首先是捐输，也叫捐纳，就是出资捐官，分常开事例和暂开事例。常开事例具有经常性质。暂开事例一般都是在特殊情况下，如河工或某个军事行动等等需要经费而特开的捐输项目。与常开事例相比，它的捐官面宽，款项的收入额亦大。其次是报效，也就是要大商人出银报效朝廷，其名目亦多为军需、河工或助赈之类。再就是盐斤加价，乾隆中期，政府为了弥补盐商亏累，偿还课银，实行食盐加价，后来便沿以为例，常借故以增加收入。还有一种叫生息银两，就是政府将款项借与商人，然后按时提取利息。这多用于赏恤官员、营建工程和其他救济事业。最后就是鼓铸获息。清代除户部设宝泉局、工部设宝源局外,各省亦可开炉铸造钱币。铸币主要是用于流通,但从中也可获息。

道光、咸丰以后,清朝政府的财政更陷于困难,搜索名目以弥补绌支的情况日甚一日。于是很多本来属于临时性的收入,也逐渐被固定下来,厘金就是最重要的一个项目。厘金实际上就是货物流通税,开初只行于局部地方,后来各地纷纷仿效推广,并有设无撤,构成晚清的一大财政来源。另外,在杂赋方面,也增加了不少新的名目,如房捐、土药(鸦片税)、特别厘金等等,有的已到了不择手段的地步。

清朝政府的财政支出,亦分"额内"和"额外"两种。额内开支指的是官员爵禄俸银、兵饷及军事装备费用、养廉银、河工、漕运岁修银,以及其他各项杂费开销。额外开支主要是战争军费,还有灾荒赈济、各种赏赐等等。至于皇室巨额消费性开支,除依靠内务府田庄、牧场和各种报效银两外,也要户部不时地拨银支援,特别像遇到皇帝祝寿、巡幸等盛大活动时,更是内务府帑银所无法独力承担的。自中英鸦片战争以后,清朝政府面对西方资本帝国主义的不断入侵,因开战失败而招致越来越多的战争赔款,在很大程度上,只好用出卖国家主权作抵押,求取借款,或发行内债,以进行支付了。

通观清代的财政收支情况,其收入的主要来源是田赋,也就是土地税。属于工商流通领域的,尽管立税的名目越来越多,数额也在上升,但直到全面征收厘金以前,始终未居前列。应该说,这与当时占主导的封闭性小农经济社会是相吻合的。再说支出,不管是"额内"还是"额外",用于军政人员的俸饷、养廉、各种赏赐等,享用排场性的耗费,以及战争的军事开支,占有最大的份额,分摊到赈济灾荒、河工水利、交通建设方面费用,虽然各个时期有所不同,却始终处于次要的位置。在中国封建社会中,一向有量入为出的说法,清朝政府的财政收支分配和管理方针,也遵循了这一原则。当然,它本身并非有错,问题在于每当收支失去平衡,通常的做法总是用削弱或砍去后者的赈济、建设费用,使前者消费性的费用不受或少受影响。尽可能地满足皇帝、官员们的需要,维持或保证封建政权的稳定,这便是清朝政府在制定财政收支分配中的基本点。

三、财政管理制度特点

1.清朝政权实行高度的专制主义中央集权,所以在财政管理制度上,也集权于中央。地方赋税收入,除按额存留俸工等项外,"一丝一粒,无不陆续解送京师"①,归由户部管理分配。地方如有额外需要,必先请旨,然后方得经领动用。凡有新的征收或开支项目,也得由皇帝批准,才能行施。这种财政管理制度的好处是,调度方便,便于监督,也有利于抑制地方的营私舞弊。但是统之过死,省以下,特别是基层州县,竟无丝毫财政机动性可言,这在一个幅员如此辽阔而各地又千差万别的国度里,实在是难以想象的。直到咸丰、同治以后,各省征收厘金,情况才有所改变。但那时,清代的整个财政,已混乱不堪了。

2.清代从顺治、康熙时候起,就着手建立一套完整的财务奏销审计制度。尽管有的制度失之于太过琐细,而且在当时的官僚制度下,也无法避免贪赃冒滥之弊,但从规章的内容来看,还是严密细致的,对确保清朝政府的正常财政收支,起了积极的作用。

3.鉴于明末的教训,清朝政府在财政制度上,十分注意把用于国家政府和皇室内部的开销区分开来。首先是收入的途径互不相混。诚然,皇帝仍不断有挪移政府帑之事,但比起前朝,如明代,显然要好多了。

4.自道光、咸丰以后,由于西方资本帝国主义的入侵,一方面加速了清王朝国民经济的崩溃,造成国家财政的极度困难;但另一方面,却也引入了某种带有近代意义的财政管理机制,比如

---

① 《清圣祖实录》卷240,康熙四十八年十一月丙子。

建立近代海关和新的税制,设立银行,发行公债与现代货币,编制近代财政预算(宣统预算案)等等,使中国的财政管理,开始了一个新的时期。

第九节　清朝的人事管理制度

一、学校制度

清朝政府于京师设国学(亦称太学),地方有府州县学,又置八旗、宗室等官学。此外,省会或不少州县还建有书院,镇集农村则有社学、义学等等。上述各类学校、书院和社学、义学,具有讨论学问、教育乡民的意义,余外均属官办,且直接与进举入仕有密切的关系。其教职,如国学的国子监祭酒、司业,府州县学教授、学正、教谕,皆为朝廷命官。各省又设提督学政,用以考核地方教职和典试学员。进入府州县学的学员(未入学者称童生),皆经考试录取,名曰生员。凡生员,政府均发给廪膳,免其丁粮。生员考试出学后,一部分通过乡试、会试而进入官场。另一部分赴京经廷试后升入国学(考试优等者可直接授官),即所谓出贡。国学生员中,除由生员出贡的贡生(也叫监生)外,还有恩监、荫监、优监等类。国学生学习期满,可由祭酒等官保荐授职,或经乡、会试入仕。

同治以后,由于缺少外语翻译和科技人材,在京师等地陆续办起了一些新式学堂,如京师同文馆,上海广方言馆,福建船政学堂,南洋及北洋水师学堂、武备学堂等。不久又办京师大学堂。在学堂毕业的学生,都可授予相应的功名或职位。比如光绪年间曾规定:大学分科毕业,视同进士出身,其最优等者以翰林院编修、检讨用;优等、中等者以翰林院庶吉士、各部主事用;大学预备科及各省高等学堂毕业,最优等者视同举人,以内阁中书、知州用。

清代的学校,实际上就是入仕做官的养成所。

二、考选制度

在清代的考选制度中,当以科举为最经常、最重要。每逢子、卯、午、酉年为乡试期,选出学生员中前三等者及国学监生,赴省与考,中试者称举人。次年,亦即丑、辰、未、戌年为会试期,由举人至京师会考。中试以后,又赴太和殿参加廷试,以点定名次。计一甲三人,称状元、榜眼、探花,赐进士及第;二甲称进士出身,三甲同进士出身,均无固定名额。考中进士,就算取得了做官资格,可以较快地飞黄腾达,这比从其他途径得官,条件要优越得多。科举考试除规定的比试年限外,朝廷还常常因庆贺某一军事行动的胜利,或因皇帝、皇太后寿庆,新帝登极而特别举行乡会试,叫作"加科"(也叫"恩科")。另外还有"加额",即增加录取名额。

荐举贤良方正,以及诏开博学鸿词(儒)、经济特科和巡幸召试,也都是考选的一种形式。不过它们都无定时,亦无固定名额。通常先由有关官员推荐,经考试或审核合格,便按等授官,或给以相应的功名。

对于一部分有钱的地主、商人,清朝政府鼓励他们通过捐纳做官。清代的捐纳始于顺治年间,但范围极小,且仅限于捐纳贡监。康熙十四年(1675 年),清朝政府因对三藩用兵,军需浩繁,大开捐纳事例,从此相沿未停。清代的捐纳分捐实官和捐虚官两类,后来又有捐封典、捐出身、捐加级、捐记录、捐分发和捐复、捐免,名目繁多。其中以捐实官价格最高。又有常捐和大捐。常捐指捐纳职衔、贡监、加录封典等,并不影响大局,是经常举行的捐纳形式。大捐多为遇到大的军事行动,或河工、赈灾等,需要经费而特别的捐例,且以捐实官为主。清朝的捐纳制度,虽然增加了封建国家的财政收入,放宽了有钱人入仕的机会,但也使官僚队伍更加冗滥,贪污之风蔓延,属于弊政之列。

清代崇尚科举,在官员队伍中亦以此为荣,凡由举人、进士入仕的,叫"科甲出身"。他们与经国子监培养的贡生、恩荫生径直授官者,统称"正途出身"。还有像幕客等经保举而得官的,也与"正途出身"相同。和正途相对的,叫作"异途"或"杂途"。大抵通过捐纳、荫袭或吏胥迁秩、投效保举等而入仕的,都属于"异途"。不同的出身,在选授上往往会显出不同来。按清朝的规定,凡正印官只能由正途出身的人担任,其中翰林院编修、检讨,汉内阁学士,各省学政,限于进士出身者。翰林院侍讲、国子监祭酒以至礼部侍郎、局书等官,限于科甲出身者。各汉科道官,不属正途出身的,虽有人保举,也不得破例与任。由"俊秀"(武生行伍就文职者)、捐输得官者,止授从九品或未入流官。至于医祝僧道,虽然也有授予官爵的,但限制十分严格,而且"不准迁移他途"①。清朝政府的这些做法,目的是为了维护正统的封建等级和名分制度,使之不得轻易逾越。

三、官员的任用

通过考选,只能说具备了做官的资格,只有具体任职后,才算是当了官,因为官缺是有定额的,不能无限分授。

任命官员有各种形式,首先是特荐,就是由皇帝点选。一般京官四品以上,外官运使(从三品)以上官,均由军机处列名,请旨特荐。另外还有些委差办事的,像钦差大臣、出国使臣、驻外公使以及重要的榷关监督,江宁、苏州、杭州织造,也都属于特简官。任命特简官,可不受原来资格或其他有关的限制。其次是"开列题请",京官自内阁学士至宗人府丞,外官自顺天府尹至各道府要缺,因出缺补任,由吏部开列资格相当者姓名,一正一陪,上呈请旨。第三为铨选,一般都属小京官或道府以下官,其选缺分

---

① 光绪《大清会典》卷 7《吏部》《文选清吏司》。

为即选、正选、插选、抵选、坐选,由吏部召集受选人员,按班次每月掣签定名。第四是保荐,它没有规定的制度,目的是补充铨选的不足,通常二品以上官,均可进行荐举,但若所举不当,便要遭到惩处。此外在清代,督抚有较大的权力,对辖内道府以下官有提调之权,尽管这需要经过吏部或皇帝认可,一般说来,只要不是别有缘故,均能得以通过。所以督抚提调,也是任命官员的一个重要方面。

因清代的政府机构,有的属于定制,有的则为暂设,所以官员在任职时,也有种种区别。通常可见的有五类:(1)管理事务,主要指中央或某些特定衙门,常在主管官上,再任命高一级官员为管理大臣,如在六部尚书外,再任命某亲王、郡王或大学士兼管某部事等;(2)行走、兼充,以原官衔兼任或在另一衙门办事。如大学士、尚书、侍郎在军机处行走,以大学士或翰林院掌院学士领文渊阁事等;(3)差委,指专办某一事务的钦差官,或某一特定任差,如盐政、学政等差官;(4)分发,具有见习的意思,一般限于新由科举等途径踏入官场的人;(5)署理、护理,也就是暂代;(6)加衔,有的属于恩宠性的虚衔,如加太师、太傅、少师、太子太师等;有的属于常例性加衔,如总督例兼兵部尚书、右都御史,内阁学士兼领礼部侍郎衔等。

由于清朝封建政权是以满洲贵族为主、包括汉族和其他各族上层分子建立起来的。为了保证满族贵族和八旗子弟在政权中享有特殊地位,同时又不致过分伤害汉族等其他上层分子的利益,特别把官缺分为宗室缺、满洲缺、蒙古缺、汉军缺、内务府包衣缺和汉缺。哪些官职属于何缺,哪些官职不得授何缺,都有严格规定。又规定,在通常情况下,满人可补汉缺,汉人不得补满缺;六品以下官不得授满洲、蒙古八旗人员;帝王宗室,除暂抚藩臬等官外,道府以下任官概不担任。

此外,还定有回避制度,分地区回避、亲族回避和师生回避。地区回避指在京户刑二部司官和各道监察御史,其籍贯不得与所管省份相同；外官自督抚至州县官，亦不许以本省人任本省官；或虽非本省，但与原籍相距在五百里内者，也照例应予回避。其次是亲族回避，凡祖孙父子叔伯兄弟，以及儿女姻亲，应避免在同一衙门、上下级衙门或互有监察关系的衙门担任职务。再就是师生回避，指授业师生和乡会试中试的座主与门生之间，在授官时应互有回避。其他像对负责拣选、调补的主管官，也都定有回避规则。回避制度尽管是一种预防性的措施，在当时的情况下，不可能根本解决营私弄权的问题，但究其用意，还应充分予以肯定。

四、官员的品衔与俸禄

与明代一样，清代也给各个官员于一定的品衔，最高的是正一品，然后是从一品、正二品、从二品，直至从九品，共十八等，此外还有一些未入流的小官。在此而下便是吏，也就是一般办事人员，与官有别。充任哪一个官职，即属于哪一等品衔，不能紊乱。有的官员可因有加衔而提高品位，如各部尚书从一品，若加以太师或太保、太傅衔，便晋升为正一品；正二品的总督，加尚书衔后就是从一品，又如道员加按察使衔，即由正四品转入正三品。

清代官员的俸禄，由正俸和养廉银两个部分组成。正俸支银和米，一个正从一品官，每年的正俸是米九十石，银一百八十两，以下层层递减，到从九品，米十五石七斗五升，银三十一两五钱。

由于正俸太低，不利于官员养廉，故在雍正初年，又实行养廉银制度。养廉银取之正赋耗银，原只行于地方文官。从一品的总督，年得养廉银一万五千两至三万两之间。正二品巡抚，一万两至一万五千两之间。正七品的知县是四百两到两千两，比之原来的俸银高出一二十倍至上百倍。京官的开销比地方官少，开初用实行双俸的办法解决低俸问题，即比原俸再多出一倍，叫作"恩俸"。雍正十一年（1733年）起，也发起养廉银，不过额数要小多了。事务最为繁杂的户部，每年不足十万两，理藩院仅二千两，分摊到每人头上,甚至比不上一个知县的数额多。当然,不管京官还是外官,都还有其他额外收入,但那都属于规制以外的事了。

总的来说,清代官员的正俸虽低,但比较实在,加上后来的养廉银,比起明代,不但正规,而且要好多了。咸丰、同治以后,因国家财政困难,裁削各种经费,同时也影响到官员俸银,以致常常减半支给。

五、考核制度

对于任职官员,清朝政府规定,除平时由上级或监察官实行监督纠察外,还确立了定期的考核制度。考核京官的叫京察,原定六年一次,后改为三年一行;考核地方官的叫大计,每隔三年一举。凡京察三品以上官(各省督抚归入京察之列),先行自陈。其余各官由该所在衙门负责,然后经吏部、都察院查实,题列引见,以备敕裁。大计自最基层的州县起,经府道司到督抚,最后呈交吏部。考核依操守、才能、政绩、年龄四项标准,定为称职、勤职、供职三等。凡境内无加派、无滥刑、无盗案、无拖欠钱粮、库储清楚、民生安定、地方有起色者,可定为卓异。得到京察一等或大计卓异者,可加级记名(在军机处记名,以备候补升职)。另有八法以纠劾不称职的官员,即贪赃者革职提问;行止有亏、败伦伤化(叫不谨)和庸怯无能(叫罢软)者革职;轻稚妄比(叫浮躁)、才力不及者降调;年老有疾者休致(免职退休)。光绪时,清廷鉴于吏治败坏,曾诏令各省设立课吏馆,限半年为期,分别等次,进行奏报。另外还有年终密考,俸满甄别等等,但总因请托贿赂,收效甚微。

为了酬劳立有特别功劳的官员,清朝政府还规定了功臣封爵制度,分为公、侯、伯、子、男、轻车都尉、云骑都尉七等(清初曾有王爵)。一般的奖赏就是议叙,最低的叫记录(一次到三次),其次是加级(一级到三级),记录三次以上,即算加一级。加级升衔后,便可得到相应的顶戴待遇。

惩处的等第有罚俸(一个月到两年)、降级留用(降一到三级)、降级调用(降一至五级)、革职和革职留任,再严重的便属于刑事处置了。加级、记录和降级、罚俸可以互为抵销。降级留任的,只要三年无故犯,即官复原职,叫作"开复"。革职留任的需四年才准"开复"。当然在此期间,如有立功,可提前开复。至于通过捐纳手段捐级、捐记录或抵销降调等等,则另作别论了。

六、请假与致仕制度

任职官员遇到疾病或其他事故时(包括省亲、完婚、父母疾病、修墓、迁葬等),经呈报允准后,可得给假。具体手续是:在京旗员堂官、汉官侍郎、内阁学士以上官,需自行陈奏。其他官员向所在衙门提出申请,并取具同里官保结,一并咨报吏部,由吏部汇题。地方官除总督、巡抚需互为验明奏准外,其他各官都经督抚(先得同级官员的证明)而呈送朝廷。给假时间,除扣去往返路程外,一般以四月为限;病假则以病愈为原则。官员自给假日起,便算自动解职,假满由吏部重新开列铨选。给假在籍期间,如有营私不法事,该省督抚得随时奏报,若有隐匿,以降调处分。

官员们死了父母叫丁忧,这是当时的大事,所以需要解职回乡守制。守制日期:旗人一百天,汉人三年。在此期间,必须闭门家居,更不得干预地方公务,直至服满呈请铨用为止。有时因公务需要,经皇帝批准,可在任守制,但那属于特殊例外。若官员因贪恋职位,故意不离任所者,不但会受到时论谴责,朝廷查知后,还要革职议处。

与丁忧守制在意义上相似的,有终养制度。官员因父母或其他直系长辈年老缺养,需要暂时离职回乡侍奉的,叫作终养。这也是奖励孝道的意思。不过是否提出申请,可由本官自行决定,不像丁忧具有必行性。

致仕也叫休致,就是退休,主要因病老不堪任职而行休致。

在京察、大计中就有此条,但无确切年龄断限。官员致仕,有的是自己提出,经皇帝批准后离职的,也有的属于诏令休致。不管何种情况,一般都保留原来的品衔,有的还可得到晋秩、加衔或恩眷子孙的荣耀。致仕后,通常都停给俸饷,但也有特别赏给全俸、半俸、半俸之半。当然,如官员不能胜任职务,上官进行弹劾而勒令休致的,具有处罚的意思,这又是另外一回事了。

七、幕客、吏胥制度

清代各衙门,除正式任官外,都要任用一批幕客、吏胥协助公务。

幕客也称幕友、幕宾、幕僚、师爷等等,多数由主管官自行出资选聘,间或也有朝廷指派,但那多见于随军办差。由于各任官的身份、地位和政事繁简不同,所以幕客的人数、来源和待遇也常常各有差异。一般少则一二人,多则可到一二十人。各府州县衙门普遍任用的刑名、钱谷幕客,差不多出自以子孙师徒相传的浙东绍兴府属等县,即所谓绍兴师爷。另外,也有聘文人学士、门生故旧、科举中试人员和丁忧休致官员等为幕客的。幕客的工作,除前述的处理刑名、钱谷外,也代为批答文件或作咨询参谋。实际上他们就是主管官办事的左右手。

吏胥俗称书办,也就是衙门中的办事人员,大体在京师各衙门的叫供事、儒士、经承、仓书;在地方省府州县等机构的称典吏、攒典、书吏、承差。清制,除盐漕榷关等专业性机构外,各地方政府,差不多都集行政、财政、司法于一身,故中央有吏、户、礼、兵、刑、工六部,其下亦层层设吏、户、礼、兵、刑、工各房,又有承发、抄稿、粮户、总银、税契等房。这些都需要由有一定专业知识的吏胥承担。按照规定,吏胥缺额均经召募考补,严格挑选,以五年为满役,到期另行更换,为的是防止久而生弊。其无过犯者,可选拔为正八品至未入流官。光绪二十七年(1901年),清廷鉴于吏胥制度积弊太深,诏令将各省书吏斥罢,另找替代者。但当时整个官场都已腐朽,所说替代,也只能是换汤不换药。

清代的幕客和吏胥,虽不属于官制系统,却是整个行政机构中不可缺少的组成部分。他们的存在,反映了在繁杂的衙门事务中需要有各种专业办事人员以帮助官员及时处理公务。但由于当时官员们多以科举入仕,尤其是一些新进者,对于日常的刑名、钱谷,实在难以遍悉,这就为吏胥串通作奸,造成了方便之机。至于幕客,他们只不过是聘于某一任官的私属,照例有功不议叙,犯过不议处,从而使其除为幕主尽心勉力外,无直接向国家政府负责之义务。这种把对个人和对国家截然分开的做法,也往往会带来某种消极的副作用。

八、行政法规

清朝统治者在行政制度方面所制定的各种法规,远比以前各朝要全面系统。首先是《大清会典》,"乃当代宪章,与律令相表里"①。会典按内阁、部、院、寺、署等机构进行分类,然后再以年系事,凡百官奉行的政令、各衙门分列的职掌,都载入其内,并以此作为办事的准则。所以,会典乃清朝政府最具有权威的行政法规。清代的第一部会典成于康熙二十九年(1690 年),以后雍正、乾隆、嘉庆、光绪,都屡加续修。从乾隆会典起,又把具有相对永久性的典章,与后来陆续出现的事例,分开进行编纂。大致"会典为纲,则例为目"②,便于比引执行。

会典以外,朝廷各部院寺署也都编纂"则例",如《吏部则例》《户部则例》《礼部则例》《(兵部) 中枢政考》《工部则例》《理藩院则例》《内务府则例》等等。还有一些专门性的或各部院分司则例, 如《六部处分则例》《吏部品级考》《大挑则例》《户部赋役全书》《学政全书》《兵部督捕则例》《兵部八旗则例》《吏部铨选则

---

① 赵吉士:《万青阁自订文集》卷 1。
② 乾隆《大清会典事例》卷首。

例》《吏部封验司则例》《吏部稽勋司则例》等等。有时候,因为事务的需要,各衙门又编辑某种具有临时性的章程,像《兵部筹饷章程》《钦定吏部章程》等,它们都是各个具体部门的法规。各地方政府也编则例,《粤东省例》《福建省例》《江苏省例》《晋省辑要》《顺天府则例》以及《山海关钞关则例》《浙海钞关征收税银则例》等,都是例子。则例也需要时时增修。乾隆时曾定为十年一修,但也只是大体而言。续修则例的原因也与会典一样,通过易旧更新,保持则例的可行性。

清朝统治者重视编纂行政法规,目的是为了提高统治效能,实行"大小相制、中外相维"的中央专制主义的集权统治,是封建国家机器更加严密、更加强化的表现。但因清朝政府习惯以例代典,而例又层出不断,常常因为雷同抵触,造成执行时的困难,或使人有机可乘。

第十节　太平天国的政治制度

1851 年爆发的太平天国运动, 是中国历史上旧式农民战争的最高峰, 同时它又是失败的和几乎接近于向封建王朝转化的农民战争。1853 年至 1864 年间在南京建立的农民政权——太平天国所实行的政治制度,是具有革命性和封建性的二重性政权。

一、官制、军制、科举

太平天国初起时,自天王以下只有军事组织。官制合文武为一,前、后、左、右、中五军主将之下有丞相、检点、指挥、将军、监军、军帅、师帅、旅帅、卒长、两司马、伍长。直接由天王统领的则有御林侍卫。当时军政大权由五军主将掌握,随后又晋封五军主将为五王,颁布《太平礼制》和天历,以 1851 年(清咸丰元年)为太平天国新开元年,宣布正式建国,1853 年宣布定都天京,于是太平天国的官制逐渐形成系统,并于官制之外又建立勋阶制度,以酬功劳。

天王宫内官有掌朝门、内掌门、侍臣、日干侍卫、气节侍卫、一等典官、次等典官、三等典官。朝上官有左史、右史、左右掌朝仪、左右通赞、朝内疏附、总圣库、总圣粮、殿前监斩官等。太平军的组织体制依《周礼》制定,以军为基本战略单位,陆营、水营、土营共有 106 个军。军中官制有军帅,各辖前、后、左、右、中营五个师帅,共 13,125 人。师帅各辖前、后、左、右、中营五个旅帅,共 2625 人。旅帅各辖壹、贰、叁、肆、伍五个卒长,共 525 人。卒长各辖东、南、西、北四个两司马,共 104 人。两司马各辖刚强、勇敢、雄猛、果毅、威武五个伍长,共 25 人。伍长管冲锋、破敌、制胜、奏捷四个圣兵。但太平军的编制多不满额,有作战能力的仅 15 万人。此外,军中设有执事的典官,如司诏书负责管理全军册籍,典圣库、典买办、典圣粮、典圣油则分管军用的钱粮衣物。作战时,由军师派出总制或监军负责指挥。几个军师同处一地时,再派丞相、检点、指挥、将军等高级将领指挥,其上还有主将等为统帅。天王本为最高统帅,后来军政大权落到了东王杨秀清手中,东王府成了实际上的最高军事领导机构。军政大事,或由杨秀清转奏天王,或由东、北、翼三王商议后面奏天王,但最后的决定权往往还是杨秀清。地方官又分为守土官和乡土官两种:地方省、郡、县三个等级的官由天朝任命,称守土官;县以下军、师、旅、卒、两、伍六个等级的官,由地方人士自选、自推,称乡土官。守土官分总制、监军两级,多命中级军官担任,属于义军中的老兄弟。乡土官则混进了一些地主分子。地方官在支援前线和保卫后方方面发挥了重要的作用。又,自王以下至两司马,其属下置有给事官或执事人员。如东、西王殿有六部尚书、承宣、仆射、左右掌门等。

太平天国定都天京后正式建立科举考试制度,分县试、省试、京试三级,不论出身、门第、学历、籍贯、资格,或是在职官员,或是绅士、布衣、倡优、隶卒,皆可参考,公平竞争。京试三甲:元甲状元、榜眼、探花,封职同指挥;二甲无定额,翰林封职同将军;三甲无定额,进士封职同总制。现任职官亦可应试,一旦金榜题名,升得更快。典试官、试题,均由天王决定,试文有如八股,诗则试帖。此外,又同时开设武科,并于科举之外,实行招贤重士制度。干王洪仁玕主持国政后颁行《士阶条例》一书,欲对科举制度进行改革,颇有新意,惜未及推行而天朝已亡。太平天国主张男女平等,故有女营、女馆之设,由女官率领。至于世传女科之制并非正式科举,挑选有文化之女为官办事则有之。

二、乡政、财政、司法、外交

太平天国运动所追求的理想社会,是个有田同耕,有饭同食,有衣同穿,有钱同使,无处不均匀,无人不饱暖的社会。为此,他们认为,土地为天父所有,应由天下人平均分耕。《天朝田亩制度》规定依太平军制来组织居民,以五家为伍,五伍为两,四两为卒,五卒为旅,五旅为师,五师为军,依次由伍长、两司马、卒长、旅帅、师帅、军帅来领导。两司马领导的两共有 25 户,是社会的基层组织,设国库一,礼拜一。而每当收成时,两司马便督促伍长,将每户足够食用以外的粮食入归国库,有婚娶弥月、疾病荒灾等开支,全由国库支给。儿童读圣书,居民听教化等则在礼拜堂进行。至于典钱谷、典入、典出等官员,则是主管军一级的财政。由于《天朝田亩制度》在现实生活中脱离实际难以施行,事实上后来也没有正式颁布。它的财政来源,只得依清朝旧制,令田主"照旧交粮纳税"[①]。为此,就不得不承认地主收租是合法的,发给地主田凭,设立收租局代地主收租。通过强征、进贡、科派、税捐以及采购、商业、国际贸易等政策,太平天国的财政收入才能

[①] 中国史学会编:《太平天国》(三),上海人民出版社 1957 年版,第203—204 页。

保证对前线官兵的物质供应。

太平军初起时,即在广西颁布《十款天条》,以后又以此为基础,颁布《简明军律五条》《行营规矩十条》《禁止号令七条》等一系列的律令,要求所有的官兵军民都必须遵守。有人说太平天国的刑律共177条,其中点天灯3条,五马分尸3条,斩者41条,杖者52条,鞭者78条。有的看到天王规条告示上写有十诫、十嘱、十除、十斩,共40条。诫者,诫人犯教中之禁;嘱者,劝人从其教;除者,除去恶习;斩者,斩违教者。按其司法制度,军队官兵违法,依军法处置。民事诉讼则由乡土官、守土官先审理,然后再层层上达。据《天朝田亩制度》说:凡有争讼,"两造赴两司马,两司马听其曲直;不息,则两司马挈两造赴卒长,听其曲直;不息,则卒长尚其事于旅帅、师帅、典执法及军帅,军帅会同典执法判断之。既成狱辞,军帅又必尚其事于监军,监军次详总制、将军、侍卫、指挥、检点及丞相,丞相禀军师,军师奏天王。天王降旨,会军师、丞相、检点及典执法等详核其事,无出入,然后军师、丞相、检点及典执法等直启天王主断。天王乃降旨主断,或生或死,或予或夺,军师遵旨处决"①。在当时的形势下,当然不可能事事如此执行。但太平天国的司法制度,在许多情况下的确做到了"刑人必问供","凡刑人必讲道理"②,"原告、被告和犯人均自行辩护,然后再由法官及助理官员根据各人的功过来进行判决。所有的审判全都以是非曲直为准则,而不拘囿于条义"③。可是,太平天国的法律在革除某些社会恶习,提倡新制新俗方面,未免有时过严,甚至有量刑不以法律为依据,因人而异的情况发生。

---

① 中国史学会编:《太平天国》(一),上海人民出版社1957年版,第322—323页。

② 中国史学会编:《太平天国》(三),上海人民出版社1957年版,第266页。

③ 吟唎著:《太平天国革命亲历记》下册,王维周译,中华书局1962年版,第438页。

太平天国虽然没有专门的外交机构和外交官员，更没有与外国侵略者打交道的经验，但他们的领袖人物为反对英、美、法、俄等国的侵略和干涉，却表现了中国人民的英雄气概，始终坚持独立自主的严正立场。一旦"洋兄弟"的真实面目暴露出来，太平军就毫不犹豫地与之血战到底，为祖国的独立和尊严贡献自己的一切。

综上所述，太平天国的政治制度，既有革命性和军事性的优点和特点，也有很大的小生产者理想的成分，甚至包括相当浓厚的封建性的缺点。在中外反动派的联合进攻下，他们的优点没有充分发挥，缺点反而恶性发展，所以最后仍以失败而告终。

第十一节　清朝政治制度评议

清朝处于中国封建社会的末期，同时又是近代历史的开始。作为前一种情况，它把中国封建政治制度推向最后的终极阶段。封建政治的核心就是皇权。随着封建专制主义的发展，皇帝的权力也越来越大，到了清朝，可以说达到了最高水平，无论是机构的设置，或是规章制度的建立，无不是围绕着加强皇权而进行的。但是，任何一种制度，都不能凭借主观愿望，随心所欲地行动，它必然要受到当时经济、文化以及阶级斗争等诸条件的制约。清朝统治者在致力于加强皇权的同时，也十分注意把握各阶层和各民族之间利益的平衡，使大清江山不致失衡倾覆。

早在清入关以前，努尔哈赤和皇太极就十分注意吸取汉族的统治经验，并比照本民族的特点，建立起自己的政治规制。及至入关以后，面对广袤的疆域和生产、文化层次都远高于满族的众多汉族人户，迫使其必须在最短时间里建立一套适合于内地的统治机构，当然困难是很多的，但是关外经历以及前代的现存规制,都足可利用或提供借鉴。所谓"清承明制",就是说在政治制度中,很多都承袭于明代。应该说,这里的承袭,不等于完全照搬,因为明与清毕竟属于两个朝代,而构成清政权主体的满族上层,亦正处于勃兴、进取阶段。进关后,为清朝奠基开业的几个皇帝,像顺治、康熙、雍正直到乾隆,个个勤于政事,能注意纠弊立新。事实上,在清代的政治制度中,很多方面是总结前代的经验教训提炼出来的。比如像皇位继承制度、皇子分封制,用内务府取代由宦官把持的十三衙门。有的前代虽有章则,但往往有始无终,或定而不行,清代却长期加以坚持,如御门听政制、陛见引见制、财政奏销制度等。清代特创的军机处的建立和密折制的推行,极大地提高了中央集权政府的办事效率。另外,在制定法规章则方面,清朝政府也作出了极大的努力,使各衙门处理事务时,有章可依,有制可循,力求政务活动规范化。

在评价清朝的历史地位时,人们总要提起它在奠定中国近代疆域、巩固统一多民族国家中所作的杰出贡献,这与清朝统治者重视边疆问题,较好地处理各民族之间的关系直接相连,而为贯彻其统治意图所设置的机构和制定的规章制度,则起着保证的作用。应该说,在边疆治理中,清朝统治者充分地表现出管理这个统一多民族大国的气魄和能力。

尽管如此,作为加强封建专制主义而建立起来的那套制度,在中国经历了将近两千年的历史,毕竟已走向没落。考察清代的政治制度,我们始终可以看到两股互为撞击的力量:一方面是皇权的高度集中,另一方面与之相联系的那种带有原始野蛮的专制残暴和排它性的窒息封闭局面也在发展;一方面是自上而下的政体运转机制得到有力的发挥,另一方面那种封建官场中的对上不对下、欺瞒腐败之风,也在弥漫孳繁;一方面是统一多民族国家的巩固与发展,另一方面仍有猜忌和隔阂;一方面各机构办事或处理关系更加条理规章化,可另一方面却又与保守、僵化缠绕在一起。

更严重的问题还在于从世界范围来看，专制主义的政治体制，已明显地落伍了。当西欧各国在资产阶级领导下，建立民主共和政体的时候，中国却仍在侈谈君君臣臣、父父子子，更加强化和突出封建专制主义的地位；当西方的政治制度在为保证资产阶级工业化开辟广阔道路的时候，中国却仍致力于维护行将灭亡的封建剥削秩序，把如何使农民附着于小块的土地之上，作为政府治绩的重要考核标准。正是由于这种差距，中国传统的弓箭长矛，终于抵挡不住西方列强的战舰大炮，败下阵来了。这既是双方经济力量和观念文化的较量，同时也反映了清代政治制度在总体上的陈腐落后。

至于清末政治制度中的某些变革，尽管它是在维护封建制度前提下，迫于内外形势进行的，但终究在旧的机制中不同程度地注入了具有近代色彩的新东西。所以，当孙中山领导的革命民主派推翻清室建立共和后，清王朝作为帝制政治被扫荡了，可它的那些变革措施和计划，不少还是为民国政府所继承，并加以发展。

第十三章　中华民国时期的政治制度

(甲)临时政府时期的政治制度

第一节　临时宪法体系的创设

中华民国的创立,结束了绵延两千多年的专制统治,代之以民主共和。民主共和在中国的确立,经历了一个由不完整到逐渐完整、先地方后中央的发展过程。同时,也是民主共和性质的宪法、法律制定、修正和存续的过程。从《中华民国鄂州约法》《中华民国临时政府组织大纲》到《中华民国临时约法》,具体地体现了民主共和整体方案的形成过程。

一、湖北军政府和《中华民国鄂州约法》

武昌首义成功,最先以民主共和原则建立的是湖北军政府。湖北军政府成立之初,在革命党人、前咨议局议员和各界绅商代表的协议下,湖北新军协统黎元洪被推举为军政府都督。军政府宣布中国为汉、满、蒙、回、藏五族共和的中华民国,废除清王朝年号,"永久建立共和政体"[1]。军政府统辖政务,而革命党人组织

---

[1] 曹亚伯:《武昌革命真史》(中),上海书店 1982 年印行,第 47 页。

的实际谋略处,成为军政府临时性的决策机构。之后,湖北军政府发布《谕湖北各府州县政务及自治公所电》①,宣布湖北全省各地方一律改为共和政体,变革司法体制,设立江夏临时审判所和临时上诉审判所,受理民事、刑事诉讼案件。《江夏临时审判所暂行条例》②明确规定,"司法独立","用合议制组织",法庭公开。这些规定具有明显的反专制色彩和共和性质。

1911 年 11 月 9 日,湖北军政府颁布了《中华民国鄂州约法》。③《鄂州约法》全文共计七章六十条。其中,"总纲"规定,"鄂州政府以都督及其任命之政务委员与议会法司构成";"人民"章规定,人民一律平等,享有言论自由,人身、住宅不受侵犯,非依法律不得逮捕、不得搜索等权利,以及负有纳税、当兵的义务。④

《鄂州约法》还规定,都督"由人民公举,任期三年",总揽政务;在行使权力过程中,要受议会同意权的限制,对议会负责;在议会未开设前,有暂时制定并公布法律之权;有对外宣战、媾和和缔结条约之权;有统率水陆各军之权;有依法律任命官吏、戒严、大赦及减刑、复决之权。议会制定法律,议订条约,审理预算、决算,并有向政务委员会提出条件、质问或弹劾的权利。⑤议员由人民选举产生。如是,作为行政机关的政务委员会,作为立法机关的议会以及司法机关,三权分立,各司其职,互相制衡。

湖北军政府的创立是民国最初的开端,为南京临时政府的

---

① 曹亚伯:《武昌革命真史》(中),上海书店 1982 年印行,第 49 页。
②《中华民国公报》1911 年 12 月 13 日。
③《中华民国鄂州约法及官制草案》,载《宋教仁集》(上册),中华书局 1981 年版,第 350—353 页。
④《中华民国鄂州约法及官制草案》,载《宋教仁集》(上册),中华书局 1981 年版,第 351 页。
⑤《中华民国鄂州约法及官制草案》,载《宋教仁集》(上册),中华书局 1981 年版,第 352—353 页。

建立奠定了基础。相应地,在中华民国中央政府正式成立之前,《鄂州约法》起着临时宪法的作用,是中国资产阶级制定的第一部带有宪法性质的法律文件,并成为其后《中华民国临时约法》的雏形。

武昌首义一炬,呈燎原之势。至11月下旬,包括湖北在内已有15个省、市独立于清王朝。独立各省市纷纷建立军政府或都督府。如江西、安徽、上海、广东等省市,领导权掌握在革命党人手中;福建、陕西、山西、云南等省,革命党人与立宪党人联合掌权;江苏、浙江、四川、广西等省宣布独立,只是改换了一下门庭,立宪党人和旧官僚联合掌权执政;湖南、贵州等省,财政权从革命党人转移到立宪党人和旧官僚手中。为改变这种各自为政的局面,辛亥革命必须朝着建立全国性民主政权的方向发展,这样才能彻底瓦解清朝的专制统治。

二、南京临时政府的成立与《中华民国临时政府组织大纲》

为组织中央政府,湖北军政府电请独立各省派代表到武汉开会讨论。而与此同时,江、浙、沪都督联名通电,请各省派代表到沪举行会议,"急直仿照美国第一次会议方法, 于上海设立会议总机关"①。双方几经商议后,决定在武汉召开各省都督代表联合会议。1911年11月30日,在汉口英租界召开的第一次代表会议讨论了建立全国统一的中央政权问题,通过了《中华民国临时政府组织大纲》②,决定在南京建立临时政府。而且,会议议决,"如袁世凯反正,当公举为临时大总统"③。12月上旬,各省代表移至南京,但在临时大总统人选问题上难以定夺。这时,孙中山从

① 李新主编:《中华民国史》第1编,全1卷(下),中华书局1981年版,第417—418页。

② 《东方杂志》第8卷,第11号。

③ 张难先:《湖北革命知之录》,商务印书馆1946年版,第391页。

海外归来，临时大总统选举预备会选举孙中山为南京临时政府大总统①。孙中山致电各省都督，表示"今日代表选举，乃认为公仆，自顾材力，诚无以当"②。1912年元旦，孙中山在南京宣誓就职，并发布了《临时大总统宣言书》和《告全国同胞书》，指出南京临时政府尽扫专制之流毒，确定共和，以达革命之宗旨，实现"民族之统一""领土之统一""军政之统一""内治之统一""财政之统一"。南京临时政府成立，民主共和观念更趋深入人心。

在汉口通过的《临时政府组织大纲》制定于战时，其不完备是显而易见的。

它规定临时政府实行三权分立的共和制，只设大总统，不设副总统。南京临时政府成立后，即修订《临时政府组织大纲》。③对于普通国民的权利与义务未作任何规定。其主要规定是，南京临时政府实行民主共和制的总统制，政府机关以三权分立为原则；临时大总统"有统治全国之权"，"有统率海陆军权"；增设副总统。《临时政府组织大纲》还具体规定了总统、副总统的选举方法和参议院、行政各部、司法机构的职权范围。作为南京临时政府的组织法，《临时政府组织大纲》成为中华民国成立之后颁布的第一部法规，它"以中华民国宪法成立之日为止"，带有临时宪法性质。

三、孙中山让位与《中华民国临时约法》

在南北议和过程中，北方袁世凯以军事威胁和"议和"打压南京临时政府。南京临时政府"望早定大计，以慰四万万人之渴望"，并表示只要清帝退位，袁世凯宣布赞成共和，即选举袁世凯

---

① 《民立报》1912年1月1日。

② 南京大总统印铸局编印：《南京临时政府公报》第1号，1912年1月29日。

③ 李剑农：《中国近百年政治史》，台湾商务印书馆1965年第4版，第335页。

为临时大总统。①孙中山也表示要让位于袁世凯。1912 年 2 月 12
日,清廷发布皇帝退位诏书,次日袁世凯公开声明赞成共和。在
此情况下,孙中山向临时参议院提出辞呈,并举荐袁世凯继任。
孙中山在职时提出三项附加条件:一、临时政府地点设于南京,
为各省代表所议定,不能更改;二、辞职后,俟参议院举定新总统
亲到南京受任之时,大总统及国务各员乃行解职;三、临时政府
约法为参议院所制定,新总统必须遵守颁布之一切法制章程。②
孙中山此举是希望制定一部约法防范专制独裁,以法律的形式
捍卫民主共和国的成果。他指出:"临时约法者,南北统一之条
件,而民国所由构成也。"③于是,在孙中山的主持下,南京临时参
议院组织编纂委员会,在修正《临时政府组织大纲》的基础上起
草并修改通过了《临时约法》。④3 月 12 日,《临时约法》正式公
布,《临时政府组织大纲》即行废止。

　　《临时约法》全文共分为总纲、人民、参议院、临时大总统、国
务员、法院、附则七章五十六条。

　　1.关于国体的规定。《临时约法》第一章"总纲"规定,"中华
民国,由中华人民组织之"。"中华民国之主权,属于国民全体。"
这一规定,从根本上否定了君主专制制度,把"主权在民"的基本
原则和中华民国的民主共和国的国家性质肯定下来。

　　2.关于政体的规定。《临时约法》规定中华民国由人民委托
参议院、临时大总统、国务员、法院行使其统治权。中华民国的政
府组织形成采用三权分立的原则。约法也规定了中华民国政治

---

　　①《南京临时政府公报》第 17 号。

　　② 孙中山:《中国之革命》,载《中山丛书》(一),太平洋书店 1921 年版,第
31 页。

　　③《南京临时政府公报》第 35 号,1912 年 3 月 11 日。

　　④ 胡汉民:《胡汉民自传》,《近代史资料》1981 年第 2 期,中国社会科学
出版社 1981 年版,第 45 页。

制度的基本结构。约法第三章"参议院"规定,"中华民国之立法权,以参议院行之"。国会成立后,参议院即告解散。第四章"临时大总统"规定,"临时大总统代表临时政府,总揽政务,公布法律"。第六章"法院"规定,法院以临时大总统及司法总长分别任命之法官组织之,依法律审判民事诉讼及刑事诉讼。而且,法官独立审判,不受上级官厅的干涉。第五章"国务员"对责任内阁制原则的规定,则改变了《临时政府组织大纲》所规定的总统制内容。这就是"国务员(国务总理及各部总长均为国务员)辅佐临时大总统负其责任","国务员于临时大总统提出法律案,公布法律及发布命令时,需副署之"。这样,中华民国临时政府由实行总统制转而实行责任内阁制。这一体制转变是根据当时的情况制定的,正如宋教仁在与胡汉民争论究竟实行中央集权制还是地方分权制时所说,"君不过怀疑袁氏耳。改总统制为内阁制,则总统政治上之权力至微,虽有野心者,亦不得不就范,无须以各省监制之"①。

《临时约法》的上述规定,以根本法的形式确定了中华民国的立法权、行政权和司法权的相互分立与制约关系。可以说,三权分立原则是自《鄂州约法》《临时政府组织大纲》至《临时约法》一以贯之的。

3.关于人民的权利和民主、自由原则的规定。《临时约法》第二章《人民》规定,"中华民国人民,一律平等,无种族、阶级、宗教之区别"。人民享有人身、财产、营业、迁徙、言论、出版、集会、结社、通信、信教等自由;有请愿、诉讼、考试、选举和被选举等项权利;人民依法律有纳税及服兵役之义务。这些关于人民权利与义务的规定,公开、全面地否定了封建等级和特权制度,具有划时代的意义。但是,法律上的自由、民主,并不等于事实上就已获得自由、民主。其中,人民的选举权和被选举权,就受到财产、教

---

① 《南京临时政府公报》第 35 号,1912 年 3 月 11 日。

育、居住年限和身份的限制。而且,《临时约法》还规定,"人民之权利,有认为增进公益、维持治安或非常紧急必要时,得以法律限制之"。因此,在政府认为有碍"增进公益、维持治安或非常紧急必要时",人民的权利就可以被限制甚或取消。

《临时约法》在"宪法未实行以前,本约法之效力与宪法等"①,是一部具有比较完备形态的资产阶级共和国临时宪法。《临时约法》规定了中华民国国家制度、政府组织原则和一般民主自由原则,"带有革命性、民主性"②。而后,民主与专制力量围绕《临时约法》的施行、废除和保护,展开了政治、法律与军事的较量。袁世凯当上临时大总统后,"身受施行《约法》之灾祸",多次提出增修约法案。1914 年 5 月 1 日,他正式宣布废除《临时约法》,公布了一个"字字皆袁世凯手定"的《中华民国约法》。至此,即使是民主共和制形式的《临时约法》也已不复存在。③

第二节　临时政府的中央行政体制

一、南京临时政府的总统制

中华民国创立前后, 中国同盟会内部在关于临时政府体制问题上,存在着总统制与内阁制之争。孙中山主张采取总统制,认为:"内阁制乃平时不使元首当政治之冲, 故以总理对国会负

---

① 《毛泽东选集》第 5 卷,人民出版社 1977 年版,第 127 页。

② 白蕉:《袁世凯与中华民国》,载荣孟源、章伯锋等编:《近代稗海》(3),四川人民出版社 1985 年版,第 60 页。

③ 胡汉民:《胡汉民自传》,《近代史资料》1981 年第 2 期, 中国社会科学出版社 1981 年版。

责,断非此非常时代所宜,吾人不能对于惟置信推举之人,而复设防制之法度,余亦不肯徇诸人之意见,自居于神圣赘疣,以误革命之大计。"①宋教仁则主张内阁制,他"内审国情,外察大势,鉴于责任内阁之适于民国也,起而力争"②。但是,当时内阁制不为各省代表会议的多数代表所支持,中华民国南京临时政府最终实行的是总统制。

总统制是一种行政元首(包括国家元首和阁员)的任期与政策在宪法上独立,不受立法机关支配的政府制度。南京临时政府以临时大总统代表国家,临时大总统既是国家元首,又是政府首脑,以国家的名义行使权力。

1.临时大总统的产生

南京临时政府的临时大总统、副总统由各省代表选举产生。其选举办法是每省一票,以得票过总票三分之二以上者当选。1911 年 12 月 30 日,在 17 个省的代表 45 人到会的临时大总统选举会上,孙中山以 16 票的最多数当选。在而后增设的副总统选举中,黎元洪当选为副总统。《临时政府组织大纲》和《临时约法》都没有规定临时大总统、副总统的具体任期。

2.临时大总统的职权

临时大总统在国家政权中负有实际的政治责任。其主要职责有:(1)"统治全国之权"和"统率海陆军之权"。(2)在取得参议院同意后,有任免国务员、外交使节,宣战媾和,缔结条约,制定官制官规及设立临时中央审判所等权。(3)复议权。临时大总统对参议院的议决,如不同意,可在 10 日内声明理由,提交复议。参议院对于复议事件,如有到会参议员三分之二以上的同意仍执前议时,必须执行。虽然临时大总统议决各事要经参议院同意

---

① 邹鲁:《中国国民党史稿》,载《民国丛刊》第 1 编(26),上海书店 1984 年影印版,第 1491 页。

②《南京临时政府公报》第 1 号,1912 年 1 月 29 日。

或审议,但原则上总统并不对参议院负责。临时副总统是为临时大总统因故去职或不能视事时备位而设，对其职权没有具体规定。临时大总统因故不能视事,临时副总统受大总统委托代行职权;大总统因故去职,副总统升任。①

3.总统府的设置

临时大总统设总统府,下设总统府秘书处以及法制局、印铸局、公报局、稽勋局等。此外,还有参谋部、大本营和卫戍总督府等军事机构。这些都是临时大总统府的办事机构。在南京临时政府成立时,临时大总统孙中山任命胡汉民为总统府秘书长,指挥总统府各科办事,宋教仁、黄复生、但焘分别担任法制局长、印铸局长和公报局长,参谋部总长由黄兴兼任。

4.中央行政各部及其职权

中央行政各部是管理国家军政事务的执行机构，直隶临时大总统。临时政府共设九个部。

陆军部:管理陆军军政事务、军事教育、卫生、警察、司法和军队编制,监督所辖军人军佐;下设二处七局。

海军部:管理海军军政事务,监督所辖军人军佐;下设一处六局。

外交部:办理对外交涉以及关于外人事务,在外侨民事务,保护在外商业,监督外交官及领事;下设一处四司。

内务部:管理警察、卫生、宗教、礼俗、户口、田土、水利工程,举办公益及其他行政事务,监督所辖各官署及地方官;下设一厅六局。

财政部:管理会计、库帑、赋税、公债、钱币、银行、官产事务,监督所辖各官署及府县与公共团体的财产;下设一厅五局。

司法部:管理有关民事、刑事诉讼事件,管理户籍、监狱、保护

---

① 李新主编:《中华民国史》第1编,全1卷(下),中华书局1981年版,第429页。

出狱人事务,并其他一切司法行政事务,监督法官;下设一厅二局。

实业部:管理农、工、商、矿、渔、林、牧、猎及度量衡事务,监督所辖各官署;下设一厅四局。

教育部:管理教育、学艺及历象事务,监督所辖各官署学校,统辖学士、教员等。

交通部:管理道路、铁路、航路、邮信、电报、船舶、运输、造船事务,统辖船员;下设一厅四司。行政各部所设局、司、厅、处,分别管理本部具体事务,司、局下分科办事。

各部设总长一人为国务员,辅佐临时大总统办理各部事务。设次长一人,由大总统简任,协助总长掌本部事务,监督本部职员。总长拟就各部司局编制及权限,报大总统批准执行。在关于临时政府人选问题上,孙中山主张"惟才能是称,不问其党与省也"①。当时总长多为立宪党人和旧官僚,只有陆军、外交、教育总长为同盟会会员。孙中山根据同盟会确立的"部长取名,次长取实"的原则,注意次长人选。结果,除海军次长外,其他各部次长都是同盟会重要骨干。为便于加强各部之间的联系,并备临时大总统咨询,临时政府设立了国务会议。国务会议由临时大总统主持,各部总长即国务员参加。实际上,"国务会议亦次长代之"②。

二、北京临时政府的内阁制

1912 年 3 月 10 日,袁世凯在北京宣誓就任中华民国临时大总统。4 月 2 日,经参议院议决,临时政府迁往北京,史称中华民国"北京临时政府"。按照《临时约法》的规定,临时政府实行责任内阁制,临时总统为虚权元首,不负实际政治责任。

---

① 中国近代史资料丛刊《辛亥革命》(八),上海人民出版社 1957 年版,第 557 页。

② 《法典编纂会官制》,《北京政府公报》1912 年 7 月 17 日。

（一）国务院及其组成

实行责任内阁制,就是一切行政权力集中在内阁即国务院。国务院是北京临时政府的最高行政机关,由国务总理和各部总长组成。"国务总理及各部总长均称国务员","国务员辅佐临时大总统负责责任","于临时大总统提出法律案、公布法律及发布命令时副署之"。否则总统令便无任何法律效力。

1.国务总理。国务总理由临时大总统提名经参议院(后为国会)同意任命,其他国务员则由总理提名,经参议院(后为国会)同意,再由大总统任命。在国务院的国务员中,国务总理为国务员首领,保持行政之统一。国务总理在国务上全面负责。临时大总统提出法律案,公布法律及发布命令,除关系各部全体者由全体国务员副署外,国务总理则无论关系一部、几部或不属于各部者,都要副署。国务总理对各部总长的命令或处分认为有碍时,得先行中止,再取决于国务会议。国务总理依其职权或特别委任,得发布院令,就所管事务,得向地方长官发布训令和指令。

2.国务会议。国务院一切决策,取决于国务会议。国务会议作为国务院的决策机构,由国务总理和各部总长组成,并由国务总理主持。国务会议讨论决定政府法律案、敕令案、预算案、决算案、条约案,以及参议院(后为国会)咨送请愿书,预算以外支出,军队编制,宣战媾和,官吏任免,各部权限、争议,国务院依法应讨论或总理、总长认为应讨论事项等。

3.国务院直属机构。直属机构为国务院直辖的业务机构,主要有:

（1）法制局。由局长、参事、秘书、佥事、主事组成,必要时增设翻译员,其人数不得超过四人。法制局承国务总理的命令或根据各部拟订的法律、命令,审查和制定法律、命令。

（2）铨叙局。由局长、参事、秘书、佥事、主事组成。其主要职责为铨叙荐任官员任免,审核文官考试、恩典、抚恤及办理荣典、授与外国勋章和佩用等。

（3）印铸局。由局长、参事、秘书、佥事、主事组成；设有技正、技士等人员。其掌管文告用纸印刷，勋章、徽章、印信、关防图记及其他用品制造，以及公报刊行、职员录及法律全书等。

（4）蒙藏事务局。由正副总裁、参事、秘书、佥事、主事、执事官组成，主要职责为管理蒙藏少数民族事务。

（5）临时稽勋局。这一机构在南京临时政府时期设立，北京临时政府成立后进行了改组。其改组后，由局长、秘书、审议员、调查专员、主事等组成。主要职责为，稽查建国前各地倡义殉难人员，开国时为国尽瘁身亡人员，各地方战争中宣力著功人员，对军事上建议策划和奔走运动成绩卓著人员，开国前后输资助公人员等。至1914年1月24日，予以撤销。

（6）全国水利局。由正副总裁、视察、佥事、主事、技正、技士组成，管理全国水利及沿岸垦辟事务。

（7）临时国会事务局。这是专门办理国会议员选举的总机关，设局长一人，并由局长"调集专门人员，专门办此事"①。

（8）法典编纂委员会。会长由法制局局长兼任；下设纂修，负责法典编纂；调查员负责收集中外法例，为编纂法典提供材料。其主要职责是，编纂民法、商法、民事诉讼法、刑事诉讼法和上列附属法以及其他法典。"俟法典完成，即行裁撤。"

此外，实行责任内阁制后，原隶属于总统府的机构，多转归国务院，惟参谋本部、国史馆仍由临时大总统直辖。国务院秘书厅为国务院辅助机构，由秘书长、秘书、佥事、主事、参议组成。秘书长承国务总理之命，掌理秘书厅事务；秘书分管法令宣达、机要文书撰写和保管，典守印信等；佥事分管一般文书撰拟、记录编纂、文书图籍保管、文电翻译、文稿核对、文件核发等；主事协助佥事工作；参议负责审议法令等。秘书厅内分课办事，负责总务、内政、外交等各项具体工作。国务院除国务会议、直属机构和秘书厅外，

① 《东方杂志》第9卷，第2号。

还有中央行政各部,它们共同构成责任内阁制的行政体制。

(二)中央行政各部

根据唐绍仪内阁制定的《国务院官制》①,北京临时政府在国务院下设外交、内务、财政、陆军、海军、司法、教育、农林、工商、交通等十部。各部组成人员,除总长、次长、司长、厅长外,还有参事、秘书、佥事、主事以及技术人员等。总长为一部的行政首脑,依其职权或特别委任,除参加国务会议参与国务决策外,得负责执行国务会议作出的有关决策;在执行政务时,得发布部令;对地方长官亦得发训令、指令,对地方长官发布的、其认为不当或逾权的命令,得改变之;任免本部官员。次长辅助总长办理部务,总长若有事故时代理部务。各部组成人员不一。其中,财政部从总长到主事约 128 人,工商部不足 58 人。各部内部构成,除设有办公机构总务厅外,一般设 3~8 个业务司、局,陆军部最多,内务、财政、海军部次之,工商、司法、教育部最少。厅、司、局下分科治事。各部设有部务会议,作为咨议或建议机构,由总长或次长主持,参事、司长、秘书、技监等参加,科长列席。

唐绍仪内阁是按照责任内阁制的原则组成的。唐绍仪担任总理后,行使责任内阁职权,“每有要议,必就商于蔡(元培)、宋(教仁)二君”②。但是在内阁实际运行过程中,作为临时大总统的袁世凯处处压制、掣肘总理,致使内阁效能低下。如在任命王芝祥为直隶总督问题上,国务会议已经议定由王担任直隶总督,而袁世凯不顾国务员的副署权,径直下达任免令,改派王为南方军宣慰使。唐绍仪因此愤然辞职出走,接着宋教仁、蔡元培等四位同盟会的内阁成员,以抗议袁世凯破坏责任内阁制的行为而集体辞职。继唐绍仪内阁之后的陆征祥内阁、赵秉钧内阁逐步变为向临时大总统负责的内阁,当时被称为“御用内阁”,责任内

---

① 《东方杂志》第 9 卷,第 2 号。

② 黄远庸:《远生遗著》第 2 卷,商务印书馆 1984 年版,第 6 页。

阁制名存实亡。在国会选举中,宋教仁等积极倡导和推行政党内阁,专注于国会选举。1913年2月,国会选举结果揭晓,国民党以392席取得了国会中的多数议席,并拟国民党代理理事长宋教仁担任内阁总理。[1]袁世凯对宋教仁"非高官厚禄所能收买,乃暗萌杀意"[2]。在当时的社会政治条件下,责任内阁制乃至政党内阁制是行不通的。北京临时政府实行的内阁制"实未备责任内阁制之体用"[3]。

第三节　临时政府的地方行政体制

一、地方行政建制

南京临时政府成立时,各独立省份各自为政,地方建制不仅与中央不统一,而且各省之间也不一致。除首都南京府外,大体分为省军政府(都督府)、军政分府和县三级。

1.省军政府。都督掌管军事,兼管民事。如湖北,都督掌握军政大权,下辖各部;政务委员依据都督命令执行政务,发布命令,编制会计预算,提出法律案于省议会。如福建,都督总揽全省政务, 下设政务院。政务院由正副院长和各部部长组成院务会议;政务院长总理机关,保持各部统一;政务院决定法律及预算

---

[1] 仇鳌:《一九一二年回湘筹组国民党支部和办理选举经过》,载浙江省政协文史资料委员会编:《辛亥革命回忆录》第2册,浙江人民出版社1981年版,第117页。

[2] 湖北省政协编:《辛亥首义回忆录》第1辑, 湖北人民出版社1980年版,第59页。

[3] 陈茹云:《中国宪法史》,文海出版社1985年版,第32页。

案、官制及执行法律的命令等,并由院长报请都督批准。

2.军政分府。军政分府是低于省一级的机关,设在某些重要地点,下辖若干县。各地军政分府的组织机构和职权不甚统一。

3.县。县是地方最低一级政府,基本沿用清朝旧制,县长或长官主管县的军政和民政。

袁世凯就任临时大总统后,为加强集权,统一地方,颁布了《划一现行各省地方行政官厅组织令》,规定各省一律采取军民分制的办法,实行省、道、县三级地方行政体制,并在一些地方设立特别区。

1.省。沿清制,设 22 个省。省行政机关为行政公署,由民政长与所属人员组成。民政长为各该省最高行政长官,总理全省政务,由中央任命。当时只有江苏、江西、福建、湖北、山西、四川六省的民政长专任,其余则由都督兼任。民政长之下,设总务处和内务、财政、教育、实业四司。总务处不设处长,而是设秘书、科长、科员分办处务,以民政长的名义执行公务。各司设司长一人,总理本司事务,以民政长名义执行公务,均不独立对外。其中,安徽、福建等省将教育与事业两司裁去,在内务司内设教育、实业两科办理。新疆改设教育、实业两局,旋即改科。凡中央委令省办各事件,由民政长交付有关各司办理。司以下分科办事,科长由民政长呈由国务总理呈请大总统兼任, 科长以下设由民政长委任的科员若干,分管科务。

2.道。介于省、县之间的一级政府。全国约设立 90 余道,根据道所管辖地域大小、事务繁简、财赋多少及地理位置等,分为三等六类,等类不同,其经费和编制也是不同的。道,最初采用观察使制,道政府称观察使署,观察使为各道行政长官,由各省行政长官呈由国务总理呈请大总统简任。后来, 道观察使改称道尹,相应地,道政府改为道尹公署。

3.县。在广大普通地区设县。为划一县行政制度,将各省原府、厅、州等地方一律改称县,行政长官一律改称知事,行政机关通称县知事公署。经县知事试验委员会(设于内务部)主持的知事考试及格并由各部总长或各省最高行政长官保荐者，方取得任县知事的资格，其任命由省行政长官咨内务部行之。县知事主持办理本县行政事项，监督任免所辖行政人员。县知事公署之下设科，分办文秘、财政、民政、教育、实业等项业务。

4.蒙藏特别区。辛亥革命中，"十数行省先后独立，所谓独立，对于清廷为脱离，对于各省为联合。蒙古、西藏，意亦同此"①。临时政府成立后，蒙古沿用清代的盟旗制度和世袭封爵的王公制度，其行政系统是盟、旗、佐。盟设盟长、副盟长各一人，也有的不设副盟长。盟长掌管盟内各旗事务，受地方官司法行政监督。旗设扎萨克作为一旗的长官，具有管辖旗众和司法权利。旗的办事机构是印务处，一切命令或决定均由印务处执行。②西藏实行政教合一制度。前藏居于拉萨，以达赖为政教领袖；后藏居于日喀则，以班禅为政教领袖。西藏的行政最初以营为基本单位，后改为宗，设于要隘和人口众多的地方。大宗设基巧一人，平时管理所辖范围内的税收，战时受驻藏大臣的命令；小宗设宗本、居勒尔、尔。其中宗本负责全宗民政、财政和军事；居勒尔和尔协助宗本管理该宗具体事务。宗下设联村或土司、头人。

二、中央与地方的行政关系

临时政府无论实行的是总统制还是内阁制，中华民国仍然是一个单一制国家，并按照民主共和制原则，在清王朝的废墟上逐步建立起中央集权制。

南京临时政府是由各省代表以地方政府名义创立和组建的，采取一省一票原则决定重大事项。地方政府组织和人事，各省自主决定。各省自颁法规，自创制度。"各省有各省的组织方

---

① 《孙总统宣言书》(1912 年 1 月)，《东方杂志》第 8 卷，第 10 号。
② 许崇灏：《中国政制概要》，商务印书馆 1946 年版，第 161—163 页。

式,殊为纷歧。"①成立临时政府本有改变各自为政之意,却由于财力匮乏,无暇顾及地方,限制了其行政效能的发挥。但是中央政府要建立中央集权制的努力并没有停止。当时,中央行政机关称"部",如内务部、外交部等,临时大总统特电令各省,要求将各省设置的各部改为"司",使中央各部与地方各部示有区别。②为振兴实业,南京临时政府实业部于 1912 年 2 月 4 日通电各省,要求设置实业司;2 月下旬,临时大总统令陆军、内务、财政部,参照参议院议案,撤销各省军政分府,配设司令部,专管军事,地方行政长官主持民政与财政,司令部不得干涉。袁世凯就任临时大总统后,于 1913 年 1 月 8 日,北京临时政府颁布《划一现行各省地方行政官厅组织令》,划一地方官制,实行军民分治。其积极方面有利于中央集权制的强化,消极方面是它与建立专制独裁联系在了一起。《临时约法》虽然未就中央与地方的权限划分作出明确规定,但就当时的制度安排而言,地方政府是受中央政府委托管理各该区事务的。地方政府的活动、实行的政策合法与否,中央政府有裁定权,地方政府须接受中央政府的考核、检察和监督,地方的财政、教育、实业等行政管理机关直隶中央政府,地方行政长官要由中央任免。不过,这些制度未能真正落实到位或在全国大部分地方得以实现。

　　蒙藏地方由中央派遣官吏和当地自治官吏共同治理。民国政府于理藩院不设专部,原系视蒙、藏、回疆与内地各省平等,将来各该地方一切政治,俱属内务行政范围。现在统一政府业已成立,其理藩院事务,著即归并内务部接管。其隶于各部之事,仍归划各部管理。在地方制度未经划一规定以前,蒙、藏、回疆应办事宜,均各仍照向例办理。③

---

　　① 陈之迈:《中国政府》第 3 册,上海商务印书馆 1945 年版,第 2 页。

　　②《辛亥革命资料》,中华书局 1961 年版,第 84 页。

　　③《中国大事记》,《东方杂志》第 8 卷,第 12 号。参见《大总统袁世凯命令》(1912 年 4 月 22 日),见《西藏地方是中国不可分割的一部分》(史料选辑),西藏人民出版社 1986 年版。

第四节　临时政府时期的议会制度

一、临时参议院的产生与组织机构的设置

临时参议院是中华民国创立至正式国会成立期间,具有议会性质的立法机关。南京临时政府成立伊始,"各省都督府代表联合会"致电各省都督府,指出:"临时政府依次成立,代表责任已毕,立须组织参议院。据临时政府组织大纲,参议院由各省都督府派遣参议员三人组织之,即请速派遣参议员三人,付与正式委任状,克日来守。参议员未至以前,各省暂留代表1人至3人,驻宁代理其职权。"①临时参议院为一院制,由全体参议员组成。参议员派遣方法由各省自定。根据当时的实际情况,参议员有由都督府指派、由旧咨议局推举和民选等三种。1912年1月28日,临时参议院在南京正式成立。开院时共有参议员30人,分别来自广东、湖北、湖南、浙江、江苏、安徽、江西、山西、福建、广西10省;参议员代理13人,来自云南、贵州、陕西、四川、奉天、直隶、河南7省。参议院设正副议长各1人,由参议员以记名投票选举,得票过投票总数之半数者当选。在南京时,临时参议院议长先后由林森、王正廷、李肇甫担任并主持日常会务。

《临时约法》颁布及临时参议院迁院北京后,参议员由各省都督府派遣改为各地方派遣,每省限额5名。选派办法,权在各省,或公选或公派,各省自定。②实际上参议员中有都督指派者,

---

① 《民立报》1911年12月31日。

② 谷钟秀:《中华民国开国史》,文海出版社1971年影印版,第63页。

也有旧咨议局推举者和临时省议会选举者，参议员人数增加到
130人。随着参议员的改选，参议院内部组织也作了改组，仍设
正副议长各1人，议长分别由吴景濂、汤化龙、谷钟秀充任，内设
法制、财政、庶务、请愿、惩罚五个股。1913年4月8日，国会成
立，临时参议院完成其历史使命而解散。

二、临时参议院的职权及其行使

临时参议院在南京时依《临时政府组织大纲》，迁院北京后
依《临时约法》行使其职权。

1.立法权。主要是制宪修宪，制定法律，决议各种官制官规。
临时参议院成立后，即着手制定《临时约法》。但在其起草过程
中，孙中山曾以临时大总统名义向参议院提交草案，而参议院则
"原案退回"，并指出"宪法提案权应属国会特权"，"预为编定该
草案是为越权"①。在北京时，袁世凯于1913年3月3日向参议
院提出《编拟宪法起草委员会案》，也被参议院否决。参议院自己
提出了《国会组织大纲》和《选举法》。至参议院解散，参议院议决
法律案230余件，多经公布形成法律，而在议定《官俸法》时，参
议院将政府原案中国务总理及各部总长的官俸分别减少25%和
16%之多。

2.财政决定权。参议院要议决临时政府的预算、暂行法律、
全国统一之税法、币制及发行公债时间，检查临时政府的出纳。
参议院迁至北京后，即向同阁催要有关预算、决算案，内阁未及
时咨送，参议院以前半年之概算，后半年始交，不免有事过境迁
为由，驳回不议。参议院掌握财税决定权，以此监督政府。

3.决定临时大总统任免国务员、外交大使、公使，对外宣战、
媾和、缔结条约，大赦、特赦、减刑和复议等。总统制改为内阁制
后，参议院实际上享有对内阁的不信任权，而不允许政府解散

---

① 佐藤三郎:《民国之精华》,载《中国近代史资料丛刊》第48辑,第9页。

参议院之权。如果参议院不信任总理或各部总长时,大总统即须将其免职。

4.参议院应答复临时政府咨询事件,受理人民请愿,对有关法律及其他事件的意见,向临时政府提出建议。向政府提出建议案,参议员得 5 人以上连署,如政府不采纳,即不得再提。

5.对官吏纳贿、违法,咨请临时政府查办;对临时大总统有谋叛行为或国务员违法失职,提出弹劾;对临时大总统的弹劾,须有参议员 20 人以上连署,得以议员总数五分之四以上之出席,出席员四分之三以上的可决弹劾。对国务员的弹劾须有参议员 10 人以上之连署,得以议员总数四分之二以上之出席,出席员三分之二以上的,可决,予以弹劾。①

6.对国务院处理事情,认为不符合法律或其他情况,可向国务员提出质问书,并要求出席答复。向国务员提出质问书,须有参议员 10 人以上连署,然后咨转政府,限期答复,如果答复不得要领,再由参议院咨请国务员限期到院答辩。临时参议院议决的事件,由临时大总统盖印公布,交各部执行。

三、临时参议院的议事规则

临时参议院自行集会、开会、闭会,会期自成立至解散止。会议分为正常会议和特别会议两种。参议员过半数出席,才能开会。平常会议日期由议长依院议定。在会议期间经议长提议,参议员半数同意,可暂时休会,但不得超过 15 日。在休会期间有紧急事件急需讨论,可通知提出开会。特别会议是在平常会议开会日期以外,遇有紧要事件非得开会不能解决而召开的会议,但需事先编定议事日程,提前两天通知参议员并登载公报。②

---

① 《临时约法》第 19、34、35、40 条,《南京临时政府公报》第 35 号,1912 年 3 月 11 日。
② 董霖编著:《中国政府》第 1 册,世界书局 1941 年版,第 131 页。

会议一般公开进行,允许自由旁听,制定有《参议院旁听规则》。但在政府的要求、议长和参议员的提议、经多数同意下,可以改为秘密进行。会议对议案进行审议时,国务员或政府组成人员可以到会陈述意见,或对提案作出说明,不得因此中止参议员演说,不得参与表决。会议对政府的提案,除遇紧急情况经政府请求或多数参议员同意,一般未经委员会审议不得进行表决。凡法律案、财政案或其他重大议案,一般需经三读,始得议决,但依政府要求或议长、议员的提议,经多数表决,得省略三读的程序。对议案进行表决,有关参议员本身及其亲属者,不得参与表决,对所作出的决议也不得反对。通过决议须有出席会议的参议员过半数的同意。在表决时,如遇赞成和反对意见相等,一般取决于议长。参议员在院内的言论和表决对院外概不负责。参议员可以自由发表意见,即使对其所属委员会通过的决议,仍然可以发表不同意见。

四、第一届国会选举制度

为组织国会,临时参议院制定并公布了《国会组织法》[①]、《众议院议员选举法》[②]和《参议院议员选举法》[③],规定国会由参议院和众议院两院构成,两院议员均由选举产生,皆得公开竞选。1912年冬至第二年春,各地区根据公布的选举法,进行众、参两院议员选举。国会议员选举有资格规定。所有选举者,须为中华民国国籍的男子,年满21岁以上,在选举区内居住满两年以上,并要具有以下资格:(1)年纳直接税两元以上;(2)有价值500元以上不动产者(蒙、藏、青海以动产计算);(3)在小学以上学校毕业;(4)有与小学校以上毕业相当资格。凡中华民国国籍男子,年

---

① 阮湘等编:《中国年鉴》第一回,商务印书馆1924年版,第177页。
② 阮湘等编:《中国年鉴》第一回,商务印书馆1924年版,第185页。
③ 阮湘等编:《中国年鉴》第一回,商务印书馆1924年版,第183页。

满 25 岁以上,可当选为众议员。年满 30 岁以上者,可当选为参议员。具备上述资格,若有下列情形之一者,即被取消其选举权与被选举权:(1)褫夺公权,尚未复权者;(2)受破产的宣告,确立后尚未被撤销者;(3)有精神病者;(4)吸食鸦片者;(5)不识文字者。但是现役军人及在征调期间的续备军人,现任行政、司法、官吏和巡警,均停止其选举权和被选举权。僧道和其他宗教师(蒙、藏、青海等地例外)、小学教师、各校在校学生、办理选举的人员在其选区内,均停止被选举权。

参议员实行间接选举制,由选举团体选举。选举团体在各省为议会,以省议会议员为选举人,被选举人可以是省议会议员或其之外的合格者,但省议会议员中当选参议员者,不得超过本省议会议员的半数。在蒙古、青海,选举团体是专门组织的选举会,分区举行。各盟、部、旗分配一定名额以后,由各选区的王公世爵、世职组成选举会。在西藏,选举由达赖和班禅会同驻藏办事长官遴选相当人员(约为应选参议员的 5 倍),通过选举会分别在前、后藏进行,前、后藏参议员各为 5 名。①而西藏的第一届国会议员的选举,则是在北京完成的。华侨选举会由各地侨胞所设商会和各选 1 名代表在民国中央政府所在地举行。"中央学会"应选举若干名参议员。②

参议员选举实行无记名投票,每张选票只选 1 人。进行投票选举时,至少须有选举人总数三分之二以上到会,得票额数满投票人总数的三分之一,始得当选。当选人足额时,再选出同等数

---

①《中国大事记》,《东方杂志》第 9 卷,第 11 号,参见《西藏第一届国会选举法》,《西藏地方是中国不可分割的一部分》(史料选辑),西藏人民出版社 1986 年版。

②《中央学会选举参议院议员暂行规则》(1912 年 10 月 31 日),载中国第二历史档案馆编:《中华民国史档案资料汇编》(第 3 辑)政治(1),江苏古籍出版社 1991 年版。

量的候补参议员,名额各省平均分配。参议员任期六年,每两年改选三分之一。

众议院议员由选民选举产生, 其名额分配依人口而定,每80万人选出1名,不满800万的省仍可选出10名。选举分初选和复选两步进行。初选以县为选区,复选则合若干县为复选区,先由各初选区(县)选出众议员送选人后,再交复选区从这些送选人中投票选举本省众议员。蒙古、西藏和青海的众议员选举与选举参议员相同,即组织选举会直接选举出众议员。众议员任期三年,任期届满,全部改选。①

参、众议员选举采用了西方民主制度的主要原则,如一人一票制,无记名投票,公开竞选,任期制等。通过参、众议员选举,第一届国会于1913年4月8日正式成立。

五、第一届国会的组织制度

国会采取参、众两院制,参议院、众议院均设议长、副议长各1人,由议员互选,各设秘书厅和委员会。

秘书厅各置秘书长1人, 负责该院一切事务, 厅内分科办事,各科分管该厅具体事务。(1)全院委员会,由两院全体议员分别组成,开会时各选委员长1人主持会议,委员长的选举,正副议长不在被选之列。全院委员会在两院会议期间遇到重大问题,经议长或议员10人以上动议,才能召开。其中,参议院全院委员会召开,必须有三分之一的委员出席。(2)常任委员会,负责两院会议期间各项议案的审查,为便于审查各种不同性质的议案,于每年会期选定各种常任委员,众议院组成专门委员会,参议院组成股进行工作。其中,众议院有法典、预算、决算、外交、内务、财政、军政、教育、实业、交通、请愿、惩戒和院内13个委员会。参议院常任委员会下设法制、财政、内务、外交、军事、交通、教育、实

---

① 《众议院选举法》,《东方杂志》第9卷,第3号。

业、预算、决算、请愿、惩戒和院内 13 股。(3)特别委员会,是为审查特殊议案设立的。众议院一般由议长指定,但对议员资格进行特别审查时, 则由选举产生。参议院的委员会委员在多数情况下,由选举产生,委员名额依院议决定。

参、众两院法律地位是平等的。"民国议会之议定,以两院之一致成之。"①民国宪法未定以前,《临时约法》所定参议院之职权为民国议会之职权。②国会职权分为参众两院单独和共同行使两类。其中,在共同行使的职权中,凡是经过一院否决的议案,不得于同会期内,再行提出,而预算、决算案须先经众议院议决。当国会需要两院共同作出有关决定,共同履行有关职责时,如制宪和大总统选举,即召开两院联席会议议决。

第一届国会成立后,行使其法定职权。如组织宪法起草委员会,在制宪等问题上与袁世凯进行合法斗争。袁世凯破坏国会组织法,阻碍国会行使其职权,甚至以逮捕、枪杀国会议员,取消国会议员资格等手段,使国会不足法定人数而无以开会议事,直至下令解散。民初议会制度走向破产。

第五节　临时政府时期的政党和政党制度

政党制度起于英国,之后行于欧美。近代中国人介绍西方政党制度,则始于清末。但清廷"严禁结社","疾党如仇,视会为贼"③。

辛亥革命爆发后,清廷诏除党禁,"所有戊戌以来,因政变获

①《国会组织法》第 13 条,《法令全书》第二类《国会》。

②《国会组织法》第 14 条,《法令全书》第二类《国会》。

③ 中国近代史资料丛刊《戊戌变法》(四),上海人民出版社 1957 年版,第351 页。

咎,与先后因犯政治革命嫌疑惧罪逃迁,以及此次乱事被胁自拔来归者,悉被赦免"。近代中国党、会组织随之勃兴。全国各地出现了数百个号称党、会的小党派,它们旋生旋灭,旋合旋分。

南京临时政府时期,为参加国会议员选举,革命党——中国同盟会和立宪党等具有近代政党性质的政治组织公开活动;各种政治势力或集团也纷然结党。中国同盟会改组为所谓"普通政党"——国民党,它以"保持政治统一;发展地方自治;促进民族同化;注重民生政策;维持国际和平"为政纲[1],其代理理事长宋教仁主张以"两党制"和"责任内阁制"建设共和政体,这就是"一国政党之兴,只宜两党相峙,不宜小党群立,政党组织政府,成为志同道合之政党内阁"[2]。国民党与共和党、民主党、统一党时为"四大政党"。在第一届国会议员选举中,国民党众议员269人,参议员123人,计两院议席392人;共和党175席;统一党、民主党各24席。[3]共和党、民主党、统一党进而组织"进步党",主张采取国家主义;建设强善政府;尊重人民公意;拥护法赋自由;顺应世界大势,增进和平实利。[4]当时,国会中大有两党对峙之势,出现了两党制的某些特征和迹象。

对于民初政党政治,时人论及其前途与历史命运。杨度指出,"中国今日各党尚在组织内部之时代"[5]。梁启超则认为:"国中多数人之心理,于我国政党政治之前途,恒惴惴之不敢置信;即前此狂热于政党者,从事渐久,则希望亦渐灰,谓以我国人之道心,之政习,虽标政党之名,终不能脱朋党之实,则惧以利国之

---

① 杨幼炯:《中国政党史》,商务印书馆1936年版,第58—59页。

② 《国民党宣言》,《民立报》1912年8月18日。

③ 王觉源:《中国党派史》,正中书局1983年版,第110页。

④ 杨幼炯:《中国政党史》,商务印书馆1936年版,第66—67页。

⑤ 杨度:《与吴仲遥谈政党问题》,载刘晴波主编:《杨度集》,湖北人民出版社1986年版,第549—550页。

具,变为覆国之谋。"①在政党组织与党员问题上,民初各政党无严格的入党标准,各党员也不是以党义党纲择党。"惟思顿大弦以网多士,不问其人于党义有无会契,惟使之入吾彀,不得则加之以威,福之以利";入党者,"罕复问党义是否为吾所心悦诚服,党之举措是否践行党义,贸然入之,以为酬应而已"。②对于政党竞争,民初政党不遵循正当途径,"若惟以灭蹙他党为惟一之能事,狠鸷卑劣之手段,无所不至"③。在这种党争之下,"政党之分野,不以主义而以地方人士之意见"④。民初政党在参与国会选举中,"其假手于金钱及威力之干涉者什而八九",政党对于其政务研究,"莫或从事焉,即有此机关,亦同虚设"。⑤可见,民初仅是中国政党制度的发韧之期,其政党组织、运作、政党政治尚处于移植西方和初步尝试阶段,距规范的政党制度尚很遥远。

(乙)北洋军阀政府时期的政治制度

第一节 《中华民国约法》与袁世凯帝制

一、"政治会议"与《中华民国约法》

按照立法程序,应该先制定宪法,然后依宪法选举正式总

---

① 梁启超:《中国政党政治之前途》,载吴嘉勋、李华兴编:《梁启超选集》,上海人民出版社 1984 版,第 632 页。

②《梁启超选集》,上海人民出版社 1984 年版,第 627 页。

③《梁启超选集》,上海人民出版社 1984 年版,第 629 页。

④《梁启超选集》,上海人民出版社 1984 年版,第 630 页。

⑤《梁启超选集》,上海人民出版社 1984 年版,第 628 页。

统。这就是根据当时的规定,在《临时约法》实行的 10 个月内,由临时大总统召开国会,制定宪法,选举正式大总统。但是袁世凯指使梁士诒组织了一个公民党,并在国会提出先选总统,后定宪法。此议案竟在参、众两院获得通过。在大总统选举中,袁世凯胁迫国会选举他为正式大总统,正式政府成立。

袁世凯就任大总统后,便向国会提出增修《临时约法》案:一是大总统制定官制官规,任免文武职员,宣战媾和及缔结条约,无须国会同意;二是大总统得拥有紧急命令权和财政紧急处分权。[①]不久,袁世凯又向国会要求宪法公布权,但遭到国会及宪法会议的拒绝。《中华民国宪法草案》即《天坛宪草》[②],由国会宪法起草委员会通过后,袁世凯通电表示反对,认为"民党议员,干犯行政,欲图国会专制",并下令解散国民党,撤销国民党议员资格。[③]1913 年底,袁世凯将他控制下的熊希龄内阁的行政会议改为"政治会议"。政治会议以"以免内外隔阂,俾得共济时艰"为己任[④],代行国会职权。其成立后便呈请解散国会,另组约法会议。约法会议按照袁世凯提交的《增修约法案大纲》[⑤],起草并通过《中华民国约法增修案》,交由袁世凯公布生效。这就是所谓的《中华民国约法》。

《中华民国约法》共分为国家、人民、大总统、立法、行政、司

---

① 《中华民国的法律制度》,《自修大学》1985 年第 11 期。

② 《东方杂志》第 19 卷,第 21 号,参见杨幼炯:《近代中国立法史》,台湾商务印书馆 1967 年增订版,第 131—143 页。

③ 白蕉:《袁世凯与中华民国》,载荣孟源、章伯锋等编《近代稗海》(3),四川人民出版社 1985 年版,第 61 页。

④ 《政治会议组织命令》,载孙曜编:《中华民国史料》第 2 册,上海文明书局 1927 年印行,第 15—16 页。

⑤ 杨幼炯:《近代中国立法史》,台湾商务印书馆 1967 年增订版,第 190—192 页。

法、参政院、会计、制定宪法程序和附则十章六十八条①,它扩大总统权力,缩减立法权和行政监督权,实际上是取消了中华民国的三权分立的原则,改内阁制而为总统个人独裁制,改国会两院制为一院制,设立法院。它规定大总统为国家元首,总揽统治权;大总统制定官制官规,任免文武职官不经国会;大总统召集立法院,宣告开会、停会、闭会,设立由大总统任命参政组成参政院。参政院应大总统之咨询,审议重要任务;在立法院未成立前,参政院代行立法院职权。大总统经参政院之同意解散立法院;宪法起草权归大总统与参政院,由国会以外之国民会议制定,总统颁布并得召集约法会议增修之。司法以大总统任命之法官组织法院行之。而且,"为国际战争或勘定内乱及其他非常事变,不能召集立法院时,大总统经参政院之同意,得为财政紧急处分"。依此约法,大总统袁世凯得以凌驾于立法、司法之上,直接控制国家的军事、财政、外交大权。"今日之新约法,总统有广漠无垠之统治权,虽世界各君主立宪国家之政,罕与伦比。"②袁世凯也在约法公布时说:"予今日始入政治新生涯。"③

二、袁世凯复辟帝制

袁世凯为强化个人独裁统治,通令全国"尊崇孔圣"④,下令撤销国务院,在总统府内设立政事堂。"政事堂依约法设国务卿一人,赞襄大总统政务","国务卿承大总统之命,监督政事堂事务"⑤。设立陆海军大元帅统率办事处,由陆海军总长、参谋总长

---

① 《申报》1914 年 5 月 4 日。

② 汪凤瀛:《致筹安会书》,《东方杂志》第 12 卷,第 1 号。

③ 马振东:《袁世凯当国史》,上海广益书局 1924 年版,第 367 页。

④ 《通令尊崇孔圣文》,载《袁大总统书牍汇编》卷 2,上海广益书局 1914 年版,第 51—52 页。

⑤ 《大总统府政事堂组织令》,载北京政法学院法制史教研室编印:《中国法制史参考资料选编》近现代部分(1),1980 年,第 134 页。

和特派高级军官总务厅长组成,由袁世凯自己兼任首脑,一切军事要政,都由袁世凯裁夺。①解散各省议会,停止"地方自治制"。这样,从中央到地方,民初建立起来的民主共和制被袁世凯摧残殆尽。

袁世凯的政治顾问、美国人古德诺发表《共和与民主论》认为:"在中国之状态,比较君主政体,实胜于民主政体。"②"以筹一国之治安"的筹安会,"研究君主、共和国体以何适于中国",鼓吹帝制。袁世凯帝制自为,唆使梁士诒组织"全国请愿联合会",伪造民意,拥护帝制。参政院则以"国民代表大会总代表"的名义,向袁世凯进献"总推戴书""恭戴今大总统袁世凯为中华帝国皇帝"③。1915 年 12 月,袁世凯发表接受帝位的申令,改国号为中华帝国。虽然在护国运动之下,袁世凯被迫取消帝制,并公布《政府组织令》④,但这些终不能挽救危局。袁世凯忧惧而死,帝制垮台。

第二节　北洋军阀政府的中央行政体制

袁世凯之后,北洋军阀内部依军事力量和派系分裂为皖系、直系、奉系以及一些地方军阀。军阀割据,内战不休,而主政中央政权者以民主共和之名,行军阀专制之实,与袁世凯并无本质区别。

---

① 《陆海军大元帅统率办事处组织令》,《东方杂志》第 10 卷,第 2 号。
② 杨幼炯:《近代中国立法史》,台湾商务印书馆 1967 年增订版,第 210 页。
③ 杨幼炯:《近代中国立法史》,台湾商务印书馆 1967 年增订版,第 214 页。
④ 北京政法学院法制史教研室编印:《中国法制史参考资料选编》近现代部分(1),1980 年,第 139 页。

一、皖系北洋军阀

黎元洪继袁世凯任大总统,宣布恢复《临时约法》,申令续行国会,政府体制也恢复为内阁制,皖系军阀段祺瑞被任命为国务总理,并组织内阁。但在总统府和国务院权限问题上,黎、段之间发生"庭院之争"。段祺瑞自恃北洋武力,为限制总统黎元洪的职权,炮制出《国务院权限节略》,其明确规定,总理有权选择内阁成员,直接领导中央各部和各省行政。黎元洪不甘做傀儡总统而与段争权。第一次世界大战爆发,段祺瑞为扩充实力,主张对德宣战,黎元洪则反对参战,拒绝在段祺瑞的对德绝交咨文上盖印。段祺瑞借机辞职,黎元洪下令免去段的总理职务,黎、段公开分裂,府院之争激化。

这时,张勋以调停为名,带领五千"辫子军"北上,旋即上演清帝复辟剧。孙中山在上海召开会议,发表"讨逆宣言"。段祺瑞放弃与张勋合作,向全国发出反对复辟通电,表示不能坐视民国覆亡,要"再造民国"。他组织讨逆军进军北京,张勋复辟帝制破灭。段祺瑞复任总理,设中央行政九部,组成了一个完全由皖系控制的新内阁,掌握了北京政府的实际权力。

段祺瑞一上台就公开宣布:"一不要约法,二不要国会,三不要旧总统。"[1]对德宣战以后,段祺瑞任参战督办。参战督办名义上由大总统任命,直属大总统管辖,实际负责综理一切参战事务,掌握军队大权,凌驾于总统府之上,所有阁务,必请示而后行。参战督办设督办参战事务处作为官署,由参谋长、参赞和参议若干人组成,下设参谋、外事、军备、机要四处,督办选派各处处长、副官长、副官和处员。战争结束后,参战督办处撤销,段祺瑞改任督办边防事务,置边防事务处,仍踞于政府之上。

---

① 觉民:《天津通讯》(2),载《民国大新闻报》1917年7月22日。

二、直系北洋政府

1920 年 7 月,直系与皖系之间发生战争,直系军阀联合奉系打败皖系,确立了以直系为核心、直奉联合控制北京政府的体制。直奉共同商定,更换疆吏(如督军、省长等重要官员)必须商榷, 更换内阁,"共相示知", 所有重大国务必须得到直奉同意。①北京政府继续实行总统下的内阁制。国务院仍设外交、内务、财政、司法、教育、农商、交通、海军和陆军等 9 部。第一次直奉战争中奉军战败,退出关内,北京政府完全控制在直系军阀手中。

直系军阀以"恢复法统"为名,企图召集旧国会议员开会,为其统治提供合法依据并改组北京政府的中央政权。在总统问题上,他们决定先由黎元洪出任总统,以取得国会和各省的支持,然后再利用旧国会选举曹锟为总统。黎元洪代替徐世昌任大总统,旧国会随之复会。之后,曹锟一方面逼黎元洪辞职,另一方面威胁利诱国会议员,贿选总统。1923 年 10 月 10 日,《中华民国宪法》即"贿选宪法"正式公布。这是北洋军阀统治时期的第一部正式宪法。宪法规定,中央政府仍采取责任内阁制,"中华民国之行政权由大总统以国务员之赞襄行之","国务员赞襄大总统,对于众议院负责任","大总统所发命令及其他关系国务之文书,非经国务员之副署,不生效力"②。

三、奉系北洋政府

在第二次直奉战争中,曹锟被囚禁下台,奉系军阀张作霖与直系冯玉祥推段祺瑞任临时执政,成立临时执政府。根据《中华民国临时政府制》规定,临时执政府以临时执政总揽军民政务,统率海陆军;临时执政对外代表中华民国;临时政府设置国务员

---

① 来新夏编:《北洋军阀史稿》,湖北人民出版社 1983 年版,第 259 页。
② 阮湘等编:《中国年鉴》第一回,商务印书馆 1924 年版,第 145 页。

赞襄临时执政处理国务,临时政府之命令及关于国务之文书,由国务员副署。临时执政召集国务员开国务会议,命国务员分掌外交、内务、财政、陆军、海军、司法、教育、农商和交通各部。可以说,临时执政总揽了总统、总理和国会三方面的职权。[1]临时执政府是一个过渡性政权。为抵抗国民革命军、北伐军,1926 年 12 月,张作霖任安国军总司令职。第二年 6 月,又改安国军总司令为陆海军大元帅,成立以大元帅为首的军政府。按照《中华民国军政府组织令》,陆海军大元帅统率中华民国陆海军,于军政时期代表中华民国行使行政权。军政府实行军政合一,在元帅府之外,不再设置任何形式的民意机关,大元帅不对任何机关负责。军政府大元帅之下设国务院,"军政府置国务卿,辅佐大元帅执行政务","大元帅之命令,国务总理须副署之,其关于各主管部务者,各部总长须连带副署;惟任免国务员不在此限"[2]。在这种军政府体制下,国务总理和各部总长实际上由大元帅任命,其副署权形同虚设。

军政府国务院由国务员组成,国务会议执行国务职权,由国务总理任主席。国务总理因故不能出席时,得呈明大元帅由其他国务员代理。国务会议议决事项包括命令、条约、预决算、宣战媾和,陆海军编制和官吏任免等。国务院设秘书厅,掌办宣达政令,关于国务会议事项,拟撰和保管文书,编撰和记录等事务。

国务总理除管理国务院外,得发布院令,并管理不属于各部的行政事务,但无权直接管理、指挥部务,各部总长直属大元帅管辖。这样,国务总理的地位和职权被削弱,大元帅实行独裁统治。

国务院仍为 9 个部,其设署有所调整和变动。其中,海军、陆军合并为军事部,它除管辖原陆军部和海军部事务外,还包括航

---

① 《政府公报》第 3115 号。《政府公报》由北京印铸局编印,民国元年 1—4 月刊名是"临时公报",5 月改用本名。

② 《中华民国军政府组织令》,《东方杂志》第 24 卷,第 16 号。

空署和本不属于内阁管理范围的参谋本部的全部事务。农商部分为实业、农工两部。各部长官编制中,各部总长仍为 1 人,除军事部设次长 4 人,分兼参谋、陆军、海军、航空署长,财政部设次长 3 人,2 名次长分兼盐务、烟酒署长外,其余各部仍各设次长 1 人,各部设司局,增设署和处。国务院各部的设置表明,军事部成为军政府独裁最重要的支柱。

但是,北伐战争的推进以及国民政府的成立,张作霖被迫退出关内,张学良在东北改旗易帜,中央政府实际上被国民政府所控制,北洋军阀集团及其统治终结。

第三节　北洋军阀政府的地方行政体制

一、省级行政机构及其职权

《中华民国约法》颁布后,袁世凯为复辟帝制,公布了《省官制》。《省官制》将民政长改为巡按使,省行政公署相应地改为巡按使署。巡按使为政府特别委任,管理全省民政官员及巡防队、警备队,监督财政和司法行政及其他特别官署的行政事务。巡按使为了执行法律、教令或依据职权之特别委任,可发布省令。巡按使署设政务厅,厅长 1 人,总理厅务。厅长由巡按使荐任,实际上多由巡按使经由内政部呈请大总统简任。政务厅长离职时,可由巡按使派人代理,但须呈报中央备案。其下设总务、内务、教育、实业四科,各科设主管人 1 名,总理各科事务,但主管人的职务,奉天称主任,江苏称科长,云南则称佥事。1914 年 6 月,袁世凯下令废除都督府,不久又下令改都督为将军,改都督府为将军行署,规定巡按使如奉大总统命令加将军衔,则在巡按使署设军务厅。袁世凯以此加强了对地方的控制。

皖系段祺瑞掌握中央政权后，将巡按使改为省长，其衙门也改为省长公署。将军行署改为督军公署，将军改为督军。同时，在各省增设省参事会，以省长为会长，作为省长的咨询机构。1917年后，省长公署下设政务厅、军务厅、参事会、财政厅、教育厅、实业厅、交涉署、警务处。其中，财政厅、教育厅、实业厅和交涉署、警务处由中央有关各部和省双重领导。

直系当政时，《中华民国宪法》规定，省实行自治制，"得自制定省自治法"。"省自治法，由省议会、县议会及全省各法定之职业团体选出之代表，组织省自治法会议制定之"。省设省务院，执行省自治行政，以省民直接选举之省务员 5 至 9 人组织之，任期 4 年。省务院设院长 1 人，由省务员互选之。住居省内 1 年以上之中华民国人民，于省之法律上一律平等，完全享有公民权利。如《湖南省宪法》作为实行自治的湖南省宪法规定，"湖南为中华民国之自治省""省自治权，属于省民全体"。关于省行政，省长由省议会选出 4 人，交由全省公民总投票决选，以得票最多者为当选，任期 4 年，不得连任；省长之下设 7 个司，由 7 位司长组织省务院，并互选 1 人为省务院长，辅助省长执行省政务。省务院对省议会负责①。

北洋军阀政府在一些边疆和京师地区实行特别行政区制。热河、绥远、察哈尔、川边和京兆与省相似；宁夏、青海长官一般统辖军政、民政、司法、外交事务。

二、道级行政机构及其职权

北洋军阀政府制定《道官制》，规定采取道尹制。观察使改为道尹，观察使公署也改为道尹公署。道尹公署下设内务、财政、教育和实业四科，各科设科长 1 人，科员若干人。另设秘书 1 人，技正、技士若干人，秘书办理机要事务，技正、技士负责技术事务。

---

① 《东方杂志》第 19 卷，第 22 号。

道尹隶属于省行政长官,管理道内行政事务,考核道内行政官吏,依法发布道单行章程,监督道内财政和司法行政,节制、调遣驻扎道内的巡防和警备队[①]。

道推行道行政长官出巡制度。福建省制定的专门章程规定,出巡分为临时出巡和定期出巡。无论是临时出巡还是定期出巡,各道的道尹须每年亲自巡查道内一周,检查和督促政策、政令的执行。

三、县级行政机构及其职权

县为北洋政府的地方基层行政区域。《县官制》明确规定,"县置知事,隶属道尹,为县行政长官",知事一律改称县知事。

县知事的职权主要是:(1)发布命令权:在不抵触中央和省法令、章程范围内,发布县令或县单行章程;(2)任命权:任命所属科长、科员、技士等人员,监督所属人员,调用本县警备队;(3)编制预决算;(4)向县议事或县参事会提出议案和陈述意见,兼理审判和检查任务。[②]这说明,县知事有一定的行政、立法、司法权。1921年前后,一些省将县知事改称县长。《中华民国宪法》规定"县设县长",县长"由县民直接选举之。"

县知事公署一般设一至四科,分科办事。各科设科长1人,科员若干人。直属机关设有警察公所、公款局、劝学所。警察公所管理县区域内的警察事务。[③]不设公所的县,其事务由保卫团代管。公款局主要掌管县内的收支及特别捐款。根据《劝学所规程》规定,各县教育机构一律改为劝学所,协助县知事办理全县教育行政事务。县以下行政组织为城、镇、乡。当时仍沿用清廷《城镇乡地方自治章程》对城镇乡的划分标准,规定人口在5万以上的

---

① 《北洋政府公报》1914年5月24日。

② 钱端升等著:《民国政制史》下册,商务印书馆1946年版,第187—189页。

③ 《北洋政府公报》1914年8月30日。

村庄屯集地为城镇,5万以下的村庄屯集地为乡。城镇置镇公所,设镇董、镇佐管理;乡置乡公所,设乡董、乡佐管理。

第四节　北洋军阀政府时期的军事制度

一、中央军事制度

北洋政府以军权、军制的集中统一加强军事统治。在中央设军事行政机关陆军部和海军部,设军令机关参谋本部。凡国防用兵,由参谋总长呈请大总统认可后,分别咨行陆军、海军部办理。

陆军除步兵外,还有骑兵、炮兵、工兵、辎重兵等;海军有舰艇部队、海军陆战队等。陆军编制一般仍承袭清末旧制,分"新军"和"旧军"。新军是清光绪三十年练兵处所定营制改编而成,旧军则为各省的巡防营等部队,二者后来逐渐趋于一致。陆军编制单位依次是师、旅、团、营、连、排,中央直辖部队主要是师和混成旅,此外还有京师宪兵营、陆军部卫队营、内城守卫队等。海军编制初设海军总司令,直属海军部总长,指挥各舰队。1916年2月,各舰队直辖海军部,分为第一、第二舰队和练习舰队,还有练营、鱼水雷营、海军医院等。各地军港设军港司令处,掌管出师准备,防御计划,军港区域和附近地方的警备。海军陆战队为营制,直属海军部统辖。

陆海军官佐一律分为三等九级,上等将官,分上将、中将、少将三级;中等校官,分上校、中校、少校三级;初等尉官,分上尉、中尉、少尉三级;以下还有准尉一级。陆军自校官以下分宪兵、步兵、骑兵、炮兵、士兵、辎重兵,炮兵工长同炮兵准尉。海军另有轮机系统,自轮机中将至轮机少尉止,无轮机上将和轮机准尉。陆海军士兵均分为军士和兵两等,军士分上士、中士、下士三级,士兵陆军分上等兵、一等兵、二等兵三级,海军分一等兵、二等兵、三等兵以及一等练兵、二等练兵。[①]

北洋军阀政府的军队除嫡系外,还有地方军,如警备队、清乡队、守备队、巡防师和自治军等。由于中央和地方军阀割据,各派军阀所辖部队编制不一,且穷兵黩武,军队规模急剧膨胀。

二、地方军事机构建制

北洋军阀政府设置在地方的军事机构,大致分为地区性、省级和临时性三种类型。

袁世凯统治时期,依照军阀势力范围,设立巡阅使署和经略使署,其首脑为巡阅使和经略使,辖区一般在两省以上或河流、海疆区域。至1924年12月,临时执政段祺瑞下令裁撤巡阅使时,全国已设有闽粤、两广、海疆、东三省、两湖、直鲁豫、苏皖赣、闽浙和热河、长江、察绥巡阅使署等;在蒙、疆、川、粤、湘、赣等设有经略使署。此外,有的地方还设有副使和副使署,如苏皖赣巡阅副使。使署和副使署管辖所辖地区军政,统辖该区内的陆军,会同区内各省军政长官筹办处理区内军事事务。

在省级,袁世凯时,废省都督制,实行将军制,都督改为将军,都督府改为将军行署,置将军行署于京师,但因遭到地方军阀的反对而未完全实现。将军行署除设将军外,还设有副官长、副官、参谋长、参谋、书记官以及会办、帮办,并署军务、军需、军医和军法四课。皖系政府时,段祺瑞命令改将军制为督军制,将军行署改称督军公署。1924年,北洋军阀政府又改行督办制,督军公署改为督办某省军务善后事宜公署。

临时性军事机构,主要是护军督署和镇守使公署,其设置都

---

① 《陆军官佐士兵等级一览表》(1912年8月19日公布),《海军官佐士兵等级表》(1912年10月20日公布),载钱实甫:《北洋政府时期的政治制度》(下),中华书局1984年版,第389—395页。

不是常规的,而是临时性的。按照 1913 年 12 月 19 日公布的《护军使暂行条例》规定,护军使,一是设在没有军政长官的省份,护军使直属于中央,节制全省军权,如黑龙江护军使;二是设在有军政长官的省份,护军使一般承该省军政长官之命,节制所辖一定区域的军队,如福建闽北护军使。护军都署在无军政长官的省份,成为该省区最高军事机关;而在有军政长官的省份,则其所辖职权范围只限于该省区一定的区域,员额不得超过省军政机关的三分之二。此外,在个别地区,如淞沪,还设有护军副使,辅助护军使管理区内军政。

设立镇守使的地区,主要是在边疆和重要城市,如川边镇守使、上海镇守使等。有些地方在其之下还设有镇守副使。镇守使公署为镇守使办事机关,由镇守使、参谋长、副官长、参谋、副官、书记及军需、军医、军法等组成,管辖所属地区陆军。镇守使通常由所在地陆军师长、旅长兼任。

第五节　北洋军阀政府时期的文官制度

北洋军阀政府的官吏制度是采用文官与武官分途的原则建立起来的。文官主要分为行政官、外交官、司法官、技术官、警察官等。其中,行政官即普通行政官;外交官包括领事官,但二者又有所区别;司法官包括审判官、检察官、书记官、翻译官、监狱官等;技术官主要是指工程、制造人员;警察官属于内务系统,不是军人。

一、官之等阶

1.行政官。行政官从任用上分特任、简任、荐任和委任四级。中央行政官除特任官外,分为九等,其中第一、第二等为简任官,第三至第五等为荐任官,第六至第九等为委任官。各等官的任用手续各有不同。

特任官由大总统以特令任命,包括国务总理、各部总长、省长等。简任官属于国务院或直属于国务院总理的,其任免和叙等由各部总长商承国务总理呈请大总统任命,如国务院秘书长、国务院直辖各局局长、各部次长、道尹等。荐任官属于国务院或直属国务总理的,其任免和叙等由所属长官经由国务总理呈请大总统任命;属于各部或直属各部总长的,其任免和叙等由各部总长经由国务总理呈请大总统任命,如国务院秘书、参事、各部参事、司长、科长、县知事等。委任官的任免和叙等,均由所属长官任命委用。初任,自最低等起,升任相同。转任的,若高于其转任官最低等的,仍依其原任的官等。退官后复任的,同原任或较低的官等,原任已过两年以上的,得进一等。各官等非在官两年以上,以受俸至最高级的,不得进等。其后又补充规定,如有荐任官资格的授为荐任官,初任的官等可列六等;如系应文官高等考试初试及格的,授为委任官,初任的官等可自七等起。特任、简任、荐任属高等文职,委任属普通文职。

2.外交官、领事官。设四级九等:特任大使,简任公使、大使馆参事,荐任参赞、总领事、领事、副领事、随员,委任主事。

3.司法官。分特任、简任、荐任三级五等。特任有大理院院长,简任有总检察厅检察长、首席检察官,高等审判厅厅长,高等检察厅检察长,京师地方审判厅厅长、检察厅检察长,荐任有大理院推事,总检察厅检察官,高等审判厅庭长、推事,高等检察厅首席检察官、检察官,地方审判厅厅长、庭长、推事,地方检察厅检察长、首席检察官、检察官,初级审判厅厅长、推事,初级检察厅检察长、检察官等。技术官中,简任技监,荐任技正,委任技士。

二、官之选任

袁世凯公布《中华民国约法》后,凡文职的任用,除由大总统特擢以外,必须具备下列资格之一的,才可以任用:1.经文官高等、普通考试及格;2.经文官甄用合格,由大总统核定用途交铨叙局注册的;3.已经正式任命的各项文职,依法令应行转任、补任、升任的。此外,各等行政官的任用资格各有其规定。外交官、领事官的任用,除特任、简任和考试及格人员外,须经资格审查的手续。资格审查委员会设委员长一人,由大总统特派外交总长或次长兼任,委员四人,由总长遴选呈请大总统派充。高等厅法官的任用,须具备下列资格之一:1.任推检五年以上;2.有合于第一次考试资格,充任法政学堂教习或律师五年以上。大理院、总检察厅法官的任用则须具备下列资格之一:1. 任推检十年以上;2.有合于第一次考试资格,充任法政学堂教习或律师十年以上,并曾任推检的。

北洋军阀政府将考试与甄别、甄用作为选任官吏的办法。文官考试制度始于 1913 年, 其后在 1915 年、1918 年作了补充和修改。文官考试分为文官高等考试和文官普通考试。文官高等考试由中央统一办理,文官高等考试典试委员会主持;文官普通考试由中央和地方分别办理, 中央文官普通考试典试委员会和地方文官普通考试典试委员会分别主持。参加文官考试资格,只限于中国男子。文官高等考试的程序分甄录试、初试、大试三次。甄录试用笔试,初试和大试先用笔试,再用口试。1915 年改为四试,前三试笔试,后一试口试。文官高等考试每三年举行一次,必要时得临时考试。文官普通考试在高等考试后举行,其考试科目有国文、历史、地理、笔算、法学通论、经济学,各官署得酌情将所掌事务加入一二科目,于考试前一个月登报公布。文官普通考试分三试,前两试笔试,后一试口试。1919 年修改为第三试由典试官、襄校官三人以上出席,就应试人曾经笔试的各科口试。外交官、领事官的考试和文官高等考试合并举行,口试外文,甄录试由外交部甄录委员会主持。司法官考试和文官高等考试合并举行,在中央政府所在地依甄录试、初试和再试进行;甄录试和初试由司法总长呈请大总统定期举行,一个月以前在《政府公报》

上公告；再试日期，由司法总长临时决定。县司法公署审判官考试，由各省高等审判厅长于省会组织典试委员会执行。律师考试与司法官考试合并举行，考试分甄录试和大试，同司法官考试的甄录试和初试规则。未经文官考试任用的官吏，适用甄别、甄用办法。甄别方法有：1.检验毕业文凭；2.调查经历；3.检查成绩；4.考试学识；5.考试经验。甄别分别由高等甄别委员会和普通甄别委员会执行，依程序甄别合格的，给予甄别合格证书。①甄用方法分文书审查和询问审查两种，文官甄用委员会设于首都，开会日期由大总统决定。文书审查有疑义时，得征调被保荐人到会询问审查，审查决定后，由委员长将有关文件和经过，并就荐任以上职务酌拟用途呈报大总统核定。1919 年，大总统徐世昌下令停止文官甄用，举行文官考试。

三、官之惩戒

文官惩戒工作由文官高等惩戒委员会和文官普通惩戒委员会主持。文官高等惩戒委员会议决关于简任官和荐任官的惩戒，设置于中央和各省。当中央简任官、荐任官和地方简任官有惩戒事件发生时，由国务总理呈请大总统选派并组成中央高等惩戒委员会议决；当各地方荐任官有惩戒事件发生时，由省行政长官经国务总理呈请大总统选派并组成设于该省的文官高等惩戒委员会议决。1914 年公布的《文官惩戒委员会编制令》②规定，文官高等惩戒委员会常设于中央，各省不设。文官普通惩戒委员会议决关于委任官的惩戒，设置于中央和地方各官署。文官如有下列情况之一的，应受惩戒：1.违背职守义务；2.玷污官吏身份；3.丧失

---

① 凡在《文官任用法施行法》施行前所任命的官吏，在《文官甄别法》施行日起实行；凡依《文官任用法施行法》任用的官吏，任官满一年后甄别。

② 钱实甫：《北洋政府时期的政治制度》（下），中华书局 1984 年版，第 363—367 页。

官吏信用。惩戒处分分为四种：1.褫职。自受处分之日起，非经过两年不得复任。2.降等。自受处分之日起，非经过一年不得升级；受降等处分而无等可降的，减其半俸一年以上、两年以下。3.减俸。其间为一月以上、一年以下，数目为月俸的十分之一以上、三分之一以下。4.申诚。根据1918年修正公布的《文官惩戒条例》①，增加记过处分一项。凡请付惩戒的长官，于请求惩戒时，须附具体证据，惩戒委员会对于所送证据认为确有疑点时，得要求详细答复。

司法官惩戒工作由司法官惩戒委员会议决。司法官有下列行为之一的，依法惩戒：1.违背或废弛职务；2.有失官职上的威严或信用。司法总长或各监督长官对于司法官应付惩戒的，得胪举事实，呈请大总统核交惩戒委员会审查。惩戒处分有七种：夺官、褫职、降官、停职、调职、减俸和诚饬。惩戒委员会的惩戒议决，呈报大总统核准后，交司法部执行。

四、官之保障

文官除特任官、公使、秘书外，依照1913年公布的《文官保障法草案》②的规定，文官非受刑法的宣告、惩戒法的处分或有下列原因之一的，不得免职：1.因身体残废，精神衰弱，或年老不能胜任；2.自请免官。文官非得其同意，不得转任同等以下的职位。文官受免职，须依照一定的审查程序审查，如有下列情形之一的，得命其休职：1.依惩戒法的规定交付惩戒委员会审查的；2.关于刑事案件被告诉、告发的；3.因官制变更，官署或缺额有所裁废、合并的。简任官属于国务院或直属国务总理的，其免职

---

① 钱实甫：《北洋政府时期的政治制度》(下)，中华书局1984年版，第365—366页。

② 钱实甫：《北洋政府时期的政治制度》(下)，中华书局1984年版，第354页。

或休职均由国务总理呈请大总统执行；属于各部或直属各部总长,属于各省行政长官的,均由各部总长或各省行政长官经由国务总理呈请大总统执行。荐任官办法大致相同。对于委任官,其免职或休职,由所属长官执行。

文官除薪俸待遇外,还享有恤金。[①]文官恤金分三种:1.终身恤金。由退职的次月起支给,至死亡之月停止。凡犯罪或重行任职的,即丧失或停止终身恤金。2.一次恤金。文官在职满一年以上退职的,得在退职时一月俸额内,给以一次恤金,每增一年,加给月俸十分之二,但已受终身恤金或犯罪的,不在此例。3.遗族恤金。文官死亡符合一定的情形,得在死亡者终生恤金的二分之一范围内,给予遗族恤金。受遗族恤金者,若犯罪或丧失国籍,即丧失此权利。

1914 年公布的《警察官吏恤金给与条例》的规定,与此大致相同。司法官职位保障比较稳定。对司法官中的推检的保障,主要有如下规定:1.法院如果撤废,推检仍受余俸,遇缺即补;2.推检虽在惩戒调查或刑事被控时, 薪俸仍应照给;3. 非依法律规定,司法部对于推检不得勒令调任、借补、停职、免官、减俸。

第六节　北洋军阀政府时期的政党和政党制度

一、政党的分合

袁世凯当上正式大总统后,下令解散国民党,停止其国会活动。以后凡以国民党名义进行的各种活动,均以"乱党"惩办。受

---

① 《文官恤金令》(1914 年 3 月 2 日公布),参阅钱实甫:《北洋政府时期的政治制度》(下),中华书局 1984 年版,第 367—368 页。

通缉而至日本的孙中山重新组织了中华革命党。《中华革命党宣言》称："党为秘密团体，与政党性质不同。"①中华革命党成立后，在川、滇、黔、晋、陕、甘、苏、浙、闽、赣、鄂、湘等建立了支部。但是，国民党人中一部分人不赞成服从党魁命令并须具"誓约"②而拒绝加入中华革命党。袁世凯复辟帝制，以梁启超为首的进步党人指责袁世凯当政以来"操纵党派"，"蹂躏国会"，诛除异己，"干犯公约之宣典"。③进步党人在护国运动中与国民党人联合起来。护国运动后，国会恢复，政党随之复活。

重新召开的国会，其议员中的国民党人和进步党人不以本党人员身份出现，而是另组政治团体。国民党议员组成"宪政商榷会"，其内部派系复杂，不久分裂为"政学会""益友社""政余俱乐部"和"民友社"四派。进步党人希望"广集党员，恢复势力，以便参与于新国会云云"④，组成"宪法研究会"。原来的一些中小党派也改组成中小政治团体，如宪政讨论会、宪法协议会、宪友会、民彝社等。这些党派团体，多已失去政党规模与特征。"国中政党，言之可羞，暮楚朝秦，宗旨靡定，权利是猎，臣妾可为。"⑤

皖系段祺瑞主政，"一不要约法，二不要国会，三不要旧总统"⑥，孙中山起而护法，成立护法军政府。由于军政府内部分裂，西南地方军阀排斥孙中山，孙中山被迫辞职。1918 年 5 月 4 日，孙中山向

---

① 《中华革命党总章》，载《孙中山全集》第 3 卷，中华书局 1986 年版，第 97—102 页。

② 黄警顽：《南洋霹雳——华侨革命墨迹》，上海文华美术图书公司 1933 年影印版，第 2 页。

③ 《云贵檄告全国文》，载《饮冰室合集》（专集）第 9 册，中华书局 1989 年版，第 4—5 页。

④ 《北洋德华日报》1916 年 6 月 17 日。

⑤ 《中国国民党改组宣言》，载邹鲁：《中国国民党史稿》第 1 册，中华书局 1960 年版，第 314 页。

⑥ 觉民：《天津通讯》(2)，《民国大新闻报》1917 年 7 月 22 日。

非常国会辞大元帅电,指出:"吾国之大患,莫大于武人之争雄。南与北如一丘之貉。"①随着护法运动失败,中华革命党自行解体。

二、中国国民党和中国共产党的成立与合作

五四运动揭开了新民主主义革命的历史篇章。它促成了马克思主义与中国工人运动的结合,促成了中国共产党的诞生。自从有了中国共产党,中国革命的面貌便焕然一新。孙中山也从五四运动中看到了人民群众的力量。1919 年 10 月,他改组中华革命党为中国国民党。"加'中国'二字者,所以别于元年之国民党也。"②中国国民党"以巩固共和,实行三民主义"为政纲③,实行总理制,"设总理一人,代表本党,总揽党务"④。中国国民党本部设于上海,总理全党事务。其总部组织机构设总务部、党务部、财政部等,下设总支部、支部、分部。

1920 年 7 月,直皖军阀战争爆发,孙中山在广州建立广东革命政府,声明广东政府为中华民国唯一合法政府。但正当孙中山北伐之际,陈炯明发动叛乱,孙中山回师讨逆失利,离粤赴沪。这一挫折使他更进一步认识到依靠军阀,革命是不可能成功的,"中国革命唯一实际的真诚的朋友是苏俄"⑤。在共产国际的支持下,中国共产党在第三次代表大会上,确立了革命统一战线的方针政策。孙中山这时实施联俄、联共政策,改组中国国民党。1924年 7 月,中国国民党"一大"召开。国共两党为着"终要把军阀来推倒,把受压迫的人民完全来解放"和"定要反抗帝国主义之侵略",在孙中山"联俄、联共、扶助农工"的新三民主义政治基础之上,实现了党内合作。中国共产党不是与国民党合并,不"隐藏自

---

① 邹鲁:《中国国民党史稿》第 3 编,上海书店 1989 年影印版,第 1085 页。

②③ 邹鲁:《中国国民党史稿》第 1 册,中华书局 1960 年版,第 287 页。

④ 邹鲁:《中国国民党史稿》第 1 册,中华书局 1960 年版,第 288 页。

⑤ 达林 (S.A.Da Lin):Velikiipovorot:Sun Yasen V1922g, 载《孙中山,1866—1966,诞辰一百周年纪念》,莫斯科:消息出版社 1966 年版,第 16 页。

己特殊的旗帜"[①],而是中国共产党党员以个人身份加入中国国民党。通过国民党"一大",共产党人帮助改组国民党中央的机构,建立国民党各省党组织,共产党人占了相当的位置。国民党中央执行委员会暂设于广州,并分设执行部于北京、上海、汉口、四川、哈尔滨,中央执行委员会除设秘书处外,还设组织、宣传、工人、农民、青年、妇女、调查、军事等八部。至 1923 年 11 月,已有一批党员和青年团员加入国民党,而且,共产党员在国民党中央领导机构各执行部和各部中,担任了一定的领导职务。1925 年 7 月 1 日,国民政府成立。国民政府实行党治,以中国国民党的权力机关作为国家权力机关,国民政府为执行机关。

国共合作的实现,推动了国民革命的发展,也促进了中国共产党和国民党组织的发展壮大。在制度建设上,国共两党合作,创立了一种新型的政党制度。但它并非两党制,而是国共两党在政治上的一种联合形式,改组后的国民党成为国民革命统一战线的组织形式。

(丙)国民政府时期的政治制度

第一节　五院制国民政府体制

一、五院制的建立

北洋军阀政府统治终结后,代之而起的是国民政府。1927 年 4 月 12 日,蒋介石在上海发动了血腥屠杀共产党人和革命

---

① 共产国际:《关于国共合作的决议》,1923 年 1 月。

群众的反革命政变,4 月 18 日在南京建立了国民政府。其后,以汪精卫为首的武汉国民政府,也逐步走上了公开反共的道路,7 月 15 日在武汉发动了反革命政变,搜捕、屠杀共产党人和革命群众。同年 9 月,中国国民党中央特别委员会宣布接管南京和武汉政权,宁汉合流,并组成统一的国民政府。根据国民党二届四中全会通过的《中华民国国民政府组织法》,国民政府实行主席制。国民政府由国民党中央执行委员会推举委员若干人组织之,推定其中五至七人为常务委员,于常务委员中推定一人为主席。国民政府委员会下设内政、外交、财政、交通、司法、农矿、工商等七部,以及最高法院、监察院、考试院、大学院、审计院、法制局、建设委员会、蒙藏委员会、侨务委员会、军事委员会等。同时,设有秘书处、副官处及印铸局、参事厅等机构。[①]1928 年 10 月,国民党中央第一七二次常务委员会宣布由"军政"时期转入"训政时期"[②],公布《中国国民党训政纲领》。[③]"训政",即把国家权力分为政权和治权,政权由国民党全国代表大会领导国民来行使,治权由国民政府来行使,中国国民党为最高训政者。按照《训政纲领》制定的新的《中华民国国民政府组织法》的规定,国民政府实行五院制。五院制国民政府体制分为三个层级,第一层级是国民政府,包括国民政府主席、国务会议[④]、国民政府

---

① 荣孟源主编:《中国国民党历次代表大会及中央全会资料》(上),光明日报出版社 1985 年版,第 520 页。

② 孙中山的"建国三时期"是军政、训政和宪政时期。其中,军政时期,"此期以积极武力,扫除一切障碍,而奠定民国基础";训政时期,"此期以文明治理,智率国民,建设地方自治";宪政时期,"此期俟地方自治完备之后,乃由国民选举代表,组织宪法委员会,创制宪法;宪法颁布之日,即为革命成功之时"。见《孙中山全集》第 3 卷,中华书局 1981 年版,第 97 页。

③ 见《中华民国法规辑要》第 1 册,1941 年 12 月,第 7—8 页。

④ 蒋介石任国民政府主席兼行政院院长时,曾一度改为国民政府会议,1931 年 12 月后为国民政府委员会会议。

的辅助和直属机构；第二层级是五院，即行政院、立法院、司法院、考试院、监察院；第三层级是五院所属各部、委员会。五院制国民政府在权能分治的原则下，国民政府总揽中华民国之治权，五院分别执行之。

二、五院制国民政府组成及职权

1.国民政府机关

根据《中华民国国民政府组织法》规定，国民政府设主席一人，为中华民国元首，其对外"代表国民政府接见外使，并举行或参与国际典礼"，同时兼任中华民国陆海空军总司令。但在蒋介石任国民政府主席时，主席公布一切法律、命令，直接提请国民政府任免五院正副院长、陆海空军正副司令及直属国民政府各部令和五院各部长。蒋介石离任后公布的《修正中华民国国民政府组织法》则规定，国民政府主席不负实际政治责任，不得兼任其他官职，五院不对国民政府负责，"各自对中国国民党中央执行委员会负责"，其正副院长由"中国国民党中央执行委员会选任"①。但是，到1943年，蒋介石复任主席职后，修改组织法，又恢复了主席原来的职权。国民政府主席一职，"因人设法"，随蒋介石职务的变动而更易。

国民政府的组织形式为国务会议或后来的国民政府委员会。它由主席和若干委员组成，其主要职权是处理"全国事务"，议决"院与院间不能解决之事项"，讨论议决国民政府将要公布的法律和发布的命令，然后由主席及五院院长署名公布。②《修正中华民国国民政府组织法》规定，五院正副院长，各部、会长官及

①《修正中华民国国民政府组织法》(1931年12月30日公布)，南京国民政府文官处印铸局编印：《国民政府公报》第964号。

②《中华民国国民政府组织法》(1928年10月8日公布)，载王世杰、钱端升：《比较宪法》(附录)，商务印书馆1936年版。

现役军人不得兼任国民政府委员。1948年5月"行宪"国民大会之后,国民政府实行总统制,总统府取代国民政府机关,国民政府委员会取消。

国民政府辅助机构设有文官处、参军处和主计处。文官处掌理国民政府一切法令、文告之宣达,印信、关防、勋章和奖章之铸发等,下置文书、印铸局及人事室。参军处掌理典礼,宣达命令,承转军事报告,负责国民政府的警卫等,下置典礼、总务局及人事、秘书室。主计处掌管全国岁计、统计、会计事务以及各机关的预算、概算、决算事宜,下置岁计、会计、统计三局。国民政府直属机构中,全国经济委员会权重,管理全国的经济建设和发展计划。

2.五院及其所属部委

国民政府五院是国民政府组织体系中的主体部分。五院分立,相互制衡,一并在国民党中央的领导和约束下运转。

行政院

行政院为国民政府最高行政机关。其正副院长、各部部长、各委员会委员长组成行政院会议,行政院会议职权为:向立法院提出请议决法律案、预算案、大赦案、宣战案、媾和案、条约案及其他重大国际、国内事项;荐任以上行政、司法官吏之任免,海陆空军官少校以上官佐之任免;行政院各部、会间不能解决之事项;其他依法律或行政院院长认为应付行政院会议议决的事项。[1]行政院所有命令及处分,其关于一般行政者,须经全体部长之副署;其关于局部行政者,须经各关系部部长之副署,始生效力。[2]行政院先后设有十几个部委和处署,其增加、裁并须经行政院会议及立法院议决。如内政、外交、财政、实业、教育、交通、农业、军政、

---

[1] 《中华民国国民政府组织法》(1928年10月8日公布),载王世杰、钱端升:《比较宪法》(附录),商务印书馆1936年版。

[2] 南京国民政府文官处印铸局编印:《国民政府公报》第964号,1931年12月30日。

海军、社会、司法行政等部，如侨务、蒙藏、赈济等委员会，秘书处、政务处和卫生署、地政署等。在抗日战争时期，国民政府设置战时经济会议，加强有关机关的联系，以资统筹，行政院院长为该委员会主席，后成立国家总动员会议代之。国家总动员会议之议决，由行政院发布并执行。抗战后，行政院改组，"提前试行行政院责任制"。行政院之地位"乃与民主各国之内阁相等"①。行政院下设国防部，裁撤军政部。

立法院

立法院为国民政府最高立法机关。其设正副院长各1人，并委员若干组成立法院会议。立法院会议议决法律案、预算案、大赦案、宣战案、媾和案、条约案及其他重要国际事项之职权②，并有权对法案的执行情况提出质询。③

立法院下设法制、外交、财政、经济、军事委员会分别审议有关各案，秘书、统计、编译三处处理院内事务或襄助院务。由于"中央政治会议得议决一切法律，由中央执行委员会交国民政府公布之"④，立法院实际上是一个负责法律咨询、法律草案起草等事务的具体办事机构。"宪政时期"，规定立法委员由任命改为直接民选。⑤立法院除立法权外，还享有某些监督政府的权力。

司法院

司法院是国民政府的最高司法机关。其掌管司法审判、司法行政、官吏惩戒及行政审判的职权，有权解释法律，变更判例。在其主管事项范围内，可以向立法院提出议案。司法院设司法会

---

① 《民国三十七年中华年鉴》上册，中华年鉴社1948年版，第291页。
② 《中华民国国民政府组织法》(1928年10月8日公布)，载王世杰、钱端升：《比较宪法》(附录)，商务印书馆1936年版。
③ 《立法院组织法》(1928年10月21日)，《国民政府公报》第1号。
④ 《立法程序法》(1928年3月1日)。
⑤ 《立法院立法委员选举罢免法》(1947年3月31日)。

议,由该院及直辖各机关长官及高级人员组成,讨论有关司法之法律案、概算案,司法机关简任以上官员之任免,司法院各部、会间不能解决之事项等。1928 年 10 月公布的《司法院组织法》规定,司法院下设司法行政署、司法审判署、官吏惩戒委员会以及秘书、参事处。后取消三署,改设最高法院、行政法院,官吏惩戒委员会改为公务员惩戒委员会。[①]司法审判制度起初沿袭北洋政府。1932 年公布的《法院组织法》规定,国民政府司法实行三级三审制,即地方法院、高等法院及最高法院。[②]最高法院为全国终审审判机关,对于民、刑诉讼事件,依法行使最高审判权。行政法院为全国行政诉讼的审判机关,以评事合议行之。公务员惩戒委员会掌理全国公务员的惩戒事宜。

抗战期间,司法机构受到较大破坏。"行宪"时期,司法院改组,设正副院长,由总统提名,经监察院同意任命。设大法官若干名,另组大法官会议,履行解释《宪法》,并统一解释法令的职权。

考试院

考试院为国民政府最高考试机关,行使考选与铨叙权。除法律另有规定外, 所有公务员均须依照法律经过考试院考选与铨叙,方能任用。对于公务员的任用,如查有不合法定资格时,得经请有关机关降免。考试院于其主管事项,得提出议案于立法院。考试院最初对国民政府负责。考试院下设考选委员会和铨叙部,考选委员会主管文官、法官、外交官和其他公务员及技术人员的考选事项;铨叙部主管公务员的成绩考核和有关任免、升降、转调、俸给、奖恤、资格等审查事项。[③]1940 年起,在各省设立铨叙处。

---

① 《修正司法院组织法》(1928 年 11 月 17 日),《国民政府法规汇编》(1941年),第 47 页。

② 《法院组织法》(1932 年 10 月 28 日),《国民政府法规汇编》(1932 年),第 48、49页。

③ 《考试院组织法》(1928 年 10 月 20 日),《国民政府法规汇编》(1929年),第 21 页。

监察院

监察院为国民政府的最高监察机关，由正副院长和监察委员若干人组成。按行政院及其各部、会的工作，分设若干委员会，如内政、外交、国务、财政、经济、教育、交通、司法、边政、侨政等委员会，监察委员不得兼任政府公职。监察院下设审计部，内部置秘书、参事处，1937 年增置会计、人事、统计室。[①]监察院在全国划分若干监察区，建立监察系统。每区置一监察使署，作为监察使的办事机构。[②]监察使得由监察委员兼任，承监察院之命综理全署事务。[③]监察院的主要职权是行使弹劾权和审计权，并就其主管事项向立法院提出议案。弹劾权由监察委员及各监察区监察使分别行使。

监察院为了解公职人员是否违法或失职，经常派人去各机关、各地区进行视察，如发现公职人员的违法或失职行为，或者调查案件情况属实，则提出弹劾，经审查，交付惩戒。审计权由审计部以及审计部在各省设立的审计处和中央及各省公务机关、公有营业机关设立的审计办事处来行使。审计方法，一般分为事前审计和事后审计两种。此外，还有对各机关随时给予必要的稽查。

但是，国民政府比较完备的监察制度并不能够得到真正的实施。"这时候哪有监察的事做。"[④]不仅如此，除蒋介石任行政院院长时以外，国民政府五院对各自职权均不能独立行使。

[①]《监察院组织法》(1928 年 10 月 20 日)，《国民政府公报》第 1 号。

[②]《监察使巡回监察规程》(1935 年 5 月 22 日)，监察院令第 717 号。

[③]《监察使署组织条例》(1936 年 4 月 14 日)，《国民政府司法例规》(1940 年 10 月)，京华印书馆 1940 年版，第 204 页。

[④]《胡适来往书信选》(下)，中华书局 1979 年版，第 484 页。

第二节 国民政府的地方市政制度

在地方政府体制中,国民政府废道制,采取省、县两级制。"省置省政府,受中央之指挥,综理全省政务。"①县政府作为国民政府属下的县级政权机关,"受省政府之指挥,综理全县政务"②。县以下设置区、乡(镇)、保甲等基层组织。同时,在省、县两级制中,中央设行政院辖市,地方设省辖市。从此,在中国近代政治与行政管理体制史上,市政制度正式确立。

一、城市行政区划

国民党中央政治会议 1928 年 5 月决定,将城市划分为特别市和普通市,随后国民政府颁布《特别市组织法》。③特别市最初直隶国民政府。1930 年 5 月,《市组织法》取代《特别市组织法》。《市组织法》规定,凡人民聚居地方具备下列情形之一者,设市直隶于行政院,相当于省级:其一,国民政府首都。其二,人口在百万以上者。其三,在政治上、经济上有特殊情形者。如若具备后两种情形的城市是省政府所在地者,则应隶属于省政府,即为省辖市。如特别市南京、上海、天津、青岛为直隶行政院市,广州改属于广东省政府。④

---

① 《中华民国训政时期约法》第 78 条,载谢振民编著、张知本校订:《中华民国立法史》,正中书局 1937 年版,第 394 页。

② 《中华民国训政时期约法》第 81 条,载谢振民编著、张知本校订:《中华民国立法史》,正中书局 1937 年版,第 394 页。

③ 《东方杂志》第 25 卷,第 19 号。

④ 特别区设市时准用《市组织法》,凡《市组织法》公布以前成立各市应于该组织法公布后之两个月内依法改组。

普通市,一般是指省辖市,地位相当于县。《市组织法》规定,具备下列情形之一者,可划为省辖市:(1)省政府所在地;(2)人口在 30 万以上者;(3)人口在 20 万以上,其所收的营业税、牌照费、土地税每年合占该地区总收入的 1/2 的城镇。如杭州、济南、开封、兰州等,即为省辖市。有的不具备市组织法规定的条件,则成立市政委员会,如郑州、九江;或成立市政筹备处,如武昌、包头、桂林等。市划为区、坊、闾、邻。但"各地因种种原因,多未能遵照组织"[①]。抗战时期,国民政府放宽了省辖市设置的条件,人口在 10 万以上而地位重要者以及省政府所在地,无论人口多少,均可设市,省辖市随之增加。

特别市和普通市,或院辖市和省辖市,其设置的变化以及市区的划分或变更,须经国民党中央政府批准。

二、市政府组成及职权

市设市政府作为行政机构。市政府采取独任制,就是由国民政府中央或省任命市长一人,综理全市政务,监督所属机关。各市根据其具体情况,在市政府下设处、局或科,分管有关事务。《市组织法》规定,除秘书处和社会、公安、财政、工务局外,可以增设教育、卫生、土地、公用等局,但在首都和省会不得设立公安局,其公安事务由"首都警察厅"或省会警察局直接管理。

市政府依法令掌理本市行政事务,指挥监督所属职员,在不抵触上级机关法令范围内得发布市令并制定单行法规。《市组织法》在实施和修正过程中,对市政府的职责规定较为详细、具体。其主要是,财政收支及预决算的编造;市公产的管理和处分;公共卫生及土地行政;户口调查和人事登记;市教育及文化风纪;公安及消防;公营副业的经营管理;劳工行政与民营公用事业的监督;上级机关委办以及其他依法令所定由

---

① 陈之迈:《中国政府》第 3 册,商务印书馆 1945 年版,第 148 页。

市办理事项等。①

　　市政府设立市政会议。市政会议是市行政辅助和咨询机构，其创设之初，由市长、秘书长、参事及各局组成。设有参议会的市主要是行政院辖市，其市政会议由市参议会选举代表四人参加，任期二年，每年改选一半。市参议员起初并不是民选，抗战胜利前夕，才改为由区域和职业团体直接选举产生。后来市政会议改组，其组成人员由市长、参事、局长或科长组成；设参议会的市，由参议会互选代表三至五人出席，秘书长或秘书列席会议。市政会议主要议决如下事项：提出于市参议会的案件；市政府所属机构办事章程和规则；市政府所属机构间不能解决的事项；市长交议及其他有关市政的重要事项等。

　　城市区设区公所，坊设坊公所，闾设闾长，邻设邻长。区公所置区长、助理员和监察委员。区长管理区自治事务，助理员协助区长办理区务，监察委员行使监察职权。但重庆等大都市则市下设区，区下设镇，镇内为保甲；自贡市下设镇，镇内为保甲。②1943年颁布的《市组织法》规定市以下实行保甲制度。

　　国民政府在行政院辖或省辖体制下，通过行政监督，实施对城市的管理和监督。对市政府履行职责，依其隶属关系，院辖市由行政院及各部、会监督，省辖市由省政府及各厅监督。监督事项主要是：任免市政府官吏，审核预决算，派员视察或调查，指导或纠正市政府行为，撤销市政府的处分，批准或批驳市政府的呈请，以及颁示工作纲领等。

---

　　①《市组织法》(1928 年、1930 年)，参阅董霖编著：《中国政府》第 2 册，商务印书馆 1945 年版，第 714—715 页。

　　②陈之迈：《中国政府》第 3 册，商务印书馆 1945 年版，第 148 页。

第三节 国民政府的公务员制度

与北洋军阀政府相比,国民政府采用公务员名词以代官吏,其文官制度改称为公务员制度。公务员分为政务官和事务官两类。根据《规定政务官事务官之界限令》的规定,凡经政治会议议决任命之官吏为政务官,主要是国民政府委员,各院院长、副院长及委员,各部部长,各委员会委员长,各省省政府委员、主席及厅长,各特别市市长,驻外大使、特使、公使及特任特派官吏之人选。除此以外,由各级政府任命的官吏为事务官,主要是指简任、荐任、委任的中低级官吏。

一、公务员的等阶

公务员分为特任、简任、荐任、委任四等,其中特任一级,简任八级,荐任十二级,委任十六级,共计四等三十七级。①特任官,由国民党中央执行委员会或国民政府特别任命,不须经过一般官员任命程序即可就职,如国民政府主席、委员,五院正、副院长以及各部部长、各省主席及驻外大使等。简任官主要有各部次长、参事、局长,各省厅、局处长,行政督察专员,行政院直辖市和省政府直辖市市长,驻外公使、总领事等。荐任官主要有国民政府、五院及各部会,省政府及各厅的科长、县长、技师、技正、荐任科员等。委任官主要是中央及地方的科员、技术官、技士等。国民政府官僚等级分明,相应地,其官职待遇不一。②

---

① 《暂行文官官等官俸表》(1933 年 9 月 23 日公布,1936 年 9 月 23 日修正),陈之迈:《中国政府》第 2 册,商务印书馆 1945 年版,第 226 页。

② 《公务员任用条例》(1929 年)、《公务员任用法》(1933 年、1935 年),《国民政府公报》第 1077 期。

二、公务员的考选与任用

考试院掌考试及考试行政事宜，并由其考选委员会主持考试。在举行考试时，考试院组织典试委员会办理具体考试工作。国民政府公布的《考试法》①规定了考试的具体办法和操作规程。其中"甄拔政府任用之公务员"的任命人员考试，适用于除政务官以外的中央机关至乡镇保甲的行政人员。高等考试，甄拔各项荐任职公务员，在京城举行，每年和隔年举行一次，主考官由中央特派。其考试一般分为三试，依次进行。第一试科目为国文、本国史地、国民党党义；第二试为专业科目；第三试由典试委员会主持面试和成绩审查。普通考试，甄拔各项委任职公务员，在京城或省区举行，主考官由政府简派，每年或隔年举行一次。此外，还有根据需要随时举行的特种考试。抗战时期，考试程序简化，将高等、特种考试分为初试和再试，初试及格者送中央或地方有关训练机关训练，期满后再试。

专门职业及技术人员考试，是为"鉴别社会自由职业人员，如律师，会计师，农工、矿业、技师，医事人员，河海航行人员等。因专门技术人员所执行业务对人民权益及社会福利关系至为密切，国民政府根据考试法并参照各国通例分别予以考试，以杜冒滥"②。此种考试同样分为普通考试、高等考试和特种考试。考试内容根据不同专业技术分别制定。

此外，与考试相配套的是检定考试、铨定资格考试及县长挑选。检定考试，是提供同等学历证明的考试。铨定资格考试，"谋教育与考试密切配合"③，规定国立大学学生在教育部实行总考

---

① 《修正考试法》(1933 年 2 月 23 日公布，1934 年再次修正)，载谢振民编著、张知本校订：《中华民国立法史》，正中书局 1937 年版，第 565—566 页。

② 《考选制度》，行政院新闻局 1947 年印行，第 12 页。

③ 《考选制度》，行政院新闻局 1947 年印行，第 16 页。

试,由考试院考选委员会检复,交铨叙部以委任职或相当职务。县长挑选,一是分省举行县长资格特种考试,二是从每届高等考试及格人员中举行专门县长挑选。

国民政府 1929 年 10 月颁布的《公务员任用条例》,规定了除特任官之外的简任、荐任、委任官的任用资格和程序,但因不尽妥善而废止。1933 年《公务员任用法》颁布。《公务员任用法》规定,简任职公务员须在具备下列资格之一者中任用:现任或曾任简任职,经甄别审查合格或考绩合格者;曾任政务官二年以上者;确曾于中华民国有特殊勋劳或"致力革命"十年以上而有勋劳者;在学术上有特殊之著作或发明者。简任公务员,由国民政府交铨叙机关审查合格后任之。荐任职公务员在具备下列资格之一者中遴选:经高等考试及格或与高等考试相当的特种考试及格者;现任或曾任荐任官,经甄别审查合格者;现任或曾任高级委任职三年以上,经甄别审查合格者;确曾于中华民国有勋劳或"致力革命"七年以上有成绩者;有教育部认可的国内外大学毕业而有专门研究者。荐任公务员由该主管长官送铨叙机关审查合格后分别呈荐委任。委任职公务员则要具备如下资格之一:经普通考试或与普通考试相当的特种考试及格者;现任或曾任委任职,经甄别审查合格者;现充雇员继续服务三年以上而成绩优良者;确曾"致力革命"五年以上而有成绩者;在教育部认可的专科以上学校毕业者。委任职公务员,由该主管长官送铨叙机关审查合格后委任之。但是,无论简任、荐任、委任公务员,如有下列四种情形之一,则不得任用:其一,褫夺公权者;其二,亏空公款者;其三,曾因赃私处罚有案者;其四,吸用鸦片及其代用品者。《公务员任用法》在 1935 年 11 月 13 日修正规定,蒙藏委员会、侨务委员会委员,各机关秘书长、秘书等公务员,不受该法所规定的任用资格限制。①属简任职的政务官、准政务官,由中央政

---

① 《民国三十七年中华年鉴》上册,第 531 页。

治会议选任,秘书官与政务官共进退,行政督察专员、县长和外交、司法、军用文官分别另定任用资格。

公务员任用程度分为试用和实授。初级人员一般经过试用一年期满后,成绩优良者,给予实授;成绩不良者,则由铨叙机关分别情况延长试用期或予以降免。

三、公务员的监督与惩戒

对公务员的监督主要是考核和监察。考核是以公务员的工作成绩、操行、学识进行检查、评议,分年考和总考两种。年考,每年 12 月对同一机关任同等官等职务的人员进行考核,然后报铨叙部登记。总考,是将三次年考的成绩合并考核,由铨叙部主持。年考有六等,总考有七等,依总分多少,定出相应等级,进行奖惩。①国民党各级党部监督各该级政府。监察院负责对公务员的监察,审理和弹劾各级政府官吏的渎职、违法行为。

但是,监察院并无惩戒权。1931 年 6 月,国民政府公布的《公务员惩戒法》和《公务员惩戒委员会组织法》规定了惩戒机构及其相应的惩戒对象。公务员违法、渎职或失职,国民政府监察院以为所定事实应付诸惩戒的,将案件及其有关证据送交相关惩戒机关进行惩戒。国民政府各院部、委员会或地方最高行政负责人,对其所属公务员违法违纪提出惩戒的案件,得将所定事实,备文申叙其事由,连同证据送监察院审查,再分类送相应惩戒机关。中央监察委员会,作为国民党的最高监察机关,负责对选任政务官,如国民政府委员及监察委员的惩戒。国民政府负责对选任以外政务官的惩戒。司法院中央公务员惩戒委员会负责中央政府公务员、地方政府荐任以上公务员的惩戒。地方公务员惩戒委员会则负责对地方政府委任公务员的惩戒。荐任以下公务员属于记过或申诫性质的,由主管行政长官直接处

---

① 《公务员任用法》(1933 年公布),《公务员考绩法》(1935 年 7 月公布)。

理。①如果同一惩戒案件,涉及一人以上,且不属于同一惩戒机关负责的,"应移送只较高者之惩戒机关合并审议"②。同时,按照刑事裁判优先的原则,惩戒机关认为惩戒案件有刑事嫌疑的,立即移交法院审理;惩戒机关在同一行为已在刑事侦查审判中不得开始惩戒程序;同一行为在惩戒程序中开始进行刑事诉讼程序时,在刑事确定裁判以前,停止其惩戒程序;同一行为已不起诉、免诉或者无罪,或虽受到刑事宣告而未褫夺公权者,得进行惩戒处理。

惩戒一般分调查、质询、先行停职和作出决议四项程序。其处分依所犯情节轻重,分为免职、降级、减俸、记过、申诫五种。其中1933年的《修正公务员惩戒法》规定,降级、减俸、记过不适用于选任政务官及立法委员、监察委员,降级不适用于特派的政务官。

事实上,国民政府的公务员制度虽规定较详细,却并未能动摇其专制独裁基础,反而在吏治腐败和专制事实面前,徒具形式,得不到严格执行。对此,国民党六届二中全会也不得不指出,"多年来官僚主义早已构成政治上的最大弊害,而以敷衍塞责、假公济私为尤甚"③。在当时,对政府官吏的贪污舞弊,不仅"不能批评,且须为之隐蔽"④。因此,公务员制度及其有关法律规定多被践踏,成效甚微。

---

① 《公务员惩戒法》(1931年6月8日),《国民政府法规汇编》(1931年),第15页。

② 《修政公务员惩戒法》(1933年12月1日),《国民政府法规汇编》(1933年),第47页。

③ 罗家伦主编:《革命文献》第80辑,台北中央文物供应社1947年版,第402—403页。

④ 罗家伦主编:《革命文献》第80辑,台北中央文物供应社1947年版,第438—439页。

第四节　国民政府时期的政党和政党制度

一、国民党一党专制

在国民党"清党"和"分共"之下,国共历史上的第一次合作破裂。1928 年 2 月 2 日,国民党二届四中全会议决:"凡与联俄、容共政策有关之决议案,一律取消;凡因反共关系开除党籍者,一律无效。"①中国国民党成为当时唯一合法政党。国民党为改组中央党部,将工、商、农、青、妇各部取消,另设民众训练委员会。在省、县、区分别设省党部、县党部、区党部,基层组织为区分部。国民党组织体系迅速膨胀。同时,《改组国民政府案》规定,国民政府受中国国民党中央执行委员会的指导和监督,掌理全国政务。《各级监察委员会稽核各同级政府施政方针及政绩通则》要求,中央及各省市县政府"每年须将政绩造具报告书送同级党部执行委员会转监察委员会稽核"。国民政府成为国民党一党政府,由国民党产生并向国民党负责,"一切权力皆由党集中,由党发施"②。国民党实行党治和一党专制。

在训政时期,中国国民党全国代表大会代表国民大会行使中央统治权。中国国民党全国代表大会闭会时,其职权由中国国民党中央执行委员会行使。国民政府的政纲、方针、政策和计划,由国民党中央执行委员会政治会议议决,交国民政府执行。1935年 11 月国民党五届一中全会后,国民党体制作了重大调整,委

① 《国民党第二届第四次中央执行委员会全体会议记录》,中国第二历史档案馆藏。

② 胡汉民、孙中山:《训政大纲提案说明书》。

员制改为主席制。中央常务委员会设正、副主席,各部改为中央常务委员会下设的处、部或委员会。抗战时期,国防最高委员会统一指挥党政军,党政军一体化。中国国民党虽保留总理一职,仅是为纪念孙中山。1938 年 4 月,国民党召开临时代表大会,主席制又改为总裁制,其议决"确立领袖制度,中央党部应在制度上明确规定全党之领袖"①。总裁行使国民党总理职权。抗战胜利后,国民党尽管认为以党代政、党政不分是犯了莫大错误,表示要还政于民,实行所谓"宪政",但仍在其六届中央执行委员会第三次全体会议上宣称,"中国盛衰兴亡的关键,不操于任何一党之手,而实操于本党之手"②。国民党继续坚持一党专制,最终导致国民党政权及其统治在大陆的覆灭。

二、国共第二次合作及政治协商

在日本侵略中国,民族矛盾日益尖锐的历史条件下,为抗战救国,中国共产党向国民党提出以孙中山三民主义和《抗日救国十大纲领》作为两党所共同承认和正式公布的政治纲领。③面对要求停止内战,一致抗日的时局,国民党不得不改变政策,开放党禁。蒋介石发表谈话指出:"对于国内任何党派,只要诚意救国,愿在国民革命抗敌御侮之旗帜下共同奋斗者,政府自无不开诚接纳。"国民党实际上承认了中国共产党的合法地位。"但是还没有抛弃国民党的自大精神,还没有必要的自我批评。"尽管如此,"两党的统一战线是宣告成立了"。抗日民族统一战线正式形成。④

---

① 荣孟源主编:《中国国民党历次代表大会及中央常务委员会资料》(下),光明日报出版社 1985 年版,第 476 页。
②《现阶段党务方案》(1947 年 3 月),罗家伦主编:《革命文献》第 3 辑,台北中央文物供应社 1947 年版,第 439 页。
③《毛泽东选集》合订本,人民出版社 1964 年版,第 337 页。
④《毛泽东选集》合订本,人民出版社 1964 年版,第 335 页。

1938 年 3 月，国民党临时全国代表大会通过《抗战建国纲领》。中国共产党认为："今天的中心策略，不是要国民党定出一个更完善的纲领，而是站在主动的积极地位，帮助国民党实施这个纲领，在实施中发展与提高它。"①在国共实现第二次合作之后，国民政府设立国民参政会。②"在抗战期间，政府对内外之重要施政方针于实施前应提交国民参政会决议"。国民参政会"提出建议案于政府""有听取政府施政报告及向政府提出询问案之权"③，以及"组织调查委员会，调查政府委托考察事项"④。中国共产党与其他政党或政治派别代表一起参加了第一届国民参政会。国民参政会在战时起到了"进一步团结全国各种力量为抗战救国而努力的作用，企图使全国政治生活走向真正民主化的初步开端的意义"⑤，成为当时各党各派参政议政的一种合法场所。

抗战胜利后，全国人民和世界人民都关心中国向何处去的问题。中国共产党提出了新民主主义的纲领，中国国民党则要恢复战前的一党专政的独裁制度。1946 年 1 月 10 日至 31 日，各党派，有中国国民党、中国共产党、民主同盟、中国青年党等和无党派人士，为解决"和平建国"问题，在重庆召开了政治协商会议（即俗称"旧政协"）。会议通过了关于政府组织、施政纲领、军事问题、国民大会和宪法草案五项决议案，合称"政协决议"。这些协议在不同程度上有利于人民而不利于国民党的反动统治。蒋介石一方面表示承认这些协议，企图利用这些协议进行和平欺骗；另一方面则积极备战，准备发动全国规模的内战。不久，这些

---

① 《中央关于国民党临时全国代表大会后的策略问题致长江局电》，载《六大以来》（上），人民出版社 1980 年版，第 943 页。

②③《国民参政会组织条例》（1941 年 3 月 1 日—3 月 10 日），《国民政府公报》渝字第 39 号。

④《国民参政会组织条例》（1942 年 3 月 16 日修正），《国民政府公报》渝字第 446 号。

⑤《新华日报》1938 年 7 月 5 日。

协议都被蒋介石——撕毁,在美国的帮助下,国民党于 1946 年 7 月发动了对解放区的全面进攻。中国共产党依靠人民的支持被迫自卫,在不到三年的时间内,打败了国民党的军队。1948 年 5 月 1 日,中国共产党提出召开新政治协商会议的号召。1949 年 4 月 23 日,中国人民解放军占领南京的国民党"总统府",推翻了国民党政府在中国大陆二十二年的统治。同年 9 月 21 日至 30 日,中国人民政治协商会议(即新政协)在北平召开,选出了以毛泽东为主席的中央人民政府委员会,10 月 1 日,宣告中华人民共和国成立,中国大陆废弃了中华民国的政治制度。

第五节　中华民国时期政治制度评议

　　1911 年辛亥革命,是中国历史上的一场比较明确的、完全意义上的资产阶级民主革命。这场革命导致统治中国二百六十八年的清王朝的崩溃。1912 年 1 月 1 日,中华民国南京临时政府成立,宣告了延续两千多年的君主专制政体的覆灭和民主共和制度的诞生。自此以后,直到 1949 年 4 月南京国民党政府被推翻,前后三十八年间,中国的政治制度,可以概称为"中华民国政治制度"。

　　中华民国政治制度有三个显著特点:一是政权更迭频繁,具有不稳定性。这种不稳定性具体表现在短短的三十八年间,先后经历了南京临时政府、北洋军阀统治、中国国民党统治三个时期。二是政府体制复杂多变,具体表现为先后实行过总统制、责任内阁制、君主制、执政制、大元帅制、委员会制、五院制等多种政体。三是"死的拖住活的"。虽然在大部分时间里,中华民国形式上采用资产阶级民主共和制,但在实际上除个别短暂时期外,长期实行的是专制独裁制度。这些特点,贯穿于政府过程的各个阶段,表现在中央行政体制、立法体制、司法体制等等各个方面。

　　首先从中央行政体制来看,南京临时政府是按照资产阶级的分权理论,以美国总统制为范式而建立起来的"三权分立"体制。然而,由于它只存在了短短的三个月,就被北洋军阀所窃夺,由袁世凯执政,中华民国的政治制度遂由民主共和制向北洋军阀专制制度蜕变。中间出现过历时八十三天的"洪宪帝制"和张勋导演的历时十二天的清帝复辟闹剧;出现过曹锟、吴佩孚的贿选政府和冯玉祥、张作霖推出段祺瑞成立的中华民国临时执政府,执政制是将总统、总理、国会三者合而为一的独裁体制;此外,还出现过张作霖自立为大元帅,实行直接的军事独裁的北京军政府。

　　在南方,早在 1917 年张勋复辟失败以后,孙中山为了反对北洋军阀的专制统治,在广州曾先后设立过军政府、中华民国政府、大元帅府,分别实行过元首独裁制、总裁合议制、总统制等政府组织形式。1927 年蒋介石、汪精卫相继叛变革命之后,从 1928 年 10 月起,国民政府实行五院制,由国民党一党专政。抗战爆发后,国民党利用抗战的非常时期,强化一党专政。1939 年 1 月,正式成立国防最高委员会,成为党政军最高权力机关。蒋介石集国民党总裁、国防最高委员会委员长、行政院院长、国民政府主席于一身,实行独裁统治。抗战结束后,蒋介石全面发动内战,先后召开所谓"制宪""行宪"国民大会,改组政府,颁布《动员戡乱时期临时条款》,扩大总统权限,同时保留五院制,使蒋介石的独裁统治"合法"化。

　　总之,综观中华民国政府体制的演化过程,我们不难发现,民主共和制度作为一种政体类型, 曾经是许多仁人志士的追求目标,但在中华民国的历史上只不过是昙花一现,而居主导地位的政体类型却是专制独裁。这是不争的事实。

　　其次,从立法体制上看,在中华民国的三个不同历史阶段,先后出现过各种各样的立法机关或民意机构, 但是基本上徒具形式。只有南京临时政府时期,由各省都督选派代表成立的临时参政会,作为最高立法机关,制定了《中华民国临时约法》。孙中山让位于袁世凯以后,临时参政会迁至北京开院,陆续公布了《国会组织法》《参议院议员选举法》《众议院议员选举法》等法规。此后,临时参议会解散,成立国会,就成为军阀争权夺利的工具。袁世凯时而下令取消国民党籍议员资格导致国会陷于瘫痪,时而又以各种借口下令解散国会;其后,又出现过皖系军阀操纵的"安福国会",曹锟、吴佩孚控制的"猪仔国会";还有孙中山在广州召集的非常国会等。1925 年 7 月 1 日国民政府成立后,根据孙中山"党治"的主张,国家立法权由国民党中央掌握。在国民党统治时期,成立过"立法院"、设立过"国民参政会",还召开过所谓"制宪国民大会"和"行宪国民大会",然而,其实质则是假代表民意之名,行强奸民意之实,成为维护国民党一党专政的工具。

第三,再从司法体制上看,中华民国三个历史阶段,虽然小有变化,但差别不大,有些特点却是共同的:一是南京临时政府时期沿用晚清的旧法、旧制;国民政府时期则沿用北洋军阀政府的旧制;二是自 1914 年平政院成立起行政诉讼独立;三是司法审判采用四级三审制,只是到国民政府时期改为三级三审制;四是地方上(主要是县级)司法事务由行政长官兼理。总体上表现为"死的拖住活的"。

除此而外,需要特别说明的是中华民国时期政体运行机制的问题。毫无疑问,复杂多变的政体组织形式与结构形式,必然导致其治理形式的因循守旧。南京临时政府时期和北洋军阀政府时期的治理形式自不待言,国民政府时期的治理形式也不例外。

在国民政府时期,从国家层面上讲,国民政府的政治制度居主导地位。国民政府依次可以划分为"军政""训政""宪政"三个阶段,各个阶段分别制定、颁行了相应的政策、法规和政治制度。从制度文本上看,国民政府的政治制度不乏一些民主化的内容,有的还呈现出比较完整的体系。其与君主专制制度相比,无疑是一种历史进步。但是,由于国民党坚持政治专制、军事独裁、经济垄断,所以民主化只不过是徒有虚名罢了。比如,军事与特务组织机构的设立与扩大,保甲制度在基层的实施。又如行政督察专员制度,行政督察专员由行政院或内政部提出,呈交国民政府简派,除有特殊情况外,一般兼任驻在地的县长。行政督察专员承省政府之命推行法令,并监督指导、统筹固定区内各县和市行政,而且行政督察专员兼任本区保安司令和本地区的军事法官。当时,军法规定,军事审判为一审制。这样,行政督察专员便可以以执行军法为名,自己判决,自己执行。行政督察专员制度介入省、县两级地方行政体制中,强化了省、县之间的治理环节,但也加大了对地方行政与军事的控制。

制度与过程,虽然相互联系,但并不是一回事,有什么样的政治制度,不一定就有什么样的政治过程。制度形式的民主化,不能直接表明政治过程的民主化。国民政府对于政治制度的实施,以维护其独裁统治为旨趣,强化专制制度,对于民主化的制度则不能真正执行,民主只不过是一个幌子,一些民主化的制度设计也变成粉饰一党专制的工具。三权分立之下的五院制,应该说是一种民主形式,但对国民政府来说,却成为国民党一党专政统治机器的一部分。在军阀割据的情况下,国民政府对全国统而不一,各地方势力派范围内的政治制度存在着差异,甚至各自为政。国民党中央、国民政府发布政令,推行其政治制度,也受到地方势力的掣肘与阻挠。

社会政治制度的变迁,以社会经济的变动为基础和推动力,即使是占统治地位的力量也不能忽视或回避其他力量的存在,并会受到其他力量不同程度的影响和制约。社会力量的对比影响着政治制度结构的调整,乃至政治制度的兴衰、变革与更替。国民政府在不同历史阶段之所以采取了一些民主的做法,一方面是它具有不同于清王朝和北洋军阀的地方;另一方面,则是当时社会民主政治力量与之相斗争的结果。国民政府被迫为之的同时,也对民主作了不可危及其自身统治的种种限制。

　　国民政府时期是中华民国在大陆的最后一段历史, 对此不可孤立地审视。国民政府毕竟是在临时政府时期已创设的民主共和框架内组建的, 同时国民政府又是在北洋军阀政府统治终结之后代之而起的。这一时期,中国社会的性质并没有发生根本的改变。因此,国民党政权及国民政府在政治制度问题上,或沿袭旧制,或移植、仿照西方,或自立新制,甚或杂糅之。国民政府体制是参照德、意法西斯独裁制度,并与封建买办制度混合而成的。如国民政府的公务员考选制度,"虽导源于往古,而其精神技术则与往古者迥然不侔。初期多借镜日本,复采欧美新制,与我国旧制而糅和之"①。

　　国民政府时期的政治制度, 不仅主要是指国民政府的政治制度, 而且还包括与国民政府同时并存的中国共产党领导的新民主主义政权, 以及抗日战争时期具有殖民地性质的汪伪国民政府和伪满洲国的政治制度。在国民政府统治之下,新民主主义政权以及汪伪、伪满洲国政权都存在于一定区域,但其性质是根本不同的。汪伪、伪满洲国政权是对中国国家主权的践踏和对中华民族利益的背叛。中国共产党领导的新民主主义政权,则主要是借鉴苏联的苏维埃政治制度, 并在马克思主义中国化的过程中逐步完善起来的。新民主主义的政治制度以其反帝反封建的鲜明特点,赢得了广泛的社会基础,代表着近代中国政治制度的发展方向。

---

　　①《考选制度》,行政院新闻局 1947 年印行,第 14 页。

第十四章 中华人民共和国政治制度

第一节 当代政治制度的创立与演变

当代政治制度创立于 1949 年中华人民共和国建国。其标志是 1949 年 10 月 1 日在北京天安门广场举行开国典礼，毛泽东主席宣告中华人民共和国中央人民政府成立。半个世纪以来，这个世界上人口最多、国土面积第三的东方大国走过了曲折跌宕的发展历程，而管理这个国家公共事务的政治制度，包括这个制度的各个方面，也同样经历了而且仍然在经历着深刻的变化。

一、中华人民共和国政治制度的发展过程

中华人民共和国政治制度半个世纪的发展过程，大致可以划分为四个阶段：

第一阶段，自 1949 年至 1954 年，是中华人民共和国政治制度的初创阶段。1949 年 9 月，由中国共产党领导，各民主党派、社会团体以及其他各方面代表参加，在北京召开中国人民政治协商会议。会议在当时具有代表全中国人民的性质，实际上执行着全国人民代表大会的职权。在政协全体会议上通过的《中国人民

政治协商会议共同纲领》,起到了临时宪法的作用。①这一时期,中央一级的政治体制是:全国人民代表大会是国家最高权力机关,在普选的全国人民代表大会召开之前,由中国人民政治协商会议的全体会议行使其职权;在全国政协闭会期间,中央人民政府委员会是行使国家最高政权的机关(由政协全体会议选举产生),它组织政务院,为国家最高行政机关;组织人民革命军事委员会,为国家最高军事统辖机关;组织最高人民法院和最高人民检察署,为国家最高审判机关和检察机关。请参见图1。

图1 1954年以前中央一级政府体制

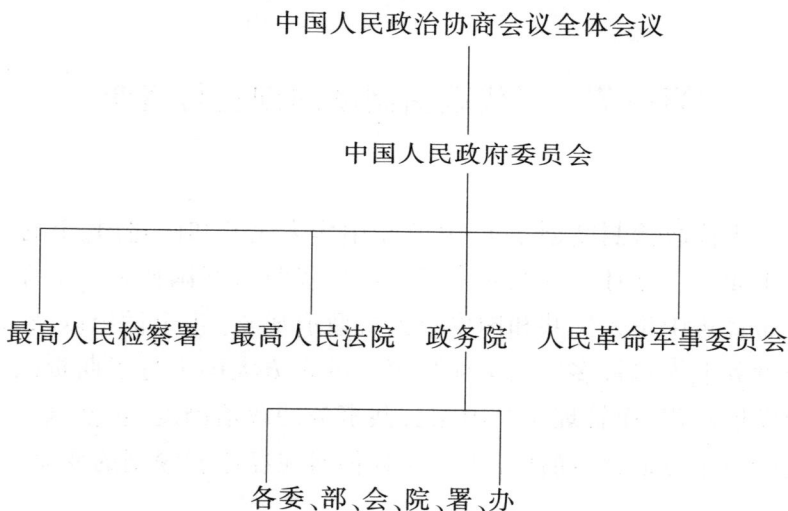

中国人民政治协商会议全体会议

中国人民政府委员会

最高人民检察署　最高人民法院　政务院　人民革命军事委员会

各委、部、会、院、署、办

这一阶段,在地方各级(省、市、县),国家政权机关是本级人民代表大会。但是,初解放地区实行军事管制,待军事行动结束、建立革命秩序、镇压反革命等工作完成之后,由军事管制委员会召集各界人民代表会议,于普选的本级人民代表大会召开之前,执行国家政权机关的职权。人民政府委员会是行政机关,由各界

---

① 参见刘正、于友民、程湘清主编:《人民代表大会工作全书》(1949—1998),中国法制出版社1999年版。以下凡未注明资料出处者,均见此书。

人民代表会议选举产生，在各界人民代表会议闭会期间亦行使国家政权机关的职权。地方人民法院、地方人民检察署，是本级地方的审判和检察机关。请参见图2。

图2　1954年以前地方政府体制

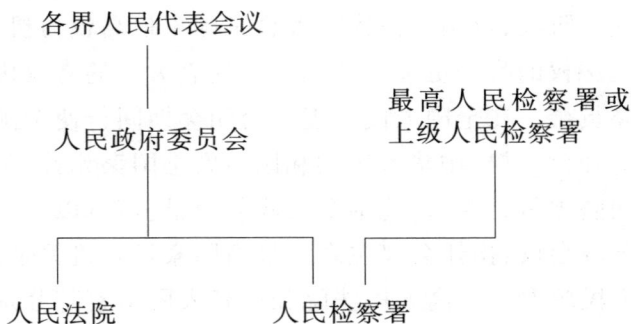

各界人民代表会议

人民政府委员会　　　　　　最高人民检察署或
　　　　　　　　　　　　　上级人民检察署

人民法院　　　　　　人民检察署

　　这一时期的政治制度，明显带有过渡的色彩。许多形式和做法，都从抗日战争时期根据地的民主政权、解放战争时期解放区的革命政权沿袭而来。就是中国人民政治协商会议这一形式，亦对1946年共产党、国民党和其他党派在重庆召开的"旧政协"有所借鉴。当时，接管国民党政权后尖锐的阶级斗争和社会矛盾，个别地区尚在进行的解放战争，给政治制度的建设留下了痕迹。一些地方在短时期内，以军事管制委员会作为临时政权机构，1952年11月前，一些大区（介于中央与省之间）以军政委员会代行地方政府职权。作为中华人民共和国政治制度承前启后的发展环节，这一阶段的政治制度有两点值得注意：一方面，在中华人民共和国政治制度的历史上，这一时期的政权组成比较接近于中国共产党关于新民主主义的思想。另一方面，这一阶段的政治制度已经开始显示，在政权建设的形式上更多地采用苏联模式而不是西方民主的形式。例如把检察机关从行政部门独立出来，与审判机关并列，就是一个明显的例子。反映这一阶段政治制度的基本文件是《中国人民政治协商会议共同纲领》。

第二阶段,自 1954 年至 1967 年,是中华人民共和国政治制度基本定型和正常运行的阶段。1954 年 9 月,第一届全国人民代表大会第一次会议在北京召开,会议通过《中华人民共和国宪法》。这是中华人民共和国第一部宪法。它标志着比较完整、比较规范的中华人民共和国政治制度的形成。

在这一阶段,全国人民代表大会是国家最高权力机关,是行使国家立法权的唯一机关。全国人民代表大会的常设机关是它的常务委员会,在全国人民代表大会闭会期间行使全国人民代表大会的部分职权。中华人民共和国主席是国家元首。国家主席同时是国防委员会主席,统率全国武装力量,还可以在必要时召开最高国务会议,担任会议主席。最高国家行政机关是国务院,即中央人民政府。最高人民法院和最高人民检察院分别是国家最高审判机关和检察机关。图 3 反映这一时期中央一级的政府结构形式。

图 3　1954 年宪法确立的中央一级政府制度

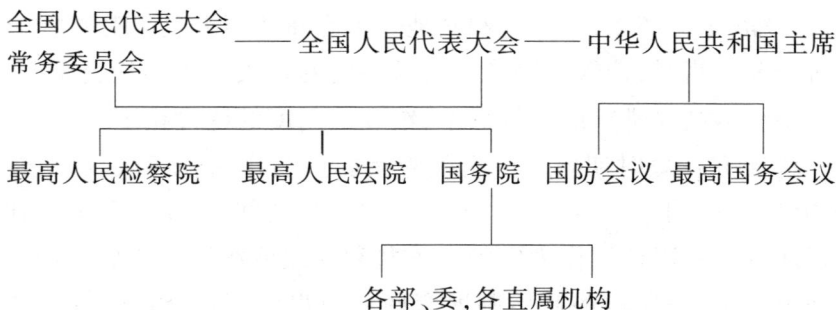

全国人民代表大会常务委员会 —— 全国人民代表大会 —— 中华人民共和国主席

最高人民检察院　最高人民法院　国务院　国防会议　最高国务会议

各部、委,各直属机构

在各级地方(省、市、县、乡、镇),各级人民代表大会是地方国家权力机关,人民委员会是地方国家行政机关,并在人民代表大会闭会期间行使其常设机关的职权,人民法院和人民检察院(乡、镇一级不设)分别是地方国家审判机关和检察机关。在少数民族聚居的地方,实行民族区域自治。图示如下:

图 4　1954 年宪法确立的地方政府制度

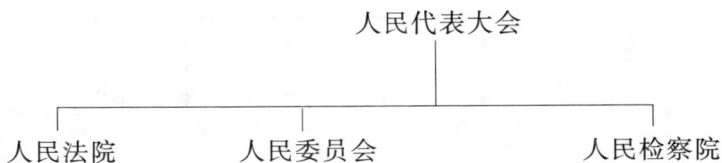

```
              人民代表大会
      ┌───────────┼───────────┐
   人民法院      人民委员会      人民检察院
```

　　1954 年宪法确立的政治制度,是总结近代以来中国人民争取国家独立、民族解放、经济发展、政治进步的斗争经验的结果,是总结中国共产党领导中国人民进行几十年革命斗争经验的结果,也是总结中华人民共和国建立之后五年间进行社会改革,进行经济、文化建设和政权建设的结果。这个制度坚持社会主义方向,坚持人民民主原则,继承了中国历史传统中有益成分,对外国政治制度中的长处亦有所借鉴。实践证明,这一时期的政治制度与尚处于初期的社会主义制度,与该时期社会经济、文化状况和公民的素质是适应的。1954 年宪法确立的政治制度,是建设有中国特色的社会主义民主政治制度的良好开端。在经过"文化大革命"十年浩劫的破坏之后,重新建设社会主义民主与法制的时候,中国政治制度的许多基本方面又恢复到 1954 年宪法确立的体制。

　　第三阶段,自 1967 年到 1977 年,中华人民共和国政治制度遭到极大破坏,以"革命委员会"取代地方各级人民代表大会和人民委员会标志其起点。在这十年间,中国经历了所谓"无产阶级文化大革命"。中国人民付出重大代价建立起来的政治制度,在这场运动中被破坏无遗。依法应四年召开一次的全国人民代表大会和地方各级人民代表大会,从 1967 年到 1975 年,没有召开过一次会议,事实上陷于瘫痪。在中央一级,表面上仍以国务院为最高行政机关,但其活动早已违背宪法的规定。在各级地方,人民委员会的形式被完全抛弃。自 1967 年 1 月始,各地相继

图5 到1999年底为止中华人民共和国政治制度的基本结构

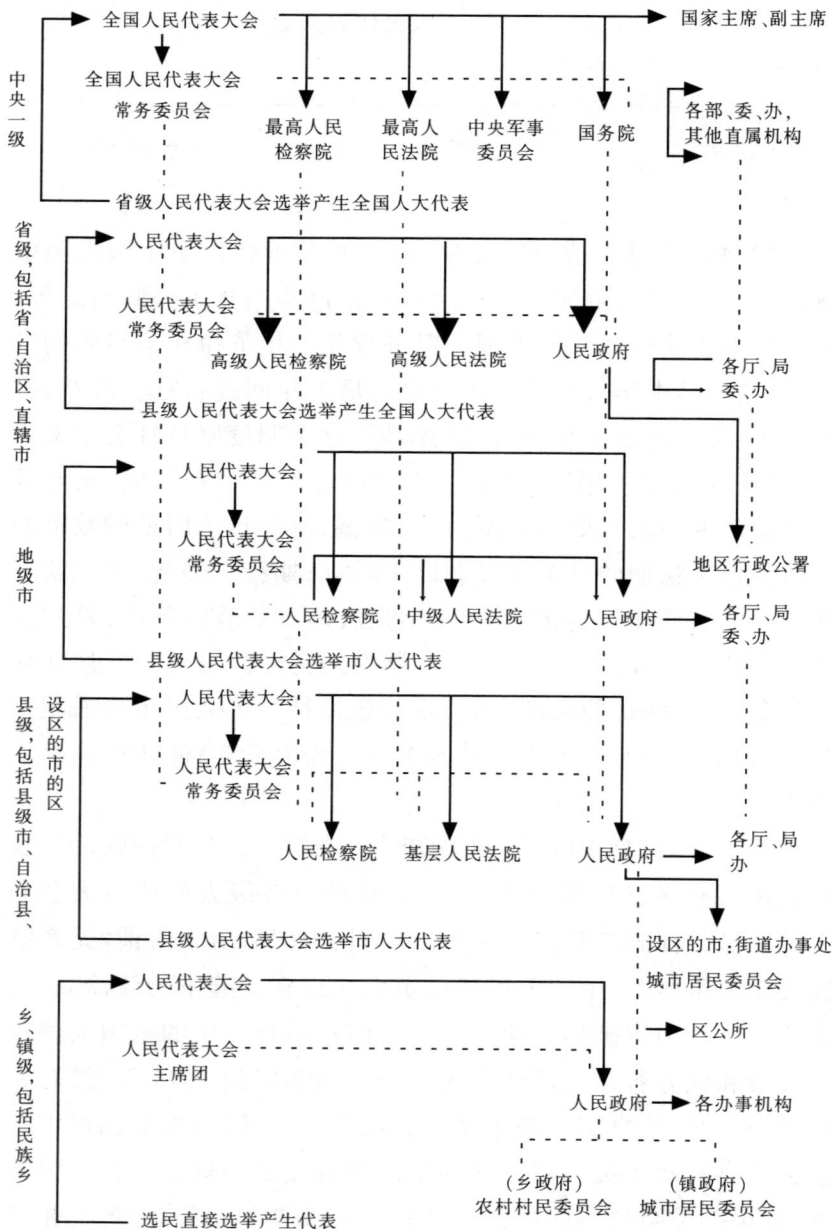

中央一级

全国人民代表大会 → 国家主席、副主席

全国人民代表大会常务委员会

最高人民检察院　最高人民法院　中央军事委员会　国务院

各部、委、办、其他直属机构

省级人民代表大会选举产生全国人大代表

省级，包括省、自治区、直辖市

人民代表大会

人民代表大会常务委员会

高级人民检察院　高级人民法院　人民政府

各厅、局委、办

县级人民代表大会选举产生全国人大代表

地级市

人民代表大会

人民代表大会常务委员会

人民检察院　中级人民法院　人民政府

地区行政公署

各厅、局委、办

县级人民代表大会选举市人大代表

县级，包括县级市、自治县、设区的市的区

人民代表大会

人民代表大会常务委员会

人民检察院　基层人民法院　人民政府

各厅、局办

县级人民代表大会选举市人大代表

设区的市：街道办事处城市居民委员会

区公所

乡、镇级，包括民族乡

人民代表大会

人民代表大会主席团

人民政府 → 各办事机构

（乡政府）农村村民委员会　　（镇政府）城市居民委员会

选民直接选举产生代表

图 5 说明如下：

　　1．→表示有选举、罢免、监督工作的关系；----表示有领导、监督或指导工作关系。

　　2．农村村民委员会和城市居民委员会是基层自治组织，不是一级政权。

建立"一元化""三结合"的革命委员会，统揽立法和行政职权。1975 年 1 月召开第四届全国人民代表大会第一次会议，修改了 1954 年宪法。这部宪法建立的政治制度，集极"左"思想之大成，对中国自 1954 年以来的政治制度是一次大破坏、大摧毁。按照这部宪法，全国人民代表大会和国务院的形式虽得以保留，但在实际政治中，前者不过徒具虚名，后者的工作也根本无制度和规则可言。国家主席被取消，检察机关不复存在，公诉权移归公安机关。地方虽设人民代表大会，但从未开过会。"革命委员会"这种奇特的政权组织形式，得到法律的确认，成为中华人民共和国政治制度的组成部分，并且掌握了地方性立法、行政甚至包括司法在内的全部权力。"文化大革命"十年，是中国社会的浩劫，尤其是中华人民共和国政治制度的浩劫。

　　第四阶段，即自 1978 年以来中国进入改革开放以后的时期，是恢复和发展有中国特色社会主义民主政治制度的时期，其开端是 1978 年宪法取代 1975 年宪法。林彪、"四人帮"两个一度掌握重要权力的集团被逐出政治舞台，中国共产党十一届三中全会确立实事求是的思想路线以及其后的思想解放运动，促进政治制度的建设出现新的局面。这一时期政治制度有两个标志性的发展。一次是 1978 年 3 月，第五届全国人民代表大会第一次会议制定新宪法，取代了 1975 年的"文革"宪法。这部宪法纠正了许多"左"的错误，但并未完全从"文革"的影响中摆脱出来。从形式上看，该时期中央一级政权，除沿袭 1975 年宪法的做法,取消中华人民共和国主席以及由国家主席领导的国防会议、最高国务会议以外,大体上恢复了 1954 年宪法规定的结构。地方各级政权,除保留 1975 年宪法规定,以"革命委员会"为地方行政机关外,也基本恢复到1954 年宪法的体制。另一次重要变化,发生于 1982 年 12 月,第五届全国人民代表大会第五次会议对 1978 年宪法做重大修改。此次修宪,比较彻底地剔除了"文化大革命"给政治制度留下的影响,成为迄今为止所进行的政治体制改革、建设有中国特色社会主义民主政治的基本法律框架。图 5 反映到 1999 年底为止, 中华人民共和国政治制度的基本结构。图中所反映的"地级市",是市管县体制出现以后在实际中形成的,国家统计局公布的"全国行政区划"即使用"地级市"概念。但在现行宪法规定的行政区划中是没有这一级的, 宪法规定的"自治州"介于省与县级之间,其地位相当于"地级市"。另外,中华人民共和国政治制度中还包括特别行政区的政府制度,本章将在行政区划中叙述。

二、思想和体制上的渊源

与其他任何性质、任何国家的政治制度一样,中华人民共和国政治制度是在一定历史发展, 在一定思想的指导之下缔造起来的。这是一个富有特色的政治制度。例如,它不采用许多国家实行的"三权分立"体制,而实行"议行合一"的人民代表大会制度;它既不像当今世界上许多国家那样实行多党制,也不像少数国家那样采纳一党制,它实行的是共产党领导下的多党合作制。中华人民共和国政治制度的这些特征, 来自于这个制度的设计缔造者有鉴别地吸取和继承了历史上的某些遗产, 来自于该制度的设计缔造者所接受的某种思想的指导。了解这种特定的指导思想特别是指导思想的演变,了解这种特定的体制上的渊源,对于理解中华人民共和国政治制度的历史即这个制度的发展变化,具有重要意义。

1.思想上的渊源

马克思主义是中华人民共和国政治制度最深刻的思想渊源。从根本上说,建立中华人民共和国政治制度,就是为了实现马克思主义提出的共产主义理想。中华人民共和国政治制度所包含的一切具体制度,都是为了实现共产主义这一目标而设计的。此外,马克思、恩格斯对共产主义社会的一些具体设想,以及对资本主义政治制度的批判,也对中华人民共和国政治制度产生了广泛的影响。例如不采用"三权分立"的体制,与马、恩对此的批判有直接关系。列宁主义对建设中华人民共和国政治制度也有重要影响,其中最值得指出的有两点:一点是列宁关于无产阶级政党的学说,包括无产阶级政党的组织形式、领导原则、党的领袖、党的纪律、党在国家政治生活中的地位、党和人民群众关系方面的论述,在中华人民共和国政治制度中均有所体现;二是列宁关于民主集中制的理论,这个理论首先是被中国共产党采纳作为党的组织原则,在中国共产党成为执政党之后,又被吸收到国家政治生活中。《中华人民共和国宪法》明确规定:"中华人民共和国的国家机构实行民主集中制的原则。"毛泽东思想是以毛泽东为代表的中国共产党人将马克思列宁主义基本原理与中国的实际相结合而形成的革命和建设的指导思想,是中国共产党人集体智慧的结晶。毛泽东思想理所当然地对中华人民共和国政治制度有最直接、最巨大的影响,中华人民共和国政治制度的每一个环节都贯彻着毛泽东思想的指导。如果说中华人民共和国政治制度是有中国特色的政治制度,它的特色在很大程度上是来源于毛泽东思想。例如,中华人民共和国政治制度并未照搬马克思认为社会主义社会必须实行"无产阶级专政"的主张,而坚持中国应实行的是"人民民主专政",并未照搬马克思提出的社会主义社会必须坚持无产阶级对国家的领导,而坚持工人阶级为领导、工农联盟为基础的方针,还有统一战线、多党合作,这些政治制度中富有中国特色的创造,无不闪耀着毛泽东思想的光辉。20世纪70年代末中国实行改革开放政策以来,其政治制度在若干重要方面进行了改革和创新,制度层面的变化,首先来自于制度设计和缔造者的指导思想,在马克思列宁主义、毛泽东思想的基础上,有了新的认识和发展,这种新认识的集中表现是邓小平理论。中国的政治体制改革是在邓小平理论指导下进行的。从邓小平理论对马克思列宁主义、毛泽东思想的新认识和发展出发,就可以把握中华人民共和国政治制度在最近二十年发生的重大变革。例如,邓小平理论关于加强社会主义民主法制的论述、关于反对政治生活中实际上存在的终身制的论述、关于"一国两制"的论述,是改革开放时期中华人民共和国政治制度一些重大变革的思想渊源。

2.体制上的渊源

中华人民共和国政治制度在体制上的渊源,首先可以追溯到中国共产党在成为执政党之前领导建立的政权,包括20世纪30年代早期在江西革命根据地建立的中华苏维埃政权,抗日战争时期在陕甘宁边区建立的抗日民主政权,以及解放战争时期在解放区建立的革命政权。

中华苏维埃共和国:1931年11月,中国共产党主持在江西瑞金召开第一次全国工农兵代表大会,大会通过《中华苏维埃共和国宪法大纲》和《苏维埃地方政府组织条例》,宣布成立中华苏维埃共和国,选举产生工农兵代表大会执行委员会,并组织了临时中央政府人民委员会。1934年1月,召开了第二次全国工农兵代表大会,毛泽东在会上总结了前两年的政权建设经验,会议修订了《中华苏维埃共和国宪法大纲》。[①]

陕甘宁边区政府:1937年,中国共产党和国民党合作建立抗日民族统一战线,中共中央随后宣布取消中华苏维埃共和国名

---

① 参见韩延龙等编:《中国新民主主义革命时期根据地法制文献选编》第1卷,中国社会科学出版社1981年版。

称,将苏维埃政权改为国民政府的一级地方政权,亦即陕甘宁边区政府。边区和县两级经普选产生参议会,作为立法机关;参议会选举产生同级政府,作为行政机关;参议会并组织法院行使司法权。行政和司法机关均对参议会负责并受其监督。中国共产党对边区政权的组织提出"三三制"原则,即:在抗日民主政权的人员构成中,共产党员、非共产党进步人士、中间分子各占三分之一。

解放区革命政权:1945年抗日战争结束,国共两党的统一战线破裂。自1945年10月起,陕甘宁边区陆续将原边区各级参议会改为人民代表会议,由人民代表会议选举产生同级政府。随后,各解放区也先后召开人民代表会议,由人民代表会议产生同级人民政府。毛泽东在1948年4月阐述人民代表会议的性质时说:"这样的人民代表会议,现在已有可能在一切解放区出现。这样的人民代表会议一经建立,就应当成为当地人民的权力机关,一切应有的权力必须属于代表会议及其选出的政府委员会。"①

中国共产党在夺取全国政权之前建立政权的尝试所获得的经验,直接地体现于中华人民共和国政治制度之中。

苏联是世界上第一个建立了一整套社会主义政治制度的国家,又是中国革命长期的主要支持者,在某种意义上说也是指导者。革命胜利之后,中国共产党在缺乏经验的情况下,面临着在自己国家尽快建设社会主义政权的紧迫任务,大量地向苏联学习,是很自然的不可避免的事情。50年代的中华人民共和国政治制度,从基本结构,立法、行政、司法三大部门的设置及其相互关系,直到各政府部门、各具体制度的确定,几乎都模仿了苏联的体制,其中最典型的例子,就是参照苏联管理计划经济的模式,按国民经济各个部门如电力、轻工、化工等,设置政府部门。这一弊端,直到20世纪末中国在社会主义市场经济的基础上进

---

① 《毛泽东选集》四卷合订本,人民出版社1968年12月版,第1203页。

行了若干次机构改革,才基本上得到解决。

中华人民共和国政治制度在发展和变革过程中,还借鉴了其他国家的有益经验。在制订 1954 年宪法时,刘少奇就说,中国的人民代表大会制度,"是研究了资产阶级议会制度和苏维埃制度的经验而提出的"①。中国进行以建设社会主义市场经济为目标的经济体制改革以来,经济基础的变革引起上层建筑相应的变革,即进行政治体制改革。在政治体制改革中,中国越来越多地在行政管理层面、在政权建设的形式上借鉴市场经济国家的有益经验。比如由管理计划经济转变成为管理市场经济的政府模式,建立公务员制度,建立社会保障管理机构,加强对市场进行监管的部门,等等。这是过去二十年中华人民共和国政治制度发展变化的一条脉络。

三、人民代表大会制度

无论是中国的官方文献在表述中华人民共和国政治制度,还是中国的学者在阐释中华人民共和国政治制度的时候,都说人民代表大会制度是中国的根本政治制度,或者说中国的政体是人民代表大会制度。在看到这种表述时,需要防止一个误解。中华人民共和国政权机构包括人民代表大会、人民政府、司法机关即人民法院和人民检察院三大基本部分,其中人民代表大会居于最高的地位。但提到"人民代表大会制度",就如同政治学著作中常常提到的"内阁制""总统制"一样,指的是整个国家政权构成形式及其特点,它不仅包括人民代表大会本身的产生、组织、运作规则,还包括人民政府和司法机关的产生、组织和运作规则,包括三者之间的关系。

人民代表大会制度的基本特征,是由人民代表大会作为人民的代表机构,统一地行使一切国家权力;人民代表大会高居于

---

① 《刘少奇选集》上卷,人民出版社 1981 年第 1 版,第 415 页。

其他国家机关(行政和司法机关)之上,不与它们分权,也不受它们制约;其他国家机关都要就其工作向人民代表大会负责,受人民代表大会监督。人民代表大会不仅是享有立法权的立法机关,而且是享有最高国家权力的国家权力机关, 这一点跟内阁制或总统制下的立法机关有重大区别。

在人民代表大会体制下, 人民代表大会与行政机关之间是决策部门与执行部门的关系。《中华人民共和国宪法》明确规定:"中华人民共和国的一切权力属于人民。人民行使国家权力的机关是全国人民代表大会和地方各级人民代表大会。""中华人民共和国国务院,即中央人民政府,是最高国家权力机关的执行机关,是最高国家行政机关","地方各级人民政府是地方各级国家权力机关的执行机关,是地方各级国家行政机关"。权力机关与行政机关的关系具体表现在三个方面, 权力机关决定行政机关人员的任用;权力机关有权罢免行政机关的人员;权力机关监督行政机关的工作。

在人民代表大会体制下, 司法机关 (人民法院和人民检察院)只具有相对的独立性,即依照法律独立行使职权,并不是说人民代表大会不能监督其工作。如同与行政机关的关系一样,人民代表大会与司法机关的关系也表现在它可以任用和罢免司法机关的负责人,可以监督司法机关工作的三个方面。

与世界上存在的两种主要政体即总统制和内阁制比较,人民代表大会制的基本特点是:人民代表大会与行政和司法机关的关系,是单向的,前者监督后者,后者对前者负责。而无论在总统制或内阁制中,立法、行政、司法三机关的关系基本上是互相制约的。如在总统制中,立法机关不能干预总统的工作,它可以在总统有违法行为时弹劾总统, 而总统反过来又可以否决立法机关通过的法律草案。在内阁制中,立法机关可以通过不信任投票方式倒阁,而内阁又可以经国家元首同意解散议会。此外,在两种体制下,司法机关的独立性都要大于人民代表大会制。

中华人民共和国政治制度中的人民代表大会制，来源于苏维埃制，而苏维埃制又可以追溯到马克思、恩格斯不赞成分权、主张"议行合一"的思想。中华人民共和国政治制度自建立之初就确立了人民代表大会制，其后这一体制的基本结构没有发生过变化。

四、单一制和行政区划

从中央政权与地方政权关系的角度看，中华人民共和国政治制度属于单一制，即中国领土内设有统一的中央政权，国家主权为中央政权所专有，任何地方政权不得分享，有统一的宪法、法律，公民只有统一的中国国籍，为管理的便利，全国领土划分为若干行政区域，并设置相应的地方政权。中国的单一制包含了多样化因素，它在少数民族聚居地实行民族区域自治制度，对香港和澳门实行特别行政区制度。

中国历史上就是一个单一制国家。中华人民共和国成立之后，1954 年宪法确定了单一制体制内的行政区划，如图 6 所示。1978 年对 1975 年"文革"宪法进行修改时，根据实际存在的情况，对直辖市、较大的市和自治州的行政区划作了更具体的规定，即：直辖市和较大的市分为区和县，自治州分为县、自治县、市。这种行政区划体制一直保留，未作改变。但在实践中有三种变化。第一，从 20 世纪 80 年代中期实行"市管县"改革以来，出现了"地级市"。地级市的行政地位相当于自治州，低于省级，高于县级，它下辖若干县，并且代管县级市，因为地级市所辖范围大多与过去省级人民政府派出机构地区行政公署所辖范围相同，故称"地级市"。到 20 世纪末，地级市实际上已经形成一级行政区划，国务院公报、《中华人民共和国行政区划简册》（国家民政部编纂）均使用"地级市"概念。但这一级行政区划还未得到宪法的确认。在正式的法律如《中华人民共和国地方各级人民代表大会和地方各级人民政府组织法》中，地级市包含在"设区的市"

之中。第二,随着经济体制改革推动城市化进程不断发展,从前许多县现在改为市。与"地级市"概念相对应,这些市被称为"县级市"。在正式的法律文件中,用"不设区的市"指县级市。第三,在实现香港和澳门回归祖国的过程中,在中华人民共和国行政结构中出现了"特别行政区"的概念。到 2000 年为止,中华人民共和国辖有两个特别行政区即香港特别行政区和澳门特别行政区。特别行政区是中华人民共和国的享有高度自治权的地方行政区域,直辖于中央人民政府,不属于图 5 所示的某一级行政区划。特别行政区是具有特殊性质的地方政权,它实行的政治制度也是中华人民共和国政治制度的组成部分。本章因有专节述及特别行政区政府制度,故在立法制度、行政制度、司法制度中,均未涉及特别行政区。

图 6　中华人民共和国行政区别

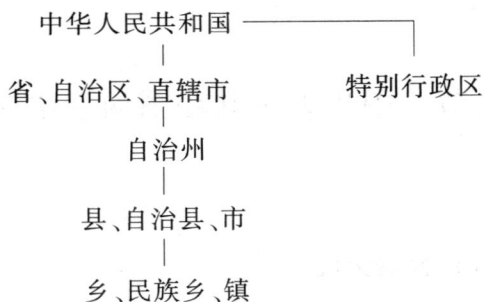

中华人民共和国 ─────┐
　　　│
省、自治区、直辖市　　　　特别行政区
　　　│
自治州
　　　│
县、自治县、市
　　　│
乡、民族乡、镇

五、政治体制改革

如果将中华人民共和国政治制度置于现代政治制度历史的长河之中,到 20 世纪末它只有五十年历史,它正处于青少年时期,更重要的是,它正处于改革与发展的阶段。因此,要了解中华人民共和国政治制度, 就必须了解近二十年来中国所进行的政治体制改革,只有了解政治体制改革,才能了解中华人民共和国政治制度所发生的深刻而广泛的变化，才能把握中华人民共和国政治制度未来的发展方向。

中国的政治体制改革，是为了适应以建设社会主义市场经济为目标的经济体制改革，以及由经济体制改革所带来的深刻社会革命的需要而进行的以建设有中国特色社会主义民主政治为目标的改革。这样政治体制改革的方向，就是中华人民共和国政治制度发展变化的基本线索。在过去二十年中，中国的政治体制改革涉及了三个主要方面。

第一，加强民主与法制，在制度层面，这包含了坚持和完善人民代表大会制度、坚持和完善共产党领导的多党合作和政治协商制度等内容。第二，根据政府职能从管理计划经济向管理社会主义市场经济转变的要求，进行行政管理体制和机构改革。第三，建立国家公务员制度。政治体制的改革及其给中华人民共和国政治制度带来的变化，将在以下各节详述。

第二节　中华人民共和国的立法制度

一、全国人民代表大会

《中华人民共和国宪法》规定：“中华人民共和国全国人民代表大会是最高国家权力机关。它的常设机关是全国人民代表大会常务委员会。全国人民代表大会和全国人民代表大会常务委员会行使国家立法权。”可见，全国人民代表大会既是最高国家权力机关，也是立法机关，全国人民代表大会的组织、职权、工作方式等方面的制度，就是中华人民共和国政治制度中的立法制度。

如前所述，作为国家政权机构的核心，全国人民代表大会的前身可以追溯到中华苏维埃政权的全国工农兵代表大会，陕甘宁边区政府的参议会,解放区的人民代表会议,以及中华人民共和国成立初期的全国政协会议,但是作为中华人民共和国政治制度的核心部分,它产生于1954年宪法。这部宪法规定,全国人民代表大会是代表全中国人民行使当家做主权力的最高国家权力机关,在国家政权的三大组成部门(立法、行政、司法)中,它居于最高地位,另外两个部门是由它选举产生的,并且要向全国人民代表大会报告工作,受它的监督。全国人民代表大会的这种基本性质和它在人民代表大会制度政体中的地位,从1954年建立起并未发生任何变化。在实践中,1954年到1957年是全国人民代表大会较好发挥作用的时期。在这个时期,全国人大能够如期召开会议,全国人大常委会召开了89次会议,二者也能够比较充分地行使宪法赋予的职权。据统计,在这个时期,全国人大及其常委会制定和通过了80多个法律、法令和有关法律问题的决定。从1957年的所谓反右运动到1966年,因为"左"的指导思想影响,全国人民代表大会的职权受到限制,会议不能如期举行,立法工作基本停顿,对行政和司法机关的监督也未切实施行。在1966年至1976年的"文革"期间,全国人大完全处于瘫痪状态,虽然在1975年召开了第四届全国人民代表大会第一次会议,但并未纠正"文革"给全国人大工作造成的破坏。全国人民代表大会在政治生活中的地位和职权真正得到恢复并且能够切实发挥作用,是在1982年修改宪法特别是在中国开展政治体制改革之后。政治体制改革的主要目标之一,是健全和完善人民代表大会制度。这方面的改革基于这样的逻辑:中国实行社会主义民主的实质是要使人民群众能够当家做主,行使管理国家的权力,人民代表大会正是代表人民行使权力的机构,因此,发扬社会主义民主,就应当切实保证人民代表大会能够行使宪法赋予它的职权。在这种思想指导下,80年代以来,全国人民代表大会在自身的制度化、规范化建设方面有许多重要的发展,其目的就是要使全国人民代表大会作为全国人民意志的代表,能够更充分地发挥其最高国家权力机关的作用。例如,修订《全国人民代表大会组织法》(1982年),制定《全国人民代表大会常务委员会议事规则》(1987年)、《全国人民代表大会议事规则》(1989年)。第九届全国人民代表大会第一次会议(1998年3月召开)以来,全国人民代表大会和全国人民代表大会常务委员会每年制定和修订的法律(不包括其他具有法律效力的决议)均在20个左右。

二、全国人民代表大会的组织结构

1.全国人民代表大会和全国人民代表大会常务委员会

全国人民代表大会分为两个既联系又有区别的部分,一个是全国人民代表大会,由全体代表组成;另一个部分是由全国人民代表大会产生的全国人民代表大会常务委员会。全国人大选举并且有权罢免常务委员会组成人员。常务委员会对全国人大负责并报告工作。1982年以前,全国人大和全国人大常委会之间的差别在中国政治生活中并不是一个引人注目的现象。从1982年修改宪法以后,两者在组织、职权、工作方式上的差别逐渐明显起来。这主要是因为:第一,1982年宪法赋予人大常委会极为重要的立法权。第二,全国人大常委会委员不能兼任行政和司法机关职务,使之接近于成为专职的职务,而绝大多数全国人大代表都另有职业或职务,是兼职的。第三,1987年制定了《全国人民代表大会常务委员会议事规则》,使常委会按照不同于全国人大的规则工作。实际上,自1982年以来,全国人大常委会在立法和监督行政司法机关方面越来越活跃,行使着全国人民代表大会的大部分职权。全国人大与常委会这种既有分工又有联系的工作方式,使中国的全国人民代表大会具有向一个专业的立法机关发展的趋势。

2.全国人民代表大会的组织结构

全国人民代表大会及代表。全国人民代表大会由全体代表组成。1986年修改《全国人民代表大会和地方各级人民代表大会代表选举法》以前,对全国人大代表数量并无规定,第一、第二届全国人大代表为 1226 人,以后各届有增有减,大致在 3000 名左右。1986 年修改《选举法》,限制代表人数不得超过 3000 人。中国全国人大代表的构成与外国议会的议员有所不同,所有代表均来自社会各界,为社会各界中优秀且有代表性人物,如党政领导人、杰出企业家、科学家、艺术家、教师、工人、农民等。因为全国人大例会每年一次,每次二至三星期,除常委会委员外,全国人大代表均不放弃各自职业。全国人大任期,1975 年前为每届四年,自 1975 年起改为每届五年。

代表团。全国人大召开会议期间,代表按选举单位组成代表团。如北京市代表团、西藏自治区代表团、人民解放军代表团。代表团分别推选代表团团长。自从《全国人民代表大会组织法》(1982 年)、《全国人民代表大会议事规则》(1989 年)实施后,代表团的组织和活动更趋规范。代表团可以分设若干代表小组,代表小组召开会议,推选小组召集人。小组是进行分组讨论的单位。全国人大会议的许多重要事项以代表团为单位进行。如一个代表团可以向大会提出立法议案、质询案,三个代表团可以提出罢免案。代表团团长或代表团推派的代表,可以在主席团会议或全体会议上,代表本代表团发表意见。在 1982 年以前,代表也是以代表团为单位参加活动,但这只是一种实践中的做法,并不是一种制度,代表团并没有法律上的地位。

主席团。主席团在全国人大每次会议的预备会上选举产生。从惯例来看,主席团成员一般在 150 人左右,包括全国人大代表中的中共中央领导人,国家主席、副主席,全国人大常委会委员长、副委员长,各民主党派中央负责人,全国人大专门委员会委员,中央党政军有关部门负责人,各行业先进人物,社会知名人士,以及各代表团团长等。主席团是全国人大召开会议期间一个极为重要的机构。除了主持全国人大会议等行政性事项外,它有权提出提案,决定提案的处理,提出国家主席等重要职位候选人的人选,提请大会审议罢免案,决定质询案的处理,等等。

专门委员会。第一届全国人大即开始设专门委员会。1982年以后,随着全国人大和全国人大常委会的作用日益加强,专门委员会呈增加趋势。第一届仅有四个专门委员会,即民族、法案、预算、代表资格审查委员会。到1998年第九届全国人大,专门委员会增加到九个,不包括1982年调整到全国人大常委会的代表资格审查委员会。参见图7和图8。专门委员会的主要工作,是在全国人大领导或(全国人大闭会期间)在全国人大常委会领导下,研究、审议和拟订有关议案,向全国人大和常委会提出报告、意见或建议。专门委员会成员是在本专门委员会所涉及的工作领域有实际工作经验或理论知识的人大代表。非代表专家可受聘担任委员会顾问。除常设的专门委员会之外,全国人大或常委会可以组织对于特定问题的调查委员会。

3.全国人民代表大会常务委员会的组织结构

全国人民代表大会常务委员会及委员。全国人民代表大会常务委员会,是全国人民代表大会的常设机构,它在全国人大闭会期间行使必须由最高国家权力机关行使的那部分职权。在加强社会主义民主政治的过程中, 全国人大常委会的作用越来越重要。常委会由全国人大产生,对全国人大负责,受全国人大监督。全国人大常委会只能以自己的名义而不能以全国人大的名义行使职权。

全国人大常委由委员长一人、副委员长若干人、秘书长一人、委员若干人组成。常委会任期与全国人大相同,自1975年起为五年一届,委员长和副委员长连任不得超过两届,其他成员连任届数不限。常委会组成人员均由全国人大会议主席团提名,全体会议选举产生。自1982年起,常委会组成人员不得兼任国家行政和司法机关职务。不过,并不禁止常委会组成人员兼任其他如政党、人民团体、科研、教学、文化艺术、生产经营单位的职务。

委员长会议。委员长会议由委员长、副委员长、秘书长组成,

负责处理全国人大常委会日常的重要工作。它最重要的职权,是
决定常委会每次会议的会期,拟定会议议程草案。

图7　1954—1982年期间全国人大和常委会的组织结构

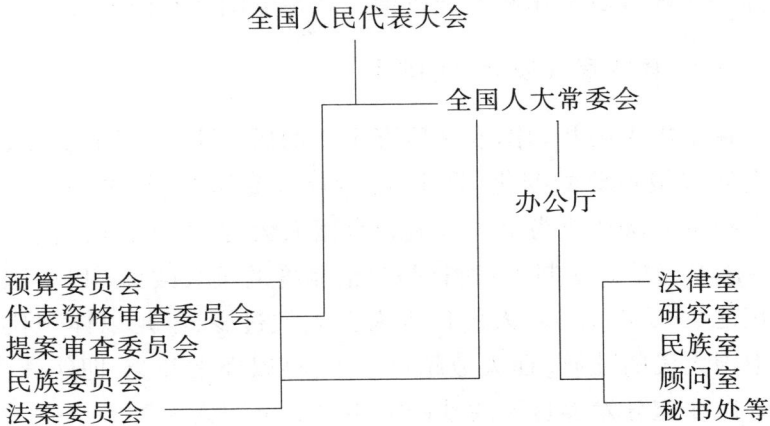

```
                全国人民代表大会
                      │
                      ├──────全国人大常委会
                      │              │
                      │           办公厅
                      │
  预算委员会 ──┐                         ┌── 法律室
  代表资格审查委员会 ┤                    │    研究室
  提案审查委员会 ──┤                      │    民族室
  民族委员会 ──┤                          │    顾问室
  法案委员会 ──┘                          └── 秘书处等
```

图8　1982年以后全国人大和常委会的组织结构

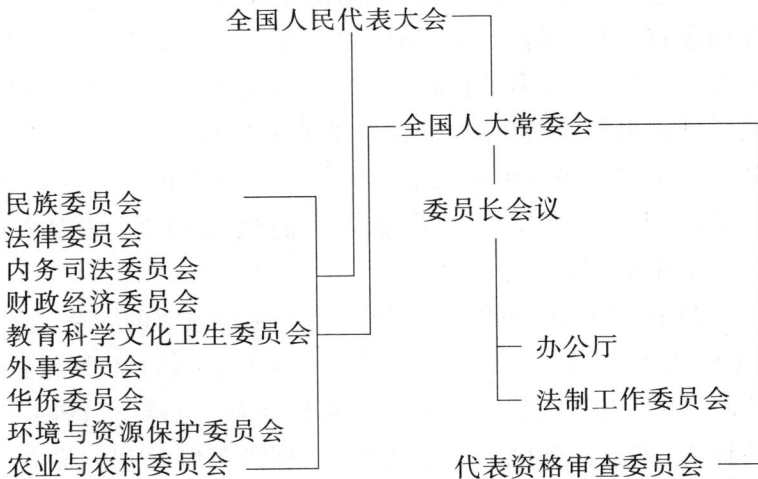

```
              全国人民代表大会──┐
                      │
                      ├── 全国人大常委会 ──────────┐
                      │         │                  │
  民族委员会 ──┐              委员长会议             │
  法律委员会 ──┤                                    │
  内务司法委员会 ┤                                   │
  财政经济委员会 ┤                                   │
  教育科学文化卫生委员会 ┤      ┌── 办公厅          │
  外事委员会 ──┤              └── 法制工作委员会    │
  华侨委员会 ──┤                                    │
  环境与资源保护委员会 ┤       代表资格审查委员会 ──┘
  农业与农村委员会 ──┘
```

专门委员会。前述全国人大的各专门委员会,在全国人大闭
会期间均在常委会领导下工作。专属常委会的专门委员会有两
个,一个是原属全国人大的代表资格审查委员会,1982年改属常

委会；另一个是 1979 年设立的法制委员会，1983 年改称法制工作委员会。

此外，因为全国人大常委会是一个经常性工作机构，它还设有办公厅等行政工作和管理机构。请参见图 7 和图 8。

三、全国人民代表大会的职权

在中华人民共和国成立后五十年的历史中，全国人民代表大会职权最重要的变化，是 1982 年修改宪法时，将过去的全国人大独享立法权改为全国人大和全国人大常委会共同行使立法权。这不仅是立法制度、而且是政治制度的重大改革。以中国的面积之大、人口之多，人民代表大会人数过少，不足以体现代表全中国人民的性质。而人数超过千人，难以经常开会，即使开会，亦难以在充分发表意见的基础上决策。全国人大常委会是一个人数较少的常设机构，1982 年的改革，创造了一种全国人民代表大会和它的常委会结合行使最高国家权力、而以其常设机构行使国家权力机关的大部分职权的体制，由此强化了全国人民代表大会的地位，加强了它的职权。全国人大是代表全中国人民行使管理国家权力的机关，加强它的地位和职权，意味着间接地增强了人民群众决定国家大事、监督国家行政和司法机关的权力。因而，1982 年的这一改革，是发展社会主义民主的重要步骤。

1.全国人民代表大会的职权

按照 1954 年宪法的规定，与世界上许多国家的立法机关一样，全国人大有四个方面职权：第一，立法权，包括：修改宪法，制定法律，监督宪法的实施；第二，人事任免权，包括：根据国家主席的提名，决定国务院总理的人选，根据国务院总理的提名，决定国务院组成人员的人选，根据国家主席的提名，决定国防委员会副主席和委员的人选，选举最高人民法院院长和最高人民检察院检察长，以及对上列人员的罢免权；第三，经济、财政的决策和监督权，包括：决定国民经济计划，审查和批准国家的预算和决算;第四,其他权力,包括:批准省、自治区和直辖市的划分,决定大赦,决定战争和和平的问题,以及全国人大认为其他应当由它行使的权力。在相当长一段时间中,由于"左"的思想妨碍,全国人大的这些职权在实践中并未得到切实的保障。1975年修宪时将全国人大的职权减少到只有六项,1978年再修宪时有所恢复,但亦未充分落实。1982年宪法恢复了1954年宪法赋予全国人大的职权,只对少数职权作了调整。第一,由于1982年的改革确定了全国人大与常委会共同行使立法权,将有关全国人大立法权部分作相应调整,即全国人大只制定和修改刑事、民事、国家机构的和其他的基本法律。第二,与此相应,增加对常委会立法权进行监督的规定,即:全国人大有权改变或者撤销常委会不适当的决定。第三,根据统一祖国形势的发展,增加决定特别行政区的设立及其制度的权力。第四,根据中国的情况不需要大赦的形式,取消了决定大赦的权力。

2.全国人民代表大会常务委员会的职权

按照1954年宪法的规定,全国人大常委会共有十九项职权,大致可分为六个方面:第一,全国人大的行政工作,包括主持全国人大代表的选举,召集全国人大会议;第二,解释法律和制定法令;第三,监督行政和司法机关的工作;第四,立法监督,包括撤销国务院的同宪法、法律和法令相抵触的决议和命令,改变或者撤销省、自治区、直辖市国家权力机关的不适当的决议;第五,人事任免,包括在全国人大闭会期间,决定国务院副总理、各部部长、各委员会主任、秘书长的个别任免,任免最高人民法院副院长、审判员和审判委员会委员,任免最高人民检察院副检察长、检察员和检察委员会委员;第六,其他通常由最高立法机关行使的权力,包括决定驻外全权代表的任免,决定同外国缔结的条约的批准和废除,规定军人和外交人员的衔级和其他专门衔级,规定和决定授予国家勋章和荣誉称号,决定特赦,决定战争状态的宣布,决定全国总动员或局部动员,决定全国或部分地区的戒严，全国人大授予的其他职权。由于众所周知的原因，在1954年以后，全国人大常委会没有很多机会实际行使上述职权。

1982年的改革，首先给全国人大常委会增加了立法权，包括：制定和修改除应当由全国人大制定的法律以外的其他法律，在全国人大闭会期间，对全国人大制定的法律进行部分补充和修改。其次，增加了经济、财政方面的权力，即：在全国人大闭会期间，审查和批准国民经济和社会发展计划、国家预算在执行过程中所必须作的部分调整方案。第三，在人事任免方面，因为1982年起增设了中央军事委员会，全国人大常委会也增加了相应的权力，即在全国人大闭会期间，根据中央军事委员会主席的提名，决定中央军事委员会其他组成人员的人选。另外，在司法机关的人事任免方面，全国人大常委会有权根据最高人民法院院长的提请，任免军事法院院长，根据最高人民检察院检察长的提请，任免军事检察院检察长，并且批准省、自治区、直辖市人民检察院检察长的任免。全国人大常委会的其余职权，与1954年宪法规定基本相同。

四、全国人民代表大会的工作方式

在1982年《全国人民代表大会组织法》、1987年《全国人民代表大会常务委员会议事规则》和1989年《全国人民代表大会议事规则》问世之前，关于全国人大的工作方式，只有比较粗略的规定，如全国人大每年开会一次，宪法的修改由全国人大以全体代表的三分之二的多数通过，法律和其他议案由全国人大以全体代表的过半数通过，其他则少有具体制度可循，即使有一些（1954年也制定过《全国人民代表大会组织法》）也未付诸实施。全国人大及其常委会工作方式的规范化和制度化建设，是在总结过去经验，特别是改革开放以后加强全国人大工作的经验，并借鉴外国的有益经验的基础上，制定上述三个法律和规则后实现的。

1.全国人民代表大会的工作方式

全国人大的工作方式是会议制，即通过召开会议行使其职权。全国人大的会议有两种。一种是例会，每年举行一次。另一种是临时会议，由五分之一以上的全国人大代表提议方可召开。全国人大召开会议的法定人数是三分之二以上的代表。即必须有三分之二以上代表出席，方可合法地举行会议，做出决议。全国人大会议允许列席。列席人员有三类：一类是国务院组成人员，中央军事委员会组成人员，最高人民法院院长和最高人民检察院检察长。此类人员列席会议是法律规定的，无须专门批准。第二类包括有关机关、团体的负责人。这类人员列席会议须经全国人大常委会批准。第三类是按惯例被邀请列席的人员。包括不是全国人大代表的全国政协委员。

按《全国人民代表大会议事规则》规定，全国人大的例会每年第一个季度举行，这也反映了中国在政治体制改革中切实加强全国人大作为最高国家权力机关的作用，因为只有在财政年度开始之前开会，全国人大对国家财政预决算的决策和监督才有意义。而在1985年之前，全国人大在十月以外的任何一个月中都举行过例会。从1985年第六届全国人大第三次会议起，每年的例会都在3月份举行，进入90年代后都在3月初举行，持续两至三个星期。这可以被视为惯例。

全国人大的会议公开举行。在必要时，经主席团和各代表团团长会议决定，可以举行秘密会议。公开举行的会议可以由大众传媒报道会议的议案、对议案的讨论、会议的决议等等，由电视现场转播会议的开幕、闭幕，以及采访代表团和小组的讨论，自90年代以来也已成为惯常的做法。所谓秘密会议，是指举行会议的过程不对外公开，但会议的决议是要公布的。

全国人大的会议过程，除了会前由全国人大常委会承担的准备工作外，可以分为三个阶段。第一阶段是预备会。预备会的做法自1957年的第一届全国人大第四次会议开始，此后每次会议均开预备会,形成惯例。1989 年《全国人民代表大会议事规则》予以制度化。预备会由上届全国人大常委会主持,全体与会代表出席,主要任务是选举大会主席团和秘书长。第二阶段是主席团第一次会议。会议的工作是推选主席团常务主席若干人,推选每次会议的执行主席,决定会议日程,决定表决议案的办法,等等。在主席团第一次会议之后是第三个阶段,即正式会议。

全国人大正式会议通常包括五方面的内容:第一,听取工作报告,包括国务院、最高人民法院、最高人民检察院、全国人大常委会分别做的工作报告。第二,听取并审议国务院所做的关于国民经济和社会发展计划及计划执行情况的报告, 关于国家预算和预算执行情况的报告。第三,选举、罢免、任免和辞职事项。第四,审议立法议案。第五,其他事项。

如前所述,全国人大有四方面的职权。按照《全国人民代表大会议事规则》的规定,全国人大在行使这些职权时遵循的程序有相似之处,但并不完全相同。一般而言分三个步骤。第一,提案,由有权提案的机构或达到法律要求人数的代表提出提案;第二,由主席团处理提案,决定提案是否列入议程,或以其他方式处理;第三,由全体会议表决。以下试举三例:(1)行使立法权。全国人大主席团、全国人大各专门委员会、国务院、中央军事委员会、最高人民法院、最高人民检察院可以提出议案;议案交主席团后,由主席团决定交各代表团审议,或先交有关的专门委员会审议,提出报告,再由主席团审议决定提交大会表决。一个代表团或 30 名以上代表提出的议案,由主席团决定是否列入大会议程,或者先交有关的专门委员会审议,提出是否列入大会议程的意见,再决定是否列入大会议程。(2)人事任免权。全国人大常委会委员长、副委员长、秘书长、委员的人选,国家主席、副主席的人选,中央军事委员会主席的人选,最高人民法院院长和最高人民检察院检察长的人选, 由主席团提名, 经各代表团酝酿协商后,再由主席团根据多数代表的意见确定正式候选人名单,提交大会表决。(3)质询权。由一个代表团或 30 名以上代表以书面提出的对国务院和国务院各部、各委员会的质询案,由主席团决定交受质询机关书面答复,或者由受质询机关的领导人在主席团会议上或者有关的专门委员会会议上或者有关的代表团会议上作口头答复。值得注意的是,实行 1989 年的《全国人民代表大会议事规则》以后,主席团在全国人大行使职权也即全国人大会议过程中,起着至关重要的作用,全国人大行使它的每一项职权,都必须经过主席团这个环节,在一些方面,主席团甚至可以起决定性的作用。

2.全国人民代表大会常务委员会的工作方式

全国人大常委会的会议分为例会和临时会议两种。例会由法律规定,每两个月召开一次,从实践看,会期约一个星期。1954 年《全国人民代表大会组织法》规定常委会例会每月两次,但那时的会期短,一般只开半天,还有一天开两次例会的情形。有特殊需要时,可召开临时会议,临时会议由常委会委员长召集。在全国人大例会召开之前,要举行一次专门为会议做准备的常委会临时会议。全国人大常委会的会议,必须有常委会组成人员的过半数出席,方能合法举行会议。全国人大常委会的会议,有三类法定的列席人员。第一是国务院、中央军事委员会、最高人民法院和最高人民检察院负责人;第二是全国人大各专门委员会的主任委员、副主任委员,有关专门委员会的委员、顾问,有关部门负责人;第三是各省、自治区、直辖市人大常委会的主任或一名副主任。在必要的时候,还可以邀请有关的全国人大代表列席。全国人大常委会的会议由委员长主持,委员长可以委托副委员长主持会议。

全国人大常委会会议的议程,一般有以下五方面的内容:(1)审议立法议案。随着部分立法权下放给常委会,立法成为常委会的主要工作。(2)决定宪法规定的由常委会行使的人事任免事项。(3)审议工作报告。主要有两种:一种是为履行监督行政和司法机关工作而听取这些部门的工作报告。另一种是全国人大专门委员会审议议案的报告。(4)行使宪法列举的由常委会行使的其他职权，在这方面较多的是决定批准同外国缔结的条约包括加入国际公约。(5)全国人大授予的其他职权。

全国人大常委会的会议有三种形式，即全体会议、分组会议、联组会议。全体会议由常委会全体组成人员和全体列席会议的人员参加，一般用于听取有关议案的说明，听取全国人大的或其他国家机关的工作报告，并在审议后进行表决。分组会议是由常委会组成人员和列席会议人员分为若干小组，以小组为单位召开的会议。小组的人数较少，便于充分发表意见，展开讨论。联组会议由出席和列席常委会会议的全体人员参加，主要用于交流分组会情况，对有不同看法的问题进一步展开讨论，以便在充分发表意见的基础上取得较为一致的看法。

五、地方各级人民代表大会

从新中国成立初期开始，地方各级人民代表大会就是中华人民共和国政治制度的重要组成部分。1949年的《共同纲领》就规定："人民行使国家政权的机关为各级人民代表大会和各级人民政府。"1953年3月到1954年8月进行了中华人民共和国历史上第一次全国范围的选举，各级人民代表大会随之建立起来。1954年召开的第一届全国人民代表大会第一次会议通过《地方各级人民代表大会和地方各级人民政府组织法》，标志着地方人民代表大会制度初步建成。从1957年反右运动开始，地方各级人民代表大会正常活动受到干扰，至"文革"期间完全陷于停顿。"文革"结束后，1979年第五届全国人大第二次会议重新制定了《地方各级人民代表大会和地方各级人民政府组织法》，地方人民代表大会制度得以恢复并有一定发展，1982年和1986年，全国人大常委会两度修改该法，对地方人民代表大会制度进行改革，使这一制度进一步完善。改革开放后地方人民代表大会制度的改革,总的趋势是加强地方各级人民代表大会的职权和地位,使其作为代表人民群众行使管理本地方事务的国家权力机关,能够切实地、更好地发挥作用。在上述地方组织法制定和修改之后,各地方陆续制定本地方人民代表大会议事规则,使地方人民代表大会的建设走上规范化的道路。从制度的角度观察,最重要的变革是1979年修改地方组织法时,规定县以上地方各级人民代表大会设常务委员会,作为其常设机关,在本级人民代表大会闭会期间行使一部分应该由地方国家权力机关行使的职权。另一项重要的变化,是1982年修改宪法时,赋予省级、省和自治区政府所在地的市和"较大的市"的人民代表大会地方性立法权。还有一项,就是1979年修改《选举法》,将直接选举的范围扩大到县级。这三项改革,是中华人民共和国政治制度在体现社会主义民主方面的重要进展。

1.地方各级人民代表大会的组织

地方各级人民代表大会,指的是与中华人民共和国行政区划相应的各级地方的人民代表大会,即省、自治区、直辖市的人民代表大会;自治州、地级市人民代表大会;县、自治县、县级市、市辖区人民代表大会;乡、民族乡、镇人民代表大会。

地方各级人民代表大会。地方各级人民代表大会由直接或间接选举产生的代表组成。组成各级人民代表大会的代表人数,由各省、自治区、直辖市人民代表大会常务委员会,按照便于召开会议,讨论问题和解决问题,并使各民族、各地区、各方面都能有适当数量代表的原则自行决定,报全国人大常委会备案。从实践看,省级人民代表大会代表名额一般在800~1000人之间,自治州和地级市人代会代表名额在300~500人之间,县级人代会代表名额在150~250人之间。乡、镇人代会代表大体在35~55人之间。当然,在人口数量特多或者特少的地方,代表数量也会多于或少于这个幅度。

地方各级人民代表大会代表的产生方式,在1979年修改

《选举法》之前,直接选举的范围到乡、镇级;自从修改《选举法》起,直接选举范围扩大到县级。

地方各级人民代表大会的任期,1975 年以前省级为四年,其余各级均为两年。1975 年修改宪法时改为省级任期五年,县级三年,乡、镇级两年。1982 年将直接选举的县级,乡、镇级任期修改为三年,间接选举的省级人大任期仍为五年。1993 年 3 月,第八届全国人大第一次会议修改宪法,将县级(包括县、不设区的市、市辖区)人大的任期延长至五年。

代表团。省级和自治州、地级市人民代表大会举行会议的时候,以代表团为单位进行各项活动。代表团按原选举单位,在会前准备阶段组成,各团推举团长一人,副团长若干人。与全国人大会议的代表团不同之处在于,全国人大会议的代表团既是讨论审议议案的单位,又是提案的单位,而省、自治州和地级市人大会议的代表团,只是讨论审议议案的单位,不是提案单位。县级、乡镇级人大举行会议的时候,代表组成代表小组活动。

主席团。地方各级人大会议设主席团。主席团在每次会议的预备会议上产生。主席团设常务主席若干人,由主席团推举产生。地方各级人大会议主席团的职权是:第一,主持本级人民代表大会会议。第二,提案,主席团本身是一个提案单位。第三,决定议案的处理。第四,决定会议列席人员名单。乡镇级人大会议的主席团,除了有上述职权外,在实践中起到本级人大常设机关的作用,在某种程度上,类似于县级以上人大的常务委员会,在本级人大会议闭会期间执行一些必须由人民代表大会执行的职务。

专门委员会。省级和地级市人民代表大会可以根据需要设法制委员会、财政经济委员会、教育科学文化卫生委员会等专门委员会。在实践中,除上述委员会外,一些地方还设有法案委员会、预算委员会。省级和自治州、地级市人民代表大会的专门委员会是常设的,受本级人大领导,在人大会议闭会期间,受本级人大常委会领导。县级和乡镇级人民代表大会没有常设的专门委员会,在举行会议期间,可以设议案审查委员会、财政预算决算委员会等专门委员会。

常务委员会。1979年修改地方组织法时,对地方人民代表大会的体制进行重大改革,在县以上地方各级人民代表大会增设常务委员会,作为其常设机关,在人大闭会期间行使由地方国家权力机关行使的一部分职权,由此纠正了过去地方各级人民代表大会只能每年开几天会、职权受到极大限制的局面,将社会主义民主向前大大推进一步。从1980年起,省级(包括省、自治区、直辖市)、自治州和地级市、县级(包括县、自治县、县级市、市辖区)的人民代表大会均设常务委员会。乡、镇人民代表大会不设常务委员会。在实践中,人民代表大会闭会期间必须行使的职权,由本级人民代表大会主席团行使。

省级和地级市人大常委会组成人员,包括主任一人,副主任若干人,秘书长一人,委员若干人。县级人大常委会组成人员,包括主任一人,副主任若干人,委员若干人,不设秘书长。以上地方各级人大常委会组成人员,均由本级人大会议在本级人大代表中选举产生。常委会组成人员不得兼任国家行政机关、司法机关的职务。地方各级人大常委会组成人员的人数各不相同。省级大多在35~65人之间,不超过85人;自治州和地级市大多在15~35人之间,不超过45人;县级一般在11~19人之间,不超过29人。各级人大常委会每届的任期,与本级人民代表大会相同。

县级以上地方各级人大常委会均设主任会议,由人大常委会主任、副主任(省级和地级市还包括秘书长)组成,负责处理常委会日常的重大事务。本级人大所设专门委员会,在人大会议闭会期间,在常委会领导下工作。此外,县级以上人大常委会均设代表资格审查委员会。

2.地方各级人民代表大会的职权

地方各级人民代表大会的职权主要有三大部分:第一,地方性事务的决策权,如:在本行政区域内,保证宪法、法律、行政法规和上级人民代表大会及其常务委员会决议的遵守和执行,保证国家计划和国家预算的执行;审查和批准本行政区域内国民经济和社会发展计划、预算以及它们的执行情况;审查和批准本行政区域内的政治、经济、教育、科学、文化、卫生、民政、民族工作的重大事项。第二,地方性人事任免权。以省人民代表大会的人事任免权为例,包括:选举和罢免省长、副省长,选举和罢免本级人民法院院长和人民检察院检察长(后一项必须报上一级人民检察院检察长提请该级人大常委会批准),选举和撤换由其选举的上一级人民代表大会代表。第三,监督本级行政、司法机关以及人大常委会的工作,包括听取和审查工作报告,撤销本级人民政府的不适当的决定和命令等。乡镇级不设司法机关和人大常委会,因此乡镇级人大没有后两项职权。

县级以上人大常委会,在本级人大会议闭会期间行使本级人大的部分职权,其内容基本上与上述三部分相同,但其职权的范围要小一些。以省人大常委会为例,它在本级人大会议闭会期间,可以根据本级人民政府的建议,批准对本行政区域的国民经济和社会发展计划、预算的部分变更。在人事任免权方面,省人大常委会在本级人大会议闭会期间,可以决定副省长的个别任免,有权根据省长的提名,决定本级人民政府秘书长、厅长、局长的任免。

这里最值得指出的是1982年改革赋予地方国家权力机关地方性立法权。根据1954年宪法,地方各级人民代表大会只有依据法律规定的权限通过和发布决议,没有在许多国家中地方立法机关享有的地方性立法权。因为中国面积大、人口多,各地方情况千差万别,如果只有全国人民代表大会有权立法,从工作量来讲将不胜其繁,不能根据各地方不同的社会、经济、政治、文化等具体情况有效地开展立法工作,促进地方社会经济的发展。另外,也不利于发扬社会主义民主,调动地方的积极因素。1982年修改宪法时规定,省、直辖市的人民代表大会及其常委会,在不与宪法、法律相抵触的前提下,可以制定地方性法规,自治区的人民代表大会有权制定自治条例和单行条例,正式赋予省级国家机关地方性立法权。同年修改地方组织法时,根据同样的精神,将改革再向前推进一步,允许省、自治区人民政府所在地的市(即省会城市)和经国务院批准的较大的市的人民代表大会及其常委会,可以拟订本市所需要的地方性法规草案,提请省、自治区人大常委会正式制定后实行。这里所指具有地方性立法权的"较大的市",到1999年底共有19个。

3.地方各级人民代表大会的会议制度

地方各级人民代表大会的会议分为例会与临时会议两种。例会每年至少一次,从实践看每年只举行一次,90年代以来均在一季度举行。临时会议由本级人大五分之一以上代表提议可以召开。地方各级人大召开会议的法定人数由地方性法规规定,一般为全体代表的三分之二以上。县级以上地方各级人民代表大会会议由本级人大常委会召集,会议主席团主持。乡镇级人大会议由本级人大第一次会议的主席团召集。每届第一次会议,由上届最后一次会议的主席团召集。地方各级人民代表大会会议的过程,与全国人大会议过程类似,分为预备会、主席团第一次会议、正式会议三个步骤。地方各级人民代表大会行使职权的程序可分为四类:提出和审议议案的程序,审议工作报告、国民经济和社会发展计划和预算的程序,人事任免的程序,询问和质询的程序。这四类程序,由有关地方人民代表大会议事规则的地方性法规规定。

六、选举制度的发展和人民代表的产生

1953年2月,中华人民共和国第一部《选举法》颁布。这部《选举法》确立了中国选举制度的一系列基本原则。如普遍的选举权与被选举权:凡年满18周岁的公民,除依法尚未改变成分的地主阶级分子,依法被剥夺政治权利的反革命分子,其他被依法剥夺政治权利者、精神病患者以外,不分民族和种族、性别、职业、社会出身、宗教信仰、教育程度、财产状况和居住期限,均有选举权和被选举权。平等的选举权:妇女有与男子同等的选举权和被选举权,每个选民只有一次投票权。直接选举与间接选举相结合:全国人民代表大会代表,省、县、设区的市人民代表大会代表,由下一级人民代表大会选举产生;乡、镇、市辖区和不设区的市的人民代表大会代表,由选民直接选举产生。这部《选举法》还确立了代表名额分配、选区划分和选民登记、候选人提名、表决方式、计票方式等具体制度。当时的选举制度还有一些特点:只按选民居住状况一种情况划分选区;代表候选人的提名权基本上届于党派、团体,选民提名候选人的余地很小;保留举手作为表决的一种方式,也就是说,选举可以不采取秘密的原则。从1953年3月到1954年8月将近一年半的时间里,进行了中华人民共和国历史上第一次普选,即在乡、镇、市辖区、不设区的市(当时称为"基层单位")进行了直接选举。在此基础上,由基层单位召开人民代表大会,选举县人民代表大会代表,由此逐级向上,间接选举了省级和全国人民代表大会代表,为第一届全国人民代表大会的召开做好了准备。此后,基层单位的直接选举按《选举法》两年一次举行,至1958年后中断。间接选举虽未能严格依法律规定的期限,但尚能经常举行,直到"文革"前完全停止。

"文革"结束后,1979年第五届全国人大第二次会议对1953年《选举法》做重大修改,制定了新的《全国人民代表大会和地方各级人民代表大会选举法》。这部《选举法》的基本特点,是扩大社会主义民主,主要表现在:第一,将直接选举的范围扩大到县级;第二,改变过去实际上实行的等额选举,明确要求各级人大代表选举均实行差额选举;第三,将过去按居住状况一种情况划分选区改为可按生产单位、事业单位、工作单位和居住状况划分选区;第四,将提名权扩大为任何选民或代表,只要有一人提名、三人以上附议,即可推荐代表候选人;第五,取消举手表决方式,一律采用无记名投票;第六,规定可以采用各种形式宣传候选人。新选举制度从 1979 年下半年开始试行,到 1981 年在全国范围内完成了新中国成立后的第一次县级直接选举。自此以后,乡、镇和县两级直接选举和各级间接选举均能依法正常举行。1982 年,第五届全国人大第五次会议对《选举法》又做了修改,主要之点有:(1)特殊情况下农村每一代表与城镇每一代表所代表的人口数之比可以小于四比一,直至达到一比一。(2)将各党派、团体或者选民可以用各种形式宣传候选人,改为可以在选民小组会议上介绍所推荐的候选人的情况。1986 年,全国人大常委会根据实践中出现的问题,再次修改了《选举法》。这一次修改的主要内容包括:第一,把全国人大的代表名额限制在 3000 名以内;第二,将选民和代表联合推荐候选人的条件由一人提名、三人以上附议,改为十人以上联名可以推荐候选人。在这一时期,各省、自治区、直辖市根据《选举法》制定了本地方的选举法实施细则,全国人大常委会、法制工作委员会和中共中央办公厅又根据选举中提出的具体问题,做了一些具体规定和具有法律效力的解释。在选举实践和不断完善的立法过程中,中华人民共和国选举制度正在日益健全起来。

第三节　中华人民共和国的行政制度

中国是单一制国家,行政制度有中央与地方之分。中央一级的行政制度就是国务院的组织和工作制度;地方行政制度,就是自省级至乡镇各级地方人民政府的组织和工作制度。在中华人民共和国成立后五十年的历史中,行政制度的变化频繁,甚于立法和司法制度。其中最为重要的变化,第一是政府职能由管理计划经济转变为管理社会主义市场经济,以及与之相应的机构改革;第二是由干部人事制度转变为公务员制度;第三是行政机构的内部体制由合议制转变为首长负责制。这三方面的变化,将在下面细述。

一、国务院的性质和地位

1954 年宪法和 1982 年宪法用同一段话定义国务院的性质和地位:中华人民共和国国务院,即中央人民政府,是最高国家权力机关的执行机关,是最高国家行政机关。这说明在中华人民共和国政治制度中,国务院的性质和地位没有发生变化。国务院是全国人民代表大会的执行机关,首先表现在它的产生取决于全国人大,它的全体组成人员的人选,是由全国人大决定的。其次,全国人大可以罢免国务院的任何组成人员。再次,国务院必须就其工作向全国人大负责,它要向全国人大报告工作,在全国人大闭会期间要向全国人大常委会报告工作。相应地,全国人大及其常委会有权监督国务院的工作,包括撤销国务院制定的同宪法、法律相抵触的行政法规、决定和命令。明确规定行政机关是立法机关的执行机关,既不同于国外的总统制,也不同于国外的内阁制,是一种具有特色的体制。国务院即中央人民政府,表明它在各级人民政府构成的行政体系中,处于最高的地位。全国各级地方人民政府都是国务院统一领导下的国家行政机关,都服从国务院,国务院有权改变或者撤销地方各级行政机关不适当的决定和命令。

二、国务院的组成和体制

国务院组成人员包括总理及副总理若干人、国务委员若干人、各部部长、各委员会主任、审计长、秘书长。与 1954 年相比,多了国务委员若干人和审计长。国务委员是 1982 年 2 月全国人大常委会通过的"关于国务院机构改革的决议"中提出的,同年

12月由第五届全国人大第五次会议修改宪法时列入宪法。国务委员相当于副总理级,职责是协助总理工作。审计长的增加是因为1982年修宪时增加了审计署这个机构,地位相当于部长。国务院总理由中华人民共和国主席提名,全国人大决定其人选。国务院其他组成人员由总理提名,全国人大(闭会期间由其常委会)决定其人选。国务院任期与全国人大每届任期相同。总理、副总理、国务委员连任不得超过两届。

国务院的内部领导体制经历了较大的变迁。《共同纲领》时期,中央人民政府政务院实行合议制,政务院总理主持政务院全院事宜,副总理和秘书长协助总理执行职务。总理、副总理、秘书长、政务委员(大多兼任部、委、行署负责人)组成政务会议,重要决策由政务会议做出。政务会议由总理召集,须有组成人员半数以上出席始得开会,须有出席会议过半数的同意始能通过决议。政务院全体组成人员包括总理,均只有一票表决权。政务院的决议和命令,有的由总理签署,有的除由总理签署之外,尚须主管部门负责人副署,以示共同负责。这是比较接近西方内阁制和苏联部长会议制的一种合议制领导体制。1954年宪法和《国务院组织法》规定,总理领导国务院工作,主持国务院会议。总理、副总理、各部部长、各委员会主任、秘书长共同组成国务院全体会议。国务院发布的决议命令,必须经国务院全体会议或者国务院常务会议通过。可见,在这一时期,总理的地位有所提高,但国务院仍然采取集体决策的体制,是合议制。1982年宪法明确规定,国务院实行总理负责制。同年通过的经修订的《国务院组织法》规定,国务院工作中的重大问题,必须在国务院全体会议或者常务会议上讨论决定。这与1954年组织法规定的国务院发布决议和命令,必须经国务院全体会议或者常务会议通过,有很大区别。1954年的体制是必须表决,总理处于跟其他国务院组成人员相同的地位,而1982年的体制是讨论决定,不是必须表决。在实行总理负责制的前提下讨论决定重大问题,增大了总理对决策的影响力。所以说 1982 年的体制尽管与外国总统制下的首长负责制不尽相同,但它确是从合议制转变为首长负责制的一种类型。此外,国务院下属各部、委员会的内部领导体制,各级地方人民政府的内部领导体制,也经历了类似的转变。

三、国务院的职权和机构

1954 年宪法规定国务院的职权为 17 项, 大体可以划分为三个大的方面:第一,制定行政措施、发布行政决议和向全国人大提出议案的职权;第二,领导和监督国务院各部门和地方各级行政机关,包括撤销做出的不适当的决定;第三,管理各方面行政事务的职权,如执行国民经济计划和国家预算,管理对外贸易和国内贸易,管理民族事务,管理华侨事务等。1982 年宪法规定国务院职权为 18 项,与 1954 年相比,对执行国民经济计划和国家预算一项修改为编制和执行国民经济和社会发展计划和国家预算, 在表述上特别是表述国务院管理各方面行政事务的职权时,措辞更加准确,其他并无重大改变。

但是,随着改革开放后二十多年间中国的经济体制改革、政治体制改革的向前推进,国务院职权的性质和实际内容却发生了极其深刻、可以说是革命性的变化,其中最重大的变化,就是政府的职能从管理计划经济转变为管理社会主义市场经济。中华人民共和国行政制度建立之初, 它依据的是这样一种指导思想:在资本主义社会中存在着个别企业生产的有计划与整个社会生产无计划之间的矛盾,这种矛盾造成资源的极大浪费,导致经济危机, 必须以政府对全社会的经济活动进行全面而周密的计划,使各行各业之间的产销之间、供需之间达到协调和平衡,才能消除上述矛盾,避免经济危机,使社会主义经济高速而且健康地发展。在这种思想指导下,从 20 世纪 50 年代直至 80 年代,中国建立了世界上最庞大的政府体系,它除了与世界上大多数国家一样设置管理公共事务的部门,如公安部、外交部、财政部、民政部,还跟当时的苏联一样,按国民经济的各个经济行业设立了大量的管理经济的政府部门。如1954年国务院除公安部、财政部、外交部、司法部外,还设有:国家计划委员会,国家建设委员会,粮食部,商业部,对外贸易部,重工业部,第一、第二机械工业部,燃料工业部,地质部,建筑工业部,纺织工业部,轻工业部,地方工业部,铁道部,交通部,邮电部,农业部,林业部,水利部,劳动部,等等。这些部门负责对国民经济进行全面的计划管理,直至管到每一个企业生产过程的人、财、物、产、供、销各个环节。这种体制抑制了市场对经济的调节作用,不能有效地分配资源,最大限度地调动个人和企业的生产积极性,其不利于生产力发展的一面日益暴露出来。另一方面,这种体制还导致政府机构庞大臃肿,效率低下。所以,新中国成立后,中国进行了多次以精简机构、提高效率为目标的行政管理体制改革。仅80年代以来,就进行了四次机构改革。

1982年的机构改革。主要是针对行政机关庞大、人浮于事、领导班子老化、副职越设越多、工作效率低下的状况进行的。这次机构改革从国务院开始,自上而下,取得的主要成果是,按照干部队伍"四化"即革命化、年轻化、知识化、专业化的标准对领导班子进行了改造;废除了实际上存在的领导职务终身制;精简了机构和人员编制。

1988年的国务院机构改革。这次改革在指导思想上,开始总结过去历次改革的经验,发现从精简机构、提高效率出发进行机构改革,往往进入"精简—膨胀—再精简—再膨胀"的循环,意识到根本问题在于政府的职能,如果政府管的事情太多,无论怎样精简机构也解决不了问题。这次改革的背景与以往也有所不同。1984年中共中央《关于经济体制改革的决定》提出要实行政企分开,正确发挥政府管理经济的职能,1987年中共第十三次代表大会提出经济体制改革的目标是发展有计划的商品经济。所以,这一次机构改革,开始注意到了以转变政府的职能为前提。

这次改革的主要内容是,实行政企分开原则,将应该由企事业单位和社会团体承担的职能从政府部门转移出去,精简按经济行业设立的部门,加强综合管理的部门;与转变职能相适应,合理设置机构,减少机构设置的重复与交叉;尝试在机构改革中实行"三定"(即定职能、定机构、定编制)的做法,为实行国家公务员制度积累了经验。

1993年的机构改革。1992年10月召开的中共十四大确定了经济体制改革的目标是建立社会主义市场经济,并提出用三年时间进行行政管理体制和机构改革的任务。这一次改革在转变政府职能这个指导思想上,比上一次改革又进了一步,明确地提出改革的目标是,建立适应社会主义市场经济要求的、具有中国特色、功能齐全、结构合理、运转协调、灵活高效的行政管理体系。这次改革在各个方面取得了成效,根据建立社会主义市场经济的需要,调整政府的管理职能。改革中继续采取"三定"的办法,在定职能上做了大量工作,对每一个机构,都对其职能进行深入分析,确定该机构应有的职能,调整的职能,下放或转移的职能;协调解决一些部门之间职责交叉重复的现象,通过明确职责权限和合理分工,理顺部门之间关系,提高工作效率;精简了机构和人员编制。

1998年的国务院机构改革。如果说1993年的改革是在解决了政府职能是管理社会主义市场经济这个根本问题的基础上进行的,1998年的国务院机构改革则是在建设社会主义市场经济有了几年实践之后,对在市场经济条件下政府究竟有哪些职能、在一个以市场经济为基础的社会中政府究竟应起何种作用有了比较明确的认识条件下进行的。比如说,政府不应该经营某个具体的企业,政府需要保障一个公平竞争的市场秩序,这次改革,对这些问题都已有了明确的一致的看法。在这种情况下,这一次改革可以说是历来行政管理体制改革中最深刻的。它的主要内容有:第一,将综合经济管理部门转变为宏观经济调控部门,这些部门主要以产业政策、财政金融政策调节市场，引导企业行为。第二，减少按行业设置的部门，如机械工业部、商业部、纺织部等。第三，加强执法和维护市场公平秩序的部门，如工商、税务、技术监督(监督商品质量)、法院等。第四，大幅度精简机构和人员。这一次改革在国务院这一层次完成之后，渐次推行到地方各级行政机构。

经过上述几次改革后，至1999年底，国务院的机构情况如下：

1.国务院办公厅。是处理国务院日常工作的机构，在秘书长领导下工作。

2.国务院各部、委、署。是宪法规定的国务院的组成部门，共29个，包括：外交部、国防部、国家发展计划委员会、国家经济贸易委员会、教育部、科学技术部、国防科学技术工业部、国家民族事务委员会、公安部、国家安全部、监察部、民政部、司法部、财政部、人事部、劳动和社会保障部、国土资源部、建设部、铁道部、交通部、信息产业部、水利部、农业部、对外贸易合作部、文化部、卫生部、国家计划生育委员会、中国人民银行、审计署。

3.国务院直属机构。是主管某项专门业务，具有独立行政管理职能，直接隶属于国务院的行政机构，共17个，包括：海关总署、国家税务总局、国家环境保护总局、中国民用航空总局、国家广播电影电视总局、国家体育总局、国家统计局、国家工商行政管理局、国家新闻出版署、国家林业局、国家质量技术监督局、国家药品监督管理局、国家知识产权局、国家旅游局、国家宗教事务局、国务院参事室、国务院机关事务管理局。

4.国务院办事机构。是协助总理办理专门事项，不具有独立行政管理职能的工作机构。共5个，包括：国务院侨务办公室、国务院港澳事务办公室、国务院法制办公室、国务院经济体制改革办公室、国务院研究室。

5.各部、委管理的行政机构。是由各部、委管理的，主管特定业务，行使行政管理职能的行政机构。一般称为某某局，前面冠以"国家"二字,共 19 个,如国家粮食储备局,由国家发展计划委员会管理;国家国内贸易局,由国家经济贸易委员会管理;国家煤炭工业局,由国家经济贸易委员会管理,等等。

6.国务院议事协调机构和临时机构。议事协调机构是协调若干相关部门,对某项事务进行管理的机构。如:国家国防动员委员会、国家边防委员会、全国爱国卫生运动委员会,国家防汛抗旱总指挥部, 等等。临时机构是处理临时性事务的非常设机构,工作任务完成便告撤销。

四、国务院的工作制度

1.首长负责制

国务院实行总理负责制。其具体表现为:第一,国务院总理领导国务院工作,副总理、国务委员协助总理工作,国务院的其他组成人员,即部、委、署的负责人,秘书长,以及国务院办事机构、直属局的负责人,在总理领导下工作。第二,以国务院名义做出的决定,包括国务院发布的决定、命令和行政法规,向全国人大提出的议案,均由总理签署始能生效。签署即表示负责的法律形式。第三,国务院除总理以外的其他组成人员,其任免均由总理向全国人大(在其开会期间)或全国人大常委会(在全国人大闭会期间)提名。

国务院各部、各委员会,实行部长、委员会主任负责制。各部部长、各委员会主任领导本部门的工作,召集和主持部务会议或委员会会议、委务会议。签署上报国务院的重要请示、报告和下达的命令、指示。副部长、委员会副主任协助部长、委员会主任工作。

2.国务院的会议制度

国务院会议分为两种:全体会议和常务会议。国务院工作中的重大问题,必须经国务院常务会议或者国务院全体会议讨论决定。国务院全体会议由国务院全体成员组成,包括:总理、副总理、国务委员、各部部长、各委员会主任、中国人民银行行长、审计长、秘书长。国务院全体会议由总理主持。国务院全体会议的组成人员较多，故其召开会议次数较少。实践中，一般约每季度召开一次。国务院常务会议，在1982年以前，由总理、副总理、秘书长组成。1982年增加国务委员为国务院组成人员后，国务委员也成为国务院常务会议组成人员。国务院常务会议参加人员精干，易于开会解决问题，是国务院会议的主要形式。从实践的情况看，约两星期开会一次。国务院常务会议由总理主持。

五、地方各级人民政府

中华人民共和国的地方政府，分为省级（包括省、自治区、直辖市）人民政府，自治州和地级市人民政府，县级（包括县、自治县、县级市、市辖区）人民政府，乡镇级（包括乡、民族乡、镇）人民政府，共四级。1997年香港回归、1999年澳门回归后，又增加了特区政府。

总体上看，因为实行单一制，中华人民共和国的行政体制是统一的，也就是说，地方各级人民政府与中央人民政府即国务院，在体制上是相同的。地方各级人民政府的性质、在地方政权中的地位、与司法机关和地方国家权力机关的关系、职权和机构设置、内部机构设置及领导制度，均与中央人民政府即国务院一致。所不同的是，由于在行政体系中所处层级各不相同，因而在各具体方面有所区别，如职权的具体内容不同，机构设置的数量不同，等等。

从横向的关系看，地方各级人民政府是地方各级人民代表大会的执行机关，是地方国家行政机关。它与本级人民代表大会，是决策者与执行者之间的关系。因此，地方人民政府由本级人民代表大会产生，受本级人民代表大会监督，对本级人民代表大会负责并报告工作。从纵向的关系看，每一级地方政府都要服从上级人民政府,受上级人民政府领导。地方各级人民政府都是国务院统一领导下的国家行政机关,都要服从国务院。新中国初期,地方各级国家行政机关称为"人民政府",1954年宪法后改称"人民委员会","文革"中再改为"革命委员会"并由1975年宪法予以确认。当时的革委会一身二任,既是地方国家行政机关,又是本级人民代表大会闭会时的常设机构。到1979年,全国人大修改宪法,取消"革命委员会"的名称,恢复称人民政府至今。

省人民政府由省长、副省长、秘书长、厅(局)长、委员会主任等组成,任期与本级人民代表大会相同,即五年。

自治区人民政府由自治区主席、副主席、秘书长、厅(局)长、委员会主任等组成,任期与本级人民代表大会相同,即五年。

直辖市人民政府由市长、副市长、秘书长、厅(局)长、委员会主任等组成,任期与本级人民代表大会相同,即五年。

自治州人民政府由州长、副州长、秘书长、厅(局)长、委员会主任等组成,任期与本级人民代表大会相同,即五年。

地级市人民政府由市长、副市长、秘书长、厅(局)长、委员会主任等组成,任期与本级人民代表大会相同,即五年。

县和自治县人民政府由县长、副县长、办公室主任、局长、委员会主任等组成,任期与本级人民代表大会相同,即五年。

县级市人民政府由市长、副市长、办公室主任、局长、委员会主任等组成,任期与本级人民代表大会相同,即五年。

市辖区人民政府由区长、副区长、办公室主任、局长、委员会主任等组成,任期与本级人民代表大会相同,即五年。

乡和民族乡人民政府设乡长、副乡长。民族乡的乡长由建立民族乡的少数民族公民担任。镇人民政府设镇长、副镇长。乡长、副乡长,镇长、副镇长,任期均与本级人民代表大会相同,即三年。

地方各级人民政府的主要负责人,如(省级)省长、副省长,自治区主席、副主席,直辖市市长、副市长,均由本级人民代表大会选举并罢免,本级人大闭会期间由同级人大常委会任免。地方人民政府的其他组成人员,如(省级)秘书长、厅(局)长,由本级人民政府主要负责人提名(如省级人民政府由省长提名),本级人大常委会决定其任免,并报上一级人民政府备案。

地方各级人民政府的职权,是管理本行政区域内的经济、教育、科学、文化、卫生、体育事业、城乡建设事业和财政、民政、公安、民族事务、司法行政、监察、计划生育等行政工作,发布决定和命令,任免、培训和奖罚行政工作人员。乡、民族乡、镇人民政府的职权是管理本行政区域内的行政工作。

地方各级人民政府根据上述职权设置机构,这些机构大体上有以下五类:第一,综合部门,包括办公厅(室)、计划委员会、经济贸易委员会、财政厅(局)、劳动人事厅(局)等。第二,政法和社会保障部门,包括公安厅(局)、司法厅(局)、民政厅(局)等。第三,社会公共事业管理部门,包括教育厅(局)、文化厅(局)、卫生厅(局)、计划生育委员会、体育运动委员会等。第四,专业经济管理部门,如机械工业厅(局)、交通厅(局)、商业厅(局)等。此类机构根据各地方具体情况不同而设置,如林区有林业厅(局)。另外,在政府职能转化和相应的机构改革中,这类机构是改革的重点。其情形与国务院按行业设立的管理部门相似。第五,执法监督部门,包括审计厅(局)、监察厅(局)、工商行政管理局、税务局、质量技术监督局等。乡、镇人民政府因管理事务不多,故机构最为精简。一般在乡(镇)长下设若干助理员,协助乡(镇)长分管各方面事务即可。如:司法助理员、财政助理员、文教卫生助理员、计划生育助理员、文书、统计员等。规模较大、经济较发达的镇,则根据其管理需要设各办公室,如民政司法办公室、工交财贸办公室、计划生育办公室、城镇规划与建设办公室等。请参见图9。

图 9　地方各级人民政府的机构

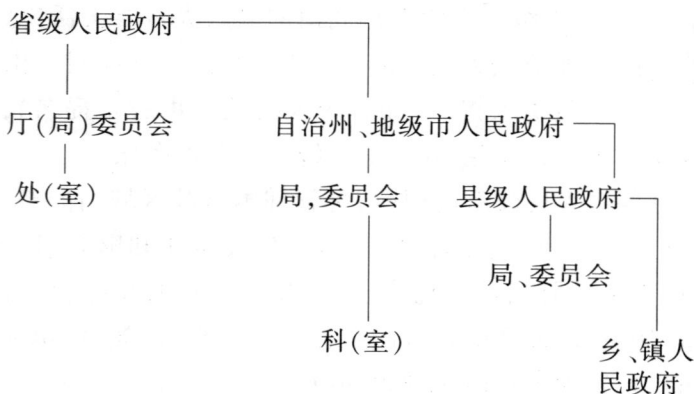

```
省级人民政府 ─────────────┐
     │
厅(局)委员会      自治州、地级市人民政府 ──────┐
     │                │
   处(室)        局,委员会    县级人民政府 ──────┐
                        │          │
                        │       局、委员会       │
                        │                    │
                     科(室)                乡、镇人
                                          民政府
```

　　地方各级人民政府与中央人民政府一样,实行首长负责制。其会议制度也分为全体会议和常务会议两种。

　　县级以上(包括县级)人民政府在必要时,经上级人民政府批准,可以在自己管辖的行政区域内设置派出机构,辅助自己执行职务。在实践中,地方政府的派出机构主要有三种情况。一种是省级人民政府的派出机构即地区行政公署,以省政府派出机构名义领导若干县的行政事务。这是自新中国成立初期即实行的一种做法。"文革"前称为专区专员公署,"文革"中改为地区革命委员会,与地区人民代表大会、地区司法机关一起,构成省级与县级之间的一级政权。1979 年修改宪法时将其取消,仍恢复其作为省级政府派出机构的地位,称为行政公署,内蒙古自治区称其为"盟"。1983 年推行以"市管县"体制取代"地区管县"的体制,许多地方采取"地市合并"的做法,即将原来地区管辖的行政区域转变为一个地级市管辖的行政区域,以原行政公署机构为基础组建地级市的政府。自 1983 年以来,地区的数量呈递减趋势。第二种是县级人民政府的派出机构,即区公所。区公所只在边远山区、交通不便、县级政府直接管理有困难的情况下设置,以县级人民政府派出机构名义领导若干乡或镇的行政事务。第三种，是市辖区和不设区的市即县级市人民政府的派出机构——街道办事处。街道办事处一般承担的工作有：民政、优抚、治安、街道办企业、社会福利、市容维护、法制宣传、个体摊贩管理、民事调解等等。实践中，绝大多数市辖区和不设区市均下设街道办事处。

六、公务员制度

新中国成立以后，中国共产党和政府在继承革命战争年代党的干部制度的基础上，借鉴了苏联的一些做法，陆续制定制度和措施，到 1956 年基本上形成一套系统的干部人事制度，此后直至 80 年代实行政治体制改革，这套制度虽然有不少变化，但基本模式并未改变。其主要特点是：第一，高度集中统一的管理体制。所有公职人员，包括立法机关、行政机关、司法机关、政党和社会团体的专职人员、企事业单位的管理人员和专业技术人员，其身份均为"干部"（不包括在上述单位以从事体力劳动为主的人，后者的身份是"职工"，另外，军队排级以上军官从性质上讲也是干部，但由军队独立管理，不纳入地方的干部人事制度）。对所有干部，纳入统一的级别体系。这个体系从上到下分为国务院总理、副总理，部（省）级正职、部（省）级副职，司（局）级正职、司（局、地区）级副职，处（县）级正职、处（县）级副职，科（乡）级正职、科（乡）级副职，科员，办事员，共十二个层级。另又按所从事工作的行业，划分为党政干部、政法干部、企业单位干部、事业单位干部等，并由该行业相应的党政部门管理。同一级别的干部，在不同工种之间可以调动。第二，干部的选拔任用采取领导推荐、组织选拔的方式。基本原则是"任人为贤"。第三，干部的工作、生活所需一切物质资料均由国家提供。国家按级别发给干部工资，此外，养老费用、医疗费用等方面福利也由国家负责提供，住房由国家建造，以很低租金提供给干部使用。这是一种以"人治"为主的制度，在干部的选拔、任用、考核、晋升、奖惩、分类管理等方面缺少科学性;管理权限过于集中,治事与用人脱节;缺少竞争机制,导致用人上的不正之风。

干部人事制度的改革开始于 1978 年, 从 1978 年到 1988 年,是干部人事制度改革的初期,改革的内容是对原有干部人事制度的各方面进行兴利除弊。如提出干部"革命化、年轻化、知识化、专业化"的"四化"原则,废除实际存在的领导职务终身制,建立离、退休制度,在干部任用方面尝试委任、聘任、选任等做法。经过几年的试验,1987 年 9 月中共十三大和次年 3 月的第七届全国人大第一次会议,正式做出建立国家公务员制度,以取代传统的干部人事制度的决策。此后,到 1993 年,是探索建立公务员制度的阶段。从 1989 年起在国务院六个部门和少数地方试点,根据试点情况,并借鉴外国的经验,拟订有关公务员制度的法规草案。1993 年 8 月,国务院正式颁布《国家公务员暂行条例》并于同年 10 月起在全国实施。此后开始按照《国家公务员暂行条例》的规定,在全国范围陆续推行公务员制度,至 1997 年底,国家公务员制度在全国范围内基本建立。

新建立的公务员制度,在公务员的范围、职位体系、录用、奖惩、培训、工资福利与保险等各个环节借鉴了发达国家公务员制度的有益经验,大体上是可以与国际接轨的制度,但又具有中国特色。如:对公务员没有"政治中立"的要求,没有"政务官"与"事务官"之分,各级政府的组成人员包括由同级人民代表大会任免的人员,都在公务员之列。与传统的干部人事制度和外国的公务员制度相比,中国现行的公务员制度有如下一些主要特点:政府组成人员在公务员之列,没有"政务官"与"事务官"之分;在行政机关工作的工勤人员不是公务员;立法、司法机关的工作人员未列入公务员,国有企事业单位的工作人员不列入公务员;公务员职位体系较为简化,继承了过去干部人事制度级别划分的合理之处,分为领导职务和非领导职务两个序列,共十二个职务十五个级别,级别与职务之间有对应关系(参见图 10);公务员录用实行"公开,平等,竞争,择优"原则,公务员经过公开竞争性考试录用;依法保障公务员的权利如非因法定事由和非因法定程序不被免职、降职、辞退或行政处分;依法要求公务员承担义务,如忠于职守,勤奋工作,尽职尽责,服从命令。

图 10 中国公务员制度的职位体系

国务院总理 －－－－－－－－－－－－－－－－－－－－ 一级

国务院副总理、国务委员 －－－－－－－－－－－－ 二至三级

部级正职、省级正职 －－－－－－－－－－－－－－ 三至四级

部级副职、省级副职 －－－－－－－－－－－－－－ 四至五级

司级正职、厅级正职、巡视员 －－－－－－－－－ 五至七级

司级副职、厅级副职、助理巡视员 －－－－－－ 六至八级

处级正职、县级正职、调研员 －－－－－－－－－ 七至十级

处级副职、县级副职、助理调研员 －－－－－－ 八至十一级

科级正职、乡级正职、主任科员 －－－－－－－ 九至十二级

科级副职、乡级副职、副主任科员 －－－－－－ 九至十三级

科员 －－－－－－－－－－－－－－－－－－－－－－ 九至十四级

办事员 －－－－－－－－－－－－－－－－－－－－ 十至十五级

第四节 中华人民共和国的司法制度

司法制度是中华人民共和国政治制度中变化较多的部分。1949 年《共同纲领》规定,废除国民政府的司法制度,建立人民司法制度。同年《中央人民政府组织法》规定设立最高人民法院行使审判权,设立最高人民检察署行使检察权。1951 年 9 月公布了《人民法院暂行组织条例》《最高人民检察署暂行组织条例》和《各级地方人民检察署组织通则》,规定人民法院是国家审判机关,负责审理刑事、民事案件;人民检察署为国家检察机关,对政

府机关、公务人员和全体公民是否严格遵守法律行使检察权,在刑事诉讼中行使公诉权。当时的侦查权由公安机关行使。人民法院和人民检察署均实行"双重领导"原则,一方面分别受上级人民法院和人民检察署领导,一方面受同级人民政府委员会领导。这是中华人民共和国司法制度的雏形。1954 年 9 月,《人民法院组织法》和《人民检察院组织法》与第一部宪法同时公布。这两个组织法对先前的司法制度作了部分调整。人民法院仍实行双重领导,除由上级人民法院监督下级人民法院的审判工作之外,人民法院由原来受同级人民政府委员会领导改为对同级人民代表大会负责并报告工作。人民检察署改称人民检察院,由双重领导改为垂直领导。地方各级人民检察院在上级人民检察院领导下,并且一律在最高人民检察院统一领导下行使职权,不受地方国家机关的干涉。检察院这种垂直领导体制主要是为了保证检察机关能够比较独立地行使检察权。这一时期司法制度逐步开始健全,设立了专门人民法院和专门人民检察院,司法行政制度、律师制度、调解制度也建立起来。从 50 年代后期开始,我国司法制度开始受到"左"的思想影响。对司法制度的破坏在"文化大革命"中达到极点。"砸烂公、检、法"的口号反映了当时的实际情况,司法机关在很长一段时间里处于瘫痪状态。1975 年宪法正式取消了人民检察院,由公安机关一身二任,在刑事案件中,既负责侦查又负责提起公诉。"文化大革命"结束后,社会主义法制受到全社会重视,司法制度迅速恢复,并有了进一步发展。1978 年宪法恢复设置人民检察院,1979 年全国人民代表大会通过新的《人民法院组织法》和《人民检察院组织法》,并于 1983 年对这两个法律进行了较大幅度的修改,在总结过去经验的基础上,健全和发展了我国的审判制度和检察制度。从 1979 年起,人民检察院再次由垂直领导改为双向领导,上级人民检察院领导下级人民检察院的工作,最高人民检察院领导地方各级人民检察院的工作;同时,各级人民检察院向同级人民代表大会负责并报告工作。80 年代初,适应经济体制改革的需要,人民法院开始设立经济庭,专门审理经济案件,1990 年 10 月起,行政诉讼成为人民法院管辖的又一类案件。到 1999 年底,中国已经有了人民法院和人民检察院的《组织法》,有了《刑事诉讼法》《民事诉讼法》和《行政诉讼法》以及《律师法》等法律法规,一个比较健全的社会主义的司法制度已经初具规模。

中华人民共和国司法制度有一个显著的特点,即检察机关不是如世界上大多数国家那样,是行政机构的一个部门,其职权是代表政府对刑事犯罪提起公诉,中国的检察机关是行使检察权的法律监督机构,广义地说属于司法机关。人民检察院与人民法院、人民政府是平行的机构。这是新中国初期模仿苏联体制而来的。

新中国成立后五十年间, 贯穿司法制度变迁的一条主要线索,是如何处理司法机关(包括人民法院和人民检察院)独立行使职权与加强党的领导或者说坚持党的领导之间的关系问题。1954年宪法确定了司法机关独立行使职权的原则。当时宪法的表述是:"人民法院独立进行审判, 只服从法律","地方各级人民检察院独立行使职权, 不受地方国家机关的干涉"。不久以后, 即从1957 年起,就出现了一种看法,认为司法机关独立行使职权是摆脱党的领导。所以宪法规定的原则在相当长一段时间里,实际上是被否定了,并没有付诸实施,到了"文革"期间,更是荡然无存。

1979 年,修订的《人民法院组织法》重申了 1954 年关于人民法院独立行使审判权的规定,同时修订的《人民检察院组织法》重申了 1954 年关于人民检察院独立行使检察权的原则,但其表述方式稍有变化。1982 年宪法改变了《人民法院组织法》关于人民法院独立行使审判权的具体表述,确认了《人民检察院组织法》对人民检察院独立行使检察权的表述方式,宪法的这两项规定在 1983 年修改《人民法院组织法》和《人民检察院组织法》时分别写入了这两个法律,形成了现行的、比较确切的关于人民法院和人民检察院独立行使职权的规定，即："人民法院依照法律规定独立行使审判权，不受行政机关、社会团体和个人的干涉"；"人民检察院依照法律独立行使检察权，不受其他行政机关、团体和个人的干涉"。这样就确立了司法机关独立行使职权的原则，如果把宪法关于"一切国家机关和武装力量、各政党和各社会团体、各企业事业组织都必须遵守宪法和法律"结合起来，应该说对司法机关独立行使职权与坚持党的领导问题有了答案。在实践中，人民法院和人民检察院正在越来越深入地探索，如何通过具体的制度来贯彻上述原则，更好地处理司法机关独立行使职权与坚持党领导的关系。人民法院和人民检察院独立行使职权这项原则的变迁，是我国司法制度建立发展、遭受挫折、恢复发展历史过程的缩影。

一、审判制度

人民法院是中华人民共和国的国家审判机关，是唯一的行使国家审判权的机关。审判制度，就是人民法院的组织和工作制度。

1.人民法院的组织体系和职权

人民法院分为两类：一类是普通法院，包括基层人民法院、中级人民法院、高级人民法院、最高人民法院；另一类是专门法院，包括军事法院、海事法院、铁路运输法院、森林法院等。历史上还有过石油法院、农垦法院等（见图 11）。最高人民法院监督地方各级人民法院和专门人民法院的审判工作，上级人民法院监督下级人民法院的审判工作。

基层人民法院的设置与县级行政区划相对应，包括：县人民法院、自治县人民法院、县级市人民法院、市辖区的人民法院。基层人民法院设刑事、民事、经济、行政审判庭，并可根据实际需要设立若干人民法庭。人民法庭是基层人民法院的组成部分，不是一级法院。基层人民法院的主要职权是审判应由本级人民法院管辖的第一审刑事、民事、经济、行政案件。

中级人民法院的设置与自治州、地级市行政区划相对应。包括：在省、自治区按地区设立的中级人民法院，在直辖市设立的中级人民法院，在自治州设立的中级人民法院，在地级市设立的中级人民法院。中级人民法院设刑事、民事、经济、行政审判庭，1990 年以后，随着知识产权争议增多，一些经济发达地区的中级人民法院增设知识产权庭。中级人民法院的主要职权是负责较重大案件的第一审，以及审判对基层人民法院判决不服的上诉案件即第二审。

高级人民法院的设置与省级行政区划相对应。包括省高级人民法院、自治区高级人民法院、直辖市高级人民法院。高级人民法院设刑事、民事、经济、行政审判庭，根据需要可以设其他审判庭，近年一些地方的高级人民法院增设了知识产权庭。高级人民法院的主要职权是负责审判重大案件的第一审，以及审判对下级人民法院判决不服上诉的案件即第二审，以及对判处死刑的案件进行复核。

最高人民法院设在首都北京，是国家最高审判机关。最高人民法院设刑事、民事、经济、行政审判庭，以及告诉申诉庭、交通运输审判庭、知识产权庭，实践中，还在 1980 至 1981 年期间设立特别审判庭，审判林彪、"四人帮"反革命集团主犯。最高人民法院的主要职权是，管辖在全国范围内重大、复杂的第一审案件；对高级人民法院和专门人民法院判决不服提起上诉的第二审案件；核准判处死刑的判决；对审判过程中如何运用法律做出司法解释，此种解释对全国各级各类法院均有约束力。

专门法院是统一的人民法院组织体系的组成部分，是国家的审判机关。专门法院实行与普通法院相同的原则，适用国家统一的法律，并且都以最高人民法院为最高审级。专门法院管辖的案件不是通常的刑事、民事、经济、行政案件，而是与该组织系统的人员或工作特点有关的案件。

图 11　人民法院的组织体系

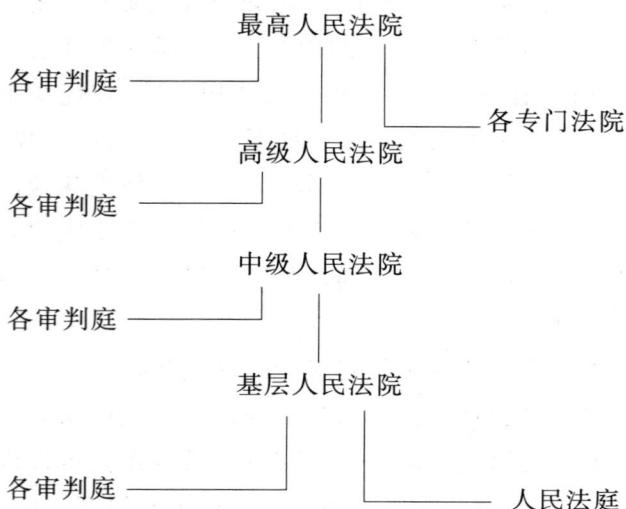

```
                    最高人民法院
各审判庭 ————————┛  ┃  ┗————————
                    ┃      各专门法院
                高级人民法院
各审判庭 ————————┛  ┃
                    ┃
                中级人民法院
各审判庭 ————————┛  ┃
                    ┃
                基层人民法院
各审判庭 ————————┛  ┗———————— 人民法庭
```

2.审判工作的主要原则和制度

人民法院在审判工作中，除了遵循上述依法独立审判原则外，还有以下主要原则和制度。

公开审判。人民法院审判刑事、民事、行政和其他案件，除法律规定的特别情况外，一律公布案由、当事人姓名、开庭时间和地点，公开审理，允许公民旁听，公开宣布判决。法律规定的特别情况，主要是指案情涉及国家机密、涉及个人稳私、未成年人犯罪案件。

被告人有权获得辩护。刑事案件的被告人，除了自己进行辩护外，可以委托律师或其他法律许可的人为他辩护，公诉人出庭公诉的案件，被告人没有委托律师的，法院可以为他指定辩护人。公开审判和被告人有辩护权两项原则，跟人民法院依法独立行使审判权原则的情况近似，从 50 年代到 80 年代改革开放，经历了一个"确定—放弃—恢复确立"的过程。两个原则都是在1954 年宪法中就确定了。被告人有辩护权原则甚至早在 1950

年的《人民法庭组织通则》中就有明确规定,但由于"左"的思潮干扰,两项原则实际上都没有贯彻落实。以被告人有辩护权为例,在 1954 年宪法规定这一原则后,仅于 1954 年至 1956 年间在少数大中城市建立律师协会和法律顾问处,初步开展律师工作。此后一直中断至 1979 年才又恢复。

人民陪审员参加陪审。人民陪审员参加审判的制度,从早期的中华苏维埃政权、抗日民主政权和解放区革命政权、人民政协时期就有了,1954 年宪法和法院《组织法》予以确认。在 1983 年以前,人民陪审员陪审案件的范围比较大,除简单的民事案件和轻微的刑事案件以外,其他第一审案件都要由陪审员参加。鉴于这种做法在实践中颇难执行,1983 年对法院《组织法》进行修改,将陪审员参加审判改变为选择性要求,即人民法院审判第一审案件,可以由审判员组成合议庭,或者由审判员和人民陪审员组成合议庭。在实践中,人民陪审员参加陪审的情况并不多。

两审终审制。两审终审是中国审判制度的基本规则之一。它是指一个案件,要经过两级人民法院的审判才能终结的审判制度。它的主要内容包括:第一,对地方各级人民法院第一审案件的判决,当事人可以按法律规定的程序,向上一级人民法院提出上诉,人民检察院可以按法律规定的程序向上一级人民法院提出抗诉。第二,对地方各级人民法院的判决,如果在上诉期间当事人不上诉,就是发生法律效力的判决。第三,中级人民法院、高级人民法院和最高人民法院审判的第二审案件的判决,最高人民法院审判的第一审案件的判决,均是终审的即发生法律效力的判决。第四,判处死刑的案件不适用两审终审制。判处死刑的案件必须经过死刑复核程序。

审判监督程序。审判监督是一种特殊的程序,是对两审终审制的补充。在人民法院发现已经发生法律效力的判决确有错误的情况下适用。实践中,适用审判监督程序大多是因为当事人对已发生法律效力的判决提出申诉、人民法院对申诉进行审查发现原判决确有错误,因而利用审判监督程序予以纠正。

图 12　人民检察院的组织体系

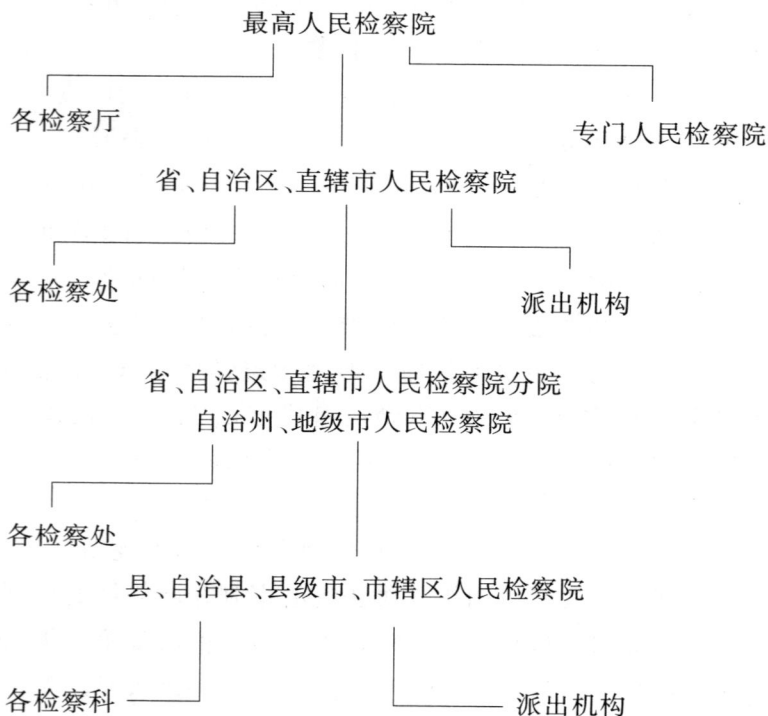

最高人民检察院

各检察厅　　　　　　　　　　　　　　专门人民检察院

省、自治区、直辖市人民检察院

各检察处　　　　　　　　　　　派出机构

省、自治区、直辖市人民检察院分院
自治州、地级市人民检察院

各检察处

县、自治县、县级市、市辖区人民检察院

各检察科　　　　　　　　　派出机构

二、检察制度

人民检察院是中华人民共和国的国家法律监督机关,是唯一的行使检察权的机关。检察制度,就是人民检察院的组织和工作制度。

人民检察院分为普通人民检察院和军事检察院等专门检察院两类,普通人民检察院的设置与人民法院相对应,分为四级,即:县、自治县、县级市和市辖区人民检察院,与基层人民法院相对应;省、自治区、直辖市人民检察院分院和自治州、地级市人民检察院,与中级人民法院相对应;省、自治区、直辖市人民检察院,与高级人民法院相对应;最高人民检察院,与最高人民法院相对应(参见图 12)。

领导体制。人民检察院的领导体制经历了比较复杂的变化。新中国初期是垂直领导,即地方各级检察署独立行使职权,不受地方机关干涉,只服从最高人民检察署之指挥。1951 年改为双重领导。地方各级人民检察署既受上级人民检察署领导,也受同级人民委员会领导。1954 年制定宪法和人民检察院《组织法》时,又改为垂直领导。1975 年宪法取消检察机关。1978 年修宪时恢复设立检察机关,再改为双重领导,但当时规定的是上级人民检察院监督而不是领导下级人民检察院检察工作。1979 年人民检察院《组织法》再次修改和 1982 年修改宪法,才确定了现行的双重领导体制。即:人民检察院对同级人民代表大会负责并报告工作;最高人民检察院领导地方各级人民检察院的检察工作,上级人民检察院领导下级人民检察院的检察工作。人民检察院体制的上级人民检察院领导下级人民检察院的检察工作,与人民法院体制的上级人民法院监督下级人民法院的审判工作,显示出二者的不同特点。

职权和内设机构。人民检察院的主要职权是:第一,对于叛国案,分裂国家案,严重破坏国家的政策、法律、法令、政令统一实施的重大刑事案件行使检察权;第二,对于直接受理的刑事案件,进行侦查;第三,对于公安机关、国家安全机关侦查的案件,进行审查,决定是否逮捕、起诉;第四,对于人民法院的刑事、民事、行政等审判是否合法,实行监督;第五,对于刑事案件的判决的执行,对于监狱、看守所、劳动改造机关的活动是否合法进行监督。各级人民检察院,均根据执行上述职权的需要设置刑事检察厅(处、科)、法纪检察厅(处、科)、经济检察厅(处、科)、监所检察厅(处、科)等机构。由于国家在建设市场经济过程中出现经济犯罪特别是贪污贿赂案件增加的情形,最高人民检察院增设了反贪污贿赂总局,地方各级人民检察院增设反贪污贿赂局,另外,各级人民检察院还增设举报中心。

第五节　国家元首制度和中央军事委员会

一、国家元首制度

国家元首制度是中华人民共和国政治制度和政治生活中一个引人注目之处。1975 年第四届全国人大召开之前,毛泽东与林彪反革命集团因设与不设国家主席进行过尖锐斗争。

从 1949 年到 1954 年第一部宪法通过之前,没有设国家主席这个职务。按照《共同纲领》,在全国政协闭会期间,中央人民政府委员会是常设的国家权力机关,中央人民政府委员会设主席一人领导其工作。按《共同纲领》和当时的《中央人民政府组织法》规定,中央人民政府委员会有颁布国家大赦令和特赦令的权力,有制定并颁发国家的勋章、奖章,制定并授予国家荣誉称号的权力,有任命政务院总理及其他组成人员的权力,以及任免驻外大使、公使和全权代表的权力。这个时期是中央人民政府委员会和中央人民政府委员会主席结合起来行使国家元首的职权。

1954 年宪法设立国家主席职务。宪法规定,国家主席根据全国人大及其常委会的决定,公布法律和法令,任免国务院总理和国务院其他组成人员,授予国家的勋章和荣誉称号,发布大赦令和特赦令,宣布战争状态,发布动员令。国家主席对外代表中华人民共和国,接受外国使节,根据全国人大常委会的决定,派遣和召回驻外全权代表, 批准同外国的条约。国家主席任期四年,没有对连任的限制。第一任国家主席是毛泽东,第二任国家主席是刘少奇(连任两届)。这一时期,作为国家元首的国家主席有三项重要的权力:第一,提名国务院总理;第二,统率全国武装力量,担任国防委员会主席;第三,在必要时召开最高国务会议并且担任最高国务会议主席。最高国务会议可以对国家重大事务提出意见,由主席提交全国人大、人大常委会、国务院或者其他有关部门讨论并作出决定。实践中,毛泽东和刘少奇担任国家主席期间,均曾召开最高国务会议。毛泽东的著名讲话《关于正确处理人民内部矛盾的问题》, 就是 1957 年 2 月在第十一次最高国务会议(扩大会议)上发表的。

1975 年宪法是"文革"的产物。它对初步建立起来的政治制度和国家元首制度都是一次大破坏。按照这部宪法,中华人民共和国主席这一重要机构被取消, 国家元首的职权分别由中国共产党中央委员会主席(如统率全国武装力量)、中共中央(如提名国务院总理)、全国人大常委会(如派遣和召回驻外全权代表、接受外国使节、批准和废除同外国缔结的条约)行使。至于国家元首的其他职权如公布法律、授予国家的荣誉称号等,则完全没有提及。这一时期的国家元首制度十分混乱。

1978 年第五届全国人大第一次会议通过修宪对国家元首制度又做了一次较大的改变,把一部分国家元首的职权,交由全国人大常委会委员长行使,如接受外国使节、公布法律等。统率全国武装力量仍是中国共产党中央委员会主席的职权, 提名国务院总理仍是中共中央的权力。

1982年修改宪法时恢复了国家主席这一机构, 这部宪法规定了现行的国家元首制度。国家主席由全国人大选举产生,并可由全国人大罢免。国家主席每届任期与全国人大每届任期相同即五年,连任不得超过两届。国家主席的职权是:根据全国人大及其常委会的决定,公布法律,任免国务院总理、副总理、国务委员、各部部长、各委员会主任、审计长、秘书长,授予国家的勋章和荣誉称号,发布特赦令,发布戒严令,宣布战争状态,发布动员令。国家主席代表中华人民共和国,接受外国使节;根据全国人大常委会的决定,派遣和召回驻外全权代表,批准和废除同外国缔结的条约和重要协定。此外设国家副主席,副主席协助国家主席工作。在国家主席缺位的时候,由国家副主席继任主席职位。国家主席、副主席都缺位的时候,由全国人大补选,在补选前由全国人大常委会委员长暂代理主席职位。

二、中央军事委员会

中央军事委员会是依据 1982 年宪法新设立的。在此之前,新中国初期的体制是在中央人民政府委员会之下,与政务院、最高人民法院和最高人民检察署并列,设人民革命军事委员会统一管辖并指挥中国人民解放军及其他人民武装力量。人民革命军事委员会设主席一人,副主席若干人,委员若干人,均由中央人民政府委员会任免。1954 年制宪时将其调整为:中华人民共和国国家主席统率全国武装力量,并设国防委员会,由国家主席担任国防委员会主席。国防委员会是咨询性机构,不是武装力量的领导机关。1975 年宪法与 1978 年宪法在这方面的规定相同,即由中国共产党中央委员会主席统率全国武装力量。

1982 年宪法对上述制度作了重大修改。设立中央军事委员会,领导全国武装力量。中央军事委员会的组成人员包括:主席,副主席若干人,委员若干人。中央军事委员会主席由全国人大选举产生;中央军事委员会除主席以外的其他组成人员由主席提名,全国人大决定其人选,全国人大闭会期间由全国人大常委会决定。中央军事委员会每届任期与全国人大每届任期相同即五年。全国人大有权罢免中央军事委员会主席和中央军事委员会其他组成人员。中央军事委员会实行主席负责制,委员会主席对全国人大及其常委会负责。

第六节 中华人民共和国的民族区域自治制度

　　建立民族自治区最初的尝试开始于新中国成立之前。1947年在中国共产党领导下建立了第一个民族自治地方——内蒙古自治区。1949 年,《共同纲领》正式载明实行民族区域自治的方针。即"各少数民族聚居的地区,应实行民族区域自治,按照民族聚居的人口多少和区域大小,分别建立民族自治机关"。此后,在四川、甘肃、云南、青海等地建立了第一批民族自治地方。1952年,《民族区域自治实施纲要》先于宪法公布。该《纲要》把《共同纲领》确定的原则具体化以便实际执行。按照《纲要》的规定,在全国范围内又建立了 40 余个民族自治地方。处于初创阶段的民族区域自治制度尚不成熟。当时所有的民族自治地方一律称为自治区,只在行政管理中区别为专区级和县级。实行民族区域自治的条件不具备、时机不成熟的地方,按中央人民政府指示建立民族民主联合政府。1954 年宪法将民族区域自治制度向前推进一大步。宪法在"总纲"部分确认了民族区域自治的原则,并且设专节"民族自治地方的自治机关",对民族区域自治制度的各主要环节作出规定。宪法还明确将民族自治地方区分为自治区、自治州、自治县三种。自 1954 年宪法后,在实行民族区域自治的实践中,大体是以宪法的规定为主,以《民族区域自治实施纲要》为辅执行。从 50 年代中后期的"反右派"运动开始,党和国家的民族政策开始偏"左",在各少数民族地区开展了不恰当的反对地方民族主义运动。60 年代初期民族政策方面的"左"倾略有好转,但并未根本纠正。到"文化大革命"期间,民族区域自治制度更遭到全面破坏。表现在民族自治地方的建设上,1958 年到1965 年仅建立民族自治地方 20 个,"文革"十年只建立一个。

"文革"结束后,民族工作中的"左"倾错误得到纠正,民族区域自治制度逐步恢复并有新的发展。1979年起重新开始民族自治地方的建立和调整工作。1984年,第六届全国人大第二次会议制定了第一部《民族区域自治法》。这部法律吸取了过去《民族区域自治实施纲要》的有益成分,总结了新中国成立以来实行民族区域自治的经验和教训,在1982年宪法关于民族区域自治的新规定的基础上,建立了比较完整、比较定型的民族区域自治制度。到1996年底,全国共建立5个自治区、30个自治州(内蒙古地区称盟)、221个自治县(内蒙古地区称旗)。

各民族自治地方设民族自治机关,即自治区、自治州、自治县的人民代表大会和人民政府。自治机关是国家的地方政权机关。与民族自治地方相应,自治机关也分为三级:自治区的自治机关,其地位相当于省级地方国家机关;自治州的自治机关,地位相当于地级市的国家机关;自治县的自治机关,地位相当于县级地方国家机关。

民族自治地方的自治机关是国家的地方政权机关,它的组织和工作制度适用地方国家机关的一般原则,如自治地方人民代表大会的组成,人大常委会的组成,人民代表大会与其常委会的关系;人民政府的组成,人民政府与人民代表大会的关系,权力机关与行政机关组成人员的产生、任免、辞职、任期、连任、兼任,人民代表大会及其常委会、人民政府的机构设置、工作制度(包括领导制度和会议制度),等等。但是,另一方面,民族自治地方的自治机关又是具有特殊性的地方政权机关,它要遵循一系列有利于少数民族自治的原则,因而在某些方面又具有一些特点。

民族自治地方的人民代表大会,在代表名额分配上,要考虑使居住在本行政区域的各个民族均有适当数量的代表。聚居境内同一少数民族总人口数如果不足境内总人口数的15%或者30%时,该民族每一代表所代表的人口数,可以分别少于当地人民代表大会每一代表所代表的人口数的二分之一或者二分之一以上。人口特少的其他民族，至少应有一名代表。自治区、自治州人民代表大会代表，由下一级人民代表大会选举产生，自治县人民代表大会代表，由直接选举产生。民族自治地方的人大常委会，均由实行区域自治的民族的公民担任主任或副主任。

自治区主席、自治州州长、自治县县长，均由实行区域自治的民族的公民担任。人民政府的其他组成人员，要尽量由实行区域自治的民族的公民或其他少数民族公民担任。自治机关所属部门的公务员，也要尽可能地由实行区域自治的民族的公民或其他少数民族公民担任。

设立在民族区域自治地方的人民法院和人民检察院，不是自治地方的自治机关。其性质、地位、职权、工作制度等均与普通地方国家审判机关和检察机关相同，但其组成人员和工作人员中应有实行区域自治的民族的公民。

民族自治地方的自治机关，除享有普通地方国家机关的职权外，还享有自治权。民族自治地方自治机关的自治权主要表现在以下几个方面：

在立法方面，民族自治地方的人民代表大会有权依照当地民族的政治、经济、文化特点，制定自治条例和单行条例。自治区的自治条例和单行条例需要报全国人大常委会批准后方能生效，自治州、自治县的自治条例和单行条例需要报省或自治区人大常委会批准后方能生效。自治条例是本自治地方带有纲领性的法规，自治条例是就管理某一方面事务而制定的地方性法规。此外，在认为上级国家机关的决议、决定、命令和指示不适合民族自治地方的实际情况，自治机关可以报经原发布该决议、决定、命令和指示的国家机关批准，变通执行或者停止执行。这也是一项带有立法权性质的职权。

此外，在经济建设方面，财政方面，教育、科学、文化、卫生、体育等各项事业的管理方面，民族自治地方的自治机关享有比普通地方国家机关更大的自主权,并且有权得到由《民族区域自治法》规定的上级国家机关的帮助。民族自治地方的自治机关执行职务时,依照该地方自治条例的规定,使用当地通用的一种或几种语言文字。执行民族自治地方的自治机关在当地有实际需要、符合国家军事制度、经国务院批准的条件下,还可以组织本地方维护社会治安的公安部队。

第七节　政党制度和政治协商制度

一、政党制度

中国现行的政党制度称"中国共产党领导的多党合作制"。这个制度是经过长期发展演变形成的。在第一次国内革命战争时期和抗日战争时期,中共就曾与国民党合作,进行北伐,取得抗日战争的胜利。解放战争时期, 中共与民主党派结成合作关系,打败了国民党,建立了中国共产党执政的新中国政权。毛泽东在总结新民主主义革命经验时, 将中共与各民主党派合作而结成的统一战线,称为获得革命成功的三大法宝之一。因为在历史上形成的感情和友谊, 以及作为执政党的中国共产党注重自己的政权"得民心",即得到全中国各方面、各阶层人民的拥护和支持,而各民主党派正是在各方面有代表性、有影响的组织,在战争结束之后,中国有八个民主党派被保留下来,并且被吸收进由中国共产党执政的政权。这八个民主党派是:中国国民党革命委员会、中国民主同盟、中国民主建国会、中国民主促进会、中国农工民主党、中国致公党、九三学社、台湾民主自治同盟。这八个民主党派, 就是"中国共产党领导的多党合作制"中指的"多党"。1949 年 9 月,第一届中国人民政治协商会议召开,各民主党派同共产党一道参与制定了起临时宪法作用的《中国人民政治协商会议共同纲领》,选举产生了中央人民政府,宣告了中华人民共和国的建立,中国人民政治协商会议本身,也成为代行国家最高权力机关职权的机构。从这时起,中国共产党成为全中国大陆范围内的执政党,而各民主党派也积极参与政权,成为参政的政党。以共产党为领导的多党合作制度开始形成。

1954年宪法在"序言"中说:"我国人民在建立中华人民共和国的伟大斗争中已经形成以中国共产党为领导的各民主阶级、各民主党派、各人民团体的广泛的人民民主统一战线",确立了以共产党为领导、多党合作的政党制度。新中国初期的几年中,以共产党为领导的多党合作制度执行得较好。一大批民主党派的领导人被吸收到各级政权机关。例如,宋庆龄、李济深、张澜等当选为国家副主席,沈钧儒担任最高人民法院院长,马叙伦、章伯钧、罗隆基等被任命为政务院副总理,还有许多民主党派成员担任中央各部、委的负责人和省、市地方国家政权机关中的重要职务。中国共产党在制定政策的时候,也很注意听取民主党派人士的意见。1957年开展的反右派斗争,使以共产党为领导的多党合作制度第一次遭到较大破坏。民主党派被当作共产党的"反对派"遭到批判,许多长期与共产党合作的民主党派成员被错划为右派。反右派运动之后,由于中共对阶级斗争形势的估计过于严重,对民主党派的政策偏"左",民主党派处于不景气状态,但并没有从制度上取消民主党派的地位。在"文革"中,以共产党为领导的多党合作制度遭到更严重的破坏。民主党派被诬为"反动组织""反革命组织"和"非法组织",民主党派的领导人大多受到迫害,工作机构被查封。从1966年到1976年十年间,民主党派从中央到地方的活动全面停止,仅仅在"文革"后期有个别活动,如民革纪念孙中山诞辰的活动。

"文革"结束后,特别是中共十一届三中全会以后,中国共产党实行"拨乱反正"方针,纠正过去"左"的做法,以共产党为领导的多党合作制度得到恢复和进一步发展。1979年起,各民主党派恢复了正常活动,并开始发展组织成员,民主党派人士重新被吸收到各级国家政权之中。1982年宪法重新确认了以共产党为领导的多党合作制度。到1983年底,各民主党派分别制定了党的章程,除民盟以外,这是各民主党派新中国成立以来第一次制定党的章程。章程对各自党的性质、地位、任务、组织体系等重要方面作出比较完整的规定,标志着各民主党派的建设进入一个新的阶段。到1989年底,各民主党派的成员总数从1979年的6.5万人增加到32万余人。1989年12月,中共中央制定了《关于坚持和完善中国共产党领导的多党合作和政治协商制度的意见》。这个文件总结过去的经验教训,全面阐述以共产党为领导的多党合作制度,是坚持与发展多党合作制度的纲领性文件,标志着中国共产党领导的多党合作制度从产生、发展,逐步走向完整和制度化、规范化。

1.中国共产党的领导

中国共产党领导的多党合作制,在政治制度中有两个侧面的表现。第一是中国共产党的领导,第二是多党合作。共产党领导首先是领导整个国家,其次,在各政党中,共产党也居于领导地位。中国共产党的领导,按照党章的规定,主要是政治、思想和组织的领导。

共产党的政治领导。中共十三大报告指出,党对国家事务实行政治领导的主要方式是:使党的主张经过法定程序变成国家意志,通过党组织的活动和党员的模范作用带动广大人民群众,实现党的路线、方针、政策。从实践看,有以下几种具体形式。(1)直接对最重大的问题作出决策,要求全国党组织和政府机关贯彻执行。例如1979年1月中共中央《关于加快农业发展若干问题的决定》,即中国改革开放历史上著名的"一号文件",以及党的十一届三中全会以来中共中央发布的《关于经济体制改革的决定》《关于教育体制改革的决定》《关于科学技术体制改革的决定》《关于进一步治理整顿和深化改革的决定》等。(2)提出决策方案,通过法定程序,使党的主张成为国家机关的决议,使之具有国家法律、法规的约束力。例如,1988年3月,中共中央提出修改宪法个别条款的建议,请全国人民代表大会常务委员提请七届全国人大一次会议审议。随即举行的全国人大全体会议通过了中共中央建议的修改案。原来党的决策至此成为宪法的组成部分。再如,十一届三中全会以来由国务院提出、全国人民代表大会批准的我国国民经济和社会发展的"六五"计划、"七五"计划、"八五"计划和十年发展规划纲要,草案都是由中共中央提出的。中共中央经过深入细致的调查研究,反复征求各方面意见,制定出关于计划的草案,经中央委员会或党的全国代表会议通过之后,作为建议交国务院向全国人民代表大会提出,经全国人大批准,成为具有法律效力的国家权力机关的决议,由国家行政机关负责执行。(3)向国家机关和人民团体推荐重要干部,由这些干部在自己所领导的部门和单位贯彻执行党的路线、方针和政策。(4)通过各级党组织和党员在各自所在部门和单位的工作的模范作用,领导和带动广大人民群众实现党的路线、方针和政策。

　　共产党的思想领导。宣传马克思主义、毛泽东思想、邓小平理论,以其作为国家的指导思想,教育公民。共产党的思想领导具体表现在,在地方各级和各行各业的党组织中设宣传部,负责管理意识形态和文化宣传工作,掌握国家的报刊、电台、电视台的宣传方针,组织开展各种教育、宣传活动,如共产主义理想教育、社会主义思想教育、爱国主义教育等等。全国最重要的日报《人民日报》是中国共产党中央机关报;地方省、市的主要报纸,是本地方党委的机关报。所有大众传播媒介,都必须宣传党的方针政策,是党的"喉舌"。

　　共产党的组织领导。表现在两个方面,一方面是党管干部。党组织有权向国家机关、政协和人民团体推荐主要领导人,党在各企业、事业单位的组织,也有权向这些单位推荐领导人。另一方面表现在党的基层组织的政治核心作用上。党的基层组织遍布在全国各地,工厂、农村、商店、学校、机关、街道、村,等等,都有党的基层组织。这些基层组织按照民主集中制原则组织起来,把党的路线、方针政策贯彻到社会生活的每一个方面。

共产党对民主党派的领导。中国共产党对民主党派的领导,主要是政治原则、政治方向、重大方针政策和思想上的领导,即在政治上指引方向,在思想上热情关怀和帮助。各民主党派自愿接受共产党的领导,并在各自的章程中作了明确的表示。以《中国国民党革命委员会章程》为例。《章程》在总纲中规定:"中国国民党革命委员会拥护中国共产党的领导,在马克思列宁主义、毛泽东思想指引下,坚持社会主义制度,坚持人民民主专政。"

2.多党合作

中国共产党与各民主党派的合作形式主要有:

进行中共与民主党派之间的政治协商。中共中央主要领导人邀请各民主党派主要领导人举行民主协商会,就中共将要提出的大政方针问题进行协商。这种会议一般每年举行一次。中共中央主要领导人根据形势需要,邀请民主党派的主要领导人举行高层次、小范围的谈心活动,就共同关心的问题自由交谈,沟通思想,征求意见。这种形式是不定期的。再一种形式是由中共召开民主党派座谈会,通报或交流重要情况,传达重要文件,听取民主党派人士提出的政策性建议或讨论某些专题。这种会议大体每两个月举行一次。重大事件随时通报。有的座谈会也可以委托设在全国政协的中共党组举行。除会议协商以外,民主党派也可以就国家大政方针和现代化建设中的重大问题向中共中央提出政策性建议,也可以约见中共中央负责人交谈。此外,中共各级党委的负责人要同民主党派负责人保持联系。

充分发挥民主党派成员在人民代表大会中的作用。中共在各级人民代表大会中占有多数席位,同时,中共要保证民主党派在全国人大及其人大常委会、全国人大的各专门委员会占有适当比例，保证民主党派在地方各级人大及其常委会占有适当比例。设在人大常委会的中共党组成员应与担任人大领导职务的民主党派成员经常交流情况，沟通思想，交换意见。

举荐民主党派成员担任各级人民政府的领导职务。中共积极举荐符合条件的民主党派成员担任各级人民政府的领导职务。而且，从实际情况出发，对民主党派成员担任人民政府领导职务，可以适当放宽年龄要求和任职资历的条件。80年代以来，已有一大批民主党派成员担任了各级人民政府的领导职务。

举荐民主党派成员担任司法机关的领导职务。除了积极举荐民主党派成员担任审判和检察机关领导职务外，有关部门聘请民主党派成员担任特约监察员、检察员、审计员、教育督导员，政府监察、审计、工商等部门组织调查重大案件，以及税收检查等工作，也吸收民主党派成员参加。

二、政治协商制度

中国人民政治协商会议的起源可以追溯到新中国成立之前。抗日战争胜利后，在全国人民要求和平民主的呼声中，国民党被迫与共产党举行和谈，接受中共提出的和平建国基本方针，同意召开政治协商会议。1946年1月，有国民党、共产党、民主同盟和无党派人士参加的政治协商会议在重庆召开，史称"旧政协"。这次政协会议达成了按和平、民主、团结原则建国的协议，但因国民党撕毁协议发动内战而未付诸实行。1948年5月，在取得解放战争全面胜利的前夕，中共发出"五一通电"，号召社会各界民主力量重新召开政治协商会议，共商建国大计。民革、民盟等八个民主党派和其他人民团体、无党派爱国人士响应中共号召，到解放区与中共协商，于1949年6月成立筹备会议。1949年9月，中国人民政治协商会议第一届全体会议在北京举行，史称"新政协"。这一届政协会议代行全国人民代表大会的职权，完成了建立中华人民共和国的历史使命。

1954年12月,第二届全国政协第一次全体会议举行。由于已经召开了全国人民代表大会,政协成为统一战线的组织形式。这次会议制定了《中国人民政治协商会议章程》,标志着政治协商制度初具规模。此后直到"文革"之前,政协会议虽屡因中共工作中"左"的偏差而遭受挫折,形式上尚能保持其存在并开展工作。第二、三、四届全国政协会议大致按期举行。从1959年第三届全国政协第一次会议起,开创了全国政协与全国人大同时开会的先例。"文革"时期,各级政协均受到冲击,组织瘫痪,工作停顿,直到中共清除"文革"遗毒,实行拨乱反正方针之后,政协工作始得到恢复。1978年2月召开了"文革"后首次全国政协会议,即第五届全国政协第一次会议,随后,第六届、第七届全国政协会议如期召开,并恢复与全国人大同时开会的惯例。地方各级政协也陆续恢复组织和正常活动。到1999年底,全国县级以上各级地方绝大多数已建立政协组织,政协委员达40多万人。同时,政协的制度化建设也取得很大进展。新的《中国人民政治协商会议章程》,规范政协参政议政活动的规则陆续制定出来,如《关于政治协商、民主监督的暂行规定》《政协全国委员会常务委员会工作规定》等。

1.中国人民政治协商会议的职能

人民政协的主要职能是政治协商、民主监督和参政议政;发扬社会主义民主,反映社会各方面的意见和要求,为参加人民政协的各民主党派、无党派人士、人民团体、少数民族人士和各界爱国人士发挥作用开辟渠道,集思广益,促进国家重大决策的科学化和民主化;监督国家宪法、法律和方针政策的贯彻执行,协助并推动社会主义物质文明、精神文明和民主法制的建设,促进社会主义市场经济和社会生产力的发展;协调社会各方面的关系,促进各方面的相互沟通和理解,加强在共产党领导下的各党派团结合作;贯彻执行"和平统一,一国两制"的方针,促进祖国统一的实现。

2.中国人民政治协商会议的组织

中国人民政治协商会议设全国委员会和地方委员会。政协全国委员会对政协地方各级委员会、上级地方政协委员会对下级地方政协委员会，是指导工作的关系。

中国人民政治协商会议全国委员会。政协全国委员会由中国共产党、各民主党派、无党派人士、人民团体、各少数民族和各界的代表，台湾同胞、香港和澳门同胞、归国侨胞的代表以及特别邀请人士组成。政协全国委员会每届任期五年，每年举行一次会议，按惯例与全国人民代表大会同时举行，全国政协委员列席全国人大会议。政协全国委员会的主要职权是：修改《中国人民政治协商会议章程》，监督章程的实施，选举政协全国委员会主席、副主席、秘书长和常务委员；听取和讨论本会的重大工作方针；参与对国家大政方针的讨论，提出建议和批评。

全国政协常务委员会由全国委员会主席、副主席、秘书长和常务委员组成。常务委员会会议一般每季度举行一次，讨论决定常务委员会会务工作中的重大问题。

全国政协主席会议由主席、副主席、秘书长组成，负责处理常务委员会的重要日常工作，会议一般每月举行一次。

全国政协根据需要设专门委员会，主要有：提案委员会、经济委员会、人口资源委员会、教科文卫委员会、社会和法制委员会、民族和宗教委员会、文史资料委员会、港澳台侨委员会、外事委员会，共九个。各专门委员会均有民主党派成员参加。专门委员会在常委会和主席会议领导下，组织委员进行经常性活动。

中国人民政治协商会议地方委员会。按《中国人民政治协商会议章程》规定，在省级、自治州和地级市、县级地方，均可设立中国人民政治协商会议地方委员会。实践中，除极个别偏远县级地方以外，全国绝大多数县级以上地方都设立了政协的地方委员会。地方各级政协委员会以各种方式参与对有关当地事务重要问题的讨论和协商。政协地方各级委员会的任期,与同级地方人大的任期相同。政协地方各级委员会每年举行一次会议,按惯例与同级人大同时召开,政协委员列席同级人大会议。

第八节　中华人民共和国特别行政区制度

香港、澳门和台湾是中华人民共和国领土不可分割的部分,由于历史上的不幸原因, 它们在政治上与祖国大陆分离。1949年中华人民共和国成立后,解决历史遗留的香港、澳门、台湾问题,实现祖国的统一,是中国政府既定的方针之一。80 年代初,邓小平创造性地提出用"一个国家,两种制度"即"一国两制"方式实现祖国统一。1982 年修宪时,宪法中专门增加第 31 条,规定"国家在必要时得设立特别行政区。在特别行政区内实行的制度按照具体情况由全国人民代表大会以法律规定",为创建特别行政区制度开辟了道路。

一、香港特别行政区

1984 年 12 月,中国和英国两国政府经过两年多的谈判后,签署了中英两国关于香港问题的《联合声明》。《联合声明》及其附件规定,中华人民共和国政府将于 1997 年恢复对香港行使主权,香港将成为中华人民共和国的特别行政区。次年 4 月,第六届全国人大第三次会议批准该《联合声明》,并决定成立"香港特别行政区基本法起草委员会"。1990 年 4 月,第七届全国人大第三次会议通过《中华人民共和国香港特别行政区基本法》及其三个附件, 即:《香港特别行政区行政长官的产生办法》《香港特别行政区立法会的产生办法和表决程序》《在香港特别行政区实施的全国性法律》(以下简称《香港基本法》)。1997 年 7 月 1 日,香港回归祖国,中华人民共和国政府正式恢复对香港行使主权。一百多年来作为香港宪法性文件的《英皇制诰》和《英皇训令》宣告终止,而由《香港基本法》取代。《香港基本法》是香港特别行政区的基本大法,它规定香港特别行政区实行高度自治,享有行政管理权、立法权、独立的司法权和终审权,在剔除殖民主义因素的前提下,香港特别行政区继续实行资本主义制度包括资本主义的政府制度。

1.香港特别行政区与中央政府的关系

香港特别行政区是中华人民共和国一个享有高度自治权的地方行政区域,直辖于中央人民政府。中央政府与香港特别行政区政府的关系有如下特点:

中央人民政府负责管理与香港特别行政区有关的外交事务,并授权香港特别行政区政府依照《香港基本法》自行处理有关的对外事务。中央政府在香港特别行政区设立"外交部驻港特派员公署",负责批准外国外交人员来港等外交事务。香港特别行政区政府负责日常与外国外交人员的联络及参与香港已经加入的国际组织的活动,并与"外交部驻港特派员公署"协调、配合。

中央人民政府负责管理香港特别行政区的防务。香港特别行政区政府负责维持香港地区的社会治安。

中央政府按《香港基本法》的规定任命香港特别行政区行政长官和政府主要官员。香港特别行政区政府享有行政权、立法权、独立的司法权和终审权。特别行政区立法机关制定的法律必须报全国人民代表大会常委会备案,备案不影响该法律的生效。在香港特别行政区实行的法律包括《香港基本法》,以及香港原有的、不与《香港基本法》相抵触、未经立法修改的全部法律,包括普通法、衡平法、条例、附属立法和习惯法。全国性法律在香港特别行政区施行的,包括《关于中华人民共和国国都、纪年、国歌、国旗的决议》《关于中华人民共和国国庆日的决议》等共六项。

2.行政长官

香港特别行政区行政长官是香港特别行政区的首长,代表香港特别行政区,行政长官依《香港基本法》的规定对中央人民政府和香港特别行政区负责。行政长官通过在当地选举或协商产生,由中央人民政府任命,任期五年,可以连任一次。行政长官的主要职权是:领导香港特别行政区政府;负责执行《香港基本法》和依照《香港基本法》适用于香港特别行政区的其他法律;签署立法会通过的法案,公布法律;决定政府政策和发布行政命令;提名并报请中央人民政府任命香港特别行政区政府的主要官员或建议中央人民政府免除主要官员的职务;依照法定程序任命各级法官。

3.立法机关

香港特别行政区立法会是香港特别行政区的立法机关。立法会每届议员 60 人,产生办法根据实际情况和循序渐进的原则规定,最终达到全部议员由普选产生。第一届立法会任期二年,以后每届任期四年。立法会的主要职权是:根据《香港基本法》规定并依照法定程序制定、修改和废除法律;根据政府的提案,审核、通过财政预算;批准税收和公共开支;听取行政长官的施政报告并进行辩论;对政府的工作提出质询;就任何有关公共利益问题进行辩论;同意终审法院法官和高等法院首席法官的任免。

4.行政机关

香港特别行政区政府是香港特别行政区行政机关。香港特别行政区行政长官是行政机关的首长。特别行政区政府设政务司、财政司、律政司,各司下设局,局下再设处。以上各司、局、处,加上廉政公署和审计署,构成特别行政区政府的基本架构。特别行政区政府的主要职权是:制定并执行政策;管理各项行政事务;办理《香港基本法》规定的中央人民政府授权的对外事务;编制并提出财政预算、决算;拟定并提出法案、议案、附属法规;委派官员出席立法会并代表政府发言。

5.司法机关

香港特别行政区各级法院是香港特别行政区的司法机关，行使香港特别行政区的审判权。香港特别行政区的法院体系包括：终审法院、高等法院、区域法院、裁判署法庭和其他专门法庭。高等法院设上诉法庭和原讼法庭。1997年前在香港实行的司法体制，除因设立终审法院而发生变化外，其他均予保留。香港特别行政区的终审权属于香港特别行政区终审法院。终审法院可根据需要邀请其他普通法适用地区的法官参加审判。香港特别行政区法院依照《香港基本法》规定的适用于香港特别行政区的法律审判案件，其他普通法适用地区的司法判例可做参考。

香港特别行政区法院的法官，根据当地法官和法律界及其他知名人士组成的独立委员会推荐，由行政长官任命。法官采用终身制。

二、澳门特别行政区

1987年4月，中国和葡萄牙两国政府经过九个月四轮谈判后，正式签署中葡两国关于澳门问题的《联合声明》。《联合声明》及其附件规定，中华人民共和国政府将于1999年恢复对澳门行使主权，澳门将成为中华人民共和国的特别行政区。次年4月，第七届全国人大第一次会议批准该《联合声明》，并决定成立"澳门特别行政区基本法起草委员会"。1993年3月，第八届全国人大第一次会议通过《中华人民共和国澳门特别行政区基本法》及其三个附件，即：《澳门特别行政区行政长官的产生办法》《澳门特别行政区立法会的产生办法和表决程序》《在澳门特别行政区实施的全国性法律》（以下简称《澳门基本法》）。1999年12月20日，澳门回归祖国，中华人民共和国政府正式恢复对澳门行使主权。

澳门特别行政区是中华人民共和国享有高度自治权的地方行政区域,直辖于中央人民政府,享有立法权、行政管理权、独立的司法权和终审权。在剔除殖民主义因素的前提下,澳门特别行政区继续实行资本主义制度包括资本主义的政府制度。

1.澳门特别行政区与中央政府的关系

澳门特别行政区是中华人民共和国一个享有高度自治权的地方行政区域,直辖于中央人民政府。中央政府与澳门特别行政区政府的关系有如下特点:

中央人民政府负责管理与澳门特别行政区有关的外交事务,并授权澳门特别行政区政府依照《澳门基本法》自行处理有关的对外事务。

中央人民政府负责管理澳门特别行政区的防务。澳门特别行政区政府负责维持澳门地区的社会治安。

中央政府按《澳门基本法》的规定任命澳门特别行政区行政长官、政府主要官员和检察长。

澳门特别行政区政府享有行政权,依照《澳门基本法》的规定自行管理澳门特别行政区的行政事务;享有立法权,立法机关制定的法律须报全国人民代表大会常委会备案,备案不影响该法律的生效;享有独立的司法权和终审权。在澳门特别行政区实行的法律包括:《澳门基本法》,澳门原有的、不与《澳门基本法》抵触的、未经澳门特别行政区立法机关或其他机关依定程序做出修改的法律、法令、行政法规和其他规范性文件。全国性法律在澳门特别行政区施行的,包括《关于中华人民共和国国都、纪年、国歌、国旗的决议》《关于中华人民共和国国庆日的决议》《中华人民共和国政府关于领海的声明》等共九项。

2.行政长官

澳门特别行政区行政长官是澳门特别行政区的首长,代表澳门特别行政区,行政长官依《澳门基本法》的规定对中央人民政府和澳门特别行政区负责。行政长官通过在当地选举或协商产生,由中央人民政府任命,任期五年,可以连任一次。行政长官的主要职权是:领导澳门特别行政区政府;负责执行《澳门基本法》和依照《澳门基本法》适用于澳门特别行政区的其他法律;签署立法会通过的法案,公布法律;决定政府政策和发布行政命令,制定行政法规并颁布执行;提名并报请中央人民政府任免澳门特别行政区政府的主要官员、检察院检察长,依法定程序任免法院法官,委任部分立法会委员。

3.立法机关

澳门特别行政区立法会是澳门特别行政区的立法机关。第一届立法会由 23 名议员组成,其中直接选举产生 8 人,间接选举产生 8 人,行政长官任命 7 人,任期从 1999 年 12 月至 2001 年 10 月。第二届和第三届立法会议员将增加到 27 人和 29 人,并相应增加直接选举和间接选举产生的议员。立法会的主要职权是:根据《澳门基本法》规定并依照法定程序制定、修改、暂停实施和废除法律;根据政府的提案,审核、通过财政预算,审议政府提出的预算执行情况报告;根据政府提案决定税收,批准由政府承担的债务;听取行政长官的施政报告并进行辩论;就公共利益问题进行辩论;依法定程序提出对行政长官的弹劾案,报请中央人民政府决定。

4.行政机关

澳门特别行政区政府是澳门特别行政区行政机关。澳门特别行政区行政长官是行政机关的首长。特别行政区政府机构由过去的六级改为司、局、厅、处四级。特别行政区政府的主要职权是:制定并执行政策;管理各项行政事务;办理《澳门基本法》规定的中央人民政府授权的对外事务;编制并提出财政预算、决算;拟定并提出法案、议案,草拟行政法规;委派官员出席立法会听取意见及代表政府发言。

5.司法机关

澳门特别行政区各级法院是澳门特别行政区的司法机关,

行使澳门特别行政区的审判权。澳门特别行政区的法院体系包括：初级法院、中级法院、终审法院，终审法院行使澳门特别行政区的终审权。另外，设行政法院，管辖行政诉讼和税务诉讼，不服行政法院裁判，可以向中级法院上诉。

澳门特别行政区各级法院的法官，由当地法官、律师和其他知名人士组成的独立委员会推荐，行政长官任命。法官采用终身制。

澳门特别行政区设检察院，列入司法机关。检察院依据法律，独立行使检察职能，不受任何干涉。这种体制与香港特别行政区不同。香港特别行政区的检察职能属律政司，在行政机关之列。

第九节　当代政治体制改革刍议

一、从"人民民主专政"到"无产阶级专政"

1949 年，中国共产党领导的人民解放战争取得了伟大的胜利，把国民党势力从大陆驱逐到台湾，成为掌握除台湾省外的全国政权的执政党。各民主党派都接受这一客观事实，表示拥护中国共产党的领导。9 月 21 日至 30 日，召开了中国人民政治协商会议第一次全体会议，通过了《中国人民政治协商会议共同纲领》和《中华人民共和国中央人民政治组织法》，选举产生了中央人民政府委员会。10 月 1 日，宣布了中华人民共和国中央人民政府成立。

《共同纲领》第 12 条明文规定："国家最高政权机关为全国人民代表大会。"[①]然而，建国伊始，尚不具备进行普选的条件，

①《中国人民政治协商会议共同纲领》，《中共中央文件选集》第 14 册，中共中央党校出版社 1987 年版。

于是改由中国人民政治协商会议代行其职权,制定了《中央人民政府组织法》,选举中央人民政府委员会。根据《中央人民政府组织法》第 4 条规定,中央人民政府委员会,对外代表中华人民共和国,对内领导国家政权。第 7 条规定,中央人民政府委员会制定并解释国家法律,颁布法令,并监督其执行;批准、废除、修改与外国订立的条约和协定;处理战争及和平问题;批准或修改国家预决算;颁布大赦令和特赦令;任免国家机构组成人员等等。①因此,中央人民政府委员会,既是实际上的国家最高权力机关,又是最高国家行政机关。毛泽东当时以中共中央主席的身份,兼任中央人民政府委员会主席、中国人民革命军事委员会主席、中国人民政治协商会议全国委员会主席,集党、政、军最高权力于一身。

从中央人民政府委员会的组成上看,61 名委员中, 中共人士 30 名,非中共人士 31 名。从中央到地方的各级人民政府,"集中了各民主党派、各人民团体、各少数民族、国外华侨及其他爱国民主分子的领导人物,体现了工人阶级领导的、以工农联盟为基础的、团结各民主阶级的统一战线的联合政府的性质"②。

由此可见,中华人民共和国建国初期的政治体制,是"人民民主专政"体制。

到了 1952 年 6 月, 为了适应即将开始的国家计划经济建设的需要,加强中央对地方和政府的集中统一领导,中共中央决定参照苏联党和政府机构设置的经验,对党和政府的组织系统作了大幅度的调整。③确立了今后政府工作的一切方针、政策、计

---

①《中华人民共和国中央人民政府组织法》,《中共中央文件选集》第 14 册,中共中央党校出版社 1987 年版。

②《人民民主专政的机构》,《人民日报》社论,1949 年 10 月 20 日。

③《为了解联共关于中央机构设置的经验给斯大林的电报》,《建国以来毛泽东文稿》第 2 册,中央文献出版社 1987 年版。

划和重大事项,均需事先请示中共中央,并直接受中央领导①的原则。

1953年2月11日,中央人民政府委员会第22次会议通过了《中华人民共和国全国人民代表大会及地方各级人民代表大会选举法》,规定除依法尚未改变成分的地主阶级分子,依法被剥夺政治权利的反革命分子,其他依法被剥夺政治权利者和精神病患者没有选举权和被选举权外,凡年满18岁之公民均参加普选;县以上各级人民代表实行间接选举,县以下(不含县级)实行直接选举,并于1954年8月上旬完完。

1954年9月15日至28日,第一届全国人民代表大会第一次会议在北京召开,制定了第一部《中华人民共和国宪法》(以下简称1954年《宪法》)。②1954年《宪法》将中华人民共和国的政治体制,由《共同纲领》规定的"新民主主义即人民民主主义的国家",改为"工人阶级领导的、以工农联盟为基础的人民民主国家";并规定全国和地方各级人民代表大会和其他国家机关一律实行民主集中制。

但是,随着1956年对私营资本主义工商业的社会主义改造的完成,生产资料公有制成为唯一合法的所有制形式;特别是1957年的反右派斗争的扩大化和1958年夏秋的"大跃进"和"人民公社化"运动,中国的政治体制发生了畸变,共产党的组织向国家化转变,逐步取代了国家权力机关的职能。1958年6月,中共中央发出的《关于成立财经、政法、外事、科学、文教各小组的通知》宣布:"大政方针在政治局,具体部署在书记处,只有一个

---

① 《中共中央关于加强中央人民政府系统各部门向中央请示报告制度及加强中央对于政府工作领导的决定》,载《建国以来重要文献选编》第4册,中央文献出版社1993年版。

② 《中华人民共和国人民代表大会文献资料汇编》(1949—1990),中国民主法制出版社1990年版。

'政治设计院',没有两个'政治设计院'。大政方针和具体部署,都是一元化,党政不分。具体执行和细节决策属政府机构及其党组。"这样,国家权力机关、国家行政机关、国家司法机关等都成了党的办事与执行机构。

这种转变,由于 1959 年的"反右倾"、60 年代初期的对苏论战和"四清运动",及"阶级斗争"被当作基本政治路线加以强调而加快了速度,1954 年《宪法》原则被置诸脑后。

1966 年毛泽东发动的"文化大革命",把中国拖进十年内乱的深渊,1954 年《宪法》所确立的国家政治体制被摧毁,地方各级人大及其委员会被取消,由所谓集党、政、军、审判、检察大权于一身的"革命委员会"所取代。民主和法制遭到严重破坏,国民经济濒临崩溃的边缘,动乱不止,社会秩序处于严重混乱状态。

1975 年 1 月 13 日, 第四届全国人民代表大会在第三届全国人大一次会议召开十年零半个月之后终于召开了。不过出席这次会议的全国人大代表不是选举产生的,而是采取"民主协商方式"推选的,有的是指定的或特邀的。1 月 17 日通过修改后的《宪法》(以下简称 1975 年《宪法》)。①1975 年《宪法》由 1954 年《宪法》106 条缩减为 30 条,规定"中华人民共和国是工人阶级领导的工农联盟为基础的无产阶级专政的社会主义国家"。1976 年 10 月,江青反革命集团被粉碎,中国进入一个新的历史发展阶段,但是,由于"以阶级斗争为纲""坚持无产阶级专政下继续革命"理论等"左"的思想没有得到清除,所以,1978 年 2 月 26 日至 3 月 5 日召开的五届人大一次会议通过的修改后的《宪法》(以下简称 1978 年《宪法》②)仍然有严重缺陷。1978 年《宪法》由序言、四章六十条构成,不仅肯定了"文化大革命""人民公社""大鸣大放大辩论"的"大民主",而且也没有恢复

①②《中华人民共和国人民代表大会文献资料汇编》(1949—1990),中国民主法制出版社 1990 年版。

公民在法律上一律平等的原则。相反，却再次确认了 1975 年《宪法》对政治体制的规定，即"中华人民共和国是工人阶级为领导工农联盟为基础的无产阶级专政的社会主义国家"。

如是，从"人民民主专政"演化为"无产阶级专政"，就成为新中国成立以后的二十八年间政治体制演变的基本特征。

二、"党政分开"与"政企分开"

1978 年 12 月 18 日至 22 日，中国共产党在北京召开了十一届三中全会。这是新中国成立以来中国共产党历史上具有深远意义的历史转折。在指导思想上拨乱反正，坚决把工作重点转移到以现代化建设为中心的轨道上来；第一次明确地提出了加强社会主义法制的任务和原则；第一次把法律面前人人平等的原则视为社会主义国家的法律原则；宣布了中国进入改革开放的时代。

1980 年 8 月 18 日，邓小平在中共中央政治局扩大会议上发表了《党和国家领导制度的改革》的著名讲话[①]，针对"权力过分集中"的现状，明确提出要"着手解决党政不分，以党代政的问题"。他认为："从党和国家的领导制度、干部制度方面来说，主要的弊端就是官僚主义现象，权力过分集中的现象，家长制现象，干部领导职务终身制现象和形形色色的特权现象。"郑重宣布要从六个方面对政治体制作重大改革：

1.修改宪法，切实保证人民真正享有管理国家各级组织和各项企业事业的权力，享有充分的公民权利，要使各少数民族聚居的地方真正实行民族区域自治，要改善人民代表大会制度，等等。不允许权力过分集中的原则，在宪法上要表现出来。

2.设立中共中央纪律检查委员会和顾问委员会，加强指导、监督和顾问作用。

---

① 《邓小平文选》第二卷，人民出版社 1994 年版，第 320—343 页。

3.真正建立从国务院到地方各级政府从上到下的强有力工作系统。今后凡属政府职权范围内的工作,都由国务院和地方各级政府讨论、决定和发布文件,不再由党中央和地方各级党委发指示、作决定。

4.有准备有步骤地改变党委领导下的厂长负责制、经理负责制,经过试点,逐步推广,分别实行工厂管理委员会、公司董事会、经济联合体的联合委员会领导和监督下的厂长负责制、经理负责制。还有党委领导下的校长、院长、所长负责制等等,也要有准备有步骤地加以改革。

5. 各企事业单位普遍成立职工代表大会或职工代表会议,有权对本单位的重大问题进行讨论,作出决定,有权向上级建议罢免本单位不称职的行政领导人员, 并逐步实行选举适当范围的领导人。

6.各级党委要真正实行集体领导和个人分工负责相结合的制度。

在邓小平的倡导下,1980 年 9 月 10 日五届全国人大三次会议决定对 1978 年《宪法》进行全面修改,历时二年零三个月,到 1982 年 12 月 4 日五届人大五次会议通过了新宪法 (以下简称 1982 年《宪法》)。①1982 年《宪法》对政治体制的表述,由 1978 年《宪法》的"工人阶级领导的工农联盟为基础的无产阶级专政的社会主义国家",改变为"工人阶级领导的、以工农联盟为基础的人民民主专政的社会主义国家"。而《宪法》序言却又表述为"人民民主专政,实质上即无产阶级专政"的思想。

这种"人民民主专政"的政治体制的特点是:作为国家权力机关的各级人民代表大会和作为国家行政机关的各级人民政府, 都不是由共产党和各民主党派及无党派民主人士联合组成的; 共产党和各民主党派都不是以政党的名义和议会党团的形

---

① 参见《中华人民共和国常用法律大全》,法律出版社 1992 年版。

式参加人民代表大会;人民代表大会的构成,也不是以党派划分席次;各级人民政府的产生,既不是由共产党以执政党的身份单独组成,也不是共产党和各民主党派联合组阁,而是共产党主动吸收各民主党派的部分成员参加各级人民政府的工作。具体操作程序是:由中共中央政治局就全国人大和国务院的主要职位提出推荐名单,同各民主党派、无党派民主人士协商后,交由全国人民代表大会选举、任命。

这一特点,体现了中国共产党以"党管干部"的形式,实施对国家政权的领导。因此,"着手解决党政不分,以党代政的问题",就成为政治体制改革的主题。

从 1986 年 6 月起,邓小平多次强调要全面考虑政治体制改革的问题,他说:"现在经济体制改革每前进一步,都深深感到政治体制改革的必要性。不改革政治体制,就不能保障经济体制改革的成果,不能使经济体制改革继续前进,就会阻碍生产力的发展,阻碍四个现代化的实现。"又说:政治体制改革,"首先是党政要分开,解决党如何善于领导的问题。这是关键,要放在第一位"①。

在邓小平的推动之下,成立了中共中央政治体制改革研讨小组,经过将近一年的努力,提出了《政治体制改革总体设想》,提交中共十二届七中全会审议②,决定将其主要内容写进中共十三大的报告中去。

1987 年 10 月,中共十三大在北京召开。十三大的政治报告③,明确提出了政治体制改革的目标分为长远目标和近期目标。长远目标,是建立高度民主、法制完备、富有效率、充满活力的政治体制,即实现政治现代化。近期目标,是克服权力过分集中,官僚

---

① 《关于政治体制改革问题》,《邓小平文选》第三卷,人民出版社 1994 年版,第 176、177 页。

② 《中国改革开放政策大典》,中国建材工业出版社 1993 年版。

③ 《十二大以来重要文件汇编》,人民出版社 1988 年版。

主义、封建主义影响,建立有利于提高效率、增强活力和调动各方面积极性的领导体制。因此,确立了以党政分开为主题、共分七个方面的改革:

1.实行党政职能分开,党应当在宪法和法律范围内活动,划清党组织与国家政权的职能, 党对国家事务的领导方式应当向法制化方向转变。

2.进一步下放权力,克服权力过分集中的现象,处理好中央与地方、上级领导机关与基层、政府与企业的关系。

3.精简政府机构,实行政企分开,促进行政管理法制化。

4.改革干部人事制度,建立国家公务员制度,实现干部人事的依法管理和公开监督。

5.建立社会协商对话渠道,使社会协商对话形成制度。

6.完善社会主义民主的若干制度,即加强人民代表大会制度建设、完善共产党领导的多党合作和政治协商制度、加强群众团体的建设、完善选举制度、加强基层民主政治建设、完善民族区域制度等。

7.加强社会主义法制建设,促进社会主义民主政治逐步向制度化、法律化转变。

在十三大确定的政治体制改革的方针、政策的指引下,党与国家权力机关、行政机关、司法机关的关系,有了较大的改善;政府与企业、事业单位的关系也发生了较大的变化。政治体制改革取得了重大进展。然而,到了1988年下半年,由于经济过热、通货膨胀,以及"官商官倒"、贪污腐败现象蔓延,有些人急于求成,提出一些过激口号,引发了众所周知的"八九政治风波",从而延误了政治体制改革的进程。十三大所确立的政治体制改革主题被束之高阁,党政关系又回复到十三大以前的状态,形成机构急剧膨胀、人员严重超编、财政不堪负荷的局面。

1992年10月,中共十四大明确提出了建立社会主义市场经济体制的改革目标。为了适应经济体制改革的新形势,中国的政治体制改革的重点,转移到以加快政府职能转变、实行政企分开的行政体制改革上面来了。与此同时,在加强社会主义民主与法制、加强和完善人民代表大会制度、改进和发展中国共产党领导的多党合作与政治协商制度、加快干部人事制度的配套改革、实行公务员制度、加强勤政廉政建设和反腐败斗争、加强基层政权建设、完善农村村民自治制度等方面,都在稳步向前推进并取得了很大的成绩。由于政治体制改革重点的转移,加上政治运行机制的改革没有跟上,以致使一些人产生错觉,似乎中国只搞经济体制改革而不搞政治体制改革。

三、"建设社会主义法治国家"

经济体制改革的目标模式,决定并制约着政治体制改革的走向和深度。自从十四大提出建立社会主义市场经济体制的改革目标以后,不管人们的主观意志如何,政治体制改革不可能、也不应该止步不前。我们知道,建立市场经济体制的改革,实质上是一场革命。随着改革的深入,以产权改革为核心的所有制改革势在必行。而所有制的改革一旦启动,政治体制的改革也就迈出了更实质性的一步。因为所有制的改革,既是经济体制改革的核心内容,又是政治体制改革的走向赖以实现的基础。质言之,政治与经济的关系,在所有制改革的层面上实现了同一。

1997年10月中共十五大的召开,标志着政治体制改革跨出了关键性的一步。十五大的政治报告中①,明确提出要调整和完善所有制结构,表明中国的经济体制改革已经进入攻坚阶段。调整和完善所有制结构,首先意味着必须加快产权改革。目前中国的国有企业的产权不明晰。企业的所有权的一些基本要素,被分割并控制在不同的政府部门手中,造成严重的"政企不分"。而

---

① 《中国共产党第十五次全国代表大会文件汇编》,人民出版社1997年版。

"政企不分"的后果，一则使国有企业可以凭借其政治的、行政的权力而带有某种垄断性；二则为"权力寻租"大开方便之门，权钱交易屡禁不止，导致腐败现象层出不穷。而这些都是与市场经济体制格格不入的。只有通过产权改革和资本重组，实现产权的自由交易和资本的自由流动，国有企业才能走出困境，建立起现代企业制度。调整和完善所有制结构，其次意味着各种所有制经济共同发展，实现所有制结构的多元化，建立起与社会主义初级阶段相适应的国有、集体、个体、私营、中外合资、外商独资、混合所有制各占一定比例的所有制结构新格局。此外，调整和完善所有制结构，还意味着全面认识公有制的含义，探索和建立新的公有制——社会所有制的形式，使公有制的实现形式多样化。

上述改革的政治含义，则要求必须从体制上和制度上进一步发展和扩大社会主义民主，建立和健全与市场经济体制相适应的法律制度，实行依法治国，建立社会主义法治国家。这是十五大提出的经济体制改革的方向所赋予政治体制改革的使命，也是建立市场经济体制改革的逻辑结果。

十五大政治报告在论述"继续推进政治体制改革"时，强调要进一步扩大社会主义民主，健全社会主义法制，依法治国，建设社会主义的法治国家。从而明确了中国政治体制改革的目标模式，标志中国政治体制改革进入了一个新的发展阶段。

"发展社会主义民主"，首先要坚持人民主权论，强调国家权力属于人民，而不是属于某个人或某个团体或组织。切实保证人民依法享有广泛的权利和自由，尊重和保障人权。在中共全国代表大会上，明确宣布要"尊重和保障人权"，这是第一次。它不仅表明中国共产党对民主的认识上的一次飞跃，而且表明中国共产党对健全民主制度的不可动摇的决心和信心。其次，要加强和完善人民代表大会制度。人民代表大会制度是中国最根本的政治制度，是中国国体的表现形式。要保证人民代表大会依据宪法和法律履行国家权力机关的职能，切实保证全国人民代表大会在实质上而不是在形式上是国家最高权力机关。应当强化全国人大作为最高立法机关的地位,改进立法过程,加强立法工作;要强化全国人大对政府的监督作用。为了密切人大代表与人民群众的联系,应当改进提名方式,改善选举方法,减少席次分配不公,引进竞争机制,实行直接选举与间接选举相结合的选举制度。要把农村村民自治实践过程中所创造的"平等、直接、差额、无记名"的选举经验,用法律形式肯定下来,逐步推广、应用到乡镇、县(市)人大的直接选举中去,要修改选举法,成立全国性的选举委员会,保证选举的公正和公平,保证选出的代表具有高素质。只有这样,才能真正代表人民来管理国家。

"建立社会主义法治国家",首先必须树立正确的法治观念。法治,意味着人人应当服从法律,并由法律统治。正确的法治观念主要有两点:一是强调法律具有最高性。法律作为国家意志的体现,不允许任何超然于法律之上的权力存在。二是在法律面前人人平等。即法律必须平等地对待每一个公民,每一个公民都有平等地服从法律的义务,不允许有凌驾于法律之上的特殊公民存在。其次,要加强立法工作,提高立法质量。党的十五大政治报告提出"到2010年形成有中国特色社会主义法律体系"的宏伟目标,表明中国共产党建设社会主义法治国家的决心和信心。当务之急,是要建立和完善社会主义市场经济的法律制度。市场经济,实质上是法治经济。市场经济的法律制度要求要保护市场行为的自主、平等、诚信等原则,因此,它要求要限制政府的权力和保护公民一切合法财产的所有权。这在"调整和完善所有制结构"的改革正式启动的时候,加以特别强调尤为重要。再次,"依法治国",说到底是依宪法治国。这是宪法的最高法律效力等级和主权特征所决定的。

毫无疑问,发展社会主义民主,建设社会主义法治国家,作为政治体制改革的根本目标,其实现之日,便是具有中国特色社会主义民主政治体制确立之时。具有中国特色社会主义民主政治体制是与社会主义市场经济体制相适应的最佳政治体制。它不仅有利于增强党和国家的活力，充分发挥人民群众的积极性和创造性，促进生产力的发展和社会的进步；而且还有利于发挥社会主义的特点和优势，维护国家统一、民族团结和社会稳定。

建设中国特色社会主义民主政治，是一个逐步发展的历史过程。党的十五大政治报告中提出："当前和今后一段时间，政治体制改革的主要任务是：发展民主，加强法制，实行政企分开，精简机构，完善民主监督制度，维护安定团结。"充分体现了中国共产党稳步推进政治体制改革的审慎态度。

政企分开与精简机构，核心问题其实是一个。那就是在现代市场经济条件下，如何规范政府行为与政府职能转变的问题。虽然中国已经把"国营企业"改称为"国有企业"，但企业与政府的关系始终没有理顺，成为中国政治体制改革的一个难点。只有按照社会主义市场经济的需要，抓住转变政府职能这个关键，大胆地进行制度创新，把政府作为国有资产所有者的职能与作为整个社会经济管理者的职能分开；把国有资产的行政管理职能与资产运营职能分开；把出资者所有权与企业法人财产权分开；把企业生产经营管理权切实交给企业，把综合经济部门改组为宏观调控部门，调整和大幅度减少专业经济部门，培育和发展中介组织，严格限制政府介入市场的范围和程度。只有这样，才能走出困境，真正实现政企分开。只有这样，精简机构、裁汰冗员、理顺关系的问题，才能迎刃而解。

关于完善民主监督制度。目前中国的监督制度，有党内监督、法律监督、群众监督和舆论监督等多种形式。其中，最关键的是要强化司法监督。在大力加强各级人大的监督职能的同时，要积极推进司法改革，实施宪法保障，强化最高人民法院的司法职能。应当从制度变革与创新入手，真正实行司法独立，使党政部门与司法彻底脱钩，改变司法机关对各级党政部门的依附地位，提高法院权威，建立合理的司法审级与审判执行制度。与此同时，还要整顿社会仲裁人的队伍，提高社会仲裁人的素质，保证司法监督的公正、公平和正义。只有这样，才能把监督机制纳入法治轨道。

四、实现社会主义政治文明

1980年8月18日，在中共中央政治局扩大会议上，邓小平同志发表了《党和国家领导制度的改革》的著名讲话，开启了发展社会主义民主政治、建设社会主义政治文明的序幕。在此后的20几年间，中国的政治体制改革与以市场为取向的经济体制改革相呼应，不断排除"左"的或"右"的干扰，积极、稳步地向前推进。从克服权力过分集中，着手解决党政不分、以党代政的问题，到废除领导干部职务终身制；从"精简机构是一场革命"，进行"规制"改革，建立公务员制度，到行政许可法的颁行，全面开展行政体制改革；从反腐倡廉，到建立、健全党内的、人民群众的和司法的监督机制；从用"海选""票决制"发展基层民主，实行农村村民自治、城市社区自治，到完善人民代表大会制度、中国共产党领导的多党合作和政治协商制度、民族区域自治制度；从"新生和保障人权"，实践"在法律面前人人平等"，到积极推进"依法治国，建设社会主义法治国家"。一言以蔽之，社会主义民主政治得到了前所未有的发展和进步。

九层之台，起于累土。社会主义民主政治的建设也不可能一蹴而就，而是一个和政治体制改革一样的渐进的长期过程。在这个过程中的不同时段，改革的重点会有所不同。当务之急，主要有三：

一是改革和完善共产党的领导方式和执政方式。以"执政能力建设"为突破口，从"改革和完善党内民主制度"和"以党内民主带动人民民义"两个方面，着手解决中共的执政体制和执政机制的问题，这可以说是触及政治体制改革的核心。

2004年9月，中共十六届四中全会作出《中共中央关于加强党的执政能力建设的决定》，在提出贯彻党员权利保障条例、建立党内情况通报制度、扩大市县党代会常任制试点等十项加强中共党内民主建设措施的同时，还提出了一系列深化干部人事制度改革、规范党政机构设置、扩大党政领导成员交叉任职等具体改革办法，表明政治体制改革已进入全面配套、整体推进的阶段。

二是完善人民代表大会制度，实现人民当家做主的政治理想。人民代表大会制度是人民主权的实现形式，应在新生完法和法律的前提下，完善国家体制和权力结构配置，规范和理顺各处权力主体之间的关系，即理顺人民代表大会与党、政府、司法机关、军队以及各种社会团体的关系，不断优化人大组织机构，提高人大的立法能力和监督能力。

当代中国政治过程的偏差，大多来源于一个基本的事实，即权力执行缺乏有效的监督，而执行机构的权力往往来自人民代表大会的授权。尽管人大与"一府两院"早就建立起比较完善的责任机制，监督与被监督关系受到宪法和法律的保护，并且建立了经较完备的程序法，但是人大的监督功能却被长期虚置了。人大对于"一府两院"监督的缺位，不仅表现在代表大会期间，更突出地表现在人大闭会期间，大量的监督权无法得到有效履行。人大监督还应包括监督党组织（包括执政党和参政党），党组织对人大进行政治领导与人大对同级党组织进行宪法监督，不能只停留在认识上，而应当垂范于实践中。监督的法律化规范还不够完善，建议人大出台《监督法》，将审计、监察部门从政府序列中独立出来，成为直接向人大负责的机构，由人大选举产生。此外，人大的司法监督，应当以监督法官、司法制度的运行和司法政策为内容，以促进司法机制的完善和法官素质的提高为宗旨，而不仅仅局限于纠正个案。

在强调改革和完善人民代表大会监督权的同时，还应当同

督人大的重要性。树监督政府不力可以追究人大工作
的话,人大和人大代表的监督工作就获得了动力机制,人大
与"一府两院"的制约关系就真正建立起来了。目前,在地方人大
和地方政府的改革实践中,为落实人民当家做主的原则,创造了
许多成功的经验,如贵阳市人大常委会首先推行的市民旁听制
度,又如一些地方的代表接受选民委托制度、代表述职制度等,
只要加以总结和推广,就一定会有成效。

三是坚持依法治国,厉行法治。这是完善党的领导和实现人
民当家做主的基本途径和法制保障。通这处理好党章党规与宪
法和法律之间的关系,确立了在宪法和法律范围内活动的原则。
宪法是公民之间的一种政治约定,是一种法治的政治观。实行法
治要求牢固确立宪法至高无上的地位,一切国家机关、社会团
体、公民必须服从宪法并以宪法为最高行为准则,在法律体系
中,宪法具有最高法律效力,其他法律不得与宪法相抵触。应当
把宪法当作国民素质教育的必修课,从义务教育阶段抓起,使全
社会养成尊重和维护宪法的习惯。此其一。

其二,实现依法行政,进一步完善监督机制。在现实生活中,
一些地方政府在建设法治政府方面多有创造,如重庆市人民政
府 2004 年实施了《行政决策听证暂行办法》《政务信息公开暂行
办法》《规范性文件审查登记办法》《部门行政首长问责制暂行办
法》等,在制度安排上,着手解决政府决策、执行和监督中的问
题,是实践依法行政的一个成功案例。

坚持党的领导、实现人民当家做主和依法治国,三者相辅相
成、互为表里,是改革开放以来社会主义民主政治建设的基本构
成,也是中国政治体制改革的主攻方向。同时,它又成为建设社
会主义政治文明的主旋律。